J. v. Staudingers Kommentar

zum

Bürgerlichen Gesetzbuch

und dem Einführungsgesetz

herausgegeben von

Dr. Theodor Loewenfeld †,
Universitäts-Professor, Rechtsanwalt in München

Dr. Alfred Werner,
Rechtsanwalt in München

Dr. Hans Nipperdey,
Professor an der Universität Köln a. Rh.

Dr. Theodor Engelmann †,
Rat am Obersten Landesgericht in München

Dr. Leo Raape,
Professor an der Universität Hamburg

Dr. Erwin Riezler,
Professor an der Universität München

Dr. Karl Kober,
Rat am Obersten Landesgericht in München

Dr. Karl Geiler,
Rechtsanwalt, Professor an der Universität Heidelberg

Dr. Felix Herzfelder,
Geh. Justizrat, Rechtsanwalt in München

Fritz Keidel,
Rat am Obersten Landesgericht in München

---

9. neubearbeitete **Auflage.**

1931

München, Berlin und Leipzig

J. Schweitzer Verlag (Arthur Sellier).

J. v. Staudingers Kommentar zum Bürgerlichen Gesetzbuch und dem Einführungsgesetz

VII. Band.

Alphabetisches Gesamtregister

Bearbeitet von

Fritz Keidel,
Rat am Obersten Landesgericht in München

9. neubearbeitete Auflage.

1931
München, Berlin und Leipzig
J. Schweitzer Verlag (Arthur Sellier).

Druck von Dr. F. P. Datterer & Cie., Freising-München.

Alphabetisches Gesamtregister.

Römische Ziffern = Band.
(a = 1. Teil. b = 2. Teil. c = 3. Teil.)
Arabische Ziffern = Seiten.

A.

Abänderung von Landesgesetzen VI a 597; — siehe „Änderung, Veränderung".

Abbaurechte: Grundbuchblatt III 776, 778; — bisheriges Recht III 783; — für Mineralien VI a 162.

Abbruch eines Gebäudes auf dem Nachbargrundstück III 335; — Verkauf auf A. I 362, II b 24, III 527.

Aberkennung der bürgerlichen Ehrenrechte: Ausschluß von der Zeugschaft bei Eheschließung IV 79; — Untauglichkeit zum Amt eines Familienrats nach Verlust IV 1583; — eines Gegenvormunds IV 1412; — eines Pflegers IV 1669; — eines Vormunds IV 1393; — Entlassung des Vormunds wegen A. IV 1602.

Abessinien: Konsulargerichtsbarkeit in A. VI b 257.

Abfallfrüchte: Eigentumsbeschränkung III 341.

Abfindung des anteilsberechtigten Abkömmlings für den Verzicht auf den Anteil an der fortgesetzten Gütergemeinschaft IV 557; — Anrechnung der Abfindungssumme bei der Auseinandersetzung IV 574; — Berücksichtigung bei der Teilung unter den Abkömmlingen IV 579; — A. eines ausscheidenden Gesellschafters II c 1356; — des unehelichen Kindes durch den Vater IV 1235; — durch den Erben des Vaters IV 1231, V 904; — A. des geschiedenen Ehegatten IV 805; — des durch eine unerlaubte Handlung Verletzten für die Geldrente II c 1960; — der Hinterbliebenen des Getöteten II c 1968, 1973, 1977; — des Dienstberechtigten für die Entschädigung wegen entgangener Dienste II c 1980; — Einfluß des Mitverschuldens des Verletzten II c 1983; — A. bei Vermögens- oder Gutsübernahme II a 553; — beim Erbverzicht V 1013, 1017.

Abgaben: Haftung des Ehemannes gegenüber der Frau im gesetzlichen Güterstand IV 275; — Haftung des Erbschaftskäufers V 1092; — Haftung des Verkäufers für Freiheit von öffentlichen A. II b 54; — Last des Vermieters II b 454; — Rückerstattung mit Unrecht erhobener A. II c 1670, VI a 262; — Verteilung beim Erbbaurecht III 680.

Abgeordnete: zivilrechtliche Haftung aus Äußerungen II c 1814.

Abgesonderter Haushalt der Ehefrau IV 206.

Abgesperrter Ort: Testamentserrichtung an einem a. O. V 783; — zeitliche Beschränkung der Wirksamkeit V 785.

Abgrabungen: Gefährdung des Nachbargrundstücks III 334; — Unverjährbarkeit des Anspruchs auf Unterlassung III 385.

Abhanden gekommene Anweisungen II c 1586; — Hypothekenbriefe: Kraftloserklärung III 1200; — Legitimationspapiere II c 1644, — a. g. Sachen: Eigentumserwerb III 479, 480; — Beschränkung der Eigentumsvermutung für den Besitzer III 629; — Herausgabeanspruch III 633; — Eigentumserwerb an Erzeugnissen und sonstigen Bestandteilen a. g. Sachen III 533; — Pfandrechtserwerb an a. g. Sachen III 1400; — Pfanderwerb a. g. Inhaberpapieren III 1521; — Wirkung des Pfandverkaufs III 1446; — a. g. Schuldverschreibungen II c 1610; — Kraftloserklärung II c 1623; — a. g. Zins-, Renten- und Gewinnanteilscheine II c 1635.

Abhängigkeitsverhältnis: Schadensersatzpflicht aus der Bestimmung zur Gestattung des außerehelichen Beischlafes unter Mißbrauch eines A. II c 1815; — Ersatz nicht vermögensrechtlichen Schadens II c 1984.

Abholung der Leistung, Gläubigerverzug II a 372; — von Sachen von einem fremden Grundstück III 62.

Abholzungsrecht III 528, 531; — keine Eintragung ins Grundbuch III 103.

Abkommen siehe „Haager Abkommen".

Abkömmlinge: Begriff IV 842; — Ausgleichungspflicht (siehe auch diese) V 405; — Auslegung letztwilliger Verfügungen an A. des Erblassers V 462; — an A. eines Dritten V 465; — an A. von Abkömmlingen V 465; — Einsetzung eines Nacherben für einen kinderlosen A. V 524; — gesetzliches Erbrecht der leiblichen A. V 35; — der A. der Eltern V 38, 39; — der A. von Großeltern V 41, 46; — von Urgroßeltern V 44; — Konkurrenz des überlebenden Ehegatten V 46; — Voraus desselben V 52; — Erbunwürdigkeit V 999.

— Erbverzicht der A. des Erblassers V 1019; — Wirksamkeit zugunsten anderer A. und des Ehegatten des Erblassers V 1021; — Pflichtteilsrecht V 894; — Ausschluß entfernterer durch nähere pflichtteilsberechtigte A. V 917; — Berechnung des Pflichtteils bei Mehrheit der A. und Ausgleichungspflicht V 941, 942; — Entziehung des Pflichtteils V 986, 990; — in wohlmeinender Absicht V 992, 993; — Unterhaltspflicht IV 902; — Reihenfolge, Haftung vor den Verwandten ufsteigend. Lianie IV 914; — Unterhaltsanspruch IV 902; — bei Konkurrenz mehrerer Bedürftiger IV 922; — Beschränkung wegen Verfehlungen gegenüber dem Unterhaltspflichtigen IV 928; — Vermutung der Schenkungsabsicht bei Unterhaltsgewährung an Eltern II c 1144; — Geschlechtsgemeinschaft mit A. eines anderen als Ehehindernis IV 53.

— des angenommenen Kindes: Erstreckung der Annahme auf dieselben IV 1340; — des für ehelich erklärten Kindes, Erstreckung der Wirkung der Ehelichkeitserklärung auf dieselben IV 1295; — des unehelichen Kindes: Erstreckung der Legitimation durch nachfolgende Ehe auf dieselben IV 1277.

— **gemeinschaftliche**: Ausstattung aus dem Gesamtgute der allgemeinen Gütergemeinschaft IV 478; — der Errungenschaftsgemeinschaft IV 650; — Fortsetzung der Gütergemeinschaft IV 528; — Verwendung des Ertrages des eingebrachten Gutes zum Unterhalt IV 288; — Gütertrennungsklage der Ehefrau wegen Gefährdung des Unterhalts der A. durch den Mann IV 361, 362.

— **nicht gemeinschaftliche**: Ausstattung bei allgemeiner Gütergemeinschaft IV 479; — bei Errungenschaftsgemeinschaft IV 650; — Erbrecht bei fortgesetzter Gütergemeinschaft IV 528; — Haftung für deren Unterhalt IV 288.

— **anteilsberechtigte** an der fortgesetzten Gütergemeinschaft: Ausschluß von derselben durch letztwillige Verfügung eines Ehegatten IV 593, 608; — durch gemeinschaftliches Testament IV 608; — Beschränkung des Anteils in guter Absicht IV 600, 608; — Entziehung des Anteils IV 600, 608; — Ausschluß wegen Erbunwürdigkeit IV 583; — Ergänzung des Anteils IV 581; — Klagerecht auf Aufhebung IV 562, 563; — rechtliche Stellung IV 540; — Konkurs des A. IV 548; — Kürzung des Anteils IV 598, 608; — Schuldenhaftung IV 548, 553; — Umfang der Haftung für Gesamtgutsverbindlichkeiten unter sich IV 581; — Haftung für bei Auseinandersetzung der fortgesetzten Gütergemeinschaft nicht berichtigte Gesamtgutsverbindlichkeiten IV 569; — Teilung bei Auseinandersetzung der Gemeinschaft IV 579; — Anrechnung von Verbindlichkeiten des vorverstorbenen Ehegatten auf den Anteil bei Auseinandersetzung IV 574; — Wirkung des Todes eines A. IV 553; — Übernahme des Gesamtguts oder einzelner Teile IV 605, 608; — durch alle Abkömmlinge IV 576, 578; — Wirkung des Verzichts auf den Anteil IV 523; — Anrechnung der Abfindungssumme IV 574; — Berücksichtigung des Verzichts bei Teilung unter den Abkömmlingen IV 579; — Zustimmung des anderen Ehegatten zum Verzicht des A. IV 610.

Abkürzung der Gewährfrist beim Viehhandel II b 235; — der Verjährungsfrist I 836; — des Vornamens I 119.

Abladegeschäft II a 222.

Ablauf der Frist I 755.

Ablaufshemmung der Verjährung I 797, 806; — infolge Krieges I 808.

Ablehnung des Auftrags durch zu gewissen Geschäften öffentlich Bestellte II c 1086; — bei einem auf Geschäftsbesorgung gerichteten Dienst- oder Werkvertrag II c 1116; — des Amts eines Familienrates IV 1584; — des Amtes eines Testamentsvollstreckers V 653, 670; — A. der Annahme der Leistung nach Ablauf der gesetzten Frist II a 319; — wegen Verzuges des Schuldners II a 342, 349; — A. der Leistung eines Dritten II a 208; — der Beistandschaft IV 1174; — der Fortsetzung der Gütergemeinschaft durch den überlebenden Ehegatten IV 534; — durch einen Abkömmling IV 557; — Ausschluß von Bedingung und Zeitbestimmung I 650; — A. des Amtes eines Pflegers IV 1669; — A. beim gegenseitigen Vertrag II a 507; — A. der Schenkung II b 295; — durch die Frau im gesetzlichen Güterstand IV 328; — bei allgemeiner Gütergemeinschaft IV 457; — bei Errungenschaftsgemeinschaft IV 619; — eines Vertragsantrags I 622, 628; — durch die Frau im gesetzlichen Güterstand IV 328; — bei allgemeiner Gütergemeinschaft IV 457; — bei Errungenschaftsgemeinschaft IV 619; — der Vormundschaft: Gründe IV 1401; — Verlust des Ablehnungsrechts IV 1402; — Wirkung ungerechtfertigter Ablehnung IV 1404; — Zwangsmaßregeln IV 1401, 1406; — A. der Wiederherstellung des früheren Zustandes durch den Schadensersatzberechtigten II a 138.

Ablieferung des Erbvertrages V 883; — des Fundes bei der Polizeibehörde III 556; — Wirkung III 561; — A. an die Behörde des Fundplatzes III 565; — des verwahrten Testaments an das Nachlaßgericht V 795.

Ablieferungsort: bei Übersendung der Kaufsache II b 93; — Aufrechnung bei Verschiedenheit des A. II a 760.

Ablösung von Dienstbarkeiten und Reallasten VI a 287, 289, 302; — A. eines Rechts bei Enteignung VI a 88; — der Grenzmauer (Kommunmauer) III 378; — von Mietrechten II b 470; — der Rentenschuld III 1372, 1374, 1375; — von Teilen eines Gebäudes oder eines Werkes: Verantwortlichkeit des Besitzers und früheren Besitzers des Grundstückes II c 1911; — des an dem Gebäude oder Werke Berechtigten II c 1920; — des Unterhaltungspflichtigen II c 1921; — Verhältnis mehrerer Verantwortlicher II c 1953; — Gefahr für das

Nachbargrundstück III 333; — Verjährung der Ansprüche daraus III 385.
Ablösungsrecht des Besitzers III 16; — A. Dritter gegenüber dem Befriedigung suchenden Hypothekengläubiger III 1155; — gegenüber dem Pfandgläubiger III 1454; — gegenüber dem Gläubiger bei Zwangsvollstreckung II a 213; — Rückwirkung VI a 453.
Ablösungsrenten des Staats und öffentlicher Anstalten VI a 296.
Abmarkung von Grundstücken III 364, VI a 486.
Abnahme der Kaufsache II b 11, 38; — Kosten II b 98, 102; — Verjährung des Anspruchs I 784; — A. der Mietsache II b 418; — des Werkes II c 980, 1000; — eines Teiles II c 985.
Abnutzung eingebrachten Gutes der Frau im gesetzlichen Güterstand IV 273; — bei Errungenschaftsgemeinschaft IV 651; — von Kindervermögen IV 1083; — der Mietsache II b 459.
Abrechnung: Schuldversprechen, Schuldanerkenntnis auf Grund A. II c 1566; — Mängel, Anfechtung der A. II c 1569; — A. beim Werkvertrag II c 945.
Abrechnungsvertrag II c 1566.
Abruf: Kauf auf A. II b 14.
Abschlagszahlung II a 204; — beim Werkvertrag II c 985; — Unterbrechung der Verjährung I 811.
Abschreibung von Grundstücksbestandteilen des Hypothekenobjekts III 127, 1043.
Abschriften aus dem Güterrechtsregister IV 700; — des eröffneten Testaments V 806; — des gemeinschaftlichen Testaments V 831; — von Erbverträgen V 884; — aus dem Vereinsregister I 304.
Abschriftnahme von Erbverträgen V 884.
Absendung der Anfechtungserklärung einer Willenserklärung I 494; — der Annahmeerklärung eines Vertragsantrags I 627.
Absicht: Begriff II a 267.
Absolute Rechte III 1; — Verletzung II c 1774; — Anspruchsverjährung I 762.
Absonderungsberechtigte: Stellung beim Aufgebot der Nachlaßgläubiger V 188; — kein Ausschluß durch fünfjährige Nichtgeltendmachung ihrer Forderung V 201; — Ausschluß der Geltendmachung aufschiebender Einreden der Erben gegenüber denselben V 314; — Haftung von Miterben gegenüber A. nach der Nachlaßteilung 439.
Absonderungsrecht auf Grund Vormerkung im Grundbuch III 185; — A. des Nießbrauchers III 858.
Abstammung IV 841; — eheliche IV 848, 851; räumlich anzuwendendes Recht VI b 446, 449, 498; — aus nichtiger Ehe IV 1182; — uneheliche IV 1193.
Abstand von Anlagen, Bäumen, Sträuchern von der Grenze des Nachbargrundstücks III 327, 340, VI a 319, 321, 322; — baurechtliche Vorschriften III 331, 344.
Abstrakte Rechtsgeschäfte I 411, II c 1663; — die Rechtsgeschäfte des Sachenrechts III 9, 10.
Abstrakte Verbindlichkeiten: Hypothekbestellung hiefür III 987.
Abstrakter Vertrag II a 20, 390, II c 1546, 1663; — Forderungsabtretung II a 789, 796; — Schuldübernahme II a 863.
Abstraktes Schuldanerkenntnis: Kondiktion II c 1673.
Abstraktes Schuldversprechen II c 1550; — Einfluß der Geldentwertung II a 80; — siehe auch „Schuldversprechen".
Abtrennung von Erzeugnissen und Bestandteilen III 523; — A. von Grundstücksbestandteilen des Hypothekenobjekts III 1043; — Entlassung aus der Haftung für die Hypothek III 1300; — A. verbundener Sachen von der vindizierten Sache III 605; — lastenfreie von Grundstücksteilflächen III 210; — von Körperteilen I 350.
Abtretbarkeit s. „Übertragbarkeit".
Abtretung der Forderung II a 785; — Unterschied von der Anweisung II c 1571; — Allgemeines: abstrakte Natur der Abtr. II a 789, 796; — Anzeige an den Schuldner II a 788, 795, 843; — Zurücknahme der Anzeige II a 844; — Aufrechnung gegenüber dem neuen Gläubiger II a 829; — Auskunftspflicht des bisherigen Gläubigers II a 815; — Ausschluß der Abtretung höchstpersönlicher Forderungen II a 787, 802; — der Abtr. durch Vereinbarung II a 802, 806, 825; — der Abtr. unpfändbarer Forderungen II a 788, 809; — Ausschluß der Einrede des Scheingeschäfts, des Ausschlusses der Abtretung II a 825; — Beurkundung der Abtr. II a 817; — Einreden gegenüber dem neuen Gläubiger II a 819; — bei beurkundeten Forderungen II a 825; — Form der Abtretung (Vertrag) II a 794; — Gegenstand II a 793; — Haftung für Zahlungsfähigkeit des Schuldners beim Forderungskauf II b 63; — Herausgabe von Beweisurkunden an den neuen Gläubiger II a 815; — Kündigung durch den neuen Gläubiger II a 848; — Leistung an den bisherigen Gläubiger, Rechtsgeschäfte mit demselben in Ansehung der Forderung II a 834, 841; — Mahnung durch den neuen Gläubiger II a 848; — Übergang akzessorischer Rechte II a 811; — Übertragbarkeit der Forderungen II a 785, 790; — mehrmalige Abtretung der Forderung seitens des bisherigen Gläubigers, gerichtliche Überweisung der abgetretenen F. an einen Dritten II a 841; — urkundlicher Nachweis der Abtretung gegenüber dem Schuldner II a 848; — Wirkung der Abtretung II a 795; — Eintritt der Wirkung gegenüber dem Schuldner bei der Anzeige von der Abtretung II a 843, 844; — A. beim passiven Gesamtschuldverhältnis II a 916; — beim aktiven II a 928, 931; — Wirkung der A. für eine Bürgschaft II c 1477; — Wahlrecht des neuen Gläubigers bei Alternativobligation II a 193; — Form der schenkungsweisen A. II a 794, II b 310; — Haftung für Zahlungsfähigkeit des Schuldners II b 63; — Gewährleistung des abtretenden Gläubigers II a 789; — Haftung bei Abtr. erfüllungshalber II b 58; — A. zur Einziehung II a 799; — zum Inkasso I 470, II a 799; — Ver-

nehmung des Zedenten als Zeuge II a 801; — zeitlich anzuwendendes Recht II a 801, VI a 451.
— Einzelne Fälle der Abtretung: A. des Ersatzanspruches für Verlust einer Sache oder eines Rechts II a 171, 172; — aus Unmöglichkeit der Leistung II a 312; — des Eigentumsanspruchs III 586; — der Entschädigung für Erlöschen des Erbbaurechts III 752, 754; — von Erbbauzinsleistungen III 701; — A. der Forderung auf Eigentumsübertragung an einem Grundstück, Form II a 428; — fiduziarische Abtr. II a 796; — Sicherungsabtr. II a 797; — von Gehaltsansprüchen II a 850; — von Gehalts-, Pensionsansprüchen von Reichsbeamten VI a 205; — A. des Herausgabeanspruchs zur Übertragung mittelbaren Besitzes III 78; — zum Zwecke der Eigentumsübertragung III 464, 466; — A. durch den Nichteigentümer III 477; — Einfluß auf Rechte Dritter an der veräußerten Sache III 487; — A. des Grundbuchberichtigungsanspruchs III 259, 276; — A. des Herausgabeanspruchs durch den Verkäufer II b 69, 78; — A. des Hypothekenrechts III 1165; — Verhältnis des neuen Gläubigers zum Eigentümer III 1185; — Einreden des Eigentümers III 1188; — Rechtsverhältnis in bezug auf laufende Zinsen und Nebenleistungen III 1190; — Übertragung der Forderung auf Zinsrückstände, Kosten usw. III 1193; — A. noch nicht fälliger Hypothekzinsen III 1167; — A. der Briefhypothek III 1033, 1165; — Teilabtretung III 1034; — Bedeutung öffentlich beglaubigter Abtretungserklärungen bei der Briefhypothek III 1178; — A. der Buchhypothek III 1028, 1166, 1175; — fiduziarische Abtr. der Hypothekforderung III 1176; — A. der Hypothek an den Grundstückseigentümer III 1268; — A. der Eigentümerhypothek III 1215; — A. vorgemerkter Ansprüche III 187; — lastenfreie A. von Grundstücksteilflächen III 210; — A. der Mietzinsforderung, Einfluß der Veräußerung des Mietgegenstandes II b 569; — der Mietzinsforderung an Nießbraucher III 835; — der Forderung aus qualifizierten Legitimationspapieren (Sparkassebüchern) II c 1647; — der Miet- und Pachtrechte II b 469; — Übergang des Pfandrechtes des Vermieters bei der A. von Forderungen aus dem Mietverhältnis II b 503; — Beschränkung der A. des Anspruchs auf die Geldrente wegen unerlaubter Handlungen II c 1966, 1978; — des Anspruchs auf Ersatz des Nichtvermögenschadens II c 1988; — ausländischer Forderungen an Inländer II a 823; — A. von Reallastleistungen III 951; — A. der Forderung aus einem simulierten Rechtsgeschäfte I 466; — Simulation bei A. I 465, III 465; — einer Forderung durch einen Ehegatten nach Aufhebung der Gütergemeinschaft IV 502; — bei Errungenschaftsgemeinschaft IV 629; — von Forderungen des Mündels IV 1466; — von Unterhaltsansprüchen IV 894; — für die Vergangenheit IV 935.
— **an Zahlungs Statt**: der verpfändeten Geldforderung III 1574, 1506.
Abtretungserklärung des Hypothek-, Grundschuld-, Rentenschuldgläubigers III 114.
Abtretungsvertrag als Form der Verpfändung einer Forderung III 1499.
Abwässer: Ableitung III 311, VI a 323.
Abwehr verbotener Eigenmacht III 44.
Abweichende Bestimmung des Rangverhältnisses III 137, 143.
Abweichung vom Auftrag II c 1090; — bei einem auf Geschäftsbesorgung gerichteten Dienst- oder Werkvertrag II c 1116; — vom Verwahrungsvertrag II c 1162; — von Wille und Erklärung I 457; — beim Vertragsabschluß I 638.
Abweisung der Klage, Wirkung für die Verjährung I 821.
Abwendung rechtswidriger Angriffe I 842; — des Schadens, Folge der Unterlassung II a 154.
Abwesende: Anfechtung gegenüber A. I 493, 494; — Vertragsantrag an einen A. I 623, 625; — Willenserklärung gegenüber A.: Zeitpunkt der Wirksamkeit I 537; — Tod oder Geschäftsunfähigkeit des Adressaten I 543, 545, 546; — des Erklärenden I 543; — Zustellung der Willenserklärung durch Vermittelung des Gerichtsvollziehers I 547.
Abwesenheit der Frau: Ersetzung ihrer Zustimmung zu Rechtsgeschäften des Mannes im gesetzlichen Güterstand IV 257; — bei allgemeiner Gütergemeinschaft IV 449.
— des Mannes: Ersetzung seiner Zustimmung zu Verträgen der Frau über persönliche Leistungen IV 192, 194; — Entbehrlichkeit seiner Zustimmung zu Rechtshandlungen der Frau IV 318; — Vornahme von Rechtshandlungen durch die Frau bei allgemeiner Gütergemeinschaft IV 454.
— des überlebenden Ehegatten IV 545.
— eines Vertragsteiles bei gerichtlicher oder notarieller Beurkundung I 633.
Abwesenheitspfleger: Annahme von Erbschaften V 89.
Abwesenheitspflegschaft: Einleitung IV 1651; — Beendigung IV 1674, 1677.
— über den Ehemann: Beendigung der Nutznießung und Verwaltung am eingebrachten Gut IV 362, 365; — Wiederherstellung des Rechts nach Aufhebung der Pflegschaft IV 377; — Zurückbehaltungsrecht der Frau hinsichtlich des Beitrags zum ehelichen Aufwand während der Gütertrennung IV 385; — Beendigung der Errungenschaftsgemeinschaft IV 656; — Wiederherstellung der Gemeinschaft nach Aufhebung der Pflegschaft IV 666.
— zum Zwecke des Widerrufs eines Auftrags II c 1106.
Abzahlungsgeschäfte: Rücktrittsrecht des Verkäufers II a 615, II b 107; — Eigentumsvorbehalt II b 112; — Vorbehalt der Rechtsverwirkung II a 612, 615, 639; — Herausgabeanspruch bei gesetzwidrig abgeschlossenen II c 1718; — bei Miete II b 399; — Pfändbarkeit der sog. Leihmöbel II a 211.

Abzahlungsvertrag: Herausgabeverweigerung III 588.
Abzüge am Mietzins II b 477.
Abzugseinrede V 107, 204, 207, 260, 263; — des Inventarerben, Hemmung der Verjährung I 800; — des überlebenden Ehegatten IV 551; — Geltendmachung durch den Ehemann der Erbin IV 329.
Accessio possessionis III 499.
Acht Tage: Fristberechnung I 753.
Achtzehn Jahre: Altersunterschied bei Annahme an Kindes Statt IV 1311.
Achtzehntes Lebensjahr: Anhörung des Mündels nach Vollendung desselben IV 1505; — Grenze für kontraktliches Verschulden II a 285; — Grenze der Verantwortlichkeit für unerlaubte Handlungen II c 1845; — Grenze für Volljährigkeitserklärung I 58.
Actio ad exhibendum II c 1649.
Actio confessoria III 820.
Actio de effusis et dejectis, de posito vel suspenso II c 1748, 1911.
Actio de in rem verso II c 1127, 1669.
Actio doli II c 1820.
Actio finium regundorum VI a 486.
Actio in rem scripta, zeitlich anzuwendendes Recht VI a 452.
Actio legis Aquiliae II c 1911.
Actio negatoria III 320, 616; — zeitlich geltendes Recht VI a 485.
Actio noxalis (de pauperie, de pastu) II c 1884.
Actio quasi negatoria bei Eingriff in geschützte Rechtsgüter I 45, III 320, 616.
Actio Publiciana VI a 485.
Actio quod metus causa VI a 452.
Adäquate Verursachung II a 126.
Addictio in diem II b 249.
Adel: Autonomie VI a 119; — erbrechtliche Verhältnisse V 3; — Bedeutung des Wortes „von" I 104; — Bedeutung, Erwerb, Schutz des Adelsnamens I 104, 105; — Erwerb durch Annahme an Kindes Statt IV 1304, 1336; — durch Legitimation IV 1268; — durch die Ehefrau IV 120; — durch das uneheliche Kind IV 1209; — Familienrecht IV 3.
— **hoher:** Familienname der Kinder IV 945; — Pflegschaften IV 1641; — Vormundschaften IV 1367.
Adelsvorrechte: Aufhebung V 2, VI a 117, 122.
Ademptio legati V 616.
Ädilizisches Edikt II b 119.
Adjudikation III 387, 434.
Adjunctio III 506.
Adoptio testamentaria IV 1303.
Adoption IV 1300; — auf Probe VI b 601; — siehe „Annahme an Kindes Statt"; — Wirkung der nach bisherigem Rechte erfolgten VI a 570.
Adoptivverwandtschaft: Ehehindernis IV 57, VI b 238, 595.
Adressat einer Willenserklärung I 455; — Tod desselben I 543; — Geschäftsunfähigkeit I 545, 546; — Beschränkte Geschäftsfähigkeit I 545, 547; — Unkenntnis über die Person desselben, unbekannter Aufenthalt I 547.
Affektionsinteresse II a 153.
Affirmative Bedingung I 652, 659.
Afterbürgschaft II c 1479; — Einreden des Afterbürgen II c 1496; — Einrede der Vorausklage II c 1502.
Aftermiete II b 461; — außerordentliche Kündigung wegen verbotswidriger A. II b 481, 485; — Einfluß der Beendigung des Mietverhältnisses II b 490, 494; — vertragswidriger Gebrauch der Sache durch den Untermieter II b 475.
Afterpacht II b 634.
Afterpfandrecht III 1490.
Agenturvertrag II c 1032; — Abgrenzung vom Dienst- und vom Werkvertrag II c 1029, 1060.
Agere in fraudem legis I 468, VI b 188.
Agnaten IV 840.
Agrargenossenschaften: Geltung des Landesrechts VI a 430.
Agrarrecht: Landesrecht VI a 288.
Ägypten: Konsulargerichtsbarkeit in Ä. VI b 257.
Akkordbau: rechtliche Natur II c 934.
Akkordlohn II b 787; — rechtliche Natur des Akkordlohnvertrages II b 685, 715; — Beendigung des Dienstverhältnisses beim Akkordverhältnis II b 884; — Rechtsverhältnis der Kolonnenarbeiter II b 715.
Akkreditierung II c 1526.
Akkreditiv II a 221, II c 1574, 1592; — Kaufpreiszahlung durch A. II b 35, 36.
Akten öffentlicher Behörden, Einsicht, Vorlegung II c 1657.
Aktien: Verpfändung III 1521, 1526; — Aktien auf Inhaber, Kraftloserklärung VI a 470; — Verpfändung von Namensaktien III 1517; — Verkauf II b 60; — Nießbrauch daran III 881.
Aktienbezugsrecht: Recht des Nießbrauchers auf Bezug neuer Aktien III 894; — Bezugsrecht bei Sicherungsübereignung der Aktien III 457; — im Falle von Nacherbfolge V 532; — Vererblichkeit des A. V 14.
Aktiengesellschaft: Anwendung der allgemeinen Vorschriften des Vereinsrechts I 172; — Geltung der Vorbehaltsklausel für das anzuwendende Recht VI b 829, 830; — Eigentumsübertragung an eingebrachten Grundstücken III 393, 394; — Haftung aus unerlaubten Handlungen der Vertreter I 212; — Vererblichkeit der Stellung des Gründers V 14; — Stellung ausländischer im Inland I 191, VI b 134.
Aktionär: Vererblichkeit des Rechts des A. V 14.
Aktive Erbfähigkeit V 24, 27.
Aktivlegitimation der Ehefrau im gesetzlichen Güterstande IV 312, 316; — A. zur Rechtsstreitführung über ein zum eingebrachten Gut gehöriges Recht IV 261; — bei Errungenschaftsgemeinschaft IV 629; — des Testamentsvollstreckers V 696.
Akzession: Ausschuß des Öffentlichkeitsprinzips beim Erwerb durch A. III 226.
Akzessionsprinzip bei Verbindung III 502.

Akzessorietätsprinzip III 980.

Alleinerbe, Ausschluß der Ernennung zum Testamentsvollstrecker V 669; — siehe im übrigen „Erbe".

Allgemeine Gütergemeinschaft: Begriff, Rechtshistorisches IV 415; — grundsätzliche Regelung IV 415; — a. G. des früheren Rechts IV 215; — rechtliche Natur IV 419; — Ausschluß der Vertretung bei der Vereinbarung IV 417; — Aufhebung durch Ehevertrag, Wirkung IV 414.
— Vermögensrechtliche Wirkung des Eintritts IV 419; — Eintragung im Grundbuch IV 421; — siehe auch „Gesamtgut, Vorbehaltsgut"; — Finderlohn, Gesamtgut III 560; — Einfluß der Nichtigkeit der Ehe IV 145.
— Sonderstellung der Frau: Betrieb eines selbständigen Erwerbsgeschäftes IV 456; — Rechtsgeschäfte der Frau in bezug auf persönliche Angelegenheiten IV 455; — Fortsetzung anhängiger Prozesse durch die Frau IV 458.
— Schuldenhaftung IV 464; — siehe auch „Gesamtgutsverbindlichkeiten"; — Haftung für Unterhaltsansprüche von Verwandten der Ehegatten IV 890, 911; — Konkurs eines Ehegatten IV 470; — Zwangsvollstreckung IV 468; — Tragung des ehelichen Aufwandes IV 463; — Beerbung des Erstversterbenden V 8, 13, 38; — Ausgleichungspflicht bei Zuwendungen aus dem Gesamtgut V 405, 412; — Haftung der Ehegatten aus unerlaubten Handlungen II c 1764.
— Beendigung: Gründe überhaupt IV 485; — Aufhebung durch Vergleich II c 1539; — Tod eines Ehegatten IV 521; — Beendigung durch Todeserklärung eines Ehegatten I 149; — Aufhebungsklage der Frau IV 487; — des Mannes IV 491; — Zeitpunkt der Aufhebung im Falle der Klage IV 491; — Berichtigung von Schulden aus oder zu dem Gesamtgut oder zum Vorbehaltsgut des Mannes IV 483.
— Auseinandersetzung IV 493; — im Falle der Ehescheidung IV 512; — im Falle der Aufhebungsklage IV 516; — Haftung für nicht berichtigte Verbindlichkeiten IV 517, 520; — Form der Auseinandersetzung, Verfahren IV 502; — materielle Grundsätze für die Auseinandersetzung, Vereinbarung IV 502; — Formvorschriften IV 503; — Übertragung von Grundstücken bei Auseinandersetzung III 392; — Befriedigung der Gläubiger IV 505; — Teilung des Überschusses IV 508, 509; — siehe auch „Gesamtgut".

Allodifizierte Lehen VI a 122, 124.

Alluvionen VI a 148; — Eigentum daran III 502.

Alpengenossenschaften VI a 431.

Altane: Überbau III 343.

Altenteilsverträge II c 1436, 1440, III 780, 915, 938; — anderweitige Festsetzung der Bezüge III 940, V 78, VI a 248; — Aufrechterhaltung des Landesrechts VI a 245; — Abschluß durch den Vormund IV 1494.

Alter: Berechnung I 755; — Grenzen der Beschränkung der Geschäftsfähigkeit I 427; — der Geschäftsunfähigkeit I 421; — A. bei Annahme an Kindes Statt IV 1311; — für Testamentserrichtung V 730, 733; — der Testamentszeugen V 757.
— **hohes:** Ablehnung der Vormundschaft IV 1401; — Entlassung des Vormunds IV 1606.

Alternative Ermächtigung VI a 448.

Alternative Vermächtnisordnung V 586.

Alternatives Schuldverhältnis: Begriff II a 188; — siehe auch „Wahlschuld"; — Erklärung der Wahl im gesetzlichen Güterstand IV 322.

Altersrente: Vorbehaltsgut der Frau IV 229.

Altersstufen, rechtlich erhebliche I 53, 54; — 7. Jahr I 54, 427; — Geschäftsunfähigkeit I 421; — beschränkte Geschäftsfähigkeit I 427; — Verlöbnisfähigkeit I 54; — keine Verantwortlichkeit für unerlaubte Handlungen II c 1845; — Grenze für kontraktliches Verschulden II a 285; — 14. Jahr: Anhörung des Mündels vor der Entscheidung über gewisse Gegenstände IV 1505; — Einwilligung zur Ehelichkeitserklärung IV 1286; — Vertrag über Annahme an Kindes Statt IV 1320; — Anfechtung IV 1329; — Strafmündigkeit VI a 39; — 16. Jahr: Ehemündigkeit der Frau IV 38; — Testierfähigkeit I 54, V 730, 733; — Grenze für die Unterhaltspflicht gegenüber unehelichen Kindern IV 1214; — 18. Jahr: Strafantragsrecht VI a 36, 39; — Verantwortlichkeit für unerlaubte Handlungen II c 1845; — Volljährigkeitserklärung I 58; — 21. Jahr: Ehemündigkeit des Mannes IV 38; — Volljährigkeit I 54; — 31. Jahr: Todeserklärung I 136; — 50. Jahr: Altersgrenze für Annahme an Kindes Statt IV 1311; — 60. Jahr: Ablehnung der Vormundschaft IV 1401; — Entlassung des Vormundes IV 1606; — 70. Jahr: Todeserklärung I 136, 138.

Altersunterschied bei Annahme an Kindes Statt IV 1311.

Altersvorzug des Pfandrechts III 1403.

Altertumsfunde I 347.

Amortisation der Hypothek III 1244; — der Gesamthypothek III 1259; — siehe „Kraftloserklärung".

Amortisationsgesetze I 42, V 28, VI a 221.

Amortisationshypothek III 960; — Schutz des öffentl. Glaubens des Grundbuchs III 1120; — Vorrechtseinräumung III 156; — A. am Erbbaurecht III 731, 734; — Löschungsvormerkung bei A. der Hypothekenbanken III 1282.

Amortisationskapitalien: Entstehung der Eigentümerhypothek hinsichtlich einzelner Raten III 1213, 1270.

Amortisationsquoten II a 109; — Eintragung im Grundbuch III 1019; — Nießbrauch daran III 885; — Verjährung I 788, III 284; — Haftung von Hypotheken, Pfändern nach Verjährung I 835.

Amortisationsrenten III 944.

Amortisationsverfahren hinsichtlich Schuldverschreibungen und Legitimationspapieren, zeitlich anzuwendendes Recht VI a 473, 474; — siehe auch „Kraftloserklärung".

Amtsbürgschaften VI a 230.

Amtsgericht: Zuständigkeit zur Abnahme des Offenbarungseides II a 187; — örtliche Zuständigkeit zur Abnahme des Offenbarungseids des Erben VI a 387; — Zuständigkeit zur Erlassung des Aufgebotes der Nachlaßgläubiger V 183; — Zuständigkeit für Beglaubigung des Handzeichens I 531; — Bestellung von Stiftungsvorständen I 327; — Zuständigkeit für den Ersatzanspruch wegen außerehelichen Geschlechtsverkehrs II c 1817, 1989; — zur Bestätigung der Annahme an Kindes Statt IV 1309; — Aufnahme des Verzeichnisses des Kindervermögens IV 1052; — zur Führung des Güterrechtsregisters IV 691; — Bewilligung der öffentlichen Zustellung einer Willenserklärung I 547; — Zuständigkeit für den Anspruch der Verlobten wegen gestatteter Beiwohnung IV 27; — Zuständigkeit zur Kraftloserklärung der Vollmachtsurkunde I 723; — Zuständigkeit als Nachlaßgericht V 100; — Zuständigkeit zur Nachlaßauseinandersetzung V 388, 391; — Zuständigkeit für die Sicherung des Nachlasses V 102; — Zuständigkeit in Vereinssachen: Registerführung I 274; — Bestellung von Vorstandsmitgliedern I 207; — Entziehung der Rechtsfähigkeit wegen zu geringer Mitgliederzahl I 300; — Ermächtigung der Minderheit zur Berufung der Mitgliederversammlung I 231; — Feststellung des Vermögensanfalles eines aufgelösten Vereins an den Fiskus I 249; — Mitteilung der Anmeldung eines Vereins an die Verwaltungsbehörde I 282; — Mitteilung des Einspruchs gegen die Eintragung an den Vorstand I 289; — Ordnungsstrafen gegen Vorstände und Liquidatoren I 303; — Veröffentlichung der Eintragung des Vereins I 294; — Zeugnisausstellung über Zusammensetzung des Vorstands I 297; — Zurückweisung der Anmeldung des Vereins I 280; — Zuständigkeit für die Volljährigkeitserklärung I 56; — für Streitigkeiten über Viehmängel II b 226; — zwischen Wirt und Reisenden II c 1174; — Zuständigkeit für Ansprüche aus Leibgedings- usw. Verträgen II c 1436; — Zuständigkeit für Wildschadensstreitigkeiten II c 1911; — Bestellung eines Vertreters des Grundstückseigentümers zur Entgegennahme der Kündigung der Hypothekforderung III 1125; — Ersetzung der Zustimmung des Grundstückseigentümers zur Veräußerung, Belastung des Erbbaurechts III 691, 694; — Entscheidung über die Form des Pfandverkaufs III 1449; — Vormundschaftsgericht IV 1358; — Testamentserrichtung vor demselben V 736; — Verwahrung der Testamente V 778.

Amtspflicht: Haftung aus Verletzung derselben II c 1922, 1930; — Haftung des Beamten neben einer mitverantwortlichen Person II c 1948, 1958.

Amtspflichtverletzungen von Beamten: Haftung des Staats usw. VI a 184, 187; — von Grundbuchbeamten III 90.

Amtssiegel bei Testamentserrichtung V 777, 778.

Amtsverbände: Haftung für Beamte VI a 184.

Amtsverschwiegenheit, Haftung aus Verletzung II c 1931.

Amtsvormund: Haftung aus Pflichtteilsverletzungen II c 1929.

Amtswiderspruch III 278.

Analogie als Rechtsquelle I 19, VI a 15.

Analphabeten: Unterschrift I 531; — Beschränkung der Testierfähigkeit V 734, 758, 760; — Unfähigkeit zur Errichtung eines eigenhändigen Testaments V 737; — zum Zeugnis bei Testamentserrichtung V 757.

Anatozismus: Verbot II a 110.

Anbieten der Leistung als Voraussetzung des Verzugs II a 365, 366; — Erfordernis ordnungsmäßigen Angebots II a 365, 370; — wörtliches Angebot II a 372; — Kosten erfolglosen Angebots II a 386.

Änderung des Bürgschaftsvertrags II c 1484; — Einfluß der Ä. der Hauptverbindlichkeit auf die Bürgschaft II c 1488; — des Familiennamens I 115; — von Grenzeinrichtungen III 381; — des Grundstücks-Eigentumsübertragungsvertrags, Form II a 431; — des Inhalts von Rechten an Grundstücken III 131; — Vormerkung des Anspruchs auf Ä. III 166, 174; — Ä. des Inhalts des Erbbaurechts III 714; — Eintragung dieser Ä. III 727; — bisheriges Recht III 781, 782; — Ä. des mit Nießbrauch belasteten Rechts III 882; — des Inhalts eines Schuldverhältnisses durch Vertrag II a 397; — Ä. des Urteils über Rentenleistungen II c 1967, 1978, 1981; — der Maßregeln des Vormundschaftsgerichts zum Schutze des Kindes IV 1128; — der Nutznießung oder Verwaltung des Mannes durch Ehevertrag, Wirkung gegenüber Dritten IV 407; — des Ranges im Grundbuch eingetragener Rechte III 146; — des Testaments V 787, 789; — des gemeinschaftlichen T. V 829, 830; — des eigenhändigen T. V 749; — des gemeinschaftlichen eigenhändigen T. V 817; — der Vereinssatzung I 224, 226; — Eintragung der Ä. I 298; — Ä. des Vereinszweckes I 224, 273; — der Verhältnisse, Einfluß auf Unterhaltspflicht IV 892, 927; — von Verfügungen des Vormundschaftsgerichts IV 1364; — des verpfändeten Rechts III 1493; — des Vornamens I 118; — des Vorstands des eingetragenen Vereins I 295; — Wirkung gegenüber Dritten I 295, 296; — siehe auch „Veränderung".

Androhung des Pfandverkaufs III 1435; — der Preisgabe eines Grundstücks bei Annahmeverzug des Gläubigers II a 385; — der Versteigerung zur Hinterlegung nicht geeigneter Sachen II a 731; — der Pfandversteigerung wegen Gefahr des Verderbs oder der Wertminderung der Sache III 1416.

Aneignung von Erzeugnissen und sonstigen Bestandteilen III 527, 532; — Eigentumserwerb an beweglichen Sachen durch A. III 534; — A. herrenloser Grundstücke III 429; — von Grundstücken durch den Fiskus VI a 510; — durch eine bestimmte andere Person nach Landesrecht VI a 329; — herrenloser Sachen: Natur als Rechtsgeschäft I 402; — von Körper-

teilen I 350; — verpfändeten Geldes III 1426; — fremder Tauben VI a 330.
Aneignungsverbot III 536.
Anerbenrecht IV 607, 900, V 2, VI a 140, 141.
Anerkannte Kinder nach französischem und badischem Recht VI a 565, 568.
— **Vereine** nach bayerischem Recht VI a 433.
Anerkenntnis des Schulderlöschens bei Unmöglichkeit der Rückgabe des Schuldscheines II a 697; — A. des Bestehens einer Schuld II c 1560; — nach Abtretung der Forderung II a 824; — einer kraft Gesetzes erfolgten Übertragung der Hypothekforderung III 1178, 1183; — in Prozessen der Ehefrau IV 317; — A. ohne Rechtsgrund II c 1671, 1673; — rechtliche Natur des gerichtlichen A. II c 1550.
Anerkennung des Anspruchs: Unterbrechung der Verjährung I 811; — vertragsmäßige Anerkennung eines verjährten Anspruchs I 830, 833; — eines Anspruchs während der Erbengemeinschaft V 377; — A. der Ehelichkeit IV 879; — Anfechtung der Anerkennung IV 882; — A. während des Anfechtungsprozesses IV 874, 876; — Ausschluß einer Bedingung oder Zeitbestimmung I 650; — A. der Empfangsberechtigung des Gläubigers hinsichtlich einer hinterlegten Sache II a 723; — des Nichtbestehens eines Schuldverhältnisses II a 780; — Bereicherungsanspruch II c 1671; — einer letztwilligen Verfügung V 480; — der Schlußrechnung des Vormundes IV 1611; — des Testaments durch den Vormund IV 1492.
— A. ausländischer juristischer Personen VI b 134; — Wirkungen der A. VI b 136; — A. ausländischer j. P. öffentlichrechtlichen Charakters VI b 139; — der Rechtsfähigkeit ausländischer Staaten VI b 139; — ausländischer Kirchen VI b 140; — ausländischer Körperschaften VI b 140; — ausländischer rechtsfähiger Vereine VI b 120, 156.
— der unehelichen Mutterschaft IV 1265.
— der unehelichen Vaterschaft IV 1257; — der u. Vaterschaft durch den Erben des Vaters V 14; — zu dem durch nachfolgende Ehe legitimierten Kinde IV 1273; — Voraussetzung der Ehelichkeitserklärung IV 1282; — Eintragung der A. ins Geburtsregister IV 1198, 1264, VI a 78; — der unehelichen Vaterschaft nach franz. u. bad. Recht VI a 565, 568; — räumlich anzuwendendes Recht VI b 508, 520, 522, 531.
— inländischer Urteile in Ehesachen im Ausland VI b 262; — ausländischer Urteile in E. im Inland VI b 264, 459, 819; — inländischer Scheidungsurteile im Ausland VI b 402; — ausländischer Scheidungsurteile im Inland VI b 408; — Verweigerung der A. VI b 408, 410; — wegen Verstoß gegen die guten Sitten, gegen den Zweck deutscher Gesetze VI b 410, 819; — mangels Verbürgung der Gegenseitigkeit VI b 413; — Folgen der A. für deutsche Eheleute VI b 416; — Folgen der Verweigerung der A. VI b 417; — ausländischer Urteile in Nachlaßsachen VI b 689; — in Vaterschafts- und Unterhaltssachen VI b 541, 828.
Anerkennungsvertrag II a 692, 780; — Verhältnis zum Schuldanerkenntnis II c 1550.
Anfall der Erbschaft V 80; — bei Mehrheit von Erben V 83; — bei bedingter oder befristeter Erbeinsetzung V 81; — bei Ausschlagung durch den zuerst Berufenen V 113; — A. an den Nacherben V 82, 523, 569; — infolge Erbunwürdigkeit des zunächst Berufenen V 1007; — der Erbschaft, Anwendung des bisherigen Rechts VI a 582; — des Vermächtnisses V 580, 617, 618; — des in einem gemeinschaftlichen Testament angeordneten Vermächtnisses V 816; — des in einem Erbvertrage den Ehegatten angeordneten, nach dem Tode des Überlebenden zu erfüllenden V 848.
Anfang des Monats I 758.
Anfangstermin bei letztwilligen Zuwendungen an die gesetzlichen Erben V 460; — an Abkömmlinge eines Dritten V 465; — an Verwandte V 461; — bei Rechtsgeschäften I 672; — Beweislast I 662; — bei unmöglichen Leistungen II a 409; — bei Verträgen, die gegen die guten Sitten verstoßen II a 412; — A. beim Vermächtnis: Anfall des letzteren V 617, 618; — Dauer der Wirksamkeit V 597, 598; — Einfluß des A. auf die Verjährung I 791.
Anfechtbarkeit: Begriff I 407; — kein Verjährungshindernis I 798; — des Kausalgeschäfts, der dinglichen Einigung III 116, 421; — der Forderung, Einfluß auf die Hypothek III 982; — A. der Hypothek III 983; — der nach irrtümlicher Todeserklärung des früheren Ehegatten geschlossenen neuen Ehe IV 151; — A. des Verlöbnisvertrages IV 17.
Anfechtung: rechtliche Natur des Anfechtungsrechts I 407, 599; — Wirkungen I 407, 408; — Anfechtungsgründe I 408; — Einfluß auf Rechtsverhältnisse Dritter I 596; — Gläubigeranfechtung I 409; — Ausschluß einer Bedingung bei der Erklärung I 650; — Beginn der Verjährung durch A. bedingter Ansprüche I 794; — Abtretbarkeit des Anfechtungsanspruches II a 788; — Vererblichkeit des Anfechtungsrechts I 599.
— A. der Annahme an Kindes Statt und der erforderlichen Einwilligungserklärungen IV 1327; — der Aufhebung des Rechtsverhältnisses IV 1330, 1350, 1352.
— A. der Annahme und Ablehnung der fortgesetzten Gütergemeinschaft IV 535.
— A. der Annahme oder Ausschlagung der Erbschaft, Gründe V 116; — Frist V 116; — Form V 118; — Wirkung V 120; — A. der Versäumung der Ausschlagungsfrist V 95, 119; — A. der Ausschlagung der Erbschaft durch den Konkursverwalter oder einen Gläubiger des Erben V 99; — der Annahme und Ausschlagung des Vermächtnisses V 622; — durch den Pflichtteilsberechtigten V 623, 624, 916; — A. der Annahme oder Ausschlagung von Erbschaft oder Vermächtnis durch den Pflichtteilsberechtigten V 916.
— der Annahme des Vertragsantrags I 632; — A. der Ausstellung von Inhaberschuldverschreibungen II c 1618; — A. der Bestimmung

der Leistung durch einen Dritten II a 452.
— der Besitzübertragung III 25.
— **der Ehe**: Bedeutung der Anfechtbarkeit IV 94, 96; — Gründe IV 94, 111; — im einzelnen: arglistige Täuschung IV 121; — Drohung IV 123; — Irrtum über die Person oder Eigenschaften des anderen Ehegatten IV 115; — Mangel des Eheschließungswillens IV 113; — Mangel der Einwilligung des gesetzlichen Vertreters zur Eheschließung oder Bestätigung IV 112; — irrtümliche Todeserklärung des früheren Ehegatten IV 153, 154; — Zwang IV 123; — Unvererblichkeit des Rechts V 16; — räumlich anzuwendendes Recht VI b 234, 371; — Zuständigkeit deutscher Gerichte für A. d. E. von Ausländern VI b 262.
— Geltendmachung der Anfechtbarkeit IV 95; — durch den in der Geschäftsfähigkeit beschränkten Ehegatten I 54; — Zulässigkeit von Stellvertretung IV 125; — Form: bei Lebzeiten beider Ehegatten IV 133; — nach dem Tode eines Ehegatten IV 136; — nach Aufhebung der ehelichen Gemeinschaft IV 819, 831; — Frist IV 130; — A. nach Fristablauf nach Wegfall der Geschäftsunfähigkeit des Anfechtungsberechtigten IV 133.
— Wirkung, Nichtigkeit der Ehe IV 138; — Einfluß der Anfechtbarkeit auf die Scheidung und umgekehrt IV 720; — Recht des Anfechtungsberechtigten in vermögensrechtlicher Beziehung und hinsichtlich des Unterhalts IV 143, 148; — rechtliche Stellung der Kinder IV 1192; — Einfluß der Anfechtbarkeit der Ehe der Eltern auf die Aussteuerpflicht gegenüber der Tochter IV 956; — der Anfechtbarkeit der Ehe der Tochter IV 961; — Unterhaltspflicht und Stellung der Kinder bei A. wegen irrtümlicher Todeserklärung des früheren Ehegatten IV 155; — Wirkung gegenüber Dritten IV 140; — Wirkung für die durch die Ehe legitimierten Kinder IV 1277; — Heilung IV 99.
— Ausschluß der Anfechtung durch Genehmigung oder Bestätigung IV 127; — Anhörung von Verwandten und Verschwägerten des Mündels vor Ersetzung der Genehmigung IV 1557; — Ausschluß durch Auflösung der Ehe IV 129; — Aufhebung der Wirkung der A. durch Zurücknahme der Anfechtungsklage, Genehmigung oder Bestätigung der Ehe IV 134; — anzuwendendes Recht IV 37, 99; — A. einer vor dem 1. Januar 1900 geschlossenen Ehe VI a 532; — Fristbeginn für die A. vor dem 1. Januar 1900 geschlossener Ehen VI a 532.
— **der Ehelichkeit** (siehe auch „Ehelichkeit, Unehelichkeit") IV 864; — räumlich geltendes Recht VI b 446, 449, 459; — ausländisches Recht VI b 450; — der Anerkennung der Ehelichkeit IV 882; — der Anerkennung der unehelichen Vaterschaft IV 1261, 1262; — des Antrages auf Ehelichkeitserklärung und der erforderlichen Einwilligungserklärungen IV 1288; — Verjährung der Ansprüche aus der A. I 795; — Zuständigkeit deutscher Gerichte für A. d. E. von Ausländern VI b 460.
— der Entmündigung: Einfluß auf Rechtsgeschäfte des Entmündigten und seines Vertreters I 449; — A. eines Ehevertrages wegen Benachteiligung der Gläubiger IV 398; — A. des Erbschaftserwerbes wegen Erbunwürdigkeit V 999, 1003; — des Anspruchs aus dem Vermächtnis hiewegen V 616, 1009.
— **des Erbvertrages** V 849; — des zweiseitigen Erbvertrags V 880; — Anfechtungsberechtigter V 849; — Anfechtungsgegner V 851; — Anfechtungsgründe V 849, 851; — A. durch den Erblasser: Form V 849, 851; — Ausschluß der Stellvertretung V 852; — Einfluß der Geschäftsunfähigkeit oder Beschränkung der Geschäftsfähigkeit V 852; — Frist für die A. V 853; — Wirkung V 852; — beim gegenseitigen Erbvertrag V 879; — Bestätigung des anfechtbaren Erbvertrags V 851, 855; — auf die A. anzuwendendes Recht V 852; — Verlust des Anfechtungsrechts Dritter V 855; — A. der Aufhebung eines Erbvertrags durch Vertrag V 870; — A. des Erbverzichtsvertrages V 1013.
— **des Pflichtteilsanspruchs** wegen Unwürdigkeit des Pflichtteilsberechtigten V 1009; — des Pflichtteilsergänzungsanspruchs V 1010.
— **letztwilliger Verfügungen**: Anfechtungsberechtigter V 485; — Vererblichkeit und Übertragbarkeit des Anfechtungsrechts V 486, 487; — Anfechtungsgründe V 477, 478; — Form des A. V 487; — Frist V 488; — Wirkung V 479, 485; — Verzicht und Vergleich V 479; — Verweigerung der Leistung durch den Beschwerten nach Ablauf der Anfechtungsfrist V 489; — A. des eigenhändigen Testaments V 751; — A. des korrespektiven Testaments V 828, 830; — räuml. anzuwendendes Recht VI b 670, 677; — zeitlich geltendes Recht VI a 591, 592; — A. von Rechtsgeschäften des Erben nach Anordnung der Nachlaßverwaltung V 246; — A. während der Erbengemeinschaft V 374; — des Vermächtnisanspruchs wegen Unwürdigkeit des Vermächtnisnehmers V 999, 1009; — A. der Erfüllung des Vermächtnisses V 615; — Verweigerung der Leistung aus dem anfechtbaren Vermächtnis nach Ablauf der A.-Frist V 489.
— A. des Prozeßvergleichs II c 1544; — von familienrechtlichen Rechtsverhältnissen, Verjährung I 794.
— **von Rechtsgeschäften**: Begriff der Anfechtbarkeit I 407; — rechtliche Natur I 599; — Unwiderruflichkeit der A.-Erklärung I 597, 599; — Anfechtungsgründe I 408, 595; — Ausschluß von Bedingungen bei der A.-Erklärung I 598, 650; — Gegenstand I 595; — Vollzug I 597; — Anfechtungsberechtigter I 599; — von Rechtsgeschäften im gesetzlichen Güterstand IV 322; — Anfechtungsgegner I 597, 599; — Anfechtungsgegner nach Abtretung der Forderung II a 820; — nach Schuldübernahme II a 883; — Ausschluß der Anfechtung nach Bestätigung des Rechtsgeschäfts I 602; — Wirkung der Anfechtung I 593; — Einfluß der A. auf Rechtsverhältnisse Dritter I 596; — Bestätigung anfechtbarer Rechtsgeschäfte I 408, 602; — Beweislast für die Anfechtbarkeit I 603; — A. der

Annahme des Vertragsantrags I 632; — A. des Kaufvertrags, Verhältnis zum Gewährleistungsanspruch II b 122; — A. des obligatorischen Kausalgeschäfts I 407; — Erstreckung der A. des obligatorischen Kausalgeschäfts auf das dingliche Übereignungsgeschäft I 594; — A. der Zustimmung zu einem Rechtsgeschäft I 744; — Rückforderung der Leistung wegen ungerechtfertigter Bereicherung II c 1683, 1686, 1693; — Einfluß der Anfechtbarkeit auf die Verpflichtung des Bürgen II c 1497; — Schadensersatz bei anfechtbaren Verträgen II a 134, II c 1752; — Einfluß der A. auf den Anspruch des Mäklers II c 1047; — Eigentumserwerb auf Grund eines anfechtbaren Rechtsgeschäfts III 474.

— A. von Rechtsverhältnissen I 408.

— A. der Bevollmächtigung I 705; — der Nießbrauchbestellung III 839, 868; — von Schenkungen II b 294, 306; — A. des abstrakten Schuldversprechens II c 1557; — des Schuldanerkenntnisses II c 1565; — A. der Schuldübernahme II a 866, 870; — des auf Grund Abrechnung erfolgten Schuldversprechens, -Anerkenntnisses II c 1569; — der Sicherheitsleistung des Mannes gegenüber der Frau IV 295; — A. der Vertragsstrafe II a 605; — A. des Vergleichs II c 1539, 1543; — des Verlöbnisses IV 17; — des Verzichts auf den Anteil der fortgesetzten Gütergemeinschaft IV 557; — A. der Vollmacht I 705; — A. der Wiederherstellung der ehelichen Gemeinschaft IV 834.

— **von Willenserklärungen**: wegen Irrtum I 472; — Schadensersatzpflicht I 496; — wegen unrichtiger Übermittelung der Erklärung I 492; — Voraussetzungen der Wirksamkeit der A. I 494; — A. wegen widerrechtlicher Drohung I 500, 502; — wegen arglistiger Täuschung I 500, 508; — Anfechtungsfristen I 494, 516; — Unterschied der A. einer Willenserklärung vom Rücktritt vom Vertrag II a 611; — A. konkludenter Willenserklärungen I 454; — Anfechtungsrecht des Vertretenen bei Stellvertretung I 695; — A. der Zustimmung zu einem Rechtsgeschäft I 744.

Anfechtungsfrist bei Anfechtung der Annahme und Ausschlagung der Erbschaft V 116; — für Anfechtung der Ehe IV 130; — der Ehelichkeit IV 870; — der Anerkennung der Ehelichkeit IV 882; — für Anfechtung des Erbschaftserwerbs wegen Erbunwürdigkeit V 1003; — des Vermächtnisanspruches V 1010; — des Erbvertrags V 853; — von letztwilligen Verfügungen V 488; — bei Anfechtung von Willenserklärungen wegen Irrtums und falscher Übermittlung I 494; — wegen Täuschung und Drohung I 516.

Anfechtungsgesetz: Verhältnis zum § 826 BGB. II c 1841; — Verwandtschaft und Schwägerschaft i. S. desselben VI a 33, 34.

Anfechtungsklage hinsichtlich der Ehe IV 95, 133; — der Ehelichkeit IV 874; — der Anerkennung der Ehelichkeit IV 882; — hinsichtlich der Entmündigung: Einfluß auf Rechtsgeschäfte des Entmündigten oder seines Vertreters I 449; — Kostenvorschuß an den Mündel zur Durchführung I 83; — hinsichtlich der Erbunwürdigkeit V 1005; — hinsichtlich der Todeserklärung, Einfluß auf eine nach Todeserklärung von dem anderen Ehegatten geschlossenen Ehe IV 149; — Unzulässigkeit der Wiederverheiratung während schwebenden Anfechtungsprozesses IV 152; — Unverjährbarkeit der A. I 771.

Anfechtungsrecht: Ausschluß der Übertragung II a 806; — Unverjährbarkeit des A. nach § 41 KO., § 12 AnfG. I 772.

Anfechtungsrechte: Vormerkung im Grundbuch III 175, 176.

Angebot der Leistung, Voraussetzung des Gläubigerverzugs II a 365, 366; — Erfordernis ordnungsmäßigen A. II a 365, 370; — wörtliches A. II a 372; — Kosten erfolglosen A. II a 386.

Angebotstheorie bei Schuldübernahme II a 871.

Angehörige i. S. der Reichsgesetze VI a 36; — i. S. des StGB. IV 2; — Verlobte IV 15.

Angeld II a 575.

Angemessenheit des Preises: Beweislast beim Kauf II b 28; — beim Werkvertrag II c 949.

Angestellte: Haftung des Geschäftsherrn für deren Verschulden II c 1855, 1856; — gewerbliche, Verhinderung an der Dienstleistung II b 836; — Verjährung ihrer Ansprüche I 779, 786; — letztwillige Zuwendungen an A. V 466; — A. höherer Art: Kündigung des Dienstverhältnisses II b 888; — außerordentliche K. II b 907; — Folge derselben II b 909.

Angriff: Verteidigung gegen einen rechtswidrigen A. I 842.

Anhalt: Ausführungsgesetze zum BGB. VI a 104.

Anhörung: des Beistandes vor Genehmigung von Rechtsgeschäften der Mutter IV 1165, 1167; — A. der Beteiligten vor Entscheidung über Außerkraftsetzung von Anordnungen des Erblassers über die Nachlaßverwaltung des Testamentsvollstreckers V 705; — vor Ernennung des Testamentsvollstreckers V 645, 666; — A. Dritter vor Erteilung eines Erbscheins V 1048, 1052; — A. der Erben vor Nachlaßauseinandersetzung durch den Testamentsvollstrecker V 676; — A. des Erben vor Ausstellung des Zeugnisses über Ernennung eines Testamentsvollstreckers V 1072; — vor Nachlaßauseinandersetzung durch den Testamentsvollstrecker V 676; — A. des Gegenvormunds vor Genehmigung von Rechtshandlungen des Vormunds IV 1505; — vor der Bewilligung, Änderung, Entziehung des Honorars des Vormunds IV 1534; — des Gemeindewaisenrats vor Auswahl des Vormunds IV 1387; — vor Ernennung von Familienratsmitgliedern IV 1579; — A. des Mündels vor Rechtshandlungen des Vormunds IV 1505; — des volljährigen Mündels IV 1621; — A. des Nachlaßgläubigers vor Bestimmung einer neuen Inventarfrist V 283; — des Testamentsvollstreckers vor Entlassung V 719, 724; — des Vaters vor Maßregeln des Vormundschafts-

gerichts in bezug auf die elterliche Gewalt IV 1130.
— A. von Verwandten und Verschwägerten des Kindes IV 1130; — vor Ersetzung der elterlichen Einwilligung zur Eheschließung IV 49; — vor Erteilung der Genehmigung zu Rechtshandlungen des Vaters IV 1046.
— von Verwandten und Verschwägerten des Mündels in wichtigen Angelegenheiten IV 1557; — vor Ernennung von Familienratsmitgliedern IV 1579; — vor Anordnung der Fürsorgerziehung IV 1132.
Ankaufsrecht II b 15, 264, 276.
Anknüpfungspunkte, -mittel der Kollisionsnormen VI b 4; — der Kollisionsnormen für juristische Personen VI b 123.
Ankündigung der Leistung durch den Schuldner II a 379.
Anlagen: Errichtung neuer durch den Nießbraucher III 846; — zur Gewinnung von Bodenbestandteilen: Errichtung durch den Nießbraucher III 845; — Bewirtschaftung durch denselben III 847; — A. auf dem mit einer Grunddienstbarkeit belasteten Grundstück: Erhaltungspflicht des Berechtigten III 809, 812, 814; — vertragsmäßige Regelung der Erhaltungspflicht III 812; — Erhaltung baulicher Anlagen III 814; — Übergangsvorschriften VI a 511; — Verjährung des Anspruchs auf Beseitigung beeinträchtigender Anlagen III 822; — auf dem Nachbargrundstück: Verbietungsrecht des Nachbarn III 313, 327; — Unverjährbarkeit des Anspruchs III 385; — Abstand von der Grenze nach Landesrecht VI a 319, 320, 322; — A. auf dem öffentlichen Gebrauche dienenden Grundstücken, Haftpflicht des Unternehmers VI a 267; — Nutzungen an wirtschaftlichen A. VI a 429; — des Protokolls über Testamentserrichtung V 777.
Anlandung VI a 146, 148; — Besitzerwerb III 70.
Anlegung des eingebrachten Frauenvermögens IV 255; — bei Errungenschaftsgemeinschaft IV 628; — des eingezogenen Kapitals beim Nießbrauch an einer Forderung III 890; — des Grundbuchs VI a 496; — Rechtszustand bis zu derselben VI a 504; — Zeit der Vollendung III 96.
— von Kindergeld durch den Vater IV 1055; — durch die Mutter und den Beistand IV 1168.
— von Mündelgeld: Pflicht des Vormunds IV 1441; — Art der A. IV 1443, 1452, 1458; — Gestattung anderer Anlegung IV 1461; — bei Sparkassen VI a 253; — nach Landesrecht VI a 577; — Ausschluß der A. bei Hinterlegungsstellen VI a 381; — Umwandlung einer vorhandenen Anlage IV 1454; — Genehmigung der Anlage durch den Gegenvormund oder das Vormundschaftsgericht IV 1460; — Beschränkungen des Vormunds hinsichtlich des angelegten Geldes IV 1458, 1460; — Befreiungen des Vormunds hinsichtlich der A. durch den Vater IV 1569; — durch die Mutter IV 1571; — Befreiungen des Vaters und der Mutter als Vormund eines Volljährigen IV 1627; — Annahme zurückgezahlten Geldes IV 1468; — A. nach den Vorschriften über A. von Mündelgeld außerhalb des Vormundschaftsrechts IV 1455; — A. von Geld des Pfleglings IV 1670; — von Geld im Falle einer Nacherbfolge V 550; — Befreiung von der Verpflichtung V 566, 567.
Anleiheablösungsgesetz II c 1600.
Anleihezeichnung, Rechtsnatur II b 9.
Anlieger von Straßen, Rechte III 102, 295, 337, 804.
Anmeldung von Ansprüchen gegen den Verein: Aufforderung zur A. bei Vereinsauflösung I 256; — von Erbrechten: Aufforderung vor Feststellung des Erbrechts des Fiskus V 152; — vor Ausstellung des Erbscheins V 1049; — im Aufgebotsverfahren zur Ermittelung der Nachlaßgläubiger V 186; — Aussetzung der Nachlaßauseinandersetzung bis zur Beendigung des Aufgebotsverfahrens V 397; — A. der Nachlaßforderungen nach Aufforderung durch einen Miterben V 439, 442; — Aussetzung der Nachlaßauseinandersetzung bis zum Ablauf der Anmeldungsfrist V 398; — A. im Konkurs: Unterbrechung der Verjährung I 813, 816; — Wegfall der Wirkungen I 823; — A. zum Vereinsregister: des Vereins I 185, 279; — von Änderungen des Vorstands I 295; — von Satzungsänderungen I 298; — der Vereinsauflösung I 301; — der Liquidatoren I 302; — Form der Anmeldungen I 302; — Form der Zulassung I 282; — Zurückweisung der Anmeldung, Anfechtung I 281; — Aussetzung der Entscheidung über die A. I 282.
Annahme des Amts als Testamentsvollstrecker V 653, 670; — der Anweisung II c 1582; — des Auftrags II c 1082; — stillschweigende Annahme desselben II c 1084.
— **der Erbschaft:** bisheriges Recht V 80, VI a 582; — räumlich geltendes Recht VI b 650; — rechtliche Natur V 88; — Unzulässigkeit von Bedingungen und Zeitbestimmungen I 650; — Ausschluß der Beschränkung auf einen Teil der Erbschaft V 88, 108; — teilweise A. bei Berufung zu mehreren Erbteilen V 109; — Form der Erklärung V 86, 87; — Legitimation zur A. V 88, 89; — Ausschluß von Bedingungen und Zeitbestimmungen V 89, 103; — Unwiderruflichkeit V 89; — Unwirksamkeit bei Irrtum über den Berufungsgrund V 106; — zeitliche Zulässigkeit V 89, 103; — Vermutung der Annahme nach Ablauf der Ausschlagungsfrist V 86; — Beweislast für A. und Verlust des Ausschlagungsrechts V 86; — A. als Voraussetzung des Antrags auf Angebot der Nachlaßgläubiger V 185; — für Geltendmachung der Nachlaßverbindlichkeiten V 121; — Wirkung V 90; — Verweigerung der Berichtigung von Nachlaßverbindlichkeiten bis zum Ablaufe von drei Monaten nach der A. V 310; — Mehrheit der Berufungsgründe V 105; — Mehrheit der Erbteile V 109.
— Anfechtung: Form V 118; — Frist V 116; — Anfechtungsgründe V 116; — Wirkung der-

selben V 120; — Sicherung des Nachlasses bei Ungewißheit über die A. V 126, 130; — A. durch die Frau im gesetzlichen Güterstand IV 329; — bei allgemeiner Gütergemeinschaft IV 457; — bei Errungenschaftsgemeinschaft IV 616, 619; — Haftung für entstehende Verbindlichkeiten im gesetzlichen Güterstand IV 350; — bei Gütergemeinschaft IV 473; — Recht des Abwesenheitspflegers zur A. IV 1655; — Anwendung des bisherigen Rechts VI a 582.

— **der Leistung** II a 669; — unter Vorbehalt II a 671; — Beweislast für Nichterfüllung II a 674; — Ablehnung wegen nicht rechtzeitiger Erfüllung nach rechtskräftiger Verurteilung II a 319; — keine Pflicht hiezu II a 369; — Unterbleiben der Annahme II a 366 (s. auch „Verzug des Gläubigers"); — Bedeutung der A. der Sache beim Kauf im Falle von Rechtsmängeln II b 70; — A. einer Leistung für den Mündel IV 1466, 1468; — einer mangelhaften Kaufsache II b 167; — einer mangelhaften Mietsache II b 433; — Ausschluß der außerordentlichen Kündigung II b 446; — A. der Schenkung II b 295, 304; — A. der Leistung während Erbengemeinschaft V 377.

— **eines Vermächtnisses** V 618, 622; — Form V 622; — Unwiderruflichkeit V 622; — Beschränkung auf einen Teil, auf eines von mehreren Vermächtnissen V 623; — Erstreckung auf die Anwachsung V 623; — A. des Vorausvermächtnisses V 589; — Anfechtung der A. des Vermächtnisses V 622; — Unzulässigkeit von Bedingungen und Befristungen I 650; — durch die Frau im gesetzlichen Güterstand IV 328; — bei allgemeiner Gütergemeinschaft IV 457; — bei Errungenschaftsgemeinschaft IV 619; — Haftung für Verbindlichkeiten infolge der Annahme im gesetzlichen Güterstand IV 350; — bei Gütergemeinschaft IV 473.

— **des Vertragsantrages** I 620; — unter Anwesenden und unter Abwesenden I 623; — bei Fristbestimmung I 626; — verspätete Annahme I 626, 628; — stillschweigende A. I 620, 629, 630; — Beurkundung der A. I 633; — Anfechtung der Annahme I 632.

— **an Bruders, an Schwesters Statt** VI b 601.

— **an Enkels Statt** IV 1300, VI b 601; — ausgeschlossen nach BGB. IV 1308, 1342.

— **an Erfüllungs Statt** II a 676; — Gewährleistung bei derselben II a 681.

— **an Kindes Statt** IV 1300; — Voraussetzungen: Übersicht IV 1303; — im einzelnen: Nichtvorhandensein ehelicher Kinder des Annehmenden IV 1306, 1310; — Vorhandensein eines angenommenen Kindes kein Hindernis IV 1310; — Alter des Annehmenden und Altersunterschied IV 1311; — Befreiung von Erfordernissen IV 1311; — Eintragung ins Geburtsregister IV 1305, 1306; — Einwilligung des Ehegatten des Annehmenden oder Anzunehmenden IV 1314, 1330; — nach Aufhebung der ehelichen Gemeinschaft IV 828; — — der Eltern des Anzunehmenden IV 1316, 1330; — räumlich geltendes Recht VI b 475, 545, 549, 552, 585; — Voraussetzungen und Form der Einwilligungserklärungen, Unzulässigkeit der Vertretung IV 1318; — Anfechtung der Einwilligungserklärungen IV 1327; — Einfluß des Mangels eines gesetzlichen Erfordernisses IV 1330; — Annahme als gemeinschaftliches Kind IV 1319, 1331; — A. durch den Vormund oder Pfleger des Anzunehmenden IV 1323.

— Form, Art und Weise: Vertrag IV 1303, 1306, 1308; — Abschluß IV 1320; — Ausschluß von Bedingungen und Zeitbestimmungen IV 1310; — Ausschluß der Vertretung IV 1320; — gesetzliche Vertretung IV 1320; — Abschluß des Vertrags bei Beschränkung eines Teils in der Geschäftsfähigkeit IV 1332; — nachträglicher Eintritt der Geschäftsunfähigkeit eines Beteiligten IV 1325; — Bestätigung des Annahmevertrags IV 1306, 1309; — Zuständigkeit IV 1309, VI b 595; — zeitliche Schranke der Zulässigkeit der B. IV 1324; — Erteilung und Versagung IV 1325; — Anfechtung des Annahmevertrags IV 1327; — Verjährung der Ansprüche aus der Anfechtung I 795; — Annahme mehrerer Kinder IV 1308; — A. von Ehegatten durch die nämliche Person IV 1316.

— Wirkungen IV 1303, 1331; — Änderung durch Vertrag IV 1348; — Eintritt der Wirkung IV 1325; — Erstreckung auf die Abkömmlinge des Angenommenen IV 1340; — Ausschluß der Nachlaßteilung vor der Bestätigung IV 1327; — Ehehindernis der Adoptivverwandtschaft IV 57, 1342, VI b 238, 595; — Wirkungen für den Annehmenden IV 1331; — elterliche Gewalt IV 1331, 1337; — Erwerb der elterlichen Gewalt durch die annehmende Frau IV 1105; — Unterhaltsgewährung IV 1344, 1346; — kein Erbrecht IV 1336; — Ausschluß des Nutznießungsrechts am Kindervermögen IV 1348; — Pflicht zur Aufnahme eines Vermögensverzeichnisses IV 1332, 1337; — Pflichten bei Verehelichung IV 1340; — Ausstattung des Kindes IV 972; — Aussteuerpflicht gegenüber der Tochter IV 956; — Verweigerung der Aussteuer IV 963; — keine wiederholte Aussteuerpflicht IV 964; — Einwilligung zur Eheschließung des angenommenen Kindes IV 47; — Einfluß auf die Berufung zur Vormundschaft IV 1378; — über Volljährige IV 1621, 1623; — für den Angenommenen: Ehehindernis IV 57, 1342, VI b 238, 595; — Wirkung der Übertretung des Eheverbotes IV 1352; — Verhältnis zu den Verwandten des Wahlvaters, anzuwendendes Recht VI b 593; — — zu den Eltern IV 1344; — Ende der elterlichen Gewalt der leiblichen Eltern IV 1135, 1344; — erbrechtliche Beziehungen IV 1336, 1342, V 33; — kein Erbrecht des Annehmenden IV 1336; — Ausschluß des Erbrechts gegenüber dem Annehmenden IV 1348; — Erbverzicht des Angenommenen V 1015; — Familienname des Angenommenen I 113, IV 1333; — Schwägerschaft IV 846, 1342; — Verwandtschaft IV 841, 1342; — Unfähigkeit der durch

die A. Verwandten zur Mitwirkung bei Testamentserrichtung V 755; — Adelserwerb IV 1304, 1336; — Adelsname I 105; — Einfluß auf Wohnsitz, öffentliche Fürsorge I 99, 101, IV 1303, 1304; — Einfluß auf die Staatsangehörigkeit VI a 59, VI b 593; — Einfluß auf religiöse Kindererziehung IV 1304, VI a 343; — Einfluß auf die Beziehungen zu den natürlichen Verwandten IV 1343.
Annahme an Kindesstatt: Wiederaufhebung: kraft Ges. durch Eheschließung IV 1303, 1352; — durch Vertrag IV 1303, 1349; — Ausschluß von Bedingungen und Zeitbestimmungen I 650, IV 1349; — analoge Anwendung von Vorschriften über die Annahme IV 1352; — Aufhebung nach dem Tode des Kindes oder des Annehmenden IV 1351; — Anfechtung des Aufhebungsvertrages IV 1350, 1352; — Wirkung der Aufhebung IV 1350; — für den Familiennamen des Kindes IV 1336, 1353. — Ausländisches Recht VI b 577, 600, 601; — bisheriges Recht IV 1300; — Übergangsvorschriften IV 1305; — internationales Privatrecht IV 1305; — räumlich geltendes Recht VI b 543, 577; — Qualifikation VI b 588; — Geltung des Heimatrechts des Annehmenden VI b 552, 579; — Geltung des Heimatrechts des Wahlkindes VI b 582; — für die Wirkungen der A. a. K. geltendes Recht VI b 588; — Einfluß des Staatswechsels VI b 586; — A. unehelicher Kinder VI b 496; — Rück- und Weiterverweisung VI b 601; — Vermerk im Geburtsregister VI b 599; — Wirkung der nach bisherigem Recht erfolgten VI a 531, 570; — A. im Sinne früherer Reichsgesetze VI a 35.
Annahmeort II a 218.
Annahmeverweigerung des Gläubigers II a 372.
Annahmeverzug II a 366; — siehe auch „Verzug des Gläubigers".
Annuitäten: Verjährung I 788.
Annuitätendarlehen: Eintragung im Grundbuch III 1219.
Annuitätenkapital III 960; — Nießbrauch daran III 888; — Entstehung der Eigentümerhypothek hinsichtlich einzelner Raten III 1213, 1270.
Anordnung der Einsetzung eines Familienrates IV 1574; — der Pflegschaft IV 1642, 1647, 1668; — der Nachlaßpflegschaft zur Sicherung des Nachlasses V 139; — zur gerichtlichen Geltendmachung eines Anspruchs gegen den Nachlaß V 143; — der Vormundschaft IV 1375.
Anordnungen eines Dritten über Verwaltung einer Vermögenszuwendung an das Kind IV 1045; — an den Mündel IV 1438; — des Erblassers in bezug auf Nachlaßauseinandersetzung V 401; — über Nachlaßverwaltung durch den Testamentsvollstrecker V 705; — Ausschluß oder Beschränkung der Auseinandersetzung V 395.
Anpreisungen beim Kauf II b 139.
Anrechnung auf den Anteil eines Abkömmlings bei Auseinandersetzung der fortgesetzten Gütergemeinschaft IV 573, 574; — des einem ausgeschlossenen Abkömmling bezahlten Betrages IV 594; — der Besitzzeit des Rechtsvorgängers bei Ersitzung III 499; — der Draufgabe auf die geschuldete Leistung II a 577; — auf die Schadensersatzleistung wegen Nichterfüllung II a 578; — A. des Ersparten usw. bei vom Gläubiger zu vertretender Unmöglichkeit der Leistung aus einem gegenseitigen Vertrag II a 491; — von Ersatzposten bei Auseinandersetzung der allgemeinen Gütergemeinschaft IV 508; — der fortgesetzten Gütergemeinschaft IV 569; — der Errungenschaftsgemeinschaft IV 664; — A. von Kranken- und Unfallversicherungsrenten auf den Lohn bei Verhinderung des Bediensteten an der Dienstleistung II a 828, 834; — A. einer Leistung auf eines von mehreren Schuldverhältnissen II a 685; — auf Zinsen und Kosten II a 689; — A. auf den Pflichtteil V 934, 974; — A. von Zuwendungen unter Lebenden auf den Erbteil V 405, 420.
Anrechnungs-, Ausgleichungspflicht: räumlich geltendes Recht VI b 652, 661, 687.
Anschwemmung: Besitzerwerb III 70; — Gegenstand der Nacherbfolge V 531.
Anspruch: Begriff I 769, II a 10.
Ansprüche: gegen den Nachlaß, keine Geltendmachung vor Erbschaftsannahme V 121; — Berichtigung zum Nachlaß gehöriger bei bestehender Erbengemeinschaft V 371; — des Mündels gegen den Vormund, Geltendmachung IV 1551; — der Frau gegen den Mann im gesetzlichen Güterstande, zeitliche Schranke der Geltendmachung IV 300; — vermögensrechtliche, von Beamten, Geistlichen, Lehrern VI a 194.
Anspruchskonkurrenz: Verjährung bei A. I 775.
Anspruchsverjährung I 762; — räumlich anzuwendendes Recht VI b 824; — siehe Näheres unter „Verjährung".
Anstalt (juristische Person): Begriff I 163; — des öffentlichen Rechts, Ersatzansprüche für gewährten Unterhalt VI a 259, 260; — gesetzliches Erbrecht an Stelle des Fiskus VI a 365; — Erwerb des Vermögens eines aufgelösten Vereins I 245, VI a 215; — einer Stiftung I 333; — Haftung aus Handlungen der Vorstände und Vertreter I 333; — gesetzliche Hypothek derselben III 995; — gesetzliche Sicherungshypothek VI a 231; — Verjährung von Ansprüchen I 779, 786; — Konkurs I 241, 333; — landesgesetzliche Vorschriften hinsichtlich ihrer Schuldverschreibungen VI a 255; — Teilung des ihr reallastpflichtigen Grundstücks VI a 316; — Vorrang ihrer Meliorationsdarlehen VI a 304; — Vorrechte ihrer Ablösungsrenten und Reallasten VI a 296, 302.
Anstaltsvormundschaft IV 999, 1375, VI a 357, 358, 361; — Anlegung von Mündelgeld IV 1441; — Bestellung eines Mitvormunds IV 1377; — Sondervorschriften IV 1545, 1604.
Anstandsrücksicht: Ausschluß der Rückforderung einer Leistung zur Erfüllung einer A. II c 1694, 1697; — bei Schenkungen: Ausschluß der Rückforderung und des Widerrufs der Sch. II b 339; — bei Sch. des Mannes aus dem Gesamtgut der allgemeinen Gütergemeinschaft

IV 447; — der Errungenschaftsgemeinschaft IV 619; — bei Schenkungen des Testamentsvollstreckers V 679, 689; — des Vaters aus dem Kindervermögen IV 1054; — bei Schenkungen des Vorerben V 533, 539; — des Vormunds aus dem Mündelvermögen IV 1439; — Einfluß von Schenkungen aus A. auf die Pflichtteilsberechnung V 981.

Ansteckende Krankheit: Testamentserrichtung bei Absperrung wegen a. K. V 783; — zeitliche Beschränkung der Wirksamkeit des Testaments V 785.

Ansteckung: Haftung aus A. beim Geschlechtsverkehr II c 1772.

Anstifter: Schadensersatzpflicht II c 1852; — gesamtschuldnerische Haftung II c 1953.

Anstößigkeit der Anwendung ausländischer Gesetze VI b 797, 806; — ausländischer Formvorschriften VI b 166, 188.

Anteil: Kauf eines A. einer Sache II b 23; — am Gesamtgut: Verfügungsrecht der Ehegatten IV 430; — Einfluß des Todes eines Ehegatten IV 528; — Ausschluß der Pfändung IV 432; — an Grundstücken des Mündels: Verfügungsbeschränkung des Vormunds IV 1486; — am Nachlaß, an einzelnen Nachlaßgegenständen, Begriff V 352; — Verfügungsrecht des Miterben über den A. am Nachlasse, Ausschluß der Verfügung über den A. an einzelnen Gegenständen V 354; — über einen Bruchteil des A. V 356; — Verfügungsrecht des Vaters über einen A. des Kindes IV 1057, 1062; — des Vormundes über einen A. des Mündels IV 1482, 1491; — Pfändbarkeit des A. V 359; — Vorkaufsrecht der Miterben beim Verkauf eines A. V 359, 363; — Weiterveräußerung durch den Erwerber V 364, 367.

Anteilsberechtigte Abkömmlinge siehe „Abkömmlinge".

Antennen: Duldung der Anbringung durch Vermieter II b 474.

Antichrese III 7, 964, 1409; — stillschweigende III 1409; — nicht eintragungsfähig III 101.

Antichretische Nießbrauchbestellung III 837.

Antichretisches Pfandrecht: Fortdauer VI a 517.

Antrag auf Eintragungen im Grundbuch III 93, 119.

Anträge an Behörden, der Genehmigung des Vormundschaftsgerichts bedürftige IV 1522.

Antragsprinzip des Grundbuchrechts III 92, 113, 119.

Anwachsung eines Anteils am Gesamtgut der fortgesetzten Gütergemeinschaft beim Tode eines Abkömmlings IV 553; — infolge Verzichts auf den Anteil IV 557; — A. des Anteils eines Gesellschafters II c 1356; — A. der Leibrente beim Tode eines Berechtigten II c 1437.

— **eines Erbteiles**: Begriff, Voraussetzungen, Ausschluß durch den Erblasser V 501; — Eintritt V 502; — A. im Falle der Ausschlagung eines Erbteils durch einen Ersatzerben V 113; — Erstreckung des Rechts des Nacherben auf den angewachsenen Erbteil V 529; — Ausgleichungspflicht im Falle der A. V 412, 502; — Wirkung hinsichtlich der Belastung V 502; — Haftung für Nachlaßverbindlichkeiten V 296; — Verhältnis zum Rechte des Ersatzerben V 504, 506; — A. im Falle der Ausschlagung eines Miterben V 113; — bei der Erbfolge aus einem Erbvertrage V 847; — Ausschluß des Erwerbs durch A. vom Erbschaftskauf V 1086; — räumlich geltendes Recht VI b 643; — zeitlich geltendes Recht VI a 582; — beim Vermächtnis: Erstreckung der Annahme oder Ausschlagung des ursprünglichen Vermächtnisses auf die A. V 623; — A. beim Vermächtnis desselben Gegenstandes an mehrere V 595; — Verhältnis zum Ersatzvermächtnis V 632.

Anwartschaft des Nacherben V 515; — A. auf ein Vermächtnis V 620.

Anwartschaften III 3.

Anweisung II c 1570; — Wesen II c 1577; — Verhältnis zu verwandten Rechtsgeschäften II c 1571; — Verhältnis zum Auftrag II c 1080; — Abschluß des Anweisungsgeschäfts II c 1580; — Annahme II c 1582; — Anzeigepflicht des Anweisungsempfängers von der Annahme oder Leistungsverweigerung des Angewiesenen, von Unterlassung der Geltendmachung II c 1589; — Aufforderung des Angewiesenen zur Zahlung II c 1590; — Aushändigung der Anweisung bei der Leistung II c 1585; — Wirkung der Anweisung II c 1580; — beteiligte Personen II c 1578; — Einwendungen des Angewiesenen gegenüber dem Anweisungsempfänger II c 1584; — im Falle der Übertragung der Anweisung II c 1593; — Form II c 1571, 1578; — Gegenstand II c 1576, 1579; — Geschäftsunfähigkeit eines Beteiligten II c 1592; — Regreß des Anweisungsempfängers bei Nichthonorierung der A. II c 1590; — Rückgabe der A. durch den Empfänger II c 1592; — Tod eines Beteiligten II c 1592; — Übertragung der A. II c 1593; — Vererblichkeit des Rechts aus der A. V 14; — Verjährung des Anspruches des Empfängers II c 1586; — Widerruf II c 1590.

— besondere Arten: A. auf Schuld II c 1586; — A. zur Tilgung einer Schuld gegenüber dem Empfänger II c 1588; — materielles Rechtsverhältnis zwischen den beteiligten Personen (Valuta-, Deckungsverhältnis) II c 1580; — kaufmännische A. II c 1572; — Verpfändung kaufmännischer A. III 1517; — Einfluß der Geldentwertung II a 80.

Anwenderecht III 362, VI a 323.

Anwesende: Vertragsabschluß unter A. I 623; — Zeitpunkt des Wirksamwerdens von Willenserklärungen unter A. I 456.

Anzeige von der Abtretung einer Forderung II a 788, 795; — Wirkung II a 843, 848; — Zurücknahme der Anzeige II a 844, 847; — des Erbschaftsverkaufs an das Nachlaßgericht V 1095; — A. von der Abtretung von Gehaltsansprüchen usw. Beamter II a 850; — von der Annahmeweigerung des Angewiesenen II c 1589; — von der Ablehnung eines Auftrags II c 1086; — A. von Abweichung von Weisungen des Auftraggebers II c 1090; — von der Ent-

scheidung der Bedingung I 664; — bei einem auf Geschäftsbesorgung gerichteten Dienst- oder Werkvertrag II c 1116; — A. an den Bürgen von seiner bevorstehenden Inanspruchnahme bei zeitlich beschränkter Bürgschaft II c 1520; — des Fundes III 547, 548, 553; — A. an den Gastwirt vom Verlust oder der Beschädigung eingebrachter Sachen II c 1188; — von der Geschäftsführung ohne Auftrag II c 1137; — A. von der Hinterlegung II a 711, 725; — an den Hypothekengläubiger vom Eintritt durch Versicherung gedeckten Schadens III 1079; — A. von Mängeln der Kaufsache, Einfluß auf die Verjährung der Ansprüche hiewegen II b 211; — auf die Aufrechnung mit Schadensersatzansprüchen II b 215; — von Gewährsmängeln beim Viehkauf II b 233; — Kosten der Anzeige II b 240; — A. von Mängeln und gefahrdrohenden Zuständen des Mietobjekts II b 450, 451; — von der Veräußerung desselben, Bedeutung für die Mietzinszahlung II b 582; — A. des Eintritts der Nacherbfolge V 579; — des Nießbrauchers von Schäden der Sache, von Beeinträchtigung im Recht III 849, 850; — des Pfandgläubigers von drohendem Verderb des Pfandes III 1414; — A. der Verpfändung einer Sache an den Besitzer III 1390, 1394; — der Verpfändung einer Forderung III 1499; — A. von Änderungen in der Verwahrung II c 1162; — von Todesfällen V 132; — vom Tode des Beauftragten II c 1109; — vom Tode eines Gesellschafters II c 1315; — vom Erlöschen der Vollmacht I 713, 715; — A. von Überschreitung des Voranschlags beim Werkvertrag II c 1016; — A. von der Annahme- oder Zahlungsweigerung des Angewiesenen II c 1589; — A. an den Vorkaufsberechtigten II b 283; — an das Vormundschaftsgericht: des Gemeindewaisenrats in Angelegenheiten der elterlichen Gewalt IV 1134; — in Vormundschaftssachen IV 1563; — A. des Beistands IV 1165; — des Gegenvormunds von Pflichtwidrigkeiten des Vormunds IV 1429; — A. von der Notwendigkeit einer Pflegschaft IV 1375, 1642; — im Falle des Ausschlusses der elterlichen Vermögensverwaltung am Erwerb des Kindes IV 1044; — von der Notwendigkeit einer Vormundschaft IV 1375; — vom Tode des Vormunds oder Gegenvormunds IV 1376, 1429, 1617; — von der Wiederverehelichung des überlebenden Ehegatten IV 559; — von der Verehelichung des Adoptivvaters IV 1340; — des als Vormund bestellten Elternteils IV 1555.

Anzeigenvertrag II c 940.

Anzeigepflicht hinsichtlich Unmöglichkeit der Leistung II a 261, 281; — des Standesbeamten von der Verehelichung der Mutter minderjähriger Kinder IV 81.

Apotheker: Verjährung ihrer Ansprüche I 782.

Äquivalenztheorie II a 46.

Arbeit im Haushalt, im Geschäft: Pflicht der Ehefrau IV 181; — keine Pflicht des Mannes zur A. im Geschäfte der Frau IV 183; — Pflicht des ehelichen Kindes IV 946.

Arbeiter: Haftung des Geschäftsherrn für deren Verschulden II c 1856; — Verjährung ihrer Ansprüche I 779, 786.

Arbeiterräte: Beamteneigenschaft II c 1930.

Arbeitervereine I 284.

Arbeiterversicherung: Verhältnis zum Anspruch auf Ersatz immateriellen Schadens wegen unerlaubter Handlung II c 1988.

Arbeitgeber: Verjährung ihrer Ansprüche I 779, 786.

Arbeitsämter: rechtliche Stellung II c 1036.

Arbeitsbuch für den minderjährigen Arbeiter I 447, IV 995, VI a 46, 51.

Arbeitseinstellung: Vereine zur Erlangung günstigerer Lohn- und Arbeitsbedingungen durch A. I 284.

Arbeitsgeräte der Frau: Eigentumsvermutung IV 211; — Übernahme bei Auseinandersetzung der Gütergemeinschaft IV 509; — der Errungenschaftsgemeinschaft IV 664; — Vorbehaltsgut IV 225; — Herausgabe bei tatsächlicher Trennung der Ehegatten IV 208; — des Kindes: freies Vermögen IV 1075.

Arbeitsgerichte II c 1766.

Arbeitskämpfe II b 725, 1826.

Arbeitskraft: Zivilrechtsschutz II c 1778.

Arbeitslohn: gesetzliche Vorschriften II b 691; Beschränkung der Aufrechnung gegen Ansprüche auf A. II a 767; — Aufrechnung mit Ansprüchen aus A. II a 773; — Pfändung II b 691; — Pfändung für Unterhaltsansprüche IV 896; — Vergleich über den Lohnanspruch — II c 1538; — Verjährung I 779, 786.

Arbeitsräume: Einrichtung für Bedienstete II b 843, 847.

Arbeitsverdienst der Frau: Errungenschaft IV 632; — Vorbehaltsgut IV 228; — Zuschuß zum ehelichen Aufwand bei Gütertrennung IV 383; — zum Unterhalt von Kindern nach Ehescheidung IV 816; — des Kindes: freies Vermögen I 439, 447, IV 1076.

Arbeitsvermittlung II c 1034.

Arbeitsvertrag: Begriff II b 683; — abhängiger A. II b 687, 689; — Arten II b 706; — Stellung im Arbeitsrecht II b 716; — Bestimmung des Inhalts II b 736; — gewerblicher VI a 47; — A. des Minderjährigen I 444; — über persönliche Leistungen der Ehefrau IV 192; — des Mündels: Abschluß durch den Vormund IV 1482, 1494; — Anhörung des Mündels vor der Genehmigung durch das Vormundschaftsgericht IV 1505; — des Kindes: Abschluß durch den Gewalthaber IV 1063; — Haftung des Kindes für Verbindlichkeiten aus denselben IV 1094.

Arbeitszeit des Dienstverpflichteten II b 770; — Arbeitszeitschutz II b 720, 770.

Arbeitszeugnis beim Dienstvertrag II b 918.

Arbitrageklausel II b 128.

Argentinien: über den Güterstand geltendes internationales Privatrecht VI b 308.

Arglist: Einrede der A. gegenüber der Verjährungseinrede I 834; — A. der Berufung

auf Formnichtigkeit eines Rechtsgeschäfts I 525; — Einrede der A. im Sachenrecht III 3; — gegenüber dem Herausgabeanspruch III 588; — Einfluß auf letztwillige Verfügungen nach bisherigem Rechte VI a 592.

Arglistige Täuschung: Anfechtung der Ehe I 515, IV 121; — Anfechtungsfrist IV 123, 130; — Anfechtung nach Fristablauf IV 133; — Ausschluß wegen Bestätigung der Ehe IV 127; — Anfechtung des Antrags auf Ehelichkeitserklärung, der Einwilligungserklärungen IV 1288; — Anfechtung der Anerkennung der Ehelichkeit IV 882; — Anfechtung der Annahme oder Ausschlagung der Erbschaft V 116; — der Versäumung der Ausschlagungsfrist V 118; — Anfechtung des Erbvertrages V 849, VI b 677; — Frist für dieselbe V 853; — Anfechtung der Bestimmung der Leistung durch einen Dritten wegen a. T. II a 452; — Anfechtung letztwilliger Verfügungen I 515, V 477, 483, VI b 670; — Anfechtung des Verlöbnisses IV 17; — Anfechtung des Vergleichs II c 1541.

— **Anfechtung von Willenserklärungen** I 500; — Begriff der Täuschung I 508; — Verhältnis zur Irrtumsanfechtung I 511; — Wirkung I 510; — Anfechtungsberechtigter I 511; — Voraussetzungen in der Person des Täuschenden I 511; — Anfechtungsfrist I 516; — Wirkung der erfolgten Anfechtung I 510; — Schadensersatzpflicht I 512, 513; — Ansprüche wegen ungerechtfertigter Bereicherung I 515; — bei Bevollmächtigung I 706; — im Falle von Stellvertretung I 694, 695; — Erwirkung der Zustimmung zu Rechtsgeschäften I 744; — Erbunwürdigkeit wegen a. T. des Erblassers V 999, 1001, 1009; — Verhältnis der Haftung wegen unerlaubter Handlung zum Anfechtungsrecht II c 1753; — Verhältnis der Vorschriften über Anfechtung zum Gewährleistungsanspruch II b 123.

Arglistiges Verschweigen von Mängeln der Kaufsache: Nichtigkeit von Erlaß und Beschränkung der Gewährleistungspflicht bei Rechtsmängeln II b 80; — bei Sachmängeln II b 200; — Haftung trotz fahrlässiger Unkenntnis des Käufers von dem Mangel II b 147; — Schadensersatzanspruch statt Wandelung oder Minderung II b 159; — a. V. von Mängeln bei Gattungssachen II b 216, 217, 223; — Einfluß auf die Verjährung von Ersatzansprüchen II b 202, 212; — auf die Zulässigkeit der Aufrechnung mit Ersatzansprüchen II b 215; — a. V. von Gewährsmängeln beim Viehkauf II b 231, 233, 235; — a. V. von Mängeln bei der Leihe II b 642; — bei der Miete II b 435; — von Mängeln der vermachten Sache V 624, 626; — a. V. von Mängeln der geschenkten Sache II b 320; — von Mängeln im Recht bei der Schenkung II b 318; — bei Schenkung einer Erbschaft V 1098; — von Mängeln beim Werkvertrag II c 972.

Arme: letztwillige Zuwendungen an A. V 466.

Armenanstalten, -verbände, Erbrecht, Pflichtteilsrecht gegenüber Unterstützten VI a 367; — Erbrecht gemeindlicher Armenanstalten VI a 368; — Ersatzanspruch für gewährten Unterhalt IV 898, 910, 936, VI a 259; — Verjährung ihres Ersatzanspruches für geleisteten Unterhalt I 786.

Armenrecht IV 894; — Einfluß der Verleihung an das Kind auf die Haftung des Gewalthabers IV 1086; — für den Nachlaßpfleger V 137; — keine Bewilligung an den Nachlaßverwalter V 216; — an den Testamentsvollstrecker V 662.

Arrest: Erwirkung nach Ausübung des Selbsthilferechtes I 853; — gegen Erben vor Annahme der Erbschaft V 121.

Arresthypothek III 961, 963, 996, 1306; — keine Vormerkung III 175; — Ausschluß der Eintragung nach Konkurseröffnung III 136; — an Gesamtgrundstücken IV 444; — Überleitung VI a 516.

Arrestpfandrecht an Schiffen III 1471.

Arrestvollziehung: rechtliche Natur I 401; — — Einfluß eines gesetzlichen Veräußerungsverbotes I 561, 564; — eines behördlichen Veräußerungsverbotes I 566; — Einfluß der Rückwirkung der Genehmigung eines Rechtsgeschäfts auf Verfügungen im Wege der A. I 747; — Wirkung der während der Schwebezeit einer Bedingung vorgenommenen A. I 667; — Einfluß auf das Rücktrittsrecht II c 627; — auf das Wiederverkaufsrecht II b 269; — Einfluß der A. in die Kaufsache auf die Wandelung II b 179, 183; — Einfluß der A. auf Vormerkung im Grundbuch III 166, 175, 184; — A. in das Erbbaurecht, Einfluß der Veräußerungs- und Belastungsbeschränkung III 694, 697; — in den Nachlaß: Einfluß auf die aufschiebenden Einreden des Erben V 314; — A. in den Nachlaß nach Anordnung einer Nachlaßverwaltung V 241, 246; — Einfluß auf das Recht des Erben zur Herausgabe des Nachlasses an die Gläubiger beim Mangel an Masse zu einer Nachlaßverwaltung, einem Nachlaßkonkurs V 260, 264; — Wirksamkeit der A. in einen Erbschaftsgegenstand gegenüber dem Nacherben V 534, 545.

Arrha II a 575.

Arrogation IV 1300, VI a 571.

Artisten: Vertragsverhältnis II c 930, 940.

Artistenagenten II c 1060.

Ärzte: Beiziehung durch die Ehefrau IV 186; — Rechtsverhältnis zum Patienten II b 700, 701; — Verjährung ihrer Forderungen I 780, 786; — Ansprüche aus unaufgefordert geleisteter Hilfe II c 1128; — Ansprüche aus Geschäftsführung ohne Auftrag gegen den Ehemann aus Behandlung der Frau II c 1129; — Haftung aus Kunstfehlern II c 1750, 1790, 1793; — Haftung des Beschädigenden für Kunstfehler des vom Beschädigten zugezogenen Arztes II a 168; — Haftung aus Handlungen als Geschäftsführer ohne Auftrag (Behandlung Bewußtloser usw.) II c 1783; — Haftung aus Raterteilung II c 1119; — Haftung von Amtsärzten II c 1928; — Haftung aus Festhaltung Geisteskranker II c 1772; — Verkauf der Praxis II b 26; — Vereinigung von Ärzten

zur Berufsausübung I 184, II c 1196; — Fähigkeit zum Zeugnis bei Testamentserrichtung V 757.

Ärztliche Behandlung des Dienstpflichtigen II b 837, 840.

Aschenreste eines Verstorbenen, Verfügung über Aufbewahrung V 20, 22.

Assekuranzvertrag II c 1740.

Auditeure: Errichtung letztwilliger Verfügungen vor A. V 727, VI a 75.

Aufbewahrung (siehe auch „Verwahrung") II c 1149; — Ersatz der Aufwendungen für A. bei Annahmeverzug II a 386; — Zurückweisung der Sicherheitsleistung durch bewegliche Sachen wegen Schwierigkeiten der A. I 860.

Aufbewahrungskosten: Versteigerung wegen unverhältnismäßiger A. statt Hinterlegung II a 728.

Aufenthalt: Begriff und rechtliche Bedeutung I 83, 84; — Anknüpfungspunkt der Kollisionsnormen VI b 5; — hinsichtlich der Rechtsverhältnisse der Staatenlosen VI b 772, 783; — A. des Kindes, Bestimmung durch den Inhaber der elterlichen Gewalt IV 998, 1007; — des Mündels: Bestimmung durch den Vormund IV 1431; — Anzeige des Wechsels beim Vormundschaftsgericht IV 1563; — des unehelichen Kindes IV 1211.

Aufenthaltsverbot: Einfluß auf den Wohnsitz I 91.

Aufforderung zur Erklärungsabgabe über die Ansprüche des Finders III 563; — zur Anmeldung von Erbrechten vor Feststellung des Erbrechts des Fiskus V 152; — vor Erteilung des Erbscheines V 1048, 1051; — zur Anmeldung von Forderungen gegen den Verein in Liquidation I 256; — A. der Nachlaßgläubiger zur Anmeldung ihrer Forderungen durch einen Miterben V 439, 442; — im Aufgebotsverfahren V 184; — A. des Eigentümers zur Genehmigung von Verwendungen auf die Sache III 614; — des Ehemannes zur Erklärung über Genehmigung von Rechtsgeschäften der Frau IV 304; — von Verfügungen des Mannes über Gesamtgut IV 451; — des anderen Kontrahenten zur Erklärung über Genehmigung des Vertrages eines Minderjährigen I 432, 434; — zur Erklärung über Genehmigung des vom Vertreter ohne Vertretungsmacht geschlossenen Vertrags I 724; — A. zur Herstellung der häuslichen Gemeinschaft IV 762; — des Gläubigers zur Vornahme zur Leistung des Schuldners notwendiger Handlungen II a 372; — an den Vormund zur Mitteilung der Genehmigung des Vormundschaftsgerichts IV 1512.

Aufgabe des Besitzes, der tatsächlichen Gewalt III 34; — des Besitzes an Grundstücken wegen Annahmeverzugs des Gläubigers II a 385; — des Eigentums, Natur als Rechtsgeschäft I 402; — des Eigentums an beweglichen Sachen III 539; — des Eigentums an Grundstücken III 429; — Form der Verpflichtung hiezu II a 429; — von Rechten an Grundstücken III 124; — von Rechten an Grundstücksrechten III 128.

Aufgabe vorbehalten, Bedeutung der Klausel I 616.

Aufgebot zum Ausschluß des Eigentümers eines Grundstücks III 426; — zum Ausschluß des Erbbauberechtigten III 715; — A. zum Ausschluß eines unbekannten Hypothekengläubigers III 1244, 1248; — bei der Hypothek für die Forderung aus einer Inhaberschuldverschreibung III 1319; — bei der Gesamthypothek III 1260; — bei der Grundschuld auf Inhaber III 1364; — zum Ausschluß des Reallastberechtigten III 956; — zum Ausschluß des unbekannten Schiffspfandgläubigers III 1478; — zum Ausschluß eines unbekannten Vorkaufsberechtigten III 936; — zum Ausschluß des unbekannten Gläubigers eines vorgemerkten Anspruchs III 198; — zum Zwecke der Eheschließung IV 31, 73; — Befreiung vom A. IV 86; — Zuständigkeit für die Befreiung von dem A. IV 86, VI a 77; — Unterlassung bei Erkrankung eines Verlobten IV 31, 73, VI a 77; — zur Kraftloserklärung von Inhaberschuldverschreibungen II c 1623, 1627; — von qualifizierten Legitimationspapieren II c 1644; — Ausschluß nach Landesrecht VI a 258; — ausgeschlossen bei Anweisung II c 1586; — zur Kraftloserklärung eines Hypothekenbriefes III 1202; — des Erben vor Erteilung des Erbscheines V 1048, 1051.

— **der Nachlaßgläubiger:** Bedeutung V 182; — Aufgaben V 182, 183; — ergänzende Vorschriften der Zivilprozeßordnung V 183; — nach dem Tode eines Ehegatten IV 551; — anmeldepflichtige Gläubiger V 186; — von der Anmeldepflicht befreite Gläubiger V 188; — Befreiung von Pflichtteilsrechten, Vermächtnissen und Auflagen V 189; — Form der Anmeldung V 187; — Antragsberechtigung V 183, 185; — keine zeitliche Beschränkung der Antragsbefugnis V 183; — Voraussetzung des Antragsrechts des Erben V 185; — Antragsrecht bei allgemeiner Gütergemeinschaft IV 458; — Antragsrecht jedes Ehegatten V 177; — des Nachlaßpflegers V 140; — des Nachlaßverwalters V 185, 249; — des Testamentsvollstreckers V 185, 647; — fahrlässige Unterlassung des Antrags V 188, 231; — Ausschluß des A. im Falle des Nachlaßkonkurses V 184; — Zweck und Wirkung des A. V 182, 187; — Aussetzung der Nachlaßauseinandersetzung bis zur Beendigung des Aufgebotsverfahrens V 397; — Verweigerung der Berichtigung von Nachlaßverbindlichkeiten bis zur Beendigung des Aufgebotsverfahrens V 310; — im Falle der Nachlaßpflegschaft V 315; — Ausschluß der Verweigerung wegen unbeschränkter Haftung des Erben, gegenüber vom Angebot nicht betroffenen Gläubigern V 314; — Tenor des Ausschlußurteils V 184; — Wirkung des Ausschlusses V 190, 200; — Haftung gegenüber ausgeschlossenen Gläubigern nach der Auseinandersetzung V 439; — Zuständigkeit für das Aufgebot V 183.

Aufgebot zum Zweck der Todeserklärung I 135.

Aufhebung der Annahme an Kindes Statt IV 1349; — dinglicher Rechte, Arten III 9; — der allgemeinen Gütergemeinschaft: Ausschluß und Beschränkung der Vertretung des Vertragsschließenden IV 417; — der Ausschließung der Fortsetzung der Gütergemeinschaft IV 590; — der Beistandschaft IV 1175; — von Bestimmungen bisheriger Reichsgesetze durch das BGB. oder EG. VI a 29; — des eheherrlichen Nießbrauchs- und Verwaltungsrechts IV 361, 362; — der ehelichen Gemeinschaft: Klage auf A. IV 777; — Wirkungen der A. IV 819; — Sorge für die Person der Kinder IV 1030; — Unterhaltspflicht der Ehegatten nach A. IV 799; — räumlich anzuwendendes Recht VI b 367, 379, 380; — auf die güterrechtlichen Folgen anzuwendendes Recht VI b 345; — siehe auch „eheliche Gemeinschaft"; — Ausschluß des Voraus V 56; — Einfluß auf die Gültigkeit letztwilliger Verfügungen zugunsten eines Ehegatten V 476; — der Entmündigung I 63, 80; — Wirkung auf Rechtsgeschäfte I 449; — A. des Erbvertrages V 866; — des Erbverzichts V 1022; — einseitiger Verfügungen V 882; — von Vermächtnisanordnungen und Auflagen V 870; — des zwischen Ehegatten geschlossenen Erbvertrages durch gemeinschaftliches Testament V 871; — durch den Rücktrittsberechtigten nach dem Tode des anderen Vertragsteiles V 878; — Anfechtung des Aufhebungsvertrags V 870; — der Errungenschaftsgemeinschaft auf Klage eines Ehegatten IV 656; — Auseinandersetzung im Falle derselben IV 661; — Klage des Mannes auf Wiederherstellung der Gemeinschaft IV 665; — A. des Familienrates IV 1593; — A. formbedürftiger Rechtsgeschäfte, Form I 522; — A. der fortgesetzten Gütergemeinschaft, Form IV 557; — Aufhebungsklage eines Abkömmlings IV 562; — der Gemeinschaft: Recht eines Teilhabers darauf II c 1416; — Ausschluß und Beschränkung des Rechts II c 1416; — Wirkung des Ausschlusses II c 1420; — Einfluß des Todes eines Teilhabers II c 1419; — Recht des Gläubigers eines Teilhabers auf A. II c 1420; — Unverjährbarkeit des Rechts auf A. II c 1432; — Realteilung II c 1421; — A. bei Unmöglichkeit derselben II c 1425; — A. hinsichtlich Forderungen II c 1428; — hinsichtlich Schulden II c 1428; — A. einer Gemeinschaft durch den Gewalthaber IV 1063; — durch den Vormund IV 1466, 1500; — der Gemeinschaft unter Miteigentümern: vertragsmäßiger Ausschluß III 646; — A. im Falle Belastung der Sache mit einem Nießbrauch III 872; — im Falle der Verpfändung der Sache III 1468; — des Grundstücks-Eigentumsübertragungsvertrags, Form II a 432; — von Grundstücksrechten III 124; — von Rechten an Grundstücksrechten III 128; — Einwilligung des Drittberechtigten III 128; — Vormerkung des Anspruchs auf A. III 165, 174; — anzuwendendes Recht III 96; — A. der Gütergemeinschaft: Klage des Mannes auf A. IV 491; — der Frau IV 487; — Zeitpunkt der Aufhebung nach der Klage IV 491; — Auseinandersetzung IV 516; — der Hypothek durch Rechtsgeschäft III 1297; — Befreiung des persönlichen Schuldners durch die A. III 1233; — letztwilliger Verfügungen, Freiheit des Erblassers V 66; — A. letztwilliger Verfügungen durch einen späteren Erbvertrag V 863; — räumlich geltendes Recht VI b 631, 665, 668, 672; — siehe auch A. des „Testaments"; — A. der Nachlaßpflegschaft zur Sicherung des Nachlasses V 139; — der N. zur gerichtlichen Geltendmachung eines Anspruchs gegen den Nachlaß V 146; — A. der Nachlaßverwaltung V 253; — A. des Nießbrauchs III 870; — des Nießbrauchs an einem Rechte III 884; — an einem Miteigentumsanteil III 872; — des mit Nießbrauch belasteten Rechts III 882; — des Pfandrechts III 1463; — eines verpfändeten Rechtes III 1493; — A. der Pflegschaft IV 1640, 1676, 1677; — A. des Schuldverhältnisses durch Vertrag II a 399; — der Sicherheit für eine Forderung des Kindes IV 1063; — für eine Forderung des Kindes gegen den Vater IV 990; — des Mündels gegen den Vormund IV 1420; — für eine Forderung des Mündels IV 1483, 1499; — A. der vom Vater dem Kinde geleisteten Sicherheit IV 1128; — der Stiftung I 328; — A. des Testaments V 730; — durch Errichtung eines neuen Testaments V 794; — durch Rücknahme aus amtlicher Verwahrung V 787, 792; — durch Vernichtung oder Veränderung der Testamentsurkunde V 787, 789; — durch Widerruf durch Testament V 787, 789; — des gemeinschaftlichen Testaments V 820, 831; — Ausschluß beim korrespektiven Testament V 820, 825; — auf die A. letztwilliger Verfügungen anzuwendendes Recht, örtlich VI b 631, 665, 668, 672; — zeitlich VI a 588, 590; — A. der Todeserklärung, Einfluß auf die zweite Ehe des anderen Ehegatten IV 149; — der Vormundschaft wegen Legitimation des Mündels durch nachfolgende Ehe IV 1272, 1597; — wegen Verschollenheit desselben IV 1599; — A. der vorläufigen Vormundschaft IV 1636, 1637; — des Werkvertrags II c 990, 996; — des Wohnsitzes I 86, 90; — durch einen Geschäftsunfähigen oder in der Geschäftsfähigkeit Beschränkten I 91.

Aufklärungspflicht des Verkäufers II b 33, 34, 81.

Auflage (modus) I 648; — Errichtung einer Stiftung in einer A. I 323.

Auflage bei letztwilligen Verfügungen V 635; — Begriff V 75; — räumlich geltendes Recht VI b 631, 633, 690, 712; — zeitliche Geltung des Rechtes des BGB. V 637; — Unterschied von der Stiftung V 635; — von dem Vermächtnisse V 71, 635; — rechtliche Natur als Nachlaßverbindlichkeit V 157, 160; — Gegen-

stand V 635; — Ausschluß der Bestimmung durch einen Dritten V 637; — Bestimmung der Leistung bei einer nur dem Zwecke nach bestimmten A. V 637, 638; — Wahlrecht bei Anordnung der Erfüllung einer von mehreren Leistungen V 637, 638; — Bestimmung der Leistung durch den Beschwerten oder einen Dritten V 595, 637, 638; — Verstoß gegen ein gesetzliches Verbot V 638; — Form der Verfügung V 636; — Anordnung durch Erbvertrag V 76, 836, 844; — Voraussetzungen der Wirksamkeit V 636; — Bedingungen V 637; — zeitliche Beschränkung V 637; — Ausschluß der Bestimmung des Empfängers durch einen Dritten V 637, 638; — Einfluß der Unwirksamkeit auf die beschwerte Zuwendung V 641; — Aufhebung der im Erbvertrag getroffenen Anordnung V 870; — Beschwerter V 75, 584, 637, 638; — Beschwerung des Pflichtteilsberechtigten mit einer A. V 908; — Verteilung bei Mehrheit der Beschwerten V 586, 637, 638; — Erfüllung: Sicherheitsleistung des Erben bei bedingten und betagten A. V 707; — Vererblichkeit, Übertragbarkeit, Pfändbarkeit des Rechts auf Erfüllung V 640; — Verweigerung der Mitwirkung eines Dritten bei der Erfüllung V 642; — Wirkung der Erfüllungsweigerung V 642; — Befriedigung bei Mangel an Masse zu einem Nachlaßkonkurs V 260, 271; — Schadensersatzanspruch der hinsichtlich des Vollzugs einer A. Forderungsberechtigten wegen Unterlassung des Antrags auf Nachlaßkonkurs V 232; — Leistungszeit V 637; — Erfüllungsverweigerung durch den beschwerten Vermächtnisnehmer V 629; — Unmöglichkeit der Leistung V 638, 642; — Aktivlegitimation für den Erfüllungsanspruch V 640; — Ausführung durch den Testamentsvollstrecker V 716; — Geltendmachung gegen den Testamentsvollstrecker V 641; — Gerichtsstand V 637; — Fälligkeit der von einem Vermächtnisnehmer zu entrichtenden A. V 629; — Kürzung derselben V 629, 630; — Rangbestimmung durch den Erblasser für den Fall der Kürzung von Vermächtnissen und Auflagen V 632; — Kürzung mit Rücksicht auf Pflichtteile V 957, 964; — Behandlung bei Erhöhung des Erbteils durch Wegfall eines Mitberufenen V 57, 502; — Befreiung von der Anmeldung im Aufgebot der Nachlaßgläubiger V 189; — Verhältnis zu den im Aufgebotsverfahren ausgeschlossenen Nachlaßgläubigern V 190; — zu den durch fünfjährige Nichtgeltendmachung ihrer Forderung ausgeschlossenen V 201, 203; — Antragsrecht des Berechtigten auf Bestimmung einer Inventarfrist V 278; — Erfüllung der im Erbvertrag angeordneten A. V 846; — Recht des Erbschaftskäufers auf die Vorteile aus dem Wegfall einer A. V 1086; — im Erbschein nicht zu vermerken V 637; — Form der Anfechtung V 487; — Verweigerung der Erfüllung einer anfechtbaren A. nach Ablauf der Anfechtungsfrist V 489; — Kosten der Erfüllung V 641.

Auflage bei der Schenkung II b 322; — Verweigerung wegen Mängel der geschenkten Sache II b 326; — Rückforderung der Schenkung wegen Nichtvollziehung der A. II b 327.

Auflagevertrag V 836, 844; — Aufhebung V 870.

Auflassung: Begriff III 388, 401; — Bedeutung für die Besitzübertragung III 25, 422; — Fälle derselben III 390ff.; — Gegenstand III 395; — Einfluß von Irrtum III 396; — Form, Zuständigkeiten III 401, 402; — Kosten beim Kauf II b 100; — Kondiktion der A. II c 1679; — Legitimation zur Auflassung und ihrer Entgegennahme III 405; — Stellvertretung III 407; — obrigkeitliche Genehmigung III 410; — Legitimation des Testamentsvollstreckers zur A. V 682; — Ausschluß von Bedingungen und Zeitbestimmungen I 650, III 388, 415; — Entgegennahme durch Minderjährigen I 415; — falsa demonstratio bei derselben I 490; — Nichtigkeit wegen Simulation I 465; — Ersatz für die Auflassungserklärung (Urteil, Versteigerung) III 414; — Bindung durch die A. III 417; — Wirkung, Anfechtbarkeit, Nichtigkeit III 420, 421; — Klage auf A., Vollstreckung III 400, 414; — Vormerkung des Anspruchs auf A. III 171; — Grundbuchberichtigung durch A. III 261; — Einfluß der Vormerkung auf Zulässigkeit der Zwangsversteigerung III 184; — Zuständigkeit zur Entgegennahme der Auflassungserklärung nach Landesrecht VI a 377, 378; — Form bei Vornahme im Versteigerungstermin VI a 378; — Erklärung bei einer Auseinandersetzung, in einem Prozeßvergleich VI a 378; — A. vor dem 1. Januar 1900 gekaufter Grundstücke VI a 483; — A. von Gesellschafts-Grundstücken an einen Gesellschafter bei Auflösung der Gesellschaft II c 1335; — durch Ehevertrag als Gesamtgut der Errungenschaftsgemeinschaft erklärter Grundstücke IV 618; — A. von Grundstücken des Kindes IV 1060; — Entgegennahme der Auflassung für das Kind IV 1060; — A. von Grundstücken des Mündels IV 1486; — Entgegennahme für den Mündel IV 1487; — bei Nachlaßauseinandersetzung V 386, 402; — A. des Vermächtnisgegenstandes V 613; — A. bei Veräußerung eines Anteiles am Nachlaß V 356.

Auflauf: Schadensersatzpflicht VI a 270.

Auflösende Bedingung: Begriff I 660; — Wirkung des Eintritts I 658, 661; — Rückforderung nach Eintritt der a. B. II c 1686; — Zurückbeziehung der Wirkungen I 664; — Vereitelung des Eintrittes, Herbeiführung desselben wider Treu und Glauben I 670; — Ansprüche wegen Verletzung oder Beeinträchtigung des Rechts während der Schwebezeit I 665; — Wirkung des Eintritts auf in der Schwebezeit vorgenommene Verfügungen I 667; — Beweislast I 663; — beim Kaufvertrag, Gefahrübergang II b 89; — bei letztwilligen Zuwendungen V 468, 475; — beim Erbvertrag V 874; — Rechte und Verbindlichkeiten mit a. B. bei Berechnung des Pflichtteils V 846, 848.

Auflösung der Ehe (siehe auch „Scheidung") IV 701; — Übersicht der Gründe IV 50, 51; — Tod, Todeserklärung eines Ehegatten I 148, IV 149; — Sorge für die Kinder aus der aufgelösten Ehe IV 1039; — Übergang der vom Manne verwirkten elterlichen Gewalt auf die Mutter IV 1153; — Eintritt bei Scheidung IV 718; — Einfluß auf den Familiennamen der Frau IV 180; — Einfluß auf letztwillige Verfügungen V 476; — auf gemeinschaftliche Testamente V 814; — auf Erbverträge V 846, 848; — auf die güterrechtlichen Folgen anzuwendendes Recht VI b 345, 429; — Vermerk im Heiratsregister VI a 77; — Ausschluß der Anfechtung nach A. IV 129; — Ausnahme IV 136.

— **der Gesellschaft** II c 1291; — A. des Verlöbnisses IV 16; — Rückersatz von Geschenken nach A. IV 28; — des Vereins I 236; — Wirkung I 246; — Eintragung ins Vereinsregister I 301; — A. des nicht rechtsfähigen Vereins I 273.

Aufnahme von Geld auf den Kredit des Kindes IV 1057, 1061; — des Mündels IV 1482, 1495; — allgemeine Ermächtigung des Vormunds hiezu IV 1504.

Aufrechnung: Allgemeines: Wesen II a 734; — zeitlich anzuwendendes Recht VI a 450; — Wirkung II a 737; — Voraussetzungen II a 741; — Beweislast für dieselben II a 750; — A. bei Verschiedenheit des Leistungsortes II a 760; — A. gegen einen durch Urteil festgestellten Anspruch II a 757; — Form der A. II a 750; — Unzulässigkeit von Bedingung und Befristung I 650, II a 751; — prozessuale A. II a 738, 749; — A. gegen Teil einer Forderung II a 206; — A. bei Mehrheit der zur A. geeigneten Forderungen II a 775; — beim aktiven II a 929; — beim passiven Gesamtschuldverhältnis II a 907; — Unwirksamkeit des Rücktritts nach A. II a 635; — Einfluß auf die Verpflichtung des Bürgen II c 1497; — kein Rückforderungsrecht wegen Unterlassung der A. II c 1683, 1692; — Wirkung II a 754; — Unverjährbarkeit des Rechts zur A. I 772; — A. mit verjährten Forderungen I 833; — Zulässigkeit der A. kein Verjährungshindernis I 798; — Unterbrechung der Verjährung durch A. im Prozeß I 813, 816; — Dauer und Wegfall der Wirkung der Unterbrechung I 824; — Einfluß der Verjährung einer Forderung auf die Zulässigkeit II a 758; — Befugnis des Bürgen zur A. II a 742; — Ausschließung der A. durch Gesetz II a 746; — durch Vertrag II a 748; — Beschränkungen der A.: gesetzliche II a 747; — Beschlagnahme der Forderung II a 761; — Unpfändbarkeit derselben II a 766; — entgegenstehende Einreden II a 758; — Vereinbarung eines bestimmten Leistungsorts oder einer Leistungszeit II a 760; — Unzulässigkeit gegen Forderungen aus unerlaubten Handlungen II a 764; — Beschränkung gegenüber dem Rentenanspruch wegen unerlaubter Handlungen II c 1966, 1978; — Ausschluß der A. durch Dritte II a 209; — vertragsmäßige A. II a 739.

— Besondere Fälle: A. bei Haupt- und Nebenforderungen II a 775; — gegenüber dem Gläubiger bei Ausübung des Ablösungsrechtes II a 213; — bei Schuldübernahme II a 881, 884; — gegenüber dem neuen Gläubiger nach Forderungsabtretung II a 829; — gegen Forderungen aus einem Vertrage auf Leistung an einen Dritten II a 566; — mit der Schuld eines Dritten II a 209; — mit dem Anteil an einer gemeinschaftlichen Forderung II c 1414; — A. durch den Bürgen II c 1495; — Einrede aus der Aufrechnungsbefugnis des Gläubigers II c 1497; — beim Dienstvertrag II b 793, 794; — gegen Gehalts- und Pensionsforderungen II a 769, 771, VI a 205; — gegen Lohnforderungen II a 769; — gegen Forderungen des Hinterlegers beim depositum irregulare II c 1172; — gegen Mietzinsforderungen nach Veräußerung des Mietobjekts II b 581; — Einfluß der A. gegen Mietzinsforderungen auf das außerordentliche Kündigungsrecht II b 486; — A. Befugnis des Mieters bei gesetzlicher Miete II a 949, II b 381; — A. mit Schadensersatzansprüchen des Käufers II b 215; — beim Viehkauf II b 242; — mit dem Anspruch auf Wandelung und Minderung II b 157, 965; — bei Spiel- u. Wettschulden II c 1447, 1448; — gegen Forderungen des Staats und öffentlicher Verbände II a 774; — gegen die Forderung auf Rückgabe verwahrter Sachen II c 1172; — bei Ausübung des Ablösungsrechtes gegenüber dem Hypothekgläubiger III 1158; — gegenüber dem Pfandgläubiger III 1154; — gegenüber dem Hypothekgläubiger seitens des Eigentümers III 1114, 1129, 1131; — gegen vom Hypothekgläubiger geltend gemachte Miet- und Pachtzinsforderungen III 1071; — gegen eine mit Nießbrauch belastete Forderung III 887; — des Verpfänders gegen den Pfandgläubiger bei Einlösung des Pfandes III 1420; — durch den Pfandgläubiger einer Forderung III 1506; — gegen Forderungen zum eingebrachten Gute IV 251, 252; — zum Gesamtgut der allgemeinen Gütergemeinschaft IV 430, 491; — der fortgesetzten Gütergemeinschaft IV 540; — der Errungenschaftsgemeinschaft IV 618, 663; — gegenüber einem Ehegattem nach Aufhebung der Gütergemeinschaft IV 502; — bei der Errungenschaftsgemeinschaft IV 628; — gegenüber Unterhaltsansprüchen IV 894; — Erklärung gegenüber Forderungen einer Ehefrau IV 322; — A. mit Forderungen des Mündels IV 1466; — mit Unterhaltsansprüchen IV 894, 935; — A. beim Scheidungsanspruch IV 728, 729, 751, VI a 549; — mit Forderungen eines im Aufgebotsverfahren ausgeschlossenen Nachlaßgläubigers gegenüber dem Erben V 200; — gegenüber dem Erben vor Annahme der Erbschaft V 121; — Einfluß der aufschiebenden Einreden des Erben V 312; — des Nachlaßgläubigers im Falle der Unzulänglichkeitseinrede der Erben V 273; — gegen Nachlaßforderungen während der Erbengemeinschaft V 376; — gegenüber dem Pflicht-

teilsanspruch V 956; — gegenüber dem Testamentsvollstrecker und seitens desselben V 682, 698; — Einfluß der Nachlaßverwaltung, des Nachlaßkonkurses auf vorher erfolgte A. eines Nachlaßgläubigers gegen einen Erben, eines anderen Gläubigers, eines Erben gegen eine Nachlaßforderung V 222; — A. nach Anordnung der Nachlaßverwaltung bzw. Konkurseröffnung V 223; — mit und gegen eine vermachte Forderung V 611; — Beschränkung der A. bei Vorerbschaft V 546; — A. einer verjährten Forderung, zeitlich anzuwendendes Recht VI a 442.

Aufrechnungsvertrag II a 739.

Aufruhr: Schadensersatzpflicht VI a 270; — Testamentserrichtung an abgesperrten Orten V 784; — zeitliche Beschränkung der Wirksamkeit V 785.

Aufschiebende Bedingung: Begriff I 658; — — Erfüllung und Ausfall I 659; — Anwartschaft während schwebender B. I 659, 660, 665; — Wirkungen des Eintrittes I 658, 659; — Ansprüche wegen Verletzung oder Beeinträchtigung des Rechtes während der Schwebezeit I 665; — Wirkung des Eintritts auf in der Schwebezeit vorgenommene Verfügungen I 667; — Rückbeziehung der Wirkungen des Geschäfts beim Eintritt I 664; — Vereitelung des Eintritts, Herbeiführung desselben wider Treu und Glauben I 670; — Beweislast I 663; — Einfluß vorzeitiger Leistung II c 1694; — Verjährung aufschiebend bedingter Ansprüche I 791; — a. B. bei der Erbeinsetzung V 460, 461, 467; — bei Einsetzung eines Nacherben V 525; — a. B. beim Kaufvertrag, Gefahrübergang II b 89; — beim Kauf auf Probe oder Besicht II b 255; — beim Eigentumsvorbehalt an der verkauften Sache II b 108; — beim Mäklerlohn II c 1033, 1044, 1048; — bei unmöglichen Leistungen II a 409; — beim Vermächtnis: Anfall V 617, 618; — Dauer der Wirkung des bedingten Vermächtnisses V 597, 598; — B. bei Zuwendungen an die gesetzlichen Erben V 460; — an Abkömmlinge eines Dritten V 465; — an Verwandte V 401; — Rechte und Verbindlichkeiten mit a. B. bei Berechnung des Pflichtteils V 925, 929.

Aufschiebende Einreden gegen Ansprüche an den Nachlaß V 307; — rechtliche Natur V 311; — Bedeutung, Wirkung V 308, 309; — Geltendmachung durch den überlebenden Ehegatten IV 552; — zur Erhebung berechtigte Personen V 310; — Geltendmachung durch den Testamentsvollstrecker V 648; — Gebrauch durch den Nachlaßverwalter V 249; — a. E. des einzelnen Miterben vor der Nachlaßteilung V 433, 437.

Aufsicht über eheliche Kinder IV 998, 1006; — über uneheliche Kinder IV 1211; — über den Mündel IV 1431; — über die Geschäftsführung eines Dritten durch Beamte II c 1958; — über minderjährige und aufsichtsbedürftige Personen II c 1873; — über Tiere II c 1906; — über privatrechtliche Vereine I 173.

— A. des Vormundschaftsgerichts über den Beistand IV 1173; — in Vormundschaftssachen IV 1538; — über den Gegenvormund IV 1430; — bei Pflegschaften IV 1670.

Aufsichtspflicht des Gegenvormunds IV 1429; — des Mitvormunds IV 1424; — Haftung aus Verletzung derselben IV 1525; — des Gemeindewaisenrats IV 1562; — hinsichtlich Verrichtungen Dritter, Haftung wegen Versäumung II c 1873.

Aufsichtspflichtige Beamte: Haftung wegen Pflichtverletzung II c 1958.

— **Personen:** Schadensersatzpflicht aus Handlungen zu beaufsichtigender Personen II c 1873; — für Schadensstiftung durch Tiere II c 1906; — Regreßanspruch gegen Mitverantwortliche II c 1953; — Haftung des Tierhalters bei Verletzung des Aufsichtspflichtigen II c 1903, 1904.

Aufsteigende Linie: Unterhaltspflicht der Verwandten a. L. IV 914, 922; — Verwandtschaft i. S. des StGB. VI a 35.

Aufsuchen eines neuen Dienstverhältnisses II b 916.

Aufsuchung auf fremde Grundstücke gelangter Sachen III 62; — durch den mittelbaren Besitzer III 76; — petitorischer Anspruch des Eigentümers III 628.

Auftrag II c 1078; — Begriff und rechtliche Natur II c 1079; — Verhältnis zu verwandten Rechtsbegriffen II c 1079, 1080; — zum Dienstvertrag II b 694; — entsprechende Anwendung der Vorschriften über den A. II c 1081; — Verhältnis zur Anweisung II c 1571; — Geltung der Vorschriften über den A. für einen Dienst- oder Werkvertrag, der eine Geschäftsbesorgung zum Gegenstand hat II c 1112; — Voraussetzungen des Auftrags II c 1082; — Form II c 1084; — Gegenstand II c 1085; — Inhalt und Umfang II c 1086; — Mehrheit der Auftraggeber oder Beauftragten II c 1081; — Unübertragbarkeit des A. und des Anspruchs auf Ausführung II c 1088; — Aufwertung der Ansprüche aus A. II c 1104; — öffentlichrechtliche Auftragsverhältnisse II c 1082, 1090.

Auftrag: Pflichten des Auftraggebers: Haftung im allgemeinen II c 1081; — Haftung für Zufall II c 1102; — Vorschußpflicht II c 1099; — Ersatzpflicht für Aufwendungen II c 1099; — Zinspflicht für Aufwendungen II c 1102; — Haftung für Schädigung des Beauftragten II c 1102; — mittelbarer Besitz des Auftraggebers III 71.

— Pflichten und Rechte des Beauftragten: Verpflichtungen II c 1082; — Stellvertretungsverhältnis II c 1097; — Besitzdiener III 33; — Ablehnungspflicht bei öffentlicher Bestellung zu gewissen Geschäften, bei öffentlichem oder besonderem Erbieten II c 1086; — Nachrichterteilung, Auskunfterteilung, Rechenschaftsablegung II c 1092; — Herausgabepflicht II c 1095; — Zinspflicht bei Verwendung von Geld des Auftraggebers II c 1099; — Haftung im allgemeinen II c 1081; — Übertragung der Ausführung des A. an einen

Dritten II c 1088; — Zuziehung von Gehilfen II c 1090; — Abweichung von Weisungen des Auftraggebers II c 1090; — Überschreitung der Grenzen des Auftrags II c 1092; — Haftung bei unzeitiger Kündigung II c 1104; — Zurückbehaltungsrecht II c 1099, 1103.

Auftrag: Beendigung: durch Konkurs des Auftraggebers II c 1108, 1111; — durch Kündigung II c 1104; — durch Tod des Beauftragten II c 1109; — durch Widerruf II c 1104, 1110; — Wirkung der Beendigung, Fortdauer zugunsten des Beauftragten II c 1110; — Einfluß des Konkurses des Beauftragten II c 1110; — des Todes und eintretender Geschäftsunfähigkeit des Auftraggebers II c 1107, V 14; — des Erlöschens einer juristischen Person II c 1107; — Verjährung der Ansprüche aus dem A. II c 1081; — A. zur Bürgschaft II c 1514; — A. zu Spielzwecken II c 1451; — Untreue des Bevollmächtigten II c 1082; — Übernahme eines A. durch die Ehefrau IV 193; — Haftung des Erben aus besorgten erbschaftlichen Geschäften, Ersatz von Aufwendungen nach den Vorschriften über A. im Falle der Nachlaßverwaltung, des Nachlaßkonkurses V 224, 226.

— Einfluß der Geldentwertung II a 77.

— A. zur Grundstücksverschaffung, Form II a 426.

Aufwand siehe „ehelicher Aufwand".

Aufwendungen: Begriff II a 176; — Ersatz II a 176; — Befreiung des Ersatzberechtigten von eingegangenen Verbindlichkeiten, Sicherheitsleistung II a 177; — Ersatz beim Annahmeverzug II a 386; — Verzinsung II a 176; — Ersatz im Falle des Unterganges des Schuldverhältnisses durch Zweckerreichung (concursus causarum lucrativarum) II a 653; — für die Ersatzpflicht zeitlich geltendes Recht VI a 456; — A. auf Fruchtgewinnung I 392; — der Armenverbände und des Staates, Ersatzanspruch nach Landesrecht VI a 259, 260; — A. des Beauftragten: Vorschußpflicht des Auftraggebers II c 1099; — Ersatzpflicht II c 1100; — A. bei dem auf eine Geschäftsbesorgung gerichteten Dienst- oder Werkvertrag II c 1116; — A. des Beschenkten auf Erfüllung einer Auflage II b 326; — des Besitzers: Ersatz durch den Eigentümer III 601, 604; — — der Ehefrau zu Bestreitung des ehelichen Aufwandes IV 386; — des Ehemannes für die Verwaltung des eingebrachten Gutes IV 291; — bei Errungenschaftsgemeinschaft IV 629; — des Erben: Ersatz bei Anordnung der Nachlaßverwaltung, Eröffnung des Nachlaßkonkurses V 224, 227; — Ersatz bei Herausgabe des Überschusses der Erbschaft an den im Aufgebotsverfahren ausgeschlossenen Gläubiger V 197; — Ersatz bei Herausgabe des Nachlasses im Falle von Mangel an Masse zu einer Nachlaßverwaltung oder einem Nachlaßkonkurs V 260, 269; — A. des Erbschaftsbesitzers, Ersatz bei Herausgabe von Erbschaftssachen V 332; — des Erbschaftsverkäufers V 1093; — des Finders III 558; — des Geschäftsführers ohne Auftrag II c 1139, 1142; — des geschäftsführenden Gesellschafters II c 1261; — des Kindes für den elterlichen Haushalt IV 950; — A. des Mäklers: Ersatz II c 1033, 1052; — Ausschluß wegen vertragswidrigen Verhaltens II c 1056; — A. des Mieters auf das Mietobjekt II b 455; — zur Beseitigung von Mängeln II b 428; — Verjährung des Ersatzanspruchs II b 497; — des Pflegers IV 1670; — A. des Schuldners, Ersatz beim Gläubigerverzug II a 386; — des Testamentsvollstreckers V 711; — des Vaters IV 1070; — des Verkäufers vor Übergabe der Sache II b 101; — des Verlobten, Ersatz bei Rücktritt vom Verlöbnis IV 20; — bei Veranlassung des Rücktritts des anderen Teils IV 24; — des Vermächtnisträgers auf die vermachte Sache V 628; — A. des Verwahrers II c 1163; — bei vorzeitiger Rückgabe II c 1167; — des Vorerben zur Erhaltung von Erbschaftssachen V 554; — des Vormunds und des Gegenvormunds IV 1430, 1530; — des Werkunternehmers zur Beseitigung von Mängeln II c 952, 959; — des Wiederverkäufers II b 269; — Ersatz von A. auf durch unerlaubte Handlungen entzogene Sachen II c 1991; — siehe auch „Verwendungen".

Aufwertung: Begriff II a 43; — Einzelheiten s. II a 38 *-Note; — Auftrag II c 1104; — Bereicherungsanspruch II c 1732; — Darlehen II b 654, 655; — Gesellschaftsansprüche II c 1203; — Industrieobligationen usw. II c 1599; — Pfandbriefe und verwandte Schuldverschreibungen II c 1600; — Vergleich II c 1529; — Vertragsstrafe II a 585; — Leibrente II a 79, II c 1437; — Verwahrung II c 1156; — Bedeutung der Annahme der Leistung unter Vorbehalt II a 671; — Übergang des AufwAnspruchs bei Schuldübernahme II a 864; — Teilleistung auf den AufwAnspruch II a 206; — Löschung der AufwHypothek gegen Zahlung des dinglichen AufwBetrags II a 240; — Aufw. übernommener Hypothekforderungen II a 880; — Ausgleichungsanspruch gegen Grundstückserwerber wegen nachträglicher Aufw. von Grundstückslasten II a 939, II c 1668.

— dinglicher Rechte III 96; — Durchbrechung des Bestimmtheitsprinzips des Grundbuchs III 95; — A. von Hypotheken III 971; — 3. Steuernotverordnung III 972; — Aufwertungsgesetz III 973; — Scheidung zwischen Hypothek und Forderung III 973, 981; — Vorbehalt und Rückwirkung der A. III 973, 1298; — Vormerkung des AufwAnspruchs III 173; — Widerspruch III 274; — A. für den früheren Gläubiger III 974, 1178; — Eintragung der A. III 974, 1006; — Rang, Einfluß des öffentlichen Glaubens des Grundbuchs III 220, 974; — Rangausgleich bei Gesamthypothek III 1101; — Rangvorbehalt für den Eigentümer III 976, 1225; — Rückzahlung, Verzinsung, Tilgung III 976; — A. der Sicherungshypothek III 1308; — der Höchstbetragshypothek III 1342; — der Eigentümerhypothek III 1224; — der Erb-

pachtzinsen VI a 140; — der Grundschulden, Rentenschulden III 977, 1344, 1372; — von Schiffspfandrechten III 1472; — A. gezahlter Tilgungsraten III 1271; — des Kaufpreises bei Ausübung des Vorkaufsrechts III 933; — der Zinsscheine von Roggenpfandbriefen III 944; — A. bei Sicherungsübereignung III 457.

Aufwertung von Ansprüchen aus Nachlaßauseinandersetzung V 384, 394; — aus Vermächtnis V 73, 585, 616; — von letztwilligen Unterhaltsrenten V 74; — von Altenteilsbezügen V 78, VI a 248; — des Übernahmepreises für ein Nachlaßgrundstück V 403; — A. bei Ausgleichungspflicht V 426; — des Pflichtteilsanspruchs V 902; — räumlich geltendes Recht VI b 834.

Aufwertungsgesetz II a 59.

Aufzeichnung einzelner Vertragspunkte I 637.

Augenentzündung der Pferde, Esel, Maulesel, und Maultiere: Gewährfrist II b 230.

Auktionator: Anspruchsverjährung I 787; — Verbot des Bietens bei Verkäufen II b 113, 114, 115.

Ausantwortung des Nachlasses an die Erben nach Nachlaßverwaltung V 250.

Ausbauchung einer fremden Mauer III 343, 344, VI a 321.

Ausbesserung von eingebrachtem Gut der Frau IV 273; — von Kindervermögen IV 1083; — landwirtschaftlicher Pachtobjekte II b 612; — des Mietobjekts: Pflicht hiezu II b 407; — Duldung durch den Mieter II b 482; — der Nießbrauchsache: gewöhnliche III 849; — außergewöhnliche III 850; — Anzeigepflicht von der Notwendigkeit III 849; — Duldung der Vornahme durch den Eigentümer III 851; — Pfandrecht für A. beim Werkvertrag II c 1000.

Ausbeute einer Sache I 384, 386.

Ausbeutung der Notlage I 570, 584.

Ausbietungsgarantie II b 3.

Ausdrückliche Willenserklärung I 451.

Auseinandersetzung mit dem angenommenen Kinde bei Eheschließung IV 1340.

— zwischen Ehegatten nach Scheidung IV 512; — im Falle der Nichtigkeit der Ehe IV 145; — A. der allgemeinen Gütergemeinschaft IV 493, 502; — im Falle der Ehescheidung IV 512; — im Falle der Aufhebungsklage IV 516; — A. der fortgesetzten Gütergemeinschaft IV 565; — der Errungenschaftsgemeinschaft IV 655, 661; — der Fahrnisgemeinschaft IV 674; — der Gütergemeinschaft, des Nachlasses, Zuständigkeit VI a 390; — der Gemeinschaft bei der Eigentümergesamthypothek III 1250.

— mit dem Kinde bei Wiederverheiratung eines Elternteils IV 62, 559, 1123; — bei Verehelichung des Vaters des für ehelich erklärten Kindes IV 1229; — mit dem bevormundeten Kinde IV 1555; — der Gesellschaft II c 1327; — des Nachlasses V 381; — hinsichtlich Grundstücke III 391; — A. des Nachlasses, räumlich geltendes Recht VI b 631, 633, 691, 707, 712, 713, 728; — Anwendung des bisherigen Rechts VI a 580, 583, 584; — siehe auch „Nachlaßauseinandersetzung".

Ausfall der Hypothek in der Zwangsversteigerung III 1291.

Ausfallbürgschaft II c 1480.

Ausfertigung des Erbscheins V 1032; — des Testamentsvollstreckerzeugnisses V 1075.

Ausfuhrverbote, Verletzung II b 21.

Ausführungsgesetze und -verordnungen zum BGB. I 39, VI a 98.

Ausführungsverordnungen, Gesetzeskraft VI a 10.

Ausgleichsverfahren nach dem Versailler Friedensvertrag über Nachlaßforderung V 644.

Ausgleichung mit der Ausstattung IV 971; — unter Abkömmlingen bei Auseinandersetzung der fortgesetzten Gütergemeinschaft IV 531; — bei Teilung des Gesamtguts IV 578; — unter Gesamtgläubigern II a 932; — unter Gesamtschuldnern II a 918; — zwischen Kind und Gewalthaber bezüglich Verbindlichkeiten des Kindes IV 1093, 1095; — unter den verschiedenen Vermögensmassen im gesetzlichen Güterstand IV 358; — bei allgemeiner IV 481, 482; — bei fortgesetzter Gütergemeinschaft IV 540; — bei Errungenschaftsgemeinschaft IV 651; — unter Mitbürgen II c 1508, 1512.

Ausgleichungsanspruch des Grundstücksveräußerers gegen den Erwerber wegen nachträglicher Aufwertung II a 939, II c 1668; — der Miteigentümer III 648.

Ausgleichungspflicht der Abkömmlinge V 405; — räumlich geltendes Recht VI b 652, 661, 687; — zeitliche Geltung des BGB. V 406; — hinsichtlich vor dem 1. Januar 1900 erfolgter Zuwendung VI a 584, 586; — unter Ehegatten VI a 540; — rechtliche Natur V 406; — Gegenstand der A. V 405, 413; — bei Zuwendungen aus dem Gesamtgute einer Gütergemeinschaft V 419; — bei Mehrheit von Erbteilen V 412; — Einfluß der Erhöhung des Erbteils durch Wegfall eines Mitberufenen V 57, 412, 502; — Auskunftspflicht und Offenbarungseid der Ausgleichungspflichtigen V 428; — Art und Weise der Ausgleichung V 412, 420, 423; — Anrechnung der ausgleichungspflichtigen Zuwendungen V 420; — ausgleichungspflichtige Personen V 405, 409; — auf Grund testamentarischer Erbfolge V 410, 418; — Ausnahme von der A. V 410, 418; — ausgleichungsberechtigte Personen V 411; — Vererblichkeit von Recht und Pflicht V 411; — Gerichtsstand für die Klage auf Erfüllung der A. V 413; — Pflichtteilsberechnung bei Vorhandensein eines Ausgleichungspflichtigen V 941, 942; — A. der Pflichtteilsberechtigten V 933; — Berücksichtigung der A. beim Erbschaftskauf V 1086.

Ausgrabung einer Leiche II c 1649.

Auskunftei: Haftung des Inhabers II c 933.

Auskunftserteilung: rechtliche Natur II c 933; — Schadensersatzpflicht wegen wissentlich falscher A. II c 1832; — Abtretbarkeit des Anspruchs auf A. II a 806, 813; — A. über den Bestand eines Sachinbegriffes II a 184; —

Haftung aus der Erteilung II c 1118, 1122; — Haftung von Beamten aus A. II c 1935.

Auskunftspflicht des Ausstellers von Inhaberpapieren zur Erwirkung des Aufgebots oder der Zahlungssperre II c 1623; — des Beauftragten II c 1092; — des bisherigen Gläubigers bei Forderungsabtretung II a 815; — des Ehemanns über Verwaltung des eingebrachten Gutes IV 246; — bei der Errungenschaftsgemeinschaft IV 628; — des Erben bei amtlicher Inventarerrichtung V 288; — Verpflichtung zur A., wenn eine Ehefrau die Erbin ist V 301; — Verweigerung und Verzögerung V 291; — A. gegenüber dem Nachlaßverwalter V 249; — gegenüber dem Pflichtteilsberechtigten V 930; — gegenüber dem Testamentsvollstrecker V 682; — A. des Erbschaftsbesitzers, jedes Besitzers einer Nachlaßsache V 338; — des Empfängers eines unrichtigen Erbscheines V 1058; — des vermeintlichen Erben über den Nachlaß eines irrtümlich für tot Erklärten V 1080; — des Fiskus über den Bestand des Nachlasses V 303; — des Gegenvormunds IV 1546, 1610; — des Gemeindewaisenrats IV 1563; — bei dem auf Geschäftsbesorgung gerichteten Dienst- oder Werkvertrag II c 1116; — des Geschäftsführers ohne Auftrag II c 1137; — des geschäftsführenden Gesellschafters II c 1260; — des Hausgenossen des Erblassers V 341; — des ausgleichungspflichtigen Miterben V 428; — des Nachlaßpflegers und Nachlaßverwalters V 141, 304; — des Testamentsvollstreckers V 710; — des Verkäufers II b 81; — des Vermächtnisträgers über Bestand und Höhe der Erbschaft V 615; — über die rechtlichen Verhältnisse an der vermachten Sache V 624, 626; — des Vorerben über den Bestand der Erbschaft V 558; — Befreiung von der Verpflichtung durch den Erblasser V 566, 567; — A. des Vormundes gegenüber dem Gegenvormund IV 1429; — gegenüber dem Vormundschaftsgericht IV 1546.

Auskunftsbureau: Haftung aus Raterteilung II c 1119, 1121, 1811.

Auslagekästen: Besitzesschutz III 59.

Auslagen der Familienratsmitglieder IV 1592; — vom Vormundschaftsgericht gehörter Verwandter und Verschwägerter des Kindes IV 49, 1132; — des Mündels IV 1557; — des Nachlaßverwalters V 252.

Ausland: Änderung des G. über Eheschließung und Beurkundung des Personenstandes von Bundesangehörigen im A. VI a 55; — Begriff VI b 215; — Beerbung im A. VI b 631; — Eheschließung im A. IV 36, VI b 230, 251, 256; — Haftung aus im A. begangenen unerlaubten Handlungen VI b 193, 209.

Ausländer: rechtliche Stellung im Inland I 43; — Ablehnung der Vormundschaft IV 1404; — Bestellung zum Familienrat IV 1583; — Beerbung des im Auslande befindlichen VI b 691; — des im Inlande befindlichen VI b 690; — Einfluß des Sachstatuts VI b 683, 725; — Deliktsfähigkeit II c 1767, 1843; — eheliches Güterrecht, Abschluß von Eheverträgen im Inlande IV 216, VI b 299, 300, 305, 313, 315, 323, 329, 351; — Eheschließung im Inland IV 37, VI b 230, 247; — Eheschließung im Ausland, Beurteilung im Inland VI b 251; — Ehescheidung von A. im Inland VI b 367, 390; — Ehescheidung von A. im Ausland, Beurteilung im Inland VI b 418, 421, 424; — Eigentumserwerb an Grundstücken III 292; — Emanzipation VI b 91, 93; — Entmündigung im Ausland VI b 103; — Entmündigung im Inland VI b 94, 95; — Wiederaufhebung der Entmündigung VI b 98; — Erbfähigkeit V 28; — Fürsorgeerziehung über ausl. Kinder VI b 479, 624; — Geschäftsfähigkeit I 50, VI b 62, 67; — Einfluß des Staatswechsels auf die Geschäftsfähigkeit VI b 76; — Inlandsgeschäfte des A. VI b 80, 86; — Beschränkung des Grundstückserwerbs VI a 225; — Staatsverträge über Grunderwerb VI a 226, 227; — Verfügung über ausländische Grundstücke im Inland VI b 62, 86; — persönliche Rechtsbeziehungen ausländischer Ehegatten VI b 274, 275; — Pflegschaft über A. im Inland VI b 602, 607; — Namensrecht I 128; — Sicherung des Nachlasses V 141; — — Testamentserrichtung V 729, VI b 631, 695; — Fähigkeit zum Zeugnis bei Testamentserrichtung V 757; — Todeserklärung I 134; — im Ausland VI b 118; — im Inland VI b 112; — Eheschließung der Frau des für tot erklärten A. im Inland VI b 230, 245; — Verehelichungszeugnis IV 63, 67, VI b 261; — Verschollenheitserklärung VI b 118; — Volljährigkeit und Volljährigkeitserklärung I 59, VI b 62, 76, 91, 92; — Vormundschaft, Pflegschaft über A. IV 1367, VI b 98, 602, 607; — irrige Einleitung in Unkenntnis der Ausländereigenschaft IV 1374; — Tauglichkeit zur Vormundschaft IV 1394; — Übernahme von Vormundschaften IV 1400; — Zuständigkeit für die Scheidungsklage IV 709; — Zuständigkeit für die Behandlung des Nachlasses von A. V 101; — Nachlaßverwaltung, Nachlaßkonkurs V 209, VI b 622, 727, 729; — Erbschein nach einem A. V 1077, VI b 728, 729.

Ausländische juristische Personen: Anerkennung im Inland I 164, VI b 134, 136, 139; — Personalstatut VI b 123; — Rechtsfähigkeit im Inland VI b 134, 136; — Staatsangehörigkeit VI b 142; — siehe auch unter „juristische Personen".

— **Kirchen:** Anerkennung der Rechtsfähigkeit im Inland VI b 140.

— **Staaten:** Parteifähigkeit VI b 139; — Rechtsfähigkeit im Inland VI b 139; — die Gegenseitigkeit in Scheidungssachen verbürgende ausl. St. VI b 415.

— **Stiftungen** I 309; — Rechtsfähigkeit im Inland VI b 132; — Verleihung der Rechtsfähigkeit an ausländ. St. VI b 132.

— **Vereine:** Anerkennung der Rechtsfähigkeit im Inland I 191, VI b 120, 156; — Verleihung der Rechtsfähigkeit VI b 132; — Rechtsstellung nichtanerkannter ausl. V. VI b 163; — Rechts-

stellung nichtrechtsfähiger ausl. V. VI b 163; — Erwerbs- und Gewerbebeschränkungen I 192; — Entscheidung nach dem Sitze des V. I 192.

Ausländisches Gesetz: Verweisung auf a. G. bei Bestimmung des Güterstandes IV 403; — Verstoß der Anwendung gegen gute Sitten oder den Zweck eines deutschen Gesetzes VI b 797, 806, 811, 813.

— **Grundstück:** Eigentumsübertragungsvertrag II a 443.

— **interlokales Privatrecht** VI b 30, 790, 791; — Bedeutung für den ausländischen Richter VI b 32.

— **internationales Privatrecht:** über die Annahme an Kindes Statt VI b 600; — über die Rechtsverhältnisse der Doppelstaater VI b 787; — über eheliches Güterrecht VI b 302, 305, 336; — über die persönlichen Wirkungen der Ehe VI b 275; — über Ehescheidung VI b 444; — über Eheverträge VI b 316; — über die Form von Rechtsgeschäften VI b 170, 190; — über das Erbrecht VI b 629; — über Rück- und Weiterverweisung und Gebietsprinzip im Erbrecht VI b 707; — über Retorsion im Erbrecht VI b 719; — über Erbverträge VI b 675; — über die Geschäftsfähigkeit VI b 63, 80, 88; — über juristische Personen VI b 125, 126, 135; — über die eheliche Abstammung von Kindern VI b 458; — über das Rechtsverhältnis zwischen Eltern und Kindern VI b 488; — über die Legitimation durch nachfolgende Ehe VI b 567; — über Rück- und Weiterverweisung VI b 755; — über Testierfähigkeit VI b 668, 695; — über das Verhältnis von Sach- und Vermögensstatut (Konfliktsklausel) VI b 769; — über das Rechtsverhältnis zwischen unehelichem Kind und Mutter VI b 502; — über das Rechtsverhältnis zwischen unehelichem Kind und Vater VI b 537; — über die unerlaubten Handlungen VI b 195; — hinsichtlich der Rechtsverhältnisse Staatenloser VI b 777; — über die Vorbehaltsklausel VI b 798, 806, 811; — über die Vormundschaft VI b 603.

— **öffentliches Recht,** Anwendung im Inland VI b 805; — Verhältnis zur Vorbehaltsklausel VI b 806.

— **Recht:** über die Annahme an Kindes Statt VI b 577, 579, 591; — über die Gerichtsbarkeit bei Annahme an Kindes Statt VI b 596; — über Anfechtung der Ehelichkeit VI b 450; — über die Ehelichkeitserklärung 570; — über Ehehindernisse VI b 235, 237; — über eheliches Güterrecht VI b 302, 313; — über die persönlichen Rechtsbeziehungen der Ehegatten VI b 284; — über Aufhebung der ehelichen Gemeinschaft VI b 380; — über Eheverträge VI b 316; — über mangelnde Erbeinsetzungsfähigkeit von Geistlichen, Ärzten, Notaren VI b 636; — über das Erbrecht des Fiskus VI b 692, 693; — über Erbverzicht VI b 647; — über Geschäftsfähigkeit, Volljährigkeit VI b 67; — über die Anerkennung ausländischer juristischer Personen VI b 135; — über das Rechtsverhältnis geschiedener Eheleute zu den Kindern VI b 479; — über Rechtsstellung der Kinder aus nichtigen Ehen VI b 451, 453; — über die Legitimation durch nachfolgende Ehe VI b 555; — über Gerichtsbarkeit in Scheidungssachen VI b 394, 395, 397; — über Rück- und Weiterverweisung in Scheidungssachen VI b 432; — über das Rechtsverhältnis zwischen unehelichem Kind und Vater VI b 505; — über Ansprüche der unehelichen Mutter gegen den Vater VI b 525; — über das Verlöbnis VI b 267; — über Todesvermutungen VI b 640; — über Todeserklärung, Verschollenheitserklärung VI b 111.

— **Urteil:** Ausschluß der Anerkennung wegen Verstoß gegen die guten Sitten oder den Zweck eines deutschen Gesetzes VI b 819; — in Ehesachen VI b 266; — in Scheidungssachen VI b 410; — siehe auch unter „Anerkennung".

Ausländische Zahlungsverbote: Beachtung im Inland VI b 833.

Auslandswährung: Geldschuld in A. II a 96; — Schadensersatz in A. II a 135.

Auslegung altrechtlicher Schuldverhältnisse VI a 448; — A. der Gesetze I 17; — von Verträgen I 642; — dinglicher Rechtsgeschäfte III 3, 10; — A. formbedürftiger Rechtsgeschäfte I 521, 552; — von Erbverträgen V 837, 845; — letztwilliger Verfügungen V 453, 474, 483, 490; VI a 581, 592; — durch den Testamentsvollstrecker V 651, 675; — von Mietverträgen II b 399; — A. des Testaments V 69, 453, 474, 483, 490; — räumlich geltendes Recht VI b 643; — A. altrechtlicher Testamente V 458; — von Urkunden I 526; — von Willenserklärungen I 549.

Auslieferung von Beweisurkunden bei Forderungsabtretung II a 815; — beim Kauf II b 81.

Auslobung: Begriff und rechtliche Natur I 615, II c 1064; — praktisches Anwendungsgebiet II c 1065; — einzelne Begriffsmerkmale II c 1066; — Ort der Erfüllung II c 1069; — Berechtigter II c 1068; — Mängelhaftung bei der A. II c 1070; — mehrmalige Vornahme der verlangten Handlung II c 1073; — Verteilung der Belohnung unter mehrere II c 1072, 1073; — Widerruf und Verzicht II c 1070; — Einfluß des Todes, eintretender Geschäftsunfähigkeit der Auslobenden II c 1072; — Preisausschreiben II c 1066, 1075.

Ausnahmeklausel VI a 401.

Aussäen I 364, 365, III 503.

Ausschlagung der Erbschaft: rechtliche Natur V 83, 98; — räumlich geltendes Recht VI b 650; — A. d. E. keine Schenkung II b 306; — Zulässigkeit V 80; — Ausschluß der Beschränkung auf einen Teil der Erbschaft V 108; — teilweise A. bei der Berufung zu mehreren Erbteilen V 109; — A. durch die Erben des Erben V 111; — A. aus einem von mehreren Berufungsgründen V 105; — A. zugunsten eines Dritten V 104; — zeitliche Zulässigkeit V 103; — A. der Zuwendung im Erbvertrage V 846.

— Voraussetzungen der Gültigkeit der A. V 98; — Einfluß der Erklärung vor einem unzuständigen Gericht V 101; — A. bei Mehrheit

der Berufungsgründe V 105; — Form der Erklärung V 96; — Ausschluß von Bedingungen und Zeitbestimmungen I 650, V 99, 100, 103; — Bevollmächtigung zu der A. V 96; — Unwiderruflichkeit V 102; — Vererblichkeit des Ausschlagungsrechts V 14, 111; — Verlust desselben V 85; — A. durch den Vorerben V 113; — durch den Nacherben V 572; — A. im Falle des Konkurses des Erben V 99, 111; — kein Ausschlagungsrecht des Fiskus V 80, 83; — A. durch die Frau im gesetzlichen Güterstand IV 329; — bei allgemeiner Gütergemeinschaft IV 457; — bei Errungenschaftsgemeinschaft IV 616, 619; — durch den Vater IV 1057, 1062; — durch den Vormund IV 1482, 1491; — Einfluß mangelnder Genehmigung des Vormundschaftsgerichts IV 1521; — Recht des Abwesenheitspflegers zur A. IV 1655.

Ausschlagung der Erbschaft: Frist für die A. V 90; — im Falle des Todes des Erben V 111; — Ausschluß der Änderung, des Ausschlusses der Ausschlagungsfrist durch den Erblasser V 90; — Anfechtung der Fristversäumung V 119; — Wirkungen der A. V 84, 98; — der A. des Erbeserben V 112; — Wirkungen von Rechtshandlungen des Erben vor der A., von Rechtsgeschäften gegenüber den Erben V 122; — Mitteilung der A. an den Nächstberufenen, Einsicht der Erklärung V 113, 115.

— Anfechtung der A.: Gründe V 116; — Form V 118; — Frist V 116; — Wirkung V 120; — Mitteilung, Einsicht der Erklärung V 120; — Anfechtung im Konkurs und außerhalb des Konkurses ausgeschlossen V 99; — Haftung für die Ausschlagung einer zum Nachlaß gehörigen Erbschaft gegenüber den Nachlaßgläubigern V 227; — A. der Erbschaft wegen Beschränkung des Pflichtteils V 908; — Wirkung der A. für die Tragung der Beschwerungen der ausgeschlagenen Erbschaft V 964; — Anfechtung der A. des Pflichtteilsberechtigten V 916; — zeitliche Geltung des Rechts des BGB. V 84, VI a 582.

— **der Nacherbschaft** V 572.

— **des Vermächtnisses**: Recht zur Ausschlagung V 617, 618, 620; — Wirkung V 623; — Form der Erklärung V 618, 622; — Unwiderruflichkeit V 622; — Ausschluß V 618, 620; — Vererblichkeit des Rechts V 14, 623; — Beschränkung auf einen Teil V 623; — auf eines von mehreren Vermächtnissen V 623; — Erstreckung auf die Anwachsung V 623; — A. des in einem Erbvertrage errichteten Vermächtnisses V 846; — Haftung für die Ausschlagung eines zum Nachlaß gehörigen Vermächtnisses gegenüber den Nachlaßgläubigern V 227; — A. durch den Pflichtteilsberechtigten V 915; — Pflichtteilslast im Falle der Ausschlagung V 962; — Kürzung der Beschwerungen des von Pflichtteilsberechtigten ausgeschlagenen Vermächtnisses durch den an seine Stelle Getretenen V 964; — Anfechtung der A. V 622; — durch den Pflichtteilsberechtigten V 916.

— durch die Frau im gesetzlichen Güterstand IV 329; — bei allgemeiner Gütergemeinschaft IV 457; — bei Errungenschaftsgemeinschaft IV 616, 619; — durch den Vater IV 1057, 1062; — durch den Vormund IV 1482, 1491; — A. des Vorausvermächtnisses V 589.

Ausschließung, Ausschluß: eines Abkömmlings von der fortgesetzten Gütergemeinschaft IV 593, 608; — der Anfechtung der nach Todeserklärung eines Ehegatten geschlossenen neuen Ehe IV 154; — der Anfechtung der Ehelichkeit IV 879; — der Aufhebung der Gemeinschaft II c 1416, 1419; — der Aufhebung der Gemeinschaft an einem Grundstück III 646; — der Aufhebung der Gemeinschaft an einem Grundstück nach Landesrecht VI a 332; — der Ausstellung eines Hypothekenbriefes III 1023, 1027; — der Ehescheidungsklage durch Fristablauf IV 762; — des Eigentümers eines Grundstücks durch 30jährigen Besitz III 426; — von der Erbfolge V 69; — Anfechtung derselben V 487; — der Fortsetzung der Gütergemeinschaft IV 590; — durch letztwillige Verfügung IV 591; — eines Gesellschafters II c 1354; — der freien Willensbestimmung: Einfluß auf gesetzliche und vertragsmäßige Verbindlichkeiten II a 285; — A. der Haftung für unerlaubte Handlungen II c 1843; — der Bestellung eines Gegenvormunds durch den Vater des Mündels IV 1569; — durch die Mutter IV 1571; — der Gütergemeinschafts-Aufhebungsklage durch Vereinbarung IV 491, 565.

— des Hypothekengläubigers im Aufgebotsverfahren III 1244, 1248; — bei der Hypothek für die Forderung aus einer Inhaberschuldverschreibung III 1318; — bei der Gesamthypothek III 1259; — des Reallastberechtigten III 956; — A. der Nachlaßgläubiger im Aufgebotsverfahren V 190; — durch 5jährige Nichtgeltendmachung der Forderung V 201; — der Nutznießung des Ehemanns, Wirkung gegenüber Dritten IV 407; — des unbekannten Schiffspfandgläubigers III 1478; — der Schlüsselgewalt der Frau IV 184, 189, 191; — Eintragung im Güterrechtsregister IV 191, 696; — aus einem Verein I 229, 235; — A. der Verjährung I 771, 836; — der Vermögensverwaltung des Ehemannes, Wirkung gegenüber Dritten IV 407; — der Vertretung siehe „Vertretung"; — der Vermögensverwaltung des Vaters IV 1043; — von der Vormundschaft durch den Vater oder Mutter des Mündels IV 1394; — Unzulässigkeit bei der Vormundschaft über Volljährige IV 1621; — von der Gegenvormundschaft IV 1412; — vom Amt eines Pflegers IV 1669.

Ausschlußfristen I 753, 763; — zeitlich anzuwendendes Recht VI a 442; — für Anfechtung der Ehelichkeit IV 870; — für Anfechtung der Anerkennung der Ehelichkeit IV 882; — für den Anspruch aus einer Inhaberschuldverschreibung II c 1628; — für Geltendmachung eines Ehescheidungsgrundes IV 762, 767, VI a 442; — für die Erbschaftsausschlagung V 90; — für die Inventarerrichtung über den Nachlaß V 282.

Ausschlußklausel VI a 401.
Ausschlußurteil bei Aufgebot zum Zweck der Todeserklärung I 135, 146; — Umfang der Wirkung I 150; — im Aufgebotsverfahren zur Kraftloserklärung von Inhaberpapieren: Ansprüche aus demselben II c 1625, 1627; — beim Aufgebot zum Ausschluß des Grundstückseigentümers III 426; — beim Aufgebot der Hypothekengläubiger III 1244, 1247, 1249; — beim Aufgebot zur Löschung einer Vormerkung im Grundbuch III 198; — beim Aufgebot des unbekannten Schiffspfandgläubigers III 1478; — beim Aufgebot der Nachlaßgläubiger V 184.
Ausschütten, Auswerfen auf das Nachbargrundstück III 330.
Außereheliche Beiwohnung: Entschädigung wegen Bestimmung durch Hinterlist, Drohung usw. II c 1815; — Ersatz nicht vermögensrechtlichen Schadens II c 1984; — Ehehindernis IV 53; — Entschädigung für Gestattung an den Verlobten IV 24.
Außerkurssetzung von Inhaberpapieren II c 1639, VI a 473; — von Sparbüchern IV 1450; — von Wertpapieren des Mündels IV 1474.
Außerordentliche Erbfolge V 35.
Außerordentlicher gesetzlicher Güterstand IV 223.
Äußerungstheorie I 538.
Außerverkehrsetzung von Sachen III 292.
Aussetzung der Entscheidung über eine Vereinsanmeldung I 282.
Aussonderungsberechtigte: Stellung beim Aufgebot der Nachlaßgläubiger V 188; — kein Ausschluß durch fünfjährige Nichtgeltendmachung ihrer Forderung V 201; — Ausschluß der Geltendmachung aufschiebender Einreden des Erben gegenüber denselben V 314; — Haftung von Miterben gegenüber A. nach der Nachlaßteilung V 439.
Aussperrung von Arbeitern: Verstoß gegen die guten Sitten II c 1826.
Ausspielvertrag II c 1454.
Ausstattung: Begriff und rechtliche Natur IV 966; — räumlich geltendes Recht VI b 472; — zeitlich anzuwendendes Recht VI a 555; — Verhältnis zur Schenkung II b 293, 311; — Schriftform des Rentenversprechens II c 1440; — Form des schenkungsweisen Versprechens II b 311; — Ausgleichungspflicht mit der A. IV 971, V 405, 413; — Ausgleichungspflicht des Pflichtteilsberechtigten mit der A. V 938; — Gewährleistung IV 966, 971; — A. eines Abkömmlings bei fortgesetzter Gütergemeinschaft IV 545; — Haftung des überlebenden Ehegatten bei Auseinandersetzung der fortgesetzten Gütergemeinschaft IV 570; — wird eingebrachtes Gut bei Errungenschaftsgemeinschaft IV 621; — Lastentragung bei Fahrnisgemeinschaft IV 683; — Erwerb unbeweglichen Vermögens zum eingebrachten Gut bei Fahrnisgemeinschaft IV 676.
— A. eines Kindes bei allgemeiner Gütergemeinschaft IV 448, 478, 479; — aus Vorbehaltsgut IV 480; — bei Errungenschaftsgemeinschaft IV 649; — Vermutung der Gewährung der A. aus dem Vermögen des Kindes IV 972; — Gewährung aus Mündelsvermögen IV 1441; — A. aus dem Vermögen des volljährigen Mündels IV 1626; — Übernahme der A. bei Auseinandersetzung der allgemeinen Gütergemeinschaft IV 509; — bei der Errungenschaftsgemeinschaft IV 661; — eines Abkömmlings durch den Vorerben V 539; — A. des unehelichen Kindes IV 1200.
Aussteuer des angenommenen Kindes IV 1331; — räumlich geltendes Recht VI b 590; — der Tochter IV 953; — Begriff, Verhältnis zur Ausstattung IV 955; — Berechtigte und Verpflichtete IV 955; — Voraussetzung der Aussteuerpflicht IV 956; — Inhalt der Pflicht IV 958; — Entstehung, Geltendmachung des Anspruchs IV 959; — Vererblichkeit des Anspruches IV 965; — Unübertragbarkeit IV 964; — Recht zur Verweigerung der A. IV 962; — keine Pflicht zu wiederholter A. IV 964; — Verzicht auf den Anspruch IV 965; — Rechte an der gewährten A. IV 961; — Einfluß des Konkurses der Eltern IV 966; — Verjährung des Anspruches IV 964; — steuerliche Behandlung IV 961; — Gewährung bei allgemeiner Gütergemeinschaft IV 448, 480; — Gewährung bei fortgesetzter Gütergemeinschaft IV 545; — Vermutung der Gewährung aus dem Vermögen des Kindes IV 972; — A. des legitimierten Kindes IV 1271; — des unehelichen Kindes IV 1200; — A. wird eingebrachtes Gut bei Errungenschaftsgemeinschaft IV 621; — Ausgleichungspflicht mit derselben V 414; — keine Anrechnung auf den Pflichtteil V 938; — räumlich VI b 466, 472; — zeitlich geltendes Recht VI a 555.
Austausch, unmittelbarer, von Ware und Preis II b 13.
Austauschtheorie II a 476.
Austrag: Nießbrauch III 884.
Austritt aus einem Verein I 234, 237; — aus einem eingetragenen Verein I 277; — aus einem nichtrechtsfähigen Verein I 272.
Ausübung eines Rechts zur Schikane I 838.
Auswahl der Familienratsmitglieder IV 1579; — der Ersatzmitglieder IV 1581; — des Gegenvormunds IV 1412; — des Pflegers IV 1669; — des Vormunds IV 1380, 1387, 1620.
Auswahlsendung, -Bestellung II b 257.
Auswanderer, Unterhalt IV 890.
Auswechslung der hypothekarisch gesicherten Forderung III 1283; — Form III 1287; — Vermerk auf dem Hypothekenbrief III 1288; — A. bei Hypothek auf dem Erbbaurecht III 793; — A. bei Höchstbetragshypothek III 1340.
Auswechselungen an Bauten II c 1007.
Auszug: Verjährung von Rückständen I 788; — Nießbrauch III 884.
Auszugsvertrag II c 1436, III 884, 915, VI a 245.
Automaten: Vertragsverhältnis I 615; — rechtliche Natur der Entnahme aus solchen II b 13, 14.
Automobil siehe „Kraftfahrzeug".
Autonomie als Rechtsquelle I 16, VI a 10; — der Landesherrn und ihrer Familien VI a 115;

— der Standesherrn und des Reichsadels VI a 119; — Beseitigung VI a 117.
Autorrechte: Nießbrauch daran III 884.
Avulsionen III 503.

B.

Badeanstaltsbesitzer: Haftung II c 1178.
Baden: internationales Landesprivatrecht VI b 52; — Ausführungsgesetze zum BGB. VI a 100; — Beamtenrecht VI a 198, 206; — Anlegung von Mündelgeld in Hypotheken usw. IV 1446; — bei Sparkassen IV 1451; — in Wertpapieren IV 1453; — bei Privatbanken IV 1456; — bei Hinterlegungsstellen IV 1457; — Aufnahme des Verzeichnisses des Kindesvermögens IV 1052; — Auseinandersetzung der Gütergemeinschaft IV 505; — Befreiung von Ehehindernissen, vom Aufgebot IV 89; — dienstliche Bewilligung zur Übernahme einer Vormundschaft IV 1398; — Ehelichkeitserklärung IV 1280; — Niederlassungsvertrag mit der Schweiz, Bedeutung für das internationale Erbrecht VI b 730; — Ermittelung des Ertragswertes eines Landgutes IV 607; — Genehmigung der Emission von Schuldverschreibungen II c 1615; — öffentliche Fürsorge IV 810, 900; — Gemeindewaisenrat IV 1565, 1567; — Grundbuchrecht III 88, 90; — Güterrechtsregister IV 690; — Hinterlegungswesen IV 297; — Nachlaßsicherung V 128, 132, 133; — Nachlaßauseinandersetzung V 391; — Namenserteilung an das uneheliche Kind der Ehefrau IV 1206; — Staatsschuldbuch IV 299; — Schutz des gutgläubigen Dritten bei Änderung des Güterstandes von Eheleuten IV 413; — Verehelichung von Ausländern IV 70; — von Beamten IV 66; — Zuständigkeit für die Befreiung von den Erfordernissen der Annahme an Kindes Statt IV 1314; — Zuständigkeit für die Verrichtung bei Erklärung über den Namen der geschiedenen Frau IV 791; — Zuständigkeit für die öffentliche Beurkundung I 535; — zur Unterschriftbeglaubigung I 537; — zur Beglaubigung von Handzeichen I 531; — zur Namensänderung I 115; — Zuständigkeit zur Aufnahme des Nachlaßinventars V 289; — Zuständigkeit zur Errichtung und Eröffnung letztwilliger Verfügungen V 728, 736; — zur Errichtung von Dorftestamenten V 782; — Verwahrung der Testamente V 778; — Entziehung der Rechtsfähigkeit des Vereins I 244; — Zuständigkeit im Einspruchsverfahren in Vereinssachen I 283, 291; — Stiftungen I 308; — Stiftungsaufsicht I 312; — Erwerbsbeschränkungen für Stiftungen I 310.
Badisches Recht: Anerkennung eines Kindes VI a 565; — Beistandschaft wegen Verschwendung I 82, VI a 414; — wegen Geistesschwäche VI a 577; — Emanzipation, Entlassung aus der Gewalt VI a 410; — gewählter Wohnsitz VI a 415; — Vermögensabsonderung unter Ehegatten VI a 537.
Bahneinheit I 338, VI a 285; — Übertragung III 390.
Bahnsteigkarte II c 1642.
Balkone am Nachbargrundstück III 330.
Balleintrittskarte II c 1643.
Bank: Anlegung von Kindergeld bei einer B. IV 1055; — von Mündelgeld IV 1455, 1458, 1460, 1461.
Bankdepositengeschäft II c 1152.
Bankgeschäftsinhaber: Zinsvergünstigung für Einlagen II a 110, 111.
Bankgiroüberweisung II a 663.
Bankier: Haftung aus Raterteilung II c 1120.
Banknoten: Ausgabe II c 1605, 1612; — Kraftloserklärung und Zahlungssperre VI a 471; — Verbrauchbarkeit I 357; — Umtausch beschädigter II c 1623.
Bankrott-Verträge VI b 778.
Bannrechte VI a 177.
Barattohandel II b 289.
Bargeldlose Zahlung II a 662.
Barkauf II b 13, 35.
Barzahlung beim Pfandverkauf III 1439.
Bau auf der Grenze III 503; — siehe auch „Überbau".
Bauabstand III 331, 344, VI a 321.
Baubeschränkungen im öffentlichen Interesse VI a 283.
Bauchschlägigkeit der Pferde, Maulesel, Maultiere, Gewährfrist II b 230.
Baudarlehenshypothek: Rechtsverhältnis bis zur vollen Valutierung III 1209.
Baudarlehensvertrag, Baugeldervertrag II b 660, 661.
Bauentreprisenvertrag II c 934.
Bäuerliche Erbfolge VI a 140, 141.
— **Nutzungsrechte:** Geltung des Landesrechts VI a 137; — Neubegründung VI a 529.
Baufälligkeit: Haftung des Grundstücksbesitzers und früheren Besitzers II c 1911; — des dinglich oder persönlich Berechtigten II c 1920; — des Unterhaltungspflichtigen II c 1921.
Bauforderungen: Sicherung II b 1004; — Wirkung der Abtretung II a 812.
Baugeldersicherungshypothek III 1209, 1303, 1331.
Baugeldforderung: Beschränkung der Aufrechnung II a 747.
Baugeldhypothek III 960, 980, 995; — Vorrangeinräumung III 149; — Rang III 144; — Löschungsvormerkung III 1278.
Baugläubiger, dingliche Sicherung III 993.
Bauhypothek III 960, 994, 1304; — Inhalt der Eintragung III 1006; — Rang III 186; — Abtretung III 1170.
Bauliche Anlagen: Gegenstand der Grunddienstbarkeit III 814; — siehe auch „Anlagen".
Baumaterialien: Rechte an eingebauten I 366; — nicht Zubehör I 376; — Eigentumserwerb durch Verwendung III 503.
Bäume: Abstand von der Grenze des Nachbargrundstücks III 340, VI a 319, 320, 322; — keine Früchte des Grundstücks I 386; — Anlage auf dem Nachbargrundstück III 327, 330; — stehende, Besitzübergang beim Verkauf III 23; — Teilbesitz III 59; — Verkauf zum Schlagen III 527, 531; — Grenzbäume III 384; — Teil-

besitz an B. auf dem Stock III 59; — Sondereigentum an B. I 369, VI a 487; — Überfall von Früchten III 341; — Überragen von Wurzeln und Zweigen in das Nachbargrundstück III 338; — Unverjährbarkeit der Ansprüche III 385; — Wildschaden an B. VI a 172, 173; — siehe auch „Grenzbäume, Obstbäume".
Baumeister: Sicherungshypothek III 993.
Baumschulen: Wildschaden VI a 172, 173.
Baupolizei III 296; — Einfluß auf Miete II b 343, 399.
Baurecht: landesgesetzliche Eigentumsbeschränkungen VI a 283.
Baureife: Zusicherung bei Grundstücksverkauf II b 143.
Bausch und Bogen: Kauf in B. u. B. II b 13; — Gefahrübergang II b 89; — Erlaß der Gewährleistungspflicht II b 200.
Bauunternehmer: Verjährung der Ansprüche I 783.
Bauvermerk III 169, 186, 994; — Haftung des Verkäufers für Beseitigung II b 68; — Eintragung im Erbbaugrundbuch III 728; — Fortbestand bei Heimfall des Erbbaurechts III 770, 773.
Bauvertrag: rechtliche Natur II c 933; — Wandelung II c 964; — Haftung des Unternehmers II c 997.
Bauwerk auf fremdem Grundstück (siehe auch „Erbbaurecht") III 665, 669; — Haftung des Unternehmers für Fehler II c 955; — Sicherungshypothek des Unternehmers eines B. oder eines Teiles desselben II c 1003; — Wirkung der Abtretung der Forderung II a 812; — Verjährung der Ansprüche wegen Mängel des Werkes II c 972, 974, 978; — Werklieferungsvertrag II c 1018, 1019; — siehe auch „Gebäude".
Bayerische Vereine und registrierte Gesellschaften VI a 433.
Bayern: Statutenkollisionsgesetz I 8; — internationale Nachlaßbehandlung VI b 726; — Ausführungsgesetze zum BGB. VI a 99; — Adelserwerb durch Legitimation IV 1268; — Anlegung von Mündelgeld in Hypotheken IV 1445; — bei Sparkassen IV 1450; — in Wertpapieren IV 1452; — bei Privatbanken IV 1456; — bei Hinterlegungsstellen IV 1457; — Anzeige von Todesfällen V 132; — Ersatzanspruch für gewährte Fürsorge IV 899; — Aufgebot vor Eheschließung IV 75; — Aufnahme des Verzeichnisses des Kindervermögens IV 1052; — Aufrechnung gegen Gehalts- und Dienstlohnansprüche II a 774; — Auseinandersetzung der Gütergemeinschaft IV 504; — Ausschluß der Bestellung von Notaren zu Nachlaßverwaltern V 238; — Beamtenrecht VI a 197, 206; — Haftung aus Amtspflichtverletzungen Beamter VI a 186, 189; — Befreiung von Ehehindernissen, vom Aufgebot IV 88; — Ehe- und Erbverträge von Mitgliedern des Kgl. Hauses IV 407; — Beglaubigung der Erbschaftsausschlagung, der Vollmacht hiezu V 97; — Bekanntmachung der Entmündigung IV 1619; — Bestimmung des zuständigen Standesbeamten IV 83; — Beurkundung des Vaterschaftsanerkenntnisses IV 1263; — dienstliche Bewilligung zur Übernahme einer Vormundschaft IV 1398; — Ehelichkeitserklärung IV 1279; — eheliches Güterrecht IV 217; — eheliches Güterrecht für Offiziere IV 218; — eherechtliche Sonderbestimmungen IV 33, 35; — Eigentumsübertragungsvertrag II a 434; — Grundbuchrecht III 88, 89, 90; — Zwangsvollstreckung in Grundstücke III 91; — Eintragung von Grunddienstbarkeiten ins Grundbuch III 791; — Eintragung der Gütergemeinschaft im Grundbuch IV 423; — Ermittelung des Ertragswertes eines Landgutes IV 606; — öffentliche Fürsorge IV 899; — Gemeindewaisenrat IV 1565, 1567; — Genehmigung der Emission von Schuldverschreibungen II c 1615; — Gesinderecht VI a 243, 244; — Grundbuchrecht III 88, 89, 90; — Güterrechtsregister IV 690, 695, 699; — Haftung d. Staats u. öffentl. Verbände aus Amtspflichtverletzungen Beamter II c 1951, 1952; — Hinterlegungsordnung VI a 382; — Hinterlegungsstellen IV 1471; — Hinterlegungswesen IV 297; — Namenserteilung an das uneheliche Kind der Ehefrau IV 1205; — religiöse Kindererziehung IV 1001; — religiöse Erziehung anerkannter Kinder IV 1265; — Staatsschuldbuch IV 299; — landesherrliches Scheidungsrecht IV 719; — Schutz des gutgläubigen Dritten bei Änderung des Güterstandes von Eheleuten IV 413; — Nachlaßauseinandersetzung V 391; — Sicherung des Nachlasses V 128, 132, 133; — Stiftungen I 308, 309; — Genehmigung von St. I 318; — Zuständigkeit zur Aufhebung und Umwandlung von St. I 329; — Stiftungsaufsicht I 311; — Erwerbsbeschränkungen für Stiftungen I 310; — Verehelichung von Beamten IV 65; — von Ausländern IV 68; — Verleihung der Rechtsfähigkeit an Vereine I 190; — Entziehung der Rechtsfähigkeit I 244; — Zuständigkeit im Einspruchsverfahren in Vereinssachen I 283, 291; — Vereins- und Gesellschaftsrecht VI a 433; — Zeugnis über Fortsetzung der Gütergemeinschaft IV 589; — Zuständigkeit für die Befreiung von den Erfordernissen der Annahme an Kindes Statt IV 1313; — Zuständigkeit für die öffentliche Beurkundung I 535; — für Beglaubigung von Unterschriften I 537; — von Handzeichen I 531; — Zuständigkeit für die Verrichtungen bei Erklärung über den Namen der geschiedenen Frau IV 790; — Zuständigkeit in Nachlaßsachen V 100; — zur Sicherung des Nachlasses V 128; — zur Aufnahme des Nachlaßinventars V 289; — Form der Errichtung V 290; — für Beurkundung und Eröffnung letztwilliger Verfügungen V 728, 736; — für Errichtung von Erbverträgen V 841; — Errichtung von Dorftestamenten V 783; — Zuständigkeit zur Erteilung des Erbscheins und verwandter Zeugnisse V 1031; — Verwahrung der Testamente V 778; — Übernahme eigenhändiger Testamente in Verwahrung durch den Notar V 779; —

Verwahrung von Dorftestamenten V 783; — Zuständigkeit des Gerichtsschreibers in Vormundschaftssachen IV 1359; — Zuständigkeit des Obersten Landesgerichts VI a 22.
Bazillen: Schadensersatzpflicht wegen Züchtens von B. II c 1786.
Beamte: Begriff II c 1926, VI a 190, 196; — weibliche VI a 200; — rechtliche Natur des Amts- und Dienstverhältnisses VI a 190; — Rechtsverhältnis der öffentlichen B. II b 696; — Rechtsverhältnisse der Reichsbeamten VI a 202; — neues Reichsrecht VI a 200; — Abtretung ihrer Gehalts-, Wartegeldansprüche, Aufrechnung dagegen VI a 205; — Ansprüche wegen Mängel der Diensträume II b 397, 844; — Aufrechnung gegen deren Gehalts- und Pensionsforderungen II c 697; — Benachrichtigung der auszahlenden Kasse von Abtretung ihres Gehalts usw. II a 850; — Rückzahlung zuviel erhobener Dienstbezüge II c 1730; — Eheschließungskonsens IV 64; — Entlassung als Vormund bestellter B. IV 1605; — Beschränkung des Erwerbs von Grundstücken, Bergwerken, Kuxen I 558, III 262; — Ausschluß vom Bieten bei Versteigerungen I 1441; — Übernahme einer Vormundschaft IV 1397, 1620; — einer Gegenvormundschaft IV 1412; — einer Pflegschaft IV 1669; — Fähigkeit zum Amt eines Familienrates IV 1583; — gesetzlicher Wohnsitz I 93, 94; — Haftung wegen Amtspflichtverletzung II b 698, II c 1922, 1923; — Verhältnis zu den allgemeinen Vorschriften über Haftung aus unerlaubten Handlungen II c 1926; — haftbare Beamtenkategorien II c 1926 ff.; — Begriff der Amtspflichtverletzung II c 1930; — Verschulden, Vorsatz, Fahrlässigkeit II c 1937; — konkurrierendes Verschulden des Verletzten II c 1944; — ursächlicher Zusammenhang II c 1941; — Haftung neben Mitverantwortlichen, von Mitgliedern eines Kollegiums II c 1948, 1958; — Ersatzberechtigter II c 1948; — Beweislast II c 1949; — Wegfall der Ersatzpflicht wegen Unterlassung der Rechtsmitteleinlegung durch den Verletzten II c 1923, 1944; — Haftung der Spruchrichter II c 1922, 1941; — Sondervorschriften II c 1949; — Vorbehalte zugunsten des Landesrechts II c 1951; — Haftung für ihre Gehilfen und Vertreter II c 1952, VI a 192; — örtliche und sachliche Zuständigkeit II c 1953; — Haftung aus Erteilung von Rat oder Empfehlung II c 1122; — Haftung des Staats und öffentlicher Verbände aus Amtspflichtverletzungen von B. II c 1951, VI a 184; — Rückgriff gegen B. VI a 191.
— Kündigung der Miete bei Versetzung II b 550; — der Pacht II b 635; — Sicherheitsleistung wegen Führung eines Amtes VI a 230; — Sicherung des Nachlasses beim Tode eines B. V 128; — Siegelung des Nachlasses von B. VI a 371; — vermögensrechtliche Ansprüche und Verbindlichkeiten aus dem Amts- oder Dienstverhältnisse VI a 194; — Verbot des Gewerbebetriebs, von Nebenämtern und Nebenbeschäftigungen, des Grundstücks- oder sonstigen Vermögenserwerbs, der Bürgschaft VI a 195; — Wohnsitz VI a 196; — von B. im Ausland VI a 43; — gesetzlicher Wohnsitz I 93, 94; — zuständige B.: Aufnahme des Nachlaßverzeichnisses des Testamentsvollstreckers V 703; — Zuziehung zur Inventarerrichtung V 288, 289; — Aufnahme des Nachlaßverzeichnisses des Vorerben V 552.
Beamtenrecht II b 696, 697.
Bearbeitung als Eigentumserwerbsart III 510; — Rechte der einen Rechtsverlust Erleidenden III 514.
Beaufsichtigung des unter elterlicher Gewalt stehenden Kindes IV 998, 1006; — Minderjähriger und sonst aufsichtsbedürftiger Personen II c 1873; — von Tieren II c 1906; — siehe auch „Aufsicht, Aufsichtspflichtige".
Bedachter: Ausschluß von der Mitwirkung bei Testamentserrichtung V 755.
Bedienstete: Auslegung letztwilliger Zuwendungen an B. V 466.
Bedingte Ansprüche: Vormerkung zur Sicherung derselben III 166.
— **Forderungen:** Behandlung bei Nachlaßverwaltung V 250; — Hypothek für b. F. III 977, 985; — Zeitpunkt der Entstehung III 1209; — Pfandrecht an beweglichen Sachen III 1382, 1387; — Rang des Pfandrechts III 1403; — Verjährung I 791.
— **Rechte:** Vererblichkeit und Übertragbarkeit I 657, V 15; — Behandlung im Konkurs I 657; — Behandlung bei Pflichtteilsberechnung V 925, 929.
— **Verbindlichkeiten:** Bürgschaft hiefür II c 1468, 1473, 1475; — Vererblichkeit und Übertragbarkeit I 657, V 15; — Behandlung im Konkurs I 657; — Berücksichtigung bei Pflichtteilsberechnung V 925, 929.
Bedingung: Begriff und Wesen derselben I 649; — Unterschied von der Zeitbestimmung I 672; — Arten I 652; — zur Zeit der Vornahme des Rechtsgeschäfts bereits entschiedene B. I 655; — notwendige B. I 654; — stillschweigende I 654; — unerlaubte und unsittliche I 656; — uneigentliche I 653; — unmögliche I 654; — unnütze I 657; — unverständliche, widersinnige I 656; — aufschiebende, auflösende I 658; — Beweislast für die B. I 662; — Sicherungsmittel des bedingt Berechtigten I 666; — Pflicht zur Mitteilung von der Entscheidung der B. I 664; — Beseitigung der Unmöglichkeit der Leistung vor Eintritt der B. II a 409, 410; — Beseitigung eines gesetzlichen Verbots, gegen das ein Vertrag verstößt II a 412; — Einfluß der Erfüllung vor Eintritt der B. II c 1682; — Rückforderung einer Leistung nach Eintritt der auflösenden B. II c 1686; — Vererblichkeit und Übertragbarkeit des bedingten Rechts I 657; — bedingungsfeindliche Rechtsgeschäfte I 650; — Wirkung der Aufnahme unzulässiger B. I 651; — auf bedingte Rechtsgeschäfte zeitlich anzuwendendes Recht VI a 446.
— bei einzelnen Rechtshandlungen: bei

der Anweisung II c 1578; — bei Auflagen V 637; — bei Benennung des Vormunds IV 1384; — bei beschränkt persönlichen Dienstbarkeiten III 911; — bei Besitzübertragung III 24; — bei Eigentumsübertragung an beweglichen Sachen III 448; — B. beim Eigentumserwerb, zeitlich geltendes Recht VI a 483; — bei der Einigung über Rechtsänderungen an Grundstücken, Grundstücksrechten III 109; — bei Einwilligung des Ehemannes zum selbständigen Betrieb eines Erwerbsgeschäftes durch die Frau IV 325; — beim Erbbaurecht III 659, 662, 665, 673, 674, 676, 682, 780; — Eintragung im Grundbuch I 675; — bei der Erbeinsetzung V 460, 461, 467; — bei Einsetzung eines Nacherben V 525; — Bezug der Bedingung auf den Ersatzerben V 506; — beim Erbvertrag V 848, 874; — beim Erbverzichtsvertrag V 1014, 1016; — bei Ernennung eines Testamentsvollstreckers V 664; — bei Genehmigung des Vormundschaftsgerichts zu Rechtshandlungen des Vormunds IV 1501; — beim Gesamtschuldverhältnis II a 905; — bei Grunddienstbarkeiten III 808; — auflösende B. III 799; — bei Grundschuld III 1347; — bei der Hypothek III 986; — beim Kauf auf Probe oder Besicht II b 255; — beim Eigentumsvorbehalt an der verkauften Sache II b 108; — bei letztwilligen Zuwendungen: Zulässigkeit V 467, 468; — bei Vermächtnisanordnung V 597; — Bedeutung einer aufschiebenden Bedingung V 467, 474; — B. einer Handlung oder Unterlassung V 467, 474; — unsittliche, unerlaubte, unmögliche B. V 469; — unverständliche, widersinnige V 470; — Vereitelung des Eintrittes der B. durch Dritte V 475; — B. bei Mahnung II a 334; — B. beim Mäklervertrag II c 1033, 1043, 1048; — bei der Pfandbestellung III 1388; — beim Widerruf des Auftrages II c 1104; — beim Rangvorbehalt III 160; — für den Rücktritt vom Vertrag II a 608, 620; — beim Schuldversprechen II c 1556; — beim Verlöbnisvertrag IV 11, 16; — beim Vermächtnis: Anfall V 617, 618; — Dauer der Wirkung V 497, 498; — beim dinglichen Vorkaufsrecht III 925; — B. bei Zuwendungen an den gesetzlichen Erben V 460; — an Abkömmlinge eines Dritten V 465; — an die Verwandten V 461; — Pflichtteilsberechnung bei bedingten Rechten und Verbindlichkeiten V 925, 929.

Bedingung: Ausschluß einer Bedingung bei einzelnen Rechtsgeschäften I 650; — bei der Aufrechnungserklärung II a 751; — bei Anerkennung der Ehelichkeit IV 879; — bei der Anerkennung der unehelichen Vaterschaft IV 1260, 1275; — bei Annahme an Kindes Statt IV 1310; — bei Aufhebung des durch die Annahme begründeten Rechtsverhältnisses IV 1349; — Ausschluß der B. bei Annahme und Ablehnung des Amtes eines Testamentsvollstreckers V 670; — bei Annahme und Ausschlagung der Erbschaft V 103; — bei Annahme und Ausschlagung des Vermächtnisses V 618, 622; — Ausschluß bei der Auflassung III 388, 415; — bei der Ehelichkeitserklärung IV 1281; — bei Eheschließung IV 77; — bei der Eheschließung im Auslande VI a 55; — bei Erklärung des Rücktritts vom Vertrag II a 608, 620; — beim Verlöbnisvertrag IV 11, 16; — beim Eintragungsantrag III 120; — bei der Kündigung des Mietverhältnisses II b 531; — bei Kündigung des Auftrages II c 1104; — bei Ausübung des Wahlrechts bei Alternativobligation II a 195; — bei Wiederherstellung der ehelichen Gemeinschaft IV 833; — siehe auch „aufschiebende, auflösende B.".

Bedingungstheorie bei Schadenstiftung II a 124.

Bedrohung: Ehescheidungsgrund IV 739.

Bedürfnisanstalt auf dem Nachbargrundstück III 310.

Bedürfnisse: Haftung für vermehrte B. des durch unerlaubte Handlung Verletzten II c 1960.

Bedürftigkeit des Beschenkten II b 332; — des Schenkers, Nichterfüllung des Schenkungsversprechens II b 314; — Anspruch auf Herausgabe des Geschenkes II b 329; — Ausschluß des Anspruchs II b 332; — Voraussetzung des Unterhaltsanspruchs IV 903; — Rangordnung mehrerer bedürftiger Unterhaltsberechtigter IV 922; — Unterhalt bei selbstverschuldeter B. IV 928; — Voraussetzung beim Unterhaltsanspruch des unehelichen Kindes IV 1218.

Beeinflussung bei Testamentserrichtung V 732.

Beeinträchtigung der von der Bedingung abhängigen Wirkung I 667; — des Eigentums: Schutz III 616; — Schadensersatzpflicht I 626; — B. durch Immissionen III 308; — Verbietungsrecht III 314; — Ausschluß desselben III 316; — Verjährung der Ansprüche III 326; — Verzicht auf die Ansprüche III 313; — Schutzmittel III 319; — Schadensersatzanspruch III 324; — B. von Grunddienstbarkeiten III 820; — des Namensrechtes I 103, 120, 124, 127; — des Nießbrauchs III 871; — des Rechts des Pfandgläubigers III 1423; — des Rechtes des Nacherben durch Verfügungen des Vorerben V 533, 539; — des Vertragserben durch Schenkungen V 858; — des Vermächtnisnehmers beim vertragsmäßig angeordneten Vermächtnis V 861.

Beendigung der Vormundschaft über Minderjährige IV 1595; — über Volljährige IV 1620; — der Pflegschaft IV 1674.

Beerbung: Voraussetzung V 9; — Eintritt V 23; — eines Ausländers im Inland VI b 690; — eines im Ausland befindlichen Ausländers VI b 691; — Anwendung des Sachstatuts VI b 683, 725, 728, 763, 765; — eines Deutschen im Auslande VI b 631; — Einfluß des Sachstatuts VI b 683; — eines Ehegatten im Falle allgemeiner Gütergemeinschaft IV 521; — bei Fortsetzung der Gütergemeinschaft mit den Abkömmlingen IV 528; — bei Ablehnung der Fortsetzung IV 537; — bei Ausschließung der Fortsetzung IV 591, 593; — B. bei Beendigung einer Errungenschaftsgemeinschaft durch Tod eines Ehegatten IV 655.

Beerdigungskosten: Ersatz im Falle der Tötung durch unerlaubte Handlung II c 1968; — Ersatz

nach dem Haftpflichtgesetz VI a 64, 68; — Haftung des Erben V 178; — Haftung des gegenüber dem Verstorbenen unterhaltspflichtigen Verwandten IV 938; — des überlebenden Ehegatten IV 200, 203; — B. für das uneheliche Kind IV 1235; — für die uneheliche Mutter IV 1243.

Befehl, bindender: Ausschluß der Schadensersatzpflicht aus der anbefohlenen Handlung II c 1782.

Beförderung: Berücksichtigung der Aussicht bei Schadensersatz II a 152.

Beförderungsmittel: Fund in B. einer Behörde oder Verkehrsanstalt III 567, 568.

Beförderungsvertrag II 941.

Befreite Beistandschaft ausgeschossen IV 1175.

— **Pflegschaft** IV 1672.

— **Vormundschaft** über Minderjährige IV 1567; — der Eltern volljähriger Mündel IV 1627, 1628; — nach Landesrecht VI a 576.

Befreiung des Testamentsvollstreckers von einzelnen Verbindlichkeiten V 713; — des Vorerben von einzelnen Beschränkungen und Verpflichtungen V 566, 567; — von Erfordernissen der Annahme an Kindes Statt IV 1311; — vom Aufgebot vor Eheschließung IV 73; — Zuständigkeit hiezu IV 86; — Anfechtung der Ablehnung IV 91.

— von Ehehindernissen: des Ehebruchs IV 58; — Wirkung der Befreiung für die verbotswidrig geschlossene Ehe IV 108; — der Eheunmündigkeit IV 38; — der Wartezeit IV 60; — Zuständigkeit für die B. IV 86; — nach internationalem Recht VI b 237.

— von einer Schuld, ungerechtfertigte Bereicherung II c 1677; — B. von der Verbindlichkeit durch Hinterlegung II a 718; — durch Unmöglichkeit der Leistung II a 276, 281; — B. des für Aufwendungen Ersatzberechtigten von übernommenen Verbindlichkeiten II a 177; — des auftraglosen Geschäftsführers II c 1143; — B. des ausscheidenden Gesellschafters von gemeinschaftlichen Verbindlichkeiten II c 1356.

Befreiungsklausel beim Handelskauf II b 19.

Befreiungsvermächtnis V 612.

Befriedigung des Gläubigers: durch den Bürgen II c 1497, 1504; — durch einen Dritten II a 208; — durch einen Gesamtschuldner II a 918; — durch Übernahme einer neuen Verbindlichkeit durch den Schuldner II a 677; — nach Verjährung der Forderung I 830; — der Gläubiger des Kindes IV 1092; — B. der Gesamtgläubiger bei allgemeiner Gütergemeinschaft IV 464; — bei Auseinandersetzung derselben IV 505; — nach der Teilung IV 517; — bei der Errungenschaftsgemeinschaft IV 637; — bei Auseinandersetzung der fortgesetzten Gütergemeinschaft IV 568.

— des Hypothekgläubigers: durch den nicht persönlich haftenden Eigentümer III 1129; — bei der Sicherungshypothek III 1310; — Übergang der Forderung auf den befriedigenden Eigentümer III 1131; — Aushändigung des Hypothekenbriefs und sonstiger Urkunden an den Eigentümer III 1136; — teilweise B. durch den Eigentümer III 1138; — Form der Befriedigung aus dem Grundstück III 1141; — Befriedigungsmittel III 1147, 1149; — verbotene Vereinbarungen hinsichtlich der B. III 1153; — Ablösungsrecht III 1155; — B. durch den persönlichen Schuldner III 1226; — Rechte desselben nach B. III 1238; — durch den Eigentümer eines mit einer Gesamthypothek belasteten Grundstücks III 1253; — durch den persönlichen Schuldner III 1257; — Wirkung der B. aus dem Grundstück oder Gegenständen, auf die sich die Hypothek erstreckt III 1290; — Wirkung bei der Gesamthypothek III 1294.

Befriedigung des Nachlaßgläubigers: zeitweilige Verweigerung durch den Erben V 310; — B. aus dem Nachlaß V 390, 398; — aus dem Vermögen eines Miterben vor der Nachlaßteilung V 433; — nach der Teilung V 438; — des im Aufgebotsverfahren ausgeschlossenen N. V 190; — B. von Nachlaßgläubigern nach Beendigung des Nachlaßkonkurses V 255; — beim Mangel an Masse zu einer Nachlaßverwaltung, einem Nachlaßkonkurs V 260.

— des Pfandgläubigers durch Pfandverkauf III 1425; — durch Aneignung verpfändeten Geldes III 1426; — bei Mehrheit von Pfändern III 1429; — durch den nicht persönlich haftenden Verpfänder III 1418; — durch Hinterlegung oder Aufrechnung III 1420; — Übergang der Forderung auf den Verpfänder III 1420; — vorzeitige B. gegen Rückgabe des Pfandes bei verletzendem Verhalten des Pfandgläubigers III 1413; — durch einen dritten Interessenten III 1454; — beim Pfandrechte an einem Rechte III 1494; — Verhältnis zwischen Verpfänder und Bürgen im Falle der Befriedigung des Gläubigers durch einen von ihnen II c 1512; — des Schiffspfandgläubigers III 1478.

Befriedigungsrecht eines an der Vereitelung der Zwangsvollstreckung Interessierten II a 213; — des Grundstückseigentümers III 1129; — eines Dritten gegenüber dem Befriedigung suchenden Hypothekengläubiger III 1155; — gegenüber dem Pfandgläubiger III 1454.

Befristung: rechtliche Wirkungen I 672; — Unterschied von der Bedingung I 672; — Beweislast für B. I 662; — Unzulässigkeit I 650, 651; — auf befristete Rechtsgeschäfte zeitlich anzuwendendes Recht VI a 446; — Beseitigung der Unmöglichkeit der Leistung vor Eintritt des Anfangstermines II a 410; — Beseitigung eines gesetzlichen Verbots, gegen das ein Vertrag verstößt II a 412; — Ausschluß der Rückforderung vorzeitiger Leistung II c 1691; — Rückforderung der Leistung bei Eintritt des Endtermines II c 1686; — B. der Aufrechnungserklärung II a 751; — der Eigentumsübertragung von beweglichen Sachen III 448; — B. des Eigentumserwerbs, zeitlich geltendes Recht VI a 483; — der Einigung über Rechtsänderungen an Grundstücken, Grundstücksrechten III 109; — des Erbbaurechts III 674; — Eintragung im Grundbuch III 675; — beim

Erbbaurecht nach früherem Recht III 780, 781; — bei Grunddienstbarkeiten III 808; — bei der Grundschuld III 1347; — bei der Hypothek III 986; — B. beim Mäklervertrag II c 1048; — letztwilliger Verfügungen V 474; — von Zuwendungen an gesetzliche Erben V 460; — an Abkömmlinge Dritter V 465; — an Verwandte V 461; — des Rangsvorbehalts III 160; — beim Schuldversprechen II c 1556; — B. des Vermächtnisses, Anfall desselben V 617, 618; — Dauer der Wirksamkeit V 497, 498; — des Verlöbnisvertrags IV 11; — des dingl. Vorkaufsrechts III 925.

Befristung: Ausschluß der B.: bei der Ablehnung der Fortsetzung der Gütergemeinschaft IV 535; — der Anerkennung der Ehelichkeit IV 879; — der Annahme an Kindes Statt IV 1310; — der Aufhebung des durch die Annahme begründeten Rechtsverhältnisses IV 1349; — bei der Auflassung III 388, 415; — Ausschluß der B. bei Ausübung des Wahlrechts bei Alternativobligation II a 195; — bei der Eheschließung IV 77; — Ausschluß bei der Eheschließung im Ausland VI a 55; — bei der Ehelichkeitserklärung IV 1281; — bei der Einwilligung des Ehemannes zum selbständigen Betrieb eines Erwerbsgeschäftes durch die Frau IV 325; — bei der Annahme oder Ablehnung des Amtes eines Testamentsvollstreckers V 670; — der Annahme oder Ausschlagung der Erbschaft V 103; — des Vermächtnisses V 601, 622; Unwirksamkeit des B. V 597.

Begehungsort bei unerlaubten Handlungen VI b 200; — bei Handlung des Täters in verschiedenen Staaten VI b 201; — in einem Staat VI b 202; — bei Grenzdelikten VI b 206; — bei Pressedelikten VI b 205; — bei Unterlassungen VI b 207.

Beginn der Fristen I 754; — der Gewährsfrist II 741; — der Inventarfrist V 282; — der Verjährung I 790; — bei kündbaren Forderungen I 793; — bei Ansprüchen, welche von Ausübung eines Anfechtungsrechtes abhängen I 794; — bei kurzer Verjährung I 793.

Beglaubigung, öffentliche, einer Erklärung: Form I 535, 536, VI a 373; — einzelne Fälle: der Ablehnung der Fortsetzung der Gütergemeinschaft IV 535; — der Abschriften aus dem Güterrechtsregister IV 700; — der Abschrift des Testaments V 806; — B. der Abschriften aus dem Vereinsregister I 304; — der Abtretung der Forderung II a 817; — von Diensteinkommens-, Ruhegehaltsforderungen II a 850; — B. des Anerkenntnisses der Schulderlöschung II a 697; — der Hypothekabtretung III 1166, 1173, 1178; — des Anerkenntnisses einer kraft Gesetzes erfolgten Übertragung der Hypothekforderung III 1173; — der Anfechtung der Ehe gegenüber dem Nachlaßgericht IV 136; — der Anfechtung der Ehelichkeit IV 878; — der Anfechtung der Anerkennung der Ehelichkeit IV 882; — B. der Anmeldungen zum Vereinsregister I 302; — der Anträge zum Güterrechtsregister IV 694; — der Aufhebung der fortgesetzten Gütergemeinschaft IV 557; — der Erbschafts-Ausschlagungserklärung V 96, 97; — der Vollmacht bei der Ausschlagung V 96; — bei Anfechtung derselben V 118; — der Erklärung der Anfechtung der Annahme oder Ausschlagung V 118; — des Auszuges aus Urkunden über verkaufte Sachen II b 81; — der Einwilligung des Nacherben zu Verfügungen des Vorerben V 551; — der Ernennung des Testamentsvollstreckers durch einen Dritten V 645, 665; — der Genehmigung zur Führung des Namens des Ehemannes der Mutter durch das uneheliche Kind IV 1202; — des Handzeichens I 525, 531; — des Nachlaßverzeichnisses des Testamentsvollstreckers V 703; — des Vorerben V 552; — der Untersagung der Fortführung des Mannesnamens durch die geschiedene Frau IV 787; — des Verzeichnisses des eingebrachten Gutes der Frau IV 241; — der Ehegatten bei Errungenschaftsgemeinschaft IV 634; — der Unterschrift des Verzeichnisses beim Nießbrauch an einem Sachinbegriff III 843; — des Verzichtes des anteilsberechtigten Abkömmlings auf seinen Anteil IV 555; — des Verzichtes auf die väterliche Nutznießung IV 555.

Begräbnisplätze I 345, III 102, 665, 907, 910; — Eigentum daran III 292.

Begräbnisstätten: Benützung VI a 335; — Miete II b 391; — siehe auch „Beerdigung".

Begründung des Schuldverhältnisses durch Vertrag II a 397.

Begünstigung: zivilrechtliche Haftung aus B. II c 1855.

Behauptung unwahrer Tatsachen, Schadensersatzpflicht II c 1805, 1806.

Behörden: genehmigungsbedürftige Anträge an B. IV 1522; — Einsicht der Akten öffentlicher B. II c 1657; — Anfechtung eines Rechtsgeschäftes gegenüber einer Behörde I 597; — Ausschluß der Ernennung zum Testamentsvollstrecker V 667; — Fund in Geschäftsräumen usw. einer B. III 567; — Recht auf Vollziehung einer Auflage bei einer Schenkung II b 322; — Recht auf Vollziehung einer letztwilligen Auflage V 640; — Verfahren mit Sachen, zu deren Herausgabe eine B. verpflichtet ist III 572; — Veräußerungsverbot I 566; — Willenserklärung gegenüber B. I 537, 543, 544.

Behörden, zuständige: Inventarerrichtung V 288, 289; — Aufnahme des Nachlaßverzeichnisses des Testamentsvollstreckers V 703; — Aufnahme des Nachlaßverzeichnisses des Vorerben V 552; — Aufnahme des Verzeichnisses des Mündelvermögens IV 1435.

Bejahende Bedingung I 652, 659.

Beisammensein von Sachen, rechtliche Bedeutung I 341.

Beischlaf: Entschädigung wegen Verführung oder Zwang zum B. II c 1815; — Ersatz von Schäden im Erwerb und Fortkommen II c 1959; — Ersatz immateriellen Schadens II c 1984; — mit Verwandten des anderen Teils, Ehehindernis IV 53; — Entschädigung beim B.

unter Verlobten IV 24, 25; — Verjährung des Anspruchs IV 27, 30; — B. innerhalb der Empfängniszeit: Vermutung für die Beiwohnung während der Ehe IV 861; — Voraussetzung der Legitimation durch nachfolgende Ehe IV 1272; — Bestrafung wegen Verleitung zur Gestattung des B. IV 36.

Beiseiteschaffen des Gegenstandes des vertragsmäßig angeordneten Vermächtnisses V 861.

Beisitz der Eltern IV 524, VI a 541.

Beistand: Haftung für Verschulden desselben II a 294.

— der Mutter: Voraussetzungen der Bestellung IV 1160; — Anordnung der Bestellung nach bisherigem Recht VI a 560; — Zahl der Beistände IV 1163; — Berufung, Bestellung IV 1173; — Aufsicht des Vormundschaftsgerichts IV 1173, 1541; — Wirkungskreis IV 1163, 1164; — Verhältnis zur Mutter IV 1164; — Zuziehung bei Aufnahme des Vermögensverzeichnisses durch die Mutter IV 1169; — Genehmigung von Rechtsgeschäften der Mutter IV 1165; — Anlegung von Kindergeld IV 1168; — Anhörung vor Genehmigung von Rechtsgeschäften der Mutter durch das Vormundschaftsgericht IV 1165; — Genehmigung des Antrags auf Entlassung des Kindes aus dem Staatsverband VI a 57; — Übertragung der Vermögensverwaltung auf den B. IV 1170; — Aufhebung dieser Maßregel IV 1175; — Haftung des B. IV 1173; — Sicherheitsleistung IV 1172, 1552; — Vergütung IV 1173, 1537; — Ersatz seiner Aufwendungen IV 1533; — Beendigung seines Amtes IV 1174; — kraft Gesetzes IV 1602; — durch Entlassung IV 1605, 1606, 1607; — Aufhebung der Beistandschaft IV 1175; — Beendigung des Amtes durch nach bisherigem Rechte erfolgte Todeserklärung VI a 421; — Pflegschaft bei Verhinderung des B. IV 1647; — Annahme des Kindes an Kindes Statt IV 1324; — Sicherungshypothek auf Grundstücken desselben III 995.

— B. im Strafprozeß VI a 44, 45.

Beistandschaft wegen Geistesschwäche nach französischem und badischem Recht VI a 577; — wegen Verschwendung nach badischem und französischem Recht I 82, VI a 414.

Beitrag der Frau zum ehelichen Aufwand aus dem Vorbehaltsgut im gesetzlichen Güterstand IV 239; — bei allgemeiner Gütergemeinschaft IV 429; — im Falle der Gütertrennung IV 383; — Zurückbehaltungsrecht der Frau IV 385.

— zum Unterhalt der Kinder aus einer Ehe, die durch Wiederverheiratung nach irrtümlicher Todeserklärung eines Ehegatten aufgelöst wurde IV 156; — B. zum Unterhalt der Kinder nach Ehescheidung IV 816.

Beiträge der Vereinsmitglieder des eingetragenen Vereins I 277.

Beitragspflicht der Gesellschafter II c 1232, 1275.

Beiwohnung siehe „Beischlaf".

Beiwohnungsunfähigkeit: Eheanfechtungsgrund IV 117; — Scheidungsgrund IV 741.

Bekanntmachung von Eintragungen im Erbbaugrundbuch, auf dem Grundstücksblatt III 730.

— **öffentliche**: der Anordnung der Nachlaßverwaltung V 240; — der Aufforderung des Erben zur Anmeldung ihrer Erbrechte V 152; — der Aufforderung der Nachlaßgläubiger zur Anmeldung ihrer Forderungen V 439; — der Auflösung des Vereins oder der Entziehung der Rechtsfähigkeit I 256; — der Auslobung II c 1066; — der Bevollmächtigung I 715; — der Eintragungen ins Güterrechtsregister IV 699; — der Eintragung eines Vereins I 294; — der Entmündigung wegen Verschwendung oder Trunksucht und der Wiederaufhebung IV 1619; — der Genehmigung zur Ausstellung von Schuldverschreibungen auf den Inhaber II c 1612, 1616; — des Verlustes von Schuldverschreibungen II c 1625; — der Versteigerung von Fundsachen III 570, 572; — der Pfandversteigerung III 1438; — der Versteigerung zur Hinterlegung nicht geeigneter Sachen II a 728.

Bekenntnis, religiöses: der Kinder, Bestimmung durch die Gewalthaber VI a 341; — des Mündels, Einfluß auf die Auswahl des Vormundes IV 1387; — auf das Erziehungsrecht des Vormundes IV 1434.

Belastung einer Bahneinheit VI a 285; — einer Sache: Erstreckung auf Zubehör I 380, II a 444; — Gewährleistung wegen Mängel der Sache II b 248; — Ausschluß des Rücktritts vom Vertrag II a 621, 627; — B. gegen Entgelt, Haftung für Rechtsmängel II b 83; — des Erbbaurechts III 661, 710; — Zustimmung des Grundstückseigentümers III 690, 691; — Voraussetzung der Eintragung III 729; — Einfluß von Belastungsbeschränkungen auf Verfügungen im Wege der Zwangsvollstreckung usw. III 697; — früheres Recht III 785; — einer gemeinschaftlichen Sache, eines gemeinschaftlichen Grundstücks zugunsten eines Miteigentümers III 645.

— von Grundstücken, Grundstücksrechten III 97, 98; — selbständige B. von Grundstücksteilen III 210; — lastenfreie Abtrennung von Teilflächen III 210; — anzuwendendes Recht III 96; — B. von Gesamtgutsgrundstücken IV 442; — Zuständigkeit zur Beurkundung nach Landesrecht VI a 375; — Wertgrenze und sonstige Beschränkungen nach Landesrecht VI a 298, 302; — B. mit dem Rechte zur Gewinnung von Mineralien VI a 162; — B. von Grundstücken durch den Testamentsvollstrecker V 682; — von Grundstücken des Mündels IV 1487; — von Gesamtgutgrundstücken IV 442; — von Grundstücksrechten: zeitlich geltendes Recht VI a 504; — B. des Kaufgegenstandes, Beseitigung II b 53, 66; — Einfluß der B. der Kaufsache auf die Wandelung II b 182; — B. des Mietobjektes: Einfluß auf das Mietverhältnis II b 583; — B. vor Überlassung des vermieteten Grundstücks II b 586; — durch den Erwerber des Mietobjektes II b 588; — B. vor dem 1. Januar 1900 vermieteter oder verpachteter Sachen VI a 460; —

des Miteigentums III 641; — des Rechts des Nacherben auf die Erbschaft V 515; — B. des verpfändeten Schiffes III 1474; — B. des Vermächtnisgegenstandes: Behandlung vorhandener V 600, 601; — B. durch den Erblasser beim vertragsmäßig angeordneten Vermächtnis V 861; — B. von Erbschaftsgegenständen durch den Erbschaftskäufer V 1088; — durch den Schenker einer Erbschaft V 1098; — von Vermögensstücken des Mündels IV 1466.

Belastungsbeschränkung hinsichtlich Familienfideikommißgut, Lehensgut, Stammgut VI a 133.

Belastungsverbot, vertragswidriges, hinsichtlich des Hypothekenobjekts III 1109; — Eintragung im Grundbuch III 105; — zugunsten des Hypothekgläubigers VI a 437.

Belege zur Rechnungstellung II a 180; — zur Rechnungsstellung des Vormundes IV 1548.

Belehrungspflicht des Notars II c 1935.

Beleidigung: zivilrechtliche Haftung II c 1796, 1806; — Widerruf, Ehrenerklärung II a 114; — Ehescheidungsgrund IV 739; — einer Ehefrau: Strafantragsrecht VI a 37, 42; — Strafantragsrecht nach Aufhebung der ehelichen Gemeinschaft IV 830.

Beleihung des Erbbaurechts III 731.

Beleihungsgrenze für Grundstücke bei Darlehen aus Mündelgeld IV 1443, 1445; — für Grundstücke nach Landesrecht VI a 302.

Beleuchtungsanlagen: Anbringung am Mietobjekt II b 473; — Lieferung von Einrichtung II c 926, 933; — Sicherungshypothek für Ansprüche aus Einfügung in ein Gebäude II c 1007.

Beleuchtungspflicht: bei Mietobjekten II b 417, II c 1785, 1789.

Belgien: über das eheliche Güterrecht geltendes internationales Privatrecht VI b 306, 337; — Aufhebung der ehelichen Gemeinschaft i. B. VI b 380; — Gerichtsbarkeit in Scheidungssachen VI b 397; — Anerkennung ausländischer juristischer Personen VI b 135; — Rechtsverhältnis der unehelichen Kinder VI b 509; — Ansprüche der unehelichen Mutter gegen den Vater VI b 528; — Rück- und Weiterverweisung VI b 759; — Staatsvertrag betr. juristischer Personen VI b 152; — betr. Luftfahrzeuge VI b 222; — vorl. Handelsabkommen (Grunderwerb von Ausländern) VI a 226.

Belieben, freies, bei Bestimmung der Vertragsleistung II a 445; — bei Bestimmung der Erfüllungszeit des Vermächtnisses V 618, 621; — der Auflage V 639; — bei Bestimmung der Leistung durch einen Dritten II a 453.

Belohnung: öffentliches Versprechen einer B. II c 1066.

Benachrichtigung von der Abtretung der Forderung II a 788, 795; — Wirkung II a 843; — von der Abtretung von Gehalts- und sonstigen Ansprüchen öffentlicher Diener II a 850; — von der Anfechtung der Ehelichkeit nach dem Tode des Kindes IV 878; — des Eigentümers und Drittberechtigter vom bevorstehenden Pfandverkauf III 1438; — des Gläubigers von der Einziehung der verpfändeten Forderung III 1509; — des Grundstückseigentümers vom Eintritt des Versicherungsfalles beim Erbbaurecht III 747; — des persönlichen Schuldners von der Zwangsversteigerung des Hypothekenobjekts III 1235; — des Verpfänders von der Pfandversteigerung III 1442; — bei vorzeitiger Versteigerung III 1416; — B. von der Hypothekenübernahme beim Grundstückserwerb II a 874; — von der Versteigerung zur Hinterlegung nicht geeigneter Sachen II a 732; — vom Verzicht eines Abkömmlings auf den Anteil am Gesamtgut IV 555; — von der Aufhebung der fortgesetzten Gütergemeinschaft durch den überlebenden Ehegatten IV 557; — B. von der Testamentseröffnung V 798, 803; — von Ausübung, Ausschluß des Vorkaufsrechts III 933; — B. der Miterben vom Verkauf eines Erbschaftsanteils V 361.

Benachteiligung der anteilsberechtigten Abkömmlinge bei fortgesetzter Gütergemeinschaft IV 540, 544; — der Ehefrau durch den Mann bei Verwaltung des Gesamtguts der allgemeinen Gütergemeinschaft IV 460; — der Errungenschaftsgemeinschaft IV 616, 619.

Benannte Verträge II a 391.

Beneficium cedendarum actionum II c 1508.

Beneficium competentiae II b 315.

Beneficium excussionis ordinis II c 1501.

Beneficium separationis des Vermächtnisnehmers V 582.

Benennung des Urhebers (Gewährsmannes) bei Eigentumsansprüchen III 589, 622, 627; — des Familienratsmitgliedes IV 1578; — des Pflegers IV 1672; — B. des Vormundes: Recht hiezu IV 1378; — Voraussetzungen IV 1382, 1383; — Form IV 1383; — kein Recht zur Regelung der Befugnisse des benannten Vormundes IV 1384; — Ausschluß bei der Vormundschaft über Volljährige IV 1621.

Benutzung einer Sache: Vergütung beim Rücktritt vom Vertrag II a 612; — der gemeinschaftlichen Sache II c 1409, 1412; — einer Sache im öffentlichen Interesse, Landesrecht VI a 273; — Rechte Dritter an der Entschädigung für die B. VI a 84; — bei Grundstücken VI a 88; — freies Verfügungsrecht über die Entschädigungssumme VI a 311, 313.

Berechnung der Fristen I 754; — der Inventarfrist V 283; — des Pflichtteiles V 903, 925; — (siehe Näheres unter „Pflichtteil").

Berechnungsvertrag II c 1566.

Berechtigtes Interesse bei Festsetzung der Konventionalstrafe II a 599; — an kreditschädigenden Behauptungen II c 1806, 1810; — an der Einsicht des Grundbuchs III 90; — an der Einsicht des Erbscheins V 1033.

Bereicherung bei Unmöglichkeit einer Leistung aus einem gegenseitigen Vertrag II a 482; — beim vertragsmäßigen Rücktritt II a 533; — siehe auch „Ungerechtfertigte B."; — des Gesamtguts der allgemeinen Gütergemeinschaft IV 459; — der fortgesetzten Gütergemeinschaft IV 540, 544; — bei Errungen-

schaftsgemeinschaft IV 619, 646; — Ausgleichung bei B. des Gesamtguts der Err.-Gem. oder des eingebrachten Guts der Ehegatten IV 651; — Vermutung für dieselbe IV 652; — Ausgleichung bei Fahrnisgemeinschaft IV 675; — siehe auch „ungerechtfertigte B.“.

Bergrecht VI a 154, 155; — Nießbrauch an bergrechtlichen Gerechtsamen III 884.

Bergrechtliche Befugnisse des Mündels, Verfügungsrecht des Vormunds IV 1486.

Bergregal VI a 175.

Bergwerk: Fruchteigenschaft des Ertrags I 386; — Nießbrauch am B. III 834; — Bewirtschaftung durch den Nießbraucher III 847; — Bewirtschaftung durch den Vorerben V 554; — Befreiung von den Verpflichtungen durch den Erblasser V 566, 567; — Wirkung des Verbots des Erwerbs für Beamte I 558.

Bergwerkseigentum III 293, 307, 539, 665; — Form der Verpflichtung zur Übertragung II a 424; — Hypothekfähigkeit III 990; — Übertragung III 390.

Berichtigung der Gesamtgutsverbindlichkeiten bei Auseinandersetzung der Gütergemeinschaft IV 505; — nach der Teilung IV 517, 520; — der Gesellschaftsschulden bei Auflösung der Gesellschaft II c 1339; — des Grundbuchs III 249, 266; — Abtretbarkeit des Anspruchs II a 806; — siehe auch „Grundbuch“; — Berichtigungsanspruch des Eigentümers in Ansehung der Hypothekforderung und der entgegenstehenden Einreden III 1121; — Berichtigungsanspruch des persönlichen Schuldners III 1238; — bei Übertragung der Forderung III 1182; — der Nachlaßverbindlichkeiten aus dem Nachlaß V 390, 398; — aus dem Vermögen eines Miterben V 438, 439; — Beschränkung vor der Nachlaßerteilung V 433; — zeitweilige Verweigerung V 307, 310; — B. durch den Vorerben V 551; — B. durch den Nachlaßverwalter V 247, 250; — im Falle des Nachlaßkonkurses, der Nachlaßverwaltung V 227, 228; — vor Anordnung der Nachlaßverwaltung, des Nachlaßkonkurses V 229; — des Schiffsregisters III 1475; — Herausgabe der erforderlichen Urkunden III 1477.

Berliner Norm II c 950.

— **Testament** IV 1050.

Bernsteinregal VI a 175.

Beruf des Mündels IV 1432.

Berufsvereine zur Wahrung gemeinsamer Interessen I 181, 182.

Berufsvorbildung: Kosten IV 924; — Ausgleichungspflicht mit Aufwendungen für die B. V 405, 415; — Last des Unterhaltspflichtigen IV 925; — beim unehelichen Kinde IV 1214, 1220.

Berufsvormund IV 1379, VI a 357, 358; — siehe auch „Anstaltsvormundschaft“.

Berufung des Testamentsvollstreckers V 644, 645, 663; — der Vereinsversammlung I 231; — Form der B. I 221; — Recht der Minderheit auf B. I 231; — zur Beistandschaft IV 1173.

— **zur Erbschaft:** Konkurrenz mehrerer Berufungsgründe V 11; — B. zu mehreren Intestaterbteilen V 43; — beim Erbrecht des überlebenden Ehegatten V 57; — Annahme oder Ausschlagung aus einem von mehreren Berufungsgründen V 105; — Irrtum über den Berufungsgrund V 106; — Ausschlagung bei Mehrheit der Berufungsgründe V 106; — Annahme oder Ausschlagung eines von mehreren Erbteilen V 109; — Teilausschlagung bei Mehrheit von Erbeserben V 111, 112; — Haftung für Nachlaßverbindlichkeiten bei Mehrheit von Erbteilen V 174, 296; — B. im Falle Erbunwürdigkeit des zuerst Berufenen V 1007; — im Falle Erbverzichtes V 1015; — zur Erbschaft nach bisherigem Recht VI a 582.

Berufung zum Familienratsmitglied IV 1578; — B. zur Pflegschaft IV 1391, 1650, 1656, 1660, 1664, 1667, 1669, 1671, 1672; — B. zur Vormundschaft über Minderjährige IV 1378, 1384; — räumlich geltendes Recht VI b 475, 610; — Bedeutung und Wirkung IV 1385; — Übergehung des Berufenen IV 1384; — B. zur Vormundschaft über Volljährige IV 1621; — zur vorläufigen Vormundschaft IV 1635.

Beschädigung einer Sache: Schadensersatzpflicht II a 131, 133, II c 1768; — Haftung mehrerer II c 1851; — Befreiung durch Ersatzleistung an den Besitzer II c 1991; — Verzinsung des Wertersatzes und der Wertminderung II c 1990; — B. durch Gebäude und andere Werke, Haftung des Besitzers und des früheren Besitzers des Grundstücks II c 1911; — des dinglich oder persönlich Berechtigten II c 1920; — des Unterhaltungspflichtigen II c 1921; — B. von Gesellschaftsvermögen II c 1275; — des Mietgegenstandes II b 473; — einer Sache in Ausübung des Selbsthilferechts I 851; — im Notstand I 846, 849, 850; — einer Sache durch Bergbau VI a 155; — von Sachen im öffentlichen Interesse, Landesrecht VI a 273; — Rechte Dritter an der Entschädigung VI a 84; — bei Grundstücken VI a 88; — freies Verfügungsrecht über die Entschädigungssumme VI a 311, 313.

— B. bestimmter Sachen: von eingebrachtem Gut der Errungenschaftsgemeinschaft IV 626; — der Fahrnisgemeinschaft IV 681; — von Gesamtgut der allgemeinen Gütergemeinschaft IV 501; — der Errungenschaftsgemeinschaft IV 663; — der fortgesetzten Gütergemeinschaft IV 567; — B. von Gesellschaftsvermögen II c 1275; — von freiem Kindervermögen IV 1043; — von Nachlaßgegenständen V 380; — im Falle einer Nacherbschaft V 531; — Anspruch des Erbschaftskäufers V 1087; — der Nießbrauchsache III 849; — des Pachtobjektes II b 607; — einer Schuldverschreibung II c 1622; — des Gegenstandes der ungerechtfertigten Bereicherung II c 1718; — B. des Vermächtnisgegenstandes V 599; — beim vertragsmäßig angeordneten Vermächtnis V 861; — von Vorbehaltsgut im gesetzlichen Güterstand IV 237; — bei allgemeiner Gütergemeinschaft IV 427; — bei Errungenschaftsgemeinschaft IV 631; — bei fortgesetzter Gütergemeinschaft IV 539.

Beschälvertrag, rechtliche Natur II b 394, II c 943.

Bescheinigungen aus dem Güterrechtsregister IV 688, 700; — über Mitgliederzahl eines eingetragenen Vereins I 299.

Beschimpfung: Ehescheidungsgrund IV 739.

Beschlagnahme, behördliche: absolutes Veräußerungsverbot I 565; — Besitzverhältnis III 73; — Erstreckung auf Zubehör I 380; — einer Forderung: Einfluß auf Zulässigkeit der Aufrechnung II a 761; — B. eines Gebäudes: Einfluß auf Pachtverhältnisse II b 609; — des Grundstücks: Erstreckung auf Erzeugnisse, Bestandteile und Zubehör des Grundstücks III 1052; — auf die Versicherungsgelder III 1078; — Fruchtgenuß des Pächters während der B. III 1045; — Erstreckung auf Miet- und Pachtzinsen III 1058, 1062; — auf wiederkehrende Leistungen III 1071; — der Kaufsache während der Übersendung II b 930; — des Vermögens abwesender Beschuldigter, Aufrechterhaltung der Vorschriften VI a 30; — B. von Wohnräumen II b 385.

Beschlußfähigkeit des Familienrates IV 1587; — Bestellung von Ersatzmitgliedern zur Herstellung IV 1581.

Beschlußfassung des Stiftungsvorstands I 327; — des Vereinsvorstands I 199, 206, 226, 236; — Wirkung von Satzungsvorschriften gegenüber Dritten I 295; — B. der Vereinsmitgliederversammlung I 220, 222.

Beschränkte Geschäftsfähigkeit: infolge von Entmündigung, vorläufiger Vormundschaft I 447; — infolge von Minderjährigkeit I 427; — Wirkung derselben I 429; — Wirksamkeit von Willenserklärungen gegenüber in der G. beschränkten Personen I 545, 547; — keine Eintragung ins Grundbuch III 104; — Einfluß des Eintrittes der Beschränkung auf den Vertragsantrag I 635; — Vertretungsfähigkeit in der G. Beschränkter I 692; — räumlich geltendes Recht VI b 62; — b. G. von Ausländern VI b 62, 80, 82; — der Frauen nach ausländischen Rechten VI b 68, 289; — Ersitzung beweglicher Sachen des in der G. Beschränkten ohne gesetzlichen Vertreter III 496; — Frist für Ausschlagung der Erbschaft bei mangelnder Vertretung V 95; — Bestimmung einer Inventarfrist für in der G. Beschränkte V 281; — Einfluß auf den gesetzlichen Güterstand IV 223; — Einfluß auf die Fähigkeit zur Testamentserrichtung V 730; — Erbverzicht des Beschränkten V 1022; — Strafantragstellung VI a 36, 40; — Unfähigkeit des in der G. Beschränkten zum Amt des Testamentsvollstreckers V 645, 667, 719, 720; — Einfluß b. G. des Schuldners auf die Erfüllung II a 666; — b. G. bei der Zustimmungserklärung zu Verfügungen in bezug auf den Anteil eines Abkömmlings am Gesamtgut der fortgesetzten Gütergemeinschaft IV 608; — Anspruchsverjährung bei mangelnder Vertretung I 806; — Einfluß auf die Begründung und Aufhebung des Wohnsitzes I 91; — keine Eintragung ins Grundbuch III 104.

Beschränkte Geschäftsfähigkeit: Einzelne Fälle: b. G. bei Annahme an Kindes Statt IV 1320, 1322; — des zur Annahme Einwilligenden IV 1318; — Anfechtung der Annahme oder Einwilligung bei b. G. IV 1327, 1329; — der Aufhebung IV 1329, 1350, 1352; — b. G. des für ehelich zu Erklärenden IV 1286.

— der Ehefrau, Einfluß auf die Schlüsselgewalt IV 188; — Einfluß der mangelnden Einwilligung des gesetzlichen Vertreters auf den Güterstand IV 223; — der Ehefrau nach bisherigem Recht VI a 538, 539.

— eines Ehegatten: Beschränkung der Eheschließung IV 39; — Anfechtung der ohne Einwilligung des gesetzlichen Vertreters geschlossenen Ehe IV 112; — Anfechtung während der Beschränkung in b. G. IV 125; — Genehmigung und Bestätigung der anfechtbaren Ehe IV 127; — beim Verlöbnisvertrag IV 10; — Fristenlauf für die Ehescheidungsklage IV 763, 767; — Einfluß auf den gesetzlichen Güterstand IV 223; — Vertragsabschluß über allgemeine Gütergemeinschaft IV 417; — über Ausschluß der Fortsetzung der Gütergemeinschaft IV 590; — b. G. des Geschäftsführers II c 1138; — des Inhabers einer Schuldverschreibung II c 1610.

— B. G. des Vaters: Einfluß auf die Anerkennung der Ehelichkeit IV 879, 881; — auf die Anfechtung der Ehelichkeit IV 872; — auf die Anfechtung der Anerkennung der Ehelichkeit IV 882; — Ruhen der elterlichen Gewalt IV 1137; — b. G. des Vertreters ohne Vertretungsmacht I 727; — Fähigkeit des Beschränkten zum Vereinsvorstand I 201; — b. G. des Vertragserben V 839; — bei Anfechtung des Erbvertrags V 852; — Ausschluß der Bestätigung desselben V 855; — Aufhebung des Erbvertrags V 866, 869; — des Erbvertrags unter Ehegatten V 871, 872; — Rücktritt vom Erbvertrag V 877; — Erbverzicht des Beschränkten V 1017; — Aufhebung des Erbverzichts V 1022; — vertragsmäßiger Verzicht auf letztwillige Zuwendungen V 1023.

Beschränkte Haftung des Erben V 164, 170; — Vergleichung der einzelnen Fälle V 176; — Voraussetzungen der Beschränkung V 167, 204, 208; — Beweislast für die Haftungsbeschränkung V 171; — Inhalt und Dauer der Beschränkung V 210; — Geltendmachung durch Einrede V 167, 170, 205; — Wirkung der Beschränkungseinrede V 207; — Verlust derselben V 171, 305; — Beschränkung nach Beendigung des Nachlaßkonkurses V 286; — b. H. des überlebenden Ehegatten IV 548, 552; — b. H. nach Beendigung der Nachlaßverwaltung V 251; — Einfluß des Ausschlusses der Beschränkung durch den Erblasser V 206; — Geltendmachung gegenüber vom Testamentsvollstrecker eingegangenen Verbindlichkeiten V 687; — b. H. mehrerer Erben V 173, 444; — des Vorerben und Nacherben V 174, 574; — des Erbschaftskäufers V 1094; — des Fiskus als Erben V 304; — Haftung des Bür-

gen des verstorbenen Hauptschuldners, einer dinglichen Sicherheit II c 1492, 1495, V 207; — Verzicht auf die Beschränkungseinrede V 206; — Verzicht einer Ehefrau als Erbin auf die Beschränkungseinrede V 302; — Verbot des Verzichtes auf die Beschränkung für Nachlaßpfleger und -Verwalter V 304; — d. H. gegenüber einzelnen Gläubigern: gegenüber den im Aufgebotsverfahren ausgeschlossenen Gläubigern V 190; — gegenüber den durch fünfjährige Nichtgeltendmachung ihrer Forderung ausgeschlossenen Gläubigern V 201; — Ausschluß hinsichtlich vorgemerkter Ansprüche III 189.

Beschränkte Haftung des Erben des überlebenden Ehegatten bei fortgesetzter Gütergemeinschaft IV 548, 552.

Beschränkte Testierfähigkeit, räumlich geltendes Recht VI b 642, 696.

Beschränkt persönliche Dienstbarkeiten III 797, 905; — siehe Näheres unter „Dienstbarkeiten".

Beschränkung des Anteils eines Abkömmlings IV 598, 608; — in guter Absicht IV 600, 601, 608; — des Eigentums und sonstiger Rechte im öffentlichen Interesse, Landesrecht VI a 273; Rechte Dritter an der Entschädigung bei B. VI a 84, 88; — der Gewährleistung beim Kauf II b 80; — für Sachmangel II b 200; — bei der Miete II b 435; — beim Werkvertrag II c 972; — der Gütergemeinschaftsaufhebungsklage durch Vereinbarung IV 491, 565; — der Nachlaßauseinandersetzung kraft Gesetzes V 383; — durch Vereinbarung V 389; — des Nießbrauchs III 832, 836; — des Pflichtteilsrechtes in guter Absicht V 992, 993; — nach Abschluß eines Erbvertrags V 863, 865; — der Schlüsselgewalt der Ehefrau IV 184, 189, 191; — Eintragung ins Güterrechtsregister IV 191, 696; — des Schuldverhältnisses auf eine bestimmte Sache II a 81; — der Veräußerung von Grundstücken III 398; — B. der Teilung, Veräußerung und Zuschreibung von Grundstücken nach Landesrecht VI a 305, 306; — der Verfügung über ein veräußerliches Recht I 567; — des Verfügungsrechtes des an einem Grundstücksrechte Berechtigten III 134; — der Vertretungsmacht des Vereinsvorstands I 196; — der Vertretungsmacht des Vormundes IV 1416, 1419, 1420; — B. der Mutter durch Anordnungen des Vaters VI a 560.

Beschränkungseinrede V 170, 204, 207, 260, 263.

Beschreibung der Nachlaßgegenstände im Inventar V 287.

Beschwerde gegen Ablehnung der Erteilung eines Erbscheins V 1033, 1050; — gegen Bestimmung einer Inventarfrist und Ablehnung des Antrags hierauf V 280; — gegen Bestimmung einer neuen Inventarfrist V 292; — gegen Anordnung, Ablehnung, Aufhebung der Nachlaßverwaltung V 238, 254; — B. des Testamentsvollstreckers gegen Anordnung des Nachlaßkonkurses oder der Nachlaßverwaltung V 648, 655; — gegen Ablehnung des Testamentsvollstreckerzeugnisses, gegen Einziehung desselben V 1075; — in Vereinssachen: gegen Entziehung der Rechtsfähigkeit I 300; — gegen Zurückweisung der Anmeldung des Vereins I 280; — gegen Satzungsänderungen I 298; — gegen Vormerkung im Grundbuch III 169; — in Vormundschaftssachen IV 1365; — gegen Ablehnung der Anordnung einer Vormundschaft IV 1376; — gegen Auswahl des Vormundes IV 1390; — gegen Übergehung eines als Vormund Berufenen IV 1386; — — Einlegung durch den Vormund IV 1415; — durch einen Mitvormund IV 1426, 1428; — gegen Erteilung, Verweigerung der vormundschaftlichen Genehmigung IV 1509; — gegen Beschlüsse des Familienrats IV 1589.

Beschwerderecht des Kindes in der freiwilligen Gerichtsbarkeit IV 985.

Beschwerter: mit einer Auflage V 75, 637, 638; — mit einem Vermächtnis V 72, 584.

Beschwerung des Pflichtteils V 908.

Beseitigung von Anlagen auf dem Nachbargrundstück III 327; — Unverjährbarkeit des Anspruchs III 385; — von Grenzeinrichtungen III 381; — von Grenzbäumen III 384; — von Obstbäumen an der Grundstücksgrenze nach Landesrecht VI a 320; — Anspruch auf B. von Belastungen des Vermächtnisgegenstandes V 600.

Besicht: Kauf auf B. II b 255; — Frist für die Billigung II b 259; — Kosten der Zurückgabe der Ware II b 260.

Besichtigung: Gestattung der B. von Sachen II c 1648; — Ort, Gefahr und Kosten der Vorlegung II c 1660; — B. der Mietwohnung durch den Vermieter, durch Mietlustige nach Kündigung II b 419.

Besitz III 13; — Allgemeines: Begriff III 19, 29; — rechtliche Natur (Recht oder Tatsache) III 17; — zeitlich anzuwendendes Recht VI a 479; — Rechtsvermutungen in bezug auf den B. III 16; — Recht zum B. III 14; — Bedeutung im Strafrecht III 18, VI a 37; — im Steuerrecht III 18, 19; — subjektive Besitzfähigkeit III 22, 26; — Gegenstand des B. III 25; — Besitzwille III 15, 20, 21; — tatsächliche Gewalt III 19, 22; — Ausübung durch Stellvertreter III 22, 24, 26; — durch Besitzdiener III 30; — nicht eintragungsfähig im Grundbuch III 103; — B. des Nießbrauchers III 844; — B. am Baugrund, Bauwerk beim Erbbaurecht III 668.

— Arten III 15, 16; — im einzelnen: Eigenbesitz III 81; — fehlerhafter B. III 15, 39, 43; — fingierter B. III 16; — Mitbesitz III 15; — mittelbarer und unmittelbarer Besitz III 15, 65; — entfernt mittelbarer B. III 80; — redlicher und unredlicher Besitz III 15; — gemeinschaftlicher III 26; — Teilbesitz III 15, 58; — Rechtsbesitz III 26; — Nutzbesitz, Verwaltungsbesitz, Fremdbesitz III 82; — Besitz einer fremden Sache III 14; — Sonderbesitz von wesentlichen Bestandteilen I 362.

— Erwerb: durch Erlangung der tatsächlichen Gewalt III 19; — durch Einigung mit dem Besitzer über den Besitzübergang III 10, 19, 24; — Erwerb durch constitutum possessorium,

brevi manu traditio III 29; — Erwerb im Falle der Übersendung III 29; — durch Stellvertreter III 22, 24, 26; — Erwerb an Grundstücken III 25; — Erwerb des Eigenbesitzes III 82; — Erwerb des mittelbaren Besitzes III 68; — Erwerb an Teilen einer Sache III 4; — Erwerb an unbestellt zugesandten Sachen III 22; — Erwerb durch den Nacherben III 39, V 570; — Erwerb durch Übertragung: Nachfolge in den B. III 16; — Einzelnachfolge III 16, 25; — Verschaffung nach Kauf II b 11; — beim Verkauf unter Eigentumsvorbehalt II b 111; — Anfechtbarkeit der Übertragung III 25; — Vererblichkeit III 16, 36; — Übertragung des mittelbaren Besitzes III 78; — Wirkung der Fehlerhaftigkeit des B. für den Rechtsnachfolger III 39, 43.

Besitz: Verlust: durch Aufgabe oder Verlust der tatsächlichen Gewalt III 34; — an Grundstücken III 35; — durch Stellvertreter III 35; — Verlust des Eigenbesitzes III 83; — Verlust des mittelbaren Besitzes III 74; — Veräußerung während des Besitzprozesses III 51; — anzuwendendes Recht III 19.

— Besondere Fälle des Besitzes: B. am eingebrachten Gut IV 243; — bei Errungenschaftsgemeinschaft IV 629; — an Gesamtgut der allgemeinen Gütergemeinschaft IV 433, 435; — nach Aufhebung der Gemeinschaft vor Auseinandersetzung IV 497; — der fortgesetzten Gütergemeinschaft IV 541; — der Errungenschaftsgemeinschaft IV 619; — B. am Kindervermögen IV 1041, 1081; — Ausübung des B. durch den Vormund IV 1414; — B. an Grundstücken des Mündels: Verfügung des Vormunds IV 1487; — Aufgabe des B. durch den Schuldner bei Verzug des Gläubigers in der Annahme eines Grundstücks II a 385; — Rückforderung wegen ungerechtfertigter Bereicherung II c 1664, 1678; — Schadensersatz wegen Verletzung II c 1774; — Störung des Mieters II b 406, 414; — Übergang auf den Erben V 11, 82; — Erwerb durch den Nacherben V 570; — Vermächtnis des Besitzes V 604; — B. am Nachlaß nach Anordnung der Nachlaßverwaltung V 244, 248; — des Testamentsvollstreckers an Nachlaßgegenständen V 646, 679, 681; — auf den Schutz des B. von Grunddienstbarkeiten und beschränkt persönlichen Dienstbarkeiten zeitlich anzuwendendes Recht VI a 511; — B. der Erbschaft, Erwerb nach bisherigem Recht VI a 582.

Besitzdiener: Begriff III 30; — Besitzverlust durch B. III 35; — keine Besitzstörung durch Besitzherrn III 41; — keine Passivlegitimation für die Eigentumsklage III 583; — Selbsthilferecht desselben III 47; — Unterschied vom Besitzmittler III 75; — Unvererblichkeit des Verhältnisses III 38.

Besitzeinweisung des mutmaßlichen Erben eines Verschollenen VI a 421, 423.

Besitzentziehung III 39, 41; — erlaubte III 43; — Rechte des mittelbaren Besitzers III 75; — Wiedereinräumungsanspruch III 47, 50.

Besitzer: Ablösungsrecht gegenüber dem Gläubiger eines Dritten II a 213, III 16; — Ersatzpflicht des Grundstücksbesitzers für Schäden durch Gebäude II c 1911; — des Gebäudebesitzers II c 1920; — Eigentumsvermutung zugunsten des B. einer beweglichen Sache III 629; — Verfolgungsrecht III 62; — Einreden gegenüber dem Eigentumsanspruch III 586.

Besitzergreifung an Früchten III 527, 532.

Besitzerhaltung durch Stellvertreter III 26.

Besitzerwerb durch Stellvertreter I 682.

Besitzesschutz III 14; — zeitlich anzuwendendes Recht VI a 479; — Rechtsgrund III 14, 15; — Schutzmittel im allgemeinen III 16; — mittelbarer Schutz III 16; — Gegenstand III 25.

— Selbsthilfe: Abwehr verbotener Eigenmacht III 44; — Wiederbemächtigung nach Besitzentziehung III 44, 46; — Ausübung durch Dritte III 46; — Ausübung durch den Besitzdiener III 47; — dagegen nicht durch den mittelbaren Besitzer III 75; — gegen den Nachfolger im fehlerhaften Besitz III 44, 46; — Verfolgungsrecht von Sachen auf fremde Grundstücke III 62.

— Rechtshilfe: Allgemeines über die Ansprüche, rechtlicher Charakter, Zulässigkeit III 48, 49; — Anspruch auf Wiedereinräumung des Besitzes III 47, 50, 51; — auf Beseitigung der Störung, Unterlassung weiterer Störung III 47, 52, 53; — Einfluß der Veräußerung des Besitzes während des Prozesses III 51; — Erlöschen der Ansprüche durch Zeitablauf, durch rechtskräftige Feststellung des materiellen Rechts III 56; — petitorische Besitzklage des früheren gutgläubigen Besitzers III 633; — zulässige Einreden III 47, 50, 51, 54; — Einrede fehlerhaften Besitzes gegen den Besitzstörungsanspruch III 47, 54; — gegen den Wiedereinräumungsanspruch III 47, 51; — Einrede aus dem Recht zum Besitz oder zur Störung III 54; — Widerklage III 52, 54, 55.

— Sonderfälle: B. des Besitzdieners III 47; — B. des Erben III 37; — des Erbbauberechtigten III 668, 715; — der beschränkt persönlichen Dienstbarkeiten III 911; — von Grunddienstbarkeiten III 824; — auf den Schutz des B. von Grunddienstbarkeiten und beschränkt persönlichen Dienstbarkeiten zeitlich anzuwendendes Recht VI a 511; — B. von Mitbesitzern III 60; — unter Miteigentümern III 650; — des mittelbaren Besitzers III 75; — des Nießbrauchers III 871; — des Pfandgläubigers III 1425; — des Teilbesitzers III 58; — des Notwegberechtigten III 361.

Besitzfähigkeit III 22, 26; — juristischer Personen III 28.

Besitzhelfer III 30.

Besitzklagen III 49; — Aktivlegitimation III 50, 53; — Klagefrist III 56; — Zwangsvollstreckung III 51, 53.

Besitzmittler III 65; — Unterschied vom Besitzdiener III 75.

Besitznachfolger: Anrechnung der Besitzzeit des Vorgängers bei der Verjährung I 828, 829;

— Anrechnung der Besitzzeit des Besitzvorgängers bei der Ersitzung III 499; — Wirkung der Fehlerhaftigkeit des Besitzes III 39, 43, 44, 46.

Besitzpfand an Grundstücken ausgeschlossen III 7, 964.

Besitzpfandrecht VI a 502, 503.

Besitzstörung III 39, 41; — Ansprüche wegen B. III 47, 52; — Eigentumsklage wegen Störung III 616, 619; — Rechte des mittelbaren Besitzers III 76; — B. des Mieters II b 406, 415; — Rechte des Nießbrauchers III 871; — des Pfandgläubigers III 1425.

Besitzübertragung als Moment der Eigentumsübertragung III 438, 441; — Wegfall III 450.

Besitzveränderungsabgaben beim Vermächtnis V 615.

Besitzvorgänger: Anrechnung der Besitzzeit des B. bei der Ersitzung III 499; — fehlerhafter Besitz desselben III 39, 43; — Eigentumsvermutung III 629.

Besitzwille III 15, 20, 21.

Besoldung von Beamten, Geistlichen, Lehrern, Anspruch auf B. VI a 194; — Aufrechnung gegen dieselbe VI a 205; — Übertragbarkeit VI a 205.

Besondere Gerichte: Verjährung der bei b. G. geltend gemachten Ansprüche I 827.

Besorgung erbschaftlicher Geschäfte durch den Erben vor der Ausschlagung V 122; — fremder Geschäfte, Anspruchsverjährung I 779, 780, 787.

Besserungsanstalt: Unterbringung in einer B. von Kindern auf Anordnung des Vormundschaftsgerichts IV 1105, 1112; — Unterbringung des Mündels IV 1432, 1543; — Unterbringung von Strafunmündigen VI a 344, 352; — siehe auch „Fürsorgeerziehung".

Bestallung des Beistands IV 1174; — des Gegenvormunds IV 1413; — des Pflegers IV 1669; — des Vormunds IV 1410; — Erneuerung nach Aufhebung des Familienrats IV 1595; — Rückgabe nach Beendigung des Amts IV 1615, 1617; — des Nachlaßverwalters V 250.

Bestand: Feststellung des B. des eingebrachten Guts der Frau im gesetzlichen Güterstand IV 241; — der Ehegatten bei Errungenschaftsgemeinschaft IV 634; — bei Fahrnisgemeinschaft IV 675; — B. der Erbschaft, Auskunftspflicht des Erbschaftsbesitzers V 338.

Bestandteile: Begriff, wesentliche und unwesentliche B. I 357, 358; — Rechtslage der wesentlichen B. I 360; — der unwesentlichen I 363; — was nicht als B. zu erachten ist I 370; — wesentliche B. eines Grundstücks, Gebäudes I 364; — rechtliche Behandlung I 370; — Abtrennung von der vindizierten Sache III 605; — Besitz III 59; — B. eines Grundstücks III 85; — Erbbaurecht als B. eines Grundstücks III 711; — Entstehung durch Verbindung einer beweglichen Sache mit einem Grundstück III 503; — mit einer anderen beweglichen Sache III 506; — Zuschreibung eines Grundstücks als B. eines anderen III 206, 209; — Ausschluß besonderer dinglicher Rechte daran III 4; — Begründung dinglicher Rechte an unwesentlichen B. vor der Trennung III 5; — Untersagung und Beschränkung der Zuschreibung eines Grundstückes als B. eines anderen VI a 306, 309; — Eigentum daran III 425, 523; — Eigentumserwerb des Eigenbesitzers III 525; — des dinglich Nutzungsberechtigten III 524, 526; — auf Grund Gestattung des Eigentümers oder Aneignungsberechtigten III 527; — auf Grund Gestattung eines Nichtberechtigten III 532; — Eigentumsvorbehalt an wesentlichen B. III 504; — Erstreckung der Hypothek auf B. III 1042, 1045; — Erlöschen der Haftung durch Veräußerung und Entfernung III 1051; — durch Trennung III 1056; — Erstreckung der Hypothek auf neue B. III 510; — Erstreckung der Hypotheken auf als B. zugeschriebene Grundstücke III 1088; — keine Beschränkung der Hypothek auf B. III 999; — keine selbständige Verpfändung III 1383; — Fortbestand des Pfandrechts nach der Trennung III 1408; — Kauf, Verkauf vor der Trennung II b 24; — Erstreckung des Nießbrauchs auf B. III 833, 841; — B. des Erbbaurechts, des damit belasteten Grundstücks I 370, III 716; — Rechte als B. I 373; — B. des Rechtsgeschäfts I 402; — Scheinbestandteile I 370, 373.

Bestätigung der Anerkennung der Ehelichkeit IV 883; — der anfechtbaren Ehe IV 127; — nach Erhebung der Anfechtungsklage IV 134; — Ausschluß nach dem Tode des nicht anfechtungsberechtigten Ehegatten IV 137; — B. des anfechtbaren Antrags auf Ehelichkeitserklärung IV 1288; — anfechtbarer Rechtsgeschäfte I 408, 602; — B. der anfechtbaren Erbschaftsannahme oder Ausschlagung V 117; — des anfechtbaren Erbvertrages V 851, 855; — der Annahme an Kindes Statt IV 1306, 1309; — zeitliche Beschränkung IV 1324; — Erteilung, Versagung, Wirksamkeit IV 1325; — B. der Aufhebung der Annahme IV 1350, 1352; — Ausschluß der Erteilung vor B. der Annahme eines Miterben V 394; — nichtiger Rechtsgeschäfte I 591; — nichtiger Rechtsgeschäfte durch Strafversprechen für den Fall der Nichterfüllung II a 606; — B. der nichtigen Ehe IV 102; — Anfechtbarkeit der Ehe nach B. wegen mangelnder Einwilligung des gesetzlichen Vertreters des in der Geschäftsfähigkeit Beschränkten IV 112; — Frist für die Anfechtung IV 130; — B. der nach irrtümlicher Todeserklärung des früheren Ehegatten geschlossenen neuen Ehe IV 154.

Bestätigungsschreiben I 620, 621, II b 18.

Bestattung: Rechte an zur B. verwendeten Sachen I 345; — Bestimmung über die B. I 351; — Anordnungen des Erblassers V 68, 76.

Bestellung: des Beistandes IV 1173; — der Familienratsmitglieder IV 1585; — des Gegenvormundes IV 1412; — bei der Pflegschaft IV 1668, 1671; — B. des Pflegers IV 1669; — des Vormundes IV 1370, 1407; — Nichtigkeit der Bestellung IV 1391, 1392; — Vorbehalt der Entlassung IV 1409; — des Vereinsvorstands I 200; — durch das Amtsgericht I 207; — des Stiftungsvorstands I 327; — von Grunddienstbarkeiten III 803; — des Nießbrauchs III 836,

841; — des Nießbrauchs an einem Rechte III 879; — des Schiffspfandrechts III 1472.
Bestellungskosten: Ersatz bei Vindikation eines landwirtschaftlichen Grundstücks III 608; — eines landwirtschaftlichen Grundstücks: Ersatz beim Eintritt der Nacherbfolge V 554; — des Pachtgrundstücks, Ausgleichung bei Rückgabe während des Pachtjahres II b 627.
Bestellungsprinzip bei der Vormundschaft IV 1362; — bei der Pflegschaft IV 1669.
Besteuerung der Schenkung II b 294.
Bestimmter Gegenstand: Leistungsverzug, Folgen der Rechtshängigkeit des Leistungsanspruches II a 362.
Bestimmtheitsprinzip im Grundbuchrecht III 95.
Bestimmung der Gegenleistung durch den Forderungsberechtigten II a 449; — der Leistung durch einen Vertragschließenden II a 445; — durch einen Dritten II a 451, 452, 453; — des zuständigen Gerichts, Unterbrechung der Verjährung bei Notwendigkeit derselben I 818; — Ausschluß der B. des Empfängers und Gegenstandes einer letztwilligen Verfügung durch einen Dritten V 448; — B. des Leistungsempfängers bei der Auflage V 638; — des Bedachten beim Vermächtnis V 590; — des Gegenstandes V 591, 594; — B. der Person des Testamentsvollstreckers V 644, 645, 664, 665.
Bestimmungsgemäße Nutzung I 384.
Bestimmungsgrund zum Rechtsgeschäft II c 1547.
Betagte Ansprüche: Beginn der Verjährung I 791.
Betagte Rechte: Behandlung im Konkurs I 657.
Betagte Verbindlichkeiten: Vorzeitige Erfüllung II c 1691; — siehe auch „Befristung, Zeitbestimmung".
Beteiligte bei Testamentseröffnung, Ladung, Benachrichtigung vom Inhalt des Testaments V 798, 802, 803; — siehe auch Anhörung; — Pflegschaft über unbekannte oder ungewisse B. IV 1661; — Beendigung IV 1664, 1675.
Betreten fremder Grundstücke III 62, 65; — der Mietwohnung durch den Vermieter II b 419.
Betriebsgeheimnis, Wahrung durch Bedienstete II b 780.
Betriebsunfall bei Eisenbahn- und ähnlichen Betrieben, Haftung nach Landesrecht VI a 264; — bei Anlagen und Betrieben auf öffentlichen Grundstücken VI a 267.
Betroffener: Erfordernis der Eintragung im Grundbuch III 115.
Betrug, Schadensersatzpflicht II c 1797; — beim Viehkauf II b 232; — siehe auch „Arglist, Täuschung".
Beurkundung der Anfechtung des Erbvertrags V 851, 852; — der Aufhebung des Erbvertrags V 866, 869; — B. des Antrags auf Ehelichkeitserklärung und der erforderlichen Einwilligungserklärungen IV 1288; — der Beschlüsse der Vereinsmitgliederversammlung I 277; — B. der Forderungsabtretung II a 817; — Vorlegung der Urkunde an den neuen Gläubiger II a 844; — Aushändigung, Vorzeigung an den Schuldner II a 848; — letztwilliger Verfügungen, landesgesetzliche Formvorschriften VI a 394; — von Rechtsgeschäften, Zuständigkeit nach Landesrecht VI a 372; — des Stiftungsgeschäfts I 318; — von Rechtsänderungen an Grundstücken III 97, 106; — des Kausalgeschäfts über Grundstücksübereignung III 398; — von Änderungen des Inhalts eines Rechts III 131; — des Vertrages: schriftliche I 525, 526, 531; — Vereinbarung der B. eines Vertrages I 636, 637; — gerichtliche oder notarielle I 533; — Zustandekommen des Vertrags I 633; — des Vertrages über Verpflichtung zur Eigentumsübertragung an Grundstücken II a 420; — zeitlich geltendes Recht VI a 508; — B. des Kaufes eines Grundstücks, Grundstücksrechts, Kosten II b 100; — Zuständigkeit zur B. der obligatorischen Veräußerungsverträge nach Landesrecht II a 434, VI a 375; — unvollständige B. II a 436; — unrichtige B. II a 437; — des Vertrages unter Erben über einen Erbteil, über einen Pflichtteil II a 417; — des Schenkungsversprechens II b 308; — des Vertrages üb. ein gegenwärtiges Vermögen II a 415; — des Vertrags über die Abfindung eines Abkömmlings aus der fortgesetzten Gütergemeinschaft IV 574; — des Vertrags über Annahme an Kindes Statt IV 1320; — über deren Aufhebung IV 1350, 1352; — B. der Einwilligungserklärungen zu derselben IV 1318; — des Vertrages über Aufhebung der fortgesetzten Gütergemeinschaft IV 558; — des Ehevertrages IV 405; — des Vertrages über den Unterhalt eines unehelichen Kindes IV 1220; — des Abfindungsvertrags IV 1237; — B. des Vertrags über einen Anteil am Nachlaß V 354, 360; — des Erbschaftskaufes V 1082, 1085; — des Erbvertrags V 840; — des Erbverzichtsvertrags V 1017; — der Aufhebung desselben V 1022; — des Rücktrittes vom Erbvertrag V 877; — des Vertrags über Bestellung des Erbbaurechts III 707, 713; — B. des Verzichts auf den Anteil an der fortgesetzten Gütergemeinschaft IV 555; — B. der Einräumung eines Vorkaufsrechts II b 277; — der Zustimmung des anderen Ehegatten zum Verzicht auf den künftigen Anteil und zur Aufhebung des Verzichts IV 610; — des Verzichts auf eine letztwillige Zuwendung V 1023; — B. der Zustimmungserklärung des einen Ehegatten zu Verfügungen des andern in bezug auf die Fortsetzung der Gütergemeinschaft IV 608; — der Zustimmungserklärung des anderen Vertragsteiles zur Aufhebung von Verfügungen im Erbvertrag V 870; — Wirksamkeit der ergänzenden landesgesetzlichen Vorschriften über gerichtliche und notarielle B. V 728.
Beurkundung des Personenstandes, Änderung des Gesetzes vom 4. Mai 1870 VI a 55; — des Gesetzes vom 6. Februar 1875 VI a 77.
Bevollmächtigter: einseitige Rechtsgeschäfte I 720; — Rückgabe der Vollmachtsurkunde I 721; — Leistung an B. II a 672; — Einreichung des Nachlaßinventars V 291; — Ausschlagung

der Erbschaft V 96; — Anfechtung der Annahme und Ausschlagung V 118; — siehe auch „Vollmacht".

Bewaffnete Macht: Todeserklärung eines Angehörigen der b. M. I 138, 146.

Bewässerung von Grundstücken VI a 146.

Beweggrund I 413; — zu einer Rechtshandlung II c 1547; — Irrtum im B. I 488; — bei arglistiger Täuschung I 510; — Irrtum im B. bei letztwilligen Verfügungen V 452, 477, 481.

Bewegliche Gebäude: Bestandteile I 368.

Bewegliche Sachen: Begriff I 343; — Aneignung herrenloser III 534; — Herrenlosigkeit III 539; — Eigentumserwerb durch Ersitzung III 493; — durch Übertragung III 437, 438; — vom Nichteigentümer III 436, 467; — Eigentumsvermutung III 629; — Vermutung des Eigentums an b. S. für den Ehemann IV 210, VI b 283, 365; — Eigentumserwerb durch den Vater für das Kind IV 1067; — Erwerb zum eingebrachten Gut IV 264; — Herausgabeanspruch des früheren gutgläubigen Besitzers III 633; — Teilbesitz III 58; — Verbindung mit einem Grundstück III 502; — Verbindung untereinander III 506; — Vermischung, Vermengung III 507; — Verarbeitung von Stoffen zu einer neuen b. S. III 510; — Verpfändung III 1377; — Verpfändung zur Sicherheitsleistung I 856; — Tauglichkeit hiezu I 860; — siehe auch „Pfandrecht"; — Wiederbemächtigung an eigenmächtig weggenommenen III 44; — Zubehöreigenschaft I 374, 376; — Gefahrübergang bei gemeinschaftlichem Verkauf mit unbeweglichen Sachen II b 86; — Miete an b. S. II b 391; — Kündigung des Mietverhältnisses an b. S. II b 534; — Verjährung der Ansprüche aus gewerbsmäßiger Vermietung b. S. I 779, 786; — Haftung für Mängel im Recht beim Verkauf b. S. II b 69, 77, 79; — Verjährung des Minderungs- und Wandelungsanspruches II b 202; — Verkauf unter Eigentumsvorbehalt II b 108; — Ersatzleistung für Entziehung oder Beschädigung an den Besitzer, Wirksamkeit gegenüber dem Eigentümer II c 1991; — b. S. des Mündels, Verfügungsrecht des Vormunds IV 1467; — Anwendung der lex re sitae VI b 765; — dingliche Rechte an b. S., deren geltendes Recht VI a 491, 492.

Beweis des Gewohnheitsrechts VI a 14; — des Inhalts eines verlorenen, vernichteten Testaments V 791; — des Todes des Erblassers V 9; — des Erbrechts V 1030.

Beweisaufnahme vor Ausstellung des Erbscheines V 1048; — in Vormundschaftssachen IV 1364.

Beweiskraft der öffentlichen Urkunden I 535.

Beweislast für Amtspflichtverletzung durch Beamte II c 1949; — für Anfechtbarkeit eines Rechtsgeschäfts I 603; — bei bedingten und betagten Rechtsgeschäften I 662; — für Besitzdienerverhältnis III 34; — bei Besitzentziehung, -Störung, für Fehlerhaftigkeit des Besitzes III 44; — im Besitzprozeß III 51; — für den Besitzerwerb durch Erbschaft III 39; — beim Eigentumsanspruch auf Herausgabe III 585, 631; — wegen Beeinträchtigung III 623; — für unredlichen Eigentumserwerb III 475; — bei Ersitzung III 494; — für mangelnde oder unvollständige Erfüllung nach Annahme einer Leistung II a 675; — für Erfüllung der Hauptverbindlichkeit bei der Bürgschaft II c 1479; — bei der Darlehensklage II b 668; — hinsichtlich Kündigung des Darlehens II b 677; — beim Erbschaftsanspruch V 320; — bei Ersitzung III 494; — für rechtliche Eigenschaft des Frauenvermögens IV 222, 225; — bei Geldzahlung II a 225; — für Geschäftsunfähigkeit und Beschränkung der Geschäftsfähigkeit I 420, 424; — für einen bestimmten Güterstand IV 220; — beim Herausgabeanspruch des früheren gutgläubigen Besitzers III 635; — für guten Glauben beim Erwerb von Grundstücksrechten III 235; — für den Irrtum I 492; — für Angemessenheit des Kaufpreises II b 28; — für Zahlung des Kaufpreises II b 37; — für Mängel im Recht beim Kauf II b 79; — beim Kauf auf Probe II b 258; — bei der Kreditgefährdung II c 1811; — für den Leistungsort II a 229; — für Leistungszeit II a 232; — für Kündigung der Miete II b 532; — für das außerordentliche Kündigungsrecht bei der Miete II b 439, 445; — für Mängel des Mietgegenstandes II b 418, 427, 431; — für Kenntnis oder grobfahrlässige Unkenntnis des Mieters II b 434; — für die Entstehung des Vermieterpfandrechts II b 502; — für Erfüllung beim Vorbehalt des Rücktritts für den Fall der Nichterfüllung II a 636; — beim Schadensersatzanspruch bei Geldforderung statt Wiederherstellung II a 141; — für Kausalzusammenhang bei Schadensstiftung II a 130; — beim Schadensersatzanspruch für Voraussetzungen primärer Geldentschädigung II a 145; — beim Schadensersatzanspruch wegen unerlaubter Handlung II c 1791, 1794, 1803; — bei Schadensstiftung durch Einsturz eines Gebäudes usw. II c 1918; — bei Schadensstiftung durch Tiere II c 1901, 1907; — bei Geltendmachung der Haftung aus unerlaubten Handlungen aus Billigkeitsgründen II c 1851; — bei Inanspruchnahme des Geschäftsherrn aus unerlaubten Handlungen Angestellter usw. II c 1867; — für die Haftung aufsichtspflichtiger Personen II c 1881, 1907; — für Unzurechnungsfähigkeit bei Begehung unerlaubter Handlungen II c 1845; — für Scheinnatur eines Rechtsgeschäfts I 466; — für Vorliegen einer Schenkung II b 305; — für Verwirkung der Vertragsstrafe II a 606; — für Unmöglichkeit der Leistung II a 262, 282; — für Verschulden des Schuldners II a 293; — für das Verschulden bei Unmöglichkeit der Leistung II a 317; — für die Verjährung I 766; — für Bestehen der Vertretungsmacht I 691; — für Eintritt des Verzugs II a 340, 342; — für Kenntnis des Erlöschens der Vollmacht I 713, 719; — beim Wahlschuldverhältnis II a 194; — beim Rücktritt vom Werkvertrag wegen

nicht rechtzeitiger Herstellung des Werks II c 969; — für Wirksamkeit einer Willenserklärung I 461; — für Zahlungszeit II a 232; — für die Zurückweisung des Bevollmächtigten I 721.
Beweissicherung: Erzwingung der Vorlegung von Sachen zum Zwecke der B. II c 1652; — B. beim Minderungs- oder Wandelungsanspruch II b 202; — Einfluß des Antrags auf B. auf die Verjährung II b 211; — zur Wahrung der Gewährfrist beim Viehkauf II b 233.
Beweisurkunden: Auslieferung bei Forderungsabtretung II a 815; — Aushändigung beim Verkauf einer Forderung II b 81.
Bewilligung der Eintragung von Vormerkungen im Grundbuch III 190, 192; — der Grundbuchberichtigung III 263; — der Eintragung eines Widerspruchs gegen die Richtigkeit des Grundbuchs III 271, 277.
Bewirtschaftung eines landwirtschaftl. Grundstücks durch den Pächter II b 613; — von Wäldern und Bergwerken, Anlagen zur Gewinnung von Bodenbestandteilen durch den Vorerben V 554.
Bewußtlosigkeit bei Abgabe von Willenserklärungen I 424, 426; — bei Eheschließung IV 102; — Geltendmachung der Nichtigkeit der Ehe IV 108; — Einfluß auf gesetzliche und vertragsmäßige Verbindlichkeiten II a 285; — B. bei Begehung von unerlaubten Handlungen, Ausschluß der Haftung II c 1843; — Haftung aus Billigkeitsgründen II c 1848; — Haftung Aufsichtspflichtiger II c 1873.
Bezeichnung, falsche I 490, 491; — unrichtige in letztwilligen Verfügungen V 450, 455, 478; — des Vermächtnisgegenstandes V 580, 615; — des Bedachten V 580.
Bezugnahme auf die Eintragungsbewilligung III 122; — bei Eintragung der Hypothek III 1002, 1018; — bei Eintragung des Schiffspfandrechts III 1472; — bei Vormerkungen III 190, 195; — B. auf das Erbbaugrundbuch III 725.
Bibliographie des BGB. und EG. I 38.
Bienen: Einwirkung auf fremdes Grundstück III 311; — Abwehr III 319; — Haftung für Schadensstiftung durch B. II c 1886, 1897.
Bienenkorb: Anlage im Nachbargrundstück III 329.
Bienenschwarm: Sacheinheit I 339; — Eintritt der Herrenlosigkeit III 544; — Verfolgungsrecht des Eigentümers auf fremde Grundstücke III 545; — Eigentum an vereinigten Schwärmen III 546; — Eigentumserwerb bei Einzug eines B. in eine besetzte Bienenwohnung III 546.
Bierbezug III 807; — als Dienstbarkeit III 807.
Bierbezugsvertrag und Darlehensvertrag II b 665.
Bierbrauer: gesetzliche Hypothek III 995.
Bierlieferungsvertrag II b 7; — Rücktrittsrecht II b 76.
Biermarken II c 1641.
Bierzwang III 944.
Bieten: Gebot des Eigentümers, Gläubigers, Schuldners beim Pfandverkauf III 1440; — vom Bieten ausgeschlossene Personen III 1411; — Verbot für den Versteigerungsbeamten und seine Gehilfen bei Zwangsverkäufen II b 113; — Wirkung der Nichtbeachtung des Verbots II b 115; — Vertrag über Abhalten vom Bieten I 558, 576.
Bigamie: Verbot IV 4, 50; — Nichtigkeit der zweiten Ehe IV 105; — Form der Geltendmachung der Nichtigkeit IV 108; — Ehescheidungsgrund IV 722, 724; — B. durch Wiederverheiratung nach bekannt irrtümlicher Todeserklärung des früheren Ehegatten IV 152; — Änderung des StGB. VI a 37, 42.
Bild: Recht am eigenen B. I 128; II c 1778; — Verjährung des Anspruchs auf Beseitigung der Beeinträchtigung I 770.
Billet, rechtliche Natur II c 1641.
Billiges Ermessen bei Verteilung der Belohnung nach Auslobung II c 1073; — eines Vertragschließenden bei Bestimmung der Leistung II a 445; — bei Verwaltung und Benützung der gemeinschaftlichen Sache II c 1409; — bei Bestimmung des Gegenstandes des Vermächtnisses V 591; — bei Bestimmung der Art des Pfandverkaufs III 1449; — b. E. eines Dritten: bei Auseinandersetzung der Erbschaft V 401; — bei Bestimmung der Leistung durch einen Dritten II a 451; — Form der Bestimmung, Anfechtung II a 452; — Wirkung unbilliger Bestimmung II a 453.
Bindung an die Einigung über Rechtsänderungen an Grundstücken, Grundstücksrechten III 97, 110; — an die Aufgabe eines Grundstücksrechts III 124; — Einfluß nachträglich eintretender Verfügungsbeschränkung des Berechtigten III 134; — B. durch Auflassung III 417; — des Erblassers an altrechtliche letztwillige Verfügungen VI a 588; — siehe auch „Gebundenheit".
Binnenschiffahrtsgesetz III 1470.
Bittleihe II b 637; — Besitz III 32.
Blankett: Unterschrift I 527; — Beglaubigung einer Blankettunterschrift I 536.
Blankettquittung II a 696.
Blanko-Abtretung II a 794; — Bl.-A. der Hypothekforderung ausgeschlossen III 1173; — Ungültigkeit bei Grundschuld III 1355.
Blanko-Giro bei Verpfändung von Wechseln und anderen Papieren III 1517.
Blankoindossament siehe „Orderpapiere".
Blanko-Verpfändung von Hypothekenrechten ausgeschlossen III 1487.
Blankowechsel: Vererblichkeit des Rechts auf Ausfüllung V 14.
Blinde: Eheschließung IV 77; — Geschäftsfähigkeit I 448; — Pflegschaft über Bl. IV 1647; — Beendigung derselben IV 1651, 1676; — Testamentserrichtung vor dem Richter oder Notar V 760; — Unfähigkeit zum Zeugnis bei Testamentserrichtung V 754, 757; — Verfahren bei Unfähigkeit zur Unterzeichnung des Testamentserrichtungsprotokolls V 770.
Blödsinn: Entmündigung wegen Bl. VI a 411.

Bodenbestandteile: Rechtslage I 366; — B. als Früchte des Rechts auf Gewinnung I 384; — Gewinnung durch den Nießbraucher III 846, 847; — Gewinnung durch den Vorerben, Beschränkungen V 554; — Befreiung von den Beschränkungen durch den Erblasser V 566, 567; — Vertrag über die Gewinnung II b 8, 601; — Verteilung unter sukzessiv Berechtigte I 390.
Bodenprodukte: Bestandteile des Grundstücks I 364; — Früchte I 385, 386.
Bodensee VI a 9.
Bodenzinsen: auf dem verkauften Grundstück lastende II b 54; — Verteilung auf sukzessiv Verpflichtete I 394; — Verjährung von Rückständen I 789.
Bodmereibriefe: Verpfändung III 1517.
Bolivien: Freundschafts- und Handelsvertrag (Grunderwerb) VI a 226.
Bons: Emissionsfreiheit II c 1613.
Bordell: Rechtsgeschäfte in bezug auf Bordellbetrieb II c 1712; — Betrieb auf dem Nachbargrundstück III 290, 312.
Bordellbetrieb: Verstoß gegen die guten Sitten II c 1826.
Bordellhypothek III 117, 982.
Börsengeschäft: Prämie bei Zeitkäufen II a 637.
Börsengesetz II c 1463; — Verhältnis zum BGB. VI a 32; — zum ausländischen Recht VI b 830.
Börsenpreis beim Differenzgeschäft II c 1460; — Verkauf der geschuldeten Sache zum B. bei Annahmeverzug des Gläubigers II a 733; — Verkauf des Pfandes zum B. III 1417, 1436; — Verzicht auf Einhaltung der gesetzlichen Form III 1447; — Verkauf durch den Nichtpfandgläubiger III 1446; — Verkauf von verpfändeten Wertpapieren zum B. III 1522, 1524.
Börsenterminhandel II c 1463, 1465.
Börsentermingeschäfte: Rückforderung der Leistung II c 1698; — Reugeld bei Prämiengeschäft II a 637; — räumlich geltendes Recht VI b 830.
Böser Glaube beim Besitzerwerb III 595; — Klage gegen den bösgläubigen Besitzer III 633; — beim Erwerb vom Nichteigentümer III 472; — b. Gl. beim Erwerb von Rechten an Grundstücken und Grundstücksrechten III 218, 231; — des Erbschaftsbesitzers V 335, 336.
Böser Scherz I 462.
Bösliches Unterlassen von anderweitigem Erwerb bei nachträglicher vom Gläubiger zu vertretenden Unmöglichkeit der Leistung beim gegenseitigen Vertrag II a 491; — des Dienstverpflichteten II b 818; — beim Werkvertrag II c 1012.
Bösliche Verlassung: Ehescheidungsgrund IV 729, 742, VI a 550.
Bote: Unterschied vom Vertreter I 675; — Empfangsbote I 680; — unrichtige Übermittlung der Willenserklärung I 492; — irrige Abgabe durch den Empfangsboten I 494; — B. ohne Ermächtigung I 732; — auf die Zulässigkeit der Verwendung von B. bei Abgabe von Willenserklärungen räumlich anwendbares Recht VI b 176.
Botenlohn: Verjährung I 779, 785.
Boykott: Verstoß gegen die guten Sitten I 577, II c 1826; — Unzulässigkeit von Strafabreden II a 605.
Brandmauer III 375, 382.
Brandversicherung des Hypothekenobjekts III 1072, 1076, 1079, 1084 (siehe auch „Versicherung"); — Erhebung der Beiträge vom Mieter II b 455; — eines gemeinschaftlichen Grundstücks II c 1409; — der Nießbrauchsache III 851, 852; — Recht des Nießbrauchers an der Versicherungssumme III 853; — landesgesetzliche Regelung VI a 179.
Brauhäuser: Verbände zur Nutzung von B. VI a 429; — Zubehör von B. I 381.
Braunschweig: Ausführungsgesetze zum BGB. VI a 104.
Braut: für die Rechte der geschwängerten B. geltendes Recht VI a 531, 565, 566; — Rechte der geschwängerten B. nach bisherigem Recht VI a 566; — siehe auch „Verlöbnis".
Brautgeschenke: Rückgabe IV 28; — Verjährung des Anspruchs hierauf IV 30; — auf die Rückforderung anzuwendendes Recht VI a 531, VI b 268.
Brautkinder: rechtliche Stellung IV 18, 1197, VI a 565, 566, 569; — anzuwendendes Recht VI b 457, 499; — Erbrecht V 32.
Bremen: Ausführungsgesetze zum BGB. VI a 104; — Staatsschuldbuch IV 299.
Brennmaterialien: Verjährung der Ansprüche aus der Lieferung I 785.
Brevi manu traditio III 29, 438, 450; — des Hypothekenbriefs bei Abtretung der Briefhypothek III 1171; — Gefahrübergang beim Kauf II b 87; — Beginn der Verjährung des Minderungs-, Wandelungsanspruchs II b 289.
Brief: Abgabe an falsche Adresse I 493, II c 1684; — Recht am eigenen Br., Zivilrechtsschutz II c 1779; — Eigentum III 291; — Eigentumsübergang, Veröffentlichung III 439; — Br. der Ehefrau IV 174.
Briefform für das eigenhändige Testament V 738, 742.
Briefgrundschuld: Zulässigkeit III 1355; — Legitimation des Gläubigers III 1199; — siehe auch „Grundschuldbrief".
Briefhypothek: allgemeine Grundsätze III 959; — Erwerb III 1029; — Rechtsverhältnisse vor Übergabe des Hypothekenbriefs III 1202, 1210; — Abtretung III 1033, 1165; — Teilabtretung III 1034; — Schutz des Eigentümers bei Übertragungen III 1176; — Schutz des Erwerbers III 1185; — Geltendmachung der Forderung III 1199; — Nachweis der Aktivlegitimation bei Geltendmachung III 1196; — Schutz des Eigentümers gegen die Wirkungen des Öffentlichkeitsprinzips III 1123; — Rangänderung III 151; — Verpfändung III 1486, 1488; — Bedeutung der Rückgabe des Briefes III 1496; — Zerlegung III 1158.
Briefmarke: rechtliche Natur II c 1641.
Brieftauben III 543; — Schutz VI a 331.

Briefwechsel bei rechtsgeschäftlicher Schriftform I 531, 532; — Wirksamwerden brieflicher Erklärungen I 539, 540.

Bringschuld II a 118; — Geldschuld II a 226; — Gläubigerverzug II a 336; — Mietzins II b 478; — Rückgabe der gemieteten beweglichen Sache II b 493; — zeitlich geltendes Recht VI a 448.

Bruchteil: Belastung mit dinglichen Rechten III 4; — Gemeinschaft nach B. II c 1401; — auf die Gemeinschaft nach B. anzuwendendes Recht VI a 463; — Miteigentum nach B. III 640; — Miteigentum nicht nach B. VI a 481; — Nießbrauch an B. III 833, 873; — obligatorischer Vertrag über einen B. des gegenwärtigen Vermögens II a 415; — des künftigen Vermögens II a 413; — Pfandrecht an einem B. III 1469; — eines Grundstücks: Belastung mit Rechten III 210; — Belastung mit Hypotheken III 989, 997; — Entlassung aus der Haftung für die Hypothek III 1300; — Belastung mit einer Reallast III 949; — Belastung mit Vorkaufsrecht III 927; — Vormerkung auf einem B. eines Grundstücks III 168; — keine Belastung mit Erbbaurecht III 670; — Vermächtnis eines B. eines Gegenstandes V 596; — B. der Erbschaft: Erbeinsetzung auf einen solchen V 494; — Einsetzung auf das Ganze nicht erschöpfende Bruchteile V 497; — auf das Ganze übersteigende Bruchteile V 497; — teilweise Einsetzung nach B., teilweise ohne B. V 499; — Einsetzung mehrerer auf denselben B. V 499, 500; — Verfügung des Erben über einen B. an seinem Anteil am Nachlasse V 356; — Veräußerung durch den Alleinerben V 1084; — B. von Nachlaßgrundstücken, Form der Übertragung V 386.

Brücken: Verkehrsfähigkeit I 345.

Bruder als Nacherbe V 527; — B. des letztwillig Bedachten als Vermächtnisnehmer V 598.

Buchbesitz: Wirkung III 26.

Buchforderungen gegen das Reich oder einen Bundesstaat: des Kindes IV 1118; — des Mündels: Anlage von Mündelgeld in B. IV 1443, 1447; — Eintragung einer Verfügungsbeschränkung in das Schuldbuch IV 1476; — Entbindung von der Verpflichtung hiezu durch das Vormundschaftsgericht IV 1477; — Befreiung von der Verbindlichkeit durch den Vater IV 1569; — durch die Mutter IV 1571; — Befreiung des Vaters und der Mutter als Vormund eines Volljährigen IV 1627; — zum Nachlaß gehörige: Verfügungsbeschränkung des Vorerben V 548; — Befreiung von der Beschränkung V 566, 567; — Umwandlung von Inhaberpapieren in B.: zum eingebrachten Gut der Frau gehöriger IV 298; — bei Errungenschaftsgemeinschaft IV 628; — von Inhaberpapieren des Kindes IV 1118, 1120; — des Mündels IV 1475; — bei Nacherbschaft V 548; — Genehmigung des Vormundschaftsgerichts zu Verfügungen über die B. IV 1480; — Tauglichkeit zur Sicherheitsleistung I 856, 860; — Übertragung und Belastung nach Landesrecht VI a 250.

Buchhypothek: allgemeine Grundsätze III 959; — Entstehung III 1027; — Erwerb III 1027, 1035; — Übertragung III 1028, 1166, 1175; — Geltendmachung III 1028, 1141; — Nachweis der Aktivlegitimation bei der Geltendmachung III 1198; — Einrede des nicht gezahlten Geldes III 1121; — Umwandlung in Briefhypothek III 1023, 1029; — Geltung bestehender Pfandrechte an Grundstücken als Buchhypotheken III 966; — Verpfändung III 1486, 1515; — Übergang bisheriger Grundschulden in B. VI a 526; — bisheriger Pfandrechte VI a 515, 522.

Buchmacher II c 1444.

Buchung in unrichtiger Abteilung des Grundbuchs III 222; — doppelte, eines Grundstücks im Grundbuch III 221, 251; — Wirksamkeit der Auflassung bei doppelter B. III 397.

Buchungsfreie Grundstücke III 86, 422; — Aufgabe des Eigentums III 433; — Begründung von Dienstbarkeiten III 791, 805; — Eigentumsübertragung VI a 327; — Begründung von Dienstbarkeiten VI a 328.

Büdnerrecht III 777, 783, VI a 137; — Beschränkung des Verfügungsrechts des Vormundes IV 1486.

Bühnenengagementvertrag II b 712, II c 929.

Bulgarien: Grunderwerb (Staatsvertrag) VI a 226; — deutsch-bulgarischer Konsularvertrag, Bedeutung für das internationale Erbrecht VI b 695, 731; — für die Eheschließung von Konsuln VI b 256.

Bundeskonsulatsgesetz: Änderung durch das EG. VI a 53.

Bundesrat (Reichsrat): Anerkennung der Rechtsfähigkeit ausländischer Vereine I 191; — Anerkennung der Rechtsfähigkeit ausländischer Vereine VI b 120, 159; — Aufhebung von Stiftungen I 331; — Entscheidung über Mündelsicherheit von Wertpapieren IV 1444, 1448; — Entziehung der Rechtsfähigkeit eines Vereins I 244, 245; — Genehmigung der Stiftung I 312, 315; — Genehmigung zur Änderung der Vereinssatzung I 224, 225; — Bekanntmachung des B. über Bekanntmachung des Fundes in öffentlichen Gebäuden usw. III 572; — Zustimmung zur Anordnung des Vergeltungsrechts VI b 834.

Bundesstaat (deutsches Land): Begriff VI a 21; — Staatsverträge der Bundesstaaten VI a 114; — siehe auch „Landesrecht, Landesprivatrecht"; — Aufrechnung gegen Forderungen eines B. II a 774; — Zuständigkeit zur Befreiung von Erfordernissen der Annahme an Kindes Statt IV 1311; — zur Befreiung von Ehehindernissen IV 86; — zur Bestimmung der zur Annahme von Mündelgeld geeigneten Sparkassen IV 1444, 1450; — zur Ehelichkeitserklärung IV 1278; — Erbrecht (siehe auch „Fiskus") V 23, 59; — interlokales Privatrecht im B. VI b 29, 31; — Ausgabe von Schuldverschreibungen durch einen B. II c 1612; — Genehmigung der Ausgabe von

Schuldverschreibungen II c 1612, 1615; — Genehmigung der Stiftung I 303, 312, 315; — Mündelsicherheit verbriefter Forderungen gegen einen B. oder unter dessen Zinsgarantie stehender IV 1443, 1447; — Umwandlung von Schuldverschreibungen eines B. in Buchforderungen für den Mündel IV 1475; — Verleihung der Rechtsfähigkeit an Vereine I 189.

Bundes- und Staatsangehörigkeitsgesetz: Änderung durch das EG. VI a 56, 57.

Bürgerliche Ehe IV 5.

Bürgerliche Ehrenrechte: Änderung des StGB. hinsichtlich der Wirkung der Aberkennung VI a 36, 38; — Einfluß des Verlustes auf die Rechtsfähigkeit I 43; — Untauglichkeit zum Amt eines Familienrats nach Verlust IV 1583; — eines Gegenvormundes IV 1412; — eines Pflegers IV 1669; — eines Vormunds IV 1393; — Entlassung des Vormunds wegen Verlustes IV 1602; — Ausschluß von der Zeugschaft bei Eheschließung wegen Aberkennung IV 79; — Untauglichkeit zum Zeugnis bei Eheschließung im Ausland VI a 55; — Untauglichkeit zum Zeugnis bei Testamentserrichtung nach Verlust V 756, VI a 31.

Bürgerliche Früchte I 385; — des Frauenvermögens: Erwerb durch den Ehemann IV 270; — des Kindervermögens: Erwerb durch den Gewalthaber IV 1079.

Bürgerliche Rechtsstreitigkeiten: Zuständigkeit in letzter Instanz VI a 21.

Bürgerlicher Name I 107.

Bürgerlicher Tod I 129, V 10; — Wirkung hinsichtlich des Erbrechts VI b 635, 736.

Bürgerliches Gesetzbuch: Inkrafttreten VI a 4; — Inkrafttreten des Einführungsgesetzes VI a 5; — zeitliche, örtliche Anwendung VI a 6; — Verhältnis zu den Landesgesetzen VI a 92; — zu den Reichsgesetzen VI a 26; — Verhältnis zu späteren Reichsgesetzen VI a 28.

Bürgerliches Recht: Begriff VI a 4.

Bürgermeister: Sicherung des Nachlasses, Siegelung, Entsiegelung V 102, 132; — Nottestament vor dem B. V 780; — Errichtung eines gemeinschaftlichen Testaments V 783, 812; — zeitliche Beschränkung der Wirksamkeit des Testaments V 783; — Haftung wegen Formfehler bei Errichtung eines Nottestaments V 783.

Bürgschaft II c 1467; — Begriff und rechtliche Natur des Bürgschaftsvertrags II c 1467; — verwandte Verträge II c 1469; — Unterschied von der kumulativen Schuldübernahme II c 1475; — besondere Arten II c 1479, 1480; — B. für künftige und bedingte Verbindlichkeiten II c 1473; — bedingte Übernahme der B. II c 1468; — gesetzliche Bürgschaft II c 1471; — Kreditauftrag II c 1523; — schenkungsweise Leistung II b 299, 307; — Pflichten des Gläubigers gegenüber dem Bürgen II c 1518, 1519; — Schutzmittel des Bürgen gegenüber dem Gläubiger II c 1520; — Gegenstand und Zweck der B. II c 1474; — Form der Bürgschaftserklärung II c 1474; — Formfreiheit der Vollmacht I 701; — akzessorische Natur II c 1475; — Schriftform des Vertrages II c 1480; — Umfang der Haftung des Bürgen II c 1488; — Einfluß der Abtretung der Hauptforderung II a 810, II c 1477; — Einfluß d. Vergleichs üb. die Hauptforderung II c 1538; — Abtretung der Bürgschaftsforderung II c 1477; — gesamtschuldnerische Haftung mehrerer Bürgen II c 1496; — Ausschluß der Geltendmachung des Wahl-, Rücktrittsrechts, des Wandelungs- und Minderungsanspruchs durch den Bürgen II c 1500; — Verjährung der Ansprüche aus B. II c 1472; — Nichtigkeit, Anfechtbarkeit des B.-Vertrags II c 1468; — Haftung des Bürgen nach dem Tode des Hauptschuldners V 207; — Haftung des Bürgen bei Rückgängigmachung des Erlöschens von Rechtsverhältnissen durch Konfusion im Falle der Nachlaßverwaltung oder des Nachlaßkonkurses V 221.

Bürgschaft, Einreden des Bürgen: in seiner Person begründete II c 1494; — aus der Hauptforderung II c 1492, 1493; — aus der Anfechtungsbefugnis des Hauptschuldners und der Aufrechnungsbefugnis des Gläubigers II c 1497; — Einrede der Vorausklage II c 1500; — Ausschluß derselben II c 1501, 1504; — Wirkung der Einrede der Vorausklage für die Verjährung I 797, 800; — Beseitigung durch Zwangsvollstreckung gegen den Hauptschuldner II c 1503; — Einfluß eines dem Gläubiger zustehenden Pfand- oder Zurückbehaltungsrechts II c 1503; — Verhältnis zwischen Bürgen und Hauptschuldner nach Befriedigung des Gläubigers durch den Hauptschuldner II c 1507, 1508; — Einwendungen des Hauptschuldners gegenüber dem Bürgen II c 1511; — Aufrechnungsbefugnis des Bürgen II a 742; — Einfluß des Irrtums des Bürgen über die Person des Gläubigers oder des Schuldners II c 1479; — Regreß unter Mitbürgen II c 1508, 1512; — Anspruch auf Befreiung von der B. gegen den Hauptschuldner, auf Sicherheitsleistung beim Auftrag zur B., bei Geschäftsführung ohne Auftrag II c 1514; — Befreiung infolge Aufgabe anderer Sicherheiten durch den Gläubiger II c 1517; — im Falle zeitlicher Beschränkung der B. II c 1520; — Endigung II c 1472, 1476; — Erlöschen infolge von Schuldübernahme II a 885; — Einfluß der Anfechtung des Hauptgeschäfts I 701; — Einfluß der Konfusion von Bürgschaft und Hauptschuld II c 1478; — Kündigung der B. für künftige Verbindlichkeiten II c 1522; — B. zur Abwendung des Zurückbehaltungsrechts ausgeschlossen II a 236; — Erfüllungsort für den Bürgen, Gerichtsstand II c 1478; — Sicherheitsleistung durch Bürgschaftstellung I 856, II c 1741; — Voraussetzungen der Zulässigkeit I 861; — schenkungsweise Leistung od. Aufgabe II b 307; — Ausschluß für eine Spiel- oder Wettschuld II c 1447; — Übernahme einer B. durch den Vater für das Kind IV 1057, 1061; — durch den Vormund für den Mündel IV 1483, 1496; — allgemeine Ermächtigung des Vormunds hiezu IV 1504; — Geltendmachung durch den Nießbraucher an der Forderung III 885; —

Geltendmachung der Einreden des Bürgen durch den Eigentümer des Hypothekenobjekts III 1112, 1114; — B. für dinglichen Hypothekenanspruch ausgeschlossen III 980; — bezüglich der Form anzuwendendes Recht VI b 167, 179.

Buße II c 1767; — Aufrechterhaltung der Vorschriften über B. VI a 30; — wegen Beleidigung II c 1814; — Haftung für eine der Ehefrau auferlegte IV 354; — für eine dem Kinde auferlegte IV 1094; — Verlangen für das Kind IV 996; — Unvererblichkeit des Anspruches auf B. V 16.

C.

Captatorische Verfügungen V 469.

Carpzowsche Methode zur Berechnung der Zwischenzinsen II a 235.

Causa beim Rechtsgeschäft II c 1547; — Einfluß des Mangels beim sachenrechtlichen Rechtsgeschäft III 9, 12; — Bedeutung beim abstrakten Schuldversprechen II c 1550, 1558; — beim Schuldanerkenntnis II c 1565; — der Zuwendung I 411, 412.

Cautio damni infecti II c 1911, III 387.

Cautio usufructuaria IV 1073.

Cessio legis: Verjährung nach eingetretener I 782.

Cession siehe „Übertragung, Abtretung der Forderung".

Charakteristik des Rechtsstoffes des BGB. nach der Herkunft I 9.

Chauffeur: Haftung für dessen Verschulden II c 1863, 1867.

Check siehe „Scheck".

Chikane, siehe „Schikane".

Cif-Klausel: Bedeutung für den Erfüllungsort II a 222, II b 11.

Cirkularkreditbrief II c 1586.

Civilis possessio III 16.

Clausula rebus sic stantibus I 644, II a 41, 52, 390, 611; — beim Kauf II b 46; — bei dinglichen Verpflichtungen III 3; — gegenüber Vergleich II c 1543.

Coburg, Vereinigung mit Bayern I 39, VI a 108.

Codicill V 67.

Columbien: Staatsvertrag, Bedeutung für das internationale Erbrecht VI b 730.

Commis interessé II c 1200.

Commixtio, communio III 507.

Commoda possessionis III 16.

Commodum, stellvertretendes II a 261.

Communio bonorum prorogata IV 524.

Communio incidens II c 1402.

Compensatio lucri cum damno II a 120, 127; — beim Anspruch aus unerlaubter Handlung II c 1757, 1903, 1976.

Concursus causarum lucrativarum II a 653, 908.

Condicio in praesens vel praeteritum collata I 655; — bei letztwilligen Zuwendungen V 468.

Condicio juris I 653; — bei letztwilligen Zuwendungen V 468.

Condicio necessaria I 654; — bei letztwilligen Zuwendungen V 468.

— **tacita** I 654.

Condictio II c 1662; — c. indebiti, sina causa, ob causam finitam, causa data causa non secuta II c 1662, 1663, 1681, 1682, 1686, 1688, 1696; — indebiti, sine causa, anzuwendendes Recht VI a 456; — c. ob turpem causam, ex iniusta causa II c 1697, 1709, 1717; — c. furtiva II c 1662, 1735.

— **possessionis** II c 1664, III 16, 48.

Confusio II a 644, 645; — unechte II a 645; — siehe „Erlöschen des Schuldverhältnisses, Vereinigung".

Constitutum debiti alieni II c 1470.

Constitutum possessorium III 29, 67, 454, 458, 476; — Übertragung des Hypothekenbriefes durch c. p. bei Bestellung der Briefhypothek III 1032; — bei Abtretung der Briefhypothek III 1171; — Unzulässigkeit der Bestellung des Pfandrechts durch c. p. III 1378, 1395, 1486; — Gefahrübergang beim Kauf II b 87; — Beginn der Verjährung des Minderungs-, Wandelungsanspruchs II b 209, 210.

Contractus aestimatorius II c 1032.

Contractus mohatrae II b 659.

Contrarius consensus II a 651.

Corpus ex distantibus I 339.

Culpa levis, lata II a 268, 287; — c. in concreto II a 269, 291.

Culpa in contrahendo I 497, II a 255, 257, 284, 285, 295.

D.

Dachtraufenrecht VI a 321.

Dachziegel: Bestandteileigenschaft I 366.

Damnohypothek III 987.

Dämpfe: Zuführung auf fremde Grundstücke III 308.

Dampferkajüten: Haftung für eingebrachte Sachen II c 1179.

Dampfheizungsanlage: rechtliche Natur des Vertrags II c 933.

Dämpfigkeit der Pferde, Esel, Maulesel, Maultiere, Gewährfrist II b 230.

Dampfschiffahrtsbetrieb: Haftpflicht des Unternehmers nach Landesrecht VI a 264; — Schutz der Nachbargrundstücke VI a 324.

Dampfschiffahrtsunternehmungen: Immissionen auf fremde Grundstücke III 323; — Schadensersatzanspruch III 328.

Damwild: Wildschadensersatz II c 1907.

Dänemark: Aufhebung der ehelichen Gemeinschaft i. D. VI b 381; — Gerichtsbarkeit in Scheidungssachen VI b 397; — Verbürgung der Gegenseitigkeit in Scheidungssachen VI b 415; — Rückverweisung im Scheidungsrecht VI b 432; — für die Schlüsselgewalt geltendes Recht VI b 287, 363; — über die uneheliche Vaterschaft geltendes internationales Privatrecht VI b 540; — für den Verlöbnisbruch geltendes Recht VI b 269; — Rück- und Weiterverweisung VI b 760; — Staatsvertrag

betr. Luftfahrzeuge VI b 222; — Überleitung der Rechtspflege IV 1367.

Darlehen: Begriffsbestimmung II b 650, 651, 655; — rechtlicher Charakter II b 651; — Gegenstand II b 657, 658; — Abgrenzung von anderen verwandten Rechtsverhältnissen II b 653; — Verhältnis zum Kauf II b 9, 653; — zur Leihe II b 636, 651; — partiarisches D. II b 665; — Unterschied des partiarischen D. von der Gesellschaft II c 1200; — besondere Arten des D. II b 658; — Form des Darlehensvertrages II b 665; — Fähigkeit, D. zu gewähren und sich durch D. zu verpflichten II b 665; — Verpflichtungen des Darlehensempfängers II b 655, 666; — Beweislast II b 607; — Zinszahlung II b 673; — Gewährleistung wegen Mängel beim Sachdarlehen II b 248; — Fälligkeit und Kündigung II b 674; — Einrede des nicht erhaltenen Geldes II b 667; — Umwandlung einer Geldschuld in ein D. II b 655, 669; — Hingabe an Minderjährige I 438; — D. zu Spiel- und Wettzwecken II b 656, II c 1453; — Ausschluß der Umwandlung einer Spiel- oder Wettschuld in eine D.-Schuld II c 1447; — D. an Wertpapieren II b 651; — Mäklergebühr für die Vermittelung II c 1038, 1045; — Anwendung der Vorschriften über D. beim depositum irregulare II c 1170; — Aufwertung II b 654, 655; — Kündigung von D. der Ehefrau im gesetzlichen Güterstand IV 322; — D. des Mündels an den Vormund IV 1441; — Aufnahme durch den Vormund IV 1495; — siehe auch „Kredit"; — Einrede des nicht gezahlten Geldes gegen die Hypothek III 1121; — Provision des Darlehensgebers III 1208; — D. von Kreditanstalten: Hypothek dafür III 1002, 1021.

— Einfluß der Geldentwertung II a 48, 76.

Darlehenshypothek: zeitlich geltendes Recht VI a 515.

Darlehenskassenscheine II c 1603.

Darlehensversprechen: rechtliche Natur II b 652; — Widerruf II b 677; — Abtretbarkeit des Anspruchs aus einem Darlehensversprechen II a 804.

Darlehensvertrag II b 651, 652, 677.

Datio in solutum II a 677.

Datum der Errichtung der Vereinssatzung I 279; — Eintragung ins Vereinsregister I 293; — bei Schriftform eines Rechtsgeschäfts I 531; — Angabe beim eigenhändigen Privattestament V 735, 744, 745, 746, 747; — beim gemeinschaftlichen eigenhändigen Testament V 812; — Beweislast für die Richtigkeit V 749; — Datierung von Änderungen und Zusätzen V 749; — Angabe im Protokoll über das öffentliche Testament V 762, 765; — D. des Nachlaßverzeichnisses des Testamentsvollstreckers V 703; — Fristberechnung von D. zu D. I 756.

Dauerndes Dienstverhältnis II b 873.

Dauerschuldverhältnisse II b 4.

Dauerverpflichtungen, Einfluß des Leistungsverzugs II a 327.

Deckname I 107; — siehe auch „Pseudonym".

Deckungskauf, -Verkauf II a 520, II b 13; — Pflicht hiezu II b 77.

Deckungsverhältnis bei der Anweisung II c 1580.

Deflorationsentschädigung der unbescholtenen Braut IV 24, 25; — der unehelichen Mutter IV 1241; — zeitlich geltendes Recht VI a 531, 569.

Deflorationsklage II c 1817, IV 25.

Deichrecht VI a 153.

Delegation II c 1571.

Deliktsfähigkeit I 53, 54; — der Juristischen Personen I 160, 355; — Ausschluß und Beschränkungen II c 1842; — D. Entmündigter I 449; — D. Jugendlicher und Taubstummer II c 1845; — des unter elterlicher Gewalt stehenden Kindes IV 975; — räumlich geltendes Recht VI b 64, 197, 212; — für die D. ausländischer juristischer Personen geltendes Recht VI b 137.

Deliktsklagen des früheren Rechts II c 1746.

Deliktsschulden der Ehefrau, Haftung des eingebrachten Gutes IV 342, 349; — des Vorbehaltsgutes IV 353; — Haftung des Gesamtgutes der allgem. Gütergemeinschaft IV 466; — bei Errungenschaftsgemeinschaft IV 639; — der Ehegatten, Haftung bei allgemeiner Gütergemeinschaft IV 474; — des Ehemanns bei Errungenschaftsgemeinschaft IV 646; — des Gewalthabers, Haftung des Kindes IV 986; — des Kindes IV 1094.

Deliktsstatut VI b 7, 193.

Delkrederevertrag II c 1470.

Denkmalpflege III 293, 576.

Denkmalschutz VI a 283.

Depositum irregulare, miserabile II b 653, II c 1151, 1190.

Depotgesetz II c 1156.

Depotschein II c 1159; — rechtliche Natur II c 1645; — Kraftloserklärung nach Landesrecht VI a 258.

Depotwechsel: Haftung III 1459, 1517.

Dereliktion III 34; — von beweglichen Sachen III 539; — von Grundstücken III 429.

Derogatorische Klausel bei letztwilligen Verfügungen V 788, 893.

Desertion IV 729, 734.

Detention III 26.

Deutsche: Beerbung im Ausland VI b 631; — Eheschließung mit einem Ausländer VI b 229; — Eheschließung vor Konsuln oder Gesandten VI b 256; — für die persönlichen Rechtsbeziehungen deutscher Ehegatten geltendes Recht VI b 274; — Ehescheidung D. im Ausland VI b 406, 416, 417; — Entmündigung im Ausland VI b 99; — erbrechtliche Ansprüche gegen den Nachlaß eines Ausländers VI b 690, 710; — Todeserklärung im Ausland VI b 115; — Todeserklärung im Inland VI b 109, 111; — Haftung aus im Ausland begangenen unerlaubten Handlungen VI b 209; — für Quasidelikte VI b 228; — Verschollenheitserklärung im Ausland VI b 115, 117; — Volljährigkeitserklärung im Ausland VI b 93; — Vormundschaft, Pflegschaft über D. im Ausland VI b 617.

Deutsche Gesetze: auf d. G. hinweisende Kollisionsnormen VI b 10; — Anwendung d. G. bei Annahme an Kindes Statt VI b 543; — auf Beurteilung der ehelichen Abstammung VI b 446; — auf das eheliche Güterrecht VI b 299; — auf die persönlichen Beziehungen der Ehegatten VI b 274; — auf die Entmündigung von Ausländern im Inland VI b 94, 95; — auf das Rechtsverhältnis zwischen Eltern und Kindern VI b 461; — bei Legitimation VI b 543; — bei Todeserklärung VI b 109; — auf das Verhältnis zwischen unehelichem Kind und Mutter VI b 489; — Anwendung d. G. auf die Feststellung der Volljährigkeit VI b 62, 82; — Anwendung auf Grund fremden Rechts (Rückverweisung) VI b 740.

Deutsche Sprache: Eheschließung der d. S. Unkundiger IV 77; — Anwendung im Protokoll über Testamentserrichtung V 762, 764; — Testamentserrichtung durch einen der d. Spr. nicht mächtigen Erblasser V 773; — Unfähigkeit der d. Spr. nicht Mächtiger zur Zeugschaft bei Testamentserrichtung V 757.

Deutsches Reich: räumliches Gebiet VI a 7, 8.

Deutsch-Südwestafrika: mehrfache Staatsangehörigkeit von Angehörigen von D.-S. VI b 785.

Devisengesetze: international privatrechtliche Wirkung VI b 818, 832.

Devisengesetzgebung II b 21.

Devisenkauf II b 24.

Diäten von Beamten VI a 195.

Diebstahl: Bedeutung des Besitzrechts III 18; — an Schuldverschreibungen, Einfluß auf die Haftung II c 1610; — Nichtabhalten der Frau vom D. IV 163.

Dienstbarkeiten: Arten III 789; — Vormerkung des Anspruchs auf Einräumung III 176; — Schadensersatz wegen Verletzung II c 1774; — Pacht II b 598; — Einfluß der Zwangsversteigerung auf D. III 789, 805; — Beeinträchtigung durch Überbau III 353; — D. am Erbbaurecht III 709; — siehe „Grunddienstbarkeiten, Nießbrauch"; — zeitlich anzuwendendes Recht VI a 591; — Ablösung, Umwandlung, Einschränkung VI a 287, 302; — Begründung und Aufhebung von D. an nicht im Grundbuch eingetragenen Grundstücken VI a 328; — Ablösungsrenten des Staats und öffentlicher Anstalten VI a 296; — Rechte des Berechtigten bei Wiederherstellung eines zerstörten Gebäudes an anderer Stelle VI a 282; — Ersatz bei Enteignung VI a 88.

— **beschränkt persönliche:** Begriff, rechtliche Natur III 797, 905, 907; — Entstehung III 912; — Inhalt III 907, 908; — Umfang III 912; — Erstreckung auf Zubehör I 380; — Unvererblichkeit, Unveräußerlichkeit, Unpfändbarkeit III 909, 913, V 16; — Bedingung, Zeitbestimmung III 911; — Endigung III 912; — Rechtsschutz III 26, 629; — Besitzesschutz, anzuwendendes Recht VI a 511; — Übergangsvorschriften III 906; — Wohnungsrecht III 914; — Ausschluß von der Gütergemeinschaft IV 424; — bei Fahrnisgemeinschaft IV 677; — Haftung für Freiheit des Vermächtnisgegenstandes von solchen V 624; — D. des Mündels: Verfügungsrecht des Vormunds IV 1436; — landesgesetzliche Beschränkungen hinsichtlich der Belastung mit b. p. D. VI a 298, 302.

Dienstberechtigte: Verjährung ihrer Ansprüche I 779, 786.

Dienstboten: Aufrechnung gegen die Lohnforderung II a 774; — Draufgabe an D. II a 576; — Beschränkung des Haltens von D. unter achtzehn Jahren I 477; — Besitzdiener III 30; — gesetzlicher Wohnsitz I 89, 93; — Haftung des Dienstherrn bei Verletzung durch seine Tiere II c 1903; — Recht der Frau zur Annahme und Entlassung IV 186; — landesgesetzliches Gesinderecht VI a 239.

Dienste: Haftung aus unerlaubten Handlungen wegen entgangener D. gegenüber dem Dienstberechtigten II c 1979; — Mitverschulden des Verletzten II c 1983; — Vergütung beim Rücktritt vom Vertrag II a 612; — D. als Gegenstand des Beitrags zu einer Gesellschaft II c 1232, 1240; — keine Erstattung bei Auflösung der Gesellschaft II c 1339, 1343.

Diensteinkommen: Benachrichtigung der auszuzahlenden Kasse von der Abtretung II a 850; — Verjährung I 779, 786; — Beschränkung der Aufrechnung gegen den Anspruch auf D. II a 768, 771.

Dienstherrschaft: Haftung aus einem unrichtigen Zeugnis über Treue II c 1123.

Dienstleistungen des Kindes im elterlichen Haus IV 946; — des angenommenen Kindes IV 1331; — des für ehelich erklärten Kindes IV 1294; — des legitimierten Kindes IV 1271; — des unehelichen Kindes gegenüber der Mutter IV 1200; — des Mündels für den Vormund IV 1432, 1441; — Ersatz für D. des Vormunds, Gegenvormunds für den Mündel IV 1530; — unentgeltliche, Schenkung II b 301; — Verjährung der Ansprüche aus gewerbsmäßigen D. I 779, 786.

Dienstliche Genehmigung der Eheschließung IV 64.

Dienstlohn II b 783; — Pfändung II b 691; — Pfändung für Unterhaltsansprüche IV 896; — Beschränkung der Aufrechnung gegen den Anspruch auf D. II a 767, 769; — Vergleich über den Lohnanspruch II c 1538; — D. der Frau: Vorbehaltsgut IV 228.

Dienstmänner: Verjährung ihrer Ansprüche I 786.

Dienstverhältnis, zeitlich geltendes Recht VI a 457, 460; — rechtliche Natur des D. von Beamten VI a 194; — Auslegung der Bedenkung in einem D. zum Erblasser Stehender im Testament V 466.

Dienstvermittlung: Mäklerlohn für dieselbe II c 1059.

Dienstverschaffungsvertrag II b 812, 813.

Dienstvertrag II b 682; — zeitlich anzuwendendes Recht VI a 457, 460; — räumlich geltendes Recht (Vorbehaltsklausel) VI b 816, 819, 825; — Allgemeines: Verhältnis des BGB. zu Sondergesetzen II b 694; — Begriff II b 683, 747; — Arten II b 686; — Wesen II b 686; — D. und Arbeitsvertrag II b

687; — verwandte Rechtsverhältnisse II b 694, 695; — Verhältnis zum Auftrag II b 694; — zum Werkvertrag II b 684; — Mischung mit anderen Verträgen II c 695; — Klagen und Vollstreckung aus dem D. II b 778; — Abschluß des D. II b 757; — Nichtigkeit und Anfechtbarkeit II b 761; — Gegenstand der Dienste II b 746; — Unübertragbarkeit des Anspruchs auf die Dienste II b 813; — Abgrenzung von öffentlich-rechtlichen Rechtsverhältnissen II b 696, 697.

— Dienstberechtigter II b 755; — Rechte und Pflichten: Pflicht zur Abnahme des Dienstes II b 860; — Wirkung des Annahmeverzuges II b 799, 818; — Pflicht zur Urlaubsgewährung II b 803; — Pflicht zur Vergütung der Leistung II b 746, 754, 782; — Fürsorgepflicht bei Erkrankung des in häuslicher Gemeinschaft befindl. Dienstverpflichteten II b 837; — für Leben und Gesundheit des Bediensteten II b 843; — Verbot des Ausschlusses oder der Beschränkung dieser Verpflichtungen II b 859.

— Dienstverpflichteter II b 756; — Rechte und Pflichten: Pflicht zur Dienstleistung überhaupt II b 746, 752, 767; — Ort und Zeit II b 770; — Unmöglichkeit und vorübergehende Befreiung II b 772, 773; — Verletzung der Dienstpflicht II b 775, 799; — Gehorsampflicht II b 779; — Treupflicht II b 779, 780; — Vorleistungspflicht II b 815; — Pflicht zur persönlichen Leistung der Dienste II b 811; — Rechte bei Verhinderung an der Dienstleistung II b 828; — bei Erkrankung eines in häuslicher Gemeinschaft mit dem Dienstberechtigten Lebenden II b 837.

— Vergütung: rechtliche Natur II b 782; — Gläubiger II b 783; — Art der Vergütung II b 784, 785, 808; — Lohnformen II b 787; — Lohnsicherung II b 791; — Höhe der Vergütung II b 784, 808; — Pflicht zur Leistung II b 746, 754, 782; — stillschweigende Vereinbarung II b 805, 806; — Zeit der Leistung II b 815; — Verjährung II b 799, 800; — V. bei Annahmeverzug des Dienstberechtigten II b 799; — bei Verhinderung des Verpflichteten II b 784, 785; — im Falle außerordentlicher Kündigung II b 909; — Anrechnung der Kosten gewährter Krankenpflege II b 837.

— Beendigung des Dienstverhältnisses: Gründe überhaupt II b 861, 862; — Rechtsfolgen der Beendigung II b 880; — keine Aufhebungsgründe II b 862; — Kündigungsbeschränkungen II b 874; — Zeitablauf II b 862, 881; — stillschweigende Fortsetzung II b 893; — Ordentliche Kündigung: rechtliche Natur, Form, Arten II b 863, 869, 881; — regelmäßige Kündigungsfristen II b 887; — Frist bei Dienstleistungen höherer Art II b 888; — bei Dienstverhältnissen ohne eine nach Zeitabschnitten bemessene Vergütung II b 891; — Vorzeitige Kündigung lebenslänglicher oder mehr als fünfjähr. Dienstverhältnisse II b 891; — Außerordentliche Kündigung II b 873, 894; — bei Dienstleistungen höherer Art II b 907; — zwingende Kraft der Vorschriften über a. K. II b 903; — Einfluß der a. K. auf die zu leistende Vergütung II b 909; — Schadensersatzpflicht des schuldigen Teiles II b 909, 914; — Rechtsverhältnis nach ungerechtfertigter Kündigung II b 912; — Gewährung einer angemessenen Zeit zum Aufsuchen eines neuen Dienstes II b 916; — Zeugniserteilung nach Beendigung des Dienstverhältnisses II b 918.

Dienstvertrag: Besondere Arten: D. zu Spielzwecken II c 1453; — mit Hausgehilfen II b 709; — gewerblicher VI a 47; — auf eine Geschäftsbesorgung gerichteter D. II c 1112; — des Minderjährigen I 444; — des Kindes: Abschluß durch den Vater IV 1063; — durch die Fürsorgeerziehungsbehörde IV 993, 1495; — Haftung des Kindes für Verbindlichkeiten aus demselben IV 1094; — D. des Mündels, Abschluß durch den Vormund IV 1482, 1494; — Anhörung des Mündels vor der Genehmigung IV 1505; — D. über persönliche Leistungen der Ehefrau IV 192.

Dienstvertrag: Einfluß der Geldentwertung II a 77.

Dienstvorschriften, Haftung wegen Verletzung II c 1931.

Dienstwohnung II b 391; — Besitz daran III 33.

Dienstzeugnis II b 918; — Haftung aus Erteilung eines unrichtigen D. II c 1123; — D. für Dienstboten II b 918, VI a 239.

Dies interpellat pro homine II a 337; — beim Gläubigerverzug II a 375.

Differenzgeschäfte II c 1459, 1460; — Naturalobligation II a 18; — Einwand der Arglist II a 37, II c 1827; — Vergleich über D. II c 1536; — anzuwendendes Recht, Geltung der Vorbehaltsklausel VI b 830.

Differenztheorie II a 477.

Dilatorische Einreden: Begriff I 798; — Hemmung der Verjährung I 797, 798, 799.

Diligentia quam in suis II a 293.

Dinggeld II a 575.

Dingliche Ansprüche III 2; — Übertragung II a 853; — Verjährung I 769, 792, 831; — Anrechnung der Besitzzeit des Rechtsvorgängers bei Verjährung I 828, 829.

— **Rechte**: Begriff III 1; — zeitlich geltendes Recht VI a 491; — Verhältnis zu den Schuldverhältnissen III 2, 3; — Arten der Begründung, Übertragung, Veränderung, Aufhebung überhaupt III 9; — Verträge über d. R. III 2; — Ausschluß der Eintragung nicht zugelassener d. R. in das Grundbuch III 6; — an Sachgesamtheiten ausgeschlossen III 4; — Zwingende Natur der Vorschriften III 5; — d. R. an eigener Sache III 8; — an Bestandteilen I 362; — Aufhebung bestehender VI a 505, 506; — Rechtszustand bis zur Anlegung des Grundbuchs VI a 504; — d. R. an Bestandteilen I 362; — Schadensersatz wegen Verletzung II c 1774; — Unverjährbarkeit I 770, 831.

— **Rechtsgeschäfte** I 413; — Einfluß der Nichtigkeit des Kausalgeschäfts I 406; — der Anfecht-

barkeit I 407; — für die Form maßgebendes Recht VI b 163, 189.
Dinglicher Vertrag III 9, 10.
Diskontierung eines Wechsels, rechtliche Natur II b 15, 25, 654; — von Buchforderungen III 1498; — von Wechseln III 1520.
Dispens vom Ehehindernis der katholischen Scheidung in Österreich VI b 240.
Dispensation von Erfordernissen der Annahme an Kindes Statt IV 1311; — vom Aufgebot vor Eheschließung IV 73; — Zuständigkeit IV 86; — D. von Ehehindernissen: des Ehebruchs IV 58; — Wirkung für eine verbotswidrig geschlossene Ehe IV 108; — der Eheunmündigkeit IV 38; — der Wartezeit IV 60; — Anfechtung der Ablehnung IV 91; — Zuständigkeit IV 86; — Zuständigkeit nach internationalem Recht VI b 237.
Dispensehen in Österreich VI b 241.
Dispositionsnießbrauch III 457, 829, V 512.
Dispositionspapiere: Gefahrübergang auf den Käufer II b 96; — Pfanderwerb an D. III 1399, 1400; — Bedeutung der Übergabe an Pfandgläubiger III 1519.
Dispositionsstellung der Ware II b 172.
Dispositivvorschrift I 552; — im Erbrecht V 4.
Dissens beim Vertragsabschluß I 637; — bei der dinglichen Einigung III 117; — versteckter D. I 490, 638; — Ersatz des negativen Vertragsinteresses I 500.
Dissidenten: Scheidungsrecht IV 716.
Dissimuliertes Geschäft I 467.
Distanzgeschäft: Begriff II a 218.
Distanzkauf: Gefahrübergang II b 91.
Distriktspolizeibehörden: Zuständigkeit für die Entziehung der Rechtsfähigkeit eines Vereins I 244; — Einspruchsrecht gegen Eintragung eines Vereins I 283, 290.
Divergenz zwischen Wille und Erklärung I 457; — der Willenserklärungen beim Vertragsabschluß I 638.
Dividenden: Verjährung I 788.
Dividendenleisten: rechtliche Natur und Rechtsverhältnisse daran II c 1634; — siehe auch „Erneuerungsschein".
Dividendenrecht: Verpfändung III 1520, 1526.
Dividendenscheine, rechtliche Natur, Rechtsverhältnisse daran II c 1634; — siehe auch „Gewinnanteilscheine"; — Kraftloserklärung und Zahlungssperre VI a 469; — Verpfändung III 1520.
Divisio parentum inter liberos V 735.
Dolmetscher bei Eheschließung IV 77; — bei Testamentserrichtung durch der deutschen Sprache nicht Mächtige V 773; — Ausschluß der Zuziehung beim Testament an einem abgesperrten Orte V 784; — Notwendigkeit seiner Anwesenheit während der Testamentserrichtung V 762.
Dolus: Arten II a 265.
Dolus causam dans, incidens I 502, 510.
Dolus eventualis II a 267.
Dolus in contrahendo II a 267.
Dominium dormiens III 502.
Domizilprinzip VI b 7.
Donatio mortis causa I 411.
Doppelbuchung eines Grundstücks III 221, 251; — Wirksamkeit der Auflassung III 397.
Doppelehe: Verbot IV 4, 50; — Nichtigkeit der zweiten Ehe IV 105; — Form der Geltendmachung der Nichtigkeit IV 108; — D. infolge Wiederverheiratung nach bekannt zu unrecht erfolgter Todeserklärung eines Ehegatten IV 152; — Ehescheidungsgrund IV 722, 724; — Grund zur Pflichtteilsentziehung V 991; — strafbarer Versuch IV 78; — Änderung des Strafgesetzbuchs VI a 37, 42.
Doppelname: Führung durch die Ehefrau IV 179.
Doppelstaater: räumlich geltendes Recht bezüglich ihrer Rechtsverhältnisse VI b 783, 785; — bei Zusammentreffen von inländischer und ausländischer Staatsangehörigkeit VI b 787; — bei Zusammentreffen von mehreren ausländischen Staatsangehörigkeiten VI b 788; — bezüglich der Eheschließung VI b 266; — bezüglich der persönlichen Rechtsbeziehungen der Ehegatten VI b 297; — bezüglich der Ehescheidung VI b 442; — bezüglich des Erbrechts VI b 690; — Personalstatut VI b 785; — Vormundschaft, Pflegschaft über D. VI b 621.
Doppelverkauf: Gefahrübergang II b 88.
Dorftestament V 780; — zeitliche Beschränkung der Wirksamkeit V 785; — Errichtung als gemeinschaftliches Testament V 783, 812; — Zuständigkeit zur Aufnahme nach Landesrecht VI a 393.
Dotalverträge, anzuwendendes Recht VI b 342.
Draufgabe: Begriff, Bedeutung II a 575, 576; — Gegenstand II a 576; — Anrechnung auf die vertragsmäßige Leistung, Rückgabe bei Vertragsaufhebung II a 577; — Anrechnung auf den Schadensersatzanspruch wegen Nichterfüllung, Rückgabe bei Leistung des Schadensersatzes II a 578; — Einfluß der Nichtigkeit des Hauptvertrags II a 578; — nachgiebiges Recht II a 575.
Draufgeld bei Hausangestellten II a 575.
Drei Jahre: Ausschlußfrist für Wiederverkaufsrecht bei beweglichen Sachen II b 272; — Ausschlußfrist für die Ersatzansprüche Dritter gegen den Finder, die Gemeinde des Fundorts III 566; — Frist für den Eigentumserwerb des Fiskus usw. an Fundsachen III 571; — Verschollenheitsfrist I 138, 141.
Dreißig Jahre: Ausschlußfrist für Anfechtung der Annahme oder Ausschlagung der Erbschaft V 116; — für die Anfechtung letztwilliger Verfügungen V 488; — Ausschlußfrist für Ausübung des Wiederkaufsrechtes an Grundstücken II b 272; — Ausschlußfrist für Anfechtung von Willenserklärungen wegen Irrtums oder falscher Übermittlung I 494; — wegen arglistiger Täuschung oder Drohung I 516; — für Wirksamkeit der Nacherbfolge V 527; — für Wirksamkeit des bedingten oder befristeten Vermächtnisses V 597; — Frist für die Ersitzung von Grundstücken durch einen eingetragenen Nichteigentümer, von Grundstücksrechten III 280; — durch einen nicht eingetragenen Eigenbesitzer III 426; — Frist für die regelmäßige

Verjährung I 776; — Verjährungsfrist für rechtskräftig festgestellte Ansprüche I 826; — Ausschlußfrist für die Anfechtung der Bestimmung der Leistung durch einen Dritten II a 452; — Frist für Vorlegung von Inhaberschuldverschreibungen zur Einlösung II c 1628; — Frist für Erlöschen des Rechts des Gläubigers auf einen hinterlegten Betrag II a 725; — Mietvertrag für 30 J. II b 544; — Verfall des für den unbekannten Hypothekengläubiger erlegten Betrages III 1248; — Beschränkung der Verwaltungsbefugnis des Testamentsvollstreckers auf 30 J. V 691.

Dreißigste: Recht des D. V 73, 180; — Einfluß auf die Teilung der Erbengemeinschaft V 394.

Dreschmaschine: Vertrag über Benützung II b 393; — Gefahr des Transports II b 413; — Vermietung II c 932.

Dritte: Ausschlagung der Erbschaft zugunsten bestimmter D. V 104; — Berufung auf die Richtigkeit einer Ehe IV 140; — Bestimmung des Empfängers und Gegenstandes einer Auflage V 637, 639; — Ausschluß der Bestimmung über die Geltung einer letztwilligen Verfügung des Empfängers oder Gegenstandes derselben durch Dr. V 448; — Bestimmung der Leistung nach billigem Ermessen II a 451; — Form und Anfechtung der Bestimmung II a 452; — Unverbindlichkeit der Bestimmung II a 453; — Bestimmung des Testamentsvollstreckers V 645, 665; — Bestimmung des Vermächtnisnehmers V 590; — der Teilung unter mehrere Vermächtnisnehmer V 590; — des Gegenstandes beim Wahlvermächtnis V 590, 591; — beim Gattungsvermächtnis V 591, 594; — bei dem nur dem Zwecke nach bestimmten Vermächtnis V 591, 595; — Entscheidung über die Nachlaßauseinandersetzung V 401; — Vermächtnis der Erbschaft eines Dr. V 581, 612; — Vertrag über ein Vermächtnis aus dem Nachlaß eines noch lebenden Dr. V 72, 583; — Haftung für Verschulden Dritter bei Erfüllung von Verbindlichkeiten II a 294; — für Verschulden Dr. beim Mietverhältnis II b 407, 459, 467; — Herausgabe einer ungerechtfertigten Bereicherung II c 1741; — Lebensversicherungsvertrag, Leibrentenvertrag zugunsten eines Dr. II a 553; — Leistung an Dritten II a 672; — an einen nicht bevollmächtigten Dr. als Erfüllung IIa673; — Leistung durch Dr. II a 208; — Recht zur Befriedigung des Pfandgläubigers III 1454; — des Hypothekgläubigers III 1155; — Einigung über Besitzübertragung zugunsten eines Dritten III 24.

— Rechte Dritter am Mietobjekt, Erwerb vor der Überlassung an den Mieter II b 585; — nach der Überlassung II b 583; — am Gegenstand des Wiederkaufsrechts II b 269; — Erlöschen bei Veräußerung der belasteten Sache III 487; — beim Eigentumserwerb durch Ersitzung III 500; — beim Eigentumserwerb durch Fund III 561, 563; — Einfluß des Eigentumserwerbs durch Verbindung, Vermischung III 509; — durch Verarbeitung III 510; — Erstreckung der Rechte Dr. an einer Forderung auf den Schuldschein und ähnliche Urkunden III 517; — Verhältnis zum Nießbrauch III 842; — zum Pfandrecht III 1402.

Dritte: Überlassung der geliehenen Sache an Dr. II b 644; — Rückforderung von dem Dr. II b 646; — Wirkung der Aufhebung der Gütergemeinschaft gegen Dr. IV 941; — Wirksamkeit von Verfügungsbeschränkungen der Frau gegenüber Dr. IV 323; — Wirksamkeit der Vorbehaltgutseigenschaft gegenüber Dr. bei allgemeiner Gütergemeinschaft IV 429; — Zuwendung des einem Abkömmling entzogenen Anteiles an der Gütergemeinschaft an Dr. IV 603, 608.

— Schutz des gutgläubigen Dr. bei Ausschließung oder Änderung der eheherrlichen Nutznießung und Verwaltung IV 407, 412; — bei Beendigung derselben IV 375; — gegen unberechtigte Verfügungen der Ehegatten bei allgemeiner Gütergemeinschaft IV 438; — bei Beendigung der elterlichen Gewalt IV 1148; — siehe auch „Guter Glaube“.

— Versprechen der Leistung an Dr. (Vertrag zugunsten Dr.) II a 537, 543; — bei Leistung nach dem Tode des Versprechensempfängers II a 560; — Bestimmung des Leistungsempfängers durch den Versprechensempfänger II a 562; — Zurückweisung der Leistung durch den Dr. II a 563; — Einwendungen aus dem Vertrag II a 564; — Anspruch des Versprechensempfängers auf Leistung II a 572; — Vertrag über den Nachlaß eines noch lebenden Dr. II a 417.

Drohung: Anfechtung der Anerkennung der Ehelichkeit IV 882; — Anfechtung der Bestimmung der Leistung durch einen Dritten II a 452; — Anfechtung der Ehe wegen D. I 515, IV 123; — Anfechtungsfrist IV 124, 130; — Anfechtung nach Fristablauf IV 133; — Ausschluß der Anfechtung infolge Bestätigung der Ehe IV 127; — vermögensrechtliche Verhältnisse und Unterhaltspflicht nach Anfechtung IV 146; — rechtliche Stellung der Kinder aus der angefochtenen Ehe IV 1192; — Anfechtung des Verlöbnisses IV 17.

— Anfechtung der Erbschaftsannahme und Ausschlagung V 116; — der Versäumung der Ausschlagungsfrist V 118; — Anfechtung letztwilliger Verfügungen I 515, V 477, 483; — Anfechtungsberechtigter V 485; — Anfechtung des Erbvertrages V 849; — Frist für die Anfechtung V 853.

— A. von Willenserklärungen I 500, 502; — Widerrechtlichkeit der D. I 505; — Voraussetzungen in der Person des Drohenden I 503, 507; — des Bedrohten, Kausalzusammenhang I 504; — Anfechtungsberechtigter I 508; — bei Stellvertretung in der Willenserklärung I 508; — Schadensersatzpflicht I 512, 513; — Ansprüche wegen ungerechtfertigter Bereicherung I 515.

— Verhältnis des Anfechtungsgrundes zur Haftung wegen unerlaubter Handlung II c 1752; — Bestimmung zur Gestattung des Beischlafs durch Dr. II c 1815; — Ersatz nicht vermögens-

rechtlichen Schadens II c 1984; — Erbunwürdigkeit bei Bestimmung zur Errichtung oder Aufhebung einer letztwilligen Verfügung durch Dr. V 999, 1001, 1009.
Drohung: anzuwendendes Recht hinsichtlich Dr. bei Abschluß von Erbverträgen VI b 677; — bei Testamentserrichtung VI b 670.
Drucken: Verarbeitung III 510.
Dulden als Leistungsgegenstand II a 26.
Duldung der Zwangsvollstreckung in das eingebrachte Gut der Frau IV 317; — Erforderung des Duldungstitels zur Vollstreckung aus altrechtlichen Hypothekurkunden III 1147; — in Gesamtgut durch die Frau IV 437; — der Zwangsvollstreckung in den Nachlaß durch den Testamentsvollstrecker V 696, 700.
Dummkoller der Pferde, Esel, Maulesel und Maultiere II b 230.
Dünger: Fruchteigenschaft I 386; — Zubehöreigenschaft I 381, 383; — Zurücklassung bei Beendigung der Pacht II b 629; — Zurücklassung durch den Vorerben V 563.
Durchschnittssumme bei Bestimmung der Leistung durch mehrer Dritte II a 451.
Durchsicht: Vorlage des Testamentserrichtungsprotokolls zur D. V 763, 767.
Durchstreichungen im Testament V 790; — im eigenhändigen Testament V 740.
Dürftigkeit des Schenkers II b 329, 330, 332.

E.

Echtheit des eigenhändigen Testaments, Beweis V 751.
Editionspflicht im Prozeß II c 1653; — siehe auch „Vorlegung".
Ehe: Begriff und rechtliche Natur IV 5; — Wirkungen der E. IV 157; — Einfluß auf die Geschäftsfähigkeit der Frau VI b 68, 289; — Wirkungen, Haager Abkommen VI b 297; — zwingendes Recht IV 160; — Anfechtbarkeit IV 91, 94; — Nichtigkeit IV 91, 92; — Einfluß der Todeserklärung eines Ehegatten I 148; (siehe auch „Todeserklärung"); — kirchliche Verpflichtung hinsichtlich der E. IV 837; — E. zwischen Personen gleichen Geschlechts, eines Zwitters IV 100; — Ehe zur linken Hand IV 5. — Eingehung einer neuen durch die Mutter IV 1178; — durch den überlebenden Ehegatten IV 62, 559; — durch den Vater IV 1123; — durch den als Vormund bestellten Elternteil IV 1555; — durch die Witwe: Wartezeit IV 60; — Befreiung von dem Ehehindernis IV 60, 86; — Einfluß vorzeitiger Wiederverheiratung auf den Status des Kindes IV 885; — Eingehung nach Todeserklärung des anderen Ehegatten IV 149, 1039, VI a 419, 424; — Übergangsvorschrift über den Rechtsbestand einer vor dem 1. Januar 1900 geschlossenen E. VI a 530, 532; — Vermittelung der E. II c 1061; — Strafen der zweiten E. V 28.
Ehebruch: Ehehindernis IV 57, 58; — räumlich geltendes Recht VI b 236; — Zuständigkeit für die Befreiung IV 86; — Wirkung auf die verbotswidrig geschlossene Ehe IV 108; — Geltendmachung der Nichtigkeit der Ehe IV 108; — Scheidungsgrund IV 712, 722; — keine Klage auf Unterlassung II c 1763, IV 161, 173; — Schadensersatzpflicht II c 1796; — Grund zur Pflichtteilsentziehung V 991; — Verübung nach Aufhebung der ehelichen Gemeinschaft IV 829; — zeitlich anzuwendendes Recht VI a 548; — räumlich geltendes Recht VI b 367, 370, 372, 378, 389.
Ehefähigkeitszeugnis IV 67, VI b 261.
Ehefrau: Adelserwerb IV 180; — Annahme an Kindes Statt IV 1314, 1330; — Annahme einer Erbschaft V 89; — Antragsrecht auf Erlassung des Aufgebotes der Nachlaßgläubiger V 177; — auf Nachlaßkonkurs V 219; — Antragsrecht auf Vermerk im Reichsschuldbuch VI a 83; — im Staatsschuldbuch VI a 250; — Auseinandersetzung mit Miterben V 387; — Ausschlagung einer Erbschaft V 98; — Besitzdienerin III 31, 32; — Einwilligung zur Ehelichkeitserklärung eines Kindes durch den Mann IV 1283; — Ausschluß der Vertretung IV 1286; — Beschränkung der Frau in der Geschäftsfähigkeit IV 1287; — Form der Einwilligung IV 1288; — Anfechtung IV 1288; — Eheschließung der E. eines für tot erklärten Ausländers VI b 230, 245; — Dienstverträge der E. II b 757, 912; — Abschluß von Mietverträgen II b 389; — Ansprüche im Falle der Verletzung einer E. durch unerlaubte Handlung II c 1981; — selbständiger Erwerb der E. IV 182; — Erwerbsgeschäft der E.: Genehmigung des Mannes zum Betrieb IV 175; — Fähigkeit zum Amte eines Familienrates IV 1583; — eines Gegenvormunds IV 1413; — eines Pflegers IV 1669; — Fähigkeit zum Amte eines Testamentsvollstreckers V 667, 671; — eines Vormundes IV 1396; — Haftung für ihre Schadensersatz-Verbindlichkeiten aus der Führung einer Vormundschaft IV 1528; — Familienname I 113, 114, IV 177; — Pflicht zur Führung des Familiennamens des Mannes I 111; — Handelsname, Deckname I 111; — Namensänderung I 117; — Familienname nach Ehescheidung IV 787; — Familienname nach Scheidung, anzuwendendes Recht VI a 536, VI b 292, 425, 430; — Führung des Namens der Frau in der Firma des Mannes IV 794; — Geschäftsfähigkeit und Prozeßfähigkeit IV 158, 312, 435, 437; — bezügl. der Geschäftsfähigkeit geltendes Recht VI b 68, 69, 289, 312, 319, 341, 362, 366, 430; — Beschränkung ihrer Geschäftsfähigkeit nach ausländischem Recht VI b 68, 289; — Erweiterung ihrer Geschäftsfähigkeit nach ausländischem Recht VI b 69, 290; — Beschränkung der Geschäftsfähigkeit nach bisherigem Rechte VI a 530, 538, 539; — Geschäftsfähigkeit der nach ausländischem Güterrecht lebenden E. hinsichtlich eines Gewerbebetriebs im Inland VI a 40, 48, VI b 366; — Haftung für Nachlaßverbindlichkeiten V 177; — Haftung aus unerlaubten Handlungen derselben II c 1764; — Haftung für Mietzins II b 403; — häuslicher Wirkungskreis IV 181, 183; — Ausübung des Hausrechts IV 175; — Ersatzansprüche des Mannes wegen Ent-

ziehung der Arbeitskraft der Frau IV 183; — Interzessionen VI b 288; — Inventarerrichtung über den Nachlaß V 277; — Fristbestimmung hiezu, Errichtung durch den Mann V 177, 282, 298; — Leistung des Offenbarungseides, Folgen ungetreuer Inventur V 300; — Krankenversicherung wegen Beschäftigung im Betriebe des Mannes IV 183; — Übernahme fremder Verbindlichkeiten IV 159, 218.

Ehefrau: Rechtliche Stellung im gesetzlichen Güterstand: Beitragspflicht zum ehelichen Aufwand aus dem Vorbehaltsgut IV 239; — Eigentumserwerb an mit Mitteln des eingebrachten Guts angeschafften beweglichen Sachen, Wertpapieren IV 264, 265; — an Ersatzstücken für Haushaltungsgegenstände IV 267; — Ersatzpflicht für Aufwendungen für das eingebrachte Gut IV 291; — Geltendmachung der Ansprüche aus der Nutznießung und Verwaltung des eingebrachten Gutes IV 300; — Haftung für ihre Schulden IV 339; — für Kosten von Rechtsstreitigkeiten IV 280; — Haftung des Vorbehaltsgutes für Kosten IV 353, 356; — gesamtschuldnerische Haftung neben dem Ehemann IV 286; — Haftung für Lasten des eingebrachten Gutes und Vorbehaltsgutes IV 275; — Prozeßfähigkeit IV 312; — Klagerecht auf Ersatz immateriellen Schadens nach Maßgabe des Güterstandes II c 1989; — Erfordernis der Einwilligung des Mannes zu Rechtshandlungen IV 301; — Wirkung mangelnder Einwilligung IV 304, 307, 308; — Entbehrlichkeit der Zustimmung IV 318; — Ersetzung der Zustimmung des Mannes durch das Vormundschaftsgericht IV 320; — Bedeutung ihrer Verfügungsbeschränkung im Grundbuchverkehr III 239; — Prozeßführung ohne Zustimmung des Mannes IV 312; — ohne Zustimmung des Mannes gültige Rechtshandlungen IV 310, 328, 331; — Verfügungsrecht über eingebrachtes Gut IV 301; — Verträge über eingebrachtes Gut IV 305, 307; — Verpflichtung zu Leistungen gegenüber Dritten IV 310; — Recht auf Sicherheitsleistung des Mannes IV 292; — auf Hinterlegung von Wertpapieren usw. IV 295; — Vertretung des Mannes in der Verwaltung und Nutznießung des eingebrachten Gutes als Vormund des Mannes IV 335; — Stellung der Frau nach außen IV 323; — Gütertrennungsklage der Frau IV 361.

— rechtliche Stellung bei Gütertrennung IV 382; — Beitragspflicht zum ehelichen Aufwand IV 383; — freiwillige Leistungen IV 386; — Überlassung des Vermögens an den Mann zur Verwaltung IV 388; — einzelner Vermögensbestandteile zum Verbrauch IV 386; — Zurückbehaltungsrecht zur Sicherung des Unterhalts IV 385.

— rechtliche Stellung bei allgemeiner Gütergemeinschaft: Rechtsstellung überhaupt IV 434, 435; — Geschäftsfähigkeit und Prozeßfähigkeit IV 435, 437; — Beitragspflicht zum ehelichen Aufwand aus dem Vorbehaltsgut IV 429; — freiwillige Leistungen IV 429; — Fälligkeit von Verbindlichkeiten gegenüber dem Vorbehaltsgut des Ehemannes IV 483; — Fortsetzung beim Eintritt des Güterstandes anhängiger Prozesse IV 458; — gerichtliche Geltendmachung zum Gesamtgut gehöriger Rechte IV 453; — Haftung des Gesamtgutes für Verbindlichkeiten der E. IV 464, 465, 471; — Haftung der E. für bei Auseinandersetzung nicht berichtigte Gesamtgutsverbindlichkeiten IV 517; — im Verhältnis zum Ehemann IV 520; — Haftung aus Verwaltungshandlungen IV 462; — Verfügung über das Gesamtgut bei Verhinderung des Mannes IV 454; — Bereicherung des Gesamtgutes durch unzulässige Verfügungen der E. IV 459; — Verwaltung des Gesamtguts als Vormund des Mannes IV 462; — Prozeßführung über Gesamtgut der allgemeinen Gütergemeinschaft IV 437; — Nebenintervention in Prozessen des Mannes, Vernehmung als Zeugen IV 438; — Wirkung von Rechtshandlungen des Mannes bezüglich des Gesamtgutes gegenüber der Frau IV 433; — Gütertrennungsklage IV 487.

Ehefrau: rechtliche Stellung bei Errungenschaftsgemeinschaft: eingebrachtes Gut der E. IV 628; — Haftung des Gesamtgutes für Unterhaltsverbindlichkeiten IV 643; — Haftung für Kosten von Rechtsstreitigkeiten der Frau IV 636; — Haftung der E. für bei Auseinandersetzung nicht berichtigte Gesamtgutsverbindlichkeiten IV 661, 664; — Klagerecht auf Aufhebung der Gemeinschaft IV 656; — auf Wiederherstellung IV 665; — Verfügungsrecht der E. bei Verhinderung des Ehemannes IV 619; — Verwaltung des Gesamtgutes als Vormund des Ehemannes IV 619.

— rechtliche Stellung bei Fahrnisgemeinschaft IV 674, 675; — Einfluß des Konkurses IV 672.

— Schlüsselgewalt IV 183 184 VI a 536; — räumlich anzuwendendes Recht VI b, 274, 283, 287, 312 359; — Erwerb und Verlust der Staatsangehörigkeit VI a 57, 58, 62; — Ausübung von Befugnissen aus der Reichsangehörigkeit VI a 52; — Stand IV 180; — Stand nach Ehescheidung IV 793; — Stellung der Frau nach außen, anzuwendendes Recht VI b 274, 283, 351, 359, 362; — Strafantrag bei Beleidigung einer E. VI a 37, 42; — bei Körperverletzung VI a 43; — Testierfähigkeit V 734; — Antragsrecht auf Todeserklärung des ausländischen Ehemannes VI b 110, 114; — Unterhaltspflicht gegenüber dem Ehemann IV 198; — während tatsächlicher Trennung IV 206; — Unterhaltspflicht gegenüber dem Manne nach Ehescheidung IV 794, 801; — Wegfall bei Verweigerung der Herstellung der ehelichen Gemeinschaft IV 201, 206, 209; — Beitragspflicht zum Unterhalt des Kindes nach Ehescheidung IV 816; — Unterhaltspflicht gegenüber Verwandten IV 911; — Verjährung ihrer Ansprüche gegen den Ehemann I 804; — Vermutung des Eigentums desselben

IV 210, 211; — Verpflichtung zu persönlichen Leistungen IV 192; — Vertretung des Mannes außerhalb des häuslichen Wirkungskreises IV 191; — Berufung der E. zur Vormundschaft über den Ehemann IV 1623; — Entlassung der als Vormund bestellten E. IV 1605; — Vormundschaft über die E. IV 1418; — bei Minderjährigkeit IV 218; — Sorge für die Person der bevormundeten volljährigen Ehefrau IV 1625, 1626; — Verzicht auf den Pflichtteil V 954; — Wohnsitz I 97; — räumlich geltendes Recht VI b 282, 284, 782; — Wohnsitz nach Aufhebung der ehelichen Gemeinschaft IV 826.

Ehegatten: Annahme an Kindes Statt durch die nämliche Person IV 1316; — Annahme eines Kindes durch E. IV 1319, 1332; — Antragsrecht auf Eintragungen im Güterrechtsregister IV 696; — Ausschluß von der Mitwirkung bei Testamentserrichtung: des E. des Erblassers V 754; — des E. des Bedachten V 755; — des E. des Richters oder Notars V 756; — Beerbung nach allgemeiner Gütergemeinschaft IV 521; — bei Fortsetzung der Gütergemeinschaft mit den Abkömmlingen IV 528; — bei Ablehnung derselben IV 536; — bei Ausschluß derselben IV 591; — Eigentumsvermutungen, räumlich geltendes Recht VI b 284, 365; — Einwilligung zur Annahme an Kindes Statt IV 1314, 1330; — Voraussetzungen und Form IV 1318; — Anfechtung IV 1327.

— Erbrecht des überlebenden E. V 30, 34, 46; — neben Erben der zweiten V 40, 46; — der dritten Ordnung V 42, 46; — Verlust desselben V 56; — gleichzeitiges Erbrecht als Verwandter V 57; — Ausschluß von der Erbfolge durch Testament V 69; — auf das Erbrecht des überlebenden E. anzuwendendes Recht VI a 537, 540; — räumlich geltendes Recht VI b 653, 660.

— Erbvertrag unter E.: Fähigkeit zum Abschluß V 839; — Form V 840; — Unwirksamkeit im Falle der Auflösung der Ehe vor dem Tode eines Ehegatten V 846; — gegenseitige Erbeinsetzung, Wirksamkeit von Zuwendungen an Dritte nach dem Tode des Überlebenden V 848; — Aufhebung V 866; — durch gemeinschaftliches Testament V 871; — Erbverzicht unter E. V 1012, 1017; — gemeinschaftliches Testament V 807, 809; — Unwirksamkeit letztwilliger Verfügungen zugunsten eines E. V 476; — keine Ersitzung beweglicher Sachen gegeneinander III 496; — gemeinschaftlicher Grunderwerb III 644; — Eigentumsübertragung an Grundstücken untereinander III 392; — Haftung bei Erfüllung der sich aus dem ehelichen Verhältnis ergebenden Verpflichtungen IV 196; — Haftung für Mietzinszahlung II b 403; — Kündigung der Miete II b 532; — Haftung aus unerlaubten Handlungen der E. II c 1764; — bezüglich des Namens der E. geltendes Recht VI b 290.

— persönliche Rechtsbeziehungen IV 158; — nach Trennung von Tisch und Bett VI a 552; — nach der Scheidung VI a 535; — räumlich geltendes Recht IV 163, VI b 274, 275; — Begriff und Umfang der pers. Rechtsbez., Qualifikation VI b 281; — Geltung des Staatsangehörigkeitsprinzips VI b 275; — Wirkungen des Staatswechsels VI b 278; — zeitlich anzuwendendes Recht IV 163, VI a 530, 535; — Pflicht zur ehelichen Lebensgemeinschaft IV 164; — Sorgfaltspflicht, anzuwendendes Recht VI b 274, 283.

Ehegatten: Pflichtteilsrecht V 894, 898; — Entziehung des Pflichtteils V 986, 992; — Einfluß von Schenkungen unter E. auf die Pflichtteilsberechnung V 968.

— Rechtliche Stellung im gesetzlichen Güterstand: Schuldenhaftung gegenüber den Gläubigern IV 337; — im Verhältnis der Ehegatten unter sich IV 353; — Haftung für Kosten eines Rechtsstreites unter ihnen IV 353, 356; — siehe auch „Ehefrau, Ehemann".

— Rechtliche Stellung bei allgemeiner Gütergemeinschaft: Haftung für Gesamtgutsverbindlichkeiten im Verhältnis zueinander IV 474; — Übernahme bestimmter Sachen bei Auseinandersetzung IV 509; — Verfügungsrecht über Gesamtgut IV 430; — nach der Aufhebung bis zur Auseinandersetzung IV 493; — Verwaltungsrecht nach Aufhebung IV 496.

— Rechtliche Stellung bei fortgesetzter Gütergemeinschaft: Ausschluß der Fortsetzung durch letztwillige Verfügung IV 591; — Ausschluß eines Abkömmlings durch letztwillige Verfügung IV 593, 594, 608; — durch gemeinschaftliches Testament IV 608; — Beschränkung eines Abkömmlings IV 598, 608; — in guter Absicht IV 600, 608; — Entziehung des Anteiles IV 600, 608; — Verfügung über frei gewordene Vermögensteile IV 603, 608; — Einräumung des Übernahmerechtes hinsichtlich des Gesamtgutes oder einzelner Teile IV 605, 608; — Zustimmung zum Ausschluß eines Abkömmlings IV 608; — zum Vertrag über Verzicht eines Abkömmlings oder Aufhebung des Verzichts IV 610.

— Rechtliche Stellung bei Errungenschaftsgemeinschaft: Feststellung des Bestandes und Zustandes des eingebrachten Gutes IV 634; — Schuldenhaftung IV 630; — im Verhältnis der Ehegatten unter sich IV 644, 646, 648; — Fälligkeit von Verbindlichkeiten unter den E. IV 653; — Übernahme bestimmter Gegenstände bei Auseinandersetzung IV 661, 664; — Verfügungsrecht über Gesamtgut IV 618, 619; — nach der Aufhebung der Gemeinschaft bis zur Auseinandersetzung IV 661, 662.

— Schenkungen unter E. IV 159; — räumlich geltendes Recht VI b 340, 770; — Widerruf der Schenkungen nach Ehescheidung IV 814, VI b 424.

— Unterhaltsanspruch bei Konkurrenz mehrerer Bedürftiger IV 922.

— Unterhaltspflicht, gegenseitige IV 197, 198; — während tatsächlicher Trennung IV

206; — nach Wiederherstellung der ehelichen Gemeinschaft IV 835; — Wegfall bei Verweigerung der Herstellung der ehelichen Gemeinschaft IV 201, 206, 209; — Unterhaltspflicht nach Nichtigkeitserklärung oder Auflösung der Ehe IV 145; — nach Anfechtung wegen Irrtums oder Drohung IV 147; — Unterhaltspflicht nach Anfechtung der nach irrtümlicher Todeserklärung des früheren E. geschlossenen neuen Ehe IV 155, 921; — U. gegenüber dem irrtümlich für tot Erklärten IV 156; — Befreiung durch Vorausleistung IV 936; — primäre U. vor anderen Verwandten IV 921; — auf die Unterhaltspflicht anzuwendendes Recht VI b 285, 343; — Unterhaltspflicht nach Trennung von Tisch und Bett VI a 552; — Verjährung der gegenseitigen Ansprüche I 804, IV 2; — Verjährung ihrer Ansprüche nach Aufhebung der ehelichen Gemeinschaft IV 827; — vermögensrechtliche Beziehungen und Unterhaltspflicht im Falle der Nichtigkeit der Ehe IV 143, 148; — gegenseitige Vertretung IV 159; — Vormundschaft über einen E. IV 1418; — Berufung zur Vormundschaft über den anderen E. IV 1623.

Ehegatten: Voraus des E. V 40, 42, 52; — Verlust des Rechtes V 56; — Entziehung durch den Erblasser V 55.

— Wohnort und Wohnung IV 173, 177; — räumlich anzuwendendes Recht VI b 282, 283, 352, 358.

Ehehaften VI a 179.

Eheherrliches Züchtigungsrecht IV 177.

Ehehindernisse: Übersicht der Arten, Einteilung IV 32, 92; — ausländisches Recht VI b 235, 753; — E. des österreichischen Rechts VI b 238, 821; — räumlich geltendes Recht VI b 234, 236, 238; — Anwendung der Vorbehaltsklausel VI b 807, 808, 818; — zeitlich geltendes Recht VI a 532, 533; — Beachtung religiöser im Inland VI b 238, 802; — nach der Haager Konvention VI b 272; — einzelne Arten: bestehende Ehe IV 50; — schwebender Anfechtungsprozeß hinsichtlich der Todeserklärung des bisherigen Ehegatten IV 152, 153; — Ehebruch IV 57, 58; — räumlich geltendes Recht VI b 236; — Eheunmündigkeit IV 38; — mangelnde Einwilligung des gesetzlichen Vertreters IV 39; — der Eltern IV 44, 48, 49; — der Adoptiveltern IV 47; — mangelnde Erfüllung der Verbindlichkeiten gegen ersteheliche Kinder und Bevormundete IV 62, 1125; — mangelnder obrigkeitlicher Konsens für Beamte und Militärpersonen IV 64; — Verlöbnis IV 14, 52, 56; — Verwandtschaft und Schwägerschaft IV 53, 842; — Begründung durch Annahme an Kindes Statt IV 57, 1342; — räumlich geltendes Recht VI b 238, 595; — Wirkungen der Übertretung des Eheverbotes IV 1352; — Wartezeit IV 60; — Wiederaufnahme des Verfahrens nach Auflösung oder Nichtigkeitserklärung der früheren Ehe IV 50, 52.

— Wirkungen IV 92; — Einfluß auf die Gültigkeit der Ehe IV 92; — bei bestehender anderer Ehe IV 105; — beim Ehebruch IV 108; — bei mangelnder Einwilligung IV 223; — bei Verwandtschaft und Schwägerschaft IV 107; — bei Adoptivverwandtschaft IV 1352; — Einfluß auf das Verlöbnis IV 12, 13.

Ehehindernisse: Befreiung vom E. der Ehemündigkeit IV 38; — des Ehebruchs IV 58, 108; — der Wartezeit IV 60; — Zuständigkeit IV 86; — Anfechtung der Ablehnung der Befreiung IV 91; — Bestrafung wegen arglistiger Verschweigung von E. IV 35.

Eheliche Abstammung IV 848, 851; — prozessuale Sonderbestimmungen IV 848; — räumlich und zeitlich geltendes Recht IV 850; — Einfluß der Aufhebung der ehelichen Gemeinschaft der Eltern IV 827; — räumliche und zeitliche Geltung des Rechts VI a 531, 534, VI b 446, 449, 498; — Geltung des Heimatrechts des Ehemanns VI b 447, 448; Bedeutung des Staatswechsels VI b 448; — anzuwendendes Recht bei gültiger Ehe VI b 449; — bei geschiedener Ehe VI b 450; — bei nichtiger Ehe, Nichtehe VI b 451; — bei Ungültigkeit der Ehe nach Art. 13 Abs. III EG. VI b 456; — Rück- und Weiterverweisung VI b 458; — Vorbehaltsklausel VI b 460.

Eheliche Gemeinschaft, räumlich geltendes Recht VI b 274; 282, 286; — zeitlich geltendes Recht VI a 536; — Pflicht hiezu IV 164; — Klage auf Herstellung der e. G. VI b 285; — Recht zur Verweigerung IV 164; — Maß für den Unterhalt IV 197, 198; — Wegfall der Unterhaltspflicht wegen Verweigerung IV 206.

— Aufhebung: Klage auf A. IV 777; — für die Klage auf Herstellung geltendes Recht VI a 536; — Frist für die Klage IV 768, 769, 770; — Verlust des Rechtes auf Aufhebung durch Verzeihung IV 762, 781; — rechtliche Wirkungen der Aufhebung IV 172, 819; — Ehelichkeit während der Aufhebung geborener Kinder IV 827; — Erb- und Pflichtteilsrecht IV 828; — Einfluß auf den Güterstand IV 827; — Einfluß auf die Verjährung von Ansprüchen zwischen den Ehegatten IV 827; — Sorge für die Person gemeinschaftlicher Kinder während der Aufhebung IV 1030; — auf die Aufhebung anzuwendendes Recht VI a 530, 548, VI b 367, 390; — auf die güterrechtlichen Folgen der Aufhebung anzuwendendes Recht VI b 345; — Freiheit der Frau zu persönlichen Diensten gegenüber Dritten IV 193; — Erbrecht der Ehegatten nach Auflösung V 48; — Verlust des Erbrechts und des Voraus nach Klageerhebung auf Aufhebung V 56; — Hemmung des Fristenlaufs für die Scheidungsklage IV 762; — Einfluß auf Stand der Frau IV 793; — Unterhaltspflicht der Ehegatten nach Aufhebung IV 797; — Unterhalt während zulässiger Aufhebung, Herausgabe von Haushaltungsgegenständen IV 201, 205; — Einfluß auf Wohnsitz und Wohnort der Frau IV 826; — Einfluß auf Ehelichkeit der Kinder IV 827, 835, 855; — Wirkungen der Aufhebung im Strafrecht IV 829, 830.

— Wiederherstellung IV 832; — Vermerk

der Aufhebung und Wiederherstellung im Heiratsregister VI a 78; — Umwandlung in Scheidung IV 782, 783.

Eheliche Pflichten: Ehescheidung wegen Verletzung IV 736.

Ehelicher Aufwand: Umfang IV 288; — Tragung im gesetzlichen Güterstand IV 287; — bei allgemeiner Gütergemeinschaft IV 463; — bei Errungenschaftsgemeinschaft IV 615, 635; — bei Gütertrennung IV 383; — bei Fahrnisgemeinschaft IV 670; — Beitragspflicht der Frau im gesetzlichen Güterstand IV 239; — bei allgemeiner Gütergemeinschaft IV 429; — bei Gütertrennung IV 385; — freiwillige Leistungen der Ehefrau bei Gütertrennung IV 386; — Berücksichtigung von Unterhaltsverbindlichkeiten der Frau IV 911.

Eheliches Güterrecht: Begriff IV 215; — Standesrechte IV 217; — früheres Recht IV 215; — räumliche Geltung des Rechts IV 216, VI b 299, 301, 308, 351; — ausländisches Internationales Privatrecht VI b 305; — Begriff, Qualifikation VI b 338; — Geltung des Heimatrechts des Ehemanns VI b 299, 302; — Prinzip der Unwandelbarkeit VI b 303, 333; — Geltung des deutschen gesetzlichen Güterstands VI b 308; — hinsichtlich der Gütermassen VI b 309; — der Verbindlichkeiten VI b 310; — Geltung ausländischer Vorschriften VI b 313; — für zum Vermögen der Ehegatten gehörige Grundstücke geltendes Recht VI b 335; — auf die güterrechtlichen Folgen der Auflösung der Ehe anzuwendendes Recht VI b 345; — bezüglich des e. G. bei mangelhaften, nichtigen Ehen geltendes Recht VI b 338; — Rück- und Weiterverweisung VI b 333; — Wechsel des Personalstatuts VI b 304; — Verhältnis zum Erbrecht VI b 343; — Übergangsrecht VI b 346; — zeitliche Geltung des Rechts IV 216, VI a 537, 538; — Beweislast für den Güterstand IV 220; — Einfluß der Entmündigung wegen Trunksucht, Verschwendung I 80; — der Todeserklärung I 149; — landesgesetzliche Überleitungsvorschriften, örtliche Grenzen derselben VI a 544, 545; — Wirksamkeit der altrechtlichen Güterstände gegenüber Dritten VI a 543; — Einfluß der Trennung von Tisch und Bett VI a 553; — Eintragung im Grundbuch III 104; — Übertragung von Grundstücken III 392; — siehe auch „gesetzliches, vertragsmäßiges Güterrecht".

Eheliches Kind IV 848, 851; — rechtliche Stellung IV 940; — Aufwendungen zum elterlichen Haushalt IV 950; — Dienstleistungen im elterlichen Haus IV 946; — elterliche Einwilligung zur Eheschließung IV 44; — elterliche Gewalt IV 979; — Familienname I 112, 113, IV 943; — Pflicht zur Führung des elterlichen Familiennamens I 112; — Namensänderung I 117; — Stand IV 945; — Überlassung des Vermögens an die Eltern zur Verwaltung IV 951; — Unterhalt IV 901; — Vorname IV 944; — Wohnsitz I 99; — Rechtsverhältnis zu den Eltern: räumliche Geltung des Rechts VI b 461; — auf das Kindesvermögen anzuwendendes Recht VI b 465, 476; — Anwendung des Sachstatuts VI b 487, 771; — Namensrecht VI b 466, 471; — siehe auch bei „Kinder"; — zeitliche Geltung VI a 530, 554.

Ehelichkeit, räumlich anzuwendendes Recht VI b 446; — zeitlich anzuwendendes Recht VI a 531, 554; — Voraussetzungen IV 851, 854; — Form der Geltendmachung IV 870; — Einfluß der Aufhebung und Wiederherstellung der ehelichen Gemeinschaft IV 827, 835, 855; — Einfluß der Todeserklärung eines Ehegatten und deren Aufhebung IV 855, 856; — Wirkung verfrühter Wiederverheiratung einer Witwe IV 885; — E. des Kindes aus nichtiger Ehe IV 1182; — Geltendmachung der E. von Kindern aus nichtiger oder anfechtbarer Ehe IV 1185; — E. infolge Legitimation IV 1269; — infolge Ehelichkeitserklärung IV 1294; — infolge Annahme an Kindes Statt IV 1331; — E. infolge Legitimation oder Annahme an Kindes Statt nach bisherigem Recht VI a 570; — der Kinder aus nichtigen oder ungültigen Ehen nach bisherigem Recht VI a 563; — E. der während Trennung der Eltern von Tisch und Bett geborenen Kinder VI a 553.

— Doppelte Ehelichkeit IV 861, 1185.

— Anerkennung ausländischer Urteile über die E. VI b 459, 460.

— Anfechtung der E.: räumlich geltendes Recht VI b 446, 449, 459; — Form bei Lebzeiten des Kindes IV 874; — nach dessen Tode IV 878; — Ausübungsrecht, Stellvertretung IV 872; — Frist IV 870; — Fristversäumung durch den gesetzlichen Vertreter des geschäftsunfähigen Mannes IV 872; — Voraussetzung der Geltendmachung der Unehelichkeit IV 864; — Ausschluß durch Anerkennung IV 879; — Klagezurücknahme und nachträgliche Anerkennung IV 874; — Anfechtung der Anerkennung IV 882; — prozessuale Vertretung des Kindes IV 869; — Zuständigkeit deutscher Gerichte für die Entscheidung über die Ehelichkeit VI b 459, 460.

Ehelichkeitserklärung IV 1277; — anzuwendendes Recht VI b 543, 570, 572; — bei deutscher Staatsangehörigkeit des Vaters VI b 572; — bei ausländischer St. des Vaters VI b 574; — ausländisches Recht VI b 570, 575; — kein Rechtsgeschäft I 401; — Voraussetzungen IV 1278; — im einzelnen: Antrag des Vaters IV 1277, 1278; — Form des Antrags IV 1288; — Inhalt IV 1282; — Ausschluß von Bedingungen und Befristungen I 650; — Ausschluß der Vertretung IV 1286; — Erfordernisse bei beschränkter Geschäftsfähigkeit des Vaters IV 1287; — Nichtigkeit und Anfechtung des Antrags IV 1282, 1288; — Widerruf IV 1292; — erforderliche Einwilligungserklärungen IV 1283; — Form derselben IV 1288; — Ausschluß der Vertretung IV 1286; — gesetzliche Vertretung des Kindes IV 1286; — Erteilung durch die in der Geschäftsfähigkeit beschränkte Mutter oder Frau des Vaters IV 1287; — Er-

setzung der Einwilligung der Mutter IV 1284; — Richtigkeit und Anfechtung der Einwilligung IV 1288; — Einwilligung nach Aufhebung der ehelichen Gemeinschaft IV 828; — Leben des Kindes IV 1291; — Leben oder erfolgte Antragstellung des Vaters IV 1291; — Einfluß des Mangels der gesetzlichen Erfordernisse IV 1292, 1293.

Ehelichkeitserklärung: Wirkungen IV 1294; — Erstreckung auf Abkömmlinge IV 1295; — Einfluß auf Rechte der Mutter IV 1297; — Wirkungen nach dem Tode des Vaters IV 1291; — im einzelnen: Unterhaltspflicht IV 1298; — Aussteuerpflicht gegenüber der Tochter IV 956; — Erbrecht nach E. V 32; — Erfordernis der Einwilligung zur Eheschließung des Kindes IV 45; — Pflichten des Vaters bei Verehelichung IV 1299; — Einwilligung zur Annahme des für ehelich erklärten Kindes an Kindes Statt IV 1317; — Beendigung der Vormundschaft IV 1599; — begründet keine Schwägerschaft IV 846; — Verhältnis des Kindes zu seinem wirklichen unehelichen Vater IV 1297; — Ausschluß der Nachlaßteilung vor Entscheidung über E. eines Miterben V 394.

— Verfahren: Zuständigkeit IV 1279, VI b 571, 572; — Unzulässigkeit und Beschränkung der Vertretung bei dem Antrage IV 1282, 1286; — Ausschluß von Bedingungen und Zeitbestimmungen I 650, IV 1281; — Versagung IV 1292; — Unzulässigkeit IV 1281; — Ausschluß wegen Verwandtschaft oder Schwägerschaft zwischen Vater und Kind IV 1290; — im Falle des Todes eines Beteiligten IV 1291; — Prozessuales IV 1281.

Ehemann: Antragsrecht auf Eintragungen im Güterrechtsregister IV 696; — Ersatzansprüche wegen Entziehung der Arbeitskraft der Frau IV 183; — Besitz an Sachen der Frau III 69, 72; — Dienstvertrag mit der Frau II b 748.

— Rechtliche Stellung im gesetzlichen Güterstand: Bestreitung des ehelichen Aufwandes IV 287; — bei Gütertrennung IV 383; — Einfluß auf den häuslichen Wirkungskreis der Frau IV 181; — Eingriff in die Schlüsselgewalt IV 184; — Einwilligung zum Betriebe eines Erwerbsgeschäftes durch die Frau IV 324; — keine Pflicht zur Dienstleistung im Geschäfte der Frau IV 183; — Entscheidungsrecht in gemeinschaftlichen ehelichen Angelegenheiten IV 173; — Rechte bei Eingehung von Verpflichtungen der Frau zu persönlichen Leistungen IV 192; — Kündigungsrecht hinsichtlich der Ehefrau, anzuwendendes Recht VI b 282; — Haftung aus ärztlicher Behandlung seiner Frau II c 1129; — Rechte und Pflichten in bezug auf das eingebrachte Gut: Besitz III 28, IV 243; — Hinterlegung von Wertpapieren statt Sicherheitsleistung IV 295; — Vinkulierung von Inhaberpapieren, Umwandlung in Buchforderungen IV 298; — Ersatzanspruch für Aufwendungen IV 291; — Einwilligung zu Verfügungen der Frau IV 301; — Genehmigung von Verträgen der Frau über e. G. IV 304, 307; — für die Vertretungsmacht des E. anzuwendendes Recht VI b 274 288, 364; — Rechtsstreitführung über e. G. IV 261; — Duldung der Zwangsvollstreckung in eingebrachtes Gut der Frau IV 344; — Sicherheitsleistung bei Gefährdung IV 292, 295, 361; — Verfügungsrecht IV 248, 251, 255; — Beschränkungen desselben durch Rechte der Gläubiger der Frau 339; — Rechte an eingebrachten Grundstücken IV 257; — Verwaltung und Nutznießung IV 221, 242, 269; — keine Eintragung des Nutznießungs- und Verwaltungsrechts im Grundbuch III 105; — Beschränkungen des Verwaltungsrechtes IV 248; — Vertretung durch den Vormund oder Pfleger bei der Ausübung IV 335; — Unübertragbarkeit des Rechtes IV 334; — Ausschluß durch Ehevertrag IV 414; — Beendigungsgründe für Nutznießung und Verwaltung überhaupt IV 359; — Beendigung durch Gemeinschaftsaufhebungsklage IV 361; — durch Konkurs des Mannes IV 367; — durch Todeserklärung IV 368; — Pflichten nach Beendigung IV 370, 383; — Fortführung der Verwaltung nach Beendigung IV 375; — Wiederherstellung der Rechte IV 377; — Wirksamkeit gegenüber Dritten IV 391; — Haftung für Lasten des eingebrachten Gutes IV 274; — für Zinsen und andere wiederkehrende Leistungen IV 278; — für Kosten IV 272, 280; — gesamtschuldnerische Haftung neben der Frau IV 286; — keine Haftung des e. G. für Schulden des Mannes IV 338.

Ehemann: Rechtliche Stellung bei allgemeiner Gütergemeinschaft: Verfügungsrecht IV 435, 439, 441; — Bereicherung des Gesamtguts durch unzulässige Verfügungen IV 459; — Ersatzpflicht bei Verfügungen ohne Genehmigung der Frau IV 460; — Verwaltungsrecht IV 433; — Vertretung des Mannes durch die Frau IV 454; — durch den Vormund IV 462; — Beschränkungen des Verwaltungsrechtes IV 439, 441, 447; — Ende des Verwaltungsrechts IV 439; — Gütergemeinschaftsaufhebungsklage der Frau wegen Überschreitung seiner Befugnisse IV 487; — Haftung für Schulden der Frau IV 464, 467; — Gütertrennungsklage des Mannes wegen Überschuldung des Gesamtguts durch die Frau IV 491; — Haftung für bei Auseinandersetzung nicht berichtigte Gesamtgutsverbindlichkeiten IV 517; — im Verhältnis zur Frau IV 520; — Fälligkeit seiner Verbindlichkeiten zum Gesamtgut und Forderungen aus demselben IV 483.

— Rechtliche Stellung bei Errungenschaftsgemeinschaft: Verfügungsrecht über Gesamtgut IV 618; — Verwaltung des eingebrachten Gutes IV 628; — Unübertragbarkeit des Verwaltungsrechtes IV 630; — keine Zugehörigkeit zur Konkursmasse IV 659; — Haftung für Lasten desselben IV 637; — Haftung des Mannes gegenüber der Frau IV 646; — Haftung für bei Auseinandersetzung nicht berichtigte Gesamtgutsverbindlichkeiten IV 664; — Haftung des Gesamtgutes für Schulden des

Mannes IV 637; — Beendigung der Gemeinschaft durch Konkurs des Mannes IV 641, 658; — durch Aufhebungsklage des Mannes IV 656; — Klage auf Wiederherstellung IV 665.

Ehemann: Rechtliche Stellung bei Fahrnisgemeinschaft: Verwaltung des Gesamtguts IV 673, 674; — eingebrachtes Gut desselben IV 675, 676, 679, 680, 681; — Verwaltung des eingebrachten Gutes der Frau IV 675; — Konkurs des Mannes IV 672; — kein Vorbehaltsgut IV 682.

— Todeserklärung des E.: Einfluß auf Nutznießung und Verwaltung IV 368; — Todeserklärung eines ausländischen E. VI b 110, 114; — Unterhaltspflicht gegenüber der Frau IV 197; — bei tatsächlicher Trennung IV 206; — Wegfall bei Weigerung der Frau zur Wiederherstellung der ehelichen Gemeinschaft IV 209; — nach Ehescheidung IV 794, 801; — Vermutung des Eigentums desselben IV 210, 211; — Vorbehaltsgut des Mannes bei allgemeiner Gütergemeinschaft IV 430; — Vormundschaft über den E. IV 1418; — Vormundschaft des E. über die Frau IV 218; — Berufung zur Vormundschaft über die Frau IV 1384; — Zustimmung zur Übernahme einer Vormundschaft durch die Frau IV 1396.

— E. der Erbin: Antragsrecht auf Anordnung der Nachlaßverwaltung V 235; — Inventarerrichtung für die Frau V 282, 298; — Zustimmung zur Verfügung über Nachlaß bei Erbengemeinschaft V 378; — zur Nachlaßauseinandersetzung V 386.

Ehemündigkeit I 54, IV 10, 38; — Einfluß des Mangels VI a 534; — anzuwendendes Recht VI b 234, 808; — Zuständigkeit für die Befreiung vom Ehehindernis mangelnder E. IV 86; — bei Wiederherstellung der ehel. Gemeinschaft IV 833.

Eherecht, internationalprivatrechtliche Regelung VI b 229, 230; — zeitlich geltendes Recht VI a 530.

Eherechtliche Vorschriften des Kirchenrechtes VI a 97.

Ehesachen: Anerkennung inländischer Urteile in E. im Ausland VI b 262; — ausländischer Urteile im Inland VI b 264; — Zuständigkeit deutscher Gerichte in E. IV 6, VI b 262; — Streitwert IV 714; — Scheidungsprozeß IV 708; — Umwandlungsklage auf Scheidung nach Aufhebung der ehelichen Gemeinschaft IV 783, 785; — besondere Verfahrensvorschriften für die Klage auf Herstellung des ehelichen Lebens IV 161.

Ehescheidung IV 701, VI a 530, 548; — Einfluß auf das eheliche Güterrecht, anzuwendendes Recht VI b 345; — Haager Abkommen VI b 442; — siehe Näheres unter „Scheidung".

Ehescheidungsstrafen IV 795; — örtlich anzuwendendes Recht VI b 425; — zeitlich geltendes Recht VI a 551.

Eheschließung: rechtliche Natur IV 5; — Haager Konvention VI b 271, 822; — örtlich anzuwendendes Recht VI b 229, 231; — für die E. zwischen Ausländern und Inländern geltendes Recht VI b 229, 231, 233; — Rück- und Weiterverweisung VI b 258, 753; — Staatenloser, Doppelstaater VI b 266; — Geltung der Vorbehaltsklausel VI b 815, 818; — der Ehefrau eines für tot erklärten Ausländers VI b 230, 245; — Ausschluß der Klage auf E. IV 14, 18; — Verpflichtung auf Grund des Verlöbnisvertrags IV 14; — Aufgebot IV 73, 86; — Form IV 75; — Ausschluß von Bedingungen und Befristungen I 650, IV 77; — Einfluß der Mentalreservation I 463; — der Simulation I 466; — des Mangels der Ernstlichkeit der Erklärung I 471; — Anfechtung wegen Drohung, Täuschung I 515; — räumlich geltendes Recht VI b 234; — Ort, Zeit, äußere Förmlichkeiten IV 80; — wesentliche Förmlichkeiten IV 76; — unwesentliche Förmlichkeiten IV 78, 79; — hinsichtlich der Form der E. anzuwendendes Recht IV 78, VI b 186, 192, 230, 246; — im Ausland VI b 251; — im Inland IV b 246, 247; — E. vor Gesandten oder Konsuln VI b 255; — vor ausländischen Gesandten oder Konsuln im Inland VI b 255, 808; — von deutschen Gesandten oder Konsuln im Ausland VI b 256; — vor ausländischen Gesandten usw. im Ausland VI b 257; — Form der im Ausland erfolgenden VI a 55, 56; — Wirkung der Nichtbeachtung der wesentlichen Form IV 102; — zuständiger Standesbeamter IV 83; — für Militärpersonen IV 85; — Rechtsmittel bei Ablehnung der Mitwirkung wegen Unzuständigkeit IV 85; — Ermächtigung des unzuständigen Standesbeamten IV 85; — E. vor dem vermeintlichen Standesbeamten IV 81; — Eintragung ins Heiratsregister IV 79, 80; — Tragung der Kosten der E. IV 289; — Wiederholung der E. IV 50, 101; — kirchliche E. vor der standesamtlichen IV 32, 35, 837, VI a 80, 81; — in Grenzpfarreien IV 85.

— Erfordernisse: Ehemündigkeit IV 38; — Einwilligung der Adoptiveltern IV 47; — der Eltern IV 44, 48, 49; — Ersetzung der Einwilligung durch das Vormundschaftsgericht IV 48; — Verlust des Aussteueranspruches bei E. ohne die Einwilligung IV 959, 962; — auf die elterliche Einwilligung zur E. zeitlich anzuwendendes Recht VI a 555; — räumlich geltendes Recht VI b 472; — Einwilligung des gesetzlichen Vertreters IV 39; — Anhörung von Verwandten und Verschwägerten des Mündels vor Ersetzung der Einwilligung durch das Vormundschaftsgericht IV 1557; — Anfechtung der Ehe wegen Mangels derselben IV 112; — Bestätigung der Ehe IV 127; — Einfluß der mangelnden Einwilligung auf den gesetzlichen Güterstand IV 223; — Verehelichungszeugnis nach bayerischem Rechte IV 34, 68; — des Vormundschaftsgerichts IV 62; — E. von Deutschen im Ausland IV 36, 78, 80; — von Ausländern im Inland IV 67, VI b 261; — E. im Ausland, in Konsulargerichtsbezirken, Schutzgebieten IV 36, VI a 55, 56; — von Beamten, Militärpersonen, Marineangehörigen IV 38, 64; — Änderung der Gesetze über Beurkundung

des Personenstandes und die E. VI a 77, 78; — zeitliche Geltung des BGB. IV 37, VI a 530, 532; — siehe auch „Verheiratung, Wiederverehelichung".

Ehevermittlung: Klaglosigkeit des Lohnversprechens II c 1061; — zeitliche Geltung der Klaglosigkeit VI a 454; — Lohnversprechen in Form abstrakten Schuldversprechens II c 1558.

Eheversprechen: Klaglosigkeit IV 14, 18; — rückwirkende Kraft der Klaglosigkeit VI a 531.

Ehevertrag: Begriff, Gegenstand IV 393; — räumlich geltendes Recht VI b 299, 300, 315; — ausländisches Recht VI b 316; — Geltung des Heimatrechts des Ehemanns VI b 317; — Einfluß des Staatswechsels VI b 329; — Form IV 405, VI b 163, 164, 318, 322; — Geschäftsfähigkeit VI b 319; — Inhalt IV 393, 400; — Verweisung auf nicht mehr geltendes oder ausländisches Recht IV 402, VI b 320; — Vertragsfreiheit IV 399; — Beschränkungen derselben IV 400; — Voraussetzungen der Wirksamkeit, Einfluß der Richtigkeit, Auflösung der Ehe, Einfluß der Kindererzeugung IV 402; — Wirksamkeit gegenüber Dritten IV 407; — Abschluß durch Ausländer im Inland VI b 300, 323; — Eintrag ins Güterrechtsregister IV 696; — Verbindung mit einem Erbvertrag IV 395, V 78, 842; — räumlich geltendes Recht VI b 345, 679, 680; — Form des Vertragsabschlusses in diesem Falle IV 406; — auf die Zulässigkeit zeitlich anzuwendendes Recht VI a 537, 539, 542.

— durch E. zu regelnde Gegenstände: Ausschluß der Fortsetzung der allgemeinen Gütergemeinschaft IV 590; — Begründung der Errungenschaftsgemeinschaft IV 615; — Erklärung von Sachen als eingebrachtes Gut im gesetzlichen Güterstand IV 227, 233, 237; — bei Errungenschaftsgemeinschaft IV 625; — Erklärung von eingebrachtem Gut als Gesamtgut bei Errungenschaftsgemeinschaft IV 621, 623, 625, 628; — Erklärung von unbeweglichem Vermögen als Gesamtgut bei Fahrnisgemeinschaft IV 679; — als Vorbehaltsgut im gesetzlichen Güterstand IV 233; — bei allgemeiner Gütergemeinschaft IV 427; — bei Errungenschaftsgemeinschaft IV 631; — Vereinbarung der Fortsetzung der Fahrnisgemeinschaft IV 684; — der Gütertrennung IV 414; — Begründung der Fahrnisgemeinschaft IV 669, 674; — Anfechtung eines E. wegen Benachteiligung der Gläubiger IV 398.

Ehewidrige Kinder IV 1196, 1200, 1217, VI a 568.

Ehre: Zivil-Rechtsschutz II c 1777, 1805.

Ehrenerklärung II a 114.

Ehrenrechte siehe „Bürgerliche E.".

Ehrlosigkeit: Grund zur Ehescheidung IV 736, 743; — Grund zur Pflichtteilsentziehung V 986, 991; — E. des Gewalthabers IV 1105, 1109; — der Mutter, Bestellung eines Beistands IV 1160.

Eid: Leistung des Parteieides in Prozessen des Nachlaßverwalters V 216; — des Testamentsvollstreckers V 661.

Eidesstattliche Verpflichtung der Familienratsmitglieder IV 1585; — des Vormundes IV 1407; — des Gegenvormundes IV 1409; — des Pflegers IV 1669.

— **Versicherung** beim Antrag auf Erteilung des Erbscheines V 1040, 1044, 1048; — beim gemeinschaftlichen Erbschein V 1046.

Eidesunfähige: Untauglichkeit zum Zeugnis bei Testamentserrichtung V 756.

Eideszuschiebung über Ehebruch IV 723; — über die Einrede mehrerer Beihälter IV 1254.

Eigenbesitz: Begriff III 15, 81; — Umwandlung in Besitzdienerschaft III 33; — in Fremdbesitz III 83; — Verlust III 83; — Erwerb herrenloser S. durch E. III 534; — zehnjähriger E. als Voraussetzung der Ersitzung beweglicher Sachen III 493; — dreißigjähriger an Grundstücken des eingetragenen Nichteigentümers III 280; — des nicht eingetragenen Eigentümers III 426.

Eigenbesitzer: Eigentumserwerb an Erzeugnissen und sonstigen Bestandteilen der Sache III 525.

Eigene Sachen: Rechte daran III 8; — Verpfändung III 1386.

Eigenhändiges Testament V 726, 735, 737; — allgemeine Erfordernisse V 751; — Form 737, 738; — Material V 740; — eigenhändige Niederschrift V 739; — Erfordernis der Orts- und Zeitangabe V 744; — Erfordernis der Richtigkeit V 747; — Beweislast für Richtigkeit V 749; — Schrift V 741; — Korrekturen, Durchstreichungen, Rasuren V 740; — Unterschrift V 741, 742, 743, 750; — Änderungen V 749; — Zusätze V 740, 749; — Beweis der Echtheit V 751; — Mehrheit von Exemplaren V 751; — Unfähigkeit Minderjähriger und des Lesens Unkundiger zur Errichtung V 779; — amtliche Verwahrung V 779; — Rücknahme aus der Verwahrung V 787, 792, 793; — e. T. als gemeinschaftliches unter Ehegatten V 812.

Eigenmacht, verbotene: Begriff, Wirkungen III 39; — Abwehr durch Selbsthilfe III 44; — Ansprüche bei Besitzentziehung III 47, 50, 51; — bei Besitzstörung III 47, 52, 53; — Einreden aus dem Recht zum Besitz oder zur Störung III 51, 54; — Erlöschen der Ansprüche durch Zeitablauf, durch rechtskräftige Feststellung des materiellen Rechts III 56; — Schutz des Besitzdieners III 47; — des mittelbaren Besitzers III 75; — des Teilbesitzers III 58; — Haftung des Besitzers beim Eigentumsanspruch III 598; — E. gegenüber dem Erben III 37; — Erwerb von Erbschaftsgegenständen durch E. V 336.

Eigenschaften: Anfechtung der Ehe wegen persönlicher E. IV 115; — Anfechtung von Willenserklärungen wegen Irrtum über E. der Person oder Sache I 472, 477; — Haftung des Verkäufers wegen zugesicherter E. II b 126, 135; — bei fahrlässiger Nichtkenntnis des Käufers II b 148; — Schadensersatz wegen Nichterfüllung beim Fehlen z. E. II b 159; — Haftung beim Grundstückskauf II b 188; — beim Kauf von Gattungssachen II b 216, 223; — Zusicherung beim Viehkauf II b 232, 244; — Verjährung des Schadensersatzanspruches

II b 202; — Haftung für zugesicherte E. der Mietsache II b 420; — des Werkes II c 952, 967.
Eigentum: zeitlich anzuwendendes Recht VI a 481; — Inhalt III 285, 289; — Arten III 287; — Gegenstand III 286, 292; — subjektive Eigentumsfähigkeit III 291; — Verpflichtung des Eigentümers zur Instandhaltung III 291; — suspendiertes E. III 502; — Verzicht auf das E. III 539; — Schadensersatzpflicht wegen Verletzung fremden E. II c 1768, 1772; — E. an eingebauten Baumaterialien I 366; — am Grenzüberbau I 369; — Sondereigentum an Bestandteilen I 360; — an stehenden Erzeugnissen I 369.
— **an Grundstücken**: räumliche Grenzen III 300, 301; — Beeinträchtigung durch Immissionen III 308; — Beeinträchtigung durch Anlagen auf dem Nachbargrundstück III 327; — nachbarrechtliche Beschränkungen nach Landesrecht VI a 318; — Beschränkungen durch Verkehrsunternehmungen VI a 324; — Vereinigung mit dinglichen Rechten III 204; — E. am Bauwerk, Baugrund bei Erbbaurecht III 661, 667, 716; — Erwerb des E. am Grundstück durch den Erbbauberechtigten III 689; — an Schuldscheinen und ähnlichen Urkunden III 517; — E. an Wasser VI a 148; — am Meeresstrand VI a 176; — siehe auch „Eigentumsanspruch, Eigentumserwerb, -Verlust".
Eigentümerdienstbarkeit III 798.
Eigentümer-Erbbaurecht III 660, 685.
Eigentümergrundschuld: Entstehung III 1358; — Bestellung III 1365; — Geltendmachung III 1367; — Form der Abtretung III 1356; — Verpfändung III 1488; — E. des Mündels, Abtretung IV 1488.
Eigentümerhypothek im engeren Sinne: Begriff III 961, 1202; — rechtliche Natur III 1205, 1267; — praktische Bedeutung III 1204; — Entstehung bei Nichtentstehung oder Erlöschen der Forderung III 1202, 1206; — bei der Briefhypothek III 1210; — Entstehung aus Zwangshypothek III 1212; — bei Verzicht des Gläubigers auf die Hypothek III 1239; — Entstehung bei Ausschluß des unbekannten Gläubigers im Aufgebotsverfahren III 1247, 1249; — Entstehung aus der Sicherungshypothek III 1310; — aus der Höchstbetragshypothek III 1336; — Art und Weise der Entstehung III 996, 1214; — Erwerber III 1217; — Ausnahmen von der Entstehung III 1219; — Pfändung III 1220, 1222, 1267; — Pfändung des Rechts des Subhastaten auf den auf die E. entfallenden Erlös III 1223; — Ausschluß und Beschränkung der Entstehung durch Vertrag III 1204; — Ausschluß der Entstehung aus einer Vormerkung III 187, 1212; — Einfluß der Veräußerung des Grundstücks III 1217; — Behandlung bei Zwangsversteigerung, Zwangsverwaltung III 1267; — Abtretung III 1215; — Löschung III 1214, 1301; — Behandlung im Konkurse III 1224; — Übergangsbestimmungen III 1225.
— **im weiteren Sinne**: rechtliche Natur und Inhalt III 1264, 1269; — Entstehungsarten III 1269; — Entstehung aus der Sicherungshypothek III 1310; — für Schuldverschreibungen III 1318; — aus der Höchstbetragshypothek III 1336; — durch Befriedigung des Gläubigers durch den nicht persönlich haftenden Eigentümer III 1134; — bei Sicherungshypothek III 1310; — Entstehung aus der Hypothek für Zinsen- und Kostenkautionen III 1273; — Entstehung bei Heimfall des Erbbaurechts III 771; — Entstehung aus Tilgungshypothek am Erbbaurecht III 735; — Entstehung als Gesamthypothek, Zerlegung in Teilhypotheken III 250; — bei Befriedigung des Gläubigers durch einen Unterpfandseigentümer III 1253; — durch Verzicht des Gläubigers auf die Gesamthypothek, auf die Hypothek an einem der Grundstücke III 1259; — Entstehung an einem Teil der Hypothek, Verhältnis zum Rest III 1261; — Ausschluß der Entstehung für rückständige Nebenleistungen und Kosten III 1269; — Vormerkung zur Sicherung des Anspruchs auf ein Recht an einer künftigen E. III 1282; — Ausschluß zugunsten bestehender Pfandrechte VI a 525; — Verpflichtung des Eigentümers zur Löschung, Sicherung des Anspruchs hierauf III 1274; — Voraussetzung der Löschung III 1301; — Anwendung der Vorschriften auf die Sicherungshypothek III 1310; — auf die Hypothek für Forderungen aus Inhaberschuldverschreibungen, Wechseln usw. III 1318; — Nießbrauch an der E. III 891; — Pfändung des Berichtigungsanspruchs des Grundstückseigentümers III 260, 276; — E. des Mündels, Abtretung IV 1488.
Eigentümerrentenschuld: Entstehung bei Heimfall des Erbbaurechts III 771.
Eigentumsanspruch: zeitlich geltendes Recht VI a 484; — Übersicht der Ansprüche III 576; — Ausschluß des Deliktsanspruchs gegen den Besitzer III 592; — eines Anspruchs aus ungerechtfertigter Bereicherung III 592; — Zulässigkeit des Rechtsweges III 578.
— **Anspruch auf Herausgabe**: Inhalt III 578; Gegenstand III 581; — Kläger III 582; — Herausgabeanspruch des früheren gutgläubigen Besitzers III 633, 634; — Richtung seines Anspruchs III 635; — Einreden III 636; — Parteien III 634, 635; — Beweislast III 635; — Legitimation jedes Miteigentümers III 649; — Beklagter III 583; — bei der Scheidung des Besitzes in unmittelbaren und mittelbaren III 583, 584; — fictus possessor III 585; — Herausgabe von Nutzungen nach Rechtshängigkeit, Haftung für nicht gezogene Nutzungen III 590, 591; — Haftung des unentgeltlichen redlichen Besitzers vor und nach Rechtshängigkeit III 593; — Haftung des unredlichen Besitzers III 594, 595; — des unmittelbaren Besitzers III 597; — des durch verbotene Eigenmacht oder strafbare Handlung in den Besitz Gelangten III 598; — Herausgabe vor Rechtshängigkeit gezogener Nutzungen durch den redlichen Besitzer III 600; — Einfluß des Verzugs III 593; — Beweislast III 585,

596, 631; — Ort der Herausgabe III 581; — Kosten der Herausgabe III 582; — Abtretung, Pfändung III 586; — Verbindung mit dem Schadensersatzanspruch III 580; — Einreden des beklagten Besitzers III 586; — Ersatzanspruch für notwendige Verwendungen III 601, 604; — für andere Verwendungen III 605; — Haftung für Verwendungen vor dem Eigentumserwerb des Klägers, Ersatzanspruch für Verwendungen des Vorbesitzers III 608, 609; — Zurückbehaltungsrecht wegen der Verwendungen III 610; — Voraussetzungen des Ersatzanspruchs für Verwendungen III 611; — Frist für die Geltendmachung des Ersatzanspruchs III 613; — Selbstbefriedigungsrecht des Besitzers III 614; — Abtrennungsrecht hinsichtlich Bestandteilen III 605; — Ersatzanspruch für Bestellungskosten bei Herausgabe eines landwirtschaftlichen Grundstücks III 608; — Zwangsvollstreckung III 582; — Verjährung III 586; — E. auf Rückgabe einer beweglichen Sache, Verjährung I 778.

Eigentumsanspruch: wegen Beeinträchtigungen III 616; — Anwendungsfälle III 619; — Parteien III 622; — Richtung des Anspruchs, Wiederherstellung, Unterlassung III 624; — Beweislast III 623; — Einreden des Beklagten III 627; — gegen übermäßige Immissionen III 320; — Einwendungen III 321; — Beweislast III 321; — Antrag und Urteil III 322; — Vollstreckung III 322; — Verjährung III 326.

— Gemeinsames: Geltendmachung der Ansprüche durch den Miteigentümer III 649; — durch den Erbbauberechtigten III 715; — Geltendmachung bei gemeinschaftlichen Sachen III 649; — Einfluß der Hemmung der Verjährung des E. auf die Ersitzung III 496; — Unterbrechung der Ersitzung durch Erhebung des E. III 497.

Eigentumsbeschränkungen, allgemeine III 286, 293; — gesetzliche III 294; — Verletzung fremden Eigentums durch Notstandshandlungen III 296; — räumliche E. bei Grundstücken III 301; — Verbot von Immissionen III 308; — landesrechtliche E. im öffentlichen Interesse VI a 273, 282; — Entschädigung für reichsrechtliche E. im öffentlichen Interesse VI a 84; — bei Grundstücken VI a 88; — Freiheit des Verfügungsrechts über die Entschädigungssumme VI a 311; — zeitlich anzuwendendes Recht VI a 485; — siehe auch „Nachbarrecht".

Eigentumserwerb und -verlust an beweglichen Sachen: Erwerbsarten, Verlustgründe III 434, 435, 436; — Erwerb durch Rechtsgeschäft III 437; — Bedingung und Befristung III 448; — Legitimation des Veräußerers III 440; — Willenseinigung III 445; — Verhältnis zum obligatorischen Veräußerungsgeschäft III 447; — Besitzübergabe III 441; — Entbehrlichkeit der Besitzübergabe, wenn der Erwerber schon im Besitze ist (brevi manu traditio) III 438, 450; — Surrogate des Besitzerwerbs: Erlangung des mittelbaren Besitzes (constitutum possessorium) III 457; — Abtretung des Herausgabeanspruches an Stelle der Besitzübertragung III 464.

Eigentumserwerb u. -verlust an bewegl. Sachen: Erwerb vom Nichteigentümer: Voraussetzungen III 437, 467, 468; — bei Veräußerung durch constitutum possessorium III 476; — durch Abtretung des Herausgabeanspruches III 477; — bei Geld, Inhaberpapieren und öffentlich versteigerten Sachen III 479; — Wirkung des redlichen Erwerbs III 475; — Ausschluß des E. bei gestohlenen, verlorenen oder sonst abhanden gekommenen Sachen III 478, 479; — W. des Erwerbs auf Rechte Dritter an der Sache III 487.

— sonstige Erwerbsarten: Ersitzung (siehe auch unter „Ersitzung") III 491; — Verbindung beweglicher Sachen mit einem Grundstück III 502; — beweglicher Sachen untereinander III 506; — Vermischung III 507; — Erlöschen von Rechten Dritter III 509; — Verarbeitung III 510; — Rechte der durch diese Erwerbsarten einen Rechtsverlust Erleidenden III 514; — Aneignung III 534; — Fund III 546, 561, 563.

— Sonderfälle: Erwerb von Erzeugnissen und Bestandteilen III 523; — an Fischen und Wild VI a 165; — des Nießbrauchers an Früchten III 524, 525, 834; — bei ordnungswidrigem Fruchtbezug III 847; — an verbrauchbaren Sachen III 874; — Erwerb beim Pfandverkauf III 1442; — insbesondere bei Mängeln des Verkaufs III 1445, 1446; — am gefundenen Schatz III 573; — bei Zwangsvollstreckung III 440; — an nachgeschafftem Inventar des Pachtgrundstückes II b 620; — an Inventarstücken, deren Übernahme der Verpächter bei Rückgabe ablehnt II b 622; — Erwerb am Mietgegenstand durch den Mieter II b 392; — an Schuldverschreibungen II c 1607, 1621; — Form des Auftrags zum E. an Grundstücken II c 1084; — durch den Vater für das Kind IV 1067; — an Zubehör von Grundstücken I 379; — zeitlich anzuwendendes Recht VI a 483.

— **an Grundstücken:** Erwerbsarten überhaupt III 386; — rechtsgeschäftliche Übertragung (Auflassung) III 97, 388; — Erstreckung auf Zubehör III 423; — Ausschluß des bisherigen Eigentümers im Aufgebotsverfahren III 426; — Verzicht auf das Eigentum vor dem Grundbuchamt, Okkupationsrecht des Fiskus III 429; — Ersitzung durch einen eingetragenen Nichteigentümer III 280; — nicht rechtsgeschäftlicher III 99; — E. an Grundstücken für den Mündel IV 1482, 1490; — zeitlich geltendes Recht VI a 504, 505; — Erwerb und Verlust seitens des Staats oder eines Kommunalverbandes kraft Gesetzes VI a 326.

Eigentumsfähigkeit III 291, 292.

Eigentumsübertragung an beweglich. Sachen III 437; — zur Sicherung I 469, 470, III 450, 461; — an Grundstücken III 97, 386; — obligatorischer Veräußerungsvertrag II a 420; — Zuständigkeit zur Beurkundung desselben nach Landesrecht VI a 375; — E. an buchungsfreien

Grundstücken VI a 327; — an Grundstücken des Kindes IV 1060; — des Mündels IV 1482, 1490; — an Grundstücken zwischen dem Staate und Kommunalverbänden VI a 326; — an verkauften Sachen II b 11, 30, 32; — Vormerkung zur Sicherung des Anspruchs auf E. III 171.

Eigentumsvermutung bei beweglichen Sachen III 577, 629; — zugunsten des mittelbaren Besitzers III 76; — zugunsten eines Mitbesitzers III 649; — für den Nießbrauchbesteller III 865; — zum Schutz des Pfandgläubigers gegen Beeinträchtigung III 1424; — für den Verpfänder zugunsten des Pfandgläubigers III 1453.

Eigentumsvorbehalt: Besitzverhältnisse während der Schwebezeit III 73; — an wesentlichen Bestandteilen einer Sache ausgeschlossen I 361; — E. an wesentlichen Bestandteilen eines Grundstücks III 504; — an Zubehör III 505; — Einfluß einer Verarbeitung III 512; — E. für den Verkäufer III 449; — E. am Bauwerk bei Erbbaurecht ausgeschlossen III 719; — beim Verkauf beweglicher Sachen II b 31, 108; — Verzicht auf denselben II b 110; — Einfluß von Pfändung, Versteigerung durch den Verkäufer II b 110; — Einfluß der Verbindung, Vermischung, Verarbeitung II b 111; — beim Verkauf von Grundstücken II b 112; — Einfluß des Konkurses II b 112; — räumlich anzuwendendes Recht VI b 803.

Einbauen: kein Rechtsgeschäft I 401.

Einbringlichkeit: Haftung für E. verkaufter Forderungen II b 57, 63.

Einbringung von Sachen bei Gastwirten II c 1175.

Einfahrten, Eingänge, gemeinschaftliche für mehrere Anwesen III 373, 798.

Einfriedungen: Ausbesserungspflicht bei der Pacht II b 612.

Einführungsgesetz: Inkrafttreten VI a 5.

Einfuhrverbote, Verletzung II b 21.

Eingebrachte Sachen des Gastes: Haftung des Gastwirts II c 1174, 1176; — Beschränkung der Haftung bei Geld, Wertpapieren und Kostbarkeiten II c 1186; — Ausschluß der Haftung II c 1184; — Ausschluß bei Versäumung der Anzeigepflicht von dem Schaden II c 1188; — Pfandrecht des Gastwirtes daran II c 1189; — e. S. d. Mieters: Pfandrecht des Vermieters II b 500, 503; — Erlöschen desselben II b 513; — Selbsthilfe bei Wegschaffung durch den Mieter II b 517; — des Pächters: Pfandrecht des Verpächters II b 615.

Eingebrachtes Gut im gesetzlichen Güterstand: Umfang IV 221; — Beweislast für Zugehörigkeit IV 222; — keine Eintragung der Eigenschaft im Grundbuch IV 223; — Bestimmung der Eigenschaft durch Ehevertrag IV 227, 233, 237; — Surrogation IV 265, 267; — der Frau: Miete daran II b 389; — Feststellung des Bestandes und Zustandes IV 241.

— Verwaltung: Rechte des Mannes: Besitz III 28, IV 243; — Verwaltungsrecht IV 221; — Beschränkung IV 248; — Ausschluß desselben bei Verheiratung der Frau ohne Einwilligung des gesetzlichen Vertreters IV 223; — Unübertragbarkeit IV 334; — Vertretung des bevormundeten Mannes bei der Verwaltung IV 335; — Verfügungsrecht IV 248, 251, 255; — über Grundstücksinventar IV 257; — gerichtliche Geltendmachung zum e. G. gehöriger Rechte IV 261; — Ersatzanspruch für Aufwendungen zur Verwaltung IV 291; — Vornahme einseitiger Rechtsgeschäfte gegenüber dem Manne IV 322; — Pflichten des Mannes: ordnungsmäßige Verwaltung, Auskunftserteilung an die Frau IV 246; — Verwendung des Reinertrages zur Bestreitung des ehelichen Aufwands IV 287; — Sicherheitsleistung bei Gefährdung IV 292; — Hinterlegung von Wertpapieren IV 295; — Vinkulierung von Inhaberpapieren, Umwandlung in Buchforderungen IV 298; — Tragung der Kosten der Geltendmachung eines zum e. G. gehörigen Rechts IV 280.

Eingebrachtes Gut im gesetzlichen Güterstand: Nutznießung: Recht des Mannes IV 221; — Ausschluß desselben bei Verheiratung der Frau ohne Einwilligung des gesetzlichen Vertreters IV 223; — Unübertragbarkeit IV 334; — Vertretung des bevormundeten Mannes IV 335; — Erwerb der Nutzungen IV 269; — Gewinnungs- und Erhaltungskosten IV 272; — Lastentragung IV 274, 275; — Entrichtung von Zinsen und anderen wiederkehrenden Leistungen IV 278; — Verwendung als Betriebsmittel für ein selbständiges Erwerbsgeschäft der Frau IV 231; — Einfluß des Konkurses der Frau auf die eheherrliche Nutznießung und Verwaltung IV 348.

— Beendigung der Nutznießung und Verwaltung: Beendigungsgründe überhaupt IV 359; — Gütertrennungsklage IV 361; — Konkurseröffnung über das Vermögen des Mannes IV 367; — Todeserklärung desselben IV 368; — Wirkung der Beendigung im allgemeinen IV 370; — im Falle der Gütertrennungsklage IV 378; — Einfluß auf bestehende Miet- und Pachtverhältnisse IV 374; — Fortführung der Verwaltung bis zu anderweitiger Fürsorge IV 375.

— Stellung der Frau: Eigentumserwerb durch Anschaffungen des Mannes an beweglichen Sachen, Wertpapieren IV 264, 265; — von Ersatzstücken für Haushaltungsgegenstände IV 267; — Verfügungsrecht IV 301; — Ersetzung der Zustimmung zu Rechtsgeschäften des Mannes IV 257; — einseitige Rechtsgeschäfte IV 308, 322; — Rechtsstreit der Frau über ein zum e. G. gehöriges Recht IV 312, 316; — Unwirksamkeit des Urteils im Rechtsstreit der Frau in Ansehung des e. G. IV 312; — Verpflichtung zu Leistungen IV 310; — gerichtliche Geltendmachung zum e. G. gehöriger Rechte IV 331; — Geltendmachung der Ansprüche aus der Nutznießung und Verwaltung IV 300; — Bereicherung durch Rechtsgeschäfte der Frau IV 310.

Eingebrachtes Gut im gesetzlichen Güterstand: Schuldenhaftung: keine Haftung für Schulden des Mannes IV 338; — Haftung für Schulden der Frau IV 339, 349; — für Verbindlichkeiten des Vorbehaltsgutes IV 350, 351; — für Unterhaltspflichten der Frau IV 911; — Ersatzleistung zum Vorbehaltsgut und umgekehrt IV 357; — Pfändung von Bestandteilen und Früchten IV 334; — Pfändungsbeschränkung hinsichtlich der Früchte IV 274.

— **bei Errungenschaftsgemeinschaft:** der Ehegatten: Gegenstand bei Eintritt des Güterstandes IV 620; — Erwerb während der Gemeinschaft IV 621; — Erklärung als e. G. durch Ehevertragung IV 625; — Zugehörigkeit von Forderungen IV 626, 628; — von unübertragbaren Gegenständen und Rechten IV 623; — Surrogation IV 626; — Nutzungen desselben werden Gesamtgut IV 617; — Feststellung des Bestandes und Zustandes IV 634; — Verwaltung IV 628; — Ersatzleistung für Bereicherung aus dem Gesamtgut IV 651; — Vermutung für Verwendung verbrauchbarer Sachen zum Gesamtgut IV 652; — Lastentragung IV 635; — Haftung für Verbindlichkeiten aus dem e. G. unter den Eheleuten IV 643; — Haftung für Verbindlichkeiten aus der Verwaltung IV 646; — Erklärung von e. G. als Gesamtgut durch Ehevertrag IV 621, 623, 625, 628.

— E. G. der Frau insbesondere IV 628; — Unpfändbarkeit des Verwaltungsrechtes des Mannes IV 630; — keine Zugehörigkeit des Rechtes zur Konkursmasse IV 659; — Abscheidung bei Auseinandersetzung des Gesamtgutes IV 664.

Eingebrachtes Gut des Mannes IV 631; — Fälligkeit von Verbindlichkeiten der Frau zu demselben IV 653.

— **bei Fahrnisgemeinschaft:** unbewegliches Vermögen IV 676; — durch Rechtsgeschäft nicht übertragbare Gegenstände IV 679; — Bestimmung durch Ehevertrag IV 680; — zugewendetes bewegliches Vermögen IV 679; — rechtliche Behandlung IV 675; — Surrogation IV 681; — Zwangsvollstreckung in das e. G. der Frau IV 672.

— bei fortgesetzter Gütergemeinschaft IV 685.

Eingefügte Sachen: Bestandteile des Grundstücks I 364, 366; — vorübergehende Einfügung I 370.

Eingehung der Ehe IV 31; — Ausschluß der Klage darauf IV 16, 18; — siehe Näheres unter „Eheschließung".

Eingemeindung II a 892; — Wirkung auf Eigentumsverhältnisse III 388.

Eingetragene Vereine I 274; — Anmeldung zur Eintragung I 185, 187; — Pflicht hiezu I 279; — Form I 302; — Inhalt I 279; — Form der Zulassung I 282; — Mitteilung der Anmeldung an die Verwaltungsbehörde I 282; — Aussetzung der Verhandlung über die A. I 282; — Zurückweisung und deren Anfechtung I 280.

Eingetragene Vereine: Einspruch der Verwaltungsbehörde gegen die Eintragung: Zuständigkeit I 283; — Voraussetzungen I 282, 284; — Form I 289; — Mitteilung an den Vorstand I 289; — Anfechtung I 289.

— Eintragung: örtliche Zuständigkeit I 274; — Frist I 291; — Veröffentlichung I 294; — Wirkung I 294; — Name I 276; — Bezeichnung als eingetragener Verein I 294; — Eintragung ins Vereinsregister I 293; — Sitz: Angabe in der Satzung I 276; — Eintragung ins Vereinsregister I 293.

— Satzung: Inhalt I 276, 277; — Datierung und Unterzeichnung I 279; — Angabe des Vereinszweckes I 276; — Mitteilung an die Verwaltungsbehörde I 282; — Eintragung ins Vereinsregister I 293; — Eintragung von Änderungen I 298; — Rückgabe nach der Eintragung I 294; — der Änderungen I 298.

— Vorstand: Bestimmung über die Bildung in der Satzung I 277; — Eintragung der Vorstandsmitglieder ins Vereinsregister I 293; — Eintragung von Änderungen in der Zusammensetzung I 295; — der Bestimmungen über die Beschlußfassung des Vorstandes I 293; — über Beschränkung der Vertretungsmacht I 293; — Zeugnis über die Zusammensetzung I 297.

— Wirkung gegenüber Dritten: von Änderungen des Vorstands I 295, 296; — der Beschränkung der Vertretungsmacht desselben I 297; — abweichender Bestimmungen über die Beschlußfassung des Vorstandes I 297; — Pflichten des Vorstands: Anmeldung des Vereins I 279; — von Satzungsänderungen I 298; — von Änderungen des Vorstands I 295; — Einreichung einer Bescheinigung über die Mitgliederzahl I 299; — Anmeldung der Auflösung des Vereins I 301; — der Liquidatoren I 302; — Form der Anmeldungen I 302, 303; — Antrag auf Entziehung der Rechtsfähigkeit wegen zu geringer Mitgliederzahl I 300; — Ordnungsstrafen wegen Nichterfüllung der Pflichten I 303.

— Mitglieder: Bestimmungen über Eintritt und Austritt I 277; — Mindestzahl bei Eintragung des Vereins I 276; — für den Fortbestand des Vereins I 300; — Mitgliederbeiträge I 277; — Mitgliederversammlung: Berufung, Beurkundung der Beschlüsse I 277.

— Ende: Auflösung I 301; — **Konkurs** I 302; — Entziehung der Rechtsfähigkeit wegen zu geringer Mitgliederzahl I 300; — Eintragung der Entziehung I 301.

— Liquidation: Eintragung der Liquidatoren und der Bestimmungen über die Beschlußfassung I 302; — Pflichten der Liquidatoren I 302; — Ordnungsstrafen I 303; — siehe auch „Verein, Vereinsregister".

Eingriffserwerb II a 313, III 3; — Recht auf denselben II a 315.

Einheit des Schuldverhältnisses bei Teilverpflichtungen bzw. Teilforderungen II a 903.

Einheitshypothek III 987; — Umwandlung mehrerer Hypotheken in eine E. III 133.

Ein Jahr: Frist für den Eigentumserwerb am Fund III 561.
Einigung bei den Rechtsgeschäften des Sachenrechts III 10, 11; — über Besitzübergang III 19, 24; — Anfechtbarkeit der E. III 25; — über Eigentumsübertragung an beweglichen Sachen III 438, 445; — über Eigentumsübertragung an Grundstücken III 388, 401.
— über Rechtsänderungen an Grundstücken und Grundstücksrechten III 97, 105; — Begriff und rechtliche Natur III 105; — Wesen der Einigung III 106; — Form und Inhalt, Stellvertretung, Konvaleszenz III 109; — Erfordernis des Zusammenwirkens zweier Personen III 108; — Vorvertrag III 108; — Zulässigkeit von Bedingung, Zeitbestimmung III 109; — Bindung an die Einigung III 110; — Ersatz für dieselben III 112; — E. über Auswechslung der hypothekarisch gesicherten Forderung III 1283; — über Ausschließung der Erteilung eines Hypothekenbriefs III 1023, 1027; — über Änderung des Inhalts von Rechten an Grundstücken III 131; — Zuständigkeit zur Entgegennahme der Erklärung über E. über Eigentumsübertragungen an Grundstücken, Bestellung des Erbbaurechts nach Landesrecht VI a 377, 378; — Einfluß nachträglich eintretender Verfügungsbeschränkung des Berechtigten III 134; — E. über Rangänderung eingetragener Rechte III 146, 148; — über Rangvorbehalt III 158; — über Bestellung einer Grunddienstbarkeit III 790, 803; — über Bestellung eines Erbbaurechts III 678, 711, 781; — über Übertragung eines Erbbaurechts III 679; — über Bestellung des Nießbrauchs III 841; — über Hypothekbestellung III 991; — über Pfandrechtsbestellung III 1390; — über Verpfändung indossabler Papiere III 1517; — über Bestellung des Schiffspfandrechts III 1472; — beim Vertragsabschluß I 604, 606; — unvollständige Einigung I 636; — versteckten Wissens I 638; — Simulation I 465.
Einkassierungsmandat II c 1577.
Einkaufskommission bei Wertpapieren III 463.
Einkindschaft: Abschaffung des Instituts IV 218, 1197; — fortdauernde Wirkung VI a 542, 572; — erbrechtliche Beziehungen VI a 586; — Vormundschaft über eingekindschaftete Kinder nach neuem Recht VI a 575.
Einkommensteuer: Haftung des Erben V 176; Entrichtung für Vergütung des Testamentsvollstreckers V 715.
Einkünfte: Natur als Errungenschaft IV 621, 623; — Verwendung von E. des Frauenvermögens durch den Ehemann bei Gütertrennung IV 388; — des Kindervermögens durch die Eltern IV 951.
Einlagen: der Gesellschafter II c 1232; — keine Ergänzungspflicht II c 1244; — Zurückerstattung II c 1339; — Zinsvergünstigung für E. bei Sparkassen, Kreditanstalten II a 110.
Einlösung von mit Nießbrauch belasteten Inhaberpapieren III 895.
Einlösungsrecht gegenüber dem Gläubiger bei Zwangsvollstreckung II a 213; — des Verpfänders III 1418; — Dritter gegenüber dem Pfandgläubiger III 1454.
Ein Monat: Frist für das Klagerecht wegen Verwendungen III 613.
Einpflanzen III 502; — kein Rechtsgeschäft I 401; — Bestandteile des Grundstücks I 364, 365.
Einquartierungslasten: Verteilung auf sukzessiv Verpflichtete I 394; — Tragung beim Mietobjekt II b 454.
Einreden: Begriff I 774; — Arten II c 1691, 1692; — Verzicht auf E. II a 398; — Ausschluß der Aufrechnung durch E. II a 758; — E. als Verjährungshindernis I 798, 799; — Hemmung der Verjährung durch E. I 797, 798; — keine Unterbrechung der Verjährung I 815; — Verjährbarkeit der E. I 773; — Rückforderung einer Leistung wegen entgegenstehender peremtorischer Einreden II c 1691; — E. gegen den neuen Gläubiger nach Abtretung der Forderung II a 819; — Schutz des gutgläubigen Erwerbers einer beurkundeten Forderung II a 825; — E. des neuen Schuldners bei Schuldübernahme II a 881; — prozeßrechtliche Geltendmachung bei Vermögensübernahme II a 893; — Einzelfälle: E. des Angewiesenen gegen den Anweisungsempfänger II c 1582, 1584; — gegen dessen Rechtsnachfolger II c 1594; — des Ausstellers von Inhaberschuldverschreibungen II c 1608, 1618; — gegen Zinsscheine II c 1633; — des Bürgen II c 1492; — E. der Vorausklage II c 1501, 1503, 1504; — des Erben: vor Annahme der Erbschaft V 121, 169; — E. beschränkter Haftung V 167, 170, 205; — aufschiebende E. V 170, 307; — Verlust der Einreden V 171; — Haftung des Bürgen des Erblassers II c 1492; — E. des Erbschaftsbesitzers gegen den Erbschaftsanspruch V 324; — E. des nicht erfüllten Vertrags bei dem Vertrag auf Leistung an einen Dritten II a 571; — beim gegenseitigen Vertrag II a 458, 461; — Einfluß der Geltendmachung im Prozeß II a 472; — nach Schuldanerkenntnis II c 1564; — kein Verjährungshindernis I 797, 800; — Beweislast für die E. nach Annahme einer Leistung II a 674; — beim Dienstvertrag II b 751; — Geltendmachung durch den im Aufgebotsverfahren ausgeschlossenen Nachlaßgläubiger V 260; — E. des nicht erfüllten Gesellschaftsvertrages II c 1214; — E. des nicht erfüllten Vertrags beim Kauf II b 45, 72; — beim Viehkauf II b 228; — beim Werkvertrag II c 956; — Geltendmachung im Falle der Unzulänglichkeitseinrede des Erben V 273; — im Besitzprozeß III 50; — Einrede fehlerhaften Besitzes gegen den Wiedereinräumungsanspruch III 47, 51; — gegen den Besitzstörungsanspruch III 47, 54; — gegen den Eigentumsanspruch auf Herausgabe III 586; — wegen Beeinträchtigung III 627; — Einrede aus dem Recht zum Besitz oder zur Störung III 54; — gegen den Herausgabeanspruch des früheren gut-

gläubigen Besitzers III 636; — gegen den Grundbuchberichtigungsanspruch III 261, 262.

Einreden gegen die Hypothek III 1112, 1145; — Anspruch auf Grundbuchberichtigung, Widerspruch wegen E. III 1121; — E. des nicht gezahlten Geldes III 1121; — Ausschluß bei Sicherungshypothek III 1309; — E. gegen den Rechtsnachfolger des ursprünglichen Hypothekgläubigers III 1188; — Einrede mangelnder Vorlage des Hypothekenbriefs III 1196; — gegen die Sicherungshypothek III 1308; — gegen die Hypothek für Forderungen aus Inhaberschuldverschreibungen, Wechseln usw. III 1317.

— gegen den vorgemerkten Anspruch III 195, 196.

— E. Dritter gegen die Ansprüche des Pfandgläubigers wegen Beeinträchtigung seines Rechts III 1424; — des Verpfänders III 1407; — des Verpfänders eines Rechts III 1484.

— zerstörliche gegen die Hypothek III 1242; — gegen das Pfandrecht III 1462; gegen das Schiffspfandrecht III 1477; — E. der Rechtskraft gegen Kondiktion II c 1686.

Einreichung der erklärten Einigung über Rechtsänderungen an Grundstücken beim Grundbuchamt III 111; — des Nachlaßinventars V 276; — des Verzeichnisses des Kindervermögens bei Verehelichung des Vaters IV 1123; — des Verzeichnisses des Vermögens des angenommenen Kindes IV 1337; — bei Verehelichung des Annehmenden IV 1340.

Einrichtung: Benützung einer E. zwischen zwei Grundstücken III 372, 381; — Wegnahme beim Eigentumserwerb durch Verbindung, Vermischung, Verarbeitung III 514, 516; — Wegnahme durch den Nießbraucher III 557; — Verjährung des Anspruchs auf Gestattung III 864; — Wegnahme durch den Pfandgläubiger III 1412; — Verjährung des Anspruchs auf Gestattung III 1423; — siehe auch „Wegnahme".

Einschränkung von Dienstbarkeiten und Reallasten VI a 287, 302.

Einseitige Rechtsgeschäfte II a 21; — Begriff I 410; — Errichtungsort VI b 177; — über Eigentumsverschaffung an Grundstücken, Form II a 433; — Vornahme durch einen Bevollmächtigten I 720; — durch oder gegenüber einem Vertreter ohne Vertretungsmacht I 732; — Vornahme durch einen Nichtberechtigten I 749; — Zustimmung Dritter I 741, 742; — Anfechtung I 597, 598, 599, 600; — e. R. der Frau über eingebrachtes Gut IV 308; — bei Errungenschaftsgemeinschaft IV 630; — in bezug auf ein Erwerbsgeschäft der Frau im gesetzlichen Güterstand IV 324; — e. R. in bezug auf eingebrachtes Gut, auf Verbindlichkeiten der Frau IV 322; — bei Errungenschaftsgemeinschaft IV 628; — in bezug auf Gesamtgut der allgemeinen Gütergemeinschaft IV 436, 452; — der fortgesetzten Gütergemeinschaft IV 540; — der Errungenschaftsgemeinschaft IV 616; — in bezug auf Vorbehaltsgut der Frau IV 322; — e. R. von Minderjährigen I 440.

Einseitige Rechtsgeschäfte des Vaters: Einfluß mangelnder Genehmigung des Vormundschaftsgerichts IV 1064; — des Vormundes IV 1520, 1523.

Einseitige Verfügungen im Erbvertrag V 882.

Einseitige Verträge II a 21, 390; — Begriff I 607; — Einfluß der Geldentwertung II a 48.

Einseitige Willens-, Verpflichtungserklärungen II a 388, 397; — amtliche Beurkundung I 534.

Einsicht der Anfechtungserklärung der Ehe IV 137; — der Ehelichkeit IV 878; — der Anerkennung der Ehelichkeit IV 882; — der Anfechtungserklärung bezüglich letztwilliger Verfügungen V 487; — der Erbschaftsausschlagung V 113; — der Anfechtung derselben V 120; — der Anmeldungen der Nachlaßgläubiger im Aufgebotsverfahren V 187; — der Anzeige vom Erbschaftsverkauf V 1095; — vom Eintritt der Nacherbfolge V 579; — E. des Erbvertrages V 884; — des Erbscheins V 1033; — des Grundbuchs III 90, 222; — E. des Güterrechtsregisters IV 700; — des Nachlaßinventars V 303; — des Testaments V 806; — durch Erbschaftssteuerämter V 806; — der Akten des Nachlaßgerichts über Testamentsvollstrecker V 725; — des Testamentsvollstreckerzeugnisses V 1075; — der der Feststellung des Erbrechts des Fiskus vorausgegangenen Ermittelungen V 150; — des Vereinsregisters I 304; — der Vormundschaftsakten IV 1365, 1615; — der Vormundschaftspapiere durch den Gegenvormund IV 1429; — von Urkunden: Anspruch hierauf II c 1654; — Ort, Gefahr und Kosten der Vorlegung II c 1660; — Sondervorschriften II c 1659; — des Zeugnisses über Fortsetzung der Gütergemeinschaft IV 589.

Einspruch des Mannes gegen den selbständigen Betrieb eines Erwerbsgeschäfts durch die Frau im gesetzlichen Güterstand IV 324; — bei allgemeiner Gütergemeinschaft IV 456; — Eintragung im Güterrechtsregister IV 324, 327, 696; — der Verwaltungsbehörde gegen Eintragung des Vereins I 282; — Voraussetzungen I 282, 284; — Zuständigkeit I 283; — Form I 289; — Mitteilung an den Vorstand I 289; — Anfechtung I 289; — E. gegen Satzungsänderungen I 299; — Verfahren I 289.

Einstandsrecht II b 264, III 918.

Einstellen von Tieren II b 395; — Haftung II c 1178.

Einstellung des Nachlaßkonkurses wegen Mangel an Masse V 256, 260; — der Vollstreckung in ein Grundstück wegen Ablösung des Gläubigers II a 215.

Einsturz eines Gebäudes, Werkes: Schadensersatzpflicht des Besitzers und des früheren Besitzers des Grundstücks II c 1911; — des dinglich oder persönlich Berechtigten II c 1920; — des Unterhaltungspflichtigen II c 1921; — Verhältnis mehrerer Verantwortlicher II c 1953; — eines Gebäudes, Werkes: Schutz des

Nachbargrundstücks III 333; — Verjährung des Anspruchs III 385.
Einstweilige Verfügungen im Besitzprozeß III 49; — zur Sicherung der Kondiktion der Auflassung II c 1680; — auf Eintragung einer Vormerkung III 190, 994; — Aufhebung derselben III 191, 196; — auf Eintragung eines Widerspruchs gegen die Richtigkeit des Grundbuchs III 271, 277; — Bedeutung für das Öffentlichkeitsprinzip des Grundbuchrechts III 240; — auf Vormerkung im Grundbuch: Einfluß auf die Abzugseinrede des Erben V 260, 264; — Ausschluß der aufschiebenden Einreden des Erben V 314; — auf Vorlegung von Sachen II c 1652; — e. V. auf Versteigerung eines mit Gewährsmängeln behafteten Tieres II b 241; — vor Ehescheidung IV 712; — auf Gestattung des Getrenntlebens der Ehegatten IV 171, 172; — auf Aufhebung der allgemeinen Gütergemeinschaft IV 490; — auf Aufhebung der Errungenschaftsgemeinschaft IV 657; — in bezug auf Güterrechtsverhältnisse, Eintragung im Güterrechtsregister IV 698; — vor Gütertrennungsklage IV 360, 366; — für Unterhaltsanspruch IV 903; — zugunsten des unehelichen Kindes und seiner Mutter vor der Geburt IV 1247.
Eintragungen im Grundbuch III 90, 91; — Bedeutung III 92; — der Eintragung unterliegende Rechtsänderungen III 97, 98; — Kosten beim Kauf II b 100; — Heilung des formungültigen Vertrags über Eigentumsübertragung II a 420; — nicht eintragungsfähige Rechte und Rechtsverhältnisse III 101; — Wesen III 119; — Voraussetzungen III 119; — Inhalt III 121; — Wirkung III 97, 121; — Fälle des Rechtserwerbs nur durch Eintragung III 100; — ohne Eintragung III 100; — Rangverhältnis der Eintragungen III 137; — E. der Rangänderung III 150; — des Rangvorbehalts III 156; — E. des Erbbaurechts III 678, 782; — von Grunddienstbarkeiten III 790, 803; — der Hypothek III 991, 1002; — des Nießbrauchs III 836; — Kosten derselben III 840; — von beschränkten persönlichen Dienstbarkeiten III 912; — von Reallasten III 947; — des Vorkaufsrechts III 924, 926; — Kosten III 1038; — Vermutung der Richtigkeit III 211; — widersprechende Eintragungen III 216; — kein Schutz hinsichtlich unwirksamer Eintragungen III 223; — E. juristischer Personen I 161, 170, 176; — siehe auch „Grundbuch, Güterrechtsregister, Heiratsregister, Schiffsregister, Vereinsregister".
Eintragungsantrag zum Grundbuchamt III 119.
Eintragungsbewilligung von Rechtsänderungen an Grundstücken, Grundstücksrechten III 11, 97, 112; — Einfluß nach der Einreichung eingetretener Verfügungsbeschränkung des Berechtigten III 134; — Inhalt, Form III 114; — Bezugnahme auf die E. bei Eintragung III 122; — von Hypotheken III 1002, 1018; — E. zu Rangänderungen III 151; — bei Vormerkungen III 190, 192; — Bezugnahme bei Eintragung ins Schiffsregister III 1472.
Eintragungsprinzip des Grundbuchrechts III 92; — beim Rangvorbehalt III 158.
Eintrittskarten II c 1641.
Eintrittsrecht bei der Erbfolge der Abkömmlinge V 37.
Ein- und Ausfuhrverbote: internationalprivatrechtliche Wirkung VI b 832.
Einunddreißig Jahre: untere Grenze für Zulässigkeit der Todeserklärung I 136.
Einundzwanzig Jahre: Ehemündigkeit des Mannes IV 38; — Notwendigkeit der elterlichen Einwilligung zur Eheschließung vor Vollendung von e. J. IV 44; — Volljährigkeit I 53.
Einverleibung einer Gemeinde III 388.
Einweisung in das Vermögen eines Verschollenen VI a 421, 423.
Einwendungen: Begriff I 774, II c 1691; — E. aus Verträgen zugunsten Dritter II a 564; — E. gegen den neuen Gläubiger nach Forderungsabtretung II a 819, 825; — des neuen Schuldners bei Schuldübernahme II a 881; — gegen die Grundschuld III 1357; — gegen den Hypothekenanspruch III 1145; — gegen Zwangsvollstreckung in Zubehör des Hypothekenobjekts III 1151; — gegen den Erbschaftsanspruch V 324; — siehe auch „Einreden".
Einwerfung seitens der Abkömmlinge V 405; — siehe „Ausgleichung".
Einwilligung: Begriff I 745; — Ausschluß einer Bedingung, Befristung I 650; — Widerruf I 745; — E. zu einseitigen Rechtsgeschäften des Minderjährigen I 440; — zur Annahme an Kindes Statt: der Eltern IV 1316, 1330; — räumlich geltendes Recht VI b 475, 545, 549, 552, 585; — des Ehegatten IV 1314, 1340; — räumlich geltendes Recht VI b 552; — der unehelichen Mutter, räumlich geltendes Recht VI b 496; — nach Aufhebung der ehelichen Gemeinschaft IV 828; — Voraussetzungen und Form, Unzulässigkeit IV 1318; — Anfechtung IV 1327.
— E. zur Ehelichkeitserklärung IV 1283; — nach Aufhebung der ehelichen Gemeinschaft IV 828; — bei Beschränkung in der Geschäftsfähigkeit IV 1287; — Form IV 1288; — Ausschluß der Vertretung IV 1286; — Anfechtung IV 1288; — Ersetzung durch das Vormundschaftsgericht IV 1284.
— E. zur Eheschließung: E. des gesetzlichen Vertreters IV 39; — Anhörung von Verwandten und Verschwägerten des Mündels vor Ersetzung seiner Einwilligung durch das Vormundschaftsgericht IV 1557; — E. der Eltern IV 44; — räumlich geltendes Recht VI b 472; — der unehelichen Mutter in die Eheschließung des Kindes VI b 472; — des unehelichen Vaters in die Eheschließung des Kindes VI b 532; — nach Aufhebung der ehelichen Gemeinschaft IV 828; — der Adoptiveltern IV 47; — Ausschluß der Vertretung der Eltern bei der E. IV 48; — Ersetzung der elterlichen E. durch das Vormundschaftsgericht IV 48; — Wirkungen mangelnder Einwilligung: Fortdauer des Nutznießungsrechts am Vermögen

IV 1095; — Verweigerung der Aussteuer der Tochter IV 962; — Anfechtbarkeit der Ehe IV 112; — Einfluß mangelnder Einwilligung des gesetzlichen Vertreters der Frau auf den Güterstand IV 223; — keine Einwilligung zur Wiederherstellung der ehelichen Gemeinschaft IV 833; — E. zur Vornahme eines Rechtsgeschäfts I 741, 745.

Einwilligung des Mannes zu einseitigen Rechtsgeschäften der Frau IV 308; — E. zum Betrieb eines Erwerbsgeschäftes durch die Frau im gesetzlichen Güterstand IV 324; — bei allgemeiner Gütergemeinschaft IV 456; — bei Errungenschaftsgemeinschaft IV 616, 619; — zu rechtsgeschäftlichen Verpflichtungen der Frau IV 310; — E. des Erben zur Eingehung von Verbindlichkeiten durch den Testamentsvollstrecker V 876; — E. zu Verfügungen eines Nichtberechtigten I 749; — E. des Nacherben zu Verfügungen des Vorerben V 551; — zu Verfügungen der Frau über eingebrachtes Gut IV 301, 304; — Gütergemeinschaftsaufhebungsklage wegen nicht erholter Zustimmung IV 487.

— E. der Frau zu Verfügungen über Gesamtgut IV 439; — über Gesamtgut-Grundstücke IV 441; — zu Schenkungen IV 447; — Ersetzung durch das Vormundschaftsgericht IV 449, 451; — Widerruf des Vertrages bis zur Genehmigung IV 452; — E. zu Verfügungen über Gesamtgut der fortgesetzten Gütergemeinschaft IV 540, 541; — Aufhebungsklage wegen nicht erhaltener E. IV 562; — zu Verletzungen: Ausschluß der Schadensersatzpflicht II c 1781; — Einfluß auf die Ersatzansprüche dritter Personen wegen der Verletzung II c 1978.

— E. zum Verlöbnis des Kindes IV 10; — zur Volljährigkeitserklärung I 59; — E. zu Willenserklärungen des Minderjährigen I 429; — siehe auch „Zustimmung“.

Einwirkungen auf fremdes Eigentum III 290; — im Notstand III 296; — auf fremde Grundstücke durch Immissionen III 308, 310; — durch Tiere III 310; — immaterielle E. III 312; — E. durch störende Anlagen III 327.

Einziehung des Erbscheins V 1054; — der Forderung: Abtretung zur E. II a 799; — der Forderung durch den Nießbraucher III 885; — E. einer auf Zinsen ausstehenden Forderung III 889; — der Forderung aus Inhaber- und Orderpapieren III 895; — E. von gemeinschaftlichen Forderungen II c 1428; — einer Forderung des Kindes gegen den Vater IV 991; — des Mündels gegen den Vormund IV 1420; — der verpfändeten Forderung III 1495, 1503; — Verpflichtungen des Pfandgläubigers und des Gläubigers hinsichtlich der E. III 1509; — E. bei Mehrheit von Pfandgläubigern III 1516; — Verfügung über eingezogenes Geld III 1513; — von Hypothekforderungen, Grundschulden und Rentenschulden durch den Vorerben V 534, 539; — Befreiung von der Beschränkung desselben V 566, 567; — E. verpfändeter Inhaber- und Orderpapiere III 1522; — des Zeugnisses über Fortsetzung der Gütergemeinschaft IV 588.

Eis: Fruchteigenschaft I 386; — Gestattung der Eisgewinnung III 527.

Eisenbahn: Bahneinheit, Veräußerung und Belastung VI a 285; — Notweg zur Verbindung mit E. VI a 317; — rechtliche Natur des Transportvertrages II c 931; — Verjährung ihrer Forderungen I 779, 785.

Eisenbahnbetrieb: Betriebseinstellung, sonstige Maßnahmen zum Schutz der Nachbargrundstücke VI a 324; — Änderungen des Haftpflichtgesetzes II a 63, 64, 65; — Haftpflicht des Unternehmers nach Landesrecht VI a 264; — Verhältnis des Unternehmers zu mitverantwortlichen Personen in Haftpflichtfällen II c 1956; — Einwirkungen auf das Nachbargrundstück III 310, 323, 325; — Schadensersatzanspruch III 328; — Haftung für befördertes Gut II c 1174.

Eisenbahnbillets: rechtliche Natur II c 1642; — Kraftloserklärung und Zahlungssperre nach Landesrecht VI a 258.

Eisenbahnfrachtverkehr: internationaler, konkurrierendes Verschulden II a 171.

Eisenbahnkonzession: Bedeutung für die Anlieger III 296, 313, 323, 328.

Eisernviehvertrag II b 592, 620.

Elchwild: Wildschaden II c 1907.

Elektrische Anlagen: gegenseitige Einwirkungen III 303, 315.

— **Leitung**: Rechtsverhältnis bei der Gestattung der Anbringung von Trägern II b 641.

— **Energie**: Sacheigenschaft I 348, 349.

Elektrischer Strom: Vertrag über Lieferung II b 8, 24, 602, II c 935; — Reallast zur Sicherung des Bezugsrechts III 944.

Elektrizität: Fruchteigenschaft I 386.

Elektrizitätswerk: Bestandteile I 367; — Zubehör I 382.

Elisionskraft der Vormerkung III 180.

Elsaß-Lothringen: Abtretung an Frankreich VI a 21; — Überleitung der Rechtspflege IV 1367.

Elsaß-Lothringer: Staatsangehörigkeit von nichtfranzösischen E. VI b 775, 792.

Elterliche Gewalt IV 973; — Inhaber IV 974; — derselben unterstehende Personen IV 975; — rechtliche Stellung des unter e. G. stehenden Kindes IV 975; — Rechtsstreit über Bestehen der e. G. IV 978; — anzuwendendes Recht IV 978, VI b 461, 475; — Dauer IV 978, 979; — Inhalt IV 976; — Einfluß der Verheiratung der Tochter IV 1012; — Einfluß der Ehescheidung des Gewalthabers IV 1020; — Beschränkungen nach bisherigem Recht VI a 558, 559; — räumlich geltendes Recht VI b 467, 477; — Ruhen der e. G. IV 978, 1134; — Beendigung IV 978; — Beendigungsgründe überhaupt IV 1135; — Beendigung durch Todeserklärung des Gewalthabers I 149, IV 1135, 1142; — Verwirkung IV 1143, VI b 477; — Endigung durch nach bisherigem Rechte erfolgte Todeserklärung VI a 421; — Verlust durch Annahme des Kindes an Kindes Statt

IV 1344; — Aufhebung der fortgesetzten Gütergemeinschaft wegen Verwirkung IV 563; — Entziehung IV 1105, 1113; — Entziehung wegen Verschwendung oder Trunksucht I 80; — Vermögen des unter e. G. stehenden Kindes IV 976; — Haftung des Gewalthabers für Schulden des Kindes IV 976; — Verantwortlichkeit des Gewalthabers IV 976; — Wiedererlangung durch den irrtümlich für tot Erklärten IV 1142; — e. G. über Kinder aus nichtiger Ehe IV 1186; — Ausschluß gegenüber dem unehelichen Kinde IV 1197, 1210, VI a 568; — Landesgesetzgebung IV 978, 979; — räumlich geltendes Recht VI b 461, 475; — zeitlich geltendes Recht, Wiedereintritt nach Inkrafttreten des BGB. VI a 555, 556; — Ausübung von Befugnissen aus der Reichsangehörigkeit durch unter e. G. Stehende VI a 52.

Elterliche Gewalt des Vaters: Inhalt IV 980; — Beschränkung durch Aufstellung eines Pflegers IV 981; Haftung bei der Ausübung IV 997, 1041, 1073, 1100; — Verhinderung an der Ausübung, Sorge des Vormundschaftsgerichts IV 1103; — Ruhen derselben wegen rechtl. Verhinderung IV 1135, 1137; — wegen tatsächlicher Verhinderung IV 1135, 1139; — Wirkung des Ruhens IV 1141; — hinsichtlich der Vermögensverwaltung IV 1146; — Fälligkeit von Verbindlichkeiten des Vaters gegenüber dem Kind im Falle der Ausschließung seiner Nutznießung IV 1090; — Nutznießung im Falle des Ruhens IV 1088; — Wirkung der Beendigung für die Vermögensverwaltung IV 1146; — Fortführung der Geschäfte durch den Gewalthaber bis zur Kenntnis der Beendigung IV 1148; — nach dem Tode des Kindes IV 1149.

— **der Mutter** IV 1150; — Voraussetzungen des Eintrittes überhaupt IV 1151; — Eintritt nach Beendigung der elterlichen Gewalt des Vaters IV 1153; — Ausübung bei Verhinderung des Vaters IV 1151, 1156; — Beschränkung durch Anordnungen des Vaters IV 1152; — Unterstützung und Überwachung durch den Beistand IV 1164; — Ausübung neben dem Gewalthaber IV 1015, 1151; — im Falle der Nichtigkeit der Ehe IV 1186; — Inhalt IV 1152, 1159; — Ruhen IV 1152, 1177; — Endigungsgründe IV 1152, 1153; — Verlust durch Wiederverheiratung IV 1186; — Wirkung des Ausschlusses, der tatsächlichen oder rechtlichen Verhinderung der Mutter IV 1153, 1156, 1159.

Elterliche Gewalt infolge Annahme an Kindes Statt IV 1131, 1337; — räumlich geltendes Recht VI b 589; — Verwirkung durch Eheschließung mit dem Kinde IV 1352; — siehe auch „Nutznießung, Vermögensverwaltung".

Eltern: Ausstattungspflicht IV 966; — Einwilligung zur Annahme an Kindes Statt IV 1316, 1330, VI b 475, 545, 549, 552, 585; — Voraussetzungen und Form, Unzulässigkeit der Vertretung IV 1318; — Anfechtung IV 1327; — Einwilligung der E. in die Eheschließung des Kindes IV 44, 48, VI b 472; — Ersetzung durch das Vormundschaftsgericht IV 48; — Einfluß mangelnder Einwilligung IV 223, 1095; — Verweigerung der Aussteuer der Tochter wegen Eheschließung ohne Einwilligung IV 962; — Einwilligung zum Verlöbnis des Kindes IV 10; — keine Einwilligung zur Wiederherstellung der ehelichen Gemeinschaft IV 833; — Erbrecht V 38, 39; — Konkurrenz des überlebenden Ehegatten V 46, 52; — Feststellung des Rechtsverhältnisses zu den Kindern im Prozeß IV 848; — Geschlechtsgemeinschaft mit E. einer Person, Ehehindernis IV 53.

Eltern: Pflichtteilsrecht V 898; — Ausschluß des Pflichtteilsrechts V 917; — Berechnung des Pflichtteils V 925; — Entziehung des Pflichtteils V 896; — in guter Absicht V 992, 993.

— Rechtsverhältnis zu den Kindern IV 942; — räumlich anzuwendendes Recht VI b 461, 471; — ausländisches Recht VI b 488; — Geltung des Heimatrechts des Elternhauptes VI b 462, 464; — Einfluß des Staatswechsels VI b 464, 467, 468; — Konfliktsklausel, Anwendung des Sachstatuts hinsichtlich des Kindesvermögens VI b 487, 771; — Rück- und Weiterverweisung VI b 487; — Rechtsverhältnis zu den Kindern nach Scheidung, anzuwendendes Recht VI b 479, 482; — Einfluß des Staatswechsels VI b 484; — auf das Rechtsverhältnis zu den Kindern bei nichtiger Ehe anzuwendendes Recht VI b 452, 486; — zeitliche Statutenkollision VI a 530, 554; — Rechte am Kindesvermögen nach altrechtlichem Güterstand VI a 541; — Rechtsverhältnis zu Kindern aus nichtiger oder ungültiger Ehe nach bisherigem Recht VI a 563; — bei Scheidung oder Auflösung der Ehe nach bisherigem Recht VI a 561.

— Unterhaltspflicht IV 902; — gegenüber dem minderjährigen Kinde IV 903; — bei beschränkter Leistungsfähigkeit IV 906; — Art der Unterhaltsgewährung an das unverheiratete Kind IV 930; — Befreiung durch Vorausleistung IV 936; — für die Unterhaltspflicht örtlich VI b 285, 472; — zeitlich geltendes Recht VI a 555; — nach Scheidung VI a 551.

— Verjährung der Ansprüche zwischen E. und Kindern I 804, 805, IV 3, VI b 471; — Recht zur Benennung eines Vormunds VI b 475; — Tauglichkeit zur Vormundschaft über Kinder IV 1394; — befreite Vormundschaft der E. IV 1627, 1628; — Wiederverehelichungszeugnis IV 62; — Haftung für Schadensstiftung durch die Kinder II c 1875; — Vermutung der Schenkungsabsicht bei Unterhaltsgewährung an Abkömmlinge II c 1144; — keine Ersitzung von Sachen der Kinder III 496.

Emanzipation nach französischem und badischem Recht, Wirkung VI a 410; — von Ausländern in Deutschland VI b 91, 93; — des ehelichen Kindes VI b 466.

Emissionsgeschäfte II b 653.

Emissionstheorie II c 1606.

Empfangene, noch nicht geborene Personen: Anfall der Erbschaft V 24, 27; — der Nacherbschaft V 523; — Aussetzung der Erbschaftsauseinandersetzung wegen Beteiligung eines nicht geborenen Erben V 394; — Unterhaltsanspruch der Mutter V 146; — bei Nacherbschaft V 572; — Vermächtnis an solche V 618; — zeitliche Beschränkung der Gültigkeit desselben V 598; — Ersatzanspruch bei Tötung des Unterhaltspflichtigen II c 1968.

Empfangnahme der Leistung durch den Gläubiger II a 669.

Empfängniszeit für eheliche Geburt: Begriff und Umfang IV 861; — Vermutung der Beiwohnung des Mannes während der E. IV 851; — Tabelle zur Berechnung IV 865; — E. für uneheliche Geburt IV 1249; — bei Feststellung der Legitimation durch nachfolgende Ehe IV 1272.

Empfangsbedürftige Rechtsgeschäfte: Anfechtung I 597, 599; — Aufrechnungserklärung II a 750; — Rücktritt vom Vertrag II a 620; — Schenkungswiderruf II b 336; — Zustimmung zu e. R. I 743; — e. R. der Frau IV 310.

— **Willenserklärungen:** Begriff, Wirksamkeit I 455, 537; — Mentalreservation I 461; — Entgegennahme durch den Testamentsvollstrecker V 681.

Empfangsbekenntnis über eine Leistung II a 690; — siehe auch „Quittung".

Empfangstheorie I 538.

Empfehlung: rechtliche Bedeutung, Haftung aus derselben II c 1117.

Emphyteusis III 7, 664, VI a 137, 528.

Emtio spei, rei speratae II b 12.

En bloc-Kauf II b 13.

Ende der Frist I 755; — eines Monats I 758.

Endtermin bei Rechtsgeschäften I 672; — siehe auch „Befristung".

End und Gebänd IV 226.

Energie: Sacheigenschaft I 348.

Engagementsvertrag II c 929.

England: Annahme an Kindes Statt VI b 577, 590; — über das eheliche Güterrecht geltendes internationales Privatrecht VI b 308, 336; — über Eheverträge geltendes Recht VI b 316, 334; — Gerichtsbarkeit in Scheidungssachen VI b 397; — Rückverweisung im Scheidungsrecht VI b 432; — für das Erbrecht an Grundstücken in E. geltendes Recht VI b 685, 686; — Legitimation durch nachfolgende Ehe VI b 557, 564, 566; — Rück- und Weiterverweisung VI b 760; — für die Testamentsform geltendes Recht VI b 700, 723; — über die uneheliche Vaterschaft geltendes internationales Privatrecht VI b 540; — Staatsvertrag betr. Luftfahrzeuge VI b 222.

Engländer: Grunderwerb in Deutschland VI a 226.

Enkel: Annahme an Kindes Statt IV 1308; — Annahme an Enkels Statt ausgeschlossen IV 1302, 1308.

Entbindungskosten der unehelichen Mutter IV 1241; — einstweilige Verfügung vor der Geburt des Kindes IV 1247; — räumlich geltendes Recht VI b 504, 525, 527; — zeitlich geltendes Recht VI a 569.

Enteignung: Begriff VI a 85; — Recht an Entschädigungsansprüchen VI a 84, 88; — Vorbehalt zugunsten der Landesgesetzgebung VI a 273, 274; — Haftung der Entschädigung für die Hypothek III 1043; — E. auf Grund des Friedensvertrages III 296; — E. des Erbbaurechts III 679.

Enterbung V 986, 987; — in wohlmeinender Absicht V 992, 993, VI a 586; — siehe auch „Pflichtteil".

Entfernung von Sachen des Gastes, Einfluß auf das Pfandrecht des Wirtes II c 1190; — E. von Sachen des Mieters, Erlöschen des Vermieterpfandrechtes II b 513, 517; — Widerspruch des Vermieters gegen die E. II b 513, 517; — weite E. vom Sitze des Vormundschaftsgerichts, Ablehnung der Vormundschaft IV 1401; — Entlassungsgrund IV 1606.

Entführung IV 1012; — Änderung des StGB. VI a 37, 43.

Entgangener Gewinn: Ersatz II a 116, 146.

Entgegengesetzter Vertrag II a 651.

Entgeltliche Rechtsgeschäfte I 411.

— **Veräußerungen,** Belastungen: Haftung für Rechtsmängel II b 83; — wegen Sachmängel II b 248.

Entlassung des Beistands IV 1175; — aus der Gewalt nach franz. und bad. Recht VI a 410; — aus dem Staatsverband von Minderjährigen, Bevormundeten, Ehefrauen VI a 57, 59, 60; — des Mündels aus dem Staatsverband: Anhörung des Mündels IV 1505; — von Verwandten und Verschwägerten IV 1557; — E. von Familienratsmitgliedern IV 1592; — Vorbehalt derselben IV 1585; — des Testamentsvollstreckers V 719, 721; — des Vormunds: von Amts wegen IV 1602; — auf Antrag IV 1606; — Anzeige von Entlassungsgründen IV 1429; — E. der als Vormund bestellten Frau IV 1605; — von Beamten oder Religionsdienern IV 1605.

Entlastung des Vormunds, des Vormundschaftsgerichts nach beendigter Vormundschaft IV 1614.

Entmündigung: Begriff und rechtliche Bedeutung I 63; — räumlich anzuwendendes Recht VI b 95, 96; — Übergangsbestimmungen VI a 411, 413; — Haager Abkommen über die E. VI b 85, 107; — Zweck I 78; — Fälle derselben I 63; — formelle Voraussetzungen I 75, 76; — Ermessenssache I 77; — Verfahren I 75, 76; — Wirkungen des Entmündigungsantrages I 78; — des Entmündigungsbeschlusses I 79; — Antragsrecht des Pflegers IV 1650; — E. von Inländern im Auslande VI b 99; — E. von Ausländern I 82; — von Ausländern im Inland VI b 94, 95; — Wiederaufhebung der E. VI b 98; — von Ausländern im Ausland VI b 103; — im Heimatstaat VI b 103; — in einem dritten Staat VI b 104; — von Ausländern, Anerkennung derselben im Inland VI b 84; — Einfluß des Staats-

wechsels auf die E. VI b 106; — Vormundschaft und Pflegschaft über entmündigte Ausländer im Inland VI b 602; — E. Staatenloser VI b 776; — von Minderjährigen I 82; — Übergangsbestimmungen I 82; — Kosten des Verfahrens I 83; — Kostenvorschuß an den Mündel zur Anfechtungsklage I 83; — Wirkungen: Geschäftsunfähigkeit I 421, 424; — Prozeßunfähigkeit I 424; — Beschränkung der Geschäftsfähigkeit I 447; — Einleitung einer Vormundschaft IV 1618; — vorläufige Vormundschaft IV 1631; — Unfähigkeit des Entmündigten zum Amte eines Familienratsmitgliedes IV 1582; — eines Gegenvormunds IV 1393, 1412; — eines Pflegers IV 1669; — eines Vormunds IV 1391, 1620; — Beendigung des Amts des Familienrats IV 1592; — des Vormunds IV 1600; — Unfähigkeit zur Testamentserrichtung V 730, 731; — zum Abschluß von Erbverträgen V 839; — Gültigkeit des Testaments eines Entmündigten VI a 593, 594; — Fähigkeit zum Zeugnis bei Testamentserrichtung V 757; — Einfluß auf die Fähigkeit zum Testamentswiderruf V 787; — Aufhebung der E. I 63, 80, 81; — Unverjährbarkeit der Klage auf Aufhebung I 771; — Antragsrecht des Vormunds auf Aufhebung IV 1625; — Einfluß der Aufhebung auf ein vom Entmündigten errichtetes Testament V 731; — Wirksamkeit von Rechtsgeschäften Entmündigter nach Aufhebung der E. I 449.

Entmündigung des Ehemanns: Beendigung der Nutznießung u. Verwaltg. am eingebrachten Gut IV 362, 364; — Wiederherstellung nach Aufhebung der E. IV 377; — Wirkung gegenüber Dritten IV 391; — Zurückbehaltungsrecht der Frau hinsichtlich des Beitrags zum ehelichen Aufwand IV 385; — Beendigung der Gütergemeinschaft IV 487; — der Errungenschaftsgemeinschaft IV 656, 657; — Wiederherstellung der Gemeinschaft IV 665, 666.

— des überlebenden Ehegatten: Gütergemeinschaftsaufhebungsklage IV 563.

Entmündigungsgründe, ausländische VI b 68.

Entreprisebau: rechtliche Natur II c 934.

Entschädigung für Rücktritt vom Verlöbnis IV 20; — für Gestattung des Beischlafes unter Verlobten IV 25; — Verjährung IV 27, 30; — bei Entziehung, Beschädigung, Benützung einer Sache, Beschränkung des Eigentums im öffentlichen Interesse, Rechte Dritter VI a 84; — bei Grundstücken VI a 88; — freies Verfügungsrecht über die Entschädigungssumme VI a 311, 313; — bei Beschädigung durch Bergbau VI a 155, 156; — für das Bauwerk nach Erlöschen des Erbbaurechts III 661, 751; — siehe auch „Erbbaurecht".

Entschädigungsanspruch des Unternehmers des Werks bei Annahmeverzug des Bestellers II c 987.

Entscheidungsrecht des Ehemannes in Angelegenheiten des ehelichen Lebens IV 173.

Entschuldbarkeit des Irrtums I 487.

Entwässerung von Grundstücken VI a 146.

Entwehrung beim Kauf II b 69, 77; — bei der Miete II b 435.

Entziehung des Anteils eines Abkömmlings an der fortgesetzten Gütergemeinschaft IV 600, 608; — Verfügung über den freigewordenen Anteil IV 603, 608; — des Besitzes III 39; — E. von eingebrachtem Gut bei Errungenschaftsgemeinschaft IV 626; — bei Fahrnisgemeinschaft IV 681; — E. der elterlichen Gewalt IV 1136; — E. der Erbschaftsverwaltung des Vorerben V 558, 561; — E. von Gesamtguts-Gegenständen IV 501; — bei Errungenschaftsgemeinschaft IV 663; — bei fortgesetzter Gütergemeinschaft IV 567; — der Geschäftsführung für die Gesellschaft II c 1257; — durch einstweilige Verfügung II c 1258; — der Vertretungsmacht eines Gesellschafters II c 1269; — von Gesellschaftsvermögen II c 1275; — E. des Kindes aus der elterlichen Gewalt IV 1011; — von freiem Kindervermögen IV 1043; — des Mietobjekts II b 435, 583; — von Nachlaßgegenständen V 380; — Zugehörigkeit der Surrogate zur Nacherbschaft V 530; — E. von Gegenständen des Erbschaftskaufes V 1087; — des Pachtobjekts II b 606, 607; — des Pflichtteils V 986, 987.

— der Rechtsfähigkeit von Vereinen im Verwaltungsverfahren I 241; — Zuständigkeit und Verfahren I 244; — Wirkung I 245; — E. wegen geringer Mitgliederzahl I 301; — Eintragung im Vereinsregister I 301; — Unterschied von der Vereinsauflösung I 236.

— E. von Sachen durch unerlaubte Handlungen: Umfang der Haftung des Rückgabepflichtigen II c 1989; — Verzinsung des Wertersatzes und der Wertminderung II c 1990; — Anspruch auf Ersatz von Verwendungen II c 1991; — Befreiung durch Ersatzleistung an den Besitzer II c 1991; — von Sachen und Rechten im öffentlichen Interesse, Landesrecht VI a 273; — Rechte Dritter an der Entschädigung VI a 84, 88; — freies Verfügungsrecht an der Entschädigungssumme VI a 311, 313; — E. der Schlüsselgewalt der Ehefrau IV 184, 185; — E. der ungerechtfertigten Bereicherung II c 1718; — eines vertragsmäßig zugewendeten Vermächtnisgegenstandes V 861; — Vermächtnis des Ersatzanspruches V 604; — E. der Vermögensverwaltung und Nutznießung IV 1105, 1113, 1126, 1130; — der Vermögensverwaltung des Annehmenden IV 1337; — der Vertretungsbefugnis des Gewalthabers IV 984, 991, 1113; — der väterlichen Vertretungsmacht IV 984, 991; — Stellung der Mutter neben dem Vormund IV 1180; — der Vertretungsmacht des Vormunds IV 1423; — von Vorbehaltsgut im gesetzlichen Güterstand IV 237; — bei allgemeiner Gütergemeinschaft IV 427; — bei Errungenschaftsgemeinschaft IV 631; — bei fortgesetzter Gütergemeinschaft IV 539.

Epidemie: Testamentserrichtung an einem abgesperrten Ort V 783; — zeitliche Beschränkung der Wirksamkeit V 785.

Epilepsie I 426.

Erbanfall kraft Gesetzes V 80; — im Falle der Ausschlagung durch den zuerst Berufenen V 113; — nach Anfechtung des Erbschaftserwerbes eines Erbunwürdigen V 1007; — siehe auch „Anfall".

Erbbaugrundbuch III 724, 726; — notwendige Eintragungen III 724, 727; — Rechtsbeziehungen zum Grundbuchblatt für das belastete Grundstück III 728; — Voraussetzung der Eintragungen der von der Zustimmung des Grundstückseigentümers abhängigen Übertragung, Belastung III 729; — Bekanntmachung der Eintragungen III 730; — Schließung bei Löschung des Erbbaurechts III 729; — bisheriges Recht III 782.

Erbbaurecht: geschichtliche Entwicklung III 655; — wirtschaftliche und soziale Bedeutung III 657; — Inkrafttreten der ErbbauVO. III 776; — Übersicht der Neuerungen durch die ErbbauVO. III 660; — Übergangsbestimmungen III 665, 778; — früheres Recht III 779, VI a 491, 493; — internationales Privatrecht III 665.

— Allgemeines: Begriff III 652, 659, 665; — Bestandteile I 370; — rechtliche Natur III 667; — Erklärung zur Heimstätte III 668; — Anwendung der Vorschriften über Grundstücke III 707; — Bestandteile des E. III 716; — reale Teilung III 711; — Berechtigte III 667; — Eintragung eines neuen Erbbauberechtigten im Grundbuch für das Grundstück III 724; — Eigentums-, Besitzverhältnisse III 667, 668; — Rechtsbeziehungen zwischen Grundstückseigentümer und Erbbauberechtigten III 677; — Besitz des Erbbauberechtigten III 72; — Vererblichkeit, Veräußerlichkeit des E. III 661, 665, 672, 779, V 14; — Lastentragung III 680, 684; — steuerrechtliche Vergünstigungen III 787.

— Entstehung: Begründung durch Rechtsgeschäft III 678; — Bestellung für mehrere Berechtigte III 667; — Form der Begründung III 660, 711; — Form des schuldrechtlichen Grundgeschäfts II a 423, III 713; — Bedingungen, Zeitbestimmungen III 673, 674; — keine Beschränkung durch auflösende Bedingungen III 659, 665, 673; — durch Vereinbarungen über Aufgabe, Erlöschen des E. III 666, 676; — Tabularersitzung III 281, 678; — Vormerkung des Anspruchs auf Bestellung III 172.

— Übertragung des E.: Form III 660, 679, 707, 714, VI a 379; — Ausschluß von Bedingungen, Zeitbestimmungen III 679, 707, 715; — Form der Verpflichtung zur Übertragung III 713; — Verpflichtung zur Übertragung des E. an den Grundstückseigentümer III 680, 685; — Verfügung über zum Gesamtgut der allgemeinen Gütergemeinschaft gehöriges E. IV 442; — eingebrachtes Gut bei Fahrnisgemeinschaft IV 677; — Beschränkung des Verfügungsrechts des Vormunds IV 1485; — Vorkaufsrecht des Grundstückseigentümers am E. III 687, 689; — Eintragung bei Bindung der Übertragung an die Zustimmung des Grundstückseigentümers III 729; — Vormerkung des Anspruchs auf Übertragung III 172; — Zeugnis des Nachlaßgerichts über Rechtsnachfolge in E. V 1027.

Erbbaurecht: Gegenstand (belastetes Grundstück) III 665, 670; — Belastung mehrerer Grundstücke III 672; — keine Beschränkung auf Gebäudeteile (Stockwerk) III 665, 675; — Bestellung am Mietobjekt II b 584; — Erstreckung des E. auf für das Bauwerk nicht erforderliche Grundstücksteile III 665, 671.

— Bauwerk: Begriff, Arten III 669, 670; — Vereinbarungen über Errichtung, Instandhaltung, Verwendung III 680, 683; — über Versicherung, Wiederaufbau nach Zerstörung III 680, 684; — Benachrichtigung des Grundstückseigentümers vom Eintritt des Versicherungsfalles III 747; — Verhältnis des Bauwerks zum Erbbaurecht III 716; — des vom Erbbauberechtigten errichteten III 716; — des bei Begründung des E. vorhandenen III 719; — keine Haftung für Belastungen des Grundstücks III 716, 720; — R. bei Erlöschen des E. III 721; — kein Wegnahmerecht des Erbbauberechtigten bei Heimfall, Erlöschen des III 774; — Entschädigung für das Bauwerk bei Erlöschen des E. durch Zeitablauf III 752, 753; — Haftung des Grundstücks für die Entschädigungsforderung III 757; — Rechte der Erbbaurechtsgläubiger daran III 759; — Untergang des Bauwerks kein Erlöschungsgrund für das E. III 723.

— Inhalt des E.: gesetzlicher III 665; — vertragsmäßiger III 680, 683, 690, 768; — dingliche Wirkung der Vereinbarungen III 660, 681; — Änderung des Inhalts des E. III 714; — Bindung der Veräußerung, Belastung des E. an die Zustimmung des Grundstückseigentümers III 690, 691; — Wirkung dieser Vereinbarungen III 691, 693, 694; — für die Eintragung der Übertragung, Belastung im Erbbaugrundbuch III 729; — Anspruch auf Zustimmung, Ersetzung durch das Gericht III 691, 694; — Unwirksamkeit von Verfügungen im Wege der Zwangsvollstreckung usw. III 697; — Vereinbarung von Vertragsstrafen III 680, 688; — Verjährung des Anspruchs auf Vertragsstrafe III 690.

— Rang des E. III 705.

— Erbbauzins III 661, 676, 682, 700; — Erhöhung als Vertragsstrafe III 704; — Sicherung durch Vertragsstrafe III 705; — Zahlungsverzug III 700, 704; — Eintragung im Grundbuch III 701, 726; — Abtretbarkeit, Pfändbarkeit der einzelnen Leistungen III 701; — Verjährung III 704.

— Belastung des E. III 99, 710; — Anlage von Mündelgeld in Hypotheken, Grundschulden, Rentenschulden an E. IV 1444; — Mündelsicherheit III 730, 733; — Tilgungshypothek III 730, 740; — Beleihungsgrenze für Mündelhypothek III 730, 735, 736; — landesgesetzliche Vorschriften über Mündelsicherheit III 746; — Sicherheitsgrenze für andere Beleihungen III 742.

Erbbaurecht: Heimfall: Begriff des Heimfallrechts III 685; — Vereinbarung III 680, 685; — kein Heimfall wegen Übertretung von Veräußerungs-, Belastungsverboten III 691; — Beschränkung des Heimfallanspruchs wegen Zahlungsverzug mit dem Erbbauzins III 700, 704; — Unveräußerlichkeit, Unpfändbarkeit des Heimfallrechts III 685; — keine Trennung des Heimfallanspruchs vom Grundstück, Übertragung III 690; — Verjährung des Heimfallanspruchs III 690; — Entschädigung des Erbbauberechtigten beim Heimfall III 687, 768; — Fortbestand der Belastungen des E. beim Heimfall III 662, 770; — kein Wegnahmerecht des Erbbauberechtigten bei Heimfall III 774.

— Erneuerung des E.: Vereinbarung des Vorrechts auf Erneuerung III 680, 688; — Eintragung ins Grundbuch III 765; — Wesen des Vorrechts III 763; — Voraussetzungen der Ausübung III 762, 763; — Ausschluß, Erlöschen des Vorrechts III 763, 764; — Form und Wirkungen der Ausübung III 763, 765; — Wiederaufleben der Rechte der Realgläubiger III 763, 767; — steuerrechtliche Vergünstigungen III 787.

— Endigung des E.: Gründe überhaupt III 679; — rechtsgeschäftliche Aufhebung III 715; — Zustimmung des Grundstückseigentümers zur Aufhebung III 750; — kein Ausschluß des Erbbauberechtigten im Aufgebotsverfahren III 707, 715; — Rechtsverhältnisse bei Erlöschen des E. III 721, 722; — Ersatz bei Enteignung VI a 88; — Entschädigung des Erbbauberechtigten bei Erlöschen durch Zeitablauf III 751; — Sicherung des Entschädigungsanspruchs III 757; — Rechte der Gläubiger daran III 759; — Einfluß der Beendigung auf Miet- und Pachtverträge III 761; — kein Wegnahmerecht des Erbbauberechtigten bei Erlöschen des E. III 774; — Löschen des E. im Grundbuch III 729.

— Verlängerung des E. III 662, 750, 751, 755.

— Schadensersatz wegen Verletzung II c 1774.

— Zwangsversteigerung des Erbbaurechts III 748; — des belasteten Grundstücks III 749.

Erbbegräbnis VI a 335; — Vererblichkeit V 20.

Erbe: rechtliche Stellung V 79; — Rechte an einem im Ausland eröffneten Nachlaß VI b 737; — Anhörung vor der Nachlaßauseinandersetzung durch den Testamentsvollstrecker V 676; — Antrag auf Anordnung der Nachlaßverwaltung V 234; — Antragsrecht a. Erteilung eines Erbscheines V 1029, 1034, 1035; — Antragsrecht auf Zwangsversteigerung eines Nachlaßgrundstückes V 175; — Auskunftspflicht gegenüber dem Testamentsvollstrecker V 682; — Beschwerung mit einer Auflage V 75, 637, 638; — Beschwerung mit einem Vermächtnis V 72; — Besitzerwerb an Nachlaßgegenständen III 36, V 11, 82; — Besitzesschutz III 50, 53; — Eigentumserwerb an Nachlaßgrundstücken III 391; — Besorgung erbschaftlicher Geschäfte und Rechtshandlungen vor der Ausschlagung V 122; — Einwilligung zur Eingehung von Verbindlichkeiten durch den Testamentsvollstrecker V 687; — Ermittelung durch das Nachlaßgericht V 1031; — Fähigkeit zum Amt eines Testamentsvollstreckers V 668, 669.

Erbe: Haftung für Nachlaßverbindlichkeiten V 154, 157, 164, VI a 583; — Art d. Haftung gegenüber im Aufgebotsverfahren ausgeschlossenen Gläubigern V 190, 193; — bei Mehrheit von Erben V 173; — Haftung des zu mehreren Erbteilen berufenen Erben V 174, 296.

— unbeschränkte Haftung V 274; — infolge Versäumung der Inventarfrist V 172, 278; — wegen Unvollständigkeit des Inventars, Unrichtigkeit, Verweigerung oder Verzögerung der Auskunft V 291; — wegen Verweigerung des Offenbarungseides V 293; — Wirkung derselben V 305, 314; — zeitliche Verweigerung der Berichtigung von Nachlaßverbindlichkeiten V 307, 310; — im Falle der Nachlaßpflegschaft V 314; — Ausschluß der Verweigerung wegen unbeschränkter Haftung des Erben gegenüber vom Aufgebot nicht betroffenen Nachlaßgläubigern V 314; — Berichtigung vor Eröffnung des Nachlaßkonkurses oder Anordnung der Nachlaßverwaltung V 229; — nach Beendigung des Nachlaßkonkurses V 255; — Befriedigung der Nachlaßgläubiger bei Mangel an Masse V 260; — Haftung für Beerdigungskosten V 178; — Haftung für Verschulden des Nachlaßpflegers V 139; — Haftung aus Rechtsgeschäften des Nachlaßpflegers V 141; — wegen Unterlassung des Antrages auf Nachlaßkonkurs V 231; — Haftung für Steuern V 176; — Haftung für durch Vormerkung gesicherte Ansprüche III 189; — Haftung der Miterben im Falle der Veräußerung des Anteiles am Nachlasse nach Geltendmachung des Vorkaufsrechts V 364, 367; — Haftung für Nachlaßverbindlichkeiten nach Beendigung der Nachlaßverwaltung V 251; — aus Verschulden des Testamentsvollstreckers V 686; — Haftung des Testamentsvollstreckers gegenüber Erben und Vermächtnisnehmern V 712; — Nebenintervention in Prozessen des Testamentsvollstreckers, Vernehmung als Zeuge V 662, 702; — Zeuge im Prozeß des Nachlaßverwalters V 216; — ergänzende und Sondervorschriften V 155; — entsprechende Anwendung der Vorschriften V 155; — zeitliche Geltung der Vorschriften V 155; — Statutenkollision V 156.

— Offenbarungseid V 293; — Pflichten gegen Familienangehörige des Erblassers V 180; — Prozeßführung gegen den Erben bei Vorhandensein eines Testamentsvollstreckers V 696; — Recht zur Inventarerrichtung über den Nachlaß V 276; — Recht auf Erfüllung einer Auflage V 640; — Rechtsgeschäfte des Erben vor Ausschlagung V 122; — Rechenschaftsablegung gegenüber dem Testamentsvollstrecker V 682; — Verantwortlichkeit für die bisherige Verwaltung im Falle des Nachlaßkonkurses oder der Nachlaßverwaltung, Ersatzansprüche für Aufwendungen V 224, 229;

— Verfügungsbeschränkung durch den Testamentsvollstrecker V 693; — Verwaltung des Nachlasses bis zur Ausschlagung V 122; — Verlust des Verwaltungs- und Verfügungsrechtes durch Anordnung der Nachlaßverwaltung V 241; — Rechtsstellung nach der Anordnung V 241, 244; — Verantwortlichkeit im Falle Herausgabe des Nachlasses an die Gläubiger beim Mangel an Masse zu einer Nachlaßverwaltung oder einem Nachlaßkonkurs V 260; — Erbe als Vermächtnisbeschwerter V 584; — Mehrheit der mit demselben Vermächtnis beschwerten Erben V 585; — E. als Vermächtnisnehmer V 586; — Zuziehung bei Aufnahme des Nachlaßverzeichnisses durch den Testamentsvollstrecker V 703.

Erbe: Sonderfälle: E. des Auftraggebers II c 1106; — des Beauftragten II c 1109; — E. eines Gesellschafters II c 1318; — E. des Mieters, Kündigungsrecht II b 547; — des Schenkers, Widerrufsrecht II b 333; — des Stifters: Widerruf der Stiftung I 318, 320; — Ansprüche der Mutter des neugeborenen Erben V 146; — des unehelichen Vaters, Pflichten IV 1231; — des unterhaltspflichtigen geschiedenen Ehegatten, Haftung IV 811.

Erbeinsetzung V 493; — was als solche anzusehen ist V 494.

— E. durch Testament V 67, 493; — kein Erfordernis des Testaments V 63, 69, 446; — Beschränkung der Erbeinsetzungen auf einen Bruchteil der Erbschaft, teilweise gesetzliche Erbfolge V 497; — Einsetzung auf mehr als das Ganze V 497; — auf weniger V 497; — E. zu mehreren Erbteilen, Annahme, Ausschlagung V 108; — E. mehrerer ohne Bestimmung der Teile V 498; — teils mit, teils ohne Bestimmung des Bruchteils V 499; — mehrerer auf den nämlichen Bruchteil V 499, 500; — auf den Überrest V 567, 568; — Bestimmung der Person des Erben V 450; — Ausschluß der Bestimmung durch einen Dritten V 448; — unrichtige Bezeichnung des Bedachten V 455; — E. unter einer auf mehrere Personen passenden Bezeichnung V 467.

— Auslegungsregeln: Einsetzung der Abkömmlinge von Dritten V 465; — der Armen V 466; — der gesetzlichen Erben V 460; — der Kinder des Erblassers, seiner Abkömmlinge V 462; — von Personenklassen, Bediensteten, Angestellten V 468; — Verwandter oder der nächsten Verwandten V 461; — räumlich geltendes Recht VI b 643.

— Form der Anfechtung der E. V 487; — E. noch nicht bestehender juristischer Personen V 517; — des nicht rechtsfähigen Vereins I 270; — einer Stiftung I 322; — noch nicht erzeugter Personen V 517; — Einsetzung eines Ersatzerben V 503; — E. eines Dritten in einem gemeinschaftlichen Testament V 815.

— E. durch Erbvertrag V 76, 836, 843, 845; — Wirkung V 845; — Verzicht auf das Erbrecht V 1023.

Erbeinsetzungsfähigkeit: Mangel der E. bei Geistlichen, Ärzten, Vormündern, Notaren VI b 636.

Erbeinsetzungsvertrag V 63, 78, 836, 844, 845; — Wirkung der Erbeinsetzung V 843, 845.

Erbenermittlung V 1031, 1054.

Erbengemeinschaft V 347, 349; — räumlich geltendes Recht VI b 631, 633, 691, 707, 712, 713, 728; — zeitliche Geltung des BGB., Übergangsbestimmungen V 348; — Auseinandersetzung (siehe auch „Nachlaßauseinandersetzung") V 381; — Berichtigung von zum Nachlasse gehörigen Ansprüchen V 371; — gesamtschuldnerische Haftung für Nachlaßverbindlichkeiten V 431; — Haftung des einzelnen Erben V 433; — Verwaltung des Nachlasses V 368; — Verfügung über Nachlaßgegenstände, Aufrechnung V 376; — Surrogation von Nachlaßgegenständen V 380; — E. des Mündels mit Dritten hinsichtlich Grundstücken IV 1486.

Erbengenossenschaften VI a 431.

Erbenhaftung: räumlich geltendes Recht VI b 631, 655, 691; — siehe „Erbe, Nachlaßverbindlichkeit".

Erbeserben: Erbschaftsausschlagungsfrist V 111; — Erbschaftsanfall nach Ausschlagung durch den zuerst Berufenen V 113; — Antrag auf Erbscheinerteilung V 1035.

Erbfähigkeit: Voraussetzungen V 24, 27, 28; — noch nicht erzeugter Personen V 24, 27; — juristischer Personen V 24, 25, 26, 27, VI b 637; — Beschränkungen V 3, 28; — E. der offenen Handelsgesellschaft V 27; — Verschollener V 26; — räumlich geltendes Recht VI b 631, 633; — E. des nasciturus VI b 635; — des nondum conceptus VI b 635; — zeitlich geltendes Recht VI a 583.

Erbfall: Begriff V 7, 8; — Eintritt infolge von Todeserklärung I 150; — Anfall des Vermächtnisses V 617.

Erbfolge: Begriff und Arten V 5, 6; — Charakter und Gegenstand V 11; — Berufungsgründe V 10; — Eintritt V 23; — Voraussetzungen des Eintritts V 7, 8; — Aufhebung bei unbegründeter Todeserklärung V 10; — kein Ausschluß durch den Erblasser V 8, 12; — gesetzliche: Allgemeines V 29; — Voraussetzungen des Eintritts V 10; — E. der Abkömmlinge V 35; — der Eltern V 38, 39; — der Geschwister V 38, 39; — der Großeltern und ihrer Abkömmlinge V 41; — der Urgroßeltern und ihrer Abkömmlinge V 44; — der entfernteren Voreltern und ihrer Abkömmlinge V 45; — Successio ordinum V 46; — E. bei Zugehörigkeit zu mehreren Stämmen V 43; — maßgebender Zeitpunkt für die Verwandtschaft V 33; — Erhöhung eines Erbteils durch Wegfall eines Erben V 57; — zeitliche Geltung V 29; — Ausschluß von der E. durch Testament V 69; — gesetzliche E. neben der testamentarischen V 11, 497; — Anwachsung in diesem Falle V 500; — vertragsmäßige neben gesetzlicher oder testamentarischer V 11; — räumlich geltendes Recht VI b 631, 660,

lichen Kündigung II b 445; — Haftung des Schenkers II b 318; — gr. F. bei Herbeiführung der Dürftigkeit des Schenkers II b 332; — Haftung des Verleihers II b 642; — Beschränkung der Haftung auf gr. F. beim Gläubigerverzug II a 380; — gr. F. des Dienstpflichtigen bei Herbeiführung einer Krankheit II b 837; — F. bei unerlaubter Handlung II c 1747, 1768, 1779, 1802.

Fahrnisgemeinschaft: früheres Recht IV 669; — Begriff IV 668; — Stellung des BGB. IV 669; — Eintritt IV 669; — Anwendung der Vorschriften über allgemeine Gütergemeinschaft IV 673; — Eintragung im Grundbuch IV 673, 675; — mögliche Vermögensmassen IV 670; — siehe auch „eingebrachtes Gut, Gesamtgut, Vorbehaltsgut"; — Haftung für Unterhaltsansprüche IV 911; — Zwangsvollstreckung in die einzelnen Vermögensmassen IV 672; — rechtliche Behandlung von Grundstückszubehör I 380; — Einfluß des Konkurses eines Ehegatten IV 672; — Ausschluß des unbeweglichen Vermögens IV 676; — Tragung des ehelichen Aufwandes IV 670; — Ausgleichungspflicht bei Zuwendungen aus dem Gesamtgute V 419; — Schuldenhaftung IV 670, 674, 675; — Lastenverteilung bei Erwerb teils zum Gesamtgut teils zum eingebrachten Gute eines Ehegatten IV 683; — Beendigung durch Todeserklärung eines Ehegatten I 149; — Einfluß der Nichtigkeit der Ehe IV 145; — Beendigung IV 671; — Aufhebung durch Ehevertrag IV 414; — Fortsetzung der Gütergemeinschaft IV 671, 684; — Verhältnis von Schenkungen aus dem Gesamtgut zum Pflichtteilsanspruch V 982.

Fährregal VI a 175, 176.

Fahrtrecht III 810.

Faktura: Vermerke auf der F. II a 222, II b 18.

Fälligkeit der Forderung: Voraussetzung des Rechts zum Pfandverkauf III 1425; — zur Einziehung der verpfändeten Forderung III 1504; — Voraussetzung des Verzugs II a 330; — Beginn der Verzinsung von Geldschulden II a 360; — Abzug von Zwischenzinsen bei vorzeitiger Zahlung II a 223; — F. der Darlehensschuld II b 674; — der Darlehenszinsen II b 672; — von Forderungen und Verbindlichkeiten der Ehegatten zum Gesamtgut IV 483; — bei Errungenschaftsgemeinschaft IV 653; — bei Fahrnisgemeinschaft IV 676; — der Verbindlichkeiten des Mannes aus der Verwaltung des eingebrachten Gutes der Frau IV 300; — von Forderungen und Verbindlichkeiten des überlebenden Ehegatten zum Gesamtgut der fortgesetzten Gütergemeinschaft IV 539, 545; — des Grundschuldkapitals III 1361; — F. der Hypothekforderung infolge Kündigung III 1125; — wegen Gefährdung der Sicherheit III 1101; — Eigentumsübertragung zum Zwecke der Befriedigung III 1153; — der Leistung: Zeit II a 230; — F. des Mietzinses II b 476; — des Pachtzinses für landwirtschaftliche Grundstücke II b 614; — des Vermächtnisanspruches V 615, 621; — des von einem Vermächtnisnehmer zu entrichtenden Vermächtnisses V 629; — der Vergütung beim Werkvertrag II c 985; — in Fällen des Ausschlusses der Abnahme des Werks II c 1000; — F. der Zinsen II a 108.

Falsa demonstratio I 490; — im obligatorischen Immobiliarvertrag II a 438; — bei Grundstücksveräußerungen III 396; — in letztwilligen Verfügungen V 478.

Fälschung letztwilliger Verfügungen, Erbunwürdigkeit V 999, 1002, 1009.

Falzidische Quart V 72, 178, 580.

Familie: Begriff IV 1; — Unterbringung in einer F.: des Kindes auf Anordnung des Vormundschaftsgerichts IV 1004, 1105, 1112; — von Minderjährigen zur Fürsorgeerziehung VI a 344, 355; — des Mündels zur Fürsorgeerziehung IV 1543; — Strafunmündiger VI a 39, 351.

Familienangehörige im Sinne der Reichsgesetze VI a 36; — des Erblassers, Unterhaltsberechtigung V 180.

Familienbegräbnisstätten, Vererblichkeit V 20.

Familienbilder: Ausschluß beim Erbschaftskauf V 1086.

Familienfideikommisse: Aufhebung V 2, VI a 128; — Verhältnis des Besitzers zum Nachfolger V 510; — Erbfolge des angenommenen Kindes IV 1337; — Sukzession legitimierter Kinder IV 1271; — dingliche Belastung VI a 133; — Revenuenhypothek III 965; — Belastungs- und Veräußerungsbeschränkungen VI a 134; — landesrechtliche Regelung VI a 122, 133.

Familienname: Änderung I 115; — F. des angenommenen Kindes IV 1333; — Wirkung der Aufhebung der Annahme IV 1336, 1353; — F. der Ehefrau I 113, 114, IV 177, VI a 535; — räumlich geltendes Recht VI b 290; — F. bei Nichtigkeit der Ehe IV 145; — der geschiedenen Ehefrau IV 180, 787; — anzuwendendes Recht VI b 425, 430; — Führung des Namens in der Firma des Mannes IV 794; — des ehelichen Kindes I 112, IV 943; — zeitlich VI a 555; — räumlich geltendes Recht VI b 466, 471; — von Findelkindern I 117, IV 946, 1432; — des legitimierten Kindes IV 1271; — des unehelichen Kindes IV 1201; — örtlich VI b 497; — zeitlich geltendes Recht VI a 565, 567; — des nach bisherigem Rechte angenommenen oder legitimierten Kindes VI a 572; — der Mitglieder vormals landesrechtlicher Familien I 106.

Familienpapiere des Erblassers, Ausschluß der Verteilung V 400; — Ausschluß beim Erbschaftskauf V 1086.

Familienpension, Haftung für eingebrachte Sachen II c 1179.

Familienrat IV 1573; — Einsetzung auf elterliche Anordnung IV 1574; — auf Antrag IV 1575; — Zweck der Einsetzung IV 1574; — Unterbleiben der Einsetzung wegen Mangels geeigneter Personen IV 1574; — wegen Untersagung durch die Eltern IV 1575; — Einsetzung

durch den Testamentsvollstrecker V 319, 650, 663, 702; — durch den zu Unrecht für tot Erklärten V 345; — Beklagter V 320, 321, 322; — Gegenstand und Ziel V 317, 323; — Surrogation V 325; — Herausgabe der Nutzungen und Früchte V 328; — Anspruch bei Unmöglichkeit der Herausgabe von Erbschaftsgegenständen V 330; — Haftung des Erbschaftsbesitzers bei bösem Glauben V 335; — bei Erlangung der Sache durch strafbare Handlungen oder Eigenmacht V 336; — Stellung des Rechtsnachfolgers des Erbschaftsbesitzers V 344; — Einwendungen des Beklagten V 324; — Gegenanspruch, Zurückbehaltungsrecht wegen Verwendungen V 331 332; — Einfluß der Erhebung auf das Verhältnis zu Erbschaftsgläubigern und -schuldnern V 324; — Pfändbarkeit, Übertragbarkeit, Vererblichkeit V 325; — Verjährung V 325; — Einfluß derselben auf die Ersitzung von Erbschaftssachen V 337; — wahlweise Geltendmachung der Einzelklage V 343; — Einfluß der Rechtshängigkeit auf die Haftung des Erbschaftsbesitzers und seine Gegenansprüche für Verwendungen V 334; — Wirkung des Urteils, Vergleichs gegenüber Dritten V 324; — räumlich geltendes Recht V 317, VI b 651; — Deutscher gegen den Nachlaß eines Ausländers VI b 690, 710, 712; — gegen einen im Ausland eröffneten Nachlaß VI b 737; — zeitliche Geltung des BGB. V 317; — Geltung des bisherigen Rechts VI a 583.

Erbschaftsbesitzer: Begriff V 321; — Anrechnung der Besitzzeit des E. bei Ersitzung III 496; — Anspruch auf Herausgabe des Erlangten gegen denselben V 317; — auf Herausgabe mit Mitteln der Erbschaft erworbener Sachen und Forderungen V 325; — von Nutzungen und Früchten V 328; — Haftung bei Unmöglichkeit der Herausgabe V 330; — Ersatzanspruch für Verwendungen, Zurückbehaltungsrecht V 331; — Einfluß der Rechtshängigkeit auf die Haftung des Erbschaftsbesitzers und seine Gegenansprüche wegen Verwendungen V 334; — Haftung des bösgläubigen Erbschaftsbesitzers V 335; — Haftung wegen Verzugs V 335; — Haftung bei Erlangung einer Sache durch strafbare Handlung oder Eigenmacht V 336; — Ersitzung von Erbschaftssachen V 337; — verbotene Eigenmacht desselben III 40; — Auskunftspflicht über Bestand und Verbleib der Erbschaft V 338; — Offenbarungseid V 341; — Belangung mit Einzelklagen, Geltung der Grundsätze über den Erbschaftsanspruch V 343; — Stellung des Rechtsnachfolgers des E. V 344; — Erwerb nach bisherigem Recht VI a 582.

Erbschaftserwerb: Eintritt kraft Gesetzes V 23, 81; — an Grundstücken III 99; — Voraussetzungen in der Person des Erben V 24; — E. vom Erbschaftsbesitzer V 344; — zeitliche Geltung des Rechts V 84; — eines Ehegatten bei Fahrnisgemeinschaft: von unbeweglichen Sachen IV 676; — Lastentragung IV 683; — von beweglichen Sachen IV 679; — als Vorbehaltsgut der Frau IV 682; — der Ehefrau bei allgemeiner Gütergemeinschaft IV 428; — bei Errungenschaftsgemeinschaft IV 632; — beim gesetzlichen Güterstand IV 234; — Haftung für Verbindlichkeiten aus dem Erwerb IV 350; — bei allgemeiner Gütergemeinschaft IV 473; — E. des überlebenden Ehegatten bei fortgesetzter Gütergemeinschaft IV 539; — räumlich geltendes Recht VI b 650; — Geltung des bisherigen Rechts VI a 582.

Erbschaftsgegenstände: Herausgabeanspruch gegen den Besitzer V 317; — Ansprüche bei Erlangung durch strafbare Handlung oder verbotene Eigenmacht V 336 (siehe auch „Erbschaftsanspruch, Erbschaftsbesitzer"); — Verfügungsrecht des Vorerben V 533, 534; — Verzeichnis der E. durch den Vorerben V 552; — Erbschein über einzelne E. V 1038, 1076; — Wirkung der Verfügung des im Erbschein bezeichneten Erben über E. V 1062, 1063, 1068; — Verfügungen des Erbschaftsverkäufers über E. V 1088.

Erbschaftskauf II b 7, V 1080; — dispositive Natur der Vorschriften, ergänzende Vorschriften V 1080; — Statutenkollision V 1081; — Begriff V 1082; — Gegenstand V 1082, 1083; — rechtlicher Charakter V 1083; — Form des Vertrags V 1081, 1084; — Umfang des Erwerbs durch E. V 1086; — Pflichten des Verkäufers, insbesondere Herausgabepflicht V 1087; — Ersatzpflicht des Verkäufers für Verbrauch, Veräußerung, Belastung usw. von Erbschaftsgegenständen V 1088; — Gewährleistungspflicht des Verkäufers V 1089; — Einfluß des E. auf durch Konfusion erloschene Rechte und Verbindlichkeiten V 1091; — Anzeigepflicht des Verkäufers vom Verkauf V 1095; — Pflichten des Käufers V 1091; — Ersatz von Verwendungen und Aufwendungen V 1093; — Verteilung von Nutzungen und Lasten zwischen Käufer und Verkäufer V 1092, 1093; — Gefahrübergang V 1093; — Haftung für Nachlaßverbindlichkeiten V 175, 891, 1091, 1094; — Antragsrecht auf Erlassung des Aufgebotes der Nachlaßgläubiger V 185; — Antragsrecht auf Anordnung der Nachlaßverwaltung V 236; — Ausgleichungsrecht und -pflicht des Käufers eines Erbteils V 411; — Geltendmachung des Erbschaftsanspruchs durch den Käufer V 320; — Ausschluß der Erteilung eines Erbscheins für den Erbschaftskäufer V 1035; — Übertragung von Grundstücken III 99; — Eigentumserwerb des Käufers an Grundstücken III 390; — Behandlung des Vorausvermächtnisses beim E. V 589, 1086; — Anwendung der Vorschriften auf Weiterverkauf und anderweitige Veräußerung der Erbschaft V 1098; — Grunderwerbsteuer V 1085; — räumlich geltendes Recht VI b 653; — E. über altrechtliche Erbschaft VI a 585.

Erbschaftssachen: Ersitzung III 495; — siehe auch „Nachlaßgegenstände".

Erbschaftsschenkung V 1098.

Erbschaftsschulden siehe „Nachlaßverbindlichkeiten".
Erbschaftsschuldner: Stellung während des Erbschaftsstreites V 324.
Erbschaftssteuer: keine Nachlaßverbindlichkeit V 162; — E. bei Vor- und Nacherbschaft V 517, 557; — Haftung des Nachlaßpflegers V 141; — des Testamentsvollstreckers V 652, 709, 713; — Entrichtung für Erwerb aus Pflichtteilsanspruch V 904; — für Abfindung für Erbverzicht V 1017; — Haftung des Erbschaftskäufers V 1092.
Erbschaftssteueramt: Einsicht von Testamenten V 806.
Erbschein V 1025; — Begriff und rechtliche Bedeutung V 1026, 1029; — Beweiskraft V 1030; — Voraussetzungen der Erteilung V 1030, 1048; — Zuständigkeit zur Erteilung V 1030, 1031; — Antragsrecht auf Erteilung V 1029, 1034, 1035; — kein Antragsrecht des Erwerbers eines Anteiles am Nachlaß V 357; — Form, Zeitpunkt der Erteilung V 1032; — Inhalt V 1029, 1037; — Ausfertigung V 1032; — Einsicht V 1033; — Anfechtung der Ablehnung der Erteilung des E. V 1033; — E. beim Vorhandensein eines Nacherben V 535, 1058; — Angabe der Ernennung eines Testamentsvollstreckers V 1061; — Vermächtnisse nicht aufzunehmen V 616; — kein Vermerk von Auflagen V 637; — Inhalt bei Nacherbfolge V 535; — E. für den Fiskus als Erben V 151; — Kosten der Erteilung V 1040; — formelle Voraussetzungen der Erteilung, notwendiger Inhalt des Antrags im Falle gesetzlicher Erbfolge V 1040; — im Falle der Erteilung auf Grund einer Verfügung von Todes wegen V 1040, 1046; — Nachweis der Voraussetzungen V 1041, 1043; — gemeinschaftlicher Erbschein V 354, 1027, 1046; — Verfahren des Nachlaßgerichts: Ermittelungen, Aufforderung zur Anmeldung anderer Erbrechte V 1032, 1048, 1050; — Feststellung der erforderlichen Tatsachen V 1048, 1050; — Anhörung Dritter vor Erteilung V 1048, 1052; — Beschwerde gegen Ablehnung V 1033, 1050; — Einziehung und Kraftloserklärung des unrichtigen E. V 1027, 1054; — Herausgabeanspruch des wirklichen Erben gegen den Besitzer des unrichtigen Erbscheines V 1058; — Anspruch des Nacherben V 1059; — Herausgabeanspruch des irrtümlich für tot Erklärten oder für tot Gehaltenen V 1079; — Herausgabeanspruch des Testamentsvollstreckers V 1061; — Auskunftpflicht des Empfängers eines unrichtigen E. über die Erbschaft V 1058; — Vermutung für Richtigkeit des Inhalts des E. V 1062, 1063; — sich widersprechender Erbscheine V 1070; — öffentlicher Glaube des E. V 1063, 1067; — E. für einzelne im Inlande befindliche Gegenstände V 1076; — Ausstellung bei Beerbung von Ausländern VI b 728, 729; — rechtliche Folgen der Erteilung eines Erbscheines hinsichtlich des Nachlasses eines irrtümlich für tot Erklärten oder Gehaltenen V 346, 1071, 1079; — räumliche Geltung des Rechtes des BGB. V 1029; — zeitliche Geltung V 1028, VI a 585; — Geltung der Vorschriften für das Zeugnis über Fortsetzung der Gütergemeinschaft IV 585; — Ausgleichung eines infolge des öffentlichen Glaubens eingetretenen Rechtsverlustes II c 1703.
Erbteil: Begriff V 7, 24, 352; — Annahme oder Ausschlagung eines von mehreren E. V 109; — Ausschluß des Nachlaßkonkurses über einen Erbteil V 210; — der Nachlaßverwaltung V 217; — Nießbrauch daran III 905.
— Behandlung als besonderer E.: bei Erbfolge in verschiedenen Stämmen V 43; — bei Erbfolge als Ehegatte und Verwandter V 57; — bei Erhöhung des E. infolge Wegfalls eines Miterben V 57; — im Falle der Anwachsung eines E. V 57, 502; — hinsichtlich der Haftung für Nachlaßverbindlichkeiten bei Berufung zu mehreren Erbteilen V 296; — Erbeinsetzung mehrerer ohne Bestimmung des E. V 498; — Verfügungsrecht des Miterben V 354; — Pfändbarkeit V 24, 361; — Verkauf eines E. V 1083; — sonstige Veräußerung eines E. V 1099; — Vorkaufsrecht der Miterben beim Verkauf V 363, 364; — Weiterveräußerung durch den Erwerber, Vorkaufsrecht der Miterben V 364; — Veräußerung durch Vergleich V 1100; — Vertrag über einen künftigen E. II a 417; — Abschluß eines Vertrages über einen künftigen E. durch den Vater IV 1061; — durch den Vormund IV 1482, 1490.
— gemeinschaftlicher: Begriff V 499, 500; — Anwachsung bei Einsetzung auf einen g. E. V 499; — Eintritt der gemeinschaftlich Eingesetzten als Ersatzerben V 504; — Erwerb aller Erbteile durch einen Miterben V 387.
Erbteilung V 381; — siehe auch „Nachlaßauseinandersetzung".
Erbteilungsklage V 387; — Erhebung für den Mündel IV 1492.
Erbteilungsvertrag: Abschluß durch den Inhaber der elterlichen Gewalt IV 1062; — durch den Vormund IV 1482, 1491.
Erbunwürdigkeit V 997; — Bedeutung V 998; — Gründe derselben V 999; — Geltendmachung durch Anfechtung des Erbschaftserwerbs, Anfechtungsfrist V 998, 1003; — Anfechtungsberechtigung V 1004; — Anfechtungsrecht des Testamentsvollstreckers V 680; — Anfechtungsgegner V 1005; — Form der Anfechtung, Eintritt ihrer Wirksamkeit V 1005; — Ausschluß der Anfechtung durch Verzeihung V 1006; — Verzicht auf das Anfechtungsrecht V 1007; — materielle Wirkungen der Anfechtung, rückwirkende Kraft V 998, 1087; — eines anteilsberechtigten Abkömmlings IV 583; — E. eines Nacherben V 573, 1004, 1008; — des überlebenden Ehegatten, Einfluß auf die Fortsetzung der Gütergemeinschaft IV 526; — E. eines Pflichtteilsberechtigten, eines Vermächtnisnehmers V 999, 1009; — Einfluß auf die Pflichtteilsberechnung V 923; — räumlich geltendes Recht VI b 639, 736;

— zeitliche Geltung der Vorschriften des BGB. V 999.
Erbvertrag V 63, 834; — zeitliche Geltung der Vorschriften des BGB. V 79, 837; — Begriff und rechtliche Natur V 76, 77, 835, 838; — Arten V 78, 836; — zweiseitiger (synallagmatischer) E. V 836, 879; — Unterschied vom gemeinschaftlichen Testament V 77; — vom Vertrag zugunsten Dritter V 78; — beteiligte Personen V 78, 79, 839; — vertragsmäßige Erbfolge neben gesetzlicher oder testamentarischer V 11; — Fähigkeit zur Errichtung V 839; — Ausschluß der Stellvertretung V 838; — Form der Errichtung V 836, 840; — Verbindung mit Erbverzichtsvertrag V 845, 1019.
— Inhalt, vertragsmäßiger V 78, 836, 843, 844; — Anwendung der allgemeinen Vorschriften über Rechtsgeschäfte und Verträge V 847; — Zulässigkeit von Bedingungen V 848, 874; — einseitige Verfügungen V 882; — Verweisung auf das Gesetz bei Erbeinsetzung V 461; — Bestimmung des Testamentsvollstreckers im E. V 663; — Verbindung mit einem Ehevertrag IV 395, V 78, 842; — Form des Vertragsabschlusses in diesem Falle IV 406; — unter Verlobten IV 14, 15; — Verbindung des Erbverzichtsvertrags mit einem Erbvertrag V 845; — Bedachter V 79, 836; — Auslegung V 837, 845.
— Wirkung und Wirksamkeit der Verfügungen, Anwendung der Vorschriften über letztwillige Zuwendungen und Auflagen V 846; — Einfluß von Willensmängeln I 463, V 837; — Wirksamkeit von Verfügungen zugunsten Dritter bei gegenseitiger Erbeinsetzung der Ehegatten V 848; — Einfluß der Aufhebung des Verlöbnisses oder der Ehe V 846, 848; — Vertragsfreiheit des Erblassers hinsichtlich Verfügungen unter Lebenden V 856; — Schenkungen zum Nachteil des Vertragserben V 858; — Verfügungen zum Nachteil eines Vermächtnisnehmers V 861; — Verhältnis des Erbvertrags zu anderen letztwilligen Verfügungen eines Vertragsteiles V 863; — rechtliche Stellung des Vertragserben V 79.
— Anfechtung V 849; — Anfechtungsberechtigter V 849; — Anfechtungsgegner V 851; — Anfechtungsgründe V 849, 851; — A. durch den Erblasser: Form V 849, 851; — Ausschluß der Stellvertretung V 852; — Einfluß der Geschäftsunfähigkeit oder Beschränkung der Geschäftsfähigkeit V 852; — Frist für die A. V 853; — Wirkung der Anfechtung V 852; — beim gegenseitigen Erbvertrag V 879; — Bestätigung des anfechtbaren Erbvertrags V 851, 855; — anzuwendendes Recht V 852; — Verlust des Anfechtungsrechtes Dritter V 855.
— Aufhebung des Erbvertrages oder einzelner vertragsmäßiger Verfügungen V 866; — einseitiger Verfügungen V 882; — von Vermächtnisanordnungen und Auflagen V 870; — Aufhebung des zwischen Ehegatten geschlossenen E. durch gemeinschaftliches Testament V 871; — Anfechtung des Aufhebungsvertrags V 870; — Verzicht auf die Zuwendung durch E. V 1023.
Erbvertrag: Rücktritt vom E.: bei Vorbehalt des Rücktrittsrechtes V 873; — Rücktritt von einzelnen Verfügungen wegen Verfehlungen des Bedachten V 875; — Rücktritt wegen Wegfall des Grundes der Verfügung V 876; — Rücktritt vom gegenseitigen Erbvertrag V 879; — Form des Rücktrittes V 877; — nach dem Tode des anderen Vertragsteiles V 878; — Ausschluß der Vertretung V 877; — Unwiderruflichkeit der Rücktrittserklärung V 874, 878; — Wirkung des Rücktritts für einseitige Verfügungen V 883.
— Nichtigkeit des gegenseitigen E. wegen Nichtigkeit einzelner Verfügungen V 879; — Aufrechterhaltung eines nichtigen E. als Testament V 841.
— Eröffnung von E. V 883; — Einsicht und Abschriftnahme V 884; — Verschließung und Verwahrung V 842; — Übergangsvorschrift V 79; — unter bisherigem Recht errichteter VI a 581, 588, 590.
— räumlich geltendes Recht VI b 647, 724; — bezüglich der Form VI b 648, 677; — E. zwischen Verlobten verschiedener Staatsangehörigkeit VI b 679; — Einfluß des Staatswechsels VI b 663, 673, 724.
Erbverzicht V 65, 1010; — Statutenkollision V 1012, VI b 646, 681; — Verzicht auf die gesetzliche Erbfolge: Form, Vertrag V 1013; — Rechtswirkung V 1012, 1015; — zum Vertragsabschluß legitimierte Personen V 1012, 1015; — Umfang des Verzichts, Beschränkung auf das Pflichtteilsrecht V 1013, 1016; — Zulässigkeit von Bedingungen und Zeitbestimmungen V 1014, 1016; — persönliche Fähigkeit zum Abschluß des Erbverzichtsvertrages, Genehmigung durch das Vormundschaftsgericht V 1017; — Form des Vertrags V 1017; — Verbindung des Erbverzichtsvertrages mit einem Erbvertrag V 845, 1019; — Vereinigung mit gemeinschaftlichem Testament V 812; — Aufhebung V 1022; — Anfechtung V 1013; — Einfluß auf die Berechnung des Pflichtteils V 923, 942, 943; — Auslegungsregeln: Umfang des Erbverzichts von Abkömmlingen und Seitenverwandten des Erblassers V 1019; — E. zugunsten eines Dritten V 1020; — E. zugunsten der anderen Abkömmlinge und des Ehegatten des Erblassers V 1021; — E. des näher verwandten Abkömmlings V 36; — des überlebenden Ehegatten V 49; — E. bei testamentarischer und vertragsmäßiger Erbfolge V 1023; — E. des Vertragserben nach dem Tode eines Erblassers V 867; — räumlich anzuwendendes Recht VI b 646, 681.
Erbverzichtsvertrag V 77, 1013, 1017; — unter Verlobten IV 15; — Errichtung und Aufhebung nach bisherigem Recht VI a 596.
Erbzinsrecht, Erbzinsleihe VI a 137, 528.
Erdkörper unter der Oberfläche: Gegenstand des Eigentums III 300.
Erfinderrechte: Vererblichkeit V 13.

Erfindung: Rechte des Dienstherrn an einer E. des Bediensteten II b 769.
Erfolg: Rückforderung einer Leistung wegen Nichteintritt des bezweckten E. II c 1671, 1687; — Einfluß der Unmöglichkeit des Erfolges, der Verhinderung seines Eintritts II c 1699.
Erfüllung der Schuldverhältnisse: Begriff und Wesen II a 659; — Wirkung II a 665; — zeitlich geltendes Recht VI a 448; — Anrechnung teilweiser E. bei Mehrheit von Verbindlichkeiten II a 685; — bei Haupt- und Nebenverbindlichkeiten II a 689; — E. an den Überbringer der Quittung II a 694; — Empfangsbestätigung II a 690; — Rückgabe des Schuldscheins II a 391; — E. beim aktiven II a 929; — beim passiven Gesamtschuldverhältnis II a 908; — Beweislast für nicht gehörige E. im Falle der Annahme einer Leistung a II 674; — beim Rücktritt vom Vertrag II a 618; — E. durch Hinterlegung II a 718; — E. unter Vorbehalt II a 667; — Einfluß mangelnder oder beschränkter Geschäfts- oder Verfügungsfähigkeit des Schuldners II a 666; — Einfluß mangelnden Verfügungsrechts des Gläubigers II a 670; — Leistung an Nichtgläubiger II a 672, 673; — Vertragsstrafe statt E. II a 591; — E. von Verbindlichkeiten der Ehefrau aus eingebrachtem Gut IV 251, 255; — bei Errungenschaftsgemeinschaft IV 628; — E. einer Verbindlichkeit zum Nachlasse während der Erbengemeinschaft V 371; — des verjährten Anspruchs I 832.
Erfüllungsempfänger II a 669, 972, 973.
Erfüllungsgehilfen, Haftung für kontraktloses Verschulden derselben II a 294; — Haftung für Delikte derselben II c 1855; — Verhältnis beider Haftungen II c 1868.
Erfüllungsgeschäft: dingliches: Einfluß der Anfechtung des Kausalgeschäfts I 407, 594; — der Nichtigkeit desselben I 406; — der Unsittlichkeit I 581; — zeitlich anzuwendendes Recht VI a 449.
Erfüllungsinteresse I 496, 499; — Ersatz bei Vertrag über unmögliche Leistung II a 406, — bei Mängeln der Kaufsache II b 183.
Erfüllungsort II a 218; — zeitlich geltendes Recht VI a 448; — Vermerk auf die Faktura II b 18; — Recht des E. bei Schuldverhältnissen II b 6; — E. bei der Auslobung II c 1069; — E. für die Verbindlichkeit des Bürgen II c 1478; — E. beim Kauf II b 44; — in Fällen der Übersendung einer gekauften Sache II b 91; — für die Wandelung beim Kauf II b 187; — für die Rückgewähr nach Rücktritt vom Vertrag II a 616; — E. für die Abnahmepflicht des Käufers II b 43; — beim Forderungskauf II b 58; — für Rückgabe der gemieteten beweglichen Sache II b 493; — für Verbindlichkeiten zum Nachlaß während der Erbengemeinschaft V 373; — für den Vermächtnisanspruch V 615; — für Zahlungen aus öffentlichen Kassen VI a 233.
Erfüllungs Statt: Annahme an E. II a 676; — der Leistung eines Dritten II a 210; — Gewährleistung II a 681; — A. a. E. beim aktiven II a 929; — beim passiven Gesamtschuldverhältnis II a 908; — Hingabe an E. ohne Rechtsgrund II c 1672.
Erfüllungsübernahme II a 551, 861, 873; — als abstraktes Schuldversprechen II c 1556.
Ergänzung bisheriger Gesetze hinsichtlich zivilrechtlicher Vorschriften VI a 16; — der Einlage des Gesellschafters II c 1244; — des Nachlaßinventars V 291; — des Testaments, letztwilliger Verfügungen V 69, 452, 493; — Vorbehalt der E. V 493; — des Pflichtteils V 906; — im Falle einer den Pflichtteil beschränkenden Schenkung V 965, 968; — (siehe Näheres unter „Pflichtteil"); — des Pflichtteils bei Auseinandersetzung der fortgesetzten Gütergemeinschaft IV 581; — der Sicherheitsleistung I 862.
Ergänzungspflegschaft IV 1639.
Erhaltung der Erbschaft bei Mehrheit von Erben V 368; — der vermieteten Sache II b 410; — der gemeinschaftlichen Sache II c 1407.
Erhaltungskosten des eingebrachten Gutes der Frau im gesetzlichen Güterstande IV 272; — bei Errungenschaftsgemeinschaft IV 636; — der entliehenen Sache II b 643; — der Erbschaft, Last des Vorerben V 554; — der gemeinschaftlichen Sache II c 1414; — des Gesamtguts der allgemeinen Gütergemeinschaft vor Auseinandersetzung IV 498; — des Kindervermögens IV 1083; — des geschuldeten Gegenstandes beim Gläubigerverzug II a 386; — Ersatz an den Besitzer bei Rückforderung einer Sache III 601, 603.
Erhöhung der Erdoberfläche auf dem Nachbargrundstück III 337; — des Erbteils durch Wegfall eines gesetzlichen Erben V 57; — Haftung für Nachlaßverbindlichkeiten V 296; — des Gesellschaftsbeitrages II c 1244; — der Zinsen der Hypothek III 1039.
Erholungszeit des Dienstverpflichteten II c 843.
Erker am Nachbargrundstück III 330; — Überbau III 343.
Erklärung über Aufhebung der fortgesetzten Gütergemeinschaft IV 557; — über Ausschlagung der Erbschaft V 96; — über Anfechtung der Annahme und Ausschlagung V 118; — über den Familiennamen der geschiedenen Ehefrau IV 787; — Irrtum in der Erklärung I 472, 476; — über den Inhalt der Erklärung I 472, 477; — über Genehmigung von Rechtsgeschäften des Minderjährigen I 432, 433; — über Genehmigung von Verfügungen der Frau über eingebrachtes Gut IV 304; — von Verfügungen des Mannes über Gesamtgut IV 451; — des Gläubigers über Schuldübernahme II a 879.
Erklärungspflicht II a 32.
Erklärungstheorie I 458.
Erkrankung eines Dienstverpflichteten II b 837; — im Mietobjekt, Einfluß auf die Räumungspflicht II b 492; — eines Gastes im Mietobjekt II b 460, II c 1175; — eines Hotelgastes III 298; — lebensgefährliche E. eines Ver-

lobten, Unterbleiben des Aufgebots vor Eheschließung IV 31, 73.

Erlaß der Gewährleistungspflicht für Rechtsmängel II b 80; — für Sachmängel II b 200; — bei der Miete II b 435; — beim Werkvertrag II c 972; — E. der Haftung wegen Vorsatzes II a 283, 294; — E. der Schuld II a 780; — zeitlich anzuwendendes Recht VI a 449; — Form des schenkungsweisen E. II b 310; — E. beim aktiven Gesamtschuldverhältnis II a 930; — beim passiven II a 909; — E. des Mietzinses, Einfluß der Veräußerung des Mietobjektes II b 580; — einer Forderung des Mündels IV 1466; — durch den Testamentsvollstrecker V 682.

Erlaßvertrag II a 692, 780.

Erlaubnis zur Eheschließung für Ausländer IV 64, 67; — für Beamte und Militärpersonen IV 64; — zur Übernahme der Vormundschaft durch Beamte und Religionsdiener IV 1397.

Erleben des Erbfalles: Voraussetzung des Erbschaftsanfalles V 24; — des Vermächtnisfalles V 26, 597.

Erleichterung der Scheidung IV 800; — der Verjährung I 836.

Erlöschen der Besitzansprüche III 56; — von Grunddienstbarkeiten III 805; — E. der Hypothekforderung, Entstehung der Eigentümerhypothek III 1202, 1209; — der Hypothek durch Befriedigung des Gläubigers III 1290; — der Hypothek für Rückstände von Zinsen und anderen Nebenleistungen, Kosten durch Vereinigung mit dem Eigentum III 1269; — E. der Gesamteigentümerhypothek III 1257; — des Nießbrauchs III 840, 869; — des Pfandrechts an beweglichen Sachen III 1458, 1459; — des Pfandrechts an Rechten III 1496; — mit Unrecht gelöschter Rechte, kraft Gesetzes entstandener aber nicht eingetragener Rechte III 282.

— **des Schuldverhältnisses**: Gründe II a 643; — im einzelnen: Annahme an Erfüllungs Statt II a 646; — Aufrechnung II a 754; — Eintritt der auflösenden Bedingung I 658, 661; — des Endtermins I 672; — concursus causarum lucrativarum II a 653; — entgegengesetzter Vertrag II a 651; — Erfüllung II a 665; — Erlaß II a 780; — Hinterlegung II a 703, 718; — Leistung an Nichtgläubiger II a 673; — Novation II a 647; — Tod eines Vertragsteiles II a 656; — Zwangsvollstreckung II a 668, 669; — Zweckerreichung II a 651; — Leistung eines Dritten II a 210; — zeitlich anzuwendendes Recht VI a 449.

— Vereinigung von Recht und Verbindlichkeit in einer Person II a 644; — beim aktiven II a 929; — beim passiven Gesamtschuldverhältnis II a 913.

— E. des Schuldverhältnisses durch Erbfolge V 82, 177; — Ausschluß des E. bei Vermächtnis einer Forderung des Erblassers gegen den Erben, eines Rechtes an einer Sache oder einem Rechte des Erben V 616, 617; — Wiederaufleben erloschener Schuldverhältnisse bei Eintritt der Nacherbfolge V 574; — Wiederaufleben der infolge Erbfalles durch Konfusion erloschenen Rechtsverhältnisse im Falle des Nachlaßkonkurses oder der Nachlaßverwaltung V 220, 221; — im Falle der Herausgabe des Nachlasses an die Gläubiger bei Mangel an Masse zu einer Nachlaßverwaltung oder einem Nachlaßkonkurs V 260, 268; — beim Erbschaftsverkauf V 1091; — E. des Vertragsantrags I 620, 626, 630.

Ermächtigung: rechtliche Natur I 402; — des Ehemanns zur Kündigung von Rechtsverhältnissen der Frau zu dritten Personen IV 192; — des Minderjährigen zu Dienst- und Arbeitsverträgen I 444; — zum selbständigen Betrieb eines Erwerbsgeschäftes I 441; — E. der Minderheit der Vereinsmitglieder zur Berufung der Mitgliederversammlung I 231; — E. des Schuldners zur Zahlung an Dritte II a 672; — des unzuständigen Standesbeamten zur Eheschließung IV 85; — generelle E. des Gewalthabers zu genehmigungsbedürftigen Rechtshandlungen IV 1057, 1062; — des Vormunds zu genehmigungsbedürftigen Rechtshandlungen IV 1500, 1504; — ausgeschlossen gegenüber dem Beistand IV 1167.

Ermäßigung des Mäklerlohnes für Vermittelung von Dienstverträgen II c 1059; — der Vertragsstrafe II a 599.

Ermessen siehe „billiges Ermessen“.

Ermittlung des Erzeugers des unehelichen Kindes IV 1431; — des unbekannten Erben vor Feststellung des Erbrechts des Fiskus V 150; — E. des Erben durch das Nachlaßgericht V 1031, 1054; — durch den Nachlaßpfleger V 137.

Ermittlungen im Verfahren wegen Erteilung eines Erbscheins V 1031, 1048, 1050; — über Richtigkeit des erteilten Erbscheins V 1054.

Ernennung des Testamentsvollstreckers durch den Erblasser oder einen Dritten V 644, 645, 664, 665; — durch das Nachlaßgericht V 645, 665; — rechtliche Bedeutung der Ernennung eines T. V 653.

Erneuerung beschädigter Schuldverschreibungen II c 1622; — für kraftlos erklärter Schuldverschreibungen II c 1627; — von eingebrachtem Gut der Frau IV 273; — von Kindervermögen IV 1083; — der Bestallung des Vormunds und Gegenvormunds nach Aufhebung des Familienrats IV 1595; — des Mietvertrags durch stillschweigende Verlängerung II b 545; — der Nießbrauchsache: gewöhnliche III 849; — außergewöhnliche III 850; — Anzeigepflicht von der Notwendigkeit III 849; — Duldung der Vornahme durch den Eigentümer III 851; — E. der Sicherheitsleistung I 862.

Erneuerungsscheine: rechtliche Natur und Rechtsverhältnisse daran II c 1634; — Ausschluß der Kraftloserklärung II c 1626; — Schutz bei Verlust von E. II c 1637; — Besitz beim Nießbrauch an dem Papier, Hinterlegung III 892; — Hinterlegung zur Sicherheitsleistung I 858; — Hinterlegung zum eingebrachten Gut gehöriger IV 295; — bei Errungenschaftsgemeinschaft IV 628; — Hinterlegung zum

Mündelvermögen gehöriger IV 1470; — Hinterlegung durch den Vorerben V 547; — Kraftloserklärung und Zahlungssperre VI a 469.

Ernstlichkeit: Mangel der E. bei Willenserklärungen I 470; — mangelnde E. bei Stellvertretung I 694; — Mangel bei letztwilligen Verfügungen V 452; — bei Abschluß von Erbverträgen V 837.

Eröffnung des Erbvertrags V 883; — E. des Nachlaßkonkurses: Ende der Nachlaßverwaltung V 253; — Wirkung der Ablehnung mangels Masse V 260; — Wirkung für die Inventarfrist V 286; — E. des Testaments: Zuständigkeit V 728, 798, 801; — Verfahren V 798, 802; — E. des gemeinschaftlichen Testaments V 831.

Errichtung letztwilliger Verfügungen, zeitlich anzuwendendes Recht VI a 588.

Errichtungsort bei Vornahme von Rechtsgeschäften VI b 177, 186; — auf Schiffen, Luftschiffen, Flugzeugen VI b 187; — Beobachtung der Gesetze des E. bezüglich der Form von Rechtsgeschäften VI b 181; — siehe auch unter „Rechtsgeschäfte".

Errungenschaft im gesetzlichen Güterstand IV 221.

Errungenschaftsgemeinschaft: des älteren Rechts IV 216, 614; — nach BGB.: Begriff und Wesen IV 613; — rechtliche Natur IV 616; — Entstehung IV 615; — Aufhebung durch Vertrag IV 414; — Grundregeln IV 614, 615; — Vermögensmassen IV 615; — siehe auch „eingebrachtes Gut, Gesamtgut, Vorbehaltsgut"; — Eigentumserwerb des Mannes an Grundstücken III 392; — Lastentragung IV 635.

— Schuldenhaftung gegenüber den Gläubigern IV 637; — unter den Ehegatten IV 644; — siehe auch „Gesamtgutsverbindlichkeiten"; — Haftung aus unerlaubten Handlungen der Ehegatten II c 1765; — Haftung für Unterhaltsansprüche von Verwandten der Ehegatten IV 643, 911; — Verhältnis von Schenkungen aus dem Gesamtgut zum Pflichtteilsanspruch V 982; — Ausgleichungspflicht bei Zuwendungen aus dem Gesamtgut V 405, 412; — Beendigung: Gründe überhaupt IV 654; — Aufhebungsklage eines Ehegatten IV 656; — Konkurseröffnung über das Vermögen des Ehegatten IV 658, 665; — Todeserklärung I 149, V 659; — Wirkung und Wirksamkeit der Beendigung gegenüber Dritten IV 660; — Berichtigung von Schulden eines Ehegatten zum Gesamtgut oder von Schulden der Frau zum eingebrachten Gut der Frau IV 653; — Fälligkeit der Forderungen des Mannes gegen das Gesamtgut IV 653.

— Auseinandersetzung, Rechtsverhältnis bis zu derselben IV 661; — Wiederherstellung der Gemeinschaft: Klage auf die W. IV 665; — Eintritt derselben IV 667; — Ausschluß der fortgesetzten Gütergemeinschaft IV 527, 615.

Ersatz der Auslagen von Familienratsmitgliedern IV 1592; — der Auslagen vom Vormundschaftsgericht gehörter Verwandter oder Verschwägerter des Kindes IV 1130; — des Mündels IV 1557; — der Bestellungskosten von Früchten an den Pächter bei Beendigung der Pacht während des Pachtjahres II b 627; — von Nutzungen beim Gläubigerverzug II a 385; — von Verwendungen nach Rechtshängigkeit des Herausgabeanspruches hinsichtlich einer Sache II a 362; — des Wertes von verbrauchten oder veräußerten Sachen des Kindes durch den Gewalthaber IV 1081; — Ersatzpflicht gegenüber Gläubigern des Kindes IV 1092; — E. verbrauchter Sachen zum eingebrachten Gut IV 255; — Pflicht gegenüber den Gläubigern IV 339; — bei Errungenschaftsgemeinschaft IV 628; — Ersatz für Verminderung des Gesamtguts IV 460; — Anrechnung bei der Teilung IV 508; — Herausgabe des E. für den geschuldeten Gegenstand bei Unmöglichkeit der Leistung II a 281; — beim gegenseitigen Vertrag II a 482; — für bei Zwangsversteigerung erlöschende Rechte an Grundstücken, Wertbestimmung III 163.

Ersatzanspruch der Fürsorgeverbände gegen Unterhaltspflichtige IV 898, 910, VI a 261, 370; — des Staats und öffentlicher Verbände für gewährten Unterhalt VI a 259, 260; — für einen geschuldeten Gegenstand, Abtretung des aus Unmöglichkeit der Leistung entstandenen II a 281; — Abtretung des E. für den geschuldeten Gegenstand bei Unmöglichkeit der Leistung beim gegenseitigen Vertrag II a 482; — E. des Verleihers wegen Veränderung und Verschlechterung II b 644; — Verjährung II b 650; — des Vermieters wegen Veränderung und Verschlechterung des Mietobjekts II b 459; — Verjährung II b 497; — des Mannes für Aufwendungen bei Verwaltung des eingebrachten Gutes IV 291; — des Vormunds, Gegenvormunds für Aufwendungen IV 1530.

Ersatzerbe: Begriff: Verhältnis zum Nacherben V 503, 504; — Voraussetzungen der Berufung V 503; — Auslegungsregeln für die Einsetzung V 505; — Wirkung der Ersatzerbeinsetzung V 506; — Verhältnis des Rechtes des E. zum Anwachsungsrecht V 504, 506; — Ausgleichungspflicht V 410, 506; — Anspruch auf das Vorausvermächtnis V 506, 589; — Beschwerung mit Vermächtnissen V 584; — Nacherbe als E. V 519; — Erstreckung des Rechtes der Nacherben auf den Erbteil des E. V 529; — Ersatzerbe des Nacherben V 514; — Einsetzung einer Stiftung als E. I 323; — Anwendung der Grundsätze beim Vermächtnis V 632.

Ersatzgeld bei Privatpfändung III 65, VI a 227, 228.

Ersatzgut für Vorbehaltsgut der Frau IV 237.

Ersatzhypothek III 1294.

Ersatzleistung für Bereicherung des eingebrachten Gutes aus dem Gesamtgut der Errungenschaftsgemeinschaft und umgekehrt IV 651; —

aus dem Vorbehaltsgut zum eingebrachten Gut und umgekehrt IV 357.
Ersatzlieferungsanspruch beim Kauf von Gattungssachen II b 218; — beim Kauf von Vieh II b 244.
Ersatzmitglieder des Familienrats IV 1580, 1581.
Ersatzpflegschaft IV 1639.
Ersatzpflicht des Ehemanns wegen Veränderung des Gesamtguts der allgemeinen Gütergemeinschaft IV 460; — der Errungenschaftsgemeinschaft IV 619; — E. des Kindes für Aufwendungen des Vaters IV 1070; — des Mündels für Aufwendungen des Vormunds IV 1530; — E. des überlebenden Ehegatten wegen Verminderung des Gesamtguts der fortgesetzten Gütergemeinschaft IV 540, 544; — des Nacherben für Aufwendungen des Vorerben V 554; — E. des Vaters für verbrauchtes Kindervermögen gegenüber den Gläubigern IV 1092; — E. zum Gesamtgut oder Vorbehaltsgut für Verwendungen aus einem derselben IV 481; — bei fortgesetzter Gütergemeinschaft IV 540, 545.
Ersatztheorie II a 4.
Ersatzvermächtnis V 632.
Erschöpfungseinrede V 263; — Geltendmachung durch den Ehemann der Erbin IV 329.
Erschütterung fremder Grundstücke III 308.
Erschwerung der Verjährung I 836.
Ersetzung der Einwilligung des Vormunds zur Eheschließung des Mündels IV 39, 42; — Anhörung von Verwandten und Verschwägerten des Mündels vor der Ersetzung IV 1557; — E. der elterlichen Einwilligung IV 48, 49; — der Ermächtigung des Minderjährigen zu Dienst- und Arbeitsverträgen I 444; — E. der Einwilligung der Mutter zur Ehelichkeitserklärung IV 1284; — der Genehmigung des Beistandes zu Rechtsgeschäften der Mutter IV 1165; — des Gegenvormunds zur Anlegung von Mündelgeld IV 1460; — zur Verfügung über Forderungen, Leistungsansprüche, Wertpapiere IV 1464; — der Genehmigung des Vormunds zu einer anfechtbaren Ehe IV 127; — E. der Zustimmung der anteilsberechtigten Abkömmlinge zu Verfügungen über Gesamtgut IV 540, 543; — der Zustimmung des Grundstückseigentümers zur Veräußerung, Belastung des Erbbaurechts III 691, 694; — der Zustimmung der Frau zu Verfügungen über eingebrachtes Gut im gesetzlichen Güterstand IV 257; — bei Errungenschaftsgemeinschaft IV 628; — zu Verfügungen über Gesamtgut der allgemeinen Gütergemeinschaft IV 449; — der Errungenschaftsgemeinschaft IV 616; — der Zustimmung des Mannes zu Rechtsgeschäften der Frau im gesetzlichen Güterstand IV 320; — bei allgemeiner Gütergemeinschaft IV 455; — zur Übernahme persönlicher Verpflichtungen durch die Frau IV 192; — der Zustimmung des Zuwendenden zu Änderungen von Anordnungen über die Verwaltung zugewendeten Vermögens IV 1672.
Ersitzung: Gegenstand derselben III 491, 492; — E. beweglicher Sachen: Erfordernisse III 493; — Vermutung für den Besitz während der ganzen Dauer der Ersitzungszeit III 495; — Hindernisse des Beginnes oder Laufes der E. III 496; — Unterbrechung der E. durch Verlust des Eigenbesitzes III 496; — durch Erhebung des Eigentumsanspruchs III 497; — Wirkung der Unterbrechung III 498; — Anrechnung der Besitzzeit des Rechtsvorgängers III 499; — des Erbschaftsbesitzers III 500; — Wirkung vollendeter E. III 500. — Einzelfälle: E. des Eigentums an Grundstücken III 280, 387, 426, 492; — des Erbbaurechts III 678, 783; — E. der Freiheit vom Erbbaurecht III 679; — von Erbschaftssachen III 495, V 84; — Ersitzung durch den Erben V 11; — von Erbschaftssachen durch den Erbschaftsbesitzer V 337; — Anrechnung der Besitzzeit des Erbschaftsbesitzers V 84; — bei Errungenschaftsgemeinschaft IV 626; — der Freiheit von Rechten Dritter III 500; — des Nießbrauchs III 492, 837, 842; — von Grunddienstbarkeiten ausgeschlossen III 281, 492, 792, 805; — Ausschluß der Entstehung eines Pfandrechts durch E. III 1389; — E. von Rechten an Grundstücken III 492; — auf die E. des Eigentums oder Nießbrauchs an beweglichen Sachen zeitlich anzuwendendes Recht VI a 495; — E. unbeweglicher Sachen VI a 506; — E. des Eigentums oder dinglicher Rechte an Grundstücken bis zur Anlegung des Grundbuchs VI a 505, 506.
Ersparnisse der Frau aus dem Vorbehaltsgut IV 237.
Ertrag einer Sache: Herausgabe beim Eigentumsanspruch III 600.
Erträgnis eines Rechts, einer Sache I 384.
Erträgnisse des Vorbehaltsguts der Frau beim gesetzlichen Güterstand IV 237; — bei Errungenschaftsgemeinschaft IV 632.
Ertragsanteil als Dienstvergütung II b 790.
Ertragswert eines Landguts: Grundsätze für die Feststellung VI a 363; — Anrechnung bei Teilung der fortgesetzten Gütergemeinschaft IV 605; — Anrechnung bei der Pflichtteilsberechnung V 925, 928; — Anrechnung des E. beim ererbten Landgut V 404.
Erwählter Wohnsitz nach französischem und badischem Recht VI a 415.
Erwartungsklausel II b 141.
Erwerb: Rechtsschutz I 45; — E. der Ehefrau IV 182; — E. der Erbschaft V 81; — siehe auch „Erbschaftserwerb"; — E. von Grundstücken und Rechten an Grundstücken für den Mündel IV 1482, 1490; — von Grundstücken durch Ausländer VI a 225; — von Grundstücken durch ausländische juristische Personen VI b 132, 138; — von Schenkungen durch ausländische j. P. VI b 136, 138, 139; — von Rechten an Grundstücken: anzuwendendes Recht VI b 163, 189; — von Rechten durch juristische Personen VI a 216; — Schädigung des E. durch unerlaubte Handlung gegen eine

Person II c 1959; — durch Verbreitung unwahrer Tatsachen II c 1805.
Erwerb von Todes wegen: räumlich gelt. Recht VI b 64, 631, 690; — durch ausländische jur. Pers. VI b 136, 138, 139, 637; — durch einen Ehegatten bei Errungenschaftsgemeinschaft IV 621; — durch das Kind, Ausschluß der Verwaltung des Vaters IV 1042; — Anordnungen über die Vermögensverwaltung IV 1045; — durch den Mündel, Verwaltung IV 1438; — Bestellung eines Pflegers zur Verwaltung IV 1642; — Anordnung von Befreiungen des Pflegers, Benennung desselben IV 1673; — durch Religiose VI a 221, 222.
Erwerbsbeschränkungen für Ausländer VI a 225; — für die Ehefrau IV 232; — für juristische Personen VI a 216, VI b 136, 137, 139, 638; — für Stiftungen I 310; — für religiöse Orden, Kongregationen und deren Mitglieder VI a 223, VI b 736; — für ausländische Vereine I 192.
Erwerbsfähigkeit: Haftung wegen Aufhebung oder Minderung nach dem Haftpflichtgesetz VI a 65; — Haftung wegen Aufhebung oder Minderung durch unerlaubte Handlungen II c 1960.
Erwerbsgeschäft: Nießbrauch daran III 898; — Pacht II b 596, 606; — Besitzdiener im E. III 30, 31.
— **eines Ehegatten**: Erwerb aus demselben ist Errungenschaft IV 626, 627, 632.
— **der Ehefrau**: räumlich geltendes Recht VI b 85, 351, 366; — Genehmigung des Ehemannes zum Betrieb IV 175; — Betrieb eines zum eingebrachten Gut gehörigen E. durch den Mann IV 254; — selbständiger Betrieb beim gesetzlichen Güterstand IV 324; — bei Gütergemeinschaft IV 456; — bei Errungenschaftsgemeinschaft IV 616, 619; — Rechtsgeschäfte und Rechtsstreitigkeiten in bezug auf dasselbe im gesetzlichen Güterstand IV 324; — bei allgemeiner Gütergemeinschaft IV 457; — bei Errungenschaftsgemeinschaft IV 628; — Schuldenhaftung des eingebrachten Gutes IV 351; — des Gesamtgutes IV 474; — bei Errungenschaftsgemeinschaft IV 643; — Erträgnisse als Vorbehaltsgut IV 228; — Betriebsmittel IV 231; — Eintragung des Einspruchs des Mannes, des Widerrufs der Einwilligung im Güterrechtsregister IV 324, 326, 696; — Gegenstand des eheherrlichen Nutzungsrechtes IV 269; — Zuschuß davon zum ehelichen Aufwand bei Gütertrennung IV 383; — Zuschuß zum Unterhalt des Kindes nach Ehescheidung IV 816; — Betrieb für Rechnung der Errungenschaftsgemeinschaft IV 648; — Rechtsverhältnisse bei altrechtlichen Güterständen VI a 539, 450.
— **des Kindes**: Beginn eines neuen durch den Vater IV 1066; — Erwerb und Veräußerung IV 1057, 1061; — Gewinn und Verlust IV 1086; — Unübertragbarkeit des Anspruchs des Vaters auf den Gewinn IV 1087, 1090; — Haftung für Verbindlichkeiten daraus IV 1093; — selbständiger Betrieb durch das Kind I 441, IV 1076.
Erwerbsgeschäft des Mündels: Beginn oder Auflösung durch den Vormund IV 1502; — Anhörung des Mündels vor Genehmigung IV 1505; — Erwerb und Veräußerung durch den Vormund IV 1482, 1492; — Rechnungslegung des Vormunds über den Betrieb IV 1548; — allgemeine Ermächtigung des Vormunds zu Rechtsgeschäften in bezug auf dasselbe IV 1504.
Erwerbsgesellschaften des Handelsrechts, ausländische I 191.
Erwerbs- und Wirtschaftsgenossenschaften in Bayern VI a 433.
Erze: Fruchteigenschaft I 386.
Erzeugnisse: Eigenschaft als Bestandteile I 364, 365; — als Früchte I 384, 385; — als Zubehör I 381, 383; — Eigentum daran III 523; — Sondereigentum an stehenden E. VI a 481, 487; — Eigentumserwerb des dinglich Nutzungsberechtigten III 524; — des Eigenbesitzers III 525; — des besitzenden dinglich Nutzungsberechtigten III 526; — Eigentumserwerb auf Grund Gestattung des Eigentümers oder Aneignungsberechtigten III 527; — auf Grund Gestattung eines Nichtberechtigten III 532; — Sondereigentum an stehenden E. I 369; — Verteilung unter sukzessiv Berechtigte I 390; — E. Bestandteil des Erbbaurechts III 721; — Erstreckung der Hypothek auf E. III 1042, 1045; — Erlöschen der Haftung durch Veräußerung und Entfernung III 1051; — durch Trennung III 1056; — Erstreckung des Pfandrechts auf E. III 1408; — Erstreckung des Pfandrechts des Verpächters auf E. II b 615; — Verpfändung ungetrennter E. III 1385; — eines Landguts: Teilung bei Eintritt der Nacherbfolge V 563; — Wildschaden an E. II c 1907, 1910.
Erzeugung vor dem Erbfall: Voraussetzung der Erbfähigkeit V 24; — der Einsetzung als Nacherbe V 524; — Zeitpunkt der Erzeugung des nasciturus V 27; — Vermutung für dessen Einsetzung als Nacherbe V 517; — Vermutung für Einsetzung des gesetzlichen Erben als Vorerben V 521; — Zeit des Anfalles der Nacherbschaft V 523; — Vermächtnis an noch nicht erzeugte Person V 618; — zeitliche Beschränkung der Gültigkeit desselben V 598.
Erzieher: ordentliche Kündigung ihres Dienstverhältnisses II b 888; — außerordentliche K. II b 907; — Folge derselben II b 909; — Verjährung ihrer Ansprüche I 779, 786.
Erziehung: des ehelichen Kindes IV 998; — in einer Familie oder Anstalt IV 1004; — auf Anordnung des Vormundschaftsgerichts IV 1105; — E. des Mündels IV 1431; — Überwachung durch den Waisenrat IV 1563; — E. in einer Familie oder Anstalt IV 1432, 1543; — Vernachlässigung der E., Scheidungsgrund IV 741; — E. des unehelichen Kindes IV 1211; — siehe auch „religiöse E."
Erziehungsanstalt: Unterbringung ehelicher Kinder in E. IV 1105, 1112; — Unterbringung von Minderjährigen zur Fürsorgeerziehung VI a

344, 355; — Unterbringung des Mündels IV 1543; — Vormundschaftliche Rechte des Vorstandes der E. IV 1379, 1382, VI a 357; — Verjährung der Ansprüche von E. I 779, 786.
Erziehungsbericht des Vormunds IV 1433.
Erziehungsgewalt: rechtliche Natur IV 1000; — Inhalt IV 1000; — Inhaber IV 1005; — Dauer IV 1006; — Schutz gegen mißbräuchliche Ausübung IV 1006, 1104; — E. der Mutter IV 1159; — während ihrer Minderjährigkeit IV 1177; — der unehelichen Mutter IV 1219; — des Vaters IV 998.
Erziehungskosten: Last des Unterhaltspflichtigen IV 925; — des unehelichen Vaters IV 1214; — E. des Mündels, Deckung IV 1415; — Verjährung I 779, 786.
Erziehungsmaßnahmen gegen Jugendliche VI a 39.
Erziehungsrecht nach Ehescheidung IV 1020; — Wegfall des E. des unehelichen Vaters VI a 568.
Erziehungsverträge geschiedener Ehegatten nach früherem Recht VI a 563; — über religiöse Kindererziehung VI a 343.
Erzwingung von Leistungen ohne Vermögenswert II a 17.
Esel: Gewährschaft II b 227; — Gewährmängel und -fristen II b 229, 230.
Estland: Gerichtsbarkeit in Scheidungssachen VI b 397; — Verbürgung der Gegenseitigkeit in Scheidungssachen VI b 415; — deutsch-estländisches Konsularabkommen, Bedeutung für das Erbrecht VI b 689, 695, 731, 772; — Staatsvertrag: Anerkennung juristischer Personen VI b 151, 152, 153; — Grunderwerb VI a 226.
Europäische Meere: Verschollenheitsfrist I 141.
Eventualanspruch auf Schadensersatz statt Herausgabe III 580.
Eventualaufrechnung II a 751, 752.
Ewiggeld: VI a 516; — auf Inhalt und Rang anzuwendendes Recht VI a 491; — Übergang in Rentenschuld III 1372.
Exceptio doli II c 1820; — gegenüber der Verjährungseinrede I 834, II a 37.
Exceptio doli generalis I 515, 645, II a 34, 35; — im Sachenrecht III 3; — des Ausstellers einer Schuldverschreibung II c 1619; — gegenüber den Herausgabeanspruch III 588;
Exceptio non adimpleti contractus II a 458, 462; — non numeratae pecuniae II b 667, III 1121, 1309; — non rite adimpleti contractus II a 458, 464, 465, 674; — rei transactae II c 1538; — rei venditae et traditae III 487; — vitiosae possessionis III 52.
Exceptio, si praejudicium heredidati non fiat V 343.
Exhumierung einer Leiche zur Untersuchung II c 1649.
Exmission des Mieters II b 493.
Explosionsgefahr auf dem Nachbargrundstück III 331.
Expromission II b 856.
Exterritoriale: Deliktsstatut für Gebäude von E. VI b 215; — Eheschließung E. vor Konsuln oder Gesandten VI b 256; — Unanwendbarkeit der Vorbehaltsklausel auf die Rechtsverhältnisse von E. VI b 824; — gesetzlicher Wohnsitz I 93; — Wohnsitz (Strafprozeß) VI a 43, 44.
Extinktive Verjährung I 762.

F.

Fabrik: Zubehör I 381.
Fabrikanten: Verjährung ihrer Forderungen I 778, 780, 782.
Fabrikarbeiter: Verjährung ihrer Ansprüche I 779, 786.
Fabrikationsgeheimnis: Kauf II b 25.
Facultas alternativa II a 190; — Übertragung II a 854; — zeitlich geltendes Recht VI a 448.
Fähigkeit: zum Amt eines Familienrates IV 1582; — zum Amt eines Testamentsvollstreckers V 645, 667; — eines Vormunds IV 1391; — eines Gegenvormunds IV 1393, 1412; — eines Pflegers IV 1669; — F. zur Testamentserrichtung V 730, 734; — zur Errichtung eines Erbvertrags V 839; — zur Errichtung letztwilliger Verfügungen, Beurteilung nach bisherigem Rechte VI a 589, 593; — zum Erbschaftserwerb VI a 589, 593; — F. eines ehemaligen Ausländers hiezu VI b 631, 663, 666.
Fahrkarten II c 1641; — Verlust III 486; — Kraftloserklärung und Zahlungssperre nach Landesrecht VI a 258.
Fahrlässige Unkenntnis der Anfechtbarkeit eines Rechtsgeschäfts I 593; — beim Betrug I 501, 511; — des Käufers von Mängeln der Kaufsache II b 147; — beim Viehkauf II b 231; — des Mieters von Mängeln der Mietsache II b 433; — von Mängeln im Recht II b 435; — Ausschluß der außerordentlichen Kündigung II b 445; — von der Person des Erklärungsgegners I 547; — der Überschuldung der Erbschaft V 231; — des Umfangs der Vertretungsmacht des Vereinsvorstandes, der Form der Beschlußfassung desselben I 297; — von der Änderung des Vereinsvorstandes I 296; — des Vertreters I 693; — von Nichtigkeit oder Anfechtbarkeit einer Willenserklärung I 496, 498.
Fahrlässigkeit: Begriff und Arten, Haftung für F. II a 268, 282, 287; — bewußte F. II a 269; — Schadensersatzpflicht wegen unerlaubter Handlung II c 1768, 1783, 1802; — Haftung der Ehegatten für F. in häuslichen Angelegenheiten IV 197; — Haftung von Beamten wegen F. II c 1922, 1923, 1937, 1946; — Vertretung infolge Verzuges II a 351; — fahrlässige Unterlassung des Aufgebots der Nachlaßgläubiger V 231.
— **grobe F.**: Begriff II a 269, 291; — Vertretung bei Sorgfalt wie in eigenen Angelegenheiten II a 293; — eines Gesellschafters, Kündigungsgrund II c 1291; — beim Eigentumserwerb vom Nichteigentümer III 468; — Haftung des Finders für gr. F. III 557; — des Geschäftsführers ohne Auftrag II c 1125, 1136; — des Käufers hinsichtlich Mängel der Sache II b 147; — des Mieters bei Abschluß des Vertrags II b 433, 435; — Ausschluß der außerordent-

bei der Vormundschaft über Volljährige IV 1630; — bei der Vormundschaft über uneheliche Kinder IV 1577; — bei Pflegschaften IV 1671.
Familienrat: Zusammensetzung IV 1577; — Berufung zur Mitgliedschaft IV 1578; — Auswahl durch das Vormundschaftsgericht IV 1579; — Vorschlagspflicht des Gemeindewaisenrats IV 1562, 1564; — Form der Bestellung der Mitglieder IV 1585; — Vorbehalt der Entlassung IV 1585; — Unfähigkeit zu dem Amte IV 1582; — Untauglichkeit IV 1582, 1584; — keine Pflicht zur Übernahme des Amts IV 1584; — Ausschluß der Vertretung der Mitglieder IV 1586; — Ersatzmitglieder IV 1580, 1581.
— Geschäftsführung: rechtliche Stellung und Wirkungskreis IV 1573, 1586; — Einberufung IV 1587, 1591; — Beschlußfähigkeit und Beschlußfassung IV 1587; — Anfechtung der Beschlüsse des Familienrats, Beschwerderecht IV 1589; — Haftung der Mitglieder IV 1587; — bei schuldhafter Versäumnis, Ordnungsstrafen IV 1589; — Ersatz ihrer Auslagen IV 1592; — Geschäfte des Vorsitzenden IV 1581, 1585, 1587, 1589, 1591; — vorläufige Maßregeln desselben IV 1591; — Ende des Amts eines Mitglieds IV 1592; — Endigung kraft Gesetzes IV 1593; — Beendigung seines Amts durch Todeserklärung I 150; — Ende des Amts durch Todeserklärung nach bisherigem Recht VI a 421; — Aufhebung IV 1593; — Vermerk der Einsetzung in der Bestallung des Vormunds IV 1410; — Fortdauer des nach bisherigem Rechte bestellten VI a 573, 576.
Familienrecht: Begriff IV 1; — Geltungsgebiet der Vorschriften des BGB. IV 3, 4; — Verfahrensvorschriften IV 3; — Anwendbarkeit der Vorschriften des allgemeinen Teiles und des Rechts der Schuldverhältnisse IV 3; — zeitlich geltendes Recht VI a 529.
Familienrechte: Charakter IV 2; — Schadensersatz wegen Verletzung II c 1775; — Unvererblichkeit V 1.
Familienrechtliche Ansprüche: zeitlich geltendes Recht VI a 456.
Familienrechtliche Ansprüche, Verhältnisse: Unterschied vom Schuldverhältnis II a 3; — Verjährung I 769, 772, 794, IV 2; — Verhältnis der Haftung aus f. V. zur Deliktshaftung II c 1751; — Strafschutz IV 4.
Familienrechtliche Rechtsgeschäfte für die Form maßgebendes Recht VI b 163, 164.
Familienstand: Vormundschaft wegen Nichtermittelung des F. IV 1371, 1372; — Beendigung mit der Ermittelung IV 1596.
Familienstandsrechte, Verletzung II c 1775.
Familienstiftung I 307, 310; — Aufhebung I 329.
Fasanen: Wildschadenersatz II c 1907; — Wildschadensersatz nach Landesrecht VI a 170.
Fehler der in die Gesellschaft eingebrachten Sache II b 248, II c 1235; — der Kaufsache: Gewährleistung II b 126 (siehe auch „Mängel, Gewährleistung"); — F. der geliehenen Sache II b 642; — der Mietsache: Einfluß auf die Mietzinszahlungspflicht II b 420; — Schadensersatzpflicht des Vermieters, Beseitigung durch den Mieter II b 428; — Wegfall der Haftung II b 433; — Beschränkung der Haftung durch Vertrag II b 435; — F. der geschenkten Sache II b 320; — des Werkes II c 952; — siehe auch „Gewährleistung, Mängel".
Fehlerhafte Beschaffenheit eines Gebäudes, Haftung für Schäden II c 1911, 1920, 1921.
Fehlerhafter Besitz III 15, 39, 43; — Anspruch gegen den fehlerhaften Besitzenden III 47, 50; — Einrede f. B. gegen den Wiedereinräumungsanspruch III 47, 51; — gegen den Besitzstörungsanspruch III 47, 54.
Fehlerhafte Rechtsgeschäfte I 403.
Fehlgeburt der unehelichen Mutter IV 1243.
Feiertage, allgemeine, politische I 760, 761; — Einfluß auf die Fristberechnung I 758.
Feldbereinigung VI a 287, 288, 302.
Feldfrevel: Schadensersatzpflicht nach Landesrecht VI a 268.
Feldgeschworene, Feldmesser: Verjährung ihrer Ansprüche I 787; — nicht Beamte II c 1929.
Fenster: Bestandteil des Gebäudes I 366; — Verbauung III 293; — Anlage neuer F. III 330; — Miete zur Besichtigung eines Festzugs II c 932.
Fensterrecht III 330, VI a 320, 486.
Fensterstöcke: Eigentumsverlust durch Einbauen III 504.
Ferndrucker, Vertragsantrag durch F. I 624; — Erfüllung der Schriftform I 533; — Wirksamwerden der Willenserklärung mittels F. I 541.
Fernkauf: Gefahrübergang II b 91.
Fernsprechanschluß: Duldung durch Vermieter II b 474.
Fernsprechanschlußvertrag II b 394, II c 936.
Fernsprecher: Willenserklärung durch F. I 542; — Vertragsantrag durch F. I 623, 624.
Fernsprechleitungen über fremde Grundstücke III 306.
Festnahme als Selbsthilfemittel I 851, 852; — persönlicher Arrest I 853.
Feststellung des Bestandes und Zustandes des eingebrachten Gutes der Frau IV 241; — des eingebrachten Gutes der Ehegatten bei Errungenschaftsgemeinschaft IV 634; — bei Fahrnisgemeinschaft IV 675; — des Ertragswertes eines Landgutes VI a 363; — F. des Bestehens oder Nichtbestehens einer Ehe IV 94, 95; — F. des Erbrechts des Fiskus V 149; — Verfahren V 152; — Wirkung V 151; — F. des Zustandes der Erbschaftsgegenstände durch den Vorerben oder Nacherben V 554; — des Rechtsverhältnisses zwischen Eltern und Kindern IV 848; — F. der tatsächlichen Verhinderung des Gewalthabers durch das Vormundschaftsgericht IV 1139; — F. der Verwandtschaft IV 839; — des Wertes beim Nießbrauch an verbrauchbaren Sachen III 874; — des Zustandes der Nießbrauchsache III 843; — beim Wohnungsrecht III 916.

Feststellungsanspruch: Unübertragbarkeit II a 788.
Feststellungsklage, nicht geeignet, den Schuldner in Verzug zu setzen II a 336; — auf Anfechtbarkeit I 598; — wegen Beeinträchtigung einer Grunddienstbarkeit III 821; — für den Besitz III 17, 48; — Einreden III 56; — F. auf Eigentum neben der Eigentumsklage III 580; — hinsichtlich des Erbrechts V 318, 324; — über einen zum Nachlaß gehörigen Anspruch V 374; — hinsichtlich der Ausgleichungspflicht V 409; — gegen den Erben vor Annahme der Erbschaft V 121; — über Ausführung letztwilliger Verfügungen durch den Testamentsvollstrecker V 674, 676; — auf Nichtigkeit wegen arglistiger Täuschung I 515; — wegen bedingter und befristeter Rechtsverhältnisse I 657; — auf Nichtigkeit der Ehe IV 111; — über Unehelichkeit eines Kindes IV 867; — auf Ungültigkeit von Beschlüssen der Vereinsmitgliederversammlung I 223; — Unverjährbarkeit der F. I 771; — Unterbrechung der Verjährung durch F. I 813, 815.
Feststellungsvertrag II c 1564.
Festungen: Beschränkungen des Grundeigentums in der Umgebung VI a 91.
Feuerbestattung V 76, 180; — Anordnung durch den Erblasser V 636.
Feuergefährlichkeit des Nachbargrundstücks III 312, 331.
Feuerversicherung eines gemeinschaftlichen Grundstücks II c 1409; — Beitragspflicht des Mieters II b 455; — des Hypothekobjekts III 1072, 1076, 1079, 1085; — des Bauwerks bei Erbbaurecht III 680, 684; — Nachricht vom Eintritt des Versicherungsfalles III 747; — der Nießbrauchsache III 851, 852; — Stellung des Reallastberechtigten III 940.
Ficta possessio III 585.
Fictus possessor der Erbschaft V 319.
Fideikommiß: siehe „Familienfideikommiß."
Fideikommißanwärter: Anfechtung der Ehelichkeit IV 868.
Fideikommissarische Stiftung I 304, V 76.
Fideikommissarische Substitution V 507, VI b 810, 814; — Behandlung beim Tod des Erblassers nach dem 31. Dezember 1899 VI a 582.
Fideikommißbesitzer: Fruchterwerb III 524.
Fiduziarische Abtretung II a 796; — der Hypothekforderung III 1176.
Fiduziarische Eigentumsübertragung III 450, 451, 461, 1396; — Verfallvertrag III 1429.
Fiduziarische Rechtsgeschäfte I 413, 468.
Fiduziarische Stiftung I 304.
Fiduziarisches Eigentum III 287.
Filmkauf, Filmlizenzvertrag II b 15.
Filmleihe II b 396, 598.
Finanzvermögen I 347.
Findelkinder: Name I 117, IV 946, 1432; — Annahme an Kindes Statt IV 1317; — Vormundschaft IV 1371; — Beendigung derselben IV 1596; — Wohnsitz I 100, 102, IV 1432.
Finden: Rechtshandlung I 401.
Finder: Begriff III 552; — Haftung III 557; — Besitz des F. III 71.
Finderlohn III 558.
Fingierter Besitz III 16.
Finnen der Schweine, Gewährfrist II b 230.
Finnland: Ehehindernis des Ehebruchs VI b 237; — internationales Erbrecht VI b 721; — über die uneheliche Vaterschaft geltendes internationales Privatrecht VI b 538; — Staatsvertrag betr. juristischer Personen VI b 153; — betr. Grunderwerb VI a 226.
Firma: Gebrauch bei Namensunterschrift I 530; — nicht Hypothekgläubigerin III 1005; — Nießbrauch an F. III 881.
Firmenrecht: Schadensersatz wegen Verletzung II c 1775; — Vererblichkeit V 14; — Verjährung des Anspruchs auf Beseitigung der Beeinträchtigung I 770.
Firmenschilder: Besitzesschutz III 59; — Anbringung am Mietobjekt II b 415, 473.
Fische: Eigentumserwerb daran VI a 165; — in Teichen und geschlossenen Gewässern III 541.
Fischereiberechtigung, Hypothekfähigkeit III 990.
Fischereiordnungen der Länder VI a 168.
Fischereirecht III 532, 792; — Form des Vertrages darüber II b 541; — Pacht II b 598, 603, 610; — rechtliche Stellung des Pächters II b 608; — Einfluß der Veräußerung, Belastung des Pachtgegenstands II b 567; — Pachtschutzordnung II b 593; — Schadensersatz wegen Verletzung II c 1755; — Uferbetretungsrecht des Berechtigten III 362; — Vorbehalt zugunsten der Landesgesetzgebung VI a 164.
Fischereiregal VI a 175, 176.
Fiskus: Gesetzliches Erbrecht des F. V 23, 59; — kein Ausschluß desselben V 70; — Feststellung desselben V 149; — Erbrecht, Pflichtteilsrecht usw. am Nachlaß unterstützter oder verpflegter Personen V 34; — Aneignung herrenloser Grundstücke III 429; — bezüglich des Erbrechts des F. geltendes Recht VI b 651, 692; — bezüglich des E. des F. bestehende Staatsverträge VI b 651, 694; — zeitlich anzuwendendes Recht VI a 510; — Ausschluß des Rechts zugunsten einer bestimmten anderen Person nach Landesrecht VI a 329; — Eigentumserwerb am Erlös von Fundsachen, an gefundenem Gelde III 571; — Eigentumserwerb Dritter vom F. III 471; — Ersitzung von Sachen des F. III 494; — Erwerb hinterlegter Gelder und Wertpapiere VI a 384; — Erwerb des Vermögens aufgelöster Vereine I 245, 248; — Voraussetzungen und Art des Erwerbs I 248, 249; — Verpflichtungen des F. hinsichtlich des erworbenen Vermögens I 248, 249; — Erwerb des Vermögens erloschener Stiftungen I 333; — Ausschluß der Ausschlagung der Erbschaft V 80, 83; — kein Nacherbe als gesetzlicher Erbe V 521; — kein Erbverzicht V 1015; — ist nicht Vermächtnisnehmer hinsichtlich eines dem Erben nicht zugewendeten Gegenstandes V 586; — Erbrecht, Pflichtteilsanspruch usw. am Nachlaß verpflegter und unterstützter Personen VI a 367; — Ausschluß

von der erblosen Erbschaft nach Landesrecht VI a 365; — Ausschluß der Bestimmung einer Inventarfrist V 303; — Aufschlußpflicht über den Bestand des Nachlasses V 303, 304; — Beschränkung der Haftung für Nachlaßverbindlichkeiten V 304; — Geltendmachung von Nachlaßverbindlichkeiten von und gegen den F. V 154; — Erbschein für die F. V 151; — Haftung für Handlungen seiner Beamten und Vertreter I 333, VI a 184; — Sicherungshypothek des F. III 995, VI a 231; — Verwaltungsabteilungen I 334; — kein Zinsprivilegium II a 38.

Fixgeschäft: Einfluß des Leistungsverzugs II a 326; — Rücktrittsrecht bei nicht rechtzeitiger Erfüllung II a 610, 639; — beim Handelskauf II a 642.

Flächenabschnitt, selbständige Belastung III 210.

Flaggengesetz III 1470.

Flaschenpfand II b 25.

Fleischbeschauer: Verjährung ihrer Ansprüche I 787.

Flößereirecht VI a 145.

Flößereiregal VI a 175.

Flößrecht VI a 145.

Flurbereinigung VI a 287, 288, 302; — Abgabe von Erklärungen für ein Kind IV 1064.

Flußbett: Eigentum III 307, 572; — verlassenes: Eigentumserwerb daran VI a 146, 148.

Fob-Klausel II a 222.

Forderung, Anwendung des Sachstatuts VI b 765; — Erfüllung (siehe auch diese) II a 659; — Erlaß II a 780; — Zulässigkeit teilweiser Geltendmachung durch den Gläubiger II a 207; — Übergang bei Ausübung des Ablösungsrechts II a 213; — Nießbrauch daran III 885 (siehe auch „Nießbrauch"); — Übertragung durch Rechtsgeschäft II a 785, 789; — kraft Gesetzes II a 851; — Teilung unter Miterben V 387; — Übertragung von F. auf Stiftungen I 320; — Verkauf von F. II b 25, 29, 32; — Haftung des Verkäufers für Bestand der F. II b 56; — für Zahlungsfähigkeit des Schuldners II b 63; — Leihe einer F. II b 640; — Überweisung an Erfüllungs Statt II a 678; — Überweisung zum Nennwert II a 685; — Einziehung, Verkauf gemeinschaftlicher F. II c 1428; — Wirksamkeit der Übertragung an die Gesellschaft als Gesellschafterbeitrag II c 1287; — F. aus der Gemeinschaft II c 1430; — Verpfändung III 1481, 1497 (siehe auch „Pfandrecht"); — Vermächtnis einer F. V 611; — einer F. des Erblassers gegen den Erben V 616; — Haftung für Bestand der vermachten F. V 625; — Vermächtnis einer F. an mehrere V 596; — Geltendmachung einer aus Mitteln des Nachlasses erworbenen durch den Erben V 380; — Geltendmachung vom Erbschaftsbesitzer mit Mitteln der Erbschaft erworbener F. durch den Erben V 325; — Zugehörigkeit durch Rechtsgeschäft des Erben erworbener F. zur Nacherbschaft V 530; — Erwerb für das Gesamtgut der allgemeinen Gütergemeinschaft nach Aufhebung und vor Auseinandersetzung der Gütergemeinschaft IV 501; — Zugehörigkeit zum Gesamtgut der Errungenschaftsgemeinschaft IV 626; — Anlegung von Kindergeld in F. IV 1055; — Fälligkeit von F. des Mannes gegen das Gesamtgut der allgemeinen Gütergemeinschaft IV 483; — der Errungenschaftsgemeinschaft IV 653; — F. des überlebenden Ehegatten bei fortgesetzter Gütergemeinschaft IV 539; — Fälligkeit von Forderungen der Frau gegen den Mann aus der Verwaltung des eingebrachten Gutes IV 300; — Verfügung des Vaters über F. des Kindes in bezug auf ein Grundstück IV 1057, 1060; — des Vormunds über solche F. des Mündels IV 1482, 1489; — Verfügungsrecht des Vormunds über eine F. auf Leistung IV 1464; — Aufhebung oder Minderung der dafür bestehenden Sicherheit IV 1483, 1499; — Befreiung von den Beschränkungen des Verfügungsrechts IV 1569, 1571; — bei der Vormundschaft über Volljährige IV 1627; — mündelsichere F. IV 1443.

Forderungsrechte: unerlaubte Verletzung II c 1777.

Forderungsverletzungen, positive II a 26, 275, 283, 475, 481, 610; — Rechte des Gläubigers bei schuldhafter Gefährdung des Vertragszweckes II a 497; — Verjährung der Ansprüche aus solchen II a 283.

Form der Rechtsgeschäfte: Formfreiheit und Formzwang I 518; — Form der dinglichen Rechtsgeschäfte III 10; — räumlich anzuwendendes Recht VI b 163; — Begriff, Qualifikation der Formvorschriften VI b 174; — Auslandsform VI b 193; — Anstößigkeit ausländischer Formvorschriften (Art. 30 EG.) VI b 166, 188; — Geltung des Wirkungsstatuts VI b 163, 164; — Einschränkung der Geltung des W. durch die Vorbehaltsklausel VI b 166; — Geltung des Satzes: locus regit actum VI b 163, 169; — Geltung bei vorübergehendem Aufenthalt am Errichtungsort VI b 186; — Widerspruch zwischen Wirkungsstatut und Ortsform VI b 170; — Begriff des Errichtungsorts VI b 177; — Beobachtung der Gesetze des Errichtungsorts VI b 181; — Folgen der Nichtbeobachtung der Form VI b 183; — bei Testamenten VI b 646; — Geltung des Prinzips der belegenen Sache VI b 189; — Statutenwechsel VI b 193; — Rück- und Weiterverweisung VI b 168, 173, 192; — F. d. R. bei Vornahme in Konsulargerichtsbezirken VI b 188, 192; — zeitlich geltendes Recht VI a 447; — gesetzliche Form I 520; — Bestimmung der F. durch Rechtsgeschäft I 520; — Einfluß von Ort und Zeit auf die F. I 522; — Auslegung formbedürftiger Rechtsgeschäfte I 521, 552; — F. des Vorvertrages I 611; — Nichtigkeit wegen Mangel der F. I 518, 523; — Ausnahmen von der Nichtigkeit I 523; — Arglist der Berufung auf die Nichtigkeit I 525; — Berufung auf Treu und Glauben gegenüber Formvorschriften II a 36; — Rückforderung der Leistung wegen Nichtigkeit des Rechtsgeschäfts infolge Formmangel II c 1698; —

Amtspflichtverletzung durch Nichtbeachtung von Formvorschriften II c 1935; — Heilung des Mangels I 523, 524; — siehe auch „Schriftform".

Form der Rechtsgeschäfte: Formen einzelner Rechtsgeschäfte und Rechtshandlungen: F. des abstrakten Schuldversprechens II c 1548, 1550, 1555; — auf Grund Abrechnung II c 1566; — der Abtretung der Forderung II a 794; — der Abtretungsurkunde II a 817; — der Abtretung der Hypothekforderung III 1165; — der Anfechtung der Ehe IV 133; — nach dem Tode des anderen Ehegatten IV 136; — der Anfechtung der Ehelichkeit IV 874; — nach dem Tode des Kindes IV 878; — der Annahme an Kindes Statt IV 1303, 1306; — der Einwilligung Dritter zur Annahme IV 1318; — der Anordnung von Auflagen V 636; — der Anweisung II c 1580; — ihrer Annahme II c 1582, 1583; — ihrer Übertragung II c 1593; — der Auflassung III 401; — der Auslobung II c 1066; — des Widerrufes derselben II c 1070; — des Bürgschaftsvertrages II c 1481; — des Darlehensvertrages II b 665; — der Eheschließung IV 75, VI a 534; — räumlich anzuwendendes Recht VI b 186, 192, 230, 246; — Eheschließung im Ausland VI b 251; — Wahrung der Ortsform VI b 251; — Wahrung der Heimatsform VI b 255; — Eheschließung im Inland VI b 247; — Einhaltung der Ortsform VI b 247; — Nichteinhaltung der Ortsform VI b 249; — F. d. E. vor Gesandten oder Konsuln VI b 255, 256; — Wirkung des Formmangels IV 100; — Wirksamkeit der Nichtigkeit der Ehe wegen Formmangels gegenüber Dritten IV 140; — unter den Ehegatten IV 143; — F. des Ehevertrages IV 405; — des Eigentumsübertragungsvertrages hinsichtlich eines Grundstücks II b 420, III 398; — der Einwilligung des Nacherben zu Verfügungen des Vorerben V 551; — F. der Einwilligung des gesetzlichen Vertreters zu einseitigen Rechtsgeschäften Minderjähriger I 440; — der Begründung des Erbbaurechts III 660, 711; — der Erbschaftsausschlagung V 96; — des Erbschaftskaufs V 1082, 1084; — der Schenkung oder sonstigen Veräußerung der Erbschaft V 1100; — des Erbvertrags V 836, 840; — des Rücktritts vom Erbvertrag V 877; — des Erbverzichts V 1017; — der Aufhebung desselben V 1022; — des Erlaßvertrages II a 783; — F. der Vereinbarung über Abfindung eines an der fortgesetzten Gütergemeinschaft anteilsberechtigten Abkömmlings IV 574; — des Verzichts eines Abkömmlings auf seinen Anteil IV 555; — der Zustimmung des anderen Ehegatten zum Verzicht IV 610; — der Zustimmung zu letztwilligen Verfügungen über den Anteil IV 608; — der Aufhebung der fortgesetzten Gütergemeinschaft IV 557; — F. des Gesellschaftsvertrages II c 1222; — des Immobiliarveräußerungsvertrages III 398; des Kaufvertrags II b 9, 21; — F. des Kreditauftrages II c 1524; — letztwilliger Verfügungen, räumlich geltendes Recht VI b 644, 648, 668, 677, 686, 697; — hinsichtlich der Form geltende Staatsverträge VI b 704; — F. des Mietvertrags II b 397; — räumlich geltendes Recht VI b 191; — über Grundstücke II b 538; — mündliche Nebenabreden II b 542; — F. der Aufhebung II b 544; — der Nießbrauchbestellung III 836, 841, 842; — der Bestellung des Nießbrauchs an einem gegenwärtigen Vermögen II a 415; — F. des Pachtvertrages II b 541, 603; — räumlich geltendes Recht VI b 191; — F. der Quittung II a 692; — F. des Schenkungsversprechens II b 308; — des Schuldanerkenntnisses II c 1560, 1563; — auf Grund Abrechnung II c 1566; — der Schuldübernahme II b 312, II c 1486; — der Schuldverschreibung auf den Inhaber II c 1601, 1604; — F. des Stiftungsgeschäftes I 318; — F. des Testaments, siehe „Testament"; — der Testamentserrichtung V 735; — der Errichtung des eigenhändigen Testaments V 737; — F. der Übertragung gegenwärtigen Vermögens II a 415; — des Verlöbnisvertrages IV 11; — F. der Vermächtnis-Annahme und -Ausschlagung V 618, 622; — des Vertrags über ein ganzes Vermögen II a 413; — über den gesetzlichen Erbteil oder Pflichtteil unter künftigen Erben II a 417; — des Vertrages eines Erben über seinen Anteil am Nachlaß V 354; — des Verzichts auf die Hypothek III 1239; — des Verzichts auf die elterliche Nutznießung IV 1097, VI b 476; — des Verzichts auf letztwillige Zuwendungen V 1025; — der Einräumung des Vorkaufsrechts an Grundstücken II b 277; — der Ausübung des Vorkaufsrechts II b 278; — der Vollmachtserteilung I 699, 701; — F. der Erklärung über Ausübung des Wiederkaufsrechts II b 264; — der Zustimmung zu Rechtsgeschäften I 744.

Formfreiheit des Vertrags II a 396.

Formmangel des Rechtsgeschäfts: Wirkung I 518, 523.

Formvorschriften: Begriff VI b 174; — Vorschriften über Zulässigkeit der Stellvertretung keine FV. VI b 176; — Vorschriften über Verbuchung, Registrierung, Eintragung, keine FV. VI b 166, 188; — exklusive Geltung deutscher FV. VI b 166, 188, 815, 825; — Folgen der Nichtbeobachtung der FV. VI b 183; — Ausnahmeformen VI b 182.

Forstberechtigungen VI a 300; — Fortbestand bei Teilung des herrschenden Grundstücks III 818.

Forstfrevel: Schadensersatzpflicht nach Landesrecht VI a 268; — Haftung der Arbeitsgeber für Bedienstete II c 1873; — Haftung für Familienangehörige, Bevormundete usw. II c 1881.

Forstgenossenschaften: Landesrecht VI a 429.

Forstgerechtigkeiten III 794.

Forstwirtschaftliche Erzeugnisse: Verjährung der Forderung für Lieferung solcher I 779, 780, 785.

Forstwirtschaftliche Grundstücke, Anerbenrecht VI a 140; — Verbände zur Nutzung VI a 429.

Fortführung der Geschäfte der elterlichen Gewalt nach Beendigung IV 1148; — der Vormundschaft IV 1615.

Fortgesetzte Gütergemeinschaft: früheres Recht IV 523; — rechtliche Natur IV 524; — Voraussetzungen des Eintritts IV 525, 528; — Eintragung ins Grundbuch IV 526; — keine Eintragung ins Güterrechtsregister IV 527; — Umfang des Gesamtguts IV 537; — nicht kommunionsfähiges Vermögen IV 538; — Erwerb von Grundstücken III 99; — Zeugnis über die Fortsetzung IV 585; — Ablehnung durch den überlebenden Ehegatten IV 634; — Ausschluß von Bedingungen und Zeitbestimmungen bei der Ablehnung I 650; — Haftung des überlebenden Ehegatten aus Rechtsgeschäften und Verfügungen vor der Ablehnung IV 634; — Ausschluß durch Ehevertrag IV 590; — durch letztwillige Verfügung IV 591; — Wirkung des Ausschlusses IV 593; — Gesamtgut, Gesamtgutsverbindlichkeiten, siehe diese.

— Anteile der Abkömmlinge: Kürzung des Anteils IV 598, 608; — Entziehung, Beschränkung in guter Absicht IV 600, 601, 608; — Verfügung über den frei gewordenen Anteil IV 603, 608; — Ergänzung des Anteils IV 581; — Inventarisationspflicht des Vaters hinsichtlich der Anteile der Kinder IV 1049; — Ausschluß eines Abkömmlings durch letztwillige Verfügung IV 593, 608; — durch gemeinschaftliches Testaments IV 608; — Anteilsunwürdigkeit eines Abkömmlings IV 583; — Wirkung des Todes eines Abkömmlings IV 553; — des Verzichts eines Abkömmlings IV 555; — Unpfändbarkeit der Anteile IV 545; — Haftung für Unterhaltsansprüche von Verwandten IV 890; — siehe auch „Anteilsberechtigte Abkömmlinge".

— Vorbehaltsgut des überlebenden Ehegatten IV 539; — Wiederverehelichung des überlebenden Ehegatten IV 559; — Zeugnis des Vormundschaftsgerichts zu diesem Zwecke IV 62.

— Beendigungsgründe überhaupt IV 526; — Beendigung durch Aufhebung IV 557; — durch Wiederverheiratung des überlebenden Ehegatten IV 559; — durch Tod oder Todeserklärung des überlebenden Ehegatten IV 555, 562; — durch Aufhebungsklage eines Abkömmlings IV 562, 565; — Berichtigung von Schulden des überlebenden Ehegatten an das Gesamtgut und Forderungen aus demselben IV 540; — Ausschluß der Wiederherstellung nach Beendigung IV 526; — Rechtsverhältnis nach Beendigung bis zur Auseinandersetzung IV 565.

— Auseinandersetzung IV 565; — Art und Weise IV 567; — Lasten des überlebenden Ehegatten IV 570; — Übertragung von Grundstücken bei Auseinandersetzung III 392; — Übernahme des Gesamtguts oder von Teilen desselben durch den überlebenden Ehegatten IV 576; — Teilung unter den Abkömmlingen IV 578; — Anrechnung des Anteils eines ausgeschlossenen Abkömmlings IV 594; — einer an einen verzichtenden Abkömmling gezahlten Abfindungssumme IV 574; — von Verbindlichkeiten des verstorbenen Ehegatten IV 573; — Auseinandersetzung wegen Wiederverheiratung des überlebenden Ehegatten IV 559; — Ausgleichungspflicht bei Zuwendungen aus dem Gesamtgut V 419; — Einfluß von Zuwendungen mit dem Gesamtgut auf Pflichtteilsrechte V 982; — Konkurs eines Abkömmlings oder des überlebenden Ehegatten IV 548; — zwingende Natur der Vorschriften IV 612; — Eröffnung des Testaments eines Ehegatten V 805; — Zeugnis über Fortsetzung V 1027, 1071.

Fortgesetzte Gütergemeinschaft bei Fahrnisgemeinschaft IV 671, 684; — Ausschluß bei der Errungenschaftsgemeinschaft IV 572, 615.

Fortkommen: Rechtsschutz I 45; — Schädigung durch unerlaubte Handlungen gegen eine Person II c 1959; — durch Verbreitung unwahrer Tatsachen II c 1805, 1806.

Fortsetzung des Dienstverhältnisses II b 639; — der Gesellschaft II c 1309; — des Mietverhältnisses durch stillschweigende Verlängerung II b 545; — eines Rechtsstreits durch die Frau nach Eintritt des gesetzlichen Güterstands IV 331; — der allgemeinen Gütergemeinschaft IV 458; — der Errungenschaftsgemeinschaft IV 628.

Frachtführer: Besitzvermittlung III 71; — Haftung für befördertes Gut II c 1174; — gesetzliches Pfandrecht III 1465.

Frachtfuhrleute: Übergabe der Kaufsache an F., Gefahrübergang II b 95; — Verjährung ihrer Forderungen I 779, 785.

Frachtgeschäft: Sondervorschriften II c 925; — Verhältnis zur Miete II b 394.

Frankensteinsches System VI b 60.

Franko-Klausel: Bedeutung für den Erfüllungsort II a 222.

Frankreich: Annahme an Kindes Statt VI b 577; — persönliches Eherecht VI b 808; — über das eheliche Güterrecht geltendes internationales Privatrecht VI b 306, 337; — über Schenkungen unter Ehegatten geltendes Recht VI b 341; — Aufhebung der ehelichen Gemeinschaft in F. VI b 381; — Gerichtsbarkeit in Scheidungssachen VI b 397; — Nichtverbürgung der Gegenseitigkeit in Scheidungssachen VI b 416; — internationales Erbrecht VI b 630, 710, 717, 719; — für das Erbrecht an Grundstücken in F. geltendes Recht VI b 683, 684, 685, 757; — Anerkennung ausländischer juristischer Personen VI b 135; — Legitimation durch nachfolgende Ehe VI b 555; — legitimatio per iudicem VI b 576; — ordre public VI b 798, 801, 811, 813; — pupilles de la nation VI b 602; — Rück- und Weiterverweisung VI b 756; — Testamentsrecht VI b 701, 703; — Rechtsverhältnis der unehelichen Kinder VI b 506, 508, 511, 535; — Ansprüche der unehelichen Mutter gegen den Vater VI b 528; —

über die uneheliche Vaterschaft geltendes internationales Privatrecht VI b 538; — Staatsvertrag betr. Grunderbwerb VI a 226; — betr. juristische Personen VI b 136, 153; — betr. Luftfahrzeuge VI b 222.
Französisches Recht: Anerkennung eines Kindes VI a 565; — Beistandschaft wegen Geistesschwäche VI a 577; — Beistandschaft wegen Verschwendung I 82; — Emanzipation, Entlassung aus der Gewalt VI a 410; — Entmündigung wegen Verschwendung VI a 414; — erwählter Wohnsitz VI a 415; — Vermögensabsonderung unter Eheleuten VI a 537.
Frau: Ehemündigkeit I 54, IV 10, 38; — Rechtsfähigkeit, staatsbürgerliche Gleichstellung I 44; — Zuständigkeit für die Befreiung vom Ehehindernis mangelnder E. IV 86; — Fähigkeit zum Familienrat IV 1583; — zum Gegenvormund IV 1412; — zum Pfleger IV 1669; — Fähigkeit zum Amt des Testamentsvollstreckers V 667; — Fähigkeit zum Zeugnis bei Testamentserrichtung V 757; — Tauglichkeit zum Amt des Vormunds IV 1394, 1396; — des Gemeindewaisenrats IV 1565; — Recht zur Ablehnung der Vormundschaft IV 1401; — Entlassung bei Verheiratung IV 1605; — Unterhaltspflicht gegenüber Verwandten IV 911; — Wartezeit bei Wiederverheiratung IV 60; — Dispens von dem Ehehindernis IV 86.
Frauenarbeitsschutz II b 721.
Frauengerade IV 225.
Frauenkleider, Frauenschmuck: Eigentumsvermutung IV 211; — Übernahme bei Auseinandersetzung der Gütergemeinschaft IV 509; — der Errungenschaftsgemeinschaft IV 664; — Vorbehaltsgut der Frau IV 225; — kein Vorbehaltsgut bei Errungenschaftsgemeinschaft IV 632; — Herausgabe bei tatsächlicher Trennung der Ehegatten IV 208.
Frauensperson: widerrechtliche Bestimmung zum außerehelichen Beischlaf II c 1815; — Ersatz immateriellen Schadens wegen Bestimmung zum außerehelichen Beischlaf oder Sittlichkeitsvergehen gegen dieselbe II c 1984; — Ersatz von Schäden im Erwerb und Fortkommen II c 1959.
Freibleibend: Bedeutung der Klausel I 617.
Freie Rechtsfindung I 19, 28, 29.
Freie Rechtsgeschäfte I 415.
Freies Belieben bei Bestimmung der Leistung durch einen Dritten II a 453; — bei Bestimmung der Erfüllungszeit des Vermächtnisses V 618, 621; — des Empfängers der Auflage V 639; — bei Bestimmung der Vertragsleistung II a 445.
Freie Verfügung des Vorerben über den Nachlaß im Falle einer Nacherbfolge auf den Überrest V 567, 568.
Freies Vermögen des Kindes IV 1075; — Haftung aus Rechtshandlungen in bezug auf dasselbe IV 1094; — des Kindes: Besitz III 28; — Verfügung über verbrauchbare Sachen, Anlegung von Geld IV 1082; — Arbeitsverdienst I 439, 447.
Freie Willensbestimmung: Ausschluß I 421, 423.
Freihändiger Verkauf des Pfandes III 1437; — von Gold- und Silbersachen III 1441; — Gebot der Barzahlung III 1440; — von der Ankaufsberechtigung ausgeschlossene Personen III 1441; — der geschuldeten Sache bei Verzug des Gläubigers II a 733.
Freiheit: Rechtsschutz I 45; — der Errichtung, Aufhebung von Verfügungen von Todes wegen V 66; — Haftung für Fr. des Vermächtnisgegenstandes von Lasten V 624.
Freiheitsentziehung: Ersatz des Schadens II c 1768, 1772; — Ersatz von Schäden im Erwerb und Fortkommen II c 1959; — Ersatzansprüche dritter geschädigter Personen II c 1978; — Ersatz nicht vermögensrechtlichen Schadens II c 1984; — für versäumte Dienstleistungen an den Dienstberechtigten II c 1949; — Einfluß des Mitverschuldens des Verletzten II c 1983; — Unvererblichkeit des Schadensersatzanspruches V 16.
Freiwillige Gerichtsbarkeit: Inkrafttreten des Gesetzes hierüber VI a 4; — in Heer und Marine VI a 75.
Freizeichnungsklauseln II b 19.
Freizügigkeitsgesetz: Änderung VI a 52.
Fremdbesitz III 15, 82, 83.
Fremde: rechtliche Stellung im Inland I 43.
Fremdenführer: Verjährung ihrer Ansprüche I 786.
Fremdenrecht, Begriff, Verhältnis zum internationalen Privatrecht VI b 49; — hinsichtlich des Erbrechts VI b 717.
Fremde Rechte, Sachen: Verkauf II b 22; — Vermächtnis f. S. V 604, 608.
Friedensmiete II b 377.
Friedensverträge: Vorschriften für die juristischen Personen der abgetrennten Gebiete VI b 149.
Frist: Allgemeines: Begriff I 753; — Arten I 753; — Beginn I 754; — Ende I 755; — Einfluß von Sonn- und Feiertagen I 758; — Dauer von Halbjahrs-, Vierteljahrs-, Halbmonatsfristen I 756; — Verlängerung der F. I 757; — Berechnung unzusammenhängender Monats-Jahresfristen I 757. —
— Einzelne Fristbestimmungen: Frist für die Anfechtung der Annahme und Ausschlagung der Erbschaft V 116; — für die Anfechtung der Ehe IV 130; — der Ehelichkeit IV 870; — für die Anfechtung des Erbvertrags V 853; — letztwilliger Verfügungen V 488; — F. für die Anfechtung von Willenserklärungen wegen Irrtums und falscher Übermittlung I 494; — wegen Täuschung und Drohung I 516; — für Anmeldung von Nachlaßforderungen V 439, 442; — für Annahme von Vertragsanträgen I 626; — für die Annahme des Antrages bei Auslobung II c 1070; — für die Ausschlagung der Erbschaft V 90; — im Falle des Todes des Erben V 111; — F. für Billigung beim Kauf auf Probe oder Besicht II b 259; — für die Ehescheidungsklage IV 762, 763; — für die Klage auf Aufhebung der ehelichen Gemeinschaft IV 781; — für Eintragung eines angemeldeten Vereins I 291; — für die Erklärung über Annahme des Amtes als Testaments-

vollstrecker V 670; — für die Ersitzung III 493; — für die Tabularersitzung III 280; — für die Ablehnung der Fortsetzung der Gütergemeinschaft IV 534; — für den Eigentumserwerb an der Fundsache III 561; — am Versteigerungserlös von in öffentlichen Räumlichkeiten usw. gefundenen Gegenständen III 571; — für Entschädigungsansprüche gegen den Finder, die Gemeinde des Fundorts III 566; — F. für die Genehmigung von Verfügungen der Frau über eingebrachtes Gut durch den Mann IV 305; — für die Genehmigung von Verfügungen des Mannes über Gesamtgut IV 451; — F. für Kündigung des Darlehens II b 674; — des Dienstverhältnisses II b 887; — für die Kündigung der Gesellschaft II c 1291; — des Mietvertrags II b 534; — F. für die Erklärung über Fortsetzung des Mietverhältnisses II b 545; — für die Todeserklärung I 136; — bei Kriegsverschollenheit I 138; — bei Seeverschollenheit I 141, 146; — bei Landgefahr I 144, 146; — für Geltendmachung des Ersatzanspruchs für Verwendungen gegenüber dem Eigentumsanspruch III 613; — F. für Ausübung des Vorkaufsrechts II b 283; — F. für die Wandelung beim Kauf II b 178; — für Geltendmachung des Ersatzlieferungsanspruchs bei Gattungssachen II b 221; — für Ausübung des Wiederkaufsrechts II b 272; — für Widerruf der Schenkung II b 337.

Fristbestimmung: beim Leistungsverzug beim gegenseitigen Vertrag II a 481, 507; — für Erfüllung einer urteilsmäßigen Leistung II a 319; — aus einem gegenseitigen Vertrag II a 496, 506; — bei der Preisbewerbung II c 1075; für Rückgabe der Sache beim Rücktritt vom Vertrag II a 629, 631; — für Beseitigung des Mangels des Werkes II c 959; — für Vornahme von Handlungen des Bestellers des Werkes II c 990; — für Wiederherstellung des früheren Zustandes im Falle der Schadensersatzpflicht II a 115, 138.

Früchte: Begriff I 385; — Verhältnis zu den Nutzungen I 389; — rechtliche Natur als Bestandteile des Grundes und Bodens I 365; — Verteilung unter sukzessiv Berechtigte I 390; — Ersatz der Kosten der Fruchtziehung I 392; — Entschädigung wegen Entziehung oder Beschädigung im öffentlichen Interesse VI a 90; — durch Bergbau VI a 157; — Eigentum III 523; — Eigentumserwerb des Eigenbesitzers III 525; — des besitzenden dinglich Nutzungsberechtigten III 524, 526; — Erwerb durch den Nießbraucher III 834; — bei übermäßigem Fruchtbezug III 847; — Erwerb durch den Nießbraucher an einem Recht III 877; — Erwerb des Pächters während der Grundstücksbeschlagnahme III 1045; — Erwerb des Pfandgläubigers III 1408; — Fortbezug durch den Verpfänder von Rechten III 1483; — Besitzerwerb an ungetrennten Fr. III 26; — Erwerb durch den Vorerben V 563; — Befreiung von der Beschränkung hiebei V 566, 567; — des eingebrachten Guts im gesetzlichen Güterstand: Erwerb durch den Mann IV 269, 270; — Pfändung IV 334; — Pfändungsbeschränkung IV 277, 279, 285, 290, 334; — Schuldenhaftung IV 339, 342; — Fr. des eingebrachten Gutes der Frau bei Errungenschaftsgemeinschaft, Bestandteil des Gesamtguts IV 628; — Zugehörigkeit zur Konkursmasse im Konkurs des Mannes IV 659; — Fr. der geliehenen Sache II b 641; — Fr. einer gemeinschaftlichen Sache II c 1404; — von Grenzbäumen, -Sträuchern III 384; — des Hypothekenobjekts: Haftung III 1046; — Pfändung III 1045, 1051; — des Kindervermögens: Erwerb durch den Gewalthaber IV 1079; — Fr. des Nachlasses: Teilung unter die Erben V 368; — Herausgabepflicht des Erbschaftsbesitzers V 328; — Einfluß der Rechtshängigkeit des Erbschaftsanspruchs V 334; — Fr. der vermachten Sache, Herausgabe an den Vermächtnisnehmer V 627; — des Pachtobjekts: Erwerb durch den Pächter II b 595, 602; — Pfändung für Gläubiger des Verpächters, der Pächters II b 609; — Fr. des landwirtschaftlichen Pachtobjekts, Pfandrecht daran II b 615; — Ausgleichung zwischen Pächter und Verpächter hinsichtlich der Kosten der Erzeugung bei Beendigung der Pacht während des Pachtjahres II b 627; — Fr. des Vorbehaltsgutes der Frau im gesetzlichen Güterstande IV 237; — bei Errungenschaftsgemeinschaft IV 631; — Überfall auf das Nachbargrundstück III 341; — Verpfändung ungetrennter III 1385; — stehende: Veräußerung III 527; — Pfändung st. Fr. des Hypothekenobjekts III 1045, 1051; — Kauf stehender oder hängender Fr. II b 24; — siehe auch „Erzeugnisse".

Fruchttragende Sache: Verpfändung III 1418.

Frühjahr als Zeitbestimmung I 758.

Fuhrleistung: rechtliche Natur II c 941.

Fuhrlöhne: Verjährung I 779, 785.

Führung der Vormundschaft IV 1414.

Führungszeugnis beim Dienstvertrag II b 918.

Fund III 546; — Ablieferung an den Verlierer III 557; — an die Polizeibehörde III 556; — Anzeigepflicht des Finders III 548, 553; — Aufforderung zur Erklärungsabgabe über Ansprüche des Finders III 563; — Begriff des Finders III 552; — Begriff der verlorenen Sache I 352, III 549; — Eigentumserwerb an der Fundsache mangels Feststellung des Empfangsberechtigten III 561; — durch Ablauf der Erklärungsfrist über Ansprüche des Finders III 563; — Entschädigung für Rechtsverluste durch Eigentumserwerb an der Fundsache III 567; — Konkurrenz mehrerer Finder III 552; — Versteigerung gefundener Sachen III 555; — Verwahrungspflicht des Finders III 555; — Verzicht auf den Eigentumserwerb III 565; — Zurückbehaltungsrecht des Finders III 560; — Haftung des Finders III 557; — Rechte und Pflichten des Finders III 547; — Verlust des Eigentums am Fund an die Gemeinde III 566; — Ersatzansprüche des Finders für Aufwendungen III 558; — Finderlohn III 559; — Klagerecht auf Ersatz, Finderlohn

III 560; — Fortdauer der Ansprüche des Finders nach Ablieferung der Sache oder des Versteigerungserlöses an die Polizeibehörde III 564; — F. in Geschäftsräumen oder Beförderungsmitteln einer öffentlichen Behörde oder einer dem öffentlichen Verkehr dienenden Verkehrsanstalt: Ablieferungspflicht III 567; — öffentliche Bekanntmachung des Fundes III 570; — Form derselben III 572; — Versteigerung der Fundobjekte III 569; — Eigentumserwerb an dem Versteigerungserlös III 571; — prähistorischer, historischer F. III 576; — F. wird Gesamtgut bei Errungenschaftsgemeinschaft IV 617; — für den Eigentumserwerb zeitlich geltendes Recht VI a 485.

Fünf Jahre: Verschollenheitsfrist I 136.

Fünfzig Jahre: Altersgrenze für Annahme an Kindes Statt IV 1311.

Fungibilien I 353.

Funkanlagen III 306.

Funkenflug III 324.

Fürsorge des Nachlaßgerichts zur Sicherung des Nachlasses V 126; — Anwendung bisherigen Rechts VI a 585; — des Vormundschaftsgerichts IV 1538; — vor Bestellung oder bei Verhinderung des Vormunds IV 1556; — bei Pflegschaften IV 1670; — F. für Witwen und Waisen der Reichsbeamten, von Angehörigen des Reichsheeres und der Marine VI a 82; — öffentlich-rechtliche VI a 370.

Fürsorgeerziehung IV 999, 1112, VI a 348; — ausländischer Kinder VI b 479, 624; — Zuständigkeit zur Anordnung VI a 351, 356; — Verfahren VI a 352; — Aussetzung VI a 353; — Voraussetzungen der Anordnung VI a 353; — der vorläufigen F. VI a 354; — Unzulässigkeit gegen Volljährige IV 1625, VI a 353; — Ausführung VI a 355; — Abschluß von Dienst- und Lehrverträgen durch die Fürsorgeerziehungsbehörde IV 993, 1495, VI a 355; — Einfluß auf Aufsichtspflicht der Eltern usw. II c 1875; — Ende VI a 355; — Kosten VI a 355; — Strafschutz VI a 356; — Ausführungsgesetze der Länder VI a 356.

Fusion von Gesellschaften II a 892.

Fütterungskosten für das entliehene Tier II b 643; — für das gemietete Tier II b 455; — Ersatz im Falle der Wandelung beim Viehkauf II b 239.

G.

Galerien am Nachbargrundstück III 330.

Garantie: Verhältnis zur gesetzlichen Gewährleistungspflicht II b 125; — G. beim Kauf II b 125, 138, 140, 141, 158; — bei Raterteilung, Empfehlung II c 1121.

Garantievereine: Verleihung der Rechtsfähigkeit I 189.

Garantieversprechen bei Versprechen einer Vertragsstrafe II a 588; — hinsichtlich der Leistung eines Dritten II a 541; — beim Werkvertrag II c 954, 967; — Verlängerung der Verjährungsfrist wegen Mängel II c 976; — bei Zusicherung der Trächtigkeit eines Tieres II b 246; — beim Verkauf II b 125, 143; — G. des Vermieters II b 430.

Garantievertrag II a 24, II b 2, 136, II c 1488; — Haftung aus Raterteilung II c 1118.

Garderobemarken II c 1644.

Garnisonsort: Wohnsitz der Militärpersonen I 94.

Gärten: Wildschaden VI a 172, 173.

Gas: Vertrag über den Bezug II b 8, 24, 391, 601; — Gefahrübergang beim Gaslieferungsvertrag II b 89.

Gase: Zuführung auf fremde Grundstücke III 308.

Gasförmige Körper: Sacheigenschaft I 348.

Gast, Erkrankung, Tod II b 460, III 298.

Gastspielengagement: rechtliche Natur II c 929.

Gastwirte: Verpflichtung zur Aufnahme von Fremden II c 1175; — Ansprüche bei Erkrankung, beim Tode eines Gastes II b 460, II c 1175; — Zuständigkeit für Streitigkeiten mit Reisenden II c 1174; — Verjährung ihrer Ansprüche II c 1174; — Haftung für eingebrachte Sachen von Gästen II c 1174, 1176; — Beschränkung der Haftung bei Geld, Wertpapieren und Kostbarkeiten II c 1186; — Ausschluß der Haftung II c 1184; — Ausschluß bei Versäumung der Anzeige vom Eintritt des Schadens II c 1188; — Pfandrecht an eingebrachten Sachen II c 1189; — Haftung für Schäden bei Benützung von Wirtschaftseinrichtungen II c 1175; — Haftung für Verkehrssicherheit II c 1784; — Geltung der Vorschriften über das Vertragspfand für das Pfandrecht des G. III 1465; — Verjährung ihrer Ansprüche I 779, II c 1174.

Gattungskauf II b 24; — Ansprüche wegen Mängel II b 120, 216; — beim Viehkauf II b 244.

Gattungsmängel II a 90.

Gattungssachen: Leistung II a 81; — Unmöglichkeit der Leistung II a 304; — Unmöglichkeit der Leistung beim gegenseitigen Vertrag II a 483; — Haftung für Untergang und Verschlechterung beim Gläubigerverzug II a 380; — Ansprüche wegen Mängel gekaufter G. II b 216; — Haftung bei der Schenkung von G. II b 321; — als Gegenstand der Auflage V 638; — Vermächtnis von G. V 591.

Gattungsschuld II a 82; — Unmöglichkeit der Erfüllung II a 256; — Umwandlung in Speziesschuld II a 81, 86; — begrenzte G. (gemischt generische Obligation) II a 83; — Teilbarkeit und Unteilbarkeit II a 901; — Aufrechnung II a 744; — Unterschied von der Wahlschuld II a 84.

Gattungsvermächtnis V 591, 592, 594; — Gewährleistung V 624.

Gebäude: wesentliche Bestandteile I 364, 366; — was nicht Bestandteil ist I 370; — Eigenschaft des Gebäudes als Bestandteil des Grundstücks I 364; — Zubehör von G. I 374; — Ausbesserungspflicht bei Pacht II b 612; — Besitz an G. auf fremden Grundstücken III 26; — Bau über die Grenze (siehe „Überbau") III 342; — Miteigentum zu getrennten Teilen

VI a 331; — Schadensersatzpflicht bei Einsturz oder Ablösung von Teilen: des Besitzers und des früheren Besitzers des Grundstücks II c 1911; — des dinglich oder persönlich Berechtigten II c 1920; — des Unterhaltungspflichtigen II c 1921; — Verhältnis mehrerer Verantwortlicher II c 1953; — gefahrdrohender Zustand für das Nachbargrundstück III 333; — Verjährung der Ansprüche daraus III 385; — Schädigung des Nachbarn durch Wegreißen III 335; — Wiederherstellung zerstörter G. in anderer Lage, Rechte Dritter VI a 282.

Gebäudeversicherung des Hypothekenobjekts III 1074, 1077, 1080.

Gebiet des Deutschen Reichs VI a 7, 8.

Gebietsstatut: Begriff VI b 6; — Konflikt mit dem Vermögensstatut VI b 765.

Gebot bei Versteigerung: Gebundenheit daran I 640.

Gebrauch einer Sache, eines Rechtes als Nutzung I 388; — unentgeltliche Einräumung des G. eines Gegenstandes II b 301, 389; — G. der geliehenen Sache II b 640, 644; — der gemeinschaftlichen Sache II c 1405; — der gemeinschaftlichen Sachen bei Erbengemeinschaft V 370; — des Mietobjekts: Gebrauchsrecht II b 401; — Umfang des Gebrauchsrechts bei Wohnungsmiete II b 414, 415; — Kündigung wegen vertragswidrigen Gebrauchs II b 481; — keine Gebrauchspflicht II b 418; — Hindernis im G. II b 420, 428; — Wirkung des Nichtgebrauches II b 461, 475, 478; — vertragswidriger G. II b 471; — Kündigung wegen Vorenthaltung, Entziehung II b 438; — G. des Pachtobjektes II b 595, 600, 606.

Gebrauchsanmaßung hinsichtlich einer Sache II b 389.

Gebrauchsgegenstände der Frau: Eigentumsvermutung IV 211; — Vorbehaltsgut IV 225; — Übernahme bei Auseinandersetzung der Gütergemeinschaft IV 509; — der Errungenschaftsgemeinschaft IV 664; — G. des Kindes, freies Vermögen IV 1075.

Gebrauchsleihe (siehe „Leihe") II b 638.

Gebrauchsmuster: Vererblichkeit der durch die Eintragung erworbenen Rechte V 13.

Gebrechliche: Haftung der aufsichtspflichtigen Personen aus Handlungen derselben II c 1873; — Fähigkeit zur Testamentserrichtung V 734.

Gebrechlichkeit: Ablehnung der Vormundschaft IV 1401; — Entlassung wegen G. IV 1606; — Pflegschaft wegen G. IV 1647; — Beendigung IV 1651, 1676; — Übergang der nach bisherigem Recht bestehenden Vormundschaft in Pflegschaft VI a 573, 575.

Gebühren der Rechtsanwälte, Notare, Gerichtsvollzieher, Anspruchsverjährung I 780, 787; — der Zeugen und Sachverständigen I 780, 787.

Gebundene Rechtsgeschäfte I 415.

Gebundenheit an die Aufgabe eines Rechts an einem Grundstück III 124; — an die Auflassung III 417; — an die Einigung über Ersetzung der hypothekarisch versicherten Forderung durch eine andere III 1283; — über Rechtsänderungen an Grundstücken III 97, 110; — Einfluß nachträglich eintretender Verfügungsbeschränkung des Berechtigten III 134; — an die Offerte I 613, 617; — zeitliche Grenze derselben I 620; — im Falle des Todes oder eingetretener Geschäftsunfähigkeit des antragenden Teiles I 634; — bei der Versteigerung I 640; — G. an das bedingt abgeschlossene Geschäft I 162.

Geburt: Zeit der Vollendung I 48; — Feststellung der Zeit derselben I 52; — Mitberechnung des Tages der Geburt bei Berechnung des Lebensalters I 755; — Voraussetzung der Rechtsfähigkeit I 48; — des Dritten, an welchen eine Leistung erfolgen soll, nach dem Tode des Versprechensempfängers II a 560; — G. eines Miterben, Ausschluß der Nachlaßteilung vor derselben V 394; — des Nacherben, Erbanfall V 523; — des Vermächtnisnehmers nach dem Erbanfall V 26, 618, 619; — Fingierte G. des Erben V 24, 25; — Unterhalt der Mutter bei zu erwartender G. eines Erben V 146; — eines Nacherben V 572; — Zahl der G. als Maßstab für den Verwandtschaftsgrad IV 840.

Geburtshelfer: Verjährung ihrer Ansprüche I 780, 786.

Geburtsregister: Eintragung der Annahme an Kindes Statt IV 1305, 1336; — Eintragung der Adoption ausländischer Kinder VI b 599; — der Legitimation IV 1268, 1275; — Eintragung der Legitimation ausländischer Kinder ins G. VI b 567, 569; — der Ehelichkeitserklärung IV 1281; — der Namensänderung bei Annahme an Kindes Statt IV 1336; — bei deren Aufhebung IV 1354; — der Anerkennung eines unehelichen Kindes IV 1198, 1264; — Eintragung der Anerkennung ausländischer unehelicher Kinder ins G. VI b 494.

Gefahr: Abwehr von G., Notstand I 846; — Abwendung durch Notstandshandlungen, Schadensersatzpflicht III 296; — Abwendung von G. durch den auftragslosen Geschäftsführer II c 1136; — bei Einbringung von Sachen zum Gesellschaftsvermögen II c 1236; — bei Entziehung von Sachen durch unerlaubte Handlungen II c 1989; — beim depositum irregulare II c 1172; — Übergang beim Erbschaftskauf V 1093; — Tragung bei der Gattungsschuld und der Speziesschuld II a 90; — Tragung bei gegenseitigen Verträgen II a 476, 487; — bei Geldzahlung II a 227; — während Hinterlegung der geschuldeten Sache II a 720; — Übergang bei Einlagen in die Gesellschaft II c 1236, 1239; — beim Kauf von Sachen II b 84; — bei gemeinschaftlichem Verkauf beweglicher und unbeweglicher Sachen II b 86; — von Gattungssachen II b 219; — von zum Besitz berechtigenden Rechten an Sachen II b 102; — beim Kauf unter Eigentumsvorbehalt II b 111; — beim Viehkauf II b 233; — bei Übersendung der Kaufsache II b 91; — Verwendungen des Verkäufers auf die Sache nach Gefahrübergang II b 101; — bei der Pacht eines Grundstücks samt Inventar

II b 619; — im Falle der Übernahme des Inventars zum Schätzungswert II b 620; — beim Rücktritt vom Vertrag II a 621, 622; — Übergang auf den Gläubiger beim Verzug desselben II a 380; — G. bei Vorlegung von Sachen II c 1660; — beim Werkvertrag II c 991, 1000; — beim Werklieferungsvertrag II c 1026; — G. ungewöhnlichen Schadens II a 154.

Gefährdung der Befriedigung der Nachlaßgläubiger aus dem Nachlaß V 234, 237; — des Erwerbs des Mannes: Aufhebung der allgemeinen Gütergemeinschaft IV 491; — der Errungenschaftsgemeinschaft IV 656; — des eingebrachten Gutes der Frau, der Ersatzansprüche derselben für verbrauchte Sachen IV 292; — G. der Frau durch Rechtshandlungen des Mannes: Aufhebung der Gütergemeinschaft IV 487; — des Gemeinwohls durch den Stiftungszweck I 328, 331; — durch Vereinsbeschlüsse oder den Vereinsvorstand I 241; — der Gesundheit durch die Mietwohnung II b 447; — der Sicherheit der Hypothek; drohende III 1105; — eingetretene III 1101; — durch Verschlechterung von Zubehör III 1108; — G. des Unterhaltsanspruchs IV 891; — eines anteilsberechtigten Abkömmlings IV 563; — der Frau und Kinder: Aufhebung der Nutznießung und Verwaltung am eingebrachten Gut der Frau IV 361; — Zurückbehaltungsrecht der Frau hinsichtlich des Beitrags zum ehelichen Aufwand IV 385; — Aufhebung der Gütergemeinschaft IV 487; — G. des Unterhalts des Kindes IV 1105, 1114; — G. des Vermögens des Kindes IV 1118; — des Wohles des Kindes IV 1104; — durch die Mutter, Bestellung eines Beistandes IV 1160.

Gefährdungshaftung: räumlich geltendes Recht VI b 225.

Gefahrverschollenheit I 144; — Zeitpunkt des Todes I 146.

Gefälligkeitsverträge II a 223, 389, II b 3; — Erfüllungsort II a 223.

Gefangene: Verschollenheit, Todeserklärung I 140, 146.

Gefängnisstrafe: Verwirkung der elterlichen Gewalt IV 1143.

Gegenansprüche: Zurückbehaltungsrecht II a 235, 236.

Gegenleistung: Bestimmung durch den Forderungsberechtigten II a 449; — Hinterlegung bei Recht auf G. II a 710; — Einfluß der Unmöglichkeit II a 459, 462; — Verlust des Anspruchs auf G., Rückgabe wegen Unmöglichkeit der Leistung II a 481, 482; — Verweigerung bis zur Leistung II a 460; — Gefährdung durch Verschlechterung der Vermögenslage des anderen Teils II a 468; — Einfluß der Geltendmachung des Rechts zur Verweigerung der Leistung bis zur Bewirkung der G. im Prozeß II a 472; — Verzug des Gläubigers durch Unterlassung der Anbietung II a 377, 378; — Verweigerung bei vom Verpflichteten verschuldeter Unmöglichkeit der Leistung II a 495, 496; — beim abstrakten Schuldversprechen II c 1556.

Gegenseitige Einsetzung als Ersatzerbe V 504; — von Ehegatten im gemeinschaftlichen Testament V 815; — im Erbvertrag V 848.

Gegenseitige Zuwendungen im gemeinschaftlichen Testament V 820.

Gegenseitiger Vertrag II a 390, 456; — Begriff I 607; — Wahlschuld beim gegens. V. II a 193; — Einrede des nicht erfüllten Vertrages II a 458, 460, 472; — nachträgliche Unmöglichkeit der Leistung II a 458, 475, 481; — Form und Wirkungen des Rücktritts II a 533; — von beiden Teilen verschuldete Unmöglichkeit II a 494; — vom anderen Teil zu vertretende II a 476, 491; — vom Verpflichteten verschuldete II a 476, 495, 496; — Verweigerung der Vorleistung wegen schlechter Vermögenslage des Gegners II a 468; — Einfluß der Verweigerung im Prozeß II a 472; — Verzug des Leistungspflichtigen II a 459, 481, 507; — Verweigerung der Erfüllung der Leistung wegen mangelnden Rechtsgrundes der Eingehung der Verbindlichkeit hiezu II c 1740; — Rückforderung der Leistung wegen Nichterfüllung seitens des anderen Teils II c 1691; — Abtretung der Forderung aus einem g. V. II a 804; — Rücktritt beim Fixgeschäft II a 639; — Einfluß der Geldentwertung II a 40, 57, 68, 460.

Gegenseitigkeit: Verbürgung der G., Voraussetzung für Anerkennung ausländischer Scheidungsurteile VI b 413, 415.

Gegenseitigkeitsklausel im internationalen Erbrecht VI b 690, 710, 714, 776, 837.

Gegenstand: Begriff, Unterschied von Sachen I 317, 338; — bewegliche und unbewegliche I 343.

Gegenvormund: Bestellung bei der Vormundschaft IV 1361, 1378, 1411; — Form, Zeit der Bestellung IV 1409; — Pflicht zur Übernahme des Amts IV 1401; — Zwang zur Übernahme IV 1407; — Vorbehalt der Entlassung IV 1410; — Berufung IV 1412; — Auswahl IV 1393, 1413; — Vorschlagspflicht des Gemeindewaisenrats IV 1562, 1564; — Unfähigkeitsgründe IV 1391, 1393; — Untauglichkeitsgründe IV 1393, 1394, 1396; — Ausschluß der Bestellung durch den Vater IV 1569; — durch die Mutter IV 1571; — Bestallung IV 1411, 1412; — Erneuerung der Bestallung nach Aufhebung des Familienrates IV 1595. — Aufgaben IV 1429; — Prüfung des Vermögensverzeichnisses IV 1434; — des Vermögensnachweises bei befreiter Vormundschaft IV 1569; — Genehmigung zur Anlegung von Mündelgeld IV 1460; — zur Erhebung angelegten Geldes IV 1458; — zu Verfügungen über Vermögensstücke IV 1494; — Genehmigung der Überlassung von Gegenständen an den Mündel IV 1503; — Genehmigung zu Rechtshandlungen des Pflegers IV 1670; — Form der Genehmigung des G. IV 1523; — rechtliche Natur IV 1524; — Einfluß mangelnder Genehmigung, nachträgliche

Gen., Fristsetzung zur Beibringung, Widerruf des anderen Teiles IV 1523; — allgem. Ermächtigung des Vormunds zu der Genehmigung des G. bedürftigen Rechtsgeschäften IV 1504; — Ausschluß des Erfordernisses der Genehmigung durch den Vater IV 1569; — durch die Mutter IV 1571; — bei der Vormundschaft über Volljährige IV 1627; — Auskunftspflicht gegenüber dem Vormundschaftsgericht IV 1546, 1610; — Prüfung der periodischen Rechnung des Vormunds IV 1549; — der Schlußrechnung IV 1610; — Anzeigepflicht vom Tode des Vormunds IV 1617; — Verbot der Verwendung von Mündelvermögen im eigenen Interesse IV 1441; — Stellung gegenüber einem bei Verhinderung des Vormundes bestellten Pfleger IV 1430; — Haftung aus Pflichtwidrigkeiten IV 1430, 1524, 1525; — Aufsicht des Vormundschaftsgerichts, Ordnungsstrafen IV 1538.

Gegenvormund: Rechte: Anhörung vor Genehmigung von Rechtshandlungen des Mündels IV 1505; — vor Bewilligung, Änderung, Entziehung des Honorars des Vormunds IV 1534; — Antragsrecht auf Einsetzung eines Familienrats IV 1575; — Ersatz von Aufwendungen IV 1530; — Vergütung IV 1430, 1533, 1534.
— Endigung seines Amts kraft Gesetzes IV 1602; — durch Entlassung IV 1605, 1606, 1607, 1617; — Anzeige von seinem Tode IV 1617; — Beendigung des Amts durch Todeserklärung I 150; — Ende des Amtes durch nach bisherigem Recht erfolgte Todeserklärung VI a 421; — Entlassung des nach bisherigem Recht bestellten VI a 573, 574.
— G. bei Vormundschaft über Volljährige IV 1627, 1628; — bei der Pflegschaft IV 1668, 1671.

Gegenwärtiges Vermögen, Vertrag darüber II a 415.

Gehalt: eingebrachtes Gut bei Errungenschaftsgemeinschaft IV 624; — Berücksichtigung der Aussicht auf Erhöhung bei Schadensersatz II a 152.

Gehaltsansprüche: Abtretung II a 850; — Aufrechnung gegen dieselben II a 768; — Verjährung I 779, 786; — von Beamten usw.: Landesrecht VI a 194; — Beschränkung der Übertragung und Aufrechnung VI a 205.

Gehege für Wild, Schadensersatzpflicht beim Austritt VI a 172.

Geheimer Vorbehalt I 461.

Gehilfen: beim Vertragsabschluß I 608; — Haftung für G. II a 294; — beim Auftrag II c 1088; — bei der Verwahrung II c 1161; — Haftung für G. von Beamten II c 1951, VI a 192; — Haftung für G. des Testamentsvollstreckers V 709; — Schadensersatzpflicht der G. bei unerlaubten Handlungen II c 1852; — gesamtschuldnerische Haftung II c 1953; — Unfähigkeit des G. des Richters oder Notars zum Testamentszeugen V 756; — Verbot des Bietens für G. bei Zwangsverkäufen II b 113, 114; — Wirkung der Nichtbeachtung II b 115; — Zuziehung beim Dienstvertrag II b 812; — Verjährung ihrer Ansprüche I 779, 786.

Gehöferschaften VI a 431.

Geiseln auf Schiffen, letztwillige Verfügungen V 727, VI a 72, 73.

Geistesgüter III 4.

Geisteskranke: Besitzfähigkeit III 22; — Besitzaufgabe III 35; — Haftung aus kontraktlichem Verschulden II a 285, 286; — zwangsweise Internierung II c 1772.

Geisteskrankheit: Eheanfechtungsgrund IV 118; — Ehescheidungsgrund I 70, IV 752; — anzuwendendes Recht VI a 550, VI b 370, 372, 387, 754; — rechtliche Natur des Scheidungsgrundes IV 704; — Prozeßrecht IV 712, 755; — Auseinandersetzung der Gütergemeinschaft nach Scheidung IV 512; — Unterhaltsanspruch des Geisteskranken IV 814; — Pflegschaft wegen G. IV 1647; — Ende des Amts des Vormunds durch Entmündigung IV 1601, 1603; — Ruhen der elterlichen Gewalt nach Entmündigung des Gewalthabers IV 1137; — Entmündigung I 64, 66, 69, 71; — Wirkung der nach bisherigem Recht erfolgten Entmündigung VI a 411; — Gültigkeit des Testaments des Entmündigten VI a 594; — Entmündigung von Ausländern VI b 94, 97; — Geschäftsunfähigkeit I 421, 422; — Wirkung I 424; — Einfluß lichter Augenblicke I 423; — Pflegschaft über nicht entmündigte Geisteskranke I 80; — Unfähigkeit zur Testamentserrichtung V 731; — Unfähigkeit zum Abschluß von Erbverträgen V 839; — Versäumung der Aufsichtspflicht über Geisteskranke II c 1873.

Geistesmängel: Arten und ihre Bedeutung I 64, 65.

Geistesprodukte: Sacheigenschaft I 352.

Geistesschwäche: Eheanfechtungsgrund IV 118; — Entmündigung I 65, 66, 69, 71; — für die Entmündigung zeitlich geltendes Recht VI a 413; — Entmündigung von Ausländern VI b 94, 97; — Wirkungen: Beschränkung der Geschäftsfähigkeit I 423, 447; — Wirksamkeit von Rechtsgeschäften des Entmündigten und seines Vertreters im Falle der Aufhebung der Entmündigung I 449; — prozeßrichterliche Feststellung der Geschäftsunfähigkeit I 68; — rechtliche Stellung des nicht entmündigten Geistesschwachen I 69; — Pflegschaft wegen G. IV 1647; — Umwandlung der Vormundschaft älteren Rechts in Pflegschaft VI a 573; — Aufhebung der Beistandschaft nach französischem und badischem Recht VI a 577; — Abschluß von Erbverträgen durch Geistesschwache V 839; — Unfähigkeit zum Amt des Vormunds IV 1391; — des Gegenvormunds IV 1393, 1412; — des Pflegers IV 1669; — des Familienratsmitglieds IV 1582; — Ende des Amts des Vormunds bei Entmündigung IV 1601, 1603; — Unfähigkeit zur Testamentserrichtung V 730, 733; — Gültigkeit des Testaments des Entmündigten VI a 594; — Fähigkeit zum Widerruf V 787.

Geistesstörung bei Eheschließung IV 102; — Geltendmachung der Nichtigkeit der Ehe IV 108; — Wirkung für Willenserklärungen I 421, 423; — Einfluß auf gesetzliche und vertragsmäßige Verbindlichkeiten II a 282, 285; — Ausschluß der Haftung aus unerlaubten Handlungen II c 1843, 1844; — Haftung aus Billigkeit II c 1848; — Haftung aufsichtspflichtiger Personen II c 1873.

Geistige Gebrechen: Begriff und Bedeutung I 65; — Pflegschaft IV 1647; — g. Gebr. des unehelichen Kindes IV 1214.

Geistiges Eigentum III 293; — Schutz gegen Verletzung II c 1775.

Geistliche: Abtretung der Gehaltsansprüche II a 851, VI a 205; — Aufrechnung gegen ihre Gehalts- und Pensionsansprüche II a 768, VI a 205; — vermögensrechtliche Ansprüche und Verbindlichkeiten aus dem Dienstverhältnisse VI a 194; — Kündigungsrecht bei Versetzung II b 550; — Fähigkeit zur Zeugschaft bei Testamentserrichtung V 757; — Vornahme der kirchlichen Trauung vor der standesamtlichen IV 32, 35, 837, VI a 80, 81; — siehe auch „Religionsdiener".

Geistliche Gesellschaften: Erlangung der Rechtsfähigkeit VI a 210; — Erwerbsbeschränkungen VI a 216, 220; — Beschränkung der Vermächtnisfähigkeit V 586.

— **Verwandtschaft** IV 840.

Geld: Begriff II a 93; — Zahlungsort IIa 226; — Beendigung des Verzugs bei Geldleistung II a 339; — Eigenschaft als vertretbare Sache I 354; — als verbrauchbare Sache I 356; — Anlegung durch den Testamentsvollstrecker V 706; — durch den Vorerben V 550; — Befreiung von der Verpflichtung V 566, 567; — G. als Gegenstand der Anweisung II a 1576, 1579; — als Gegenstand des Darlehens II b 655; — Eigentumserwerb an gestohlenem, verlorenem usw. Geld III 479, 485; — Eigentumsvermutung für den Besitzer III 629; — Haftung des Gastwirts für eingebrachtes G. II c 1186; — Herausgabeanspruch des früheren, gutgläubigen Besitzers III 633; — Hinterlegung zur Sicherheitsleistung I 856; — Wirkung derselben I 858; — Umtausch in Wertpapiere I 859; — Hinterlegung von G. zur Erfüllung II a 705; — Hinterlegung zur Sicherung des Nachlasses V 126, 132; — Pfandrechtserwerb vom Nichteigentümer III 1400; — Befriedigung des Pfandgläubigers aus verpfändetem G. III 1426; — Vermischung III 508; — als Kaufpreis II b 27; — Verzinsung durch unerlaubte Handlung entzogenen Geldes II c 1990; — Kauf und Tausch von G. II b 23; — Verzinsung beim Rücktritt vom Vertrag II a 616; — Verzinsung verwendeten Geldes durch den Beauftragten II c 1099; — durch den Verpflichteten aus einem auf eine Geschäftsbesorgung gerichteten Dienst- oder Werkvertrag II c 1116; — durch den geschäftsführenden Gesellschafter II c 1260; — durch den Geschäftsführer ohne Auftrag II c 1138; — durch den Verwahrer II c 1168; — Verzinsung durch den Erben im Falle der Anordnung der Nachlaßverwaltung oder des Nachlaßkonkurses V 226; — keine Verzinsungspflicht des Vorerben V 556; — Verzinsung vom Testamentsvollstrecker verwendeten Geldes V 711.

Geld der Frau: Anlegung eingebrachten G. IV 255; — Verfügung darüber IV 251, 255; — bei Errungenschaftsgemeinschaft IV 628; — kein Vorbehaltsgut IV 227.

— G. des Kindes: Anlegung durch den Vater IV 1055; — durch die Mutter und den Beistand IV 1168; — Veräußerung und Verbrauch durch den Gewalthaber IV 1081.

Geld des Mündels: Anlegungspflicht des Vormunds IV 1441; — Art der Anlegung IV 1443, 1452, 1458; — Gestattung anderer Anlegung IV 1461; — Annahme zurückgezahlten Geldes IV 1468; — Befreiung von den Verpflichtungen durch den Vater IV 1569; — durch die Mutter IV 1571; — Befreiung des Vaters und der Mutter als Vormund des Volljährigen IV 1627, 1628; — Bereithaltung von G. zur Bestreitung von Auslagen IV 1441; — Verzinsung für sich verwendeten Geldes IV 1529.

— G. des Pfleglings: Anlegung IV 1670.

— Aufnahme von G. auf den Kredit des Kindes IV 1057, 1061; — des Mündels IV 1482, 1495; — allgemeine Ermächtigung des Vormunds hiezu IV 1504.

Geldbetrag der Forderung: Eintragung im Grundbuch III 984, 1002, 1006.

Geldbrief: Anspruch des Adressaten auf Aushändigung gegen die Post II a 547.

Geldentschädigung zur Erfüllung der Schadensersatzpflicht: fakultative II a 115, 131; — primäre statt Wiederherstellung des früheren Zustands II a 115, 141; — nach Ablehnung der Wiederherstellung II a 115, 138; — bei Möglichkeit einer Naturalleistung nur mit unverhältnismäßigem Aufwand II a 146; — für nicht vermögensrechtlichen Schaden II a 153, II c 1984.

Geldentwertung II a 38, 39 (Einzelheiten siehe *Note IIa 38); — Berücksichtigung bei Schadensersatzleistung II a 137; — mitwirkendes Verschulden des Gläubigers II a 163; — Einfluß auf den Bereicherungsanspruch II c 1732; — Ersatz als Verzugsschaden II a 344, 358; — beim gegenseitigen Verzug II a 460, 520, 522; — Ersatz bei Gläubigerverzug II a 383; — clausula rebus sic stantibus II a 391; — Hinterlegung II a 719; — Berücksichtigung bei Nachlaßauseinandersetzung V 384; — bei der Ausgleichungspflicht V 426; — Einfluß auf letztwillige Verfügungen V 482; — Einfluß auf Unterhaltsleistungen IV 928; — auf Abfindungsverträge unehelicher Kinder IV 1239; — anderweitige Festsetzung von Versorgungsansprüchen VI a 133; — siehe auch „Aufwertung".

Geldforderung: Einziehung durch den Pfandgläubiger III 1502; — Wirkung der Ein-

ziehung, Anlage eingezogenen Geldes III 1513; — Einziehung bei Mehrheit von Pfandgläubigern III 1516.

Geldpapiere II c 1597.

Geldrente: Entrichtung an den durch unerlaubte Handlungen Verletzten II c 1960; — an die Hinterbliebenen des Getöteten II c 1968; — prozessuale Vorschriften II c 1966, 1967; — Entrichtung an den Dienstberechtigten für entgangene Dienste des Verletzten II c 1979; — Einfluß des Mitverschuldens des Verletzten II c 1983; — Aufrechnung des wegen Körperverletzung oder Gesundheitsbeschädigung zu entrichtende II a 767; — Entrichtung nach dem Haftpflichtgesetz VI a 65, 68; — Vorausleistung der Leibrente II c 1438; — Unterhaltsgewährung in einer G.: an Verwandte IV 930; — an den getrennt lebenden Ehegatten IV 206; — an den geschiedenen Ehegatten IV 805; — Herabsetzung der vom Erben zu entrichtenden G. IV 811; — G. zur Unterhaltsgewährung an das uneheliche Kind IV 1227; — G. für Meliorationsdarlehen, Vorrang VI a 304; — für den Notweg III 355, 356, VI a 302; — für den Überbau III 342, 348, 350, 352, VI a 302.

Geldschuld: Begriff II a 91; — Erfüllung II a 661; — Besonderheiten der G. II a 94; — Konzentration der Leistung II a 88; — Zahlungsort II a 101, 226; — Zahlungszeit II a 101; — Münzsorte II a 103; — Übersendung an den auswärtigen Gläubiger II a 270; — in auswärtiger Währung ausgedrückte II a 96; — Unvermögen des Schuldners II a 305; — Verzinsung von der Rechtshängigkeit an II a 360; — beim Verzug II a 356; — Unterbrechung der Verzinsung beim Gläubigerverzug II a 384; — Abwendung des Verzugs II a 339; — Währung II a 95; — Umwandlung in Darlehen II b 655, 669; — G. in Verhältnis zu feindlichen Ausländern II a 94.

Geldsortenschuld II a 96, 103.

Geldstrafe: persönliche Leistungspflicht des Schuldners II a 209; — Haftung für G. der Frau IV 353; — des Kindes IV 1094.

Geldwechseln II a 371, II b 23, 289.

Geldwesen seit dem Kriege I 354, 355.

Geldzahlung: Übermittlung an den Gläubiger II a 226.

Gelegenheitsgesellschaft II c 1365.

Gellasystem II c 1455, 1710.

Geltungsbereich des BGB. VI a 6, 7.

Gelübde der Mönche und Nonnen V 10.

Gemeindebeamte: vermögensrechtliche Ansprüche und Verbindlichkeiten aus dem Amtsverhältnisse VI a 194, 196; — Aufrechnung gegen deren Gehalts- und Pensionsansprüche II a 769, 771; — Haftung aus Amtspflichtverletzungen II c 1939.

Gemeindebehörde: Zuständigkeit in Vormundschafts- und Nachlaßsachen VI a 387; — Mitwirkung bei der Sicherung des Nachlasses V 102, 128; — Ergänzung der Zustimmung des gesetzlichen Vertreters zur Ausstellung eines Arbeitsbuches VI a 46, 51; — Genehmigung der Aushändigung des Zeugnisses an den minderjährigen Arbeiter VI a 46, 51.

Gemeinden: Aufrechnung gegen Forderungen derselben II a 774; — Dienstbarkeiten zugunsten von G. III 797; — Eigentumsverhältnisse bei Einverleibung einer G. in eine andere III 388; — Eigentumserwerb an der Fundsache III 565; — am Versteigerungserlös aus derselben III 571; — Ende ihrer vormundschaftlichen Tätigkeit nach früherem Recht VI a 576; — Ersatzansprüche für gewährten Unterhalt VI a 259, 260; — Haftung für Pflichtverletzungen des Vormundschaftsgerichts in Sachen elterlicher Gewalt IV 1133; — in Vormundschaftssachen IV 1562; — Haftung für Schadenszufügung durch Beamte II a 296, II c 1951, VI a 184; — Haftung für Verkehrssicherheit II c 1784, 1785; — Sicherungshypothek III 995; — Wildschadensersatzpflicht VI a 172.

Gemeindevorsteher: Errichtung eines Testaments vor dem G. V 780; — eines gemeinschaftlichen Testaments V 783, 812; — zeitliche Beschränkung der Wirksamkeit des Testamentes V 785; — Haftung des G. wegen Formfehler bei der Errichtung V 783.

Gemeindewaisenrat: Jugendamt als Gemeindewaisenrat IV 1566; — Anzeigepflicht in Sachen der elterlichen Gewalt IV 1134; — Aufgaben in Vormundschaftssachen IV 1562, 1563; — Anhörung vor Auswahl des Familienrates IV 1579; — des Gegenvormundes IV 1412; — des Pflegers IV 1669; — des Vormunds IV 1387; — bei der vorläufigen Vormundschaft IV 1635; — Anzeige der Beendigung der Vormundschaft IV 1597; — Anzeigepflicht von der Notwendigkeit einer Pflegschaft IV 1376, 1461, 1645; — einer Vormundschaft IV 1376; — Beschwerderecht IV 1565; — Stellung gegenüber der Mutter als Inhaberin der elterlichen Gewalt IV 1152; — Stellung bei Pflegschaften IV 1671; — Haftung aus Pflichtverletzungen IV 1565.

Gemeingebrauch, dem G. gewidmete Sachen I 345; — Eigentum an dem G. gewidmeten Sachen III 292.

Gemeingefährliche Krankheiten: Rechte Dritter an der Entschädigung für Eingriffe in das Eigentum auf Grund des Gesetzes zur Bekämpfung g. K. VI a 87.

Gemeinheitsteilung VI a 282, 302.

Gemeinnützige Vereine I 179, 181.

Gemeinsame Lebensgefahr I 152.

Gemeinschaft: Gewährleistung für Mängel einer Sache bei der Teilung II b 248; — Unterschied von der Gesellschaft II c 1198, 1403; — Aufhebung durch den Gewalthaber für das Kind IV 1063; — Aufhebung durch den Vormund für den Mündel IV 1466, 1500.

— **nach Bruchteilen** II c 1399; — Voraussetzungen des Eintritts II c 1401; — Ausnahmen II c 1402; — Größe der Anteile, Eintragung ins Grundbuch II c 1404; — Anteilsrecht an Früchten II c 1404; — Recht auf die Nutzungen II c 1409; — Gebrauch der

gemeinschaftlichen Sache II c 1405; — Verwaltung II c 1407; — Bestimmung der Teilhaber über Gebrauch und Verwaltung II c 1409; — Wirksamkeit der Verfügung für und gegen Sonderrechtsnachfolger der Teilhaber II c 1412; — Haftung für die Verwaltung II c 1409; — notwendige Maßregeln zur Erhaltung einer gemeinschaftlichen Sache II c 1407; — Ausschluß wesentlicher Änderung des gemeinschaftlichen Gegenstandes II c 1409; — Verfügungsrecht der Teilhaber II c 1413; — Besitzschutz der Teilhaber II c 1407; — Vorkaufsrecht der Teilhaber II c 1402, 1413; — Geschäftsunfähigkeit eines Teilhabers II c 1414; — Kosten- und Lastentragung II c 1414; — Verhältnis der Teilhaber zu Dritten II c 1403.

Gemeinschaft: Aufhebung der G.: Recht jedes Teilhabers darauf II c 1416; — zeitliche Beschränkung des Rechts II c 1416, 1418; — Nichtigkeit der Beschränkung oder des Ausschlusses des Rechts II c 1416, 1419; — Einfluß des Todes eines Teilhabers II c 1419; — Wirksamkeit des Ausschlusses für und gegen Sonderrechtsnachfolger II c 1420; — Recht eines Gläubigers auf Aufhebung nach Pfändung eines Anteiles II c 1420; — Realteilung nach Aufhebung II c 1421; — ungeteilt gebliebener Gegenstand II c 1419; — Aufhebung im Falle Unmöglichkeit der Naturalteilung, bei Grundstücken II c 1425; — Aufhebung beim Pfandrecht am Miteigentumsanteil III 1468; — Teilung gemeinschaftlicher Forderungen II c 1428; — Auseinandersetzung hinsichtlich Gemeinschaftsschulden II c 1428, 1429; — Ersatzansprüche unter den Teilhabern, Deckung II c 1430; — Gewährungspflicht unter den Teilhabern nach Aufhebung der Gemeinschaft II c 1431; — Unverjährbarkeit des Anspruchs auf Aufhebung II c 1432; — Kosten der Aufhebung II c 1425, 1427; — Anwendung der Vorschriften auf andere Gemeinschaftsverhältnisse II c 1404; — Übergangsbestimmungen und landesrechtliche Vorbehalte II c 1400; — zeitlich anzuwendendes Recht VI a 464.

— **nicht nach Bruchteilen** VI a 481.

— **der Erben** V 347, 349.

Gemeinschaftlich verübte unerlaubte Handlung II c 1851, 1953.

Gemeinschaftliche Verpflichtung II a 926.

Gemeinschaftlicher Besitz: Schutz III 60.

— **Erbschein** V 1046.

— **Erbteil**: Begriff V 499, 500; — Anwachsung V 499; — Ersatzerbe bei g. E. V 504.

Gemeinschaftliches Testament der Ehegatten V 807, 809; — Begriff, Zulässigkeit, Arten V 809, 810, 811; — Übergangszeit V 808, 809; — Unterschied vom Erbvertrag V 77, 808; — Form der Errichtung V 811; — Zulässigkeit von Verfügungen eines Ehegatten unter Lebenden nach Errichtung V 829; — — Wirkung von Erbeinsetzungen und Vermächtnissen an Dritte V 815, 816; — Einfluß auf Pflichtteilsrechte V 818; — Anfechtung wegen Übergehung von Pflichtteilsberechtigten V 484; — Unwirksamkeit, Aufhebung, Widerruf V 820, 823, 830; — Zurücknahme aus amtlicher Verwahrung V 831; — Aufhebung eines zwischen Ehegatten geschlossenen Erbvertrags durch g. T. V 871; — Unwirksamkeit, Auflösung oder Scheidung der Ehe V 814; — Eröffnung und Verkündigung V 831; — Ausschlagungsfrist V 94; — korrespektives Testament, Form des Widerrufs einer Verfügung, Einfluß der Nichtigkeit oder des Widerrufs V 820; — Aufhebung eines Erbvertrags durch g. T. V 871; — räumlich geltendes Recht VI b 680, 703; — unter bisherigem Recht errichtetes VI a 581, 588, 590; — Verfügungen in bezug auf den Anteil eines Abkömmlings an der fortgesetzten Gütergemeinschaft IV 608; — siehe auch „korrespektives T.".

Gemeinschaftliches Testament, Vermächtnis V 595.

Gemeinschuldner: Annahme einer angefallenen Erbschaft V 89; — Ausschlagung V 99; — G. im Nachlaßkonkurs V 219; — Verfügungsfähigkeit über Grundstücksrechte III 135, 136; — Untauglichkeit des G. zum Amt eines Familienrats IV 1582, 1583; — eines Gegenvormunds IV 1412; — eines Pflegers IV 1669; — eines Vormunds IV 1393.

Gemeinwohl: Gefährdung durch den Stiftungszweck I 328, 331; — durch einen Verein I 241.

Gemischte Bedingungen I 652.

— **Ehe**: Scheidungsrecht IV 716.

— **Schenkung** II b 301; — Form des Versprechens II b 313; — Widerruf II b 335.

Gemischte Tendenzen eines Vereins I 178.

— **Verträge** II a 391, II b 5, 695; — Form II a 430; — Verbindung mit anderen Verträgen mit der Miete II b 394, 395; — im Mieterschutzrecht II b 354; — Scheidung vom Dienstvertrag II b 695.

Gemischt generische Schuldverhältnisse II a 82.

Gemischt generisches Vermächtnis V 594; — Gewährleistung V 626.

Genehmigung: Begriff I 747; — Ausschluß einer Bedingung I 650; — G. der anteilsberechtigten Abkömmlinge zu Rechtsgeschäften über Gesamtgut der fortgesetzten Gütergemeinschaft IV 540, 541.

— G. des Beistandes zu Rechtshandlungen der Mutter IV 1165.

— G. der Ehefrau zu Rechtsgeschäften über Gesamtgut der allgemeinen Gütergemeinschaft IV 451; — der Errungenschaftsgemeinschaft IV 616, 619; — zu Rechtsgeschäften über eingebrachtes Gut der Errungenschaftsgemeinschaft IV 628.

— G. des Ehemanns zu Verträgen der Frau über eingebrachtes Gut IV 304, 305; — von rechtsgeschäftlichen Verpflichtungen der Frau IV 311.

— G. des Gegenvormunds: Form IV 1523; — rechtliche Natur IV 1524; — Einfluß des Mangels, nachträgliche G., Fristsetzung zur Beibringung, Widerruf des anderen Teils IV 1524; — G. zu Verfügungen des Vormunds

über Ansprüche, Wertpapiere IV 1464; — zur Anlegung von Mündelgeld IV 1460; — in Erbbaurechtshypotheken III 734; — zur Erhebung angelegten Geldes IV 1458; — zu Rechtsgeschäften des Pflegers IV 1670; — der Geschäftsführung ohne Auftrag II c 1142.
— des gesetzlichen Vertreters zur anfechtbaren Ehe IV 127; — Anhörung von Verwandten und Verschwägerten des Mündels vor Ersetzung der G. IV 1557; — Wirkung nach Erhebung der Anfechtungsklage IV 134; — Ausschluß der G. nach dem Tode des nicht anfechtungsberechtigten Ehegatten IV 137; — des gesetzlichen Vertreters zu Verträgen Minderjähriger I 432; — Form I 432, 434; — Wirkung der G. und deren Verweigerung I 432, 433; — Beweislast I 436.
— des Nachlaßgerichts zu Rechtshandlungen des Nachlaßverwalters V 248.
— G. von Rechtsgeschäften I 741; — rückwirkende Kraft I 747; — Unwiderruflichkeit I 747; — von Verfügungen Nichtberechtigter I 749; — Haftung der mitwirkenden Beamten wegen Pflichtverletzung II c 1958; — G. der Schuldübernahme II a 865; — bei Übernahme von Hypothekforderungen II a 874.
— staatliche G. zur Auflassung von Grundstücken III 410; — zur Bestellung von Erbbaurechten III 713; — zu Satzungsänderungen eines Vereins I 224; — zur Ausgabe von Inhaberschuldverschreibungen II c 1611, 1612, 1615; — Prüfung durch den Grundbuchrichter II c 1618; — G. der Stiftung I 306, 312, 315; — nach dem Tode des Stifters I 324; — Zurücknahme der G. I 328.
— G. von Verträgen I 741; — rückwirkende Kraft I 747; — von Verträgen des Vertreters ohne Vertretungsmacht I 724; — Wirkung der Verweigerung der G. I 727; — Beweislast I 731; — G. von Verwendungen des Besitzers durch den Eigentümer III 611.
— **des Vormundschaftsgerichts** zu Rechtshandlungen des Vormunds: rechtliche Natur IV 1510; — Form der Erklärung IV 1507; — Verfahren bei der Erteilung der Gen., Beschwerdeverfahren IV 1501, 1509; — vorherige Anhörung des Mündels IV 1505; — Eintritt der Wirksamkeit der G. und ihrer Verweigerung IV 1508; — Eintritt dem anderen Teile gegenüber IV 1512; — Widerruf ohne G. geschlossener Rechtsgeschäfte durch den anderen Teil IV 1518; — Einfluß des Mangels der G., Fristsetzung zur Beibringung der G. durch den anderen Teil IV 1511, 1512; — Wirkung des Mangels bei genehmigungsbedürftigen Anträgen an Behörden IV 1522; — G. durch den volljährig gewordenen Mündel IV 1512, 1515; — Wirkung des Mangels bei einseitigen Rechtsgeschäften IV 1521; — G. zur Anlegung von Mündelgeld IV 1461; — zur Erhebung angelegten Geldes IV 1458; — zu einer Ausstattung aus dem Vermögen eines volljährigen Mündels IV 1626; — zu Miet-, Pachtverträgen usw. für den volljährigen Mündel IV 1626; — G. zu Rechtshandlungen des Vormunds in bezug auf Grundstücke und Grundstücksrechte IV 1481, 1482, 1485, 1489; — zu anderen Rechtshandlungen und Rechtsgeschäften IV 1482, 1483; — zu Verfügungen über hinterlegte Wertpapiere und Kostbarkeiten, Hypothekforderungen, Grundschulden, Rentenschulden des Mündels IV 1479; — über Buchforderungen und Inhaberpapiere des Mündels IV 1480; — zu Verträgen über allgemeine Gütergemeinschaft IV 417; — über Ausschluß der Fortsetzung der Gütergemeinschaft IV 590.
Genehmigung des Vormundschaftsgerichts zu Rechtsgeschäften des Pflegers IV 1670.
— zu Rechtshandlungen und Rechtsgeschäften der Mutter IV 1065, 1165.
— zu Rechtshandlungen des Vaters IV 1057; — Verfahren, Form der Erteilung, Wirkung des Mangels IV 1064; — zum Beginn eines Erwerbsgeschäfts durch den Vater IV 1066; — G. zum Verbrauch von Geld des Kindes durch den Vater IV 1081.
— zu Rechtshandlungen eines gesetzlichen Vertreters: zur Anfechtung der Ehelichkeit durch den gesetzlichen Vertreter des Mannes IV 872; — zum Antrag auf Ehelichkeitserklärung IV 1287; — zur Einwilligung des gesetzlichen Vertreters zur Ehelichkeitserklärung IV 1286.
— bei elterlicher Gewalt oder Vormundschaft: zur Ablehnung der Fortsetzung der Gütergemeinschaft IV 534, 536; — zur Aufhebung der fortgesetzten Gütergemeinschaft IV 558; — zum Verzicht eines anteilsberechtigten Abkömmlings auf seinen Anteil IV 555.
Generalbevollmächtigter: Bestellung durch den Testamentsvollstrecker V 709.
Generalhypotheken III 961.
Generalversammlung der Gesellschaft II c 1252.
Generalvollmacht I 762; — Einfluß von Willensmängeln I 697; — Erteilung über den Tod des Vollmachtgebers hinaus I 709; — Unwiderruflichkeit I 711.
Generalvormund IV 1379, VI a 358.
Genossenschaft: Eigentumserwerb an Grundstücken III 394.
Genossenschaftsmiete II b 396.
Genossenschaftsregister, eingetragene Vereine in Sachsen VI a 434.
Genußscheine II c 1605.
Geometer: Verjährung ihrer Ansprüche I 787.
Gepäckschein: rechtliche Natur II c 1643.
Gerade IV 225.
Gerade Linie der Verwandtschaft IV 840; — Ehehindernis IV 53; — Unterhaltspflicht IV 901; — g. L. der Schwägerschaft IV 845; — Ausschluß von der Mitwirkung bei Testamentserrichtung wegen Verwandtschaft oder Schwägerschaft in g. L. mit dem Bedachten V 755; — mit dem Erblasser V 754; — mit dem Richter oder Notar V 756.
Gerätschaften: Zubehöreigenschaft I 381.
Geräusch: Besitzstörung durch G. III 42; — Zuführung auf fremde Grundstücke III 308,

313, 315, 316; — Störung des Mieters durch G. auf dem Nachbargrundstück II b 415.

Gerechtigkeiten, sog. selbständige III 665.

Gerichte: Abschluß des Ehevertrags vor G. IV 405; — Anzeigepflicht von der Notwendigkeit einer Vormundschaft oder Pflegschaft IV 1376; — Zuständigkeit zur Beurkundung von Rechtsgeschäften nach Landesrecht VI a 372; — Auflassung vor G. VI a 378.

Gerichtliche Beglaubigung von Handzeichen I 525, 531.

— **Beurkundung** von Verträgen: Fälle derselben I 534, 535; — Form I 533; — Zuständigkeit und Verfahren I 535; — Ersatz für Schriftform I 526, 531; — für öffentliche Beglaubigung I 536; — g. B. bei Abwesenheit eines Vertragsteiles I 633.

— einzelne Fälle: G. B. des Vertrags über Abfindung eines Abkömmlings aus der fortgesetzten Gütergemeinschaft IV 574; — der Anfechtung des Erbvertrags V 851, 852; — der Aufhebung des Erbvertrages V 866, 869; — des Vertrages über Annahme an Kindes Statt IV 1320; — über deren Aufhebung IV 1350, 1352; — der Einwilligungserklärungen zur Annahme IV 1318; — des Vertrages über einen Anteil am Nachlaß V 354, 360; — des Vertrags über Aufhebung der fortgesetzten Gütergemeinschaft IV 558; — des Antrages auf Ehelichkeitserklärung und der erforderlichen Zustimmungserklärungen IV 1288; — des Ehevertrages IV 405; — des Vertrages über Veräußerung von Grundstücken III 398; — über Rechtsänderungen an Grundstücken III 97, 106; — über Änderung des Inhalts von Rechten III 131; — des Vertrages über die Verpflichtung zur Eigentumsübertragung an Grundstücken II a 420; — zeitlich geltendes Recht VI a 508; — des Erbschaftskaufes V 1082, 1085; — des Erbvertrags V 840; — des Erbverzichtsvertrages V 1017, 1023; — der Aufhebung desselben V 1022; — des Rücktrittes vom Erbvertrag V 877; — des Vertrages über Veräußerung eines Erbteils V 354, 360; — des Vertrages über ein gegenwärtiges Vermögen II a 415; — des Vertrages über einen Erbteil oder Pflichtteil II a 417; — des Schenkungsversprechens II b 308; — der Einräumung eines Vorkaufsrechts an einem Grundstück II b 277; — g. B. des Stiftungsgeschäftes I 318; — des Vertrags über den Unterhalt des unehelichen Kindes IV 1220; — des Abfindungsvertrags IV 1237; — des Verzichts eines Abkömmlings auf den Anteil an der fortgesetzten Gütergemeinschaft IV 555; — der Zustimmungserklärung des anderen Ehegatten zum Verzicht auf den künftigen Anteil an derselben und zur Aufhebung des Verzichts IV 610; — des Verzichts auf eine letztwillige Zuwendung V 1023; — der Zustimmungserklärung eines Ehegatten zu Verfügungen des anderen in bezug auf die Fortsetzung der Gütergemeinschaft IV 608; — der Zustimmungserklärung des anderen Vertragsteiles zur Aufhebung von Verfügungen im Erbvertrag V 870; — letztwilliger Verfügungen: landesgesetzliche Formvorschriften VI a 394; — ergänzende landesgesetzliche Vorschriften, Wirksamkeit derselben V 728.

Gerichtliche Geltendmachung zum eingebrachten Gut der Frau gehöriger Rechte IV 331; — zum Gesamtgut gehöriger Rechte durch die Frau IV 453; — von Ansprüchen gegen den Nachlaß V 121, 308; — Pflegschaft zur g. G. V 143; — g. G. von Ansprüchen durch den Testamentsvollstrecker und gegen denselben V 696.

Gerichtliches Veräußerungsverbot I 536.

Gerichtsbarkeit: hinsichtlich der Annahme an Kindes Statt VI b 596; — für die Ehescheidung ausschließliche Gerichtsbarkeit beanspruchende Staaten VI b 395.

Gerichtsferien in Vormundschaftssachen IV 1365.

Gerichtskostenvorschuß: Einforderung vom Ehemann IV 287.

Gerichtsschreiber: Verhältnis zur Partei II c 1116; — Haftung wegen Pflichtverletzung II c 1928; — Amtspflichtverletzungen II c 1932; — Zuständigkeit zur Errichtung des Nachlaßinventars VI a 392; — Aufnahme des Nachlaßinventars in Bayern V 289; — Zuziehung bei Testamentserrichtung V 753; — Ausschluß von der Mitwirkung V 754, 755, 756.

Gerichtsstand für die Anfechtung des Erbschaftserwerbs wegen Erbunwürdigkeit V 1006; — für den Anspruch gegen den Erbschaftsbesitzer auf Auskunftserteilung V 341; — gegen Hausgenossen des Erblassers V 343; — für die Bereicherungsklage II c 1670; — für den Bürgen II c 1479; — G. des Erfüllungsortes II a 219; — für die Grenzabmarkungsklage III 366; — der Grenzscheidungsklage III 369; — für den vorgemerkten Anspruch III 187; — für den Grundbuchberichtigungsanspruch III 264; — für Ansprüche aus dem Haftpflichtgesetz VI a 66; — für Durchführung des Notwegerechts III 360; — für Schadensersatzansprüche aus außerehelicher Beiwohnung II c 1817, 1989; — für den Schadensersatzanspruch gegen den Vormund, Gegenvormund IV 1527; — für Klagen aus unerlaubten Handlungen II c 1766; — für die Ansprüche auf Ersatz nicht vermögensrechtlichen Schadens aus unerlaubten Handlungen, insbesondere der mißbrauchten Frauensperson II c 1989; — für Streitigkeiten über Viehmängel II b 226; — für Wildschadensersatzklagen II c 1910; — der Wandelungs- und Minderungsklage II b 175; — für Erbschaftsansprüche V 316; — für die Erbteilungsklage V 389; — gegen die mehreren Erben V 433; — für die Klage auf Erfüllung des Ausgleichungspflicht V 413; — für Klagen aus Auflagen V 637; — aus einem Vermächtnisse V 583, 616; — für Geltendmachung von Nachlaßverbindlichkeiten V 164; — für Klagen des Testamentsvollstreckers und gegen denselben V 703; — für Klagen gegen den Testamentsvollstrecker auf Rechnungsstellung V 711; — für den Pflichtteilsanspruch V 956.

Gerichtsverfassungsgesetz: Inkrafttreten der Änderungen VI a 4; — Ergänzung aus dem BGB., Verwandtschaft und Schwägerschaft i. S. des GVG. VI a 33, 34.

Gerichtsvollzieher: rechtliche Stellung I 679, II b 968, II c 1115, 1928; — Amtspflichtverletzungen II c 1932, 1936; — Haftung des Staats II c 1951; — Verbot des Bietens bei Zwangsverkäufen II b 113; — Wirkung der Nichtbeachtung II b 115; — Verjährung ihrer Ansprüche I 780, 787; — Zustellung von Willenserklärungen I 547; — Nachweis der Auftragserteilung I 721.

Gerüche: Zuführung auf fremde Grundstücke III 308.

Gesamte Hand II c 1402, III 643, IV 415; — Verpfändung eines Anteils III 1485; — Hypothekbestellung an einem Anteil ausgeschlossen III 990, 999.

Gesamtgrundschuld III 1101, 1360; — Haftung des Vermächtnisnehmers für eine auf dem vermachten Grundstücke ruhende V 601.

Gesamtgut: Form der Erklärung eingebrachter Grundstücke als G. III 392; — Finderlohn III 560.

Gesamtgut der allgemeinen Gütergemeinschaft: Begriff und Umfang IV 419; — Eintritt der Gesamtguteigenschaft IV 419, 421; — von der Gemeinschaft ausgeschlossene Gegenstände IV 423; — Besitz an den zum G. gehörigen Sachen IV 433, 435.

— Verfügungsrecht der Ehegatten IV 430; — Erfordernis der Einwilligung der Frau zu Verfügungen des Mannes über das G. im ganzen IV 439; — über Grundstücke IV 441; — zu Schenkungen aus dem G. IV 447; — Ersetzung der Zustimmung der Frau durch das Vormundschaftsgericht IV 449, 451; — Widerruf von Verträgen bis zur Genehmigung durch die Frau IV 452; — gerichtliche Geltendmachung eines Rechts durch die Frau bei unerlaubten Verfügungen des Mannes IV 453; — Verfügungsrecht der Frau bei Verhinderung des Mannes IV 454; — Bereicherung des G. durch Rechtsgeschäfte eines Ehegatten ohne Zustimmung des anderen IV 459; — Ausgleichungspflicht mit Zuwendungen aus dem G. einer Gütergemeinschaft V 419; — Einfluß von Schenkungen aus dem G. einer Gütergemeinschaft auf den Pflichtteilsanspruch V 982.

— Verwaltungsrecht des Mannes IV 433, 434; — Verwaltung durch den Vormund des Mannes IV 462; — Haftung der Frau aus Verwaltungshandlungen IV 462; — keine Verantwortlichkeit aus der Verwaltung IV 460; — Ersatzpflicht wegen Verminderung des G. IV 460; — Umsatz von G. in Geld zur Befriedigung von Gesamtgutsverbindlichkeiten IV 505; — Ersatzpflicht für Verwendungen IV 481.

— Lasten: ehelicher Aufwand IV 463; — Unterhalt der Verwandten der Ehegatten IV 476, 911; — Fälligkeit von Forderungen aus demselben und Verbindlichkeiten zu demselben seitens der Ehegatten IV 483.

Gesamtgut der allgemeinen Gütergemeinschaft: Gemeinschaftsaufhebungsklage des Mannes wegen Überschuldung des G. durch die Frau IV 491; — Aufhebungsklage der Frau IV 487.

— Auseinandersetzung nach Aufhebung der Gemeinschaft IV 493; — Verfügungsrecht der Ehegatten während derselben IV 493, 496; — Verwaltung IV 496; — nach der Aufhebung erworbene Forderungen IV 501; — Surrogation nach derselben IV 501; — Form der Auseinandersetzung, Verfahren IV 502, 503; — materielle Grundsätze für die Auseinandersetzung, Vereinbarung IV 502; — Teilung IV 508, 509; — Eintragung der Teilung im Grundbuch IV 512; — Zugehörigkeit des Anteils eines Ehegatten zum Nachlaß desselben IV 521; — bei Ausschluß der Fortsetzung der Gütergemeinschaft IV 591, 593.

— **der Errungenschaftsgemeinschaft:** Begriff und Umfang IV 616; — Eintritt der Gesamtgutseigenschaft IV 618; — Gewinn aus dem Erwerbsgeschäft eines Ehegatten IV 626, 627; — Erklärung zum eingebrachten Gut gehöriger Gegenstände als G. durch Ehevertrag IV 621, 623, 625, 628; — Vermutung für die Eigenschaft als G. IV 617, 632; — Vermutung für die Verwendung eingebrachter Sachen zum G. IV 652; — Besitz an den zum G. gehörigen Gegenständen IV 619.

— Verfügungsrecht der Ehegatten IV 618, 619; — Verwaltungsrecht des Mannes IV 618; — Befugnisse der Frau IV 619; — Lasten des G. IV 635; — Haftung für Unterhaltsansprüche von Verwandten der Ehegatten IV 911; — Umsatz in Geld zur Befriedigung von Verbindlichkeiten IV 661, 664; — Ersatzleistung für Bereicherung aus dem eingebrachten Gut IV 651; — Fälligkeit von Forderungen und Verbindlichkeiten der Ehegatten in bezug auf das G. IV 653.

— Gemeinschaftsaufhebungsklage wegen Überschuldung IV 656; — Auseinandersetzung IV 661; — Surrogation nach Aufhebung der Gemeinschaft vor Auseinandersetzung IV 663; — Unpfändbarkeit des Anteiles eines Ehegatten IV 640; — Zugehörigkeit zur Konkursmasse im Konkurs des Mannes IV 658.

— **der Fahrnisgemeinschaft** IV 670, 674; — vom G. ausgeschlossene Gegenstände IV 675; — Zugehörigkeit unbeweglichen Vermögens IV 678; — infolge Ehevertrags IV 679; — infolge Bestimmung des Zuwendenden IV 679; — Zwangsvollstreckung IV 672.

— **der fortgesetzten Gütergemeinschaft:** Umfang IV 537; — Verzicht eines Abkömmlings auf seinen Anteil bei Lebzeiten der beiden Ehegatten IV 555, 610; — Übernahme durch den überlebenden Ehegatten IV 576; — durch einen Abkömmling IV 605, 608; — Anwachsung des Anteiles eines Abkömmlings IV 553; — Rechte und Verbindlichkeiten des Ehegatten und der Abkömmlinge IV 540; — Fälligkeit von Forderungen aus demselben

und Verbindlichkeiten zu demselben seitens des überlebenden Ehegatten IV 540; — Umsatz in Geld zur Befriedigung von Verbindlichkeiten IV 567; — Ersatzpflicht für Verwendungen des überlebenden Ehegatten IV 540, 545; — Verzeichnis des G. bei Wiederverheiratung des überlebenden Ehegatten IV 559; — Aufhebungsklage eines Abkömmlings wegen Verminderung oder Gefährdung des G. IV 562; — Verwaltung IV 541; — nach Beendigung der Gemeinschaft bis zur Auseinandersetzung IV 565; — siehe auch „Rechtsgeschäft, Rechtsstreit“.

Gesamtgutskonkurs bei fortgesetzter Gütergemeinschaft IV 550.

Gesamtgutspflegschaft zur Befriedigung der Gläubiger IV 549.

Gesamtgutsverbindlichkeiten bei allgemeiner Gütergemeinschaft: Begriff und Umfang IV 464, 465; — Schulden der Frau als G. IV 471; — Ausnahmen IV 471, 473, 474; — Ausstattung eines Kindes IV 478; — Haftung im Verhältnis der Ehegatten unter sich IV 474; — Aufrechnung mit G. IV 430, 494; — Berichtigung nach Aufhebung der Gemeinschaft, Behandlung streitiger und nicht fälliger IV 505; — Haftung für bei der Auseinandersetzung nicht berichtigte G. IV 517; — im Verhältnis der Ehegatten unter sich IV 520.

— bei Errungenschaftsgemeinschaft: Umfang der Haftung des Gesamtgutes IV 637; — Haftung für Verbindlichkeiten der Frau IV 641, 642, 643; — im Verhältnis der Ehegatten unter sich IV 644; — Ausstattung eines Kindes IV 649; — Aufrechnung mit G. IV 618, 663; — Haftung für bei Beendigung der Gemeinschaft nicht berichtigte Forderungen IV 664; — Berichtigung der G. nach Beendigung IV 664.

— bei Fahrnisgemeinschaft IV 670, 673, 683.

— bei der fortgesetzten Gütergemeinschaft: Begriff IV 546; — Haftung für dieselben IV 548; — Haftung des überlebenden Ehegatten IV 570; — der anteilsberechtigten Abkömmlinge unter sich IV 581; — Aufrechnung IV 540; — Haftung für bei der Beendigung der Gemeinschaft nicht berichtigte Forderungen IV 569; — Berichtigung nach der Beendigung IV 568.

Gesamtgutsverwaltung zur Befriedigung der Gläubiger bei fortgesetzter Gütergemeinschaft IV 549.

Gesamthandforderungen, -schulden II a 897.

Gesamthypothek III 961, 1090; — Begriff III 1091; — Wesen III 1094; — Erfordernis der Einheitlichkeit der Hypothekart III 1091, 1304; — der Identität der Forderung III 1094; — des Gläubigers III 1095; — Entstehungsgründe III 1091; — Zulässigkeit von Gesamtzwangshypothek III 1092; — G. an dem in Miteigentum Mehrerer stehenden Grundstück III 1097; — Form der Eintragung III 1096; — Hypothekenbrief für dieselbe III 1096; — Art der Haftung der einzelnen Grundstücke III 1090, 1097; — Zerlegung der G. in Einzelhypotheken III 1091, 1099; — Verhältnis der Eigentümer der Grundstücke III 1094; — Übertragung und Belastung der G. III 1094; — Veräußerung einzelner Grundstücke III 1095; — Wirkung der Befriedigung des Gläubigers aus einem Grundstück oder Gegenständen, auf die sich die Hypothek erstreckt III 1290, 1293; — Wirkung der Befriedigung des Gläubigers aus dem Grundstück, Übergang der Hypothek auf den Gläubiger dieses Grundstücks III 1294; — Unterstellung einer anderen Forderung III 1285; — Übergangsbestimmungen III 1100; — Abtretung des Hypothekenrechts III 1175; — Ablösung III 1158; — Aufhebung durch Rechtsgeschäft III 1301; — Ausschluß des Gläubigers durch Amortisation III 1259; — Verhältnis zum Rest bei Eintritt dieser Tatsachen hinsichtlich eines Teilbetrages der Hypothek III 1261; — Befriedigung durch einen Unterpfandseigentümer III 1253; — durch den persönlichen Schuldner III 1257; — Pfändung III 1101; — Übergang in Eigentümerhypothek III 1100, 1218; — Entstehung einer Eigentümergesamthypothek mangels Entstehung der Forderung, Zerlegung in Teilhypotheken III 1250; — Verzicht auf die G., auf die Hypothek an einem der Grundstücke III 1259; — Zinszahlung bei Belastung eines Grundstücks mit einem Nießbrauch III 855; — G. auf Erbbaurecht III 733; — G. an Reichseisenbahngrundstücken III 997; — Übergangsvorschriften III 1100.

Gesamtnachfolge V 8, 11.

Gesamtpfandrecht III 1418; — an Forderungen III 1484.

Gesamtpreis: Minderung eines Gesamtkaufpreises II b 194; — Wandelung beim Verkauf mehrerer Sachen zu einem G. II b 190; — Ausübung des Vorkaufsrechts an einem von mehreren zu einem G. verkauften Sache II b 281.

Gesamtrentenschuld III 1101; — Haftung des Vermächtnisnehmers für eine auf dem Vermächtnisgegenstand ruhende G. V 601.

Gesamtschuldnerische Haftung mehrerer Bürgen II c 1496; — des Ehemanns für Schulden der Frau im gesetzlichen Güterstand IV 286; — bei allgemeiner Gütergemeinschaft IV 464, 467; — bei Errungenschaftsgemeinschaft IV 637; — bei der Fahrnisgemeinschaft IV 670; — der Ehegatten für bei der Auseinandersetzung nicht berichtigte Gesamtgutsverbindlichkeiten IV 517; — bei Errungenschaftsgemeinschaft IV 661, 664; — mehrerer Grundstückseigentümer für einzelne Reallastleistungen III 951; — von Miterben für Nachlaßverbindlichkeiten V 353, 431; — mehrerer aus unerlaubten Handlungen Verantwortlicher II c 1953; — mehrerer Testamentsvollstrecker V 712; — des überlebenden Ehegatten und der Abkömmlinge für bei Beendigung der Gütergemeinschaft nicht berichtigte Verbindlichkeiten IV 569; — des Vaters neben dem Kinde IV 1086; — der Vereinsliquidatoren I 259; — der Mitglieder eines

nicht rechtsfähigen Vereins I 260, 269; — der Vereinsvorstandsmitglieder wegen Unterlassung des Konkurseröffnungsantrages I 239; — mehrerer Vermächtnisbeschwerter V 586; — mehrerer Vormünder, des Vormunds und Gegenvormunds IV 1524.

Gesamtschuldverhältnis II a 896, 904; — vollkommenes (unechtes) II a 898, 906; — Erfüllungsort II a 217; — Ausübung der Wahl beim alternativen Schuldverhältnis II a 196;

— **aktives**: Entstehungsgründe II a 894, 898; — Inhalt II a 926; — Verhältnis der Gesamtgläubiger zueinander II a 932; — Vereinigung von Forderung und Schuld in der Person eines Gesamtgläubigers II a 928; — Verzug eines Gläubigers II a 928; — Wirkung anderer rechtlich relevanter Tatsachen II a 928; — Ausübung des Rücktrittsrechts II a 632; — G. mehrerer Vermächtnisnehmer V 590.

— **passives**: Begriff II a 894, 904; — Eintritt durch Vertrag bei teilbaren Leistungen II a 924; — kraft Gesetzes bei unteilbaren Leistungen II a 933; — Art der Haftung II a 904; — Selbständigkeit der Verpflichtung jedes Schuldners II a 913; — Wirkung der Erfüllung und der Erfüllungssurrogate II a 907; — des Erlasses II a 909; — des Vergleiches II a 909; — der Schuldübernahme II a 910; — des Verzugs des Gläubigers II a 910; — anderer rechtlich relevanter Tatsachen II a 913; — Verhältnis der Gesamtschuldner unter II a 918; — Streitgenossenschaft II a 907; — Ausübung des Rücktrittrechtes II a 633; — Berichtigung von Verbindlichkeiten bei Haftung der Teilhaber einer Gemeinschaft als Gesamtschuldner II c 1428.

Gesamtschuldverhältnis: unechtes II a 898, 906.

Gesamtvertretung I 704, XVII.

Gesamtverweisung im internationalen Privatrecht VI b 20, 745, 746.

Geschäft: Gegenstand des Rechtsverkehrs I 338; — Verkauf II b 25; — Verkauf unter Eigentumsvorbehalt II b 109.

Geschäftsaufsicht: Hemmung der Verjährung I 809; — zur Abwendung des Nachlaßkonkurses V 218.

Geschäftsbesorgung als Gegenstand des Dienst- oder Werkvertrags II c 1112; — G. bei der Geschäftsführung ohne Auftrag II c 1128; — Einfluß der Geldentwertung II a 77; — Verjährung der Ansprüche aus G. I 778, 779, 780, 783, 784.

Geschäftsbetrieb Minderjähriger I 441; — eingerichteter Rechtsschutz III 620; — siehe auch „Erwerbsgeschäft".

Geschäftsbücher: Einsicht und Vorlegung II c 1657.

Geschäftsfähigkeit: Begriff I 419; — zwingende Natur der Vorschriften I 419; — Erfordernis bei einzelnen Rechtsgeschäften und Rechtshandlungen I 419; — Voraussetzung für die Fähigkeit zur Errichtung von Erbverträgen V 839; — Prüfung durch den Grundbuchrichter III 94; — Beweislast für die G. I 420; — räumlich geltendes Recht I 56, 407, VI b 62, 64; — ausländische Vorschriften VI b 67; — Begriff, Qualifikation VI b 64; — G. bei Inlandsgeschäften eines Ausländers im allgemeinen VI b 62, 80; — bei erbrechtlichen Geschäften VI b 62, 86; — bei familienrechtlichen Geschäften VI b 62, 86, 319; — bei Frauen, Beschränkung der G. VI b 68, 289; — Erweiterung der G. durch Heirat VI b 69, 290; — Einfluß der Trennung von Tisch und Bett VI b 430; — G. bei Hauskindern VI b 70; — Wirkung mangelnder G. VI b 71; — Staatswechsel, Einfluß auf die G. VI b 76; — bei Erwerb der Reichsangehörigkeit durch einen Ausländer VI b 76; — bei Erwerb einer ausländischen Staatsangehörigkeit durch einen Deutschen VI b 78; — Rück- und Weiterverweisung VI b 88; — nach bisherigem Recht VI a 406; — G. Minderjähriger beim Betrieb eines Erwerbsgeschäfts usw., zeitliche Geltung der Vorschriften des BGB. VI a 409; — Beschränkung durch Anordnung einer Pflegschaft IV 1640, 1650, 1656; — Einfluß zu unrecht angeordneter Vormundschaft oder Pflegschaft IV 1373; — G. der Ehefrau IV 158; — früheres Recht VI a 530, 538, 539; — des unter elterlicher Gewalt stehenden Kindes IV 975; — G. des Minderjährigen beim Betrieb eines Erwerbsgeschäfts I 441; — in bezug auf Dienst- und Arbeitsverträge I 444; — Verlöbnisvertrag i. d. G. Beschränkter IV 10; — Voraussetzung der Begründung und Aufhebung des Wohnsitzes I 91; — siehe auch „Beschränkte G.", „Geschäftsunfähigkeit".

Geschäftsführung der Ehefrau für den Mann IV 183; — der Gesellschafter II c 1246; — einzelner Gesellschafter II c 1254; — Entziehung und Kündigung II c 1257; — Unterschied von der Vertretung I 689; — der Vereinsliquidatoren I 252; — des Vereinsvorstands I 200, 205; — des Vorstands eines nicht rechtsfähigen Vereins I 264; — des Stiftungsvorstands I 372.

— **ohne Auftrag** II c 1124; — Begriff und rechtliche Natur I 401, II c 1125; — zeitlich anzuwendendes Recht VI a 456; — Voraussetzungen II c 1128; — Mehrheit der Geschäftsherrn oder Geschäftsführer II c 1125, 1132; — Vererblichkeit der Ansprüche aus der G. II c 1125; — Verjährung der Ansprüche II c 1126; — G. im Widerspruch mit dem Willen des Geschäftsherrn II c 1132; — im eigenen Interesse II c 1147; — G. im öffentlichen Interesse, zur Erfüllung einer gesetzlichen Unterhaltspflicht des Geschäftsherrn II c 1127; — Vermutung der Schenkungsabsicht bei Unterhaltsgewährung zwischen Eltern und Kinder II c 1144; — Irrtum über die Person des Geschäftsherrn II c 1146; — Bürgschaftsübernahme in G. II c 1514.

— Rechte des Geschäftsführers: Zurückbehaltungsrecht II c 1138; — Ersatzanspruch für Aufwendungen II c 1139, 1142; — Ausschluß desselben bei Schenkungsabsicht II c 1144; — Herausgabeanspruch bei nicht ge-

nehmigter Geschäftsführung II c 1142; — bei der unechten Geschäftsführung II c 1147.
Geschäftsführung: Pflichten des Geschäftsführers: Wahrnehmung des Interesses des Geschäftsherrn II c 1128, 1131; — Anzeigepflicht gegenüber dem Geschäftsherrn, Auskunftspflicht, Herausgabepflicht, Rechenschaftsablegung II c 1137; — Schadensersatzpflicht bei G. in Widerspruch mit dem Willen des Geschäftsherrn II c 1132; — Haftung im allgemeinen II c 1125; — bei Abwendung dringender Gefahr für den Geschäftsherrn II c 1136; — Haftung bei Geschäftsunfähigkeit und bei Beschränkung in der Geschäftsfähigkeit II c 1138; — Haftung des Geschäftsführers aus widerrechtlichen Handlungen II c 1783.
Geschäftsführung: Pflichten des Geschäftsherrn: Ersatzpflicht für Aufwendungen II c 1139, 1142; — Herausgabepflicht bei nicht genehmigter Geschäftsführung II c 1142; — Zurückbehaltungsrecht des Geschäftsherrn II c 1142, 1144; — Rechte des Geschäftsherrn bei unerlaubter Handlung des Geschäftsführers II c 1126.
— Einfluß der Geldentwertung II a 77.
— entsprechende Anwendung der Vorschriften über G. o. A. II c 1126; — Anwendung der Grundsätze bei Verwendungen des Verkäufers vor Übergabe der Sache II b 101; — Anwendung bei Verwendungen des Käufers im Falle der Wandelung II b 185; — Prozeßführung ohne Auftrag II c 1126; — Vertretung ohne Vertretungsmacht II c 1127; — unechte G. II c 1147; — unter Ehegatten IV 159; — Erfüllung einer gesetzlichen Unterhaltspflicht IV 894; — Haftung nach den Vorschriften über dieselbe: des vindizierenden Eigentümers III 601; — des Eigentümers gegenüber dem Nießbraucher für Verwendungen III 857; — Haftung des Erben aus besorgten erbschaftlichen Geschäften V 122; — Ersatz von Aufwendungen nach den Vorschriften über G. o. A. im Falle der Nachlaßverwaltung oder des Nachlaßkonkurses V 224; — im Falle der Herausgabe des Nachlasses an die Gläubiger wegen Mangel an Masse V 260, 269; — Ersatzanspruch des Vorerben für Verwendungen nach den Vorschr. über G. o. A. V 554.
Geschäftsführungsvertrag I 689.
Geschäftsgeheimnis: Verkauf II b 25; — Wahrung durch Bedienstete II b 780.
Geschäftsgehilfe, rechtliche Stellung I 676.
Geschäftsherr: Haftung desselben und seines Vertreters für Verschulden der Angestellten oder Arbeiter II c 1855, 1856; — Regreßanspruch gegen den Dritten II c 1953.
Geschäftsräume: Fund in G. einer öffentlichen Behörde III 567.
Geschäftsunfähigkeit: Voraussetzungen I 421; — Beweislast I 420, 424; — Ausschluß vom Verschulden II a 285; — Wirkung für Willenserklärungen I 424; — Ausschluß der Vertretungsfähigkeit I 687; — Wirksamkeit der Willenserklärungen gegenüber einem Geschäftsunfähigen I 545; — G. des Adressaten bei der Willenserklärung unter Abwesenden I 537, 543, 545; — nachträglicher Eintritt der G. des Antragenden, Wirksamkeit des Vertragsantrages I 634; — des Antragsgegners I 635; — wirksame Rechtshandlungen des Geschäftsunfähigen I 425; — Rechtsfähigkeit desselben I 426; — Besitzwille Geschäftsunfähiger III 22; — Verjährung von Ansprüchen Geschäftsunfähiger bei mangelnder Vertretung I 806; — Einfluß der G. auf die Anfechtung der Annahme an Kindes Statt oder Einwilligung zu derselben IV 1327, 1329; — auf die Anfechtung der Aufhebung IV 1329, 1352; — Einfluß auf den gesetzlichen Güterstand IV 223; — Anfechtung der Ehe durch den gesetzlichen Vertreter des geschäftsunfähigen Eheschließenden IV 125, 137; — Anfechtung nach Wegfall der G. IV 133; — Anfechtung der Ehelichkeit bei G. des Mannes IV 872; — Frist für Ausschlagung der Erbschaft bei mangelnder Vertretung V 95; — Anfechtung von Erbverträgen für Geschäftsunfähige V 852; — Fristenlauf für die Anfechtung V 853; — Ausschluß der Aufhebung eines Erbvertrags V 868; — Erbverzicht für den Geschäftsunfähigen V 1017; — Aufhebung des Erbverzichts V 1022; — Verzicht auf letztwillige Zuwendungen V 1023; — Bestimmung einer Inventarfrist für Geschäftsunfähige V 281; — G. eines Beteiligten bei der Anweisung II c 1592; — des Auftraggebers II c 1106; — Recht des geschäftsunfähigen Finders III 552; — Haftung desselben III 557; — des Ausstellers einer Inhaberschuldverschreibung II c 1611; — des Beauftragten II c 1109; — G. der Ehefrau: Einfluß auf die Schlüsselgewalt IV 189; — des Ehegatten, Fristenlauf für die Ehescheidungsklage IV 767; — G. des Eheschließenden: Nichtigkeit der Ehe IV 102; — Geltendmachung der Nichtigkeit IV 108; — des Geschäftsführers ohne Auftrag II c 1138; — des Gläubigers bei Erfüllung II a 670; — des Teilhabers einer Gemeinschaft II c 1414; — G. des Inhabers einer Schuldverschreibung II c 1610; — G. des Schuldners: Einfluß auf die Erfüllung II a 666; — G. des unehelichen Kindes zur Zeit der Ehelichkeitserklärung IV 1286; — des Vaters, Anfechtung der Anerkennung der Ehelichkeit IV 881; — Ruhen der elterlichen Gewalt IV 1137; — des Bevollmächtigten I 710; — des Vollmachtgebers I 708; — Ersitzung beweglicher Sachen von Geschäftsunfähigen ohne gesetzliche Vertreter III 496; — Unfähigkeit zur Eheschließung IV 40; — zum Verlöbnisvertrag IV 9; — zum Amt eines Familienrates IV 1582; — eines Gegenvormunds IV 1393, 1412; — eines Pflegers IV 1669; — eines Vormunds IV 1391; — zum Amte eines Testamentsvollstreckers V 645, 667, 719, 720; — zum Abschluß von Erbverträgen V 839; — zur Testamentserrichtung V 448, 731; — Eintritt der G. des Erblassers oder einer der mitwirkenden Per-

sonen vor Beendigung der Testamentserrichtung V 772; — zur Vorstandschaft eines Vereins I 201; — zur Begründung und Aufhebung des Wohnsitzes I 91; — Unzulässigkeit der Annahme eines Geschäftsunfähigen an Kindes Statt IV 1321; — nachträglicher Eintritt der G. eines Beteiligten IV 1375; — zeitliche Geltung der Vorschriften des BGB. VI a 406; — räumlich anzuwendendes Recht VI b 62; — Strafantragsrecht für Geschäftsunfähige VI a 36, 40.

Geschäftsverhältnis: Auslegung der Bedenkung von in einem G. zum Erblasser Stehenden im Testament V 466.

Geschiedener Ehegatte siehe „Scheidung".

Geschlecht: Einfluß auf die Rechtsfähigkeit I 44.

Geschlechtsehre: Zivilrechtsschutz II c 1815.

Geschlechtsgemeinschaft mit Verwandten des anderen Teils: Ehehindernis IV 53.

Geschlechtskrankheit: Scheidungsgrund IV 747.

Geschlechtsverkehr: Haftung aus Ansteckung II c 1782.

Geschlechtsvormundschaft über Frauen IV 158, 218.

Geschoßeigentum III 648, VI a 331, 448.

Geschwister: Begriff IV 843; — Eheverbot zwischen G. IV 53; — keine Unterhaltspflicht IV 902; — Vormundschaft über G. IV 1376; — letztwillige Verfügungen an G., Auslegung V 462; — Einsetzung als Nacherbe V 527; — Erbrecht V 38, 39; — Vermächtnis an G. des letztwillig Bedachten V 598.

Geschwisterehe IV 172.

Geschwisterkinder: Erbrecht V 38, 39.

Geschworene: Haftung wegen Amtspflichtverletzung II c 1944.

Gesellen: Verjährung ihrer Ansprüche I 779, 785.

Gesellige Vereine I 181.

Gesellschaft II c 1192; — zeitlich geltendes Recht II c 1210, VI a 452, 454; — Allgemeines: Begriff und Wesen II c 1196; — Gegenstand II c 1201; — Formen II c 1203; — rechtliche Natur II c 1211; — Anwendungsgebiet II c 1192, 1195; — Erfordernis vermögensrechtlichen Charakters II c 1201; — Gesellschaftszweck II c 1198 ff.; — Abgrenzung von anderen Rechtsgebilden und Rechtsverhältnissen II c 1197 ff.; — Verhältnis zum Darlehen II b 653, II c 1200; — Unterschied von der Gemeinschaft nach Bruchteilen II c 1198, 1403; — Unterschied vom Verein I 167, 168; — Abgrenzung vom Mäklervertrag II c 1031; — Unterschied von der Pacht II c 602; — Gesamthandverhältnis II c 1203; — Anteil eines Gesellschafters am GesVermögen II c 1206; — Ansprüche der Gesellschafter gegeneinander II c 1209; — Rechtsverhältnis der Gesellschafter untereinander II c 1225; — gesellschaftsähnliche Verhältnisse II c 1195; — Angabe des Gesellschaftsverhältnisses im Grundbuch II c 1284; — Steuerrecht II c 1286.

— Inhalt des Gesellschaftsvertrags II c 1211; — Form und Abschluß II c 1222; — bei Einbringung eines Grundstücks II a 425; — Vorvertrag II c 1224; — Unmöglichkeit der Erfüllung II c 1216; — Verzug eines Gesellschafters II c 1219; — Rechtsverhältnisse hinsichtlich des Gesellschaftsvermögens II c 1275.

Gesellschaft, Pflichten der Gesellschafter II c 1228; — Aufwertung II c 1232; — Beitragspflicht, Behandlung vertretbarer, verbrauchbarer oder nach einer Schätzung beigetragener Sachen, Dienste als Beitrag II c 1232; — Mängelhaftung hinsichtlich beigetragener Sachen II c 1235; — Gefahrübergang II c 1236; — Dienstleistungen der Gesellschafter II c 1232, 1240; — keine Nachschußpflicht II c 1244; — von den Gesellschaftern zu vertretende Sorgfalt II c 1245; — Wirkung der Pflichtverletzung II b 1291; — G. ohne Beitragspflicht II c 1220.

— Geschäftsführung II c 1246; — durch einzelne Gesellschafter II c 1254; — Widerspruchsrecht gegen Handlungen eines Gesellschafters II c 1256; — rechtliche Stellung des geschäftsführenden Gesellschafters II c 1257; — Rechte und Pflichten des geschäftsführenden Gesellschafters II c 1260; — im Falle der Auflösung der Gesellschaft II c 1327; — Rechte der nicht geschäftsführenden Gesellschafter auf Einsicht und Kontrolle II c 1269; — Ausübung des Rücktrittsrechts II a 635; — Mehrheitsentscheidung bei Geschäftsführung II c 1251; — Gesellschafterbeschlüsse II c 1251; — Entziehung und Kündigung der Geschäftsführung II c 1257.

— Stellung der Gesellschafter nach innen: Rechte der Ges. II c 1231; — Anteilsrechte, Ausschluß des Anspruches auf Teilung II c 1206, 1282; — Anteilsberechnung an Gewinn und Verlust II c 1289; — Zeit des Rechnungsabschlusses und der Gewinnverteilung II c 1288; — Beschränkung der Übertragbarkeit der Ansprüche aus dem Gesellschaftsverhältnisse II c 1271; — Beschränkung der Pfändbarkeit und Verpfändbarkeit, Verpfändung von Anteilscheinen II c 1275; — Informations- und Kontrollrecht II c 1269; — nach außen: Gesellschaftsschulden II c 1278; — Rechte der Gläubiger eines Gesellschafters II c 1279; — Schuldnerschutz II c 1287; — Eintritt eines neuen Gesellschafters II c 1352.

— Stellung der Gesellschafter nach außen: Vertretung der Ges. II c 1262; — Wirkung des Erlöschens der Vollmacht eines geschäftsführenden Gesellschafters gegenüber Dritten I 712; — Entziehung und Kündigung der Vertretungsmacht II c 1269; — Prozeßführung, Stellung der Gesellschafter im Prozeß II c 1268; — Haftung aus Rechtsgeschäften der Gesellschafter II c 1266; — aus schuldhaften Handlungen II 1267; — Zwangsvollstreckung in den Anteil eines Gesellschafters II c 1281; — Wirksamkeit der Übertragung von Forderungen zum Gesellschaftsvermögen II c 1287; — Aufrechnung gegenüber der G. II c 1282; — Besitzübergang beim Tod eines Gesellschafters III 38; — Eigentumserwerb an Grundstücken, Verhältnis bei Umwandlung der Ge-

sellschaftsform III 392, 393; — Verpfändung von Anteilsrechten III 1485.

Gesellschaft: Auflösung II c 1291; — Auflösungsgründe II c 1259; — Fortsetzung einer aufgelösten Ges. II c 1293; — Kündigung II c 1290, 1291, 1299; — bei der Gesellschaft auf Lebenszeit II c 1309; — K. eines Gläubigers eines Gesellschafters II c 1310; — Beendigung durch Erreichung oder Unmöglichkeit des Zweckes der G. II c 1313; — Tod eines Gesellschafters II c 1315, V 18; — Konkurs eines Gesellschafters II c 1322; — Sonstige Auflösungsgründe II c 1295; — Fortdauer der Befugnisse der geschäftsführenden Gesellschafter II c 1327; — Fortsetzung der Gesellschaft nach Ausscheiden eines Gesellschafters II c 1315, 1318; — nach Ausschluß eines Gesellschafters II c 1354; — Auseinandersetzung im Falle der Auflösung II c 1327; — Art und Weise der Auseinandersetzung II c 1336; — Rückgabe der Gesellschaft zur Benutzung überlassener Sachen, Haftung für Verlust und Verschlechterung II c 1336; — Geschäftsführung während der Auseinandersetzung II c 1327; — Schuldenberichtigung, Erstattung der Einlagen II c 1339; — Gewinnverteilung II c 1345; — Haftung der Gesellschafter für Gesellschaftsverlust II c 1348; — Auseinandersetzung beim Ausscheiden eines Gesellschafters: Abfindung des Ausscheidenden II c 1356; — Rechte hinsichtlich schwebender Geschäfte II c 1359; — Zuschußpflicht desselben bei einem Gesellschaftsverlust II c 1358; — Übergangsbestimmungen II c 1210; — G. zu Spielzwecken II c 1451, 1452.

— Einfluß der Geldentwertung II a 79; — Anwendung der Normen des Gesellschaftsrechtes auf nicht rechtsfähige Vereine I 260, 263.

Gesellschaft mit beschränkter Haftung: Anwendung der allgemeinen Vorschriften des Vereinsrechts I 172; — rechtliche Natur der Anteilscheine II c 1604; — Nießbrauch am Geschäftsanteil III 881; — Verpfändung eines Anteilscheins III 1386; — Verpfändung von Geschäftsanteilen III 1485.

Gesellschaften, registrierte, mit beschränkter Haftung in Bayern VI a 433.

Gesellschafterinnen: Kündigung des Dienstverhältnisses II b 888; — ohne Einhaltung einer Kündigungsfrist II b 907; — Vergütung im Falle der Kündigung II b 909; — Verjährung ihrer Ansprüche I 786.

Gesellschaftsanteile: Pfändung II c 1310; — Beschränkung der Pfändbarkeit, Verpfändbarkeit, Verpfändung von Anteilscheinen II c 1275, 1282; — Nießbrauch daran III 880; — Verpfändung III 1485, 1497.

Gesellschaftsverhältnis: Beschränkung der Übertragbarkeit der Ansprüche aus dem G. II c 1271.

Gesellschaftsvermögen II c 1275.

Gesellschaftsvertrag: Verhältnis zum Dienstvertrag II b 695; — Verhältnis zum Kaufvertrag II b 9; — Unterschied vom Darlehen II b 653; — Form II c 1203; — bei Einbringung eines Grundstücks II a 425; — Haftung für Mängel von Recht bei Übertragung von Sachen II b 84; — G. der Ehefrau IV 193; — G. zum Betrieb eines Erwerbsgeschäfts: Eingehung für das Kind IV 1061; — für den Mündel IV 1482, 1492, 1493; — Anhörung des Mündel vor Genehmigung IV 1505.

Gesetz: Begriff VI a 9; — zeitliche Geltung VI a 397; — Bezugnahme auf ein ausländisches oder nicht mehr geltendes G. in Eheverträgen IV 402; — Schadensersatzpflicht wegen Verstoß gegen ein G. zum Schutz eines Dritten II c 1768, 1794; — siehe auch „ausländisches G."

Gesetzesanalogie I 19, 20, VI a 15.

Gesetzesumgehung I 468, 554.

Gesetzliche Erben: letztwillige Bedenkung, Auslegung, bedingte, befristete Einsetzung V 460; — Vermutung für Einsetzung als Vorerben und Nacherben V 521; — Vermächtnisnehmer hinsichtlich den eingesetzten Erben nicht zufallender Gegenstände V 586.

Gesetzliche Erbfolge: Allgemeines V 29; — Voraussetzungen des Eintritts V 10; — Konkurrenz mit testamentarischer V 11; — zeitliche Geltung der Bestimmungen des BGB. V 29; — räumlich geltendes Recht V 29; — Eintritt neben der testamentarischen V 497; — Anwachsung in diesem Falle V 500; — rechtliche Stellung des Erben V 79.

Gesetzliche Hypothek III 961, 993; — des Fiskus und anderer juristischer Personen VI a 232.

Gesetzliche Miete II b 372, 390.

Gesetzliche Servituten III 790.

Gesetzliche Vormundschaft: Geltung für Ausländer VI b 618.

Gesetzliche Zeit I 754.

Gesetzliche Zinsen II a 107.

Gesetzlicher Vertreter I 688; — Abschluß des Vertrags über Annahme an Kindes Statt IV 1320, 1340; — Zustimmung zu dem Vertrage IV 1193, 1322, 1340; — Stellung bei Aufhebung der Annahme IV 1349; — Anfechtung der Ehelichkeit IV 872; — Anfechtung der Erbschaftsausschlagung V 94; — Anfechtung des Erbvertrags für Geschäftsunfähige V 852; — Antrag auf Entlassung eines Kindes aus dem Staatsverband VI a 57, 60; — Ausschluß vom Abschluß von Eheverträgen IV 417, 590, 673; — von der Einwilligung zur Eheschließung an Stelle der Eltern IV 48; — Ausschluß von der Zustimmung zu letztwilligen Verfügungen V 730; — Ausschluß von der Zustimmung zu letztwilligen Verfügungen in bezug auf die fortgesetzte Gütergemeinschaft IV 608; — Ausübung von Vereinsmitgliedsrechten I 234; — Besitzausübung III 27; — Beschränkung in der Geschäftsfähigkeit I 692; — Beistand im Strafprozeß VI a 44, 45.

— Einwilligung zur Eheschließung eines in der Geschäftsfähigkeit Beschränkten IV 39; — Anhörung von Verwandten und Verschwägerten des Mündels vor Ersetzung der Einwilligung IV 1557; — Einfluß mangelnder Einwilligung auf den Güterstand IV 223; — An-

fechtung der Ehe mangels Einwilligung IV 112; — Beschränkung in der Anfechtung der Ehe IV 125; — Ausschluß der Anfechtung durch Genehmigung oder Bestätigung der Ehe IV 127, 137; — Einwilligung zu Willenserklärungen des Minderjährigen I 429; — zu einseitigen Rechtsgeschäften I 440; — Ermächtigung zu Dienst- oder Arbeitsverträgen I 444; — zum selbständigen Betrieb eines Erwerbsgeschäfts I 441.

Gesetzlicher Vertreter: Genehmigung einer anfechtbaren Ehe IV 127; — Anhörung von Verwandten und Verschwägerten des Mündels vor Ersetzung der Genehmigung IV 1557; — Genehmigung zur Errichtung eines Erbvertrags durch einen in der Geschäftsfähigkeit Beschränkten V 839; — Genehmigung von Verträgen Minderjähriger I 432; — Rechtsverhältnis bis zur Genehmigung I 432, 435; — Gültigkeit ohne Genehmigung I 437; — Haftung für kontraktliches Verschulden von g. V. II a 294; — Haftung für Delikte desselben II c 1754; — konkurrierendes Verschulden des g. V. des Beschädigten II a 154, 167; — Hemmung der Verjährung durch Mangel eines gesetzlichen Vertreters I 806; — Mitwirkung bei Eheverträgen über allgemeine Gütergemeinschaft IV 417; — Strafantragsrecht VI a 36, 40; — Zurücknahme des Strafantrags VI a 41; — für Rechtsgeschäfte des g. V. räumlich geltendes Recht VI b 75; — siehe auch unter „Vertreter".

Gesetzlicher Vertreter: Vertretungsmacht des Inhabers der elterlichen Gewalt IV 983; — des Vormunds IV 1414; — Wohnsitzbegründung und -aufhebung für den Vertretenen I 91; — g. V. im Sinne eines Landesgesetzes VI a 20; — Empfang des Arbeitsbuchs VI a 46, 51.

Gesetzliches Erbrecht: Verzicht auf dasselbe durch einen Abkömmling oder Seitenverwandten des Erblassers V 1019; — Verzicht zugunsten eines anderen V 1020; — von Körperschaften, Stiftungen, Anstalten des öffentlichen Rechts VI a 365.

Gesetzliches Güterrecht IV 219; — Arten IV 220; — Wesen des ordentlichen gesetzlichen Güterstandes IV 221; — außerordentlicher gesetzlicher Güterstand IV 223; — Beweislast IV 220; — Haftung aus unerlaubten Handlungen der Ehefrau II c 1764.

Gesetzliches Pfandrecht: Anwendung der Bestimmungen über das Vertragspfand III 1465; — Erlöschen durch Rückgabe des Pfandes III 1462; — g. Pf. an einem Miteigentumsanteil III 1469; — an Rechten ausgeschlossen III 1484; — an Orderpapieren III 1520; — des Gastwirtes II c 1189; — des Pächters II b 625; — des Verpächters landwirtschaftlicher Grundstücke II b 615; — des Unternehmers eines Werkes II c 1000.

Gesetzliches Veräußerungsverbot: Verstoß dagegen I 561; — absolute und relative I 565.

Gesetzliches Verbot: Verstoß dagegen bei Rechtsgeschäften I 553; — Rückforderung einer Leistung wegen Verstoß der Annahme gegen ein g. V. II c 1708; — Umfang des Herausgabeanspruchs II c 1734; — Verstoß eines Vertrages gegen ein g. V. II a 412; — Verstoß von Kaufverträgen dagegen II b 20; — Verstoß des abstrakten Schuldversprechens II c 1557; — des Schuldanerkenntnisses II c 1565; — Verstoß einer Auflage gegen ein g. V. V 638; — einer letztwilligen Verfügung V 66; — eines Vermächtnisses V 608; — bei der Beurteilung des Verstoßes eines Geschäfts dagegen anzuwendendes Recht VI a 407.

— **Vermächtnis** V 73.

Gesinde: Anspruchsverjährung I 786; — Besitzdiener III 30; — Aufrechnung gegen die Lohnforderung II a 774; — Ausschluß als Testamentszeugen V 756; — Wohnsitz VI a 415; — siehe „Dienstboten".

Gesinderecht II c 1873, 1958; — Draufgabe II a 576; — Vorbehalt zugunsten der Landesgesetzgebung VI a 239, 240; — Aufhebung der Gesindeordnungen VI a 243.

Gesindevermieter: Verjährung ihrer Ansprüche I 786.

Gestaltungsrechte: Begriff I 337; — Unverjährbarkeit I 771; — Übertragbarkeit II a 788, 815.

Geständnis: Unterschied vom Schuldanerkenntnis II c 1562.

Gestattung der Aufsuchung und Wegschaffung auf fremde Grundstücke gelangter Sachen III 62.

Gestio pro herede V 87, 122.

Gestohlene Sachen: Eigentumserwerb III 437, 478, 479, 480; — Beschränkung der Eigentumsvermutung für den Besitzer III 629; — Herausgabeanspruch III 633; — Eigentumserwerb an Erzeugnissen und sonstigen Bestandteilen g. S. III 533; — Pfanderwerb a. g. S. III 1400; — Wirkung des Pfandverkaufs III 1446; — Pfanderwerb an gest. Inhaberpapieren III 1521.

Gestohlene Schuldverschreibungen auf den Inhaber, Haftung aus denselben II c 1610; — Kraftloserklärung II c 1623.

Gesundheit: Rechtsschutz I 45; — Gefährdung durch die Mietwohnung II b 447; — Schutz der G. des Dienstpflichtigen II b 843.

Gesundheitsbeschädigung: Schadensersatzpflicht II c 1768, 1771; — Haftung wegen Minderung oder Aufhebung der Erwerbsfähigkeit, Vermehrung der Bedürfnisse II c 1960; — Ersatz von Schäden im Erwerb und Fortkommen II c 1959; — Entschädigung wegen nicht vermögensrechtlichen Schadens II c 1984; — Haftung für Entgang der Dienste des Verletzten II c 1949; — Verhältnis mehrerer Verantwortlicher II c 1953; — Einfluß des Mitverschuldens des Verletzten II c 1983; — G. durch Einsturz eines Gebäudes, Werkes, Ablösung von Teilen: Haftung des Besitzers und des früheren Besitzers des Grundstücks II c 1911; — des dinglich oder persönlich Berechtigten II c 1920; — des Unterhaltungspflichtigen

II c 1921; — G. durch Tiere II c 1881, 1894, 1906.
Getränkeverabreichung: Verjährung der Ansprüche daraus I 779.
Gewährfristen beim Viehhandel II b 228, 229; — Beginn II b 233; — Verlängerung und Abkürzung II b 235; — Vereinbarung bei vertragsmäßiger Regelung der Gewährleistung II b 244.
Gewährleistung bei der Ausstattung IV 966, 971; — bei der Aussteuer IV 959; — beim Erbschaftskauf V 1089; — bei Hingabe an Erfüllungs Statt II a 681; — bei der Abtretung von Forderungen II a 789; — für Sicherheit einer abgetretenen Forderung II c 1471; — beim Sachdarlehen II b 248; — bei der Aufhebung der Gemeinschaft II c 1431; — bei der Gesellschaft II c 1235, 1237; — beim Kauf für Mängel der Sache II b 116, 126, 127; — dispositives Recht II b 119; — Verhältnis zu den Vorschriften über Anfechtung wegen Irrtums, arglistiger Täuschung II b 122; — Verhältnis zu den Normen über Unmöglichkeit der Erfüllung II b 124; — Umfang der Haftung II b 126; — vertragsmäßige G. II b 125; — G. für Mängel im Rechte II b 117; — Erlassung und Beschränkung II b 80; — Ausschluß der Haftung durch Kenntnis des Käufers von dem Mangel II b 147; — G. bei teilweise mangelhafter Ware II b 194; — Beweislast für Mängel II b 145; — Anwendung der Vorschriften auf andere Veräußerungs- und auf Belastungsverträge II b 83, 248; — bei der Leihe II b 642; — bei der Miete für Mängel der Sache II b 420; — Erlassung oder Beschränkung II b 435; — für Mängel im Rechte II b 435; — bei der Nachlaßauseinandersetzung V 391; — beim Pfandverkauf III 1433, 1443; — bei der Schenkung für Mängel im Rechte II b 318, 319; — für Sachmängel der geschenkten Sache II b 320, 321; — bei der Schenkung einer Erbschaft V 1098; — beim Vermächtnis V 606, 607, 624; — beim Viehhandel (siehe auch „Viehgewährschaft") II b 224; — beim Wahlvermächtnis V 593, 626; — beim Werkvertrag: für Mängel im Rechte II c 953; — am Werke: Voraussetzungen, Umfang und Wirkung der Mängelhaftung II c 952; — Wandelung und Minderung II c 959, 962; — Schadensersatz wegen Nichterfüllung II c 965; — bei Abnahme des mangelhaften Werks II c 980; — Ausschluß und Beschränkung der Mangelhaftung II c 972; — Verjährung der Ansprüche II c 972, 978; — Verhältnis der Gewährleistungspflicht zur Haftung wegen unerlaubter Handlungen II b 125; — vertragsmäßige G. (Garantie) II b 125.
Gewahrsam im Sinne der ZPO. III 18.
Gewahrsamsbesitz III 15.
Gewährungsklausel VI a 402, 403.
Gewaltentlassung nach französischem und badischem Rechte VI a 410.
Gewalthaber: Anzeigepflicht von der Notwendigkeit einer Pflegschaft IV 1375, 1642; — Besitz III 28; — Einwilligung zur Volljährigkeitserklärung I 59; — Pflegschaft bei Verhinderung des G. IV 1642.
Gewässer: Grundstückseigenschaft III 85; — Eigentumsbeschränkungen III 296.
Geweihe: Eigentum an abgeworfenen III 535, 537.
Gewerbebeschränkungen für ausländische Vereine I 192.
Gewerbebetrieb der Ehefrau IV 176; — einer nach ausländischem Recht lebenden Ehefrau IV 689, VI a 46, 48; — ausländischer Ehefrauen im Inlande VI a 46, 48, VI b 85, 351, 366; — G. eines Minderjährigen I 442; — Schadensersatzpflicht wegen Eingriffe in den G. II c 1776; — Zubehör zum G. gehöriger Gebäude I 381; — lärmender, Verbietungsrecht III 315, 323; — Sicherheitsleistung wegen eines G. nach Landesrecht VI a 231.
Gewerbeordnung: Verhältnis zum BGB. VI a 32; — Änderungen VI a 46, 47.
Gewerbetreibende: Leistungsort II a 217; — — Erfüllungsort für Geldzahlung II a 226.
Gewerbliche Anlagen auf dem Nachbargrundstück III 331; — Rechte Dritter an der Entschädigung wegen Untersagung im öffentlichen Interesse VI a 87; — Zubehör I 381.
Gewerbliche Arbeiter: Verjährung ihrer Ansprüche I 779, 786.
Gewerbliche Niederlassung I 85; — Leistungsort II a 217; — bei Geldzahlungen II a 226.
Gewerbliche Schutzrechte: negatorische Abwehrklage III 619, 620, 624.
Gewerblicher Betrieb: Pachtung und Verpachtung durch den Vormund IV 1482, 1492; — durch Vater oder Mutter als Vormund eines Volljährigen IV 1627.
Gewerblicher Zwang III 944.
Gewerbsmäßige Dienstleistungen: Verjährung der Ansprüche aus g. D. I 779.
Gewerbsrechte VI a 177; — radizierte und nicht radizierte VI a 179.
Gewinnanteile: Verteilung unter sukzessiv Berechtigte I 390; — Zeit der Verteilung bei der Gesellschaft II c 1288; — Art der Verteilung II c 1289; — Rechte des Gläubigers eines Gesellschafters daran, Pfändung II c 1310.
Gewinnanteilscheine: Hinterlegung zur Sicherheitsleistung I 858; — Inhaberpapiere II c 1603, 1634; — Freiheit der Ausstellung II c 1613; — Ausschluß der Kraftloserklärung II c 1623; — Erstreckung des Pfandrechts am Wertpapier auf G. III 1525; — selbständige Verpfändung III 1520, 1526; — Vorlegungsfrist II c 1628; — Wahrung der Rechte aus abhanden gekommenen oder vernichteten G. II c 1635; — G. von Inhaberpapieren, anzuwendendes Recht VI a 465, 471; — Besitz des Nießbrauchers daran III 891; — Beschaffung neuer zu den belasteten Papieren III 895; — keine Hinterlegungspflicht hinsichtlich zum eingebrachten Gut der Ehefrau gehöriger G. IV 295; — bei der Errungenschaftsgemeinschaft IV 628; — keine Hinterlegungspflicht hinsichtlich dem Kinde gehöriger IV 1118; — dem

Mündel gehöriger IV 1470; — Ausnahme IV 1477; — keine Hinterlegungspflicht bei der Nacherbfolge V 548.
Gewinnbeteiligung bei Arbeitsverhältnissen II b 790; — beim Dienstvertrag II b 790.
Gewinnentgang: Entschädigung II a 116, 146; — beim Verzug des Schuldners II a 344.
Gewinnungskosten der Nutzungen des eingebrachten Gutes im gesetzlichen Güterstand IV 272; — bei Errungenschaftsgemeinschaft IV 636; — für Früchte des Vermächtnisgegenstandes V 627.
Gewohnheiten als Auslegungsmaßstab VI a 15.
Gewohnheitsrecht: Rechtsnorm VI a 11; — als Rechtsquelle I 12, 13; — Aufrechterhaltung des Reichsgewohnheitsrechtes VI a 30; — Aufhebung landesrechtlicher G. VI a 112; — Beweis VI a 14.
Gezähmte Tiere: Begriff III 543; — Herrenlosigkeit III 541.
Giebelmauer III 373.
Giroanweisung II c 1575.
Giroverkehr der Girobanken II c 1581, 1591.
Glatteis: Sandstreuen II c 1788.
Glaubensgesellschaften, öffentliche: Vermögensfähigkeit I 335.
Glaubhaftmachung der Forderung beim Antrag auf Inventarerrichtung V 278; — G. des Interesses an der Einsicht der Erbschaftsausschlagungserklärung V 113; — des Nachlaßinventars V 303; — der Anzeige vom Erbschaftskauf V 1095.
Gläubiger: Begriff II a 14; — Bezeichnung im Grundbuch III 1003; — Ungewißheit G., Hinterlegung II a 705; — Verzug II a 364; (siehe näheres unter „Verzug"); — Wahlrecht bei Alternativobligation II a 198; — Unmöglichkeit einer der Leistungen II a 201; — Mehrheit von G. II a 893; — Vertrag zugunsten des Gl. II a 551.
— der Ehefrau: Recht an deren Vermögen IV 339; — Befriedigung aus dem Gesamtgut IV 464; — des Ehemannes: kein Zugriff auf eingebrachtes Gut der Frau IV 338; — Befriedigung aus dem Gesamtgut IV 464.
— des Erben: Antragsrecht auf Erteilung eines Erbscheins V 1037; — Beschränkung bei Testamentsvollstreckung V 696, 701.
— des Kindes: Stellung zum elterlichen Nutznießungsrecht am Kindervermögen IV 1092.
Gläubigerrecht: unerlaubte Verletzung II c 1777.
Gläubigervertreter bei Hypotheken für Order- und Inhaberforderungen III 1320.
Gläubigerverzug II b 364; — siehe Näheres unter „Verzug".
Gliederung des Rechtsstoffes I 8.
Glückspiel II c 1443.
Goldhypotheken, schweizerische III 1008.
Goldklausel II a 104, 105; — Eintragung im Grundbuch III 1006.
Goldmarkhypothek III 1012.
Goldsachen: Pfandverkauf III 1441; — durch den Nichtpfandgläubiger III 1446; — Verzicht auf die gesetzliche Form des Verkaufs III 1447.
Gothaische Gewerkschaften VI b 153, 154.
Gottesdienstliche Gebäude: Platz darin VI a 335.
Grabdenkmal: Rechtsverhältnisse daran V 22; — Kostentragung V 179.
Gräben: Ausbesserungspflicht bei Pacht II b 612; — Benützung von Gr. zwischen zwei Grundstücken III 372, 381.
Grabstätte: Unterhaltungs- und Pflegekosten V 179; — Besuch V 22.
Grabstellenerwerb II b 25, 391.
Grade der Schwägerschaft IV 845; — der Verwandtschaft IV 840.
Gratifikationen II b 788.
Gravieren: Verarbeitung III 510.
Gregorianischer Kalender I 754.
Grenzabmarkung III 364.
Grenzanlagen: Errichtung neuer III 384.
Grenzbäume-, -sträucher: Früchte, Anteilsrecht III 384; — Beseitigung III 384; — Unverjährbarkeit des Anspruchs hierauf III 384; — Sondervorschriften für Obstbäume VI a 316; — für Waldgrundstücke VI a 490.
Grenze: Abstand einer Anlage auf dem Nachbargrundstück III 327; — Bau auf der Grenze III 503.
Grenzeinrichtungen: Vermutung gemeinschaftlicher Berechtigung der Anlieger III 372; — Benutzung und Unterhaltung III 381.
Grenzfestsetzung zwischen Grundstücken, Form des Vertrags II a 428.
Grenzgräben, -steine III 375, VI a 486.
Grenzmauer III 375, VI a 486; — Erhöhung und Verstärkung III 383; — Unterfangung III 382.
Grenzpfarreien: Form der Eheschließung IV 85.
Grenzrain: Benutzungsrecht der Anlieger III 372, 381, 383.
Grenzüberbau: Bestandteileigenschaft I 369; — Duldung, Rente für denselben III 342; — Ausschluß landesgesetzlicher Beschränkungen hinsichtlich der Rente VI a 302.
Grenzüberschreitung beim Bauen III 342.
Grenzverlegung VI a 287, 288.
Grenzverwirrung und Grenzscheidungsklage III 368; — Unverjährbarkeit des Grenzscheidungsanspruches III 385.
Grenzzeichen: Errichtung und Erhaltung III 364; — Unverjährbarkeit des Anspruchs hierauf III 385; — strafrechtlicher Schutz III 367; — Bäume als Gr. III 384; — sonstige Grenzzeichen III 385.
Griechenland: ausschließliche Gerichtsbarkeit in Scheidungssachen VI b 397; — Rück- und Weiterverweisung VI b 759; — Staatsvertrag betr. juristische Personen VI b 153; — Handels- und Schiffahrtsvertrag (Grunderwerb) VI a 226.
Grobe Fahrlässigkeit: Begriff II a 291; — siehe Näheres unter „Fahrlässigkeit".
Grobe Mißhandlung: Ehescheidungsgrund IV 736, 738.
Grobe Pflichtverletzung des Gesellschafters II c 1257; — des Vereinsvorstandes I 200, 204.
Großbritannien: Handels- und Schiffahrtsvertrag

(Grunderwerb) VI a 226; — siehe auch unter „England".
Größe: Zusicherung einer bestimmten G. beim Grundstückskauf, Wandelung wegen Mangels II b 181; — bei der Grundstücksmiete II b 420, 425.
Großeltern: gesetzliches Erbrecht der G. und ihrer Abkömmlinge V 41; — Konkurrenz des überlebenden Ehegatten V 46; — Voraus desselben V 52.
Großjährigkeit: Eintritt durch Verheiratung IV 218; — siehe „Volljährigkeit".
Großvater: Berufung zur Vormundschaft IV 1379, 1381; — über Volljährige IV 1621, 1623.
Grubenbrand III 307.
Grubenwasser III 307.
Grundakten, Berücksichtigung des Inhalts bei Eintragungen III 222.
Grundbesitz: Verbot des Erwerbes für Beamte III 292; — Erwerb durch Ausländer III 292.
Grundbuch: Anlegung VI a 496; — Bedeutung im Sachenrecht III 8; — Aufgaben III 86, 87; — Gegenstand III 88, 89; — Ausschluß der Eintragung nicht zugelassener Rechte III 6; — Fälle des Rechtserwerbs nur durch Eintragung III 100; — Vereinigung bei Verkauf eines Grundstücks, Grundstücksrechtes II b 53; — Eintragung altrechtlicher Güterstände VI a 543; — Einrichtung III 89; — Zeit der Vollendung der Anlage III 96.
— Berichtigung III 248, 249; — ungerechtfertigte Eintragung als Berechtigter II c 1678; — rechtliche Natur und Wesen des Anspruchs auf Berichtigung III 250, 619; — Voraussetzungen des Anspruchs III 251; — Anspruchsberechtigter III 255; — Verpflichteter III 261; — formale Voraussetzungen der Berichtigung, Durchführung des Anspruchs III 262; — Bewilligung des Betroffenen III 263; — Klage auf Bewilligung, Klagantrag III 262, 264; — Beweislast für Unrichtigkeit III 265; — Zwangsvollstreckung zur Durchführung III 264; — Auflassung statt Berichtigung III 395; — Einreden III 261; — Nebenansprüche: auf Bewirkung der Eintragung des Rechts des Verpflichteten III 266, 267; — auf Vorlage des Hypotheken-, Grundschuld- oder Rentenschuldbriefes an das Grundbuchamt III 268; — Unverjährbarkeit der Ansprüche III 270; — Kosten der B. III 270; — Berichtigungsanspruch des Eigentümers in Ansehung der Hypothekforderung und der entgegenstehenden Einreden III 1121; — Berichtigungsanspruch des persönlichen Schuldners III 1238; — Berichtigung bei Übertragung der Forderung III 1182; — Sicherung des Berichtigungsanspruchs durch Eintragung eines Widerspruchs III 271; — Abtretung, Pfändung und Verpfändung des Berichtigungsanspruchs III 259, 260, 276; — amtliche Berichtigung III 266.
— öffentlicher Glaube III 218, 219; — Gegenstand des Schutzes III 222; — Voraussetzungen III 230; — Wirkung III 236; — Buchung in unrichtiger Abteilung III 222; — doppelte Buchung eines Grundstücks III 221, 251; — Wirkung des öffentlichen Glaubens bei Weiterveräußerung durch den gutgläubigen Erwerber III 244; — Schutz bei Leistungen an den Grundbuchberechtigten, bei Rechtsgeschäften mit demselben III 245; — Ansprüche des Geschädigten III 244; — Ausgleichung des infolge des öffentlichen Glaubens des Gr. eingetretenen Rechtsverlustes II c 1703.
Grundbuch: Vermutung für Bestand oder Nichtbestand eines im G. eingetragenen oder gelöschten Rechtes III 211; — für das Eigentum des als Eigentümer Eingetragenen bei Verfolgung des Hypothekanspruchs III 806.
— Eintragungen III 91; — Eintragungszwang III 92; — Eintragungsantrag III 92, 93; — Eintragung auf Grund eines Prozeßvergleichs II c 1528; — Eintragung von Rechtsänderungen III 97; — Erfordernis vorheriger Eintragung des Verfügenden III 115; — eintragungsfähige Rechtsänderungen III 98; — nicht eintragungsfähige Rechte und Rechtsverhältnisse III 101; — Wesen der Eintragung III 119; — Voraussetzungen III 119; — Nachweis der Gebührenzahlung III 120; — Inhalt der Eintragung III 121; — Wirkung III 97, 121; — Bezugnahme auf die Eintragungsbewilligung bei Eintragung von Rechten III 122; — Einfluß der Eintragung auf das Rangverhältnis III 137; — Eintragung abweichender Bestimmung des Rangverhältnisses III 137, 143; — von Rangänderungen III 146, 150, 151; — Eintragung des Rangvorbehaltes III 156, 159; — Eintragung von Änderungen des Inhalts des Rechtes III 131; — Eintr. der Aufhebung von Rechten III 126; — von Grunddienstbarkeiten III 790, 804; — Eintragung gesetzlicher, rechtsgeschäftlicher Veräußerungsverbote I 563.
— Vormerkungen III 91, 166; — Bezugnahme auf die einstweilige Verfügung oder Eintragungsbewilligung bei Vormerkungen III 190, 195.
— Einzelne Eintragungen: Eintragung der beschränkten persönlichen Dienstbarkeiten III 912; — Eintragung der Buchhypothek III 1027; — Eintragung der Eigentumsübertragung an Grundstücken III 418; — Eintragung des Erbbaurechts III 678 (siehe auch „Erbbaugrundbuch"); — Eintragung des Fischereirechts III 793; — Eintragung des Fiskus als Eigentümer III 429; — Gesellschaftsvermögen und Gr. II c 1284; — Eintragung der Gesamthypothek III 1096; — Eintragung von Grunddienstbarkeiten III 790, 804; — Behandlung der Teilung des belasteten Grundstücks III 818; — Eintragung am 1. Januar 1900 bestehender Grunddienstbarkeiten VI a 500; — Eintragung der Grundschuld III 1355; — Eintragung des Höchstbetrages des Ersatzes für bei Zwangsversteigerung erlöschende Rechte III 164; — Eintragung der Hypothek III 1002; — Eintragung der Hypothekabtretung III 1166, 1175; — Eintragung

der gemeinschaftlichen Rechte von Miteigentümern III 643; — von Vereinbarungen über Verwaltung, Benützung, Ausschluß der Teilung der gemeinschaftlichen Sache III 646; — Eintragung der Reallasten III 947; — Eintragung der Sicherungshypothek III 1303, 1307; — für Forderungen aus Schuldverschreibungen auf den Inhaber III 1318; — Eintragung des Treuhänders III 1320, 1324; — Eintragung des Verzichts auf das Eigentum III 429; — Eintragung des Verzichts auf die Hypothek III 1239; — Eintragung eines zum Gesamtgut der allgemeinen Gütergemeinschaft gehörigen Rechts IV 419, 421, 422; — Eintragung der Teilung von Gesamtgut nach Auseinandersetzung IV 512; — Eintragung von Verfügungen über Gesamtgut IV 446, 449; — eines zum Gesamtgut der Errungenschaftsgemeinschaft gehörigen Rechts IV 620; — des Eintrittes und der Aufhebung der fortgesetzten Gütergemeinschaft IV 526; — der Fahrnisgemeinschaft IV 673, 676; — keine Eintragung der Vorbehaltsgutseigenschaft bei allgemeiner Gütergemeinschaft IV 430; — bei Errungenschaftsgemeinschaft IV 632; — keine Eintragung der Vorbehaltsgutseigenschaft beim gesetzlichen Güterstand IV 240; — keine Eintragung der Eigenschaft als Vorbehaltsgut oder Sondergut des überlebenden Ehegatten IV 540; — Unzulässigkeit der Eintragung der elterlichen Nutznießung IV 1074; — Unzulässigkeit der Eintragung des eheherrlichen Verwaltungs- und Nutznießungsrechts IV 223; — der Gütertrennung IV 381; — Eintragung nicht rechtsfähiger Vereine I 271; — Eintragung des Verkaufs von Grundstücken und Rechten daran, Wirkung II b 480; — Kosten II b 100; — Eintragung des dinglichen Vorkaufsrechts III 926; — der Erstreckung auf mehrere Verkaufsfälle III 928; — Eintragung auf Grund Scheingeschäfts III 117; — Eintragung des Erben V 82; — Eintragung der Rechte von Miterben V 354; — der Pfändung des Nachlaßanteiles eines Miterben V 362; — Eintragung des Rechts des Nacherben V 510, 517, 535, 541; — Eintragung der Befreiung des Vorerben von Beschränkungen seines Verfügungsrechtes V 567; — Eintragung der Anordnung der Nachlaßverwaltung V 240; — Eintragung der Beendigung derselben V 254; — Eintragung des Testamentsvollstreckers V 648; — Nichteintragung bestehender gesetzlicher Pfandrechte, Mietrechte und Pachtrechte VI a 502, 503.

Grundbuchamt III 90; — Prüfungspflicht III 93, 120; — keine Prüfungspflicht hinsichtlich des Rechtsbestandes der Forderung III 1020; — Prüfung des Erbrechts beim Vorliegen eines Erbscheins V 1066; — Prüfung des Testamentsvollstreckerzeugnisses V 1073, 1075; — Prüfung der Entgeltlichkeit einer Verfügung des Testamentsvollstreckers V 683; — Prüfung der Genehmigung des Vormundschaftsgerichts IV 1517; — Ausstellung des Hypothekenbriefes III 1024.

Grundbuchamt: Erklärungen vor und gegenüber dem GBA.: Auflassungserklärung III 388, 401; — Aufgabeerklärung hinsichtlich eines eingetragenen Rechts III 124; — Zustimmungserklärung des Drittberechtigten III 128; — Erklärung der Einigung über Rechtsänderungen an Grundstücken, Grundstücksrechten vor dem Gr. III 97; — über Änderung des Inhalts von Grundstücksrechten III 131; — Nachweis der Vertretungsbefugnis der Mutter ohne Beistand vor dem G. IV 1163; — Verzicht auf das Eigentum III 429; — Verzichterklärung auf die Hypothek III 1239; — Zustimmungserklärung zur Unterstellung einer anderen Forderung unter die Hypothek III 1283; — Zustimmungserklärung zur Unterstellung einer anderen Forderung unter die Hypothek III 1283; — Zustimmungserklärung des Eigentümers zur Aufhebung der Hypothek III 1297.

Grundbuchbeamter: Amtspflichtverletzungen III 90; — Haftung II c 1934, 1949.

Grundbuchbezirke III 90.

Grundbuchblatt III 89; — gemeinschaftliches für mehrere Grundstücke III 206; — Verbindung mehrerer Grundstücke auf einem G. III 205; — G. für das Erbbaurecht III 726; — (siehe auch „Erbbaugrundbuch"); — Eintragung in unrichtiger Abteilung III 222.

Grundbuchordnung III 87; — Änderung durch die ErbbauVO. III 776; — Inkrafttreten VI a 4; — Außerkrafttreten des § 7 GBO. III 776.

Grundbuchrecht: Prinzipien desselben III 91; — Übergangsbestimmungen III 96.

Grundbuchsystem III 86.

Grunddienstbarkeiten III 790; — Arten III 790, 802, 803; — nach Landesrecht unzulässige Gr. III 790; — Begriff III 795, 796; — Unterschied von Reallast III 798; — Zulässigkeit an öffentlichen Grundstücken III 799; — Inhalt III 800, 806; — Bedingungen und Zeitbestimmungen III 808; — auflösende Bedingung III 799; — Ausschluß des Nießbrauchs daran III 880; — Ausschluß der Verpfändung III 1490; — Ausschluß selbständiger Belastung III 799; — Einfluß der Zwangsversteigerung III 805; — eingebrachtes Gut bei Fahrnisgemeinschaft IV 677.

— Entstehung III 790, 803; — Beschränkung auf einen Grundstücksteil III 796; — keine Ersitzung III 281, 492, 792, 805; — landesgesetzliche Entstehungsgründe III 805; — Ausschluß selbständiger Belastung III 801.

— Eintragung im Grundbuch III 790, 804; — Wirksamkeit und Eintragung am 1. Januar 1900 bestehender G. im Grundbuch VI a 500; — Bestellung am gemeinschaftlichen Grundstück oder für dasselbe zugunsten oder zu Lasten eines einem Miteigentümer gehörigen Grundstücks III 645; — Begründung an buchungsfreien Grundstücken III 791, 805, VI a 328; — Bestellung am Mietobjekt II b 584; — landesgesetzliche Beschränkungen hinsichtlich der Bestellung mit G. VI a 296, 298.

— Ausübung: Berechtigter III 795, 796; —

Bedürfnis des herrschenden Grundstücks als Maß derselben III 806; — Umfang der Ausübung III 808; — Beschränkung der Ausübung auf einen Teil III 796; — Einfluß der Teilung des dienenden Grundstücks III 818; — des herrschenden Grundstücks III 817; — Schonung des belasteten Grundstücks, Instandhaltung errichteter Anlagen III 809; — vertragsmäßige Regelung der Unterhaltungspflicht III 812; — Unterhaltung von baulichen Anlagen III 814; — Mitbenützungsrecht des Eigentümers des belasteten Grundstücks III 811; — Konkurrenz zwischen Eigentümer und Berechtigtem III 809; — Gegenleistung des Ausübenden III 802; — Ausschluß landesgesetzlicher Änderung der Verpflichtung zur Unterhaltung baulicher Anlagen VI a 302; — Verbindung von Sachen mit dem Grundstück in Ausübung der G. I 371; — Kollision mit anderen Rechten am Grundstück III 816; — Pacht II b 598.

Grunddienstbarkeiten: Untrennbarkeit vom herrschenden Grundstück III 797; — Verlegung von einem Grundstücksteil auf einen anderen III 814; — Schutz: Ansprüche wegen Beeinträchtigung III 820.

— Verjährung des Anspruchs auf Beseitigung einer Anlage III 822; — Besitzesschutz III 29, 824; — auf den Besitzesschutz anzuwendendes Recht VI a 511; — Beeinträchtigung durch Überbau III 353.

— Erlöschen: Gründe III 805; — Erlöschen für einzelne Teile III 817; — kein Untergang durch Verjährung oder Nichtgebrauch III 792; — Erlöschen mit Verjährung des Anspruchs auf Beseitigung einer beeinträchtigenden Anlage III 822; — Zustimmung des Realgläubigers des herrschenden Grundstücks zur Aufhebung III 128; — Höchstbetrag des Ersatzes im Falle der Zwangsversteigerung des belasteten Grundstücks III 164; — Haftung für Freiheit des vermachten Grundstücks von G. V 604, 624; — Ablösung, Umwandlung, Einschränkung VI a 287, 302; — Übergangsvorschriften III 791, 792, 795, 826; — Ablösungsrenten des Staats und öffentlicher Anstalten VI a 296; — zeitliche Geltung der Vorschriften des BGB. VI a 491, 494; — Rechte des Berechtigten bei Wiederherstellung des Gebäudes an anderer Stelle VI a 282; — Ersatz bei Enteignung VI a 88.

Grundeigentum in der Umgebung von Festungen VI a 91.

Gründergesellschaften II c 1377.

Grunderwerbsteuer: bei Nachlaßauseinandersetzungen V 394; — beim Erbschaftskauf V 1085.

Grundgefälle III 946.

Grundgeschäft, schuldrechtliches, bei Grundstücksgeschäften III 106; — bei Eigentumsübertragung III 398; — bei Bestellung des Erbbaurechts III 713; — Folgen der Loslösung der Einigung vom G. III 116, 420, 421.

Grundkomplex III 205, 208.

Grundschuld: Begriff, Bedeutung, rechtliche Natur III 960, 1343, 1345; — praktischer Wert III 1344; — Unterschied von der Hypothek III 1345; — Begründung III 1345, 1347, 1355; — Entstehung der Eigentümergrundschuld III 1358, 1365; — als Inhabergrundschuld III 1362; — Entstehung durch Vereinigung der Hypothek mit dem Eigentum III 1264; — Anwendung der Vorschriften über Hypothek III 1348; — Schutz des Rechts durch das Grundbuch, Vermutung für den Rechtsbestand, Berichtigung des Grundbuchs in Ansehung der G. III 1116, 1348; — öffentlicher Glaube der Übertragungsurkunden III 1185; — Eintragung III 1355; — Erwerb der Briefgrundschuld III 1036; — Übergang auf den Grundstückseigentümer durch Befriedigung des Gläubigers III 1134; — Geltendmachung, Legitimation des Gläubigers III 1199, 1356; — Einwendungen 1357; — Geltendmachung von Einreden gegen Rechtsnachfolger des bisherigen Gläubigers III 1190; — Ausschluß des unbekannten Gläubigers III 1250; — Fälligkeit, Kündigung III 1361; — Verfügungsrecht des Vorerben V 539; — Kündigung und Einziehung durch den Vorerben V 534, 538; — Befreiung von der Beschränkung V 566, 567; — Untersagung und Beschränkung der Ausschließung der Kündigung VI a 302; — Zahlungsort III 1362; — Zinsen und andere Nebenleistungen III 1345, 1347, 1361, 1362; — Entrichtung der Zinsen bei der Eigentümergrundschuld III 1367; — Rangrücktritt III 146, 150; — Teilung und Änderung des Verhältnisses der Teilgrundschulden III 151; — Übertragung III 1175, 1355; — Pfändung III 1356; — Verpfändung III 1488, 1516; — Bedeutung der Rückgabe des Briefes III 1496; — Nießbrauch daran III 891; — Umwandlung in Hypothek und umgekehrt III 1368; — in Rentenschuld und umgekehrt III 1376; — Umwandlung der Hypothek in Gr. bei Vereinigung der Hypothek mit dem Eigentum in einer Person III 1264; — Umwandlung der G. bisherigen Rechts VI a 525; — Aufhebung durch Rechtsgeschäft III 1302; — Erlöschen durch Befriedigung III 1293, 1297; — Löschung III 127; — Löschungsvormerkung III 1281; — Löschung der Inhabergrundschuld III 1364; — Rechte des Berechtigten bei Wiederherstellung eines zerstörten Gebäudes an anderer Stelle VI a 282; — bei Beschädigung durch Bergbau VI a 157; — auf Inhalt und Rang anzuwendendes Recht VI a 491; — Vorrang der G. für Meliorationsdarlehen VI a 304; — Nichtübergang auf Trennstücke des Grundstücks VI a 311; — G. auf Familienfideikommiß-, Lehens- und Stammgütern VI a 133; — Rechte des Berechtigten an der Entschädigungssumme für Zwangsenteignung VI a 88; — Zugehörigkeit zum Gesamtgut der Fahrnisgemeinschaft IV 677; — auf dem eingebrachten Gut der Frau bestehende IV 276; — Verfügungen des Vaters über G. des Kindes IV 1060; — Verfügungen des Vormunds über G. des Mündels IV 1465, 1479, 1482, 1486; — Mündelsicherheit

einer G. IV 1443, 1444; — Verpfändung zur Sicherheitsleistung I 856; — Tauglichkeit hiezu I 860; — Übernahme bei Grundstücksveräußerung II a 877; — Verpflichtung des Verkäufers eines Grundstückes zur Beseitigung II b 66; — Gesamtgrundschuld III 1101, 1360; — G. auf dem Vermächtnisgegenstand V 600, 601; — Zeugnis des Nachlaßgerichts über Rechtsnachfolge in G. V 1027; — Übergangsbestimmungen III 1344.

Grundschuld der deutschen Rentenbank III 1345, 1347; — Rang III 144; — Wirkungen des öffentlichen Glaubens des Grundbuchs III 230.

— **auf dem Erbbaurecht:** Zulässigkeit III 710; — Umfang der Haftung für die Gr. III 732, 785; — Erfordernis der Zustimmung des Grundstückseigentümers zur Bestellung, Änderung des Inhalts III 691, 692; — Voraussetzung der Eintragung III 729; — Fortbestand bei Heimfall des Erbbaurechts III 770; — Übernahme der persönlichen Schuld durch den Grundstückseigentümer III 770; — Rechte des Gläubigers an der Entschädigungsforderung nach Erlöschen des Erbbaurechts III 759; — Wiederaufleben nach Erneuerung des Erbbaurechts, Erlöschen des Rechts an der Entschädigung III 763, 767.

Grundschuldbrief III 1355, 1357; — Ausstellung des Grundschuldbriefes, Ausschluß derselben III 1029; — bei der Inhabergrundschuld III 1362; — Eigentum und andere Rechte daran III 518, 1026; — Vorlegung bei Geltendmachung der Grundschuld III 1357; — Vorlage zur Grundbuchberichtigung III 268; — Kraftloserklärung III 1202; — des Briefs über eine Inhabergrundschuld III 1364; — Hinterlegung von G. des Mündels IV 1479; — staatliche Genehmigung zur Ausstellung auf den Inhaber II c 1614.

Grundstück: Begriff III 84, 85; — Bestandteile I 364, III 85; — Anwendung des Sachstatuts VI b 13, 763, 765; — buchungsfreie G. III 86, 422; — lastenfreie Abtrennung von Teilflächen III 210, VI a 311; — Aneignungsrecht des Fiskus III 429; — Aneignungsrecht landesgesetzlich bestimmter Personen VI a 329; — landesgesetzliche Beschränkung der Veräußerung, Teilung I 355, VI a 305, 306; — Belastung III 97; — des gemeinschaftlichen Grundstücks III 645; — landesgesetzliche Beschränkung der Belastung VI a 298, 302; — Wertgrenze für die Belastung nach Landesrecht VI a 302; — Belastung mit dem Rechte zur Gewinnung von Mineralien VI a 162; — Auflassung und Belastung durch den Testamentsvollstrecker V 682; — Aufsuchung von Sachen auf fremdem Gr. III 62, 76, 628.

— Besitzübertragung III 422; — Besitzverlust III 35; — buchungsfreie G. III 86, 422; — Dereliktion III 429.

— Eigentumsübertragung: Einigung der Beteiligten III 97, 105; — Begriff und rechtliche Natur der Einigung III 105; — Wesen der Einigung III 106; — Form und Inhalt, Stellvertretung, Konvaleszenz III 109; — Bindung an die Einigung III 110; — Ersatz für dieselbe III 112; — Loslösung vom Kausalgeschäft III 107, 116; — Eintragung im Grundbuch III 97, 119; — Einfluß doppelter Buchung III 221, 251; — Erfordernis der vorherigen Eintragung des Verfügenden III 115; — Übergangsbestimmungen hinsichtlich der Eintragung III 96; — Form des Vertrages über Eigentumsübertragung II a 420; — Geltung des Sachstatuts bezüglich der Form von Verfügungen über Gr. VI b 163, 190; — Form der Verpflichtung zur Aufgabe des Eigentums II a 429; — Form des Auftrags zum Eigentumserwerb an Gr. II c 1084; — Hypothekübernahme beim Grundstückserwerb II a 874; — Zuständigkeit zur Entgegennahme der Auflassungserklärung nach Landesrecht VI a 377, 378; — Zuständigkeit zur Beurkundung der obligatorischen Veräußerungsverträge über Grundstücke nach Landesrecht VI a 375; — Eigentumsübertragung an buchungsfreien Grundstücken VI a 327, 328; — Eigentumserwerb und -verlust (siehe auch „Eigentum") III 386; — Eigentumserwerb kraft Erbschaft III 99; — für das Erbrecht an Gr. räumlich geltendes Recht VI b 628, 683, 705, 725, 728, 732, 735, 763, 765; — nicht rechtsgeschäftlicher Eigentumserwerb III 99.

Grundstück: Form des Gesellschaftsvertrags bei Erwerb von Gr. II c 1222; — Form der Einbringung in eine Gesellschaft II c 1234; — Behandlung bei Eintritt eines neuen Gesellschafters II c 1352; — Behandlung beim Ausscheiden eines Gesellschafters II c 1356; — Eigentumserwerb und -verlust: durch den Staat oder einen Kommunalverband kraft Gesetzes VI a 326; — durch Ausländer VI a 225; — zeitlich anzuwendendes Recht VI a 505; — Verfügung von Ausländern über ausländische Grundstücke im Inland VI b 62, 86; — Erwerb durch Ausländer I 43; — Grundstückserwerb durch ausländische juristische Personen VI b 132, 138; — Ersitzung des Eigentums III 426; — Ersitzung bis zur Anlegung des Grundbuchs VI a 505, 506; — Nießbrauch an Gr. III 833.

— Schutz des Gr. gegen Einsturzgefahr usw. vom Nachbargrundstück III 333; — gegen Vertiefung des Nachbargrundstücks III 334; — gegen Erhöhung III 337; — Verjährung der Ansprüche III 385; — Überbau III 342; — obligatorischer Veräußerungsvertrag III 398; — Verbindung beweglicher Sachen mit einem G. III 502; — Verbot von Immissionen vom Nachbargrundstück III 308; — Vereinigung mehrerer zu einem I 338, III 205, 206; — Verzug des Gläubigers in der Annahme eines Gr. II a 385; — Besitzaufgabe bei Annahmeverzug des Gl. II a 385; — Wiederbemächtigung nach eigenmächtiger Entziehung III 44, 46; — Zerteilung III 210; — Unschädlichkeitszeugnis VI a 311; — Teilung eines mit einer Reallast belasteten G. VI a 315; — landesgesetzliche Beschränkung der Veräußerung, der Teilung,

der getrennten Veräußerung bisher wirtschaftlich vereinigter Gr., der Vereinigung und Zuschreibung von Gr. VI a 305, 306; — Verfolgungsrecht auf fremdes Gr. III 63; — Zwangsenteignung von Gr.: Entschädigung VI a 88; — freies Verfügungsrecht über die Entschädigungssumme VI a 311; — Haftung des Unternehmers von Anlagen oder Betrieben auf dem öffentlichen Gebrauch dienenden Grundstücken VI a 267; — Schadenersatzpflicht bei Zuwiderhandeln gegen ein zum Schutze von Grundstücken erlassenes Strafgesetz VI a 268.

Grundstück: Kauf von Gr.: Auskunftspflicht des Verkäufers IIb 81; — keine Haftung für Freiheit von öffentlichen Lasten II b 54; — Form der Zusicherung von Eigenschaften beim Verkauf II b 139; — Zusicherung der Baureife II b 143; — Haftung für die zugesicherte Größe, Wandelung wegen Mangels derselben II b 188; — Form der Wandelung II b 173; — Gefahrübergang II b 84; — bei Verkauf zusammen mit beweglichen Sachen II b 86; — Kosten der Auflassung und Eintragung II b 100; — Löschung eingetragener, nicht bestehender Rechte II b 53; — Verjährung des Minderungs- und Wandelungsanspruches II b 202; — Einfluß der Zwangsversteigerung auf die Wandelung II b 183; — Verkauf unter Eigentumsvorbehalt II b 112; — Schwarzverkäufer II b 16; — Kaufvorvertrag II b 17.

Grundstücke: Miete von Gr.: Form des Vertrags II b 538; — Zeit der Mietzinsentrichtung II b 476; — Kündigungsfristen II b 534; — Pfandrecht des Vermieters II b 500; — Veräußerung vermieteter Gr. II b 554; — Zusicherung einer bestimmten Größe II b 420, 424.

— Pacht: Änderungen in der wirtschaftlichen Bestimmung durch den Pächter II b 613; — Ausbesserungspflicht II b 612; — Fälligkeit des Pachtzinses II b 614; — Pfandrecht des Verpächters II b 615; — Rückgabe II b 626; — Auseinandersetzung bei Beendigung der Pacht während des Pachtjahres II b 627; — Erhaltung, Ersatz des Inventars II b 617; — Übernahme zum Schätzungswert II b 619; — Gefahrentragung in diesem Falle II b 620; — Rückgabe, Abgleichung des Schätzungswertes II b 622; — gesetzliches Pfandrecht des Pächters für Forderungen hinsichtlich des Inventars II b 625.

— Schenkung eines Gr., Form II b 311; — Teilung gemeinschaftlicher II c 1423, 1425; — obligatorisches Vorkaufsrecht, Stundung des Kaufpreises II b 282; — Form der Einräumung des Vorkaufsrechts II a 423, b 277; — Werkvertrag über Gr., Verjährung der Ansprüche wegen Mängel II c 972, 974, 978; — Frist für die Ausübung des Wiederkaufsrechts II b 272; — Abwendung der Zwangsversteigerung durch Befriedigung durch einen Dritten II a 216; — für zum Vermögen von Ehegatten gehörige Gr. geltendes Recht VI b 335; — für Schenkungen von Gr. unter Ehegatten geltendes Recht VI b 770.

Grundstücke der Frau, eingebrachte, Rechte des Mannes IV 257; — bei Errungenschaftsgemeinschaft IV 628; — Einfluß der Beendigung der Nutznießung und Verwaltung auf bestehende Miet- und Pachtverhältnisse IV 374; — der Beendigung der Errungenschaftsgemeinschaft IV 665.

— zum Gesamtgut der allgemeinen Gütergemeinschaft gehörige Gr., Verfügungsrecht bei allgem. Gütergemeinschaft IV 441; — Ersetzung der Zustimmung der Frau IV 449, 451; — Widerruf des Vertrags IV 452; — Gemeinschaftsaufhebungsklage der Frau wegen Verfügungen ohne ihre Zustimmung IV 487.

— Erwerb zur Errungenschaftsgemeinschaft IV 618; — Verfügungsrecht bei Errungenschaftsgemeinschaft IV 616, 618.

— bei fortgesetzter Gütergemeinschaft IV 540; — Gemeinschaftsaufhebungsklage der Abkömmlinge IV 562.

— eingebrachtes Gut bei Fahrnisgemeinschaft IV 676; — Gesamtgut auf Grund Surrogation, Ehevertrag IV 678, 679.

— Gr. des Kindes: Verfügungsbeschränkung des Vaters IV 1057, 1059; — Verfügung über Inventar IV 1082; — Einfluß der Beendigung der väterlichen Nutznießung auf bestehende Miet- und Pachtverhältnisse IV 1098; — entgeltlicher Erwerb für das Kind IV 1057, 1062; — räumlich geltendes Recht für Gr. des Kindervermögens VI b 487, 769, 771.

— des Mündels: Beschränkung des Verfügungsrechts des Vormunds IV 1481, 1485, 1486; — Erwerb für den Mündel IV 1482, 1490.

— Auflassung und Belastung durch den Testamentsvollstrecker V 682; — Erwerb durch den Testamentsvollstrecker V 706; — Verfügungsrecht des Vorerben über zur Erbschaft gehörige Gr. V 533, 539; — Befreiung von der Beschränkung V 566, 567; — Vermietung und Verpachtung durch den Vorerben V 565; — Vermächtnis von Gr.: Auslegungsregeln bezüglich Übergang der Belastung, Befreiung von derselben V 600, 601; — Haftung für Freiheit von Belastungen V 624; — Zeugnis des Nachlaßgerichts über Rechtsnachfolge in Gr. V 1027; — s. auch „Nachlaßgrundstück“.

Grundstücksbesitzer: Haftung aus Einsturz von Gebäuden, Ablösung von Teilen II c 1911; — Verhältnis mehrerer Verantwortlicher II c 1953.

Grundstückspfandrechte: Überleitung altrechtlicher VI a 514, 515.

Grundstückschätzer: Haftung VI a 193.

Grundstücksrechte siehe „Rechte an Grundstücken“.

Grundstückssperrgesetz III 412.

Grundstücksteil: Auflassung III 397; — selbständige Belastung III 210, 1001; — mit Erbbaurecht III 671; — mit Grunddienstbarkeit

III 796; — Verlegung der Grunddienstbarkeit III 792, 814; — Bestand der Grunddienstbarkeit für einzelne Teile III 817; — auf einzelnen Teilen III 818; — Nießbrauch an Gr. III 833, 873; — Reallast III 949; — Vorkaufsrecht III 927.

Grundstücksveräußerungsvertrag: auf die Form räumlich anzuwendendes Recht VI b 166, 168, 178, 181, 188, 190.

Grundwasser III 307, 311.

Gruppenarbeitsvertrag II b 715.

Gültigkeit der Rechtsgeschäfte I 404.

Gut: Begriff I 337.

Güte: Haftung für G. verkaufter Forderungen usw. II b 57, 63; — Haftung für G. einer verkauften Hypothek II b 64.

Güteantrag: Unterbrechung der Verjährung I 813, 816; — Dauer der Unterbrechung, Wegfall der Wirkung I 821.

Gütereinheit des bisherigen Rechts IV 215.

Gütergemeinden VI a 431.

Gütergemeinschaft: allgemeine IV 415; — fortgesetzte IV 523; — (siehe Näheres „allgem., fortgesetzte" G.); — Erwerb von Grundstücken auf Grund G. III 99.

Guter Glaube des Dritten bei Rechtsgeschäften mit Bevollmächtigten I 716; — beim Erwerb einer beurkundeten Forderung II a 825.

— bei sachenrechtlichem Erwerb III 12; — beim Besitzerwerb III 22; — bei Ersitzung des Eigentums an beweglichen Sachen III 494; — der Freiheit von Rechten Dritter III 500; — beim Erwerb von Grundstücksrechten und Rechten von solchen III 219, 231; — beim Erwerb von Bestandteilen usw. des Hypothekenobjekts III 1051; — beim Eigentumserwerb vom Nichteigentümer III 468, 472; — Erwerb durch constitutum possessorium oder Abtretung des Herausgabeanspruchs III 475; — beim Erwerb von Erzeugnissen und sonstigen Bestandteilen III 525, 532; — beim Erwerb des Nießbrauchs III 842; — beim Erwerb des Pfandrechts III 1399; — beim Erwerb der Pfandsache durch den Käufer III 1444, 1446; — beim Erwerb des Pfandrechts an Rechten III 1491; — beim Erwerb eines verpfändeten Schiffes III 1473; — beim Erwerb von Grundstückszubehör III 423; — Herausgabeanspruch des früheren gutgläubigen Besitzers III 633; — Einfluß auf die Haftung gegenüber dem Eigentumsanspruch III 595, 597; — Weiterveräußerung durch den gutgläubigen Erwerber III 244.

— des Dritten: bei Vornahme eines Rechtsgeschäfts nach Beendigung der elterlichen Gewalt IV 1148; — nach Beendigung der eheherrlichen Nutznießung und Verwaltung IV 375; — gegenüber Eheverträgen IV 407, 412; — bei Nichtigkeit der Ehe IV 140, 141; — Schutz gutgläubiger Dritter bei Rechtsgeschäften, Rechtsstreitigkeiten mit im ausländischen Güterstand lebenden Ehegatten VI b 351, 355; — g. Gl. des Ehegatten bei Eingehung einer nichtigen Ehe IV 143; — rechtliche Stellung der Kinder IV 1182, 1184; — Rechtsverhältnis der Eltern zu den Kindern IV 1185, 1186, 1188, 1190; — Einfluß auf Verfügungen des Erben nach Anordnung der Nachlaßverwaltung V 245; — g. G. des Dritten beim Erwerb von einem durch einen Testamentsvollstrecker in der Verfügungsmacht beschränkten Erben V 695; — beim Erwerb von einem Vorerben V 534, 541; — im Falle der Entziehung der Verwaltungsbefugnis des Vorerben V 558; — des Erbschaftsbesitzers V 335, 336; — beim Erwerb von dem im Erbschein als Erben Bezeichneten und bei der Leistung an denselben V 1063, 1068, 1071; — beim Erwerb von dem oder den Erben des irrtümlich für tot Erklärten V 1071, 1079.

Güterrecht, eheliches: Begriff IV 215; — bisheriges Recht IV 215; — räumliche Geltung IV 216, VI b 299, 301, 308, 351; — zeitliche Geltung IV 216; — Standesrechte IV 217; Beweislast für den Güterstand IV 220; — siehe auch „eheliches, gesetzliches, vertragsmäßiges G.".

Güterrechtsregister IV 685; — Verhältnis zum Grundbuch IV 687; — Zuständigkeit zur Führung IV 691; — Eintragung am Ort der Handelsniederlassung IV 689; — Eintragungsantrag IV 694; — Form IV 688, 694, 695; — Antragsberechtigung IV 696; — Antragsrecht des Notars IV 695; — Antragsrecht auf Eintragung der Vorbehaltsgutseigenschaft IV 234; — Prüfung des Registerrichters IV 687; — reichsrechtliche Verfahrensvorschriften IV 688; — landesrechtliche Vorschriften IV 689, 690; — Fassung der Eintragung IV 696; — Bekanntmachung der Eintragungen IV 688, 699; — Einsicht und Erteilung von Abschriften IV 700; — Wiederholung der Eintragung bei Wohnsitzverlegung IV 692, 693; — Antrag hierauf IV 696; — Löschung von Eintragungen IV 688, 694; — rechtliche Bedeutung der Eintragungen IV 686; — Zeugnis über Eintragungen IV 688; — eintragungsfähige Tatsachen IV 687.

— Einzelne Eintragungen: Eintragung des ausländischen Güterstands ins G. VI b 351, 354; — E. des Ausschlusses der ehemännlichen Nutznießung und Verwaltung IV 407, VI a 46, 50; — des Ausschlusses oder der Beschränkung der Schlüsselgewalt IV 184, 191; — der Ausschließung der fortgesetzten Gütergemeinschaft und Wiederaufhebung derselben IV 591, 593; — Eintragung der Errungenschaftsgemeinschaft IV 620; — Eintragung der Beendigung der Errungenschaftsgemeinschaft IV 661; — des Einspruches des Mannes gegen den Betrieb eines Erwerbsgeschäftes durch die Frau und des Widerrufs der Einwilligung hiezu IV 324, 327; — des Einspruchs des Mannes gegen den Gewerbebetrieb einer nach ausländischem Recht lebenden Ehefrau, Widerruf der Einwilligung IV 689; — Eintragung der Gütertrennung IV 390; — der Aufhebung der allgem. Gütergemeinschaft auf Klage des Mannes oder der Frau IV 491, 492; — der Wiederherstellung der Errungenschaftsgemeinschaft IV 667, 668; — von Vorbehaltsgut der Frau

IV 240; — der Vorbehaltsguteigenschaft bei allgem. Gütergemeinschaft IV 429; — bei Errungenschaftsgemeinschaft IV 632; — bei Fahrnisgemeinschaft IV 683; — Eintragung altrechtlicher Güterstände VI a 543; — der Überleitung VI a 546.
Güterschlächterei: Beschränkung VI a 307.
Güterstand: Eintragung des ehelichen G. ins Grundbuch III 104; — Fortdauer des bestehenden bei Aufhebung der ehelichen Gemeinschaft IV 827; — räumlich geltendes Recht VI b 299, 300, 308, 351; — Wirkung der Eintragung des ausländischen G. ins Güterrechtsregister VI b 351, 354, 355; — Wirkung der Nichteintragung VI b 355; — Regelung durch Verweisung auf nicht mehr geltendes oder ausländisches Recht IV 402; — zeitlich geltendes Recht VI a 537, 538; — landesgesetzliche Überleitungsvorschriften, örtliche Grenzen derselben VI a 544, 545; — Wirksamkeit der altrechtlichen Güterstände gegenüber Dritten VI a 543; — Einfluß der Trennung von Tisch und Bett VI a 553.
Gütertrennung: Wesen derselben IV 380; — Gründe des Eintritts überhaupt IV 381; — Unzulässigkeit der Eintragung im Grundbuch IV 381; — Eintritt beim gesetzlichen Güterstand IV 382; — Wirkungen: Bestreitung des ehelichen Aufwands IV 383; — Zurückbehaltungsrecht der Frau hinsichtlich ihres Beitrags IV 385; — freiwillige Leistungen der Frau IV 386; — Überlassung der Verwaltung des Frauenvermögens an den Mann IV 388; — Wirksamkeit gegenüber Dritten IV 390; — Beendigungsgründe IV 382; — Zwangsvollstreckung gegen die Frau bei G. IV 382; — Unterhaltspflicht der Ehegatten gegenüber Verwandten bei G. IV 912; — Eintritt nach allgemeiner Gütergemeinschaft IV 491; — nach Errungenschaftsgemeinschaft IV 660; — Eintritt nach Wiederherstellung der ehelichen Gemeinschaft IV 832, 836.
— Vertragsmäßige G. IV 414; — Anwendung der Vorschriften auf das Vorbehaltsgut bei allgemeiner Gütergemeinschaft IV 429; — Zeugnis des Registergerichts über den Bestand IV 688.
Gütertrennungsklage: beim gesetzlichen Güterstand IV 361; — bei allgem. Gütergemeinschaft IV 487, 491; — bei fortgesetzter Gütergemeinschaft IV 562; — Auseinandersetzung IV 516; — G. bei Errungenschaftsgemeinschaft IV 656; — Herausgabe des eingebrachten Gutes nach G. IV 373.
Gütervermesser: Verjährung ihrer Ansprüche I 787.
Gute Sitten: Verletzung durch Rechtsgeschäfte I 570, 572, II a 16; — Verletzung durch abstraktes Schuldversprechen II c 1557; — durch Schuldanerkenntnis II c 1565; — durch Verträge wider die Vereinsfreiheit I 175; — Verstoß des Spiel-, Differenzeinwands II c 1443; — Rückforderung einer Leistung wegen Verstoß der Annahme gegen die g. S. II c 1708; — Umfang des Herausgabeanspruchs II c 1734; — Schadensersatzpflicht, Verstoß gegen die g. S. II c 1818; — Zurückweisung einer Eintragung ins Grundbuch wegen Verstoß eines Rechtsgeschäfts dagegen III 102; — Nichtigkeit der Einigung wegen Verstoß III 117; — auf die Beurteilung des Verstoßes dagegen zeitlich anzuwendendes Recht VI a 407; — Verstoß von Verfügungen unter Lebenden des Erblassers dagegen zum Schaden des Vertragserben V 857; — von Schenkungen des Erblassers V 858; — Verstoß einer Vermächtnisanordnung dagegen V 585, 609; — Verstoß der Anwendung ausländischer Gesetze gegen die g. S. VI b 13, 797, 811; — Nichtanerkennung ausländischer Urteile wegen Verstoß gegen die g. S. VI b 819; — in Ehesachen VI b 266; — in Scheidungssachen VI b 410; — in Vaterschafts- und Unterhaltssachen VI b 541, 828.
Gutsbezirksvorsteher: Errichtung des Testaments vor demselben V 780; — eines gemeinschaftlichen Testaments V 783; — zeitliche Beschränkung der Wirksamkeit V 785; — Haftung des G. wegen Formfehler bei der Errichtung V 783.
Gutscheine II c 1641; — Kraftloserklärung und Zahlungssperre nach Landesrecht VI a 258.
Gutscheinsystem II c 1455, 1710.
Gutsherrlichbäuerliche Verhältnisse: landesgesetzliche Regelung VI a 287, 302; — Ablösungsrenten und Reallasten des Staats und öffentlicher Anstalten VI a 296.
Gutsübernahme: Schuldenhaftung des Übernehmers II a 889; — G. mit Verpflichtung zur Abfindung eines Dritten II a 553.
Gutszertrümmerung: Beschränkung VI a 307.

H.

Haager Ehescheidungsabkommen IV 4, 717, VI b 394, 400, 442, 822; — Verhältnis zur Vorbehaltsklausel VI b 822.
Haager Eheschließungsabkommen IV 4, 37, VI b 271, 822.
Haager Ehewirkungsabkommen IV 4, 163, VI b 297, 351.
Haager Entmündigungsabkommen VI b 107.
Haager Abkommen über das internationale Erbrecht (Entwurf) VI b 735, 737.
Haager Vormundschaftsabkommen IV 4, 1368, VI b 605, 625.
Haager Zivilprozeßabkommen IV 1366.
Häfen: Verkehrsfähigkeit I 345.
Haftgeld II a 575.
Haftpflicht der Unternehmer von Eisenbahnbetrieben usw., rechtliche Natur VI a 66; — Anwendung von Vorschriften des BGB. VI a 66; — H. nach Landesrecht VI a 264; — H. des Unternehmers von Anlagen und Betrieben auf öffentlichen Grundstücken VI a 268; — der Unternehmer von Eisenbahn- und anderen Betrieben: Verhältnis zu mitverantwortlichen Personen II c 1954, 1955; — Verhältnis der H. zur Haftung des Tierhalters II c 1906; — konkurrierendes Verschulden II a 156.
Haftpflichtansprüche: Verjährung I 793.

Haftpflichtgesetz: Änderung durch das EG. VI a 63, 64, 65.

Haftung: Begriff II a 4; — Sachhaftung II a 7; — Beschränkung auf einen Teil des Vermögens II a 19; — Grade derselben II a 267, 268; — für fremdes Verschulden II a 271, 294; — für Verschulden von Angestellten usw. II c 1855, 1856; — Verhältnis der beiden Vorschriften zueinander II c 1868; — für Schadensstiftung durch aufsichtsbedürftige Personen II c 1873.

Haftung, Einzelfälle: kraft Aufsichtspflicht, räumlich anzuwendendes Recht VI b 227, 229; — Haftung aus dem Auftragsverhältnis II c 1081; — bei Übertragung des Auftrags auf einen Dritten II c 1087; — von Beamten II b 698, II c 1922, 1923; — für ihre Stellvertretung und Gehilfen II c 1952, VI a 192; — des Beistandes der Mutter IV 1173; — des unredlichen Besitzers III 594; — der Ehegatten in ehelichen Angelegenheiten IV 196; — des Erben für Nachlaßverbindlichkeiten (siehe auch „Nachlaßverbindlichkeiten") V 154, 157, 164; — Vereinbarungen über die H. V 177; — H. des Erben für Nachlaßverbindlichkeiten hinsichtlich des Nachlasses eines im Auslande verstorbenen Deutschen VI b 631, 655; — der Familienratsmitglieder IV 1586; — des Finders III 557; — von Gastwirten für eingebrachte Sachen II c 1175; — des Geschäftsführers II c 1125, 1136; — des Geschäftsherrn für Dritte, räumlich anzuwendendes Recht VI b 226, 228; — des Gesellschafters II c 1245; — des geschäftsführenden Gesellschafters II c 1261; — des Gegenvormunds IV 1430, 1524, 1525; — von Gemeindewaisenräten IV 1565; — des Gemeindevorstehers wegen Formfehler beim Nottestament V 783; — des Gewalthabers gegenüber dem Kinde IV 997, 1041, 1073, 1100; — für Schulden des Kindes IV 976; — dingliche und persönliche beim Grundstückspfand III 965, 982, 983; — Haftung von Grundstücksschätzern VI a 193; — bei Hingabe an Erfüllungs Statt II a 681; — juristischer Personen des öffentlichen Rechts I 333; — der Mutter als Inhaberin der elterlichen Gewalt IV 1160; — des Mündels aus Handlungen des Vormunds IV 1415; — des Nachlaßverwalters V 247, 249; — des Pflegers IV 1670; — des Staats, der Gemeinden und anderer Kommunalverbände für Schadenszufügung durch Beamte VI a 184; — des Staats aus Pflichtverletzungen des Vormundschaftsrichters IV 1562; — des Schenkers II b 318; — des Stifters I 321; — der Stiftung für Handlungen der Vorstände und Vertreter I 326, 327; — des Testamentsvollstreckers V 712; — des Erben für Verschulden des Testamentsvollstreckers V 686; — bei der Verpflichtung zur Rückgabe durch eine unerlaubte Handlung entzogener Sachen II c 1989; — Deutscher für im Ausland begangene unerlaubte Handlungen VI b 193, 209; — des Unternehmers von Eisenbahn- und ähnlichen Betrieben nach Landesrecht VI a 264; — des Vereins für außerkontraktlich verursachten Schaden aus Handlungen des Vorstandes und anderer Vertreter I 211; — anderer juristischer Personen I 218; — der Vereinsliquidatoren I 259; — der Mitglieder des nichtrechtsfähigen Vereins I 266; — des Verkäufers einer Forderung, eines Rechtes, eines Wertpapiers II b 57, 63; — einer Hypothek II b 64; — des Verleihers II b 642; — für Mängel im Rechte und an der Sache II b 642; — des Vorerben aus der Nachlaßverwaltung V 561; — wegen Verwendung von Erbschaftssachen V 564; — des Vormunds IV 1418, 1524, 1525; — räumlich geltendes Recht VI b 227; — des als Vormund Berufenen wegen unbegründeter Ablehnung IV 1404; — des Vormundschaftsrichters gegenüber dem unter elterlicher Gewalt stehenden Kind IV 1132; — gegenüber dem Mündel IV 1559; — für rechtzeitige Bestellung der Vormundschaft IV 1376; — wegen unterlassener Bestellung eines Gegenvormunds IV 1413; — des Vormundschaftsrichters als Vorsitzender des Familienrates IV 1587; — bei Pflegschaften IV 1670; — des Vertreters ohne Vertretungsmacht I 727; — des Verwahrers II c 1150, 1160; — des Wiederverkäufers II b 267; — siehe auch „beschränkte H."

Hagelversicherung, landesgesetzliche Regelung VI a 182.

Haiti: Staatsvertrag über Eheschließung vor Konsuln VI b 256.

Halbengebrauchswaldungen VI a 431.

Halber Monat, halbes Jahr: Fristberechnung I 755, 756, 758.

Hamburg: Ausführungsgesetz zum BGB. VI a 103; — Beamtenrecht VI a 199, 206; — Staatsschuldbuch IV 299.

Hamburger Normen II b 950.

Hammerschlagsrecht III 362, VI a 321.

Handakten des Rechtsanwalts: Einsicht und Vorlegung II c 1657.

Handarbeiter: Verjährung ihrer Ansprüche I 779, 786.

Handelsagent: Begriff II c 1029.

Handelsbräuche VI a 15.

Handelsbücher: Vorlegung und Einsicht II c 1658.

Handelsfrau IV 175.

Handelsgehilfe: Besitzdiener III 30, 31; — Vertragsstrafen II a 594, 603.

Handelsgeschäft: Schuldenhaftung des Übernehmers II a 892; — Pacht II b 596; — Vererblichkeit V 14; — Nießbrauch daran III 899; — Verkauf II b 26; — Verpfändung III 1384; — Fortsetzung unter der bisherigen Firma durch die Erben V 353; — Haftung des Erben für Geschäftsverbindlichkeiten V 175; — Vermächtnis eines H. V 612; — Betrieb durch den Vormund für den Mündel IV 1503.

Handelsgeschäfte: Erfüllungsort II a 218; — Zeit der Leistung II a 230; — Abzug von Zwischenzinsen bei vorzeitiger Zahlung II a 234; — Übernahme II a 892; — Viehkauf II b 226, 227.

Handelsgesellschaften: Übereignung von Grundstücken bei Umwandlung der Gesellschaftsform III 392, 393.
Handelsgesetzbuch: Inkrafttreten VI a 6.
Handelskauf II b 7; — Bestätigungsschreiben II b 18; — **Klauseln beim H.** II b 19; — Fixgeschäft II a 642.
Handelsmäkler: Begriff II c 1029, 1030; — Verkauf von Sachen zum Börsen- oder Marktpreis beim Annahmeverzug des Gläubigers II a 728; — Verkauf der verpfändeten Sache III 1417, 1437; — von verpfändeten Inhaberpapieren III 1522.
Handelsname I 107; — Pflicht zur Führung I 110; — Schutz I 120, 121, 122.
Handelsniederlassung I 85.
Handelspapiere II c 1597.
Handelsrecht: Anwendung der Vorbehaltsklausel VI b 829.
Handelsrechtliche Erwerbsgesellschaften, ausländische I 191.
Handelsrichter: Haftung aus Amtspflichtverletzungen II c 1944.
Handelsschiffe: Zugehörigkeit zum Deutschen Reich VI a 8.
Handelsviehkauf II b 227, 228.
Handführen bei Namensunterschrift I 529.
Handfesten VI a 516.
Handgeld II a 575.
Handkauf II b 13, 35.
Handlohn VI a 300.
Handlung, der Gattung nach bestimmte, als Gegenstand der Leistung II a 85.
Handlungen, unerlaubte II c 1744; — siehe Näheres unter „unerlaubte H.".
Handlungsagenten II b 692, 705, II c 1029.
Handlungsfähigkeit: Begriff I 419; — Verhältnis zur Rechtsfähigkeit I 44; — Einfluß des Alters I 54; — H. der juristischen Personen I 159.
Handlungsgehilfen, -lehrlinge, Vertragsverhältnis II b 707; — Verhinderung an der Dienstleistung II b 836; — Verjährung ihrer Ansprüche I 786.
Handlungsvollmacht: Erteilung durch den Vormund IV 1497.
Hand muß Hand wahren III 12, 437, 468, 479; — Ausschluß des Grundsatzes beim gesetzlichen Pfandrecht III 1466; — beim Pfändungspfandrecht III 1466; — Unanwendbarkeit des Grundsatzes beim Vermieterpfandrecht II b 507.
Handwerker: Verjährung ihrer Forderungen I 778, 780, 783.
Handzeichen: beglaubigtes H. bei Schriftform I 525, 531; — bei öffentlicher Beglaubigung I 536; — Unzulässigkeit des H. beim eigenhändigen Testament V 742; — beim öffentlichen Testament V 770.
Hängende Früchte: Veräußerung III 527.
Hannoversches Königshaus: Autonomie VI a 115; — Aufhebung VI a 117; — erbrechtliche Verhältnisse V 3.
Hartschlägigkeit: Gewährfrist II b 230.
Hartschnaufigkeit der Pferde, Esel, Maulesel und Maultiere, Gewährfrist II b 230.
Haubergsgenossenschaften VI a 431.
Hauptmängel bei Viehgewährschaft II b 229, 230.
Hauptsache und Nebensache: Begriff I 363; — Erstreckung der Wandlung auf die Nebensache II b 190.
Hausangehörige, Hausangestellte: Besitzdiener III 21, 30.
Hausarbeiterrecht II b 693, 712.
Hausbeamte: Verjährung ihrer Ansprüche I 786.
Hausbesitzer: Haftung für Verkehrssicherheit II c 1784, 1785.
Hausflur: Benützung durch den Mieter II b 415.
Hausfriedensbruch des Vermieters II b 419.
Hausgehilfen, Rechtsverhältnis II b 692, 709.
Hausgenossen des Erblassers: Auskunftspflicht über den Nachlaß V 341; — Offenbarungseid V 341, 343; — Recht auf Unterhalt und Wohnung nach dessen Tode V 180.
Hausgesinde: Besitzdiener III 21, 30.
Hausgüter: Aufhebung V 2.
Haushalt: Aufwendungen der Ehefrau zum H. bei Gütertrennung IV 386; — siehe auch „ehelicher Aufwand"; — Aufwendungen des volljährigen Kindes IV 950; — getrennter H. der Eheleute IV 206.
Haushaltungsgegenstände: Ersetzung eingebrachter IV 267; — Herausgabe an die Frau bei Aufgabe des gemeinsamen Hausstandes IV 206; — Bestandteil des Voraus des überlebenden Ehegatten V 52, 53; — H. des Erblassers: Fortbenützung durch dessen Hausgenossen V 180; — H. des Kindes: Aufführung in dem vom Vater zu errichtenden Inventar IV 1048.
Hauslehrer: Verjährung ihrer Ansprüche I 786.
Häuslerrecht III 777, 783, VI a 137; — Beschränkung des Verfügungsrechts des Vormunds IV 1486.
Häusliche Dienstleistungen der ehelichen Kinder IV 946; — zeitlich anzuwendendes Recht VI a 555.
Häusliche Gemeinschaft von Dienstverpflichteten, Unterbringung, Verpflegung, Erholungszeit II b 843; — Pflichten der Dienstherren bei Erkrankung II b 837; — Pflicht der Eheleute zur h. G., Recht zur Verweigerung IV 164; — Rechte und Pflichten bei Aufhebung derselben IV 206; — rechtliche Wirkungen der Aufhebung IV 172; — Ehescheidung wegen Verweigerung der Wiederherstellung IV 729; — Ausschluß der Kündigung von persönlichen Dienstverhältnissen der Frau durch den Ehemann während der Aufhebung der h. G. IV 193; — Hemmung des Fristenlaufes für die Scheidungsklage durch Aufhebung IV 762; — Recht der mit dem Erblasser in h. G. gestandenen Personen auf Unterhalt und Wohnung V 180; — Auskunftspflicht über den Nachlaß V 341; — Offenbarungseid V 341.
Häuslicher Wirkungskreis der Frau IV 181, 183.
Hausmeisterwohnung II b 394.
Hausordnungen II b 482; — Auslegungsquelle

II b 413; — Zulässigkeit nachträglicher Erlassung II b 420.
Hausrecht: Ausübung durch die Ehefrau IV 175.
Hausschlüssel, kein Bestandteil des Hauses I 366.
Hausschneiderin: rechtliche Natur des Vertrages II c 931.
Hausschwamm, Gewährsmangel II b 133.
Hausstand, elterlicher: Dienstleistungen des dem H. angehörigen Kindes IV 948; — Aufwendungen des volljährigen Kindes IV 950; — Überlassung des Vermögens an die Eltern seitens des dem H. angehörigen volljährigen Kindes IV 951.
Haustiere: Mängelhaftung beim Kauf von H. II b 228; — Schadensstiftung durch H. II c 1882, 1883, 1897; — Verlust III 543.
Hausverfassungen der landesherrlichen Familien VI a 115; — der standesherrlichen Familien und des Adels VI a 119.
Hauswesen: Dienstleistungen des Kindes im H. IV 948; — Leitung durch die Ehefrau IV 181.
Hebammen: Verjährung ihrer Ansprüche I 780, 786.
Hecke zwischen zwei Grundstücken: Benützung III 372, 381; — Übertragen von Wurzeln und Zweigen III 338.
Heer: letztwillige Verfügungen von Angehörigen des H. V 727, VI a 72.
Hehler: zivilrechtliche Haftung II c 1852.
Heilanstalten: Verjährung ihrer Ansprüche I 779, 786; — Haftung für eingebrachte Sachen II c 1179; — Unterbringung eines volljährigen Mündels IV 1624.
Hl. Stuhl: Anerkennung der Rechtsfähigkeit des H. St. VI b 141.
Heilquellen III 307.
Heilung des Formmangels von Rechtsgeschäften I 523, 524; — des Formmangels der Bürgschaftserklärung II c 1480, 1486; — beim obligatorischen Immobiliarvertrag II a 420, 439, III 398; — H. des Formmangels des Schenkungsversprechens II b 308, 314; — der Nichtigkeit und Anfechtbarkeit der Ehe IV 99; — der Nichtigkeit der Ehe wegen Formmangels IV 100; — durch Bestätigung bei Nichtigkeit wegen geistiger Mängel der Eheschließenden IV 102; — durch nachträgliche Befreiung vom Ehehindernis des Ehebruchs IV 108; — Einfluß auf das Rechtsverhältnis der Kinder IV 1185.
Heilungskosten: Ersatz bei unerlaubten Handlungen, Vorschuß II c 1967, 1972; — Ersatz nach dem Haftpflichtgesetze VI a 65, 68.
Heimarbeiter, Vertragsverhältnis II b 712.
Heimatlose: siehe unter „Staatenlose".
Heimatschutz VI a 283.
Heimfall des Erbbaurechts III 680; — Bestandteilseigenschaft des Heimfallrechts I 373; — siehe auch „Erbbaurecht".
Heimfallanspruch nach dem HeimstättenG. III 7, 687; — Vorkaufsrecht III 104, 172, 920, 932.
Heimstätte: Begriff, Grundsätze III 287, 654; — Erklärung des Erbbaurechts zur H. III 668, 669; — Belastung der H. III 969.
Heirat: Erwerb mehrfacher Staatsangehörigkeit durch H. VI b 784; — Eintritt der Staatenlosigkeit durch H. VI b 774.
Heirat macht mündig VI b 67, 69, 471; — macht nicht mündig I 55, 62, IV 218, 1013, 1136.
Heiratsregister: Eintrag der Eheschließung IV 79, 80; — Einfluß der Eintragung der Ehe auf die Nichtigkeit derselben wegen Formmängel IV 100; — Wirkung der Eintragung der im Auslande geschlossenen wegen Formmangels nichtigen Ehe VI a 56; — Wirksamkeit der Nichtigkeit der nicht eingetragenen Ehe gegenüber Dritten IV 140; — unter den Ehegatten IV 143; — Wirkung für die rechtliche Stellung der Kinder IV 1182; — Form der Geltendmachung der Nichtigkeit der eingetragenen Ehe IV 108; — Randvermerk über Nichtigkeit, Nichtbestehen, Auflösung der Ehe IV 32, 99; — Eintragung der Wiederherstellung der ehelichen Gemeinschaft IV 836; — Eintragungen bei Wiederverheiratung nach Todeserklärung des anderen Ehegatten IV 152; — Vermerk der Nichtigkeitserklärung, Feststellung des Bestehens oder Nichtbestehens der ehelichen Gemeinschaft, Auflösung der Ehe, Aufhebung der ehelichen Gemeinschaft VI a 77, 78; — Vermerk der Ehescheidung auf Grund ausländischer Urteile im H. VI b 416; — Vermerk der Aufhebung der ehel. Gemeinschaft, der Trennung von Tisch und Bett auf Grund ausländischer Urteile VI b 421.
Heiratsvermittlung: Klaglosigkeit des Lohnversprechens II c 1061; — Anwendung der Vorbehaltsklausel VI b 826.
Helgoland: Einführung des Personenstandsgesetzes IV 32.
Hemmung der Frist für Anfechtung der Ehelichkeit IV 870; — für Anfechtung der Anerkennung der Ehelichkeit IV 884; — der Frist für Erbschaftsausschlagung V 95; — des Laufes der Inventarfrist V 284; — der Verjährung I 797, 806; — Einfluß der H. der Verjährung des Eigentumsanspruches auf die Ersitzung III 496; — Wirkung beim aktiven II a 930; — beim passiven Gesamtschuldverhältnis II a 913; — siehe auch „Verjährung"; — H. der Verjährung des Minderungs-, Wandelungs- oder Schadensersatzanspruchs beim Kauf II b 202, 210; — beim Werkvertrag II c 978; — H. der Vorlegungsfrist für Schuldverschreibungen II c 1630.
Herabsetzung des Kaufpreises: Voraussetzungen II b 152; — Vollziehung II b 171; — Umfang II b 194; — H. des Mäklerlohnes II c 1059; — H. des Mietzinses bei Mängeln der Sache II b 420, 426; — bei Mängeln im Recht II b 435; — Verlust des Rechts wegen Unterlassung der Mängelanzeige II b 451; — der Vergütung beim Werkvertrag II c 959; — der Vertragsstrafe II a 599.
Herausgabe des eingebrachten Gutes der Frau nach Beendigung der Verwaltung IV 370; — im Falle der Gütertrennungsklage IV 373; — bei Beendigung der Errungenschafts-

gemeinschaft IV 664; — der Erbschaft: seitens des Erbschaftsbesitzers V 317 (siehe auch „Erbschaftsanspruch, Erbschaftsbesitzer"); — seitens des Vorerben, Herausgabe eines Landgutes, landwirtschaftlicher Grundstücke V 561; — Beschränkung der Herausgabepflicht bei der Nacherbfolge auf den Überrest, bei freiem Verfügungsrecht des Vorerben V 567, 568; — Vermutung der Nacherbfolge bei Anordnung der H. an einen Dritten V 520; — H. durch den Erbschaftskäufer V 1087; — Unmöglichkeit der Herausgabe V 1088; — H. des unrichtigen Erbscheins an das Nachlaßgericht V 1058, 1080.

Herausgabe des Ersatzes für den geschuldeten Gegenstand bei Unmöglichkeit der Leistung II a 312; — beim gegenseitigen Vertrag II a 482.

Herausgabe von Früchten: Ersatz der Kosten des Fruchtbezugs I 392; — durch den Erbschaftsbesitzer V 328; — Einfluß der Rechtshängigkeit des Ersatzanspruches V 334.

— einer gemeinschaftlichen Sache III 649.

— H. eines Grundstücks: Wirkung des Annahmeverzugs II a 385; — eines landwirtschaftlichen Grundstücks III 608.

— H. von Haushaltungsgegenständen an die Frau bei Aufgabe der häuslichen Gemeinschaft IV 206, 208; — des Hypotheken-, Grundschuld-, Rentenschuldbriefes zur Berichtigung des Grundbuches III 268; — nach Befriedigung des Gläubigers III 1136; — eines Inbegriffs von Sachen I 339, II a 184.

— H. des Kindes: Ansprüche des fürsorgeberechtigten Elternteils IV 1008; — Anspruch der Mutter auf H. des unehelichen Kindes IV 1211.

— H. des Kindervermögens durch den Gewalthaber bei Endigung, Ruhen der elterlichen Gewalt, Endigung der Vermögensverwaltung IV 1146.

— H. des Mündels: Anspruch des Vormunds IV 1431.

— H. des Mündelvermögens durch den Vormund nach beendigter Vormundschaft IV 1607.

— H. des Nachlasses: an die Gläubiger zur Befriedigung im Falle von Mangel an Masse zur Durchführung einer Nachlaßverwaltung, eines Nachlaßkonkurses V 260, 266; — Abwendung der H. durch Zahlung des Wertes V 260, 268, 272; — H. des Nachlaßüberschusses an im Aufgebotsverfahren nicht angemeldete Gläubiger V 188, 193; — eines Nachlaßüberschusses nach Beendigung des Nachlaßkonkurses V 255, 258; — H. durch den Testamentsvollstrecker V 707.

— H. von Nutzungen: bei Gläubigerverzug II b 385; — bei Rücktritt vom Vertrag II a 616; — nach Rechtshängigkeit des Anspruchs auf Herausgabe einer Sache II a 362; — durch den Besitzer III 590; — durch den unredlichen Besitzer III 594, 595; — bei mittelbarem Besitz III 597; — H. vor Rechtshängigkeit gezogener III 600; — durch den Erbschaftsbesitzer V 328; — Einfluß der Rechtshängigkeit des Anspruchs V 334; — von Nutzungen des Kindervermögens an den nicht verwaltungsberechtigten Vater IV 1088.

Herausgabe des Pfandes: an den Pfandgläubiger zum Verkauf III 1429; — an d. neuen Pfandgläubiger nach Forderungsübertragung III 1456; — Herausgabeanspruch des Pfandgläubigers gegen Dritte III 1424; — Verfahren mit Sachen, zu deren Herausgabe eine öffentliche Behörde verpflichtet ist III 572.

— H. von Sachen: einer gemeinschaftlichen S. III 649; — Wegnahme von Einrichtungen II a 180; — Verweigerung wegen Verwendungen oder Schadensersatzansprüchen II a 235, 241; — Unteilbarkeit der Leistung II a 902.

— H. der Schenkung: im Falle der Ablehnung II b 295, 305; — wegen Nichtvollziehung der Auflage II b 327, 328; — wegen Dürftigkeit des Schenkers II b 329, 332; — im Falle des Widerrufs II b 336; — der Schenkungen unter Verlobten IV 28; — von Schenkungen an den Pflichtteilsberechtigten V 978.

— durch unerlaubte Handlungen entzogener Sachen: Umfang der Haftung des Herausgabepflichtigen II c 1989; — Verzinsung des Wertersatzes und der Wertminderung II c 1990; — Ersatzanspruch wegen Verwendungen II c 1991; — Eintritt des Verzugs ohne Mahnung II a 336.

— H. der ungerechtfertigten Bereicherung II c 1661; — des durch Verfügung eines Nichtberechtigten Erlangten, der Leistung an einen Nichtberechtigten II c 1701; — wegen Verstoß der Annahme der Leistung gegen ein gesetzliches Verbot und die guten Sitten II c 1708; — Umfang des Herausgabeanspruchs II c 1664, 1718; — im Falle bösen Glaubens des Empfängers II c 1734; — bei Nichteintritt des Erfolgs oder Wegfall des Rechtsgrundes II c 1687; — Pflicht eines Dritten zur Herausgabe II c 1741; — H. der Bereicherung des Gesamtguts IV 459.

— H. des Vermögens eines zu unrecht für tot Erklärten oder für tot Gehaltenen V 345.

— Unmöglichkeit der H.: Eintritt während des Verzugs II a 352; — Eintritt nach Rechtshängigkeit des Anspruchs II a 362; — Verweigerung der H. wegen Verwendungen II a 235; — Verbindung der Klage auf Rechnungslegung, Leistung des Offenbarungseides II a 187.

Herausgabeanspruch des Eigentümers III 649; — siehe auch „Eigentumsanspruch"; — des früheren gutgläubigen Besitzers III 633; — des Erbbauberechtigten III 715, 786; — Abtretung zum Zwecke der Übertragung mittelbaren Besitzes III 78; — der Eigentumsübertragung III 464, 466; — durch den Nichteigentümer III 477; — Einfluß auf Rechte Dritter an der veräußerten Sache III 487; — gegen den Besitzer eines unrichtigen Erbscheines V 1058; — des Nacherben V 1059; — des Testamentsvollstreckers V 1061.

Herausgabepflicht: Unterschied von der Vorlegungspflicht II c 1653; — des Beauftragten

II c 1095; — des Verpflichteten aus dem auf eine Geschäftsbesorgung gerichteten Dienst- oder Werkvertrag II c 1116; — des Geschäftsführers ohne Auftrag II c 1138; — des geschäftsführenden Gesellschafters II c 1260.
Herausgabevertrag II b 706.
Herbergsrecht I 369, III 648, VI a 331, 488.
Herbst als Zeitbestimmung I 758.
Herde: keine Sacheinheit I 339; — Viehgewährschaft II b 238.
Hereditas jacens V 7, 24, 81.
Herrenlose Grundstücke: Aneignungsrecht des Fiskus III 429; — anzuwendendes Recht VI a 510; — Aneignungsrecht bestimmter anderer Personen VI a 329.
Herrenlose Sachen: Eintritt der Herrenlosigkeit bei beweglichen Sachen III 539; — bei Bienenschwärmen III 544; — Herrenlosigkeit von Tieren III 541; — Eigentumserwerb an h. S. III 534.
Herstellung der ehelichen Lebensgemeinschaft: Ausschluß des Anspruchs IV 164; — Klage hierauf: Allgemeines IV 160; — zur Geltendmachung des Rechts auf eheliche Lebensgemeinschaft IV 171; — des Entscheidungsrechts des Mannes in ehelichen Angelegenheiten IV 177; — des Rechts auf Führung des Familiennamens des Mannes IV 178; — des Rechts auf Arbeitsleistung der Frau IV 182; — auf Unterlassung persönlicher Leistungen an Dritte IV 195; — auf Unterhaltsgewährung IV 204; — auf Tragung des ehelichen Aufwandes IV 289; — Unterhalt während der Verweigerung der H. IV 206; — Ehescheidung wegen Verweigerung IV 729; — des früheren Zustands durch den Schadensersatzpflichtigen II a 131, 132.
Hessen: Ausführungsgesetz zum BGB. VI a 102; — Beamtenrecht VI a 199, 206; — Nachlaßsicherung V 128, 132, 133; — Staatsschuldbuch IV 299; — Zuständigkeit für die Verrichtungen bei Erklärung über den Namen der geschiedenen Frau IV 791; — öffentliche Fürsorge IV 900; — Namenserteilung an das uneheliche Kind IV 1207; — Ehelichkeitserklärung IV 1280; — Zuständigkeit zur Befreiung von Erfordernissen der Annahme an Kindes Statt IV 1314; — Eheschließung von Ausländern IV 71; — von Beamten IV 67; — Hinterlegungswesen IV 297; — Güterrechtsregister IV 690; — Zuständigkeit zur Aufnahme des Nachlaßinventars V 289; — Zuständigkeit zur Errichtung und Eröffnung letztwilliger Verfügungen V 728; — Errichtung von Dorftestamenten V 782.
Heuergeschäft II c 1455.
Heuerlingsvertrag II b 598.
Heuervertrag: Abschluß, Aufhebung durch Minderjährige I 447.
Hilfskassen: Aufrechnung mit geschuldeten Beiträgen II a 766.
Hilfspersonen: Haftung für kontraktliches Verschulden derselben II a 294; — aus unerlaubten Handlungen derselben II c 1855, 1856.
Hilfsrechte: Übergang bei Abtretung der Forderung II a 810.
Hilfsrechtsgeschäfte I 402.
Hindernisse der Eintragung ins Grundbuch III 120.
Hineinvermächtnis V 588.
Hingabe in Depot von Wechseln, indossablen Papieren III 1517.
— **an Erfüllungs Statt** II a 676; — seitens eines Dritten II a 210; — zur Ablösung des Gläubigers eines Dritten II a 214; — ohne Rechtsgrund II c 1672; — anzuwendendes Recht VI a 449.
Hinterbliebene i. S. der Reichsgesetze VI a 36; — H. von Beamten, vermögensrechtliche Ansprüche VI a 194; — des Getöteten, Rentenansprüche, Kapitalsabfindung II c 1968.
Hinterlegung: Verhältnis zur Verwahrung II c 1155; — H. zur Erfüllung einer Verbindlichkeit II a 700; — Zweck II a 700; — Wesen und Wirkung II a 701; — Allgemeines: Voraussetzungen II a 705, 707; — Gegenstand II a 705; — nach Landesrecht II a 706; — Berechtigung zur H. II a 706; — Ort der H. II a 711; — Zeit der H. bei Übersendung durch die Post an die Hinterlegungsstelle II a 712; — Ausschluß der H. durch Dritte II a 209; — Pflichten des Schuldners: Anzeige von der H. II a 711; — Abgabe einer die Empfangsberechtigung des Gläubigers anerkennenden Erklärung II a 723; — Schadensersatzpflicht wegen unterlassener Hinterlegungsanzeige, wegen Hinterlegung am unrichtigen Ort II a 711; — Kosten II a 725; — Wirkung: schuldrechtliche und sachenrechtliche II a 703; — Wirkung der unwiderruflichen H. II a 718; — der widerruflichen H. II a 720; — Beschränkung der Empfangsberechtigung des Gläubigers im Falle eines Rechts auf Gegenleistung II a 710; — Wirkung beim aktiven Gesamtschuldverhältnis II a 709, 929; — Wirkung beim passiven Gesamtschuldverhältnis II a 709, 908; — Rücknahme der Sache II a 712; — während des Konkurses des Schuldners II a 715; — nach Verjährung des Erhebungsrechts des Gläubigers II a 725; — Wirkung der Rücknahme II a 720; — Ausschluß der Rücknahme II a 712, 715; — Wirkung des Ausschlusses II a 718; — Unpfändbarkeit des Rechts auf Rücknahme II a 715; — Abtretbarkeit des Rechts II a 716; — Verlust des Erhebungsrechtes durch Zeitablauf II a 725.
— Besondere Fälle der H. II a 701; — zur Ablösung des Gläubigers eines Dritten II a 213; — bei der Auslobung bei Streit über die Verteilung der Belohnung II c 1074; — H. des Erlöses zur Hinterlegung nicht geeigneter Sachen II a 728; — des Erlöses aus dem Verkauf eines mit Gewährmängeln behafteten Tieres II b 241; — für Gläubiger des aufgelösten Vereins I 258; — zur Befriedigung des Hypothekengläubigers durch den Eigentümer III 1129; — bei Ausübung des Ablösungsrechts gegenüber dem Hypothekgläu-

biger III 1158; — für den unbekannten Hypothekgläubiger III 1248; — H. von Hypothek-, Grundschuld- oder Rentenschuldzahlungen im Falle der Nacherbfolge V 534, 538; — zur Befriedigung des Pfandgläubigers bei Einlösung des Pfandes III 1420; — bei Ausübung des Ablösungsrechts gegenüber dem Pfandgläubiger III 1454; — von Kostbarkeiten des Kindes IV 1118, 1120; — des Mündels IV 1478; — H. von Mündelgeld IV 1455; — H. zum Nachlaß geschuldeter Sachen während der Erbengemeinschaft V 371; — zur Sicherung des Nachlasses V 126, 132; — für den Erben und den Nacherben V 534; — mit Nießbrauch belasteter Inhaber- und Orderpapiere III 892; — des Pfandes wegen verletzenden Verhaltens des Pfandgläubigers III 1413; — des Pfanderlöses aus der Versteigerung wegen Gefahr des Verderbs oder der Wertminderung III 1415; — des geleisteten Gegenstandes beim Pfandrecht an einem Recht III 1503; — H. der Unterhaltsrente für das uneheliche Kind und die Mutter IV 1247; — der unteilbaren Sache bei Mehrheit der Gläubiger II a 935; — H. von Wertpapieren II c 1171; — zum eingebrachten Gut der Frau gehöriger Wertpapiere IV 295; — bei Errungenschaftsgemeinschaft IV 628; — von Wertpapieren des Kindes IV 1118, 1120; — des Mündels, Pflicht des Vormunds IV 1470; — Entbindung von der Verpflichtung durch das Vormundschaftsgericht IV 1477; — Befreiung von der Verpflichtung durch den Vater IV 1569; — durch die Mutter IV 1571; — Befreiung des Vaters und der Mutter als Vormund eines Volljährigen IV 1627, 1628; — H. auf Anordnung des Vormundschaftsgerichts IV 1478; — Genehmigung zur Verfügung über hinterlegte Wertpapiere und Kostbarkeiten IV 1479; — freiwillige H. IV 1474; — Kosten der H. IV 1475; — H. von Wertpapieren des Pfleglings IV 1670; — H. zum Nachlaß gehöriger Wertpapiere durch den Vorerben V 547; — Befreiung von der Verpflichtung hiezu V 566, 567; — des zum Nachlaß Geschuldeten bei Erbengemeinschaft V 371, 373; — H. durch den Testamentsvollstrecker V 706; — H. von Geld und Wertpapieren zur Sicherheitsleistung I 856; — Wirkung der H. I 858; — Geltung der Vorschriften über das Vertragspfand bei H. zur Sicherheitsleistung III 1465; — Umtausch des hinterlegten Geldes oder der Wertpapiere I 859; — H. für eine Spiel- oder Wettschuld II c 1449; — zeitlich anzuwendendes Recht VI a 449; — Gegenstand der H. nach Landesrecht VI a 386; — sachliche und örtliche Zuständigkeit der Hinterlegungsstellen nach Landesrecht VI a 381.

Hinterlegungsschein über das amtliche Testament V 777; — über das eigenhändige Testament V 779; — über Erbverträge V 842.

Hinterlegungsstellen: örtliche Zuständigkeit II a 709; — sachliche und örtliche Zuständigkeit nach Landesrecht II a 711, VI a 381; — Anlegung von Kindergeld IV 1055; — von Mündelgeld IV 1455, 1457, 1460, 1461; — Hinterlegung von Wertpapieren des Kindes IV 1118; — des Mündels IV 1470; — der Frau IV 295; — Hinterlegung von Wertpapieren im Falle der Nacherbschaft V 547; — Eigentumserwerb der H. an hinterlegten Sachen VI a 384.

Hinterlegungswesen: landesgesetzliche Regelung VI a 381, 384, 386; — in den deutschen Ländern IV 296.

Hinterlistige Bestimmung zum Beischlaf: Schadensersatzpflicht II c 1815; — Erfolg von Schäden an Erwerb und Fortkommen II c 1659; — Ersatz nichtvermögensrechtlichen Schadens II c 1984.

Historische Funde III 576.

Hochseekabel: Verpfändung III 1380.

Höchstbetrag des Ersatzes für bei Zwangsversteigerung erlöschende Rechte III 164.

Höchstbetragshypothek III 1326; — rechtliche Natur III 1327; — die gesicherten Forderungen III 1330; — Entstehung des Hypothekenrechts III 1331; — der einzutragende Höchstbetrag III 1333; — Bestimmung des Umfanges der dinglichen Haftung III 1338; — Mehrheit von Gläubigern III 1332; — Mehrheit von H. für dieselben Forderungen III 1332; — Zerlegung III 1333; — Übertragung III 1326, 1334; — Pfändung, Verpfändung III 1338, 1496; — Umwandlung in andere Hypothek III 1339; — Übergang in Eigentümerhypothek III 1336; — Auswechslung der gesicherten Forderung III 1284, 1340; — Einfluß des Konkurses des Eigentümers III 1341; — Behandlung im Zwangsversteigerungsverfahren III 1341; — Aufwertung III 1342.

Höchstbetragspfandrecht an Schiffen III 1479.

Höchstpersönliche Ansprüche: Unübertragbarkeit II a 787, 802.

Höchstpersönliche Rechte: Untergang mit dem Tode des Inhabers V 1, 13, 16.

Höchstpreise: Überschreitung I 559, II b 20, 28.

Hochzeitsgeschenke II b 302; — Miteigentum der Ehegatten im gesetzlichen Güterstand IV 225; — Eigentumserwerb bei Errungenschaftsgemeinschaft IV 622; — Teilung bei Aufhebung der Nutznießung und Verwaltung von eingebrachtem Gut IV 370; — Bestandteil des Voraus des überlebenden Ehegatten V 52, 54.

Hofbeamte II b 697.

Höferolle VI a 143.

Hoffmannsche Methode für Berechnung der Zwischenzinsen II a 235.

Hoffnungskauf II b 12.

Hoheitsrecht an öffentlichen Gewässern VI a 148.

Hohenzollern: fürstliche Familie, Autonomie VI a 115; — Aufhebung VI a 117; — Familienrecht IV 3; — Aufgebot vor Eheschließung IV 75; — Scheidungsrecht IV 715; — erbrechtliche Verhältnisse V 3, 727; — s. a. „Adel".

Hoher Adel: Rechtsfähigkeit I 43; — erbrechtliche Verhältnisse V 3, 727; — siehe auch „Adel".

Höhere Gewalt: Begriff I 801; — Hemmung der Verjährung I 801; — bei Verletzung durch Tiere II c 1888; — Ausschluß der Haftung des

Gastwirts II c 1175; — Einfluß auf die Ersitzung III 496; — Einfluß auf die Frist für Anfechtung der Ehelichkeit IV 871; — Einfluß auf die Anfechtung der Anerkennung der Ehelichkeit IV 882; — Hemmung der Frist für die Ehescheidungsklage IV 763, 767; — Hinderung an der Einhaltung der Inventarfrist V 283.
Holland: Gerichtsbarkeit in Scheidungssachen VI b 297; — Legitimation durch Ehelichkeitserklärung VI b 556; — Rück- und Weiterverweisung VI b 759; — für den Verlöbnisbruch geltendes Recht VI b 269; — Staatsvertrag betr. juristische Personen VI b 53, 152; — betr. Luftfahrzeuge VI b 222.
Holographisches Testament V 726, 735, 737; — Widerruf, insbes. durch Rücknahme aus amtlicher Verwahrung V 787, 792; — gemeinschaftliches h. T. von Ehegatten V 812; — s. auch „eigenhändiges T."
Holschuld II a 218; — Eintritt des Gläubigerverzugs II a 372; — des Schuldnerverzugs II a 336; — Gefahrübergang beim Gläubigerverzug II a 383; — Rückgabepflicht des Verwahrers II c 1168; — zeitlich geltendes Recht VI a 448; — Zahlungen aus öffentlichen Kassen VI a 233.
Holz: Besitzübergang an verkauftem H. III 23, 26; — auf dem Stamm: Eigentum, Verkauf I 362, 365; — Eigentumserwerb an geschlagenem und erst zu schlagendem III 442, 528, 531.
Holzrechte: Einfluß der Teilung des herrschenden Grundstücks III 817.
Holzungen VI a 431.
Honorar: des Beistandes der Mutter IV 1174; — des Gegenvormundes IV 1430, 1534; — des Nachlaßpflegers V 138; — des Nachlaßverwalters V 252; — des Pflegers IV 1670; — des Testamentsvollstreckers V 713; — des Vormunds IV 1534; — Verjährung des H. der Lehrer I 780, 786.
Hotel garni, Haftung für eingebrachte Sachen II c 1179.
Humus: Bestandteil des Grundstücks I 366.
Hydrasystem II c 1455, 1710.
Hypnose I 426.
Hypothek III 957; — Wirtschaftliches III 970; — Schuldner- und Gläubigerschutz III 970, 971; — Bedeutung erst- und zweitstelliger H. im wirtschaftlichen Verkehr III 960; — Begriff und Inhalt III 978; — Veränderung des Inhalts in der Zwangsversteigerung III 980; — Arten III 958, 959; — akzessorische Natur der H. III 980; — Spezialitätsprinzip hinsichtlich der Forderung III 984; — hinsichtlich des Hypothekgegenstandes III 989; — Berechtigter III 988; — Verhältnis der persönlichen und der dinglichen Haftung III 965, 982, 983; — Bedingung und Befristung III 985; — Legitimation zur Bestellung III 991; — Übersicht der Übergangsbestimmungen III 966, 967; — Vergleichung mit dem bisherigen Recht III 965, 966.
— Gegenstand der Belastung überhaupt III 989; — Bedingung, Befristung III 985, 986; — Umfang der Haftung des Grundstücks III 1042; — Erstreckung der hypothekarischen Haftung auf Erzeugnisse, Bestandteile, Zubehörstücke I 380, III 1042; — Erstreckung auf neue Bestandteile III 510; — Erlöschen ihrer Haftung durch Veräußerung und Entfernung vor Beschlagnahme des Grundstücks III 1051; — durch Trennung innerhalb der Grenzen einer ordnungsmäßigen Wirtschaft III 1056; — Erstreckung der Hypothek auf Miet- und Pachtzinsforderungen III 1058; — Erlöschen der Haftung durch Zeitablauf III 1058, 1062; — durch Verfügung über die Forderung III 1064, 1065; — Beschränkung der Aufrechnung gegenüber dem Hypothekengläubiger III 1065; — Erstreckung auf wiederkehrende Leistungen III 1071; — auf Versicherungsforderungen III 1072; — Umfang und Dauer der hypothekarischen Haftung der Versicherungssumme bei Gebäudeversicherung III 1079; — bei Versicherung anderer Gegenstände III 1084; — Ausschluß der Haftung durch den Versicherungsvertrag III 1085; — Erstreckung auf als Bestandteile zugeschriebene Grundstücke III 1088; — Bruchteil eines Grundstücks als Gegenstand III 997; — Unzulässigkeit der Hypothekbestellung an Bestandteilen, an Anteilen am ungeteilten Miteigentum III 999; — Belastung eines realen Teiles eines Grundstücks III 1001; — Ausschluß des Übergangs auf Trennstücke des Grundstücks VI a 311.
Hypothek Verhältnis zur persönlichen Forderung überhaupt III 982, 983; — Konvaleszenz bei nachträglicher Valutierung III 982, 987, 1208; — unrichtige Bezeichnung des Schuldgrundes III 987; — Bestellung für künftige und bedingte Forderungen III 977, 985; — keine zwei H. für die nämliche Forderung III 987; — Haftung des Grundstücks für gesetzliche Zinsen III 1036; — für rechtsgeschäftliche Zinsen III 1013; — für Verzugszinsen im Falle des Verzuges des Eigentümers III 1140; — Erweiterung der Haftung für Zinsen, Änderung der Zins- und Zahlungsbestimmungen III 1039; — Haftung für Kosten der Kündigung und Rechtsverfolgung III 1036; — keine Haftung für Eintragungskosten III 1038; — Einfluß der Nichtigkeit der Forderung III 982.
— Entstehung durch rechtsgeschäftliche Bestellung III 990; — Ausschluß der Beschränkung der Zwangsvollstreckung bei der Bestellung III 979; — Entstehung der Buchhypothek III 1028; — Entstehung der H. kraft Gesetzes III 993, 996; — Ausschluß der Ersitzung III 996; — Erwerb der Briefhypothek III 1029; — Bestellung für Forderungen aus Inhaberschuldverschreibungen, Wechseln usw. III 1314.
— Übertragung III 1162; — der Briefhypothek III 1033, 1165, 1166; — der Buchhypothek III 1027, 1166, 1175; — Unübertragbarkeit ohne Forderung III 1162, 1165; — Auswechslung der gesicherten Forderung III 1283; — Übertragung der Gesamthypothek III 1095; — Übertragung, Verpfändung der

Sicherungshypothek III 1175, 1310; — für Schuldverschreibungen auf den Inhaber III 1316; — der Sicherungshypothek im engeren Sinne III 1326, 1334; — Wirkung der Übernahme einer Schuld für die dafür bestehende Hypothek II a 885; — Übernahme einer hypothekarisch versicherten Forderung zur Tilgung bei Grundstückserwerb II a 874; — Verpflichtung des Verkäufers zur Beseitigung von Hypotheken auf dem Kaufgegenstande II b 66; — Haftung für Güte beim Verkauf II b 64; — Schutz des redlichen Erwerbers III 1116, 1118; — Übergang auf den persönlichen Schuldner nach Befriedigung des Gläubigers, Vereinigung von Forderung und Schuld III 1226; — Teilung und Änderung des Rangverhältnisses der Teilhypotheken III 151; — Verpfändung III 1486.

Hypothek, Eintragung: Voraussetzungen, Eintragungsantrag III 992; — wesentlicher Inhalt der Eintragung III 1003; — Eintragung des Gläubigers III 1003; — des Geldbetrages III 1006; — Goldklausel III 1006; — Valuta-H. III 1009; — wertbeständige H. III 1010; — Goldmark-H. III 1012; — Bezugnahme auf die Eintragungsbewilligung III 1002, 1018; — auf Satzungen von Kreditanstalten III 1002, 1021; — instruktionelle Vorschriften III 1020; — Eintragungskosten III 1038; — unvollständige und unzulässige Eintragung III 1021; — Vermutung des Rechtsbestandes der eingetragenen Hypothek III 1117; — Vormerkung des Anspruchs auf Eintragung III 172.

— Rang der H. nach der Priorität der Eintragung III 137; — nachträgliche Änderung des Rangverhältnisses III 146; — Rangverhältnis bei Zuschreibung eines belasteten Grundstücks III 1088; — Vorrang von H. f. Meliorationsdarlehen öffentlicher Kreditanstalten VI a 304; — Rangverhältnis bei Teilung der Forderung III 151, 1158; — Rangrücktritt III 146; — Befreiung des persönlichen Schuldners bei Rangrücktritt III 1233.

— Einreden gegen die H. III 1112; — Wirkung des Verzichts auf eine Einrede durch den persönlichen Schuldner III 1112, 1114; — Einrede des nicht gezahlten Geldes III 1121; — Anspruch auf Grundbuchberichtigung, Widerspruch wegen Einreden III 1121.

— Rechte des Gläubigers bei drohender Gefährdung der Sicherheit der H. III 1105; — bei eingetretener III 1101; — bei Verschlechterung von Zubehör III 1108.

— Recht des Eigentümers zur Befriedigung des Gläubigers III 1129; — auf Verzicht des Gläubigers auf d. H. im Falle peremtorischer Einreden III 1242; — Ablösungsrecht Dritter gegenüber dem Befriedigung suchenden Gläubiger III 1155; — Rechte des persönlichen Schuldners: nach Befriedigung des Gläubigers III 1226; — nach eingetretener Konfusion zwischen Forderung und Schuld III 1226, 1232; — Befreiung von der Haftung infolge von nachteiligen Verfügungen des Gläubigers über die Hypothek III 1233; — Recht auf Benachrichtigung von der Zwangsversteigerung III 1235; — Recht auf Aushändigung des Hypothekenbriefs, auf Vermerk teilweiser Befriedigung auf demselben III 1238.

Hypothek: Umwandlung in eine Grundschuld und umgekehrt III 1368; — Umwandlung in Grundschuld bei Vereinigung der Hypothek mit dem Eigentum in einer Person, ohne daß dem Eigentümer die Forderung zusteht III 1264; — Umwandlung in eine Sicherungshypothek und umgekehrt III 1311, 1339; — Übergang bisheriger Pfandrechte in Hypotheken des neuen Rechts VI a 514, 515, 519; — bisheriger Grundschulden VI a 525, 526.

— Erlöschen der H.: Aufhebung durch Rechtsgeschäft III 1297; — Befreiung des persönlichen Schuldners im Falle der Aufhebung III 1233; — Erlöschen durch Befriedigung des Gläubigers aus dem Grundstück usw. III 1290; — Ausfall in der Zwangsversteigerung III 1291; — Erlöschen der H. für rückständige Nebenleistungen und Kosten durch Vereinigung mit dem Eigentum III 1269; — sonst mögliche Erlöschungsgründe III 1302; — Amortisation III 1244; — Verzicht auf die H.: Form III 1239, 1240; — Wirkung III 1211, 1233, 1239; — für den persönlichen Schuldner III 1233; — Anspruch des Gläubigers auf Verzicht III 1242; — teilweiser Verzicht III 1239, 1241; — Einfluß der Aufgabe auf die Haftung des Bürgen II c 1517; — Löschung III 127; — Bewilligung der Löschung III 1298.

— Sondervorschriften hinsichtlich H.: Teilung unter Miterben V 386; — H. im Verhältnis zur Abzugseinrede des Erben V 260, 264; — für noch nicht erzeugte Kinder I 52, V 519; — Zugehörigkeit zum Gesamtgut der Fahrnisgemeinschaft IV 677; — Bestellung an einem Gesamtgutsgrundstück IV 442; — Rechtshandlungen des Inhabers der elterlichen Gewalt in bezug auf H. IV 1060; — Mündelsicherheit der H. IV 1443, 1444; — Verfügungsbeschränkung des Vormunds IV 1465, 1479, 1482, 1486; — Bestellung an einem Grundstück des Mündels IV 1465, 1487; — H. des Erblassers auf dem Vermächtnisgegenstand V 600, 601; — H. auf demselben für eine Schuld des Erblassers V 600; — Zeugnis des Nachlaßgerichts über Rechtsnachfolge in H. V 1027; — Löschung einer Nachlaßhypothek bei bestehender Nacherbschaft V 539; — Sicherheitshypothek des Fiskus und anderer juristischer Personen VI a 231, 232; — H. auf Familienfideikommiß-, Lehens- und Stammgütern VI a 133; — siehe auch „Aufwertung, Briefhypothek, Buchhypothek, Eigentümerhypothek, Gesamthypothek, Inhaberhypothek, Sicherungshypothek“.

— Aufwertung III 971; — nach der 3. SteuernotVO. III 972; — nach dem Aufwertungsges. III 973.

— **wertbeständige** III 960.

— **auf dem Erbbaurecht**: Zulässigkeit der Belastung III 710; — Umfang der Haftung für die H. III 732, 785; — Erfordernis der Zu-

stimmung des Grundeigentümers zur Bestellung, Änderung des Inhalts III 691, 692; — Ersatz der Zustimmung III 691, 694; — Voraussetzung der Eintragung III 729; — Mündelsicherheit III 663, 731, 733; — H. von Versicherungsunternehmungen, von Hypothekenbanken III 663, 742; — Rechte des Gläubigers an der Entschädigungsforderung nach Erlöschen des Erbbaurechts III 759; — H. für die Entschädigungsforderung für Erlöschen des Erbbaurechts III 757; — Wiederaufleben der H. nach Erneuerung des Erbbaurechts, Erlöschen des Rechts an der Entschädigung III 763, 767; — Fortbestand der H. bei Heimfall des Erbbaurechts III 770; — Übernahme der persönlichen Schuld durch den Grundstückseigentümer III 770.

Hypothekanspruch III 1141; — Gegenstand III 1143; — Klageantrag III 1144; — Verhältnis zur persönlichen Forderung III 965, 982, 983; — Aktivlegitimation III 1142; — Nachweis der Aktivlegitimation III 1196; — Passivlegitimation III 1143; — Bucheigentümer als Beklagter III 1151; — objektive Voraussetzungen III 1143; — prozessuale Verwirklichung, Vollstreckungstitel für den Anspruch III 1145; — Einwendungen des Beklagten III 1145; — Einreden aus dem Rechtsverhältnis mit dem persönlichen Schuldner III 1112; — Einreden aus dem Verhältnis zwischen Gläubiger und Eigentümer III 1115; — Einrede mangelnder Vorlage des Hypothekenbriefs und sonstiger Erwerbsurkunden III 1196; — Zwangsvollstreckung in das Grundstück III 1147; — in bewegliche Gegenstände III 1149.

Hypothekbestellung zur Sicherheitsleistung I 856; — an Grundstücken des Mündels IV 1465, 1487.

Hypothekenbanken: Pfandbriefe III 966; — Darlehensgewährung gegen Hypothek III 1009; — Kündigungs- und Rückzahlungsbedingungen III 1019; — Beleihung des Erbbaurechts III 663, 742.

Hypothekenbankgesetz II c 1599, III 969, 1481; — Treuhänder III 1325.

Hypothekenbrief III 1023; — rechtliche Natur III 1023; — Funktionen III 1024; — Ausstellung, Inhalt III 1024; — Änderung III 1025; — Übereinstimmung mit dem Grundbuch III 1026; — Rechte am H. III 1026; — Eigentum daran III 518, 1026; — Besitz des Nießbrauchs III 879; — Zurückbehaltungsrecht an H. III 1001; — Aushändigung an den Grundstückseigentümer nach Befriedigung des Gläubigers III 1136; — an den persönlichen Schuldner III 1238; — an den ablösenden Dritten III 1155; — Maßregeln hinsichtlich des H. bei teilweiser Befriedigung III 1138, 1155, 1238; — Aushändigung an den Ablösenden III 1158; — Herausgabe bei der Nießbrauchbestellung an dem Rechte III 879; — Übergabe zum Erwerb der Hypothek, Surrogate der Übergabe, Vermutung derselben III 1029; — Erfordernis bei Unterstellung einer neuen Forderung III 1288; — Übergabe bei Abtretung der Hypothek III 1165, 1170; — Vorlage bei Geltendmachung der Hypothek, bei Kündigung und Mahnung III 1196, 1199; — Vorlage zur Grundbuchberichtigung III 268; — Vermerk der Auswechslung der Forderung III 1288; — Teil-H. bei Teilung der Forderung III 1160; — bei teilweiser Abtretung der Forderung III 1172; — H. für die Gesamthypothek III 1096; — Ausschluß der Ausstellung III 1023, 1027; — nachträglicher Ausschluß, Wiederaufhebung der Ausschließung III 1023, 1028, 1029; — Ausschluß der Erteilung bei der Sicherungshypothek III 1308; — für Schuldverschreibungen usw. III 1317; — bei der Höchstbetragshypothek III 1327; — Unbrauchbarmachung bei Löschung der Hypothek III 1298; — Kraftloserklärung III 1200; — Kraftlosigkeit nach Ausschluß des Gläubigers im Aufgebotsverfahren III 1244; — im Falle öffentlicher Hinterlegung des Schuldbetrages der Hypothek III 1248; — Verpfändung III 1489; — Zwangsvollstreckung aus altrechtlichen H. III 1147.

Hypothekendarlehen II b 667.

Hypothekenmäkler II c 1029.

Hypothekenobjekt III 989; — vertragsmäßiges Veräußerungs- oder Belastungsverbot III 1109; — drohende Verschlechterung III 1105; — eingetretene Verschlechterung III 1101; — Verschlechterung von Zubehör III 1108; — Abtrennung von Parzellen III 1043.

Hypothekenpfandbriefe III 969.

Hypothekenschätzer: Haftung VI a 193.

Hypothekerneuerung III 1204.

Hypothekforderung: Befriedigung durch den persönlichen Schuldner III 1227; — Befriedigung durch den nicht persönlich haftenden Eigentümer III 1129; — bei Zusammentreffen der Hypothek mit Bürgschaft und Pfandrecht III 1136; — Übergang auf den befriedigenden Gläubiger III 1131; — Aushändigung des Hypothekenbriefs und sonstiger Urkunden an den Eigentümer III 1136; — teilweise Befriedigung durch den Eigentümer III 1138; — Form der Befriedigung III 1141; — Befriedigungsmittel III 1147; — Befriedigung durch einen Eigentümer bei Gesamthypothek III 1253; — durch den persönlichen Schuldner III 1257; — verbotene Vereinbarungen hinsichtlich der Befriedigung III 1153; — Geltendmachung bei der Briefhypothek, Legitimation des Gläubigers III 1178; — Ablösungsrechte III 1155; — Wirkung der Befriedigung aus dem Grundstück, aus Gegenständen, auf die sich die Hypothek erstreckt III 1290.

— **Kündigung:** Wirksamkeit f. d. Hypothek, Bestellung eines Vertreters des Eigentümers zur Entgegennahme d. K. III 1125; — Wirksamkeit der Kündigung gegenüber dem neuen Gläubiger nach Forderungsübertragung III 1185; — Notwendigkeit der Vorlage des Hypothekenbriefs bei der K. III 1196; — Änderung der Kündigungsbedingungen III 1042; — Kündigung der Sicherungshypothek III 1309; — Kündigung und Einziehung durch

den Vorerben V 534, 538; — Befreiung von Beschränkungen des Kündigungsrechts V 566, 567; — Haftung der Hypothek für Kosten der Kündigung III 1036; — Untersagung und Beschränkung der Ausschließung der Kündigung VI a 302.

Hypothekforderung: Teilung III 1158; — Übertragung III 1162; — Form der Abtretung bei der Briefhypothek III 1165, 1166; — bei d. Buchhypothek III 1165, 1175; — bei der Sicherungshypothek III 1175; — Nachweis des Erwerbes durch den Brief III 1178; — Einfluß des Verhältnisses zwischen dem bisherigen Gläubiger und dem Eigentümer auf die Rechte des Erwerbers III 1185; — Wirkung der Kündigung gegenüber dem Erwerber III 1185; — Einreden gegen den Erwerber der Forderung III 1188; — Rechtsverhältnis in bezug auf laufende Zinsen und Nebenleistungen III 1190; — Übertragung der Forderung auf rückständige Zinsen und andere Nebenleistungen und Kosten III 1193; — Abtretung noch nicht fälliger Zinsen III 1167; — Blankozession ausgeschlossen III 1173; — fiduziarische Abtretung III 1176.

— Unterstellung einer neuen unter die Hypothek III 1283; — Schutz der Forderung durch das Grundbuch, Vermutung für den Rechtsbestand, Berichtigung des Grundbuchs in Ansehung der H. III 1116; — keine Prüfung des Rechtsbestandes durch den Grundbuchrichter III 1020; — Pfändung und Überweisung, Verpfändung III 1177, 1182; — Änderung der Zins- und Zahlungsbestimmungen III 1039; — Erlöschen III 1202, 1209; — Verpfändung zur Sicherheitsleistung I 856; — Tauglichkeit hiezu I 860; — Verfügungsbeschränkung des Vormunds IV 1464, 1479.

Hypothekgläubiger: Ablösungsrecht nachstehender III 1155; — Ausschließung im Aufgebotsverfahren III 1244, 1248; — bei der Sicherungshypothek für Schuldverschreibungen usw. III 1318; — durch öffentliche Hinterlegung des Geldbetrages III 1248; — Befriedigung durch den persönlichen Schuldner III 1226; — Beschränkung der Übereignung des Grundstücks an den H. III 1153; — Legitimation aus dem Hypothekenbrief III 1178; — Widerspruchsrecht gegen Pfändungen, Vorzugsrecht III 1151; — Widerspruchsrecht gegen Zwangsvollstreckung in Zubehör des Hypothekenobjekts III 1050; — Rechtsverfolgung gegen Nießbraucher III 831; — Rechte bei Wiederherstellung eines zerstörten Gebäudes in anderer Lage VI a 282; — Rechte an der Entschädigungssumme bei Zwangsenteignung VI a 88; — an der Entschädigungssumme wegen Beschädigung durch Bergbau VI a 157.

Hypothektitel: gesetzlicher, des Fiskus und anderer juristischer Personen VI a 231, 232.

Hypothekübernahme II a 874; — für die Mündel IV 1496.

Hypothekurkunden: Zwangsvollstreckung aus altrechtlichen III 1147; — altrechtliche, bayerische: Zwangsvollstreckung in eingebrachtes Gut der Frau IV 346.

Hypothekvormerkung nach bayr. R. III 189; — siehe auch „Vormerkung".

Hypothekzession III 1165.

Hypothekzinsen: Abtretung rückständiger III 1193; — Abtretung noch nicht fälliger III 1167; — Haftung dafür III 983; — Verteilung auf sukzessiv Verpflichtete I 393, 394; — Zahlung durch den Nießbraucher III 854; — vom eingebrachten Gut der Frau zu entrichtende IV 276, 278.

Hypothezierungsverbot III 1109.

Hysterie I 426.

J.

Jagd: Eigentumserwerb an jagdbaren Tieren III 537; — Besitzstörung durch Jagdausübung III 41, 42; — Besitzesschutz III 53; — Wilderer III 538.

Jagdberechtigter: Wildschadensersatz II c 1907; — Haftung mehrerer II c 1910.

Jagdbezirk, gemeinschaftlicher: Wildschadensersatz II c 1908, VI a 172.

Jagdgesetze der deutschen Länder VI a 166.

Jagdgewinn: Fruchteigenschaft I 388.

Jagdpacht: Form des Vertrags II b 541; — Einfluß der Veräußerung, Belastung des Pachtobjekts II b 567, 598; — Afterverpachtung II b 599; — Pachtschutzordnung II b 593.

Jagdrecht III 537, 792; — Pacht II b 598, 603, 608, 610; — rechtliche Stellung des Pächters II b 608; — Haftung des Verpächters II b 605; — Schadensersatz wegen Verletzung des Jagdrechtes II c 1775; — Wildschadensersatz VI a 173; — Grundstückbetretungsrecht des Berechtigten III 362; — Vorbehalt zugunsten des Landesrechts VI a 164.

Jagdregal VI a 175.

Jahresfrist: Berechnung I 755, 757; — J. für Geltendmachung der Besitzansprüche III 56.

Japan: über die uneheliche Vaterschaft geltendes internationales Privatrecht VI b 529, 538; — Staatsvertrag betr. juristische Personen VI b 153; — Staatsvertrag (Grunderwerb) VI a 226.

Ideale Tendenzen eines Vereins I 176, 179.

Ideeller Teil eines Grundstücks, Auflassung III 397.

Identität: Prüfung durch das Grundbuchamt III 94.

Ignorantia: Verhältnis zum Irrtum I 486.

Imbezillität I 66.

Immaterialgüterrecht III 4.

Immaterieller Schaden: Entschädigung in Geld II a 153; — Fälle des Ersatzes bei unerlaubten Handlungen II c 1984.

Immemorialpräskription I 767, III 492.

Immissionen aus dem Nachbargrundstück III 308; — Besitzstörung durch J. III 42; — Verbietungsrecht III 314; — Verzicht auf die Ansprüche III 313; — Ausschluß des Verbietungsrechts III 316; — Schutzmittel des Eigentümers gegen übermäßige J. III 319, 619, 624; — Schadensersatzanspruch III 324; — Ver-

jährung der Ansprüche III 326; — J. auf ein Mietobjekt II b 415.
Immobiliarvertrag, obligatorischer, Form II a 420; — örtlich anzuwendendes Recht VI b 166, 168, 178, 181, 188, 190; — über ausländisches Grundstück II a 443; — Formfreiheit der Vollmacht I 701; — resolutiv bedingter I 662; — für die Form zeitlich geltendes Recht VI a 508.
Immobilien: Besitzübergang III 25.
Immobilienmakler II c 1029.
Immunität der Abgeordneten II c 1814.
Impedimentum ligaminis IV 50; — publicae honestatis, quasi affinitatis IV 56.
Imponderabilien III 310.
Impotenz: Eheanfechtungsgrund IV 117; — Scheidungsgrund IV 741.
Impresario: rechtliche Natur seiner Dienste II b 980.
Im Zweifel: Erstreckung der Veräußerung auf Zubehör III 423.
Inbegriff von Sachen: Auskunftserteilung über den Bestand bei Herausgabe II a 184; — Herausgabe durch den Beauftragten II c 1098; — Verbrauchbarkeit der Bestandteile eines Sachinbegriffs I 357; — Verbrauchbarkeit der einzelnen Sachen I 359; — Vermächtnis eines Sachinbegriffs V 518, 600, 612; — siehe auch „Sachinbegriff".
In diem addictio II b 249; — Vormerkung im Grundbuch III 171.
Individualrechte I 45; — Verjährbarkeit I 770.
Indossable Wertpapiere: Eigentumsvermutung zugunsten des Ehemanns IV 211; — Eingehung von Verbindlichkeiten aus i. W. durch den Vater für das Kind IV 1057, 1061; — durch den Vormund für den Mündel IV 1482, 1495; — allgemeine Ermächtigung des Vormunds hiezu IV 1504; — Hypothekbestellung für die Forderung III 1314; — Verpfändung III 1517; — Einziehung der Forderung III 1522; — Verkauf zum Börsen- oder Marktpreis III 1524; — Einfluß der Rückgabe des Papiers III 1496; — Verpfändung eines Schiffes für die Forderung III 1479.
Industriebelastung II b 56, III 144, 996.
Industrielles Eigentum: Gegenstand des Kaufs II b 25.
Industrieobligationen: Aufwertung II c 1599.
Infektion: Haftung aus J. II c 1782.
Informationsrecht des nicht geschäftsführenden Gesellschafters II c 1269.
Inhaber einer Sache III 17.
Inhaberaktien II c 1605, 1611, 1613.
Inhabergrundschuld III 1362; — Ausgabe des Briefs II c 1614.
Inhaberhypothek III 691, 1315.
Inhaberklausel bei Schuldverschreibungen II c 1604.
Inhaberpapiere: körperliche Sachen, Eigentum daran III 293; — Arten II c 1596; — unvollkommene, hinkende II c 1597; — Ausstellung durch den Vater für das Kind IV 1057, 1061; — durch den Vormund für den Mündel IV 1482, 1495; — allgemeine Ermächtigung des Vormunds hiezu IV 1504; — Eigentumserwerb III 439; — an gestohlenen, verlorenen usw. J. III 479, 485; — Eigentumserwerb zum eingebrachten Gut der Frau IV 265; — bei Errungenschaftsgemeinschaft IV 628; — durch den Vater für das Kind IV 1067; — Eigentumsvermutung III 629; — für den Ehemann IV 211; — Herausgabeanspruch des früheren gutgläubigen Besitzers III 633; — Hingabe als Darlehen II b 659; — Haftung beim Verkauf II c 1610; — Nießbrauch daran III 891; — Hinterlegung zur Sicherheitsleistung I 856; — Hypothekbestellung für die Forderung III 1314, 1318; — Gläubigervertreter III 1320; — Verpfändung III 1520; — Kündigung und Einbeziehung III 1522; — Erstreckung des Pfandrechts auf Zins-, Renten- und Gewinnanteilscheine III 1525; — Pfandrechtserwerb vom Nichteigentümer III 1400; — siehe auch „Schuldverschreibungen".
Inhaberpapiere: zum eingebrachten Gut der Frau gehörige J., Hinterlegung IV 295; — Vinkulierung, Umwandlung in Buchforderungen IV 298; — bei Errungenschaftsgemeinschaft IV 628; — zur Erbschaft gehörige, Hinterlegung, Umschreibung auf Namen, Umwandlung in Buchforderungen im Falle einer Nacherbfolge V 547, 548; — Befreiung von der Verpflichtung V 566, 567.
— J. des Kindes: Hinterlegung, Umschreibung auf Namen, Umwandlung in Buchforderungen IV 1118.
— J. des Mündels: Hinterlegung IV 1470; — Befreiung von der Hinterlegungspflicht durch den Vater IV 1569; — durch die Mutter IV 1571; — Befreiung des Vaters und der Mutter als Vormund des Volljährigen IV 1627, 1628; — Entbindung von der Pflicht durch das Vormundschaftsgericht IV 1477; — Umschreibung auf Namen, Umwandlung in Buchforderungen IV 1475; — Genehmigung des Vormundschaftsgerichts zu Verfügungen über umgewandelte und umgeschriebene J. IV 1479; — J. über Staatsschulden: Rückzahlung und Umwandlung VI a 253; — strafbare Ausstellung VI a 36, 37, 41.
Inhaberpapiere mit Prämien: Ausstellung II c 1605, 1612.
Inhaberwechsel II c 1605, 1613.
Inhalt des BGB. I 4.
Inkassomandat, Inkassovollmacht II c 1577.
Inkassozession I 470, II a 799.
Inkrafttreten des BGB. und seiner Nebengesetze VI a 4; — des Einführungsgesetzes VI a 5.
In praeteritum non vivitur IV 934.
Inseln, neu entstehende VI a 146, 148.
Insgeheimer Vorbehalt I 461.
Insinuation von Schenkungen II b 308.
Instandhaltung des Mietgegenstandes II b 416.
Instvertrag II b 598.
Institutio heredis ex re certa V 12.
Interdicta recuperandae et retinendae possessionis III 48.

Interdictum quorum bonorum, quod legatorum V 318.
Interesse: Ersatz II a 115; — Koinzidenzinteresse, transitorisches Interesse II a 117; — J. an der Besichtigung einer Sache II c 1648; — an der Wirksamkeit eines Vertrags I 496, 498, 499, 731; — berechtigtes J. bei der Vertragsstrafe II a 599; — an einer kreditschädigenden Mitteilung II c 1810; — an der Einsicht des Erbscheins V 1033; — an der Einsicht des Grundbuchs III 90; — rechtliches an der Einsicht der Eheanfechtungserklärung IV 137; — J. an der Einsicht der Ehelichkeits-Anfechtungserklärung IV 878; — an der Einsicht der Anfechtungserklärung bezüglich letztwilliger Verfügungen V 487; — an der Einsicht der Anzeige vom Erbschaftskauf V 1095; — an der Einsicht der Erbschaftsausschlagungserklärung V 113; — der Anfechtung der Ausschlagung V 120; — an der Einsicht des Nachlaßinventars V 303; — der Erklärungen in bezug auf Testamentsvollstrecker V 725; — an der Einsicht des Testaments V 806; — J. an der Einsicht einer Urkunde II c 1654; — negatives J. II a 284; — Ersatz bei Unmöglichkeit einer Leistung II a 406; — bei Verstoß des Vertrags gegen die guten Sitten II a 412; — öffentliches J. an der Geschäftsführung ohne Auftrag II c 1133; — öffentliches, an der Vollziehung einer letztwilligen Auflage V 640; — an der Auflage bei einer Schenkung II b 322.
Interessengesellschaften II c 1394.
Interessenkollision zwischen Kind und Inhaber der elterlichen Gewalt IV 984, 991; — zwischen Mündel und Familienratsmitgliedern IV 1587; — und dem Vormund IV 1385, 1420, 1423; — Ausschluß des Stimmrechts von Vereinsmitgliedern wegen J. I 225.
Interessenschaftsforsten VI a 431.
Interimsscheine auf Inhaber II c 1605, 1613.
Interimswirtschaft VI a 142.
Interlokales Deliktsrecht VI b 229.
Interlokales Privatrecht VI b 29; — Natur und Grenzen VI b 38; — deutsches vor Inkrafttreten des BGB. VI b 39; — nach Inkrafttreten des BGB. und des EG. VI b 42; — Partikulares JLR. VI b 31; — Zentrales JLR. VI b 30; — Anknüpfungsgrund bei nicht einheitlichem ausländischen JLR. VI b 35, 36; — Bedeutung bei Ermittlung des Personalstatuts im Falle der Mehrheit der Rechtsordnungen des zuständigen Staats VI b 791; — Bedeutung des ausländischen für den ausländischen Richter VI b 32; — JLR. hinsichtlich der juristischen Personen VI b 153; — der Gothaischen Gewerkschaften VI b 154; — Bedeutung der Vorbehaltsklausel VI b 41, 823.
Internationale Nachlaßbehandlung V 141, VI b 726, 730.
Internationales Landesprivatrecht VI b 42, 52.
Internationales Privatrecht: Begriff VI b 1; — Methode VI b 55; — Name VI b 28; — Natur VI b 27; — Nachbarfächer VI b 49; — Quellen VI b 51; — Quellen des deutschen VI b 52; — Revisibilität des J. Pr. VI b 44; — Verhältnis zum BGB. I 6, 7; — Übergangsrecht VI b 42; — deutsches Übergangsrecht VI b 43; — Verhältnis zur zeitlichen Statutenkollision VI b 42.
Internationales Privatrecht: Einzelvorschriften: Entmündigung I 82, VI b 94; — Namensrecht I 128, VI b 62; — Rechtsfähigkeit I 48, VI b 62; — Volljährigkeit I 55, VI b 62; — Volljährigkeitserklärung I 59, VI b 91; — Erfüllungsort, Vertragsort II a 219; — Schuldnerverzug II a 330; — Form des Eigentumsübertragungsvertrags hinsichtlich Grundstücke II a 443, VI b 166, 168, 178, 181, 188, 190; — Schuldverhältnisse II b 6; — Kauf II b 10, 90; — Bürgschaft II c 1472; — Sachenrecht III 13; — Besitzrecht III 19; — Fund III 548; — Eheeingehung IV 37, VI b 229, 230; — eheliches Güterrecht IV 216, VI b 299, 300, 351; — Erwerbsgeschäft der Ehefrau vor gesetzlichem Güterstand IV 328; — Wirkung des Ausschlusses der Verwaltung und Nutznießung des Mannes IV 412; — Ehescheidung IV 716, VI b 367; — Sorge für die Person der Kinder nach Scheidung IV 1031, VI b 479; — Verkehr mit den Kindern IV 1038; — Maßregeln gegen den Inhaber der elterlichen Gewalt IV 1117; — uneheliche Kinder IV 1198, 1209, VI b 489; — uneheliche Mutter IV 1246, VI b 504; — Legitimation IV 1268, VI b 543; — Annahme an Kindes Statt IV 1305, VI b 543; — Vormundschaftssachen IV 1367, VI b 602; — Unterhaltspflicht der Verwandten IV 900, VI b 486.
Interusurium II a 233.
Interzession II a 858, II c 1469; — der Ehefrau IV 159, 218; — der Ehefrau, räumlich VI b 288; — zeitlich geltendes Recht VI a 537.
Invalidenrente: Vorbehaltsgut der Frau IV 229.
Invaliditätsversicherung: rechtliche Natur der Versicherungsmarken II c 1643.
Inventar eines Grundstücks: Rechte und Pflichten des Nießbrauchers III 856; — Zubehöreigenschaft I 381; — des zum eingebrachten Gut der Frau gehörigen Grundstücks IV 257; — bei Errungenschaftsgemeinschaft IV 628; — von Grundstücken des Kindes, Verfügungsrecht des Gewalthabers IV 1082; — vom Erben angeschafftes J., Gegenstand der Nacherbfolge V 439; — J. des verpachteten Grundstücks: Erhaltung und Ergänzung II b 617; — Übernahme zum Schätzungswert durch den Pächter II b 619; — Erhaltung, Haftung für Zufall, Eigentumserwerb an Ergänzungen in diesem Falle II b 620; — Gefahrentragung II b 619; — im Falle der Übernahme des J. zum Schätzungswert II b 620; — Rückgabe bei Beendigung der Pacht II b 622; — bei Pacht eines Landguts II b 630; — Pfandrecht und Zurückbehaltungsrecht des Pächters am J. II b 625.
— über den Nachlaß: Begriff V 277; — recht-

liche Bedeutung der I.-Errichtung V 172, 275; — **Inhalt des I.** V 287; — Errichtung: Formen der Aufnahme V 288, 290; — Zuständigkeit zur Errichtung V 288, 289; — Zuständigkeit zur Errichtung nach Landesrecht VI a 391; — Anordnung der Errichtung nach Landesrecht VI a 370; — freiwillige Errichtung durch Einreichung beim Nachlaßgericht durch den Erben V 276; — Aufnahme durch das Nachlaßgericht oder eine zuständige Behörde oder einen zuständigen Beamten V 288; — Bezugnahme auf ein beim Nachlaßgericht befindliches I. V 288; — Beihilfe des Testamentsvollstreckers V 703; — Recht des Erben zur Errichtung V 276; — eines einzelnen Miterben V 278; — des Nachlaßpflegers und des Nachlaßverwalters V 277; — Ausschluß der Errichtung durch den Testamentsvollstrecker V 647; — Einreichung durch einen Bevollmächtigten V 291; — Kosten V 278, 289; — Wirkung der I.-Errichtung V 172, 205; — Ausschluß der Entbindung von der Verpflichtung durch den Erblasser V 281; — Entbehrlichkeit nach Beendigung des Nachlaßkonkurses V 286; — Errichtung durch eine Ehefrau V 277; — Errichtung durch den Ehemann der Erbin V 177, 282, 298; — durch den Erbschaftskäufer V 1095; — Wirkung der Errichtung durch einen Miterben V 444; — durch den Nachlaßverwalter V 249; — durch den Vorerben V 575; — Unvollständigkeit oder Unrichtigkeit des I. V 291; — Vermutung für die Vollständigkeit V 302; — Offenbarungseid über die Richtigkeit, Vervollständigung vor Eidesleistung V 293; — Ausschluß des Inventarrechts durch Verfügung des Erblassers V 206; — zeitlich geltendes Recht VI a 583.

Inventar: Inventarerrichtung durch die Ehefrau bei allgemeiner Gütergemeinschaft IV 457; — über eine der Ehefrau zugefallene Erbschaft im gesetzlichen Güterstand IV 328; — bei Errungenschaftsgemeinschaft IV 628.

Inventareinrede: Ausschluß der Geltendmachung durch den Eigentümer des Hypothekenobjekts III 1113.

Inventarerrichtung über das Vermögen des angenommenen Kindes IV 1337; — bei Verehelichung des Annehmenden IV 1332, 1340.
— über das eingebrachte Gut der Frau IV 241; — über Eigengut des Mannes und Vorbehaltsgut der Frau IV 242; — über das Gesamtgut der fortgesetzten Gütergemeinschaft bei Wiederverehelichung des überlebenden Ehegatten IV 62, 559; — aus Anlaß der Fortsetzung der Gütergemeinschaft IV 538.
— über das Vermögen des Kindes: beim Tode der Mutter oder späteren Vermögenserwerb IV 1047, 1048; — auf Anordnung des Vormundschaftsgerichts wegen Vermögensgefährdung durch den Gewalthaber IV 1118; — bei beabsichtigter Wiederverehelichung des Gewalthabers IV 62, 1123; — Entziehung der Vermögensverwaltung wegen Nichterfüllung der Pflicht hiezu IV 1126; — bei beabsichtigter Wiederverehelichung des Vaters des für ehelich erklärten Kindes IV 1299.

Inventarerrichtung über das Vermögen des Mündels IV 1435; — des Pfleglings IV 1670.

Inventarfrist: Antrag, Antragsrecht V 278; — Antragsrecht der im Aufgebotsverfahren ausgeschlossenen Gläubiger V 200; — Unzulässigkeit der Bestimmung einer I. V 279; — gegenüber dem Fiskus V 303; — gegenüber dem Nachlaßpfleger V 304; — im Falle der Nachlaßverwaltung oder des Nachlaßkonkurses V 286; — Ablehnung des Antrags nach freiwilliger Inventarerrichtung durch den Erben V 279; — Form der Bestimmung V 280; — gegenüber einer Ehefrau als Erbin IV 323, V 177, 282, 298; — Ausschluß der Bestimmung gegenüber dem Testamentsvollstrecker V 647; — Anfechtung der Bestimmung und der Ablehnung der Bestimmung V 280; — Benachrichtigung des Vormundschaftsgerichts von der Bestimmung der I. V 286; — Ausschluß der Zurücknahme der Bestimmung V 280; — Unwirksamwerden der Bestimmung V 280; — durch die Anordnung der Nachlaßverwaltung, Eröffnung des Nachlaßkonkurses V 286; — Beginn, Berechnung, Dauer V 282; — Verlängerung V 282, 283; — Hemmung des Ablaufs V 284; — Wahrung durch Antrag auf amtliche Errichtung V 288; — durch Bezugnahme auf ein errichtetes Inventar V 288, 291; — Wahrung durch Errichtung seitens des Ehemanns der Erben V 298; — Wirkung der Einhaltung der Frist V 280, 302; — Wirkung der Versäumung V 278, 281; — Ende der I. im Falle des Todes des Erben vor Ablauf der I. oder der Frist zum Antrag auf Bestimmung einer neuen I. V 285; — Bestimmung einer neuen I. auf Antrag des Erben wegen unverschuldeter Fristversäumnis V 283; — zur Ergänzung des unvollständigen Inventars V 291.

Josephsehe IV 172.

Irreguläres Pfandrecht III 1389.

Irrenanstalt, Internierung Geisteskranker II c 1772, 1782.

Irrsein I 426.

Irrtum: Begriff I 473; — Unterschied vom versteckten Dissens, der falschen Bezeichnung, dem Mangel der Geschäftsgrundlage I 490; — Erheblichkeit I 474; — subjektive Voraussetzungen desselben I 483; — Kausalzusammenhang zwischen I. und Willenserklärung I 482; — Wirkung desselben I 474; — einzelne Arten erheblichen I. I 475, 476; — echter und unechter I. I 483; — entschuldbarer und nicht entschuldbarer I 487, II a 291; — tatsächlicher und Rechtsirrtum I 484; — I. im Erklärungsakt I 472, 476; — Verlautbarungs-I. I 472, 476; — sonstiger I. über den Inhalt der Erklärung I 472, 477; — I. über Eigenschaften der Person oder der Sache I 472, 477; — Anfechtung der Willenserklärung wegen I. I 472; — Anfechtungsberechtigter I 492; — Verhältnis der Irrtumsanfechtung zur Mängelhaftung I 482;

— Anfechtung konkludenter Willenserklärungen wegen J. I 454; — Beweislast I 492; — J. im Beweggrund I 488; — J. infolge arglistiger Täuschung I 500, 508, 510.

Irrtum: Einzelne Fälle: bei der Auflassung III 396; — über den Berufungsgrund zur Erbschaft V 106; — des Bürgen über die Person des Gläubigers oder Schuldners II c 1479; — J. im Beweggrunde bei letztwilligen Verfügungen V 452, 477, 481; — bei Abschluß eines Erbvertrags V 837, 849; — räumlich geltendes Recht VI b 677; — des Geschäftsführers über die Eigenschaft des Geschäfts als eines fremden II c 1147; — über die Person des Geschäftsherrn II c 1146; — bei der Preiskalkulation beim Werkvertrag II c 946; — über Vorliegen einer Wahlobligation II a 198; — bei der Selbsthilfe I 854; — Ausschluß der Schadensersatzpflicht aus unerlaubten Handlungen wegen J. II c 1780, 1792; — bei Verstoß gegen Schutzgesetze II c 1803; — über das Bestehen einer Verbindlichkeit, Rückforderung der Leistung II c 1695; — beim Vergleichsabschluß II c 1541, 1542; — J. des Vertreters I 491, 694, 695; — J. beim Viehkauf II b 232; — J. bei Willenserklärungen des Testamentsvollstreckers V 685; — Ausschluß des Verzugs durch J. II a 341.

— Anfechtung wegen J.: der Bestimmung der Leistung durch einen Dritten II a 452; — des Bürgschaftsvertrages II c 1468; — des Kaufvertrags II b 77; — Verhältnis der Vorschriften über Anfechtung zum Gewährleistungsanspruch II b 122; — Anfechtung wegen J.: der Ehe wegen J. über Vorhandensein einer Eheschließung IV 113; — über Person oder Eigenschaften des anderen Ehegatten IV 115; — Anfechtungsfrist IV 130; — Anfechtung nach Fristablauf IV 133; — Wirkungen der A. 147; — Ausschluß der Anfechtung IV 127; — räumlich geltendes Recht VI b 234; — Anfechtung des Verlöbnisses IV 17; — Anfechtung der Erbschaftsannahme oder Ausschlagung wegen J. V 116; — A. der Versäumung der Ausschlagungsfrist V 119; — des Erbvertrages V 837, 849; — Frist für die Anfechtung V 853; — letztwilliger Verfügungen V 452, 477, 481; — Anfechtungsberechtigter V 485; — bei Errichtung letztwilliger Verfügungen unter bisherigem Recht VI a 592; — zeitlich geltendes Recht VI a 407; — räumlich geltendes Recht VI b 670; — siehe auch „Willensmängel"; — Bedeutung bei Bildung von Gewohnheitsrecht VI a 13.

Irrung I 454.

Italien: Gerichtsbarkeit in Scheidungssachen VI b 397; — über Schenkungen unter Ehegatten geltendes Recht VI b 341; — Rück- und Weiterverweisung VI b 759; — Verhältnis zwischen Sach- und Vermögensstatut (Konfliktsklausel) VI b 769; — über die uneheliche Vaterschaft geltendes internationales Privatrecht VI b 539; — Ansprüche der unehelichen Mutter gegen den Vater VI b 528; — Konsularvertrag mit J., Zuständigkeit der Konsuln zur Eheschließung VI b 53, 256; — Zuständigkeit der Konsuln in Vormundschaftssachen VI b 627; — Staatsvertrag: Anerkennung juristischer Personen VI b 151; — betr. Grunderwerb VI a 226; — betr. Luftfahrzeuge VI b 222.

Juden: Eheverbot zwischen Christen und Juden, Beachtung im Inland VI b 239, 811; — Ehescheidung von Ausländern jüdischen Glaubens VI b 433; — von österreichischen Juden VI b 433; — von polnischen Juden VI b 434, 436; — von litauischen Juden VI b 437.

Judikatzinsen II a 107.

Jugendamt IV 999; — Anhörung vor Auswahl des Vormunds IV 1387; — Anzeige des Standesbeamten von der Geburt eines unehelichen Kindes IV 1376; — Unterstützung des Vormundschaftsgerichts IV 1540; — Aufsicht über uneheliche Kinder IV 1199, 1211; — Bestellung als Beistand IV 1174; — Bestellung als Vormund IV 1375, 1386; — keine Amtsvormundschaft des J. über Ausländer VI b 618; — vorläufige Maßnahmen bezüglich ausländischer Jugendlicher VI b 618; — Bestellung eines Mitvormunds neben dem J. IV 1377; — Antragsrecht auf Bestellung eines Einzelvormunds IV 1604; — J. als Gemeindewaisenrat IV 1359.

Jugendliche Personen: Haftung aus unerlaubten Handlungen II c 1845; — Ersatzpflicht aus Billigkeit II c 1848; — Haftung Aufsichtspflichtiger II c 1873; — Haftung als Tierhalter II c 1902; — Erziehungsmaßnahmen VI a 39.

Jugendwohlfahrtsgesetz IV 999, 1199, 1379, VI a 39, 348.

Jugoslawien: Staatsvertrag betr. juristische Personen VI b 153.

Junge von Tieren: Fruchteigenschaft I 386; — Verwendung bei der Pacht zur Ergänzung des Inventars II b 617.

Jungfräulichkeit, mangelnde, Eheanfechtungsgrund IV 117.

Jura in re aliena III 6.

Juris quasi possessio III 26, VI a 479.

— **quasi traditio** III 439.

Juristische Früchte I 385.

Juristische Personen: Begriff I 155; — der j. P. des öffentlichen Rechts I 157, 334; — ausländische I 164; — juristische Personen des Privatrechts I 164; — Sprachgebrauch des Gesetzes I 154; — Unterschied von der Gesellschaft II c 1197; — Entstehung I 160; — Arten I 162, 163; — Name I 119; — Schutz des Namens I 122; — öffentlich-rechtliche Rechtsfähigkeit I 156; — privatrechtliche Rechtsfähigkeit I 158; — Erlangung der Rechtsfähigkeit I 161; — Beschränkungen der Rechtsfähigkeit I 159; — Handlungsfähigkeit I 159; — Parteifähigkeit I 159, VI b 134, 136; — Besitzfähigkeit III 22, 28; — Deliktsfähigkeit I 160; — Erbfähigkeit V 24, 25, 26, 27; — erbrechtliche Beschränkungen V 3, 28; — passive Testamentsfähigkeit V 452; — Beschränkung der Vermächtnisfähigkeit V 586; — Erbeinsetzung

einer zur Zeit des Erbfalls nicht bestehenden V 517; — Vermutung der Einsetzung der gesetzlichen Erben als Vorerben V 521; — Anfall der Nacherbschaft V 527; — zeitliche Beschränkung der Einsetzung als Nacherbe V 527; — Beschränkung der Erbschaftsauseinandersetzung bei Beteiligung einer j. P. V 395; — Erbrecht, Pflichtteilsrecht am Nachlaß verpflegter oder unterstützter Personen VI a 367; — j. P. als Vermächtnisnehmer V 586; — zeitliche Beschränkung der Wirksamkeit eines bedingten oder befristeten Vermächtnisses an eine j. P. V 598; — Fähigkeit zum Amt eines Testamentsvollstreckers V 667; — zeitliche Beschränkung der Nachlaßverwaltung durch den Testamentsvollstrecker bis zum Eintritt eines Ereignisses in einer j. P. V 693; — Besitzstörung durch j. P. III 40; — Einfluß des Erlöschens auf einen von ihr erteilten Auftrag II c 1107; — Haftung für von Vorständen und Vertretern verursachten außerkontraktlichen Schaden I 211, 218; — Haftung aus unerlaubten Handlungen ihrer Vertreter und Vorstände II c 1754, 1869; — Haftung als Tierhalter II c 1894, 1899; — Personalstatut I 193; — Privilegien I 159; — landesrechtliche Erwerbsbeschränkungen VI a 216; — Fähigkeit zur Mitgliedschaft von Vereinen I 223; — rechtliche Stellung ihrer Organe I 677; — Unfähigkeit zur Vormundschaft IV 1398; — Pflegschaft über j. P. IV 1639; — Vertretung in der Vereinsmitgliederversammlung I 234; — subjektive Eigentumsfähigkeit III 291, 292; — Eigentumserwerb an Grundstücken, Verhältnis bei Auflösung der j. P. III 392, 393; — als Hypothekgläubiger III 1003; — Vertretung bei Auflassung von Grundstücken III 408; — Erlöschen eines Nießbrauchs derselben III 869, 870; — Übergangsvorschriften VI a 425.

Juristische Personen, räumlich geltendes Recht VI b 123; — Anerkennung ausländischer j. P. VI b 134; — A. ausländischer j. P. öffentlichrechtlichen Charakters VI b 139; — der Rechtsfähigkeit ausländischer Staaten VI b 139; — ausländischer Kirchen VI b 140; — ausländischer Körperschaften VI b, 140; — A. der Rechtsfähigkeit des Hl. Stuhls VI b 141; — Anknüpfungspunkte der Kollisionsnormen für j. P. VI b 123; — Sitztheorie VI b 124; — Begriff des Sitzes VI b 124, 129; — Anwendung der Sitztheorie VI b 130; — Gründungs- (Verleihungs-) theorie VI b 126; — Personalstatut der j. P. VI b 123; — Wechsel des Personalstatuts VI b 145; — durch Sitzverlegung VI b 145; — durch Souveränitätswechsel VI b 148; — auf die Deliktsfähigkeit anzuwendendes Recht VI b 137; — Erbfähigkeit VI b 637; — Konkurs VI b 137; — Liquidation VI b 137; — Parteifähigkeit VI b 134, 136; — Rechtsfähigkeit ausländischer VI b 134, 136; — Beschränkungen der Rechtsfähigkeit, Erwerbsfähigkeit VI b 138, 638; — Staatsangehörigkeit VI b 142; — Sitztheorie VI b 142; — Kontrolltheorie VI b 144; — Wechsel der Staatsangehörigkeit VI b 145; — Staatsverträge betr. j. P. VI b 150, 152; — Meistbegünstigungsklausel, Bedeutung für den Gewerbebetrieb ausl. j. P. VI b 152; — Interlokales Privatrecht VI b 153.

Jus ad rem II a 9, III 2, 167, VI a 475.

— **offerendi et succedendi** III 1454.

— **possessionis, possidendi** III 14.

Iustitium I 801.

Justizministerium: Zuständigkeit für die Volljährigkeit I 56, 57.

Ius tollendi III 605.

K.

Kabel, Zugehörigkeit zum Reich VI a 9.

Kabelleitungen über fremde Grundstücke III 303.

Kabelpfandrecht III 1380.

Kaiserliche Verordnung hinsichtlich der Mängel und Fristen bei der Viehgewährschaft II b 229, 230.

Kalendermonat, -vierteljahr, -woche: Kündigung des Dienstvertrags II b 887; — der Grundstücksmiete II b 534.

Kalenderzeit: Verzug des Gläubigers bei Bestimmung der Vornahme einer Handlung durch ihn nach K. II a 375; — des Schuldners bei Bestimmung der Erfüllungszeit nach K. II a 330.

Kalisalzvertrag II b 602.

Kalkulationsirrtum beim Werkvertrag II c 946.

Kaminkehrerlöhne: Last des Vermieters II b 454; — Verteilung auf sukzessiv Verpflichtete I 393.

Kämmereivermögen I 347.

Kammermitglieder: zivilrechtliche Verfolgung wegen unerlaubter Handlungen in Ausübung ihres Berufes II c 1814.

Kanalbenutzung im Mietobjekt II b 416.

Kaninchen: Wildschadenersatz nach Landesrecht VI a 172.

Kapitalabfindung des durch unerlaubte Handlungen Verletzten II c 1960; — der Hinterbliebenen des Getöteten II c 1968, 1973, 1977; — des Dienstberechtigten für die Entschädigung wegen nicht geleisteter Dienste II c 1980; — Einfluß des Mitverschuldens des Verletzten II c 1983; — zur Erfüllung der Unterhaltspflicht des schuldigen Teils bei Ehescheidung IV 805; — siehe auch „Abfindung".

Kapitalisierung rückständiger Hypothekzinsen III 1041.

Kaptatorische Verfügungen V 469.

Kartelle II c 1379; — rechtliche Natur, Rechtsverhältnisse II c 1828; — Kartellverordnung II c 1380, 1393; — Kartellvertrag II c 1384; — Kündigung des Kartellvertrags II c 1387; — Zulässigkeit von Vertragsstrafen II c 1386; — Verstoß gegen die guten Sitten II c 1385; — Kartellstrafrecht II c 1394.

Karten: auf den Inhaber lautende II c 1641; — auf den Inhaber lautende, Verpfändung III 1520; — Kraftloserklärung und Zahlungssperre nach Landesrecht VI a 258.

Kartenlotterie II c 1454.

Kassa-Klauseln II b 35.

Kassatorische Klausel: keine Vertragsstrafe II a 584; — beim Pfandverkauf III 1439; — bei letztwilligen Verfügungen V 470.
Kassen: Aufrechnung gegen Forderungen von öffentlichen K. II a 774; — Zahlungen aus öffentlichen VI a 233.
Kassenscheine: Ausgabe II c 1603.
Kassenschrankfach: Miete II b 590, II c 1152; — Besitzverhältnis III 61.
Kasuelle Bedingung I 652.
Katalog, Bedeutung der Zusendung I 616; — Vertragsbedingungen in K. II b 18.
Kauf: Allgemeines: Begriff II b 6; — Unterschied von anderen Verträgen II b 8; — Unterschied von Miete II b 393; — von der Pacht II b 601; — Abgrenzung vom Werkvertrag II b 930; — örtlich geltendes Recht II b 10; — wesentliche Erfordernisse II b 17; — Vertragsantrag II b 17; — Vertragsfreiheit II b 18; — Abschluß für einen unbestimmten Käufer durch den Mäkler II c 1053; — Form des Kaufvertrags, Formfreiheit II b 9, 21; — mögliche Gegenstände des Kaufvertrags II b 22; — Vorvertrag II b 17; — Bestätigungsschreiben II b 18; — Klauseln beim Handelskauf II b 19; — verbotswidrig abgeschlossene K. II b 20.
— Pflichten des Verkäufers: Übergabe, Verschaffung des Eigentums oder Rechtes II b 11, 30; — Nebenverpflichtungen II b 33; — Beseitigung von Rechten Dritter II b 49; — insbesondere beim Verkauf von Grundstücken, Schiffen oder Rechten an solchen II b 53; — Auskunftserteilung, Urkundenauslieferung II b 81; — Ersatz der Vertragskosten im Falle der Wandelung II b 179, 186; — Vertragsklage auf Erfüllung gegen den Verkäufer II b 70; — Einrede des nicht erfüllten Vertrages II b 45, 72.
— Haftung für Mängel im Rechte: für Freiheit von Grundstücken von öffentlichen Abgaben und Lasten II b 53; — Haftung beim Verkauf von Forderungen, Rechten und Wertpapieren II b 56; — Ausschluß der Haftung II b 66; — Art der Haftung II b 69; — beim Verkauf von Rechten an einer beweglichen Sache II b 79; — Beweislast für den Mangel II b 79; — Ausschluß und Beschränkung der Haftung II b 80; — Haftung für Zahlungsfähigkeit beim Verkauf einer Forderung II b 63.
— Pflicht des Käufers zur Kaufpreiszahlung II b 11, 34; — zur Abnahme der Sache II b 11, 38; — Verjährung der Abnahmeverpflichtung I 784; — zur Verzinsung des Kaufpreises II b 103; — Ausschluß des Rücktrittsrecht bei Stundung des Kaufpreises II b 105; — Eigentumsvorbehalt bis zur Zahlung des Kaufpreises II b 108; — Übergang von Nutzungen und Lasten II b 84, 90; — Kosten der Übergabe der Sache, der Übertragung des Rechts II b 98, 102.
— Gefahrübergang II b 84; — bei Versendung der Sache II b 91; — Verwendungen des Verkäufers auf die Sache nach G. auf den Käufer II b 101; — G. beim Verkauf eines Rechtes an einer Sache, das zum Besitz berechtigt II b 102.
Kauf: Gewährleistung wegen Mängel der Sache II b 116; — dispositives Recht II b 119, 128; — Umfang der Haftung II b 126, 127; — Haftung für Größe eines Grundstücks II b 188; — Ausschluß der Mängelhaftung II b 146; — bei öffentlicher Versteigerung II b 151; — Wandelung und Minderung (siehe auch diese) II b 152; — Schadensersatz wegen Nichterfüllung II b 159; — Ausschluß der Ansprüche durch vorbehaltlose Annahme II b 167; — Ansprüche bei Lieferung mangelhafter Gattungssachen II b 216; — Ausschluß und Beschränkung der Gewährleistungspflicht durch Vertrag II b 200; — Beweislast für Mängel II b 145; — Verhältnis zu den Vorschriften über Anfechtung wegen Irrtums, arglistiger Täuschung II b 77, 122; — Verhältnis zu den Vorschriften über Unmöglichkeit der Leistung II b 124; — Verhältnis zur Haftung wegen unerlaubter Handlungen II b 125; — vertragsmäßige Gewährleistung II b 125, 129; — Verjährung der Ansprüche II b 202; — Einfluß der Anzeige von dem Mangel auf die Verjährung II b 211.
— Verbot des Bietens für beteiligte Beamte II b 113, 114; — Wirkung der Nichtbeachtung II b 115.
— Einzelne Arten: Bar-, Hand- oder Realkauf II b 13, 35; — Gattungskauf, Spezieskauf II b 24; — Hoffnungskauf II b 12; — K. auf Probe oder Besicht II b 249, 255; — Frist für die Billigung II b 259; — Kosten der Zurückgabe der Ware II b 260; — K. nach Probe oder Muster II b 250; — K. auf Abruf II b 14; — zur Probe II b 250; — Vorkauf II b 272; — Wiederkauf II b 260; — K. mit Vorbehalt eines besseren Angebots II b 249.
— Einfluß der Geldentwertung II a 68, II b 48; — Kauf einer Erbschaft (siehe auch „Erbschaftskauf") V 1080; — von Grundstücken für den Mündel IV 1490.
— **bricht Miete** bei Veräußerung des Mietobjekts vor Überlassung an den Mieter II b 586.
— **bricht nicht Miete** II b 342, 345, 555; — Ausnahme II b 586; — rückwirkende Kraft des Satzes VI a 461.
Kaufähnliche Verträge: Pflichten der Vertragsteile, Haftung für Mängel im Recht II b 83; — Gewährleistung wegen Mängel der Sache II b 248.
Kaufleute: Verjährung ihrer Forderungen I 778, 780, 782; — als Hypothekgläubiger, Bezeichnung mit der Firma III 1005.
Kaufmann, Handelsname I 107; — gutgläubiger Eigentumserwerb im Betriebe des Handelsgeschäfts III 476, 488; — K. als Hypothekgläubiger III 1005; — Eintragung in das Güterrechtsregister am Ort der Handelsniederlassung IV 689.
Kaufmännische Anweisung II c 1572.
— **Dispositionspapiere:** Übersendung II b 96.

Kaufmännische Verpflichtungsscheine: Verpfändung III 1517.
Kaufmännisches Retentionsrecht III 1380.
Kaufpreis: Arten II b 17; — Erfordernisse II b 27; — Bestimmtheit, Bestimmbarkeit II b 23; — Beweislast für Angemessenheit II b 28; — Zahlung II b 34; — Beweislast für die Zahlung II b 37; — Berechnung des Marktpreises II b 104; — Minderung des K. II b 152; — Vollzug der Minderung II b 171; — Art und Umfang II b 194; — Stundung II b 36, 103, 105; — unrichtige Angabe bei Grundstückskäufen III 421; — Verweigerung der Zahlung wegen Mängel nach Verjährung der Gewährleistungsansprüche II b 211; — beim Viehkauf II b 242; — Aufrechnung mit Schadensersatzansprüchen nach Verjährung II b 215; — Verzinsung II b 103; — Zahlungsmodalitäten II b 34, 35; — Rückzahlung im Falle der Wandelung II b 185.
Kaufvertrag: Vorbehalt des Nießbrauchs III 834.
Kausale Rechtsgeschäfte I 411, II a 20, II c 1546, 1663.
— **Verträge** II a 390.
Kausalgeschäft: Wirkung der Bedingtheit auf das Erfüllungsgeschäft I 662; — Einfluß der Anfechtung I 407; — Erstreckung der Anfechtung des K. auf das dingliche Übereignungsgeschäft I 594; — Einfluß der Nichtigkeit des K. auf das dingliche Bewirkungsgeschäft I 406; — Einfluß der Unsittlichkeit des K. auf das dingliche Erfüllungsgeschäft I 581; — K. bei Eigentumsübertragung an Grundstücken III 398; — bei Rechtsänderungen an Grundstücken, Grundstücksrechten III 106; — Folgen der Loslösung der Einigung vom Kausalgeschäft III 116, 420, 421.
Kausalzusammenhang bei Schadensstiftung II a 122; — Unterbrechung II a 128; — adäquater K. II a 126; — Beweis des K. II a 130; — bei konkurrierendem Verschulden II a 127; — Unterbrechung II a 128; — K. bei unerlaubten Handlungen II c 1792, 1803; — bei Schadensstiftung durch Tiere II c 1889.
Kaution: Übergang der Hypothek für Zinsen- und Kostenkautionen in Eigentümerhypothek III 1273.
Kautionshypothek III 959, 1327; — siehe näheres unter „Höchstbetragshypothek“; — auf einem Vermächtnisgegenstand V 603; K. des bisherigen Rechts III 1342; — Behandlung der K. des bisherigen Rechts bei der Überleitung VI a 518, 519, 523, 524.
Kautionsleistung auf Grund öffentlichen Rechts VI a 230.
Kegeln, Lärm III 317.
Kehlkopfpfeifen der Pferde, Maulesel und Maultiere, Gewährfrist II b 230.
Kennen und kennen müssen: Begriff I 496, 498; — von Änderungen des Vereinsvorstandes I 296; — von Beschränkung der Vertretungsmacht des Vorstands, von Vorschriften über dessen Beschlußfassung I 297; — der Anfechtbarkeits eines Rechtsgeschäfts I 593; — der Anfechtbarkeit einer Willenserklärung I 496; — der Anfechtbarkeit der Ehe IV 140; — des Erlöschens des Auftrags II c 1110; — des Erlöschens der Vollmacht I 712; — des Erlöschens der Vertretungsmacht des Bevollmächtigten I 717; — der Beendigung des eheherrlichen Nutznießungs- und Verwaltungsrechts IV 375; — der Beendigung der elterlichen Gewalt bei Rechtsgeschäften mit dem Gewalthaber IV 1148; — der Gefahr ungewöhnlich großen Schadens II a 154; — der gefahrdrohenden Beschaffenheit der hinterlegten Sache II c 1164; — des Irrtums des anderen Ehegatten bei Eingehung der Ehe IV 147; — vom Eintritt der Nacherbfolge V 571; — der Richtigkeit einer Willenserklärung I 496, 498; — der Täuschung beim Betrug I 501, 511; — der Unmöglichkeit einer Leistung II a 406; — des Verstoßes eines Vertrags gegen die guten Sitten II a 412; — vom Mangel der Vertretungsmacht I 727; — der Unwahrheit einer kreditgefährdenden Tatsache II c 1805, 1809; — bei Willenserklärungen des Testamentsvollstreckers V 685; — zu beurteilen nach der Person des Vertreters I 693.
Kenntnis von der Abtretung der Forderung II a 829, 834, 841; — der Ehegatten von der Nichtigkeit der Ehe, Einfluß auf das Verhältnis zu den Kindern IV 1186, 1188, 1190; — K. der Mutter allein IV 1188; — des Vaters allein IV 1186; — K. des Käufers von Mängeln der Kaufsache II b 147; — Annahme der Sache trotz K. II b 167; — beim Kauf von Gattungssachen II b 216, 220; — beim Viehkauf II b 231; — des Mieters von Fehlern des Mietobjektes II b 433; — von Mängeln im Recht II b 435; — Ausschluß des Rechts zur außerordentlichen Kündigung II b 445; — K. des mangelnden Rechtsgrundes bei Empfang einer Leistung II c 1734; — der Unmöglichkeit des Eintrittes des Erfolges einer Leistung II c 1699.
Kettenhandel I 561, II b 15, 16.
Kies: Bestandteil des Grundstücks I 366; — Besitz nach Einwilligung zum Brechen III 23; — Graben aus fremdem Grund III 799; — Verkauf einer Kiesgrube zum Ausschachten III 527; — Gewinnung durch den Nießbraucher III 846; — Gewinnung durch den Pächter II b 602.
Kinder: Begriff IV 842; — Ansprüche aus unerlaubter Handlung wegen Beschränkung ihres Erwerbs und Fortkommens II c 1959; — wegen Aufhebung der Erwerbsfähigkeit II c 1962; — Auflassung an K. III 413; — Bestimmung des Aufenthalts IV 1007; — Auslegung der Erbeinsetzung der K. V 462; — Besitz III 22, 28; — mittelbarer Besitz III 73; — Besitzaufgabe III 35; — Besitzdiener III 31; — Besitzwille III 22; — siehe „Dienstleistungen“; — Ansprüche wegen Entziehung ihrer Dienste II c 1983; — Erbrecht V 32; — zu gleichen Teilen V 35; — Ersatzpflicht für Aufwendungen des Vaters IV 1070; — Eigen-

tumserwerb, Erwerb von Rechten durch den Vater IV 1067; — Einwilligung zur Eheschließung von K. IV 44, 47, 48; — freies Vermögen IV 1075; — *Familienname* I 112, 113, IV 943; — Finderlohn freies Vermögen III 560; — Geschäftsunfähigkeit I 421, 422; — Beschränkung in der Geschäftsfähigkeit I 427; — Ansprüche aus dem HaftpflG. VI a 67; — Haftung für Verbindlichkeiten im Verhältnis zum Gewalthaber IV 1093; — Haftung aus unerlaubten Handlungen derselben II c 1873; — *religiöse Erziehung* IV 394, 1000, 1212, 1265, 1267, 1304, 1434, VI a 336, 339; — Schutz bei Arbeitsleistung IV 948; — Schutz bei Gefährdung des Vermögens IV 1118; — des geistigen oder leiblichen Wohles oder des Unterhalts IV 1104, 1105; — Erwerb und Verlust der Staatsangehörigkeit IV 995, 1197, 1267, VI a 57, 59, 60; — Unterhaltsrecht und -Pflicht IV 961, 903, 906, 913; — Unterhalt des K. aus der durch Wiederverheiratung nach Todeserklärung eines Ehegatten aufgelösten Ehe IV 156; — Verjährung der Ansprüche zwischen Eltern und K. I 804, 805, IV 3; — Verkehr der Eltern mit den K., Regelung durch das Vormundschaftsgericht IV 1031; — Vertretung IV 983; — Vertretung einer verheirateten Tochter IV 1012; — Vertretung im Falle der Beschränkung des Gewalthabers in der Geschäftsfähigkeit IV 1137; — nach Ehescheidung IV 1020, 1027; — Vorenthaltung der K. IV 1008; — *Wohnsitz* I 99; — Wohnsitz des angenommenen K. IV 1303; — des legitimierten K. IV 1267; — des unehelichen K. IV 1197; — Feststellung des Rechtsverhältnisses zu den Eltern im Prozeß IV 848; — siehe auch „*Abkömmlinge, Ehelichkeit, uneheliche Kinder*".

Kinder *aus anfechtbarer Ehe*: rechtliche Stellung IV 1192; — *aus nichtiger Ehe*: rechtliche Stellung IV 1182; — Rechtsverhältnis zu den gutgläubigen Eltern IV 1185; — zu dem nicht gutgläubigen Vater IV 1186; — Rechtsverhältnis zu der nicht gutgläubigen Mutter IV 1188; — Rechtsverhältnis der nicht als ehelich geltenden Kinder zu den Eltern IV 1190; — Familienname IV 946; — rechtliche Stellung von K. nach Scheidung oder Auflösung der Ehe nach bisherigem Rechte VI a 561, 562; — aus nichtiger oder ungültiger Ehe nach bisherigem Recht VI a 563.

— *räumlich anzuwendendes Recht* hinsichtlich der ehelichen Abstammung VI b 446; — bei gültiger Ehe VI b 449; — bei geschiedener Ehe VI b 450; — bei nichtiger Ehe, Nichtehe VI b 451; — auf das Rechtsverhältnis ehelicher K. zu den Eltern anzuwendendes Recht VI b 461, 471; — auf das Rechtsverhältnis zu den Eltern bei nichtiger Ehe anzuwendendes Recht VI b 451, 486; — auf das Rechtsverhältnis zu den Eltern nach Scheidung anzuwendendes Recht VI b 479, 482; — Einfluß des Staatswechsels VI b 484; — Fürsorgeerziehung ausländischer K. VI b 479; — auf die religiöse Erziehung anzuwendendes Recht VI b 476; — auf das Kindesvermögen anzuwendendes Recht VI b 465, 476, 487; — Konfliktsklausel, Anwendung des Sachstatuts VI b 487, 771; — Rück- und Weiterverweisung VI b 487; — für den Unterhaltsanspruch geltendes Recht VI b 472, 496; — für die Unterhaltspflicht geltendes Recht VI b 472, 496; — ausländisches Recht VI b 488.

Kinderarbeit, Schutz der Kinder II b 721, 732, IV 948, 949.

Kindergeld: Anlegung IV 1055; — siehe auch „*Anlegung, Geld*".

Kindervermögen: Besitz IV 1041, 1081; — Verwaltung durch den Gewalthaber IV 980; — durch die Mutter als Inhaberin der elterlichen Gewalt IV 1158, 1159; — durch den Beistand der Mutter IV 1170; — von der Verwaltung ausgenommenes Vermögen IV 1042.

Kindesalter I 54; — Geschäftsunfähigkeit während des K. I 421, 422; — Beschränkung der Geschäftsfähigkeit I 427.

Kindes Statt: Annahme an K. IV 1300; — siehe Näheres unter „*Annahme*".

Kindskauf II b 286, III 928.

Kindstötung IV 1199.

Kindsunterschiebung IV 851.

Kirchen: Verkehrsfähigkeit I 345; — Anerkennung der Rechtsfähigkeit ausländischer Kirchen VI b 140.

Kirchen, kirchliche Gegenstände, Eigentum daran III 292.

Kirchenbaulast VI a 333; — Verteilung auf sukzessiv Verpflichtete I 394.

Kirchengemeinden: katholische, in Preußen, Erwerbsbeschränkungen VI a 221.

Kirchenrecht: Verhältnis zum BGB. VI a 97.

Kirchenstühle I 345, III 665, 907; — Landesrecht VI a 335; — Miete II b 391; — Vererblichkeit V 20.

Kirchentrachten III 946.

Kirchhof: Eigentumsübertragung III 398.

Kirchliche Ehescheidung: im Ausland VI b 407.

Kirchliche Eheschließung: im Ausland, Beurteilung im Inland VI b 251, 807; — in Deutschland VI b 247, 818; — vor der standesamtlichen IV 32, 35; — Verweigerung derselben Scheidungsgrund IV 745; — bei lebensgefährlicher Erkrankung eines Verlobten VI a 78, 80.

Kirchliche Verpflichtungen in Ansehung der Ehe IV 837.

Klagänderung: Übergang von Wandelung zur Minderung und umgekehrt II b 176.

Klagbarkeit der Schuldverhältnisse II a 10; — der Einigung über Rechtsänderungen an Grundstücken, Grundstücksrechten III 118; — des Eheversprechens VI a 531; — der vergleichsweise versprochenen Leistung II c 1538; — Vergleich bei Streit über Kl. II c 1536.

Klage *auf Herstellung des ehelichen Lebens*: Allgemeines IV 160; — Geltendmachung des Rechts auf eheliche Lebensgemeinschaft IV 171; — des Entscheidungsrechts des Mannes in ehelichen Angelegenheiten IV 177; — des Rechts auf Führung des

Familiennamens des Mannes IV 178; — des Rechts auf Arbeitsleistung der Frau IV 182; — auf Unterlassung persönlicher Leistungen an Dritte IV 195; — auf Unterhaltsgewährung IV 204; — auf Tragung des ehelichen Aufwandes IV 289.
Klage des Abkömmlings auf Aufhebung der fortgesetzten Gütergemeinschaft IV 562; — der Frau auf Aufhebung der Gütergemeinschaft IV 487; — auf Aufhebung der Verwaltung und Nutznießung des Mannes IV 361; — des Mannes auf Aufhebung der Gütergemeinschaft IV 491; — Kl. auf Eheschließung ausgeschlossen IV 18.
Klageerhebung als Mahnung und Voraussetzung des Verzugs II a 330; — auf Leistung beim gegenseitigen Vertrag II a 472; — Unterbrechung der Verjährung I 813; — Dauer derselben I 818; — Wegfall der Wirkungen der Unterbrechung I 820; — zur Wahrung der Gewährsfrist beim Viehkauf II b 233; — Wirkung in anderen als zivilprozessualen Rechtsstreitigkeiten VI a 396.
Klagenkonkurrenz: Verjährung I 775.
Klagenverjährung I 770.
Klaglose Geschäfte: Vergleich darüber II c 1536.
Klassenlotterie II c 1455.
Klauseln im Handelsverkehr I 647, II b 19; — beim Versendungskauf II b 91, 92.
Kleider: rechtliche Natur der Verträge über Fertigung II c 931; — der Frau, Eigentumsvermutung IV 211; — Übernahme bei Auseinandersetzung des Gesamtguts der allgemeinen Gütergemeinschaft IV 509; — der Errungenschaftsgemeinschaft IV 664; — Herausgabe bei tatsächlicher Trennung der Ehegatten IV 208; — Vorbehaltsgut IV 225, 632; — Kl. des Kindes, freies Vermögen IV 1075.
Kleinbahnunternehmen: Bahneinheit VI a 284, 285.
Kleine Inhaberpapiere II c 1641.
Kleingarten-, Kleinpachtlandordnung II b 593, 603, 649, III 653, 654.
Klosterpersonen: Beschränkung der Rechtsfähigkeit I 42, VI a 210, 406; — Eigentumsfähigkeit III 292; — Beschränkung der Erbfähigkeit VI a 223, 583; — Testierfähigkeit V 734.
Klostertod I 129.
Knappschaftskassen: Aufrechnung mit geschuldeten Beiträgen II a 767.
Knebelvertrag I 577.
Koalitionsrecht gewerblicher Arbeiter und Arbeitgeber II b 722, 734, II c 1776, 1827.
Kodifikationsprinzip VI a 92.
Kodizill V 63, 67, 579, 729.
Kognaten IV 840.
Kohle: Fruchteigenschaft I 386.
Kohlenabbaugerechtigten III 665; — Übertragung III 390.
Koinzidenzinteresse II a 117.
Kollationspflicht der Abkömmlinge V 405; — siehe Näheres unter „Ausgleichung"; — nach bisherigem Recht VI a 584, 586.
Kollegialbeamte: Haftung aus Pflichtverletzungen II c 1948.
Kollektivarbeitsrecht II b 723.
Kollektivvollmacht I 704.
Koller der Pferde, Esel, Maulesel, Maultiere, Gewährfrist II b 230.
Kollisionsnormen: Begriff VI b 3; — Arten VI b 9; — auf ausländisches Recht verweisende VI b 11; — auf inländisches Recht hinweisende VI b 10; — landesrechtliche I 7, VI b 52; — Revisibilität VI b 44.
Kolonnenarbeiter, Rechtsverhältnis II b 715.
Kommanditgesellschaft: Frau als Gesellschafterin IV 230; — Tod eines Kommanditisten V 19; — Fortsetzung mit den Erben V 353; — Tod eines Komplementars V 176.
Kommissionär: Auskunftpflicht, Rechenschaftsablegung II c 1092; — Haftung aus Erteilung eines unrichtigen Rates oder unrichtiger Auskunft II c 1119; — Besitzvermittlung III 71; — gesetzliches Pfandrecht III 1465; — Verjährung ihrer Ansprüche I 786.
Kommissionsgeschäft: Unterschied vom Kauf II b 9; — Eigentumsübertragung III 463.
Kommorienten I 152.
Kommunale Körperschaften: Mündelsicherheit ihrer Schuldverschreibungen IV 1444, 1447.
Kommunalobligationen: Aufwertung II c 1600.
Kommunalverbände: Aufrechnung gegen Forderungen derselben II a 775; — Haftung für Schadenszufügung durch Beamte II c 1951; — Haftung für Schadenszufügung durch Beamte VI a 184; — Haftung aus Pflichtwidrigkeiten des Vormundschaftsrichters in Sachen elterlicher Gewalt IV 1133; — in Vormundschaftssachen IV 1562; — Eigentumserwerb und -verlust an Grundstücken kraft Gesetzes VI a 326.
Kommunbrauereien VI a 429.
Kommunmauer III 103, 372, VI a 322; — zeitlich geltendes Recht VI a 487; — Erhöhung und Verstärkung III 383; — Unterfangung III 382; — Ablösung III 378.
Kompensation II a 734; — von Ehescheidungsgründen VI a 549; — beim Ehebruch IV 728, 729, 751; — von Gewinn und Schaden II a 120; — siehe auch „Aufrechnung".
Kompromiß II c 1527.
Kondiktionen des früheren Rechts II c 1662.
Konfliktsklausel VI b 13, 763, 765; — analoge Anwendung VI b 768; — ausländisches Recht VI b 769; — Anwendung beim ehelichen Güterrecht VI b 336; — bei Schenkungen unter Ehegatten VI b 770; — beim Erbrecht VI b 628, 683, 725, 728, 763, 765; — beim Kindervermögensrecht VI b 487, 771; — im Vormundschaftsrecht VI b 606, 620; — Staatsverträge VI b 772.
Konfusion: Erlöschen des Schuldverhältnisses II a 644; — K. von Bürgschaft und Hauptschuld II c 1478; — dinglicher Rechte mit einem Miteigentumsanteile III 645; — Vereinigung von Grundstücksrechten mit dem Eigentum III 96; — siehe auch „Vereinigung, Zusammentreffen".

Kongregationen: ordensähnliche, Erwerb durch Schenkung oder von Todes wegen VI a 223.
Konkludentes Handeln I 454.
Konkretisierung des Schuldverhältnisses II a 86.
Konkubinenkinder: Erbrecht V 35.
Konkurrenzgeschäft: Aufnahme durch den Vermieter II b 414, 425.
Konkurrenzklausel beim Dienstvertrag II b 781.
Konkurrenzverbot als Grunddienstbarkeit III 807; — Abtretbarkeit des Anspruchs aus einem K. II a 806; — Vertragsstrafe II a 604; — K. für Gesellschafter II c 1231; — Verletzung durch gesetzliche Vertreter und Erfüllungsgehilfen II a 300.
Konkurrenzverbot, -beschränkung, handelsgesetzliche, Wirkung des Verstoßes dagegen I 556; — Verstoß gegen die guten Sitten I 579.
Konkurrierende Gesetzgebung des Reichs VI a 113.
Konkurrierendes Verschulden II a 154; — Einfluß auf Ausgleichungspflicht unter Gesamtschuldnern II a 922; — Einfluß auf die Haftung aus unerlaubten Handlungen II c 1787, 1794, 1803; — bei Haftung für Verschulden Angestellter usw. II c 1871; — bei Amtspflichtverletzungen Beamter II c 1923, 1944; — bei Verletzung durch Tiere II a 156, 160, II c 1895, 1905; — in Haftpflichtfällen VI a 67; — beim Wildschaden II c 1910; — Einfluß k. V. des Verletzten auf die Ansprüche wegen Tötung und Schädigung des Dienstberechtigten II c 1983.
Konkurs: Behandlung bedingter, betagter Forderungen I 657; — Einfluß der Eröffnung auf einen Vertragsantrag I 636; — Einfluß auf die Genehmigung von Rechtsgeschäften I 747; — Annahme einer dem Gemeinschuldner angefallenen Erbschaft V 89; — Ausschlagung derselben V 99; — Ausübung des Ausschlagungsrechts im K. des E. V 99, 111; — Antragsrecht des Abwesenheitspflegers auf Eröffnung IV 1655; — Aufrechnung im K. II a 747, 763; — Aufrechnung mit einer angemeldeten Forderung II a 763; — Einfluß auf die Haftung des Bürgen II c 1504; — Wirkung des Eigentumsvorbehalts II b 112; — Einfluß auf die Gemeinschaft II c 1419; — Einfluß auf Mietverhältnisse II b 344; — Geltendmachung der gesetzlichen Pfandrechte III 1467; — Wirkung des Vertragspfandrechts III 1380; — Behandlung von Vertragsstrafen II a 581; — Einfluß auf das Vorkaufsrecht II b 286; — Einfluß auf das dingliche Vorkaufsrecht III 928, 933; — auf das Wiederkaufsrecht II b 269; — Einfluß auf Zinsenlauf II a 107; — Geltendmachung von Ansprüchen wegen ungerechtfertigter Bereicherung II c 1666; — Ausschluß des Unterhaltsanspruches von der Masse IV 895; — Geltendmachung von Unterhaltsansprüchen im K. IV 897; — Rücknahme vom Gemeinschuldner hinterlegter Sachen II a 715; — Untauglichkeit des Gemeinschuldners zum Amt des Familienratsmitglieds IV 1583; — des Gegenvormunds IV 1412; — d. Pflegers IV 1669; — des Vormunds IV 1393; — Entlassung des Vormunds nach Eröffnung des K. IV 1602; — Unwirksamkeit eines Veräußerungsverbots gegenüber d. Konkursgläubigern I 564; — Unterbrechung der Verjährung des angemeldeten Anspruchs I 813, 816; — Dauer der Unterbrechung, Wegfall der Wirkung I 823; — Erlöschen der Vollmacht durch Eröffnung des K. I 709, 710, 715; — Rückforderung einer nach Zwangsvergleich gemachten Leistung über die Quote II c 1699; — Zurückbehaltungsrecht an einem Massegegenstand II a 245; — Einfluß auf das Rücktrittsrecht vom Vertrag II a 627; — Ansprüche des im Schlußverzeichnis nicht berücksichtigten Konkursgläubigers II c 1685; — Ausschluß von Vormerkungen während des K. III 191; — freihändiger Verkauf von gepfändeten Sachen III 1449; — Einfluß auf die Maximalhypothek III 1341; — Behandlung der Eigentümerhypothek III 1224; — Einfluß des K. des Verpflichteten auf den Grundbuchberichtigungsanspruch III 265.
Konkurs: bestimmter Rechtssubjekte: des Anweisenden II c 1581; — des Auftraggebers II c 1108, 1111; — des Beauftragten II c 1110; — des Dienstberechtigten II b 691; — des Gastes II b 1191; — des Berechtigten aus einem auf eine Geschäftsbesorgung gerichteten Dienst- oder Werkvertrag II c 1116; — K. über das Vermögen der Ehefrau: Einfluß auf die eheherrliche Verwaltung und Nutznießung IV 348; — K. bei Errungenschaftsgemeinschaft IV 641, 658; — eines Ehegatten bei allgemeiner Gütergemeinschaft IV 470; — nach Aufhebung der Gütergemeinschaft vor Auseinandersetzung IV 496, 500; — bei Fahrnisgemeinschaft IV 672; — bei fortgesetzter Fahrnisgemeinschaft IV 685; — über das Vermögen des Ehemannes: Beendigung der Nutznießung und Verwaltung am eingebrachten Gut IV 368; — der Errungenschaftsgemeinschaft IV 641, 658; — Klage der Frau auf Wiederherstellung der Gemeinschaft IV 655; — K. des Ehemanns bei Fahrnisgemeinschaft IV 672; — über das Vermögen des überlebenden Ehegatten, eines Abkömmlings bei fortgesetzter Gütergemeinschaft IV 548; — Legitimation zur Ablehnung der Fortsetzung der Gütergemeinschaft IV 536, 537; — des Eigentümers des Hypothekenobjekts III 1062, 1051; — K. über das Gesamtgut der fortgesetzten Gütergemeinschaft IV 551; — eines Gemeinschaftsteilhabers II c 1419; — der Gesellschaft II c 1322; — eines Gesellschafters II c 1322; — Auflösung der Gesellschaft II c 1323; — Fortsetzung unter den übrigen Gesellschaftern II c 1349; — über das Vermögen des Gewalthabers, Nutznießungsrecht kein Bestandteil der Masse, Behandlung der Ansprüche auf die Nutzungen IV 1091; — des Hauptschuldners, Einfluß auf die Bürgschaft II c 1472, 1504; — K. von juristischen Personen des öffentlichen Rechts I 333, 336; — ausländischer juristischer Personen VI b 137; — des Käufers unter Eigentumsvorbehalt II b

112; — des Verkäufers, Einfluß auf den Wandelungsanspruch II b 184; — über das Vermögen des Kindes: Behandlung des elterlichen Nutznießungsrechts IV 1093, 1095; — Ausgleich zwischen freiem und elterlicher Nutznießung unterliegendem Vermögen für erfüllte Verbindlichkeiten IV 1095; — des Mieters II b 344; — des Mieters, Einfluß auf das Vermieterpfandrecht II b 526; — K. über das Vermögen eines Miterben, Einfluß auf die Nachlaßauseinandersetzung V 393; — des Nießbrauchers III 868, 870; — des Pächters eines landwirtschaftlichen Grundstücks II b 617; — der Stiftung I 241, 326, 328; — Antragspflicht der Liquidatoren I 333; — des Übernehmers der Forderung bei der Schuldübernahme II a 885; — über das Vermögen des Vaters, Beendigung der Vermögensverwaltung IV 1068; — Vorrecht der Forderung des Kindes aus der Vermögensverwaltung IV 1042; — des unehelichen Vaters des Kindes IV 1224, 1230, 1234, 1246; — des Erben des unehelichen Vaters IV 1234; — über das Vermögen des Testamentsvollstreckers V 720, 724; — K. des Vereins I 239; — Eintragung der Eröffnung und Aufhebung in das Vereinsregister I 302; — über das Vermögen eines nicht rechtsfähigen Vereins I 262; — des Vormunds: Herausgabe des Mündelsvermögens, Rechnungstellung IV 1610; — des Werkunternehmers II c 1015.

Konkurseröffnung, Wirkung des Öffentlichkeitsprinzips des Grundbuchrechts III 239; — Einfluß auf Eintragungs- oder Löschungsbewilligungen zum Grundbuch III 135, 136; — auf Vormerkungen im Grundbuch III 185.

Konkursordnung: Inkrafttreten der Änderung des Gesetzes VI a 4; — Verwandtschaft und Schwägerschaft im Sinne der KO. VI a 33, 34.

Konkurstabelle, Verjährung der festgestellten Ansprüche I 826.

Konkursverwalter: Besitz III 29, 69, 72; — Übergang des Besitzes des K. III 38; — Verbot des Bietens bei Verkäufen II b 115; — Verfügungen des K.: Einfluß auf das Rücktrittsrecht II a 627; — Legitimation zum Grundbuchberichtigungsanspruch III 256; — Verfügungen des K.: Einfluß auf im Grundbuch vorgemerkte Rechte III 166, 185; — Einfluß auf die Wandelung beim Kauf II b 179, 183; — auf das Wiederkaufsrecht II b 269; — Einfluß der Rückwirkung der Genehmigung von Rechtsgeschäften auf Verfügungen des K. I 747; — Einfluß von Verfügungen des K. über das Erbbaurecht auf Veräußerungs-, Belastungsbeschränkungen III 694, 697, 699; — Verfügungen während der Schwebezeit einer Bedingung I 667; — Geltendmachung des Erbschaftsanspruchs V 319; — Wirksamkeit von Verfügungen desselben im Falle einer Nacherbfolge V 534, 545; — Ausschluß des Vorkaufsrechts gegenüber Verkäufen des K. II b 286.

Konnossemente: Verpfändung III 1517.

Konsensprinzip des Grundbuchrechts III 11, 91, 92, 107, 113; — Ausnahmen vom K. III 253; — beim Rangvorbehalt III 158.

Konsolidation II a 644; — Vereinigung von Grundstücksrechten mit dem Eigentum III 96, 204, VI a 287, 288; — siehe auch „Vereinigung, Zusammentreffen".

Konsolidationssystem bei allgemeiner Gütergemeinschaft IV 523.

Konsortien II c 1365.

Konsul: Eheschließung vor dem K. VI a 56, VI b 192, 255, 256, 257; — Ehescheidung durch den K. VI b 392; — Zuständigkeit zur Aufnahme von Rechtsgeschäften VI b 190; — Errichtung letztwilliger Verfügungen V 728, 783; — Zuständigkeit, Verfahren bei Errichtung letztwilliger Verfügungen VI a 53; — Gerichtsbarkeit in Vormundschaftssachen IV 1360; — vormundschaftliche Stellung nach Staatsverträgen VI b 627, 628.

Konsulargerichtsbezirk: Inkrafttreten des BGB. VI a 5; — Eheschließung im K. IV 36, VI a 56, VI b 192, 257; — Form von Rechtsgeschäften im K. VI b 188; — mündelsichere Anlagen IV 1445; — Testamentserrichtung im K. V 783, VI b 646; — vormundschaftsgerichtliche Befugnisse der Konsuln im K. VI b 628; — Länder mit K. VI b 257; — Vereine im K. I 191.

Konsularverträge: über Eheschließung vor Konsuln VI b 256; — über Ehescheidung vor Konsuln VI b 392; — über internationales Erbrecht VI b 730, 731; — über Vormundschaftsrecht VI b 627.

Konsulatsgesetz: Änderung VI a 53.

Konsumtibilien I 356.

Konstitutum II c 1470.

Kontokorrentbürgschaft II c 1467.

Kontokorrentverhältnis: Abrechnung, Saldofeststellung II c 1568; — Mängel, Anfechtung der A. II c 1569; — Berücksichtigung von Spiel- und Wettschulden II c 1448.

Kontokorrentverkehr II a 740; — Verzinsung von Überschüssen II a 112.

Kontokorrentvertrag: Bedeutung der Aufnahme einer Forderung in den Kontokorrent II a 650, 651.

Kontrahieren mit sich selbst bei der Eigentumsübertragung III 463; — des Vertreters I 735.

Kontrahierungszwang I 605, 610, II a 396.

Kontrollmarken II c 1644.

Kontrollrecht des nicht geschäftsführenden Gesellschafters II c 1269; — des ausgeschiedenen Gesellschafters II c 1359.

Konvaleszenz der Hypothek III 982, 987, 1000; — von Verfügungen Nichtberechtigter I 749; — von Verfügungen Nichtberechtigter infolge Beerbung durch den Berechtigten V 221; — von Verfügungen Nichtberechtigter über Grundstücke, Grundstücksrechte III 109, 110.

Konvaleszenzprinzip I 119.

Konventionalstrafe II a 580; — siehe Näheres unter „Vertragsstrafe"; — Einfluß der Anfechtung des Hauptgeschäfts I 596; — K. zur Sicherung der Verpflichtungen aus einem Vorvertrag I 611; — für Verlöbnisbruch IV 18.

Konversion nichtiger Rechtsgeschäfte I 590; — gesetzliche I 591; — bei Eheschließung ausgeschlossen IV 100; — Aufrechterhaltung letztwilliger Verfügungen V 63; — von Erbverträgen V 841.
Konvertierung von Staatsschulden VI a 253.
Konvertierungsprämien: Bezugsrecht des Nießbrauchers III 895.
Konzentration II a 86.
Konzeptionsunfähigkeit während der Empfängniszeit; Beweis IV 859.
Konzessionierung juristischer Personen I 161.
Kopfbäume III 385.
Kopfteilung bei der Erbfolge der Abkömmlinge V 35, 37.
Koppen der Pferde, Esel, Maulesel, Maultiere, Gewährfrist II b 230.
Körper, Körperstücke des Menschen, Sacheigenschaft, Verkehrsfähigkeit I 344, 350; — kein Anspruch auf körperliche Untersuchung des Gegners II c 1649.
Körperliche Gebrechen: Einfluß auf die Geschäftsfähigkeit I 448; — Pflegschaft wegen k. G. IV 1647; — siehe auch „Gebrechliche, Gebrechlichkeit".
Körperliche Gegenstände I 348.
Körperschaften: Begriff I 163; — Unterschied von der Stiftung I 163, 305; — K. des öffentlichen Rechts: Haftung für Handlungen ihrer Vertreter I 333; — Konkurs I 241, 333; — Erwerb des Vermögens eines aufgelösten Vereins I 246, VI a 215; — einer Stiftung I 333; — gesetzliches Erbrecht an Stelle des Fiskus VI a 363; — Schuldverschreibungen derselben, Mündelsicherheit IV 1444, 1447, 1448; — landesgesetzliche Vorschriften hinsichtlich der Ausstellung von Schuldverschreibungen, hinsichtlich des Anspruches aus abhanden gekommenen oder vernichteten Zins-, Renten- oder Gewinnanteilscheinen VI a 255; — hinsichtlich der Umschreibung und Kraftloserklärung VI a 256; — gesetzliche Sicherungshypothek III 995, VI a 231; — öffentlich-rechtliche, hinsichtlich der Rechtsfähigkeit geltendes Recht VI b 140.
Körperteile: Aneignung III 535.
Körperverletzung: Grund zur Pflichtteilsentziehung V 986, 990; — Schadensersatzpflicht II c 1768, 1771; — Ersatzpflicht für Schäden im Erwerb und Fortkommen II c 1959; — wegen Aufhebung oder Minderung der Erwerbsfähigkeit, Vermehrung der Bedürfnisse II c 1960; — Ersatzpflicht gegenüber Dritten für entgehende Dienste II c 1949; — Einfluß des Mitverschuldens des Verletzten II c 1983; — Verhältnis mehrerer Verantwortlicher II c 1953; — Entschädigung wegen nicht vermögensrechtlichen Schadens II c 1984; — K. durch Einsturz eines Gebäudes oder Werks oder Ablösung von Teilen: Haftung des Besitzers und Vorbesitzers des Grundstücks II c 1911; — des dinglich oder persönlich Berechtigten II c 1920; — des Unterhaltungspflichtigen II c 1921; — K. durch Tiere II c 1881, 1894, 1906; — Haftung nach dem Haftpflichtgesetz VI a 66; — Strafantragsrecht wegen K. einer Ehefrau VI a 45.
Korporation: Besitz der Vertreter III 28.
Korrealhypothek III 961, 1091.
Korrealobligation II a 895; — siehe auch „Gesamtschuldverhältnis".
Korrekturen im eigenhändigen Testament V 740.
Korrespektives Testament: Begriff V 820; — Einsetzung eines Erben des zuletzt Versterbenden, Vermächtnis an einen Dritten V 815; — Anfechtung V 828, 830; — Nichtigkeit, Unwirksamkeit von Verfügungen V 820, 823; — Widerruf V 820, 823; — Beschränkung von Rechtsgeschäften unter Lebenden V 826.
Kostbarkeiten: Haftung des Gastwirts für eingebrachte K. II c 1186; — Hinterlegung zur Erfüllung II a 705; — Hinterlegung zur Sicherung des Nachlasses V 126, 132; — Hinterlegbarkeit nach Landesrecht VI a 386; — des Kindes: Hinterlegung IV 1118; — K. des Mündels: Hinterlegung IV 1478; — Genehmigung des Vormundschaftsgerichts zu Verfügungen darüber IV 1479.
Kosten, Aufrechnung zunächst auf Kosten II a 775; — K. als Teilleistung II a 205; — K. bei Bestreitung eines Teilbetrags II a 208; — K. bei prozessualer Aufrechnung II a 750; — Tilgung der K. durch Teilleistung vor der Hauptsache II a 689; — Verjährung der K. mit der Hauptforderung I 836; — Rückerstattung mit Unrecht erhobener Verfahrenskosten II c 1669, 1670, VI a 262; — Zwangshypothek für Kostenforderungen III 963.
— der Abmarkung von Grundstücken III 364, 367; — des Angebots, der Aufbewahrung und Erhaltung des geschuldeten Gegenstandes beim Gläubigerverzug II a 386; — der Aufnahme des Verzeichnisses des Kindervermögens IV 1054; — der öffentlichen Aufforderung der Erben zur Anmeldung ihrer Erbrechte V 152; — der öffentlichen Aufforderung der Nachlaßgläubiger zur Anmeldung ihrer Forderungen V 439; — der Auflassung beim Kauf II b 100; — K. im Falle der Aufrechnung II a 754; — der Ausstellung neuer Schuldverschreibungen II c 1622; — der Aufhebung der Gemeinschaft II c 1425, 1427; — der Beerdigung von Verwandten IV 938; — des unterhaltsberechtigten Ehegatten IV 200, 203; — der Beerdigung des Erblassers V 178; — des unehelichen Kindes IV 1235, 1243; — der unehelichen Mutter IV 1243; — K. der Eheschließung IV 289; — der Eintragung im Grundbuch III 1038; — des Entmündigungsverfahrens I 83; — der Erbscheinserteilung V 1040; — der Beurkundung des Kaufs von Grundstücken, Grundstücksrechten II b 100; — K. der Erneuerung für kraftlos erklärter Schuldverschreibungen II c 1627; — der Erziehung und Vorbildung zu einem Berufe IV 924; — der Erhaltung des eingebrachten Gutes der Frau im gesetzlichen Güterstande IV 272; — bei Errungenschaftsgemeinschaft IV 636; — bei allgemeiner Gütergemeinschaft IV 498; — des Fruchtbezugs I 392; — der

Fütterung von Tieren, Ersatz bei der Wandelung II b 239; — bei Klage wegen Viehgewährschaft II b 235; — der Geldzahlung II a 227; — K. der Erhaltung, Nutzung und Verwaltung bei Gemeinschaft II c 1414; — der Gewinnung von Nutzungen des eingebrachten Gutes der Frau im gesetzlichen Güterstande IV 272; — bei Errungenschaftsgemeinschaft IV 636; — der Gewinnung der Nutzungen des Kindervermögens, der Erhaltung desselben IV 1083; — der Grundbuchberichtigung III 270; — der Herausgabe von Sachen III 582; — der Hinterlegung II b 275; — von Mündelvermögen IV 1475.

Kosten, für welche die Hypothek haftet III 1036; — keine Eintragung dieser K. III 1017; — Übertragung rückständiger Kostenansprüche III 1193; — Vermerk der Zahlung auf dem Hypothekenbrief III 1138; — Erlöschen der Hypothek für K. durch Vereinigung mit dem Eigentum III 1269; — der Inventarerrichtung über den Nachlaß V 278, 289.

— der Kündigung und Rechtsverfolgung: Haftung des Bürgen II c 1488; — Zahlung an den Vormund IV 1468; — Haftung der Hypothek III 1036; — Haftung des Pfandes III 1405; — des verpfändeten Schiffs III 1476; — K. der Mahnung II a 347; — der Mängelanzeige beim Viehkauf II b 740; — der Nachlaßverwaltung, Deckung V 239, 253; — des Nachlaßverzeichnisses des Testamentsvollstreckers V 704; — des Nachlaßverzeichnisses des Vorerben V 552; — der Nutznießung des eingebrachten Gutes der Frau im gesetzlichen Güterstande IV 272; — bei Errungenschaftsgemeinschaft IV 636; — der Abnahme des Offenbarungseides II a 187; — der Abnahme des Offenbarungseides des Erben V 296; — K. des Pfandverkaufs III 1405; — der Quittung II a 693.

— eines Rechtsstreits der Ehefrau: Haftung des eingebrachten Gutes IV 341, 349; — des Ehemanns gegenüber der Frau IV 280; — Haftung des Vorbehaltsgutes im Verhältnis der Eheleute unter sich IV 353, 356; — bei Rechtsstreitigkeiten unter den Ehegatten IV 356; — Haftung bei allgemeiner Gütergemeinschaft gegenüber Dritten IV 471; — im Verhältnis der Ehegatten unter sich IV 477; — bei Errungenschaftsgemeinschaft IV 636; — Haftung des überlebenden Ehegatten IV 572; — Prozeßkosten der Frau keine Unterhaltskosten IV 200; — K. des Rechtsstreits über eingebrachtes Gut IV 264; — bei Errungenschaftsgemeinschaft IV 628; — K. eines Rechtsstreits der Ehegatten bei allgemeiner Gütergemeinschaft IV 474; — bei Errungenschaftsgemeinschaft IV 642, 644, 646, 649; — K. eines Rechtsstreits des Kindes IV 1082, 1084; — Haftung im Verhältnis zwischen Kind und Gewalthaber IV 1094; — K. des Rechtsstreits zwischen Kind und Gewalthaber IV 1095; — K. in Prozessen des Nachlaßverwalter V 216; — des Testamentsvollstreckers V 697.

Kosten der Sicherheitsleistung des Gewalthabers IV 1129; — des Vormunds IV 1552; — von Sicherungsmaßregeln für den Nachlaß V 141; — K. der tierärztlichen Untersuchung und Behandlung und der Tötung eines Tieres, Ersatz bei der Wandelung II b 239; — der Todeserklärung V 180; — K. der Übergabe der Kaufsache II b 98, 102; — der Übertragung eines Rechts II b 98, 102; — des Unterhalts des Kindes, Deckung aus den Nutzungen des Kindervermögens während Ausschluß der elterlichen Gewalt IV 1088; — K. der Versendung der Kaufsache II b 98, 102; — der Versteigerung oder des freihändigen Verkaufs zur Hinterlegung nicht geeigneter Sachen beim Verzug des Gläubigers II a 734; — der Erfüllung des Vermächtnisses V 615; — der Gewinnung von Früchten des Vermächtnisgegenstandes V 627; — der Vorlegung von Sachen und Urkunden II c 660; — K. in Vormundschaftssachen IV 1365; — des Wirtschaftsplanes für den Vorerben V 554.

— des Strafverfahrens, der Verteidigung im gesetzlichen Güterstand IV 200, 280, 342; — bei Gütergemeinschaft IV 648.

Kostenkautionen: Übergang der Hypothek in Eigentümerhypothek III 1273; — Behandlung bei Überleitung von Hypotheken des früheren Rechts VI a 523.

Kostenvoranschlag: Vergütung II c 951; — K. beim Werkvertrag, Überschreitung II c 1016.

Kostenvorschuß zur Anfechtung der Entmündigung I 83; — für die Pflegschaft zum Zweck gerichtlicher Geltendmachung von Nachlaßverbindlichkeiten V 144; — für Prozesse der Ehefrau im gesetzlichen Güterstand IV 281; — bei allgemeiner Gütergemeinschaft IV 473; — bei Errungenschaftsgemeinschaft IV 636; — bei Fahrnisgemeinschaft IV 674; — für den Scheidungsprozeß der Ehefrau IV 713; — Leistung durch den Gewalthaber für das Kind IV 1084.

Kostkinder: Verjährung der Ansprüche aus dem Halten von K. I 786.

Koupons: Inhaberpapiere II c 1603; — Kraftloserklärung und Zahlungssperre VI a 469; — K. der preuß. Rentenversicherungsanstalt II c 1604; — Emissionsfreiheit neuer Kouponsbögen II c 1613.

Kraftfahrzeuge: Haftung aus dem Verkehr mit K. II c 1789, 1790, 1798, 1867, 1934, 1954, 1955; — mitwirkendes Verschulden des Beschädigten II a 157.

Kraftfahrzeuggesetz: Schutzgesetz II c 1798.

Kraftfahrzeugverkehr: Haftung VI a 71.

Kraftloserklärung von Anweisungen ausgeschlossen II c 1586; — des Erbscheins V 1054; — des Grundschuld-, Rentenschuldbriefs III 1202; — des Briefs über eine Inhabergrundschuld III 1364; — des Grundschuldbriefes auf Inhaber III 1364; — des Hypothekenbriefes III 1200; — K. von qualifizierten Legitimationspapieren II c 1644; — von Legitimationspapieren nach Landesrecht VI a

258; — vor Inkrafttreten des BGB. ausgegebener qualifizierter Legitimationspapiere VI a 473; — von Schuldverschreibungen auf den Inhaber II c 1623; — Erneuerung für kraftlos erklärter Schuldverschreibungen II c 1627; — auf die K. von Schuldverschreibungen auf Sicht, Zins-, Renten- und Gewinnanteilscheinen zeitlich anzuwendendes Recht VI a 465; — Beendigung eines zur Zeit des Inkrafttretens des BGB. anhängigen Verfahrens VI a 473; — von Schuldverschreibungen: K. von Sch. eines Bundesstaats oder öffentlicher juristischer Personen VI a 256; — der Vollmachtsurkunde I 715, 719, 723; — des Zeugnisses über Ernennung eines Testamentsvollstreckers V 724, 1072; — des Zeugnisses über Fortsetzung der Gütergemeinschaft IV 588.

Kraftwagenführer: Haftung für sein Verschulden II c 1863, 1867.

Krankengeld: Vererblichkeit V 15.

Krankenhäuser: Verjährung ihrer Ansprüche I 779, 786.

Krankenkassen: Anrechnung von Krankengeldern auf die Vergütung des Dienstpflichtigen II b 828; — Aufrechnung mit geschuldeten Beiträgen II a 771.

Krankenpflegerin, Rechtsverhältnis II b 714.

Krankenunterstützungsvereine I 189.

Krankenversicherung des Dienstpflichtigen: Einfluß auf die Vergütung im Krankheitsfall II b 828; — auf die Pflicht zur Krankenpflege II b 837; — Kr. der Ehefrau und Angehöriger IV 183; — Anspruch der unehelichen Mutter IV 1245.

Krankheit des Dienstpflichtigen II b 837, 840; — Ablehnung der Vormundschaft wegen K. IV 1401; — Entlassung des Vormunds wegen K. IV 1606; — K. als Eheanfechtungsgrund IV 117; — der Frau: Ersetzung ihrer Zustimmung zu Rechtsgeschäften des Mannes im gesetzlichen Güterstand IV 257; — bei allgemeiner Gütergemeinschaft IV 449; — des Mannes: Entbehrlichkeit der Zustimmung zu Rechtshandlungen der Frau IV 318; — Ersetzung seiner Zustimmung zu Verträgen der Frau über persönliche Leistungen IV 192, 194; — Vornahme von Rechtsgeschäften durch die Frau bei allgemeiner Gütergemeinschaft IV 454; — K. des überlebenden Ehegatten IV 545; — Testamentserrichtung an einem wegen K. abgesperrten Ort V 783; — zeitliche Beschränkung der Wirksamkeit V 785.

Krankheitskosten: Teil des Unterhalts IV 199.

Kreationstheorie II c 1598, 1606.

Krebse: Eigentumserwerb an K. VI a 165.

Kredit: Rechtsschutz I 45; — Aufnahme von Geld auf den K. des Kindes IV 1057, 1061; — des Mündels IV 1482, 1495; — allgemeine Ermächtigung des Vormunds hiezu IV 1504.

Kreditanstalten: Hypothek für Darlehen derselben III 1002, 1021; — Verzinsung rückständiger Zinsen II a 110, 111; — Mündelsicherheit von Wertpapieren kommunaler K. IV 1444, 1447; — Vorrang ihrer Meliorationsdarlehen VI a 304; — landschaftliche und ritterschaftliche VI a 435.

Kreditauftrag II c 1523.

Kreditbrief (Kreditiv) II c 1526, 1572, 1588, 1592.

Kreditbürgschaft II c 1476, 1480, 1522.

Kreditkundigungsvertrag: rechtliche Natur II c 933.

Kreditgefährdung: Schadensersatzpflicht II c 1805, 1806; — Haftung für Schäden aus solcher II c 1959.

Kreditgeschäfte des Vormunds IV 1495.

Kreditieren an Minderjährige I 438.

Kreditkauf II b 13, 16.

Kreditreform-Verein I 182.

Kreditvertrag II b 652.

Kreditwürdigkeit: Irrtum darüber I 479.

Kreisregierung: Beschwerdeinstanz bei Anfechtung des Einspruchs gegen Eintragung eines Vereins I 290; — bei Entziehung der Rechtsfähigkeit des Vereins I 244.

Kreisverbände: Haftung für Beamte VI a 184.

Kretinismus I 66.

Krieg: Hemmung der Verjährung I 808; — Testament am abgesperrten Ort V 784; — militärische letztwillige Verfügungen z. Kriegszeit V 726, 727.

Kriegsbeschlagnahme III 294.

Kriegsgefangene: letztwillige Verfügungen VI a 72, 73; — Todeserklärung I 138; — auf Schiffen, letztwillige Verfügungen V 727.

Kriegsklausel bei Lieferungsverträgen I 647, II b 10.

Kriegsleistungsgesetz: Rechte Dritter an der Entschädigung für Entziehung usw. von Sachen VI a 87.

Kriegsnotgeldscheine II c 1603.

Kriegsrechtliche Vorschriften: Folge der Überschreitung I 559.

Kriegsschäden am Pachtobjekt II b 607.

Kriegsschiffe: Zugehörigkeit zum Deutschen Reich VI a 8.

Kriegsverschollenheit I 138, S. XVI, V 10; — bisheriges Recht VI a 418; — Zeitpunkt des Todes I 146.

Kulturrenten III 939; — Landesrecht VI a 304.

Kumulative Schuldübernahme II a 858, II c 1475, 1486; — Anwendung der Vorschriften über abstraktes Schuldversprechen II c 1554.

Kündigung: rechtliche Natur I 402; — Zulässigkeit einer Bedingung I 650; — Verjährung von K. abhängiger Ansprüche I 793, 794; — Unterschied vom Rücktritt vom Vertrag II a 608; — für die K. eines mehr als 30jährigen Vertrags geltendes Recht VI a 454.

— K. bestimmter Rechtsgeschäfte: des Auftrags II c 1104; — des Darlehens II b 674; — von Darlehen der Frau im gesetzlichen Güterstand IV 322; — der Bürgschaft für künftige Verbindlichkeiten II c 1522.

— K. des Dienstverhältnisses: gesetzliche Vorschriften II b 692, 860, 861; — rechtliche Natur, Form, Arten II b 860, 863, 868; — Aufhebung der K. II b 869; — ordentliche II b 869, 881; — Kündigungsfristen: regel-

mäßige II b 870, 887; — bei Dienstleistungen höherer Art II b 888; — bei den Dienstverhältnissen ohne eine nach Zeitabschnitten bemessene Vergütung II b 890; — vorzeitige: lebenslänglicher und mehr als fünfjähriger Dienstverhältnisse II b 891; — außerordentliche: II b 873, 894; — bei Dienstleistungen höherer Art II b 907; — Einfluß der außerordentlichen Kündigung auf die zu leistende Vergütung II b 909; — Rechtsverhältnis nach ungerechtfertigter Kündigung II b 912; — Kündigungsbeschränkungen II b 874; — K. eines Dienstverhältnisses der Frau durch den Mann IV 192; — K. der Erbengemeinschaft V 389; — Anordnung einer Kündigungsfrist durch den Erblasser V 395.

Kündigung der Forderung: Voraussetzung des Verzugs des Gläubigers II a 375; — des Schuldners II a 330; — Haftung der Bürgen für Kosten der K. II c 1488; — K. durch einen Gesamtgläubiger II a 930; — gegenüber einem Gesamtschuldner II a 916; — K. bei Teilschuldverhältnissen II a 903; — durch den neuen Gläubiger nach Abtretung der Forderung II a 848; — K. wegen hohen Zinssatzes II a 108; — durch den Nießbraucher III 885; — K. im Falle des Nießbrauchs an einer auf Zinsen ausstehenden Forderung III 889; — Haftung des Pfandes für die Kosten der K. III 1405; — K. einer Forderung des Kindes gegen den Vater IV 991; — von Forderungen des Mündels IV 1466; — Empfangnahme der Kosten dieser K. IV 1468.

— K. der Gemeinschaft II c 1416; — der Gesellschaft durch einen Gesellschafter II c 1290, 1291; — Fortsetzung der G. unter den übrigen Gesellschaftern II c 1349; — K. durch einen Gläubiger eines Gesellschafters II c 1310; — K. der Geschäftsführung durch einen Gesellschafter II c 1257; — K. der Vertretungsmacht durch denselben II c 1269; — des Grundschuldkapitals III 1361; — K. einer Grundschuld durch den Vorerben V 534, 538; — Befreiung von Beschränkungen des Kündigungsrechts durch den Erblasser V 566, 567.

— der Hypothekforderung: Wirksamkeit für die Hypothek, Bestellung eines Vertreters des Eigentümers zur Entgegennahme der K. III 1125; — Wirksamkeit der K. gegenüber dem neuen Gläubiger nach Forderungsübertragung III 1185; — Vorlage des Hypothekenbriefs und sonstiger Erwerbsurkunden bei der K. III 1196; — Änderung der Kündigungsbedingungen III 1039; — Haftung des Grundstücks für die Kosten III 1036; — keine Eintragung der Kündigungskosten III 1017; — K. durch den Vorerben V 534, 538; — Befreiung von Beschränkungen des Kündigungsrechts V 566, 567; — der Hypothekforderung: Untersagung und Beschränkung der Ausschließung der K. VI a 302.

— K. der Leihe II b 649; — des Mäklervertrags II c 1040.

Kündigung der Miete II b 527; — rechtliche Natur II b 529; — Zulässigkeit und Form II b 528, 529; — bedingte K. II b 531; — verfrühte und verspätete Kündigung II b 531; — Beweislast II b 532; — K. bei Mehrheit von Mietern oder Vermietern II b 532; — Fristen II b 534; — vereinbarte Fristen II b 537; — im Falle der Veräußerung des vermieteten Grundstücks II b 554, 562; — vorzeitige K. der mehr als dreißigjährigen Miete II b 544; — beim Tode des Mieters II b 547; — bei Versetzung II b 550; — außerordentliche K. des Mieters: wegen Nichtgewährung oder Entziehung der Sache II b 438, 439, 445; — Verlust des Kündigungsrechtes durch Unterlassung der Mängelanzeige II b 451; — K. wegen Gesundheitsgefährlichkeit II b 447; — wegen Verweigerung der Erlaubnis zur Untermiete II b 461; — K. des Vermieters wegen Mietzinsrückstand II b 486; — wegen vertragswidrigen Gebrauchs der Sache II b 481; — eines vom Ehemann am eingebrachten Gut der Frau begründeten Mietverhältnisses IV 374, 665; — von Miet- und Pachtverträgen nach Erlöschen des Erbbaurechts III 761; — eines vom Vorerben begründeten Mietverhältnisses durch den Nacherben V 565, 566; — des vom Nießbraucher begründeten Mietverhältnisses III 863.

— K. der Pacht II b 632; — Ausschluß der K. wegen Verweigerung der Genehmigung der Unterpacht II b 633; — K. des vom Nießbraucher begründeten Pachtverhältnisses III 863; — eines vom Ehemann am eingebrachten Gut der Frau begründeten Pachtverhältnisses IV 374, 665; — der Pacht: eines vom Vorerben begründeten Pachtverhältnisses durch den Nacherben V 565, 566.

— von Rechtsverhältnissen während der Erbengemeinschaft V 374, 377, 379; — durch den Testamentsvollstrecker V 680; — K. von Rechtsverhältnissen der Frau zu Dritten durch den Mann IV 192; — räumlich geltendes Recht VI b 283; — Ausschluß des Kündigungsrechts IV 194.

— der Rentenschuld III 1375; — durch den Vorerben V 534, 538; — Befreiung von der Beschränkung des Kündigungsrechts durch den Erblasser V 566, 567; — der Sicherungshypothek III 1309; — K. des Amts des Testamentsvollstreckers V 719, 721; — K. der Vereinsmitgliedschaft I 234; — der verpfändeten Forderung III 1508; — Recht des Gläubigers auf K. und Zustimmung zur K. III 1510; — Vereinbarung über die K. III 1508; — K. verpfändeter Inhaber- und Orderpapiere III 1522; — der Vollmacht I 709.

— des Werkvertrags II c 1012; — bei Überschreitung des Kostenvoranschlags II c 1016; — K. des auf eine Geschäftsbesorgung gerichteten Dienst- oder Werkvertrags II c 1116.

Kundschaft: Kauf einer K. II b 25.

Künftige Forderung: Abtretbarkeit II a 791, 793; — Pfändbarkeit II a 792.

Künftige Forderungen: Hypothek hiefür III 977, 985; — Zeitpunkt des Erwerbs der Hypothek III 1209; — Pfandrecht an beweglichen Sachen III 1382, 1387; — Rang des Pfandrechts III 1403; — Verpfändung III 1482.
Künftige Leistung: Klage auf k. L. während schwebender Bedingung I 667; — Klage auf k. L. von Leibrenten II c 1437; — Klage auf k. L. der Geldrente wegen unerlaubter Handlungen, spätere Änderung der Rente II c 1967, 1978, 1981.
Künftige Sachen: Eigentumsübertragung III 439; — Verpfändung III 1385.
Künftige Schuld: Übernahme II a 864.
Künftige Verbindlichkeiten: Bürgschaft hiefür II c 1473, 1475.
Künftiges Vermögen: Vertrag über solches II a 413.
Kunstfehler des Arztes II b 701; — Haftung des Arztes II c 1750, 1790, 1793; — siehe auch „Arzt".
Kunstgewerbetreibende, Künstler: Verjährung ihrer Ansprüche I 778, 780, 783.
Kunsthandel: Zusicherung der Echtheit II b 144.
Künstler: Verjährung ihrer Ansprüche I 783.
Künstlerische Vereine I 181.
Künstliche Ersatzmittel von Körperteilen I 350.
Kunstschutzgesetz: Wirkung der Eigentumsübertragung am Werk III 439.
Kunstwerke: Schutz III 293.
Kuppelei durch Duldung der Unzucht der Frau IV 163.
Kurhessisches Fürstenhaus: Autonomie VI a 115a; — Aufhebung VI a 117; — Familienrecht IV 3; — erbrechtliche Beziehungen V 3.
Kurkosten: Gegenstand der Unterhaltspflicht der Ehegatten IV 199.
Kurpfuscher: Verjährung ihrer Ansprüche I 786.
Kursmäkler II c 1030.
Kurswert: Begriff II a 40, 49, 92; — Voraussetzung der Tauglichkeit von Wertpapieren zur Sicherheitsleistung I 858; — Beschränkung der Sicherheit auf dreiviertel des K. bei Wertpapieren I 859; — bei Buchforderungen I 860.
Kürzung des Anteils eines Abkömmlings an der fortgesetzten Gütergemeinschaft IV 598, 608; — der einem Vermächtnisnehmer auferlegten Auflage V 629, 630; — des von einem Vermächtnisnehmer zu entrichtenden Vermächtnisses V 615, 629, 630; — K. von Vermächtnissen, Auflagen mit Rücksicht auf die Pflichtteilslast V 957, 964; — Bestimmung der Rangordnung durch den Erblasser für den Fall der K. V 632.
Küstengewässer: Zugehörigkeit zum Deutschen Reich VI a 8.
Kutscher: Haftung für dessen Verschulden II c 1863.
Kuxe: Verkauf II b 25, 61.
Kuxerwerb: Wirksamkeit des Verbots für Beamte I 558.
Kuxscheine II c 1603.

L.

Ladenkauf II b 21.
Ladescheine: Verpfändung III 1517.
Lagergeschäft, kaufmännisches II c 1155; — Lagerung vertretbarer Sachen II c 1173; — Rückgabe des Gutes II c 1167; — Vergütung des Lagerhalters II c 1160; — Fälligkeit derselben II c 1170; — Ersatz seiner Aufwendungen II c 1164; — Recht auf Rückgabe des eingelagerten Gutes II b 116; — Besitzvermittlung des Lagerhalters III 71; — Besitzübertragung III 80; — gesetzliches Pfandrecht III 1465.
Lagerscheine: Verpfändung III 1517; — auf Inhaber II c 1597, 1604, 1613, 1620.
Land, deutsches: Änderung des Bestandes VI a 107; — Genehmigung der Stiftung I 306, 312, 315; — Verleihung der Rechtsfähigkeit an Vereine I 189; — siehe auch „Bundesstaat".
Landbewirtschaftung, VO. über die Sicherung II b 594.
Landesbeamte: Begriff, Haftung aus Amtspflichtverletzungen II c 1927; — Haftung des Staats II c 1951; — Genehmigung zur Eheschließung IV 65.
Landesgesetze: Verhältnis zum BGB. VI a 92; — fortdauernde Geltung, Erlassung neuer VI a 15; — Abänderung VI a 597; — Ergänzung aus dem BGB. hinsichtlich privatrechtlicher Vorschriften VI a 16; — Aufhebung privatrechtlicher Vorschriften der L. VI a 109; — Verwandtschaft, Schwägerschaft im Sinne der L. IV 844, VI a 35; — Eintragung von Grunddienstbarkeiten ins Grundbuch VI a 500; — Verwaltungsstreitverfahren in Vereinssachen I 244, 245.
Landesgesetzgebung: Vorbehalte zugunsten derselben, Bedeutung IV 3, 4, VI a 15; — in Vormundschaftssachen IV 1367.
Landesgewohnheitsrecht VI a 13; — Aufhebung VI a 112.
Landesherrn, landesherrliche Familien: Autonomie VI a 115; — Aufhebung VI a 117; — Annahme an Kindes Statt IV 1304; — Stellung unehelicher Kinder IV 1208; — Eherecht IV 33; — Ehemündigkeit IV 39; — Ehelichkeit IV 850; — Aufgebot vor Eheschließung IV 75; — Familiennamen V 106; — Familienname der Kinder IV 945; — erbrechtliche Verhältnisse V 3; — Familienrecht IV 3; — Legitimation unehelicher Kinder IV 1268; — Pflegschaften IV 1641; — letztwillige Verfügungen V 727; — Vormundschaften IV 1367; — Scheidungsrecht IV 715; — Beschränkung der Geschäftsfähigkeit der Mitglieder I 429; — Volljährigkeit I 55.
Landesjustizverwaltung, Bestimmung der Zuständigkeit zur Führung des Güterrechtsregisters IV 691.
Landeskirche, katholische: rechtliche Natur I 335.
Landesprivatrecht: Verhältnis zum BGB. I 14.
Landesrecht: Verhältnis zum Reichsrecht VI a 113; — Aufhebung des Landesprivatrechts VI a 92, 109, 113; — Vorbehalt zugunsten

des L. I 5; — internationales Recht I 7, VI b 42, 52; — öffentliches Recht I 7, 14; — Ausführungsgesetze I 39; — Juristische Personen des L. I 163; — Sachenrecht III 8, 9; — Retorsionsrecht der Länder VI b 837.
Landesregierung: Befreiung von Erfordernissen der Annahme an Kindes Statt IV 1311; — Befreiung von Ehehindernissen IV 86; — Ehelichkeitserklärung IV 1278.
Landgefahr: Todeserklärung I 144; — Zeitpunkt des Todes I 146.
Landgericht: Entlassung eines Familienratsmitgliedes IV 1592.
Landgut, Begriff VI a 364; — Festsetzung des Ertragswertes VI a 363; — Herausgabe des L. der Frau nach Beendigung der eheherrlichen Verwaltung IV 370, 373; — bei Beendigung der Errungenschaftsgemeinschaft IV 661, 664; — Herausgabe an den Nacherben V 561; — Herausgabe nach Beendigung des Nießbrauchs III 862; — L. des Kindes, Teilung der Erzeugnisse bei Beendigung der elterlichen Nutznießung IV 1098; — Pacht: Teilung der Erzeugnisse bei Beendigung II b 629; — Herausgabe des L. nach Beendigung der Pacht auf Grund Schätzung II b 630; — Pachtung und Verpachtung eines L. des Mündels durch den Gewalthaber IV 1063; — durch den Vormund IV 1482, 1493; — durch Vater oder Mutter als Vormund eines Volljährigen IV 1627; — Übernahme eines zum Gesamtgut gehörigen L. durch einen Abkömmling oder den überlebenden Ehegatten IV 605, 608; — letztwillige Anordnung der Übernahme durch einen Miterben, Ertragswert V 404; — Pflichtteilsberechnung bei Übernahme durch einen Erben V 925, 928; — Zubehör I 381, 383.
Landlieferungsverbände: Vorkaufsrecht III 100, 103.
Landrat, preußischer: Einspruch gegen Eintragung eines Vereins I 283.
Landrenten- und Landeskulturrentenanstalt, sächsische VI a 315.
Landschaften: Pfandbriefe III 969; — Sonderrecht in betreff des Verfahrens bei Löschung von Pfandbriefen VI a 436.
Landschaftliche Kreditanstalten VI a 435.
Landtagsmitglieder: zivilrechtliche Verfolgung wegen unerlaubter Handlungen in Ausübung ihres Berufes II c 1814.
Landwirtschaftlicher Betrieb eines Minderjährigen I 442.
Landwirtschaftliche Erbgüter VI a 124.
— **Erzeugnisse:** Teilung bei Beendigung der Pacht eines Landguts II b 629; — Erstreckung des Pfandrechts des Verpächters auf l. E. II b 616; — Teilung bei Beendigung der Pacht an Grundstücken des Kindes IV 1098; — Teilung bei Eintritt der Nacherbfolge V 563; — Verjährung der Ansprüche wegen Lieferung l. E. I 779, 780, 785; — Zubehöreigenschaft I 381, 383.
Landwirtschaftliches Grundstück: Herausgabe III 608; — Herausgabe durch den Nießbraucher III 862; — Herausgabe von Gr. der Frau nach Beendigung der eheherrlichen Verwaltung IV 370, 373; — bei Beendigung der Errungenschaftsgemeinschaft IV 661, 664; — Herausgabe durch den Vorerben V 561, 563; — Änderung in der wirtschaftlichen Bestimmung der Gr. durch den Pächter II b 613; — Ausbesserungspflicht des Pächters II b 612; — Fälligkeit des Pachtzinses II b 614; — Pfandrecht des Verpächters II b 615; — Rückgabe II b 626; — Ausgleichung zwischen Pächter und Verpächter hinsichtlich der Kosten der Erzeugung von Früchten bei Beendigung der Pacht während des Pachtjahres II b 627; — Kreditbeschaffung für landwirtschaftliche Pächter II b 594; — Teilung der Früchte nach Beendigung der elterlichen Nutznießung IV 1098; — Übereignungs-, Auflassungsbeschränkung III 401, 410; — Verbände zur Nutzung derselben VI a 429; — siehe auch „Landgut".
Landwirtschaftliches Inventar: Zubehöreigenschaft I 381, 382.
Landwirtschafttreibende: Verjährung ihrer Ansprüche I 779, 780, 785.
Lärm: Beeinträchtigung des Nachlaßgrundstücks III 308, 314, 316.
Lasten: Verteilung auf sukzessiv Verpflichtete I 393, 394; — des eingebrachten Gutes beim gesetzlichen Güterstand IV 275; — bei Errungenschaftsgemeinschaft IV 635; — Haftung des Gesamtgutes für Lasten des eingebrachten Gutes IV 641; — L. des eingebrachten G. bei Fahrnisgemeinschaft IV 675.
— der Erbschaft: Begriff, Verhältnis zum Begriff „Nachlaßverbindlichkeiten" V 163; — Erstattung an den Erbschaftsbesitzer V 331; — außerordentliche L. der Erbschaft im Falle der Nacherbschaft V 555; — Verpflichtung zur Tragung der auf Erbschaftsgegenständen ruhenden L. bei Nacherbfolge V 554; — des gemeinschaftlichen Gegenstandes II c 1414; — des Gesamtgutes der allgem. Gütergemeinschaft IV 464; — nach Aufhebung der Gemeinschaft vor Auseinandersetzung IV 498; — (siehe auch Gesamtgutsverbindlichkeiten); — der fortgesetzten Gütergemeinschaft IV 546; — der Errungenschaftsgemeinschaft IV 635, 641.
— des Kindervermögens bei elterlicher Nutznießung IV 1082.
— des Vermächtnisgegenstandes: Anspruch auf Beseitigung V 600; — Haftung für die Lasten beim Erbschaftskauf V 1092, 1093.
— einer Sache: Ersatz hiefür bei Herausgabe der Sache an den Eigentümer III 604; — Haftung für die Lasten beim Kauf II b 84, 90; — für Freiheit von Lasten II b 54; — bei der Miete II b 454; — bei der Pacht II b 605; — Tragung beim Erbbaurecht III 678; — beim Nießbrauch III 854.
Laudatio auctoris durch den unmittelbaren Besitzer III 76.
Laufende Reparaturen an der Nießbrauchsache III 849.

Lazarettbeamte: Testamentserrichtung vor L. VI a 72, 74.
Leben: Rechtsschutz I 46; — Gefahr für das L. des Dienstpflichtigen II b 843; — Ersatzpflicht wegen widerrechtlicher Verletzung II c 1768; — Voraussetzung für den Erbschaftsanfall V 24; — für den Anfall der Nacherbfolge V 26, 524; — für den Vermächtnisanfall V 26, 597.
Lebende Geburt I 49.
Lebensalter: Berechnung I 755; — Ablehnungsgrund für die Vormundschaft IV 1401; — Entlassungsgrund IV 1606; — L. bei der Annahme an Kindes Statt IV 1311; — erforderliches L. für die Testamentserrichtung V 730; — L. der Testamentszeugen V 756.
Lebensbedarf IV 924.
Lebensberuf: Ausgleichungspflicht mit Aufwendungen für die Vorbildung V 405, 413; — Kosten der Vorbildung, Teil des Unterhalts IV 924; — beim unehelichen Kinde IV 1214, 1220.
Lebensdauer, vermutete, bei der Todeserklärung I 136.
Lebensfähigkeit I 49, VI a 406; — keine Voraussetzung des Erbschaftsanfalles V 25.
Lebensgefahr, gemeinsame, Todesvermutung I 152; — Verschollenheit nach Lebensgefahr I 144.
Lebensgefährliche Erkrankung eines Verlobten: Unterlassung des Aufgebots IV 31, 73; — Unterlassung des Aufgebots, kirchliche Eheschließung VI a 78, 81.
Lebensgemeinschaft, eheliche, räumlich geltendes Recht VI b 274, 281, 282; — Pflicht hiezu IV 164; — Maß für den Unterhalt IV 197, 198; — Freiheit der Frau in bezug auf Dienstverträge während der Trennung IV 192.
Lebensmittel: Verjährung der Ansprüche aus der Lieferung von L. I 785.
Lebensnachstellung: Ehescheidungsgrund IV 728; — zeitlich anzuwendendes Recht VI a 549; — L. gegenüber Verwandten IV 745; — Grund zur Pflichtteilsentziehung V 986, 990.
Lebensvermutung: räumlich anzuwendendes Recht VI b 639; — nach bisherigem Rechte I 131, 132, VI a 417, 418; — nach geltendem Rechte I 147, 150.
Lebensversicherung: Wirkung der Verpfändung III 1506; — Bestandteil des eingebrachten Gutes bei Errungenschaftsgemeinschaft IV 624.
Lebensversicherungspolice: Ausschluß des Zurückbehaltungsrechts daran II a 244; — Verpfändung III 1385, 1489, 1520.
Lebensversicherungssumme: Nachlaßbestandteil V 22.
Lebensversicherungsvertrag zugunsten eines Dritten II a 553; — Einfluß des Nichterwerbs des Rechts aus dem Vertrag II a 564.
Lebenswandel, schlimmer, Enterbungsgrund V 986, 987, 991.
Lebenszeit: Dienstverhältnis für L., Kündigung II b 891; — Gesellschaft für L. II c 1309; — Mietvertrag für L. II b 544; — Leibrente für L. II c 1437.
Legalitätsprinzip im Grundbuchrecht III 93.
Legalservituten III 295, 790; — keine Eintragung im Grundbuch III 102; — zeitlich anzuwendendes Recht VI a 492; — nachbarrechtliche Beschränkungen VI a 320.
Legatum debiti, liberationis, nominis V 611, 612.
— partitionis V 496.
Legitimatio per iudicem VI b 575.
Legitimatio per testamentum VI a 571.
Legitimation unehelicher Kinder IV 1266; — maßgebendes Recht IV 1268, VI b 543; — Geltung des Heimatrechts des Vaters VI b 552; — Einfluß auf die Staatsangehörigkeit des Kindes VI b 562; — Familienname legitimierter Kinder I 113; — Wohnsitz legitimierter Kinder I 99.
— durch nachfolgende Ehe: Voraussetzungen IV 1269, 1270; — Wirkung IV 1269, 1271; — für die Abkömmlinge des legitimierten Kindes IV 1277; — im Falle der Nichtigkeit der Ehe IV 1276; — Beendigung der Vormundschaft durch L. IV 1272, 1597; — Einwilligung zur Annahme des legitimierten Kindes an Kindes Statt IV 1316; — Einwilligung zur Eheschließung IV 44; — Erbrecht legitimierter Kinder V 32, 33; — räumlich geltendes Recht VI b 555, 557, 561, 828; — Qualifikation VI b 561; — bei nichtiger Ehe VI b 570; — Rück- und Weiterverweisung VI b 564; — Prozessuales IV 1272.
— durch Ehelichkeitserklärung (siehe Näheres diese) IV 1277; — räumlich geltendes Recht VI b 543, 570.
— Verwandtschaft durch L. IV 841; — Schwägerschaft IV 846; — Wirkung der nach bisherigem Recht erfolgten VI a 531, 570; — Eintragung der L. ausländischer Kinder ins Geburtsregister VI b 567, 569.
Legitimationspapiere II c 1641, 1644; — Ausschluß des Vermieterpfandrechts II b 504; — qualifizierte II c 1597, 1644; — Eigentum III 519; — Eigentumsvermutung III 633; — Herausgabe bei der Nießbrauchbestellung an dem Rechte III 879; — Kraftloserklärung und Zahlungssperre nach Landesrecht VI a 258; — Kraftloserklärung vor Inkrafttreten des BGB. ausgegebener VI a 473; — Verfügungsrecht des Vorerben V 549; — Verlust III 486; — Verpfändung III 1385, 1393, 1520.
Lehen: Aufhebung V 2, VI a 128, 131; — dingliche Belastung VI a 133; — Veräußerungs- und Belastungsbeschränkungen VI a 134; — Geltung des Landesrechts VI a 122, 123; — Erwerb von Erzeugnissen und Bestandteilen durch den Lehenmann III 524; — Erbfolge V 2; — Revenuehypothek III 965.
Lehm: Fruchteigenschaft I 386; — Bestandteil des Grundstücks I 366; — Vertrag über die Gewinnung II b 601; — Gewinnung durch den Nießbraucher III 846.
Lehranstalt: Vertrag über den Besuch einer öffentlichen L. II b 706.
Lehrer: Aufsichtspflicht II c 1874, 1876; — Haftung aus Amtspflichtverletzungen II c

1928; — Rechtsstellung VI a 133; — vermögensrechtliche Ansprüche und Verbindlichkeiten aus dem Dienstverhältnisse VI a 194; — Abtretung ihres Gehaltsanspruchs II a 850; — Übertragung ihrer Gehalts-, Wartegeldansprüche, Aufrechnung dagegen VI a 205; — ordentliche Kündigung ihres Dienstverhältnisses II b 888; — außerordentliche II b 907; — Folge derselben II b 909; — Verjährung ihrer Ansprüche I 780, 786; — Kündigung der Wohnung bei Versetzung II b 550.

Lehrherr, Lehrmeister: Verjährung der Ansprüche auf Lehrgeld usw. I 779; — Aufsichtspflicht über den Lehrling II c 1874.

Lehrling: Haftung des Vaters wegen unbefugten Verlassens der Lehrstelle VI a 47, 52; — Verjährung der Ansprüche aus dem Arbeitsverhältnis I 779, 786.

Lehrvertrag: Verhältnis zum Dienstvertrag II b 713; — zum Werkvertrag II b 713; — Abschluß durch den Gewalthaber IV 1063; — durch die Fürsorgeerziehungsbehörde IV 993, 1495; — L. zwischen Vater und Kind IV 1003; — Abschluß durch den Vormund IV 1482, 1494; — Anhörung des Mündels vor der Genehmigung IV 1505; — L. zwischen Mündel und Vormund IV 1432.

Leibesfrucht: zivilrechtlicher Schutz I 50, 51; — strafrechtlicher Schutz I 49; — Berechnung des Existenzbeginns I 51; — Pflegschaft über die L. IV 1658; — Beendigung derselben IV 1660, 1661, 1674, 1676; — Erbschaftsanfall V 24, 27; — Aufschiebung der Erbschaftsauseinandersetzung V 394; — Unterhaltsanspruch der Schwangeren bei Erwartung eines Erben V 146; — eines Nacherben V 572.

Leibgeding: Nießbrauch III 884.

Leibgedingsvertrag II c 1436, III 915, 938, VI a 245; — Abschluß durch den Vormund IV 1494.

Leibnitzsche Methode zur Berechnung der Zwischenzinsen II a 235.

Leibpachtvertrag II a 888.

Leibrente: Anwendungsgebiet der Vorschriften des BGB. II c 1435; — Begriff des Leibrentenvertrages II c 1432; — Erwerb, Gegenstand II c 1433; — Fruchteigenschaft der Leistungen I 387; — Schriftform II c 1435; — Dauer der Leibrentenverpflichtung II c 1437; — Fälligkeit, Vorausleistung II c 1438; — Verjährung rückständiger L. I 788, 789, II c 1435; — Klage auf künftige Entrichtung II c 1437; — Anwachsung bei mehreren Berechtigten II c 1437; — Nießbrauch an einer L. III 884; — Unvererblichkeit des Rechts auf die L. V 16; — L. der Frau, eheherrliches Nutznießungsrecht IV 272; — Bestandteil des eingebrachten Gutes bei der Errungenschaftsgemeinschaft IV 624; — L. des Kindes, väterliches Nutznießungsrecht IV 1080; — Leibrentenvertrag zugunsten eines Dritten II a 553; — keine Verfügung von Todes wegen V 886; — Anfechtung des Leibrentenvertrags II c 1437; — Geltungsgebiet des Landesrechts II c 1436; — Schenkung einer L. II b 317; — Vermächtnis einer L. V 612; — Aufwertung von L. II a 79, II c 1437.

Leibzuchtsvertrag II c 1436, VI a 245.

Leiche: Rechtsverhältnisse daran III 524; — Sacheigenschaft I 350, 351; — Verfügungsrecht darüber V 21, 22; — Anspruch auf Exhumierung zur Untersuchung II c 1649.

Leichenverbrennung V 76; — Anordnung durch den Erblasser V 76, 180, 636.

Leichtsinn: wucherische Ausbeutung I 570, 584.

Leihbibliothek II b 638.

Leihe: Begriff, rechtliche Natur II b 636, 638; — Verhältnis zum Darlehen II b 636, 651; — Unterschied von der Miete II b 393, 636; — von der Verwahrung II c 1153; — Gegenstand der L. II b 639; — mittelbarer Besitz des Verleihers III 71; — Pflichten des Verleihers II b 638; — Haftung desselben II b 642; — wegen Mängel im Recht und an der Sache II b 642; — Veränderung und Verschlechterung der Sache II b 644; — Art und Umfang des Gebrauchs der geliehenen Sache II b 640; — Gebrauchsrecht des Entleihers, Verbot der Weiterverleihung II b 644; — Gebrauchspflicht II b 645; — Lasten desselben II b 643; — Verwendungen auf die Sache, Wegnahme von Einrichtungen II b 643; — Beendigung des Leihverhältnisses II b 648; — Rückgabe der Sache nach Beendigung II b 645; — Kündigung der L. II b 649; — gerichtliche Geltendmachung der gegenseitigen Ansprüche II b 647; — Verjährung derselben II b 650; — Einfluß des Todes eines Beteiligten V 19.

Leihgeld: Verjährung I 786.

Leihhausscheine: rechtliche Natur II c 1645; — Verpfändung II c 1647; — Übertragung II c 1647; — Kraftloserklärung II c 1646.

Leihmöbel III 449; — Pfändbarkeit II a 211.

Leinpfad III 358, 362, 793.

Leistung: Inhalt II a 13, 18; — Arten der L. II a 24, 27; — Art der Bewirkung der L. II a 27; — teilbare L. II a 900, 924; — unteilbare L. II a 902, 934; — teilweise L. II a 204; — wahlweise L. II a 188, 192; — L. einer Gattungssache II a 81; — unübertragbare L. II a 802; — Wirkung der L., Erlöschen des Schuldverhältnisses II a 659, 665; — Mehrheit von L. II a 685; — L. durch Dritte II a 208; — L. aus gegenseitigen Verträgen II a 460; — Bestimmung der L. durch das Ermessen eines Vertragschließenden II a 445; — eines Dritten II a 451, 452, 453; — nach freiem Belieben eines Dritten II a 453; — L. unter Vorbehalt II c 1690, 1696; — Verurteilung zur L., Folge der Nichterfüllung nach Verurteilung II a 319; — nach Verjährung des Leistungsanspruches I 830; — Unmöglichkeit der L. II a 248, 276; — bei der Alternativobligation II a 197; — bei Gattungssachen II a 304; — siehe auch „Unmöglichkeit"; — Nießbrauch an Recht auf Leistung III 881; — Verpfändung eines Rechts auf L. III 1492; — Bewirkung der Leistung vor Eintritt des Realisierungsrechts III 1502, 1503; — nach Ein-

tritt desselben III 1504; — Verpflichtungen des Pfandgläubigers und des Gläubigers bei Entgegennahme der Leistung III 1509; — dispositive Natur der Vorschriften III 1508; — Wirkung der Leistung III 1511; — L. an den Grundbuchberechtigten, Schutz des öffentlichen Glaubens III 245.

Leistung an Erfüllungs Statt II a 676; — beim aktiven II a 929; — beim passiven Gesamtschuldverhältnis II a 908.

— Versprechen der L. an einen Dritten II a 537, 543; — bei Leistung nach dem Tode des Versprechensempfängers II a 560; — Änderung des Empfangsberechtigten II a 562; — Zurückweisung durch den Dritten II a 563; — Forderungsrecht des Versprechensempfängers II a 572; — Einwendungen aus dem Vertrage II a 564; — schenkungsweises Versprechen II b 308; — L. an den bisherigen Gläubiger nach Abtretung der Forderung II a 834; — nach wiederholter Abtretung, gerichtlicher Überweisung II a 841; — an mehrere Erben während der Erbengemeinschaft V 371; — an den Vormund für den Mündel IV 1464, 1468; — an einen Nichtberechtigten, Rückforderung II c 1701, 1707; — an den Überbringer der Quittung II a 694; — L. aus dem eingebrachten Gut der Frau IV 251, 255; — bei Errungenschaftsgemeinschaft IV 628; — wiederkehrende L. aus dem Vermögen der Frau IV 278; — rechtsgeschäftliche Verpflichtung der Frau zu einer L. IV 310; — Übernahme der Verpflichtung der Frau zu persönlichen L., Kündigungsrecht des Mannes IV 192; — Vermächtnis des Anspruchs auf L. einer Sache V 604, 605; — lastenfreie L. der Sache V 604.

— L. ohne Rechtsgrund II c 1641.

Leistungsansprüche des Mündels, Verfügungsrecht des Vormunds IV 1464.

Leistungsfähigkeit: Voraussetzung der Unterhaltspflicht IV 907; — Einfluß des Güterstands von Eltern IV 911; — keine Voraussetzung bei der Unterhaltspflicht des unehelichen Vaters IV 1218.

Leistungsfrist nach Verurteilung zur Leistung II a 319; — aus einem gegenseitigen Vertrag II a 496, 506; — L. beim Verzug beim gegenseitigen Vertrag II a 481, 507.

Leistungsgeschäft bei Begründung von Grundstücksrechten III 106, 109.

Leistungsort II a 217; — rechtsgeschäftliche Bestimmung II a 220; — L. bei Geldleistung II a 101, 226; — Bedeutung des L. bei Aufrechnung II a 760; — für die Abnahmepflicht des Käufers II b 43; — L. für Rückgabe der geliehenen Sache II b 646; — für Rückgabe der gemieteten beweglichen Sache II b 493; — Versteigerung zur Hinterlegung nicht geeigneter Sachen am L. II a 728; — L. für Rückgabe verwahrter Sachen II c 1168; — beim darlehensartigen Verwahrungsvertrag II c 1170; — für die Vorlegung von Sachen und Urkunden II c 1660; — für Zahlungen aus öffentlichen Kassen VI a 233.

Leistungstheorie II a 4.

Leistungsübernahme II a 861; — s. auch „Schuldübernahme".

Leistungsverzug II a 324, 330.

Leistungsweigerung, Verzug II a 338.

Leistungszeit II a 229; — Einfluß auf den Verzug des Gläubigers II a 375; — L. beim Darlehen II b 674; — bei der Leihe II b 645; — bei der Verwahrung II c 1165, 1167; — bei Verwahrung vertretbarer Sachen II c 1170.

Leiterrecht III 362, VI a 321.

Leitung von Verrichtungen, Haftung II c 1856, 1865.

Leitungen in fremdes Grundstück III 308, 314.

Leitungsröhren als Notweg III 360.

Lesensunkundige: Beschränkung der Testierfähigkeit V 734; — Testamentserrichtung vor dem Richter oder Notar V 758; — Unfähigkeit zur Errichtung eines eigenhändigen Testaments V 779.

Leserlichkeit der Unterschrift I 530.

Lettland: Gerichtsbarkeit in Scheidungssachen VI b 397; — Verbürgung der Gegenseitigkeit in Scheidungssachen VI b 415; — Staatsvertrag betr. juristische Personen VI b 153; — betr. Grunderwerb VI a 226.

Letztwillige Anordnungen: Ausschließung der Fortsetzung der Gütergemeinschaft IV 591, 608; — Ausschluß der elterlichen Nutznießung bei Zuwendungen an das Kind IV 1076; — Entziehung der elterlichen Vermögensverwaltung IV 1042; — Anordnungen über Nachlaßauseinandersetzung V 401; — Beschränkung der Auseinandersetzung V 395; — Anordnungen über die Art der Vermögensverwaltung IV 1045; — Anordnungen in bezug auf die Vormundschaft: Benennung des Vormundes durch den Vater oder die Mutter IV 1383; — Ausschließung von Personen von der Vormundschaft IV 1395; — A. der Eltern über die Geschäftsführung mehrerer Vormünder IV 1424; — A. befreiter Vormundschaft IV 1572; — A. in bezug auf Einsetzung eines Familienrates IV 1584.

— Ausführung l. A. durch den Testamentsvollstrecker V 672; — l. A. für die Nachlaßverwaltung des Testamentsvollstreckers V 705; — Recht des Testamentsvollstreckers auf Ausführung durch den Erben V 689.

— **Stiftung** I 322, 324.

— **Verfügung:** Begriff V 63, 65; — für die Form l. V. anzuwendendes Recht VI b 644, 668, 677, 697; — möglicher Inhalt V 66; — Nichtigkeit wegen Verstoß gegen Gesetz, gute Sitten V 66; — Aufrechterhaltung durch Konversion V 66; — Verbot der Errichtung V 513; — Unzulässigkeit einer vertragsmäßigen Verpflichtung zur Errichtung, Nichterrichtung, Aufhebung oder Nichtaufhebung einer l. V. V 892; — landesgesetzliche Formvorschriften VI a 394; — Zuziehung landesgesetzlicher Urkundspersonen VI a 392; — räumlich geltendes Recht VI b 631, 641, 647, 663, 665, 673, 690, 695, 722; — zeitliche Statutenkollision V 729; — Errichtung in deutschen Schutzgebieten, vor

Reichskonsuln V 728, 729, 783; — Errichtung durch Wahlkonsuln VI a 53.

Letztwillige Verfügung: Inhalt: Erbeinsetzung V 67; — Vorbehalt der Ergänzung, Unterlassung der Ergänzung V 69, 493; — Ausschluß der Abhängigmachung der Gültigkeit von der Bestimmung eines Dritten V 448; — Bestimmung des Bedachten V 450; — unrichtige Bezeichnung V 450, 455, 478; — Ausschließung, Beschränkung der Nachlaßauseinandersetzung V 395; — Ausschluß der Bestimmung des Bedachten durch einen Dritten V 448; — Bezeichnung in einer auf mehrere Personen passenden Weise V 467; — Bestimmung des Gegenstandes V 448, 451; — Ausschluß der Bestimmung des Gegenstandes durch einen Dritten V 448; — Pflichtteilsentziehung durch l. V. 987, 989.

— Auslegung V 453, 474, 483, 490; — einzelne Auslegungsregeln: Bedenkung der Abkömmlinge Dritter V 465; — der Abkömmlinge des Erblassers V 462; — der Armen V 466; — der gesetzlichen Erben V 460; — von Personenklassen V 466; — der Verwandten oder nächsten Verwandten V 461.

— Bedingungen bei l. V.: Zulässigkeit im allgemeinen V 468; — Bedeutung einer aufschiebenden Bedingung V 467, 474; — Bedingung einer Handlung oder Unterlassung V 467, 474; — unmögliche, unsittliche, unerlaubte Bedingungen V 469; — unverständliche, widersinnige Bed. V 470; — Vereitelung des Eintritts der Bedingung durch Dritte V 475; — Befristung V 474.

— Anerkennung V 480.

— Anfechtung: Anfechtungsgründe V 478; — Wirkung V 479, 485; — Verzicht und Vergleich V 479; — Anfechtungsberechtigter V 485; — Vererblichkeit und Übertragbarkeit des Anfechtungsrechts V 486, 487; — Form der Anfechtung V 487; — Anfechtungsfrist V 488; — Verweigerung der Erfüllung anfechtbarer beschwerender Verfügungen nach Fristablauf V 489.

— Verhältnis mehrerer l. V. gleichen Alters zueinander V 795; — Verhältnis einer l. V. zu einem später oder früher errichteten Erbvertrag V 863; — l. V. des Vorerben V 538; — Unwirksamkeit einzelner von mehreren Verfügungen V 491; — Einfluß der Auflösung, Nichtigkeit usw. der Ehe oder des Verlöbnisses auf l. V. zugunsten des Ehegatten oder Verlobten V 476; — Ausführung durch den Testamentsvollstrecker V 672; — Prüfung der Rechtsgültigkeit durch den TV. V 673; — Benennung des Vormunds durch den Vater IV 1383; — Ausschluß der Fortsetzung der Gütergemeinschaft IV 591, 608; — eines Abkömmlings von der fortgesetzten Gütergemeinschaft IV 593, 608; — Kürzung des Anteils eines Abkömmlings IV 598, 608; — Entziehung des Anteils, Beschränkung in guter Absicht IV 600, 608; — Verfügung über den frei gewordenen Betrag IV 603, 608; — Einräumung des Übernahmerechts hinsichtlich des Gesamtguts oder einzelner Teile IV 605, 608; — Einfluß der Aufhebung des Verlöbnisses auf l. V. zugunsten des Verlobten IV 15; — Haftung von Beamten wegen Verletzung von Formvorschriften bei Errichtung II c 1935, 1937; — l. V. zugunsten nichtrechtsfähiger Vereine I 270; — Wirksamkeit vor dem 1. Januar 1900 angeordneter Verfügungsbeschränkungen VI a 436; — Geltung bisherigen Rechts VI a 581, 588, 593.

Letztwillige Zuwendung einzelner Gegenstände V 494; — des Vermögens oder eines Bruchteils desselben V 494; — einer Summe V 495.

Lex commissoria II a 584, 609, III 454, 1428; — beim Kauf II b 249; — beim Pfandrecht an Forderungen III 1484; — an Rechten III 1496; — Verbot beim Hypothekanspruch III 1153.

Liberationsregreß II a 178.

Licht: Verbauung III 313, 330.

Lichtbild: Wirkung der Eigentumsübertragung III 439.

Lichte Zwischenräume bei Geisteskranken I 423, VI a 406.

Lichtrecht VI a 320.

Lieferanten, Anspruchsverjährung I 778, 780, 783.

Lieferungskauf II b 12.

Lieferungsprämie II a 637.

Lieferungstheorie bei Umwandlung der Gattungsschuld in Spezialschuld II a 87.

Lieferungsvertrag II b 9; — Eigentumsübertragung beim kaufmännischen L. II b 22; — Kriegsklausel II b 10.

Liegenschaftsnießbrauch III 834.

Liegenschaftsrecht: Begriff III 86; — Quellen des formellen L. III 87, 88.

Linien der Erbfolge V 42; — der Schwägerschaft IV 845; — der Verwandtschaft IV 840.

Lippe: Ausführungsgesetze zum BGB. VI a 105.

Liquidation der Gesellschaft II c 1327; — der Stiftung I 333; — ausländischer juristischer Personen VI b 137; — von Vereinen I 250.

Liquidationsverfahren, erbschaftliches, nach bisherigem Recht VI a 580, 584.

Liquidatoren des Vereins: Eintragung ins Vereinsregister I 302; — Anmeldepflicht I 302; — Haftung I 259.

Litauen: Ehehindernisse in L. VI b 236; — ausschließliche Gerichtsbarkeit in Scheidungssachen VI b 396; — Verbürgung der Gegenseitigkeit in Scheidungssachen VI b 415; — Ehescheidung von litauischen Juden VI b 437; — Staatsvertrag: Anerkennung juristischer Personen VI b 151, 152, 153; — betr. Eheschließung vor Konsuln VI b 256; — betr. Grunderwerb VI a 226.

Litispendenz: Verjährung I 777.

Lohn: Anrechnung der Draufgabe II a 577; — Vergleich über den Lohnanspruch II c 1538; — der Frau: Vorbehaltsgut im gesetzlichen Güterstand IV 228; — eingebrachtes Gut bei Errungenschaftsgemeinschaft IV 623.

Lohnbeschlagnahme für Unterhaltsansprüche IV 896.
Lohneinbehaltung II b 796.
Lohnforderung: Beschränkung der Aufrechnung dagegen II a 767; — Zurückbehaltungsrecht II a 243; — Verjährung I 779, 786.
Lohnkampf II b 725; — Schadensersatzpflicht bei Verstoß gegen die guten Sitten II c 1826.
Lohnkutscher: Verjährung ihrer Ansprüche I 779, 785.
Lohnpfändung II a 769, II b 691, 791.
Lohnschiebungsvertrag (1500-Markvertrag) I 464, 558, 580, II b 792.
Lohnsteuer II b 691.
Lohnverwirkungsklausel II b 796.
Lohnzahlung an minderjährige Arbeiter I 439.
Locus regit actum VI b 164, 169, 186.
Lokusprinzip III 140.
Lombardverkehr III 1435; — Erstreckung des Pfandrechts auf Zins-, Renten-, Gewinnanteilscheine III 1525.
Los: Entscheidung durch L. bei der Aufhebung der Erbengemeinschaft V 389; — Entscheidung durch L. bei der Auslobung II c 1072; — bei der Aufhebung der Gemeinschaft II c 1421, 1424.
Löschung im Grundbuch: Einwilligung des Berechtigten zur L. eines eingetragenen Rechts III 124; — Einwilligung des Drittberechtigten III 128; — L. auf Lebensdauer des Berechtigten beschränkter Rechte III 128; — Einfluß nach Abgabe der Löschungsbewilligung eintretender Verfügungsbeschränkung des Berechtigten III 134; — Wirkung unrechtmäßiger Löschung III 1301; — Erlöschen eines zu Unrecht gelöschten Rechtes III 282; — Vormerkung auf Grund eines für vorläufig vollstreckbar erklärten Urteils auf Bewilligung der L. III 175; — Vermutung der Richtigkeit III 211; — L. unzulässiger Eintragungen III 94; — L. von Vormerkungen III 196, 197; — eines Widerspruchs III 279; — Einfluß der Konkurseröffnung vor Vollzug der Löschungsbewilligung III 135; — L. des Erbbaurechts III 725; — Schließung des Erbbaugrundbuchblattes III 729; — L. der Hypothek III 127, 1298; — teilweise L. III 1301; — Herbeiführung durch den befriedigenden Eigentümer III 1136; — unrechtmäßige L. III 1301; — Wiedereintragung der gelöschten, aufgewerteten Hypothek III 220; — der Inhabergrundschuld III 1364; — Vormerkung zur Sicherung des Anspruches auf Löschung der Eigentümerhypothek III 1274; — einer hypothekarisch versicherten Forderung des Kindes gegen den Gewalthaber IV 991; — einer Nachlaßhypothek bei bestehender Nacherbschaft V 539; — eines Widerspruchs III 279.
— des Schiffspfandrechts III 1477; — zu unrecht erfolgte III 1474, 1475; — Verpflichtung des Grundstücksverkäufers zur L. eingetragener Rechte II b 53; — Verpflichtung des Verkäufers eines Schiffs zur L. eingetragener Rechte II b 53; — L. der Aufwertungshypothek, kein Zurückbehaltungsrecht II a 240.
Löschung im Güterrechtsregister IV 688, 694.
Löschungsbewilligung hinsichtlich der Hypothek III 1297; — unter Vorbehalt der Aufwertung III 1298; — hinsichtlich des Erbbaurechts III 666, 676.
Losgesellschaft II c 1195.
Lösungsanspruch III 586, 603, VI a 484; — der Pfandleihanstalten VI a 236, 237.
Lotteriegewinn: Gegenstand der Nacherbfolge V 531.
Lotterielos: Inhaberpapier II c 1603; — Verjährung von Ansprüchen aus dem Verkauf von L. I 779, 780, 785; — der Ehefrau IV 238; — Gewinn bei Errungenschaftsgemeinschaft IV 617, 626.
Lotterievertrag: Voraussetzung der Verbindlichkeit II c 1454; — Nichtigkeit wegen Verstoß gegen Strafgesetze II c 1457; — Verjährung der Ansprüche aus dem Vertrieb von Lotterielosen II c 1459.
Lübeck: Ausführungsgesetze zum BGB. VI a 105; — Staatsschuldbuch IV 299.
Lücken im Recht, Ausfüllung I 24, 25, II a 38; — im eigenhändigen Testament V 740; — Ausfüllung von durch Anwendung der Vorbehaltsklausel entstehenden L. im Recht VI b 817.
Luft: Entziehung III 313, 329; — Reichsgebiet VI a 10; — Verkehrsfähigkeit I 344.
Luftfahrzeuge: als Errichtungsort für Rechtsgeschäfte VI b 187; — Kollision von L., räumlich geltendes Recht VI b 222; — Staatsverträge VI b 222; — für auf L. begangene unerlaubte Handlungen geltendes Recht VI b 220.
Luftraum: Machtbereich des Grundstückseigentümers III 300, 302.
Luftrecht, Luftverkehr I 344, III 302, 303, 304, 305.
Luftschiffahrt: Eigentumsbeschädigung zugunsten der L. III 298, 302; — unbefugtes Landen III 42.
Luftschiffer: Verjährung ihrer Ansprüche I 785.
Luftverkehr: Vertrag II b 936; — Haftung II c 1748, 1798, 1954, VI a 71; — mitwirkendes Verschulden des Beschädigten II a 157.
Lungenseuche: Gewährfrist II b 230.
Luxusgegenstände: Schadensersatz für L. II a 153.

M.

Mahnung: Natur als Rechtsgeschäft I 402; — Zulässigkeit einer Bedingung I 650; — Ersatz der Kosten der M. durch den Schuldner II a 347; — Voraussetzung des Verzuges II a 328, 330; — M. durch einen Gesamtgläubiger II a 930; — durch den neuen Gläubiger nach Abtretung der Forderung II a 848; — M. bei Teilschuldverhältnisse II a 903; — Mahnung während Erbengemeinschaft V 374; — bei der Hypothekforderung, Vorlage des Briefes III 1196, 1198; — bezüglich aus dem eingebrachten Gut der Frau zu erfüllenden Verpflichtungen IV 322; — M. durch den Vormund IV 1466.
Mahnverfahren: Verzug nach Einleitung des M. II a 330; — Unterbrechung der Verjährung

durch Einleitung des M. I 813, 816; — Beseitigung der Wirkungen der Unterbrechung I 822; — Geltendmachung des Hypothekanspruchs im M. III 1145.

Mäkler: rechtliche Stellung I 677; — Raterteilung II c 1118; — Verjährung ihrer Ansprüche I 787.

Mäklervertrag II c 1028; — Begriff und Inhalt II c 1028, 1033; — Formlosigkeit II c 1038; — rechtliche Natur II c 1031; — Verhältnis zum Dienstvertrag II b 695, II c 1031; — Abgrenzung vom Gesellschaftsvertrag II c 1031; — Verhältnis zum Werkvertrag II c 1031; — Pflichten des Mäklers II c 1033, 1038; — Verwendung von Hilfs- und Zwischenpersonal II c 1050; — Rechte und Pflichten des Auftraggebers II c 1033, 1040; — Voraussetzungen der Fälligkeit des Mäklerlohns II c 1033, 1042; — stillschweigende Vereinbarung II c 1054; — Höhe des Mäklerlohns II c 1054; — Berechnung II c 1052; — richterliche Ermäßigung II c 1059; — Verjährung II c 1053; — Ersatz von Aufwendungen des Mäklers II c 1033, 1052; — Ausschluß der Ansprüche des Mäklers wegen vertragswidriger Doppeldienste II c 1056; — Ersatzpflicht wegen Treuverletzung II c 1059; — Leistungsort für die Vergütung II c 1053; — Verhältnis des Mäklers zum Gegenkontrahenten des Auftraggebers II c 1053; — Aufhebungsgründe II c 1053, 1054; — Kündigung II c 1054; — Tod des Mäklers II c 1031; — Widerruf durch den Auftraggeber II c 1040; — Vermittlung von Dienstverträgen II c 1059; — von Eheschließungen II c 1061, 1558; — der Ehevermittlung, Anwendung der Vorbehaltsklausel VI b 826; — zeitliche Geltung der Klaglosigkeit der Ehevermittlung VI a 454; — Vertragsabschluß für eine unbestimmte Person II c 1053.

Malen: Verarbeitung III 510.

Mängel der Leistung: Beweislast im Falle der Annahme II a 674; — M. der Leistung bei der Gattungsschuld II a 90.

— **im Rechte:** Gewährleistung bei der Ausstattung IV 966; — bei der Aussteuer IV 959; — Gewährleistung bei Hingabe an Erfüllungs Statt II a 681; — bei Aufhebung der Gemeinschaft II c 1431; — bei der Schenkung einer Erbschaft V 1090, 1098; — Gewährleistung bei der Gesellschaft II c 1235; — beim Kauf II b 12, 56; — Ausschluß der Haftung II b 66; — Erlassung und Beschränkung II b 80; — Umfang II b 69; — Beweislast II b 79; — Geltung der Vorschriften bei anderen Veräußerungs- und Belastungsverträgen II b 83; — Gewährleistung bei der Leihe II b 642; — beim Mäklervertrag II b 1070; — bei der Miete II b 435; — beim Sachdarlehen II b 248; — bei der Schenkung II b 318; — Verweigerung der Erfüllung der Schenkungsauflage wegen Mängel II b 326; — Gewährleistung beim Erbschaftskauf V 1089.

— **der Sache:** Verhältnis der Mängelhaftung zur Irrtumsanfechtung I 482; — Gewährleistung bei Aufhebung der Gemeinschaft II c 1431; — bei der Gesellschaft II b 248, II c 1235; — bei der Hingabe an Erfüllungs Statt II a 681; — beim Kauf II b 116, 126; — Wandelung oder Kaufpreisminderung II b 152; — Schadensersatz II b 159; — Ausschluß der Haftung II b 147; — bei öffentlichen Versteigerungen II b 151; — Erlaß und Beschränkung der Gewährleistungspflicht II b 200; — Verzicht II b 167; — einredeweise Geltendmachung II b 211; — Ansprüche bei Gattungssachen II b 216; — teilweise Mangelhaftigkeit der Ware II b 194; — Gewährleistung bei anderen Veräußerungs- und bei Belastungsverträgen II b 248; — Gewährleistung bei der Leihe II b 642; — Gewährleistung bei der Miete II b 420, 428; — Ausschluß bei Kenntnis oder schuldhafter Unkenntnis des Mieters von den Mängeln II b 433; — Erlaß und Beschränkung II b 435; — Anzeigepflicht des Mieters II b 450, 451; — bei der Schenkung II b 320; — Verweigerung der Erfüllung der Auflage wegen Mängel II b 326; — beim Werkvertrag II c 952; — Wandelung und Minderung II c 959, 962; — Schadensersatz II c 965; — Ausschluß und Beschränkung der Haftung II c 972; — Einfluß der Abnahme des mangelhaften Werks II c 980; — beim Werklieferungsvertrag II c 1025; — keine Haftung des Erbschaftsverkäufers V 1089; — M. des Vermächtnisgegenstandes V 624; — beim Wahlvermächtnis V 593, 626.

Mängelanzeige beim Kauf, Einfluß auf die Verjährung der Gewährleistungsansprüche II b 211; — auf die Aufrechnung mit Schadensersatzansprüchen II b 215; — bei der Miete II b 450, 451; — beim Viehkauf II b 233; — Ersatz der Kosten II b 240.

Mängeleinrede beim Kauf II b 212.

Manien I 427.

Mann: Ehemündigkeit I 53, IV 38; — siehe auch „Ehemann".

Marineangehörige: Eheschließung IV 38; — letztwillige Verfügungen V 3, 727, VI a 72, 73; — Übernahme einer Vormundschaft IV 1399; — Änderung des Gesetzes über Reliktenfürsorge von M. VI a 82.

Markanleihen des Reichs, der Länder usw., Ablösung II c 1600.

Marken auf den Inhaber II c 1641; — Verpfändung III 1520; — Kraftloserklärung und Zahlungssperre nach Landesrecht VI a 258.

Markgenossenschaften, Märkerschaften VI a 431.

Markscheider: Verjährung ihrer Ansprüche I 787.

Marktpreis: Begriff und Höhe II b 104; — beim Differenzgeschäft II c 1460; — Verkauf des Pfandes zum M. III 1417, 1436; — Verzicht auf Einhaltung der gesetzlichen Form III 1447; — Verkauf durch den Nichtpfandgläubiger III 1446; — Verkauf eines verpfändeten Wertpapieres zum M. III 1524; — von verpfändeten Inhaberpapieren III 1522; — Verkauf der geschuldeten Sache zum M. beim Verzug des Gläubigers II a 733.

Marmor: Fruchteigenschaft I 386.

Marokko: Konsulargerichtsbarkeit in M. VI b 257.
Maschinen: Bestandteile eines Gebäudes I 367; — Eigentumsvorbehalt an eingebauten M. I 361, II b 611, III 504, 799; — Bestellung einer beschränkt persönlichen Dienstbarkeit an eingebauten M. III 910; — Lieferung auf Kredit III 608; — Sicherungshypothek für Ansprüche aus Einmontierung in ein Bauwerk II c 1007; — Zubehöreigenschaft I 381.
Masseschulden im Nachlaßkonkurs beim Vorhandensein eines Testamentsvollstreckers V 655.
Maßarbeit, rechtliche Natur des Vertrags II c 931.
Maßregeln des Vormundschaftsgerichts an Stelle des Vormunds IV 1556.
Materialien zum BGB. I 36.
Matrimonium claudicans VI b 247, 250, 383, 399, 802.
Mauer zwischen zwei Grundstücken: Benützung III 372, 381.
Mauerausbauchungen VI a 321.
Maulesel, Maultiere: Gewährleistung II b 227; — Gewährmängel und Fristen II b 229, 230.
Maximalhypothek III 1327; — siehe Näheres unter „Höchstbetragshypothek".; — auf dem Vermächtnisgegenstand V 603.
Maximalpfandrecht an Schiffen III 1479.
Mecklenburg: Ausführungsgesetze zum BGB. VI a 103; — Beamtengesetze VI a 199, 206.
Meeresstrand: Eigentum daran VI a 176; — Verkehrfähigkeit I 344.
Mehraufwendungen infolge Verzugs des Gläubigers II a 386.
Mehrehe: Beurteilung der im Ausland geschlossenen M. im Inland VI b 800, 809.
Mehrfache Staatsangehörigkeit: Bedeutung im internationalen Privatrecht VI b 783; — siehe weiteres unter „Doppelstaater".
Mehrfacher Wohnsitz I 86, 89; — Bedeutung im internationalen Privatrecht VI b 789; — von Militärpersonen I 96.
Mehrgeburten: Feststellung der Reihenfolge I 52.
Mehrheit von Bedachten beim Vermächtnis: Auswahl durch den Beschwerten oder einen Dritten V 590, 591; — M. von mit demselben Gegenstande Bedachten V 595; — von Besitzern III 60; — M. von Berufungsgründen: Annahme und Ausschlagung der Erbschaft V 105; — Umfang der Ausschlagung V 106; — M. von Beschwerten beim Vermächtnis V 585; — von Beteiligten: bei der Auslobung II c 1072, 1073; — bei Ausübung des Rücktrittsrechts II a 632; — bei Minderung des Kaufpreises II b 198; — beim Vorkaufsrecht II b 287; — beim Wiederkaufsrecht II b 271; — M. von Bürgen II c 1496; — M. von Erbbauberechtigten III 667; — von Erbbaurechten an einem Grundstück III 672; — M. von Erben V 347; — siehe auch „Miterben, Erbengemeinschaft"; — M. von Erbteilen: Annahme und Ausschlagung V 109; — Haftung des berufenen Erben für Nachlaßverbindlichkeiten V 296; — M. von Forderungen: Aufrechnung II a 775; — von Geschäftsherrn oder Geschäftsführern II c 1125, 1132; — M. von Gläubigern II a 893; — bei teilbaren Leistungen II a 900; — bei unteilbaren Leistungen II a 933; — beim aktiven Gesamtschuldverhältnis II a 926; — von Gläubigern, Schuldnern, zeitlich für das Rechtsverhältnis geltendes Recht VI a 451; — beim gegenseitigen Vertrag II a 460, 467; — infolge Abtretung der Forderung, Kosten der Quittung II a 694; — M. von Grundstücken: Vereinigung im Grundbuch III 205; — von Hinterlegern oder Verwahrern II c 1150; — der Hypothekberechtigten III 988; — M. von Kaufobjekten: Minderung des Kaufpreises II b 194; — Wandelung II b 190, 193; — Ausübung des Vorkaufsrechts II b 281; — von Kindern: Ablehnung der Vormundschaft hiewegen IV 1401; — Entlassungsgrund IV 1606; — M. von Leistungen: Anrechnung von Teilleistungen II a 685; — Wahlrecht des Schuldners (siehe auch „alternatives Schuldverhältnis") II a 192; — M. von Nachlaßpflegern V 139; — von Pfändern: Haftung III 1418; — Auswahlrecht des Pfandgläubigers III 1429; — von Pfandrechten an einer Sache III 1431; — an einer Forderung III 1516; — M. von Pflegern IV 1669; — M. von Schuldnern II a 893; — bei teilbaren Leistungen II a 900; — bei unteilbaren Leistungen II a 933; — beim Gesamtschuldverhältnis II a 904; — von Schuldnern beim gegenseitigen Vertrag II a 460, 467; — M. von Testamentsvollstreckern: Führung des Amts V 717; — Rechnungslegung V 711; — Haftung für Verschulden V 712; — M. von Verantwortlichen bei unerlaubten Handlungen, Schadensersatzpflicht II c 1851; — gesamtschuldnerische Haftung, Regreßansprüche untereinander II c 1953; — M. von Vormündern IV 1424, 1427; — von Gegenvormündern IV 1413; — von Vormundschaften oder Pflegschaften: Ablehnungsrecht IV 1401.
Meineid: Schadensersatzpflicht II c 1797.
Meinungsverschiedenheiten unter Ehegatten IV 174; — zwischen Eltern bei Wahrnehmung der Sorge für die Person des Kindes IV 1015; — zwischen dem in der Geschäftsfähigkeit beschränkten Gewalthaber und dem gesetzlichen Vertreter des Kindes IV 1137; — zwischen dem Gewalthaber und der verheirateten minderjährigen Tochter IV 1015; — zwischen dem Vater und Pfleger IV 982; — zwischen mehreren Vormündern IV 1424, 1426, 1427, 1428; — zwischen Vormund und Pfleger IV 1419; — zwischen Vormund und unehelicher Mutter IV 1211; — zwischen mehreren Testamentsvollstreckern V 717.
Meistbegünstigungsklausel, Bedeutung im internationalen Privatrecht VI b 53, 152, 627, 731.
Meliorationsdarlehen: Vorrang III 143; — Vorrang der dafür bestehenden Grundstücksbelastungen VI a 304.
Mengekauf: Ausübung des Vorkaufsrechts II b 281.

Mentalreservation I 461; — Unterschied von der nicht ernstlich gemeinten Willenserklärung I 471; — M. beim Erbvertrag, beim Testament, bei Eheschließung I 463; — im Falle von Stellvertretung I 694; — bei Eheschließung IV 77, 100, 102, 114; — beim Verlöbnis IV 17; — bei letztwilligen Verfügungen V 452, 478, VI a 592; — beim Erbvertrag V 837; — zeitlich geltendes Recht VI a 407.

Mentegemeinden VI a 431.

Mergel: Gewinnung durch den Nießbraucher III 846.

Messen des Kaufgegenstands, Kosten II b 98, 102.

Mexiko: Grunderwerb von Mexikanern in Deutschland VI a 227.

Mietauktion II b 522; — Einfluß der Veräußerung der Mietsache II b 567.

Miete II b 341; — Geltung des Mietrechts des BGB. II a 945; — Verhältnis zum Wohnungsnotrecht II b 342; — Übergangsrecht nach den Normen der Wohnungsnotgesetzgebung II a 946; — Unterschied von ähnlichen Verträgen II b 392; — Vormiete II b 40; — Allgemeines: rechtliche Natur II b 342; — Unterschied von der Pacht II b 342, 392, 601; — vom Werkvertrag II b 931; — M. als beschränkt persönliche Dienstbarkeit III 907; — Unterschied vom Wohnungsrecht III 915; — Gegenstand II b 391; — Anwendung der Vorschriften über Grundstücksmiete auf die Miete von Wohn- und anderen Räumen II b 589; — M. an der Nießbrauchsache, Einfluß der Beendigung des Nießbrauchs III 862, 863; — Verbindung mit anderen Verträgen II a 393, II b 394; — Ausschluß der Eintragung im Grundbuch II b 400; — Unmöglichkeit der Leistung II b 421; — Geltendmachung der gegenseitigen Vertragsrechte II b 406; — prozeßrechtliche Vorschriften II b 343; — Einfluß des Konkurses II b 344; — Stellung zum öffentlichen Recht II b 343; — Einfluß polizeilicher Maßnahmen II b 422; — mittelbarer Besitz des Vermieters III 65, 71.

— Abschluß: freiwilliger und Zwangsmietvertrag I 605, II b 390; — Schranken der Vertragsfreiheit II b 397; — Form des Mietvertrags I 523, II b 397; — bezüglich der Form des Mietvertrags räumlich anwendbares Recht VI b 191; — über Grundstücke II b 538; — mündliche Nebenabreden II b 542; — Legitimation zum Abschluß von M.-Verträgen II b 389; — Verhältnis mehrerer Mieter II b 390; — Form der Aufhebung II b 544; — Inhalt, Vertragsfreiheit II b 397; — wesentliche Erfordernisse des Mietvertrags II b 388; — rechtliche Natur II b 401; — Auslegung der Mietverträge II b 399; — stillschweigende Verlängerung II b 545; — Abschluß für Lebenszeit II b 544; — Abschluß durch den Vater IV 1057, 1061; — durch den Vormund IV 1482, 1493; — für den volljährigen Mündel IV 1626.

— Rechte und Pflichten des Vermieters: dem Vermieter verbleibende Rechte II b 419; — Pflicht zur Gebrauchsgewährung überhaupt II b 388, 401; — zur Überlassung der Sache in geeignetem Zustande II b 410; — zur Wiederherstellung II b 419; — Haftung für Mängel im Recht II b 435; — Haftung für Mängel der Sache II b 420; — Schadensersatzpflicht wegen Mängel der Sache II b 428; — Ausschluß der Mängelhaftung wegen unterlassener Mängelanzeige II b 450; — Einfluß der Kenntnis des Mieters von Mängeln der Sache II b 433; — Haftung des Vermieters in bezug auf den Gebrauch und die Gebrauchsfähigkeit der Sache II b 413; — vertragsmäßige Beschränkung der Haftung, Nichtigkeit bei arglistiger Verschweigung des Mangels II b 435; — Haftung gegenüber Dritten II b 420; — Haftung beim Verkauf der Mietsache II b 554; — Lastentragung II b 454; — Ersatzpflicht für Aufwendungen II b 455; — Ansprüche überhaupt II b 421; — Recht zur Veräußerung der Mietsache II b 419; — zum Betreten der Mietwohnung II b 419; — Rechte bei vertragswidrigem Gebrauch II b 471; — Pfandrecht II b 500; — Geltung der Vorschriften über das Vertragspfand für das Pfandrecht des Vermieters III 1465; — Verlust des Pfandrechts des Vermieters durch Veräußerung der Sache III 490; — Ersatzanspruch bei außerordentlicher Kündigung II b 485; — Verjährung der Ersatzansprüche des Vermieters II b 497; — Selbsthilferecht bei Entfernung eingebrachter Sachen II b 517; — Verbot der Untermiete II b 461.

Miete: Rechte und Pflichten des Mieters: Pflicht zur Abnahme der Sache II b 418; — zur Mietzinszahlung II b 388, 402, 403; — Rückgabe nach Beendigung des Mietverhältnisses II b 490; — Schadensersatzpflicht II b 496; — Anzeigepflicht von Mängeln und gefahrdrohenden Zuständen II b 450; — Haftung für Abnützung II b 459; — Haftung bei Nichtbenützung II b 461; — für Verschulden Angehöriger und Bediensteter II b 459, 467; — für Verschulden des Untermieters II b 461; — Sicherheitsleistung zur Abwendung des Pfandrechtes II b 522; — Einfluß der Veräußerung des Mietobjekts auf eine geleistete Sicherheit II b 567; — Abtretung und Pfändung der Mietrechte II b 469; — Wohnungstausch, Ablösung II b 470; — Tragung der Fütterungskosten eines gemieteten Tieres II b 455; — Ersatzanspruch für Verwendung, Wegnahme von Einrichtungen II b 455; — Verjährung dieser Ansprüche II b 497; — Schadensersatzanspruch des Mieters wegen Verletzung der Mietsache II c 1774; — Haftung der Vertragsteile für Verschulden Dritter II b 407; — Schutzmittel gegen Dritte II b 406; — Mietzins: Gegenstand II b 403; — Höhe nach dem Übergangsrecht der Wohnungsnotgesetzgebung II a 946; — Pflicht zur Entrichtung im allgemeinen II b 388, 402, 403; — Haftung für die Entrichtung II b 403; — Beginn der Verpflichtung II b 404; — Fälligkeit II a 948, II b 476; — der gesetzlichen Miete II b 380, 477; — Voraussetzungen und Folgen des Verzugs II b 486; — Zahlungsort II a

223, II b 478; — Zahlungsempfänger II b 404, 478; — bei Veräußerung des Mietgegenstandes II b 563; — Abtretung, Pfändung, Verpfändung II b 405; — Aufrechnungsbefugnis des Mieters II a 949; — Befreiung von der Verpflichtung wegen Mängel im Recht II b 435, 436; — wegen Mängel der Sache II b 420; — Einfluß der Verhinderung des Mieters an der Benützung II b 478, 479; — Einfluß der Veräußerung des Mietobjektes auf Verfügungen des Vermieters über künftigen Mietzins II b 569; — auf Rechtsgeschäfte mit dem Mieter über künftigen Mietzins II b 579; — Einfluß der Anzeige von der Veräußerung II b 582; — Aufrechnung im Falle derselben II b 581; — außerordentliche Kündigung wegen Rückstandes II b 486; — Rückgewähr gezahlten Mietzinses im Falle vorzeitiger Kündigung II b 438, 445, 490; — Fortentrichtung nach Beendigung des Mietverhältnisses wegen nicht erfolgter Rückgabe des Mietobjekts II b 496; — Verjährung des Mietzinses für bewegliche Sachen I 779, 786; — für unbewegliche Sachen I 788, 789; — Aufwertung II a 76, II b 379, 405, 409.

Miete: Beendigung: Übersicht der Gründe II b 527; — Zeitablauf II b 527; — Einfluß des Todes eines Beteiligten V 19; — Fortsetzung des Mietverhältnisses nach Ablauf der Mietzeit II b 545; — Verlängerung nach dem Wohnungsnotrecht II b 497; — Ordentliche Kündigung II b 527, 529; — rechtliche Natur II b 529; — Beweislast II b 532; — Zulässigkeit und Form II b 529, 530; — bedingte Kündigung II b 531; — verfrühte und verspätete Kündigung II b 531; — Fristen II b 534; — Kündigung bei Mehrheit von Personen auf einer Seite II b 532; — Kündigung im Falle der Veräußerung des vermieteten Grundstücks II b 554, 562; — vorzeitige K.: der mehr als dreißigjährigen Miete II b 544; — wegen Tod des Mieters II b 547; — wegen Versetzung II b 550; — wegen Verweigerung der Erlaubnis zur Untermiete II b 461; — außerordentliche K. des Mieters: wegen Nichtgewährung oder Entziehung des Gebrauchs II b 438, 445; — Verlust des Kündigungsrechts II b 451; — K. wegen Gesundheitsgefährlichkeit II b 544; — des Vermieters: wegen vertragswidrigen Gebrauches II b 481; — Einfluß des Eigentumserwerbs des Mieters an der Mietsache II b 392; — K. wegen Mietzinsrückstand II b 486; — Kündigungsrecht nach der Mieterschutzgesetzgebung II a 941, 948; — Räumungsbefehl II a 942; — Räumungsfrist nach Mieterschutzgesetz II a 949; — Übergangsbestimmungen II b 345; — zeitlich anzuwendendes Recht VI a 457; — für die Kündigung zeitlich geltendes Recht VI a 459; — auf die Kündigung eines 30jährigen Vertrags anzuwendendes Recht VI a 454; — Räumungsfrist VI a 234; — Veräußerung, Belastung der Mietsache VI a 460; — Einfluß des Krieges II b 345.

— gesetzliche II b 372, 390.

Mieteinigungsämter II b 349, 364.

Mieter: Zurückbehaltungsrecht wegen Verwendungen gegen Räumungsanspruch des Vermieters III 611.

Mieterschutz II b 348, 349.

Mietervertretung II b 390.

Mietrechte: Abtretung und Pfändung II b 469; — Wohnungstausch II b 470; — Ablösung II b 470; — Nichteintragung bestehender M. im Grundbuch VI a 503.

Mietstaler II a 575.

Mietverhältnis: Einfluß der Veräußerung des beweglichen Mietobjekts II b 567; — von Grundstücken II b 554; — Einfluß auf eine geleistete Sicherheit II b 567; — auf Rechtsgeschäfte mit dem Mieter über künftigen Mietzins II b 579; — auf Verfügungen des Vermieters über künftigen Mietzins II b 569; — auf das Recht zur Aufrechnung II b 581; — Wirkung der Anzeige der Veräußerung II b 582; — wiederholte Veräußerung II b 588; — Veräußerung vor Überlassung des vermieteten Grundstücks II b 586; — Einfluß der Belastung des Grundstücks mit Rechten Dritter nach Überlassung an den Mieter II b 583; — vor der Überlassung II b 586; — der Belastung durch den Erwerber II b 588.

Mietverhältnis: Begründung durch den Nießbraucher III 862; — Begründung durch Erbbauberechtigten: Einfluß des Erlöschens des Erbbaurechts III 661, 761; — der freiwilligen Veräußerung III 761; — des Heimfalles III 774; — an eingebrachten Grundstücken der Frau, Nutznießung und Verwaltung im gesetzl. Einfluß der Beendigung der eheherrlichen Güterstande IV 374; — bei der Beendigung der Errungenschaftsgemeinschaft IV 665; — M. an Grundstücken des Kindes IV 1098; — Einfluß des Eintritts der Nacherbfolge auf ein vom Vorerben eingegangenes V 565; — M. am Vermächtnisgegenstand V 604.

Mietzinsbildung II a 943, II b 368.

Mietzinsforderung: Abtretung an Nießbraucher, Pfändung durch ihn III 835; — Erstreckung der Hypothek auf dieselbe III 1058; — Erlöschen der Haftung durch Zeitablauf III 1058, 1062; — durch Einziehung oder Verfügung über die Forderung III 1064; — Wirksamkeit der Aufrechnung gegenüber dem Hypothekgläubiger III 1071.

Milchpachtvertrag II b 601.

Militärpersonen: Begriff I 95; — anzuwendendes Recht I 8; — Ablehnung der Vormundschaft IV 1399; — Abtretung von Diensteinkommen, Wartegeld usw. II a 850; — Beschränkung der Aufrechnung gegen deren Diensteinkommensanspruch II a 768; — Eheschließung IV 38; — Eheschließungskonsens IV 64; — Kündigung bei Versetzung II b 550; — letztwillige Verfügungen V 3, 726, 727, VI a 72, 73; — Zuständigkeit zur Eheschließung nach Mobilmachung IV 85; — Verschollenheit I 138, 146; — Wohnsitz I 94; — mehrfacher Wohnsitz I 96.

Militärrecht: Verhältnis zum BGB. VI a 97.

Militärtestament: bisheriges Recht V 726, VI a 72; — geltendes Recht V 727, VI a 73.

Minderheit: Recht auf Berufung der Vereinsmitgliederversammlung I 231.

Minderjährige: Arbeitsbuch VI a 46, 51; — Auflassung an M. III 413; — Eheschließung IV 38, 39, 44; — einseitige Rechtsgeschäfte der Minderjährigen I 440; — elterliche Gewalt IV 979; — Rückkehr in die elterliche Gewalt nach Inkrafttreten des BGB. VI a 555, 556; — Einfluß der Verheiratung einer Tochter auf die elterliche Gewalt IV 1012; — Entziehung, Entführung VI a 37, 43; — Entmündigung I 82; — Ermächtigung zu Dienst- und Arbeitsverträgen I 444, II b 756; — zum Betrieb eines Erwerbsgeschäftes I 441; — Ermächtigung zu bestimmten Verträgen, zeitliche Geltung der Vorschriften des BGB. VI a 409; — Errichtung von Stiftungen I 312; — Fähigkeit zum Strafantrag VI a 36, 39, 40; — Fähigkeit zur Testamentserrichtung V 730, 733; — Testamentserrichtung vor dem Richter oder Notar V 758, 760; — Unfähigkeit zur Errichtung eines eigenhändigen Testaments V 779; — Fähigkeit zum Vereinsvorstand I 201; — Fürsorgeerziehung VI a 348; — Geschäftsunfähigkeit I 421; — Beschränkung der Geschäftsfähigkeit I 427; — Wirkung derselben I 429; — Haftung von M. für Mietzinsentrichtung II b 404; — Haftung aus unerlaubten Handlungen II c 1845; — Haftung aus Billigkeitsgründen II c 1848; — Haftung aus versäumter Aufsicht über M. II c 1873; — Handlungsfähigkeit I 54; — Kreditieren an M. I 438, II b 653; — Lohnzahlung an M. I 439; — Spareinlagen I 431; — Erwerb und Verlust der Staatsangehörigkeit VI a 57, 58, 60, 62; — Untauglichkeit zum Amt des Familienrats IV 1582; — des Gegenvormunds IV 1431; — des Pflegers IV 1669; — des Vormunds IV 1393; — zum Zeugnis bei Eheschließung IV 79; — Übernahme von Schiffsdiensten I 447; — Unfähigkeit zum Zeugnis bei Eheschließung im Ausland VI a 55; — Untauglichkeit zum Zeugnis bei Testamentserrichtung V 756; — Unterhaltsanspruch IV 903, 906; — Verlöbnis IV 10; — Unterhaltspflicht IV 913; — Vertragsabschluß: Genehmigung des gesetzlichen Vertreters I 432; — Beweislast für dieselbe I 436; — Widerruf des Vertrags I 432, 435; — freie Verfügungsmacht des M. I 437; — Verschollenheit, Todeserklärung I 138; — Volljährigkeitserklärung I 58; — Vormundschaft über M. IV 1370; — Übergangsvorschriften für V. VI a 573; — Willenserklärungen I 429; — Zwangserziehung VI a 36, 100, 344.

Minderjährige Ehefrau: keine Pflicht zur Aufsicht über dieselben II c 1875; — Unterhaltspflicht IV 203.

Minderjährige Mutter: Verhältnis zu den Kindern IV 1177.

Minderung bei Annahme an Erfüllungs Statt II a 684; — M. der Erwerbsfähigkeit, Schadensersatzpflicht II c 1959; — M. hinsichtlich des Einbringens bei der Gesellschaft II c 1235, 1237.

Minderung des Kaufpreises: Voraussetzungen II b 152; — Inhalt des Minderungsanspruchs II b 155; — Vollziehung II b 171; — Einfluß des Weiterverkaufs der Sache II b 172, 177; — gerichtliche Geltendmachung II b 174; — Gerichtsstand II b 175; — Übergang zur Wandelung nach Klageerhebung II b 176; — Grad der M. II b 194; — M. bei Nebenleistungen neben dem Kaufpreis II b 197; — bei Mehrheit von Käufern oder Verkäufern II b 198; — Vollziehung durch Minderungseinrede II b 211, 212; — Verzicht auf M. durch Annahme der fehlerhaften Sache II b 176; — Schadensersatzanspruch an Stelle der M. II b 159; — Verjährung des Anspruchs II b 202; — Ausschluß beim Viehhandel II b 236; — Verhältnis zur Wandelung II b 199; — Verhältnis zum Nachlieferungsanspruch II b 218; — wiederholte Minderung II b 199; — M. beim Gattungskauf II b 217.

— M. des Mietzinses: bei Mängeln der Mietsache II b 420, 426; — bei Mängeln im Recht II b 435; — Verlust des Rechtes bei unterlassener Mängelanzeige II b 451; — Ausschluß der Geltendmachung der M. durch den Bürgen II c 1500; — M. des Schadens, Wirkung der Unterlassung II a 154.

— der Sicherheit für eine Forderung des Kindes IV 1063; — für eine Forderung des Mündels IV 1483, 1499; — der Sicherheit für eine Forderung des Kindes gegen den Vater IV 990; — des Mündels gegen den Vormund IV 1420; — der vom Gewalthaber dem Kinde geleisteten Sicherheit IV 1128.

— M. beim Tausch II b 198; — M. der Tauschzugabe II b 290.

— beim Vertrag zugunsten eines Dritten II a 570; — Ausschluß beim Vermächtnis V 626; — M. des Wertes des Vermächtnisgegenstands, Übergang des Ersatzanspruchs auf den Bedachten V 599; — M. beim Werkvertrag II c 959, 962; — Verjährung des Anspruchs II c 972, 978; — beim Werklieferungsvertrag II c 1025; — M. des Wertes des Kaufgegenstandes II b 126.

Mineralien: Recht auf Ausbeutung III 908; — Vertrag über Gewinnung II b 601; — den bergrechtlichen Vorschriften nicht unterliegende M., Rechtsverhältnisse daran VI a 162; — Grundbuchblatt für das Gewinnungsrecht von den bergrechtlichen Vorschriften nicht unterliegenden M. III 776, 777.

Mineralwasser: Fruchteigenschaft I 386.

Mißbrauch: Verleitung zum Beischlaf unter M. eines Abhängigkeitsverhältnisses, Schadensersatzpflicht II c 1815; — Ersatz nicht vermögensrechtlichen Schadens II c 1984; — der Rechte des Ehemanns gegenüber der Frau IV 174; — der Rechte des Mannes in bezug auf die Schlüsselgewalt IV 184, 189; — des Rechts auf eheliche Lebensgemeinschaft IV 164, 166; — des Rechts der Sorge für die Person des

Kindes IV 1104, 1108; — durch die Mutter, Bestellung eines Beistandes IV 1160, 1162.

Mißgeburt I 50; — Rechtsfähigkeit VI a 406.

Mißhandlung: Grund zur Ehescheidung IV 736, 738; — Grund zur Pflichtteilsentziehung V 986, 990.

Mißheirat IV 5; — Familienname der Frau IV 181; — Familienname der Kinder IV 945.

Missio in possessionem furiosi nomine V 318.

— **ventris nomine** V 147.

Mißverständnis beim Vertrag I 490, 637; — bei Willenserklärungen I 490.

Mitbesitz III 15, 60; — an Sachteilen 61; — Schutz III 60, 62; — M. bei Einräumung des Nießbrauchs an einem Inhaber- oder Orderpapier III 891; — Einräumung zur Begründung eines Pfandrechts III 1397; — M. mehrerer Erben III 37; — Herausgabeanspruch des Pfandgläubigers bei Eintritt der Verkaufsberechtigung III 1429, 1430.

Mitbieten: Verbot für den Versteigerungsbeamten und seine Gehilfen bei Zwangsverkauf II b 113; — Wirkung der Nichtbeachtung II b 115.

Mitbürgen: gesamtschuldnerische Haftung II c 1496; — Haftung untereinander II c 1508, 1512; — Wirkung der Haftentlassung eines M. II c 1518.

Miteigentum nach Bruchteilen: Begriff III 639, 640; — Erwerb und Verlust, Veräußerung, Belastung III 641; — Entstehung III 641; — durch Verbindung beweglicher Sachen III 506; — durch Vermischung und Vermengung III 507; — M. an vereinigten Bienenschwärmen III 546; — Erwerb von M. an einem Nachlaßgrundstück III 391; — Vermutung bei Grundbucheintragung III 217.

— Stellung des Miteigentümers: Anteils- und Verfügungsrechte III 641, 642; — Geltendmachung von Ansprüchen aus dem Eigentum III 649; — Eintragung der gemeinschaftlichen Rechte der Miteigentümer im Grundbuch III 643; — Rechtsschutz untereinander III 650; — Wirksamkeit von Vereinbarungen über Verwaltung, Benutzung eines gemeinschaftlichen Grundstücks, Aufhebung der Gemeinschaft gegen den Sondernachfolger eines Miteigentümers III 646; — kein Vorkaufsrecht des Miteigentümers III 640, 642; — Erwerb der Eigentümerhypothek durch Miteigentümer III 1218.

— Aufhebung der Gemeinschaft II c 1421, III 642; — Übertragung des Anteils eines Miteigentümers III 390; — Voraussetzung der Wirksamkeit der Ausgleichungsansprüche gegen Sondernachfolger in einen Anteil III 646, 648; — Ausschluß eines Miteigentümers durch 30jährigen Besitz des Bruchteils III 428; — Verzicht auf einen Anteil, Aneignungsrecht des Fiskus III 433; — Aufhebung der Gemeinschaft bei Grundstücken, Änderung der Bruchteile III 392.

— Belastung: zugunsten eines Miteigentümers III 645; — Belastung eines Anteils mit Hypotheken III 997; — Gesamthypothek auf mehreren Anteilen III 1097; — Grunddienstbarkeit am Anteil III 797; — Nießbrauch an einem Anteil III 872; — Pfandrecht an einem Anteil III 1468; — Belastung eines Anteils mit einer Reallast III 949; — dingliches Vorkaufsrecht an einem Anteil III 927; — Haftung der Miteigentümer für Reallasten III 952; — Vermächtnis des M. an verbundenen, vermischten, vermengten Sachen V 608; — zeitlich anzuwendendes Recht VI a 481; — nachbarrechtliche Beschränkungen nach Landesrecht VI a 324.

Miteigentum zu getrennten Teilen III 648, VI a 331.

Miterben: Begriff V 24; — Anfall der Erbschaft V 83; — Ausschlagung des Erbteils V 111; — Lauf der Ausschlagungsfrist V 95; — Besitz III 37; — Eigentumserwerb an Grundstücken III 391; — Auflassung III 415; — Anwachsung unter M. V 500; — Recht auf Erfüllung einer Auflage V 640; — Auseinandersetzung (siehe auch „Nachlaßauseinandersetzung") V 381; — Erwerb aller Erbanteile V 387; — Ausgleichungspflicht V 405, 418, 419, 420; — Auskunftspflicht als Erbschaftsbesitzer V 339; — über ausgleichungspflichtige Zuwendungen V 428; — Umfang der Auskunftspflicht gegenüber den anderen Erben II a 186; — Recht auf Einsicht von Schuldurkunden über Nachlaßforderungen II c 1654; — Erbschein für M. V 1046; — Fähigkeit zum Amte des Testamentsvollstreckers V 668; — Gemeinschaft V 347, 349; — Leistung an M. während der Erbengemeinschaft V 371; — Haftung für Nachlaßverbindlichkeiten V 173, 430; — vor der Teilung V 433; — nach derselben V 259, 438; — Aufforderung der Gläubiger zur Anmeldung ihrer Forderungen V 439, 442; — Beschränkung der Haftung durch Inventarerrichtung seitens eines einzelnen M. V 278, 444; — Haftung wegen Unterlassung des Antrags auf Nachlaßkonkurs V 234; — Streitgenossenschaft V 353, 379; — bei Verfolgung von Nachlaßansprüchen V 374; — als Schuldner V 431; — Pfändbarkeit seines Anteiles am Nachlasse V 24, 361; — Rechtsverhältnis untereinander V 349; — Rechte der M. überhaupt V 24; — Geltendmachung des Erbschaftsanspruches durch und gegen den M. V 319; — Antragsrecht auf Angebot der Nachlaßgläubiger V 184; — Antragsrecht auf Bestimmung einer Inventarfrist V 279; — Inventarerrichtung durch einen M. V 444; — Antragsrecht auf Anordnung der Nachlaßverwaltung V 210, 217, 235, 443; — Verfügungsrecht über den Anteil am Nachlasse V 354; — Verfügungsrecht über Nachlaßgegenstände V 376; — Vorkaufsrecht beim Verkauf eines Anteils am Nachlasse V 363; — Verwaltung des Nachlasses V 368; — Einfluß des Konkurses über das Vermögen eines M. auf die Nachlaßauseinandersetzung V 393; — Wegfall eines M. nach Verkauf der Erbschaft V 1086; — Verfügung über seinen Anteil

an Grundstücken III 391; — Ausschluß der Hypothekbestellung am Anteil am Nachlaßgrundstück III 999; — auf das Verhältnis der Miterben räumlich anzuwendendes Recht VI b 631, 633, 690, 691; — für ihr Verhältnis zeitlich geltendes Recht VI a 580, 583.
Mitgift: Verhältnis der Schenkung zum M.-Versprechen II b 793; — Versprechen durch den Testamentsvollstrecker V 683; — siehe „Ausstattung".
Mitgliederversammlung des Vereins: Aufgaben I 220; — Bestellung des Vorstands I 200; — Berufung I 231; — Form der Berufung I 221; — M. des eingetragenen Vereins I 277.
Mitgliedschaftsrechte im Verein, Ausübung I 233; — Unübertragbarkeit, Unvererblichkeit I 233, II a 804, 854.
Mitpfleger IV 1669.
Mittäter bei unerlaubten Handlungen: Schadensersatzpflicht II c 1853; — gesamtschuldnerische Haftung II c 1953.
Mitte des Monats: Fristbestimmung I 758.
Mitteilung: der Anfechtung der Ehelichkeit nach dem Tode des Kindes IV 878; — der Anfechtung des Erbvertrags V 849; — der Anfechtung letztwilliger Verfügungen V 487; — der Aufhebung der fortgesetzten Gütergemeinschaft durch den überlebenden Ehegatten IV 557; — der Ausschlagung der Erbschaft V 113; — der Anfechtung der Ausschlagung V 120; — der Inventarfristbestimmung an das Vormundschaftsgericht V 287; — der Bevollmächtigung I 699; — des Erlöschens der Vollmacht I 713, 715; — der Schuldübernahme II a 865; — bei Hypothekenübernahme bei Grundstücksveräußerung II a 874; — bei Veräußerung des Mietobjekts II b 554; — des Verzichts eines Abkömmlings auf seinen Anteil am Gesamtgut IV 555; — M. an den Vorkaufsberechtigten vom Verkauf II b 283.
Mitteilungspflicht II a 32.
Mittelbarer Besitz III 15, 65; — Begriff III 66; — Rechtsgrundlage des Besitzvermittelungsverhältnisses III 69; — Zeit des Eintritts desselben III 70; — Erwerb des m. B. III 68, 69; — Wesen III 74; — Verlust III 74; — Unterschied des Besitzmittlers vom Besitzdiener III 75; — laudatio auctoris im Prozeß gegen den unmittelbaren Besitzer III 76; — Übertragung durch Abtretung des Herausgabeanspruchs III 78; — Vererblichkeit III 37; — entfernt m. B. III 80; — Besitzesschutz III 44; — Eigentumserwerb durch Erlangung des m. B. III 457; — vom Nichteigentümer III 476; — durch Abtretung des Anspruchs auf m. B. III 477; — Passivlegitimation des mittelbaren Besitzers für die Eigentumsklage III 583; — Inhalt des Eigentumsanspruch bei m. B. III 586; — Haftung für Nutzungen III 597; — Übertragung zur Pfandbestellung III 1390, 1393; — der Frau am eingebrachten Gut IV 245.
Mittelbarer Schaden II a 116.
Mittelbare Stellvertretung I 681.
Mitteleuropäische Zeit I 754.
Mittelländisches Meer: Verschollenheitsfrist I 141.
Mittlere Art und Güte der Leistung II a 81.
Mitverschulden des Beschädigten II a 154; — Einfluß auf die Haftung aus unerlaubten Handlungen II c 1756, 1787, 1803; — bei Haftung Mehrerer II c 1957; — bei Amtspflichtverletzungen Beamter II c 1923, 1944; — bei Haftung für Verschulden Angestellter usw. II c 1871; — bei Verletzung durch Tiere II a 156, 160, II c 1895; — beim Wildschaden II c 1910; — Einfluß auf die Ansprüche wegen Tötung und wegen Schädigung des Dienstberechtigten II c 1983.
Mitvormund: Bestellung IV 1361, 1376; — neben einem berufenen Vormund IV 1384, 1386; — neben dem Jugendamt als Amtsvormund, dem Anstalts- und Vereinsvormund IV 1377; — als Gegenvormund bei getrennter Verwaltung IV 1412; — Ablehnungsrecht IV 1401; — Entlassung auf Antrag IV 1606; — Mitteilung seines Ablebens IV 1617; — Geschäftsführung mehrerer Mitvormünder IV 1424; — Anlegung von Mündelgeld IV 1460; — Einreichung des Vermögensverzeichnisses IV 1436; — Rechnungslegung IV 1547; — Verfügung über Forderungen, Rechte auf Leistungen, Wertpapiere des Mündels IV 1464; — Entscheidung von Meinungsverschiedenheiten IV 1424, 1426, 1427; — Haftung der Mitvormünder IV 1524.
Mitwirkende Personen bei Testamentserrichtung: Anwesenheit während der Verhandlung V 761; — Bezeichnung im Protokoll V 762, 766; — Unterzeichnung des Protokolls V 763, 771; — Ausschluß von der Mitwirkung V 754, 755, 756.
Möbel: Werklieferungsvertrag II c 1023.
Möbelleihvertrag II b 112.
Mobiliargemeinschaft des früheren Rechts IV 215.
Mobiliarhypothek III 961, 1378.
Modellstehen: Sittenwidrigkeit I 580.
Monat: Fristberechnung I 755; — halber M. I 756; — Anfang, Mitte, Ende des M. I 758; — Dienstverhältnis mit monatlicher Vergütung II b 887; — Mietverhältnis nach M. II b 534.
Mönche: Rechtsfähigkeit I 42; — Verlust der Vermögensfähigkeit I 129; — Fähigkeit zum Amt eines Testamentsvollstreckers V 667; — siehe auch „Klosterpersonen".
Monismus VI a 213.
Monstrosität I 50.
Montevideo, Vertrag von M. VI b 64, 308, 459, 799.
Moratorium II a 205; — Hemmung der Verjährung I 799.
Morganatische Ehe IV 5; — Familienname, Rang, Stand der Frau IV 181; — Familienname von Kindern aus m. E. I 112, IV 945.
Morgengabe IV 227.
Mortuarium VI a 300.
Moslemisches Ehescheidungsrecht VI b 441.
Motivirrtum I 488; — bei arglistiger Täuschung I 510.

Mühlen: Pacht II b 603, 605; — Verbände zur Nutzung derselben VI a 429; — Zubehör I 381.
Mühlenrecht VI a 145.
Mühlenregal VI a 175.
Multiplexsystem II c 1455.
Mündel: Begriff IV 1358; — Anhörung durch den Vormund IV 1506; — Anhörung vor Genehmigung von Rechtshandlungen des Vormunds IV 1505; — Anhörung des volljährigen Mündels IV 1621; — Annahme des M. an Kindes Statt IV 1323; — Beruf IV 1432; — selbständiges Beschwerderecht IV 1415; — Geltendmachung von Ansprüchen gegen den Vormund IV 1550; — Genehmigung von Rechtshandlungen des Vormunds nach erreichter Volljährigkeit IV 1512, 1515; — Haftung aus Handlungen des Vormunds IV 1415; — mittelbarer Besitz III 72; — Nachlaßauseinandersetzung unter mehreren M. V 385; — religiöse Erziehung IV 1434, VI a 343; — Sorge für die Person IV 1414, 1431; — für das Vermögen IV 1414, 1434; — Verjährung der Ansprüche zwischen Vormund und M. I 804, IV 3, 1363; — Vertretung IV 1414, 1419; — unentgeltliche Zuwendungen an den M. IV 1438.
Mündelgeld: Pflicht des Vormunds zur Anlegung IV 1441; — Art der Anlegung IV 1443, 1452, 1453; — Anlegung bei Sparkassen nach Landesrecht VI a 253; — bei landesgesetzlichen Hinterlegungsstellen VI a 381; — Anlegung bei Amtsvormundschaft, Anstalts- oder Vereinsvormundschaft IV 1441; — Genehmigung der Anlage durch den Gegenvormund oder das Vormundschaftsgericht IV 1460; — Gestattung anderer Anlegung durch das Vormundschaftsgericht IV 1461; — Genehmigung zur Erhebung des angelegten Geldes IV 1458; — Beschränkungen des Vormunds hinsichtlich des angelegten Geldes IV 1458, 1460; — Befreiungen des Vormunds durch den Vater IV 1569; — durch die Mutter IV 1571; — Befreiung des Vaters und der Mutter als Vormund eines Volljährigen IV 1627; — Umwandlung vorhandener Anlagen IV 1807; — Zurückzahlung angelegten Geldes IV 1468; — Anlegung nach den Vorschriften über Anlegung von M. außerhalb des Vormundschaftsrechts IV 1455; — des eingebrachten Frauenvermögens IV 255; — von Kindergeld durch den Beistand und die Mutter IV 1168; — durch den Vater IV 1055; — Voraussetzungen der Anlegung in Hypotheken auf Erbbaurecht: Tilgungshypothek III 731, 733; — Wertgrenze III 735; — planmäßige Tilgung III 740; — landesgesetzliche Vorschriften III 745; — keine Geltung für Grundschulden III 734; — Anlegung von Nachlaßvermögen durch den Vorerben nach den Vorschriften über Anlegung von M. V 550; — Anlegung des Erlöses mit Nießbrauch belasteter Forderungen III 890; — des Erlöses gepfändeter Forderungen III 1513.
Mündelsichere Wertpapiere IV 1443, 1447, 1452; — nach bisherigem Landesrecht VI a 577; — Sicherheitsleistung mit m. W. I 858.
Mündelvermögen: Hinterlegung IV 1470; — auf Anordnung des Vormundschaftsgerichts IV 1478; — Entbindung von der Hinterlegungspflicht durch das Vormundschaftsgericht IV 1477; — durch den Vater IV 1569; — durch die Mutter IV 1571; — Befreiung des Vaters und der Mutter als Vormund eines Volljährigen IV 1627; — Verbot der Verwendung durch den Vormund IV 1441.
Mundium maritale IV 158, 218.
Münzsorte: Bezahlung einer Geldschuld in einer bestimmten M. II a 96.
Muster: Bedeutung der Übersendung I 616; — Kauf nach M. II b 250.
Musterschutzrecht: Bereicherung durch Verletzung II c 1668; — negatorische Abwehrklage gegen Eingriff III 621.
Mutter, eheliche: Elterliche Gewalt IV 1150; — zeitlich anzuwendendes Recht VI a 555; — Voraussetzungen des Eintritts überhaupt IV 1151; — Eintritt nach Beendigung der e. G. des Vaters IV 1153; — Ausübung bei Verhinderung des Vaters IV 1156; — Ausübung neben dem Gewalthaber IV 1015, 1151, 1180; — Beschränkungen nach bisherigem Recht VI a 558, 559; — Inhalt IV 1159; — Unterstützung und Überwachung durch den Beistand IV 1164; — Nutznießung am Kindervermögen IV 1156; — Anlegung von Kindergeld IV 1168; — Pflicht zur Einreichung eines Vermögensverzeichnisses IV 1053, 1169; — Beendigungsgründe IV 1152; — Verlust durch Wiederheiratung IV 1178; — durch Annahme des Kindes an Kindes Statt durch einen Dritten IV 1344; — elterliche Gewalt bei Nichtigkeit der Ehe IV 1186; — Rechtsverhältnis zu den Kindern bei Kenntnis der Nichtigkeit der Ehe IV 1188; — Antragsrecht auf Bestellung eines Beistands IV 1160, 1161; — Anhörung vor Maßregeln des Vormundschaftsgerichts in bezug auf die elterliche Gewalt IV 1130; — Wirkung des Ausschlusses, der rechtlichen oder tatsächlichen Verhinderung IV 1153, 1156; — Prüfung der Vertretungsmacht der Mutter durch Dritte mit ihr Kontrahierende IV 1173; — Nachweis ihrer Vertretungsbefugnis vor dem Grundbuchamt IV 1163.
— Rechte und Pflichten außerhalb der elterlichen Gewalt: Ausstattungspflicht IV 966; — Aussteuerpflicht gegenüber der Tochter IV 953; — Recht zur Verweigerung der Aussteuer IV 962; — Einwilligung zur Eheschließung des Kindes IV 44; — Ersetzung durch das Vormundschaftsgericht IV 48; — Sorge für die Person des Kindes neben dem Vater IV 1015; — Sorge bei Kindern aus nichtiger Ehe IV 1186, 1188; — Beschränkung der Inventarisationspflicht des Vaters hinsichtlich dem Kinde hinterlassenen Vermögens IV 1048, 1053; — Unterhaltspflicht nach dem Vater IV 914; — Verwaltung des Vermögens des volljährigen Kindes IV 951.
— rechtliche Stellung der Mutter bei Nichtigkeit der Ehe IV 1181, 1186; — bei Bösgläubigkeit

der Mutter IV 1188; — Pflichtteilsrecht V 898; — Ausschluß V 917; — Berechnung des Pflichtteils V 925; — Pflichtteilsentziehung durch das Kind wegen Verletzung der Pflichten V 986, 992.

Mutter, eheliche: Rechte in bezug auf Vormundschaft: Benennung des Vormunds IV 1378; — Voraussetzungen der Benennung IV 1382, 1383; — Form IV 1383; — kein Recht zur Regelung der Befugnisse des benannten Vormunds IV 1384; — Ausschluß des Benennungsrechts bei der Vormundschaft über Volljährige IV 1621; — Ausschließung einer Person von der Vormundschaft IV 1394; — Ausschluß des Rechts hiezu bei der Vormundschaft über Volljährige IV 1621; — Anordnungen über die Geschäftsverteilung unter mehreren Vormündern und Entscheidung von Meinungsverschiedenheiten IV 1424; — Anordnung von Befreiungen des Vormunds IV 1571.

— Rechte in bezug auf Familienrat: Anordnung der Einsetzung IV 1575; — Benennung der Mitglieder IV 1578; — von Ersatzmitgliedern IV 1580; — Ausschließung von der Mitgliedschaft IV 1582; — Untersagung der Einsetzung IV 1575; — Anordnung der Aufhebung IV 1593, 1594; — Form der Anordnungen IV 1584, 1593; — Vorzug der Anordnungen des Vaters IV 1584; — Unzulässigkeit der Anordnungen bei der Vormundschaft über Volljährige IV 1630.

— Mutter als Vormünderin: Verpflichtungen bei Verheiratung IV 1555; — Berufung zur Vormundschaft über das volljährige Kind IV 1621; — Befreiungen IV 1627; — Ausschluß von der Vormundschaft nach bisherigem Recht VI a 560; — M. des ungeborenen Erben: Unterhaltungsanspruch aus dem Nachlaß V 146; — der M. des Nacherben V 572.

— **uneheliche M.:** auf das Rechtsverhältnis zum unehelich. Kind räumlich anzuwendendes Recht VI b 489, 493; — Qualifikation VI b 493; — rechtliche Stellung IV 1200, 1210; — Annahme ihres Kindes an Kindes Statt IV 1163; — Berufung zur Vormundschaft IV 1384; — über das volljährige Kind IV 1623; — Unterhaltspflicht IV 1217; — räumlich geltendes Recht VI b 496; — Pflicht zur Namhaftmachung des Vaters IV 1255, 1256; — Ansprüche gegen den Vater IV 1241; — für die Ansprüche der unehelichen Mutter gegen den Vater räumlich geltendes Recht VI b 504, 525, 527; — Ausschluß bei Fehlgeburt IV 1243; — rechtliche Natur der Ansprüche, Prozessuales IV 1244, 1246; — Ansprüche nach der Reichsversicherungsordnung IV 1245; — Ersatzansprüche für dem Kinde gewährten Unterhalt IV 1224; — einstweilige Verfügung vor der Geburt des Kindes IV 1247; — Beerdigungskosten IV 1243; — Einwilligung zur Annahme an Kindes Statt IV 1316, 1330; — Voraussetzungen und Form IV 1318; — Anfechtung der Einwilligung IV 1327; — Einfluß der Annahme an Kindes Statt auf ihr Verhältnis zum Kind IV 1344; — Einwilligung zur Ehelichkeitserklärung des Kindes IV 1283, 1286, 1287; — Form IV 1288; — Ersetzung durch das Vormundschaftsgericht IV 1284; — Anfechtung der Einwilligung IV 1288; — Rechte und Pflichten gegenüber dem für ehelich erklärten Kinde IV 1297; — Einwilligung zur Eheschließung des Kindes IV 44.

Muttergutsauszeigung V 496; — Auslegung V 403.

Mutterschaft: Beweis IV 861; — Rechtsstreit darüber IV 1198, 1201; — Anerkennung der unehelichen IV 1265.

Mutterschutz II b 773.

Mutuus dissensus II a 608, 612.

Mystisches Testament V 451.

N.

Nachbargrundstück: nachbarrechtliche Beschränkungen nach Landesrecht VI a 316; — Schutz gegen Eisenbahn-, Dampfschiffahrts- und ähnliche Unternehmungen VI a 324.

Nachbarrecht III 288, 294, 295; — zeitlich geltendes Recht VI a 485; — N. nach Landesrecht VI a 318; — bei Obstbaumpflanzungen VI a 316; — bei Waldgrundstücken VI a 490; — keine Eintragung nachbarlicher Eigentumsbeschränkungen III 102; — Benützung von Grenzeinrichtungen III 372, 381; — Eigentumsklage wegen Verletzung III 619; — Grenzbaum III 384; — Schutz gegen Einsturzgefahr usw. vom Nachbargrundstück III 333; — Überbau III 342; — überfallende Früchte III 341, 385; — Übertragen von Wurzeln, Zweigen III 338; — Verbietungsrecht bezüglich schädigender Anlagen III 327; — bezüglich Immissionen III 308; — Verbot von Vertiefungen des Nachbargrundstücks III 334; — Erhöhung des Bodens im Nachbargrundstück III 338; — Schikaneverbot III 293; — Unverjährbarkeit der Ansprüche aus dem N. I 773, III 385; — Ansprüche des Erbbauberechtigten III 709, 715.

Nachbesserung an der verkauften Sache II b 122, 157.

Nachbürgschaft II c 1479; — Einreden des Nachbürgen II c 1496; — Einrede der Vorausklage II c 1502; — Wirkung der Befriedigung des Gläubigers II c 1514.

Nacheile bei Besitzentziehung: durch den Besitzer III 44, 46; — durch den Besitzdiener III 47; — bei entflohenen Tieren III 541; — bei Bienenschwärmen III 545.

Nacherbe: Antragsrecht auf Erbscheinerteilung V 1035; — Zuziehung bei Nachlaßauseinandersetzung V 386; — Pflichtteilsbeschränkung durch Einsetzung als N. V 908; — Beurteilung der rechtlichen Stellung des N. nach bisherigem Recht VI a 584.

Nacherbfolge V 507; — zeitliche Geltung des BGB. V 509; — Begriff und rechtliche Natur V 507; — Fähigkeit zur Nacherbschaft V 525; — Vererblichkeit des Rechtes V 13, 515, 524; — Übertragbarkeit, Pfändbarkeit der Rechte des Nacherben V 516.

Nacherbfolge: Einsetzung: Form V 508, 511; — Einsetzung durch Erbvertrag V 78; — keine Beschränkung hinsichtlich der Zahl der Fälle V 508, 514, 527; — Einsetzung eines Nacherben f. einen kinderlosen Abkömmling V 524; — präsumtive Einsetzung nicht erzeugter Personen, noch nicht bestehender juristischer Personen V 517, 521; — bei Anordnung der künftigen Herausgabe der Erbschaft an einen Dritten V 520; — Vermutung für Einsetzung der gesetzlichen Erben als Nacherben bzw. als Vorerben V 521; — Vermutung für gleichzeitige Einsetzung des Nacherben als Ersatzerbe V 519; — zeitliche Grenze der Wirksamkeit der Einsetzung V 527; — Einsetzung auf den Überrest V 568; — Einsetzung einer Stiftung als Nacherbe I 322; — Anfall der Erbschaft an den Nacherben V 82; — Pflichtteilsbeschränkung in guter Absicht durch die Einsetzung V 908.

— Voraussetzungen des Eintrittes V 82, 511, 525; — Besitzerwerb des Nacherben III 39; — Zeit des Anfalles V 82, 524; — Erbfähigkeit des Nacherben V 26.

— Rechtliche Stellung des Nacherben vor Eintritt der Nacherbfolge V 508, 515; — Rechte: auf Auskunft über den Bestand der Erbschaft V 558; — Eintragung seines Rechtes im Grundbuch, Schiffsregister V 510, 517, 535, 541; — Feststellung des Zustandes der Erbschaftssachen V 554; — Nebenintervention in Prozessen des Vorerben V 537; — Recht auf Sicherheitsleistung des Vorerben V 558; — auf Sicherung von Wertpapieren V 547; — von Buchforderungen V 548; — auf Verzeichnis der Nachlaßgegenstände durch den Vorerben V 552; — auf Einhaltung eines Wirtschaftsplanes bei Wäldern, Bergwerken, Anlagen zur Gewinnung von Bodenbestandteilen V 554; — Recht auf Erteilung eines Erbscheins V 1035; — Herausgabeanspruch gegen den Besitzer eines unrichtigen Erbscheines V 1059; — Geltendmachung des Erbschaftsanspruches durch den Nacherben V 320; — Pflicht zur Einwilligung zu Verwaltungsmaßregeln des Vorerben V 551; — Testamentsvollstrecker zur Ausübung seiner Rechte und Erfüllung seiner Pflichten V 715; — Beschwerung mit Vermächtnissen V 584; — Pflegschaft für den nicht erzeugten oder noch ungewissen Nacherben IV 1661; — Unterhaltsanspruch der Mutter des zu erwartenden Nacherben V 572.

— Wirkungen des Eintritts V 569; — für die Verfügungsberechtigung des Vorerben V 571; — Besitzerwerb des Nacherben an der Erbschaft V 570; — Geltendmachung des Erbschaftsanspruchs V 320; — Einfluß des Eintrittes auf bestehende Miet- und Pachtverhältnisse V 565; — Ersatzpflicht des Nacherben für Aufwendungen V 554; — Früchteteilung V 563; — Erstreckung des Rechtes des Nacherben auf Erweiterungen des Erbteiles des Vorerben V 528, 530; — Erstreckung auf Surrogate von Erbschaftsgegenständen V 530; — Wiederaufleben erloschener Rechtsverhältnisse V 574; — Angabe der N. im Erbschein V 1059; — Ausschluß des Erwerbes durch N. vom Erbschaftskauf V 1086.

Nacherbfolge: Haftung für Nachlaßverbindlichkeiten, Inventarerrichtung durch den Nacherben V 174, 574; — Inhalt des von Nacherben errichteten Inventars V 287.

— Ausschluß des Eintritts: Ausschlagung V 572; — Erbunwürdigkeit des Nacherben V 573, 1004, 1008; — Tod desselben vor Eintritt der Nacherbfolge V 525; — Wegfall aus anderen Gründen V 573; — siehe auch „Vorerbe".

Nachfrist beim Schuldnerverzug II a 507, 532.

Nachkommenschaft: Begriff IV 842.

Nachlaß: Ausantwortung an den Erben nach Beendigung der Nachlaßverwaltung V 250; — Feststellung des Bestandes und Wertes bei Berechnung des Pflichtteils V 925; — Haftung für Nachlaßverbindlichkeiten V 155, 157, 164, 208; — Sicherung des N. V 126; — Sicherungsmaßregeln nach Landesrecht VI a 370; — Surrogation V 380; — Verteilung eines im Auslande eröffneten N. im Inlande VI b 737; — Verwaltung durch den Erben, Verlust des Rechtes durch Anordnung der Nachlaßverwaltung V 241; — Verwaltung durch Miterben V 368; — durch den Nachlaßverwalter V 241, 247; — durch den Vorerben V 547, 558; — durch den Testamentsvollstrecker V 679, 681, 705; — Zwangsvollstreckung in den N., Beschränkung nach Anordnung der Nachlaßverwaltung V 241; — Vertrag über den N. eines noch lebenden Dritten II a 417, V 10; — N. eines Ehegatten bei allgemeiner Gütergemeinschaft IV 521; — bei Fortsetzung der Gütergemeinschaft IV 528; — bei Ablehnung der Fortsetzung der Gütergemeinschaft IV 534, 537; — bei Ausschließung der Fortsetzung IV 591, 593; — Erbrecht, Pflichtteilsrecht am N. verpflegter oder unterstützter Personen VI a 367.

— des Pachtzinses II b 606, 614.

Nachlaßabkommen: deutsch-österreichisches VI b 622, 651, 690, 694, 695, 704, 735, 772; — deutsch-russisches V 142, VI b 651, 694, 704, 731; — deutsch-türkisches VI b 731.

Nachlaßansprüche: Verjährung I 809.

Nachlaßauseinandersetzung V 381; — räumlich geltendes Recht VI b 631, 633, 691, 707, 712, 713, 728; — zeitlich geltendes Recht VI a 580, 583, 584; — Rechtsnatur und Form des Auseinandersetzungsvertrags V 385; — Berücksichtigung der Geldentwertung V 384; — Aufwertung von Ansprüchen aus der Auseinandersetzung V 394; — Recht jedes Miterben auf N. V 381; — Unverjährbarkeit des Anspruches I 773, V 384; — Ausschluß und Beschränkung des Rechts durch Vereinbarung V 389; — Art der Auseinandersetzung, Verfahren V 385, 389; — Beteiligung mehrerer Mündel V 385; — Zuziehung der Nacherben V 386; — Vermittelung im Verfahren der freiwilligen Gerichtsbarkeit V 387, 388, 391; — Gerichtsstand der Teilungsklage V 389; — Art der

Teilung V 389; — Berichtigung von Nachlaßverbindlichkeiten V 390, 398; — Verteilung des Überschusses, Ausschluß der Teilung bei Familienschriftstücken V 400; — Ausschluß und Beschränkung der Teilung kraft Gesetzes V 383; — Ausschluß wegen Unbestimmtheit der Erbteile wegen zu erwartender Geburt eines Miterben usw. V 394; — Ausschluß und Beschränkung durch Anordnung des Erblassers V 395; — Aussetzung bis zur Beendigung des Aufgebotsverfahren, dem Ablauf der Anmeldefrist für die Gläubiger V 397, 398; — Gewährleistung V 391; — letztwillige Anordnungen über die Auseinandersetzung V 401; — Anordnung der Übernahme eines Landgutes durch einen Miterben V 404; — N. durch den Testamentsvollstrecker V 646, 676; — N. im Falle einer Nacherbfolge V 386, 538; — Rechtsverhältnis bis zur Auseinandersetzung V 349.

Nachlaßbehandlung: internationale V 141, VI b 726, 730.

Nachlaßforderung: räumlich geltendes Recht VI b 655, 687; — Einziehung während der Erbengemeinschaft V 371; — Aufrechnung während der Erbengemeinschaft V 376; — Anmeldung beim Nachlaßgericht V 439, 442; — siehe auch „Nachlaßgläubiger“.

Nachlaßgegenstände: Verfügungen des Erben vor Ausschlagung der Erbschaft V 122; — Verfügungen des Miterben V 376; — Herausgabe an die im Aufgebotsverfahren ausgeschlossenen Gläubiger nach durchgeführtem Aufgebotsverfahren V 190, 194; — Herausgabe an Gläubiger nach Beendigung des Nachlaßkonkurses V 255; — im Falle von Mangel an Masse zu einer Nachlaßverwaltung oder einem Nachlaßkonkurs V 260; — Aufnahme in das Nachlaßinventar V 287; — Herausgabe durch den Testamentsvollstrecker V 707; — Erbschein über bestimmte N. V 1038, 1076; — Veräußerung durch den vermeintlichen Erben III 483.

Nachlaßgericht: Funktionen V 102; — Ablieferung des Testaments an das N. durch den Besitzer oder Verwahrer V 795; — Ablieferung des Erbvertrags V 883; — Abnahme des Offenbarungseides des Erben V 293; — Anmeldung der Nachlaßforderungen beim N. V 439, 442; — Anordnung der Nachlaßverwaltung V 234; — Anordnung von Sicherungsmaßregeln nach Landesrecht VI a 370, 585.

— Anzeige an das N. vom Erbschaftskauf V 1095; — vom Eintritt der Nacherbfolge V 579; — Anzeigepflicht zum Vormundschaftsgericht IV 1376; — Aufnahme des Nachlaßinventars V 288; — Ernennung des Testamentsvollstreckers V 645, 665; — Ausschluß der Ernennung zum Testamentsvollstrecker V 667; — Ausschluß von der Inventarerrichtung nach Landesrecht VI a 391; — Außerkraftsetzung von Anordnungen des Erblassers über die Nachlaßverwaltung des Testamentsvollstreckers V 705; — Erteilung des Erbscheins V 1029, 1031; — Verfahren vor und bei Ausstellung des Erbscheines V 1032, 1038, 1050; — Ausstellung des Zeugnisses über Ernennung zum Testamentsvollstrecker V 1072; — Ausstellung des Zeugnisses über Fortsetzung der Gütergemeinschaft IV 585; — über Rechtsnachfolge in Hypotheken, Grund- oder Rentenschulden, Grundstücke, Erbbaurechte V 1027; — Benachrichtigung des Vormundschaftsgerichtes von der Bestimmung der Inventarfrist V 286; — Bestellung des Nachlaßpflegers V 126, 139; — Bestellung eines Pflegers für einen abwesenden Beteiligten bei einer Auseinandersetzung IV 1657; — Bestimmung der Inventarfrist V 278; — Verlängerung V 282; — einer neuen Inventarfrist auf Antrag des Erben wegen unverschuldeter Fristversäumnis V 283; — Einholung der Genehmigung der Stiftung durch das N. I 322; — Einziehung und Kraftloserklärung des Erbscheines V 1054; — Entgegennahme des vom Erben freiwillig errichteten Inventars V 276; — Entlassung des Testamentsvollstreckers V 719, 721; — Entscheidung von Meinungsverschiedenheiten mehrerer Testamentsvollstrecker V 717; — Pflicht zur Erbenermittlung in Bayern V 1031.

— Erklärungen gegenüber dem N.: Ablehnung der Fortsetzung der Gütergemeinschaft IV 535; — Anfechtung der Ablehnung IV 535; — Anfechtung der Annahme und Ausschlagung der Erbschaft V 118; — Anfechtung der Ehe IV 137; — der Ehelichkeit IV 878; — der Anerkennung der Ehelichkeit IV 882; — Anfechtung des Erbvertrags V 849; — letztwilliger Verfügungen V 487; — der Versäumung der Ausschlagungsfrist V 119; — Annahme und Ablehnung des Amtes eines Testamentsvollstreckers V 670; — Anzeige vom Erbschaftsverkauf V 1095; — Aufhebung der fortgesetzten Gütergemeinschaft IV 557; — Mitteilung der Aufhebung der fortgesetzten Gütergemeinschaft IV 557; — Ausschlagung der Erbschaft V 96, 100; — Bestimmung des Testamentsvollstreckers durch einen Dritten V 645, 665; — Kündigung des Amtes des Testamentsvollstreckers V 719, 720; — Verzicht auf den Anteil am Gesamtgut der fortgesetzten Gütergemeinschaft IV 555; — Ernennung des Testamentsvollstreckers V 645, 655; — Festsetzung des Honorars des Nachlaßverwalters V 253; — Feststellung des Erbrechtes des Fiskus V 149; — Feststellung des Anfalles des Vermögens eines aufgelösten Vereins an den Fiskus I 249; — Fristbestimmung für die Bestimmung des Vermächtnisnehmers durch den Beschwerten oder einen Dritten, des Vermächtnisgegenstandes oder die Ausübung des Wahlrechtes durch den Bedachten V 590; — für die Erklärung über Annahme des Amtes als Testamentsvollstreckers V 670; — Genehmigung von Rechtshandlungen des Nachlaßverwalters V 248; — Gestattung der Einsicht der Akten über Erbschaftskauf V 1095; — Gestattung der Einsicht von Erklärungen in bezug auf Testamentsvollstreckung V 725; — Mitteilung der Anfechtung der Ausschlagung

der Erbschaft V 120; — der Anfechtung des Erbvertrages V 849; — Gestattung der Einsicht der Anzeige vom Eintritt der Nacherbfolge V 579; — der Anzeige vom Erbschaftskauf V 1095; — des Nachlaßinventars V 303; — Mitteilung der Erbschaftsausschlagung V 113; — Nachlaßauseinandersetzung V 392; — Führung der Nachlaßpflegschaft V 146; — Sicherung des Nachlasses V 126; — Testamentseröffnung V 798, 801; — Tätigkeit in Verlassenschaften V 127; — Veröffentlichung der Anordnung der Nachlaßverwaltung V 240; — Verhältnis zum Testamentsvollstrecker V 653; — sachliche Zuständigkeit V 100, VI a 388; — örtliche Zuständigkeit V 100, 101; — Zuständigkeit für die Nachlaßpflegschaft V 146; — Zuständigkeit zur Behandlung von Nachlaßsachen Deutscher im Ausland VI b 689; — Z. z. Behandlung von N. von Ausländern VI b 726, 729.

Nachlaßgläubiger: Ansprüche gegen den Erben aus der bisherigen Verwaltung des Nachlasses im Falle der Nachlaßverwaltung oder des Nachlaßkonkurses V 224; — Anspruch auf Duldung der Vollstreckung in den Nachlaß gegen den Testamentsvollstrecker V 696, 700; — *Antragsrecht* auf Abnahme des Offenbarungseides des Erben V 293; — auf Anordnung der Nachlaßverwaltung V 234, 236; — auf Bestimmung einer Inventarfrist V 278; — *Aufgebot* der N. V 182, 184; — nicht betroffene Gläubiger V 188, 189; — Wirkungen des Ausschlusses V 190, 200; — Ausschluß durch fünfjährige Nichtgeltendmachung der Forderung V 201; — Befriedigung bei Mangel an Masse zur Durchführung einer Nachlaßverwaltung, eines Nachlaßkonkurses V 260; — Ersatzansprüche gegen den Erben wegen Unterlassung des Antrages auf Nachlaßkonkurs V 231; — Rechtsverhältnis zu den Erben V 430; — Rechte bei ungeteiltem Nachlaß V 433; — nach der Teilung V 438, 439; — Stellung während des Erbschaftsprozesses V 324; — siehe auch „*Nachlaßverbindlichkeiten*".

Nachlaßgrundstück: Auflassung bei Veräußerung eines Anteils am Nachlasse V 356; — Auflassung bei Nachlaßauseinandersetzung V 386, 402; — Zwangsversteigerung zum Zwecke der Teilung V 390; — Erwerb von dem im Erbschein als Erbe Bezeichneten V 1071; — Vollstreckungshypothek am Anteil eines Miterben V 362; — Zuteilung an einen Erben III 391.

Nachlaßinventar (siehe Näheres unter „*Inventar*") V 276.

Nachlaßkonkurs V 208; — Verhältnis zur Nachlaßpflegschaft V 134; — Voraussetzungen der Eröffnung V 218; — bei Mehrheit von Erben; Zulässigkeit nach der Teilung V 210; — bei unbeschränkter Erbenhaftung V 172; — Ausschluß der Eröffnung über einen Erbteil V 210; — Einfluß auf die Ausschlagungsfrist V 90; — Verhältnis zur Inventarerrichtung über den Nachlaß V 209; — Zweck V 205, 209; — Zuständigkeit V 219.

Nachlaßkonkurs: *Antragsrecht* auf Eröffnung V 219; — des im Aufgebotsverfahren ausgeschlossenen Gläubigers V 200; — jedes Ehegatten V 177; — bei allgemeiner Gütergemeinschaft IV 458; — der Nachlaßgläubiger V 172; — des Nachlaßpflegers V 140; — des Nachlaßverwalters V 219; — des Testamentsvollstreckers V 647, 654; — des Vermächtnisnehmers V 614; — Antragsrecht des im Aufgebotsverfahren ausgeschlossenen Gläubigers V 200; — Haftung des Erben wegen Unterlassung des Antrages V 231.

— *Wirkungen der Eröffnung* V 219; — Einfluß auf vor Eröffnung erfolgte Aufrechnung eines Nachlaßgläubigers gegen einen Erben, eines anderen Gläubigers eines Erben gegen eine Nachlaßforderung V 222; — Aufrechnung nach Konkurseröffnung V 224; — Einfluß auf die Inventarfrist V 286; — Wirkung der Ablehnung mangels Masse V 260; — Behandlung der vom Testamentsvollstrecker eingegangenen Verbindlichkeiten V 688; — Behandlung der vom Erblasser bestimmten Vergütung des Testamentsvollstreckers V 714; — Wiederherstellung infolge des Erbfalles durch Konfusion erloschener Rechte und Verbindlichkeiten V 220, 221; — Beendigung der Nachlaßverwaltung V 253; — Unwirksamwerden der Bestimmung einer Inventarfrist, Ausschluß der Bestimmung während der Dauer des N. V 286; — Ausschluß der Erteilung eines Erbscheins für den Konkursverwalter V 1036.

— *Geltend zu machende Verbindlichkeiten* V 432; — Ansprüche des Erben gegen den Erblasser V 177; — Verbindlichkeiten aus der Besorgung erbschaftlicher Geschäfte V 123; — Geltendmachung des Unterhaltsanspruchs der Mutter des ungeborenen Erben V 148; — Beerdigungskosten des Erblassers V 179; — Kosten des Aufgebots der Nachlaßgläubiger V 184; — der Inventarerrichtung V 278, 289; — der Todeserklärung V 180; — Kosten der Testamentseröffnung V 805; — Prozeßkosten des Nachlaßverwalters V 216; — Verbindlichkeiten aus Rechtsgeschäften des Nachlaßpflegers V 141; — Rang des Vermächtnisanspruches V 614; — Rang des einem Pflichtteilsberechtigten zugewendeten Vermächtnisses V 632, 916.

— *Stellung des Erben:* Wirksamkeit der Berichtigung von Nachlaßverbindlichkeiten vor der Eröffnung V 229; — Haftung wegen der bisherigen Verwaltung, Ersatzansprüche für Aufwendungen V 224; — Haftung wegen Verfügungen nach der Eröffnung V 229; — Haftung des Erben nach Beendigung des N. durch Einstellung V 256; — nach Beendigung durch Verteilung der Masse oder Zwangsvergleich V 255; — Haftung von Miterben V 259, 439, 442; — Stellung des Erbschaftskäufers V 1092, 1098; — Stellung des Testamentsvollstreckers V 654, 655; — unbeschränkte Haftung des Erben im Falle des N. V 172; — Einfluß der Beendigung durch Schlußverteilung oder Zwangsvergleich auf die Be-

schränkung der Erbenhaftung V 286; — Stellung mehrerer Erben V 353; — keine Beteiligung des Zweitvermächtnisnehmers V 632; — Haftung des Erben im Falle der Nichteröffnung, der Einstellung wegen Mangel an Masse V 260; — Haftung des Erben im Falle der Aufhebung des Eröffnungsbeschlusses V 256; — zeitlich geltendes Recht V 155, 156, VI a 583; — Zulässigkeit über den Nachlaß eines Ausländers VI b 729.

Nachlaßkonkursverwalter: Geltendmachung des Erbschaftsanspruchs V 319.

Nachlaßmasse als Hypothekgläubigerin III 1005.

Nachlaßpfleger: Antragsrecht auf Anordnung der Nachlaßverwaltung V 235; — Auskunftspflicht gegenüber Nachlaßgläubigern über den Nachlaß IV 1446, V 304; — Ausschluß der Bestimmung einer Inventarfrist gegenüber dem N., Verbot des Verzichts auf die beschränkte Haftung des Erben V 286, 304; — Besitz III 37, 69, 72; — Erfüllung des Vorausvermächtnisses V 589; — kein Recht zur Anfechtung letztwilliger Verfügungen V 486; — Ausschluß der Erteilung eines Erbscheins für den N. V 1036; — Geltendmachung aufschiebender Einreden gegen Ansprüche auf den Nachlaß V 310, 315; — Recht zur Inventarerrichtung V 277; — Pflicht zum Antrag auf Eröffnung des Nachlaßkonkurses V 233; — Haftung wegen Unterlassung des Antrages V 233; — Haftung des Erben für Verschulden des Nachlaßpflegers V 139; — Verantwortlichkeit gegenüber den Erben V 139; — Vergütung des N. V 138; — nicht passiv legitimiert für den Erbschaftsanspruch V 322.

— zur Sicherung des Nachlasses: rechtliche Stellung V 136; — besondere Rechte und Pflichten V 140, 141; — rechtliche Stellung bei der Nachlaßpflegschaft zur gerichtlichen Geltendmachung von Ansprüchen gegen den Nachlaß V 143.

Nachlaßpflegschaft zum Zwecke der Befriedigung der Nachlaßgläubiger (siehe auch „Nachlaßverwaltung") V 208; — zum Zwecke der gerichtlichen Geltendmachung von Ansprüchen gegen den Nachlaß V 143; — zur Sicherung des Nachlasses V 126, 133; — rechtliche Natur V 135; — Voraussetzungen der Bestellung V 133; — Zuständigkeit des Nachlaßgerichts V 146; — Anordnung V 139; — Aufhebung V 140; — Stellung des Nachlaßpflegers V 136, 140, 141; — Kosten V 141; — anzuwendendes Recht VI b 622; — Unzulässigkeit bei Beerbung von Ausländern VI b 727; — Anwendung bisherigen Rechts VI a 585.

Nachlaßrichter: Haftung II c 1950.

Nachlaßsachen: Zuständigkeit nach Landesrecht VI a 387.

Nachlaßschuldner: Leistung bei Mehrheit von Erben während der Erbengemeinschaft V 371.

Nachlaßsicherung V 126 (s. auch „Sicherung").

Nachlaßverbindlichkeiten: Aufnahme in das Nachlaßinventar V 287; — Aufnahme nicht bestehender in das Inventar V 291; — Begriff V 157, 159; — Begründung durch den Nachlaßpfleger V 141; — Pflichtteilslast als N. V 157, 159, 895, 902; — Berichtigung bei Erbengemeinschaft V 371; — bei Nachlaßauseinandersetzung V 390, 398; — nach angeordneter Nachlaßverwaltung V 247, 249; — durch den Erben vor Anordnung des Nachlaßkonkurses oder der Nachlaßverwaltung V 229; — durch den Vorerben, Einwilligung des Nacherben V 551; — Feststellung V 164; — Geltendmachung: durch und gegen des Fiskus als gesetzlichen Erben V 154; — gegen den Nachlaßverwalter nach Anordnung der Nachlaßverwaltung V 241; — Unzulässigkeit gerichtlicher Geltendmachung vor Erbschaftsannahme V 121; — Gerichtsstand V 164; — Haftung: des Erben V 154, 157, 164; — Vereinbarungen über die Haftung V 177; — Haftung nach dem Tode eines in allgem. Gütergemeinschaft lebenden Ehegatten IV 533; — Beschränkungen derselben (siehe auch „Beschränkte Haftung") V 169, 170; — Verlust der Einrede der beschränkten Haftung V 171; — Wirkung des Verlustes V 305, 314; — zeitliche Geltung der Vorschriften V 155; — Statutenkollision V 156; — ergänzende und Sondervorschriften V 155; — entsprechende Anwendung der Vorschriften V 155; — Haftung für Steuern V 176; — Haftung des zu mehreren Erbteilen berufenen Erben V 296; — Haftung bei Mehrheit von Erben V 173, 360; — Haftung jedes Miterben vor der Nachlaßauseinandersetzung V 174, 433; — nach derselben V 438, 439; — nach Aufforderung zur Anmeldung der Forderungen V 439, 442; — zeitliche Verweigerung der Berichtigung V 308, 310; — im Falle der Nachlaßpflegschaft V 315; — Ausschluß wegen unbeschränkter Haftung des Erben gegenüber vom Aufgebot nicht betroffenen Nachlaßgläubigern V 314; — Haftung des Erben im Falle des Nachlaßkonkurses V 227; — unbeschränkte Haftung V 172; — Haftung nach Beendigung des Nachlaßkonkurses durch Einstellung V 256; — nach Beendigung durch Verteilung der Masse oder Zwangsvergleich V 255; — Einfluß der Beendigung auf die Beschränkung der Haftung V 286; — Haftung im Falle der Nachlaßverwaltung V 227; — nach Beendigung derselben V 251; — Haftung im Falle der Veräußerung des Anteiles eines Miterben am Nachlasse nach Ausübung des Vorkaufsrechts der Miterben V 364, 367; — Haftung des Vorerben und Nacherben V 174, 574; — für die Haftung zeitlich geltendes Recht VI a 583.

Nachlaßverbindlichkeiten: Haftung beim Erbschaftskauf im Verhältnis zwischen Käufer und Verkäufer V 1091; — Verzinsung durch den Erbschaftskäufer V 1092; — Haftung gegenüber den Gläubigern V 175, 1094.

— Haftung einer Ehefrau als Erbin V 177, 282, 298; — unbeschränkte Haftung wegen Unrichtigkeit oder Unvollständigkeit des Inventars V 291; — nach Versäumung der Inventarfrist V 278, 281; — Sicherheitsleistung des

Erben gegenüber dem Testamentsvollstrecker V 707; — Ersatzanspruch des Erbschaftsbesitzers für Berichtigung V 332.

Nachlaßverbindlichkeiten: Pflegschaft zur Geltendmachung von N. V 143.

Nachlaßverwalter: Abschluß von Mietverträgen II b 390; — Aufsicht des Gerichts IV 1543; — Besitz III 69, 72.

Nachlaßverwaltung V 208; — Allgemeines: Begriff und Wesen V 209, 211; — Ähnlichkeiten mit dem Nachlaßkonkurs V 212; — Verschiedenheiten von der Nachlaßpflegschaft V 213; — Verhältnis zur Inventarerrichtung über den Nachlaß V 209; — Ausschluß der N. über einen Erbteil V 217; — Zulässigkeit im Falle Vorhandenseins eines Testamentsvollstreckers V 217; — Zweck V 205; — Eintragung im Grundbuch V 240, 254; — räumlich anzuwendendes Recht VI b 622; — Unzulässigkeit bei Beerbung von Ausländern VI b 727.

— Voraussetzungen: Antrag des Erben V 217, 234; — Haftung wegen Unterlassung des Antrags V 231; — Antragsrecht bei Mehrheit von Erben V 210, 217, 235, 443; — Ausschluß des Antragsrechts bei unbeschränkter Erbenhaftung V 305; — nach der Nachlaßauseinandersetzung V 443; — Ausschluß der Anordnung, Antragsrecht des Ehemanns der Erbin V 177; — kein Antragsrecht des Testamentsvollstreckers V 235, 647, 654; — Antrag des Gläubigers V 217, 234; — Recht des im Aufgebotsverfahren ausgeschlossenen Gläubigers V 200; — Antragsrecht des Erbschaftskäufers V 1097; — des Erben nach dem Verkauf der Erbschaft V 1098.

— Anordnung V 217; — Inhalt V 238; — Zeitpunkt V 236; — Bekanntmachung, Eintragung ins Grundbuch V 240; — Ablehnung wegen ungenügender Masse V 239; — wiederholte Anordnung, Wiederaufnahme V 252; — Ausschluß im Falle unbeschränkter Erbenhaftung V 305; — Beschwerde gegen Anordnung und Ablehnung V 238, 239.

— Wirkungen der Anordnung V 217; — Verlust des Verwaltungs- und Verfügungsrechtes des Erben V 241; — Verantwortlichkeit des Erben für die bisherige Verwaltung, Ersatzanspruch für Aufwendungen V 224; — Stellung des Erben nach Anordnung der N. überhaupt V 241, 244; — Haftung aus Handlungen und Unterlassungen nach der Anordnung V 229; — Unwirksamkeit von Rechtshandlungen des Erben nach der Anordnung V 244; — von Leistungen an den Erben V 245, 246; — Anfechtung von Rechtshandlungen V 246; — Wirksamkeit der Berichtigung von Nachlaßverbindlichkeiten durch den Erben vor der Anordnung V 229; — Ausschluß von Zwangsvollstreckungen und Arresten V 241, 246; — Einfluß auf die Erbenhaftung V 172; — Einfluß auf die Verfügung von Grundstücken III 137; — Unwirksamwerden der Bestimmung einer Inventarfrist durch Anordnung der N., Ausschluß der Bestimmung während der Dauer V 286; — Geltendmachung von Nachlaßverbindlichkeiten V 432; — unbeschränkte Haftung des Erben bei N. V 172; — Stellung des Testamentsvollstreckers im Falle einer N. V 217, 235, 654; — Besitzverhältnis am Nachlaß V 244, 248.

Nachlaßverwaltung: Fähigkeit zum Nachlaßverwalter, Bestellung mehrerer, Pflicht zur Übernahme der Stelle V 238; — Ausschluß der Bestellung des Erben zum Verwalter V 217.

— Stellung des Verwalters: Bestallung V 247; — Rechte und Vertretungsmacht V 213, 216, 247; — Antragsrecht auf Erlassung des Aufgebots der Nachlaßgläubiger V 183, 185; — Geltendmachung des Erbschaftsanspruchs V 319; — Geltendmachung der aufschiebenden Einreden gegen Ansprüche an den Nachlaß V 310; — Pflicht zur Verwaltung und zur Berichtigung der Nachlaßverbindlichkeiten V 247; — Erfüllung des Vorausvermächtnisses V 589; — sonstige Pflichten V 248, 249; — Auskunftspflicht über den Bestand des Nachlasses V 304; — Recht zur Inventarerrichtung V 277; — Ausschluß der Bestimmung einer Inventarfrist gegenüber dem Verwalter V 286, 304; — Ausschluß der Erteilung eines Erbscheins für den V. V 1036; — Befriedigung von Verbindlichkeiten aus Vermächtnissen und Auflagen bei Überschuldung des Nachlasses V 260, 271; — Befriedigung bei Überschuldung durch Vermächtnisse und Auflagen V 260, 263; — Wirksamkeit der Berichtigung von Nachlaßverbindlichkeiten gegenüber den Nachlaßgläubigern V 229; — Verwaltungs- und Verfügungsrecht V 242, 247; — nicht passiv legitimiert für den Erbschaftsanspruch V 322; — Haftung des Nachlaßverwalters wegen Unterlassung des Antrags auf Nachlaßkonkurs V 234; — Verbot des Verzichtes auf Haftungsbeschränkungen des Erben V 304; — Ausantwortung des Nachlasses an den Erben V 250; — Verantwortlichkeit V 247, 250; — Vergütung V 252.

— Beendigung und Aufhebung V 218, 253; — Wiederherstellung infolge des Erbfalles durch Konfusion erloschener Rechte und Verbindlichkeiten V 220, 221; — Einfluß auf vorher erfolgte Aufrechnung eines Nachlaßgläubigers gegen den Erben, eines anderen Gläubigers eines Erben gegen eine Nachlaßforderung V 222; — Aufrechnung nach der Anordnung V 223; — Haftung des Erben für Nachlaßverbindlichkeiten nach der Beendigung V 251; — Haftung des Erben im Falle der Unterlassung der Anordnung der Nachlaßverwaltung, Aufhebung derselben wegen Mangel an Masse V 260; — Eintragung der Beendigung im Grundbuch V 254.

— **des Testamentsvollstreckers** V 646, 691; — Pflicht zur Verwaltung V 705; — Beschränkung in der Verwaltungsbefugnis V 689; — Beschränkung auf die Verwaltung V 691; — gerichtliche Geltendmachung von Rechten V 696.

Nachlaßverzeichnis: zur Beschränkung der Erbenhaftung V 276 (siehe auch „Inventar"); —

zur Sicherung des Nachlasses V 126, 133; — Pflicht zur Herstellung gegenüber dem im Aufgebotsverfahren ausgeschlossenen Gläubiger V 194; — des Testamentsvollstreckers V 703; — des Vorerben V 552; — Vorlegung an den Pflichtteilsberechtigten V 930; — Anfertigung nach Landesrecht VI a 370.

Nachlieferungsanspruch beim Kauf von Gattungssachen II b 218; — beim Kauf von Vieh II b 241.

Nachnahme des Kaufpreises II b 35.

Nachrichterteilung durch den Beauftragten II c 1092; — durch den Geschäftsführer ohne Auftrag II c 1137.

Nachschlüssel: Bedeutung für Besitzverhältnis III 23; — Bedeutung der Zurückbehaltung von N. bei Verpfändung III 1392, 1397.

Nachschüsse der Gesellschafter II c 1244.

Nachträge zum eigenhändigen Testament V 750.

Nachvermächtnis V 510, 633; — bei Anwachsung unter mehreren Vermächtnisnehmern V 595; — im Falle der Pflichtteilsentziehung in guter Absicht V 993; — zeitliche Beschränkung der Wirksamkeit V 599.

Nachweis der Gelegenheit zum Abschluß eines Vertrages II c 1033; — eines Dienstvertrages II c 1059; — der Gelegenheit zur Eingehung einer Ehe II c 1061.

Nachzettel V 69, 729, 736; — für die Form zeitlich geltendes Recht VI a 589.

Name: Begriff I 104; — Recht auf den N. I 109, 110; — Pflicht zur Namensführung I 110; — der Ehefrau I 113, IV 177; — der geschiedenen Ehefrau IV 180, 787, VI b 425, 430; — der Ehefrau bei Nichtigkeit der Ehe IV 145; — der Ehegatten VI b 290, 824; — N. des Kindes I 112; — N. des angenommenen Kindes IV 1333, 1336, 1352, VI b 589, 591; — des ehelichen Kindes IV 943; — des ehelichen Kindes, räumlich VI b 466, 471; — zeitlich geltendes Recht VI a 555; — des legitimierten Kindes IV 1271; — des nach bisherigem Rechte angenommenen oder legitimierten Kindes VI a 572; — des unehelichen Kindes IV 1201, VI b 497; — Erteilung des N. an das uneheliche K. durch den Ehemann der Mutter VI b 497; — zeitlich geltendes Recht VI a 565, 567; — des Findelkindes I 117, IV 946, 1432; — der juristischen Person I 119, 122; — des eingetragenen Vereins I 276; — Eintragung ins Vereinsregister I 293; — N. des nicht rechtsfähigen Vereins I 263; — Vorname I 118; — Umschreibung von Schuldverschreibungen auf Namen II c 1639.

Namensaktien: Verpfändung III 1517.

Namensänderung I 115.

Namensrecht: räumlich geltendes Recht VI b 62; — zeitliche Geltung des Rechts des BGB. VI a 406; — Erwerb und Verlust I 112; — Ersitzung ausgeschlossen I 117; — Unvererblichkeit V 16; — Schutz des Gebrauchsrechts I 103, 122; — Schutz gegen unbefugten Gebrauch des Namens durch Dritte I 102, 125; — negatorische Abwehrklage bei Verletzung III 621; — sonstige Schutzvorschriften I 120, 121; — Verjährung des Anspruchs auf Beseitigung der Beeinträchtigung I 770; — Beweis I 127; — Schadensersatz wegen Verletzung II c 1775; — Ersatz von Schäden im Erwerb und Fortkommen II c 1959; — Verzicht auf das Namensrecht II a 782; — Statutenkollision I 128.

Namensschild: Anbringung am Mietobjekt II b 415, 473.

Namensstempel: Verwendung bei Unterschrift I 528.

Namensunterschrift bei Schriftform des Vertrags I 525, 528, 531; — Beglaubigung I 535; — Zuständigkeit und Verfahren I 536; — N. durch Vertreter I 529; — siehe auch „Unterschrift“.

Nasciturus: rechtliche Stellung I 50, 51; — Berechnung des Existenzbeginns I 51; — kein Hindernis der Annahme an Kindes Statt IV 1307; — Benennung eines Vormundes für denselben IV 1383; — Pflegschaft für denselben IV 1658; — Erbfähigkeit V 24, 25, VI b 635; — Frist für Ausschlagung der Erbschaft V 94; — Nachlaßpflegschaft beim Vorhandensein eines n. V 134.

Nassauisches Fürstenhaus: Autonomie des vormaligen Fürstenhauses VI a 115; — Aufhebung VI a 117; — erbrechtliche Beziehungen des vormaligen Fürstenhauses V 3; — Familienrecht IV 3.

Nationalisierung der russischen Banken VI b 834; — der Waren in Rußland VI b 827.

Naturalfronden VI a 300.

Naturalisation: Erwerb mehrfacher Staatsangehörigkeit durch N. VI b 785.

Naturalis possessio III 16.

Naturalkomputation I 754.

Naturalleistungsgesetz: Rechte Dritter an der Entschädigung für Entziehung usw. von Sachen VI a 87.

Naturallohn II b 785.

Naturalobligation II a 7, 43; — Abtretung II a 793; — kein Zurückbehaltungsrecht für N. II a 237.

Naturalrestitution II a 114, 131, 132; — beim Verzug des Schuldners II a 343.

Naturalteilung bei der Gemeinschaft II c 1421; — bei Auseinandersetzung der Erbengemeinschaft V 389.

Naturereignisse: Testament am abgesperrten Ort V 784; — zeitliche Beschränkung der Gültigkeit V 785.

Natürliche Personen I 40; — Rechtsstellung I 45.

Naturschönheiten: Schutz III 293, VI a 283.

Nebenabreden: beim Bürgschaftsvertrag II c 1483; — beim Schuldversprechen II c 1556; — beim Immobiliarveräußerungsvertrag II a 436; — bei formbedürftigen Rechtsgeschäften: Form I 521; — mündliche, beim schriftlichen Mietvertrag II b 542; — Geltung gegen den Erwerber des Grundstücks II b 561; — Einfluß der Anfechtung des Hauptgeschäfts I 596.

Nebenbestimmungen der Rechtsgeschäfte I 648.

Nebenforderungen: selbständige Übertragbarkeit II a 788; — Übergang bei Abtretung der Hauptforderung II a 810.

Nebenintervention der Ehefrau in Prozessen über eingebrachtes Gut IV 263; — in Prozessen des Mannes über Gesamtgut IV 438; — des Ehemannes in Prozessen der Frau IV 317; — Kosten der N. des Ehemannes IV 478; — N. bei Gütergemeinschaftsaufhebungsklage IV 565; — des Nacherben in Prozessen des Vorerben V 537; — des Testamentsvollstreckers in Prozessen des Erben V 650, 702; — des Erben in Prozessen des Testamentsvollstreckers V 662, 702.

Nebenklage der Frau im gesetzlichen Güterstand IV 280; — für das minderjährige Kind IV 996; — für den Mündel IV 1211.

Nebenleistungen: vom Vorkaufsberechtigten nicht erfüllbare N. II b 280; — N. als Teilleistungen II a 205; — Behandlung bei Kaufpreisminderung und Wandelung II b 197; — Erstreckung der Schuldübernahme auf N. II a 864; — Eintragung im Grundbuch III 1002, 1015; — Hypothek für bedingte Nebenforderungen III 985; — Behandlung laufender bei Übertragung der Hypothekforderung III 1190; — Übertragung von Rückständen III 1193; — Erlöschen der Hypothek für Rückstände durch Vereinigung mit dem Eigentum III 1269; — Vermerk der Zahlung auf dem Hypothekenbrief III 1138; — Bestellung der Grundschuld für N. III 1345, 1347; — Zahlungsort III 1362; — Annahme der N. durch den Vormund IV 1468, 1469; — Verjährung mit dem Hauptanspruche I 836.

Nebenrechte: Übergang bei Abtretung der Forderung II a 810; — bei Befriedigung des Hypothekgläubigers durch den Eigentümer III 1134.

Nebensachekautionen: Behandlung bei Überleitung von Hypotheken des früheren Rechts VI a 518, 523.

Nebensachen: Begriff I 363; — Unterschied von Zubehör I 380; — Erstreckung und Beschränkung der Wandelung auf N. beim Kauf II b 190, 193; — des Nachlieferungsanspruchs beim Genuskauf II b 221; — Lieferung durch den Unternehmer beim Werkvertrag II c 1019, 1022.

Negative Bedingung I 652.

Negative Dienstbarkeiten III 825.

Negatives Vertragsinteresse I 498, 500, 731, VI a 407; — bei Ausübung des Anfechtungsrechts II c 1752; — bei Unmöglichkeit einer vertragsmäßigen Leistung II a 406; — bei Verstoß des Vertrags gegen die guten Sitten II a 412; — beim Vertrag über ein künftiges Vermögen II a 414; — Verjährung des Ersatzanspruchs I 777.

Negatorischer Eigentumsanspruch III 616; — wegen übermäßiger Immissionen III 320; — negatorischer Anspruch zum Schutz von Grunddienstbarkeiten III 820.

Negotia stricti juris, bonae fidei I 410.

Neidbau III 293.

Nemo pro parte testatus. pro parte intestatus decedere potest V 7, 11, 446, 498.

Nennwerttheorie II a 40, 42.

Netto Kassa-Klausel II b 35, 44.

Neutral-Moresnet VI a 7.

Neuyork: im Staat N. geltendes Testamentsrecht VI b 698, 699, 700, 701.

Nichtberechtigte: Wirksamkeit von Verfügungen Nichtberechtigter I 749; — Herausgebepflicht bei Verfügung über einen Gegenstand, Erlangung einer Leistung II c 1701; — Konvaleszenz von Verfügungen N. über Grundstücke, Grundstücksrechte III 109; — von einem N. hergeleitete Rechte: landesgesetzliche Verfügungsbeschränkungen VI a 436; — an Familienfideikommissen, Lehen, Stammgütern VI a 134.

Nichteigentümer: Auflassung von Grundstücken III 406; — Übertragung beweglicher Sachen III 437, 457, 465, 476, 477, 479; — Pfandbestellung III 1399.

Nichtgebrauch von Grunddienstbarkeiten III 792.

Nichtigkeit der Anerkennung der Ehelichkeit IV 884; — der Annahme an Kindes Statt IV 1327; — der Anerkennung der unehelichen Vaterschaft IV 1261; — der Annahme und Ablehnung der fortgesetzten Gütergemeinschaft IV 535; — des Ausschlusses oder der Beschränkung der Gewährleistungspflicht beim Kauf für Mängel im Recht II b 80; — für Mängel der Sache II b 200; — des Ausschlusses oder der Beschränkung des Nachlieferungsanspruchs II b 222; — der Gewährleistungspflicht bei der Miete II b 435; — beim Werkvertrag II c 972; — der Kündigung der Gesellschaft II c 1291; — des Rechtes auf Aufhebung der Gemeinschaft II c 1416, 1419; — des Bürgschaftsvertrags II c 1468; — des Ausschlusses oder der Beschränkung der Testamentseröffnung V 798, 804; — der Eröffnung des Erbvertrags V 883; — N. der Ausstellung von Inhaberschuldverschreibungen II c 1616; — ohne staatliche Genehmigung II c 1612.

— **der Ehe:** Arten IV 92; — Gründe IV 92, 100; — Eintritt infolge Eheanfechtung IV 138; — Voraussetzung der Geltendmachung IV 138; — im einzelnen: bestehende Ehe IV 105; — Ehebruch IV 108; — Geschäftsunfähigkeit oder geistige Mängel eines Vertragschließenden IV 102; — Formmangel IV 100; — bei im Ausland geschlossener Ehe IV 102, VI a 56; — Verwandtschaft oder Schwägerschaft der Eheschließenden IV 107; — N. der nach irrtümlicher Todeserklärung des früheren Ehegatten geschlossenen neuen Ehe IV 150; — N. einer nach bisherigem Recht geschlossenen Ehe VI a 532; — Geltendmachung IV 94, 108; — nach Aufhebung der ehelichen Gemeinschaft IV 819, 831; — rechtliche Wirkung der N. IV 96; — Einfluß der N. der Ehe der Eltern auf die Aussteuerpflicht gegenüber der Tochter IV 956; — der N. der Ehe der Tochter IV 961; — Einfluß auf die Berufung der Eltern zur Vormundschaft IV 1622; — Erbrecht der Ehegatten V 47; — Erbrecht der Kinder V 32; — Einfluß auf den Familien-

namen der Frau IV 180; — Familienname von Kindern aus nichtiger Ehe I 113; — Einfluß auf die Scheidung der Ehe IV 720; — elterliche Gewalt der Mutter IV 1155, 1159, 1184; — Wirkung der N. der Ehe zwischen durch Annahme an Kindes Statt Verbundenen IV 1353; — Wirkung der Nichtigkeit der Ehe der Eltern durch nachfolgende Ehe legitimierter Kinder IV 1276; — Wirkung der N. der nach bisherigem Rechte geschlossenen Ehe für das Verhältnis zwischen Eltern und Kindern VI a 563; — Einfluß auf letztwillige Verfügungen zugunsten eines Ehegatten V 476; — Unwirksamkeit des gemeinschaftlichen Testaments V 814; — Einfluß der N. auf Erbverträge V 846; — Wirksamkeit und Geltendmachung gegenüber Dritten IV 140; — Schutz des gutgläubigen Ehegatten hinsichtlich der vermögensrechtlichen Beziehungen und des Unterhalts IV 143; — Schutz des Anfechtungsberechtigten bei der Anfechtung wegen Drohung oder Irrtum IV 146, 147; — Ausübung der ihm zustehenden Rechte, Frist für die Erklärung IV 148; — Heilbarkeit IV 99; — bei N. wegen Formmangel IV 100; — durch Bestätigung bei N. wegen geistiger Mängel der Eheschließenden IV 102; — durch nachträgliche Befreiung vom Ehehindernis des Ehebruchs IV 108; — Vermerk im Personenstandsregister IV 32, 99; — Geltung des BGB. IV 37; — Wohnsitz der Frau I 98; — Unverjährbarkeit der Nichtigkeitsklage I 771; — Vermerk im Heiratsregister VI a 17; — räumlich anzuwendendes Recht VI b 234, 338; — auf die güterrechtlichen Folgen anwendbares Recht VI b 338; — auf die Stellung der Kinder anzuwendendes Recht VI b 451, 486; — auf den Schutz Dritter im Rechtsverkehr mit in nichtiger Ehe lebenden Ehegatten anzuwendendes Recht VI b 364, 367; — Legitimation bei N. der Ehe, anzuwendendes Recht VI b 570.

Nichtigkeit: Kinder aus nichtiger Ehe: rechtliche Stellung IV 1182; — Rechtsverhältnis zu den gutgläubigen Eltern IV 1185; — zu dem nicht gutgläubigen Vater IV 1186; — zu der nicht gutgläubigen Mutter IV 1188; — Rechtsverhältnis der nicht als ehelich geltenden Kinder zu den Eltern IV 1190.

— N. des zweiseitigen Erbvertrags und einzelner Verfügungen desselben V 879; — einer letztwilligen Verfügung V 66; — des korrespektiven Testaments V 820, 833.

— **der Rechtsgeschäfte**: Begriff I 404; — relative N. I 405; — Wirkungen der N. I 405; — des Kausalgeschäfts, der dinglichen Einigung III 116, 421; — Einfluß der Nichtigkeit des obligatorischen Kausalgeschäfts auf das dingliche Bewirkungsgeschäft I 406; — Fälle derselben I 405, 406; — schwebende N. I 409; — Formmangel I 518, 523; — Ausnahmen I 523; — Heilung I 523, 524; — Arglist der Berufung auf die Nichtigkeit wegen Formmangel I 525; — N. wegen Verstoß gegen ein gesetzliches Verbot I 553; — gegen ein gesetzliches Veräußerungsverbot I 561; — wegen Verstoß gegen die guten Sitten I 570, 580; — teilweise N. eines Rechtsgeschäfts I 587; — N. der Zustimmung zu einem Rechtsgeschäft I 744; — Konversion I 590; — Bestätigung nichtiger Rechtsgeschäfte I 591; — Eintritt infolge von Anfechtung I 407, 408; — Ausschluß der Anfechtung nichtiger Rechtsgeschäfte wegen Irrtum, Drohung I 491, 507; — Rückforderung der Leistung wegen ungerechtfertigter Bereicherung II c 1684; — N. des abstrakten Schuldversprechens II c 1557; — des Schuldanerkenntnisses II c 1565; — N. des Strafversprechens II a 603; — des Strafversprechens beim Verlöbnis IV 18; — von Veräußerungs- und Belastungsverboten hinsichtlich des Hypothekenobjekts III 1109; — Einfluß der N. der Forderung auf die dafür bestellte Hypothek III 982; — N. der Hypothek III 983; — N. des Verfallvertrages III 1428; — bei Verpfändung von Rechten III 1496; — N. von Verfügungen während der Schwebezeit einer Bedingung I 667; — N. des Vergleichs II c 1539; — des Verlöbnisvertrags IV 17.

Nichtigkeit des Vertrages wegen Unmöglichkeit der Leistung II a 400, 406; — des gegen die guten Sitten verstoßenden Vertrags II a 412; — des Vertrags über ein künftiges Vermögen II a 413; — über den Nachlaß eines noch lebenden Dritten, über Pflichtteil und Vermächtnis aus demselben II a 417, V 896; — des Vertrages über ein Vermächtnis eines Dritten V 72, 583; — N. einer vertragsmäßigen Verpflichtung in bezug auf Errichtung oder Aufhebung letztwilliger Verfügungen V 892; — Einfluß der N. des Vertrags auf den Anspruch des Mäklers II c 1046; — des Verzichts auf den Anteil an der fortgesetzten Gütergemeinschaft IV 557; — des Verzichtes auf Unterhalt durch den unehelichen Vater IV 1239; — N. der Vollmacht I 705, 707; — der Bestellung des Vormunds IV 1391, 1392; — N. der Wiederherstellung der ehelichen Gemeinschaft IV 834.

— **der Willenserklärung** wegen Geschäftsunfähigkeit I 424; — bei Mentalreservation I 461; — bei Abgabe zum Schein I 463; — N. der nicht ernstlich gemeinten Erklärung I 470; — Schadensersatzpflicht I 496.

Nichtigkeitsklage in Ehesachen IV 95, 108; — Unverjährbarkeit I 771; — gegen das Urteil auf Auflösung oder Nichtigkeitserklärung einer Ehe IV 50, 52.

Nichtschuld: Rückforderung der Leistung II c 1641; — Kenntnis von der N. II c 1694; — Kenntnis von der Unmöglichkeit des mit der Leistung bezweckten Erfolges II c 1699.

Niederlande: siehe unter „Holland“.

Niederlassung: Begriff I 88; — ständige I 87; — dauernde I 88; — gewerbliche I 85; — Leistungsort II a 217.

Niederlassungsverbot I 89.

Nießbrauch: Arten III 827, 830; — gesetzlicher III 828; — an unübertragbaren Rechten ausgeschlossen III 879; — zwingende und nicht-

zwingende Vorschriften III 830; — wirtschaftliche Bedeutung des N. III 829, 830; — Dispositionsnießbrauch III 457, 829; — Verhältnis zur Zwangsverwaltung III 831; — Ersatzformen für N. III 832; — Vorbehalt des N. bei Verkauf III 834; — steuerliche Behandlung des N. III 840.

Nießbrauch, rechtsgeschäftlich bestellter: an Forderungen: Verfügungsrecht des Nießbrauchers, Kündigung, Einziehungsrecht und Pflicht III 885; — Rechtsverhältnis im Falle der Leistung III 886; — insbesondere an auf Zinsen ausstehenden Forderungen: Begriff der letzteren III 888; — Kündigung und Leistung III 889; — Einziehung III 889; — verzinsliche Wiederanlage III 890; — dispositive Natur der Vorschriften III 888; — Beschränkung am Anspruch auf die Geldrente wegen unerlaubter Handlungen II c 1966, 1978; — am Anspruch auf Ersatz des Schadens, der nicht Vermögensschaden ist II c 1988; — N. an einer Grundschuld oder Rentenschuld III 891; — an Inhaberpapieren oder Orderpapieren mit Blankoindossament: Begriff dieser Papiere im Sinne der Vorschriften III 892; — Bestellung des N. III 892, 893; — Besitz der Papiere, der Zins-, Renten- und Gewinnanteilscheine III 891; — Hinterlegung III 892, 893; — kein Verkaufsrecht des Nießbrauchers III 892; — gemeinschaftliche Verwaltungsmaßregeln der Beteiligten III 895; — Wiederanlage von Kapital und Prämien III 895; — N. an verbrauchbaren Papieren der Art III 895.

— **an Rechten** III 875; — Gegenstand desselben III 876; — Ausschluß an unübertragbaren Rechten III 879, 880; — entsprechende Anwendung der Vorschriften über den N. an Sachen III 877; — Form der Bestellung III 879; — rechtliche Stellung des Berechtigten III 877, 878; — Recht auf Besitz der Urkunden über das Recht III 879; — Verhältnis zum Verpflichteten beim N. an einem Recht auf Leistung III 881; — Einfluß der Bestellung eines Verwalters zur Ausübung des N. III 881; — Zustimmung zur Aufhebung oder Änderung des Rechts III 882; — Beendigung des N. III 883; — N. an einer Leibrente, einem Auszug oder ähnlichen Rechten III 884; — am Erbbaurecht III 876.

— **an Sachen**: Begriff III 832, 836; — Beschränkung III 832, 836; — Gegenstand III 833; — Erstreckung auf Zubehör I 380, III 841; — Unübertragbarkeit des N., Übertragbarkeit der Ausübung III 866; — Unvererblichkeit III 869, V 16; — Entstehung durch Vermächtnis V 612; — Zusammentreffen mit dem Eigentum in einer Person infolge Erbfalles V 82; — Ausschluß der Verpfändung III 1490; — Ausschluß von der Gütergemeinschaft IV 434; — bei Fahrnisgemeinschaft IV 477; — Verbindung einer Sache mit einem Grundstück in Ausübung des N. I 371; — Zusammentreffen eines N. mit einem anderen oder einem sonstigen Nutzungsrechte III 868; — Veränderungen und Verschlechterungen der Sache III 858.

Nießbrauch: Entstehung: rechtsgeschäftliche Bestellung III 836, 841, 842; — Form des schuldrechtlichen Grundgeschäfts III 836; — Bestellung für Treuhänder III 830; — Bestellung zu Sicherungszwecken (antichretische N.-Best.) III 837; — Anfechtung der Bestellung III 839; — Ersitzung III 837, 842; — auf die Ersitzung zeitlich anzuwendendes Recht VI a 495; — Entstehung durch Vermächtnis III 837; — Fiktion des Eigentums des Bestellers gegenüber dem Nießbraucher III 865.

— Rechte des Nießbrauchers: Besitz III 844; — unmittelbarer Besitz desselben III 65, 71, 834; — Feststellung des Zustandes der Sache III 843; — Mitwirkung bei Herstellung des Verzeichnisses beim N. an einem Sachinbegriff III 843; — Herstellung neuer Anlagen III 846; — Fruchterwerb durch Trennung III 834; — bei übermäßigem Fruchtbezug III 847; — Rechte bei vorgenommenen außergewöhnlichen Reparaturen III 850; — Rechte an der Versicherungssumme III 853; — am Grundstücksinventar III 856; — Ersatzanspruch für Verwendungen, Wegnahme von Einrichtungen III 857; — kein Recht am gefundenen Schatz III 849.

— Pflichten des Nießbrauchers: Aufrechterhaltung der wirtschaftlichen Bestimmung der Sache III 844; — Verbot der Umgestaltung und Änderung der Sache III 846; — Pflichten bei übermäßigem Fruchtbezug III 847; — Erhaltungspflicht III 849; — Anzeigepflicht von Schäden der Sache, von Anmaßung von Rechten Dritter III 849; — Duldung von Reparaturen III 851; — Versicherungspflicht III 851, 852; — Lastentragung III 854; — Sicherheitsleistung III 859; — Rückgabe der Sache nach Beendigung des N. III 861, 862.

— Rechtsschutz des Nießbrauchers III 871; — Rechte des Eigentümers: mittelbarer Besitz III 65; — Feststellung des Zustandes der Sache III 843; — Verzeichnis beim Nießbrauch an einem Sachinbegriff III 843; — Rechte bei unbefugtem Gebrauch der Sache, verletzendem Verhalten des Nießbrauchers III 860, 861; — bei unterlassener Sicherheitsleistung des Nießbrauchers III 859; — Verjährung der gegenseitigen Ansprüche III 864.

— Erlöschen: Gründe überhaupt III 840; — im einzelnen: Aufhebung durch Rechtsgeschäft III 871; — Tod des Nießbrauchers, Ende der juristischen Person III 869; — Zusammentreffen mit dem Eigentum in einer Person III 871; — Veräußerung der dienenden Sache III 487, 489; — Erstreckung der rechtsgeschäftlichen Aufhebung auf Zubehör III 870; — Einfluß der Beendigung auf bestehende Miet- und Pachtverhältnisse III 862, 863; — Untergang durch Verkauf der Sache durch den Pfandgläubiger III 1443.

Nießbrauch: Besondere Fälle: Nießbrauch am Erbbaurecht III 709; — Erlöschen bei Heimfall des Erbbaurechts III 774; — N. an einem Miteigentumsanteil III 872; — gemeinschaftlicher N. an einer Sache III 873; — an verbrauchbaren Sachen III 874; — an einem Wald, Bergwerke oder ähnlicher Anlage III 846, 847; — an einem Bruchteil III 873; — N. als Sicherungsmittel III 457, 837; — Verhältnis des Nießbrauchers zum Hypothekgläubiger hinsichtlich Miet- und Pachtzinsforderungen III 1066; — Einfluß der Nießbrauchbestellung am Mietgrundstück II b 584; — auf Verfügungen über künftigen Mietzins II c 579; — kein N. an gesetzlichen Unterhaltsforderungen IV 894; — Bestellung an Vermögensstücken des Mündels IV 1466, 1488; — Fortbestand mit dem bisherigen Inhalt und Rang VI a 491.

— **an einem Vermögen** III 896; — Bestellung III 897; — Form des obligatorischen Vertrags II a 415; — Nichtigkeit des Vertrags über Bestellung am künftigen Vermögen III 899; — Rechte der Gläubiger des Bestellers III 899, 900; — Rechtsverhältnis zwischen Besteller und Nießbraucher hinsichtlich der Berichtigung von Schulden III 901, 902; — Befriedigung der Gläubiger durch den Nießbraucher III 902; — Haftung des Nießbrauchers für Zinsen und wiederkehrende Leistungen III 903; — N. an einer Erbschaft III 904, V 510; — Einfluß auf die Befriedigung der Nachlaßverbindlichkeiten V 178; — Nichtigkeit der Verpflichtung zur Bestellung an einem künftigen Vermögen II a 413.

— Vermächtnis eines N. V 612.

Nießbrauchsrechte: Bestandteil des eingebrachten Gutes bei Errungenschaftsgemeinschaft IV 624.

Nießbrauchvermächtnis III 828.

Nikaragua: Staatsvertrag, Zuständigkeit der Konsuln in Vormundschaftssachen VI b 627.

Nischen in gemeinschaftlicher Mauer III 382.

Nivellementsveränderungen an öffentlichen Straßen III 337.

Nominatio auctoris bei den Eigentumsklagen III 589, 622, 627.

Nondum concepti: rechtliche Stellung I 51; — bezüglich der Erbfähigkeit räumlich geltendes Recht VI b 635; — Vermutung für Einsetzung als Nacherbe V 517; — Wirkung ihrer Bestellung als Nacherben V 521; — Dauer der Wirksamkeit der Einsetzung als Nacherbe V 527; — der Wirksamkeit des Vermächtnisses V 598; — Zeit des Anfalles der Nacherbschaft V 523; — Anfall des Vermächtnisses V 618.

Nonnen: Rechtsfähigkeit I 42; — Verlust der Vermögensfähigkeit I 129; — siehe auch „Klosterpersonen".

Normenvertrag I 612, II b 4.

Norwegen: Gerichtsbarkeit in Scheidungssachen VI b 397; — Verbürgung der Gegenseitigkeit in Scheidungssachen VI b 415; — Rückverweisung im Scheidungsrecht VI b 432; — über die uneheliche Vaterschaft geltendes internationales Privatrecht VI b 540.

Notar: Beamteneigenschaft II b 699; — Haftung aus Amtspflichtverletzungen II c 1927, 1932; — Haftung für Bureaupersonal II c 1859; — Haftung des Staats II c 1951; — Rechtsverhältnis zum Klienten II b 699, II c 1115; — Antrags- und Beschwerderecht in Güterrechtsregistersachen IV 695; — in Grundbuchsachen III 93, 119; — Aufnahme des Nachlaßinventars V 288, 289; — Zuständigkeit zur Aufnahme des Nachlaßinventars nach Landesrecht VI a 392; — Aufnahme des Nachlaßverzeichnisses des Testamentsvollstreckers V 703; — Aufnahme des vom Pflichtteilsberechtigten verlangten Nachlaßverzeichnisses V 930; — Aufnahme des Nachlaßverzeichnisses des Vorerben V 552; — Aufnahme des Verzeichnisses des eingebrachten Gutes IV 241; — Aufnahme des Verzeichnisses des Kindervermögens IV 1048, 1052; — des Mündelvermögens IV 1434; — Aufnahme des Verzeichnisses über einen mit Nießbrauch belasteten Sachinbegriff III 843; — Entgegennahme der Auflassung III 402; — Ablieferung des verwahrten Testaments an das Nachlaßgericht V 795; — Abnahme eidesstattlicher Versicherungen für den Antrag auf Erbschein V 1031, 1040; — Ausschluß der Bestellung zum Nachlaßverwalter in Bayern V 238; — Beglaubigung von Erklärungen I 536; — Zuständigkeit I 537; — Zuständigkeit zur Beglaubigung von Handzeichen I 525, 531; — Beglaubigung der Erbschaftsausschlagung, der Vollmacht hiezu V 97; — Bestellung des Erbbaurechts vor dem N. III 712; — Fähigkeit zum Amt eines Testamentsvollstreckers V 668; — Pflicht zur Übernahme des Amtes V 671; — Haftung als solcher V 713; — Testamentserrichtung vor dem N. V 735, 752; — zuzuziehende Personen V 753; — Form V 757, 758; — Ausschluß von der Mitwirkung bei Testamentserrichtung V 754, 755; — als zweiter Notar V 756; — Verwahrung von Erbverträgen V 843; — von Testamenten V 778; — von eigenhändigen Testamenten V 779; — Ablieferung des verwahrten Testaments an das Nachlaßgericht V 795; — Zuständigkeit zur Beurkundung von Erbverträgen V 841; — Zuziehung zur Errichtung des Nachlaßinventars V 288; — Vermittelung der Nachlaßauseinandersetzung V 388, 391; — Verbot des Bietens bei Zwangsverkäufen II b 113, 114; — Wirkung der Nichtbeachtung II b 115; — Zuständigkeit zur Beurkundung von Verträgen I 533; — Zuständigkeit zur Beurkundung von Rechtsgeschäften nach Landesrecht VI a 372; — zur Entgegennahme der Auflassungserklärung nach Landesrecht VI a 378; — Verjährung ihrer Ansprüche I 780, 787.

Notarielle Beurkundung von Verträgen: Beurkundung der Parteierklärungen I 533; — bei Abwesenheit eines Vertragsteils I 633; — Fälle derselben I 534, 535; — Zuständig-

keit und Verfahren I 535; — Ersatz für Schriftform I 526, 531; — für öffentliche Beglaubigung I 536; — Einzelne Fälle not. B.: des Erbvertrags V 840; — der Anfechtung des Erbvertrags V 851, 852; — der Aufhebung des Erbvertrags V 866, 869; — des Antrags auf Ehelichkeitserklärung und der Einwilligungserklärungen IV 1288; — des Ehevertrags IV 405; — der Einwilligung zur Annahme an Kindes Statt IV 1318; — des Erbschaftskaufes V 1082, 1085; — des Rücktritts vom Erbvertrag V 877; — des Erbverzichtsvertrages V 1017; — der Aufhebung desselben V 1022; — des Schenkungsversprechens II b 308; — des Stiftungsgeschäftes I 318; — des Vertrags über Annahme an Kindes Statt IV 1320; — über deren Aufhebung IV 1350, 1352; — über Abfindung eines Abkömmlings IV 574; — des Vertrages über den Anteil eines Miterben an der Erbschaft V 354, 360; — des Vertrages über Aufhebung der fortgesetzten Gütergemeinschaft IV 558; — des Vertrages unter Erben über Erbteile und Pflichtteile II a 417; — des Immobiliarveräußerungsvertrags III 398; — von Rechtsänderungen an Grundstücken III 97, 106; — des Vertrags über den Unterhalt eines unehelichen Kindes IV 1220; — des Abfindungsvertrags IV 1237; — über ein gegenwärtiges Vermögen II a 415; — über die Verpflichtung zur Eigentumsübertragung an Grundstücken II a 420; — der Einräumung eines Vorkaufsrechts an einem Grundstück II b 277; — des Vertrages über den Verzicht eines anteilsberechtigten Abkömmlings auf seinen Anteil bei oder nach Anfall der fortgesetzten Gütergemeinschaft IV 555; — der Zustimmung des anderen Ehegatten zum Verzicht oder zur Aufhebung desselben bei Lebzeiten beider Ehegatten IV 610; — des Verzichts auf eine letztwillige Zuwendung V 1023; — der Zustimmung des anderen Ehegatten zu letztwilligen Verfügungen in bezug auf den Anteil eines Abkömmlings IV 608; — der Zustimmung zur Aufhebung von Verfügungen im Erbvertrag V 870; — ergänzende landesgesetzliche Vorschriften, Wirksamkeit derselben V 728; — letztwilliger Verfügungen: landesgesetzlicher Formvorschriften VI a 394; — des Vertrags über Verpflichtung zur Eigentumsübertragung an Grundstücken VI a 508.

Notbedarf: Einrede des N. gegenüber einem Schenkungsversprechen II b 314; — Geltendmachung durch den Übernehmer der Schenkungsschuld II a 883.

Notdürftiger Unterhalt: Beschränkung auf denselben IV 928.

Noten der Zettelbanken: Inhaberpapiere II c 1603.

Noterbrecht (siehe auch Pflichtteil) V 7, 894.

Nothilfe I 844; — Eingriff in fremdes Eigentum III 296, 299.

Nötigung: Ausschluß der Schadensersatzpflicht aus der erzwungenen Handlung II c 1782.

Notlage: wucherische Ausbeutung I 570, 584.

Notservituten III 362.

Notstand I 546, 846; — räumlich geltendes Recht VI b 197; — Beweislast I 849; — drohender N. als Voraussetzung der Entmündigung wegen Verschwendung, Trunksucht I 63, 73, 75; — Angriff auf fremdes Eigentum III 296, 297; — Ausschluß der Schadensersatzpflicht wegen unerlaubter Handlungen II c 1781; — Unterlassung im N. II a 251.

Nottestament V 781; — räumlich geltendes Recht VI b 182, 646, 701; — zeitliche Beschränkung der Wirksamkeit des Testaments V 785; — Errichtung als gemeinschaftliches T. V 783, 812; — Zuständigkeit zur Aufnahme des Dorftestaments VI a 393.

Notverkauf des Käufers II b 47, 145.

Notweg III 354; — Voraussetzungen des Notwegrechts III 354, 357; — Richtung, Umfang des Benutzungsrechtes III 354, 360; — Durchführung des Notwegrechts III 360; — Ausschluß des Rechts III 362; — N. im Falle der Zerteilung, Veräußerung von Grundstücken III 362, 364; — Geldrente für den N. III 355, 356; — Anspruch des Erbbauberechtigten auf die Rente III 715; — Unverjährbarkeit des Anspruchs auf den N. III 385; — Verpflichtung zur Duldung nicht eintragungsfähig III 102; — Besitzesschutz des Notwegberechtigten III 361; — Verzicht auf den N. III 364; — Ausschluß landesgesetzlicher Beschränkungen hinsichtlich der Rente VI a 302; — N. zur Verbindung mit einer Wasserstraße oder Eisenbahn VI a 317; — zeitlich geltendes Recht VI a 486.

Notwehr I 842; — räumlich geltendes Recht VI b 197; — Notwehrexzeß I 845; — Ausschluß der Schadensersatzpflicht aus unerlaubten Handlungen II c 1780.

Notwendige Bedingungen I 654.

Notzucht: Ersatzanspruch der Frauensperson II c 1815; — Ersatz nicht vermögensrechtlichen Schadens II c 1984; — Ersatz von Schäden im Erwerb und Fortkommen II c 1959.

Novation II a 399, 647, 481, II c 1549; — beim aktiven Gesamtschuldverhältnis II a 931; — N. bei Anerkennung einer Abrechnung II c 1568.

Nummernhandel bei Kraftdroschken II b 26.

Nutzbesitz III 82.

Nutzeigentum III 287.

Nutznießung des Annehmenden am Vermögen des Kindes IV 1348.

— **des Ehemannes** am eingebrachten Gut der Frau IV 221; — Ausschluß durch Ehevertrag, Wirkung IV 444; — Ausschluß bei Verheiratung der Frau ohne Einwilligung des gesetzlichen Vertreters IV 223; — keine Eintragung im Grundbuch IV 223; — Unzulässigkeit des Verzichts IV 360; — Voraussetzungen der Geltendmachung der Ausschließung oder Abänderung gegenüber Dritten IV 407; — Ausschluß am Vorbehaltsgut IV 225; — Dauer und Umfang des Nutznießungsrechtes IV 269; — Einfluß des Konkurses über das Vermögen der Frau IV 348; — Ver-

tretung des bevormundeten Mannes IV 335; — Übertragbarkeit des Rechtes IV 334; — Gewinnungskosten der Nutzungen IV 272; — Lastentragung während der Dauer der N. IV 274; — Tragung von Zinsen und wiederkehrenden Leistungen IV 278; — Beendigungsgründe überhaupt IV 359; — Beendigung infolge Gütertrennungsklage IV 361; — durch Konkurseröffnung über das Vermögen der Frau IV 367; — durch Todeserklärung des Mannes I 149, IV 368; — Wirkung der Beendigung im allgemeinen IV 370; — im Falle der Gütertrennungsklage IV 373; — Einfluß auf bestehende Miet- und Pachtverhältnisse IV 374; — Wirksamkeit der Wiederherstellung gegenüber Dritten IV 391; — zeitliche Schranke der Geltendmachung der Ansprüche aus der N. durch die Frau IV 300.

Nutznießung, elterliche IV 1072; — Unzulässigkeit der Eintragung ins Grundbuch IV 1074, 1080; — Berechtigung zur N. IV 1073; — Gegenstand IV 1075; — Inhalt des Rechtes IV 1073; — Art und Umfang des Erwerbs der Nutzungen IV 1078; — Ausübung an verbrauchbaren Sachen IV 1081; — Pflichtverletzung bei der N. IV 1118; — Anhörung des Vaters und Verwandter des Kindes vor Entziehung oder Beschränkung IV 1130; — Herausgabe der Nutzungen an den nicht verwaltungsberechtigten Gewalthaber IV 1088; — Gewinnungskosten IV 1082; — Geschäftsgewinn aus einem Erwerbsgeschäft des Kindes IV 1086; — Fortdauer bei Ruhen der elterlichen Gewalt IV 1141; — Unübertragbarkeit des Rechts und der Ansprüche auf die Nutzungen IV 1090; — Tragung der Lasten des Kindervermögens IV 1082; — Pfändungsbeschränkung hinsichtlich der Früchte IV 895, 1086; — Berücksichtigung von Unterhaltsverbindlichkeiten des Kindes IV 913; — Stellung der Gläubiger des Kindes zur elterlichen N. IV 1092; — Zwangsvollstreckung in das der N. unterliegende Vermögen IV 1093; — Einfluß des Konkurses des Vaters IV 1068; — Fälligkeit von Verbindlichkeiten des Vaters gegenüber dem Kinde bei Ausschluß der N. IV 1090; — Beendigung der N. IV 1074; — durch Verheiratung des Kindes IV 1095; — durch Verzicht des Berechtigten IV 1078, 1097; — Einfluß der Beendigung auf bestehende Miet- und Pachtverträge IV 1098; — Entziehung der N. IV 1105; — Anhörung des Vaters und Verwandter des Kindes vor der Entziehung oder Beschränkung IV 1115, 1130; — N. während Ausübung der elterlichen Gewalt durch die Mutter IV 1156; — Verzicht auf die N. IV 1078, 1097; — räumlich VI b 461, 476; — zeitlich geltendes Recht VIa 556, 557; — Beschränkung nach bisherigem Rechte, Aufhebung nach bisherigem Rechte verfügter Beschränkungen VI a 559; — Verzicht des Berechtigten VI b 476; — N. am Vermögen des Kindes aus nichtiger Ehe IV 1186.

— des Vorerben am Nachlaß V 547.

Nutznießungsrecht: eheherrliches, elterliches: nicht eintragungsfähig ins Grundbuch III 99, 105; — Eintragung der Verzinslichkeit der Frauen-, Kinderhypothek III 1015.

Nutztiere: Gewährschaft, Beweis der Eigenschaft II b 231.

Nutzungen: Begriff I 338; — Erwerb durch den Nießbraucher an einem Recht III 877; — Einfluß der Rechtshängigkeit auf den obligatorischen Anspruch auf Herausgabe II a 362; — Einfluß des Verzugs des Gläubigers auf den Anspruch auf Herausgabe oder Ersatz II a 385; — Ersatz während Hinterlegung der Sache II a 720; — Herausgabe oder Ersatz beim Rücktritt vom Vertrag II a 616; — Herausgabe durch den Beauftragten II c 1098; — Herausgabe beim Eigentumsanspruch, Haftung für nicht gezogene Früchte III 590; — Haftung des unentgeltlichen redlichen Besitzers III 593; — des unredlichen Besitzers III 594; — des unmittelbaren Besitzers III 597; — des eigenmächtigen Besitzers III 598; — Haftung vor Rechtshängigkeit III 600; — Herausgabe durch den Erbschaftsbesitzer V 328; — Schadensersatzanspruch bei Unmöglichkeit der Herausgabe V 330; — Einfluß der Rechtshängigkeit des Herausgabeanspruches V 334; — Erwerb beim Erbschaftskauf V 1092, 1093; — Herausgabe durch den Geschäftsführer ohne Auftrag II c 1137; — Herausgabe bei ungerechtfertigter Bereicherung II c 1718, 1739; — N. der Kaufsache, Übergang auf den Käufer II b 84, 90; — Ersatz durch unerlaubte Handlungen entzogener N. II c 1991; — Ersatz bei Wandelung beim Viehkauf II b 236, 238; — Herausgabe an den Vermächtnisnehmer V 627; — Anspruch des Vorerben auf N. V 530, 531; — N. des Vorerben, Pfändbarkeit V 514, 546; — Kaufvertrag über künftige N. II b 72; Verjährung mit Hauptanspruch I 836.

Nutzungen des eingebrachten Gutes der Frau: Erwerb IV 269; — Gewinnungskosten IV 272; — Ersatz der N. nach Gütertrennungsklage IV 373; — des eingebrachten Gutes bei Errungenschaftsgemeinschaft IV 617; — N. sind Errungenschaft IV 628; — Schuldenhaftung IV 630; — Zugehörigkeit der Nutzungen des eingebrachten Gutes der Frau zur Konkursmasse im Konkurs des Mannes IV 658.

— N. des Vorbehaltsgutes der Frau IV 237; — bei Errungenschaftsgemeinschaft IV 632.

— N. des Kindervermögens: Erwerb IV 1078; — Gewinnungskosten IV 1082; — Herausgabe an den nicht verwaltungsberechtigten Gewalthaber IV 1088; — Unübertragbarkeit des Anspruches IV 1090; — Unpfändbarkeit der Ansprüche auf die N. IV 1091.

— N. von Mündelvermögen: Annahme von Leistungen IV 1468; — Ziehung durch den Pfandgläubiger III 1408, 1410; — Herausgabe an den Pfandgläubiger III 1424.

Nutzungsgemeinden VI a 431.

Nutzungspfand III 1408; — Pflichten des Pfandgläubigers III 1410; — N. an Forderungen III 1484; — an Grundstücken ausgeschlossen III 7, 101, 964.
Nutzungsrecht an Gebäuden: Verantwortlichkeit des Berechtigten für Schäden II c 1921.
Nutzungsrechte an Grundstücken: Zusammentreffen mit Grunddienstbarkeiten III 816; — Zusammentreffen mit einem Nießbrauch III 868; — Fruchterwerb des dinglich Nutzungsberechtigten III 524; — bäuerliches N., Geltung des Landesrechts VI a 137; — Begründung neuer nach Landrecht VI a 529; — N. an Grundstücken: Behandlung bestehender vererblicher und übertragbarer N. nach Landesrecht VI a 527; — Wildschadensersatzpflicht des Berechtigten VI a 174.

O.

Obereigentum III 287.
Oberfläche: Umbildung durch Bearbeitung der O. III 510; — Ersatzpflicht des Bearbeiters III 514; — Umfang des Eigentums III 300, 301.
Oberlehensherrlichkeit: Ablösungsrenten des Staats VI a 296, 302.
Oberstes Landesgericht in Bayern: Zuständigkeit VI a 3, 22.
Obligation: Begriff II a 4.
Obligatorische Ansprüche: keine Vormerkung III 177.
Obligatorische Rechte an Bestandteilen I 362. — **Rechtsgeschäfte** I 413; — Einfluß der Nichtigkeit I 406; — der Anfechtung I 407; — auf die Form räumlich anzuwendendes Recht VI b 163, 164.
Obligatorisches Grundgeschäft bei Rechtsänderung an Grundstücken, Grundstücksrechten III 106; — Folgen der Loslösung vor der Einigung III 116.
Observanzen VI a 14.
Obstbäume: überragende Zweige und Wurzeln III 340; — Eigentum an übergefallenen Früchten III 341; — bei Grenzbäumen III 384; — Vorbehalt zugunsten der Landesgesetzgebung VI a 316.
Obstgärten: Wildschaden VI a 172, 173.
Offenbare Unbilligkeit der Bestimmung der Leistung durch den Dritten II a 453; — der Bestimmung des Dritten über Nachlaßauseinandersetzung V 401; — der Bestimmung des Vermächtnisgegenstandes durch den Bedachten oder einen Dritten beim Gattungsvermächtnis V 591, 594.
Offenbare Unmöglichkeit der Zeugung durch den Ehemann IV 851, 857, 859; — der Zeugung eines unehelichen Kindes IV 1249, 1253.
Offenbarungseid über eine Rechnungsstellung II a 180; — über einen herauszugebenden Inbegriff von Gegenständen II a 185; — Zuständigkeit zur Eidesabnahme, Verfahren, Kosten II a 187; — O. des Beauftragten über seine Auskunftspflicht II c 1093; — über seine Herausgabepflicht II c 1098; — des Ehemannes über den Bestand des eingebrachten Gutes der Frau IV 371, 372; — des Erben V 293; — Eidespflicht, wenn eine Ehefrau Erbin ist V 300; — O. des Erben gegenüber dem Nachlaßverwalter V 244; — gegenüber dem Testamentsvollstrecker V 682; — gegenüber dem Pflichtteilsberechtigten V 932; — gegenüber dem im Aufgebotsverfahren ausgeschlossenen Gläubiger V 194; — bei Unzulänglichkeit des Nachlasses für eine Nachlaßverwaltung oder einen Nachlaßkonkurs V 268; — des ausgleichungspflichtigen Miterben V 428; — in bezug auf eine vor dem 1. Januar 1900 angefallene Erbschaft VI a 449; — Zuständigkeit des Amtsgerichts zur Abnahme nach Landesrecht VI a 387; — O. des Erbschaftsbesitzers V 340; — des Geschäftsführers ohne Auftrag II c 1138; — des geschäftsführenden Gesellschafters II c 1260; — keine Verpflichtung des Gewalthabers zur Leistung über eine gelegte Rechnung IV 1120; — des Hausgenossen des Erblassers V 341; — des Testamentsvollstreckers V 700, 704, 710; — O. über den Besitz eines Testaments V 796; O. des Vaters nach Beendigung der Vermögensverwaltung IV 1147; — O. des Vorerben über den Bestand der Erbschaft V 553, 560; — des Vormunds zur Erzwingung der Auskunftserteilung IV 1546; — über die gelegte Rechnung IV 1547, 1551, 1609.
Offenbarungspflicht des Käufers II b 43; — des Verkäufers II b 33, 81.
Offene Handelsgesellschaft von Ehegatten IV 255; — Frau als Gesellschafterin IV 230; — Eigentumserwerb an Grundstücken III 392, 393; — Erbfähigkeit V 27; — Haftung des Erben eines Gesellschafters für Gesellschaftsschulden V 175; — Tod eines Gesellschafters V 354.
Offenheitsprinzip bei Stellvertretung I 684.
Offenkundigkeit der Voraussetzungen für Erteilung des Erbscheins V 1041, 1043.
Öffentliche Abgaben, Lasten: auf dem eingebrachten Gute lastende, beim gesetzlichen Güterstand IV 275; — bei der Errungenschaftsgemeinschaft IV 635; — auf dem Kindervermögen lastende IV 1083; — Haftung des Erbschaftskäufers V 1092; — keine Haftung für Freiheit eines verkauften Grundstücks von ö. A. II b 54; — Übergang der Haftung für ö. A. beim Kauf II b 90; — Tragung durch den Nießbraucher III 854; — Last des Vermieters II b 454; — Anspruch auf Rückerstattung zu Unrecht erhobener A. II c 1669, VI a 262; — siehe auch „Abgaben, Lasten".
Öffentliche Anlagen: Gebrauch II b 392.
Öffentliche Anstalten: Vermögenserwerb von aufgelösten Vereinen I 246; — Haftung für ihre Vertreter I 332; — Verjährung ihrer Ansprüche I 779, 786; — siehe auch „Anstalten".
Öffentliche Armenkassen, letztwillige Bedenkung V 466.
Öffentliche Aufforderung zur Anmeldung von Erbrechten vor Feststellung des Erbrechts des Fiskus V 152; — zur Anmeldung von Nachlaß-

forderungen V 439, 442; — vor Erteilung des Erbscheins V 1048, 1051.
Öffentliche Beglaubigung siehe „Beglaubigung".
Öffentliche Behörde siehe „Behörde".
Öffentliche Bekanntmachung siehe „Bekanntmachung".
Öffentliche Bestellung zu gewissen Geschäften, öffentliches Angebot, Auftrag II c 1086; — auf Geschäftsbesorgung gerichteter Dienst- oder Werkvertrag II c 1116.
Öffentliche Diener: Aufrechnung gegen Gehalts- und Pensionsansprüche II a 768, VI a 205.
Öffentliche Fürsorge IV 899, 900; — für angenommene Kinder IV 1303; — für legitimierte Kinder IV 1267; — für uneheliche Kinder IV 1197; — für die uneheliche Mutter IV 1246.
Öffentliche Grundstücke: Dienstbarkeiten daran III 799; — hypothekarische Belastung III 989.
Öffentliche Hinterlegung s. „Hinterlegung".
Öffentliche Kassen: Zahlungen aus ö. K. II a 228, VI a 233; — Benachrichtigung von Abtretung von Gehalt usw. II a 850.
Öffentliche Korporation: Haftung für ihre Vertreter I 332.
Öffentliche Lasten: keine Eintragung im Grundbuch III 102; — siehe auch „öffentliche Abgaben".
Öffentliche Reallasten III 945, 946.
Öffentliche Sammlungen, Pfleger hiefür IV 1664.
Öffentliche Stiftungen I 308, 311; — Staatsaufsicht I 311; — Haftung für ihre Vertreter I 333; — Vermögenserwerb von aufgelösten Vereinen I 245; — öffentlichrechtliche St. I 308.
Öffentliche Urkunde: Anerkennung der Vaterschaft zu einem ehelichen Kinde IV 1273; — zu einem unehelichen Kinde IV 1257.
Öffentliche Versteigerung siehe „Versteigerung".
Öffentliche Wege, Plätze: Schutz des Gemeingebrauchs VI a 111.
Öffentliche Zustellung von Willenserklärungen I 547.
Öffentlicher Dienst, zum ö. D. bestimmte Sachen I 347.
Öffentlicher Gebrauch: Miete an dem ö. G. gewidmeten Sachen II b 391; — Verantwortlichkeit für Anlagen und Betriebe auf dem ö. G. dienenden Grundstücken VI a 267.
Öffentlicher Glaube des Erbscheines V 1063, 1067; — Verhältnis zum ö. G. des Grundbuchs und zum Schutz des gutgläubigen Erwerbs beweglicher Sachen V 1071; — Ausgleichung eines infolge desselben eingetretenen Rechtsverlustes II c 1703; — des Grundbuchs III 218, 219, 245; — des Erbbaugrundbuchs III 728, 783; — Ausgleichung eines infolge desselben eingetretenen Rechtsverlustes II c 1703; — Verfügungen des Erben nach Anordnung der Nachlaßverwaltung V 242; — Wirksamkeit hinsichtlich bestehender dinglicher Rechte VI a 493; — hinsichtlich bestehender Grunddienstbarkeiten VI a 500; — Wirksamkeit bestehender gesetzlicher Pfandrechte, Miet- und Pachtrechte trotz Nichteintragung VI a 502, 503; — der Hypothekübertragungsurkunden III 1178; — der Urkunden über Übertragung von Grundschulden und Rentenschulden III 1185; — Beschränkung des ö. Gl. bei Sicherungshypothek III 1308; — ö. Gl. und Hypothekaufwertung III 220, 974, 975; — von Vormerkungen im Grundbuch III 182; 183; — des Zeugnisses über Fortsetzung der Gütergemeinschaft IV 588, V 1071; — über Ernennung eines Testamentsvollstreckers V 1071.
Öffentliches Buch: Eintragung eines Schuldverhältnisses nach bisherigem Recht VI a 474.
Öffentliches Fuhrwerk, rechtliche Natur der Benützung II c 931.
Öffentliches Interesse an der Geschäftsführung gegen den Willen des Geschäftsherrn II c 1133; — an der Vollziehung von Auflagen bei Schenkungen II b 322; — an der Vollziehung von letztwilligen Auflagen V 640.
Öffentliches Recht: Abgrenzung von Privatrecht VI a 110; — der Länder I 7, 14.
Öffentlichkeit des Grundbuchs, formelle III 90, 222; — materiellrechtliche III 95, 119; — Schutz des Eigentümers gegen Wirkungen des Öffentlichkeitsprinzips bei der Briefhypothek III 1123; — des Güterrechtsregisters IV 700; — des Vereinsregisters I 304.
Öffentlichkeitsprinzip im Grundbuchrecht III 95, 219; — bei Rangabtretung III 152.
Öffentlichrechtliche Auftragsverhältnisse II c 1082, 1090.
— **Stiftungen** I 308.
— **Verpflichtungen:** Sicherungshypothek dafür III 1304.
Offerte siehe „Vertragsantrag".
Offizialverfahren in Vormundschaftssachen IV 1363, 1372, 1375.
Offiziere: Darlehen an O. II b 652; — Haftung aus Amtspflichtverletzungen II c 1929; — Testamentserrichtung vor denselben VI a 72, 74; — siehe auch „Militärpersonen".
Ohne Obligo: Bedeutung der Klausel I 617.
Okkupation aufgegebener Grundstücke III 429; — herrenloser Sachen III 534, 539; — Okkupationsverbote III 536.
Oldenburg: Ausführungsgesetze zum BGB. VI a 103; — Staatsschuldbuch IV 299; — Beamtengesetze VI a 199, 206.
Operation, ohne, gegen den Willen des Patienten II b 701; — konkurrierendes Verschulden durch Ablehnung einer solchen II a 166; — an Minderjährigen, Einwilligung desselben I 431.
Operis novi nuntiatio III 328.
Opferung eigener Sachen zur Schonung fremder I 850.
Optionsklausel beim Mietvertrag II b 400.
Optionsrecht II b 15, 264, 409, III 925.
Oralfideikommiß V 579.

Ordensgeistliche: Erwerbsbeschränkungen V 3, VI a 228, IV b 736; — Beschränkung der Erbfähigkeit V 28.

Orderpapiere II c 1596; — Emissionsfreiheit II c 1613; — Haftung des Verkäufers II b 60; — Hinterlegung zur Sicherheitsleistung I 858; — Nießbrauch an O. III 891; — Pfanderwerb an O. III 1399; — Hypothekbestellung für die Forderung III 1314; — Gläubigervertreter III 1320; — Verpfändung III 1517; — Einziehung, Kündigung der Forderung III 1522; — Verkauf zum Börsen- oder Marktpreis III 1524; — Erwerb zum eingebrachten Gut IV 265; — bei der Errungenschaftsgemeinschaft IV 628; — Hinterlegung zum eingebrachten Gute gehöriger O. IV 295; — bei der Errungenschaftsgemeinschaft IV 628; — Vermutung für das Eigentum des Mannes IV 211; — O. des Kindes IV 1118; — Erwerb durch den Vater für das Kind IV 1067; — O. des Mündels, Hinterlegung IV 1470; — Befreiung von der Hinterlegungspflicht durch den Vater IV 1569; — durch die Mutter IV 1571; — Befreiung des Vaters und der Mutter als Vormund eines Volljährigen IV 1627; — Hinterlegungspflicht des Vorerben V 548; — Befreiung von den Verpflichtungen V 566, 567.

Ordnung der Erbfolge V 31.

Ordnungsmäßige Benützung der gemeinschaftlichen Sache II c 1409.

Ordnungsmäßige Verwaltung des eingebrachten Gutes, Pflicht des Mannes IV 246; — der gemeinschaftlichen Sache II c 1409.

Ordnungsstrafen gegen Familienratsmitglieder IV 1589; — gegen den Inhaber der elterlichen Gewalt IV 677; — gegen Vormünder und Gegenvormünder IV 1538; — zur Erzwingung der Übernahme der Vormundschaft IV 1406; — der Gegenvormundschaft IV 1412; — der Pflegschaft IV 1407, 1669; — gegen Vorstandsmitglieder und Liquidatoren des Vereins I 303; — zur Erzwingung der Herausgabe von Testamenten V 796.

Ordnungsvorschriften: Verstoß dagegen bei Rechtsgeschäften I 556; — Haftung wegen Verletzung II c 1931.

Ordre public VI b 799, 801, 811, 813, 821; — Verhältnis zur Rück- und Weiterverweisung VI b 752.

Ort der belegenen Sache als Anknüpfungspunkt für die Kollisionsnormen VI b 5, 6, 763, 765; — als Anknüpfungsgrund für das interlokale Privatrecht VI b 36; — der Leistung II a 217; — alternative Bestimmung II a 189; — bei Geldzahlung II a 101, 226; — beim Kauf II b 44; — für die Abnahmepflicht des Käufers II b 43; — Berücksichtigung von Treu und Glauben II a 29; — Einfluß des Leistungsortes auf die Aufrechnung II a 760; — Hinterlegung am Leistungsort II a 711; — Versteigerung zur Hinterlegung nicht geeigneter Sachen am Leistungsort II a 728; — O. der Rückgabe verwahrter Sachen II c 1168; — bei vertretbaren Sachen II c 1170; — der Herausgabe von Sachen III 581; — der Pfandversteigerung III 1438; — siehe auch „Zahlungsort"; — der Testamentserrichtung, Angabe im Protokoll V 762, 765; — O. des Vermögens, Anknüpfungspunkt bei Verschollenheitserklärung von Ausländern VI b 109, 113; — des Vertragsabschlusses I 612; — O. der Vorlegung von Sachen, Urkunden II c 1660; — O. der Vornahme von Rechtsgeschäften, Anknüpfungsgrund für die Kollisionsnormen VI b 80, 163, 177; — hinsichtlich der Form der Eheschließung VI b 246, 247, 251; — der Form des Ehevertrags VI b 318; — der Form letztwilliger Verfügungen VI b 644, 669, 697; — O. der Begehung bei unerlaubten Handlungen VI b 195, 200.

Ortsangabe beim eigenhändigen Testament V 735, 744, 745, 746, 747; — im gemeinschaftlichen eigenhändigen Testament V 812; — Beweislast für die Richtigkeit V 749; — O. bei Zusätzen und Änderungen V 749; — bei Schriftform der Rechtsgeschäfte I 531.

Ortsgerichtspersonen: Zuständigkeit zur Inventarerrichtung VI a 392.

Ortsüblichkeit bei der Abmarkung III 364, 367; — Einwirkung auf fremde Grundstücke III 316.

Österreich: Ehehindernisse in Ö. VI b 238; — Ehehindernis der katholischen Scheidung (Dispensehe) VI b 240; — Ehehindernis des Katholizismus VI b 243; — Rückverweisung des § 4 ABGB. VI b 260, 379; — über das eheliche Güterrecht geltendes internationales Privatrecht VI b 306, 307, 334; — Ehescheidung von österreichischen Juden VI b 433; — ausschließliche Zuständigkeit d. Gerichte in Ehescheidungssachen VI b 394, 395; — Nichtverbürgung der Gegenseitigkeit in Scheidungssachen VI b 415; — über die uneheliche Vaterschaft geltendes internationales Privatrecht VI b 539; — Staatsverträge: betr. juristische Personen VI b 152; — betr. Eheschließung vor Konsuln VI b 256; — betr. Luftfahrzeuge VI b 222; — deutsch-österreichisches Nachlaßabkommen V 1028, VI b 622, 651, 690, 694, 695, 704, 735, 772; — deutsch-österreichischer Rechtsschutzvertrag VI b 542, 812; — deutsch-österreichisches Vormundschaftsabkommen IV 1366, VI b 618, 622.

Ostsee: Verschollenheitsfrist I 141.

P.

Paare von Tieren: Gewährschaft II b 238.

Pacht II b 342, 608; — zeitlich anzuwendendes Recht VI a 457; — Übergangsvorschriften für den Fall der Veräußerung und Belastung des Pachtobjekts VI a 460; — Wesen des Pachtvertrags II b 342, 608; — Unterschied von der Miete II b 392, 600; — von der Dienstmiete II b 603; — von anderen Verträgen II b 601; — Verhältnis zum Kaufvertrag II b 8; — rechtliche Natur II b 342, 608; — als beschränkt persönliche Dienstbarkeit III 907; — Form des Pachtvertrages II b 541, 603; — anzuwendendes Recht VI b 191; — Inhalt, Auslegung II b 603, 604; — Gegenstand der P.

II b 595, 596; — Teilpacht II b 602, 607, 628; — analoge Anwendung der Vorschriften über Miete II b 595, 610; — Fruchteigenschaft des Pachtschillings I 387; — der Nutzungen des Pächters I 387; — Geltung der Vorschriften über das Vertragspfand für das gesetzliche Pfandrecht des Pächters und des Verpächters III 1465; — Verpachtung durch den Nießbraucher III 862, 863.
Pacht: Rechte u. Pflichten des Verpächters II b 605; — mittelbarer Besitz des Verpächters III 65, 71; — Beschränkung des Kündigungsrechts II b 633, 634; — Rücktrittsrecht II b 610; — Rechte und Pflichten des Pächters überhaupt II b 606; — Gebrauchsrecht II b 595, 600; — Fruchterwerb II b 595, 602; — des P. während der Beschlagnahme III 1045; — Pachtzinszahlung II b 595, 606; — Abtretung und Pfändung des Pachtrechts II b 609, 634; — Gefahrentragung (Mißwachs usw.) II b 607; — Entziehung des Pachtobjekts, Gebrauchsbeschränkungen II b 607; — Schadensersatzpflicht wegen verspäteter Rückgabe des Pachtobjektes II b 635; — Wirkung der Zwangsvollstreckung gegen den Pächter oder Verpächter II b 609; — Einfluß des Verkaufes des Pachtobjekts II b 610; — rechtliche Stellung von Pächter und Verpächter zu Dritten II b 608.
— Kündigung II b 632; — Einfluß des Todes V 19.
— P. am Bauwerk des Erbbauberechtigten: Einfluß des Erlöschens des Erbbaurechts III 661, 761; — der freiwilligen Veräußerung III 761; — des Heimfalles III 774.
— P. eines Grundstücks mit Inventar: Erhaltung und Ergänzung des Inventars II b 617; — Übernahme des Inventars zum Schätzungswert II b 619; — Rechtsverhältnisse hinsichtlich des Grundstücksinventars in diesem Falle II b 620; — Rückgabe bei Beendigung der Pacht II b 622; — Pfand- und Zurückbehaltungsrecht des Pächters am Inventar II b 625; — P. eines Landguts: Rechtsverhältnis hinsichtlich der Erzeugnisse bei Beendigung II b 629; — Herausgabe des Landguts im Falle der Übernahme auf Grund einer Schätzung II b 630; — Abschluß eines Pachtvertrags durch den Vater IV 1057, 1061, 1063; — durch den Vormund IV 1482, 1493.
— P. eines landwirtschaftlichen Grundstücks: Ausbesserung und Erhaltung II b 612; — Erhaltung der wirtschaftlichen Bestimmung des Pachtobjekts II b 613; — Fälligkeit des Pachtzinses II b 614; — Pfandrecht des Verpächters II b 615; — Rückgabe nach Beendigung der Pacht II b 626; — Auseinandersetzung hinsichtlich der Kosten der Früchteerzeugung bei Beendigung der P. während des Pachtjahres II b 627; — P. an zur Erbschaft gehörenden Grundstücken: Einfluß des Eintrittes der Nacherbfolge auf ein vom Vorerben eingegangenes Pachtverhältnis V 565; — am Vermächtnisgegenstand V 604.
Pacht: Einfluß der Geldentwertung II a 76, II b 612.
— an eingebrachten Grundstücken der Ehefrau, Einfluß der Beendigung der eheherrlichen Nutznießung und Verwaltung IV 374; — durch Beendigung der Errungenschaftsgemeinschaft IV 665; — Abschluß von Pachtverträgen durch den Vater IV 1057, 1061, 1063; — Einfluß der Beendigung der elterlichen Nutznießung IV 1098; — Abschluß durch den Vormund für den Mündel IV 1482, 1493; — für den volljährigen Mündel IV 1626.
— P. eines gewerblichen Betriebes: Abschluß eines Pachtvertrages durch den Vormund IV 1482, 1493; — eines Landgutes: Abschluß eines Pachtvertrages durch den Vormund IV 1482, 1493.
Pachtabstand II b 604.
Pächter: Eigentumserwerb an Erzeugnissen und sonstigen Bestandteilen III 527.
Pachtjahr bei der Pacht landwirtschaftlicher Grundstücke II b 614.
Pachtkaution: II b 604.
Pachtrecht: Ausschluß der Eintragung in das Grundbuch II b 604; — Nichteintragung bestehender P. im Grundbuch VI a 503; — Unpfändbarkeit II b 610, 634.
Pachtzins: Verjährung I 788; — Zahlungspflicht des Pächters II b 595, 606; — Fälligkeit bei der Pacht landwirtschaftlicher Grundstücke II b 614; — Nachlaß II b 607, 614; — Aufwertung II a 76, II b 612.
Pachtzinsforderung: Erstreckung der Hypothek auf dieselbe III 1058; — Erlöschen der Haftung durch Zeitablauf III 1058, 1062; — durch Einziehung oder Verfügung über die Forderung III 1064; — Wirksamkeit der Aufrechnung gegenüber dem Hypothekgläubiger III 1071.
Pactum de compensando II a 740.
— **de contrahendo** I 609.
— **de mutuo dando, accipiendo** II b 652.
— **de non cedendo** II a 806.
— **de non licitando:** Gültigkeit I 558; — Unsittlichkeit I 576, II c 1829.
Panama: Staatsvertrag betr. juristische Personen VI b 153.
Paraguay: Staatsvertrag über Eheschließung vor Konsuln VI b 256.
Parentelsystem V 30, 31.
Pariser internationale Luftfahrkonvention VI b 220, 222.
Parteibezeichnung in Prozessen für und gegen den Testamentsvollstrecker V 697.
Parteieid in Prozessen des Nachlaßverwalters V 216; — des Testamentsvollstreckers V 662.
Parteien: Verjährung des Anspruches aus Vorschüssen an Rechtsanwälte I 780, 787.
Parteifähigkeit: der juristischen Personen I 159; — ausländischer juristischer Personen VI b 134, 136; — ausländischer Staaten VI b 139; — von Vereinen I 169.
Parteistellen II b 481.
Partiarischer Lohn II b 788, 790.
Partiarisches Darlehen II b 653, 665, II c 1200.

Partiarisches Rechtsgeschäft I 415; — Unterschied von der Gesellschaft II c 1200.
Partikuläre Gütergemeinschaft IV 613.
Parzellenminimum VI a 308.
Parzellenverwechslung: Wirkung des Öffentlichkeitsprinzips III 229, 251.
Parzellierung von Grundstücken III 210; — des Hypothekenobjekts III 210, 990.
Parzellierungsvertrag II a 428.
Passive Erbfähigkeit V 9.
— **Vertretung** I 679.
Passivlegitimation der Ehefrau IV 313; — des Testamentsvollstreckers V 647, 696, 698.
Patent: Bereicherung aus Patentverletzung II c 1667; — Rechnungslegung bei Verletzung eines P. II c 1148; — Haftung des Verkäufers II b 58.
Patentrecht: negatorische Abwehrklage III 621; — Nießbrauch daran III 879, 881; — Verpfändung III 1486, 1490; — Vererblichkeit V 13.
Pathologische Erscheinungen I 426.
Patronatslasten: Verteilung auf sukzessiv Verpflichtete I 394.
Patronatsrecht VI a 204.
Pekulium IV 976.
Pension: Beschränkung der Aufrechnung gegen Pensionsansprüche II a 767, 769; — Anrechnung auf die Rente des durch unerlaubte Handlung Geschädigten II c 1964, 1976; — Vorbehaltsgut der Frau IV 229.
— Verhältnis zur Miete II b 395.
Pensionate: Haftung für eingebrachte Sachen II c 1179.
Pensionsanspruch: Verjährung I 788, 789; — von Beamten, Geistlichen, Lehrern VI a 194; — Aufrechnung II a 769.
Pensionsvertrag: rechtliche Natur II c 1179.
Peremtorische Einreden: Begriff I 800; — Begründung durch Anspruchsverjährung I 831; — Rückforderung der Leistung wegen solcher II c 1691; — beim Vertrag zugunsten Dritter II a 571; — nach Forderungsabtretung II a 821; — kein Verjährungshindernis I 800; — gegen die Hypothek III 1242; — gegen das Pfandrecht III 1462; — gegen das Schiffspfandrecht III 1477; — gegen durch Vormerkung gesicherte Ansprüche III 195, 196.
Perklusionsrecht II b 517.
Perlenfischerei VI a 176.
Perpetuierung der Mängeleinrede II b 212; — bei der Wandelung beim Viehkauf II b 242.
Perronkarte II c 1642.
Persien: Konsulargerichtsbarkeit in P. VI b 257; — Staatsvertrag betr. juristische Personen VI b 153.
Person: Begriff und Arten I 40; — Stellung der natürlichen Personen I 45; — Schadensersatz wegen Verletzung von P. II a 231; — Irrtum über die P. des anderen Ehegatten, Ehescheidungsgrund IV 115.
Personalarrest: Erwirkung nach Ausübung des Selbsthilferechts I 853.
Personalhaftung II a 5.
Personalstatut, Begriff und Arten VI b 6; — des Wohnsitzrechts VI b 6; — P. des Heimatsrechts VI b 6; — der juristischen Personen VI b 123; — Wechsel des P. der juristischen Personen, durch Sitzverlegung VI b 145; — durch Souveränitätswechsel VI b 148; — der Doppelstaater VI b 785; — der Schutzgenossen VI b 797; — der Staatenlosen VI b 776; — bei Mehrheit der Rechtsordnungen des zuständigen Staats VI b 790; — Wechsel des P., Einfluß auf den Güterstand VI b 304.
Personenbeförderungsvertrag, rechtliche Natur II c 941; — Verjährung von Gewährleistungsansprüchen II c 973.
Personenfürsorge für das Kind IV 980; — siehe Näheres unter „Sorge".
Personenklassen: letztwillige Verfügungen an P. V 466.
Personenrecht: Übergangsbestimmungen VI a 406.
Personenstand: Veränderung, Unterdrückung IV 4.
Personenstandsgesetz: Abänderung, Verhältnis zum BGB. IV 31, VI a 55, 77, 79; — Einführung in Helgoland IV 32.
Personenstandsregister: Randvermerk in bezug auf Eheschließungen IV 32; — Randvermerk über Eheauflösung IV 715; — über Wiederherstellung der ehelichen Gemeinschaft IV 836; — siehe auch „Geburtsregister", „Heiratsregister".
Personenstandsunterdrückung, -veränderung IV 4, 851.
Personenvereine in Sachsen VI a 434.
Persönliche Angelegenheiten der Ehefrau: Rechtsgeschäfte in bezug auf solche im gesetzlichen Güterstand IV 320; — bei allgemeiner Gütergemeinschaft IV 455; — Haftung für Kosten in Rechtsstreitigkeiten über solche im gesetzlichen Güterstand IV 356; — bei Gütergemeinschaft IV 477.
Persönliche Ansprüche: keine Eintragung ins Grundbuch III 103.
Persönliche Eigenschaften: Irrtum darüber I 472, 477; — Irrtum hierüber bei Eheschließung IV 115.
Persönliche Leistung: II a 208; — beim Dienstvertrag II b 811; — Übernahme p. L. durch die Ehefrau, Rechte des Ehemanns IV 192; — Übernahme durch den Mann, Rechte der Frau IV 196; — beim Werkvertrag II c 944.
Persönliche Rechtsbeziehungen der Ehegatten IV 158; — zeitliche Statutenkollision IV 163, VI a 530, 535; — deutscher Ehegatten: räumliche Statutenkollision IV 163, VI b 274, 275; — Begriff und Umfang der p. R. der Ehegatten (Qualifikation) VI b 281; — Rück- und Weiterverweisung VI b 296; — Haager Abkommen VI b 297; — Übergangsrecht VI b 299; — Anwendung der Vorbehaltsklausel VI b 808, 818; — p. R. ausländischer Ehegatten VI b 275; — der geschiedenen Ehegatten VI a 552; — der von Tisch und Bett getrennten VI a 552.

Persönlichkeitsrechte I 45; — Recht auf den Namen I 109; — Verjährung der Ansprüche aus P. I 770; — Schadensersatzpflicht wegen Verletzung II c 1774; — zeitlich anzuwendendes Recht VI a 407.
Pertinenz I 374; — (siehe auch „Zubehör"); — gewillkürte I 375.
Pfändbarkeit des Erbschaftsanspruchs V 325; — des Erbrechts des Vorerben V 514; — des Rechts des Nacherben V 516; — der Leihmöbel II a 211; — des Nießbrauchs III 867; — von Nutzungen im Falle von Nacherbschaft V 514, 546; — des Rechts aus der Auflage V 636, 640; — des Pflichtteilsanspruchs V 896, 756; — von Rechten III 1491; — der Wahlforderung II a 193, 194; — siehe auch „Pfändung".
Pfandbestellung: Gewährleistung für Mängel der Sache II b 249; — schenkungsweise Pf. II b 307; — versteckte Pf. II b 263; — Leihe zur Pf. II b 640; — Unterbrechung der Verjährung I 811.
Pfandbriefdarlehen: Vorrecht des nicht getilgten Teiles vor dem getilgten VI a 436.
Pfandbriefe der Hypothekenbanken II c 1614, III 969; — dingliche Sicherung der Gläubiger III 1481; — Mündelsicherheit IV 1444, 1448; — Mündelsicherheit nach bisherigem Landesrecht VI a 578; — Sonderrecht der Landschaften in betreff des Verfahrens bei Löschung VI a 435, 436; — Aufwertung der Pf. II c 1600.
Pfandbriefgläubiger: Sicherung III 1481.
Pfanderlös: Rechte daran III 1450.
Pfandgeld III 65, VI a 228, 229.
Pfandgläubiger: Befreiung von der Verpflichtung zur Anmeldung ihrer Forderungen im Aufgebotsverfahren der Nachlaßgläubiger V 188; — kein Ausschluß durch fünfjährige Nichtgeltendmachung ihrer Forderung V 201; — Ausschluß der Geltendmachung aufschiebender Einreden des Erben gegenüber dem Pf. V 315; — unmittelbarer Besitz III 65, 71; — Haftung wegen verzögerter Freigabe des Pfandes III 592, 597; — Unzulänglichkeitseinrede gegenüber dem Pf. V 260, 264; — Haftung von Miterben gegenüber Pf. des Erblassers V 439.
Pfandhalter: Besitz III 28; — bei der Hypothek für Schuldverschreibungen usw. III 1320.
Pfandindossament III 1518.
Pfandleiher, Pfandleihanstalten III 1381; — Fortbestand der landesgesetzlichen Privilegien VI a 236; — Abtretung von Darlehensforderungen II a 787; — öffentliche: Lösungsanspruch III 586, 603.
Pfandprivilegien für gesetzliche Unterhaltsansprüche IV 896.
Pfandrecht an beweglichen Sachen: internationales Privatrecht III 1381; — Begriff III 1382; — akzessorische Natur III 1379, 1386; — Gegenstand III 1383; — Pf. an eigenen Sachen des Verpfänders III 1386; — Forderungen, für welche es begründet werden kann III 1382, 1386; — Verpfänder und Pfandnehmer III 1388; — Geltendmachung durch den Nießbraucher an der Forderung III 885.
Pfandrecht an beweglichen Sachen: Entstehung: Vertrag über die Bestellung III 1377; — Entstehungsgründe überhaupt III 1378, 1389; — durch Vertrag: Form III 1390; — Zulässigkeit von Bedingungen, Zeitbestimmungen III 1388; — Ausschluß der Bestellung durch constitutum possessorium III 1378, 1395, 1486; — durch Einräumung des Mitbesitzes III 1378, 1395; — Entstehung durch Verpfändung seitens eines Nichteigentümers III 1379, 1399; — Entstehung durch Leistung des Gegenstandes eines verpfändeten Rechts III 1395; — zeitliche Beschränkung der Bestellung für fremde Schuld III 1388; — kraft Gesetzes III 1465; — Nichteintragung bestehender gesetzlicher Pf. im Grundbuch VI a 502, 503; — Entstehung durch Selbstpfändung VI a 227, 228; — schenkungsweise Bestellung II b 299, 307; — an beweglichen Sachen: Pf. des Gastwirts an eingebrachten Sachen II c 1189; — des Pächters an Inventarstücken des verpachteten Grundstücks II b 625; — Pf. des Vermieters an eingebrachten Sachen II b 500; — Inhalt, Entstehung und Geltendmachung II b 501; — Beweislast für die Entstehung II b 502; — Gegenstand II b 503; — nicht pfändbare Sachen II b 508; — Pfandgläubiger II b 503; — gesicherte Forderungen II b 510; — Erlöschen des Pf. durch Entfernung der Sachen II b 513, 517; — Rechte bei drohender oder erfolgter Entfernung II b 517; — Sicherheitsleistung zur Abwendung der Pfandhaftung II b 522; — Verhältnis zum Pfändungspfandrecht II b 512, 515, 523, 524; — Einfluß des Konkurses des Mieters II b 526; — mittelbarer Besitz III 65, 71; — Erwerb des unmittelbaren Besitzes III 71; — Geltung der Vorschriften über das Vertragspfand III 1465; — Strafschutz des Vermieterpfandrechts II b 513; — des Vermieters, zeitlich geltendes Recht VI a 458; — Pf. des Verpächters bei landwirtschaftlichen Grundstücken II b 615; — des Unternehmers eines Werks II c 1000.
— Übertragung: Übertragung mit der Forderung III 1380, 1455; — Herausgabeanspruch des neuen Pfandgläubigers, Haftung des neuen und des bisherigen Pfandbesitzers III 1456; — Übergang auf den neuen Gläubiger bei Abtretung der Forderung II a 810.
— Haftung des Pfandes: Umfang hinsichtlich des Gegenstandes III 1408; — Erstreckung auf das Zubehör I 380; — Einräumung der Fruchtziehung aus dem Pfand III 1408; — Haftung mehrerer Pfänder III 1418; — Haftung nicht dem Verpfänder gehöriger Sachen III 1379, 1399; — Einfluß der Vermischung mit pfandfreien Sachen III 509, 510; — Umfang der Haftung in Ansehung der Forderung III 1405.
— Haftung des Pfandes nach Verjährung des Anspruchs I 833, 834; — Haftung des Pfandes bei Rückgängigmachung des Erlöschens von Rechtsverhältnissen durch Konfusion im Falle der Nachlaßverwaltung oder des Nachlaß-

konkurses V 221; — Einfluß der Anfechtung des Hauptgeschäfts I 596.

Pfandrecht an beweglichen Sachen: Rang nach dem Zeitverhältnis III 1403; — Einfluß des Rangverhältnisses auf das Verkaufsrecht III 1431; — Verhältnis zu Rechten Dritter am Pfandobjekt III 1402; — Verhältnis des Pf. an Miet- oder Pachtzinsforderungen zum Recht des Hypothekgläubigers III 1066; — Rang im Verhältnis zu gesetzlichen Pfandrechten III 1467; — zeitlich geltendes Recht VI a 491.

— Verhältnis zur Forderung: Abhängigkeit von der Forderung III 1379, 1386; — Zulässigkeit für bedingte und betagte Forderungen III 1382, 1387; — Einreden aus dem persönlichen Schuldverhältnis III 1406, 1407; — Einfluß des Vergleichs über die Forderung II c 1538; — Einfluß der Aufgabe auf die Haftung des Bürgen II c 1517; — Einfluß auf die Haftung des Bürgen II c 1504; — Verhältnis des Verpfänders zu einem Bürgen im Falle der Befriedigung des Gläubigers durch einen von ihnen II c 1514.

— Untergang III 1390; — rechtsgeschäftliche Aufhebung III 1463; — Erlöschen mit der Forderung III 1458; — durch Übertragung der Forderung ohne Pfandrecht III 1456; — durch Rückgabe des Pfandes III 1459; — sonstige Erlöschensgründe III 1459; — infolge peremtorischer Einreden III 1462; — durch redlichen Eigentumserwerb eines Dritten am Pfande III 487, 489; — durch Zusammentreffen mit dem Eigentum III 1463; — durch Pfandverkauf III 1443; — Besitzesverlust kein Grund des U. III 1425, 1460; — Untergang infolge von Schuldübernahme II a 885; — Beseitigung beim Verkauf der belasteten Sache II b 66; — Ausschluß für Spiel- oder Wettschulden II c 1447; — Ausschluß an Sachgesamtheiten I 341.

— Pfandverkauf: Voraussetzungen III 1379, 1425; — Recht zum Pf. bei Mehrheit von Pfandgläubigern III 1431; — Herausgabepflicht des Mitbesitzers zum Zwecke des Verkaufs III 1430; — Auswahl unter mehreren Pfändern III 1429; — Arten des Verkaufs III 1379, 1433; — Androhung des Verkaufs III 1435; — Realisierungsfrist III 1435; — Verkauf nach den Vorschriften über den Verkauf gepfändeter Sachen III 1432; — Versteigerung III 1437; — Ort des Verkaufs III 1438; — öffentliche Bekanntmachung III 1438; — Kaufsbedingungen III 1439; — bei Gold- und Silbersachen insbesonders III 1441; — Recht zum Bieten III 1440; — Recht des Eigentümers, Gläubigers, Schuldners zum Bieten beim Pfandverkauf III 1440; — Ausschluß vom Gebot III 1441; — Verkauf zum Börsen- oder Marktpreis III 1436; — Benachrichtigung des Eigentümers von Verkauf III 1442; — Wirkungen rechtmäßigen Pfandverkaufs III 1442, 1443; — nicht rechtmäßiger Verkauf, Folgen III 1444; — Wirkungen des Verkaufs durch den Nichtpfandgläubiger, der unrechtmäßigen Veräußerung III 1445, 1446; — dispositive Natur der Vorschriften über den Pfandverkauf III 1447; — abweichende Art des Pfandverkaufs aus Billigkeitsgründen III 1449; — Wirkung des Verkaufs hinsichtlich des Erlöses III 1450; — Vermutung des Eigentums des Verpfänders III 1453; — Haftung des Pfandes für die Kosten III 1405; — vorzeitiger Verkauf bei Gefahr des Verderbs oder der Wertsminderung III 1414; — Androhung desselben III 1415; — Verkauf zum Börsen- oder Marktpreis III 1417; — Richtigkeit des Verfallvertrages III 1428.

Pfandrecht an beweglichen Sachen: Rechte des Verpfänders: bei verletzendem Verhalten des Pfandgläubigers III 1413; — bei Gefahr des Verderbes oder der Wertminderung der Sache: Bestellung anderweitiger Sicherheit III 1414; — öffentliche Versteigerung des Pfandes III 1415; — Androhung der Versteigerung III 1416; — Verkauf zum Börsen- oder Marktpreis III 1417; — Einlösungsrecht des Pfandgläubigers III 1418; — Befriedigung des Pfandgläubigers durch Hinterlegung oder Aufrechnung III 1420; — Erwerb der Forderung gegen den persönlichen Schuldner nach Befriedigung des Gläubigers III 1420; — Verjährung der Ersatzansprüche wegen Veränderung oder Verschlechterung des Pfandes III 1423; — Recht zum Bieten beim Pfandrecht III 1440; — Rechte des Verpfänders am Pfanderlös III 1450; — mittelbarer Besitz des Verpfänders III 65, 71.

— Rechte des Pfandgläubigers überhaupt III 1388; — im einzelnen: Recht auf Besitz III 1390; — Recht zur Fruchtziehung III 1408; — Ersatzanspruch für Verwendungen, Wegnahme von Einrichtungen III 1412; — Verjährung desselben III 1423; — Recht zum Bieten bei Pfandversteigerung III 1440; — Rechtsschutz gegen Dritte III 1423; — Besitzesschutz III 1425; — Rechte am Pfanderlös III 1450.

— Pflichten des Pfandgläubigers: im allgemeinen und Verwahrungspflicht insbesondere III 1410; — Pflichten beim Nutzungspfandrecht III 1410; — Pflicht zur Hinterlegung, Ablieferung an einen Verwahrer III 1413; — Anzeigepflicht von drohendem Verderb der Pfandsache III 1414; — Rückgabepflicht nach Erlöschen des Pfandrechts III 1418; — Benachrichtigungspflicht vom Pfandverkauf III 1442; — Schadensersatzpflicht wegen Verletzung von Verkaufsvorschriften III 1444; — Gewährleistungspflicht III 1433, 1443; — Haftung nach Übertragung der Forderung mit dem Pf. III 1456, 1457; — keine Verkaufspflicht III 1427.

— Pf. an einem Inhaberpapier III 1520.

— an einem Miteigentumsanteil III 1468.

— am Vermächtnisgegenstand V 603.

— **irreguläres** Pf. III 1389.

— **an Grundstücken:** Arten III 958; — Ausschluß des Besitz- und Nutzungspfands III

964; — Übergang in Hypotheken des neuen Rechts VI a 515, 522.

Pfandrecht an Rechten: rechtliche Natur III 1480; — Gegenstand III 1482; — Ausschluß an unübertragbaren Rechten III 1484, 1489; — Entstehungsgründe überhaupt III 1484; — rechtsgeschäftliche Bestellung III 1480, 1484; — Verurteilung zur Bestellung III 1489; — Einfluß des guten Glaubens des Pfandgläubigers III 1491; — Wirkung der Verpfändung III 1480; — Anwendung der Vorschriften über Pfandrecht an beweglichen Sachen III 1482; — Verhältnis des Pfandgläubigers zum Leistungspflichtigen III 1492; — Aufhebung und Änderung des verpfändeten Rechts durch Rechtsgeschäft III 1493; — Befriedigung des Pfandgläubigers aus dem Recht III 1494; — Erlöschen des Pfandrechts, Rückgabe der bei Verpfändung übergebenen Sache III 1496.

— Pf. an Forderungen insbesondere III 1481, 1497; — Stellung des Pfandgläubigers I 679; — Voraussetzungen der Verpfändung formlos abtretbarer Forderungen III 1499; — Erstreckung auf Zinsen III 1481, 1514; — rechtliche Wirkung der Verpfändung III 1498; — Kündigung der verpfändeten Forderung III 1509; — Einziehung der Forderung vor Eintritt des Realisierungsrechts, Hinterlegung, Verwahrung III 1502, 1503; — nach Eintritt desselben III 1504; — Einziehungsrecht bei Mehrheit von Pfandgläubigern III 1516; — Aufrechnung durch den Pfandgläubiger III 1506; — Vergleich, Verzicht III 1507; — dispositive Natur der Vorschriften über Kündigung und Befriedigung des Pfandgläubigers III 1508; — Pflichten des Pfandgläubigers und des Gläubigers hinsichtlich der Einziehung III 1509; — Rechte und Pflichten hinsichtlich der Kündigung III 1510; — Wirkung der Leistung des Schuldners III 1511; — bei Geldforderungen, verzinsliche Anlage eingezogenen Geldes III 1513.

— Pf. an bestimmten Ansprüchen: an Grundschulden III 1488, 1516; — an Hypotheken III 1486, 1487; — an Inhaberpapieren III 1520; — Einziehungs- und Kündigungsrecht an denselben III 1523; — an einer Rentenschuld III 1488, 1516; — an Wechseln und anderen indossablen Papieren III 1517; — Einziehungs- und Kündigungsrecht bei denselben III 1522; — Verkaufsrecht des Pfandgläubigers bei indossablen Papieren mit Börsen- oder Marktpreis III 1524; — Erstreckung des Pf. an Wertpapieren auf Zins-, Renten- oder Gewinnanteilscheinen III 1525; — Beschränkung an der Geldrente wegen unerlaubter Handlungen II c 1966, 1978; — an dem Anspruch auf Ersatz nicht vermögensrechtlichen Schadens II c 1988; — Ausschluß am Anspruch auf Aufhebung des Auftrags II c 1088; — Bestellung an Forderungen, Wertpapieren des Mündels IV 1466.

— **an Schiffen:** Gegenstand III 1470; — Form der Bestellung III 1472; — Eintragung ins Schiffsregister III 1472; — Zulässigkeit zur Sicherung von Forderungen aus negoziablen Wertpapieren III 1478; — Höchstbetragspfandrecht III 1479; — Rang der Pfandrechte III 1474; — Wirkung der Eintragung für Dritte, der zu Unrecht erfolgten Löschung bei Veräußerung und Belastung des Schiffes III 1474; — Berichtigung des Schiffsregisters III 1475; — Widerspruch gegen zu Unrecht erfolgte Löschung III 1475; — Umfang der Haftung hinsichtlich der Forderung III 1476; — hinsichtlich des Pfandes III 1476; — Befriedigung des Gläubigers aus dem Schiffe III 1478; — Rechte des Verpfänders und des persönlichen Schuldners bei Befriedigung des Gläubigers III 1477; — Ausschluß des Gläubigers im Aufgebotsverfahren III 1478; — Anspruch auf Aufhebung wegen peremtorischer Einreden III 1477; — Anwendbarkeit der Vorschriften über das Besitzpfandrecht III 1477; — Pfandrecht an einer Schiffspart III 1479; — Begründung an im Bau befindlichen Schiffen III 1472.

Pfandrechtliche Wertpapiere II c 1598.

Pfändung, Pfändbarkeit: Besitzverhältnisse bei der Pf. III 72; — kein Pfandrechtserwerb an Sachen des Nichteigentümers III 1401; — Herausgabe des Erlöses dem Schuldner nicht gehöriger versteigerter Sachen II c 1704; — Schadensersatzpflicht wegen Pf. solcher Sachen II c 1773; — Verhältnis zum Pfandrecht des Vermieters II b 512, 515, 523, 524; — Einfluß der Unwirksamkeit der Vollstreckungshandlung II c 1683; — Pf. des Arbeits- und Dienstlohnes II b 791; — des Anteils eines Abkömmlings oder des überlebenden Ehegatten an der fortgesetzten Gütergemeinschaft IV 545; — nach Beendigung der Gemeinschaft IV 566; — — Pf. des Eigentumsanspruchs III 586; — Pf. einer gemeinschaftlichen Sache, Widerspruchsrecht des Teilhabers II c 1413; — des Anteiles an der Gemeinschaft II c 1420; — des Anteiles eines Gesellschafters II c 1208; — der Eigentumshypothek III 225, 1221; — der künftigen E. III 1222; — des Erbschaftsanspruches V 325; — von Forderungen: Stellung des Gläubigers nach Überweisung I 679; — von Früchten des Hypothekenobjekts III 1046; — von Miet- und Pachtzinsen des Hypothekenobjekts III 1059, 1061; — der Gesamthypothek III 1101; — des Grundbuchberichtigungsanspruches III 259, 276; — des Anspruchs auf Eintragung eines Widerspruchs III 276; — einer Grundschuld, Rentenschuld III 1356; — zum Schutze von Grundstücken oder Grundstückserzeugnissen VI a 227, 228; — von Faustpfändern für die Pfandgläubiger III 1462; — der Hypothekforderung III 1177; — keine Vormerkung zur Sicherung III 170, 175; — des Zinsrechts III 1169; — der Maximalhypothek III 1338; — von Miet- und Pachtrechten II b 469; — unter Eigentumsvorbehalt verkaufter Sachen für den Verkäufer II b 110; — Einfluß der Veräußerung des Mietobjekts auf die Pf. der Miet-

zinsforderung II b 576; — von Mietzinsen für den Grundstücksnießbraucher III 835; — des Anteiles eines Miterben V 359, 361; — des Rechtes eines Miterben auf Ausgleichung V 408; — einer Nachlaßforderung während der Erbengemeinschaft V 374; — einer Reallast III 956; — von einzelnen Reallastansprüchen III 951; — der Sicherungshypothek für Schuldverschreibungen usw. III 1318; — von Unterhaltsansprüchen IV 894, 935; — der Rechte des Vorerben V 514; — des Nacherben V 516; — von Zubehör des Hypothekenobjekts ausgeschlossen III 1050.

Pfändung, Pfändbarkeit: Ausschluß der Pf. von Forderungen, Verbot der Aufrechnung gegen die der Pf. nicht unterworfenen Forderungen II a 766; — Ausschluß der Abtretung II a 809; — Ausschluß der Pf. des Rechtes aus der Auflage V 636; — Ausschluß der Pf. des ehemännlichen Nutzungs- und Verwaltungsrechts im gesetzlichen Güterstand IV 334; — Pf. bei Errungenschaftsgemeinschaft IV 630; — Ausschluß der Pf. des elterlichen Nutznießungsrechtes und der Rechte auf die Nutzungen IV 1091; — der Pf. des Rechts auf Rücknahme einer hinterlegten Sache II a 715; — Pf. der Vormerkung ausgeschlossen III 188; — Pf. der Ausübung des Nießbrauchs III 867; — Pf. von Erbbauzinsleistungen III 701; — Pf. der Versicherungsforderung zur Wiederherstellung des Hypothekenobjekts ausgeschlossen III 1087; — siehe auch „Unpfändbarkeit".

— des Pachtrechts II b 634.

— Beschränkung der Pf. des Anspruchs auf die Geldrente wegen unerlaubter Handlungen II c 1966, 1978; — des Anspruches auf Ersatz von Schaden, der nicht Vermögensschaden ist II c 1988; — des Anteils von Gesellschaftsvermögen I c 1275.

Pfändungsbeschränkungen zugunsten des Unterhaltsanspruches IV 896.

Pfändungsgläubiger: Haftung bei verzögerter Freigabe der Pfandsache III 597.

Pfändungspfandrecht III 1396, 1467; — kein Erwerb vom Nichteigentümer III 1401; — keine Verwahrungspflicht des Gläubigers III 1412; — Rechtserwerb auf Grund Verkaufs III 1444; — Erlöschen III 1462; — Pf. an Rechten an Grundstücken III 1481.

Pfandverkauf: Ausschluß der Mängelhaftung II b 152; — Verbot des Mitbietens II b 114; — Wirkung der Nichtbeachtung II b 115; — Haftung bei Versteigerung II b 151; — Verkauf gemeinschaftlicher Sachen im Wege des Pf. zum Zwecke der Teilung II c 1425.

Pfandverleiher, öffentliche, Unabtretbarkeit ihrer Darlehensforderungen II a 787.

Pfandverschleierung I 469.

Pfandzettel: Verpfändung III 1394.

Pfauen: Eigentum daran III 543.

Pfeiferdampf der Pferde, Esel, Maulesel, Maultiere, Gewährfrist II b 230.

Pferde: Gewährschaft II b 227; — Gewährmängel und -fristen II b 229, 230.

Pferderennen: Wetten bei Pf. II c 1444.

Pflanzen: wesentlicher Bestandteil des Grundstücks I 364, 365; — Pfl. in Baumschulen I 371; — keine Früchte des Grundstücks I 371; — Eigentumserwerb III 503; — Bestandteil des Erbbaurechts III 721.

Pflegeanstalten: Haftung für eingebrachte Sachen II c 1179; — Anspruchsverjährung I 779, 786.

Pflegekindschaft IV 1302; — Aufhebung ihrer Wirksamkeit VI a 572.

Pflegekosten von Tieren: Ersatz bei Wandelung II b 239.

Pfleger: Annahme des Pfleglings an Kindes Statt IV 1323; — Aufsicht des Vormundschaftsgerichts IV 1542, 1670; — Antragsrecht auf Einsetzung eines Familienrats IV 1576; — auf Konkurseröffnung über das Vermögen des abwesenden Pfleglings IV 1655; — Aufsichtspflicht, Haftung II c 1875; — Beistand im Strafprozeß VI a 45; — Besitz III 27, 28, 72; — Bestallung des Pflegers IV 1411, 1669; — Haftung für Verschulden desselben II a 294, 297; — Honorar IV 1537; — Kollision von Rechtshandlungen des Pflegers und des Pflegebefohlenen IV 1640; — Sicherheitsleistung IV 1555; — Endigung seines Amts kraft Gesetzes IV 1602; — durch Entlassung IV 1605, 1606, 1607; — Unterpflegschaft bei Verhinderung des Pflegers IV 1639, 1647, 1671; — Sicherungshypothek auf Grundstücken desselben III 995; — siehe auch unter „Pflegschaft".

Pflegkindschaftsverhältnis VI b 601.

Pflegling: Begriff IV 1358.

Pflegschaft: Begriff, Arten IV 1638, 1639; — rechtliche Natur IV 1639; — Unterschied von der Vormundschaft IV 1362, 1638; — Form, Zeit der Bestellung IV 1408, 1669; — Vorbehalt der Entlassung IV 1409, 1669; — Wirkungen der Anordnung IV 1640; — Verfahren IV 1640; — Anwendung der Vorschriften über Vormundschaft IV 1668; — Aufsicht des Vormundschaftsgerichts IV 1542, 1670; — Berufung zur Pf. IV 1391, 1650, 1656, 1660, 1664, 1667, 1669, 1671, 1672; — Auswahl des Pflegers IV 1391, 1664, 1667, 1669; — Berufung bei der Pf. aus Anlaß des Ausschlusses der väterlichen Vermögensverwaltung durch Anordnung Dritter IV 1044; — Benennung des Pflegers durch einen Dritten IV 1672; — Unfähigkeitsgründe IV 1391, 1393, 1668; — Untauglichkeitsgründe IV 1393, 1394, 1397, 1399, 1668; — Pflicht zur Übernahme des Amts IV 1401, 1668; — Zwang zur Übernahme IV 1407, 1688; — Fortdauer des Amtes des nach bisherigem Rechte bestellten Pflegers VI c 573, 576; — Bestallung des Pflegers IV 1411, 1669; — Bestellung eines Gegenvormunds IV 1668, 1671.

— räumlich anzuwendendes Recht VI b 603, 607, 622; — über Ausländer im Inland VI b 98, 602, 607; — Geltung des deutschen Rechts VI b 610; — gesetzwidrige Anordnung

der Pfl. über Ausländer VI b 612; — Einfluß des Staatswechsels VI b 615; — Pfl. über *Deutsche im Ausland* VI b 619; — über Staatenlose, Doppelstaater VI b 621; — für unbekannte Beteiligte, unbekannte Nacherben, räumlich geltendes Recht VI b 622.

Pflegschaft: *Beendigungsgründe* IV 1640; — Beendigung durch Aufhebung IV 1646, 1651, 1657, 1661, 1664, 1668, 1675, 1676; — kraft Gesetzes IV 1646, 1651, 1657, 1660, 1664, 1668, 1674; — Beendigung des Amts durch Todeserklärung des Pflegers I 150; — Beendigung durch nach bisherigem Recht erfolgte Todeserklärung VI a 421; — Beendigung nach bisherigem Recht bestehender Pf. VI a 574; — Übergangsvorschrift VI a 573; — Einfluß der Anordnung der Pf. beim Mangel der Voraussetzungen hiefür IV 1372; — internationales Privatrecht IV 1367, 1642; — Umwandlung einer wegen Geistesschwäche nach bisherigem Recht bestehenden Vormundschaft in Pf. VI a 573, 575.

— *einzelne Arten*: Pf. über *Abwesende* IV 1651; — über Ausländer IV 1367, 1642, VI b 98, 602, 607; — befreite Pfl. IV 1672; — Pf. *für einzelne Angelegenheiten* IV 1642; — Untauglichkeit des unter Pf. Gestellten zum Amt eines Familienrats IV 1583; — eines Gegenvormunds IV 1412; — eines Pflegers IV 1649, 1669; — eines Vormunds IV 1393, 1620; — Entlassung hiewegen IV 1602; — Untauglichkeit des unter Pf. Gestellten zum Amt eines Testamentsvollstreckers V 645, 667, 719, 720; — siehe auch „*Nachlaßpflegschaft*"; — Pf. über den *Ehemann*: Gütergemeinschaftsaufhebungsklage IV 362; — Wiederherstellung der Nutznießungs- und Verwaltungsrechte nach Aufhebung der Pf. IV 377; — Klage bei Errungenschaftsgemeinschaft IV 557; — Wiederherstellung der Gemeinschaft IV 665, 666; — Vertretung des Ehemannes bei der Nutznießung und Verwaltung des eingebrachten Gutes IV 336; — Zurückbehaltung des Beitrags der Frau zum ehelichen Aufwand IV 385; — Pf. über *Gebrechliche* IV 1647; — Pf. über das *Kind*: Beschränkung der elterlichen Gewalt IV 981; — Entscheidung von Meinungsverschiedenheiten zwischen Pfleger und Vater IV 982; — Pf. über die *Leibesfrucht* IV 1658; — über den *Mündel*: Beschränkung des Vormunds IV 1419; — über *Sammelvermögen* IV 1664; — für unbekannte oder ungewisse Beteiligte IV 1661; — über den noch nicht erzeugten Nacherben V 518; — über den *Vater*: Ruhen der elterlichen Gewalt IV 1137; — Pf. bei Verhinderung eines Vormunds IV 1556, 1642; — Stellung des Gegenvormunds in diesem Falle IV 1430; — über Volljährige IV 1621, 1634, 1647; — vorläufige Pfl. IV 1645, 1650, 1671; — Pflegschaften auf Grund anderer gesetzlicher Bestimmungen IV 1641; — über einen nicht entmündigten Geisteskranken I 80.

Pflichtschenkung II b 339.

Pflichtteil V 893; — Höhe V 898, 900; — Beeinträchtigung durch Beschränkungen oder Beschwerungen des als Erben eingesetzten Pflichtteilsberechtigten V 908; — Beeinträchtigung durch Aufstellung eines Testamentsvollstreckers V 685, 908; — Zuwendung durch Vermächtnis V 914; — rechtliche Natur der Zuwendung V 496, 904; — rechtliche Natur der Verbindlichkeit des Belasteten als Nachlaßverbindlichkeit V 157, 159, 895, 902; — Auskunftpflicht des Erben, Verzeichnis des Nachlasses V 930; — Befriedigung im Falle Mangels an Masse zu einer Nachlaßverwaltung oder einem Nachlaßkonkurs V 260, 271; — Vertrag über einen Pf. an dem Nachlaß eines noch lebenden Dritten II a 417; — Abschluß von Rechtsgeschäften über einen künftigen Pflichtteil durch den Vater für das Kind IV 1057, 1061; — durch den Vormund IV 1482, 1490; — Verzicht auf den Pfl. durch den Vater IV 1657, 1062; — durch den Vormund IV 1482, 1491; — Verzicht der Frau auf den Pfl. IV 328, V 957; — bei allgem. Gütergemeinschaft IV 457; — bei Errungenschaftsgemeinschaft IV 619; — Verzicht des Vormundes, des Gewalthabers auf den Pfl. des Kindes V 957; — Erwerb des Pfl. als Vorbehaltsgut der Frau im gesetzlichen Güterstand IV 234; — als Vorbehaltsgut des überlebenden Ehegatten bei fortgesetzter Gütergemeinschaft IV 539; Erwerb eines Pfl. ist Vorbehaltsgut bei allgemeiner Gütergemeinschaft IV 428; — bei Errungenschaftsgemeinschaft IV 632; — Erwerb als eingebrachtes Gut eines Ehegatten bei *Fahrnisgemeinschaft* IV 679; — als Vorbehaltsgut der Frau IV 682; — Beschränkung des Unterhalts bei Recht auf Entziehung des Pfl. IV 928; — Verweigerung der Aussteuer hiewegen IV 962; — Vertrag über Pfl. aus dem Nachlaß eines noch lebenden Dritten V 896.

Pflichtteilsanspruch: Begriff V 955; — Entstehung V 902, 955; — im Falle eines gemeinschaftlichen Testaments des Verstorbenen V 818; — Aufwertung V 902; — des Abkömmlings bei Ausschluß der fortgesetzten Gütergemeinschaft IV 594; — Gerichtsstand V 956; — Vererblichkeit und Übertragbarkeit V 14, 902, 955; — Pfändung, Vorpfändung III 1491; — Beschränkung der Pfändbarkeit V 896, 956; — Inhalt V 900; — im Falle einer Zuwendung durch Vermächtnis V 914; — Verzinsung des Pflichtteilsbetrags V 957; — Ausschluß der Geltendmachung gegen den Testamentsvollstrecker V 650, 696, 698, 700; — Verjährung V 983; — Aufrechnung gegen denselben II a 767; — des Fiskus und anderer juristischer Personen am Nachlaß verpflegter oder unterstützter Personen VI a 367.

Pflichtteilsberechnung V 925; — Feststellung der Größe des Erbteils, mitzuzählende Personen V 923; — Feststellung des Bestandes und Wertes des Nachlasses V 925; — Wertberechnung eines zum Nachlaß gehörigen Landgutes V 925, 928; — Berechnung bei Schenkung an den Pflichtteilsberechtigten

selbst V 975; — Behandlung bedingter Rechte und Verbindlichkeiten, ungewisser und unsicherer Rechte und zweifelhafter Verbindlichkeiten V 925, 929; — Anrechnung von Zuwendungen unter Lebenden, Berechnungsart V 934; — Berechnung des Pfl. eines Abkömmlings beim Vorhandensein mehrerer ausgleichungspflichtiger Abkömmlinge V 941; — Anrechnung eines Vorausvermächtnisses V 589.

Pflichtteilsberechtigte V 894, 898; — Ausschluß der Eltern und entfernterer Abkömmlinge durch einen pflichtteilsberechtigten Abkömmling V 917; — Rechte des Pfl. bei Zuwendung eines Vermächtnisses V 914; — Anfechtung der Ausschlagung der Erbschaft oder des Vermächtnisses wegen Irrtum V 916; — Anfechtung einer letztwilligen Verfügung wegen Übergehung V 477, 483; — Anfechtungsberechtigter V 485; — Anfechtung des Erbvertrags V 849; — Verlust des Anfechtungsrechts V 855; — Antragsrecht auf Setzung einer Inventarfrist V 278; — Ausschlagung eines Vermächtnisses V 915, 962; — Anfechtung der Ausschlagung der Erbschaft des Vermächtnisses V 918; — Erbunwürdigkeit V 999, 1008; — Recht auf Auskunftserteilung über den Nachlaß und Verzeichnis desselben V 930; — kein Recht auf Vollziehung der Auflage V 640; — Schadensersatzanspruch gegen den Erben wegen unterlassenen Antrages auf Nachlaßkonkurs V 232; — Verhältnis zu anderen Pflichtteilsberechtigten V 958, 960.

Pflichtteilsbeschränkung in guter Absicht V 992, 993; — nach Abschluß eines Erbvertrages V 863, 865.

Pflichtteilsentziehung gegenüber Abkömmlingen V 986, 990; — gegenüber Eltern V 986, 992; — gegenüber dem Ehegatten V 986, 992; — Form und Voraussetzungen der Wirksamkeit V 987, 989; — Einfluß der Verzeihung des Entziehungsgrundes V 987, 988; — Rücktritt vom Erbvertrag wegen zur Pfl. berechtigender Verfehlungen des Bedachten V 875.

Pflichtteilsergänzung wegen zu geringer Zuwendung V 906; — wegen Schenkungen an Dritte V 965, 968; — Voraussetzungen des Anspruchs auf Ergänzung, Wertberechnung der Schenkung V 968; — Anspruchsberechtigter und Verpflichteter V 971; — Inhalt und Gegenstand des Anspruchs V 972; — Beweislast V 973; — Anspruch bei Hinterlassung der Hälfte des gesetzlichen Erbteils und mehr als der Hälfte V 974; — Anrechnung von Schenkungen an den Pflichtteilsberechtigten selbst V 975; — Verweigerung der Ergänzung durch den selbst Pflichtteilsberechtigten belasteten Erben V 978; — Herausgabeanspruch gegen den Beschenkten V 978, 979; — Verjährung desselben V 983; — ausgenommene Schenkungen V 981; — Zuwendungen aus dem Gesamtgut einer Gütergemeinschaft V 982; — räumlich geltendes Recht VI b 652, 662.

Pflichtteilslast: Belasteter V 958; — Verteilung auf den Erben, Vermächtnisnehmer und Empfänger einer Auflage V 957, 961, 962; — Verteilung bei Mehrheit von Erben, die selbst zum Teil pflichtteilsberechtigt sind V 960; — Haftung des an Stelle des Pflichtteilsberechtigten Getretenen V 961, 962; — Pfl. im Falle Ausschlagung eines Vermächtnisses durch den Pflichtteilsberechtigten V 962; — Kürzung der Beschwerungen einer von Pflichtteilsberechtigten ausgeschlagenen Erbschaft oder eines Vermächtnisses durch den an seine Stelle Getretenen V 964; — Regelung der Pflichtteilslast durch den Erblasser V 965.

Pflichtteilsrecht: rechtliche Natur, als Nachlaßverbindlichkeit V 157, 159, 894, 900, 907; — Begriff V 900; — Voraussetzungen V 894, 898, 899, 907; — Ausschluß nach Erbverzicht V 1013, 1015; — Beschränkung des Erbverzichts auf den Pflichtteil V 896, 1013, 1016, 1022; — Beschränkung der Rechte des Testamentsvollstreckers durch das Pfl. V 685; — Entziehung in guter Absicht VI a 586; — Verzicht auf dasselbe V 896, 1013, 1016, 1023; — Pf. der Abkömmlinge und des überlebenden Ehegatten bei fortgesetzter Gütergemeinschaft IV 529; — des angenommenen Kindes IV 1331, 1336; — kein Pf. des Annehmenden IV 1336; — der Ehegatten VI a 540; — nach Aufhebung der ehelichen Gemeinschaft IV 828; — Ausschluß von Pfl. des Ehegatten bei Nichtigkeit der Ehe IV 145; — des für ehelich erklärten Kindes IV 1294; — des legitimierten Kindes IV 1271; — des unehelichen Kindes und seiner Abkömmlinge IV 1200; — Geltung gegenüber altrechtlichen Testamenten und Erbverträgen VI a 585; — Außerachtlassung in ritterschaftlichen Familien VI a 595; — räumlich geltendes Recht V 897, VI b 633, 644, 652, 661, 722, 736; — Deutscher gegen den Nachlaß eines Ausländers VI b 690, 710, 712, 714; — zeitlich geltendes Recht V 897; — Befreiung von der Anmeldung im Aufgebot der Nachlaßgläubiger V 189; — Verhältnis zu den im Aufgebotsverfahren ausgeschlossenen Nachlaßgläubigern V 190; — zu den durch fünfjährige Nichtgeltendmachung ihrer Forderung ausgeschlossenen V 201, 203; — Pfl. am Nachlaß verpflegter, unterstützter Personen V 33.

Pflichtteilsverletzung von Beamten II c 1922; — grobe, des Testamentsvollstreckers V 719, 722; — des Vormunds, des Gegenvormunds, Haftung IV 1524; — von Gemeindewaisenräten IV 1565; — des Vormundschaftsrichters in Angelegenheiten der elterlichen Gewalt IV 1132; — in Vormundschaftssachen IV 1559; — durch Genehmigung eines Abfindungsvertrags IV 1238.

Pflichtwidrigkeiten des Gesellschafters II c 1257; — Kündigungsgrund II c 1291; — des Vormunds: Anzeigepflicht des Gegenvormunds IV 1429; — des Gemeindewaisenrat IV 1563; — Einschreiten des Vormundschaftsgerichts IV 1538; — Entlassungsgrund IV 1602; — des Gegenvormunds IV 1538; — eines Vorstandsmitgliedes I 200, 204.

Pfründe: juristische Persönlichkeit I 335.

Pfründerecht III 828, VI a 194, 203.
Photographie: Wirkung der Eigentumsübertragung III 439.
Physische Gewalt: Einfluß auf Willenserklärungen I 459.
Pläne: Vergütung beim Werkvertrag II c 951.
Planke zwischen zwei Grundstücken: Benutzung III 372, 381
Plätze: Verkehrsfähigkeit I 345.
Platzkarten in der Eisenbahn II c 931.
Plazierungsbureau II c 1060.
Polen: über die Eheschließung geltendes internationales Privatrecht VI b 254; — Ehescheidung polnischer Juden VI b 434, 436; — keine ausschließliche Zuständigkeit polnischer Gerichte in Ehescheidungssachen VI b 397; — hinsichtlich der Form von Grundstücksgeschäften geltendes Recht VI b 190; — internationales Erbrecht VI b 629, 658, 668, 670, 708, 720; — interlokales Privatrecht VI b 30; — Retorsionsrecht VI b 838; — Rück- und Weiterverweisung VI b 751, 755; — Verhältnis zwischen Sach- und Vermögensstatut (Konfliktsklausel) VI b 770; — über die uneheliche Vaterschaft geltendes internationales Privatrecht VI b 537, 539; — polnisches Valutagesetz VI b 833; — Rechtshilfevertrag IV 1366; — Überleitung der Rechtspflege IV 1367; — deutsch-polnisches Vormundschaftsabkommen VI b 626.
Policen: rechtliche Natur II c 1645.
Politische Vereine I 184, 285; — keine Entziehung der Rechtsfähigkeit I 241, 242.
Polizeibehörde: Anzeige des Fundes an die P. III 548, 553; — Anzeige der Versteigerung III 555; — Ablieferung an die P. III 556; — Versteigerungsbefugnis der P. III 564; — Herausgabe des Fundes an den Empfangsberechtigten III 565.
Polizeidirektion: Einspruchsrecht gegen Eintragung eines Vereins I 283, 290; — Entscheidung über Entziehung der Rechtsfähigkeit eines Vereins I 244.
Polizeigesetze, Polizeiverordnungen: Eigentumsbeschränkungen durch P. III 295.
Pommersche Landschaft: Verfahren bei Löschung von Pfandbriefen VI a 435, 436.
Portierwohnung II b 786.
Portofreiheit für Schreiben von Vormündern IV 1533.
Portugal: Handelsabkommen (Grunderwerb) VI a 227.
Positive Vertragsverletzungen II a 26, 249, 273, 283, 475, 481, 610; — Rechte des Gläubigers bei schuldhafter Gefährdung des Vertragszweckes II a 497; — Verjährung der Forderungen aus denselben II a 283; — p. V. beim Kaufvertrag II b 120; — beim Viehkauf II b 228; — beim Gesellschaftsvertrag II c 1220, 1243.
Possessorium ordinarium, summarissimum III 48.
Post: Aufgabe der zu hinterlegenden Sache zur P. II a 712; — Anspruch des Adressaten auf Aushändigung einer Postsendung II a 547; — Verjährung ihrer Forderungen I 785; — Zahlungen durch die P. II a 218.
Postanweisung: rechtliche Natur II c 1575; — Anspruch des Adressaten auf Aushändigung II c 1576; — ungerechtfertigte Bereicherung bei Zahlung durch P. II c 1672.
Postbeamte, Amtspflichtverletzungen II c 1929.
Posteinlieferungsschein: Beweiskraft für Geldzahlung II a 329.
Postscheck II c 1574; — Zahlung mit P. II a 662; — Unabtretbarkeit des Postscheckguthabens II a 787.
Postschein als Quittung II a 693.
Postschließfächer II b 391, 591, III 61.
Postsendungen: Anspruch des Empfängers II a 547; — Eigentumserwerb III 444; — mit unauffindbaren Adressaten: Verfahren damit III 573; — an Verstorbenen V 16.
Potestativbedingung I 652.
Prähistorische Funde III 576.
Präklusivfrist I 753, 763; — zeitlich geltendes Recht VI a 442.
Prälegat V 587.
Prämie bei Zeitkäufen II a 637; — für Dienstverpflichtete II b 788.
Prämienpapiere: Nießbrauch daran III 881.
Pränumerationskauf II b 35.
Präsentationsregister III 222.
Praestare II a 24.
Praesumtio Muciana IV 211; — räumlich VI b 284, 365; — zeitlich geltendes Recht VI a 536.
Praxis: Verkauf einer anwaltschaftlichen, ärztlichen II b 26.
Preis siehe „Kaufpreis".
Preisausschreiben II c 1075.
Preisgabe von Sachen III 34; — von Grundstücken bei Annahmeverzug des Gläubigers II a 385; — keine P. einer geschuldeten beweglichen Sache II a 385, 700.
Preislisten: Bedeutung der Übersendung I 616; — Vertragsbedingungen in P. II b 18.
Preisminderung während des Verzugs II a 355; — der durch unerlaubte Handlung entzogenen Sache II c 1989; — siehe auch „Minderung".
Preistreiberei I 560, II b 20, 28.
Prekarium II b 637.
Presse: Wahrnehmung berechtigter Interessen II c 1810.
Preußen: Adelserwerb durch Legitimation IV 1268; — Ausführungsgesetze zum BGB. VI a 98; — Anlegung von Mündelgeld in Hypotheken usw. IV 1445; — bei Sparkassen IV 1450; — in Wertpapieren IV 1452; — bei Privatbanken IV 1456; — bei Hinterlegungsstellen IV 1457; — Anzeige von Todesfällen V 132; — Beamtenrecht VI a 196, 206; — Haftung aus Amtspflichtverletzungen Beamter VI a 186, 189; — Hinterlegungsstellen IV 1471; — Aufnahme des Verzeichnisses des Kindervermögens IV 1052; — Auseinandersetzung der Gütergemeinschaft IV 504; — Befreiung von Ehehindernissen, vom Aufgebot IV 87; — Bestimmung des zuständigen Standesbeamten IV 83; — Beurkundung des Vater-

schaftsanerkenntnisses IV 1263; — dienstliche Bewilligung zur Übernahme einer Vormundschaft IV 1398; — Eheliches Güterrecht IV 217; — Ehelichkeitserklärung IV 1279; — elterliche Gewalt IV 978; — Ermittelung des Ertragswertes eines Landguts IV 606; — öffentliche Fürsorge IV 899; — Gemeindewaisenrat IV 1565, 1567; — Genehmigung der Emission von Schuldverschreibungen II c 1615; — Gesinderecht VI a 242, 244; — Grundbuchrecht III 88, 89, 90; — Güterrechtsregister IV 689; — Haftung des Staats und öffentlicher Verbände aus Amtspflichtverletzungen Beamter II c 1952; — Hinterlegungsordnung IV 296; — Nachlaßauseinandersetzung V 391; — Namenserteilung an das uneheliche Kind der Ehefrau IV 1205; — religiöse Kindererziehung IV 1001, VI a 338; — religiöse Erziehung unehelicher Kinder IV 1212; — Schutz des gutgläubigen Dritten bei Änderung des Güterstandes von Eheleuten IV 413; — Sicherung des Nachlasses V 128, 132, 133; — Staatsschuldbuch IV 299; — Verehelichung von Ausländern IV 68; — von Beamten IV 65; — Verwahrung der Testamente V 778; — landesherrliches und standesherrliches Vormundschaftsrecht IV 1367; — Zeugnis über Fortsetzung der Gütergemeinschaft IV 589; — Zuständigkeit für die öffentliche Beurkundung I 535; — für Beglaubigung von Unterschriften I 537; — Zuständigkeit für die Befreiung von den Erfordernissen der Annahme an Kindes Statt IV 1312; — Zuständigkeit in Nachlaßsachen V 100; — für die Verrichtungen bei Erklärung über den Namen der geschiedenen Frau IV 789; — Zuständigkeit zur Errichtung und Eröffnung letztwilliger Verfügungen V 728, 736; — zur Errichtung von Dorftestamenten V 782; — Zuständigkeit zur Aufnahme des Nachlaßinventars V 289; — Form der Errichtung V 290; — Zuständigkeit des Gerichtsschreibers in Vormundschaftssachen IV 1359; — Verleihung der Rechtsfähigkeit an Vereine I 190; — Entziehung der Rechtsfähigkeit I 244; — Zuständigkeit im Einspruchsverfahren in Vereinssachen I 283, 290; — Stiftungen I 307; — Erwerbsbeschränkungen I 310; — Stiftungsaufsicht I 311; — Zuständigkeit zur Änderung und Aufhebung von Stiftungen I 329; — Zwangsvollstreckung in Grundstücke III 91.

Prioritäten: Inhaberpapiere II c 1603.

Prioritätsprinzip im Grundbuchrecht III 95.

Privatbank: Anlegung von Kindergeld IV 1055; — von Mündelgeld IV 1455, 1458, 1460.

Privatbeamte: ordentliche Kündigung des Dienstverhältnisses II b 888; — außerordentliche II b 907; — Vergütung bei letzterer II b 909; — Haftung aus Pflichtverletzungen II c 1929; — Verjährung ihrer Ansprüche I 779, 786.

Privatdozent: Beamter II c 1929.

Privatflüsse: Rechtsverhältnisse der Anlieger III 381.

Privatfürstenrecht: Eheschließung IV 33; — Aufgebot IV 75; — Ehemündigkeit IV 39; — Ehescheidung IV 715; — Vorbehalte bezüglich familienrechtlicher Bestimmungen IV 3.

Privatklage der Frau im gesetzlichen Güterstand IV 280; — bei Errungenschaftsgemeinschaft IV 636; — Erhebung für das minderjährige Kind IV 996; — für das uneheliche Kind IV 1211.

Privatlehrer: Verjährung ihrer Ansprüche I 780, 786.

Privatorische Klausel bei letztwilligen Verfügungen V 470.

Privatpfändungsrecht I 838, III 16, 1381, VIa 227, 228.

Privatrecht, Abgrenzung von öffentlichem Recht VI a 110.

Privatrechtliche Lasten: auf dem eingebrachten Gute lastende, beim gesetzlichen Güterstand IV 275; — bei Errungenschaftsgemeinschaft IV 635; — auf dem Kindervermögen lastende IV 1083.

Privatrechtliche Vorschriften der Landesgesetze: Aufhebung VI a 92, 109.

Privatscheidung VI b 437.

Privatsekretäre: Verjährung ihrer Ansprüche I 786.

Privatstiftungen I 308.

Privattestament V 735; — siehe auch „eigenhändiges T.".

Privilegien der Juristischen Personen I 159; — vermögensrechtliche, der Kirche, kirchlichen Institute VI a 97; — der Militärpersonen VI a 97; — der Pfandleiher und Pfandleihanstalten VI a 236.

Probe: Kauf auf P. II b 249, 255; — Frist für die Billigung II b 249; — Kosten der Zurückgabe der Ware II b 260; — nach P. II b 249, 250; — zur P. II b 250.

Probeanstellung II b 885.

Proben: Bedeutung der Übersendung I 616.

Pro herede gestio V 87.

Prodigium I 50.

Produktionsprinzip III 522.

Produktivgenossenschaften I 182.

Prokura: Erteilung durch den Vater für das Kind IV 1057, 1062; — durch den Vormund für den Mündel IV 1483, 1497; — Erteilung durch den Testamentsvollstrecker V 683, 709; — Einfluß von Willensmängeln I 697; — Tod des Inhabers des Handelsgeschäfts V 19.

Promessengeschäft II c 1455.

Prospekte über Ausgabe von Inhaberverschreibungen II c 1610.

Protestation gegen eine Willensauslegung I 454.

Protestationen des bayr. Rechts VI a 492.

Protokoll über Errichtung eines Erbvertrages V 840; — über Testamentseröffnung V 798, 803; — über Eröffnung eines gemeinschaftlichen Testaments V 834; — über Testamentserrichtung, Abfassung in deutscher Sprache V 762, 763; — Inhalt, Verlesung, Genehmigung, Unterzeichnung V 762, 763; — Besonderheit, wenn der Erblasser stumm oder sonst

am Sprechen verhindert ist V 772; — wenn er der deutschen Sprache nicht mächtig ist V 773; — Versiegelung des P. V 777; — P. über das Nottestament V 780; — P. über das mündliche Testament an einem gesperrten Orte V 783.

Protokollführer bei Zwangsverkäufen, Verbot des Bietens II b 113; — Wirkung der Nichtbeachtung II b 115.

Provinzialverbände: Haftung für Pflichtverletzungen Beamter VI a 184.

Provision für Dienstverpflichtete II b 789.

Proxeneta, proxeneticum II c 1028.

Prozeßbevollmächtigte: Entgegennahme der Anfechtung von Rechtsgeschäften I 598; — Befugnis zur Aufrechnung und zur Entgegennahme derselben II a 749.

Prozeßfähigkeit: des Ausländers VI b 85; — Einfluß der Anordnung einer Pflegschaft IV 1640; — Einfluß zu unrecht erfolgter Anordnung einer Vormundschaft oder Pflegschaft IV 1373; — P. des unter elterlicher Gewalt stehenden Kindes IV 975; — des Minderjährigen in bezug auf Dienst- und Arbeitsverträge I 447; — in Ansehung eines Erwerbsgeschäfts I 443; — der Ehefrau IV 158; — im gesetzlichen Güterstand IV 312; — bei allgemeiner Gütergemeinschaft IV 435, 437; — P. des nicht rechtsfähigen Vereins I 261.

Prozeßführung: rechtliche Natur I 417; — P. über bedingte Rechte I 669; — ohne Auftrag II c 1126; — für die Gesellschaft, Stellung der Gesellschafter im Prozeß II c 1268; — über Gesamtgut der allgemeinen Gütergemeinschaft IV 433, 436; — über Gesamtgutsgrundstücke IV 444; — P. des Mannes über eingebrachtes Gut der Frau im gesetzlichen Güterstand IV 261; — bei Errungenschaftsgemeinschaft IV 619, 629; — durch den Gewalthaber für das Kind IV 1063; — P. für den Mündel IV 1466, 1501; — für das uneheliche Kind IV 1211; — während einer Nachlaßverwaltung V 215, 242; — über das Erbrecht bei Vorhandensein eines Testamentsvollstreckers V 649, 661, 702; — zwischen Erben und dem Testamentsvollstrecker über Ausführung letztwilliger Verfügungen V 674; — in bezug auf den Nachlaß beim Vorhandensein eines Testamentsvollstreckers V 696; — P. des Vorerben V 537.

Prozeßhandlungen: rechtliche Natur I 401.

Prozeßkosten siehe „Kosten".

Prozeßvergleich II c 1528, 1543; — Form VI a 33; — Ersatz für gerichtliche oder notarielle Beurkundung I 534; — Anfechtung II c 1544; — Klage auf die Vergleichsleistung II c 1544; — Zwangsvollstreckung, insbesondere aus Ratenvergleich II c 1538; — Ausschluß der Auflassung in einem P. III 402, VI a 378; — P. über Eigentumsübertragung an Grundstücken II a 427, 434, III 398; — Abschluß durch den Vormund IV 1498; — über Erbverzicht V 1018; — siehe auch „Vergleich".

Prozeßzinsen II a 361.

Prüfungspflicht des Grundbuchamts III 93, 120.

Pseudonym: Bedeutung, Schutz I 107, 110; — Gebrauch als Namensunterschrift I 530; — Schutz I 122; — Führung durch eine Ehefrau I 111, IV 179; — Ausschluß des Gebrauchs bei Testamentserrichtung V 742.

Publizitätsprinzip des Grundbuchrechts III 95, 219.

Punktationen I 522, 607, 608, 637.

Pupillarsubstition V 448, 510.

Purgatio morae beim Schuldnerverzug II a 329, 339; — beim Gläubigerverzug II a 370.

Putativehe: Ehehindernis IV 50; — rechtliche Stellung der Ehegatten IV 143; — der Kinder IV 1182; — Erbrecht der Kinder aus einer P. V 32.

Putativerbe: Ausschluß der Ersitzung gegenüber dem wirklichen Erben V 337.

Putative Selbsthilfe I 854.

Putativnotstand I 849.

Putativnotwehr I 845.

Pyrmont: Vereinigung mit Preußen I 39, VI a 109.

Q.

Qualifikation: Begriff VI b 15; — der Annahme an Kindes Statt VI b 588; — der persönlichen Rechtsbeziehungen der Ehegatten VI b 281; — des ehelichen Güterrechts VI b 338; — der Wirkungen der Scheidung VI b 429; — des Erbrechts VI b 651; — Q. des Formbegriffs VI b 174; — der Geschäftsfähigkeit VI b 64; — des Rechtsverhältnisses zwischen Eltern und Kindern VI b 471; — der Legitimation durch nachfolgende Ehe VI b 561; — der Quasidelikte VI b 225; — des Rechtsverhältnisses zwischen Mutter und unehelichem Kind VI b 493; — des Rechtsverhältnisses der unehelichen Mutter zum Vater des Kindes VI b 527; — Q. der unerlaubten Handlung VI b 208; — des Begriffs Verfügung VI b 191.

Qualifizierte Legitimationspapiere II c 1597, 1644; — Eigentum daran III 519; — Verpfändung III 1520; — keine Hinterlegungspflicht von qu. L. des Mündels IV 1470; — Kraftloserklärung vor dem 1. Januar 1900 ausgegebener VI a 473, 474; — Kraftloserklärung nach Landesrecht VI a 258.

Quantitätsmängel als Gattungsmängel II a 91.

Quantitätssachen I 353.

Quart der armen Witwe, quarta divi Pii V 35, 895; — falzidische V 580.

Quartierleistung: Last des Mieters oder Vermieters II b 454.

Quasidelikte II c 1747; — anzuwendendes Recht VI b 224; — Qualifikation VI b 225; — Haftung Deutscher für im Ausland begangene Q. VI b 228.

Quasidesertion IV 729, 730.

Quasinegatorische Klage bei Eingriff in geschützte Rechtsgüter III 620.

Quasipupillarsubstitution V 448.

Quellen: Eigentum, Enteignung III 306, 307.

Querulanten I 72.

Qui tacet, consentire videtur I 620.
Quittung: Begriff, rechtliche Natur, Form, Inhalt II a 690; — Anspruch des Schuldners auf dieselbe II a 690, 692; — Kosten II a 693; — Recht des Überbringers zur Empfangnahme der Leistung II a 694; — Beweiskraft II a 693; — Qu. als Erlaß oder Schuldanerkennungsvertrag II a 692, 784; — Vorausquittung II a 692; — Erteilung an den Vormund IV 1608; — durch den Vormund für den Mündel IV 1466; — des Testamentsvollstreckers über Zahlung einer eigenen zum Nachlaß gehörigen Schuld V 686.
Quotennießbrauch III 873.

R.

Radfahrer: Haftung II c 1789.
Radizierte Gewerberechte VI a 179.
Rain: Benutzungsrecht der Anlieger III 372, 381.
Randvermerk im Heiratsregister VI a 78; — über Nichtigkeit, Nichtbestehen usw. einer Ehe im Personenstandsregister IV 32; — über Eheauflösung IV 715; — über Wiederherstellung der ehelichen Gemeinschaft IV 836; — am Protokoll über Testamentserrichtung V 765.
Rang im Grundbuch eingetragener Rechte III 137; — Prioritätsprinzip III 95; — Verhältnis der Vorschriften des BGB. zu denen des ZVG. III 138; — von Rechten an Grundstücksrechten III 145; — Änderung des R. III 132, 146; — Einräumung des Gleichrangs III 148; — Sicherung der Änderung des Ranges durch Vormerkung III 165, 174; — R. vorgemerkter Rechte III 166, 186; — durch dreißigjährige Eintragung erworbener Rechte an Grundstücken III 280; — R. des Erbbaurechts III 661, 705; — des Erbbauzinses III 700; — der Entschädigungsforderung für Erlöschen des Erbbaurechts III 757; — R. des Pfandrechts III 1402, 1403; — Einfluß des Ranges auf das Verkaufsrecht III 1431; — R. des Pfandrechts an Rechten III 1484; — von gesetzlichen und vertragsmäßigen Pfandrechten III 1467; — von Pfandrechten an einer Forderung, Einfluß auf die Einziehungsbefugnis III 1516; — der Rente für Überbau III 350; — der Schiffspfandrechte III 1474; — von Teilhypotheken III 1158; — der Teilhypotheken bei teilweisem Übergang der Hypothek auf den Eigentümer III 1261; — Rang bisheriger Rechte VI a 493, 515, 521; — Rangänderung von Anlegung des Grundbuchs VI a 504; — R. der dinglichen Sicherung von Meliorationsdarlehen VI a 304.
Rangänderung im Grundbuch eingetragener Rechte III 132, 146; — Bedeutung bei der Zwangsversteigerung III 152.
Rangeinräumungsverzicht III 1226, 1275.
Rangoffenbelassung III 1204.
Rangordnung: Bestimmung der R. von Vermächtnissen und Auflagen durch den Erblasser für den Fall ihrer Kürzung V 632; — der Unterhaltsbedürftigen IV 922; — der Unterhaltspflichtigen IV 914.
Rangprivilegien III 143, 144.
Rangrücktritt von Hypotheken, Grundschulden, Rentenschulden III 146; — der Hypothek: Befreiung des persönlichen Schuldners bei R. III 1233; — vor einem erst einzutragenden Recht III 147.
Rangvorbehalt III 156; — rechtliche Natur III 159; — Zweck III 157; — Erfordernis der Einigung und Eintragung III 158; — Bedingung, Befristung III 160; — Ausübung III 161; — Ausschluß der Übertragung, Pfändung des nicht ausgenützten Vorbehalts III 160; — Vorbehalt des Gleichrangs III 159; — Stellung der Zwischengläubiger III 156, 162; — Erlöschen und Aufhebung III 164; — nach bayr. R. III 1225; — R. für den Grundstückseigentümer nach Aufwertungsgesetz III 976, 1225.
Rasse: Zusicherung von Rassezugehörigkeit eines Tieres II b 228.
Rasseeigentümlichkeiten des Kindes als Beweismittel für Unehelichkeit IV 860.
Rasuren im eigenen Testament V 740.
Ratenvergleich II c 1538.
Ratenzahlung: Übernahme der Verpflichtung für den Mündel IV 1494; — siehe auch „Teilleistung".
Raterteilung: rechtliche Natur II c 933; — Haftung aus R. II c 1117; — von Beamten II c 1935; — Verjährung der Ansprüche II b 1124.
Ratihabition I 592.
Raubbau: Fruchteigenschaft des Gewinns I 386.
Rauch: Zuführung auf fremde Grundstücke III 308, 325; — Störung des Mieters durch R. vom Nachbargrundstück II b 415.
Räude der Schafe: Gewährleistung II b 230.
Raufhandel: Schadensersatzpflicht aus Verletzungen im R. II c 1853.
Raum über der Oberfläche: Eigentum daran III 300.
Räume: Besitzesschutz III 58; — für Dienstboten, Beschaffenheit II b 843; — Miete von R. II b 589; — Kündigung wegen Gesundheitsschädlichkeit des gemieteten R. II b 447.
Räumliche Geltung des Bürgerlichen Gesetzbuches VI a 7; — der Vorschriften über Eingehung der Ehe IV 37; — über Form der Eheschließung IV 78; — der Vorschriften über Nichtigkeit, Anfechtbarkeit der Ehe IV 99; — der Vorschriften über Wiederverheiratung im Falle der Todeserklärung IV 152; — des ehelichen Güterrechts IV 216; — der Vorschriften über Rechtsbeziehungen der Ehegatten IV 163; — über den Unterhalt IV 206; — der Vorschriften über Schlüsselgewalt IV 192; — über Erwerbsgeschäft der Frau im gesetzlichen Güterstand IV 328; — über Wirkung des Ausschlusses der Verwaltung, Nutznießung des Mannes IV 412; — über Ehescheidung IV 716; — über elterliche Gewalt IV 978; — s. auch unter „Internationales Privatrecht, Statutenkollision."

Räumliche Grenzen des Eigentums III 300, 301.
Räumliches Gebiet des Deutschen Reichs VI a 7.
Räumung des Mietgegenstandes II a 942, II b 490, 493.
Räumungsfristen für Mietgegenstände II b 343, 492, VI a 234; — für Nichtwohnräume II a 949, II b 344; — im Mieterschutzrecht II b 359.
Räumungsklage: II b 493.
Rayongesetz: Änderung durch das EG. VI a 91; — Rechte Dritter an der Entschädigung für Beschränkungen des Grundeigentums VI a 88.
Realgemeinden: Landesrecht VI a 429, 431.
Realgewerbeberechtigungen: Landesrecht VI a 177, 178.
Realisierungsfrist beim Pfandverkauf III 1435.
Realkauf II b 13, 35.
Reallasten: Verhältnis der reichsrechtlichen zur landesgesetzlichen Regelung III 937; — wirtschaftliche Bedeutung III 939; — Begriff III 941; — Gegenstand des Rechtes III 942; — Einzelfälle III 944, 945; — Miteigentumsanteile als Gegenstand III 949; — Unterschied von der Rentenschuld III 1372; — Inhalt III 942; — Entstehung III 946; — Vormerkung des Anspruchs auf Einräumung III 174; — Berechtigter III 942; — Untrennbarkeit der subjektiv-dinglichen R. vom Grundstück III 955; — Vererblichkeit, Übertragbarkeit III 955, 956; — Ausschluß der nachträglichen Verbindung mit einem Grundstück III 955; — Nießbrauch daran III 880, 884; — Abtretung von Reallastleistungen III 951; — Rechtsmittel des Berechtigten III 948; — Haftung für die Einzelleistungen III 949; — persönliche Haftung des Eigentümers III 951; — bei Teilung des belasteten Grundstücks III 951, 952; — Einfluß der Teilung des berechtigten Grundstücks III 953; — Tragung beim Nießbrauch am belasteten Objekt III 854; — Verjährung der Einzelleistungen III 950; — Behandlung bei der Zwangsversteigerung III 939; — Aufwertung der R. III 940; — Erlöschen III 947; — Ausschließung des Berechtigten im Aufgebotsverfahren III 956; — Zustimmung des Realgläubigers des herrschenden Grundstücks zur Aufhebung III 128; — Höchstbetrag des Ersatzes im Falle der Zwangsversteigerung des belasteten Grundstücks III 164; — Verjährung von Rückständen I 789; — Verteilung auf sukzessiv Verpflichtete I 393, 394.
— lastenfreie Abschreibung eines Teiles des belasteten Grundstücks VI a 311; — Teilung eines für den Staat oder eine öffentliche Anstalt belasteten Grundstücks VI a 315; — landesgesetzliche Beschränkung hinsichtlich der Belastung VI a 298, 302; — Ablösung, Umwandlung und Einschränkung VI a 287, 289; — Recht des Berechtigten an der Entschädigungssumme bei Zwangsenteignung des belasteten Grundstücks VI a 88; — bei Beschädigung durch Bergbau VI a 157; — Rechte des Berechtigten bei Wiederherstellung eines zerstörten Gebäudes an anderer Stelle VI a 282; — Ablösungsrenten des Staats und öffentlicher Anstalten VI a 296; — auf Inhalt und Rang anzuwendendes Recht VI a 491; — Nießbrauch III 884; — R. des öffentlichen Rechts III 945; — Übergangsbestimmungen III 939; — auf dem eingebrachten Gut der Frau lastende IV 276; — des Mündels: Verfügungsrecht des Vormunds IV 1465, 1486; — eingebrachtes Gut bei Fahrnisgemeinschaft IV 677; — Haftung für Freiheit des vermachten Grundstücks von R. V 604, 624.
Reallasten am Erbbaurecht: Zulässigkeit III 710; — Erfordernis der Zustimmung des Grundstückseigentümers zur Bestellung III 691, 692; — Ersetzung der Zustimmung III 691, 694; — Voraussetzung der Eintragung III 729; — Einfluß des Heimfalles des Erbbaurechts III 770; — Übernahme von Rückständen durch den Grundstückseigentümer III 770, 772; — Rechte des Reallastgläubigers an der Entschädigungsforderung nach Erlöschen des Erbbaurechts III 759; — Wiederaufleben nach Erneuerung des Erbbaurechts III 763, 767.
Realoblation II a 370.
Realrechte VI a 177.
Realteilung der Gemeinschaft II c 1421.
Realverbände III 906.
Reblausgesetz: Rechte Dritter an der Entschädigung für Entziehung usw. von Sachen VI a 87.
Receptum nautarum, cauponum, stabulariorum II c 1176.
Rechenschaftsablegung, Rechnungsstellung: Inhalt der Verpflichtung II a 180; — Abtretbarkeit des Anspruchs auf R. II a 788; — Übergang mit dem Hauptanspruch II a 813; — R. des Beauftragten II c 1092; — des Ehemanns über die Verwaltung des eingebrachten Gutes IV 370; — bei der Errungenschaftsgemeinschaft IV 664; — des Erben gegenüber dem Nachlaßverwalter V 244; — gegenüber dem Testamentsvollstrecker V 682; — R. aus der Geschäftsbesorgung beim Dienst- oder Werkvertrag II c 1116; — R. des Geschäftsführers ohne Auftrag II c 1137; — des geschäftsführenden Gesellschafters II c 1260, 1288; — R. gegenüber einem ausgeschiedenen Gesellschafter II c 1359; — bei Patentverletzung II c 1148; — R. des Gewalthabers auf Anordnung des Vormundschaftsgerichts IV 1118; — bei Beendigung der Vermögensverwaltung IV 1146; — des Nachlaßpflegers V 139; — des Pfandgläubigers beim Nutzungspfand III 1410; — des Pflegers IV 1670; — des Testamentsvollstreckers V 709; — der Vereinsliquidatoren I 258; — des Vorerben V 561, 563; — Befreiung desselben von der Verpflichtung V 566, 567.
— des Vormunds: rechtliche Natur, Zeit der R. IV 1546, 1547; — Inhalt der Rechnung IV 1548; — Verrechnung von Aufwendungen des Vormunds IV 1532; — Prüfung durch den Gegenvormund IV 1549, 1550; — durch das Vormundschaftsgericht IV 1550; — nach Beendigung des Amts: Pflicht hiezu IV 1607;

— Prüfung durch den Gegenvormund IV 1610; — Einreichung, Prüfung durch das Vormundschaftsgericht IV 1611; — Erzwingung der Schlußrechnung IV 1611; — R. bei befreiter Vormundschaft IV 1569; — R. des Vaters und der Mutter als Vormund eines Volljährigen IV 1627; — R. vor Annahme des Mündels an Kindes Statt IV 1323.

Rechnungsabschluß bei der Gesellschaft II c 1288.

Rechnungsauszug: Anerkennung II c 1568.

Rechnungssteller, öffentlich bestellte: Verjährung ihrer Ansprüche I 787.

Recht: Gegenstand des Sachenrechts III 1, 3.
— **am eigenen Bilde** II c 1779.

Rechte: Begriff, keine Sachen I 352.
— Anmaßung v. R. an der Mietsache, Anzeigepflicht des Mieters II b 450; — Belastung der Mietsache mit R. Dritter vor der Überlassung an den Mieter II b 586; — nach der Überlassung II b 583; — Entziehung und Beschränkung von R. im öffentlichen Interesse VI a 273; — Rechte Dritter an der Entschädigung VI a 311, 313; — R. als Bestandteile eines Grundstücks I 373; — Erwerb von R. mit Mitteln des eingebrachten Guts IV 265; — bei Errungenschaftsgemeinschaft IV 628; — Erwerb durch den Vater für das Kind IV 1067; — Früchte eines R. I 384, 387; — R. als Gegenstand des Kaufvertrags II b 11, 25; — Verpflichtungen des Verkäufers von Rechten II b 11, 32; — Haftung für Bestand II b 56; — Haftung für Mängel im Recht II b 79; — Gewährleistung beim Verkauf II b 117; — Gefahrübergang II b 86; — Kosten der Begründung oder Übertragung von Rechten II b 98, 102; — Leihe von R. II b 640; — Nießbrauch an R. III 875; — (siehe auch „Nießbrauch"); — Nutzungen I 387; — Schadensersatzpflicht wegen Verletzung fremder R. II c 1768, 1773; — zur Sicherung einer Forderung übertragene, keine Rückübertragung nach Verjährung I 834; — Sittenwidrigkeit der Ausübung eines formal bestehendes Rechtes II c 1830; — Übertragung II a 785, 853; — Übertragung auf eine Stiftung I 320; — Voraussetzung der Entschädigung für den Verlust eines R. II a 171, 172; — Übergang auf den Erben V 82; — Vermächtnis eines R. des Erblassers an einer Sache oder einem R. des Erben V 617; — Verpfändung III 1480; — Pfändbarkeit III 1491; — räumlich anzuwendendes Recht, Geltung des Sachstatuts VI b 765; — R. an Rechten oder Sachen, zeitlich geltendes Recht VI a 491; — (siehe auch „Pfandrecht").
— zum eingebrachten Gut der Frau gehörige R.: Nutzungsrecht des Mannes IV 270; — bei Errungenschaftsgemeinschaft IV 628; — gerichtliche Geltendmachung durch die Frau IV 312, 331; — zum eingebrachten Gut der Ehegatten bei Errungenschaftsgemeinschaft gehörige IV 623; — Surrogation IV 626; — zum Gesamtgut gehörige, Eintragung im Grundbuch IV 419, 421; — bei Errungenschaftsgemeinschaft IV 618; — Surrogation IV 501; — R. des Mündels auf Leistung; Verfügungsrecht des Vormunds IV 1464.

Rechte an eigener Sache III 8.
— **an Grundstücken**: Erfordernisse der Belastung und Übertragung: Einigung der Beteiligten III 97, 105; — Begriff und rechtliche Natur der Einigung III 105; — Wesen der Einigung III 106; — Form und Inhalt III 109; — Bindung an die Einigung III 110; — Ersatz für dieselbe III 112; — Loslösung vom Kausalgeschäft III 107, 116; — Verbindung einer Sache mit dem Grundstück in Ausübung des Rechtes I 370.
— Eintragung im Grundbuch III 97, 119; — Erfordernis der vorherigen Eintragung des Verfügenden III 115; — Bezugnahme auf die Eintragungsbewilligung bei Eintragung III 112; — Vermutung für Richtigkeit der Eintragung III 211, 213; — Tabularersitzung III 280, 281.
— Schutz des öffentlichen Glaubens beim Erwerb III 218, 219; — Gegenstand des Schutzes III 222; — Voraussetzungen III 230; — Wirkung III 236; — Schutz bei Leistungen auf Grund eines Rechts und Rechtsgeschäften in Ansehung eines solchen III 245; — Erwerb durch dreißigjährige Eintragung als Berechtigter im Grundbuch III 280; — Änderung des Inhalts III 131.
— Rangverhältnisse III 137; — Rang im Falle der Tabularersitzung III 280; — Änderung desselben III 146; — Rangverhältnis von Rechten an Grundstücksrechten III 145; — Rangvorbehalt III 156; — Rang nach erfolgter Vormerkung III 165, 174.
— Vormerkung III 165, 171; — Bezugnahme auf die Eintragungsbewilligung III 190, 195.
— Aufhebung III 124; — Einwilligung des Drittberechtigten III 128; — Erlöschen durch ungerechtfertigte Löschung unterbliebene Eintragung im Grundbuch III 282; — Löschung auf Lebenszeit des Berechtigten beschränkter R. III 128; — Vereinigung mit dem Eigentum am Grundstück III 204; — kein Untergang durch Konfusion oder Konsolidation infolge Erbschaft V 82; — Rechtsvermutung für Bestehen, Nichtbestehen im Grundbuch eingetragener, gelöschter Rechte III 211; — Vormerkung des Rechtes auf Aufhebung III 165, 174; — Ausschluß der Verjährung der Ansprüche aus eingetragenen Rechten III 283; — Wertbestimmung eines im Falle der Zwangsversteigerung erlöschenden Rechts III 164; — anzuwendendes Recht III 96; — Aufhebung an abgetrennten Teilstücken eines Grundstücks VI a 311; — Aufhebung am 1. Januar 1900 bestehender R. VI a 505, 506; — Rechtszustand bis zur Anlegung des Grundbuchs VI a 504.
— R. als Bestandteile des Grundstücks I 373; — Zuständigkeit zur Beurkundung des obligatorischen Veräußerungsvertrags nach Landesrecht VI a 372, 508; — Kosten der Begründung und Übertragung beim Verkauf II b 100; — Löschung darauf eingetragener

Rechte beim Verkauf II b 53; — Haftung für Freiheit von öffentlichen Lasten beim Verkauf II b 54.

Rechte: Rechtshandlungen des Vaters in bezug auf R. des Kindes IV 1057, 1059; — Rechtshandlungen des Vormunds IV 1481, 1482, 1486; — entgeltlicher Erwerb für das Kind IV 1057, 1062; — eingebrachtes Gut bei Fahrnisgemeinschaft IV 677; — Verfügungsrecht des Vorerben V 533, 539; — Befreiung von der Beschränkung desselben V 566, 567.

— **an Grundstücksrechten:** Begründung III 97; — Aufgabe III 124; — Schutz des öffentlichen Glaubens des Grundbuchs beim Erwerb III 219, 223; — Rangverhältnis III 145.

— **an Sachen:** Begriff III 1; — Zahl und Arten III 5, 6, 8; — für die Form der Begründung, der Verfügung darüber maßgebendes Recht VI b 163, 192; — zeitlich geltendes Recht VI a 491.

— **Dritter:** Erlöschen bei Veräußerung der belasteten Sache III 487; — beim Eigentumserwerb durch Ersitzung III 500; — beim Eigentumserwerb durch Fund III 561, 563; — Einfluß des Eigentumserwerbs durch Verbindung, Vermischung III 509; — durch Verarbeitung III 510; — Erstreckung auf den Schuldschein und ähnliche Urkunden III 517; — Verhältnis zum Nießbrauch III 842; — zum Pfandrecht III 1402; — R. D. am Pfandrecht: Zustimmung des Dritten zum Pfandverkauf III 1447; — zur rechtsgeschäftlichen Aufhebung des Pfandrechts III 1463; — Beseitigung beim Verkauf II b 49.

— **zur Sache** II a 9, III 2; — zeitlich anzuwendendes Recht VI a 452, 475, 492.

Rechtliches Interesse an der Einsicht der Ehelichkeits-Anfechtungserklärung IV 878; — an der Einsicht der Anfechtungserklärung bezüglich letztwilliger Verfügungen V 487; — an der Einsicht der Anzeige vom Erbschaftskauf V 1095; — an der Einsicht des Nachlaßinventars V 303; — der Erklärungen in bezug auf Testamentsvollstrecker V 725; — an der Einsicht des Testamentes V 806; — an der Einsicht einer Urkunde II c 1654.

Rechtmäßiger Besitz III 16.

Rechtsamegemeinden VI a 431.

Rechtsanalogie I 19, 20, 26, VI a 15.

Rechtsänderung an Grundstücken und Grundstücksrechten III 97.

Rechtsanwalt: Dienstvertrag der R. II b 693, 703; — Haftung aus Pflichtverletzungen II c 1928; — Haftung aus Raterteilung II c 1119, 1120; — Haftung für Bureaupersonal II c 1859; — Verjährung der Ersatzansprüche der Partei II c 1124; — Rechtsverhältnis zum Klienten II b 703, II c 1084, 1114; — Vereinigung zur Berufsausübung II c 1196; — Verkauf der Praxis II b 26; — Vorlegung seiner Handakten II c 1657; — Verjährung ihrer Ansprüche I 780, 787; — der Ansprüche von Parteien gegen R. I 780, 787; — V. der Schadensersatzansprüche I 778.

Rechtsanwaltsordnung: Verwandtschaft und Schwägerschaft i. S. derselben VI a 35.

Rechtsanwendung I 17.

Rechtsbedingung I 653.

Rechtsbesitz III 26, VI a 480; — Verlust III 36.

Rechtsfähigkeit: Begriff I 40, 41; — räumlich anzuwendendes Recht I 48, VI b 63, 634; — rückwirkende Kraft der Vorschriften des BGB. VI a 406; — Beginn I 48; — Beschränkung I 42, 43; — Verlust, Ende I 42, 128, 129; — steuerrechtliche R. I 41; — R. des Geschäftsunfähigen I 426; — R. der Juristischen Personen I 156, 161; — R. ausländischer juristischer Personen VI b 134, 136; — Beschränkungen der Rechtsfähigkeit derselben VI b 138, 638; — ausländischer Staaten VI b 139; — ausländischer Kirchen VI b 140; — des Hl. Stuhls VI b 141; — R. von Religions- und geistlichen Gesellschaften VI a 210, 406; — Art und Weise der Erlangung I 160, 161; — Erlangung durch den nicht rechtsfähigen Verein I 169; 262; — Verleihung an inländische Stiftungen I 315; — R. ausländischer Stiftungen I 309; — R. der Vereine: Erwerb I 167, 171, 176, 189; — durch ausländische Vereine I 170, 191; — Entziehung der R. I 241; — Zuständigkeit und Verfahren I 244; — Entziehung wegen geringer Mitgliederzahl I 301; — Verlust durch Konkurseröffnung I 239; — Eintragung ins Vereinsregister I 302; — Unterschied der Entziehung der R. von der Auflösung I 236; — Wirkung der Entziehung I 245.

Rechtsfindung I 19, 28, 29.

Rechtsfrüchte: Begriff I 384, 385, 387; — Verteilung unter sukzessiv Berechtigte I 390.

Rechtsgefühl als Rechtsquelle I 16.

Rechtsgeschäfte: Begriff I 395; — zeitlich anzuwendendes Recht VI a 406, 445, 471; — juristische Tatsachen, welche nicht Rechtsgeschäfte sind I 401; — Verhältnis zur Willenserklärung I 398; — Bestandteile I 402.

— Arten II a 20; — abstrakte und kausale I 411; — dingliche und obligatorische I 413; — einseitige und zweiseitige I 410; — fiduziarische I 413, 468; — formlose und formbedürftige I 518; — freie, gebundene und typisch normierte I 415; — R. unter Lebenden und von Todes wegen I 411; — partiarische I 415; — stricti juris und bonae fidei I 410; — unentgeltliche und entgeltliche I 411; — verdeckte (dissimulierte) R. I 467.

— Form: Formfreiheit und Formzwang I 518; — gesetzliche Formen I 520; — Bestimmung der Form durch Rechtsgeschäft I 520; — Einfluß an Ort und Zeit auf die Form I 522; — Auslegung formbedürftiger Rechtsgeschäfte I 521, 552; — Folge des Formmangels I 518, 523; — Gültigkeit trotz Formmangels I 523; — Heilung des Mangels I 523, 524; — Form des Vorvertrages I 611; — bezüglich der Form anzuwendendes Recht VI b 163, 169, 189; — bezüglich der Form öffentlichrechtlicher R. anzuwendendes Recht VI b 177; — Errichtungsort (Vornahmeort) VI b 177;

— bei einseitigen Rechtsgeschäften VI b 177; — bei schriftlichen Verträgen VI b 178; — bei Verträgen mittels Fernsprecher VI b 181; — Form der Aufhebung I 522; — Zuständigkeit zur Beurkundung nach Landesrecht VI a 372.

Rechtsgeschäfte: Mängel: Anfechtbarkeit I 407; — Fehlerhaftigkeit I 403; — Nichtigkeit I 404; — Unwirksamkeit I 409; — Vollzug der Anfechtung I 598; — Anfechtungsberechtigter I 599; — Anfechtungsgegner I 599, 601; — Bestätigung des anfechtbaren R. I 602; — Wirkung der Anfechtung I 593; — bei teilweiser Anfechtbarkeit I 596; — Nichtigkeit wegen Formmangels I 518, 523; — wegen Verstoß gegen ein gesetzliches Verbot I 553; — gegen gesetzliches Veräußerungsverbot I 561; — gegen die guten Sitten I 570; — Nichtigkeit eines Teiles I 587; — Konversion I 590; — Bestätigung eines nichtigen R. I 591; — Vornahme in auftragsloser Geschäftsführung II c 1130; — Verhältnis der Haftung aus R. zur Haftung aus unerlaubter Handlung II c 1748; — R. von Ausländern, Beurteilung der Geschäftsfähigkeit VI b 62, 70, 80, 86.

— Einzelne Rechtsgeschäfte: R. des Bevollmächtigten I 720; — über Rechtsänderung an Grundstücken und Grundstücksrechten III 96; — R. des Sachenrechts III 9; — mit Grundbuchberechtigten, Schutz des öffentlichen Glaubens III 245.

— der Ehefrau in Ausübung der Schlüsselgewalt IV 183; — außerhalb derselben IV 191; — über Vorbehaltsgut IV 237; — über eingebrachtes Gut IV 301; — Wirksamkeit von rechtsgeschäftlichen Verpflichtungen der Frau IV 310; — Ersetzung der Zustimmung des Mannes zu R. der Frau in bezug auf persönliche Angelegenheiten im gesetzlichen Güterstand IV 319; — bei allgemeiner Gütergemeinschaft IV 455; — R. mit dem Ehemann im gesetzlichen Güterstande IV 328; — bei Errungenschaftsgemeinschaft IV 628; — Haftung des eingebrachten Gutes der Frau aus R. derselben IV 339, 349; — Haftung des Vorbehaltsgutes im Verhältnis der Eheleute unter sich IV 353, 356; — Haftung des Gesamtgutes bei allgemeiner Gütergemeinschaft IV 471; — bei Errungenschaftsgemeinschaft IV 642; — Vornahme von Rechtsgeschäften über Gesamtgut bei Verhinderung des Mannes IV 454; — bei Errungenschaftsgemeinschaft IV 619, 629; — R. in bezug auf ein Erwerbsgeschäft der Frau IV 324; — bei Gütergemeinschaft IV 455; — bei Errungenschaftsgemeinschaft IV 616.

— des Ehemanns: Ausschluß der Verpflichtung der Frau durch R. IV 248; — R., welche der Einwilligung der Frau nicht bedürfen IV 251; — Ersetzung der Zustimmung der Frau IV 257; — Einwilligung der Frau zu R. des Mannes über Gesamtgut IV 439; — nachträgliche Genehmigung IV 451; — bei Errungenschaftsgemeinschaft: über Gesamtgut IV 619; — in bezug auf eingebrachtes Gut der Frau IV 629; — Gütertrennungsklage der Frau wegen Nichterholung ihrer Zustimmung IV 487.

Rechtsgeschäfte des Erben vor Ausschlagung der Erbschaft V 122; — Vornahme von R. gegenüber dem Erben vor Ausschlagung V 122, 125; — R. des Erbschaftsverkäufers V 1087; — des Erbschaftsbesitzers V 325; — R. in bezug auf den Nachlaß, Erwerb hiedurch zum Nachlaß V 380.

— des Gewalthabers im eigenen oder fremden Namen mit dem Kinde IV 987; — Genehmigung IV 1057.

— R. des Minderjährigen beim Betrieb eines Erwerbsgeschäfts I 441; — in bezug auf ein Arbeits- oder Dienstverhältnis I 444.

— R. der Mutter, Genehmigung des Vormundschaftsgerichts oder Beistands IV 1165; — R. des Vaters, Genehmigung IV 1057.

— R. mit einem eingetragenen Verein, Einfluß der Änderung des Vorstands I 295, 296; — eines Mitglieds mit dem Verein I 225; — mit einem nicht rechtsfähigen Verein I 260, 266, 267; — des Vertreters mit sich selbst I 735.

— R. des Vorerben, Erwerb zur Erbschaft V 530; — Wirksamkeit obligatorischer R. gegenüber dem Nacherben V 547.

— des Vormunds, der Genehmigung des Gegenvormunds bedürftige IV 1464, 1468; — der Gen. des Vormundschaftsgerichts bedürftige IV 1481, 1482, 1483; — Form der Genehmigung IV 1507; — rechtliche Natur IV 1510; — Mangel vorheriger Genehmigung, Rechtsfolgen IV 1511, 1512; — Widerrufsrecht des anderen Teils IV 1518; — Mangel beim einseitigen R. IV 1521; — Befreiung von den Beschränkungen IV 1569, 1571; — Befreiung des Vaters als Vormund eines Volljährigen IV 1627; — R. zwischen dem Mündel und Verwandten des Vormunds IV 1420.

Rechtsgeschäftlicher Schleichweg I 468.

Rechtsgeschäftliche Verfügungen I 416, 417.

Rechtsgeschäftliche Verfügungsbeschränkungen I 567.

Rechtsgewährleistung II b 117; — siehe auch „Mängel im Recht".

Rechtsgrund beim Rechtsgeschäft II c 1547; — Bedeutung beim abstrakten Schuldversprechen II c 1550, 1558; — beim Schuldanerkenntnis II c 1565; — mangelnder R.: Kenntnis von dem m. R. II c 1734; — vorausgesehene Möglichkeit des Wegfalles des R. II c 1737; — Eingehung einer Verbindlichkeit ohne R. II c 1740; — Herausgabeanspruch wegen ungerechtfertigter Bereicherung II c 1671.

Rechtsgüter, geschützte I 45; — Schutz durch Unterlassungsklage I 45, III 620.

Rechtshandlungen: Begriff I 396; — einzelne Arten I 401; — Stellvertretung bei Vornahme I 687, 688, 693; — R. Geschäftsunfähiger I 425; — Vornahme durch Minderjährige I 431; — bezüglich der Form anzuwendendes Recht VI b 177; — bezüglich der Ge-

schäftsfähigkeit bei Vornahme von R. anzuwendendes Recht VI b 67.

Rechtshängigkeit: Einfluß des Eintritts auf die Verjährung I 813; — Einfluß des Erlöschens der R. I 840; — Beginn der Verzinsung einer Geldschuld II a 360; — Umfang der Haftung beim Herausgabeanspruch II a 362; — Einrede der R. beim passiven Gesamtschuldverhältnis II a 917; — Übernahme einer rechtshängigen Schuld II a 864; — des Eigentumsanspruches auf Herausgabe: Haftung für Nutzungen III 590; — für Verschlechterung, Untergang, Unmöglichkeit der Herausgabe III 593; — Ersatzanspruch für Verwendungen III 601, 604; — Bedeutung der R. für das Öffentlichkeitsprinzip des Grundbuchrechts III 239; — R. des Anspruchs gegen den Erbschaftsbesitzer und seiner Ersatzansprüche wegen Verwendungen V 334; — R. des Anspruchs wegen ungerechtfertigter Bereicherung II c 1718, 1734; — des Unterhaltsanspruchs IV 934; — Kenntnis des Dritten vom Ausschluß oder der Änderung der Verwaltung und Nutzung des Mannes zur Zeit des Eintritts der R. IV 407; — R. in anderen als zivilprozessualen Streitigkeiten VI a 396.

Rechtshilfe für den Besitzer III 16, 47; — gegenüber dem Nachlaßgericht V 100; — in Vormundschaftssachen IV 1366; — Ausschluß bei Testamentseröffnung V 801.

Rechtsinbegriff (Rechtsgesamtheit) I 341.

Rechtsirrtum I 484; — Bedeutung bei Bildung von Gewohnheitsrecht VI a 13; — Einfluß auf das Verschulden II a 287; — Einfluß auf die Haftung aus unerlaubten Handlungen II c 1792; — R. beim Eigentumserwerb vom Nichteigentümer III 473.

Rechtskraft: Wirkung gegenüber dem neuen Gläubiger nach Forderungsabtretung II a 834; — Wirkung gegenüber dem Bürgen II c 1492; — R. des Urteils: Schadensersatzpflicht wegen Nichterfüllung II a 319; — R. des Urteils auf Erfüllung einer Auflage V 639, 642; — des Urteils auf Aufhebung der Gütergemeinschaft IV 491; — der Errungenschaftsgemeinschaft IV 656; — der Verwaltung und Nutznießung des Ehemannes IV 362, 365; — Wiederherstellung der Rechte des Ehemannes am eingebrachten Gut mit R. des Urteils IV 377; — des Urteils auf Aufhebung der fortgesetzten Gütergemeinschaft IV 565; — R. des Scheidungsurteils IV 718; — R. des Urteils für oder gegen einen Gesamtgläubiger II a 930; — für einen Gesamtschuldner II a 913, 915, 917; — Einrede der R. gegenüber Kondiktion II c 1686; — Verjährung rechtskräftig festgestellter Ansprüche I 826, 827.

Rechtslücken I 24, 25.

Rechtsmängel siehe „Mängel im Recht".

Rechtsmittel: in Sachen der elterlichen Gewalt IV 998; — in Strafsachen, Einlegung für das Kind IV 996.

Rechtsmittel: Einfluß unterlassener Einlegung von R. auf die Haftpflicht eines Beamten II c 1923, 1945.

Rechtsnachfolge in den Besitz III 16; — Anrechnung der Besitzzeit des Rechtsvorgängers bei Ersitzung III 499; — beim Erbschaftsbesitz III 500; — Stellung des Rechtsnachfolger des Erbschaftsbesitzers V 344; — Anrechnung der Besitzzeit des Vorgängers bei der Verjährung I 828, 829.

Rechtsnorm: Begriff VI a 9, 10.

Rechtspflege: Hemmung der Verjährung durch Stillstand der R. I 801.

Rechtspfleger IV 1409, 1540, 1552.

Rechtsquellen I 11, 12.

Rechtssache: Verletzung der Amtspflicht bei Entscheidung einer R. II c 1922, 1941.

Rechtsschutzanspruch II a 10.

Rechtsstellung des Testamentsvollstreckers V 646, 655, 660.

Rechtsstoff des BGB. I 4; — Gliederung desselben I 8; — Charakteristik nach der Herkunft I 9.

Rechtsstreit: über eine abgetrene Forderung II a 834; — über Erbschaft, Einfluß auf Erteilung des Erbscheins V 1040, 1042, 1048, 1052.

— **der Ehefrau:** im gesetzlichen Güterstand IV 312; — in bezug auf ein Erwerbsgeschäft der Frau IV 324; — Fortsetzung eines zur Zeit der Eheschließung anhängigen Rechtsstreits der Frau IV 331; — Haftung des eingebrachten Guts für Kosten des R. der Frau IV 341, 349; — Haftung des Mannes für Kosten IV 280; — Haftung des Vorbehaltsguts IV 353, 356; — bei Rechtsstreitigkeiten zwischen den Ehegatten IV 356.

— bei allgemeiner Gütergemeinschaft: R. in bezug auf ein Erwerbsgeschäft der Frau IV 456; — Fortsetzung eines bei Eintritt der Gütergemeinschaft anhängigen R. IV 458; — Haftung des Gesamtguts für Kosten IV 471; — Haftung der Eheleute unter sich IV 477; — Einfluß der Beendigung der Gütergemeinschaft IV 500.

— bei Errungenschaftsgemeinschaft: Fortsetzung eines beim Eintritt der Gemeinschaft anhängigen R. IV 629; — Haftung des Gesamtgutes für Kosten IV 642.

— **der Ehegatten** unter sich bei allgemeiner Gütergemeinschaft, Kostenhaftung IV 477.

— **des Ehemanns:** über eingebrachtes Gut der Frau im gesetzlichen Güterstand IV 261; — über eingebrachtes Gut oder Vorbehaltsgut bei Errungenschaftsgemeinschaft IV 644, 646; — R. in bezug auf Gesamtgut: bei allgemeiner Gütergemeinschaft IV 433, 436; — Führung durch die Frau bei Verhinderung des Mannes IV 454; — Einfluß der Beendigung der Gütergemeinschaft IV 499; — bei Errungenschaftsgemeinschaft IV 619, 629.

— **des überlebenden Ehegatten:** bei fortgesetzter Gütergemeinschaft IV 541.

— **des Kindes:** Kosten IV 1082, 1084; — Kostentragung im Verhältnis zum Gewalthaber IV 1094; — R. mit dem Gewalthaber,

Vertretung des Kindes IV 988; — Anordnung einer Pflegschaft IV 1643; — R. mit Verwandten des Gewalthabers IV 990; — Kosten IV 1094; — R. des Mündels mit Verwandten des Vormunds IV 1420; — mit dem Vormund: Anordnung einer Pflegschaft IV 1420, 1643.
Rechtsstreit zwischen einem Vereine und seinen Mitgliedern I 225.
Rechtsunfähigkeit I 41.
Rechtsverfolgung: Haftung der Hypothek für die Kosten III 1636; — keine Eintragung III 1017.
Rechtsverhältnis: anfechtbares R. I 408; — Fruchtgewinnung vermöge eines R. I 384, 387; — zwischen Annehmenden und Angenommenen bei Adoption, anzuwendendes Recht VI b 588; — zwischen Angenommenen und Verwandten des Annehmenden VI b 593; — der Erben untereinander V 349; — zwischen den Erben und den Nachlaßgläubigern V 430; — zwischen Eltern und Kindern IV 942; — räumlich geltendes Recht VI b 461, 471; — zwischen unehelicher Mutter und unehelichem Kind VI b 489, 493; — zwischen unehelichem Kind und seinem Vater VI b 504, 529; — zeitlich geltendes Recht VI a 530, 554.
Rechtsverletzung: Schadensersatz II c 1768, 1773.
Rechtsvermutungen in bezug auf Besitz III 16; — in bezug auf Vormerkungen III 182; — siehe auch „Vermutung".
Rechtsverordnungen VI a 10.
Rechtsverschaffungspflicht des Verkäufers II b 49.
Rechtsverwirkung: Vorbehalt der R. II a 635, 638; — beim Pfandverkauf III 1439.
Rechtsvorgänger: Anrechnung der Besitzzeit des R. bei Ersitzung III 499; — beim Erbschaftsbesitz III 500.
Rechtsweg: Zulässigkeit bei Eigentumsansprüchen III 578, 621; — für vermögensrechtliche Ansprüche von Beamten II b 697, VI a 201; — für Ansprüche aus Amtspflichtverletzungen von Beamten VI a 181; — Verjährung bei Beschränkung der Zulässigkeit des R. I 817, 818.
Rechtswohltat des Inventars VI a 583.
Reclamatio uxoria IV 433.
Redakteur: Haftung aus Veröffentlichung unrichtiger Mitteilungen II c 1810.
Redlicher Erwerb von Grundstücken und Grundstücksrechten III 95; — der Hypothek, eines Rechtes an der Hypothek III 1118; — von beweglichen Sachen III 468, 472, 475; — des belasteten Schiffes III 1474; — des Schiffspfandrechts durch den Zessionar III 1475; — Einfluß auf Rechte Dritter an der veräußerten Sache III 487.
Reeder: Haftung für Verschulden der Schiffsbesatzung II c 873; — Regreßansprüche untereinander II c 1953.
Regalien VI a 175.
Regiebau: rechtliche Natur II c 933.
Regionalsystem IV 215.
Registerpfand an Schiffen, anzuwendendes Recht VI b 803.
Registrierte Gesellschaften mit beschränkter Haftung in Bayern VI a 433.
Regreßanspruch aus der Haftung für unerlaubte Handlungen II c 1953.
Regula Catoniana V 608.
Regulierung der Wege VI a 287, 362.
Rehabilitation II a 114.
Rehwild: Wildschadensersatz II c 1907.
Reich: Aufrechnung gegen Forderungen des R. II a 774; — Haftung für Pflichtverletzungen von Beamten II c 1951, VI a 184; — Rechtsverhältnisse der Reichsbeamten VI a 202; — Schuldverschreibungen des R., Ausgabe II c 1603; — verbriefte Forderungen des R., Mündelsicherheit IV 1443, 1447; — Zinsgarantie des R. für verbriefte Forderungen des Mündels IV 1443, 1447; — Umwandlung von Schuldverschreibungen des R. in Buchforderungen für den Mündel IV 1475; — Umwandlung von Schuldverschreibungen des R. Buchforderungen im Falle der Nacherbschaft V 548.
Reichsadel: Autonomie VI a 119; — erbrechtliche Verhältnisse V 3; — Familienrecht IV 3.
Reichsangehörigkeit: Bedeutung für die Annahme an Kindes Statt VI a 59, VI b 543; — für erbrechtliche Verhältnisse VI b 631; — für die Legitimation VI a 59, VI b 543; — für das Rechtsverhältnis zwischen Eltern und ehelichen Kindern VI b 461; — zwischen den unehelichen Kindern und der Mutter VI b 489; — Nachweis der Genehmigung des gesetzlichen Vertreters zur Ausübung von Befugnissen aus der R. VI a 52; — Erwerb der R.: Einfluß auf den Güterstand der Eheleute VI b 300, 329, 351; — Beurteilung der Volljährigkeit VI b 62, 76; — Verlust der R. durch den Ehemann: Einfluß auf die persönlichen Rechtsbeziehungen der Ehegatten VI b 274, 278; — auf die Ehescheidung anzuwendendes Recht VI b 367; — Einfluß auf die Volljährigkeit VI b 78.
Reichsanzeiger: Bekanntmachung der Genehmigung zur Ausgabe von Schuldverschreibungen II c 1612; — Bekanntmachung des Verlustes von Schuldverschreibungen II c 1624; — Bekanntmachung der Aufforderung der Nachlaßgläubiger zur Anmeldung ihrer Forderungen V 439.
Reichsbank: Giroverkehr II c 1575; — Anlegung von Kindergeld IV 1055; — von Mündelgeld IV 1455; — Hinterlegung von Wertpapieren der Ehefrau IV 295; — des Kindes IV 1120; — des Mündels IV 1470; — Anlegung mit Nießbrauch belasteter Wertpapiere bei der R. III 892; — Hinterlegung zum Nachlaß gehöriger Wertpapiere durch den Vorerben V 548.
Reichsbeamte: Begriff, Haftung II c 1926; — Besoldung VI a 202; — Haftung wegen Pflichtverletzung II c 1951; — Eheschließung IV 65; — Übernahme einer Vormundschaft IV 1399;

— Änderung des Witwen- und Waisenfürsorgegesetzes VI a 82.

Reichsbeamtengesetz: Änderung durch das EG. VI a 71.

Reichseisenbahn: Gesamthypothek an ihren Grundstücken III 997.

Reichsfiskus: Begriff, Haftung desselben I 334; — Erbrecht V 59.

Reichsgericht: Amtspflichtverletzung durch Nichtbeobachtung der Rechtsprechung des R. II c 1939; — Zuständigkeit in bürgerlichen Rechtsstreitigkeiten VI a 21.

Reichsgesetze: Ergänzung aus dem BGB. hinsichtlich zivilrechtlicher Normen VI a 16; — fortdauernde Geltung VI a 29; — Verhältnis zum BGB. VI a 26; — Verwandtschaft, Schwägerschaft i. S. der R. IV 844; — Verhältnis späterer Reichsgesetze zum BGB. VI a 28; — konkurrierende Gesetzgebung VI a 113; — Grundsatzgesetzgebung VI a 113, 200.

Reichsgewohnheitsrecht: Aufrechterhaltung VI a 32.

Reichsinland VI a 8.

Reichsjustizminister: Zuständigkeiten an Stelle des Reichskanzlers IV 84, 87; — Anordnung des Vergeltungsrechts VI b 834; — siehe „Reichskanzler".

Reichskanzler: Befreiung vom Erfordernis des gesetzlichen Alters und des Altersunterschieds bei Annahme an Kindes Statt IV 1311; — von Ehehindernissen IV 87; — Bestimmung des zuständigen Standesbeamten IV 83; — Ehelichkeitserklärung IV 1278; — Anordnung des Vergeltungsrechts VI b 834; — Verleihung des Rechts zur Errichtung letztwilliger Verfügungen an Wahlkonsuln VI a 53.

Reichskassenscheine: Rechtsnatur II c 1603; — als Zahlungsmittel II a 95; — Umtausch beschädigter II c 1623; — Vertretbarkeit I 354.

Reichskonsuln: Errichtung letztwilliger Verfügungen V 728, 783.

Reichsmarine: Testament der Angehörigen der R. V 3, 727.

Reichsnotzins III 7, 144, 946.

Reichsmilitärgesetz: Änderung durch das EG. VI a 72, 77.

Reichspost: Verjährung ihrer Forderungen I 785.

Reichsrat: Anerkennung der Rechtsfähigkeit ausländischer Vereine I 191, VI b 120, 159; — Entziehung der Rechtsfähigkeit eines Vereins I 244, 245; — Genehmigung zur Änderung der Vereinssatzung I 224, 225; — Genehmigung der Stiftung I 312, 315; — Aufhebung, Umwandlung einer Stiftung I 331; — Verleihung der Rechtsfähigkeit an ausländische Vereine, Stiftungen VI b 132; — Zustimmung zur Anordnung des Vergeltungsrechts VI b 834; — siehe auch „Bundesrat".

Reichsschuldbuch II c 1640; — Sicherheitsleistung mit eingetragenen Forderungen I 856, 860; — Verpfändung eingetragener Forderungen III 1481; — Eintragung von Forderungen der Frau IV 299; — bei Errungenschaftsgemeinschaft IV 628; — Eintragung von Forderungen des Kindes IV 1120; — des Mündels IV 1475; — Eintragung einer Verfügungsbeschränkung bei Forderungen des Mündels IV 1476; — Entbindung von der Verpflichtung hiezu durch das Vormundschaftsgericht IV 1477; — Befreiung von der Verbindlichkeit durch den Vater IV 1569; — durch die Mutter IV 1571; — Befreiung des Vaters und der Mutter als Vormund eines Volljährigen IV 1627; — Genehmigung des Vormundschaftsgerichts zu Verfügungen über die Forderung IV 1480; — Mündelsicherheit eingetragener Forderungen IV 1443, 1447; — Eintragung einer Verfügungsbeschränkung hinsichtlich zum Nachlaß gehöriger Buchforderungen im Falle einer Nacherbfolge V 548; — Befreiung von der Verpflichtung hiezu V 566, 567; — Änderung des Gesetzes betr. das R. durch das EG. VI a 83.

Reichsständische Familien: Autonomie VI a 119; — Familienrecht IV 3.

Reichstagsmitglieder: zivilrechtliche Verfolgung wegen unerlaubter Handlungen in Ausübung ihres Berufes II c 1814; — Vererblichkeit des Aufwandsentschädigungsanspruchs V 16.

Reichsversicherungsordnung, Ansprüche der unehelichen Mutter IV 1245; — Stellung des unehelichen Kindes IV 1199.

Reichswährung VI a 95; — Zahlung in auswärtiger Währung ausgedrückter Geldschuld in R. II a 96.

Reifegrad des Kindes als Beweismittel für Unehelichkeit IV 860; — als Beweismittel gegen uneheliche Vaterschaft IV 1252.

Reihenfolge der Eintragungen im Grundbuch III 137, 140.

Reinertrag des Nachlasses, Teilung und Auseinandersetzung V 368.

Reiseauslagen der Beamten VI a 195.

Rei vindicatio III 576.

Reklame: Miete von Raum an Grundstücken II b 415; — in Eisenbahnwagen II b 396; — am Mietgegenstand II b 415.

Reklametafeln: Besitzesschutz III 59.

Reklamevertrag II c 940.

Rektapapiere II c 1596.

Rekurs gegen den Einspruch der Verwaltungsbehörde gegen Eintragung eines Vereins I 289; — gegen Entziehung der Rechtsfähigkeit eines Vereins I 244.

Religionsdiener: Fähigkeit zum Amt eines Familienrates IV 1583; — Übernahme des Amtes eines Vormunds IV 1397, 1620; — eines Gegenvormunds IV 1412; — eines Pflegers IV 1669; — Entlassung des als Vormund bestellten R. IV 1605; — Vornahme der kirchlichen Eheschließung vor der standesamtlichen IV 32, 35, 837, VI a 78, 81.

Religionsgesellschaften: Austritt aus R. VI a 340; — Erlangung der Rechtsfähigkeit I 287, 288; — nach Landesrecht VI a 210; — Erwerbsbeschränkungen VI a 210, 218; — ausländische, Rechtsfähigkeit im Inlande VI b 140.

Religionsunterricht, Teilnahme am R. VI a 341.

Religionswechsel: Scheidungsgrund IV 745.
Religiose: Erwerbsbeschränkungen III 292, VI a 223; — Beschränkung der Rechtsfähigkeit I 42, VI a 210, 406; — Beschränkungen der Erbfähigkeit V 3, 28.
Religiöse Ehehindernisse, Beachtung im Inlande VI b 238, 802; — nach der Haager Konvention VI b 272.
Religiöse Erziehung der Kinder VI a 336, 339; — räumlich geltendes Recht VI b 476; — des angenommenen Kindes IV 1304; — des ehelichen Kindes IV 394, 1000; — des Kindes aus nichtiger oder anfechtbarer Ehe IV 1182; — des legitimierten Kindes IV 1267; — des Mündels IV 1434; — des unehelichen Kindes IV 1212; — des anerkannten Kindes IV 1265; — vertragsmäßige Regelung der r. E. von Kindern IV 394; — Reichsgesetz über religiöse Kindererziehung VI a 340; — Inhalt VI a 341.
Religiöse Vereine I 184, 285; — keine Entziehung der Rechtsfähigkeit I 241, 242.
Religiöses Bekenntnis von Dienstboten, Rücksichtnahme darauf II b 843; — des Mündels, Berücksichtigung bei Auswahl des Vormunds IV 1387; — Einfluß auf das Erziehungsrecht des Vormunds IV 1434.
Relocatio tacita II b 545; — im Falle der Veräußerung des Mietgrundstücks II b 565.
Remedium ex lege ultima Cod. de edicto Divi Hadriani tollendo V 318.
Remuneratorische Schenkung II b 293, 340; — eingebrachtes Gut bei Errungenschaftsgemeinschaft IV 622; — Gesamtgut IV 623.
Rente: Schenkung einer R. II b 317; — Unterhaltsleistung in einer R. IV 930; — für den Notweg III 355, 356; — für den Überbau III 342, 348, 350, 352; — siehe auch „Geldrente, Leibrente".
Renten: Verjährung I 788, 789; — Aufwertung letztwillig angeordneten V 74.
Rentenbank, Deutsche: Grundschuld derselben III 1344, 1347; — Rang III 144; — öffentlicher Glaube des Grundbuchs III 230; — Umwandlung III 1371.
Rentenbankschuld: keine Haftung für Freiheit davon II b 56.
Rentenbezüge der Frau: Vorbehaltsgut IV 229, 330.
Rentenbrief: Inhaberpapier II c 1603; — Aufwertung II c 1600.
Rentengüter: Landesrecht III 653, VI a 135; — Belastung III 969.
Rentengutsrenten III 939.
Rentenleistung: Verteilung auf sukzessiv Verpflichtete I 393, 394.
Rentenmark II a 95; — keine Hypothek in R. III 1013.
Rentenrückstände: Verjährung I 788, 789.
Rentenscheine: Hinterlegung zur Sicherheitsleistung I 858; — Ausschluß der Hinterlegungspflicht hinsichtlich zum eingebrachten Gut der Frau gehöriger IV 295; — bei Errungenschaftsgemeinschaft IV 628; — hinsichtlich R. des Kindes IV 1118; — des Mündels IV 1478; — Ausschluß der Hinterlegungspflicht hinsichtlich zum Nachlaß gehöriger, bei Nacherbfolge V 548; — Hinterlegung von R. des Mündels auf besondere Anordnung IV 1477, 1478; — Besitz des Nießbrauchers daran III 891; — Beschaffung neuer zu den belasteten Papieren III 895; — Erstreckung des Pfandrechts am Wertpapier auf R. III 1525; — selbständige Verpfändung III 1520, 1526; — Vorlegungsfrist II c 1628; — Rechte aus abhanden gekommenen oder vernichteten R. II c 1635; — Ausgabe neuer R., Legitimation zum Empfang II c 1637; — Ausschluß der Kraftloserklärung II c 1623; — Ausschluß der Rechte aus abhanden gekommenen oder vernichteten R. bei Schuldverschreibungen eines Bundesstaats oder ihm angehörender juristischer Personen VI a 255; — R. von Inhaberpapieren: Übergangsbestimmungen VI a 465, 471.
Rentenschuld: Begriff, rechtliche Natur, Bedeutung III 943, 1371; — Bestellung, Ablösungssumme III 1372; — Erwerb der Briefrentenschuld III 1036; — Ausstellung des Rentenschuldbriefes, Ausschluß derselben III 1029; — Entrichtung der Leistung, der Ablösungssumme III 1374; — Entrichtung der Leistungen durch den Nießbraucher III 854; — Beseitigung beim Grundstückskauf II b 66; — Übernahme bei Grundstücksveräußerung II a 877; — Geltendmachung, Legitimation des Gläubigers III 1199; — Ablösungsrecht III 1375; — Übergang auf den Grundstückseigentümer durch Befriedigung des Gläubigers III 1134; — Kündigung III 1375; — zeitliche Begrenzung des Kündigungsrechtes VI a 302; — Verfügungsrecht des Vorerben V 539; — Kündigung und Einziehung durch den Vorerben V 534, 538; — Befreiung von der Beschränkung hiebei V 566, 567; — Rangrücktritt III 146, 150; — Ausschluß des Übergangs auf Trennstücke des Grundstücks VI a 311; — Übertragung III 1175; — Geltendmachung von Einreden gegen den Rechtsnachfolger des bisherigen Gläubigers III 1190; — Umwandlung in gewöhnliche Grundschuld und umgekehrt III 1376; — Gesamtrentenschuld III 1101; — Löschung III 127; — Löschungsvormerkung III 1281; — Erlöschen durch Befriedigung III 1293, 1297; — Aufhebung durch Rechtsgeschäft III 1302; — Nießbrauch daran III 884, 891; — öffentlicher Glaube der Übertragungsurkunden III 1185; — Schutz des Rechts durch das Grundbuch, Vermutung für den Rechtsbestand, Berichtigung des Grundstücks in Ansehung der R. III 1116; — Verpfändung III 1488, 1516; — Verpfändung zur Sicherheitsleistung I 856; — Tauglichkeit hiezu I 860; — Bedeutung der Rückgabe des Briefes III 1496; — Ausschluß des unbekannten Gläubigers III 1250; — Rechte des Berechtigten bei Wiederherstellung eines zerstörten Gebäudes an anderer Stelle VI a 282; — Rechte an der Entschädigungssumme bei Zwangsenteignung des belasteten Grundstücks VI a 88; — Zeugnis des Nachlaßgerichts über Rechtsnachfolge in R.

V 1027; — Zugehörigkeit zum Gesamtgut der Fahrnisgemeinschaft IV 677; — auf dem eingebrachten Gut der Frau lastende IV 276; — Verfügungen des Vaters über R. des Kindes IV 1030; — R. des Mündels: Verfügungsrecht des Vormunds IV 1465; — Verfügungsbeschränkung IV 1479, 1482, 1486; — Mündelsicherheit einer R. IV 1443, 1444; — R. auf dem Vermächtnisgegenstand V 600, 601; — bei Beschädigung durch Bergbau VI a 157; — R. auf Familienfideikommiß-, Lehens- und Stammgütern VI a 133; — für Meliorationsdarlehen VI a 304.

Rentenschuld am Erbbaurecht: Zulässigkeit III 710; — Erfordernis der Zustimmung des Grundstückseigentümers zur Bestellung III 691, 692; — Ersetzung der Zustimmung III 691, 694; — Voraussetzung der Eintragung III 729; — Einfluß des Heimfalles des Erbbaurechts III 770; — Übernahme von Rückständen durch den Grundstückseigentümer III 770, 772; — Rechte des Gläubigers an der Entschädigungsforderung nach Erlöschen des Erbbaurechts III 759; — Wiederaufleben nach Erneuerung des Erbbaurechts III 763, 767.

— Aufwertung III 1344.

— der deutschen Rentenbank III 1344, 1347.

Rentenschuldbrief III 1373; — Ausstellung, Ausschluß der Ausstellung III 1029; — Eigentum und andere Rechte daran III 518, 1026; — Vorlage zur Grundbuchberichtigung III 268; — Bedeutung der Rückgabe nach Verpfändung der R. III 1496; — Hinterlegung von R. des Mündels IV 1479.

Reparatur der mangelhaften Kaufsache II b 122, 157.

Reparaturen am Mietgegenstand II b 410, 414, 419, 482; — siehe auch „Ausbesserung".

Reparaturschein, rechtliche Natur II c 1643.

Replica compensationis II a 739.

— **doli** gegenüber Verjährungseinrede I 834.

— **doli generalis** I 746.

Repräsentation des Erblassers V 13.

Repräsentationstheorie bei Stellvertretung I 686.

Reservation: Begriff I 455.

Res extra commercium, sacrae, sanctae, religiosae, Besitz III 25, 292; — Ersitzung III 494.

— **in commercio, extra commercium** I 343.

— **omnium communes, res publicae, sacrae, sanctae, religiosae** I 344, 345.

Restaurateure: Haftung II c 1175.

Restitutionsklage gegen das Urteil auf Auflösung oder Nichtigkeitserklärung einer Ehe: Ehehindernis IV 50, 52.

Retablissementsgesetze VI a 282.

Retentionsrecht, kaufmännisches III 1380; — Untergang durch Veräußerung der Sache III 490; — siehe „Zurückbehaltungsrecht".

Retentionsvertrag III 49.

Retorsionsrecht I 43, VI b 822, 834; — im Erbrecht VI b 690, 710, 714, 837; — ausländisches, über Erbrecht VI b 719; — der Länder VI b 837.

Retraktrecht III 919; — der Teilhaber an einer Gemeinschaft II c 1413; — an ritterschaftlichen Erbstammgütern in Preußen VI a 134.

Reugeld II a 585; — Draufgabe als R. II a 576; — R. für Rücktritt vom Vertrag II a 636.

Reuß: Ausführungsgesetze zum BGB. VI a 102.

Reuvertrag II a 609.

Revenuenhypothek, -grundschuld III 964, 968, 1372, VI a 527; — Aufrechterhaltung nach Landesrecht VI a 516, 521; — R. auf Familienfideikommiß-, Lehens- und Stammgütern VI a 133.

Revisibilität des ausländischen Rechts VI b 44; — der Kollisionsnormen VI b 44; — bei Rück- und Weiterverweisung VI b 47, 742; — des interlokalen Privatrechts VI b 48.

Revision in bürgerlichen Rechtsstreitigkeiten: Zuständigkeit des Reichsgerichts VI a 21; — wegen Verletzung der Auslegungsregel des § 133 BGB. I 552; — hinsichtlich der Frage der Sittenwidrigkeit eines Rechtsgeschäfts I 581.

Rezeption des römischen Rechtes I 1.

Reziprokes Testament V 811; — Einsetzung eines Erben des zuletzt Versterbenden, Vermächtnis an einen Dritten V 815, 816.

Richter: Fähigkeit der Frau I 44; — Haftung aus Amtspflichtverletzungen der R. II c 1922, 1931, 1941; — Testamentserrichtung vor dem R. V 735, 752; — zuzuziehende Personen V 753; — Zuständigkeit V 753; — Ausschluß von der Mitwirkung V 754, 755; — Form V 757, 758; — Prüfung der Testierfähigkeit bei Testamentserrichtung V 734, 735; — Haftung für Verletzung von Formvorschriften V 753; — Zuständigkeit zur Errichtung des Erbvertrages V 841; — Verwahrung des Erbvertrages V 843.

Richtlinienverträge II b 5.

Richtpreise: Überschreitung I 560, II b 20.

Rinderpestgesetz: Rechte Dritter an der Entschädigung für Tötung von Tieren im öffentlichen Interesse VI a 87.

Rindvieh: Gewährschaft II b 227; — Gewährsmängel und -fristen II b 229, 230.

Ritterschaftliche Familien: erbrechtliche Verhältnisse V 3, VI a 595.

Ritterschaftliche Kreditanstalten VI a 435.

Roggenrenten III 943.

Rohren der Pferde, Esel, Maulesel und Maultiere: Gewährfrist II b 230.

Rohrleitung III 803, 808.

Rohrnutzungsvertrag: Formerfordernis II b 541, 603.

Rotlauf der Schweine: Gewährfrist II b 230.

Rotwild: Wildschadensersatz II c 1907.

Rotz der Pferde, Esel, Maulesel und Maultiere: Gewährfrist II b 230.

Rückbürgschaft II c 1479; — gesamtschuldnerische Haftung der Rückbürgen II c 1497; — Einrede der Vorausklage II c 1502; — Einfluß der Befriedigung des Gläubigers II c 1514.

Rückerstattung zu unrecht erhobener Abgaben und Verfahrenskosten II c 1669; — zu unrecht erhobener Abgaben und Verfahrenskosten VI a 262; — des Darlehens II b 674; — gewährten Unterhalts IV 906.

Rückfallsrecht bei Grundstücken II a 216; — nach französischem Recht VI a 493.

Rückforderung des zur Befriedigung eines verjährten Anspruches Geleisteten I 830; — der Schenkung: wegen unterbliebener Erfüllung einer Auflage II b 327, 328; — wegen Dürftigkeit des Schenkers II b 329; — Ausschluß der R. bei Pflicht- und Anstandsschenkungen II b 339; — wegen selbstverschuldeter Dürftigkeit des Schenkers, wegen Dürftigkeit des Beschenkten II b 332; — R. nach Widerruf der Schenkung II b 336; — R. der ungerechtfertigten Bereicherung wegen mangelnden Rechtsgrundes II c 1680; — wegen einer dem Anspruch entgegenstehenden Einrede II c 1691; — Ausschluß der R. vorzeitiger Leistung II c 1691; — Ausschluß bei Kenntnis von dem Nichtbestehen einer Schuld II c 1694; — bei Erfüllung einer sittlichen oder Anstandspflicht II c 1614, 1697; — im Falle der Unmöglichkeit des mit der Leistung bezweckten Erfolges, wegen Verhinderung des Eintritts des Erfolges II c 1699; — R. wegen Verstoß der Annahme gegen ein gesetzliches Verbot oder die guten Sitten II c 1734; — R. wegen Nichteintritt des Erfolgs oder wegen Wegfall des Rechtsgrundes II c 1680, 1686, 1687, 1688; — Umfang des Rückforderungsrechts II c 1664, 1718; — bei bösem Glauben des Empfängers II c 1734; — bei Nichteintritt des Erfolges oder Wegfall des Rechtsgrundes II c 1737; — R. gegenüber einem Dritten II c 1741; — R. der verwahrten Sache II c 1167; — zu Unrecht erhobener Steuern, Abgaben II c 1670; — des amtlich verwahrten Testamentes V 787, 792.

Rückgabe der Bestallung des Vormunds IV 1615; — des Gegenvormundes IV 1618; — R. der Draufgabe wegen Aufhebung des Vertrags II a 577; — bei Schadensersatzleistung wegen Nichterfüllung II a 578; — des Inventars des Pachtobjekts II b 622; — der Mietsache II b 490; — des Gegenstands des Nießbrauchs III 861; — des landwirtschaftlichen Pachtobjekts II b 626; — Entschädigung wegen nicht rechtzeitiger R. eines Pachtgegenstandes II b 635; — des Pfandes, Wirkung III 1459; — Anspruch auf Rückgabe wegen peremtorischer Einrede III 1462; — R. der bei Verpfändung eines Rechts zu übergebenden Sache III 1496; — R. der durch unerlaubte Handlung entzogenen Sache, Haftung II c 1989; — der Vollmachtsurkunde I 721.

Rückgängigmachung des Kaufs (siehe auch „Wandelung") II b 152; — des Werkvertrags II c 959.

Rückgewähr bei der Wandelung II b 180.

Rückgriff der Armenverbände auf den Unterstützten und die unterhaltspflichtigen Personen VI a 259; — des Bürgen auf den Hauptschuldner II c 1507; — Forderungsübertragung zur Vermittelung eines R. II a 852.

Rückgriffshypothek des persönlichen ersatzberechtigten Schuldners III 1227.

Rückkaufshändler: Geschäftsbetrieb VI a 236.

Rückkaufsrecht III 921.

Rücknahme der hinterlegten Sache II a 712; — Übertragbarkeit des Rechts II a 716; — Wirkung II a 720; — Unpfändbarkeit des Rechts II a 715; — R. während des Konkurses des Schuldners II a 715; — nach Verjährung des Erhebungsrechtes des Gläubigers II a 725; — R. der verwahrten Sache II c 1167; — des Testaments aus der amtlichen Verwahrung V 787, 792; — des gemeinschaftlichen T. V 793, 831.

Rückstände von Zinsen und anderen wiederkehrenden Leistungen: Verjährung I 788; — nach rechtskräftiger Feststellung I 826; — Haftung von Pfändern nach der Verjährung I 834.

Rücktritt vom Verlöbnis, rechtliche Natur, Voraussetzungen IV 16, 17; — Schadensersatzpflicht IV 20; — bei Veranlassung des R. des anderen Teils IV 24; — Entschädigung wegen Gestattung des Beischlafs IV 24, 25; — Verjährung der Ansprüche IV 30.

Rücktritt vom Vertrag II a 607; — zeitlich anzuwendendes Recht VI a 451; — gesetzliches R.-Recht II a 610; — Vorbehalt desselben II a 612, 635; — Wesen II a 607; — Wirkung II a 608; — Rechtsgrund II a 609; — verwandter Erscheinungen II a 611; — rechtliche Natur II a 607, 613; — Form der Erklärung II a 608, 619; — Ausschluß von Bedingungen II a 608, 620; — Unwiderruflichkeit II a 608, 620; — Erfüllungsort für die Rückgewähr II a 614; — zeitliche Grenze, Fristbestimmung für die Ausübung II a 631; — Vererblichkeit und Übertragbarkeit des Rechts II a 608; — Ausschluß der Geltendmachung durch den Bürgen II c 1499; — Unverjährbarkeit des Rücktrittsrechts II a 607; — Ausübung bei Mehrheit von Berechtigten oder Verpflichteten II a 632.

— Wirkungen der Rücktrittserklärung II a 608, 614; — Wegfall der Wirkungen des R. II a 621; — Schadensersatzpflicht bei Unmöglichkeit der Herausgabe, Herausgabe von Nutzungen, Ersatz von Verwendungen, Verzinsung von Geld II a 616; — Ersatz von Verwendungen II a 626; — Zug um Zugleistung bei Erfüllung der gegenseitigen Verpflichtungen II a 618; — R. wegen veränderter Umstände II a 611; — wegen verschlechterter Verhältnisse II a 468; — Erklärung wegen Verzugs des Schuldners II a 342, 350; — Erklärung wegen teilweiser Unmöglichkeit der Leistung II a 308, 311; — Erlöschen bei Mehrheit von Berechtigten II a 632; — Einfluß des zufälligen Untergangs der Sache II a 621, 622.

— Ausschluß wegen Veräußerung oder Belastung der Sache II a 623, 627; — nach Verarbeitung oder Umbildung II a 626; — bei

verschuldeter Verschlechterung, Untergang oder Unmöglichkeit der Herausgabe der Sache II a 623; — Unwirksamkeit der Rücktrittserklärung infolge Verzugs mit der Rückgewähr II a 629; — Erlöschen durch Fristablauf II a 631; — Verzicht auf das Recht II a 621, 632.

Rücktritt vom Vertrag: Besondere Fälle: R. wegen Nichterfüllung der Verbindlichkeit II a 635; — Beweis des Rücktrittsvorbehalts und der Erfüllung II a 636; — R. gegen Entrichtung eines Reugeldes II a 636; — beim Vorbehalt der Rechtswirkung II a 638; — beim Fixgeschäft II a 639; — R. vom gegenseitigen Vertrag wegen Verzugs des Schuldners II a 481, 507; — bei verschuldeter Unmöglichkeit der Leistung II a 480, 496, 504; — Form und Wirkungen des R. II a 533; — R. vom Vertrag über Annahme einer Sache an Erfüllungs Statt II a 683; — beim passiven Gesamtschuldverhältnis II a 634; — R. vom Vertrag zugunsten eines Dritten II a 568; — vom Kaufvertrag II b 46, 73, 188; — bei Wandlung II b 179; — Ausschluß bei Stundung des Kaufpreises II b 103; — R. wegen Mängel im Recht II b 69, 73; — R. im Falle Eigentumsvorbehalts bis zur Kaufpreiszahlung II b 108; — Unwirksamkeit der Vereinbarung des R. beim Vorkaufsrecht II b 279; — R. vom Pachtvertrag II b 610; — R. vom Werkvertrag wegen nicht rechtzeitiger Herstellung des Werks II c 969; — R. vom Vertrag mit einer Ehefrau IV 322.

Rücktritt vom Erbvertrag: bei Vorbehalt des Rücktrittsrechtes V 873; — R. von einzelnen Verfügungen wegen Verfehlungen des Bedachten V 875; — wegen Wegfall des Grundes der Verfügung V 876; — R. vom gegenseitigen Erbvertrag V 879; — Form V 877; — nach dem Tode des anderen Teiles V 878; — Ausschluß der Vertretung V 877; — Unwiderruflichkeit der Rücktrittserklärung V 874, 878; — Wirkung für einseitige Verfügungen im Erbvertrag V 882.

Rücktrittsrecht: Vormerkung im Grundbuch III 171; — Ausübung eines zum Nachlasse gehörigen V 374; — Einfluß auf die Verjährung I 791.

Rückverweisung eines ausländischen Gesetzes auf deutsche Gesetze VI b 13, 740, 743, 747; — kraft Analogie VI b 743; — ausländisches Recht VI b 755; — beiderseitige R. VI b 750; — eingeschränkte R. VI b 749; — R. kraft Staatsvertrags VI b 755; — unechte R. VI b 749; — Verhältnis zum ordre public (Vorbehaltsklausel) VI b 752; — hinsichtlich des für die Adoption geltenden Rechts VI b 601; — bezüglich des für die Eheschließung geltenden Rechts VI b 258; — bezüglich der persönlichen Rechtsbeziehungen der Ehegatten VI b 296; — hinsichtlich des ehelichen Güterrechts VI b 333; — bezüglich der Ehescheidung VI b 430, 754; — hinsichtlich des Erbrechts von Ausländern VI b 704, 742, 757, 761; — in Ansehung der Form von Rechtsgeschäften VI b 168, 173, 192; — bei Feststellung der Geschäftsfähigkeit VI b 88; — nach dem Domizilprinzip VI b 87; — nach dem Prinzip der lex loci actus VI b 90; — nach dem Prinzip der lex rei sitae VI b 90; — bezüglich der ehelichen Abstammung der Kinder VI b 458; — bezüglich des Rechtsverhältnisses zwischen Eltern und Kindern VI b 487; — bezüglich des Rechtsverhältnisses zwischen unehelichem Kind und Mutter VI b 503; — bezüglich des Rechtsverhältnisses zwischen unehelichem Kind und Vater VI b 540; — hinsichtlich des für die Legitimation geltenden Rechts VI b 564; — hinsichtlich der Rechtsverhältnisse Staatenloser VI b 779, 782.

Rückwirkung der Aufrechnung II a 754; — der Aufwertung III 973; — der erfüllten Bedingung I 664; — der Genehmigung von Rechtsgeschäften I 747; — der Gesetze VI a 397, 398; — der Hinterlegung bei Übersendung mit der Post II a 712; — des Urteils auf Aufhebung der Nutznießung und Verwaltung des Mannes am eingebrachten Gut IV 373; — auf Aufhebung der Gütergemeinschaft IV 516.

Rückzahlung verzinslicher Staatsschulden VI a 253.

Ruhegehalt: Aufrechnung, Übertragbarkeit VI a 205; — Beschränkung der Aufrechnung dagegen II a 768; — Benachrichtigung der auszahlenden Kasse von der Abtretung II a 850; — Verjährung des Anspruchs I 788, 789.

Ruhen der elterlichen Gewalt: Begriff und Wirkungen IV 978, 1134; — der e. G. des Vaters: wegen rechtlicher Verhinderung IV 1135, 1137; — Stellung der Mutter neben dem Vormund IV 1180; — wegen tatsächlicher Verhinderung IV 1135, 1139; — Wirkungen IV 1141; — hinsichtlich der Vermögensverwaltung IV 1146; — Fortführung der Geschäfte IV 1148; — Ausübung durch die Mutter IV 1156, 1180; — R. d. e. G. der Mutter IV 1152, 1177.

— der Verjährung I 797.

Ruhen der Erbschaft V 7, 24, 81.

Ruhestörungen des Mieters II b 475.

Rumänien: Gerichtsbarkeit in Scheidungssachen VI b 398; — Verbürgung der Gegenseitigkeit in Scheidungssachen VI b 415; — Rück- und Weiterverweisung VI b 759; — Staatsvertrag betr. Grunderwerb VI a 227; — betr. juristische Personen VI b 153.

Rundfunkrecht III 310.

Rundfunkverkehr: Duldung durch den Vermieter II b 474.

Ruption von Testamenten V 730.

Ruß: Zuführung auf fremde Grundstücke III 308, 325.

Rußland: Anerkennung russischer Ehescheidungsurteile im Inland VI b 411, 412, 415; — Gerichtsbarkeit in Scheidungssachen VI b 398; — Verbürgung der Gegenseitigkeit in Scheidungssachen VI b 415; — Privatscheidung des russischen Rechts VI b 438; — internationales Erbrecht VI b 710; — Erbrecht des Fiskus in R. VI b 732; — für die Abstammung

der Kinder geltendes Recht VI b 457; — für uneheliche Kinder geltendes Recht VI b 500; — bezüglich der Legitimation geltendes Recht VI b 568; — für den Namen der Ehegatten geltendes Recht VI b 291, 295; — Nationalisierung in R. VI b 827, 834; — Staatsverträge: Konsularvertrag mit R.: Zuständigkeit der Konsuln zur Eheschließung VI b 256, 808; — zur Ehescheidung VI b 392, 440; — zur Beurkundung und Beglaubigung von Rechtsgeschäften VI b 190; — zu vormundschaftsgerichtlicher Tätigkeit VI b 627; — Niederlassungsabkommen mit R.: betr. Grunderwerb VI a 227; — Anerkennung juristischer Personen VI b 150; — deutsch-russisches Nachlaßabkommen V 142, VI b 51, 694, 704, 731.

Russische Emigranten: für ihre Rechtsverhältnisse geltendes Recht VI b 734, 795; — Eheschließung r. E. VI b 266.

S.

Sachbeschädigung: Ersatzleistung II a 131, 133, 136; — Schadensersatzpflicht wegen unerlaubter Handlung II c 1768, 1771; — Ausschluß der Schadensersatzpflicht bei Notstand I 846, 849, 850, II c 1781; — bei erlaubter Selbsthilfe I 851, II c 1781; — Verzinsung der Wertminderung II c 1990; — Befreiung durch Ersatzleistung an den Besitzer II c 1991; — S. durch Einsturz eines Gebäudes: Haftung des Besitzers und des früheren Besitzers des Grundstücks II c 1911; — des dinglich Berechtigten II c 1920; — des zur Unterhaltung Verpflichteten II c 1921; — S. durch Tiere II c 1881, 1894, 1906; — Haftung des Aufsichtspflichtigen II c 1906; — Verhältnis mehrerer Verantwortlicher II c 1953.

Sacheinheit und Sachenmehrheit I 338.

Sachen: Begriff I 336, 348, III 3, 4; — im Sinne der Landesgesetze I 352; — Verkehrsfähigkeit und -unfähigkeit I 343; — für die Form der Begründung von Rechten an S., der Verfügung über solche Rechte maßgebendes Recht VI b 163, 189; — bewegliche, Geltung des Sachstatuts VI b 765; — Entschädigung für Verlust einer S. II a 171; — S. als Gegenstand eines Kaufvertrages II b 11, 23; — Vorlegung von S. II c 1648; — Ort, Gefahr und Kosten derselben II c 1660; — Vorbehalte zugunsten der Landesgesetzgebung VI a 272.

Sachenrecht: Begriff III 1, 2; — Anwendbarkeit der Vorschr. des allgem. Teils III 3; — zwingende Natur der Vorschriften III 5; — Zahl und Arten der Sachenrechte III 5, 6, 7; — Rechtsgeschäfte des Sachenrechts III 9; — bewegliche und unbewegliche Sachen III 8; — Vorbehalt zugunsten der Landesgesetzgebung III 8; — Übergangsbestimmungen III 13; — internationales Recht III 13; — Bedeutung der Vorbehaltsklausel VI b 803; — wirtschaftliche Seite III 12.

Sachenrechte: Ausschluß der Begründung nicht zugelassener III 6; — Ausschluß der Eintragung nicht zugelassener in das Grundbuch III 6; — Übertragbarkeit II a 855.

Sachenrechtliche Rechtsgeschäfte: für die Form räumlich geltendes Recht VI b 164.

Sachenrechtliche Übergangsvorschriften VI a 476.

Sachgesamtheit, Begriff, rechtliche Behandlung I 339, 340, II a 185; — Besitz III 25; — kein Eigentum daran III 292; — Ausschluß einheitlicher dinglicher Rechte daran III 4; — Vindikation III 581; — Verkauf unter Eigentumsvorbehalt II b 109; — Verpfändung III 1383, 1394.

Sachgewährleistung II b 118; — s. auch „Gewährleistung, Mängel“.

Sachhaftung II a 5, 7.

Sachinbegriff: Begriff, rechtliche Behandlung I 339; — Auskunft über den Bestand bei Herausgabe II a 184; — Eigentumsübertragung III 439; — Herausgabe durch den Beauftragten II c 1098; — Verbrauchbarkeit der einzelnen Sachen I 357; — Nießbrauch daran III 843; — Vermächtnis eines S. V 581, 600, 612; — Vindikation III 581.

Sachnormen: Begriff VI b 3.

Sachnormverweisung VI b 20, 745.

Sachsen: Ausführungsgesetze zum BGB. VI a 99; — Anlegung von Mündelgeld in Hypotheken IV 1446; — bei Sparkassen IV 1451; — in Wertpapieren IV 1453; — bei Privatbanken IV 1457; — bei Hinterlegungsstellen IV 1457; — Anzeige von Todesfällen V 132; — Aufnahme des Verzeichnisses des Kindervermögens IV 1052; — Beamtenrecht VI a 197, 206; — Befreiung von Ehehindernissen, vom Aufgebot IV 89; — Befreiung von den Erfordernissen der Annahme an Kindes Statt IV 1313; — Beurkundung des Vaterschaftsanerkenntnisses IV 1263; — Ehelichkeitserklärung IV 1280; — Eheschließung von Beamten IV 66; — von Ausländern IV 70; — dienstliche Bewilligung zur Übernahme einer Vormundschaft IV 1398; — öffentliche Fürsorge IV 899; — Gemeindewaisenrat IV 1565, 1567; — Genehmigung der Emission von Inhaberschuldverschreibungen II c 1615; — Grundbuchrecht III 88, 90; — Güterrechtsregister IV 690; — Hinterlegungswesen IV 297; — Nachlaßsicherung V 128, 132, 133; — Namensänderung I 115; — Namenserteilung an das uneheliche Kind der Ehefrau IV 1206; — religiöse Kindererziehung IV 1002; — Schutz des gutgläubigen Dritten bei Änderung des Güterstandes von Eheleuten IV 413; — Staatsschuldbuch IV 299; — Verwahrung der Testamente V 778; — Entziehung der Rechtsfähigkeit des Vereins I 244; — zuständige Verwaltungsbehörde I 283, 290; — Genehmigung von Stiftungen I 312, 317; — Zuständigkeit für die Verrichtungen bei Erklärung über den Namen der geschiedenen Frau IV 791; — Zuständigkeit für die öffentliche Beurkundung I 535; — in Nachlaßsachen V 100; — für Beglaubigung von Unterschriften I 537; — von Handzeichen I 531; — Zu-

ständigkeit zur Errichtung und Eröffnung letztwilliger Verfügungen V 728, 736; — zur Aufnahme des Nachlaßinventars V 290; — Zuständigkeit für die Beurkundung des Vaterschaftsanerkenntnisses IV 1263; — Zuständigkeit des Gerichtsschreibers in Vormundschaftssachen IV 1359.
Sächsisches Gesetz betr. die juristischen Personen VI a 434.
Sachstatut, Begriff VI b 6; — Verhältnis zum Erbstatut VI b 628, 683, 725; — zum Elternrechtsstatut VI b 487, 771; — zum Güterrechtsstatut VI b 336; — zum Personalstatut des Mündels hinsichtlich der Vormundschaft VI b 606; — Verhältnis zum Vermögensstatut VI b 763, 765.
Sachverständige: Feststellung des Wertes beim Nießbrauch an verbrauchbaren Sachen III 874; — Feststellung des Zustandes des eingebrachten Gutes IV 241; — bei Errungenschaftsgemeinschaft IV 634; — bei Fahrnisgemeinschaft IV 675; — Feststellung des Zustandes der Erbschaftsgegenstände im Falle der Nacherbfolge V 554; — des Zustandes der Nießbrauchsache III 843; — beim Wohnungsrecht III 916; — Haftung aus Pflichtverletzungen II c 1929; — Haftung aus Grundstückschätzung VI a 193; — Unfähigkeit des Verlobten zum S. IV 15; — Verjährung ihrer Ansprüche auf Gebühren I 780, 787.
Sachwerthypothek III 1010.
Sachleihe, -miete II b 642.
Safes II b 590, 1152; — Rechts- und Besitzverhältnis III 61; — Verpfändung in S. befindlicher Sachen III 1396.
Saldotheorie II c 1729.
Salpeterregal VI a 176.
Salzquellen III 307.
Salzregal VI a 175.
Samen: Bestandteil des Grundstücks I 364, 365; — Eigentumserwerb III 503; — Bestandteil des Erbbaurechts III 761.
Sammeldepot II c 1173.
Sammelheizungsanlagen, VO. darüber II b 347.
Sammelsendung beim Genuskauf, Gefahrübergang II b 97.
Sammelvermögen: rechtliche Natur des Spendungsgeschäfts II b 294; — Form der Zuwendung II b 313; — Zeichnung eines Beitrags II a 398; — letztwillige Zuwendung an ein S. V 452; — Pflegschaft IV 1664; — Pfl. über S. bei ausländischen Beteiligten VI b 622.
Sammelvormund IV 1379, 1404; — Verpflichtung IV 1408; — Berücksichtigung des religiösen Bekenntnisses IV 1389; — siehe auch „Anstaltsvormund".
Sammlungen zu wohltätigen Zwecken II b 294, 313.
Sand: Gewinnung durch den Nießbraucher III 846; — Gewinnung durch den Pächter II b 601.
Sandstreuen bei Glatteis II c 1788.
Satzung siehe „Vereine".
Schaden: Begriff II a 112; — bei Ausübung des Selbsthilferechts I 851.
Schadensersatz: Grundsatz der Naturalrestitution II a 114, 131, 132; — Ausnahmen II a 114, 115; — Kausalzusammenhang II a 122; — Beweis desselben II a 130; — Art der Ersatzleistung II a 131; — Fristbestimmung für Wiederherstellung, Geldentschädigung nach Fristversäumung II a 115, 138; — Abtretbarkeit der Schadensersatzforderung II a 792; — Umfang II a 116; — Ersatz entgangenen Gewinnes II a 116, 146; — primäre Geldentschädigung bei Unmöglichkeit der Wiederherstellung usw. II a 115, 141; — mitwirkendes Verschulden des Beschädigten II a 154; — Sch. bei nicht vermögensrechtlichem Schaden II a 153; — Abtretung der Ansprüche des Ersatzberechtigten auf Grund des Eigentums an der Sache oder des Rechtes gegen Dritte II a 171, 172; — compensatio lucri cum damno II a 120; — Sch. bei unerlaubten Handlungen, anzuwendendes Recht VI b 198; — bei Verlöbnisbruch VI b 267; — Geltung der Vorschriften des BGB. für in anderen Reichsgesetzen geordnete Schadensfälle VI a 33.
Schadensersatzanspruch des Vermieters bei außerordentlicher Kündigung II b 485; — wegen Nicht- oder nicht gehöriger Erfüllung, Verjährung I 780; — wegen Opferung eigener Sachen zur Schonung fremder I 850; — wegen Vereitelung oder Beeinträchtigung bedingter Rechte I 665; — neben dem Eigentumsanspruch III 580; — wegen übermäßiger Immissionen III 324; — wegen Anlagen auf dem Nachbargrundstück III 327, 328; — wegen Abgrabungen III 336; — wegen schädigender Ausübung der Grunddienstbarkeit III 810; — Sch. des Pfandgläubigers wegen Beeinträchtigung III 1424; — wegen unerlaubter Handlung, Verjährung I 793, II c 1993.
Schadensersatzpflicht: bei Anfechtung einer Willenserklärung I 496; — wegen Anlagen auf dem Nachbargrundstück III 327; — bei Aufläufen VI a 270; — bei Aufrechnung mit einer Forderung mit anderem Leistungsort II a 760; — bei Ausgabe von Inhaberpapieren ohne Genehmigung II c 1012, 1617; — wegen Beeinträchtigung des Eigentums III 626; — des Besitzers für Schäden bei Ausübung des Verfolgungsrechts III 62, 64; — wegen Verletzung fremden Besitzes III 48; — des Beschwerten wegen Nichterfüllung des Vermächtnisses V 624; — des Dienstberechtigten bei ungenügender Sorge für Leben und Gesundheit des Bediensteten II b 843, 852; — wegen Drohung und arglistiger Täuschung I 513; — bei verbotener Eigenmacht III 40, 44; — des Erben wegen unterlassenen Antrages auf Nachlaßkonkurs V 231; — des Erbschaftsbesitzers bei Unmöglichkeit der Herausgabe von Erbschaftssachen V 334; — der Familienratsmitglieder IV 1587; — Sch. von Gemeindewaisenräten IV 1565; — bei Geschäftsführung in Widerspruch mit dem Willen des Geschäftsherrn II c 1132; — bei der Gesellschaft für Mängel an der eingebrachten Sache II c 1235; — des Gesellschafters wegen un-

zeitiger Kündigung II c 1291; — des Gewalthabers gegenüber dem Kinde IV 1100; — wegen Hinterlegung am unrichtigen Ort, wegen unterlassener Hinterlegungsanzeige II a 711; — des Hinterlegers wegen unterlassener Versteigerungsanzeige II a 732; — des Hinterlegers für Schäden infolge der Beschaffenheit der Sache II c 1164; — aus Immissionen III 324; — bei außerordentlicher Kündigung des Dienstverhältnisses II b 907, 909.

Schadensersatzpflicht wegen Nichterfüllung: Rückgabe oder Anrechnung des Draufgeldes II a 578; — Vertragsstrafe als Mindestbetrag II a 591, 594; — Leistungsort II a 224.

— beim Kauf wegen schuldhaft mangelhafter Lieferung II b 120; — wegen Mängel im Recht II b 69, 77; — wegen Mängel einer zugesicherten Eigenschaft II b 159, 163; — Verjährung des Anspruches II b 202; — Aufrechnung mit demselben II b 215; — bei Lieferung mangelhafter Gattungssachen II b 216, 223, 224; — beim Viehkauf II b 239; — Verjährung des Ersatzanspruchs II b 242; — Sch. beim Wiederkauf II b 267.

— bei der Miete: des Vermieters wegen Mängel im Recht II b 435; — wegen Mängel der Sache II b 428; — Ausschluß bei Kenntnis des Mieters von den Mängeln II b 433; — bei außerordentlicher Kündigung II b 440; — Ausschluß bei unterlassener Mängelanzeige II 450, 451; — des Mieters wegen vertragswidrigen Verhaltens II b 471; — wegen Unterlassung der Mängelanzeige II b 451; — wegen verzögerter Rückgabe der Sache II b 497; — Haftung des Erwerbers des Mietgrundstücks II b 554, 565; — Sch. des Nachlaßpflegers V 233; — bei Nichtigkeit einer Willenserklärung I 496; — bei verstecktem Dissens I 640; — aus Notstands- und Nothilfehandlungen III 296; — Ausschluß im Falle von Notwehr I 844; — Sch. bei Putativnotwehr I 845, 846.

— des Pächters wegen verspäteter Rückgabe des Pachtobjektes II b 635; — des Pfandgläubigers wegen nicht rechtmäßigen Pfandverkaufs III 1444; — bei Übertragung der Forderung mit dem Pfandrecht III 1456, 1457.

— des Schenkers bei Mängeln im Recht II b 318; — bei Mängeln der Sache II b 320; — aus vermeintlich berechtigter Selbsthilfe I 854; — Ausschluß bei erlaubter Selbsthilfe I 853; — Sch. aus Notstandshandlungen I 846, 850; — der Stiftung für Handlungen ihrer Vorstände und Vertreter I 327; — einer Stiftung des öffentlichen Rechts I 333; — wegen Tötung und Körperverletzung nach dem Haftpflichtgesetze VI a 63, 64, 65; — Verjährung des Schadensersatzanspruchs VI a 65, 70; — Sch. des Testamentsvollstreckers V 233, 712.

— Sch. bei Unmöglichkeit der Herausgabe, Verschlechterung einer Sache II a 362; — im Falle des Rücktritts vom Vertrage II a 616; — bei verschuldeter Unmöglichkeit der Leistung II a 307; — Minderung des Ersatzanspruches bei Unmöglichkeit der Leistung um den Wert erlangten Ersatzes II a 312.

Schadensersatzpflicht des Unterhaltspflichtigen IV 934, 938; — des Unternehmers von Anlagen und Betrieben auf öffentlichen Grundstücken VI a 267; — von Eisenbahn- und ähnlichen Betrieben nach Landesrecht VI a 264; — wegen Verarbeitung, Verbindung, Vermischung III 514; — Sch. des Vereins für von Vertretern außerkontraktlich verursachten Schaden I 211; — der Vereinsliquidatoren I 259; — der Vereinsvorstände wegen unterlassenen Konkurseröffnungsantrages I 239; — der Vorstände anderer Juristischer Personen I 212, 218; — des nicht rechtsfähigen Vereins I 219, 268.

— des Verlobten wegen Rücktritts IV 20, 23; — wegen Verlöbnisbruch VI a 531; — wegen Veranlassung des Rücktritts des anderen Teils IV 24; — Verjährung der Ansprüche IV 30; — bei Verstoß eines Vertrags gegen die guten Sitten II a 412; — wegen Vertiefung des Nachbargrundstücks III 336.

— aus einem Vertrag II a 406; — aus einem gegenseitigen Vertrage II a 476, 496; — bei nicht rechtzeitiger Erfüllung einer urteilsmäßigen Leistung II a 319, 496, 506; — Verhältnis des Schadensersatzanspruches zum Anspruche auf Vertragsstrafe wegen Nichterfüllung II a 591; — wegen nicht gehöriger Erfüllung II a 594; — Ausschluß des Schadensersatzanspruchs bei nicht in Geld bestehender Vertragsstrafe II a 598; — des Vertreters ohne Vertretungsmacht I 727, 730, 731.

— Sch. beim Verzug des Schuldners II a 343; — beim gegenseitigen Vertrag II a 481, 507, 518; — beim Viehkauf II b 242; — des Vorerben für unzulässige Verfügungen, Verminderung der Erbschaft V 568; — des Vormunds, Gegenvormunds IV 1524; — wegen unbegründeter Ablehnung der Vormundschaft IV 1404; — des Vormundschaftsrichters gegenüber dem Kinde IV 1132; — gegenüber dem Mündel IV 1559; — wegen Unterlassungen der Bestellung einer Vormundschaft IV 1376; — der Bestellung eines Gegenvormunds IV 1413; — als Vorsitzender des Familienrats IV 1587.

— beim Werkvertrag II a 965; — Verjährung des Anspruchs II a 972, 978; — beim Wiederkauf II b 267.

— **wegen unerlaubter Handlungen**: Inhalt und Umfang der Ersatzpflicht II c 1756; — Ersatzberechtigter II c 1755; — Vererblichkeit des Anspruchs II c 1764; — Gerichtsstand für die Klage II c 1766; — Haftung aus im Auslande begangenen unerlaubten Handlungen II c 1767, VI b 193, 209; — Sonderfälle der Haftung nach den Grundsätzen über Haftung aus u. H. II c 1765; — Sch. Juristischer Personen aus unerlaubten Handlungen I 160.

— Einzelfälle: wegen Versetzung fremder Rechtsgüter, Verstoß gegen Schutzgesetze II c 1768; — Widerrechtlichkeit und Ausschluß derselben II c 1779, 1802; — ursäch-

licher Zusammenhang zwischen Handlung und Schaden II c 1792, 1803; — Schutzgesetze II c 1796; — Ersatzberechtigter und Verpflichteter II c 1755, 1804; — wegen Kreditgefährdung, Benachteiligung im Erwerb und Fortkommen II c 1805; — wegen Bestimmung zum außerehelichen Beischlaf durch Hinterlist usw. II c 1815; — wegen Schadensstiftung unter Verstoß gegen die guten Sitten II c 1818; — Sch. bei Zuwiderhandeln gegen Strafgesetze zum Schutz von Grundstücken VI a 268; — Ausschluß und Beschränkung der Haftung: Allgemeines, Geltungsgebiet der beschränkenden Vorschriften II c 1842; — Einzelfälle: Unzurechnungsfähigkeit des Täters II c 1843, 1844; — jugendliches Alter desselben, Taubstummheit II c 1845; — Haftung aus Billigkeitsgründen in beiden Fällen II c 1848; — Haftung für Schadensstiftung durch Dritte: des Geschäftsherrn für Angestellte oder Arbeiter II c 1855, 1856; — Verhältnis zu anderen Vorschriften (§§ 823, 278, 31, 254) II c 1868; — Haftung des Aufsichtspflichtigen bei Schadensstiftung durch Minderjährige und sonst. Aufsichtsbedürftige II c 1873; — Sch. des Kraftfahrzeughalters II c 1789, 1790; — Sch. des Luftfahrzeughalters II c 1748, 1790, III 305; — Haftung für Schadensstiftung durch Tiere: Haftung des Tierhalters II c 1881, 1882; — Haftung mehrerer Halter eines Tieres, der Halter mehrerer schadenstiftender Tiere II c 1894; — Haftung der Aufsichtspflichtigen II c 1906; — Wildschadensersatz II c 1907; — Haftung aus Einsturz von Gebäuden, Werken, Ablösung von Teilen: Haftung des Grundstücksbesitzers II c 1911; — des Besitzers des Gebäudes oder Werkes II c 1920; — des Unterhaltungspflichtigen II c 1921; — Sch. von Beamten (siehe auch „Beamte") II c 1922; — neben mitverantwortlichen Personen II c 1958; — Art und Umfang der Haftung: Haftung mehrerer Beteiligter, von Anstiftern und Gehilfen II c 1853; — gesamtschuldnerische Haftung mehrerer Verantwortlicher, Regreßansprüche derselben II c 1953; — Umfang der Schadensersatzpflicht wegen einer gegen die Person gerichteten unerlaubten Handlung, Haftung für Schäden im Erwerb und Fortkommen II c 1959; — Leistungen bei Aufhebung oder Minderung der Erwerbsfähigkeit, Mehrung der Bedürfnisse infolge von Verletzung des Körpers oder der Gesundheit II c 1960; — Leistungen im Falle der Tötung II c 1968; — Einfluß der Einwilligung des Getöteten II c 1978; — Entschädigung des Dienstberechtigten für entgangene Dienste des Verletzten II c 1979; — Einfluß des Mitverschuldens des Verletzten auf die Ansprüche wegen Tötung und Schädigung des Dienstberechtigten II c 1983; — Ersatz nicht vermögensrechtlichen Schadens II c 1984; — Verjährung der Ersatzansprüche II c 1993.

Schadenszufügung durch Ausübung eines Rechts I 838.

Schadlosbürgschaft II c 1480; — Einrede der Vorausklage II c 1502; — Wirkung der Befriedigung des Gläubigers II c 1514.

Schafe: Gewährfrist II b 227; — Mängel und Fristen II b 229, 230.

Schalttag: Einfluß auf Fristberechnung I 756.

Schankwirte: Haftung II c 1178; — Verjährung ihrer Forderungen I 779.

Schatz: Entdeckung kein Rechtsgeschäft I 401; — keine Frucht I 386; — kein Bestandteil des Grundstücks I 374; — keine Nutzung I 389; — Eigentumserwerb III 573; — bei bestehendem Erbbaurecht III 678; — kein Recht des Nießbrauchers daran III 849; — im eingebrachten Gut der Frau gefundener IV 271; — im Vorbehaltsgut der Frau gefundener IV 238; — im Kindervermögen gefundener IV 1080; — Eigenschaft als Errungenschaft oder als eingebrachtes Gut bei Errungenschaftsgemeinschaft IV 617, 626; — Fund im Pachtobjekt II b 600; — Gegenstand der Nacherbfolge V 531.

Schätzmänner: Haftung aus Pflichtverletzungen II c 1929; — Haftung bei Grundstücksschätzung VI a 193.

Schätzung des Gesellschaftsvermögens beim Ausscheiden eines Gesellschafters II c 1356; — Irrtum bei Sch. I 487; — Sch. des gepachteten Landgutes II b 630; — eines Landgutes zur Pflichtteilsberechnung V 925, 928; — des Wertes des Nachlasses zur Pflichtteilsberechnung V 925, 927.

Schätzungswert: Sicherheitsleistung zu zwei Dritteln des Sch. beweglicher Sachen I 860; — des Gesamtgutes bei Übernahme durch einen Ehegatten IV 576; — des Inventars beim Nießbrauch III 856; — des Inventars bei der Pacht II b 619, 622; — eines Landgutes bei der Pflichtteilsberechnung V 925, 928; — beim Wiederkauf zum Sch. II b 270.

Schaufelschlagrecht VI a 323.

Schaukästen: Besitzesschutz III 59; — Verbot III 304; — Anbringung am Mietobjekt II b 415.

Schaumburg-Lippe: Ausführungsgesetze zum BGB. VI a 105.

Schauspieler: Engagementsvertrag II c 929.

Scheck II c 1572, 1585, 1647; — Bedeutung der Hingabe II a 649; — Emissionsfreiheit II c 1613; — Zahlung mit Sch. II a 662; — Hingabe zahlungshalber II a 680; — Einfluß der Geldentwertung II a 80.

Scheidemauer: zeitlich geltendes Recht VI a 487; — siehe „Kommunmauer".

Scheidung der Ehe IV 701; — zwingende Natur der Vorschriften IV 707; — Statutenkollision IV 716; — Übergangsbestimmungen IV 718, VI a 530, 548; — prozeßrechtliche Vorschriften IV 708; — Verfahren bei Geltendmachung mehrerer Scheidungsgründe IV 721; — Kostenvorschußpflicht des Ehemanns gegenüber der Frau im gesetzlichen Güterstande IV 281; — bei allgem. Gütergemeinschaft IV 473; — bei Errungenschaftsgemeinschaft IV 636; — Gründe:

Arten der Scheidungsgründe (relative, absolute) IV 704; — einzelne Gründe: bösliche Verlassung IV 729, 742; — Doppelehe IV 722, 724; — Ehebruch IV 722; — Wiederverheiratung in Kenntnis der irrtümlichen Todeserklärung des früheren Ehegatten IV 150, 155; — Geisteskrankheit IV 752; — Lebensnachstellung IV 728; — Verletzung durch die Ehe begründeter Pflichten, ehrloses, unsittliches Verhalten IV 736; — widernatürliche Unzucht IV 722, 724; — Frist für die Geltendmachung IV 762; — nachträgliche Geltendmachung im Prozeß IV 768; — Form IV 718; — Ausspruch nach Klage auf Aufhebung der ehelichen Gemeinschaft IV 777; — nach Aufhebung der ehelichen Gemeinschaft IV 783; — Schuldausspruch im Urteil IV 770; — Eintritt der Auflösung der Ehe IV 718; — Wohnungsbenützung nach Sch. II b 389.

Scheidung der Ehe: Rechtswirkungen IV 705; — 1. unter den Ehegatten: Beendigung der Nutznießung und Verwaltung am eingebrachten Gut IV 359; — Auseinandersetzung der allgemeinen Gütergemeinschaft IV 512; — der Fahrnisgemeinschaft IV 673; — Beendigung der Errungenschaftsgemeinschaft IV 654; — gegenseitige Unterhaltspflicht der Ehegatten IV 794; — Art der Unterhaltsgewährung, Sicherheitsleistung IV 805, 807; — Einschränkung der Unterhaltspflicht IV 801; — Einfluß der Wiederverheiratung des Berechtigten oder Verpflichteten IV 809; — Vererblichkeit der Verpflichtung IV 811; — Unterhaltspflicht im Falle der Sch. wegen Geisteskrankheit IV 814; — Unterhaltspflicht vor den Verwandten des anderen Ehegatten IV 921; — Widerruf von Schenkungen IV 814; — Familienname der Frau nach Sch. I 114, IV 180, 787; — Stand der Frau IV 793; — Verweigerung der ehelichen Gemeinschaft bei Recht auf Sch. IV 164, 169; — Einfluß der Nichtigkeit und Anfechtbarkeit der Ehe IV 720; — Verlust des Erbrechts der Ehegatten und des Voraus V 48, 56; — Einfluß auf letztwillige Verfügungen unter den Ehegatten V 476; — auf die Wirksamkeit eines gemeinschaftlichen Testaments V 814; — Pflichtteilsentziehung wegen Scheidungsgrundes V 986, 992.
— 2. gegenüber den Kindern: Sorge für die Person IV 1020; — Verkehr mit den Kindern IV 1031; — Unterhalt IV 816.
— Erlöschen des Scheidungsanspruchs IV 705; — durch Fristablauf IV 762; — durch Verzeihung IV 756; — durch Verzicht IV 761.
— räumlich geltendes Recht VI b 367, 369, 379; — Grundsatz der Geltung des Heimatrechts des Ehemanns VI b 367, 369, 370; — Einfluß des Staatswechsels der Eheleute VI b 371, 384, 387; — arglistiger Statutenwechsel VI b 372, 822; — Geltung deutscher Gesetze bei deutscher Staatsangehörigkeit der Frau VI b 367, 388; — Scheidung deutscher Eheleute im Ausland VI b 406; — von Ausländern im Inland VI b 367, 390, 807; — Sch. ausländischer Eheleute jüdischen Glaubens VI b 433, 434, 436; — Sch. der relativ gültigen Ehe VI b 399, 400; — Anerkennung inländischer Scheidungsurteile im Ausland VI b 402; — ausländischer Scheidungsurteile im Inland VI b 408, 807; — Verweigerung der Anerkennung VI b 408, 410, 413; — Wirkung der A. ausländischer Scheidungsurteile über Deutsche VI b 416; — Folgen der Nichtanerkennung VI b 417; — Auslandsscheidung ausländischer Eheleute, Beurteilung im Inland VI b 418, 421, 424; — hinsichtlich der Scheidungsgründe geltendes Recht VI b 367, 384; — Wirkungen der Scheidung bezüglich des Namens, der Unterhaltspflicht usw., anzuwendendes Recht VI b 424, 430; — bezüglich des Güterrechts VI b 345; — bezüglich des Rechtsverhältnisses zu den Kindern VI b 479; — rechtliche Stellung der nach Sch. geborenen Kinder VI b 450; — Rück- und Weiterverweisung VI b 430, 754; — Geltung der Vorbehaltsklausel VI b 815; — Zuständigkeit der deutschen Gerichte VI b 392, 393; — ausschließliche Gerichtsbarkeit für Ehescheidungsklagen VI b 394; — Privatscheidung VI b 437; — Staatsverträge VI b 442; — Staatsverträge über die Sch. d. E. vor Konsuln VI b 392; — Haager Ehescheidungsabkommen VI b 442; — für das Rechtsverhältnis zwischen Eltern und Kindern zeitlich geltendes Recht VI a 561; — Vermögensauseinandersetzung der Ehegatten nach bisherigem Recht VI a 541, 551.

Scheidungsklage IV 709; — Frist für dieselbe IV 762; — Unverjährbarkeit I 771; — Zuständigkeit für Scheidungsklagen von Ausländern VI b 367, 390, 807.

Scheidungsstrafen IV 795, VI a 551, VI b 425.

Scheidungsurteil IV 718, 770.

Schein bei Eheschließung IV 100, 102, 114.

Scheinbedingung I 653.

Scheinbestandteile I 370, 372.

Scheingeschäft I 463; — Wirkung der Nichtigkeit gegenüber Dritten I 465; — Geltendmachung der Nichtigkeit durch Dritte I 466; — mißlungenes Sch. I 471; — Abtretung der Forderung aus einem Sch. II a 825; — Einfluß der Wirksamkeit der Eintragung im Grundbuch III 117.

Scheinkaufmann, Verjährung seiner Ansprüche I 782.

Scheinvollmacht I 714.

Schenkung II b 291; — Begriff II b 291, 295, 296; — rechtliche Natur II b 304; — Arten II b 292; — Rechtshandlungen, welche keine Schenkung darstellen II b 306; — Beweislast für Vorliegen einer Sch. II b 305; — Verhältnis zur Ausstattung und zum Mitgiftversprechen II b 294; — gesetzliche Beschränkungen der Vornahme II b 294; — Sondervorschriften II b 292; — Annahme und Ablehnung II b 295, 304; — Annahme durch Minderjährige I 430; — Haftung des Schenkers II b 318; — Gewährleistung für Mängel im Recht II b 318, 319; — an der Sache II b

320, 321; — keine Verzinsung II b 318; — Anfechtung II b 294; — Besteuerung II b 294.

Schenkung: Rückforderung wegen Unterhaltsgefährdung II b 329, IV 894; — Ausschluß derselben II b 332; — bei Pflicht- und Anstandsschenkungen II b 339.

— Widerruf: Voraussetzungen II b 333; — Vererblichkeit des Rechts II b 333, 335, V 16; — Form II b 336; — Wirkung II b 336; — Erlöschen des Rechts II b 337; — Verzicht auf das Widerrufsrecht II b 338; — Ausschluß II b 337; — Widerruf durch den Testamentsvollstrecker V 680.

— Aufwertung II a 75, II b 303.

— Einzelne Arten und Fälle II b 293; — Sch. unter einer Auflage II b 322; — Verweigerung der Vollziehung der Auflage II b 326; — Rückforderungsrecht wegen Nichterfüllung II b 327, 328; — gemischte Sch. II b 301; — remuneratorische II b 293; — schenkungsweise Bürgschaftsleistung, Pfandbestellung II b 299, 307; — Sch. durch Geschäftsführung ohne Auftrag II c 1144; — Sch. durch Zahlung einer Schuld II a 211; — schenkungsweise Abtretung einer Forderung II a 794, II b 310; — Sch. an Ehegatten bei allgem. Gütergemeinschaft IV 427, 428; — bei Errungenschaftsgemeinschaft IV 621, 622.

— unter Ehegatten II b 293, IV 149, 218; — zeitlich anzuwendendes Recht VI a 537; — Widerruf nach Scheidung IV 814; — Widerruf bei Nichtigkeit der Ehe IV 145; — Ausschluß des Widerrufs nach Wiederherstellung der ehelichen Gemeinschaft IV 835; — räumlich geltendes Recht VI b 340; — hinsichtlich der Sch. von Grundstücken VI b 770; — Widerruf bei Scheidung VI b 424; — Sch. einer Erbschaft V 1098; — Gewährleistung für Mängel im Recht V 1090, 1098.

— Sch. an die Frau: Ablehnung beim gesetzlichen Güterstand IV 328; — bei allgemeiner Gütergemeinschaft IV 457; — bei Errungenschaftsgemeinschaft IV 619.

— Sch. aus dem Gesamtgut der allgemeinen Gütergemeinschaft IV 447, 451; — Gemeinschaftsaufhebungsklage der Frau wegen Sch. aus dem Gesamtgut der allgemeinen Gütergemeinschaft ohne ihre Zustimmung IV 487; — aus dem Gesamtgut der Errungenschaftsgemeinschaft IV 631, 656; — der fortgesetzten Gütergemeinschaft IV 540; — Gemeinschaftsaufhebungsklage des Abkömmlings IV 562; — Sch. unbeweglicher Sachen wird eingebrachtes Gut bei Fahrnisgemeinschaft IV 676; — Lastentragung IV 683; — Erwerb durch ausländische juristische Personen VI b 136, 138, 139.

— Sch. an Kinder durch übermäßige Ausstattung IV 966, 970; — freies Vermögen IV 1076; — Ausschluß der elterlichen Verwaltung IV 1042; — Anordnungen über die Verwaltung IV 1045; — Sch. aus dem Kindervermögen IV 993, 1054; — aus dem Mündelvermögen IV 1439; — von Grundstücken und Grundstücksrechten an den Mündel IV 1490; — Anrechnung einer Sch. auf den Pflichtteil V 938; — Sch. an Pflichtteilsberechtigte, Einfluß auf die Pflichtteilsberechnung V 975, 981; — Einfluß von Sch. an Dritte auf die Pflichtteilsberechnung V 965, 968, 981; — Anspruch auf Herausgabe des Geschenkes V 978; — Sch. des Testamentsvollstreckers V 679, 683, 689; — Sch. an Religiose VI a 223.

Schenkung auf den Todesfall V 885, 889; — Sch. unter Bedingung des Überlebens V 64; — Geltung des bisherigen Rechts VI a 593; — räumlich geltendes Recht VI b 652.

— unter Verlobten: Rückgabe IV 28; — Verjährung des Anspruchs IV 30; — Widerruf nach Ehescheidung IV 814; — räumlich geltendes Recht VI b 268; — auf die Rückforderung der Brautgeschenke zeitlich anzuwendendes Recht VI a 532; — Sch. zum Nachteil des Vertragserben V 858; — zum Nachteil des Vermächtnisnehmers auf Grund Erbvertrags V 863; — zuungunsten des Nacherben V 533, 539; — Ersatzpflicht des Vorerben wegen unzulässiger Schenkungen V 568; — an den nicht rechtsfähigen Verein I 270.

Schenkungsversprechen: Form II b 308; — bezüglich der Form anzuwendendes Recht VI b 167, 179, 189, 191, 815, 825; — auf Formmängel und ihre Heilung anwendbares Recht VI b 185; — Sch. von wiederkehrenden Leistungen II b 317; — Haftung bei Nichterfüllung II b 318; — Einrede des Notbedarfs II b 314; — Geltendmachung durch den Übernehmer einer Schenkungsschuld II a 883; — Aufwertung II a 75.

— Verweigerung der Erfüllung mit Rücksicht auf Unterhaltspflichten IV 894; — Sch. aus dem Gesamtgut der allgem. Gütergemeinschaft IV 447; — Hypothek für die Forderung, Einfluß des Vorbehalts des Widerrufs III 987; — des Erblassers nach Abschluß eines Erbvertrags V 860; — auf den Todesfall V 885, 888, 891; — des Testamentsvollstreckers V 689; — des Vorerben V 533, 539; — Ersatzpflicht wegen Erfüllung desselben V 568.

Scherz: zeitlich geltendes Recht VI a 407; — Wirkung I 470; — Schadensersatzpflicht I 496; — sog. böser Sch. I 462; — bei Eheschließung IV 77, 100, 102, 114; — beim Verlöbnis IV 17.

Schiedseidvertrag II c 1527.

Schiedsgericht: Entscheidung über Nachlaßauseinandersetzung V 402; — über Auslegung letztwilliger Verfügungen V 68; — über Ausführung letztwilliger Verfügungen V 675; — Entscheidung über Spiel- oder Wettschulden II c 1448; — Verjährung schiedsgerichtlich festzustellender Ansprüche I 827.

Schiedsgerichtsklausel: Unterwerfung unter Sch. des fremden Rechts VI b 826.

Schiedsrichter: Vertragsverhältnis II b 696, 936; — Haftung aus Pflichtverletzungen II c 1944.

Schiedsvertrag II c 1527; — Abschluß durch den Gewalthaber IV 1063; — durch den Vormund IV 1483, 1497; — Sch. über die gesetzliche Unterhaltspflicht IV 937.
Schiffe: Bestandteile I 368; — rechtliche Natur des Vertrages über Beförderung auf Sch. II c 931; — Miete von Innenräumen (Kajüten) II b 590; — Haftung beim Verkauf von Sch. oder Rechten an Sch. II b 53; — Haftung für eingebrachte Sachen II c 1179; — Pfandrecht an Sch. III 1380, 1470; — siehe Näheres unter „Pfandrecht"; — kein Zurückbehaltungsrecht des Besitzers wegen Verwendungen III 611; — räumlich geltendes Recht VI b 804; — Sch. als Errichtungsort von Rechtsgeschäften VI b 187; — für auf Sch. begangene unerlaubte Handlungen geltendes Recht VI b 216; — Zugehörigkeit zum Deutschen Reich VI a 8.
Schiffer: Haftung für befördertes Gut II c 1174; — Verjährung ihrer Ansprüche I 779, 785.
Schiffsdienst: Übernahme durch Minderjährige I 447.
Schiffskollisionen: für Schadensersatzansprüche aus Sch. geltendes Recht VI b 218, 229; — bei Zusammenstoß in deutschen Gewässern VI b 218; — in fremden Gewässern VI b 218; — auf hoher See VI b 219.
Schiffsmiete II b 394.
Schiffspart: Pfandrecht daran III 1479.
Schiffspfandrecht: anzuwendendes Recht VI b 803, 804.
Schiffsregister: Zuständigkeit, Einrichtung III 1471; — einzutragende Schiffe III 1470; — Eintragung des Pfandrechts III 1472; — Eintragung des Maximalpfandrechts III 1479; — Berichtigung III 1475; — Widerspruch bei zu Unrecht erfolgter Löschung III 1475; — Löschung eingetragener Rechte beim Verkauf des Schiffes II b 53; — Eintragung des Testamentsvollstreckers V 648.
Schiffsvermesser: Verjährung ihrer Ansprüche I 787.
Schiffsverschollenheit I 141; — Zeitpunkt des Todes I 146.
Schiffszusammenstoß, siehe unter „Schiffskollisionen.
Schikaneverbot I 838, II a 16; — Rückwirkung VI a 453; — Verhältnis zur Haftung wegen Verstoßes gegen die guten Sitten II c 1840; — für den Eigentümer III 293.
Schilder: Besitzesschutz III 59.
Schlachtgewicht II b 231.
Schlachtvieh: Gewährschaft II b 230.
Schlafräume Bediensteter II b 843.
Schlafwagenbenützung II b 396, II c 931.
Schlafwagengesellschaft: Haftung für eingebrachte Sachen II c 1178.
Schleichhandel II b 15, 16.
Schleichweg, rechtsgeschäftlicher I 468.
Schleppvertrag, rechtliche Natur II c 941, 949, 975.
Schlüssel, Zubehör des Mietobjekts II b 412; — Übergabe zur Besitzübertragung III 23.
Schlüsselgewalt der Ehefrau IV 183, 184; — räumlich geltendes Recht VI b 274, 283, 351, 359, 362, 815; — zeitlich geltendes Recht VI a 536, 539; — Eintragung der Beschränkung oder Ausschließung ins Güterrechtsregister IV 191, 697; — Beschränkung, Entziehung der Schl., anzuwendendes Recht VI b 363; — Verhältnis zur Geschäftsfähigkeit VI b 362; — Schl. bei allgemeiner Gütergemeinschaft IV 435; — bei Errungenschaftsgemeinschaft IV 619, 630; — Ausübung bei Miete II b 389.
Schlüssiges Verhalten I 454.
Schmerzensgeld II c 1984; — eingebrachtes Gut bei Errungenschaftsgemeinschaft IV 624; — Unterbrechung der Verjährung I 814.
Schmiede: Zubehör I 381.
Schmiergelder: Sittenwidrigkeit I 576.
Schmiergeldverbot für Arbeitnehmer II b 780, 781.
Schmucksachen: Übernahme bei Auseinandersetzung des Gesamtgutes IV 509; — der Errungenschaftsgemeinschaft IV 664; — Sch. der Frau: Eigentumsvermutung IV 211; — Vorbehaltsgut IV 225; — Herausgabe an die Frau bei tatsächlicher Trennung der Ehegatten IV 208; — des Kindes: freies Vermögen IV 1075.
Schmuggel: Forderung I 576.
Schneeballsystem II c 1455.
Schöffen: Haftung wegen Amtspflichtverletzung II c 1944.
Schonvorschriften für Jagd, Fischerei, Vogelfang III 536.
Schoßfallrecht V 40.
Schrankfach III 61.
Schreiben: Verarbeitung III 510.
Schreibensunkundige: Testamentserrichtung V 739, 760, 763, 769; — Unfähigkeit zum Zeugnis bei Testamentserrichtung V 794.
Schreibmaschine: Ausschluß der Errichtung des eigenhändigen Testaments mittels Schr. V 741.
Schrift des eigenhändigen Testaments V 737, 739, 741.
Schriftform: Anwendungsfälle I 526; — Erfordernisse der gesetzlichen I 525, 526; — der durch Rechtsgeschäft bestimmten I 531; — der Abtretung der Hypothek III 1165, 1172; — der Anweisung II c 1571, 1578; — der Annahme der Anweisung II c 1582, 1583; — der Übertragung derselben II c 1593; — Sch. der Bürgschaft II c 1480; — Sch. der Einwilligung des Vertreters zu Rechtsgeschäften des Minderjährigen I 440; — des Leibrentenvertrages II c 1439; — des Mietvertrags über Grundstücke II b 538; — der Mitteilung von der Hypothekenübernahme durch den Erwerber eines Grundstücks II a 874; — des Pachtvertrags II b 541, 603; — der Quittung II a 690; — des Schuldanerkenntnisses II c 1560, 1563, 1566; — des abstrakten Schuldversprechens II c 1548, 1550, 1555, 1566; — der kumulativen Schuldübernahme II c 1554; — des Stiftungsgeschäfts I 318; — der Zustimmungserklärung

von Vereinsmitgliedern zu Vereinsbeschlüssen I 220.
Schriftstücke: Eigentum III 291; — Eigentumsübertragung III 439; — von der Erbteilung ausgeschlossene V 400.
Schulbaulast VI a 333.
Schulbesuch des Mündels IV 1433.
Schuld: Begriff II c 4, 5.
Schuldabänderungsvertrag II a 399.
Schuldanerkenntnis II c 1560; — keine Novation II a 649, II c 1549; — Form II c 1560, 1563; — Formlosigkeit des auf Grund Abrechnung oder Vergleichs abgegebenen II c 1566; — rechtliche Natur und Inhalt II c 1564; — Bedeutung des Rechtsgrunds II c 1564; — Bedingung, Befristung II c 1556; — Mängel des Anerkenntnisses, Einwendungen des Schuldners II c 1564; — Wirkungen II c 1565; — Anfechtung, Nichtigkeit II c 1565; — Form des schenkungsweisen Sch. II b 308, 312; — Unverbindlichkeit bei der Spiel- und Wettschuld II c 1441, 1451; — Sch. ohne Rechtsgrund II c 1671, 1673; — Verhältnis zum Prozeßrecht II c 1550; — Sch. hinsichtlich des Lohnes für Nachweis oder Vermittelung der Eheschließung II c 1061.
— Einfluß der Geldentwertung II a 80, II c 1560, 1570; — schenkungsweises Sch. auf den Todesfall V 885, 891; — Einfluß des Sch. auf die kurze Verjährung I 781.
Schuldanerkennungsvertrag II a 784.
Schuldausspruch bei Ehescheidung, anzuwendendes Recht VI b 424, 426.
Schuldbefreiung siehe „Befreiung".
Schuldbeitritt II a 858.
Schuldenhaftung der Eheleute im gesetzlichen Güterstand gegenüber den Gläubigern IV 337; — im Verhältnis der Eheleute unter sich IV 353, 357; — bei allgemeiner Gütergemeinschaft IV 464; — bei Errungenschaftsgemeinschaft IV 615, 630, 637; — bei fortgesetzter Gütergemeinschaft IV 546, 548; — bei der Fahrnisgemeinschaft IV 670, 674, 675.
Schulderlaß II a 780; — gegenüber einem Gesamtschuldner II a 909.
Schuldiger Teil bei Ehescheidung: Bezeichnung im Urteil IV 770, 776; — bei Aufhebung der ehelichen Gemeinschaft, bei Umwandlung derselben in Ehescheidung IV 777, 783; — Ausschluß von der Sorge für die Person des Kindes IV 1020; — Widerruf der Schenkung an ihn IV 814.
Schuldmitübernahme II a 858; — bei Vermögensübernahme II a 889.
Schuldner: Mehrheit von Sch. II a 893; — bei teilbaren Leistungen II a 900; — bei unteilbaren Leistungen II a 933; — beim Gesamtschuldverhältnis II a 904; — Wahlrecht des Sch. bei der Alternativobligation II a 192; — Verlust des Wahlrechts II a 198; — Unmöglichkeit der einen Leistung II a 201.
Schuld ohne Haftung I 773.
Schuldschein: Eigentum daran III 517; — Rückgabe nach Erlöschen der Schuld II a 697; — Einfluß der Ausstellung auf die kurze Verjährung I 781; — Sch. über ein simuliertes Geschäft I 465.
Schuldübernahme II a 855; — zeitlich anzuwendendes Recht VI a 450; — Arten (privative und kumulative) II a 857, 858; — Sch. durch Vertrag mit dem Gläubiger II a 861; — durch Vertrag mit dem Schuldner II a 865; — infolge Vertrag über das Vermögen eines anderen II a 886, 887; — Einfluß auf akzessorische Rechte II a 885; — Einfluß auf das Hypothekrecht III 1240; — bei Gesamthypothek III 1261; — Einwendungen des Übernehmers gegen die Forderung, Aufrechnung II a 881; — Anfechtung II a 866, 870; — Konkurs des Übernehmers II a 886; — Übernahme einer hypothekarisch versicherten Forderung zur Tilgung bei Grundstücksveräußerung II a 416; — Sch. bei einem passiven Gesamtschuldverhältnis II a 910; — bei einem aktiven Gesamtschuldverhältnis II a 931; — Wahlrecht des neuen Gläubigers bei Alternativobligationen II a 193; — bei der Grundschuld III 1360; — Sch. im Falle der Zwangsversteigerung III 683; — bei Heimfall eines Erbbaurechts III 770, 771.
Schuldübernahme: kumulative Sch. II a 858, II c 1475, 1486; — Anwendung der Vorschriften über abstraktes Schuldversprechen auf die kumulative Sch. II c 1554; — Sch. durch die Ehefrau IV 159, 218; — Sch. durch den Vater für das Kind IV 1057, 1061; — durch den Vormund für den Mündel IV 1283, 1496; — allgemeine Ermächtigung des Vormunds hiezu IV 1504.
Schuldumwandlung II a 390, 647.
Schuldurkunde: Eigentum daran III 518; — Besitz des Nießbrauchers III 879; — Verjährung von Ansprüchen aus vollstreckbaren Sch. I 826; — Übergabe bei Verpfändung der Forderung III 1502.
Schuldverhältnis: Begriff II a 2; — Unterschied vom Anspruch II a 10; — Entstehung, Arten II a 15; — einzelne Sch. II a 555; — Inhalt und Gegenstand II a 13; — Vermögenswert der Leistung II a 15; — Inhalt II a 23; — Subjekte II a 14; — Begründung, Änderung des Inhalts durch Vertrag II a 397; — Übertragbarkeit II a 12; — Klagbarkeit II a 17; — Gattungsschuld, Beschränkung auf eine bestimmte Sache II a 81; — Aufhebung durch Vertrag II a 399; — Erlöschungsgründe II a 643; — Annahme einer Leistung an Erfüllungs Statt II a 676; — Aufrechnung II a 754; — concursus causarum lucrativarum II a 653; — entgegengesetzter Vertrag II a 651; — Erfüllung II a 665; — Leistung eines Dritten II a 210; — Leistung an Nichtgläubiger II a 673; — Erlaß II a 780; — Erreichung des Zweckes der Obligation II a 651; — Novation II a 647; — Hinterlegung II a 718; — Vereinigung von Forderung und Schuld II a 644; — Rückgabe des Schuldscheins II a 697; — Zwangsvollstreckung II a 668, 669; — Anrechnung einer Teilleistung bei Mehrheit von Sch. mit gleichartigen Leistungen II a 685;

— anzuwendendes Recht II b 6; — Einfluß des Todes des Gläubigers oder Schuldners V 15; — zeitlich geltendes Recht VI a 443, 444; — Wirkung der Eintragung in ein öffentliches Buch nach bisherigem Recht VI a 474.

Schuldverschreibung auf den Inhaber II c 1595; — Begriff II c 1601; — rechtliche Natur des Schuldverhältnisses (Vertrags- oder Kreationstheorie) II c 1598, 1605, 1606; — *Ausstellung:* Form II c 1601, 1604; — Inhaberklausel II c 1604; — Form der Unterschrift II c 1602, 1604; — Unterzeichnung von Sch. eines Bundesstaats oder ihm angehöriger juristischer Personen VI a 255; — Freiheit der Ausstellung und Beschränkungen II c 1605; — Mängel der Ausstellung II c 1606; — Erfordernis staatlicher Genehmigung zur Ausgabe II c 1605, 1611, 1612, 1615; — Prüfung durch den Grundbuchrichter II c 1618; — Ausstellung von Teilschuldverschreibungen bei Belastung einer Bahneinheit VI a 285; — strafbare Ausstellung VI a 36, 37, 41; — Einwendungen gegen die Gültigkeit der Ausstellung II c 1618; — Ausgabe auf Grund von Prospekten II c 1610; — Ausstellung durch den Vater für das Kind IV 1057, 1061; — durch den Vormund IV 1482, 1495; — allgemeine Ermächtigung des Vormunds hiezu IV 1504.

— *Stellung des Inhabers:* Forderungsrecht aus dem Papier II c 1606, 1607; — Legitimation des Inhabers II c 1608; — gemeinsame Rechte der Besitzer von Sch. II c 1610; — Stellvertretung II c 1608; — Eigentumserwerb II c 1607, 1621; — Schutz des Eigentümers II c 1609, 1623; — Rechtsverhältnis beim Verkauf II c 1610.

— *Stellung des Ausstellers:* Leistung an einen Nichtberechtigten II c 1601, 1608, 1609; Beanstandungsrecht des Ausstellers II c 1608; Einfluß des Mangels oder der Beschränkung der Geschäftsfähigkeit des Empfängers der Leistung II c 1610; — Schadensersatzpflicht des Ausstellers bei Zahlung an einen Nichtberechtigten II c 1609; — Haftung aus gestohlenen, verlorenen oder sonst ohne seinen Willen in Verkehr gelangten Sch., Ausgabe nach dem Tode oder eingetretener Geschäftsunfähigkeit des Ausstellers II c 1610, 1611; — Auskunftspflicht zur Erwirkung des Aufgebots oder der Zahlungssperre II c 1623; — Einwendungen des Ausstellers II c 1618; — Recht auf Aushändigung der Sch. bei Leistung, Wirkung der Aushändigung II c 1621; — Teilzahlungen II c 1622; — Pflicht zum Umtausch beschädigter Urkunden II 1622; — Herstellung von Ersatzurkunden bei Vernichtung II c 1623; — Ausschluß der Kündigung wegen hohen Zinssatzes II a 108; — Hypothekbestellung für die Forderung III 1314, 1318; — Gläubigervertreter III 1320; — Verpfändung eines Schiffes für die Forderung III 1478; — *Außerkurssetzung* VI a 471.

Schuldverschreibung auf den Inhaber: *Erlöschen* durch Verjährung, Vorlegungsfrist II c 1628; — Hemmung der Vorlegungsfrist und der Verjährung durch Zahlungssperre II c 1630; — *Kraftloserklärung* II c 1623; — Erneuerung der Schuldverschreibungen nach derselben II c 1627; — *Umschreibung* auf Namen II c 1639; — Umschreibung auf Namen von Sch. eines Bundesstaats oder ihm angehöriger juristischer Personen VI a 256; — Übertragung umgeschriebener Sch. II c 1640; — *Zins-, Renten-, Gewinnanteilscheine:* rechtliche Natur II c 1631, 1634; — fortdauernde Kraft der Zinsscheine bei Erlöschen der Hauptforderung, Zurückbehaltungsrecht an dem Zinsbetrag bei Einlösung der Sch. II c 1631; — Anspruch aus abhanden gekommenen oder vernichteten Zins-, Renten- oder Gewinnanteilscheinen II c 1635; — Ausschluß nach Landesrecht VI a 255; — Ausgabe neuer Zins- und Rentenscheine II c 1637; — Zinseszinsen II a 110; — *Besondere Arten:* Karten, Marken und ähnliche Urkunden II c 1641; — qualifizierte Legitimationspapiere II c 1597, 1644; — Mündelsicherheit von Sch. IV 1444, 1447, 1448; — anzuwendendes Recht VI a 465.

Schuldverschreibung auf den Inhaber: *Aufwertung* II c 1599, 1600.

Schuldversprechen II c 1545, 1550; — Begriff und Wesen II c 1550; — Unterschied vom Schuldanerkenntnis II c 1562; — keine Novation II a 649, II c 1549, 1568; — Form II c 1550, 1555; — mündliche Nebenabreden II c 1556; — Formlosigkeit des auf Grund Abrechnung oder Vergleichs abgegebenen II c 1566; — rechtliche Natur und Inhalt II c 1556; — Bedingung, Befristung II c 1556; — Bedeutung des Rechtsgrundes II c 1557; — Beweislast II c 1553; — Einwendungen des Schuldners II c 1557; — Vorvertrag II c 1555; — Zulässigkeit einer Gegenleistung II c 1556; — Hypothekbestellung für die Forderung II c 1557; — Mängel des Vertrags, Einwendungen des Schuldners II c 1557; — einseitiges Sch. II a 388; — schenkungsweises, Form II b 308, 312, II c 1558; — Verjährung der Ansprüche aus dem Sch. II c 1560; — Anwendung der Vorschriften auf die kumulative Schuldübernahme II c 1554; — Sch. über ein nicht gegebenes Darlehen II b 671; — Sch. hinsichtlich Spiel- und Wettschulden II c 1451; — Kondiktion des Sch. II c 1674; — schenkungsweises Sch. auf den Todesfall V 885, 891; — Einfluß des Sch. auf die kurze Verjährung I 781.

Schuldversprechen: Einfluß der Geldentwertung II a 80.

Schuldvertrag: Begriff II a 388.

Schulgeld: Verjährung I 786.

Schullasten: Verteilung auf sukzessiv Verpflichtete I 394.

Schullehrer: Haftung aus Amtspflichtverletzungen II c 1928.

Schulpflicht IV 1003.

Schulvertrag II b 706.

Schüttung VI a 228.

Schutz Dritter im Rechtsverkehr mit nach ausländischem Güterrecht lebenden Ehegatten VI b 351, 352, 357, 365; — bei nichtiger Ehe VI b 364, 367.
Schutzaufsicht IV 999, 1005, 1111, 1433, 1625, VI a 39, 349; — Einfluß auf Aufsichtspflicht der Eltern usw. II c 1875.
Schützengesellschaften I 161.
Schutzgebiete, deutsche: Beurkundung von Verträgen I 535; — Vereine in Sch. I 191; — Sklaverei I 41; — Eheschließung in Sch. IV 36, VI a 56; — Gerichtsbarkeit in Vormundschaftssachen IV 1360; — Testamentserrichtung in denselben V 729, 783; — Inkrafttreten des BGB. VI a 7.
Schutzgenossen: Personalstatut VI b 797.
Schutzgesetz: Schadensersatz wegen Verstoß dagegen II c 1768, 1794; — Schadensersatz wegen ausländischer VI b 214.
Schutzrechte, gewerbliche, Übertragbarkeit, II b 855.
Schutzvorrichtungen zugunsten der Nachbargrundstücke bei Eisenbahn-, Dampfschiffahrts- und ähnlichen Unternehmungen VI a 324.
Schutzzaun: Grunddienstbarkeit III 808.
Schwägerschaft: Begriff IV 845; — Verschiedenheit des Begriffs nach BGB. und StGB. VI a 20; — Sch. im Sinne der Justizgesetze und des Anfechtungsgesetzes VI a 33, 34; — im Sinne des Strafgesetzbuchs VI a 35; — im Sinne der nach dem BGB. erlassenen Reichsgesetze VI a 35; — im Sinne der Landesgesetze VI a 36; — rechtliche Bedeutung IV 847; — Ehehindernis der Sch. IV 53; — Nichtigkeit der verbotswidrig geschlossenen Ehe IV 107; — Geltendmachung der Nichtigkeit IV 108; — Ausschluß der Begründung durch Annahme an Kindes Statt IV 1342; — durch Ehelichkeitserklärung IV 1295; — Ausschluß der Ehelichkeitserklärung bei Sch. zwischen den Eltern IV 1290; — Schw. des unehelichen Kindes zum Ehegatten der Mutter IV 1200; — siehe auch „Verschwägerte".
Schwammverdacht: Gewährsmangel II b 133.
Schwangerschaft: Eheanfechtungsgrund IV 117; — Ersatz der Aufwendungen der unehelichen Mutter während der Schw. IV 1241; — anzuwendendes Recht VI b 504, 525, 527; — Aussetzung der Erbteilung während der Schw. der Mutter eines zu erwartenden Miterben V 394; — Unterhalt der Mutter des zu erwartenden Erben V 146; — des Nacherben V 572.
Schwarzburg-Rudolstadt-Sondershausen: Ausführungsgesetze zum BGB. VI a 102.
Schwarze Listen: Verstoß gegen die guten Sitten II c 1826.
Schwarzes Meer: Verschollenheitsfrist I 141.
Schwarzverkäufe von Grundstücken II b 16.
Schwarzwild: Wildschadensersatz II c 1907.
Schweben der Bedingung, Schadensersatzanspruch wegen Vereitelung, Beeinträchtigung des bedingten Rechts I 665; — dingliche Gebundenheit während der Schwebezeit I 667.
Schweden: Ehehindernisse des schw. Rechts VI b 235, 238; — Aufhebung der ehelichen Gemeinschaft in Schw. VI b 381; — Gerichtsbarkeit in Scheidungssachen VI b 398; — Rechtsverhältnis der unehelichen Kinder VI b 507; — über die uneheliche Vaterschaft geltendes internationales Privatrecht VI b 539; — Handelsvertrag (Grunderwerb) VI a 227; — Staatsvertrag betr. juristische Personen VI b 153; — betr. Luftfahrzeuge VI b 222.
Schweigen auf einen Vertragsantrag I 620; — auf Bestätigungsschreiben II b 18.
Schweigvertrag hinsichtlich der unehelichen Vaterschaft IV 1255.
Schweine: Gewährschaft II b 227; — Mängel und Fristen II b 229, 230.
Schweiz: Ehehindernis der Adoption nach Schweizer Recht VI b 238, 595; — E. des Ehebruchs VI b 237; — über das eheliche Güterrecht geltendes internationales Privatrecht VI b 306, 307, 335; — keine ausschließliche Zuständigkeit schw. Gerichte in Ehescheidungssachen VI b 398; — keine Rückverweisung im Scheidungsrecht VI b 432; — internationales Erbrecht VI b 629, 657, 660, 668, 675, 683, 708, 723, 750; — Erbschein beim Tod eines Schw. V 1028; — legitimatio per iudicem VI b 575; — interlokales Privatrecht VI b 30; — Rück- und Weiterverweisung VI b 762; — Rechtsverhältnis der unehelichen Kinder VI b 508, 522, 523; — Ansprüche der unehelichen Mutter gegen den Vater VI b 528; — über die uneheliche Vaterschaft geltendes internationales Privatrecht VI b 539; — über den Verlöbnisbruch geltendes Recht VI b 267, 268, 271; — Staatsvertrag: betr. Grunderwerb VI a 227; — betr. juristische Personen VI b 153; — betr. Luftfahrzeuge VI b 222; — Vereinbarung zur Vereinfachung des Verkehrs in Vormundschaftssachen IV 1368, VI b 627.
Schweizerische Goldhypotheken III 95, 144, 1008.
Schwerbeschädigte, Dienstvertrag II b 692, 714.
Schwester als Nacherbin V 527; — Schw. des letztwillig Bedachten als Vermächtnisnehmerin V 598.
Schwiegereltern, Schwiegerkinder: Schwägerschaft IV 845; — keine Unterhaltspflicht IV 901.
Sechs Monate: Frist für Anfechtung der Ehe IV 130; — Anfechtungsfrist für die nach irrtümlicher Todeserklärung eines Ehegatten geschlossene neue Ehe IV 154; — Frist für die Scheidungsklage IV 762; — Frist für das Klagerecht wegen Verwendungen III 613; — Kündigungsfrist für die Grundschuld III 1361; — für die Rentenschuld III 1375; — Verjährungsfrist für Ansprüche aus dem Nießbrauchverhältnis III 864; — für Ansprüche aus dem Pfandvertrag III 1423.
Sechs Wochen: Fristberechnung I 757.
Sechzehn Jahre: Ehemündigkeit der Frau IV 38; — Grenze für die Testamentsfähigkeit V 730, 733; — regelmäßige Grenze für die Unterhaltspflicht des Vaters gegenüber dem unehelichen Kinde IV 1214.

Sechzig Jahre: Ablehnung der Vormundschaft IV 1401; — Entlassung des Vormunds IV 1424.
Seenot: Eigentumsverletzung in S. III 300.
Seeschiffe: Verpfändung III 1470.
Seetestament V 785; — zeitliche Beschränkung der Wirksamkeit V 785.
Seeverschollenheit I 141; — Zeitpunkt des Todes I 146.
Seitenlinie der Schwägerschaft IV 845; — der Verwandtschaft IV 840.
Seitenverwandte des Erblassers, Erbverzicht V 1019; — Ausschluß von der Mitwirkung bei Testamentserrichtung: von S. des Bedachten V 755; — des Erblassers V 754; — des Richters oder Notars V 756.
Sekuritätszession III 1498.
Selbständigkeit des Vormunds IV 1432, 1538.
Selbstbefriedigungsrecht des Besitzers für Verwendungen auf die vindizierte Sache III 614.
Selbsthilfe: Begriff, Voraussetzungen, Mittel I 838; — räumlich geltendes Recht VI b 225; — Grenzen I 853; — im Strafrecht VI a 37; — Folgen vermeintlichen Selbsthilferechts I 854; — des Besitzers III 16; — bei verbotene Eigenmacht III 44; — Ausübung durch den Besitzdiener III 47; — Ausübung des Verfolgungsrechts III 62; — kein Selbsthilferecht des mittelbaren Besitzers III 76; — gegen übermäßige Immissionen III 319; — S. zum Schutz einer Grunddienstbarkeit III 824; — — des Mieters II b 453; — des Vermieters bei Entfernung eingebrachter Sachen II b 517; — Ausschluß der Schadensersatzpflicht bei erlaubter S. II c 1781.
Selbsthilfeverkauf II b 47; — bei nicht hinterlegbaren Sachen II a 728; — Verbot des Mitbietens für bestimmte Personen II b 115.
Selbstkontrahieren bei der Eigentumsübertragung durch constitutum possessorium III 463; — des Vertreters I 735; — des Testamentsvollstreckers V 686.
Selbstmord: Verhinderung III 299; — S. eines Verlobten IV 17.
Selbstschuldnerische Bürgschaft II c 1504.
Selbstschutz des Besitzers III 44; — Ausübung durch den Besitzdiener III 47.
Selbstverteidigung I 838, 842.
Semel heres semper heres V 7, 24, 446, 507.
Senatusconsultum Macedonianum II b 652, 666.
Separatio bonorum V 172.
— quoad thorum et mensam IV 703.
Separation VI a 288.
Sequestration II b 1151; — bei Nacherbfolge V 560; — der Nießbrauchsache III 859, 861.
Serbien, Handelsvertrag (Grunderwerb) VI a 227; — siehe auch unter „Jugoslavien".
Serienlosgesellschaft II c 1296.
Seuchengesetz: Rechte Dritter an der Entschädigung für Entziehung usw. von Sachen VI a 87.
Seuchentestament V 783; — zeitliche Beschränkung der Wirksamkeit V 785.
Siam: Staatsvertrag, Bedeutung für das internationale Erbrecht VI b 731; — betr. juristische Personen VI b 153.
Sicherheit: schenkungsweise Bestellung und Aufgabe II b 307; — Aufhebung oder Minderung der S. für eine Forderung des Kindes IV 1063; — des Mündels IV 1483, 1499; — der Hypothek: Schutzmittel bei Gefährdung III 1101, 1105.
Sicherheitsleistung: Begriff und Zweck I 855; — Höhe I 855; — mögliche Mittel I 856; — Hinterlegung I 858; — Tauglichkeit von Wertpapieren zur S. I 858; — Umtausch von hinterlegtem Geld oder Wertpapieren I 859; — Sicherheit von beweglichen Sachen I 860; — von Buchforderungen I 860; — von Hypothekforderungen, Grundschulden, Rentenschulden I 860; — mit Erbbaurechtshypotheken III 733; Tauglichkeit von Bürgen I 861; — Ergänzung und Erneuerung I 862; — Einrede mangelnder S. kein Verjährungshindernis I 797, 800; — Unterbrechung der Verjährung durch S. I 811; — S. nach Verjährung I 830; — S. der Anfallsberechtigten bei Vereinsauflösung I 258.
— Einzelne Fälle: S. wegen Führung eines Amtes oder wegen eines Gewerbebetriebes VI a 230; — für Aufwendungen II b 177; — des Beistandes IV 1174; — des Ehemannes bei Gefährdung des eingebrachten Gutes in gesetzlichen Güterstande IV 292; — Hinterlegung von Wertpapieren usw. zur Sicherheitsleistung IV 295; — Gütertrennungsklage auf Aufhebung der Nutznießung und Verwaltung wegen Veranlassung zur S. IV 361; — Klage auf Aufhebung der Errungenschaftsgemeinschaft wegen Veranlassung zur S. IV 656; — des Erben für zur Zeit nicht zu berichtigende oder streitige Verbindlichkeiten nach Beendigung der Nachlaßverwaltung V 250; — für Überlassung von Nachlaßgegenständen durch den Testamentsvollstrecker V 707; — für bedingte und betagte Vermächtnisse und Auflagen V 707.
— S. des Gewalthabers IV 1041, 1073, 1121; — Änderung derselben IV 1128; — Mitwirkung des Vormundschaftsgerichts bei Bestellung, Aufhebung, Kosten IV 1129; — Entziehung der Vermögensverwaltung wegen unterlassener S. IV 1126; — anzuwendendes Recht VI a 557; — für Gesellschaftsschulden beim Ausscheiden eines Gesellschafters II c 1356; — S. für Verpflichtungen aus dem Haftpflichtgesetz VI a 65; — des Hauptschuldners an den Bürgen II c 1515; — S. des Mieters zur Abwendung des Vermieterpfandrechts II b 523; — Einfluß der Veräußerung der Mietsache II b 567; — Einfluß der Belastung der Mietsache II b 583; — der wiederholten Veräußerung oder Belastung durch den Erwerber II b 588; — des Nießbrauchers wegen Gefährdung der Rechte des Eigentümers III 859; — wegen übermäßigen Fruchtbezugs III 847; — beim Nießbrauch an verbrauchbaren Sachen III 874; — wegen

Entwertung des Pfandes III 1414; — des Pflegers IV 1670; — für Spiel- oder Wettschulden II c 1450; — S. bei unerlaubten Handlungen: für die Rente des Verletzten II c 1960, 1965; — der Hinterbliebenen II c 1968, 1977; — für die Entschädigung wegen entgangener Dienste II c 1979, 1980; — für Unterhaltsgewährung an den geschiedenen Ehegatten IV 805, 807; — — für Schäden bei Ausübung des Verfolgungsrechts III 62; — des Verpächters für Ansprüche des Pächters hinsichtlich des Inventars II b 625; — des Vorerben V 558, 559, 560; — Befreiung von der Verpflichtung hiezu V 566, 567; — des Vorkaufsberechtigten bei Stundung des Kaufpreises II b 282; — S. für Kosten der Verlegung einer Sache II c 1660; — zur Erlangung der Vorleistung aus einem gegenseitigen Vertrag II a 468; — S. des Vormunds: Anordnung IV 1362, 1552; — Ablehnung der Vormundschaft hiewegen IV 1401; — Entlassung wegen unterlassener S. IV 1606; — Freigabe der Sicherheit nach beendigter Vormundschaft IV 1614; — S. für Schädigung durch Wegnahme einer Einrichtung II a 178; — zur Abwendung des Zurückbehaltungsrechtes II a 236; — Einfluß der Geldentwertung II a 78.

Sicherheitszession III 1481, 1498.

Sicherstellung des Mündels IV 1362; — der Ansprüche des unehelichen Kindes und der Mutter IV 1247.

Sicherung des Anspruchs auf Einräumung, Aufhebung usw. von Rechten an Grundstücken oder Grundstücksrechten III 165; — Eigentumsübertragung zur S. III 451, 461; — der Bauforderungen II c 1004; — Wirkung der Abtretung der Forderung II a 812; — S. des Beweises von Mängeln der Kaufsache II b 202; — Antrag auf Beweissicherung beim Viehkauf zur Wahrung der Gewährfrist II b 233; — des Nachlasses V 126, 129; — Zuständigkeit V 102; — Mitwirkung der Gemeindebehörden V 102, 128; — Verpflichtung des Nachlaßgerichtes V 131, 132; — Voraussetzung der Sicherungsmaßregeln V 129; — Auswahl derselben V 132; — beim Tode von Ausländern V 141; — von Beamten V 128; — des Nachlasses nach Landesrecht VI a 370; — S. des Vermächtnisanspruches V 613; — des Vermögens eines aufgelösten Vereins I 256; — Nießbrauchbestellung zur S. III 457, 837.

Sicherungsabtretung II a 797.

Sicherungshypothek, allgemeine Grundsätze III 959; — Begriff und rechtliche Natur III 1303, 1305; — Verhältnis zur Forderung III 980, 1303; — Erfordernis der Einheitlichkeit der Forderung III 1304; — praktischer Wert III 1305; — gesetzlich bestimmte Fälle der S. III 1306; — Schutz des Rechts durch das Grundbuch, Vermutung für den Bestand, Berichtigung des Grundbuchs in Ansehung der S. III 1117, 1308; — Bestellung III 1303, 1310; — Entstehung des Hypothekenrechts III 1331; — Mehrheit von Gläubigern III 1332; — Auswechslung der Forderung III 1284; — Bezeichnung im Grundbuch als solche III 1304, 1307; — Einzelfälle III 1306; — Ausschluß der Erteilung eines Hypothekenbriefs III 1308; — Abweichungen von gewöhnlicher Hypothek III 1308; — Übertragung und Verpfändung III 1175, 1311, 1486; — Einfluß der Konkurseröffnung über das Vermögen des Eigentümers III 1341; — Behandlung bei der Zwangsversteigerung III 1311, 1341; — Umwandlung in eine gewöhnliche Hypothek und umgekehrt III 1311, 1339; — Ausschluß des unbekannten Gläubigers III 1250; — S. als Eigentümerhypothek III 1310, 1318; — Übergang in Eigentümerhypothek III 1212, 1310; — Übergang auf den befriedigenden Schuldner III 1310; — Löschungsvormerkung III 1281; — Erlöschen durch Befriedigung III 1293, 1297; — Aufhebung durch Rechtsgeschäft III 1302.

Sicherungshypothek für Forderungen aus Schuldverschreibungen auf den Inhaber und anderen durch Indossament übertragbaren Papieren III 1314; — Bestellung III 1314, 1318; — Übertragung, Verpfändung III 1316; — Pfändung und Überweisung III 1318; — Einreden III 1317; — Ausschließung des unbekannten Gläubigers III 1318; — Bestellung eines Vertreters des jeweiligen Gläubigers (Treuhänder) III 1320.

— S. im engeren Sinne (Maximal-, Kautions-, Ultimathypothek) III 1326; — Bestimmung des Umfangs der dinglichen Haftung III 1338; — Übertragung III 1326, 1334; — Pfändung und Überweisung III 1338; — Übergang in Eigentümerhypothek III 1336; — Behandlung im Zwangsversteigerungsverfahren III 1341; — Konkurs des Grundstückseigentümers III 1341; — S. der Bauhandwerker III 993, 1331; — auf Grundstücken des Vormunds, Pflegers, Beistands III 995, IV 1153; — landesgesetzliche S. III 995.

— auf dem Erbbaurecht III 748; — Einfluß der Veräußerungs-, Belastungsbeschränkung III 698; — gesetzliche S., Fortbestand bei Heimfall des Erbbaurechts III 770, 773; — S. des Fiskus und anderer juristischer Personen VI a 231; — des Unternehmers eines Werkes oder eines Teiles eines solchen II c 1003; — Übergang des Anspruchs auf Bestellung bei Abtretung der Forderung II c 1011; — auf Grundstücken des Vaters IV 1128; — auf dem Vermächtnisgegenstand lastende V 603; — Übergang bisheriger Pfandrechte in S. VI a 522; — bisheriger Grundschulden VI a 526.

Sicherungskauf III 1396; — Verfallvertrag III 1429.

Sicherungsmaßnahmen des deutschen Nachlaßgerichts hinsichtlich ausländischer Nachlässe VI b 726.

Sicherungsmittel für ein Recht: Arten I 855; — S. des bedingt Berechtigten I 666, 667.

Sicherungsübereignung I 469, 470; — von beweglichen Sachen III 450, 461, 1435; — von Sachgesamtheiten (Warenlager) ausgeschlossen

I 341; — von Forderungen III 1481, 1498; — von Grundstücken III 394; — Aufwertung bei S. III 457.
Sicherungsübereignung: Übergang der Rechte aus S. mit der Forderung II a 813.
Sicht: Schuldverschreibungen auf S., Ausschluß der Kraftloserklärung II c 1623; — auf die Schuldverschreibungen anzuwendendes Recht VI a 465.
Siebentes Lebensjahr: Grenze der Geschäftsunfähigkeit I 421, 427; — Grenze der Verantwortlichkeit für kontraktliches Verschulden II a 285; — Grenze der Verantwortlichkeit für unerlaubte Handlungen II c 1845.
Siebzigstes Lebensjahr: Todeserklärung I 136, 138.
Siedelungsgesetzgebung III 653.
Siedelungsunternehmen: Vorkaufsrecht III 100, 103, 412, 919, 932.
Siegel, Unterschied vom Stempel V 778.
Siegelung des Nachlasses V 126, 132; — des Nachlasses nach Landesrecht VI a 370; — S. des Testamentserrichtungsprotokolles V 777.
Sielrecht VI a 153.
Silbersachen: Pfandverkauf III 1441; — durch den Nichtpfandgläubiger III 1446; — Verzicht auf die gesetzliche Form des Verkaufs III 1447.
Simulation I 463; — zeitlich geltendes Recht VI a 407; — bei Annahme an Kindes Statt IV 1327; — S. bei der Bevollmächtigung I 705; — bei Eheschließung IV 77, 100, 102, 117; — beim Erbvertrag V 837; — beim Verlöbnis IV 17; — im Falle von Stellvertretung I 694, 695.
Simuliertes Judikat I 467.
Singularrechtsnachfolger des Erbschaftsbesitzers, Belangung V 344.
Singularsukzession in den Besitz III 16, 25.
Sistierungsgesetze: Hemmung der Verjährung I 799.
Sitten: siehe „gute Sitten".
Sittenwidrigkeit: der Anwendung ausländischen Rechts VI b 797, 811; — von Testamenten, anzuwendendes Recht VI b 671.
Sittliche Pflicht: Ausschluß der Rückforderung der Leistung zur Erfüllung einer s. P. II c 1695, 1697; — Schenkung zur Erfüllung einer s. P.: Ausschluß der Rückforderung und des Widerrufes II b 339; — Schenkungen des Testamentsvollstreckers zu Erfüllung einer s. P. V 679, 689; — Einfluß solcher Schenkungen auf die Pflichtteilsberechnung V 981; — Schenkungen des Ehemannes aus dem Gesamtgut zur Erfüllung einer s. P. IV 447; — aus dem Gesamtgut der Errungenschaftsgemeinschaft IV 619; — Sch. des Vaters aus dem Kindervermögen IV 1054; — des Vormundes aus dem Mündelvermögen IV 1439; — Sch. des Vorerben V 533, 539.
Sittliches Verschulden: Einfluß auf den Unterhaltsanspruch IV 928.
Sittlichkeitsverbrechen und -vergehen: Entschädigung der Frauensperson für Schaden, der nicht Vermögensschaden ist II c 1984; — für Schäden im Erwerb und Fortkommen II c 1959.
Sitz der Stiftung I 312, 314, 317; — des Vereins I 192; — des eingetragenen Vereins I 276; — Angabe bei der Eintragung I 293; — S. des nicht rechtsfähigen Vereins I 261.
Sklaverei I 41.
Skontration II a 740, II c 1585.
Societas leonina II c 1199.
Sofortige Beschwerde gegen Entziehung der Rechtsfähigkeit des Vereins I 300; — gegen Zurückweisung der Vereinsanmeldung I 280.
Söhne: Sorge für S. nach Ehescheidung IV 1020.
Sold von Militärpersonen: Beschränkung der Aufrechnung dagegen II a 768.
Soldaten siehe „Militärpersonen".
Soldatenräte: Beamteneigenschaft II c 1930.
Soldatentestament V 3, 726, 727.
Solegewinnung VI a 176.
Solidarhypothek III 961, 1091.
Solidarobligation II a 894; — siehe auch „Gesamtschuldverhältnis".
Solidarvollmacht I 704.
Solutionis causa adjectus II a 672.
Somnambulismus I 426.
Sonderbesitz an wesentlichen Bestandteilen I 362.
Sondereigentum an Bestandteilen I 360; — an stehenden Erzeugnissen I 369, VI a 481.
Sondergerichte: Verjährung von Ansprüchen aus Erkenntnissen von S. I 827.
Sondergut der Ehegatten bei allgemeiner Gütergemeinschaft IV 423; — keine Eintragung im Grundbuch IV 426; — Ausgleichung zwischen Gesamtgut und S., zwischen Vorbehaltsgut des einen und S. des anderen Ehegatten IV 483; — Auseinandersetzung in Ansehung desselben nach dem Tode eines Ehegatten IV 528, 531; — des überlebenden Ehegatten bei Fortsetzung der Gütergemeinschaft IV 538, 539.
Sonderrechte von Vereinsmitgliedern I 226.
Sondervermögen I 342; — Nießbrauch daran III 898.
Sonntag: Einfluß auf die Fristberechnung I 758.
Sorge für die Person des Kindes: Recht und Pflicht des Vaters IV 980; — Inhalt IV 994, 998; — Herausgabeanspruch hinsichtlich des Kindes IV 1008; — Vertretung des Kindes IV 983; — tatsächliche Fürsorge und Vertretung in persönlichen Angelegenheiten IV 996; — Zurückführung des flüchtigen Kindes IV 1011; — Rechte der Mutter neben dem Vater IV 1015; — Beschränkung durch Aufstellung eines Pflegers für Angelegenheiten des Kindes IV 981; — Meinungsverschiedenheiten zwischen Vater und Pfleger IV 982; — Beschränkungen hinsichtlich der verheirateten Tochter IV 1012; — Ersatz von Aufwendungen des Vaters IV 1070; — Mißbrauch IV 997, 1104, 1108; — Beendigung IV 997; — Entziehung IV 1104, 1113; — Anhörung des Vaters und Verwandter des Kindes vor Entziehung oder Beschränkung IV 1130; — Verwendung der Nutzungen des Kindervermögens

nach Entziehung IV 1088; — S. im Falle Ruhens der elterlichen Gewalt und Beschränkung des Vaters in der Geschäftsfähigkeit IV 1137; — bei Ruhen der elterlichen Gewalt der Mutter IV 1177; — nach deren Wiederverheiratung IV 1178; — S. der Eltern neben dem Vormund oder Pfleger des Kindes IV 1180; — S. nach Ehescheidung IV 1020; — auf die S. nach Ehescheidung räumlich anzuwendendes Recht VI b 479; — S. nach Scheidung, Auflösung der Ehe nach bisherigem Recht VI a 530, 562, 563; — persönlicher Verkehr der Eltern mit den Kindern IV 1031; — S. nach Auflösung der Ehe nach Todeserklärung des Ehegatten IV 1039; — Beschränkung nach bisherigem Rechte, Aufhebung nach bisherigem Rechte, Aufhebung solcher Beschränkungen VI a 530, 558, 559; — S. für die Person des Kindes aus nichtiger Ehe IV 1186, 1189; — räumlich geltendes Recht VI b 461, 475.

Sorge für die Person des Mündels IV 1414, 1431; — Beschränkung durch Aufstellung eines Pflegers IV 1419; — Aufsicht des Gemeindewaisenrats IV 1563; — bei volljährigen Mündeln IV 1624.

— für die Person des unehelichen Kindes IV 1210, 1271; — räumlich geltendes Recht VI b 489, 495, 532; — Einfluß der Ehelichkeitserklärung IV 1297; — der Annahme an Kindes Statt IV 1344.

— **für das Vermögen** des Kindes: rechtliche Natur, Inhalt IV 1040; — Recht und Pflicht des Vaters IV 980; — Beschränkung durch Anordnungen Dritter IV 1042, 1045; — durch Aufstellung eines Pflegers IV 981; — durch Meinungsverschiedenheiten zwischen Vater und Pfleger IV 982; — Vertretung des Kindes IV 983; — Einfluß der Verheiratung der minderjährigen Tochter IV 1012; — Anhörung des Vaters und Verwandter des Kindes vor Entziehung oder Beschränkung der S. IV 1130; — Ersatz von Aufwendungen des Vaters IV 1070; — für das Vermögen eines Kindes aus nichtiger Ehe IV 1186; — Beschränkung der Eltern nach bisherigem Recht VI a 558, 559.

— für das Vermögen des Mündels IV 1414, 1434; — Beschränkung durch Aufstellung eines Pflegers IV 1419; — Aufsicht des Gemeindewaisenrates IV 1563; — siehe auch „Vermögensverwaltung".

Sorgfalt wie in eigenen Angelegenheiten: Umfang der Haftung II a 293; — Anwendungsfälle: Ehegatten in ehelichen Angelegenheiten IV 196; — des Gesellschafters II c 1245; — des Vaters gegenüber dem Kinde IV 1041, 1073, 1100; — des Verwahrers II c 1160; — Vertretung durch den Vorerben V 561; — im Verkehr erforderliche S. II a 282; — Anwendungsfälle: des Geschäftsherrn bei Auswahl seiner Angestellten oder Arbeiter, bei Beschaffung der Vorrichtungen, Geräte, bei Leitung der Ausführung II c 1855, 1856; — des Grundstücksbesitzers, Einfluß auf die Haftung für Schäden durch Einsturz usw. II c 1911, 1916; — des über Tiere Aufsichtspflichtigen II c 1906.

Sozialpolitische Vereine I 184, 285; — keine Entziehung der Rechtsfähigkeit I 241, 242.

Spanien, Handelsabkommen (Grunderwerb) VI a 227; — über Schenkungen unter Ehegatten geltendes Recht VI b 341; — Nichtverbürgung der Gegenseitigkeit in Schenkungssachen VI b 415; — Konsularvertrag mit dem norddeutschen Bund, Bedeutung für das internationale Erbrecht VI b 730; — für Zuständigkeit der Konsuln in Vormundschaftssachen VI b 53, 627; — Staatsvertrag betreffend Luftfahrzeuge VI b 222.

Spareinlagen von Minderjährigen I 431; — — Verfügungsrecht des Vorerben V 449.

Sparkassen: rechtliche Natur der Einlagen II b 660; — Zinsvergünstigung für Einlagen II a 110, 111; — Anlegung von Kindergeld IV 1056; — Anlegung von Kindergeld mit beschränkter Erhebungsbefugnis wegen Vermögensgefährdung durch den Gewalthaber IV 1120; — von Mündelgeld IV 1444, 1450, 1458; — Befreiung von Beschränkungen bei der Anlage IV 1569; — Sp. als Hypothekgläubigerin III 1005; — Beleihung von Erbbaurechten III 733.

Sparkassenbücher: rechtliche Natur II c 1645; — Kraftloserklärung II c 1646; — Kraftloserklärung nach Landesrecht VI a 258; — Übertragung, Verpfändung II c 1647; — Abtretung der Forderung II a 794; — Ausschluß des Vermieterpfandrechts II b 504, 505; — Schenkung II b 310; — Eigentum daran III 519; — Eigentumsvermutung III 633; — Verlust III 486; — Verpfändung III 1385, 1502; — keine Hinterlegungspflicht an S. des Mündels IV 1470.

Sparkasseneinlagen: Form der Verpfändung III 1501.

Sparkassenvereine: Verleihung der Rechtsfähigkeit I 189.

Sparkassenwesen: landesrechtliche Regelung VI a 253.

Sparurkunden: Kraftloserklärung VI a 473.

Spediteure: Gefahrentragung nach Übergabe der Sache an Sp. II b 95; — gesetzliches Pfandrecht III 1465.

Speisemarken II c 1641; — Verlust III 486.

Speisewirte: Verjährung ihrer Ansprüche I 779.

Sperre des Grundbuchs III 242.

Sperrgesetz hinsichtlich Grundstücksveräußerung III 412, VI a 306, 307, 309.

Sperrjahr nach Vereinsauflösung I 256.

Sperr-Recht des Vermieters II b 518.

Sperrverpflichtung beim Kauf von Wertpapieren II b 14.

Spezialärzte, Honorarbemessung II b 810.

Spezialisierung des Schuldverhältnisses II a 82, 86.

Spezialitätsprinzip des Grundbuchrechts III 95; — bei der Hypothek III 984, 989.

Spezialvollmacht I 702.

Spezieskauf II b 24.

Speziesschuld II a 82; — Teilbarkeit und Unteilbarkeit der Leistung II a 901.
Spezifikation III 507, 510.
Spezifikationskauf II a 189, II b 23, II c 1020; — Verzug des Käufers II a 373; — Schadensersatz wegen Nichterfüllung II b 39, 42.
Spiel II c 1441; — Begriff II c 1443; — rechtliche Natur II c 1447; — Einfluß der Geschäftsunfähigkeit II c 1450; — Einfluß der Unredlichkeit II c 1450; — Unverbindlichkeit von Spielverträgen und Spielschulden II c 1441, 1447; — von Strafvereinbarungen II a 605; — Ausschluß der Rückforderung des auf Grund des Spieles Geleisteten II c 1441, 1448; — verbotenes Sp. II c 1450; — Verbindlichkeit zur Erfüllung von Spielschulden II c 1451; — Einfluß der Unklagbarkeit auf anderweitige Rechtsgeschäfte II c 1451; — internationales Recht, Übergangszeit, Strafrechtliches II c 1454; — keine Unsittlichkeit des Spieleinwandes II c 1825; — Haftung aus Verletzungen bei Sp., Sport II c 1782; — Gewinn nicht Vorbehaltsgut IV 229; — räumlich anzuwendendes Recht VI b 801, 811, 826.
Spielschuld: Naturobligation II a 18, II c 1447; — Replik der Arglist II a 37.
Spolieneinrede III 50.
Sport, Haftung aus Verletzungen bei Sp.-Ausübung II c 1782.
Sprechen: am Spr. verhinderte Personen, Testamentserrichtung V 760, 772.
Spruchrichter: Haftung wegen Amtspflichtverletzung II c 1922, 1941.
Staat: Anerkennung der Rechtsfähigkeit ausländischer St. VI b 139; — Erwerbsbeschränkungen eines ausländischen St. VI b 139; — Parteifähigkeit ausländischer St. VI b 139; — Eigentumserwerb und -verlust an Grundstücken kraft Gesetzes VI a 326; — gesetzlicher Hypothektitel VI a 331, 332; — Haftung aus Pflichtverletzungen Beamter II c 1951, VI a 184, 185; — Haftung für Amtspflichtverletzungen von Grundbuchbeamten III 90; — Haftung für Pflichtverletzungen von Vormundschaftsrichtern in Sachen elterlicher Gewalt IV 1133; — in Vormundschaftssachen IV 1502; — Teilung dem St. reallastpflichtiger Grundstücke VI a 315; — Vorrang der Meliorationsdarlehen VI a 304; — Ablösungsrenten und Reallasten des St., Befreiung vom Eintragungszwang VI a 296, 302; — Ersatzanspruch für gewährten Unterhalt VI a 259; — Staaten ohne Rechtseinheit VI b 29.
Staatenlose: räumlich geltendes Recht bezüglich ihrer Rechtsverhältnisse VI b 772; — bei Gebietsverlust oder Aufteilung des früheren Heimatstaates VI b 791, 793; — bezüglich der Eheschließung VI b 266; — bezüglich der persönlichen Rechtsbeziehungen der Ehegatten VI b 297; — bezüglich der Ehescheidung VI b 442; — bezüglich des Erbrechts VI b 690, 776; — Legitimation von St. VI b 570; — Personalstatut der St. VI b 776; — Personalstatut bei Mehrheit der Rechtsordnungen des Wohnsitzstaates VI b 791; — Haftung für unerlaubte Handlungen VI b 210, 776; — Vormundschaft über St. VI b 621; — Wohnsitz VI b 780, 782; — Bedeutung des Wohnsitzes für das Recht der St. VI b 772, 780; — Bedeutung mehrfachen Wohnsitzes VI b 782, 790; — Bedeutung des Wohnsitzwechsels VI b 782; — Rück- und Weiterverweisung VI b 779, 782.
Staatenlosigkeit, Vorkommen VI b 774.
Staatliche Genehmigung der Ausgabe von Schuldverschreibungen II c 1611; — der Stiftung I 306, 312, 315; — Erholung durch das Nachlaßgericht I 322; — Wirkung I 321; — der Vereinssatzungen I 224.
Staatliche Verleihung der Rechtsfähigkeit an Vereine I 161, 170, 189.
Staatsangehörigkeit: Erwerb und Verlust durch Minderjährige, Bevormundete, Ehefrauen VI a 57, 59, 60; — durch Kinder IV 995; — durch uneheliche Kinder IV 1197; — durch die verheiratete Tochter IV 1015; — durch legitimierte Kinder IV 1267, VI b 562; — St. des an Kindes Statt Angenommenen IV 1303, VI b 593; — des unehelichen Kindes IV 1197; — durch Anerkennung seitens des unehelichen Vaters VI b 531.
— als Anknüpfungsgrund der Kollisionsnormen VI b 5, 7; — bei Annahme an Kindes Statt VI b 543, 544, 579; — im ehelichen Güterrecht VI b 299, 302, 305, 329; — bei dem für die persönlichen Rechtsbeziehungen der Ehegatten geltenden Recht VI b 274, 275, 278; — im Ehescheidungsrecht VI b 367, 369; — im Erbrecht VI b 531, 633, 690; — hinsichtlich der Geschäftsfähigkeit VI b 62, 76; — hinsichtlich der ehelichen Abstammung der Kinder VI b 446, 447, 458; — hinsichtlich des Verhältnisses der Eltern zu den Kindern VI b 461, 462; — der Mutter zum unehelichen Kinde VI b 489, 490; — des Vaters zum unehelichen Kinde VI b 504, 512, 529; — bei Legitimation VI b 543, 544, 557; — hinsichtlich der Verschollenheits-, Todeserklärung VI b 110; — als A. im interlokalen Privatrecht VI b 36; — St. juristischer Personen, Sitztheorie VI b 142; — Kontrolltheorie VI b 144; — Wechsel der St. juristischer Personen VI b 145; — St. der Vereine VI b 142; — mehrfache St. (Doppelstaater), Vorkommen VI b 784; — Einfluß mehrfacher St. auf das anzuwendende Recht VI b 783, 785; — bei Zusammentreffen inländischer und ausländischer St. VI b 787; — bei Zusammentreffen mehrerer ausländischer St. VI b 788; — Verschiedenheit des Rechts in dem maßgebenden Staat VI b 790; — Einfluß des Mangels der St. auf das anzuwendende Recht VI b 772; — Bedeutung des Wechsels der StA. im internationalen Privatrecht VI b 76, 106, 278, 303, 304, 329, 371, 448, 464, 467, 491, 514, 534, 559, 586, 615, 659, 663, 665, 722; — arglistiger Wechsel der StA., Bedeutung für das für die Ehescheidung geltende Recht VI b 372, 822.
Staatsangehörigkeitsprinzip VI b 7.

Staatsanwalt, Amtspflichtverletzungen II c 1932; — Anzeigepflicht gegenüber dem Vormundschaftsgericht IV 1376.
Staatsaufsicht über Vereine I 173.
Staatsbank: Anlegung von Kindergeld IV 1055; — von Mündelgeld IV 1455, 1458, 1459, 1460.
Staatseisenbahn, Staatspost: Verjährung ihrer Ansprüche I 785.
Staatshoheit: Eingriff in das Eigentum III 296.
Staatsschuldbuch I 856, 957, II c 1640; — Vorbehalt zugunsten des Landesrechts VI a 250; — Antragsrecht der Ehefrau VI a 250; — Verpfändung eingetragener Forderungen III 1481; — Eintragung von Forderungen der Frau IV 298; — bei Errungenschaftsgemeinschaft IV 628; — Eintragung von Verfügungsbeschränkungen bei Buchforderungen des Kindes IV 1118; — des Mündels IV 1475; — Befreiung von der Verpflichtung hiezu durch Vater oder Mutter IV 1569, 1571, 1627; — Entbindung von der Pflicht durch das Vormundschaftsgericht IV 1477; — Mündelsicherheit eingetragener Forderungen IV 1443, 1447; — Genehmigung des Vormundschaftsgerichts zu Verfügungen über die Forderung IV 1840; — Eintragung einer Verfügungsbeschränkung hinsichtlich zum Nachlaß gehöriger Buchforderungen im Falle der Nacherbfolge V 548; — Befreiung von der Verpflichtung hiezu V 566; — Rückzahlung und Umwandlung eingetragener Forderungen VI a 253; — Sicherheitsleistung mit eingetragenen Forderungen I 856, 860.
Staatsschulden: Rückzahlung und Umwandelung verzinslicher St. VI a 253.
Staatsschuldverschreibungen: Übertragung II a 794, 795.
Staatsverträge: Gesetzeskraft VI a 10; — St. der Bundesstaaten VI a 114; — Verhältnis der St. des Reichs zum BGB. VI a 30; — betr. die juristischen Personen VI b 150, 152; — Meistbegünstigungsklausel in St. VI b 152, 627, 731; — über Luftfahrzeuge VI b 222; — Bedeutung für die Rück- und Weiterverweisung VI b 755; — St. hinsichtlich des Verhältnisses zwischen Vermögens- und Sachstatut VI b 772; — bezüglich der Vormundschaft über Minderjährige VI b 624, 627; — über Grunderwerb im Inland VI a 226, 227; — als Quelle des internationalen Privatrechts VI b 53; — Bedeutung für die Vorbehaltsklausel VI b 822; — über die Eheschließung vor Gesandten oder Konsuln VI b 256; — über die Ehescheidung VI b 442; — über die Ehescheidung vor Konsuln VI b 392; — bezüglich des Erbrechts V 142, 1100, VI b 694, 704, 730.
Staatswechsel: Einfluß auf das anzuwendende Recht hinsichtlich der Annahme an Kindes Statt VI b 586; — hinsichtlich der ehelichen Abstammung VI b 448; — hinsichtlich der persönlichen Rechtsbeziehungen der Ehegatten VI b 278; — hinsichtlich des ehelichen Güterrechts VI b 303, 304; — bei Eheverträgen VI b 329; — bei der Ehescheidung VI b 371; — im Erbrecht VI b 659, 663, 665, 722; — hinsichtlich der Entmündigung VI b 106; — hinsichtlich der Form von Rechtsgeschäften VI b 193; — hinsichtlich der Geschäftsfähigkeit VI b 76; — hinsichtlich des Rechtsverhältnisses zwischen Eltern und Kindern VI b 464, 467; — der Mutter zum unehelichen Kinde VI b 491; — des Vaters zum unehelichen Kinde VI b 514, 534; — bei der Legitimation VI b 559; — bei der Vormundschaft VI b 615.
Stadtschuldbücher I 857, 860.
Stahlkammer: Bestandteileigenschaft I 367; — Rechts- und Besitzverhältnis III 61; — Vertrag über die Benutzung II b 590, II c 1152; — Verpfändung in St. befindlicher Sachen III 1396.
Stallwirte: Haftung II c 1178.
Stämme bei der Erbfolge der Verwandten V 34; — Zugehörigkeit zu mehreren St. V 38, 43; — Erbfolge nach St. bei Abkömmlingen V 35, 37; — bei Geschwistern V 39.
Stammgüter: Landesrecht VI a 122, 133; — dingliche Belastung VI a 133; — Aufhebung V 2, VI a 128; — Veräußerungs- und Belastungsbeschränkungen VI a 134; — Ausschluß von der Gütergemeinschaft IV 424.
Stand des angenommenen Kindes IV 1336; — St. der Ehefrau IV 181; — der geschiedenen Frau IV 793; — des ehelichen Kindes IV 945; — des unehelichen Kindes IV 1209; — des für ehelich erklärten Kindes IV 1294.
Standesbeamter: Anzeigepflicht beim Vormundschaftsgericht von der Notwendigkeit einer Vormundschaft IV 1375; — Anzeige an das Vormundschaftsgericht von der Verehelichung einer Frau mit minderjährigen Kindern IV 81; — Zuständigkeit zum Aufgebot IV 74, VI a 77; — Eheschließung vor dem St. IV 75, 78; — vor dem vermeintlichen St. IV 81; — Zuständigkeit zur Eheschließung IV 83; — Rechtsmittel bei Ablehnung der Mitwirkung bei Eheschließung wegen Unzuständigkeit IV 85; — Ermächtigung des unzuständigen St. IV 85; — Verwandtschaft des Eheschließungszeugen und dem St. IV 79; — Bestrafung wegen gesetzwidriger Eheschließung IV 35; — Ordnungsstrafen IV 36.
Standesgemäßer Unterhalt: Verweigerung der Erfüllung des Schenkungsversprechens wegen Gefährdung II b 314; — Anspruch auf Rückgabe des Geschenkes II b 329; — Ausschluß des Anspruchs II b 332; — Wahrung bei Schadensersatzpflicht des nicht verantwortlichen Täters II c 1848; — Begriff IV 924; — Gewährung nach Ehescheidung IV 794; — der Mutter des ungeborenen Erben V 146; — des ungeborenen Nacherben V 572.
Standesherrliche Familien: Autonomie VI a 119; — Aufhebung VI a 117; — Vormundschaftssachen IV 1367.
Standesrechte in bezug auf eheliches Güterrecht IV 217.
Standesregister: Beweismittel für den Tod einer Person I 130.
Standesvorrechte: Aufhebung VI a 117, 122.

Statusrechte: Schadensersatz wegen Verletzung II c 1775.
Statut: Begriff VI b 6.
Statutarische Portion V 897.
Statutenkollision I 6, VI b 6; — Vereinbarung des anzuwendenden Rechts VI b 643, 755; — St. hinsichtlich Annahme an Kindes Statt VI b 543; — der Geschäftsfähigkeit VI b 62; — Ehelichkeit VI b 446; — hinsichtlich der Ehescheidung IV 716, VI b 367; — der Eheschließung IV 37, 78, VI b 229, 230; — hinsichtlich des ehelichen Güterrechtes IV 216, VI b 299, 300, 351; — Erbrecht VI b 631, 690; — bei Haftung des Erben für Nachlaßverbindlichkeiten V 156, VI b 631, 655, 691; — hinsichtlich der Erbschaftsansprüche V 317, VI b 651, 712; — hinsichtlich Erbvertrags V 837, VI b 647, 724; — Legitimation VI b 543; — Form der Rechtsgeschäfte VI b 163; — Haftung aus unerlaubten Handlungen VI b 193; — Haftung des unehelichen Vaters VI b 504; — persönliche Rechtsbeziehungen der Ehegatten VI b 274; — Pflegschaft VI b 602; — Verhältnis zwischen Eltern und Kindern VI b 461; — zwischen der Mutter und dem unehelichen Kinde VI b 489; — hinsichtlich Testaments V 446, 729, VI b 641, 665, 695; — hinsichtlich Pflichtteilsrechts V 897, VI b 633, 644, 652, 661, 722, 736; — hinsichtlich Vermächtnisses V 582, VI b 633, 691, 712; — Vormundschaft VI b 602; — Verhältnis der räumlichen und zeitlichen I 17, VI b 42.
Statutenkollisionsgesetz: bayerisches I 8.
Statutenwechsel: Einfluß auf das anzuwendende Recht hinsichtlich des Erbrechts VI b 659, 722; — hinsichtlich der Form von Rechtsgeschäften VI b 193; — hinsichtlich der Geschäftsfähigkeit VI b 89; — hinsichtlich des Güterstands VI b 304; — hinsichtlich der persönlichen Rechtsbeziehungen der Ehegatten VI b 278; — hinsichtlich der Scheidung der Ehe VI b 371; — hinsichtlich juristischer Personen VI b 145; — hinsichtlich der Rechtsbeziehungen zwischen Eltern und Kindern VI b 464, 467; — hinsichtlich des unehelichen Kindes zur Mutter VI b 491; — hinsichtlich des unehelichen Kindes zum Vater VI b 514, 534; — St. der Staatenlosen VI b 782; — Bedeutung des arglistigen St. VI b 372, 515, 822; — siehe auch unter „Staatswechsel".
Staub: Zuführung auf das Nachbargrundstück III 310.
Stehende Früchte: Pfändung, Verpfändung III 523; — Pfändung von st. Fr. des Hypothekobjekts III 1041, 1151; — Veräußerung III 527.
Steigerung des Mietzinses II 533.
Steine: Gewinnung durch den Nießbraucher III 846; — Gewinnung durch den Pächter II b 602.
Steinsalzgewinnung VI a 176.
Stellenvermittler II c 1033; — Verjährung ihrer Ansprüche I 786.
Stellvertretendes Commodum II a 261, 312.
Stellvertreter: Wirkungen der Willenserklärungen des St. I 682, 683; — Einfluß der Beschränkung des St. in der Geschäftsfähigkeit I 692; — Einfluß von Willensmängeln, Kennen und Kennen müssen I 693; — arglistige Täuschung des St. I 511; — Besitzerwerb durch St. I 682; — widerrechtliche Drohung gegen den St. I 508; — Haftung für St. von Beamten II c 1951, VI a 192; — siehe auch „Vertreter", „Vertretung".
Stellvertretung: Verhältnis beim Auftrag II c 1097; — bei Aneignung beweglicher Sachen III 539; — bei Anfechtung der Ehe IV 125, 137; — bei der Auflassung III 407; — bei Ausübung des Rechtes aus einem Inhaberpapier II c 1608; — im Besitz III 29, 30; — bei Besitzübertragung III 22, 24, 26; — Besitzverlust durch St. III 35; — bei Abschluß von Eheverträgen IV 397; — bei Bestätigung der anfechtbaren Ehe IV 127; — beim Eigentumserwerb durch Verarbeitung III 513; — bei der Einigung über Rechtsänderungen in Grundstücken, Grundstücksrechten III 109; — bei Kündigung persönlicher Verpflichtungsverhältnisse der Ehefrau, Zustimmung zu denselben IV 192, 195; — ausgeschlossen beim Erbvertrag V 838; — bei Anfechtung des Erbvertrags V 866, 868; — bei Bestätigung des anfechtbaren Erbvertrags V 855; — beim Rücktritt vom Erbvertrag V 877; — beim Erbverzichtsvertrag V 1017; — bei Aufhebung des Erbverzichts V 1022; — bei Testamentserrichtung V 447; — beim Widerruf des Testaments durch Rücknahme aus der Verwahrung V 787, 792; — St. der Ehegatten unter sich IV 159; — des Ehemanns durch die Frau im häuslichen Wirkungskreis IV 183, 187; — außerhalb desselben IV 192; — Unzulässigkeit bei Eheschließung IV 77; — Legitimationsprüfung III 94; — beim Verlöbnisvertrag IV 10; — auf die Zulässigkeit anwendbares Recht VI b 176; — für die Zulässigkeit bei Testamentserrichtung und -aufhebung VI b 670; — siehe auch „Vertreter", „Vertretung".
Stempel: Unterschied vom Siegel V 778; — bei Unterschrift I 528.
Stempelsteuer: Vergünstigung für den Erbbauberechtigten III 787.
Stenogramm: rechtsgeschäftliche Erklärungen in St. I 455; — Gebrauch bei Schriftform I 530.
Stenographie: Anwendung bei Testamentserrichtung V 741.
Sterbegehalt: Beschränkung der Aufrechnung dagegen II a 768, 771.
Sterbekassen: Aufrechnung mit geschuldeten Beiträgen II a 766.
Sterbekassenvereine: Verleihung der Rechtsfähigkeit I 189.
Sterberegister: Beweismittel für den Tod einer Person I 130.
Sterilität: Eheanfechtungsgrund IV 117.
Steuerbehörden: Recht auf Einsicht von Testamenten V 806.
Steuern vom eingebrachten Gut der Frau im gesetzlichen Güterstand IV 275; — bei Errungenschaftsgemeinschaft IV 635; — Rückforde-

rung II c 1670; — Zahlung durch Dritte II a 209; — Verteilung auf sukzessiv Verpflichtete I 393, 394.

Steuernotverordnung, Dritte II a 55, III 972.

Steuerrecht, Einfluß des Leistungsverzugs II a 329; — Eigentümer III 287; — Entrichtung von St. bei Nießbrauch III 840; — Vergünstigung für den Erbbauberechtigten III 787.

Stiefeltern, -geschwister: Verwandtschaft, Schwägerschaft IV 845, 846.

Stiefkinder: keine Unterhaltspflicht IV 902.

Stiefmutter: Rechte und Pflichten gegenüber dem Kind IV 1020.

Stiefvater: Rechte und Pflichten gegenüber dem Kind IV 847, 981.

Stiftung: Begriff I 305; — rechtliche Bedeutung der Vermögenszuwendung I 315; — Unterschied von der Körperschaft I 163; — Arten I 307; — Unterschied von der Auflage V 365; — keine Beerbung bei Auflösung V 9; — Erbfähigkeit V 26; — Zweck I 313, 314; — Unmöglichkeit der Erfüllung des Zw. I 328; — Voraussetzungen der Entstehung I 306, 312; — Zeit derselben I 320; — im Falle der Genehmigung nach dem Tode des Stifters I 324; — Form bei St. unter Lebenden I 318; — letztwillige Errichtung I 322; — Genehmigung I 306, 312, 315; — nach dem Tode des Stifters I 324; — Gesuch um dieselbe I 317; — Einholung durch das Nachlaßgericht I 322; — Schwebezustand bis zur Gen. I 318; — Wirkung der Gen. I 320; — Wirkung der Ablehnung I 320; — Ausschluß der Nachlaßteilung vor der Genehmigung einer vom Erblasser errichteten St. V 394; — Nachlaßpflegschaft bei Berufung einer St. als Erbe V 134; — Verfassung: Begriff I 306, 307; — Bestimmung derselben I 325; — Inhalt derselben I 307, 313, 326; — notwendiger Inhalt I 313; — fakultativer Inhalt I 315, 326; — Änderung I 310, 328, 332; — Sitz I 312, 314, 317; — Organe derselben I 314, 326; — Vorstand I 326; — Anhörung vor Umwandlung der St. I 328, 332; — Bestellung durch das Amtsgericht I 327; — Bestellung besonderer Vertreter I 327; — Haftung der St. für Handlungen des Vorstands und anderer Vertreter I 327; — Verpflichtungen des Stifters I 320, 321; — Rechte der Destinatäre des Stiftungsnutzens I 310; — Aufhebung, Änderung und Umwandlung I 328; — Wirkung des Erlöschens I 332; — Widerruf I 316, 318; — Ausschluß des W. durch den Erben I 318, 320; — W. bei letztwilligen St. I 324; — Unvererblichkeit des Widerrufsrechtes V 16.
— Liquidation I 333.
— rechtliche Stellung: Erwerbsbeschränkungen I 310; — Eigentumserwerb an Grundstücken III 392; — gesetzliches Erbrecht an Stelle des Fiskus VI a 365; — Erbrecht, Pflichtteilsanspruch am Nachlaß verpflegter oder unterstützter Personen VI a 367; — Haftung für Handlungen der Vorstände und Vertreter I 327; — gesetzlicher Hypothektitel VI a 231; — Sicherungshypothek der St. III 995.

Stiftungen: Erwerb des Vermögens eines aufgelösten Vereins I 245, VI a 215; — Abgabe von Willenserklärungen gegenüber der St. I 326; — Konkurs der St. I 241, 326, 328, 333; — Staatsaufsicht I 311; — Aufrechnung gegen Stiftungsbezüge II a 767; — landesgesetzliche Vorschriften hinsichtlich ihrer Schuldverschreibungen VI a 255; — hinsichtlich der Rechtsfähigkeit räumlich geltendes Recht VI b 132; — Verleihung der Rechtsfähigkeit an ausländische Stiftungen VI b 132; — siehe auch unter „juristische Personen".

Stiftungsaufsicht I 311, VI a 426.

Stiftungsgeschäft: Form I 318; — Inhalt I 313; — rechtliche Natur, Zustandekommen I 306, 313; — Erlöschen durch Ablehnung der Genehmigung I 320; — Vornahme in einem Erbvertrage V 844.

Stiftungsnachlaß I 311.

Stillschweigen: rechtliche Bedeutung I 453.

Stillschweigende Bedingung I 654; — st. Bevollmächtigung I 701.

Stillschweigende Vereinbarung einer Vergütung beim Dienstvertrag II b 805; — beim Mäklervertrag II c 1055; — bei Verwahrung II c 1158, 1160; — beim Werkvertrag II c 949.

Stillschweigende Verlängerung des Dienstvertrages II b 893; — des Mietvertrages II b 545.

Stillschweigende Willenserklärung I 451, 452.

Stillstand: Einfluß des St. der Rechtspflege auf die Verjährung I 801; — des St. des Prozesses I 819.
— **der Rechtspflege:** Einfluß auf die Ersitzung beweglicher Sachen III 496; — Einfluß auf die Frist für Anfechtung der Ehelichkeit IV 871; — für Anfechtung der Anerkennung der Ehelichkeit IV 882; — Hemmung der Frist für die Scheidungsklage IV 763, 767.

Stimmrecht in der Vereinsmitgliederversammlung I 223; — Ausschluß desselben I 225; — von Vorstandsmitgliedern I 206.

Stockwerk: Kein Erbbaurecht an St. III 665, 675, 781.

Stockwerkseigentum I 363, 369, III 648, 665, VI a 331, 488; — Besitzesschutz III 60.

Stoff: Verarbeitung, Umbildung III 510; — beim Werkvertrag: Lieferung durch den Unternehmer II c 1018, 1019; — Mängel II c 996; — Untergang oder Verschlechterung vor Abnahme des Werks II c 991.

Stoffbegrenzung des BGB. I 4.

Störung des Besitzes III 39, 41; — siehe auch „Besitzstörung"; — des Eigentums siehe „Eigentumsanspruch"; — von Grunddienstbarkeiten III 820, 824.
— der Geistestätigkeit: Geschäftsunfähigkeit I 421; — Nichtigkeit von Willenserklärungen I 424; — der Geistestätigkeit bei Eheschließung IV 102; — Geltendmachung der Nichtigkeit der Ehe IV 108; — Einfluß auf gesetzliche und vertragsmäßige Verbindlichkeiten II a 285; — bei unerlaubten Handlungen II c 1843; —

Haftung aus Billigkeit II c 1848; — Haftung Aufsichtspflichtiger II c 1873.
Strafantrag: Vergleich zur Abwendung II c 1535; — bei Beleidigung einer Ehefrau VI a 37, 42; — wegen Beleidigung der Ehefrau nach Aufhebung der ehelichen Gemeinschaft IV 830; — für Geschäftsunfähige und Minderjährige VI a 36, 39, 40; — Stellung für Minderjährige IV 996; — Stellung durch den Vormund IV 1419; — Bestellung eines Pflegers zum Str. wegen strafbarer Handlungen gegen ein unter elterlicher Gewalt stehendes Kind IV 991; — für das uneheliche Kind IV 1211; — Str. bei Verletzung von Gesamtgut IV 420, 617.
Strafbare Handlung: Haftung aus Besitzerwerb durch st. H. III 598; — Erwerb von Erbschaftsgegenständen durch str. H. V 336; — Erbunwürdigkeit wegen Begehung str. H. V 999, 1002; — Pflichtteilsentziehung V 986, 990.
Strafen der zweiten Ehe V 28.
Strafgefangene: gesetzlicher Wohnsitz I 93.
Strafgesetz: Zurückweisung einer Eintragung ins Grundbuch wegen Verstoß gegen ein Str. III 102.
Strafgesetzbuch: Änderung durch das EG. VI a 36, 37; — Verwandtschaft und Schwägerschaft i. S. desselben VI a 35.
Strafmündigkeit VI a 36, 38, 39.
Strafprozeßordnung: Verwandtschaft und Schwägerschaft i. S. der StPO. VI a 33, 34; — Änderung durch das EG. VI a 43, 44.
Strafschutz familienrechtlicher Verhältnisse IV 4.
Strafverfahren gegen die Ehefrau: Kostenhaftung des eingebrachten Guts IV 342; — Haftung des Vorbehaltsgutes IV 353; — Haftung des Mannes im Verhältnis zur Frau IV 280; — Ersatzpflicht der Frau gegenüber dem Manne IV 353; — Str. gegen einen Ehegatten: Haftung bei allgemeiner Gütergemeinschaft IV 636; — im Verhältnis der Ehegatten IV 646; — gegen den Ehemann: Haftung bei Gütergemeinschaft IV 474; — gegen das Kind, Tragung der Verteidigungskosten IV 1082, 1084; — im Verhältnis zum Gewalthaber IV 1093.
Strafversprechen: Ermäßigung der Strafe II a 599.
Strafvertrag, selbständiger II a 583, 585.
Strandrecht III 539.
Straßen: Verkehrsfähigkeit I 345; — Miete an öffentlichen Str. II b 391.
Straßenanlieger: Rechte III 102, 295, 337, 804.
Straßenbahn: Geräusch III 317; — rechtliche Natur des Beförderungsvertrags II c 931; — Haftung des Wagenführers II c 1790; — Haftung für Verschulden von Wagenführern, Schaffnern II c 1863.
Straßenbahnfahrschein: rechtliche Natur II c 1642.
Straßenreinigung: Last des Vermieters II b 454.
Sträucher: Abstand von der Grenze nach Landesrecht VI a 319, 320, 322; — Anlage auf dem Nachbargrundstück III 327, 330; — Überragen von Wurzeln und Zweigen in das Nachbargrundstück III 338; — Überfall von Früchten III 341; — Grenzsträucher III 384; — Unverjährbarkeit von Ansprüchen III 385; — Abstand von der Grenze III 340; — Übergangsvorschriften für Waldgrundstücke VI a 490.
Streik: Verstoß gegen die guten Sitten II b 726, II c 1826.
Streitgenossenschaft: der Gesamtschuldner II a 907; — der Gesellschafter II c 1268, 1283; — zwischen Mann und Frau bei allgemeiner Gütergemeinschaft IV 439; — zwischen Mann und Frau bei Klage auf Leistung und Duldung der Zwangsvollstreckung IV 317; — unter Miterben V 353, 379; — bei Verfolgung von Nachlaßansprüchen V 374, 375; — als Schuldner V 432; — zwischen unehelicher Mutter und Kind im Prozeß gegen den Vater IV 1246; — der Teilhaber an einer Gemeinschaft II c 1409; — zwischen Erben und Testamentsvollstrecker V 662, 702; — siehe auch „Nebenintervention“.
Streitige Gesamtgutsverbindlichkeiten: Behandlung bei Auseinandersetzung der Gütergemeinschaft IV 505.
— **Verbindlichkeiten** bei Liquidation der Gesellschaft II c 1339; — Behandlung bei der Nachlaßverwaltung V 250.
Streitverkündung bei der Eigentumsklage III 589; — an den ersten Verkäufer bei Mängeln der Kaufsache II b 212, 215; — zur Wahrung der Gewährfrist beim Viehkauf II b 233; — Unterbrechung der Verjährung I 813, 817; — Dauer und Wegfall der Wirkung der Unterbrechung I 824.
Streitwert des Anspruchs auf die Geldrente wegen unerlaubter Handlungen II c 1966; — in Ehescheidungssachen IV 714; — bei Unterhaltsansprüchen IV 893; — für die Unterhaltsklage des unehelichen Kindes IV 1221.
Streuberechtigung VI a 300.
Streupflicht: Haftung aus Versäumnis II c 1788.
Stroh: Zurücklassung bei Beendigung der Pacht eines Landguts II b 630.
Strohmann bei Auflassung III 413.
Stücklohn II b 787; — Beendigung eines Stücklohnvertrags II b 883; — Kündigung des Stücklohnvertrags II b 891.
Studierende: Geschäftsfähigkeit I 429.
Stumme: Eheschließung IV 77; — Geschäftsfähigkeit I 448; — Pflegschaft IV 1647; — Beendigung derselben IV 1651, 1676; — Testamentserrichtung V 760, 772.
Stundung von Forderungen des Mündels IV 1466; — der Leistung: Einfluß auf die Verjährung I 791; — Einfluß auf die kurzen Verjährungsfristen I 796; — Hemmung der Verjährung I 797, 799; — Einfluß der St. auf die Haftung des Bürgen II c 1491, 1494; — St. des Kaufpreises II b 36, 103, 105; — Ausschluß des Rücktrittsrechtes II b 105; — Verzinsung des Kaufpreises II b 103; — beim Vorkauf II b 282; — St. des Mietzinses: Einfluß der Veräußerung des Mietobjekts II b

580; — von Forderungen des Mündels IV 1466.
Subjektiv-dingliche Rechte III 6.
Submission I 641.
Substantialprinzip III 522.
Substitution nach bisherigem Recht VI a 582; — siehe auch „Vertretung".
Substitutionsbefugnis des Vertreters I 690.
Subsumtionsirrtum I 486.
Successio graduum V 37.
— **in usucapionem** III 499.
— **ordinum** V 31, 46.
Südafrikanische Union: Staatsvertrag betr. juristische Personen VI b 153; — betr. Eheschließung vor Konsuln VI b 256.
Sühneversuch vor Ehescheidung IV 710, 766; — vor Klage auf Herstellung des ehelichen Lebens IV 162; — vor Umwandlungsklage in Scheidung IV 786.
Sukzession in den Besitz III 16.
Sukzessionstheorie II a 856, III 1267.
Sukzessivlieferungsvertrag: Begriff I 612, II b 12; — positive Vertragsverletzung II a 274; — Einfluß der Verletzung II a 285; — Rücktritt wegen Verletzung II b 75; — Einfluß der Geldentwertung II a 73; — zufällige Unmöglichkeit der Leistung II a 486; — schuldhafte Verletzung durch vertragswidrige Teillieferung II a 498, 505, II b 75; — Nachfristsetzung bei Verzug II a 513; — Wandelung II b 192.
Summe der Leistung: Bestimmung durch Dritte II a 451.
Summenzuwendungen, letztwillige V 495.
Superficies III 655.
— **cedit solo** III 503.
Surrogatansprüche: Verjährung I 780.
Surrogation bei eingebrachtem Gut der Frau IV 265, 267; — eines Ehegatten bei Errungenschaftsgemeinschaft IV 626, 629; — bei Fahrnisgemeinschaft IV 681; — beim Gesamtgut der allgemeinen Gütergemeinschaft IV 501; — der Errungenschaftsgemeinschaft IV 663; — der fortgesetzten Gütergemeinschaft IV 567; — von Vorbehaltsgut IV 237; — bei Errungenschaftsgemeinschaft IV 632; — bei allgem. Gütergemeinschaft IV 428; — bei fortgesetzter Gütergemeinschaft IV 539; — bei Gegenständen des Erbschaftsanspruchs V 326; — des Erbschaftskaufes V 1087; — bei Gegenständen des Gesellschaftsvermögens II c 1275; — bei Unmöglichkeit der Leistung II a 312; — bei Gegenständen des Kindervermögens IV 1067; — des freien Kindervermögens IV 1045; — von Gegenständen der Nacherbfolge V 530; — des Gegenstandes der ungerechtfertigten Bereicherung II c 1718; — von Nachlaßgegenständen V 380; — beim vertragsmäßig angeordnetem Vermächtnis V 861; — res succedit in locum pretii, pretium in locum rei I 342.
Surrogationstheorie II a 476.
Surrogierungsklausel bei Verpfändung III 1385.
Synallagma I 607.
Synallagmatische Erbverträge V 879.
Synallagmatischer Vertrag II a 457; — Gläubiger und Schuldner II a 14.
Syndikatsklage II c 1922.

T.

Tabularersitzung III 100, 492; — des Erbbaurechts III 678; — von Grunddienstbarkeiten III 792; — von Grundstücken durch einen eingetragenen Nichteigentümer III 280; — des Nießbrauchs an Grundstücken III 837.
Tag: Fristberechnung nach T. I 755; — T. der Geburt bei Berechnung des Lebensalters I 755; — Berechnung des Dienstverhältnisses nach T. II b 887; — Mietzinsberechnung nach T. II b 534; — der Testamentserrichtung, Angabe im Protokoll V 762, 765; — siehe auch „Datum".
Tagelöhner: Verjährung ihrer Forderungen I 779, 786.
Talons: rechtliche Natur und Rechtsverhältnisse daran II c 1634; — Ausschluß der Kraftloserklärung II c 1626, VI a 469; — Verpfändung III 1526; — siehe auch „Erneuerungsschein".
Tantiemen: für Dienstverpflichtete II b 789; — Verjährung I 786.
Tarife II c 950.
Tarifgemeinschaften: rechtliche Natur I 266.
Tarifvertrag II b 737; — Maßstab für Vergütung II b 808.
Taschengeld: Minderjähriger I 439.
Täter: Haftung mehrerer T. bei unerlaubten Handlungen II c 1851; — gesamtschuldnerische Haftung II c 1953.
Tatsächliche Angaben im Grundbuch III 227.
Tatsächliche Gewalt beim Besitz III 20; — Ausübung III 22, 23; — Ausübung für einen anderen III 30; — Aufgabe und Verlust III 34.
Taube: Geschäftsfähigkeit I 448; — Eheschließung IV 77; — Pflegschaft über T. IV 1647; — Beendigung derselben IV 1651, 1676; — Testamentserrichtung V 760; — Unfähigkeit zum Zeugnis bei Testamentserrichtung V 754, 757.
Tauben: Aneignung, Eigentum daran III 543, VI a 330.
Taubenschlag: Anlage im Nachbargrundstück III 329.
Taubstumme: Eheschließung IV 77; — Haftung für kontraktliches Verschulden II a 282, 285; — Haftung aus unerlaubten Handlungen II c 1845; — Ersatzpflicht aus Billigkeit II c 1848; — Haftung aufsichtspflichtiger Personen II c 1873; — Haftung als Tierhalter II c 1902; — Testamentserrichtung V 772, 773; — Strafantrag für dieselben VI a 39, 40.
Taufkosten: Bestandteil des Unterhalts IV 926; — für das uneheliche Kind IV 1220.
Tausch II b 6, 287; — Pflichten der Vertragsteile, Haftung für Mängel im Recht II b 84; — Gewährleistung wegen Mängel der Sache II b 248; — Minderungsanspruch II b 198, 200; — Schadensersatz wegen Nichterfüllung II a 478; — Gewährschaft bei T. von Tieren II b 238; — T. von Geld II b 23; — von Grundstücken für den Mündel IV 1490; — Tausch-

vertrag über Grundstücke, Heilung der Nichtigkeit wegen Formmangel II a 442; — Einfluß falscher Wertangabe bei Grundstückstausch II b 290; — Ausschluß eines Vorkaufsrechts beim Tausch II b 276; — Wohnungstausch II b 396.

Tauschaufgabe II b 288; — Minderung II b 198, 290.

Täuschung, arglistige: Verhältnis des Anfechtungsrechts zum Gewährleistungsanspruch II b 122; — zur Haftung wegen unerlaubter Handlung II c 1752; — Anfechtung der Ehe I 515, IV 121; — Anfechtungsfrist IV 123, 130; — Ausschluß wegen Bestätigung der Ehe IV 127; — Anfechtung der Anerkennung der Ehelichkeit IV 882; — Anfechtung der Bestimmung der Leistung durch einen Dritten II a 452; — Anfechtung der Annahme oder Ausschlagung der Erbschaft V 116; — der Versäumung der Ausschlagungsfrist V 118; — Anfechtung von Willenserklärungen I 500, 508; — Begriff der Täuschung I 508; — Verhältnis zur Irrtumsanfechtung I 510; — Wirkung I 510; — Anfechtungsberechtigte I 511; — Voraussetzungen in der Person des Täuschenden I 511; — Anfechtungsfrist I 516; — Wirkung erfolgter Anfechtung I 510; — Schadensersatzpflicht I 512, 513; — Ansprüche wegen ungerechtfertigter Bereicherung I 515; — a. T. bei Bevollmächtigung I 706; — im Falle von Stellvertretung I 694, 695.

— T. des Erblassers: Erbunwürdigkeit V 999, 1001, 1009; — Anfechtung des Erbvertrags V 849, 853; — Anfechtung letztwilliger Verfügungen wegen T. des Erblassers I 515, V 477, 483; — Anfechtungsberechtigte V 485; — Anfechtung des Verlöbnisses IV 17; — räumlich anzuwendendes Recht, bei Abschluß von Erbverträgen VI b 677; — bei Testamentserrichtung VI b 670.

Taxatoren: Verjährung ihrer Ansprüche I 787.

Taxe beim Dienstvertrag II b 806, 809; — beim Mäklervertrag II c 1054; — beim Werkvertrag II c 949; — bei der Verwahrung II c 1160.

Teiche: Fische in T., Eigentumsverhältnisse III 541.

Teil der Erbschaft: Annahme und Ausschlagung V 108; — Ausschlagung bei Mehrheit von Erbeserben V 111; — eines Werkes: Abnahme II c 985.

Teilbare Leistungen: Begriff, Haftung bei Mehrheit von Gläubigern oder Schuldnern II a 900; — gesamtschuldnerische Haftung für t. L. II a 899, 924.

Teilbarkeit der Leistung II a 901.

Teilbesitz III 15; — Besitzesschutz III 44, 50, 58.

Teilflächen von Grundstücken: selbständige Belastung lastenfreie Abschreibung III 210.

Teilforderungsrecht II a 900.

Teilhaftung bei Mehrheit von Schuldnern II a 900.

Teilhypotheken: Rang III 1158; — Rangänderung III 151.

Teilhypothekenbrief: Ausstellung bei teilweiser Befriedigung des Gläubigers III 1138; — bei Teilung der Forderung III 1160.

Teilleistung: Begriff, Zulässigkeit II a 204, 205; — Anspruch auf T. II a 207; — durch Aufrechnung II a 754; — nach rechtskräftiger Verurteilung II a 319; — bei Unmöglichkeit eines Teiles der Leistung II a 406, 409; — bei Verstoß eines Teiles des Vertrags gegen die guten Sitten II a 412; — T. beim aktiven Gesamtschuldverhältnis II a 929; — beim gegenseitigen Vertrag II a 207, 461, 464; — beim Werkvertrag II c 985; — Anrechnung bei Mehrheit der Schuldverhältnisse II a 685; — auf Zinsen und Kosten II a 689; — Gewährleistung bei teilweisem Mangel der Ware II b 194; — Geltendmachung nur eines Teiles der Forderung durch den Gläubiger II a 207; — Quittung über T. II a 692.

Teilnahme des anderen Ehegatten am Ehebruch IV 723, 727; — an unerlaubten Handlungen, Haftung II c 1852, 1953.

Teilpacht II b 602, 607, 628.

Teilschuldverhältnis II a 894, 899, 900, 903.

Teilschuldverschreibungen auf Inhaber: Hypothekbestellung für die Forderungen III 1315.

Teilung der gemeinschaftlichen Sachen II c 1421; — des gemeinschaftlichen Grundstücks II c 1423, 1425.

— des Gesamtgutes: Ausschluß des Anspruchs auf T. bei allgemeiner Gütergemeinschaft IV 430; — bei fortgesetzter Gütergemeinschaft IV 540; — nach Beendigung der Gemeinschaft vor Auseinandersetzung IV 566; — bei Errungenschaftsgemeinschaft IV 618, 661; — Vollzug der T. bei Auseinandersetzung IV 509; — Eintragung im Grundbuch IV 512; — T. unter anteilsberechtigten Abkömmlingen IV 578.

— T. des Gesellschaftsvermögens: Ausschluß des Anspruchs hierauf II c 1282; — T. nach Auflösung II c 1345; — T. von Grundstücken: Untersagung und Beschränkung nach Landesrecht VI a 306; — des mit einer Grunddienstbarkeit belasteten Grundstücks III 818; — des herrschenden Grundstücks III 817; — T. des Erbbaurechts III 711; — des reallastberechtigten Grundstücks III 953; — des belasteten Grundstücks III 951, 952, VI a 311; — bei Belastung zugunsten des Staats oder einer öffentlichen Anstalt VI a 315; — T. von Grundstücken des Mündels IV 1488.

— T. der Hypothekforderung III 1158; — T. des Hypothekenobjekts, Entstehung der Gesamthypothek III 1092.

— des Nachlasses V 381; — Ausschluß wegen Unbestimmtheit der Erbteile V 394; — Aussetzung bis zur Beendigung des Aufgebotsverfahrens, dem Ablauf der Anmeldefrist V 397; — Anordnungen des Erblassers V 401; — Beschränkung der T. durch den Erblasser V 395; — Schuldenhaftung vor der T. V 431, 433; — nach der T. V 438, 439; — Beschränkung des Pflichtteils durch Teilungsanordnungen V 908; — T. der Früchte vor Auseinandersetzung V

368; — siehe auch „Nachlaßauseinandersetzung“.
Teilungsanordnung: Unterschied vom Vermächtnis V 588; — Pflichtteilsverletzung durch T. V 909; — siehe auch „Teilung“.
Teilungsbeschränkungen, landesgesetzliche, für Grundstücke VI a 306, 308.
Teilungsvertrag bei der Gemeinschaft II c 1421.
Teilurteil: Einfluß auf die Verjährung I 820.
Teilverweisung im Erbrecht VI b 706.
Teilweise Nichtigkeit des Rechtsgeschäfts I 587.
— **Unmöglichkeit:** der Leistung II a 307, 310; — Einfluß von Kenntnis oder Kennenmüssen der U. II a 406; — unverschuldete U. beim gegenseitigen Vertrag II a 480, 488, 490; — verschuldete II a 480, 496, 505.
Teilzahlung: Verweigerung der Annahme II a 204; — T. auf eine Inhaberschuldverschreibung II c 1622; — Unterbrechung der Verjährung I 811.
Telegramm: keine Erbschaftsausschlagung durch T. V 98; — Zeit des Zugehens V 541.
Telegraph: Leitungen auf und über fremden Grundstücken III 306.
Telegraphenbeamten: Amtspflichtverletzungen II c 1934, 1941.
Telegraphenwegegesetz: Rechte Dritter an der Entschädigung für Schäden durch Führung von Telegraphenlinien VI a 87.
Telegraphische Übermittlung der Willenserklärung bei gesetzlicher Schriftform I 531; — bei rechtsgeschäftlicher Schriftform I 532; — unrichtige Übermittelung, Haftung aus derselben I 493.
Telephon: keine Erbschaftsausschlagung durch T. V 98; — Vertrag über Benützung II b 394; — Leitungen über fremde Grundstücke III 306.
Telephonanlagen: Anbringung an Mietobjekten II b 474.
Telephonischer Vertragsantrag I 623, 624.
Telephonische Willenserklärung I 542.
Termin: Begriff I 753; — Auslegungsvorschriften I 752.
Terminologie der Besitzverhältnisse III 17; — des Familienrechts IV 1; — des Sachenrechts III 1.
Testament V 446; — reichs- und landesrechtliche Sondervorschriften V 726, 727, 728; — Begriff V 65, 67; — früheres Recht V 726; — möglicher Inhalt V 67, 68; — Beweis des Inhalts eines verlorenen, vernichteten T. V 791; — Konkurrenz testamentarischer und gesetzlicher Erbfolge V 11; — Verhältnis mehrerer T. gleichen Alters V 795; — rechtliche Stellung des Testamentserben V 80; — Fähigkeit zur Errichtung V 730, 731; — Beeinflussung durch Dritte bei Errichtung V 732; — Prüfung der Fähigkeit bei Errichtung des öffentlichen T. V 734, 735; — Ausschluß der Stellvertretung V 447; — Fähigkeit, bedacht zu werden V 452.
— Formen: Errichtung vor dem Richter oder Notar V 752; — Beweislast für Mängel V 753; — zuzuziehende Personen V 753; — Ausschluß von der Mitwirkung bei der Errichtung V 754, 755, 756; — Fähigkeit des zu ernennenden Testamentsvollstreckers zur Mitwirkung V 669; — Untauglichkeit als Zeuge V 756; — Zuständigkeit V 736, 753; — ausschließliche Zuständigkeit der Notare in Bayern V 728; — Form der Errichtung V 757, 758; — Anwesenheit der mitwirkenden Personen V 761; — Protokoll über Errichtung des T., Aufnahme in deutscher Sprache V 762, 764; — Inhalt, Verlesung, Genehmigung, Unterschrift V 762, 763; — Errichtung durch Blinde V 760; — Errichtung durch der deutschen Sprache Unkundige V 773, 774; — durch Lesensunkundige V 758; — durch Minderjährige IV 976, V 758; — durch Stumme und am Sprechen Verhinderte V 772; — durch Taube V 760; — durch Taubstumme V 773; — Vollendung, Vollständigkeit V 452; — Versiegelung und Verwahrung des T. V 777; — Wirkung der Verletzung landesrechtlicher Formvorschriften V 728.
Testament: Privattestament (eigenhändiges, holographisches) V 735, 737; — Ausschluß der Errichtung durch Minderjährige und Lesensunkundige V 779; — amtliche Verwahrung V 779.
— außerordentliche Testamentsformen: Errichtung vor dem Gemeinde- oder Gutsvorsteher (Dorftestament) V 780, 781; — Zuständigkeit VI a 393; — Seuchentestament V 783; — Seetestament V 785; — Marinetestament VI b 72; — zeitliche Beschränkung der Wirksamkeit des außerordentlichen T. V 785; — Errichtung vor Reichskonsuln, in deutschen Schutzgebieten V 728, 729, 783, VI a 53; — örtliche und zeitliche Statutenkollision V 729.
— Inhalt: Übersicht V 66; — Erbeinsetzung V 67, 493; — Ausschließung gesetzlicher Erben ohne Erbeinsetzung V 69; — Anordnung von Vermächtnissen V 70; — von Auflagen V 75, 626; — Errichtung einer Stiftungen I 322; — Bestimmung des Bedachten V 450; — Ausschluß der Bestimmung durch einen Dritten V 448; — unrichtige Bezeichnung des Bedachten V 455; — Bezeichnung des Bedachten in einer auf mehrere Personen passenden Weise V 467; — Bestimmung des Gegenstandes der Verfügung V 451; — Ausschluß der Bestimmung durch einen Dritten V 448; — Vorbehalt der Ergänzung V 69, 493; — Ernennung eines Testamentsvollstreckers V 644; — Bedingungen: Zulässigkeit im allgemeinen V 468; — Bedeutung einer aufschiebbaren Bedingung V 467, 473, 474; — Bedingung einer Handlung oder Unterlassung V 467, 474; — unmögliche, unsittliche, unerlaubte Bedingungen V 469; — Vereitelung des Eintrittes der Bedingung durch Dritte V 475.
— Auslegung V 69, 453, 474, 483, 490; — Auslegung altrechtlicher T. V 458; — Auslegung durch den Testamentsvollstrecker V 651, 675; — Auslegungsregeln: Bedenkung der gesetzlichen Erben V 460; — der Verwandten oder nächsten Verwandten V 461; — der Kinder des Erblassers V 462; — von eigenen

Abkömmlingen V 462; — der Abkömmlinge Dritter V 465; — von Personenklassen, Bediensteten, Angestellten V 466; — der Armen V 466; — Möglichkeit verschiedener Auslegungen V 490.

Testament: Anerkennung V 480; — durch den Vormund IV 1492.

— Anfechtung (siehe auch diese) V 477; — teilweise Unwirksamkeit V 491; — Einfluß der Unwirksamkeit einer von mehreren Verfügungen V 69, 491.

— Widerruf: Zulässigkeit V 787; — Formen: durch Testament V 787, 789; — durch Vernichtung oder Veränderung der Testamentsurkunde V 787, 789; — Teilaufhebung in diesem Fall V 791; — durch Rücknahme aus der amtlichen Verwahrung V 787, 792; — Wirkung des Widerrufs V 793; — des Widerrufs eines späteren Testaments für das frühere V 794; — Widerruf des Widerrufs V 788, 793.

— Aufhebung durch ein neues T. V 794; — Ausschluß beim korrespektiven Testament V 820, 824; — Ablieferung an das Nachlaßgericht nach dem Tode des Erblassers durch den Besitzer oder Verwahrer V 795, 796; — vertragsmäßiger Verzicht auf die Zuwendung im T. V 1023.

— räumlich geltendes Recht VI b 641, 665, 695; — auf die Form des T. anzuwendendes Recht VI b 164, 165, 177, 185, 193, 644, 688, 697; — bezüglich des Inhalts geltendes Recht VI b 642, 671; — Fähigkeit zur Errichtung, räumlich geltendes Recht VI b 641, 663, 695; — für den Einfluß von Willensmängeln VI b 642, 670; — für die Stellvertretung bei Testamantserrichtung VI b 670; — für die Aufhebung VI b 665, 672; — Einfluß des Staatswechsels VI b 663, 665, 722; — für Nottestamente anzuwendendes Recht VI b 182, 646, 701; — für das gemeinschaftliche T. geltendes Recht VI b 680, 703; — Zuständigkeit des Nachlaßgerichts bei Behandlung der T. von Ausländern VI b 727; — zeitlich geltendes Recht VI a 581, 585, 588, 593; — siehe auch „gemeinschaftliches T., letztwillige Verfügung".

Testamentseröffnung: Ablieferungspflicht des Besitzers und des Verwahrers V 795, 796; — Zuständigkeit V 798, 801; — Verfahren V 798, 802; — Aufbewahrung des eröffneten Testamentes V 805; — Eröffnung durch ein anderes Gericht als das Nachlaßgericht V 798, 801, 803; — Nichtigkeit des Verbots der Eröffnung V 798, 804; — Eröffnung des gemeinschaftlichen Testaments V 831; — Eröffnung seit mehr als 54 Jahren amtlich verwahrter Testamente V 800; — bisheriges Recht VI a 584; — von Ausländertestamenten VI b 727, 729.

Testamentsfähigkeit: aktive V 730, 731, 839; — zeitlich geltendes Recht VI a 589, 593, 594; — Prüfung bei Errichtung des Testaments V 734; — unter elterlicher Gewalt stehender Kinder IV 976; — passive V 452; — Anwendung bisherigen Rechts VI a 583.

Testamentsmündigkeit I 54; — ehemaliger Ausländer VI b 631.

Testamentsurkunde: Vernichtung, Veränderung V 787, 789.

Testamentsvollstrecker V 643; — räumlich geltendes Recht VI b 642, 633, 688, 707; — zeitliche Geltung des BGB. V 644, 670; — Vorschriften anderer Gesetze in bezug auf T. V 644; — Begriff und rechtliche Stellung V 646; — Bewilligung des Armenrechts an den T. ausgeschlossen V 662; — Verhältnis zum Nachlaßgericht V 653; — rechtliche Natur seiner Tätigkeit V 655, 656; — Berufung V 663; — rechtlicher Charakter seiner Ernennung V 653; — Form der Ernennung, Bedingungen und Zeitbestimmungen V 664, 665; — Ausschluß der Ernennung durch Erbvertrag V 844; — Anfechtung der letztwilligen Ernennung V 487; — Pflichtteilsverletzung durch Ernennung eines T. V 908; — Bestimmung der Person durch einen Dritten V 645, 665; — Ernennung durch das Nachlaßgericht V 645, 665; — Ernennung eines ErsatzTV. V 664; — Ernennung eines Nachfolgers V 645, 665; — Voraussetzung der Wirksamkeit der Ernennung V 667; — Zeugnis des Nachlaßgerichts über die Ernennung eines T. V 670, 1071; — Angabe der Ernennung im Erbschein V 1061; — Fähigkeit zu dem Amte V 645, 667; — Annahme und Ablehnung V 653, 670; — Unzulässigkeit von Bedingungen und Zeitbestimmungen bei Annahme und Ablehnung des Amtes I 650; — Pflicht zur Übernahme des Amtes V 671; — Bestellung mehrerer V 645, 665, 666, 669; — sukzessive Bestellung mehrerer V 645, 664; — Beginn des Amtes V 670; — Funktionen überhaupt V 646; — Rechtsverhältnis zum Erben V 709; — Fähigkeit zur Mitwirkung bei Testamentserrichtung V 756; — Ausschluß der Bestimmung einer Inventarfrist gegenüber dem T. V 286; — Wirkung eintretender Unfähigkeit zur Wahrnehmung seines Amtes V 669; — Nachweis seiner Befugnisse gegenüber dem Grundbuchamt V 1075; — Stellung des nach bisherigem Recht bestellten T. VI a 584.

— Pflichten: gegenüber den Erben V 651; — im einzelnen: Herausgabe ihm entbehrlicher Gegenstände an den Erben V 707; — persönliche Ausübung des Amtes V 709; — Ausführung der letztwilligen Anordnungen des Erblassers V 672; — Auseinandersetzung des Nachlasses V 385, 676; — Erfüllung von Auflagen V 641; — Erfüllung von Vermächtnissen und Auflagen bei Nachlaßüberschuldung V 260, 263; — Erfüllung des Vorausvermächtnisses V 589; — Verwaltung des Nachlasses, Inhalt der Verwaltungsbefugnis V 646, 679; — Abschluß von Mietverträgen II b 390; — Pflicht zu ordnungsmäßiger Verwaltung V 705; — Aufnahme des Nachlaßverzeichnisses V 703; — Auskunftserteilung und Rechnungslegung V 709; — Zinszahlung von verwendetem Geld V 709, 711; — Besitz III 72; — Übergang seines Besitzes auf den Erben III 38; — Herausgabepflicht nach Beendigung des

Amtes V 709, 711; — Übereignung von Nachlaßgrundstücken III 391; — Befreiung von Obliegenheiten durch den Erblasser V 713; — Pflichten gegenüber dem Pflichtteilsberechtigten V 930; — Pflichten gegenüber dritten Personen V 652; — Pflicht zum Antrag auf Eröffnung des Nachlaßkonkurses V 233.

Testamentsvollstrecker: Rechte: Besitzergreifung von Nachlaßgegenständen V 646, 679, 681; — Eintragung als Hypothekgläubiger III 1005; — Verfügungsrecht des T., unentgeltliche Verfügungen V 679, 682, 683; — Ausschluß des Verfügungsrechtes des Erben V 693; — Eingehung v. Verbindlichkeiten V 687; — Geltendmachung aufschiebender Einreden V 310; — Schenkungsversprechen V 689; — Auslegung des Testaments V 651, 675; — Ernennung eines Mitvollstreckers oder Nachfolgers durch den T. V 645, 664, 665; — Kontrahieren mit sich selbst namens des Erben V 686; — Verfügungen zum eigenen Nutzen V 684; — Beschränkung seiner Befugnisse durch den Erblasser V 652, 689; — Erweiterung derselben V 652, 688, 689, 691; — Bestimmung des Wirkungskreises durch den Erblasser, zeitliche Schranke einer bezüglichen Anordnung 691; — Außerkraftsetzung von Anordnungen des Erblassers in bezug auf die Verwaltung durch das Nachlaßgericht V 705; — Beschränkung auf bestimmte Zwecke: Ausübung der Rechte und Erfüllung der Pflichten des Nacherben V 715; — Ausführung einem Vermächtnisnehmer auferlegter Verpflichtungen V 716; — Geschäftsführung mehrerer T., Entscheidung von Meinungsverschiedenheiten V 717; — Herausgabeanspruch gegen den Besitzer eines unrichtigen Erbscheins V 1061; — Ersatz von Aufwendungen V 711; — Vergütung V 713. — Haftung des T.: gegenüber Erben und Vermächtnisnehmern V 712; — Haftung wegen Unterlassung des Antrags auf Nachlaßkonkurs V 233; — Haftung für Erbschaftssteuer V 652, 709, 713; — Haftung für Erfüllung von Vermächtnissen V 616; — wegen Erfüllung nicht rechtsgültiger Vermächtnisse oder Auflagen V 675; — Haftung des Erben aus Verschulden des Testamentsvollstreckers V 686. — Prozeßführung: Geltendmachung des Erbschaftsanspruchs V 319, 650, 702; — Prozeßführung über der Verwaltung des T. unterliegende Rechte V 647, 661; — Prozeßführung über das Erbrecht V 648, 650; — nicht passiv legitimiert für den Erbschaftsanspruch V 322, 651; — Gerichtsstand für Prozesse des T. V 703; — Aktivlegitimation zur Geltendmachung von Rechten innerhalb seiner Verwaltungsbefugnisse V 696; — Passivlegitimation V 647, 696, 698; — Geltendmachung aufschiebender Einreden V 310, 648; — Nebenintervention in Prozessen des Erben V 650, 702; — Nebenintervention des Erben in Prozessen des T. V 662, 702; — Widerklage des T. und gegen den T. V 698; — Vernehmung des Erben als Zeuge in Prozessen über den Nachlaß V 662, 702; — Prozeßkostenerstattung V 697; — Duldung der Zwangsvollstreckung V 696, 700; — Wirkung von Urteilen zwischen dem T. und einem Dritten V 647, 661; — Aufrechnung gegenüber dem T. und seitens desselben V 682, 698; — rechtliche Stellung des T. im Falle des Nachlaßkonkurses V 654; — im Falle der Nachlaßverwaltung V 217, 235, 654.

Testamentsvollstrecker: Beendigung des Amts: durch Tod eintretende Unfähigkeit, Kündigung V 719, 720, 721; — durch Entlassung V 719, 720, 721; — sonstige Beendigungsgründe V 720; — zeitweilige Enthebungen vom Amte V 724; — Fortführung des Amtes bei Unkenntnis der Beendigung V 711, 712; — Pflichten des Erben des T. im Falle seines Todes V 711; — Fähigkeit des zu ernennenden T. zur Mitwirkung bei Testamentserrichtung V 669; — Gestattung der Einsicht von Erklärungen in bezug auf T. durch das Nachlaßgericht V 725; — Beschränkung des Pflichtteils durch Ernennung eines T. V 685, 908; — T. bei Beschränkung des Pflichtteilsrechts in guter Absicht V 993; — Ausschluß der Erteilung eines Erbscheins für T. V 1035; — Haftung des Erbschaftsverkäufers für Unbeschränktheit der Erbschaft durch Rechte eines T. 1089.

Testamentszeugen: Zuziehung beim öffentlichen Testament V 753; — Ausschluß von der Mitwirkung V 754, 755; — Zuziehung bei der Errichtung des Testaments vor dem Gemeinde- oder Gutsvorsteher V 780; — an einem gesperrten Ort V 783; — beim Seetestament V 785.

Testamentum mysticum V 451.

Testierfähigkeit I 54, V 731, 839; — Prüfung beim öffentlichen Testament V 734; — Ausschluß vertragsmäßiger Beschränkung V 892; — des unter elterlicher Gewalt stehenden Kindes IV 976; — räumlich geltendes Recht VI b 64, 641, 663, 695, 723; — Bedeutung der Ehe für die T. VI b 697; — Einfluß des Staatswechsels VI b 603, 606; — T. nach bisherigem Rechte VI a 589, 593, 594.

Testierfreiheit V 447; — Schranken V 66, 69; — Nichtigkeit vertragsmäßiger Beschränkung V 892; — Beschränkung durch das Pflichtteilsrecht V 894.

Theater: rechtliche Natur des Engagementsvertrags II c 929.

Theateragenten II c 1032, 1060.

Theaterbillete: Inhaberpapiere II c 1641; — rechtliche Natur des Erwerbes II c 931; — Verlust III 486.

Thüringen: Bildung des Landes Th. I 39, VI a 107; — Ausführungsgesetze zum BGB. VI a 100; — Anlegung von Mündelgeld in Hypotheken usw. IV 1446; — bei Sparkassen IV 1451; — in Wertpapieren IV 1453; — bei Privatbanken IV 1457; — bei Hinterlegungsstellen IV 1457; — Aufnahme des Verzeichnisses des Kindervermögens IV 1052; — Befreiung von den Erfordernissen der Annahme an Kindes Statt IV 1314; — von Ehehindernissen, vom Aufgebot IV 89; — dienstliche Be-

willigung zur Übernahme einer Vormundschaft IV 1398; — Ehelichkeitserklärung IV 1280; — Eheschließung von Ausländern IV 71; — Eheschließung von Landesbeamten IV 67; — Gemeindewaisenrat IV 1567; — Güterrechtsregister IV 690; — Namenserteilung an das uneheliche Kind IV 1207; — öffentliche Fürsorge IV 900; — Zuständigkeit für die Verrichtungen bei Erklärungen über den Namen der geschiedenen Frau IV 791; — Anzeige von Todesfällen V 132; — Nachlaßsicherung V 132, 133; — Zuständigkeit zur Aufnahme des Nachlaßinventars, Form der Errichtung V 290; — Zuständigkeit in Nachlaßsachen V 100; — zur Testamentserrichtung V 728; — Verwahrung von Testamenten V 778; — Urkundspersonen bei Testamentserrichtung V 728.

Tierärzte: Kosten der Untersuchung im Falle der Wandelung beim Viehkauf II b 239; — Verjährung ihrer Ansprüche I 780, 786.

Tiere: Besitzstörung durch T. III 35; — Besitzstörung durch T. III 40; — Eigentumsstörung III 310, 311; — Eigentum an zahmen und wilden, Herrenlosigkeit III 541; — Fütterungskosten gemieteter T. II b 455; — Haftung für Schadensstiftung durch T.: Haftung des Tierhalters II c 1881, 1882; — Begriff des Tierhalters II c 1891; — Voraussetzungen der Haftung II c 1886; — Inhalt und Umfang des Ersatzanspruchs II c 1894; — bei Haustieren II c 1896; — konkurrierendes Verschulden des Verletzten II a 156, 160, II c 1895; — Beweislast II c 1901; — rechtliche Natur des Anspruchs, Folgerungen daraus II c 1902; — Haftung mehrerer Tierhalter eines T., der Halter mehrerer schadenstiftender T. II c 1894; — gegenseitige Verletzung von T. II c 1890; — Haftung gegenüber einem in einem Vertragsverhältnis zum Tierhalter stehenden Verletzten II c 1903; — Haftung des Dienstherrn bei Beschädigung Bediensteter II b 855; — Verhältnis zu verwandten Vorschriften, Haftung neben anderen II c 1905; — Haftung des Aufsichtspflichtigen II c 1906; — Haftung für ein unter menschlicher Leitung stehendes Tier II c 1887; — Regreßpflicht gegen einen Mitverantwortlichen II c 1953; — Haftung bei Einstellung von T. II c 1178.

Tierjunge: Früchte I 386, 388; — Viehgewährschaft II b 228, 238; — Verwendung zur Ergänzung des Inventars des verpachteten Grundstücks II b 617.

Tierprodukte: Früchte I 386.

Tilgungshypothek III 960; — Entstehung von Eigentümerhypothek hinsichtlich getilgter Raten III 1213, 1270; — Schutz des öffentl. Glaubens des Grundbuchs III 1120; — Verpfändung III 1515; — Wiederaufnahme der T. nach dem Aufwertungsges. III 976; — T. am Erbbaurecht III 731, 734.

Tilgungsplan für Hypothek am Erbbaurecht III 740.

Tochter: Aussteuerpflicht der Eltern IV 953; — Verweigerung der Aussteuer IV 962; — Ausschluß des Rechts auf wiederholte Aussteuer IV 964; — Unübertragbarkeit des Anspruchs, Verjährung IV 964; — Sorge für eine T. nach Ehescheidung IV 1020; — Sorge für die Person der verheirateten T. IV 1012; — bei bestehender Vormundschaft IV 1624; — verheiratete, Erwerb und Verlust der Staatsangehörigkeit VI a 57.

Tod: Allgemeines: Wirkung I 128, 129; — Einfluß auf Rechtsverhältnisse V 17; — Einfluß auf Schuldverhältnisse II a 656; — Anzeigepflicht von Todesfällen V 132; — Voraussetzung der Erbfolge V 7, 9; — Beweis des T. I 130, V 9; — Vermutung des T. I 131, 132, 146; — Zeitpunkt des T. bei der Todeserklärung I 146; — bei Untergang in einer gemeinsamen Gefahr I 152.

— bestimmter Personen: eines anteilsberechtigten Abkömmlings bei fortgesetzter Gütergemeinschaft IV 583; — des Abwesenden bei bestehender Pflegschaft IV 1677; — des Adressaten bei der Willenserklärung unter Abwesenden I 543; — eines Ehegatten: des anfechtungsberechtigten Ehegatten IV 129; — des nichtanfechtungsberechtigten IV 129, 136; — des Antragenden, Einfluß auf die Wirksamkeit des Vertragsantrages I 634; — des Antragsgegners I 635; — eines Beteiligten bei Annahme an Kindes Statt IV 1324; — Aufhebung des durch die Annahme begründeten Verhältnisses IV 1319, 1351; — eines Beteiligten bei der Anweisung II c 1592; — des Auftraggebers II c 1106; — des Ausstellers von Inhaberschuldverschreibungen II c 1611; — des Auslobenden II c 1072; — T. eines Beamten, Sicherung des Nachlasses V 128; — des Beauftragten II c 1109; — des Bedachten oder Beschwerten, Einfluß auf die Wirksamkeit des Vermächtnisses V 597; — des Beschwerten, Fälligkeitstermin für das nach freiem Belieben desselben zu erfüllende Vermächtnis V 619; — des Beschenkten, Ausschluß des Schenkungswiderrufes II b 337; — des Bevollmächtigten I 708, 710; — T. des Dienstberechtigten oder -verpflichteten II b 812, 862; — eines Ehegatten IV 50, 149; — T. eines Ehegatten im gesetzlichen Güterstand IV 359, 375; — bei allgemeiner Gütergemeinschaft IV 485, 521; — bei Errungenschaftsgemeinschaft IV 654, 655; — des überlebenden Ehegatten bei fortgesetzter Gütergemeinschaft IV 562; — des anteilsberechtigten Abkömmlings IV 553; — des unterhaltspflichtigen geschiedenen Ehegatten, Übergang der Unterhaltspflicht auf die Erben IV 811; — des Entleihers II b 649; — des Erblassers oder einer der mitwirkenden Personen vor Beendigung der Testamentserrichtung V 771; — des Erben vor Ablauf der Ausschlagungsfrist V 111; — der Inventarfrist V 285; — Einfluß der Zeit des T. auf erbrechtliche Verhältnisse VI a 581, 584; — eines Erbvertragskontrahenten V 867, 878; — des Erklärenden I 537, 543; — eines Gastes im Gasthaus, Ersatzansprüche II b 460, II c 1175; — T. eines Teilhabers an einer Gemein-

schaft II c 1419; — eines Beteiligten bei dem auf eine Geschäftsbesorgung gerichteten Dienst- oder Werkvertrag II c 1716; — eines Gesellschafters II c 1315; — Fortsetzung der Gesellschaft unter den übrigen Gesellschaftern II c 1349; — Besitzübergang III 36; — beim T. eines Gesellschafters III 38; — T. des Gewalthabers IV 1136; — des Gläubigers V 15; — des Hauptschuldners, Einfluß auf die Bürgschaft II c 1492; — des persönlichen Schuldners bei Hypothek III 1112; — T. des Kindes: Beendigung der elterlichen Gewalt IV 978, 1135; — Fortführung unaufschieblicher Geschäfte IV 1149; — Ausschluß der Ehelichkeitserklärung nach dem T. des Kindes IV 1291; — des Klägers Klagezustellung V 17, 18; — T. des Mündels IV 1595; — Fortsetzung vormundschaftlicher Geschäfte nach dem T. desselben IV 1615; — des Mäklers II c 1031; — des Mieters, Kündigung des Mietverhältnisses II b 547; — T. eines Gastes im gemieteten Zimmer II b 460; — T. des Nießbrauchers III 869; — T. des Pächters II b 634; — T. des Schenkers II b 317, 333; — des Schuldners V 15; — des Testamentsvollstreckers V 711, 719; — T. des unehelichen Kindes IV 1234; — des Unterhaltsberechtigten oder -verpflichteten IV 938; — des unterhaltspflichtigen geschiedenen Ehegatten IV 811; — des Vaters oder Kindes vor Ehelichkeitserklärung IV 1291; — T. des Vaters: Übergang der elterlichen Gewalt auf die Mutter IV 1152, 1153; — Ausschluß der Ehelichkeitserklärung IV 1291; — des Vaters des unehelichen Kindes IV 1231; — eines Verlobten IV 16, 28; — T. des Versprechensempfängers beim Vertrag auf Leistung an einen Dritten II a 560; — des Vollmachtgebers I 708; — des Vorerben V 523; — des aus einer Vormerkung Verpflichteten III 189; — des Vormunds, Anzeige IV 1376, 1429, 1617; — des Bestellers oder Unternehmers eines Werks II c 1012.

Todeserklärung I 128, 133; — regelmäßige Voraussetzungen I 136; — Voraussetzungen bei Kriegsverschollenheit I 138; — bei Seeverschollenheit I 141, 146; — bei Unfallverschollenheit I 144, 146; — Antragsrecht des Abwesenheitspflegers IV 1655; — Wirkung (Todesvermutung) I 131, 132, 146; — Einfluß auf bestimmte Rechtsverhältnisse I 148; — Umfang der Wirkung des Ausschlußurteils I 150; — Lebensvermutung I 131, 132, 147, 150; — Aufhebung der vorläufigen Vormundschaft IV 1636; — Wirkung der nach bisherigem Rechte erfolgten T. VI a 416, 535; — Verfahren I 135; — Erledigung eines am 1. Januar 1900 anhängigen Verfahrens VI a 421; — Kostentragung V 180; — anzuwendendes Recht I 134; — Wirkung auf erbrechtliche Verhältnisse nach bisherigem Recht VI a 581; — T. an Stelle Besitzeinweisung der mutmaßlichen Erben VI a 423; — räumlich geltendes Recht VI b 109; — ausländische Vorschriften VI b 111; — von Ausländern im Ausland VI b 118; — von Ausländern im Inland VI b 112; — Deutscher im Ausland VI b 115; — Deutscher im Inland VI b 111; — **Konkurrenz inländischer und ausländischer T.** VI b 119.

Todeserklärung bestimmter Personen: des unter Pflegschaft stehenden Abwesenden IV 1677; — des anfechtungsberechtigten Ehegatten IV 130; — T. Kriegsverschollener XVI.

— eines Ehegatten: Auflösung der Ehe IV 149; — Beendigung der fortgesetzten Gütergemeinschaft IV 562; — der Errungenschaftsgemeinschaft IV 655, 659; — Wiederverheiratung des Überlebenden VI a 419, 424; — der überlebenden Ehefrau VI b 230, 245; — Rechte und Pflichten des Überlebenden gegenüber den Kindern nach bisherigem Recht VI a 561.

— des Ehemannes: Beendigung seiner Nutznießungs- und Verwaltungsrechte IV 360, 368; — Einfluß auf die Ehelichkeit des Kindes IV 855, 885; — T. der Ehefrau IV 360, 370.

— des Erblassers, Ausschluß von Nachlaßgläubigern durch fünfjährige Nichtgeltendmachung ihrer Forderung V 201; Einfluß auf die Wirksamkeit außerordentlicher Testamente V 786.

— T. eines Familienratsmitglieds IV 1493; — T. des Gewalthabers IV 1136, 1142; — des Kindes IV 1135; — Antragsrecht IV 995.

— des Mündels: Anhörung von Verwandten und Verschwägerten vor derselben IV 1557; — Beendigung der Vormundschaft IV 1599; — Voraussetzung der Beerbung V 9.

— T. des Vaters: Untergang der elterlichen Gewalt IV 1142; — Übergang auf die Mutter IV 1152, 1153; — T. des Vormunds IV 1601; — Anzeige von der T. des Vormunds, Gegenvormunds IV 1617; — Einfluß der nach bisherigem Rechte erfolgten T. auf elterliche Gewalt, Vormundschaft, Pflegschaft, Beistandschaft, Mitgliedschaft zum Familienrat VI a 421.

— irrtümliche T.: Einfluß auf eine neue Ehe des anderen Ehegatten IV 149; — Einfluß der Nichtigkeit und Anfechtbarkeit der neuen Ehe IV 151; — Einfluß auf die Ehelichkeit der Kinder IV 855, 856; — Unzulässigkeit der Wiederverheiratung während schwebenden Anfechtungsprozesses IV 152, 153; — Anfechtung der neuen Ehe IV 153, 154; — Sorge für die Person der Kinder aus der aufgelösten Ehe IV 1039; — Wiedererlangung der elterlichen Gewalt IV 1142, 1179; — Unterhaltspflicht unter den neuen Ehegatten und gegenüber den Kindern nach Anfechtung IV 155; — Wiederherstellung der Nutznießung und Verwaltung des Ehemanns IV 377; — Wirkung gegenüber Dritten IV 391; — Wiederherstellung der Errungenschaftsgemeinschaft IV 665, 667; — Einfluß irrtümlicher T. auf erbrechtliche Verhältnisse V 10; — auf Rechtsgeschäfte des vermeintlichen Erben V 1071, 1079; — Herausgabeanspruch des irrtümlich für tot Erklärten V 345; — Anspruch auf Herausgabe des Erbscheins V 346, 1079.

Todesvermutung I 131, 132, 146; — bei Untergang in gemeinsamer Gefahr I 152; — nach bisherigem Rechte VI a 418; — räumlich geltendes Recht VI b 639; — in erbrechtlichen Verhältnissen nach bisherigem Rechte VI a 581.
Ton: Bestandteil des Grundstücks I 366; — Vertrag über die Gewinnung II b 601; — Gewinnung durch den Nießbraucher III 846.
Tontinenvertrag II c 1438.
Torf: Bestandteil des Grundstücks I 366; — Fruchteigenschaft I 386; — Vertrag über Gewinnung II b 599, 601; — Stechen aus fremdem Grund III 799; — Gewinnung durch den Nießbraucher III 846.
Totalhypothek III 1097.
Totalisator II c 1454.
Tote Hand: Erwerbsbeschränkungen I 42, VI a 216.
Totgeburt I 49.
Totteilung VI a 541.
Tötung: Schadensersatzpflicht wegen T. eines Menschen II c 1768, 1771; — Haftung für T. durch Tiere II c 1881, 1894, 1906; — des Besitzers und früheren Besitzers des Grundstücks für T. durch Einsturz eines Gebäudes oder Werkes oder Ablösung von Teilen II c 1911; — des dinglich Berechtigten II 1920; — des Unterhaltungspflichtigen II c 1921; — Haftung für Beerdigungskosten, Ersatz entgangenen Unterhalts an Dritte II c 1968, 1973; — Ersatzleistung für entgangene Dienstleistungen des Getöteten II c 1949; — Einfluß konkurrierenden Verschuldens des Getöteten II c 1983; — Verhältnis mehrerer Verantwortlicher II c 1953; — T. des Leibrentenempfängers II c 1438; — des Erblassers: Erbunwürdigkeit V 999, 1000, 1009; — Haftung nach dem Haftpflichtgesetz VI a 64, 68.
Tötungskosten: Ersatz im Falle der Wandelung beim Viehkauf II b 239.
Trachten nach dem Leben des anderen Ehegatten: Scheidungsgrund IV 728.
Trächtigkeit eines Viehstücks, Verjährung der Ansprüche aus der Zusicherung II b 246.
Traditionspapiere II c 1597, III 445.
Traktate I 607.
Trambahn: rechtliche Natur des Vertrages über Beförderung II c 931.
Trambahnbillet: rechtliche Natur II c 1642.
Trance I 427.
Transferierung einer Reallast III 995.
Transmission nach bisherigem Recht VI a 582.
Transportgefahr beim Kauf II b 91; — beim Werkvertrag II c 991; — beim Werklieferungsvertrag II c 1026.
Transportgeschäfte: Verjährung ihrer Ansprüche I 785.
Transportkosten beim Kauf II b 98.
Transportversicherungspolicen: Verpfändung III 1517.
Transportvertrag: Werkvertrag II c 926, 931, 941; — Verjährung von Ansprüchen wegen Schäden II c 973.
Trauerkleider: Kosten derselben V 179.
Traufrecht III 330.
Trennstücke von Grundstücken: Auflassung III 397; — Entlassung aus der Haftung für die Hypothek III 1300.
Trennung von Erzeugnissen und Bestandteilen der Sache: Eigentumserwerb III 523, 524, 525, 527, 532, 834; — Folgen der T. der Ehegatten IV 201, 206; — eines Zubehörstücks I 374.
Trennung von Tisch und Bett IV 703, 704, 718, VI b 381; — auf die güterrechtlichen Folgen anzuwendendes Recht VI b 345; — auf die Abstammung von nach der Tr. geborenen Kindern anzuwendendes Recht VI b 451, 454; — Einfluß auf die Wirksamkeit von Testamenten VI b 643, 654; — Vermerk im Heiratsregister VI b 421; — Umwandlung in Scheidung VI b 243, 372, 384; — Unzulässigkeit der Tr. v. T. u. B. durch deutsche Gerichte VI b 381; — Wirkungen nach dem 1. Januar 1900 VI a 552; — Rechtsverhältnisse zwischen Eltern und Kindern nach bisherigem Recht VI a 561.
Treppen: Benützung durch den Mieter II b 415.
Treppenbeleuchtung: Haftung aus der Unterlassung II b 417, II c 1784, 1789.
Tresorfächer: Vertrag über Benützung II b 590, II c 1152.
Tretrecht III 263, VI a 323.
Treue: Haftung aus einem unrichtigen Zeugnis über T. II b 923.
Treuhandgeschäfte I 413, II b 4; — über bewegliche Sachen III 450, 461; — in bezug auf Grundstücke III 394.
Treuhänder: rechtliche Stellung I 677; — bei Hypotheken für Order- und Inhaberforderungen III 1320; — rechtliche Natur des Verhältnisses III 1325; — Bestellung III 1323; — Rechte III 1321; — Pflichten III 1332; — Wirkung seiner Rechtshandlung III 1322; — Erlöschen der Treuhänderschaft III 1324; — Forderungsabtretung an T. II a 796; — T. bei der Inhabergrundschuld III 1363; — T. nach dem Hypothekenbankgesetze III 1325; — Besitzvermittelung des Tr. III 71.
Treuhandspflegschaft IV 1639.
Treupflicht aus dem Dienstvertrag II b 780.
Treu und Glauben bei Auslegung von Verträgen I 642; — bei Erfüllung dinglicher Ansprüche III 3; — Leistung nach T. u. G. II a 27; — bei Erfüllung des gegenseitigen Vertrages II a 464; — vorsätzliche Verletzung II a 267; — beim Werkvertrag II c 948; — Herbeiführung oder Verhinderung des Eintrittes einer Bedingung wider Tr. u. Gl. I 670; — Verhinderung des mit einer Leistung bezweckten Erfolges wider Tr. u. Gl. II c 1699.
Trichinen der Schweine: Gewährfrist II b 230.
Triftpfad III 362.
Trinkgeld II b 293, 340, II c 1084.
Trödelvertrag II c 1032.
Trucksystem, Verbot II b 784.
Trunksucht: Ehescheidungsgrund IV 744; — Entmündigung wegen T. I 63, 74; — Verfahren I 76; — landesgesetzliches Antragsrecht von Gemeinden, Armenverbänden I 76; — Wirkungen des Entmündigungs-

antrages I 78; — des Beschlusses I 79; — Wirkungen: Beschränkung der Geschäftsfähigkeit I 447; — Wirksamkeit von Rechtsgeschäften des Entmündigten und seines Vertreters im Falle der Aufhebung der E. I 449; — Tr. des Gewalthaber IV 1109; — Unfähigkeit des Entmündigten zum Amte eines Familienrates IV 1582; — eines Gegenvormunds IV 1393, 1412; — eines Pflegers IV 1669; — eines Vormundes IV 1391; — Ende des Amts des Vormunds IV 1600, 1603; — Bekanntmachung der Entmündigung und deren Wiederaufhebung IV 1619; — Unfähigkeit zur Testamentserrichtung V 730, 733; — Fähigkeit zum Abschluß von Erbverträgen V 839; — zum Testamentswiderruf V 787; — rechtliche Wirkungen der T. ohne Entmündigung I 80; — Gültigkeit des Testaments des Entmündigten VI a 593, 594; — Entmündigung von Ausländern VI b 96.

Trusts: Zulässigkeit von Vertragsstrafen II a 583, 592, II c 1386.

Tschechoslowakei: Aufhebung der ehelichen Gemeinschaft i. d. T. VI b 380; — ausschließliche Zuständigkeit tsch. Gerichte in Scheidungssachen VI b 396; — Nichtverbürgung der Gegenseitigkeit in Scheidungssachen VI b 415; — internationales Erbrecht VI b 629, 668, 670, 708, 720; — Rück- und Weiterverweisung VI b 755; — über die uneheliche Vaterschaft geltendes internationales Privatrecht VI b 538, 539; — Staatsvertrag betr. juristische Personen VI b 152; — betr. Luftfahrzeuge VI b 222; — betr. Vormundschaft IV 1366.

Tuberkulose bei Rindvieh und Schweinen: Gewährfrist II b 230.

Türen: Bestandteile des Hauses I 366; — Anlage im Nachbarhaus III 330.

Türkei: Nichtverbürgung der Gegenseitigkeit in Scheidungssachen VI b 416; — Staatsvertrag betr. Grunderwerb VI a 227; — betr. juristische Personen VI b 153; — betr. Eheschließung vor Konsuln VI b 256; — deutsch-türkisches Nachlaßabkommen VI b 731.

Typische Scheingeschäfte I 463.

Typisch normierte Rechtsgeschäfte I 415.

U.

Überbau: Bestandteileigenschaft I 369; — Pflicht zur Duldung III 340; — Rente für denselben III 342, 348; — Fruchteigenschaft der Rente I 388; — Rentenberechtigter und -Verpflichteter III 350; — Fälligkeit der Rente III 350; — Verjährung des Anspruchs III 349; — Rang der Rente im Verhältnis zu anderen Rechten III 350; — keine Eintragung ins Grundbuch III 350; — Erlöschen des Rechtes auf die Rente III 350; — Verzicht auf das Recht III 350, 351; — Ablösungspflicht des Rentenpflichtigen III 352; — Unverjährbarkeit des Ablösungsrechtes III 385; — Verhältnis zu Erbbaurechten und Dienstbarkeiten III 353; — Recht auf die Rente nicht eintragungsfähig III 102; — Ü. durch den Erbbauberechtigten III 711, 718; — Ansprüche des Erbbauberechtigten wegen Ü. III 715; — Ausschluß landesgesetzlicher Beschränkungen hinsichtlich der Rente VI a 302; — zeitlich anzuwendendes Recht VI a 486.

Überbringer der Quittung, Ermächtigung zur Zahlungsannahme II a 694.

Überbürgschaft II c 1479; — Einreden des Überbürgen II c 1496; — Einrede der Vorausklage II c 1502.

Überfall von Früchten III 341.

Übergabe: Ü. der Kaufsache: Pflicht des Verkäufers II b 11, 30; — Zeitpunkt des Übergangs der Gefahr, der Nutzungen und Lasten II b 84; — Kosten II b 98, 102; — Beginn der Verjährung des Minderungs-, Wandelungsanspruchs II b 202, 209.
— des Hypothekenbriefes III 1029; — der Sache zur Eigentumsübertragung III 438, 441; — Ersatz durch Übergabe von Traditionspapieren III 445; — Ü. durch constitutum possessorium III 457; — durch Abtretung des Herausgabeanspruches III 464; — guter Glaube zur Zeit der Ü. III 467, 468, 472; — zur Bestellung des Nießbrauchs III 841; — zur Pfandbestellung III 1390, 1391.

Übergabsverträge V 78.

Übergang der Forderung, zeitlich geltendes Recht VI a 450; — Ü. bei Ablösung des Gläubigers II a 213; — bei Befriedigung durch einen Gesamtschuldner II a 918; — Ü. akzessorischer Rechte mit der abgetretenen Forderung II a 810; — der Forderung des Hauptschuldners auf den Bürgen II c 1507; — Ü. der Mietforderung auf den Erwerber des Mietobjekts II b 554, 560, 582; — der Mietrechte des Mieters II b 469; — Ü. der Gefahr beim Kauf II b 84; — der Forderung kraft Gesetzes: Verjährung des übergegangenen Anspruches I 782; — der Forderung auf den Grundstückseigentümer (Hyp.-Schuldner) III 1131; — der Hypothek auf den persönlichen, ersatzberechtigten Schuldner III 1126; — Ü. der Sicherungshypothek III 1310; — Ü. des Pfandrechts III 1455.

Übergangsvorschriften VI a 397; — Ausfüllung von Lücken VI a 399; — wissenschaftliche Stellung VI a 401; — Verhältnis zum internationalen Privatrecht VI a 401; — Sprachgebrauch VI a 403; — Übersicht VI a 404, 405; — Sachenrecht III 12; — Besitzrecht III 19; — bezüglich Eigentum III 288; — im Grundbuchrecht III 96, 121; — bezüglich Aufhebung von Grundstücksrechten III 128; — hinsichtlich Rangvorbehalt III 164; — hinsichtlich Vereinigung von Grundstücken III 210; — hinsichtlich Vermutung der Grundbuchrichtigkeit III 217; — hinsichtlich öffentlichen Glaubens des Grundbuchs III 237, 243, 244; — bezüglich Kommunmauern III 380; — bezüglich Ersitzung von Grundstücken III 428; — bezüglich Reallasten III 939; — hinsichtlich Erbbaurecht III 665, 778; — hinsichtlich Grundstückspfandrecht III 966; — hinsichtlich Grund- und Rentenschuld III 1344, 1372; — hinsichtlich Grunddienstbarkeiten III 791, 792, 795,

826; — hinsichtlich beschränkt persönlicher Dienstbarkeit III 906; — hinsichtlich Nießbrauchs III 832; — hinsichtlich Verpfändung von Grundstücken, Übersicht III 966; — hinsichtlich Vorkaufsrecht III 922; — hinsichtlich Vormerkungen III 189.

Übergangsvorschriften im internationalen Privatrecht VI b 42, 43; — hinsichtlich des ehelichen Güterrechts VI b 346; — für deutsche Ehegatten VI b 347; — für ausländische Ehegatten VI b 350; — hinsichtlich der persönlichen Rechtsbeziehungen der Ehegatten VI b 299; — hinsichtlich der unerlaubten Handlung VI b 229; — hinsichtlich der Vorbehaltsklausel VI b 823.

Übergebot bei Versteigerung I 640.

Übergehung eines Pflichtteilsberechtigten, Anfechtung der letztwilligen Verfügung V 477, 483; — des zur Vormundschaft Berufenen IV 1384.

Überhang von Zweigen III 338; — von Zweigen bei Obstbäumen VI a 316; — bei Waldgrundstücken VI a 490.

Überlassung von Sachen an das unter elterlicher Gewalt stehende Kind IV 1035; — an den Mündel zur Erfüllung eines Vertrages oder zur freien Verfügung IV 1503; — Ü. von Vermögen der Frau an den Mann bei Gütertrennung zum Verbrauch IV 386; — zur Verwaltung IV 388; — von Vermögen des Kindes an die Eltern IV 950, 951; — der vermieteten Sache II b 410; — an Dritte (Untermiete) II b 461; — Kündigung wegen unbefugter Überlassung II b 482.

Überleben des Erblassers: Voraussetzung der Erbfähigkeit V 24; — der Vermächtnisfähigkeit V 64, 885.

Überlebender Ehegatte: Erbrecht V 30, 34, 46; — Voraus des ü. E. V 40, 42, 52; — Verlust dieser Rechte V 56; — gleichzeitiges Erbrecht als Verwandter V 57; — Ausschluß von der Erbschaft durch Testament V 69; — rechtliche Stellung bei der fortgesetzten Gütergemeinschaft IV 540; — Verbindlichkeiten des ü. E. IV 546; — Ersatzpflicht bei Verminderung des Gesamtgutes IV 540; — Haftung für Gesamtgutsverbindlichkeiten IV 548; — Haftung aus Rechtsgeschäften und Verfügungen vor Ablehnung der Fortsetzung der Gütergemeinschaft IV 535; — Konkurs des ü. E. IV 548; — Inventarisationspflicht hinsichtlich des Kindervermögens IV 1048; — Krankheit, Abwesenheit IV 545; — Ablehnung der Fortsetzung der Gemeinschaft IV 534; — Aufhebung der fortgesetzten Gütergemeinschaft VI 557; — Beendigung durch den Tod desselben IV 555, 562; — Übernahme des Gesamtgutes oder eines Teiles bei Auseinandersetzung IV 576; — Haftung für nicht berichtigte Gesamtgutsverbindlichkeiten IV 570; — Haftung im Verhältnis zu den Abkömmlingen IV 570; — Wiederverehelichungszeugnis des Vormundschaftsgerichts IV 62.

Überleitung altrechtlicher Grundstückspfandrechte VI a 514, 515, 522; — altrechtlicher Güterstände IV 217, VI a 543, 544, 547.

Übermäßiger Fruchtbezug des Nießbrauchers III 847.

Übermittlung: unrichtige, von Willenserklärungen I 492; — Voraussetzungen der Wirksamkeit der Anfechtung I 494; — Schadensersatzpflicht im Falle der Anfechtung I 496; — u. Ü. bei Stellvertretung I 694.

Übermittlungstheorie I 538.

Übernahme der Befriedigung des Gläubigers eines Dritten II a 552.

— fremder Verbindlichkeiten durch eine Ehefrau IV 159, 218; — durch den Vater für das Kind IV 1057, 1061; — durch den Vormund für den Mündel IV 1483, 1496; — allgemeine Ermächtigung des Vormunds hiezu IV 1504; — des Gesamtguts der fortgesetzten Gütergemeinschaft durch den überlebenden Ehegatten IV 576; — Unvererblichkeit des Rechts V 14; — Ü. durch einen Abkömmling IV 605, 608; — einzelner Gegenstände durch alle Abkömmlinge IV 576, 578; — Ü. einzelner Gegenstände bei Auseinandersetzung der allgemeinen Gütergemeinschaft IV 509; — der Errungenschaftsgemeinschaft IV 664; — Ü. der Haftung für Zahlungsfähigkeit des Schuldners bei Forderungsabtretung II b 63; — Ü. eines Handelsgeschäftes II a 892; — einer hypothekarisch versicherten Forderung zur Tilgung bei Grundstücksveräußerung II a 874; — Ü. einer Schuld (siehe Näheres „Schuldübernahme") II a 855; — Ü. einer Verbindlichkeit erfüllungshalber II a 677; — Ü. des Vermögens eines anderen, Haftung des Übernehmers für die Schulden des anderen II a 886; — Prozeßrechtliches II a 892.

Überrest: Einsetzung des Nacherben auf den V 567, 568.

Überschreitung von Höchstpreisen, Richtpreisen II b 20; — des Kostenvoranschlages beim Werkvertrag II c 1016.

Überschuldung: Enterbung des Abkömmlings wegen Ü. V 992, 994; — nach Abschluß eines Erbvertrags V 863, 865; — des Gesamtguts: Aufhebungsklage des Mannes IV 491; — der Frau bei allgemeiner Gütergemeinschaft IV 487; — bei Errungenschaftsgemeinschaft IV 656; — Ü. des Nachlasses: Haftung des Erben wegen Unterlassung des Antrags auf Nachlaßkonkurs V 231; — Rechte des Erben gegenüber den Gläubigern V 260; — des Vereins I 239.

Überschuß des Gesamtguts, Teilung unter den Ehegatten IV 508, 509; — vom Gesellschaftsvermögen, Verteilung II c 1345; — des Nachlasses: Teilung bei Auseinandersetzung V 400; — Ü. nach Befriedigung der im Aufgebotsverfahren angemeldeten Gläubiger V 157, 193; — nach Beendigung des Nachlaßkonkurses durch Schlußverteilung oder Zwangsvergleich V 255, 257.

Übersendung einer Sache: Besitzübergang III 29; — Eigentumserwerb bei Ü. III 443; —

von Geld an den Gläubiger II a 226; — der gekauften Sache, Gefahrübergang II b 91.

Übersetzung des Testamentsprotokolls in die vom Erblasser gebrauchte Sprache V 773, 775.

Überstunden-Arbeit II b 772.

Übertragbarkeit der Forderungen II a 786; — der Schuldverhältnisse II a 12; — bedingter Rechte und Verbindlichkeiten I 657; — der Ansprüche aus dem Gesellschaftsverhältnis II c 1271; — der Ansprüche auf Besoldung, Wartegeld usw. VI a 205; — der Ausübung des Nießbrauchs III 866; — des Erbschaftsanspruches V 325; — der Reallast III 956; — des Pflichtteilsanspruchs V 955; — des Rechtes zur Anfechtung letztwilliger Verfügungen V 487; — des Rechts des Miterben auf Ausgleichung V 406; — des Rechtes des Vorerben V 514; — des Rücktrittsrechtes vom Vertrag II a 608; — der Vereinsmitgliedschaft nach der Satzung I 233; — der Ersatzansprüche wegen Rücktritts vom Verlöbnis IV 23; — des Anspruchs aus der Vertragsstrafe II a 581, 582; — des dinglichen Vorkaufsrechts III 928, 936; — des Wiederkaufsrechts II b 266.

Übertragung der Anweisung II c 1593; — des durch Vormerkung gesicherten Anspruches III 187; — des Besitzes III 19; — des mittelbaren Besitzes III 78; — dinglicher Rechte, Arten derselben überhaupt III 9.

— **des Eigentums** III 437, 438; — zur Sicherung III 450, 461; — des Eigentums an Grundstücken III 97; — der Eigentümerhypothek III 1215.

— des Erbbaurechts: Form III 660, 679, 707, 714; — Ausschluß von Bedingungen, Zeitbestimmungen III 707, 715; — Form der Verpflichtung zur Ü. III 713; — Verpflichtung zur Ü. des Erbbaurechts an den Grundstückseigentümer III 680, 685; — früheres Recht III 781, 783, 786.

— **der Forderung** II a 785; — der Forderung, zeitlich anzuwendendes Recht VI a 450; — Arten II a 788, 789; — kraft Gesetzes II a 851; — durch Vertrag (siehe „Abtretung") II a 789; — auf Grund richterlicher Anordnung II a 789; — Ü. der Forderung eines Gesamtgläubigers II a 931; — der Forderung aus qualifizierten Legitimationspapieren II c 1647; — Übergang des Pfandrechts mit der Forderung III 1380, 1455; — einer Forderung des Kindes gegen den Gewalthaber IV 990; — einer Forderung des Mündels gegen den Vormund IV 1420; — der Forderung durch den Testamentsvollstrecker V 682; — von Forderungen und Rechten auf die Stiftung I 320.

— Ü. der Grundschuld III 1175, 1355; — der Inhabergrundschuld III 1363; — von Rechten an Grundstücken des Mündels IV 1482, 1489; — von Grundstücksrechten III 97; — anzuwendendes Recht III 96, VI a 504.

— der Hypothekforderung III 1162; — der Forderung auf Zinsrückstände, Kosten usw. III 1193; — Verhältnis des neuen Gläubigers zum Eigentümer III 1185; — Rechtsverhältnis in bezug auf laufende Zinsen und Nebenleistungen III 1190; — Einreden des Eigentümers III 1188; — der Briefhypothek III 1033, 1165; — öffentlicher Glaube der Übertragungsurkunden III 1178; — Ü. der Buchhypothek III 1028, 1166, 1175; — der Sicherungshypothek III 1175, 1310; — der Hypothek für Forderungen aus Inhaberschuldverschreibungen, Wechseln usw. III 1316; — der Sicherungshypothek im engeren Sinne III 1326, 1334; — Ü. der Rentenschuld III 1175; — Ü. der vom Beauftragten erworbenen Forderungen an den Auftraggeber II c 1097; — Ü. von Rechten II a 853; — eines Rechtes zur Sicherung eines Anspruchs, Einfluß der Verjährung I 834; — Ü. des gegenwärtigen Vermögens II a 415; — des künftigen Vermögens II a 413; — Schuldenhaftung des Übernehmers eines Vermögens II a 886, 887.

Überweisung, Bankgiro-, Postschecküberweisung II a 663; — der Forderung an Zahlungs Statt II a 676; — Stellung des Gläubigers I 679; — einer abgetretenen Forderung II a 841; — der durch Pfandrecht gesicherten Forderung II a 810; — gepfändeter Geldforderungen III 1495; — Haftung bei Ü. einer gepfändeten Geldforderung zum Nennwert II a 685; — der Hypothekforderung III 1177, 1182.

Übung als Auslegungsmaßstab VI a 14.

Uferbetretungsrecht des Fischereiberechtigten III 362.

Ulmer Wiederkauf III 653.

Ultimathypothek III 1327; — siehe Näheres unter „Höchstbetragshypothek".

Umbildung von Stoffen: Eigentumserwerbsart III 510; — Recht der einen Rechtsverlust Erleidenden III 514; — der Sache: Ausschluß des Rücktrittes vom Vertrag nach U. II a 621, 626; — U. der Kaufsache, Einfluß auf die Wandelung II b 182; — Einfluß auf den Nachlieferungsanspruch bei Gattungssachen II b 222; — der vermachten Sache V 608.

Umdeutung eines nichtigen Rechtsgeschäfts I 590; — gesetzliche I 591.

Umfassungsmauer III 375.

Umgehung des Gesetzes bei Rechtsgeschäften I 468, 554.

Umgestaltung der Sache: Verbot für den Nießbraucher III 846; — zum eingebrachten Gut gehöriger Sachen IV 270; — von Sachen des Kindervermögens IV 1079.

Umrechnung ausländischer Währung II a 96.

Umsatzsteuer: bei Nachlaßauseinandersetzung V 394; — Vergünstigung für Erbbauberechtigten III 787; — Tragung beim Grundstücksverkauf II b 100.

Umschreibung von Inhaberpapieren auf Namen II c 1639; — anzuwendendes Recht VI a 469; — zum eingebrachten Gut der Frau gehöriger Inhaberpapiere im gesetzlichen Güterstand IV 298; — bei Errungenschafts-

gemeinschaft IV 628; — von Inhaberpapieren des Kindes bei Vermögensgefährdung durch den Gewalthaber IV 1118, 1120; — des Mündels IV 1475; — Genehmigung des Vormundschaftsgerichts zu Verfügungen über die umgeschriebenen Papiere IV 1480; — von Inhaberpapieren auf Namen im Falle der Nacherbfolge V 548; — Befreiung von der Verpflichtung hiezu V 566, 567; — U. von Schuldverschreibungen eines Bundesstaats od. ihm angehöriger juristischer Personen VI a 256; — der Vormerkung III 187.

Umtausch zur Sicherheitsleistung hinterlegter Gelder oder Wertpapiere I 850; — beschädigter Schuldverschreibungen II c 1622; — Vorbehalt des U. beim Kauf II b 256.

Umwandlung von Dienstbarkeiten und Reallasten VI a 287, 302; — der Gattungsschuld in Speziesschuld II a 81, 86; — einer Geldschuld in ein Darlehen II b 655, 669; — einer Hypothek in Grundschuld und umgekehrt III 1368; — mehrerer Hypotheken in eine Einheitshypothek III 133; — einer Rentenschuld in eine gewöhnliche Grundschuld und umgekehrt III 1376; — der Sicherungshypothek in eine gewöhnliche Hypothek und umgekehrt III 1311; — der Höchstbetragshypothek III 1339; — der Buchhypothek in Briefhypothek III 1023, 1029; — U. verschiedener Belastungsformen des Erbbaurechts III 692; — von handelsrechtlichen Gesellschaften II a 892; — in Buchforderungen von Inhaberpapieren der Frau im gesetzlichen Güterstand IV 298; — bei Errungenschaftsgemeinschaft IV 628; — von Inhaberpapieren des Kindes IV 1118, 1120; — des Mündels IV 1475; — Genehmigung des Vormundschaftsgerichts zu Verfügungen über die umgewandelten Papiere IV 1480; — von Inhaberpapieren in Buchforderungen im Falle der Nacherbschaft V 548; — Befreiung von der Verpflichtung hiezu V 566, 567; — U. vorhandener, dem Mündel zufallender Werte in mündelsichere IV 1454; — U. verzinslicher Staatsschulden VI a 253; — der Stiftung I 328, 331; — der Trennung von Tisch und Bett in Scheidung VI b 243, 372, 384.

Umwandlungsklage in Scheidung nach Aufhebung der ehelichen Gemeinschaft IV 783; — Prozessuales IV 785, 786; — Kosten IV 787; — Umwandlung der Aufhebungsklage in Scheidungsklage IV 782.

Umwenderecht III 362, VI a 323.

Umzugskosten von Beamten VI a 195.

Unbekannte Beteiligte: Pflegschaft IV 1661; — Beendigung IV 1664, 1674, 1675.

Unbekannte Erben: Sicherung des Nachlasses V 126, 130; — Nachlaßpflegschaft zur gerichtlichen Geltendmachung eines Anspruches gegen den Nachlaß V 143.

Unbekannter Aufenthalt des Adressaten einer Willenserklärung I 547; — Pflegschaft IV 1651, 1653.

Unbekannter Hypothekgläubiger: Aufgebot III 1244, 1248; — Schiffspfandgläubiger III 1478.

Unbenannte Verträge II a 391.

Unbescholtene Verlobte: Entschädigung für gestattete Beiwohnung IV 24.

Unbeschränkte Haftung für Nachlaßverbindlichkeiten V 164; — Eintritt durch Versäumung der Inventarfrist V 278, 281; — infolge Unvollständigkeit des Inventars, Unrichtigkeit, Verweigerung oder Verzögerung der erforderlichen Auskunft V 291; — wegen Verweigerung des Offenbarungseids V 293; — Einfluß der Beendigung des Nachlaßkonkurses durch Schlußverteilung oder Zwangsvergleich V 286; — Einfluß der Inventarerrichtung durch einen Miterben V 444; — Wirkung der unbeschränkten Haftung V 305; — Ausschluß der aufschiebenden Einreden V 314; — U. H. des Miterben V 433, 435; — des Nacherben V 574; — des Erbschaftskäufers V 1094; — Einfluß auf die Konvaleszenz von Verfügungen eines Nichtberechtigten im Falle der Beerbung des letzteren I 751.

Unbestellte Waren: Bedeutung der Zusendung I 622; — Zusendung II b 18; — Besitz in zugesandten III 22.

Unbestimmtheit der Erbteile V 394; — U. des letztwillig Bedachten V 466; — des mit einem Vermächtnis Bedachten: Anfall des Vermächtnisses V 618; — Unwirksamkeit desselben wegen Zeitablauf V 597, 598; — U. der Bezeichnung des Vermächtnisgegenstandes V 580, 581; — U. der Persönlichkeit des eingesetzten Erben, Geltung als Nacherbeinsetzung V 521; — der Leistungszeit, Eintritt des Annahmeverzugs II a 379.

Unbewegliche Sachen: Begriff I 343; — Bestandteile I 364; — Ausschluß von der Fahrnisgemeinschaft IV 676; — Zugehörigkeit zum Gesamtgut IV 678, 679; — Erklärung als Gesamtgut durch Ehevertrag IV 678.

Unbilligkeit der Bestimmung der Leistung durch einen Dritten II a 453; — der Bestimmung des Dritten über Nachlaßauseinandersetzung V 401; — der Bestimmung des Vermächtnisgegenstandes durch den Bedachten oder einen Dritten V 591, 594.

Undank: Widerruf der Schenkung II b 333; — Form und Wirkung II b 336; — Ausschluß des Widerrufs II b 337; — Verzicht auf das Widerrufsrecht II b 338.

Unechte Solidarität II a 898, 899.

Uneheliche Abstammung, räumlich anzuwendendes Recht VI b 498, 499.

Uneheliche Geburt: Geltendmachung und Beweis IV 857; — begründet Ehehindernis der Verwandtschaft und Schwägerschaft IV 53, 55.

Uneheliche Kinder: Begriffsbestimmung IV 1196; — Annahme an Kindes Statt IV 1069, 1302, 1306, 1316; — Legitimation IV 1266; — Beerdigungskosten IV 1235; — Berufung der Mutter zur Vormundschaft IV 1384, 1623; — Beschränkung der Rechtsfähigkeit I 44; — Ehelichkeitserklärung IV 1277; — Pflichten

des Vormunds IV 1431; — Ermittelung des Erzeugers IV 1431; — Familienrat bei der Vormundschaft über u. K. IV 1577; — Einwilligung zur Eheschließung IV 44; — Erbrecht IV 1197, 1200, V 31, 32; — gesetzliche Vertretung IV 1211; — Familienname I 112, 113, IV 1201; — Adelsname I 105, 106; — Legitimation durch nachfolgende Ehe IV 1269; — öffentliche Fürsorge IV 1197; — Rechte nach den Reichsversicherungsgesetzen IV 1199; — religiöse Erziehung IV 1212, VI a 343; — Staatsangehörigkeit IV 1197; — Stellung des Vaters IV 1213; — Stand IV 1209.

Uneheliche Kinder: Unterhaltsanspruch gegen den Vater: primäre Unterhaltspflicht des Vaters IV 1224; — Umfang IV 1214; — Form der Leistung IV 1227; — Geltendmachung des Unterhaltsanspruchs, Prozessuales IV 1221, 1223; — Geltendmachung vor der Geburt IV 1247; — Streitgenossenschaft mit der Mutter IV 1246; — Vereinbarung über die Unterhaltsgewährung für die Zukunft IV 1235; — Nachforderung des Unterhalts für die Vergangenheit IV 1229; — Beurkundung des Abkommens über den Unterhalt, Zuständigkeit zur Erteilung der vollstreckbaren Ausfertigung IV 1220; — Beurkundung des Abfindungsvertrages IV 1237; — Abschluß des Unterhaltsübereinkommens für den minderjährigen Vater IV 1494; — Erlöschen des Anspruchs gegen den Vater IV 1234; — Vererblichkeit der Unterhaltspflicht IV 1231; — Abfindung durch die Erben des Vaters IV 1231, V 904; — Verjährung des Unterhaltsanspruches IV 1223; — Aufrechnung gegen dessen Unterhaltsanspruch II a 769.

— Unterhaltsanspruch gegen die Mutter und die mütterlichen Verwandten IV 1217; — Einfluß des Güterstandes der verheirateten Mutter IV 911; — Reihenfolge der Unterhaltspflicht IV 1224; — Zusammentreffen mehrerer unterhaltsberechtigter Personen IV 1225; — Verjährung des Ersatzanspruches des Unterhalt-Gewährenden I 782.

— Unterhaltspflicht des unehelichen K. IV 902.

— Vaterschaft zu dem u. K. IV 1249; — Pflicht der Mutter zur Namhaftmachung des Vaters IV 1255, 1256; — Anerkennung der Vaterschaft IV 1257; — Eintragung der Anerkennung ins Geburtsregister IV 1198, 1264, VI a 78; — Verhältnis zur Mutter und deren Verwandten IV 841, 1200; — Verschwägerte des u. K. IV 846; — keine Verwandtschaft mit dem Vater IV 840, 841; — Ausnahme für das Ehehindernis der Verwandtschaft IV 53, 55; — Vorname IV 1209; — Wohnsitz I 99, 101, IV 1197.

— räumlich geltendes Recht hinsichtlich der Annahme an Kindes Statt VI b 496, 543; — Legitimation durch nachfolgende Ehe VI b 543, 555; — durch Ehelichkeitserklärung VI b 543; — Verhältnis zur Mutter, räumlich geltendes Recht VI b 489; — Geltung des Heimatrechts der Mutter VI b 490, 491; — Einfluß des Staatswechsels VI b 491, 494; — Qualifikation des Rechtsverhältnisses zwischen u. K. und Mutter VI b 493; — Eintragung der Anerkennung durch die Mutter im Geburtsregister VI b 494; — auf die Abstammung anzuwendendes Recht VI b 498, 499; — Erbrecht VI b 496, 531; — Name VI b 497, 531; — Wohnsitz VI b 496; — für das Verhältnis zum Ehemann der Mutter geltendes Recht VI b 502; — für das Verhältnis zu den mütterlichen Verwandten geltendes Recht VI b 500, 501; — Rück- und Weiterverweisung VI b 503; — Anwendung des Sachstatuts für das Kindesvermögen VI b 769; — ausländisches Recht VI b 502; — Verhältnis zum Vater, räumlich geltendes Recht VI b 504, 519, 529; — Anerkennung durch den Vater VI b 508, 520, 522, 531; — auf die Unterhaltspflicht des Vaters anzuwendendes Recht VI b 504, 511, 512, 520, 521, 532; — Geltung des Heimatrechts der Mutter VI b 512, 513; — Einfluß des Staatswechsels VI b 514; — Vorbehaltsklausel VI b 515, 521, 818, 828; — Rück- und Weiterverweisung VI b 540; — ausländisches Recht VI b 505, 537, 538; — Staatenlosigkeit u. K. VI b 775; — mehrfache Staatsangehörigkeit u. K. VI b 785; — zeitliche Statutenkollision IV 1198, VI a 531, 565; — bisheriges Recht IV 1194; — Verwandtschaft mit dem Vater nach dem StGB. VI a 35; — Vernehmung als Zeugen im Strafprozeß gegen den Vater VI a 35.

Uneheliche Mutter: Verhältnis zum Kinde IV 1200; — rechtliche Stellung IV 1210, VI a 569; — Einwilligung zur Eheschließung des Kindes IV 44; — Einfluß der Annahme an Kindes Statt IV 1344; — Annahme ihres Kindes an Kindes Statt IV 1136; — Pflicht zur Nennung des Vaters IV 1255; — Ansprüche gegen den Vater IV 1241; — Ausschluß bei Fehlgeburt IV 1243; — rechtliche Natur der Ansprüche, Prozessuales IV 1244, 1246; — Ersatzanspruch für dem Kinde gewährten Unterhalt IV 1224; — Zeugnisverweigerung im Rechtsstreite des Kindes IV 1216, 1221; — Geltendmachung der Ansprüche vor der Geburt des Kindes IV 1247; — Ansprüche nach der Reichsversicherungsordnung IV 1245; — Beerdigungskosten IV 1243; — Berufung zur Vormundschaft IV 1384; — bei der Vormundschaft über Volljährige IV 1623; — auf das Rechtsverhältnis zum Kinde räumlich anzuwendendes Recht VI b 489, 493; — Qualifikation VI b 493; — Unterhaltspflicht der u. M. VI b 496; — für die Ansprüche der unehelichen Mutter gegen den Vater geltendes Recht VI b 504, 525, 527.

Uneheliche Tochter: Aussteuerpflicht gegenüber derselben IV 956.

Unehelichkeit: Beweis IV 857; — Form der Geltendmachung durch den Mann der Mutter bei Lebzeiten des Kindes IV 866, 874; — nach dessen Tode IV 867, 878; — Legitimation

zur Geltendmachung IV 860, 866; — Voraussetzungen der Befugnis zur Geltendmachung durch Dritte IV 864; — Form der Geltendmachung durch Dritte IV 867; — prozessuale Vertretung des Kindes IV 869; — Ausschluß der Geltendmachung während des Anfechtungsprozesses IV 874; — U. des Kindes aus nichtiger Ehe IV 1182; — Wirkung IV 1190; — Geltendmachung der U. von Kindern aus nichtiger oder anfechtbarer Ehe IV 1185.

Uneigentliche Bedingung I 653.

Unentbehrliche Sachen: Verpfändung III 1385.

Unentgeltliche Rechtsgeschäfte I 411.

Unentgeltliche Veräußerungen: Haftung II b 83.

Unentgeltliche Verfügungen des Ehemannes aus dem Gesamtgut IV 447, 451; — des Vaters aus dem Kindervermögen IV 1054; — des Vormunds IV 1439; — des Erbschaftskäufers V 1088; — des Schenkers einer Erbschaft V 1098; — des Testamentsvollstreckers V 679, 683, 689; — des Vorerben V 533, 539; — Ersatzpflicht desselben wegen unzulässiger V. V 568.

Unentgeltliche Zuwendungen: Begriff II b 293, 298; — an die Ehefrau im gesetzlichen Güterstand IV 234; — bei Errungenschaftsgemeinschaft IV 619; — an einen Ehegatten bei allgemeiner Gütergemeinschaft IV 427, 428; — bei Errungenschaftsgemeinschaft IV 621, 622; — bei Fahrnisgemeinschaft: unbewegliches Vermögen IV 676; — bewegliches Vermögen IV 680; — als Vorbehaltsgut der Frau IV 682; — an den überlebenden Ehegatten bei fortgesetzter Gütergemeinschaft IV 539; — an das Kind: Ausschluß der väterlichen Nutznießung IV 1042; — der Verwaltung IV 1076; — Anordnungen über die Art der Verwaltung IV 1045; — an den Mündel: Verwaltung IV 1438; — Pflegschaft zur Verwaltung von u. Z. an einen unter elterlicher Gewalt oder Vormundschaft stehenden IV 1642; — Anordnung von Befreiungen des Pflegers, Benennung desselben IV 1672; — u. Z. an die Gesellschaft II c 1277; — u. Z. unter der Auflage einer Leistung an einen Dritten II a 553; — u. Z. einer ungerechtfertigten Bereicherung II c 1701, 1706, 1741; — siehe auch „Schenkung".

Unentgeltlichkeit der Aufbewahrung II c 1157, 1159; — des Auftrags II c 1082; — der Leihe II b 636, 638; — der Schenkung II b 293, 298; — der Vormundschaft IV 1533; — des Amts des Gegenvormunds IV 1430, 1533, 1534.

Unerfahrenheit: Ausbeutung I 570, 584.

Unerlaubte Bedingungen I 656; — bei letztwilligen Verfügungen V 469.

Unerlaubte Handlungen II c 1744; — Haftung aus vor dem 1. Januar 1900 begangenen VI a 455.

— **Allgemeines:** Grundsätzliche Regelung nach früherem Rechte und nach BGB. II c 1746; — Begriff der u. H. II c 1765; — Sprachgebrauch II c 1748; — Vorsatz II a 267; — Verhältnis der Haftung zu der aus anderen Rechtsgründen II c 1748ff.; — Verhältnis der Haftung zur gesetzlichen Gewährleistungspflicht beim Kauf II b 125; — Ersatzberechtigter II c 1755; — Inhalt und Umfang des Ersatzanspruches II c 1756; — Anspruch auf Unterlassung II c 1757; — Vererblichkeit der Ansprüche II c 1764; — keine Aufrechnung gegen Forderungen aus u. H. II a 764, II c 1764; — Ausschluß des Zurückbehaltungsrechts an durch vorsätzliche u. H. erworbenen Sachen II a 236, 242, II c 1764; — Zuständigkeit für Klagen aus u. H. II c 1766; — Vergleich über Ansprüche aus u. H. II c 1535; — Erfüllungsort für die Verpflichtungen aus u. H. II a 222; — Haftung juristischer Personen II c 1754, 1869; — keine Vertretung in u. H. I 687; — Haftung Juristischer Personen aus u. H. I 211, 218; — u. H. der Ehefrau II c 1764; — eines Ehegatten, Haftung der Eheleute unter sich bei Gütergemeinschaft IV 474; — der Ehefrau, Haftung des Vorbehaltsguts IV 353; — Haftung des Gesamtgutes der allgemeinen Gütergemeinschaft IV 466; — bei Errungenschaftsgemeinschaft IV 639; — Haftung des eingebrachten Gutes IV 342, 349; — u. H. des Ehemanns bei Errungenschaftsgemeinschaft IV 646; — Haftung des überlebenden Ehegatten IV 572; — des Erben, Haftung V 162; — des Gewalthabers, Haftung des Kindes IV 986; — des auftraglosen Geschäftsführers II c 1126; — eines Gesellschafters II c 1267; — des Kindes IV 1094; — Haftung des Vereins für Handlungen der Vorstände und Vertreter I 211; — des Verkäufers, Verhältnis zur Gewährleistung II b 125; — Haftung aus im Auslande begangenen u. H. II c 1767, VI b 193, 209; — reichs- und landesrechtliche Sondervorschriften II c 1767; — Übergangsbestimmungen II c 1767; — Verjährung der Ansprüche aus u. H. I 793.

Unerlaubte Handlungen: Einzelfälle: Verletzung fremder Rechtsgüter und Rechte II c 1768; — Widerrechtlichkeit und Ausschluß derselben II c 1779; — Schuldhaftigkeit II c 1783; — Irrtum über Unerlaubtheit II c 1792; — ursächlicher Zusammenhang II c 1792; — Berechtigter und Verpflichteter II c 1755, 1804; — Verstoß gegen Schutzgesetze II c 1755, 1804; — Widerrechtlichkeit II c 1802; — Schuldhaftigkeit II c 1783, 1802, 1803; — ursächlicher Zusammenhang II c 1803; — Berechtigter und Verpflichteter II c 1804; — Verhältnis des § 823 Abs. 1 zu Abs. 2 II c 1805; — Kreditgefährdung, Benachteiligung im Erwerb und Fortkommen II c 1805; — Bestimmung zum außerehelichen Beischlaf durch Hinterlist usw. II c 1815; — Schadensstiftung unter Verstoß gegen die guten Sitten II c 1818.

— **Ausschluß und Beschränkung der Haftung:** Allgemeines, Geltungsgebiet der beschränkenden Vorschriften II c 1842; — Einzelfälle: Unzurechnungsfähigkeit des Täters II c 1843, 1844; — jugendliches Alter II c 1845; — Haftung aus Billigkeitsgründen in beiden Fällen II c 1848.

Unerlaubte Handlungen: Haftung für Schadensstiftung durch Dritte: des Geschäftsherrn für Angestellte oder Arbeiter II c 1855, 1856; — Verhältnis zu anderen Vorschriften II c 1868; — Haftung des Aufsichtspflichtigen bei Schadensstiftung durch Minderjährige und sonstige Aufsichtsbedürftige II c 1873.
— Haftung für Schadensstiftung durch Tiere: Haftung des Tierhalters II c 1881, 1882; — Begriff des Tierhalters II c 1891; — Voraussetzungen der Haftung II c 1886; — Kausalzusammenhang II c 1887; — Inhalt und Umfang des Ersatzanspruches II c 1894; — bei Haustieren II c 1896; — konkurrierendes Verschulden des Verletzten II a 156, 160, II c 1895, 1905; — Beweislast II c 1901; — rechtliche Natur des Anspruchs, Folgerungen daraus II c 1902; — Haftung gegenüber einem in einem Vertragsverhältnis zum Tierhalter stehenden Verletzten II c 1903; — Verhältnis der Vorschrift zu verwandten Vorschriften, Haftung neben anderen II c 1905; — Haftung des Aufsichtspflichtigen II c 1906; — Haftung mehrerer Halter eines Tieres, der Halter mehrerer schadenstiftender Tiere II c 1894; — Wildschadensersatz II c 1907.
— Schadensstiftung durch Einsturz eines Gebäudes, Werkes, Ablösung von Teilen: Haftung des Grundstücksbesitzers II c 1911; — des Besitzers des Gebäudes oder Werkes II c 1920; — des Unterhaltungspflichtigen II c 1921; — Schadensstiftung durch Beamte (siehe auch „Beamte") II c 1922; — Haftung neben mitverantwortlichen Personen II c 1958.
— Art und Umfang der Haftung: Haftung mehrerer Täter oder Beteiligter, von Anstiftern und Gehilfen II c 1853; — gesamtschuldnerische Haftung mehrerer Verantwortlicher, Regreßansprüche derselben untereinander II c 1953; — Ausgleich unter mehreren Haftpflichtigen II a 922; — Umfang der Haftung wegen einer gegen die Person gerichteten u. H., Haftung für Schäden im Erwerb und Fortkommen II c 1959; — bei Aufhebung oder Minderung der Erwerbsfähigkeit, Mehrung der Bedürfnisse infolge von Verletzung des Körpers oder der Gesundheit II c 1960; — Leistungen im Falle der Tötung II c 1968; — Einfluß der Einwilligung des Getöteten II c 1978; — Entschädigung des Dienstberechtigten für entgangene Dienste des Verletzten II c 1949; — Einfluß des Mitverschuldens des Verletzten auf die Ansprüche wegen Tötung und Schädigung des Dienstberechtigten II c 1983; — Ersatz nicht vermögensrechtlichen Schadens II c 1984; —
— Entziehung von Sachen: Besitzentziehung, Besitzstörung III 48; — Haftung des Herausgabepflichtigen II c 1989; — Verzinsung des Werterſatzes und der Wertminderung entzogener oder beschädigter Sachen II c 1990; — Rechte wegen Verwendungen auf die Sache II c 1991; — Wirksamkeit der Ersatzleistung für Entziehung oder Beschädigung einer Sache an den Besitzer gegenüber dem Eigentümer II c 1991; — Verjährung der Ansprüche aus u. H. II c 1993; — Einfluß der Verjährung auf die Verpflichtung zur Herausgabe des auf Kosten des Verletzten Erlangten II c 1993; — H. des durch unerlaubte Handlung auf Kosten des Verletzten Erlangten, Einfluß der Verjährung des Schadensersatzanspruches II c 2001; — Verweigerung der Erfüllung einer durch u. H. erworbenen Forderung nach Verjährung des Anspruchs auf Aufhebung der Forderung II c 2004; — Einfluß der Geldentwertung II a 80.
Unerlaubte Handlungen: räumlich anzuwendendes Recht VI b 193, 195; — Geltung des Grundsatzes der lex loci delicti commissi VI b 195; — keine zwingende Natur des Grundsatzes VI b 196; — Wirkungen des Grundsatzes VI b 197; — Begehungsort VI b 200; — bei Grenzdelikten VI b 206; — bei Pressedelikte VI b 205; — B. bei Unterlassungen VI b 207; — in unbeherrschten, unzivilisierten Gebieten begangene u. H. VI b 217; — in Luftfahrzeugen begangene u. H. VI b 220; — auf Schiffen begangene u. H. VI b 216; — Qualifikation VI b 208; — Geltendmachung der Ansprüche aus u. H. gegen Deutsche VI b 215; — Haftung Deutscher aus im Ausland begangenen u. H. VI b 193, 209; — Haftung Staatenloser VI b 210, 776; — Übertragbarkeit, Vererblichkeit der Ansprüche aus u. H. VI b 199, 212; — Vorbehaltsklausel VI b 222; — für Quasidelikte anzuwendendes Recht VI b 224, 228.
Unerzeugte: rechtliche Stellung I 51.
Unerzeugte Nacherben: Pflegschaft IV 1661.
Unfähigkeit zum Amte eines Familienrats IV 1582; — eines Gegenvormunds IV 1393, 1412; — eines Pflegers IV 1669; — eines Vormunds IV 1391; — Unterschied von der Untauglichkeit zum Vormund IV 1391; — des Gesellschafters zur ordnungsmäßigen Geschäftsführung II c 1257; — zur Stellung als Vereinsvorstand I 201; — zur Mitwirkung bei Testamentserrichtung V 754, 755, 756; — zur Testamentserrichtung V 730, 734; — zum Testamentswiderruf V 788.
Unfallrente: Anrechnung auf die Vergütung des Dienstpflichtigen II b 828; — Vorbehaltsgut der Frau IV 229.
Unfallverschollenheit I 144; — Zeitpunkt des Todes I 146.
Unfallversicherung: Anspruch auf Ersatz immateriellen Schadens (Schmerzensgeld) II c 1988; — Pfändung der Ansprüche für Unterhalt IV 897; — U. des Dienstpflichtigen II b 828, 855; — Einfluß auf die Haftung des Dienstherrn II b 855; — Vererblichkeit der Ansprüche V 15; — Übergang der Rechte des Verletzten auf die Berufsgenossenschaft II a 851.
Ungarn: ausschließliche Gerichtsbarkeit in Scheidungssachen VI b 395; — Zulässigkeit von Eheverträgen VI b 317.
Ungeborene: rechtliche Stellung I 50, 51.
Ungerechtfertigte Bereicherung II c 1661; — zeitlich anzuwendendes Recht VI a 456; —

Übergang II c 1670; — internationales Privatrecht II c 1670; — Gerichtsstand II c 1670; — Berechtigter II c 1675; — Gegenstand der Herausgabe II c 1664, 1671, 1677; — Rechtliche Natur des Anspruches, Schuldners II c 1664, 1665; — Voraussetzungen des Bereicherungsanspruches II c 1671; — im einzelnen: Mangel des Rechtsgrundes II c 1680, 1682; — Beweislast für den Mangel des Rechtsgrundes II c 1685, 1686; — Nichtbestehen einer Verbindlichkeit II c 1682; — Beweislast bei behauptetem Nichtbestehen der Verbindlichkeit II c 1684; — Sonstige Fälle mangelnden Rechtsgrundes II c 1684; — wegen Formmangel des Rechtsgeschäfts I 525; — wegen Simulation I 467; — infolge arglistiger Täuschung und Drohung I 515; — durch Versteigerung von dem Pfandrecht des Vermieters unterliegenden Sachen II b 513, 525; — beim Mangel der causa eines sachenrechtlichen Rechtsgeschäfts III 9, 12, 116; — Wegfall des Rechtsgrundes II c 1680, 1686; — Nichteintritt des bezweckten Erfolges II c 1687, 1688; — Beweislast II c 1690; — Entgegenstehen von Einreden II c 1691; — Verfügung eines Nichtberechtigten, Leistung an einen Nichtberechtigten II c 1701; — Versteigerung gepfändeter nicht dem Schuldner gehörigen Sachen II c 1704; — Verstoß der Annahme der Leistung gegen ein gesetzliches Verbot oder die guten Sitten II c 1708; — Ausschluß des Anspruchs bei Erfüllung einer sittlichen oder Anstandspflicht II c 1614, 1697; — bei Kenntnis von dem Nichtbestehen der Schuld II c 1694; — bei Unmöglichkeit des Erfolges Verhinderung des Eintritts des Erfolges II c 1699; — Gegenstand, Inhalt, Umfang des Anspruchs II c 1664, 1718; — bei bösem Glauben des Empfängers II c 1734; — bei Verstoß der Annahme der Leistung gegen ein gesetzliches Verbot oder die guten Sitten II c 1734; — bei Ungewißheit über den Erfolg oder den Rechtsgrund II c 1737; — Pflicht eines Dritten zur Herausgabe II c 1741; — Einfluß des Konkurses des Berechtigten II c 1666; — Verjährung der Ansprüche und Einreden II c 1665; — Erfüllungsweigerung nach Verjährung II c 1740; — neben Kauf- und Werkvertrag II b 123.

Ungerechtfertigte Bereicherung: Einfluß der Geldentwertung II a 80, II c 1668, 1732. — Haftung nach den Grundsätzen über u. B. II c 1666, 1667; — im einzelnen: bei außerordentlicher Kündigung des Dienstvertrags hinsichtlich der vorausgeleisteten Vergütung II b 909; — bei Nichterfüllung einer letztwilligen Auflage V 642; — des Beschenkten bei Ablehnung der Schenkung II b 295, 305; — wegen Nichterfüllung einer Auflage II b 328; — wegen Dürftigkeit des Schenkers II b 329, 332; — bei Widerruf der Schenkung II b 336; — des Beschenkten bei Schenkungen zum Nachteile des Pflichtteilsberechtigten V 978; — zum Nachteile des Vertragserben V 858; — Rückforderung des Besitzes III 48; — Einreden III 56; — beim Eigentumsanspruch III 592, 593, 600; — im Falle des Rücktritts vom gegenseitigen Vertrag II a 533; — des Empfängers der Leistung im Falle der Unmöglichkeit der Gegenleistung beim gegenseitigen Vertrag II a 482, 496, 504; — Haftung nach den Grundsätzen über u. B.: eines Ehegatten bei Bereicherung des Gesamtgutes der allgemeinen Gütergemeinschaft IV 459; — der Errungenschaftsgemeinschaft IV 616, 619, 646; — der fortgesetzten Gütergemeinschaft IV 540, 544; — des Ehemannes bei Bereicherung des eingebrachten Gutes durch Rechtsgeschäfte der Frau IV 310; — Haftung nach den Grundsätzen über u. B. beim Eigentumserwerb durch Verbindung, Vermischung, Verarbeitung III 514; — des Erben nach dem Aufgebot der Gläubiger V 190, 196; — nach Beendigung des Nachlaßkonkurses V 255, 258; — des Erbschaftsbesitzers bei Unmöglichkeit der Herausgabe von Erbschaftssachen V 330; — Haftung des Finders, der Gemeinde des Fundorts III 566; — des geschäftsunfähigen oder in der Geschäftsfähigkeit beschränkten Geschäftsführers II c 1138; — des Geschäftsherrn II c 1142; — bei unerlaubten Handlungen II c 1993; — bei Herausgabe von Schenkungen usw. unter Verlobten IV 28; — des Vermieters für Rückzahlung vorausgezahlten Mietzinses II b 445.

Ungewisse Rechte: Behandlung bei Pflichtteilsberechnung V 925, 929.

Ungewißheit der Beteiligten: Pflegschaft IV 1661; — des Erben, Sicherung des Nachlasses V 126, 130; — Nachlaßpflegschaft zur gerichtlichen Geltendmachung eines Anspruches gegen den Nachlaß V 143; — des Gläubigers, Hinterlegung II a 705; — U. des letztwillig Bedachten V 467; — U. über den Erfolg einer Leistung, Rücktrittsrecht II c 1737; — über Rechtsverhältnisse, Vergleich II c 1531; — U. über Rechte bei Pflichtteilsberechnung V 925, 929; — U. des Erbteils, Erbscheinerteilung V 1037.

Ungeziefer: Haftung damit Behafteter II c 1894.

Ungültigkeit der Ehe nach bisherigem Recht VI a 532; — Rechtsverhältnis zwischen Eltern und Kindern VI a 563; — von Rechtsgeschäften I 404; — siehe auch „Anfechtbarkeit, Nichtigkeit".

Ungültigkeitserklärung der Ehe nach bisherigem Recht VI a 532.

Unio prolium IV 218, VI a 572.

Unitas actus bei Testamentserrichtung V 762; — nicht erforderlich beim eigenhändigen Privattestamente V 747.

Universalfideikommiß V 71, 507, 509, 581.

Universalsukzession V 8, 11.

Universitas facti I 339.

— juris I 341.

Universitäten: juristische Persönlichkeit I 334.

Universitätsprofessor: Beamter II c 1929.

Unkenntnis: Verhältnis zum Irrtum I 486; — U. von der Person des Adressaten einer Wil-

lenserklärung I 547; — des Käufers von Mängeln der Kaufsache II b 147; — des Mieters von Mängeln der Mietsache II b 433, 435; — Ausschluß der außerordentlichen Kündigung II b 445; — vom mangelnden Eigentum des Veräußerers III 468; — der Überschuldung der Erbschaft V 231; — der Bestimmung der Inventarfrist V 283; — des Umfanges der Vertretungsmacht des Vereinsvorstandes, der Form der Beschlußfassung desselben I 297; — von der Änderung des Vereinsvorstandes I 296; — U. des Vertreters, Wirkung I 693; — U. von der Richtigkeit oder Anfechtbarkeit einer Willenserklärung I 496.

Unklagbarkeit des Eheversprechens IV 14, 18.

Unkörperliche Gegenstände I 352.

Unkündbarkeit von Hypotheken und Grundschulden, Ausschließung und Beschränkung VI a 302.

Unlauterer Wettbewerb: Verhältnis des Gesetzes über den u. W. zum BGB. VI a 32; — negatorische Abwehrklage III 620; — Schadensersatzpflicht II c 1814, 1820; — Verhältnis zur Haftung wegen Verstoßes gegen die guten Sitten II c 1841; — Bereicherung durch u. W. II c 1668; — Bestechung von Angestellten, Beauftragten eines Geschäfts II c 1096; — Namensschutz I 121.

Unmittelbarer Besitz III 16, 66; — Begriff III 66; — u. B. des gesetzlichen Vertreters III 27.

Unmögliche Bedingungen I 654; — bei letztwilligen Verfügungen V 469.

Unmöglichkeit der Benützung des Mietobjekts II b 478; — der Beschaffung des Vermächtnisgegenstandes V 604, 608; — der Beseitigung des Mangels beim Werkvertrag II c 956, 959; — U. des Eintritts des bezweckten Erfolges einer Leistung, Einfluß auf die gemachte Leistung II c 1699; — der Empfängnis vom Ehemann IV 851, 857; — der Zeugung des unehelichen Kindes IV 1249; — Bedeutung für Legitimation durch nachfolgende Ehe IV 1272; — der Erfüllung des Gesellschaftsvertrags II c 1215; — der Erfüllung einer Auflage V 638, 642; — der Erfüllung des Stiftungszweckes I 328; — U. der Herausgabe: eines bestimmten Gegenstandes, Haftung nach Eintritt der Rechtshängigkeit II a 362; — der Herausgabe des Gegenstandes des Wiederverkaufsrechts II b 267, 270; — durch unerlaubte Handlungen erlangter Sachen II c 1989; — U. der Herausgabe durch den Beauftragten II c 1098; — U. der Herausgabe der ungerechtfertigten Bereicherung II c 1718; — Haftung beim Rücktritt vom Vertrag II a 616; — Ausschluß des Rücktritts bei verschuldeter U. II a 343; — Einfluß auf die Wandelung beim Kauf II b 181, 184; — Einfluß auf den Nachlieferungsanspruch bei Gattungssachen II b 216; — Haftung beim Eigentumsanspruch III 593; — der Herausgabe von Erbschaftsgegenständen seitens des Erbschaftsbesitzers V 330; — seitens des Erbschaftsverkäufers V 1088; — Ersatzanspruch gegen denselben für nach Rechtshängigkeit eingetretene U. V 334.

Unmöglichkeit der Leistung II a 26, 248, 276; — absolute und relative II a 255; — objektive und subjektive II a 253, 260, 279, 305, 307; — anfängliche und nachträgliche II a 254, 256, 260, 305, 312, 475; — vollständige und teilweise II a 258; — absolute und relative II a 255; — dauernde und zeitweilige II a 257; — zu vertretende und nicht zu vertretende II a 280; — Wirkung nachträglicher unverschuldeter Unmöglichkeit II a 276; — verschuldete II a 307; — von beiden Teilen verschuldete II a 494; — Beweislast für das Verschulden II a 317; — Verhältnis zum Leistungsverzug II a 324; — Beweislast für die Unmöglichkeit II a 262, 282; — Anzeigepflicht II a 261, 281; — Eintritt nach rechtskräftiger Verurteilung II a 319; — Herausgabe der als Ersatz für den geschuldeten Gegenstand Erlangten II a 312; — Verzinsung des Ersatzanspruchs beim Verzug II a 358, 359; — Ausschluß des Gläubigerverzugs bei U. der L. II a 376; — Form und Wirkungen des Rücktritts II a 535; — Nichtigkeit des auf eine unmögliche Leistung gerichteten Vertrags II a 400; — stellvertretendes commodum II a 261, 312; — Einfluß der Hebbarkeit II a 409; — Einfluß der Kenntnis der U. bei Vertragsabschluß II a 406; — U. d. L. beim gegenseitigen Vertrag, unverschuldete II a 475, 480, 481; — vom anderen Teil zu vertretende II a 480, 491; — vom Verpflichteten zu vertretende II a 480, 495; — der Gegenleistung II a 459, 462; — U. d. L. bei der Alternativobligation II a 201, 407; — beim Dienstvertrag II b 828; — bei Gattungssachen II a 304; — beim aktiven Gesamtschuldverhältnis II a 930; — beim passiven Gesamtschuldverhältnis II a 914, 917; — Einfluß auf die Bürgschaft II c 1477; — Behandlung der Draufgabe im Falle der U. II a 578; — beim Gesellschaftsvertrag II c 1215; — beim Kauf II b 22, 69, 71, 73, 76; — Verhältnis zur Gewährleistungspflicht II b 124, 125; — U. d. L. bei der Miete II b 420; — Haftung des Schenkers II b 318; — beim Werkvertrag II c 928, 1012; — Ausschluß des Verzuges des Gläubigers II a 376; — des Schuldners II a 340; — Eintritt nach Verzug des Schuldners II a 351; — zeitlich anzuwendendes Recht VI a 446; — beim Vermächtnis V 608, 610; — beim vertragsmäßig angeordneten Vermächtnis V 861.

— U. der Wiederherstellung des früheren Zustandes durch den Schadensersatzpflichtigen II a 115, 141.

— Lieferungsweigerung nach Geldentwertung II a 41, 52.

Unnütze Bedingung I 657.

Unpfändbare Forderungen: Ausschluß der Abtretung II a 809; — der Aufrechnung II a 766; — Zurückbehaltungsrecht gegenüber unpfändb. Ansprüchen II a 243.

Unpfändbare Sachen: Ausschluß des Pfandrechts des Vermieters II b 500; — vertragsmäßiges Zurückbehaltungsrecht von u. S. II b 509; — Erstreckung des Pfandrechts des Verpächters

eines landwirtschaftlichen Grundstücks auf u. S. II b 615; — Ausschluß des Pfandrechts des Gastwirts II c 1190.
Unpfändbarkeit des Anspruchs auf Ausführung des Auftrags II c 1088; — der Ansprüche aus dem Gesellschaftsvertrage II c 1271; — des Anspruches auf Feststellung des Bestandes des eingebrachten Gutes IV 242; — bei Errungenschaftsgemeinschaft IV 635; — des Anspruchs des Gewalthabers auf den Gewinn aus dem Erwerbsgeschäft des Kindes IV 1087, 1091; — des Anspruchs auf die Nutzungen bei Ausschluß des Verwaltungsrechts IV 1089; — des Anteiles am Gesamtgut der allgemeinen Gütergemeinschaft IV 432; — der fortgesetzten Gütergemeinschaft IV 545; — der Errungenschaftsgemeinschaft IV 618, 640; — des Anteiles an der Fahrnisgemeinschaft IV 672; — von Früchten des eingebrachten Gutes IV 277, 279, 285, 290, 334; — des ehemännlichen Nutzungs- und Verwaltungsrechts im gesetzlichen Güterstand IV 344; — der Nutzungen des Kindervermögens gegen den Vater IV 1086; — des elterlichen Nutznießungsrechts, der Ansprüche auf die Nutzungen IV 1091; — von Unterhaltsforderungen IV 894; — des Rechtes auf Rücknahme der hinterlegten Sache II a 715; — des Rechtes auf Erfüllung einer Auflage V 636, 640; — des Rechts des Nacherben auf den Anfall der Erbschaft V 516; — des Vorkaufsrechts des Miterben an einem Anteile am Nachlasse V 365; — der Witwen- und Waisenbezüge VI a 205.
Unrechtmäßiger Besitz III 15.
Unrechtmäßiger Pfandverkauf III 1444.
Unredliche Geschäftsführung eines Gesellschafters II c 1267.
Unredlicher Besitzer: Haftung III 595.
Unrichtige Angabe des Kaufpreises von Grundstücken III 421.
Unrichtige Beurkundung des formbedürftigen Vertrags II a 437.
Unrichtige Bezeichnung in letztwilligen Verfügungen V 478; — des Vermächtnisgegenstandes V 580, 615; — des Bedachten V 580.
Unrichtige Übermittlung von Willenserklärungen I 492.
Unrichtigkeit des Erbscheines V 1054; — des Grundbuchs III 231, 248, 251; — siehe auch „Grundbuch“; — des Nachlaßinventars V 291.
Unschädlichkeitszeugnis III 210, 1043; — über lastenfreie Abtrennung von Teilflächen VI a 311.
Unsichere Rechte bei Pflichtteilsberechnung V 925, 929.
Unsittliche Bedingungen I 656; — bei letztwilligen Verfügungen V 469.
Unsittliche Rechtsgeschäfte I 570; — zeitlich geltendes Recht VI a 447, 453.
Unsittliches Verhalten: Ehescheidungsgrund IV 736, 743; — der Mutter, Bestellung eines Beistandes IV 1160; — des Gewalthabers IV 1105, 1109; — Grund zur Pflichtteilsentziehung V 986, 990.
Unsittlichkeit: ausländischen Rechts VI b 812; — des Inhalts von Testamenten, anzuwendendes Recht VI b 671; — von Verträgen zur Erleichterung der Scheidung IV 800.
Untauglichkeit zur Mitwirkung bei Testamentserrichtung als Zeuge V 756; — zum Amte eines Vormunds IV 1391, 1393, 1394, 1396; — Unterschied von der Unfähigkeit zum Vormund IV 1391; — U. zum Familienratsmitgliede IV 1583.
Unteilbare Leistungen II a 902; — Haftung bei Mehrheit der Gläubiger II a 935; — der Schuldner II a 933.
Unteilbare Sachen: Aufhebung der Gemeinschaft an u. S. II c 1425.
Unteilbarkeit I 363; — der Belohnung bei der Auslobung II c 1072; — des Rücktrittsrechts vom Vertrag II a 632; — der Grunddienstbarkeiten III 796; — des Vermächtnisgegenstandes, Haftung mehrerer Beschwerter V 586.
Unterbrechung der Ersitzung durch Verlust des Eigenbesitzes III 496; — durch Erhebung des Eigentumsanspruchs III 497; — U. des Prozesses durch Tod einer Partei: Einfluß der Bestellung eines Nachlaßpflegers V 141; — Beseitigung durch den Testamentsvollstrecker V 703; — keine U. bei Beendigung des Amts des Testamentsvollstreckers V 703; — der Verjährung I 797, 811; — beim aktiven Gesamtschuldverhältnis II a 930; — beim passiven II a 913, 915, 917; — bei Teilschuldverhältnissen II a 903; — U. d. V. des Minderungs-, Wandelungs- oder Schadensersatzanspruches beim Kauf II b 202, 210; — beim Werkvertrag II c 978; — siehe auch „Verjährung“.
Unterbringung verwahrloster Kinder auf Anordnung des Vormundschaftsgerichts IV 1105, 1112; — des Mündels zur Fürsorgeerziehung IV 1543; — von Minderjährigen zur Fürsorgeerziehung VI a 348, 351, 355; — von Strafunmündigen VI a 39, 349.
Untereigentum III 287.
Untergang einer Sache: nach Eintritt des Leistungsverzugs II a 351; — Verzinsung des Werterſatzes beim Verzug II a 358; — Haftung nach Rechtshängigkeit des Herausgabeanspruchs II a 362; — Haftung beim Rücktritt vom Vertrag II a 616; — Rücktritt nach zufälligem U. II a 621, 622; — Ausschluß des Rücktritts beim verschuldeten U. II a 621, 623; — der Sache: Haftung beim Herausgabeanspruch III 593; — des Bauwerks beim Erbbaurecht III 679, 723, 784; — U. bestimmter Sachen: U. von Gegenständen eines Gesellschafters II c 1336; — des Inventars des verpachteten Grundstücks II b 620; — der Kaufsache, Übergang der Gefahr des U. II b 84, 87; — der verkauften beweglichen Sache II b 69, 77, 78; — des Gegenstandes eines verkauften Rechts an einer Sache II b 102; — der Kaufsache vor Vollzug der Wandelung II b 181, 184; — beim Kauf von Gattungssachen II b 216, 221; — U. der Mietsache II b 419; — zufälliger U. der durch

unerlaubte Handlung erlangten Sache II c 1989; — des Werkes II c 996; — des Stoffes beim Werkvertrag II c 991; — des Gegenstands des Wiederverkaufsrechts, Haftung II b 267; — Befreiung beim Wiederkauf zum Schätzungswert II b 270; — von Erbschaftssachen beim Erbschaftsbesitzer V 334; — von Gegenständen des Erbschaftskaufes V 1093; — Haftung des Verkäufers für U. von Erbschaftssachen beim Erbschaftskauf V 1088; — U. des Vermächtnisgegenstandes, Vermächtnis des Ersatzanspruchs V 604, 605, 606; — U. von Rechten an Grundstücken III 127; — eines Schiffes: Verschollenheit I 141, 146.

Unterhalt, Unterhaltsanspruch: Allgemeines: Abtretbarkeit von Unterhaltsansprüchen II a 809; — Beschränkung der Aufrechnung gegen einen gesetzlichen U. II a 767; — Verhältnis zum Schadensersatzanspruch wegen Körperverletzung oder Gesundheitsbeschädigung II c 1960, 1966; — Vergleich über Unterhaltsansprüche II c 1535, 1543; — Verjährung I 772; — Geldrente, Kapitalsabfindung für Entziehung des Unterhalts durch Tötung des Unterhaltspflichtigen II c 1968; — Ersatzansprüche des Staats und öffentlicher Verbände für gewährten U. II c 1127, 1670, VI a 259, 260; — Rücktritt von der Anordnung der Gewährung von Unterhalt durch Erbvertrag V 876.

— U. der Abkömmlinge: Vermutung ersatzfreier Gewährung durch Eltern und Voreltern II c 1144; — Verwendung des Reinertrages des eingebrachten Gutes hiezu IV 288; — Gütergemeinschaftsaufhebungsklage wegen Gefährdung IV 487, 553; — Zurückbehaltung des Beitrags der Frau zum ehelichen Aufwand wegen Gefährdung IV 385.

— U. der Ehefrau: Verwendung des Reinertrages des eingebrachten Gutes der Frau IV 287, 288; — Klage auf Aufhebung der Nutznießung und Verwaltung des Mannes wegen Gefährdung IV 361; — Gütergemeinschaftsaufhebungsklage bei allgemeiner Gütergemeinschaft IV 487; — bei Errungenschaftsgemeinschaft IV 656; — bei Fahrnisgemeinschaft IV 673; — Beitrag der Frau IV 383; — Zurückbehaltung des Beitrags zum ehelichen Aufwand wegen Gefährdung IV 385.

— U. des Ehegatten: nach Anfechtung der Ehe wegen irrtümlicher Todeserklärung des früheren Ehegatten IV 155; — nach Ehescheidung IV 794; — des irrtümlich für tot erklärten Ehegatten IV 156.

— U. der Eltern und Voreltern: Vermutung ersatzfreier Gewährung durch Abkömmlinge II c 1144; — räumlich anzuwendendes Recht VI b 472; — U. der Familienangehörigen des Erblassers V 180.

— des Kindes: Abzug der Kosten bei Herausgabe der Nutzungen des Kindervermögens an den nicht verwaltungsberechtigten Gewalthaber IV 1088; — U. des Kindes nach Anfechtung der Ehe wegen irrtümlicher Todeserklärung des früheren Ehegatten IV 156; — nach Ehescheidung IV 816; — Entziehung der Vermögensverwaltung und Nutznießung des Gewalthabers wegen Gefährdung des U. des Kindes IV 1105, 1114; — Deckung aus den Nutzungen des Vermögens bei Ausschluß der elterlichen Gewalt IV 1088; — U. des minderjährigen Kindes IV 903; — des Kindes aus nichtiger Ehe IV 1190; — U. des für ehelich erklärten Kindes IV 1294, 1297, 1298; — räumlich geltendes Recht VI b 472.

Unterhalt, Unterhaltsanspruch des Mündels, Deckung IV 1415.

— der Mutter des unehelichen Kindes IV 1241, 1242; — räumlich geltendes Recht VI b 504, 525, 527; — der Mutter des ungeborenen Erben V 146; — der Mutter des ungeborenen Nacherben V 572.

— U. des unehelichen Kindes IV 1214; — zeitlich geltendes Recht VI a 565; — Abfindung IV 1235; — durch die Erben des Vaters IV 1231; — Verzicht auf den U. IV 1235, 1239; — einstweilige Verfügung IV 1247; — Zusammentreffen mehrerer unterhaltsberechtigter Personen IV 1225; — strafbare Verletzung der Unterhaltspflicht IV 1222; — Verjährung des U. des unehelichen Kindes nach Übergang auf den Unterhaltsgewährenden I 782; — des unehelichen Kindes gegen die Mutter, räumlich geltendes Recht VI b 496; — gegen den Ehemann der Mutter VI b 502; — gegen die Verwandten der Mutter VI b 500; — gegen den Vater VI b 504, 511, 519, 521, 532, 828; — gegen die Verwandten des Vaters VI b 537; — des Vaters des unehelichen Kindes VI a 568.

— **der Verwandten**: rechtliche Natur des Anspruchs IV 888; — Sondervorschriften über U. IV 889, 890; — räumlich anzuwendendes Recht IV 900, VI b 486; — zeitlich geltendes Recht VI a 456; — materiell- und prozeßrechtlicher Schutz des Unterhaltsanspruchs IV 893; — Vergleich IV 937; — Übergangsbestimmungen IV 901; — Voraussetzungen des Anspruchs IV 903; — der Unterhaltspflicht IV 906, 907; — unterhaltspflichtige Personen IV 901; — Reihenfolge der Pflichtigen IV 914; — kein Zurückerstattungsanspruch IV 906; — Haftung entfernterer Verwandter vor den näheren wegen Leistungsunfähigkeit der ersteren, Ausschluß oder Erschwerung der Rechtsverfolgung IV 916; — primäre Haftung des Ehegatten des Bedürftigen IV 921; — Rangordnung unter mehreren Leistungspflichtigen IV 914, 916; — unter mehreren Bedürftigen IV 922; — Tragung bei allgemeiner Gütergemeinschaft IV 476; — Einfluß des Güterstandes IV 911; — Maß des zu gewährenden U. IV 924; — bei selbstverschuldeter Dürftigkeit IV 928; — Art der Entrichtung IV 930; — Gewährung für die Vergangenheit IV 934, 938; — Befreiung durch Vorausleistung IV 936; — Verzicht für die Zukunft IV 936; — Folgen der Verletzung und Gefährdung des Unterhaltsanspruches IV 891; — prozessuale Verfolgung

des Unterhaltsanspruchs IV 892, 902; — Geltendmachung im Konkurs IV 898; — Erlöschen des Anspruchs durch Tod IV 938; — Verjährung IV 897; — Beschränkung der Pfändung des Unterhaltsanspruches IV 895, 896; — Pfändungsbeschränkungen zugunsten des Unterhaltsanspruches IV 896.

Unterhaltsbeiträge: Verjährung I 788, 789.

Unterhaltspflicht IV 886ff; — des angenommenen Kindes und des Abnehmenden IV 1341, 1346; — der Abkömmlinge, Pflichtteilsentziehung wegen Verletzung V 986, 991; — des Anerben IV 900.

— U. der Ehefrau: Erfüllung aus dem eingebrachten Gut im gesetzlichen Güterstande IV 278, 342, 352; — aus dem Gesamtgut der allgemeinen Gütergemeinschaft IV 466; — der Errungenschaftsgemeinschaft IV 643.

— U. der Ehegatten IV 197, 198; — räumlich geltendes Recht VI b 284, 285, 296, 343; — zeitlich geltendes Recht VI a 535; — Form der Unterhaltsgewährung IV 201; — Geltendmachung des Unterhaltsanspruches IV 204; — U. während Getrenntlebens IV 206; — Wegfall bei unberechtigter Weigerung der Herstellung des ehelichen Lebens IV 201, 206, 209; — Haftung des Gesamtguts der allgemeinen Gütergemeinschaft für die U. IV 476; — Erfüllung bei Errungenschaftsgemeinschaft IV 635, 643, 645; — nach Wiederherstellung der ehelichen Gemeinschaft IV 835; — U. nach Ehescheidung: Voraussetzungen IV 794; — Beschränkung und Beseitigung IV 801; — Form der Unterhaltsgewährung IV 805; — Sicherheitsleistung IV 805, 807; — Unverjährbarkeit IV 800; — Vereinbarungen über den Unterhalt IV 800, 805; — Übergang der Unterhaltspflicht auf den Erben, Umfang der Haftung der Erben IV 811; — Einfluß der Wiederverheiratung des Verpflichteten auf seine U. IV 809; — Erlöschen der Unterhaltspflicht durch Wiederverheiratung des Berechtigten IV 809; — U. bei Scheidung wegen Geisteskrankheit IV 814; — primäre U. von Verwandten des anderen Ehegatten IV 921; — U. nach Nichtigkeitserklärung oder Auflösung der Ehe IV 145; — nach Anfechtung wegen Drohung oder Irrtums IV 147; — nach Anfechtung der Ehe wegen irrtümlicher Todeserklärung des früheren Ehegatten IV 155; — anzuwendendes Recht VI b 284, 425, 426; — U. nach Trennung von Tisch und Bett VI a 553; — U. der Ehegatten gegenüber ihren Verwandten IV 911, VI b 285.

— U. der Eltern: Einfluß der Annahme an Kindes Statt IV 1344; — Pflichtteilsentziehung wegen Verletzung V 986, 991; — räumlich anzuwendendes Recht VI b 472; — zeitlich geltendes Recht VI a 555; — nach Scheidung VI a 551; — U. nach Ehelichkeitserklärung IV 1298; — gegenüber Kindern aus nichtiger Ehe IV 1187, 1190; — Schadensersatz nach dem Haftpflichtgesetz bei Tötung des Unterhaltspflichtigen VI a 64, 68.

— des Kindes gegenüber Verwandten: Haftung des Kindes IV 1094; — Erfüllung durch den Gewalthaber IV 1083; — des für ehelich erklärten Kindes IV 1294; — des minderjährigen Kindes: Einfluß auf die elterliche Nutznießung IV 913; — Erfüllung einer gesetzlichen U. durch den Geschäftsführer ohne Auftrag II c 1133; — Verweigerung der Erfüllung eines Schenkungsversprechens wegen Gefährdung einer gesetzlichen U. des Schenkers II b 314; — Anspruch auf Herausgabe des Geschenkes wegen Gefährdung II b 329; — Ausschluß des Anspruchs II b 332; — Tötung von Unterhaltspflichtigen II c 1968; — der Mutter des unehelichen Kindes, räumlich geltendes Recht VI b 489, 496; — des Vaters gegenüber dem unehelichen Kind, anzuwendendes Recht VI b 504, 511, 519, 521, 532, 828; — kraft Verwandtschaft, Schwägerschaft, räumlich geltendes Recht VI b 486; — zwischen Wahleltern und Wahlkind, räumlich geltendes Recht VI b 590.

Unterhaltsverträge: Einfluß der Geldentwertung II a 47; — Aufwertung letztwillig angeordneter Unterhaltsrenten V 74.

Unterhaltung von Anlagen zur Ausübung einer Grunddienstbarkeit III 809, 812, 814; — Ausschluß landesgesetzlicher Beschränkung der Unterhaltspflicht VI a 302; — des Bauwerks beim Erbbaurecht III 677, 678, 780; — eines Gebäudes: Schadensersatzpflicht bei Einsturz usw. II c 1911; — Haftung des Unterhaltungspflichtigen II c 1920.

Unterhaltungspflicht des Eigentümers III 291.

Unterhändler II c 1028; — siehe auch „Mäklervertrag".

Unterkunftshäuser alpine: Haftung für eingebrachte Sachen II c 1179.

Unterlassen: als Schadensursache II a 128, 132; — Eintritt der Rechtsfolgen ohne Abmahnung II a 340; — rechtliche Bedeutung der Erfüllung der Pflicht hiezu II a 661; — als Bedingung einer letztwilligen Zuwendung V 467, 474; — als Leistungsgegenstand II a 23, 25; — Unmöglichkeit II a 250; — Erfüllungsort II b 226; — Unteilbarkeit des Anspruches auf U. II a 902; — als Willenserklärung I 397; — U. als Gesellschaftsbeitrag II c 1229; — als Gegenstand der Grunddienstbarkeit III 800, 825; — Einrede des nicht erfüllten Vertrags bei U.-Pflicht II a 466; — U. als Gegenstand des Zurückbehaltungsrechts II a 240, 244; — Fälligkeit der Vertragsstrafe für Zuwiderhandlung II a 586; — Ermäßigung derselben II a 599; — U. eines Vermögenserwerbs keine Schenkung II b 306; — Klage auf U. vertragswidrigen Gebrauchs der Mietsache II b 471; — Schadensstiftung durch U. II a 128, 132; — Haftung für schuldhafte U. Dritter II a 299; — Haftung des Vereins aus U. seiner Vertreter I 117; — Schadensersatzpflicht aus durch U. begangenen unerlaubten Handlungen II c 1770, 1794; — Haftung Minderjähriger II c 1848; — U. des Vormunds, Haftung des Mündels IV 1416; — Klagerecht auf U. aus einer unerlaubten Handlung II c 1757; — bei

der Kreditgefährdung II c 1813; — bei Verstoß gegen Schutzgesetze II c 1794; — bei Haftung des Tierhalters II c 1895; — U. von Beamten II c 1935; — keine Vormerkung des Anspruchs auf U. III 177.

Unterlassungen: Anfechtung I 595; — Verjährung des Anspruches auf U. I 790, 791.

Unterlassungsanspruch, Übertragbarkeit II a 787; — Vererblichkeit V 13.

Unterlassungsklage II a 25, 133; — des Vermieters II b 471; — bei unerlaubten Handlungen II c 1757; — bei strafbaren Handlungen II c 1761; — gegen Ehebrecher II c 1763; — Verjährung II c 2001; — bei Beeinträchtigung des Namensrechtes I 103, 125, 127; — des Besitzers wegen Störung III 47, 52; — des Berechtigten wegen Beeinträchtigung einer Grunddienstbarkeit III 821; — hinsichtlich Ehebruch IV 173; — des Eigentümers III 616, 618, 624; — gegen den Nießbraucher III 860; — U. wegen Verletzung anderer Rechtsgüter III 620; — wegen Störung der Grunddienstbarkeit III 821; — des Hypothekgläubigers bei drohender Verschlechterung des Grundstücks III 1105; — von Zubehör III 1108; — wegen schädlicher Einwirkungen III 1106; — bei Eingriffen in Persönlichkeitsrechte I 45; — des Reallastberechtigten III 948, 950.

Untermäkler II c 1033.

Untermiete II b 461; — Einfluß der Beendigung des Mietverhältnisses II b 490, 494; — außerordentliche Kündigung wegen verbotswidrig fortgesetzter U. II b 481, 482, 484; — vertragswidriger Gebrauch durch den Untermieter II b 475.

Unternehmen: Gegenstand des Rechtsverkehrs I 343; — Verpfändung III 1384.

Unterpacht II b 634.

Unterpfand III 1490.

Unterpflegschaft IV 1639, 1647, 1671.

Unterricht, öffentlicher IV 1003.

Unterrichterteilung: rechtliche Natur des Vertrags über U. II b 706.

Unterrichtsanstalten: Verjährung ihrer Ansprüche I 779, 786.

Unterschiebung von Kindern IV 851.

Unterschlagene Sachen: Eigentumserwerb III 480.

Unterschlagung: Bedeutung des Besitzrechtes III 18.

Unterschrift: räumliche Stellung I 529; — bei gesetzlicher Schriftform I 525, 528; — bei vertragsmäßiger Schriftform I 531; — Beglaubigung der U. I 535; — Zuständigkeit und Verfahren I 536; — U. durch Vertreter I 529; — mechanische Vervielfältigung bei Inhaberschuldverschreibungen II c 1600, 1601; — des eigenhändigen Testaments V 741; — des gemeinschaftlichen eigenhändigen Testaments V 812; — des Testamentserrichtungsprotokolls durch den Dolmetscher V 773, 775; — durch den Erblasser V 763, 769; — durch die mitwirkenden Personen V 763, 771; — U. der Aufschrift des versiegelten Protokolls V 777.

Unterstützte Personen: Recht auf ihren Nachlaß nach Landesrecht VI a 367.

Unterstützung: des Gewalthabers durch das Vormundschaftsgericht IV 998, 1004; — der Mutter durch den Beistand IV 1164; — schenkungsweise Gewährung II b 317.

Unterstützungsvereine: Verleihung der Rechtsfähigkeit I 189.

Unterstützungswohnsitz I 85.

Untersuchungshaft: Entschädigung für unschuldig erlittene IV 893.

Untervermächtnis V 584; — Verhältnis des Vermächtnisnehmers zum Untervermächtnisnehmer V 629; — Stellung des Untervermächtnisnehmers im Nachlaßkonkurs und Konkurs des Beschwerten V 632; — Rangbestimmung zu anderen Belastungen durch den Erblasser für den Fall der Kürzung V 632.

Untervollmacht: Zulässigkeit I 690.

Unterwerfung unter die sofortige Zwangsvollstreckung in gerichtlichen oder notariellen Urkunden über den Hypothekanspruch III 1147; — unter die sofortige Zwangsvollstreckung bei allgemeiner Gütergemeinschaft IV 445; — des Gewalthabers für das Kind IV 1060; — Eintragung im Grundbuch III 1017; — Ausschluß bei Höchstbetragshypothek III 1307, 1329.

Unterzeichnung von Inhaberschuldverschreibungen II c 1600, 1601; — von Urkunden über Rechtsgeschäfte I 525, 531, 535; — des Testamentserrichtungsprotokolls V 763, 769, 771.

Untreue II c 1082, 1096, IV 1369; — des Beistands IV 1163, 1173; — des Testamentsvollstreckers V 652.

Unübertragbare Gegenstände: Ausschluß vom Gesamtgut der allgemeinen Gütergemeinschaft IV 423; — Bestandteil des eingebrachten Gutes bei Errungenschaftsgemeinschaft IV 623; — bei Fahrnisgemeinschaft IV 679; — Sondergut des überlebenden Ehegatten bei fortgesetzter Gütergemeinschaft IV 539.

Unübertragbare Rechte: Ausschluß des Nießbrauchs III 879; — der Verpfändung III 1484, 1489; — der Frau, eingebrachtes Gut IV 222.

Unübertragbarkeit des Auftrags und des Anspruchs auf dessen Ausführung II c 1088; — des Anspruches auf Aussteuer IV 964; — des Anspruches auf Dienste aus einem Dienstvertrag II b 811; — der beschränkten persönlichen Dienstbarkeiten III 913; — des Anspruches des Ehemannes auf Beitrag der Frau zum ehelichen Aufwand bei Gütertrennung IV 383; — des Anspruchs des Gewalthabers auf den Gewinn aus dem Erwerbsgeschäft des Kindes IV 1087, 1090; — des Anspruchs auf Dienstleistungen des Kindes IV 949; — des Anspruches auf Feststellung des Bestandes des eingebrachten Gutes IV 242; — bei Errungenschaftsgemeinschaft IV 635; — des ehemännlichen Nutzungs- und Verwaltungsrechtes im gesetzlichen Güterstand IV 334; — bei Errungenschaftsgemeinschaft IV 630; — des Entschädigungsanspruches wegen nicht vermögensrechtlichen Schadens II c 1984, 1988; — des Ent-

schädigungsanspruchs der Verlobten wegen gestatteter Beiwohnung IV 25, 27; — höchstpersönlicher Forderungen II a 802; — U. infolge vertragsmäßigen Ausschlusses II a 802, 806; — Verlust der Einrede des Ausschlusses II a 825; — der Hypothek ohne die Forderung und umgekehrt III 1162; — der Ansprüche aus dem Gesellschaftsvertrage II c 1271; — des Nießbrauchs III 866, 877; — des Nutzungsrechts des Gewalthabers und sonstiger Ansprüche an das Kindervermögen IV 1090; — des Rechtes des Nacherben auf Anfall der Erbschaft V 516; — des Rechtes auf Erfüllung einer Auflage V 636, 640; — des Amtes eines Testamentsvollstreckers V 709; — der Vereinsmitgliedschaft I 233; — Ausschluß durch die Vereinssatzung I 234; — U. des Vorkaufsrechtes II b 287; — des Vorkaufsrechts eines Miterben an einem Anteil am Nachlasse V 365; — des Vorrechts auf Erneuerung des Erbbaurechts III 764.

Unvererblichkeit des Anspruchs auf Dienstleistungen des Kindes IV 949; — von Rechten V 16; — des Rechts auf Anfechtung der Ehelichkeit IV 868; — des Rechts zur Anfechtung des Antrags auf Ehelichkeitserklärung und der Einwilligungserklärungen IV 1289; — der beschränkten persönlichen Dienstbarkeiten III 907, 909, 911; — des Entschädigungsanspruches wegen nicht vermögensrechtlichen Schadens II c 1984, 1988; — des Entschädigungsanspruchs der Verlobten wegen gestatteter Beiwohnung IV 25, 27; — des Nießbrauchs III 869; — des Rechtes des überlebenden Ehegatten auf Übernahme des Gesamtguts IV 576; — von Ersatzansprüchen des Verletzten aus unerlaubten Handlungen II c 1966; — des Dienstberechtigten II c 1981; — des Unterhaltsanspruchs von Verwandten IV 938; — des unehelichen Kindes IV 1234; — der Vereinsmitgliedschaft I 233; — Ausschluß durch die Vereinssatzung I 234; — des Widerrufsrechtes von Schenkungen unter Verlobten und Ehegatten nach Ehescheidung IV 815; — von Familienrechten V 1; — U. von Verbindlichkeiten V 16, 17; — der Verpflichtung zur Leibrentengewährung II c 1437; — der Schenkung wiederkehrender Leistungen II b 317; — des Verhältnisses des Besitzdieners III 33, 38; — U. des Vorkaufsrechts II b 287.

Unverhältnismäßige Aufwendungen zur Naturalrestitution II a 141, 145; — zu einer anderen Naturalleistung II a 145.

Unverheiratete Kinder: Unterhaltsanspruch geg. die Eltern IV 903; — bei beschränkter Leistungsfähigkeit der Eltern IV 906; — Art der Unterhaltsgewährung IV 930, 937.

Unverjährbarkeit von Ansprüchen I 773; — auf Aufhebung einer Gemeinschaft I 773, II c 1432; — des Rücktrittsrechts II a 608; — des dinglichen Rechts I 770; — der Ansprüche aus familienrechtlichen Verhältnissen I 769, 772, 794, IV 2; — des Anspruches auf Herausgabe eines Kindes IV 1012; — auf Dienstleistungen des Kindes IV 949; — des Anspruchs auf Aufhebung der Erbengemeinschaft V 384; — von Ansprüchen unter Ehegatten IV 160; — des Anspruches auf Herstellung der ehelichen Lebensgemeinschaft IV 171; — des Unterhaltsanspruches der Ehegatten nach Ehescheidung IV 800; — des Anspruchs auf Beseitigung von Grenzbäumen III 385; — des Anspruchs auf Errichtung und Erhaltung von Grenzzeichen III 366, 385; — des Anspruchs auf Grundbuchberichtigung und der Nebenansprüche III 270; — des Anspruchs auf Duldung des Notwegs III 357, 385; — des Rechtes auf Überbaurente, des Ablösungsanspruches III 349, 385; — des Grenzscheidungsanspruches III 371, 385; — im Grundbuch eingetragener Rechte III 283; — von Grunddienstbarkeiten III 792.

Unvermögen des Schuldners zur Leistung II a 253, 260, 276; — bei Verpflichtung zur Leistung von Gattungssachen II a 304; — bei gegenseitigen Verträgen II a 484.

Unverständliche Auflagen V 636.

Unverständliche Bedingung I 656; — bei letztwilligen Verfügungen V 470.

Unverzinsliche Schuldverschreibungen: Ausschluß der Kraftloserklärung II c 1623, VI a 465.

Unverzüglich: Begriff I 495; — Zurückweisung des Bevollmächtigten I 720.

Unvollständigkeit des Nachlaßinventars IV 291, 293.

Unvordenkliche Verjährung I 767, III 492.

Unwahre Tatsachen: Schadensersatzpflicht wegen Behauptung und Verbreitung II c 1805.

Unwandelbarkeit des ehelichen Güterrechts IV 216, VI a 538, VI b 303.

Unwiderruflichkeit der Einwilligungserklärungen zur Annahme an Kindes Statt IV 1318; — zur Ehelichkeitserklärung IV 1283; — der Zustimmungserklärung des Drittberechtigten zur Aufhebung des belasteten Rechts III 128; — der Zustimmung des Eigentümers zur Aufhebung der Hypothek III 1297; — zur Aufgabe des Pfandrechts III 1463; — zur Aufhebung oder Änderung verpfändeter Rechte III 1493; — der Zustimmungserklärung des Eigentümers zum Rangrücktritt von Hypotheken, Grundschulden, Rentenschulden III 146, 151; — der Erbschaftsannahme V 89; — der Erbschaftsausschlagung V 102; — der Anfechtung der Erbschaftsannahme und -ausschlagung V 116; — des Rücktritts vom Erbvertrag V 874, 878; — der Zustimmungserklärung des anderen Vertragsteiles zur Aufhebung vertragsmäßig angeordneter Vermächtnisse und Auflagen V 870.

Unwirksamkeit der Auflage V 641; — der Bestimmung einer Inventarfrist V 280, 286; — des zweiseitigen Erbvertrags V 879; — von Rechtsgeschäften I 409; — von Verfügungen während der Schwebezeit einer Bedingung I 667; — des Vergleichs II c 1539; — des Leistungsversprechens, Vertragsstrafe II a 603; — einseitiger Rechtsgeschäfte der Frau IV 308; — des gemeinschaftlichen Testaments

V 814; — von korrespektiven Verfügungen V 820, 823; — von Verfügungen des Vorerben über Nachlaßgegenstände V 553, 540.
Unzucht: Ehescheidungsgrund IV 722, 724, 745; — Grund zur Pflichtteilsentziehung V 991.
Unzulänglichkeitseinrede V 170, 204, 207, 260, 263; — des überlebenden Ehegatten IV 551; — Geltendmachung durch den Ehemann der Erbin IV 329.
Unzurechnungsfähige, Ansprüche aus dem HaftpflichtG. VI a 67.
Unzurechnungsfähigkeit bei Begehung unerlaubter Handlungen II c 1843, 1844; — Haftung aus Billigkeitsgründen II c 1848; — Haftung Aufsichtspflichtiger II c 1873; — Haftung Unzurechnungsfähiger als Tierhalter II c 1902; — U. des Beschuldigten, Anrechnung konkurrierenden Verschuldens II a 159.
Urgroßeltern und deren Abkömmlinge: **gesetz**liches Erbrecht V 44.
Urheberrechte: Übertragung II a 855; — Nießbrauch daran III 879, 881; — Vererblichkeit V 13; — Verpfändung III 1490; — Schadensersatz wegen Verletzung II c 1767, 1775; — Verhältnis zur Haftung wegen Verstoß gegen die guten Sitten II c 1841; — ungerechtfertigte Bereicherung durch Verletzung II c 1667.
Urkunden: Sacheigenschaft I 349; — Eigentum daran III 518; — Besitz des Nießbrauchers III 879; — Verpfändung, Zurückbehaltungsrecht III 1385, 1393, 1520; — Anspruch auf Einsichtnahme II c 1654; — Ort, Gefahr und Kosten der Vorlegung II c 1660; — Auslieferung der U. über eine abgetretene Forderung an den neuen Gläubiger II a 815; — Aushändigung der U. über die Abtretung an den Schuldner bei Leistung, Vorzeigung bei Kündigung oder Mahnung II a 848; — Auslieferung der U. über eine verkaufte Sache II b 81, 82; — Ausstellung über Abtretung einer Forderung II a 817; — Wirkung der Vorlegung an den neuen Gläubiger II a 844; — U. über Leistungen an den Inhaber II c 1641; — Gegenstand der Hinterlegung zur Erfüllung II a 705, 706; — U. über Rechtsgeschäfte I 525, 531; — über Leistungen an den Inhaber, Kraftloserklärung und Zahlungssperre nach Landesrecht VI a 258; — Verjährung der Ansprüche aus vollstreckbaren U. I 826; — Zuständigkeit zur Aufnahme nach Landesrecht VI a 372.
Urkundenfälschung, Erbunwürdigkeit V 999, 1002.
Urkundenprozeß: Geltendmachung des Hypothekanspruchs III 1145.
Urkundsperson: bei Errichtung letztwilliger Verfügungen V 753, VI a 392.
Urlaub des Dienstverpflichteten II b 774, 775, 802.
Ursache bei Schadensstiftung II a 122; — siehe auch „Kausalzusammenhang".
Urteil: Wirkung beim passiven Gesamtschuldverhältnis II a 913, 915, 917; — beim aktiven II a 930; — Wirkung gegenüber dem Bürgen II c 1492; — Bestimmung der Leistung durch U. an Stelle eines Vertragschließenden II a 445; — an Stelle eines Dritten II a 453; — Vergleich gegenüber einem rechtskräftigen U. II c 1535, 1542; — Vollstreckung eines zu Unrecht ergangenen U. II c 1830; — Verletzung der Amtspflicht bei Urteilsfällung II c 1942; — urteilsmäßige Zinsen II a 107; — kein Rechtsgeschäft I 401; — U. im Falle von Simulation der Parteien I 467; — über ein zum eingebrachten Gut der Frau gehöriges Recht IV 261; — bei Errungenschaftsgemeinschaft IV 629; — U. im Scheidungsprozeß IV 718, 770; — über den Erbschaftsanspruch, Wirkung gegenüber Dritten V 324; — Wirkung des U. zwischen dem Testamentsvollstrecker und einem Dritten V 647, 661, 699; — U. über Teilungsanordnung des Erblassers V 401; — siehe auch unter „Anerkennung, ausländisches Urteil."
Usance VI a 15.
Usucapio libertatis III 501, 823.
Usukapionsbesitz III 15, 493.
Utilis rei vindicatio III 583.

V.

Valutahypotheken III 95, 133, 1009.
Valutaschiffspfandrechte III 1473.
Valutaschulden II a 97, 98.
Valutaverhältnis bei der Anweisung II c 1580.
Valutierung, nachträgliche, einer Hypothek III 982, 987, 1208.
Vater, ehelicher: Anordnung der Bestellung eines Beistandes IV 1160; — Anordnungen über den Umfang seines Wirkungskreises IV 1164.
— **Anordnungen in bezug auf Vormundschaft:** Benennung des Vormunds IV 1378; — Voraussetzungen IV 1382, 1383; — Form IV 1383; — Ausschließung einer Person von der Vormundschaft IV 1394; — kein Recht zur Regelung der Befugnisse des benannten Vormunds IV 1384; — Ausschluß dieser Rechte bei der Vormundschaft über Volljährige IV 1621; — Ausschluß der Mutter von der Vormundschaft nach bisherigem Rechte VI a 560.
— Anordnungen über Geschäftsverteilung unter mehreren Vormündern und Entscheidung von Meinungsverschiedenheiten IV 1424; — Anordnung von Befreiungen des Vormunds von gesetzlichen Verpflichtungen IV 1569; — Anordnung der Einsetzung eines Familienrates IV 1574; — Benennung der Mitglieder IV 1578; — von Ersatzmitgliedern IV 1580; — Ausschluß von der Mitgliedschaft IV 1582; — Untersagung der Einsetzung IV 1575; — Form der Anordnungen IV 1584; — Vorzug der Anordnungen vor den Anordnungen der Mutter IV 1584; — Anordnung der Aufhebung des Familienrates IV 1593; — Unzulässigkeit der Anordnungen bei der Vormundschaft über Volljährige IV 1630.
Vater: Aussteuerpflicht gegenüber der Tochter IV 953; — Recht zur Verweigerung der Aussteuer IV 962; — Besitz an Sachen des Kindes

III 72; — Einwilligung zur Eheschließung des Kindes IV 44, 48; — Ersetzung durch das Vormundschaftsgericht IV 48, 49; — Pflichtteilsrecht V 898; — Ausschluß V 917; — Berechnung des Pflichtteils V 925; — Entziehung des Pflichtteils durch das Kind V 986; — gegenüber dem Kind V 986; — in guter Absicht V 992, 993; — Verzicht auf den Pflichtteil für das Kind V 957.

Vater, elterliche Gewalt (siehe auch diese) IV 980; — zeitlich geltendes Recht VI a 555; — Beschränkungen nach bisherigem Recht VI a 558, 559; — Entziehung des Pflichtteils durch das Kind V 986; — Haftung gegenüber dem Kinde bei Ausübung der elterlichen Gewalt IV 998, 1041, 1073, 1100; — Anhörung vor Maßregeln des Vormundschaftsgerichts in bezug auf die elterliche Gewalt IV 1130; — Verlust der elterlichen Gewalt bei Nichtigkeit der Ehe IV 1186; — Haftung für Lasten des Kindervermögens IV 1082; — für Verbindlichkeiten des Kindes im Verhältnis zum Kinde IV 1093; — H. für verbrauchtes Kindervermögen IV 1092; — Inventarisationspflicht hinsichtlich des Kindervermögens nach dem Tode der Mutter und bei späterem Erwerb IV 1047, 1048; — auf Anordnung des Vormundschaftsgerichts wegen Vermögensgefährdung IV 1118; — bei beabsichtigter Wiederverehelichung IV 1123; — Entziehung der Vermögensverwaltung wegen Nichterfüllung der Pflicht IV 1126; — Konkurs des V., Verlust der Vermögensverwaltung IV 1068; — Nutznießungsrecht (siehe auch dieses) am Kindervermögen IV 1072, 1075; — Verzicht auf die Nutznießung IV 1097; — Recht auf die Nutzungen bei Ausschluß von der Vermögensverwaltung IV 1088; — Unübertragbarkeit des Nutznießungsrechts und der daraus abgeleiteten Ansprüche IV 1090; — der Genehmigung des Vormundschaftsgerichts bedürftige Rechtshandlungen des V. IV 1057; — Schenkungen aus d. Kindervermögen IV 1054; — Sicherheitsleistung IV 1121, 1128; — Folge der Nichterfüllung der Verpflichtung hiezu IV 1126; — Änderung der Anordnung über Sicherheitsleistung IV 1128; — Vermögensverwaltung (siehe auch diese) IV 1040; — bei Volljährigkeit des Kindes IV 950; — Herausgabe des Vermögens bei Beendigung der Verwaltung, Rechenschaftsablegung über dieselbe IV 1146; — Offenbarungseid nach Beendigung der Vermögensverwaltung IV 1147; — Vertretung des unter elterlicher Gewalt stehenden Kindes IV 983; — der verheirateten Tochter IV 1012; — des Kindes nach Ehescheidung IV 1020, VI a 561; — Pflichten bei Wiederverehelichung IV 1123; — Folge der Nichterfüllung IV 1126; — Rechtsverhältnis zu den Kindern bei nichtiger Ehe IV 1185, 1186; — Strafantragsrecht VI a 43.

— Unterhaltspflicht vor der Mutter IV 914; — gegenüber Kindern aus nichtiger Ehe IV 1190; — gegenüber dem für ehelich erklärten Kinde und seinen Abkömmlingen IV 1298.

Vater als Vormund: Berufung zur Vormundschaft über Volljährige IV 1621, 1622; — Befreiungen IV 1627; — Verpflichtungen bei Wiederverheiratung IV 1555.

— **unehelicher**: Annahme des Kindes an Kindes Statt IV 1163; — Ermittelung IV 1431; — Unterhaltspflicht gegenüber dem Kinde IV 1214, 1224; — Form der Leistung des Unterhalts IV 1227; — Leistung für die Vergangenheit IV 1229; — Einfluß der Annahme an Kindes Statt auf seine Unterhaltspflicht IV 1346; — Strafbarkeit der Verletzung der Unterhaltspflicht des u. V. IV 1222; — Abschluß des Unterhaltsübereinkommens für den minderjährigen Vater IV 1494; — Vererblichkeit der Unterhaltspflicht IV 1231; — Erlöschen mit dem Tode des Kindes IV 1234; — keine Unterhaltspflicht der Voreltern IV 1217; — Rechtsverhältnis zum Kind, Beschwerderecht in Sachen desselben IV 1197, 1213; — Unterhaltspflicht gegenüber dem für ehelich erklärten Kinde IV 1298; — auf das Rechtsverhältnis zum unehelichen Kind anzuwendendes Recht VI b 504, 529; — auf die Unterhaltspflicht gegenüber dem unehelichen Kind anzuwendendes Recht VI b 504, 520, 532, 540; — Pflichten gegenüber der Mutter IV 1241; — auf die Rechtspflichten gegenüber der unehelichen Mutter anzuwendendes Recht VI b 504, 525.

Vatergutsauszeigung V 403, 496.

Vaterschaft: eheliche: Vermutung VI 851; — uneheliche: Begriff IV 1249; — gerichtliche Feststellung IV 1254; — Anerkennung IV 1257; — räumlich anzuwendendes Recht VI b 508, 520, 522, 531; — prozessuale Feststellung VI b 510, 511; — V. zu dem durch nachfolgende Ehe zu legitimierenden Kinde IV 1273; — zu dem für ehelich zu erklärenden Kinde IV 1282; — Erforschung nach früherem Rechte VI a 565, 566; — Anerkennung durch Minderjährigen I 430.

Vaterschaftsvermutung IV 852, VI a 554, 566.

Venia aetatis I 55.

Verabredung der Beurkundung eines Vertrages I 636, 637.

Veränderte Umstände: Berücksichtigung bei dinglichen Verpflichtungen III 3.

Veränderung dinglicher Rechte, Arten III 9; — zum eingebrachten Gut der Frau gehöriger Sachen IV 270; — von Sachen des Kindervermögens IV 1079; — von Erbschaftssachen bei Nacherbfolge V 561; — der geliehenen Sache II b 644; — Verjährung der Ansprüche hiewegen II b 656; — der gemeinschaftlichen Sache II c 1409; — der Kaufsache beim Widerkauf II b 267; — der Mietsache II b 459; — Verjährung des Ersatzanspruches II b 497; — der Nießbrauchsache durch ordnungsmäßige Ausübung III 858; — Verbot der V. III 846; — Verjährung der Ansprüche wegen der V. III 834; — des Pfandes: Verjährung des Ersatzanspruches III 1423; — der Stiftung I 310; — V. einer Sache als Gegenstand des Werkvertrages II c 938; — Veränderung der Ver-

hältnisse, Einfluß auf Unterhaltsanspruch IV 892, 927.
Veränderungen an der Testamentsurkunde V 787, 789; — beim eigenhändigen Testament V 749; — beim gemeinschaftlichen eigenhändigen Testament V 814.
Verantwortlichkeit für Schadenszufügung: Ausschluß II c 1843, 1844; — Haftung aus Billigkeitsgründen II c 1848; — Haftung Aufsichtspflichtiger II c 1873; — des Käufers eines Anteiles am Nachlasse V 364; — des Mannes bei allgemeiner Gütergemeinschaft IV 460; — bei Fahrnisgemeinschaft IV 675; — des Nachlaßverwalters V 247, 249; — des Testamentsvollstreckers V 712; — des Vorerben aus der Nachlaßverwaltung V 561, 562; — siehe auch „Haftung".
Verarbeitung als Eigentumserwerbsart III 510; — kein Rechtsgeschäft I 401; — Rechte der einen Rechtsverlust Erleidenden III 514; — Ausschluß des Rücktritts vom Vertrag nach V. II a 621, 626; — Einfluß auf Eigentumsvorbehalt II b 111; — V. der Kaufsache: Ausschluß der Wandelung II b 182; — Ausschluß des Rechts auf Nachlieferung bei Gattungssachen II b 222; — der vermachten Sache V 608.
Veräußerliche Rechte: Verfügungsbeschränkung I 567.
Veräußerlichkeit des Erbbaurechts III 661, 665, 672, 779.
Veräußerung: Begriff I 418; — V. gegen Entgelt, Haftung für Rechtsmängel II b 83; — Erstreckung auf Zubehör II a 444; — V. des empfangenen Gegenstandes oder eines Teiles desselben, Einfluß auf das Rücktrittsrecht II a 621, 627; — V. einer Sache, Gewährleistung wegen Mängel derselben II b 248; — Einzelne Fälle: V. einer Bahneinheit VI a 285; — von Bestandteilen, Erzeugnissen, Zubehör des Hypothekenobjekts III 1051, 1053; — des Besitzes während des Besitzprozesses III 51; — des Erbbaurechts, Ausbedingung der Zustimmung der Grundeigentümers III 690, 691; — Eintragung ins Grundbuch III 694, 729; — Einfluß auf Verfügungen im Weg der Zwangsvollstreckung usw. III 697; — der angefallenen Erbschaft V 1098; — des Rechts des Nacherben V 515; — durch den Erbschaftsverkäufer V 1088; — nach Schenkung einer Erbschaft V 1098; — eines Grundstückteiles, Beurkundung VI a 375; — lastenfreie Abschreibung VI a 311; — einer Reallast an eine bestimmte Person III 955; — einer fremden Sache III 467; — einer mit Rechten Dritter belasteten beweglichen Sache III 487; — einer mit Hypotheken belasteten Sache III 1109; — eingebrachter Sachen der Frau IV 255; — Einfluß der V. der Kaufsache auf die Wandelung II b 182; — zum Kindervermögen gehöriger verbrauchbarer Sachen IV 1081; — Ersatzpflicht des Vaters gegenüber den Gläubigern IV 1092; — Einfluß auf den Ersatzlieferungsanspruch bei Gattungssachen II b 222; — von Nachlaßgegenständen durch den Testamentsvollstrecker V 682; — rechtliche Natur des entstehenden Rechtsverhältnisses II b 564; — V. des vermieteten Grundstücks: Einfluß auf das Mietverhältnis II b 554, 557; — auf eine geleistete Sicherheit II b 567; — auf Rechtsgeschäfte mit dem Mieter über den künftigen Mietzins II b 579; — auf sonstige Verfügungen über den künftigen Mietzins II b 575; — auf das Recht zur Aufrechnung II b 581; — Wirkung der Anzeige von der Veräußerung für die Mietzinszahlung II b 582; — V. vor Überlassung des vermieteten Grundstücks II b 585; — V. an mehrere, V. eines Teils II b 564; — wiederholte Veräußerung II b 588; — V. der vermieteten beweglichen Sache II b 567; — vor dem 1. Januar 1900 vermieteter oder verpachteter Sachen VI a 460; — des verpfändeten Schiffes III 1474; — des Vermächtnisgegenstandes zur Beeinträchtigung des Bedachten V 861.
Veräußerungsbeschränkungen: landesgesetzliche, hinsichtlich Grundstücke VI a 305, 306; — bezüglich Familienfideikommiß-, Lehens- und Stammgütern VI a 134; — von Kirchengut VI a21 6.
Veräußerungsverbote: gesetzliche I 347, III 294; — Verstoß einer Verfügung dagegen I 561; — gerichtliche V. I 566; — rechtsgeschäftliche I 567; — absolute und relativ wirksame, einzelne Fälle I 565, 566; — Unwirksamkeit des V. gegenüber den Konkursgläubigern I 564; — Einfluß auf die Ersitzung III 495; — vertragsmäßiges, hinsichtlich des Hypothekenobjekts III 1109; — zugunsten des Hypothekgläubigers VI a 437; — Sicherung eines Anspruches an ein Grundstück durch V. III 199, 202; — Verhältnis zur Vormerkung III 179; — Eintragung im Grundbuch III 105; — des Erblassers V 587; — Verfügung durch eine Auflage V 635; — hinsichtlich Kirchengut VI a 216.
Veräußerungsvertrag über Grundstücke, Form II a 420, 422; — siehe auch unter „Immobiliarvertrag."
Verbände: Ersatzanspruch für gewährten Unterhalt VI a 259, 260; — zur Nutzung land- und forstwirtschaftlicher Grundstücke VI a 429.
Verbandhypothek III 961, 1091.
Verbandsvorsteher: Testamentserrichtung vor dem V. V 780; — Haftung wegen Formfehler V 783; — zeitliche Beschränkung der Gültigkeit des Testaments V 785; — Testamentserrichtung vor dem V., Zuständigkeit anderer amtlich bestellter Personen zur Aufnahme VI a 393.
Verbietungsrecht des Eigentümers III 301, 303, 304.
Verbindlichkeiten: Befreiung des für Aufwendungen Ersatzberechtigten von eingegangenen V. II a 177; — Befreiung des auftraglosen Geschäftsführers II c 1141; — Befreiung des Verwahrers II c 1146; — Eingehung ohne Rechtsgrund II c 1740; — Übergang auf den Erben V 11, 12; — Vererblichkeit vermögensrechtlicher V. V 13, 15, 82; — Schadensersatz für eingegangene V. beim Rücktritt vom Ver-

löbnis IV 20; — bei Veranlassung des Rücktritts des anderen Teils IV 24.
Verbindlichkeiten der Ehefrau: Haftung des eingebrachten Gutes IV 349; — Haftung des Gesamtguts bei allgem. Gütergemeinschaft IV 464, 471; — Ausnahmen von der Haftung IV 478; — Haftung bei Errungenschaftsgemeinschaft IV 637, 641, 642, 643, 648; — Haftung des Vorbehaltsgutes im Verhältnis zum Ehemann IV 353; — Erfüllung durch den Mann IV 251, 255; — bei Errungenschaftsgemeinschaft IV 628; — V. zum eingebrachten Gut des Mannes bei Errungenschaftsgemeinschaft IV 653; — bei Fahrnisgemeinschaft IV 670.
— des Ehemannes bei Errungenschaftsgemeinschaft IV 637, 646, 648.
— der Ehegatten: Haftung bei Errungenschaftsgemeinschaft IV 644, 648; — Fälligkeit der V. zum Gesamtgut der allgem. Gütergemeinschaft IV 483; — der Errungenschaftsgemeinschaft IV 653.
— V. des Kindes: Haftung im Verhältnis zwischen Gewalthaber und Kind IV 1093; — Befriedigung ohne Rücksicht auf das elterliche Nutznießungsrecht IV 1092.
— V. des überlebenden Ehegatten IV 540, 546; — Eingehung durch den Testamentsvollstrecker V 646, 687; — Ausschluß von Beschränkungen bei der Eingehung durch den Erblasser V 689; — Berücksichtigung bedingter, zweifelhafter V. bei Pflichtteilsberechnung V 925, 929.
— vermögensrechtliche, von Beamten, Geistlichen, Lehrern VI a 194.
Verbindung mehrerer Verträge II a 391; — Einfluß auf Eigentumsvorbehalt II b 111; — als Eigentumserwerbsart III 501; — kein Rechtsgeschäft I 401; — V. beweglicher Sachen III 506; — beweglicher Sachen mit einem Grundstück III 503; — Einfluß auf Rechte Dritter an der Sache III 509; — Rechte der einen Rechtsverlust Erleidenden III 514; — V. mehrerer Grundstücke III 206; — Erstreckung der Hypothek auf die zugeschriebenen Grundstücke III 1088; — Abtrennung bei Zurückgabe der Sache III 605; — vorübergehende V. mit Grund und Boden I 370; — des Vermächtnisgegenstandes V 608; — von Ehe- und Erbvertrag V 78, 842; — von Klagen in Ehesachen IV 162.
Verbodmung I 591.
Verbot des Bietens bei Zwangsverkauf II b 113; — bei anderen Verkaufsfällen II b 114; — Wirkungen der Zuwiderhandlung II b 115; — der Errichtung letztwilliger Verfügungen durch den Erben, der Veräußerung des Nachlasses V 513; — Nichtigkeit des V. der Testamentseröffnung V 798, 804; — V. der Eröffnung eines Erbvertrags V 883; — behördliches: Verstoß von Kaufverträgen dagegen II b 20; — gesetzliches: Verstoß eines Rechtsgeschäftes dagegen I 553; — Verstoß eines Vertrages dagegen II a 412; — Verstoß der Annahme einer Leistung dagegen II c 1708; — Umfang der Herausgabepflicht in diesem Falle II c 1734; — bei der Beurteilung des Verstoßes eines Geschäfts gegen ein gesetzliches V. anzuwendendes Recht VI a 447; — Verstoß eines Vermächtnisses dagegen V 608; — einer Auflage V 638.
Verbotene Eigenmacht: Begriff, Wirkungen III 39; — Abwehr durch Selbsthilfe III 44; — Rechtsschutz: Ansprüche bei Besitzentziehung III 47, 50, 51; — bei Besitzstörung III 47, 52, 53; — Einreden III 51, 54; — Erlöschen der Ansprüche III 56; — Schutz des Besitzdieners III 47; — des mittelbaren Besitzers III 75; — des Teilbesitzers III 58; — Haftung des Besitzers beim Eigentumsanspruch III 598; — v. E. gegenüber den Erben III 37; — beim Erwerb von Erbschaftsgegenständen V 336.
Verbotsgesetze einzelne Fälle I 555, 556, 557; — landesgesetzliche I 558; — ausländische I 559.
Verbrauch von Erbschaftsgegenständen durch den Erbschaftsverkäufer V 1088; — bei Schenkung einer Erbschaft V 1098; — Verbrauch eingebrachter Sachen der Frau IV 255.
Verbrauchbare Sachen: Begriff I 356; — als Bestandteile des Gesellschaftsvermögens II c 1232; — Kauf II b 8, 24; — Verkauf unter Eigentumsvorbehalt II b 109; — Gegenstand des Darlehens II b 657; — Leihe II b 640; — Miete daran II b 391; — Vertrag über Benützung II b 601; — Gegenstand der Nacherbfolge V 532; — Nießbrauch an v. S. III 875; — Nießbrauch an einer Forderung auf Leistung v. S. III 886; — v. S. beim Nießbrauch an einem Vermögen III 900, 901; — zum eingebrachten Gut gehörige: Verfügung darüber IV 251, 255; — Verfügungsrecht des Mannes IV 251; — Ersatzpflicht des Mannes gegenüber Gläubigern der Frau IV 239; — Sicherheitsleistung des Mannes IV 292; — Vermutung für Verwendung zum Gesamtgut IV 652; — Gütertrennungsklage wegen Gefährdung des Ersatzanspruches für v. S. IV 361; — bei Fahrnisgemeinschaft IV 675.
— zum Kindervermögen gehörige: Rechte des Gewalthabers IV 1081; — Ersatzpflicht gegenüber Gläubigern des Kindes für veräußerte und verbrauchte IV 1092.
Verbrechen: Ehescheidungsgrund IV 722, 723, 743; — Grund zur Entziehung des Pflichtteils V 986, 990; — Verwirkung der elterlichen Gewalt IV 1143.
Verbreitung unwahrer Tatsachen: Schadensersatzpflicht II c 1805, 1806.
Verbriefte Forderungen gegen Reich oder Bundesstaat, von diesem garantierte: Mündelsicherheit IV 1443, 1447.
Verdecktes Rechtsgeschäft I 467.
Verderb der Fundsache III 555, 570; — des Pfandes III 1414, 1415, 1416; — Versteigerung von dem V. ausgesetzten Sachen statt Hinterlegung II a 728; — Zurückweisung der Sicherheitsleistung mit dem V. ausgesetzten Sachen I 860.
Verdienstentgang, Ersatzanspruch des Geschäftsführers II c 1141.

Verehelichungszeugnis des Vormundschaftsgerichts IV 62, 1125; — in Bayern IV 34; — für Ausländer IV 67, VI b 261.

Verein: Begriff I 167; — Arten I 169; — Unterschied von der Gesellschaft I 167, 168, II c 1197; — Sprachgebrauch und Bedeutung des Wortes I 165; — Behandlung im öffentlichen Recht I 171; — Staatsaufsicht I 173; — Geltungsgebiet der allgemeinen Vorschriften des Vereinsrechts I 172; — Schutz des Rechtes zur Vereinsbildung I 175; — subjektives Vereinsrecht I 174.

— **nicht rechtsfähige:** Arten I 171; — bestehende nicht rechtsfähige Vereine I 273; — Rechtsverhältnisse der nach bisherigem Rechte bestehenden VI a 427, 452; — Name I 263; — rechtliche Stellung nicht rechtsfähiger V. I 260, 263; — Anwendung des Gesellschaftsrechts II c 1197; — Behandlung bei Grundbucheintragungen I 271; — als Hypothekengläubiger III 1003; — rechtliche Stellung im Prozeß, Parteifähigkeit I 169, 261, 262; — wechselmäßige Berechtigung und Verpflichtung I 272; — Schenkung, Erbeinsetzung I 270; — mangelnde Erbfähigkeit des nicht rechtsfähigen Vereins V 27; — Fähigkeit dess., bedacht zu werden V 452; — passive Testamentsfähigkeit eines nicht rechtsfähigen V. V 452; — Vereinszweck I 263, 270; — Änderung I 273; — Verfassung I 264; — Sitz I 261; — Vorstand I 264; — Mitgliedschaft, Rechte und Pflichten der Mitglieder I 265; — Veränderung des Personenbestandes I 272; — Mitgliederversammlung I 265; — Schadensersatzpflicht aus Handlungen von Mitgliedern I 219, 268; — Vermögen I 269; — Zwangsvollstreckung I 262; — Ende I 273; — Erlangung der Rechtsfähigkeit I 188, 262; — Rechtsstellung der nicht rechtsfähigen ausländischen Vereine VI b 163; — Verleihung der Rechtsfähigkeit an ausländische V. VI b 132.

— **rechtsfähige:** Erlangung der Rechtsfähigkeit: Erwerbsarten überhaupt I 170; — Charakter des Gründungsvertrags I 194; — Eintragung ins Vereinsregister I 161, 170, 176, 184; — Bedeutung der Eintragung I 185, 188; — staatliche Verleihung I 161, 170, 174, 177, 189; — Unwirksamkeit der Verleihung beim Fehlen des wirtschaftlichen Vereinszweckes I 190; — Verleihung an keinem deutschen Lande angehörige Vereine I 191; — Wirkung des Erwerbs der Rechtsfähigkeit I 171.

— Arten der privatrechtlichen Vereine I 169; — V. mit idealer I 176, 179; — mit wirtschaftlicher I 189; — mit gemischter Tendenz I 178; — anerkannte V. in Bayern VI a 433; — Anerkennung ausländischer rechtsfähiger V. VI b 120, 156; — Wirkung der Anerkennung VI b 159; — Rechtsstellung der nicht anerkannten ausländischen rechtsfähigen V. VI b 121, 160; — Anwendung der Vorschriften des Gesellschaftsrechts auf nicht anerkannte ausländische V. VI b 121, 161.

Verein: Rechtliche Stellung: Sitz I 192; — Vertretung I 195, 196; — Vertreter für einzelne Geschäfte I 209; — Abgabe von Willenserklärungen gegenüber dem V. I 206; — Wirkung der Eintragung des Vereins in vermögensrechtlicher Beziehung I 188; — Haftung für außerkontraktlich verursachten Schaden aus Handlungen der Vertreter und Vorstände I 211, II c 1754, 1869; — Besitzfähigkeit III 28; — Eigentumserwerb an eingebrachten Grundstücken III 392; — Ausschluß der Beerbung V 9; — Erwerbsbeschränkungen ausländischer V. VI b 136, 137, 139, 638; — Staatsangehörigkeit VI b 142.

— Organisation: Verfassung: Begriff, Bestimmung durch die Satzung I 194; — Verfassung von Vereinen mit wirtschaftlicher Tendenz I 190; — Verfassung bestehender, kraft staatlicher Verleihung rechtsfähiger V. VI a 207.

— Satzung: rechtliche Natur I 194; — Form I 195; — Inhalt der Satzung: Bestimmung der Verfassung I 194; — Änderung der Satzung I 224, 236; — Bestimmung über Bestellung und Geschäftsführung des Vorstands I 200, 236; — Beschlußfassung des Vorstands I 199, 206, 236; — Beschränkung seiner Vertretungsmacht I 196; — Beschränkung der Widerruflichkeit der Bestellung des Vorstands I 200, 204; — Bestellung von Vertretern für gewisse Geschäfte I 209; — Besorgung von Vereinsangelegenheiten I 220, 236; — Bestimmung über Mitgliedschaft I 223; — über Berufung der Mitgliederversammlung I 231; — Bestimmung über Vererblichkeit und Übertragbarkeit, Ausübung der Mitgliedschaft I 236; — Bestimmung über Austritt aus dem Verein I 234; — über Auflösung des V. I 237; — über das Vermögen bei Auflösung I 245.

— Vorstand: Notwendigkeit I 195; — Bestellung I 200; — rechtliche Natur der Bestellung I 202; — Zusammensetzung I 195; — Fähigkeit zur Bestellung I 201; — zeitliche Begrenzung I 203, 204; — Widerruflichkeit der Bestellung I 200, 204; — Endigung der Bestellung I 204, 205; — Ersatzbestellung durch das Gericht I 207; — Vertretungsmacht I 196; — Stellvertretung des Vorstands I 198; — Geschäftsführung I 200, 205; — Beschlußfassung I 199, 206; — Stimmberechtigung I 206, 226; — rechtliche Stellung im Prozeß des V. I 200; — Pflicht zum Konkurseröffnungsantrag I 239; — zur Liquidation I 251; — Entgegennahme von Willenserklärungen I 206; — Schadensersatz für Handlungen des Vorstands I 211.

— Mitgliedschaft: Fähigkeit, Mitglied zu sein I 223; — Sonderrechte der Mitglieder I 226; — Recht der Minorität auf Berufung der Mitgliederversammlung I 231; — Unvererblichkeit und Unübertragbarkeit der Mitgliedschaft I 233, V 17; — Unübertragbarkeit der Ausübung der Mitgliedschaftsrechte I 223; — Ende durch Tod des Mitglieds I 234; —

durch Austritt I 234; — durch Ausschluß I 229, 235; — Vermögenserwerb der Mitglieder nach Auflösung I 245.

Verein: Mitgliederversammlung: Zuständigkeit I 220; — Form der Berufung I 221; — Voraussetzungen der Berufung I 231; — Beschlußfassung I 220, 222; — Anfechtung ungültiger Beschlüsse I 223; — Stimmberechtigung I 223; — Ausschluß des Stimmrechts I 225; — Beurkundung der Beschlüsse I 224; — Beschlußfassung über Bestellung des Vorstands I 200; — Beschlußfassung über Änderung der Satzung oder des Zwecks des V. I 224; — über Sonderrechte von Mitgliedern I 226; — Beschlußfassung über Auflösung des V. I 236; — Beschlußfassung über Vermögensverwendung nach Auflösung des V. I 245; — Gefährdung des Gemeinwohls durch Beschlüsse I 241; — Rechte gegenüber den Liquidatoren I 256.

— Ende des V.: Auflösung I 236; — Gesamtaustritt aller Mitglieder I 235, 237; — Verlust der Rechtsfähigkeit durch Konkurseröffnung I 239; — Entziehung der Rechtsfähigkeit I 241; — Unterschied der Auflösung und Entziehung der Rechtsfähigkeit I 236; — Zuständigkeit und Verfahren bei der Entziehung I 244; — Bekanntmachung des Beendigungsgrundes durch die Liquidatoren I 256; — Wirkung für die Persönlichkeitsrechte des V. I 246; — Vermögensübergang an die Berechtigten I 246; — Frist für die Ausantwortung des Vermögens I 256; — Vermögensanfall an den Fiskus I 245, 248; — Anfall des Vermögens aufgelöster V. an öffentlichen Körperschaften, Stiftungen, Anstalten VI a 215.

— Liquidation: Notwendigkeit I 250; — Fortbestand des V. zur Beendigung der Liquidation I 252, 255; — Bestellung der Liquidatoren I 251; — rechtliche Stellung derselben I 251, 252; — Abstimmung I 251; — Geschäftskreis und Geschäftsführung I 252; — Hinterlegung bei Annahmeverzug von Vereinsgläubigern I 258; — Haftung der Liquidatoren aus der Geschäftsführung I 259; — Pflicht zur Rechnungstellung I 258; — Sicherheitsleistung bei Vermögensausantwortung I 258; — Aufbewahrung von Büchern und Schriften des V. I 258; — siehe auch „Eingetragene Vereine".

Vereinbarung der Beurkundung eines Vertrages I 633; — über die Erbenhaftung V 177; — über Ausschluß der Abtretung einer Forderung II a 802, 806; — über Pfandverkauf III 1447; — über Anwendung ausländischen Rechts VI b 643, 755.

Vereinigte Staaten von Nordamerika, Staatsvertrag (Grunderwerb) VI a 227; — Bedeutung für das internationale Erbrecht VI b 731; — betr. Anerkennung juristischer Personen VI b 151, 152; — Testierfähigkeit in den V. St. VI b 695, 697; — Rück- und Weiterverweisung VI b 760; — Rückverweisung im Scheidungsrecht VI b 432.

Vereinigung von Eigentum und dinglichen Rechten an einem Grundstücke III 1204; — der Hypothek mit dem Eigentum III 1264; — Wirkung für rückständige Nebenleistungen und Kosten III 1269; — Verpflichtung zur Löschung im Falle der V. III 1274; — V. des Eigentums von Grundstück mit dem Recht des Hypothekengläubigers III 1211.

Vereinigung von Forderung und Schuld in einer Person II a 644; — beim aktiven II a 929; — beim passiven Gesamtschuldverhältnis II a 915; — Übergang der Hypothek auf den persönlichen Schuldner III 1226, 1232; — bei der Gesamthypothek in der Person eines Unterpfandeigentümers III 1253; — des persönlichen Schuldners III 1257; — im Falle des Nießbrauchs an der Forderung III 887; — Einfluß auf das Pfandrecht an der Forderung III 1499; — Ausschluß während der Erbengemeinschaft V 354, 375.

— V. mehrerer Grundstücke zu einem im Grundbuch I 338, III 205, 206; — Wiederaufhebung der V. III 210; — Haftung für Hypotheken im Falle der V. III 1090; — von Pfandrecht und Eigentum III 1464; — siehe auch „Zusammentreffen"; — Untersagung und Beschränkung nach Landesrecht VI a 306, 309.

— V. von Recht und Verbindlichkeit infolge Erbfalls V 15, 82, 177; — Einfluß der Anordnung der Nachlaßverwaltung oder der Eröffnung des Nachlaßkonkurses auf die infolge des Erbfalles eingetretene V. V 220, 221; — Rückgängigmachung im Falle des Erbschaftskaufes V 1091; — Rückgängigmachung bei Herausgabe der Erbschaft an die Gläubiger wegen Mangel an Masse zu einer Nachlaßverwaltung oder einem Nachlaßkonkurs V 260, 268, 269; — bei Eintritt der Nacherbfolge V 574; — Berücksichtigung bei Herausgabe des Überschusses an den im Aufgebotsverfahren ausgeschlossenen Gläubiger V 196; — Ausschluß bei Vermächtnis einer Forderung gegen den Erben oder eines Rechtes an einer Sache oder eines Rechtes des Erben V 617; — Einfluß der Erbschaftsausschlagung auf erloschene Rechte V 114.

— V. zu Spielzwecken II c 1451; — unechte confusio II a 645.

Vereinsakten I 295.

Vereinsfreiheit I 169; — öffentlichrechtliche Beschränkung, privatrechtlicher Schutz I 174, 175.

Vereinsrecht: subjektives I 174; — öffentliches I 284; — Stellung ausländischer Vereine I 191.

Vereinsregister: Bedeutung der Eintragung I 185, 186; — Anmeldung des Vereins I 185; — Inhalt der Anmeldung I 279; — Zuständigkeit I 275; — Voraussetzungen der Eintragung des Vereins I 176; — Eintragung des Vereins I 293; — von Satzungsänderungen I 298; — von Änderungen in der Zusammensetzung des Vorstandes I 295; — der Auflösung des Vereins und der Entziehung der

Rechtsfähigkeit I 301; — der Konkurseröffnung und der Aufhebung des Konkurses I 302; — der Liquidatoren und der Bestimmungen über deren Beschlußfassung I 302; — Wirkung der Eintragung des Vereins I 170, 176, 185, 186; — Wirkung der Eintragung in vermögensrechtlicher Beziehung I 188; — Wirkung des Gegenstandes von Eintragungen gegenüber Dritten I 295, 296; — Einsicht und Abschriften I 304; — siehe auch „Eingetragene Vereine".

Vereinsvormundschaft IV 999, 1375, 1379, VI a 361; — Anlegung von Mündelgeld IV 1441; — Bestellung eines Mitvormunds IV 1377; — Sondervorschriften IV 1545, 1604.

Vereinszweck I 169, 176, 179; — Verbindung verschiedener Zwecke I 182; — V. eines nicht wirtschaftlichen Vereins I 177, 179; — des nicht rechtsfähigen Vereins I 263, 270; — Änderung I 273; — V. des eingetragenen Vereins I 276.

Vereitelung des bedingten Rechtes I 667; — des Eintrittes der Bedingung I 670; — des Zugehens einer Willenserklärung I 544; — des Eintrittes einer Bedingung durch Dritte V 475; — des Rechtes des Nacherben durch Verfügungen des Vorerben V 533, 539.

Vererblichkeit des Anfechtungsrechts wegen Erbunwürdigkeit V 1005; — von Rechten überhaupt V 1; — im einzelnen: von Ausgleichungsrecht und -pflicht V 411; — des Aussteueranspruchs IV 965; — des Rechtes auf Ablehnung der fortgesetzten Gütergemeinschaft IV 535; — des Rechtes auf Anfechtung der Ehelichkeit IV 868; — des Rechtes zur Anfechtung letztwilliger Verfügungen V 486; — bedingter Rechte und Verbindlichkeiten I 657; — des Besitzes III 16, 37; — des Erbbaurechts III 661, 665, 672, 779; — des Vorrechts auf Erneuerung des Erbbaurechts III 765; — der Ersatzansprüche wegen Rücktritts vom Verlöbnis IV 23; — des Erbschaftsanspruches V 325; — der Ansprüche aus der Geschäftsführung II c 1125; — von Rechten und Verbindlichkeiten V 13, 82; — des Rechtes auf Erfüllung einer Auflage V 640; — des Rechtes zur Ausschlagung der Erbschaft V 14, 111; — des Rechts auf die Nacherbfolge V 14, 515, 525, 526; — des Pflichtteilsanspruches V 955; — der Reallast III 965; — des Rücktrittsrechtes vom Vertrag II a 608; — des Widerrufsrechtes hinsichtlich einer Schenkung II b 333, 335; — der Ansprüche aus unerlaubten Handlungen II c 1764; — der Unterhaltspflicht des geschiedenen Ehegatten IV 811; — der Unterhaltspflicht des unehelichen Vaters IV 1231; — des Anspruches auf Vertragsstrafe II a 581; — der Ansprüche aus dem Verwahrungsvertrag II c 1151; — der Vereinsmitgliedschaft nach der Satzung I 233; — des dinglichen Vorkaufsrechts III 928, 936; — des obligatorischen Vorkaufsrechtes II b 287; — des Vorkaufsrechtes des Miterben an einem Erbteil V 363, 365; — der Verpflichtungen aus dem Vorvertrag I 610; — des Widerrufsrechtes hinsichtlich einer Schenkung II b 333, 335; — des Vermächtnisses V 623; — des Wiederkaufsrechtes II b 266.

Verfahren in Vormundschaftssachen IV 1363.

Verfallklausel II a 584.

Verfallvertrag: Nichtigkeit III 1428; — bei Verpfändung von Rechten III 1496; — beim Sicherungskauf III 1429.

Verfälschung letztwilliger Verfügungen, Erbunwürdigkeit V 999, 1002.

Verfassung der Stiftung I 306, 313, 325; — der Vereine I 190, 194; — des nicht rechtsfähigen Vereins I 264; — der vor dem 1. Januar 1900 bestehenden Vereine VI a 207.

Verfehlungen des durch Erbvertrag Bedachten V 875; — des Pflichtteilsberechtigten V 986.

Verfolgungsrecht des Besitzers III 63; — des mittelbaren Besitzers III 76; — des Eigentümers, petitorischer Anspruch III 628; — V. an Bienenschwärmen III 545.

Verfügungen, rechtsgeschäftliche: Begriff I 416, 417, III 10, IV 1060, VI b 191; — bezüglich der Form von Verfügungen über Rechte an Sachen anzuwendendes Recht VI b 163, 190; — Natur der Vormerkung als V. III 179; — Natur der Einigung i. S. des § 873 als V. III 108; — V. unter aufschiebender Bedingung I 667; — V. eines Nichtberechtigten: über einen Gegenstand: Konvaleszenz I 749; — eines Nichtberechtigten über einen Gegenstand: Herausgabepflicht II c 1701; — V. des Vermieters über künftigen Mietzins II b 569, 576; — über Gesamtgut der allgemeinen Gütergemeinschaft im ganzen IV 439; — über Gesamtgutsgrundstücke IV 441; — über einen Anteil am Gesamtgut IV 430; — des Ehemannes über eingebrachtes Gut IV 248, 251; — der Ehefrau IV 301; — über Vermögen usw. des Kindes als Ganzes durch den Vater IV 1057, 1061; — V. des Vormunds über Forderungen, Wertpapiere des Mündels IV 1464; — Begriff der V. über Rechte des Mündels IV 1466; — V. über das Mündelvermögen als Ganzes, über eine Erbschaft, einen Erbteil, Pflichtteil des Mündels IV 1482, 1490; — des Erben über Nachlaßgegenstände vor der Erbschaftsausschlagung V 122, 124; — V. des Erblassers über dem künftigen Erben gehörige Sachen V 84; — V. des Testamentsvollstreckers, Begriff V 682.

Verfügungsbeschränkungen, rechtsgeschäftliche I 567; — räumlich anzuwendendes Recht VI b 64; — fortdauernde Wirksamkeit am 1. Januar 1900 bestehender VI a 436; — nachbarliche III 294, 295; — Wirksamkeit von V. in bezug auf Grundstücke gegen Dritte III 218, 239; — Einfluß auf eine vor dem Eintritt der V. abgegebene Erklärung über Rechte an Grundstücken III 134; — keine Vormerkung III 176; — Eintragung im Grundbuch III 105; — Verhältnis zur Vormerkung III 179; — Grundbuchberichtigung in bezug auf V. III 248, 252; — Widerspruch gegen eine V. III 273; — keine Vermutung für Richtigkeit der ein-

getragenen V. III 214; — Eintragung im Erbbaugrundbuch III 710; — Bekanntmachung der Eintragung III 730; — V. der Ehefrau in bezug auf eingebrachtes Gut IV 301; — des Ehegatten in bezug auf die fortgesetzte Gütergemeinschaft IV 612; — räumlich anzuwendendes Recht VI b 341; — des Erben bei Vorhandensein eines Testamentsvollstreckers V 693; — Beseitigung derselben V 705.

Verfügungsfähigkeit, räumlich geltendes Recht VI b 64.

Verfügungsmacht: Begriff I 420; — freie V. des Minderjährigen I 437; — der Ehefrau IV 158.

Verfügungsrecht: Prüfung durch den Grundbuchrichter III 93, 94; — eines Ehegatten über Gesamtgut der allgemeinen Gütergemeinschaft IV 430; — der Errungenschaftsgemeinschaft IV 618; — der fortgesetzten Gütergemeinschaft IV 540; — V. des Mannes über eingebrachtes Gut der Frau IV 248, 251; — des Erben: Verlust im Falle der Nachlaßverwaltung V 241; — des Erblassers bei Vorhandensein eines Erbvertrags V 856; — eines Miterben über seinen Anteil V 354; — über einen Bruchteil des Anteils V 356; — V. der Miterben über Nachlaßgegenstände V 376; — des Nacherben über seine Anwartschaft V 515; — eines Gesellschafters über seinen Anteil II c 1282; — eines Teilhabers über seinen Anteil an der Gemeinschaft II c 1413; — des Testamentsvollstreckers V 679, 682; — Beschränkungen V 689.

— des Vorerben über die Erbschaft V 533, 534, 537; — Beschränkungen V 533, 539; — Dauer V 547; — Verlust durch Entziehung der Verwaltung V 558, 561; — Erlöschen durch Eintritt der Nacherbfolge, Fortdauer bis zur Kenntnis desselben V 571; — Pflicht des Nacherben zur Einwilligung zu Verfügungen V 551; — Verfügungsbeschränkung hinsichtlich Buchforderungen V 548; — hinsichtlich Wertpapieren V 547, 548; — Befreiung von den Beschränkungen und Verpflichtungen durch den Erblasser V 566; — kraft Gesetzes bei der Einsetzung des Nacherben auf den Überrest V 567, 568; — Wirksamkeit von schuldrechtlichen Rechtsgeschäften und Verwaltungshandlungen des V. gegenüber dem Nacherben V 547; — Verwaltung des Nachlasses V 547; — Bewirtschaftung von Wäldern, Bergwerken usw. V 554; — Pfändbarkeit und Übertragbarkeit der Rechte des V. V 514.

Verfügungstheorie bei Schuldübernahme II a 871.

Verfügungsverbot für Erben bei Vorhandensein eines Testamentsvollstreckers V 693.

Verfügungsvertrag II a 389.

Verfügung von Todes wegen: Begriff und Arten V 63, 65; — bezüglich der Form räumlich geltendes Recht VI b 644, 648, 668, 677, 686, 697; — Freiheit in der Errichtung und Aufhebung V 66, 447, 892; — Bestimmung des Erben durch V. v. T. V 67; — Anerkennung der Ehelichkeit in einer V. v. T. IV 879; — Stiftung durch V. v. T. w. I 322; — Änderung der Bestimmung des Empfangsberechtigten aus einem Vertrag auf Leistung an einen Dritten II a 562; — Nichtigkeit von Verträgen über Errichtung oder Aufhebung von V. v. T. w. V 892; — Erbunwürdigkeit wegen Verhinderung an der Errichtung oder Aufhebung einer V. v. T. w., Bestimmung hiezu durch Drohung oder Täuschung, Fälschung V 999, 1001; — Errichtung vor Wahlkonsuln VI a 53; — Beurteilung von V. v. T. w. von ehemaligen Ausländern nach Erwerb der Reichsangehörigkeit VI b 631, 665; — landesgesetzliche Formvorschriften VI a 394; — Zuziehung von landesrechtlichen Urkundspersonen VI a 392; — Geltung bisherigen Rechts VI a 581, 588, 593; — siehe auch „letztwillige Verfügung“.

Verführung zum Beischlaf: Schadensersatzpflicht II c 1815; — Ersatz nicht vermögensrechtlichen Schadens II c 1984; — des Schadens im Erwerb und Fortkommen II c 1959.

Vergangenheit: Unterhaltsanspruch für die V. IV 934, 938; — für das uneheliche Kind IV 1229; — Geltendmachung durch den Unterhaltsgewährenden IV 1224.

Vergehen: Ehescheidungsgrund IV 722, 723, 743; — Grund zur Pflichtteilsentziehung V 986, 990; — Verwirkung der elterlichen Gewalt durch V. IV 1143.

Vergeltungsrecht VI b 822, 834; — im Erbrecht VI b 690, 710, 714, 837; — der Länder VI b 837.

Vergleich II c 1526; — Begriff II c 1527, 1531; — Rechtsnatur II c 1534; — Legitimation zum Abschluß II c 1534; — Beschränkungen II c 1535; — Form II c 1536; — Wirkung II c 1537; — Einfluß auf die Bürgschaft II c 1492; — Haftung für Mängel im Recht, Pflichten der Vertragsteile II b 84; — Gewährleistung für Sachmängel II b 248; — Folge der Nichterfüllung eines vollstreckbaren II a 320; — Anfechtbarkeit, Unwirksamkeit II c 1539, 1543; — Wirkung des V. mit einem Gesamtgläubiger II a 931; — mit einem Gesamtschuldner II a 909; — Unterschied vom Schuldanerkenntnis II c 1562; — Schuldanerkenntnis und Schuldversprechen im Vergleich II c 1566; — Gewährleistung wegen Mängel der Sache II b 248; — V. über Eigentumsverschaffung an einem Grundstück, Form II a 427; — Prozeßvergleich II c 1528, 1543; — gerichtlich protokollierter, Ersatz für gerichtliche oder notarielle Beurkundung I 534; — Zwangsvollstreckung aus Prozeßvergleich, insbesondere Ratenvergleich II c 1538; — Form des gerichtlichen Prozeßvergleichs VI a 33; — Auflassung in einem Prozeßvergleich VI a 378; — Eintragung im Grundbuch auf Grund Prozeßvergleichs II c 1528; — Verjährung von Ansprüchen aus V. I 826; — Einfluß des außergerichtlichen V. auf die kurze Verjährung I 781; — Abschluß

durch den Gewalthaber IV 1063; — durch den Vormund IV 1483, 1497; — V. in Prozessen der Frau, Zustimmung des Mannes IV 317; — V. über gesetzliche Unterhaltsansprüche IV 937; — über eine verpfändete Forderung III 1507; — Eigentumsübertragung an Grundstücken auf Grund V. III 398; — Ausschluß der Auflassung im V. III 402; — V. über das Anfechtungsrecht hinsichtlich einer letztwilligen Verfügung V 479; — über den Erbschaftsanspruch, Wirkung gegenüber Dritten V 324; — über den Erbverzicht V 1018; — über Veräußerung einer Erbschaft oder eines Erbteils V 1085, 1100; — über Gültigkeit eines Testaments V 1099; — V. über Spiel- und Wettschulden II c 1448; — Einfluß der Geldentwertung II a 47, II c 1529; — siehe auch „Prozeßvergleich".

Vergütung des Beistands IV 1174; — des Gegenvormunds IV 1430, 1534; — des geschäftsführenden Gesellschafters II c 1260; — des Pflegers IV 1670; — des Nachlaßpflegers V 138; — des Nachlaßverwalters V 252; — des Testamentsvollstreckers V 713; — des Vormunds IV 1534; — V. von Nutzungen nach Rechtshängigkeit des Herausgabeanspruches hinsichtlich einer bestimmten Sache II a 362; — beim Rücktritt vom Vertrag II a 616; — beim Dienstvertrag II b 746; — beim Werkvertrag II c 949; — für Geschäftsbesorgung, Verjährung I 779, 786.

Verheiratung des Kindes, Beendigung der Nutznießung am Vermögen IV 1095; — der Tochter: Sorge für die Person der T. IV 1012; — des Vaters des für ehelich erklärten Kindes IV 1299; — des als Vormund bestellten Elternteiles IV 1555; — der als Vormund bestellten Ehefrau IV 1605; — s. auch „Wiederverheiratung".

Verhinderung des Dienstpflichtigen II b 828; — des Eintritts einer Bedingung I 670; — des Eintritts des mit einer Leistung bezweckten Erfolges II c 1699; — des Erblassers an der Errichtung oder Aufhebung letztwilliger Verfügungen, Erbunwürdigkeit V 999, 1001, 1009; — des Gewalthabers an der Ausübung der elterlichen Gewalt: Ruhen derselben IV 1135, 1137, 1139; — Übergang auf die Mutter IV 1156; — Sorge des Vormundschaftsgerichts IV 1103; — V. des berufenen Vormunds an der Übernahme IV 1384; — des bestellten Vormunds IV 1556; — V. der Frau an der Zustimmung zu Verfügungen des Mannes IV 257; — bei allgemeiner Gütergemeinschaft IV 449; — V. des Mannes an der Verwaltung des Gesamtgutes der allgemeinen Gütergemeinschaft IV 454; — an der Zustimmungserklärung zu Rechtshandlungen der Frau IV 318; — zu Verpflichtungen der Frau IV 192; — V. des überlebenden Ehegatten IV 545; — V. der Mutter an der Ausübung der elterlichen Gewalt IV 1152, 1155, 1159; — vorübergehende V. an der Annahme der Leistung II a 379.

Verjährung: Begriff I 761, 762, 770; — Grund und Zweck I 762; — Verhältnis zur Präklusivbefristung I 763; — Wechselverjährung I 764; — Berechnung I 778; — unvordenkliche Verjährung I 767; — zwingende Natur der Vorschriften I 765, 836; — bisheriges Recht I 765, VI a 438; — örtliche Statutenkollision I 766, VI b 864; — zeitliche I 766; — Anwendung der Vorbehaltsklausel VI b 815, 817, 818, 824; — Anwendung der Vorschriften des BGB. auf die in anderen Gesetzen angeordnete V. VI a 33; — Voraussetzungen der V. I 776; — Gegenstand der V. I 768, 769; — Verjährbarkeit von Einreden I 773, 774; — unverjährbare Ansprüche I 769, 771, 772, 773; — V. bei Anspruchskonkurrenz I 775; — regelmäßige Verjährungsfrist I 776; — zweijährige Frist I 778; — vierjährige Frist I 780, 788; — Frist bei rechtskräftig festgestellten Ansprüchen I 826, 827; — Anrechnung der Besitzzeit des Rechtsvorgängers I 828, 829.

— Beginn der Anspruchsverjährung I 790; — bei kündbaren Forderungen I 793; — bei Ansprüchen, welche von der Ausübung eines Anfechtungsrechts abhängen I 794; — bei zwei- und vierjähriger Verjährungsfrist I 796.

— Hemmung der V. wegen eines Rechtes zur Verweigerung der Leistung I 797; — wegen Stillstand der Rechtspflege, höherer Gewalt I 801; — bei Ansprüchen zwischen Ehegatten, Eltern und Kindern, Vormündern und Mündeln I 804; — räumlich geltendes Recht VI b 824; — Wirkung der Hemmung I 806; — Hemmung bei Ansprüchen aus Schuldverschreibungen auf den Inhaber II c 1630; — bei Ansprüchen wegen Mängel aus dem Kaufvertrag II b 202, 210; — aus dem Werkvertrag II c 978; — Hemmung bei Ansprüchen zwischen Ehegatten, Eltern und Kindern IV 3; — bei Ansprüchen zwischen Vormündern und Mündeln IV 3, 1363; — Aufschub der Vollendung der V. beim Mangel gesetzlicher Vertretung (Ablaufshemmung) I 806; — Hemmung infolge des Krieges I 808; — V. von Ansprüchen für und gegen den Nachlaß I 809.

— Unterbrechung der V. durch Anerkennung I 811; — durch gerichtliche Geltendmachung I 813; — im Falle der Notwendigkeit einer Vorentscheidung einer anderen Behörde oder der Bestimmung des zuständigen Gerichtes durch ein höheres Gericht I 817; — Fortdauer und Endigung der Unterbrechung durch Klageerhebung I 818; — Unterbrechung bei Ansprüchen wegen Mängel aus dem Kaufvertrag II b 202, 210; — bei Ansprüchen aus dem Werkvertrag II c 978; — Wegfall der Wirkungen der durch Klageerhebung eingetretenen Unterbrechung I 820; — durch Anbringung eines Güteantrags I 821; — der Unterbrechung durch Zustellung eines Zahlungsbefehles I 822; — durch Anmeldung im Konkurs I 823; — durch Aufrechnung und Streitverkündigung I 824; — durch

Vornahme einer Vollstreckungshandlung, Antrag auf Zwangsvollstreckung I 825; — Wirkung der Unterbrechung I 825; — bei kurzfristiger Verjährung I 796; — Unterbrechung der V. von Ansprüchen, welche vor einer der V. von Ansprüchen, welche vor einem Schiedsgericht, Sondergericht, Verwaltungsgericht oder einer Verwaltungsbehörde geltend zu machen sind I 827.

Verjährung: Wirkung der vollendeten V. I 830; — exceptio doli gegenüber Verjährungseinrede II a 37; — auf Hypotheken, Pfandrechte und andere Sicherungsrechte I 834; — Einfluß der Unzulänglichkeitseinrede des Erben V 274; — Einfluß der aufschiebenden Einreden des Erben V 308; — Einfluß der Vormerkung des Anspruches im Grundbuch auf die V. III 187; — Erstreckung der V. auf Nebenleistungen I 836; — Beweislast für die V. I 776; — Verträge über V., Ausschluß, Erleichterung, Erschwerung der V. I 836; — Ausschluß der Wiedereinsetzung in den vorigen Stand gegen V. I 768, 776; — Aufrechnung mit verjährten Forderungen und gegen solche II a 758; — Zurückbehaltungsrecht für verjährte Ansprüche II a 238; — Geltendmachung der V. durch den Bürgen II c 1494.

— **Einzelne Fälle:** V. des Anfechtungsrechtes wegen Täuschung oder Drohung I 516; — V. des Anspruchs des Anweisungsempfängers II c 1586; — der Ansprüche aus dem Auftrag II c 1081; — des Anspruchs auf Befreiung von einer ohne Rechtsgrund eingegangenen Verbindlichkeit II c 1740; — der Ansprüche aus Bürgschaft II c 1472, 1494, 1500, 1502; — der Ansprüche der unehelichen Mutter IV 1241, 1246; — des Anspruchs auf Aussteuer IV 964; — der Besitzansprüche III 56; — des Anspruchs auf Beseitigung der Beeinträchtigung einer Grunddienstbarkeit III 822; — von Ansprüchen zwischen Ehegatten IV 2, 484; — nach Aufhebung der ehelichen Gemeinschaft IV 827; — des Eigentumsanspruchs III 586; — des negatorischen Eigentumsanspruchs III 628; — des Eigentumsanspruchs auf Rückgabe einer beweglichen Sache I 778; — des Erbbauzinses III 704; — der Strafzinsen III 690; — des Heimfallanspruchs, des Anspruchs auf Vertragsstrafe gegen den Erbbauberechtigten III 690; — V. des Erbschaftsanspruches V 325; — räumlich geltendes Recht VI b 651; — Einfluß derselben auf die Ersitzung durch den Erbschaftsbesitzer V 337; — der Ansprüche von Gastwirten gegen Gäste II c 1174; — V. beim aktiven Gesamtschuldverhältnis II a 930; — beim passiven II a 913, 915, 917; — des Ausgleichungsanspruchs unter Gesamtschuldnern II a 921; — der Ansprüche aus der Geschäftsführung II c 1126; — V. der Ansprüche aus dem Haftpflichtgesetze VI a 65, 70; — des Anspruches des zu Unrecht für tot Erklärten oder Gehaltenen auf Herausgabe seines Vermögens V 345; — der Ansprüche auf Wandelung und Minderung des Kaufpreises, des Ersatzanspruches wegen Mangels zugesicherter Eigenschaften II b 202; — Einfluß rechtzeitiger Mängelanzeige II b 211; — Aufrechnung des Schadensersatzanspruches nach V. II b 215; — der Ansprüche aus Immissionen III 326; — V. des Ersatzlieferungsanspruches beim Kauf von Gattungssachen II b 222; — der Ansprüche wegen Gewährmängel beim Viehkauf II b 242; — bei vertragsmäßiger Regelung der Gewährfristen II b 244, 246; — der Ansprüche aus vollstreckbaren Konkurstabellen I 826; — des Anspruchs auf rückständige Leibrenten I 789, II c 1435; — der Ansprüche aus dem Leihvertrag II b 650; — der Ansprüche aus dem Vertrieb von Lotterielosen II c 1459; — von Ersatzansprüchen aus dem Mietverhältnis II b 497; — von Forderungen aus positiver Vertragsverletzung II a 283; — von Ansprüchen für und gegen den Nachlaß I 809, V 122, 376, 703; — Aufschub der Vollendung bei Ansprüchen für und gegen den Nachlaß V 703; — der Ansprüche aus dem Nießbrauch III 864; — der Ansprüche des Verpfänders und des Pfandgläubigers aus dem Pfandvertrag III 1423; — V. des Pflichtteilsanspruches, des Anspruchs des Pflichtteilsberechtigten auf Herausgabe einer Schenkung V 983; — des Anspruchs aus qualifizierten Legitimationspapieren II c 1644, 1647; — der Ansprüche aus Ratenteilung II c 1124; — der Realleistungen III 948, 950; — rechtskräftig festgestellter Ansprüche I 826; — der Rente für den Überbau III 349; — des Schadensersatzanspruchs aus Notstandshandlungen III 299; — der Ansprüche aus zu Unrecht gelöschten oder im Grundbuch nicht eingetragenen Rechten III 282; — von Ansprüchen aus eingetragenen Rechten III 283; — des Schadensersatzanspruches aus Handlungen in selbstverschuldetem Notstand I 850; — des Anspruchs wegen Schenkungen zum Nachteil der Vertragserben V 858, 861; — von Ansprüchen aus Schuldverschreibungen auf den Inhaber II c 1628; — Hemmung II c 1630; — von Ansprüchen aus vor dem 1. Januar 1900 ausgestellten Inhaberschuldverschreibungen VI a 465, 467; — bei Teilschuldverhältnissen II a 903; — der Ansprüche aus unerlaubten Handlungen II c 1993; — räumlich geltendes Recht VI b 199, 212; — des Anspruchs auf Aufhebung einer durch unerlaubte Handlung erworbenen Forderung, Verweigerung der Erfüllung nach V. II c 2004; — V. der Ansprüche und Einreden wegen ungerechtfertigter Bereicherung II c 1665; — Verweigerung der Erfüllung nach V. des Anspruchs auf Befreiung von der ohne Rechtsgrund eingegangenen Verbindlichkeit II c 1740; — des Anspruchs auf das negative Vertragsinteresse bei Unmöglichkeit einer Leistung II a 409; — des Unterhaltsanspruchs IV 897; — des Schadensersatzanspruchs gegen den Vormund, Gegenvormund IV 1527; — des Unterhaltsanspruchs

gegen den unehelichen Vater IV 1223; — der Schadensersatzansprüche wegen Rücktritts vom Verlöbnis IV 23; — der Ansprüche Verlobter nach Auflösung des Verlöbnisses IV 30; — der Ansprüche der Erben und Vermächtnisnehmer gegen den Testamentsvollstrecker V 713; — des Vermächtnisanspruches V 615; — der Ansprüche aus dem Verwahrungsvertrag II c 1154; — der Ansprüche aus vollstreckbaren Vergleichen I 826; — der Ansprüche wegen Mängel des Werkes II c 958, 972; — Hemmung und Unterbrechung der V., Wirkung der vollendeten V. II c 978; — des Wildschadensersatzanspruches II c 1910; — der Zinsen I 788, II a 107; — des Anspruchs aus abhanden gekommenen Zins-, Renten- oder Gewinnanteilscheinen II c 1635.

Verjährungseinrede des persönlichen Schuldners III 1113.

Verkauf auf Abbruch I 362; — V. des Anteiles eines Erben am Nachlaß V 359; — des Pfandes III 1425; — Vorkaufsrecht der Miterben V 363; — für Rechnung eines Dritten, Beschränkung des Bietens II b 114; — im Wege der Zwangsvollstreckung: Beschränkung des Bietens II b 113, 114; — Ausschluß des Vorkaufsrechts II b 286.

Verkaufsautomaten I 615.

Verkaufskommission: Eigentumsübertragung III 464.

Verkaufsofferte II b 17.

Verkehr der Eltern mit dem Kinde nach Ehescheidung IV 1031; — räumlich geltendes Recht VI b 479; — Einfluß der Entziehung der Personenfürsorge IV 1113; — des Ruhens der elterlichen Gewalt IV 1138; — der Verwirkung der elterlichen Gewalt IV 1146; — der natürlichen Eltern mit dem von einem Dritten angenommenen Kinde IV 1344; — von Mutter und Vater mit dem unehelichen Kinde IV 1213; — anzuwendendes Recht VI b 532; — Zuständigkeit des deutschen Vormundschaftsgerichts zur Regelung des Verkehrs ausländischer geschiedener Ehegatten mit den Kindern VI b 483, 624.

Verkehrsanstalten: Fund in Geschäftsräumen derselben III 567; — Erwerb des Versteigerungserlöses der Fundsachen III 571.

Verkehrsentziehung durch Privatverfügung ausgeschlossen I 347.

Verkehrsfähigkeit von Sachen I 343.

Verkehrssicherheit: Haftung für V. II c 1784, 1788.

Verkehrssitte I 16, VI a 14; — bei Vertragserfüllung II a 27, 29, 37; — Berücksichtigung bei Bestimmung des Erfüllungsorts II a 221; — bei stillschweigender Annahme des Vertragsantrages I 630; — bei Auslegung von Verträgen I 642, 643.

Verkehrsunfähige Sachen, Besitz III 25; — Eigentum III 292; — Ersitzung III 494.

Verkehrsunternehmungen: Schutz der Nachbargrundstücke VI a 324.

Verkoppelung VI a 287, 288.

Verkündigung des Testaments V 798; — des gemeinschaftlichen Testaments V 831; — altrechtlicher Testamente VI a 584; — des Erbvertrages V 883.

Verlagsanspruch III 364.

Verlagsrecht VI a 183; — Nießbrauch III 879; — Verpfändung III 1384, 1490.

Verlagsvertrag II c 934; — Unterschied von der Gesellschaft II c 1201; — Tod eines Vertragsteils V 18.

Verlandungen III 502.

Verlängerung des Dienstvertrages II b 893; — des Erbbaurechts III 662, 751, 755; — der Frist I 757; — der Gewährfrist beim Viehkauf II b 235; — der Inventarfrist V 282; — stillschweigende V. des Mietvertrages II b 545; — im Falle der Veräußerung des Mietgrundstücks II b 566; — der Verjährungsfrist I 836, VI a 441; — für Ansprüche wegen Mängel beim Kauf II b 202, 206.

Verlautbarungsirrtum I 475, 476.

Verlegung der Ausübung einer Dienstbarkeit III 792, 814.

Verleihung der Rechtsfähigkeit an Juristische Personen I 161; — an Vereine I 170, 174, 177, 189; — mit gemischten Tendenzen I 178; — an ausländische Vereine I 191, VI b 131.

Verletzung einer Person: Schadensersatz II a 131, 136, II c 1768, 1771; — V. fremder Rechtsgüter und Rechte II c 1768, 1772; — Ausschluß der Widerrechtlichkeit II c 1780; — Umfang der Ersatzpflicht II c 1960, 1984; — im Falle der Tötung II c 1968, 1979; — Einwilligung des Verletzten II c 1781; — V. von Vertragspflichten II c 1749, 1750; — von familienrechtlichen Pflichten II c 1751; — der Nacherbenrechte V 158, 559.

Verleumdung: Schadensersatzpflicht II c 1796.

Verlieren: Besitzverlust III 35.

Verlöbnis: Begriff IV 7; — rechtliche Natur IV 8; — räumliche und zeitliche Geltung des Rechts IV 18, VI a 531, VI b 266; — bei gleicher Staatsangehörigkeit der Verlobten VI b 267; — bei verschiedener Staatsangehörigkeit VI b 269; — Voraussetzungen des Verlöbnisvertrages IV 9; — Bedingung und Zeitbestimmung IV 11; — Form IV 11; — Einfluß von Ehehindernissen IV 12; — Wirkungen IV 14, 15; — Treupflicht IV 15; — kein Ehehindernis IV 14, 52, 56; — Beendigung IV 16; — Schadensersatzpflicht wegen Rücktritt vom V. IV 20; — wegen schuldhafter Herbeiführung des Rücktritts des anderen Teils IV 24; — Entschädigung beim Beischlaf unter Verlobten IV 24, 25; — Rückgabe von Geschenken usw. bei unterbliebener Eheschließung IV 28; — Verjährung der Ansprüche IV 25; — Nichtigkeit, Anfechtbarkeit IV 17; — Zuständigkeit in streitigen Verlöbnissachen IV 6, 18; — Klaglosigkeit des Eheversprechens, Ausschluß von Vertragsstrafen IV 18, VI b 827; — Verhältnis mehrerer Verlöbnisverträge einer Person IV 13; — Eingehen durch Minderjährigen, Rücktritt I 430; — Verjäh-

rung der Ansprüche aus dem Rücktritt vom V. I 772.

Verlöbnisfähigkeit I 54.

Verlobte: Unvererblichkeit des Anspruchs auf Entschädigung wegen Gestattung des Beischlafs V 16; — Eintritt der Unwirksamkeit letztwilliger Verfügungen zugunsten des V. V 476; — Erbvertrag unter V. V 839; — Form V 840; — Abschluß bei beschränkter Geschäftsfähigkeit eines V. V 839; — Unwirksamkeit nach Auflösung des Verlöbnisses V 848; — Aufhebung des Erbvertrages oder einzelner Verfügungen V 866; — durch gemeinschaftliches Testament V 871; — Erbverzicht unter V. V 1017.

Verlorene Sachen: Begriff III 450; — Eigentumserwerb III 478, 480; — Eigentumserwerb an Erzeugnissen und Bestandteilen v. S. III 533; — Wirkung des Pfandverkaufs III 1446; — Eigentumserwerb an Erzeugnissen und sonstigen Bestandteilen III 533; — Herausgabeanspruch III 633; — Beschränkung der Eigentumsvermutung für den Besitzer III 629; — Pfandrechtserwerb III 1400; — an verlorenen Inhaberpapieren III 1521.

Verlorene Schuldverschreibungen: Haftung aus denselben II c 1610; — Kraftloserklärung II c 1623.

Verlust des Besitzes III 34; — des mittelbaren Besitzes III 74; — des Eigenbesitzes III 83; — einer Sache oder eines Rechts: Bedingung der Schadensersatzpflicht II a 171; — Anteil am V. bei der Gesellschaft II c 1289; — des Testaments, Beweis des Inhalts V 791.

Vermächtnis V 579; — Allgemeines: Begriff V 70; — Arten V 580, 581; — Wirkung in altrechtlichen Testamenten verfügter VI a 581, 583, 585; — als V. aufzufassende Zuwendungen V 496; — Unterschied von der Auflage V 71, 635; — von der Schenkung V 71; — Unterschied von der Teilungsanordnung V 588; — rechtliche Natur als Nachlaßverbindlichkeit V 157, 159, 582; — Gerichtsstand für Ansprüche aus einem Vermächtnis V 583, 616; — Befreiung von der Anmeldung im Aufgebot der Nachlaßgläubiger V 189; — Verhältnis zu den im Aufgebotsverfahren ausgeschlossenen Nachlaßgläubigern V 190; — zu den durch fünfjährige Nichtgeltendmachung ihrer Forderungen ausgeschlossenen N. V 201, 203; — keine Anführung im Erbschein V 616; — Aufwertung von Ansprüchen aus einem V. V 73, 585, 616; — Einfluß der Vermächtnisunwürdigkeit des Vermächtnisnehmers V 999, 1009; — räumlich geltendes Recht VI b 633, 691; — Ansprüche Deutscher aus V. gegen den Nachlaß eines Ausländers VI b 690, 710, 712; — Rechte der Vermächtnisnehmer an einem im Ausland eröffneten Nachlaß VI b 737.

— Beteiligte Personen: Vermächtnisgeber V 70, 72, 585, 844; — Vermächtnisträger (Beschwerter) V 72, 584; — Beschwerung des Pflichtteilsberechtigten mit einem V. V 908; — Pflichten überhaupt V 625; — Leistung des Vermächtnisgegenstandes V 612; — Auskunftpflicht V 615, 626; — Kürzung mit Rücksicht auf Pflichtteile V 957, 964, 965; — Behandlung bei Erhöhung des Erbteils durch Wegfall eines Mitberufenen V 57, 502; — Entrichtung von Früchten und Zinsen V 615, 627; — Gewährleistungspflicht V 593, 624; — Bestimmung des Bedachten V 590; — des Gegenstandes des V. V 591; — der Teilung unter mehrere Vermächtnisnehmer V 590; — Bestimmung über Wahlrecht beim Wahlvermächtnis V 590, 591; — Mehrheit der mit demselben Vermächtnisse Beschwerten V 585.

Vermächtnis: Vermächtnisnehmer (Bedachter) V 72, 582, 586; — bei Anordnung des V. durch Erbvertrag V 77; — Bestimmung durch den Beschwerten oder einen Dritten V 590, 591, 593; — Fähigkeit zum Erwerb V 26, 452, 586, 598; — rechtliche Stellung im allgemeinen V 582; — V. hinsichtlich eines dem eingesetzten Erben nicht zugewendeten Gegenstandes V 586; — Erwerb von Grundstücken kraft V. III 99; — Rechte des Vermächtnisnehmers: Recht auf Erfüllung des V. V 612; — keine Vormerkung bei Lebzeiten des Erblassers V 10; — Antragsrecht auf Bestimmung einer Inventarfrist V 278; — auf Eröffnung des Nachlaßkonkurses V 614; — Bestimmung des Gegenstandes beim Gattungsvermächtnis V 591, 593; — Schadensersatzanspruch gegen den Erben wegen Unterlassung des Antrags auf Nachlaßkonkurs V 232; — Ansprüche wegen beeinträchtigender Verfügungen des Erblassers beim vertragsmäßig angeordneten Vermächtnis V 861; — Kürzung von ihm auferlegten Vermächtnissen und Auflagen wegen Unzureichenheit des eigenen V 615, 629, 630; — Bestimmung des Ranges von Vermächtnissen und Auflagen durch den Erblasser für den Fall der Kürzung V 632; — kein Anspruch auf Beseitigung von Lasten des Vermächtnisgegenstandes V 600; — Pflichten des Vermächtnisnehmers: Erfüllung von Auflagen V 75, 637; — von Vermächtnissen V 584; — Erfüllungszeit für das Untervermächtnis V 629; — Haftung mehrerer mit demselben Vermächtnisse beschwerter Vermächtnisnehmer V 585; — beim Vorausvermächtnis V 488; — Ausführung der Belastungen durch den Testamentsvollstrecker V 716; — Ersatz von Verwendungen und Aufwendungen V 628; — Tilgung auf dem vermachten Grundstücke ruhender Lasten V 600, 601; — Mehrheit der Vermächtnisnehmer: Teilung der vermachten Sache, Anwachsung unter den Bedachten V 595; — Bestimmung der Teilung durch den Beschwerten oder einen Dritten V 590, 593; — Auswahl unter den Bedachten durch den Beschwerten oder einen Dritten V 590, 591; — Erfüllung von Auflagen und Vermächtnissen V 584; — Haftung des Testamentsvollstreckers gegenüber dem Vermächtnisnehmer V 712.

Vermächtnis: Form der Zuwendung V 70, 72; — Anordnung durch Erbvertrag V 72, 76, 836, 844.
— Gegenstand und Umfang: Gegenstand V 581; — Bestimmung desselben durch den Beschwerten oder einen Dritten V 590, 591; — beim Wahlvermächtnis V 590, 593; — Einfluß von Belastungen des vermachten Grundstückes V 600, 601; — Erstreckung auf den Anspruch auf Beseitigung von Lasten V 600; — auf den Ersatzanspruch wegen Beschädigung der Sache V 599; — auf Früchte V 627; — auf Zubehör I 380, V 599.
— Arten V 581; — alternatives Vermächtnis V 586; — V. des Besitzers III 16, V 604; — V. desselben Gegenstandes an Mehrere V 595; — V. der Erbschaft eines Dritten V 581, 612; — eines nicht zur Erbschaft gehörigen Gegenstandes V 604; — Ersatzvermächtnis V 632; — V. einer Forderung an den Schuldner, des geschuldeten Gegenstandes an den Gläubiger (legatum debiti, liberationis) V 612; — V. einer dem Erblasser zustehenden Forderung V 611; — einer Forderung des Erblassers gegen den Erben V 616; — Gattungsvermächtnis V 591, 592, 594; — gemischt generisches V. V 594; — V. eines Handelsgeschäfts V 612; — einer Leibrente V 612; — des Leistungsanspruches hinsichtlich der vermachten Sache V 604, 605; — des Miteigentums von verbundenen, vermischten, vermengten Sachen V 608; — Verstoß des V. gegen ein gesetzliches Verbot II a 412; — Nachvermächtnis V 510, 633; — V. eines Nießbrauches III 828, 837, V 612; — des Nießbrauchs an einer Erbschaft III 904; — V. an den Pflichtteilsberechtigten V 914; — Ausschlagung V 915, 962; — Entrichtung durch den an Stelle des Pflichtteilsberechtigten als Erbe Getretenen V 961, 962; — Wirkung der Ausschlagung des dem Pflichtteilsberechtigten zugewendeten Vermächtnisses für die Pflichtteilsleistung V 962; — für die Tragung der Beschwerungen des Vermächtnisses V 957; — V. eines Rechtes des Erblassers an einer Sache oder einem Rechte des Erben V 616; — einer verbundenen, vermischten, vermengten, verarbeiteten oder umgebildeten Sache V 608; — V. des Wertersatzanspruches hinsichtlich des vermachten Gegenstandes V 604, 605; — Vorausvermächtnis V 587; — Wahlvermächtnis V 590, 592; — Zweckvermächtnis V 591, 595.
— Anfall V 617, 618; — des in einem gemeinschaftlichen Testamente angeordneten V. V 816; — des in einem Erbvertrag von Ehegatten angeordneten, nach dem Tode des Überlebenden zu erfüllenden V. V 848.
— Annahme V 618, 622; — Beschränkung auf einen Teil, auf eines von mehreren Vermächtnissen V 623; — Erstreckung auf die Anwachsung V 623; — Annahme des Vorausvermächtnisses V 589; — Anfechtung der Annahme V 622.
— Ausschlagung: Recht hiezu V 617, 618, 620; — Wirkung V 623; — Form der Erklärung V 618, 622; — Unwiderruflichkeit V 622; — Ausschluß derselben V 618, 620; — Vererblichkeit des Rechtes V 14, 623; — Beschränkung auf einen Teil, auf eines von mehreren Vermächtnissen V 623; — Erstreckung auf die Anwachsung V 623; — Anfechtung der Ausschlagung V 622; — durch den Pflichtteilsberechtigten V 916; — A. des in einem Erbvertrage errichteten V. V 846; — Ausschlagung des Vorausvermächtnisses V 589; — Annahme, Ausschlagung durch die Ehefrau im gesetzlichen Güterstand IV 328; — bei allgemeiner Gütergemeinschaft IV 457; — bei Errungenschaftsgemeinschaft IV 619; — Haftung aus der Annahme eines V. durch die Frau im gesetzlichen Güterstand IV 350; — Haftung für Verbindlichkeiten infolge der Annahme bei allgemeiner Gütergemeinschaft IV 473; — Ausschlagung durch den Vater IV 1057, 1062; — durch den Vormund IV 1482, 1491; — Verzicht auf die Zuwendung durch Vertrag mit dem Erblasser V 1023.
Vermächtnis: Wirksamkeit des V.: Erfordernisse V 597, 598; — beim Vermächtnis einer zur Zeit des Erbfalles nicht zur Erbschaft gehörigen Sache V 604; — Erleben des Erbfalles V 597; — rechtzeitiger Eintritt der Bedingung oder Befristung V 597; — zeitliche Beschränkungen der Wirksamkeit V 597; — Einfluß des Wegfalles des Beschwerten V 597; — Einfluß des Wegfalles des Bedachten vor Eintritt des Erbfalles V 597; — zeitliche Beschränkung der Wirksamkeit des bedingten oder befristeten V., des V. an noch nicht erzeugte, an der Persönlichkeit nach noch unbestimmte Bedachte V 597, 598; — Nichtigkeit einer gegen die guten Sitten verstoßenden Vermächtnisordnung V 585, 609; — Unwirksamkeit des V. auf eine verbotene oder unmögliche Leistung V 608; — Anfechtbarkeit des Verm.-Anspruchs wegen Unwürdigkeit des Verm.-Nehmers V 999, 1009.
— Erfüllung: Kosten V 615; — Anfechtung des Erfüllungsanspruchs wegen Erbunwürdigkeit V 616; — Verweigerung der Leistung aus einem anfechtbaren V. nach Ablauf der Anfechtungsfrist V 489; — Sicherheitsleistung des Erben bei bedingten und betagten V. V 707; — Berichtigung im Falle des Mangels an Masse zu einem Nachlaßkonkurs V 260, 271; — Übertragung des vermachten Gegenstandes an den Bedachten bei Lebzeiten des Erblassers V 616; — Kürzung durch den beschwerten Erben mit Rücksicht auf die Pflichtteilslast V 615, 957, 964; — durch den beschwerten Vermächtnisnehmer V 615, 629, 630; — teilweise Erfüllungsverweigerung durch denselben V 629; — Aufwertung des V.-Anspruchs V 73, 616; — Gewährleistungspflicht des Beschwerten V 624; — Verjährung des Erfüllungsanspruches V 615.
— Aufhebung der im Erbvertrag getroffenen Anordnung V 870; — zeitliche Geltung des Rechts des BGB. V 582; — Vertrag über ein Vermächtnis aus dem Nachlaß eines noch lebenden Dritten V 72, 583; — Wegfall eines V.

nach Erbschaftskauf V 1086; — Erwerb durch V.: Vorbehaltsgut der Frau im gesetzlichen Güterstand IV 234; — Erwerb ist Vorbehaltsgut bei allgemeiner Gütergemeinschaft IV 428; — bei Errungenschaftsgemeinschaft IV 632; — bei Fahrnisgemeinschaft: Zuwendung von beweglichem Vermögen als eingebrachtes Gut IV 679; — von unbeweglichem Vermögen IV 676; — als Vorbehaltsgut der Frau IV 682; — Lastentragung IV 683; — Erwerb des überlebenden Ehegatten bei fortgesetzter Gütergemeinschaft IV 539; — Vertrag über ein V. aus dem Nachlaß eines noch lebenden Dritten II a 417; — Erwerb eines Mietgrundstücks durch V. II b 558, 566; — Errichtung einer Stiftung durch V. I 323.

Vermächtnis, gesetzliches V 73.

Vermächtnisanspruch: Inhalt V 612; — Entstehung V 617, 618; — Fälligkeit V 621; — bei Überlassung der Bestimmung der Zeit der Leistung ins Belieben des Beschwerten V 618; — bei dem von einem Vermächtnisnehmer zu entrichtenden Vermächtnis V 629; — Kürzung durch den beschwerten Erben mit Rücksicht auf die Pflichtteilslast V 615, 957, 964, 965; — durch den beschwerten Vermächtnisnehmer V 615, 629, 630; — Erfüllungsverweigerung durch denselben wegen Unzureichenheit des Vermächtnisses V 629; — Sicherung V 613; — Rang im Nachlaßkonkurs V 614; — Verjährung V 615; — Aufwertung V 73, 585, 616; — Gerichtsstand für Ansprüche aus Vermächtnissen V 583, 616.

Vermächtnisgegenstand: Unbestimmtheit der Bezeichnung desselben V 580; — Ansprüche des Bedachten bei Zerstörung, Beschädigung usw. durch den Erblasser beim vertragsmäßig angeordneten Vermächtnis V 861; — Miete und Pacht am V. V 604.

Vermächtnisnehmer: Eigentumserwerb an Grundstücken III 390.

Vermächtnisunwürdigkeit V 999, 1009.

Vermächtnisvertrag V 63, 78.

Vermarkung III 344.

Vermengung als Eigentumserwerbsart III 507; — Wirkung auf Rechte Dritter III 509; — Rechte der einen Rechtsverlust Erleidenden III 514; — des Vermächtnisgegenstandes V 608.

Vermieter: mittelbarer Besitz desselben III 65, 71; — gewerbsmäßige, beweglicher Sachen, Verjährung ihrer Ansprüche I 779, 786.

Verminderung der Erbschaft durch den Vorerben, Schadenersatzpflicht V 568; — des Gesamtgutes: bei allgemeiner Gütergemeinschaft IV 460; — bei Errungenschaftsgemeinschaft IV 619; — bei fortgesetzter Gütergemeinschaft IV 540, 544; — Gemeinschaftsaufhebungsklage eines Abkömmlings hiewegen IV 562; — Klage der Ehefrau bei allgemeiner Gütergemeinschaft IV 487; — Klage bei Errungenschaftsgemeinschaft IV 656.

Vermischung als Eigentumserwerbsart III 507; — Einfluß auf Eigentumsvorbehalt II b 111; — kein Rechtsgeschäft I 401; — Wirkung für Rechte Dritter III 509; — Rechte der einen Rechtsverlust Erleidenden III 514.

Vermißte: im Krieg, Todeserklärung I 138, 146.

Vermittlung eines Dienstvertrages II c 1059; — der Ehe II c 1061; — der Nachlaßauseinandersetzung V 388, 391; — eines Vertrages II c 1033.

Vermögen: Begriff I 342, V 12; — Nießbrauch an einem V. III 897; — Verpfändung III 1383, 1485; — Vertrag über gegenwärtiges V. II a 415; — über künftiges V. II a 413; — Anwendung der Vorbehaltsklausel VI b 815, 825; — Schuldenhaftung des Übernehmers beim Vertrag über das V. eines anderen II a 886, 887; — Schenkung eines ganzen V. II b 293; — des Mannes und der Frau im gesetzlichen Güterstand IV 221; — des Kindes: Sorge für das V. des Kindes, zeitlich geltendes Recht VI a 530, 538; — Nutznießung davon VI a 530, 559; — Rechte der Eltern am V. des Kindes nach altrechtlichem Güterstand VI a 541; — Gefährdung durch den Vater IV 1104; — Verfügung über das V. im ganzen durch den Vater IV 1057, 1061; — durch die Mutter IV 1160, 1162; — durch den Vormund IV 1482, 1490; — letztwillige Zuwendung V 494.

Vermögensabsonderung unter Ehegatten nach französischem und badischem Rechte VI a 537.

Vermögensanlagen, Aufwertung II a 56.

Vermögensauseinandersetzung der Ehegatten nach Scheidung VI a 551.

Vermögensbeschädigung: Zivilrechtsschutz II c 1778.

Vermögensbeschlagnahme, Aufrechterhaltung der Vorschriften VI a 30.

Vermögenserwerb: Unterlassung als Schenkung II b 300.

Vermögensfähigkeit der öffentlichen Glaubensgesellschaften I 335; — Verlust durch Eintritt in Orden I 129; — des unter elterlicher Gewalt stehenden Kindes IV 975.

Vermögenslage: Verschlechterung der V. eines Teils beim gegenseitigen Vertrag II a 468; — ungünstige: des Erben, Anordnung der Nachlaßverwaltung V 234, 237; — des Vorerben V 558.

Vermögenspflegschaft IV 1642; — Beendigung IV 1646, 1674; — über den Ehemann: Beendigung der Nutznießung und Verwaltung am eingebrachten Gute der Frau IV 362, 364; — Wiederherstellung der Rechte nach Aufhebung der Pflegschaft IV 377; — Wirkung gegenüber Dritten IV 391; — Zurückbehaltungsrecht der Frau hinsichtlich des Beitrages zum ehelichen Aufwand IV 385.

Vermögensrechte: Vererblichkeit V 13.

Vermögensschaden: Begriff II a 112; — Entschädigung für einen Schaden, der nicht V. ist II a 153; — bei unerlaubten Handlungen II c 1984.

Vermögensstatut: Kollision mit dem Sachstatut VI b 763, 765.

Vermögenssteuer, Berichtigung aus der Vorerbschaft V 557.

Vermögensübernahme mit Abfindung eines Dritten II a 553; — Schuldenhaftung II a 886; — Prozeßrechtliches II a 892.

Vermögensübersicht bei befreiter Vormundschaft IV 1569, 1571, 1627.

Vermögensverfall des Gewalthabers IV 1118; — der Mutter als Gewalthaberin IV 1160.

Vermögensverhältnisse: Irrtum über V. I 479; — Täuschung über V. bei Eheschließung IV 121; — Irrtum über dieselben IV 119.

Vermögensverwaltung des Beistandes IV 1170; — Beendigung derselben IV 1172; — V. des Ehemannes IV 246; — der Mutter IV 1158; — des Testamentsvollstreckers V 646, 679, 681; — Pflicht hiezu V 705; — Beschränkungen V 689.

— **des Vaters:** Gegenstand der V., Ausschluß durch Anordnungen Dritter IV 1042; — Anordnungen Dritter über die Art der V. IV 1045; — zeitlich geltendes Recht VI a 556.

— Pflichten des Vaters: Inventarerrichtung über das Kindervermögen nach dem Tode der Mutter IV 1047, 1048; — wegen Gefährdung des Vermögens IV 1118; — Anlegung von Geld IV 1055; — Erholung der Genehmigung zu Rechtsgeschäften IV 1057; — Rechnungsablegung wegen Gefährdung des Kindervermögens IV 1118; — Sicherheitsleistung IV 1121, 1128; — Verpflichtungen bei Wiederverheiratung IV 1123; — Zeugnis des Vormundschaftsgerichts über Erfüllung IV 62, 1125; — Folgen der Pflichtverletzung IV 1118; — Eigentumserwerb für das Kind IV 1067; — Überlassung von Sachen an das Kind zur freien Verfügung IV 1065; — Ersatz von Aufwendungen des Vaters IV 1070; — Verbot von Schenkungen aus dem Kindervermögen IV 1055.

— Beendigungsgründe IV 1042; — Beendigung durch Entziehung wegen Gefährdung des Unterhalts des Kindes IV 1105, 1113; — wegen Nichterfüllung der Inventarisationspflicht, unterlassener Sicherheitsleistung IV 1126; — Anhörung von Verwandten und Verschwägerten des Kindes vor der Entziehung IV 1130; — Beendigung durch Konkurs des Vaters IV 1068; — Wirkung der Beendigung IV 1146; — Fortführung der Verwaltung nach Beendigung IV 1148; — im Falle des Todes des Kindes IV 1149; — Anspruch auf die Nutzungen des Kindervermögens bei Ausschluß der V. IV 1088; — Unübertragbarkeit des Anspruches IV 1090; — Überlassung der V. durch das volljährige Kind an die Eltern IV 950; — Pflegschaft zur V. IV 1642.

Vermögensverzeichnis über das Vermögen des angenommenen Kindes IV 1337; — bei Verehelichung des Annehmenden IV 1332, 1340; — über das Kindervermögen, Einreichung durch den Vater nach dem Tode der Mutter und bei späterem Erwerb IV 1047, 1048; — Form IV 1051; — Zuständigkeit zur Errichtung IV 1048, 1052; — Verfahren IV 1052; — rechtliche Bedeutung IV 1054; — Einreichung auf Anordnung des Vormundschaftsgerichts wegen Vermögensgefährdung IV 1118; — bei beabsichtigter Wiederverehelichung IV 1123; — Folge der Nichterfüllung der Pflicht zur Einreichung IV 1126; — Einreichung durch die Mutter IV 1153, 1169; — V. bei beabsichtigter Verehelichung des Vaters des für ehelich erklärten Kindes IV 1299; — über das Mündelvermögen IV 1434, 1435; — siehe auch „Verzeichnis“.

Vermögenswert der Leistung beim Schuldverhältnis II a 15; — Erzwingung der Leistung ohne V. II a 17.

Vermutung der Annahme der Schenkung II b 295, 305; — der Aufhebung des Testaments durch Vernichtung V 787, 791; — ersatzfreier Aufwendungen zum elterlichen Haushalt IV 950; — für Gewährung der Ausstattung aus dem Vermögen des Kindes IV 972; — der Ehelichkeit IV 851; — Einfluß der Todeserklärung des Ehemannes I 149; — der Beiwohnung bei Legitimation durch nachfolgende Ehe IV 1273; — des Eigentums des Besitzers einer beweglichen Sache III 629; — des Nießbrauchbestellers III 865; — des Verpfänders einer Sache III 1453; — Verhältnis zur Eigentumsvermutung zugunsten des Mannes III 632; — für das Eigentum eines Ehegatten IV 210, VI a 536, VI b 284, 365; — V. für Fortdauer des Eigenbesitzes bei der Ersitzung III 495; — des Erbrechtes des Fiskus V 149; — der Gesamtguteigenschaft bei Errungenschaftsgemeinschaft IV 617, 632; — bei Fahrnisgemeinschaft IV 675; — gemeinschaftlicher Berechtigung an Grenzeinrichtungen III 372; — des guten Glaubens bei Ersitzung III 495; — des Lebens I 131, 132, 147, 150; — des Rechts des Nießbrauchers III 872; — des Pfandrechts III 1424; — für den Rechtsbestand der eingetragenen Hypothek III 1116; — für redlichen Eigentumserwerb III 475; — der Rückgabe des Pfandes durch den Gläubiger III 1459; — für Richtigkeit des Erbscheines V 1062, 1063; — für Richtigkeit des Grundbuchinhalts III 95, 211; — Bedeutung III 213; — Gegenstand III 214; — Widerlegung III 216; — Verhältnis zum öffentlichen Glauben des Grundbuchs III 220; — V. der Richtigkeit des Erbbaugrundbuchs III 728; — bei Vormerkungen im Grundbuch III 182; — der Richtigkeit des Zeugnisses über Fortsetzung der Gütergemeinschaft IV 588, V 1071; — für Richtigkeit des Zeugnisses über Ernennung eines Testamentsvollstreckers V 1072; — der unehelichen Vaterschaft IV 1249; — ersatzfreier Unterhaltsgewährung zwischen Eltern und Abkömmlingen II c 1144; — des Todes I 131, 132, 146; — bei Mehrheit der Todesfälle I 152; — V. der Übergabe des Hypothekenbriefs III 1029, 1034; — für Veräußerung des Zubehörs mit dem Grundstücke III 423; — für Verwendung verbrauchbarer eingebrachter Sachen zum Gesamtgut der Errungenschaftsgemeinschaft IV 652; — der Fahrnisgemeinschaft IV 675; — für Voll-

ständigkeit des Nachlaßinventars V 302; — für Vorhandensein von Gewährsfehlern beim Viehkauf II b 233; — V. der Zeugung bei Legitimation durch nachfolgende Ehe IV 1273; — nach verfrühter Wiederverheiratung der Witwe IV 886.

Vernachlässigung des Kindes durch den Gewalthaber IV 1105, 1108.

Vernehmungstheorie I 538.

Verneinende Bedingung I 652.

Vernichtete Anweisungen II c 1586; — v. Legitimationspapieren II c 1644; — Kraftloserklärung von Schuldverschreibungen II c 1623; — von Zins-, Renten- und Gewinnanteilscheinen II c 1635.

Vernichtung des Hypothekenbriefes III 1200; — von Schuldverschreibungen, Kraftloserklärung II c 1623; — des Testaments V 787, 789; — Beweis des Inhalts des Testaments V 791; — V. des gemeinschaftlichen Testaments V 831.

Verordnung: Gesetzeskraft VI a 10; — V. über Gewährsmängel und -fristen II b 229, 230; — V. über Grundbuchanlegung VI a 496; — über Nichteintragung bestehender Pfand-, Miet- und Pachtrechte ins Grundbuch VI a 502, 503.

Verpächter: mittelbarer Besitz desselben III 65, 71.

Verpachtung durch den Nießbraucher III 862.

Verpfänder: mittelbarer Besitz desselben III 65, 71.

Verpfändung: Einfluß der Geldentwertung II a 78; — zur Sicherheitsleistung I 856; — von Gehalts-, Pensionsansprüchen von Reichsbeamten VI a 71; — eigener Sachen III 1386; — des Gesellschaftsanteils ausgeschlossen II c 1275, 1282; — von Grund- und Rentenschulden III 1488; — des Grundbuch-Berichtigungsanspruchs III 259; — des Anspruchs auf Eintragung eines Widerspruchs III 276; — der Hypothekforderung III 1177; — der Inhabergrundschuld III 1363; — von Legitimationspapieren II c 1647; — V. der Mietzinsforderung, Einfluß der Veräußerung des Mietgegenstandes II b 569, 576; — des Nießbrauchs III 866; — der Sicherungshypothek III 1310; — der Hypothek für Forderungen aus Inhaberschuldverschreibungen, Wechseln usw. III 1316; — V. durch Nichteigentümer III 1399; — Beschränkung des V. von Ansprüchen aus unerlaubter Handlung II c 1966, 1978, 1988; — von Sachgesamtheiten ausgeschlossen I 341; — siehe auch „Pfandrecht".

Verpfändungsversprechen, Verpfändungsvertrag II b 1, III 1377; — Pflichten des Verpfänders II b 84; — Gewährleistung für Sachmängel II b 248.

Verpflegte Personen: Recht auf ihren Nachlaß V 35, VI a 367.

Verpflegung des in häuslicher Gemeinschaft befindlichen Bediensteten II b 843; — bei Erkrankung II b 837; — Verjährung der Ansprüche aus V. Dritter I 779, 786.

Verpflegungsanstalten: Erbrecht V 35; — Erbrecht, Pflichtteilsanspruch am Nachlaß verpflegter Personen VI a 367; — Verjährung ihrer Ansprüche I 779, 786; — vormundschaftliche Rechte des Vorstandes VI a 367.

Verpflichtung des Familienratsmitgliedes IV 1585; — des Gegenvormunds IV 1409; — des Pflegers IV 1669; — des Vormundes IV 1407; — rechtsgeschäftliche V. der Frau zu einer Leistung IV 311; — V. der Frau durch Rechtsgeschäfte des Mannes IV 248; — zur Errichtung, Nichterrichtung, Aufhebung, Nichtaufhebung letztwilliger Verfügungen V 892.

Verpflichtungsvertrag II a 389, 544.

Verrechnungsanweisungen II c 1603.

Verrichtung: Bestellung eines anderen zu einer V., Haftung II c 1855.

Verrufserklärung: Verstoß gegen die guten Sitten II c 1826.

Versäumung der Frist zur Erbschaftsausschlagung, Anfechtung V 119; — V. der Inventarerrichtung über den Nachlaß V 172 (siehe auch „Inventar").

Verschaffungsvermächtnis V 604, 605, 607; — Gewährleistungsfrist V 607, 624.

Verschiffungsklausel II b 143.

Verschlechterung der Sache: beim Rücktritt vom Vertrag II a 616; — Ausschluß des Rücktrittes wegen V. II a 623; — Haftung beim passiven Gesamtschuldverhältnis II a 425; — Haftung nach Rechtshängigkeit des Herausgabeanspruches II a 362; — beim Verzug II a 355, 359; — Haftung beim Herausgabeanspruch III 593; — einzelne Fälle: V. der geliehenen Sache II b 644; — Verjährung der Ansprüche hiewegen II b 606; — von Erbschaftssachen in der Hand des Erbschaftsbesitzers V 334; — im Falle der Nacherbfolge V 561; — von Gegenständen des Erbschaftskaufs, Gefahrentragung V 1093; — Haftung des Verkäufers für V. V 1088; — V. der Gesellschaft überlassener Sachen II c 1336; — des Grundstücks: Schutz der dinglich Berechtigten III 184; — des Hypothekenobjekts: Rechte der Hypothekgläubiger bei drohender V. III 1105; — bei eingetretener III 1101; — V. von Zubehör III 1108; — des Inventars des Pachtobjekts II b 620; — bei Übernahme zum Schätzungswert II b 622; — der Kaufsache II b 85; — beim Verkauf eines Rechtes an einer Sache II b 102; — Einfluß bei der Wandelung II b 181, 184; — Einfluß auf den Nachlieferungsanspruch beim Kauf von Gattungssachen II b 221; — beim contractus mohatrae II b 659; — beim Viehkauf II b 236, 238; — V. der Mietsache II b 459; — Verjährung des Ersatzanspruches II b 497; — der Nießbrauchsache III 858; — Verjährung der Ansprüche hiewegen III 864; — des Pfandes: Verjährung des Ersatzanspruches III 1423; — V. durch unerlaubte Handlung erlangter Sachen II c 1989; — des Stoffes beim Werkvertrag II b 991; — des Werkes II b 996; — des Gegenstandes des Wiederverkaufsrechtes, Haftung II b 267; — Befreiung beim Wiederkauf zum Schätzungswert II b 270; — V. der Vermögensverhältnisse des Ver-

tragsgegners, Verweigerung der Vorleistung II a 468; — V. der Vermögenslage des Hauptschuldners, Ansprüche des Bürgen II c 1514.

Verschleierte Verpfändung I 469, III 451, 461.

Verschließung des Erbvertrages V 842; — des Testamentes V 777.

Verschollenheit: Begriff I 130, 133; — Fristen und Voraussetzungen I 136; — bei Kriegsverschollenheit I 138; — bei Seeverschollenheit I 141; — bei Unfallverschollenheit I 144; — räumlich anzuwendendes Recht VI b 109; — Erledigung eines anhängigen Verfahrens VI a 421; — Besitzanweisung des mutmaßlichen Erben VI a 421, 423; — Erbfähigkeit des Verschollenen V 26; — V. des Grundstückseigentümers III 426; — des Mündels, Aufhebung der Vormundschaft IV 1599; — Aufhebung der vorläufigen Vormundschaft IV 1637; — V. des Vormunds IV 1602.

Verschollenheitserklärung Deutscher im Ausland VI b 115, 117; — von Ausländern im Ausland VI b 118; — ausländische Vorschriften VI b 111.

Verschulden: Begriff, Vertretung II a 263, 283; — Arten II a 265; — V. bei Vertragsabschluß II a 255, 257, 270; — V. der Unmöglichkeit der Leistung II a 276, 280; — konkurrierendes V. II a 154; — bei unerlaubten Handlungen II c 1783, 1802; — bei Amtspflichtverletzungen II c 1937; — bei Schadensstiftung durch Tiere II a 156, 160, II c 1895; — beim Wildschaden II c 1910; — Ausschluß des Rücktrittes vom Vertrag durch V. II a 621, 623; — V. als Voraussetzung des Verzuges II a 328, 340; — V. eines Gesamtgläubigers II a 930; — eines Gesamtschuldners II a 914, 917; — Einfluß des V. des Hauptschuldners auf die Bürgschaft II c 1488, 1490; — Vertretung fremden V. II a 271, 294; — V. Dritter: des gesetzlichen Vertreters und Dritter II a 295; — Verhältnis zur Haftung wegen unerlaubter Handlung II c 1868; — des Substituten, Gehilfen beim Auftrag, Vertretung II c 1088; — eines Dritten bei der Miete II b 407, 459, 467; — des Gehilfen bei Verwahrung II c 1161; — V. des Verkäufers für mangelhafte Lieferung II b 120; — des Nachlaßpflegers, Haftung des Erben V 139; — V. des Testamentsvollstreckers V 712; — V. eines Tieres II c 1890; — des Vormunds, Gegenvormunds IV 1524; — siehe auch „Haftung“.

Verschuldungsgrade II a 265.

Verschuldungsgrenze für Grundstücke nach Landesrecht III 969, VI a 302; — für Erbbaurecht III 730, 742; — für Heimstätten III 970.

Verschwägerte: Mitwirkung bei Testamentserrichtung: von V. des Bedachten V 755; — des Erblassers V 754; — des Richters oder Notars V 756; — Fähigkeit zur Zeugschaft bei Eheschließung im Auslande VI a 55.

— V. des Kindes: Anhörung durch das Vormundschaftsgericht vor Ersetzung der elterlichen Einwilligung zur Eheschließung IV 49; — vor Maßregeln in bezug auf die elterliche Gewalt IV 1130; — Anhörung vor Genehmigung von Rechtshandlungen des Vaters IV 1064; — vor Anordnung der Fürsorgeerziehung IV 1132.

Verschwägerte des Mündels: Anhörung durch das Vormundschaftsgericht IV 1557; — vor Auswahl der Familienratsmitglieder IV 1579; — Antragsrecht auf Einsetzung eines Familienrates IV 1575; — Berücksichtigung bei Auswahl des Vormundes IV 1387; — Berufung zum Familienrat IV 1584; — Ersatz ihrer Auslagen IV 1557; — siehe auch „Schwägerschaft“.

Verschweigen siehe „arglistiges V.“.

Verschwendung: rechtliche Wirkungen ohne Entmündigung I 80; — Enterbung des Verschwenders in guter Absicht V 992, 994; — nach Abschluß eines Erbvertrags V 863, 865; — Entmündigung wegen V. I 63, 72; — Verfahren I 76; — landesgesetzliches Antragsrecht von Gemeinden, Armenverbänden I 76; — Wirkungen des Entmündigungsantrages und -beschlusses I 78, 79; — Beschränkung der Geschäftsfähigkeit I 447; — Bekanntmachung der Entmündigung und deren Wiederaufhebung IV 1619; — Gütergemeinschaftsaufhebungsklage eines Abkömmlings bei Entmündigung des überlebenden Ehegatten wegen V. IV 563; — der Frau bei Entmündigung des Mannes bei allgemeiner Gütergemeinschaft IV 487; — bei Errungenschaftsgemeinschaft IV 556, 557; — Abschluß von Erbverträgen durch Entmündigte V 839; — Fähigkeit Entmündigter zur Mitwirkung bei Testamentserrichtung V 757; — zum Widerruf eines Testaments V 787; — Unfähigkeit Entmündigter zum Familienrat IV 1582; — zum Gegenvormund IV 1393, 1412; — zum Pfleger IV 1669; — zum Vormund IV 1391, 1612; — Beendigung des Amts des Vormunds IV 1601, 1603; — Unfähigkeit zur Errichtung letztwilliger Verfügungen V 730, 733; — Wirkung der Entmündigung oder Beistandschaft nach bisherigem Rechte VI a 413, 414; — Gültigkeit des Testaments des Entmündigten VI a 594; — Entmündigung von Ausländern VI b 94, 96, 97; — Wirksamkeit von Rechtsgeschäften des Entmündigten und seines Vertreters im Falle der Aufhebung der E. I 449.

Verschwiegenheit: Pflicht des Dienstverpflichteten hiezu II b 780.

Versendung der Kaufsache: Übergabe II b 88, III 444; — Gefahrenübergang II b 91; — Kosten II b 98, 102; — V. der Ware: Leistungsort II a 217; — des bestellten Werkes: Gefahrenübergang II c 991; — beim Werklieferungsvertrag II c 1026.

Versetzung von Beamten, Militärpersonen usw.: Kündigung der Miete II b 550; — V. des Pächters II b 635.

Versicherung zugunsten Dritter II a 553; — des eingebrachten Gutes: Haftung für die Versicherungsprämie im gesetzlichen Güterstande IV 275; — bei Errungenschaftsgemeinschaft IV 636; — des Bauwerks beim Erbbaurecht

III 680, 684; — Benachrichtigung vom Eintritt des Versicherungsfalles III 747; — des Hypothekenobjekts: Erstreckung der Hypothek auf die Forderung gegen den Versicherer III 1072; — Umfang und Dauer der Pfandhaftung der Entschädigungssumme bei Gebäudeversicherung III 1079; — bei V. anderer Gegenstände III 1084; — Ausschluß der Haftung durch den Versicherungsvertrag III 1085; — Folge der Unterlassung oder Nichterneuerung III 1102; — des Kindervermögens IV 1083; — V. von Vorbehaltsgut der Frau IV 276; — Recht des Ehemanns an der Versicherungssumme für Frauenvermögen IV 271; — des Vaters an der V. für Kindervermögen IV 1080; — der Nießbrauchsache III 851, 852; — Recht des Nießbrauchers an der Versicherungssumme III 853; — V. des Pfandgegenstandes III 1414; — Stellung des Reallastberechtigten III 940.

Versicherung an Eides Statt beim Antrag auf Erteilung eines Erbscheins V 1040, 1044, 1048; — eines gemeinschaftlichen Erbscheins V 1046.

Versicherungsansprüche: Verpfändung III 1501; — Ausschluß des Vermieterpfandrechts II b 505.

Versicherungsanstalten: Beleihung von Erbbaurechten III 742.

Versicherungsforderung: Gegenstand der Nacherbfolge V 533; — siehe auch „Lebensversicherung".

Versicherungsgelder: Anlage in Erbbaurechtshypotheken III 733.

Versicherungsmarken der Invaliditätsversicherung: rechtliche Natur II c 1643.

Versicherungspolicen: rechtliche Natur II c 1645; — Eigentum III 519; — Verpfändung III 1385, 1489; — Behandlung einer verpfändeten III 1411; — Verpfändung von Transportversicherungspolicen III 1517; — Verpfändung von Lebensversicherungspolicen III 1520; — Ausschluß des Vermieterpfandrechts II b 505; — Kraftloserklärung nach Landesrecht VI a 258.

Versicherungsprämie: Verteilung auf sukzessiv Verpflichtete I 393, 394.

Versicherungsrecht: landesgesetzliche Regelung VI a 179.

Versicherungsscheine auf den Inhaber II c 1603.

Versicherungssumme: Anrechnung auf die Rente des durch unerlaubte Handlung Geschädigten II c 1964, 1976; — für Viehschäden II b 237; — Erstreckung der Hypothek auf die V. III 1073; — Erstreckung der Beschlagnahme auf die V. III 1078; — Umfang und Dauer der Haftung III 1079; — Erlöschen der Haftung III 1072, 1085; — Ausschluß der Haftung der nur zur Wiederherstellung bestimmten V. III 1085; — Ausschluß der Pfändung derselben III 1087; — freies Verfügungsrecht des Versicherten VI a 311, 313.

Versicherungsunternehmungen, RGesetz über private VI a 180; — Beleihung von Erbbaurechten III 663, 742.

Versicherungsvertrag: V. auf Gewährung einer Leibrente II c 1436; — Abtretbarkeit der Forderung aus dem V. II a 793; — konkurrierendes Verschulden des Versicherten II a 157; — Abschluß für den Mündel IV 1494; — RG. über den V. III 1077, 1080, VI a 181.

Versionsklage II c 1127, 1669.

Versorgungsansprüche: anderweitige Festsetzung VI a 133.

Versorgungsgebührnisse von Militärpersonen, Pfändung IV 897; — Rückzahlung zu Unrecht erhobener II c 1731.

Versprechen der Leistung an einen Dritten II a 537.

Versteckter Dissens beim Vertragsabschluß I 638; — Unterschied vom Irrtum I 490; — Ersatz des negativen Vertragsinteresses I 500; — beim formbedürftigen Vertrag II a 438.

Versteigerung: Zustandekommen des Vertrages bei V. I 640; — Herausgabe des Erlöses nicht dem Schuldner gehöriger versteigerter Sachen II c 1704; — Schadensersatzpflicht hiewegen II c 1772; — Ausschluß der Mängelhaftung bei öffentlicher V. II b 151; — Vertrag über Abhalten vom Bieten I 558, 576.

— V. gefundener, dem Verderb ausgesetzter Sachen III 555; — in dem öffentlichen Verkehr dienenden Räumlichkeiten gefundener Sachen III 569; — V. gemeinschaftlicher Sachen zum Zwecke der Aufhebung der Gemeinschaft II c 1425; — Eigentumserwerb an gestohlenen, verlorenen usw. Sachen in öffentlicher V. III 479, 484, 486; — von Grundstücken: Auflassung III 414, VI a 378; — Erfordernisse des Eigentumsübergangs III 442.

Versteigerung zur Hinterlegung nicht geeigneter Sachen II a 728; — Androhung II a 731; — Benachrichtigung von der erfolgten V. II a 732; — Kosten II a 734.

— der Pfandsache: III 1436; — Ort der V. III 1438; — Bekanntmachung III 1438; — Art und Weise III 1439; — bei Gold- und Silbersachen III 1441; — Gebot des Eigentümers, Gläubigers, Schuldners III 1440; — vom Bieten ausgeschlossene Personen III 1441; — Benachrichtigung von der erfolgten V. III 1442; — wegen Gefahr des Verderbs oder der Wertminderung III 1415; — Androhung der V. III 1416; — V. von markt- oder börsengängigen Pfandsachen III 1417; — V. mit Gewährsmängeln behafteter Tiere während des Prozesses II b 241; — unter Eigentumsvorbehalt verkaufter Sachen für den Verkäufer II b 110.

Versteigerungsbeamte: Verbot des Bietens II b 113, 114; — Wirkung der Nichtbeachtung II b 115.

Verteidigung gegen rechtswidrige Angriffe I 842; — gegen verbotene Eigenmacht III 44; — durch den Besitzdiener III 47.

Verteidigungskosten der Frau: keine Unterhaltskosten IV 200; — Haftung des eingebrachten Gutes IV 342; — Haftung des Mannes im Verhältnis zur Frau IV 280; — Ersatzpflicht der Frau gegenüber dem Manne IV

354; — V. des Mannes und der Frau bei allgemeiner Gütergemeinschaft IV 474; — bei Errungenschaftsgemeinschaft IV 636, 646; — V. des Kindes IV 1082, 1084.

Verteilung von Früchten unter sukzessiv Berechtigte I 390; — von Lasten auf sukzessiv Verpflichtete I 393.

Verteilungsverfahren nach dem Rayongesetz VI a 91; — bei Zwangsenteignung von Grundstücken VI a 88.

Vertiefung eines Grundstücks III 334; — Verjährung der Ansprüche daraus III 385.

Vertrag: Begriff und rechtliche Natur I 604, II a 388; — Errichtungsort VI b 177, 178, 181; — auf die Form des V. anzuwendendes Recht VI b 178; — Abschluß, Zustandekommen I 604, 605; — Zustandekommen ohne Erklärung der Annahme eines Vertragsantrages I 629, 630; — bei gerichtlicher oder notarieller Beurkundung ohne gleichzeitige Anwesenheit der Vertragsteile I 633; — bei Versteigerung I 641; — Ort des Abschlusses I 612; — Arten I 607, II a 20, 21, 389; — kausale, abstrakte II a 390; — gegenseitige, einseitige II a 390; — entgeltliche, unentgeltliche II a 391; — benannte, unbenannte, gemischte, zusammengesetzte II a 391, II b 5; — Entstehung, Formfreiheit II a 396; — Inhalt II a 397; — dinglicher III 8; — über dingliche Rechte III 3; — Einigung über alle Vertragspunkte als Voraussetzung der Wirksamkeit I 604, 636; — Einfluß mangelnder Einigung über einzelne Punkte I 636, 638; — Mißverständnis, mangelnde Willensübereinstimmung beim V. I 490, 638; — Verabredung der Beurkundung I 636; — rechtsgeschäftliche Schriftform I 531; — gesetzliche Schriftform I 526; — Auslegung der Verträge I 642; — Abschluß ohne Vertretungsmacht I 724; — Haftung des Vertreters I 727; — Zustimmung Dritter zu V. I 741; — Bestätigung nichtiger V. I 591, 593; — Verhältnis der Verletzung einer Vertragspflicht zur unerlaubten Handlung II c 1749.

— **über Schuldverhältnisse**: Begründung, Änderung des Inhalts des Sch. II a 397; — V. auf eine unmögliche Leistung II a 400; — Einfluß der Kenntnis von der Unmöglichkeit II a 406; — Hebung der Unmöglichkeit II a 409; — Verstoß des V. gegen ein gesetzliches Verbot, gegen die guten Sitten II a 412.

— **gegenseitiger** V.: Begriff II a 456; — Erfüllung, Einrede des nicht erfüllten Vertrages II a 458, 460, 461, 472; — teilweise Leistung II a 461; — Verweigerung der Leistung wegen Unsicherheit der Gegenleistung II a 468; — Einfluß zufälliger Unmöglichkeit II a 475, 481, 482; — vom Gläubiger zu vertretende Unmöglichkeit II a 476, 491; — vom Schuldner zu vertretende II a 476, 495; — Einfluß des Verzuges des Leistungspflichtigen II a 481, 507; — Form und Wirkung des Rücktritts II a 533; — Verurteilung zur Leistung Zug um Zug II a 472; — V. auf Leistung an einen Dritten II a 537, 543; — Leistung nach dem Tode des Versprechensempfängers II a 560; — Änderung der Person des Bedachten II a 562; — Zurückweisung des Rechtes durch den Dritten II a 563; — Einwendungen aus dem V. II a 564; — Geltendmachung des Rechtes aus dem V. durch den Versprechensempfänger II a 572; — Schadensersatzanspruch des Versprechensempfängers II a 119; — über Gewährleistung für Viehmängel II b 244; — zeitlich geltendes Recht VI a 447.

Vertrag: Einzelne Fälle: über Anwendung ausländischen Rechts VI b 643, 755; — über Ehescheidungsfolgen, Unterhaltspflicht nach Scheidung, räumlich geltendes Recht VI b 429; — V. über Eigentumsübertragung an Grundstücken II a 420; — V. über den Nachlaß eines noch lebenden Dritten II a 417, V 10; — über ein Vermächtnis eines Dritten II a 418; — über ein Vermächtnis aus dem Nachlaß eines noch lebenden Dritten V 72, 583; — über ein gegenwärtiges Vermögen II a 415; — über ein künftiges Vermögen oder einen Bruchteil II a 413; — Schuldenhaftung des Übernehmers des Vermögens II a 886, 887; — über das gesetzliche Erbrecht V 35; — der Ehefrau über eingebrachtes Gut IV 304; — Widerruf desselben IV 307; — des Gewalthabers: Einfluß mangelnder Genehmigung des Vormundschaftsgerichts IV 1064; — des Vormundes ohne Genehmigung des Vormundschaftsgerichts IV 1511, 1512.

— Minderjähriger: Erfordernis der Genehmigung des gesetzlichen Vertreters I 429, 432; — Widerruf des V. durch den anderen Teil I 432, 435; — Gültigkeit ohne Genehmigung I 437; — Beweislast für Genehmigung und Widerruf I 436.

Vertragsabschluß, Verschulden bei V. II a 255, 257, 270, 284, 285, 295.

Vertragsabschlußgehilfen I 608.

Vertragsantrag: rechtliche Natur des V. I 616; — der Annahmeerklärung I 620; — der Ablehnung I 622; — Form des V. I 616; — Vorbehalt des Widerrufs I 617; — Voraussetzungen der Wirksamkeit I 614; — Gebundenheit an den V. I 613; — Bedeutung der Gebundenheit I 617; — Vererblichkeit I 634; — Erlöschen durch Ablehnung oder nicht rechtzeitige Annahme I 620; — zeitliche Annahmefähigkeit I 623; — beim Verzicht auf Annahmeerklärung I 630; — Fristbestimmung für die Annahme I 626; — verspätete Annahme I 626, 628; — rechtzeitig abgesandte und verspätet zugegangene Annahmeerklärung I 626; — modifizierte Annahme I 628; — Anfechtung der Annahme I 632; — Ausnahmen von der Empfangsbedürftigkeit I 629, 630; — Einfluß des Todes oder eingetretener Geschäftsunfähigkeit des Antragenden I 634, V 15, 18; — des Antragsgegners I 635; — Behandlung eines vor dem 1. Januar 1900 gestellten, nachher angenommenen VI a 447; — V. bei der Versteigerung I 640; — Unterlassung der Annahme keine Schenkung II b 306; — Offerte an das Publikum I 614; — V. beim Kauf II b 17; — V. über Eigentumsverschaffung am

Grundstück, Form II a 431; — Zusendung unbestellter Ware II b 18; — Ablehnung durch die Frau im gesetzlichen Güterstande IV 328; — bei allgemeiner Gütergemeinschaft IV 457; — bei Errungenschaftsgemeinschaft IV 619.

Vertragsbruch: Verstoß gegen die guten Sitten II c 1825.

Vertragserbe V 76.

Vertragsfreiheit I 605, II a 14, II b 2, 5; — Ausschluß im Familienrecht IV 2; — Beschränkungen im Sachenrecht III 5; — bei Eheverträgen IV 399; — V. bei Miete II b 341, 397.

Vertragskosten: Ersatz bei Wandelung II b 179, 186.

Vertragsmäßiges Erbrecht: Verzicht auf die Zuwendung V 1023; — neben gesetzlichen, testamentarischen V 11.

— **Güterrecht** IV 392; — dispositives Recht IV 392, 393; — Geltungsgebiet der Vorschriften des BGB. IV 393; — Zeugnis des Registergerichts über den Bestand IV 688; — Bedeutung für das Öffentlichkeitsprinzip des Grundbuchrechts III 239.

Vertragsort II a 224.

Vertragspflicht: vorsätzliche Verletzung II a 267.

Vertragsstrafe: Begriff, rechtliche Natur, Arten II a 580; — zugunsten eines Dritten II a 582; — räumlich anzuwendendes Recht VI b 815, 825; — zeitlich anzuwendendes Recht VI a 454; — Fälligkeit der auf Zahlung einer Geldsumme gerichteten II a 586; — Entrichtung statt Erfüllung II a 591; — wegen nicht gehöriger Erfüllung II a 594; — Vorbehalt bei Annahme nicht gehöriger Erfüllung II a 594, 596; — andere Leistungen als Zahlung einer Geldsumme II a 598; — Beweislast für die Vertragserfüllung II a 606; — richterliches Ermäßigungsrecht II a 599; — Übertragbarkeit, Vererblichkeit des Anspruchs auf die V. II a 581, 788; — Ausbedingung durch einen Vertreter II a 583; — Einfluß der Anfechtung des Hauptgeschäfts I 596; — Übertragbarkeit, Vererblichkeit des Anspruchs auf die V. II a 581, 788; — Unverjährbarkeit des Klagerechts auf Herabsetzung I 771; — Aufwertung II a 585; — selbständige Strafvereinbarung II a 583; — Übergang des Anspruches bei Abtretung der Forderung aus dem Vertrage II a 813; — Ungültigkeit des Versprechens wegen Unwirksamkeit des Vertrages II a 603; — Einfluß der Schuldübernahme II a 885; — Geltendmachung der V., des Ermäßigungsanspruchs durch den Bürgen II c 1493; — Ausschluß für Spiel- und Wettschulden II c 1447; — Nebenabreden beim Dienstvertrag II b 797; — V. zur Sicherung der Verpflichtung aus einem Vorvertrag I 611; — Verjährung der V. I 836; — Verpflichtung des Erbbauberechtigten zu V. III 680, 688; — V. zur Sicherung des Anspruchs auf den Erbbauzins III 704, 705; — Verjährung III 690; — Haftung des Hypothekobjekts III 1038; — des Pfandes III 1405; — Eintragung im Grundbuch III 1016; — für Bruch des Eheversprechens IV 18.

Vertragstheorie bei Ausstellung von Inhaberschuldverschreibungen II c 1598, 1606; — bei Wandelung, Minderung II b 155.

Vertragsverbindungen II b 5.

Vertragsverletzungen, positive II a 26, 249, 273, 283, 475, 481, 497, 611; — Verjährung der Ansprüche aus solchen II a 283; — g. V. beim Kaufvertrag II b 120; — beim Viehkauf II b 228; — beim Gesellschaftsvertrag II c 1220, 1243.

Vertrauensgeschäfte, privatwirtschaftliche II b 4.

Vertrauensinteresse I 498, 731, II a 406, 412, VI a 407; — Ersatz bei verstecktem Dissens I 640; — Verjährung des Ersatzanspruchs I 777; — Vereinbarung durch Minderjährige I 445.

Vertretbare Handlungen I 354.

Vertretbare Leistungen I 354.

Vertretbare Sachen: Begriff I 352, 353; — Teilbarkeit des Anspruchs auf Lieferung II a 902; — als Gegenstand der Anweisung II c 1576; — des Darlehens II b 655, 657; — des Beitrages zum Gesellschaftsvermögen II c 1232; — der Leihe II b 640; — der Miete II b 391; — der Verwahrung II b 1170; — Werklieferungsvertrag II c 1018, 1024; — Vermächtnis einer Menge v. S. an Mehrere V 596.

Vertreter: Begriff I 677; — Unterschied von Boten und Gehilfen I 675, 676; — Anfechtungsrecht wegen Drohung I 508; — wegen Täuschung I 511; — Irrtum des V. I 491, 694, 695; — Unterzeichnung von Urkunden I 528; — Kontrahieren mit sich selbst I 735; — Leistung an V. II a 672; — Haftung für V. von Beamten II c 1873, 1958; — H. für unerlaubte Handlungen von V. II c 1754; — des Grundstückseigentümers zur Entgegennahme der Kündigung der Hypothekforderung III 1125; — auf die Rechtsstellung des gesetzlichen Vertreters anzuwendendes Recht VI b 72, 73, 74, 476, 582; — für die Rechtsgeschäfte des gesetzlichen V. geltendes Recht VI b 75; — für die Zulässigkeit der Vertretung anzuwendendes Recht VI b 176.

Vertretung: Begriff I 674, 686; — Zulässigkeit I 680; — aktive und passive I 679, 680; — mittelbare und unmittelbare I 681; — Wirkung der Erklärung von und gegenüber Vertretern I 682, 683; — Vertretungsfähigkeit I 687; — Substitutionsbefugnis des Vertreters I 690; — Vertretungsmacht I 688; — interne Geschäftsführungsbefugnis I 689; — Beweislast für das Bestehen der Vertretungsmacht I 691; — Einfluß von Willensmängeln, Kennen oder Kennen müssen I 693; — Vollmacht zur V. (siehe auch „Vollmacht") I 699.

— V. ohne Vertretungsmacht I 724, II c 1127; — bei Eigentumsübertragung III 441; — bei Auflassung von Grundstücken III 409; — Haftung des Vertreters bei verweigerter Genehmigung des Geschäfts durch den Vertretenen I 727; — Beweislast I 731; — V. o. V. bei einseitigen Rechtsgeschäften I 732.

— Kontrahieren des Vertreters mit sich selbst I 735; — Kollision zwischen Handlungen des Vertreters u. des Vertretenen I 682.

Vertretung: Sonderfälle der V.: eines Ehegatten bei Abschluß von Eheverträgen IV 397; — V. der Gesellschaft II c 1262; — Ausnahme bei Eheverträgen über Gütergemeinschaft IV 417, 590, 673; — des unter elterlicher Gewalt stehenden Kindes IV 983, 984; — bei Beschränkung des Gewalthabers in der Geschäftsfähigkeit IV 1137; — durch die Mutter IV 1158; — während Ruhens der elterlichen Gewalt der Mutter IV 1177; — Entziehung der Vertretungsbefugnis IV 1113; — V. des Kindes aus nichtiger Ehe IV 1185; — bei bösem Glauben des Vaters IV 1186; — der Mutter IV 1188; — des Kindes aus geschiedener Ehe IV 1020, 1027; — der unter elterlicher Gewalt stehenden verheirateten Tochter IV 1012; — V. des Mannes durch die Frau IV 183, 187, 192; — V. des Mündels IV 1414; — Ausschluß des Vormunds von der V. IV 1419, 1420; — teilweise Entziehung der V. IV 1423; — des unehelichen Kindes IV 1210, 1211; — V. des Vereins durch den Vorstand I 196; — durch Vertreter für einzelne Geschäfte I 209; — V. des Vereinsvorstandes I 198; — bei Eigentumsübertragung III 441, 447; — bei Auflassung III 407; — Selbstkontrahieren bei Auflassung III 408; — guter Glaube beim Erwerb vom Nichteigentümer III 474; — V. bei Verarbeitung, Umbildung III 513.

— Unzulässigkeit und Beschränkung: beim Auftrag II c 1088; — beim Dienstvertrag II b 811; — bei Anfechtung der Ehe IV 125, 137; — bei Bestätigung der anfechtbaren Ehe IV 127; — bei Anerkennung der Ehelichkeit IV 879, 881; — bei Anfechtung der Ehelichkeit IV 872; — bei Anfechtung der Anerkennung der Ehelichkeit IV 882; — bei Anfechtung des Antrages auf Ehelichkeitserklärung u. d. Einwilligungserklärungen IV 1289; — bei Anfechtung des Vertrages über Annahme an Kindes Statt und der Einwilligung hiezu IV 1327, 1329; — bei Anfechtung der Aufhebung IV 1350, 1352; — beim Antrag auf Ehelichkeitserklärung IV 1282, 1286; — bei der Eheschließung IV 77; — bei der Einwilligungserklärung zur Annahme an Kindes Statt IV 1315, 1318; — bei der Einwilligung zur Ehelichkeitserklärung IV 1284, 1286; — bei der elterlichen Einwilligung zur Eheschließung IV 48; — beim Vertrag über Annahme an Kindes Statt IV 1320, 1341; — über Aufhebung der Annahme an Kindes Statt IV 1350; — bei Verträgen über allgemeine Gütergemeinschaft IV 417; — über Ausschluß der Fortsetzung der Gütergemeinschaft IV 590; — bei der Zustimmungserklärung zu Verträgen der Frau über persönliche Leistungen und zur Kündigung derselben IV 192, 195; — bei der Zustimmungserklärung zu Verfügungen in bezug auf den Anteil eines Abkömmlings am Gesamtgut der fortgesetzten Gütergemeinschaft IV 608; — bei Wiederherstellung der ehelichen Gemeinschaft IV 833; — bei Anfechtung des Erbvertrags V 852; — beim Abschluß des Erbvertrags V 838; — bei Aufhebung des Erbvertrags V 866, 868; — bei Bestätigung des anfechtbaren Erbvertrags V 855; — beim Rücktritt vom Erbvertrag V 877; — beim Abschluß des Erbverzichtsvertrags V 1018; — bei Aufhebung des Erbverzichts V 1022; — bei der Testamentserrichtung V 447, VI a 590; — beim Widerruf des Testaments durch Rücknahme aus amtlicher Verwahrung V 787, 792.

Vertretungsfähigkeit I 687.

Vertretungsmacht: Begriff und Inhalt I 688; — Nachweis bei der Auflassungserklärung III 407, 408; — V. in der Geschäftsfähigkeit Beschränkter I 692; — Umfang I 702; — Ende I 707; — der auf Grund besonderer Mitteilung oder öffentlicher Bekanntmachung oder Aushändigung einer Vollmachtsurkunde bestehenden I 715; — Erlöschen derselben I 707, 713, 715; — Mangel derselben I 724; — Wirkung des Mangels I 727; — Beweislast I 731; — Mangel bei einseitigen Rechtsgeschäften I 732; — V. des Inhabers der elterlichen Gewalt IV 983, 984; — nach Ehescheidung IV 1020; — gegenüber der verheirateten Tochter IV 1012; — Entziehung IV 1113; — V. der ehelichen Mutter IV 1158; — Prüfung durch Dritte mit ihr Kontrahierende IV 1167, 1173; — Nachweis vor dem Grundbuchamt IV 1163; — V. des Vereinsvorstands I 196; — Eintragung von Beschränkungen derselben ins Vereinsregister I 293; — V. besonderer Vertreter des Vereins I 209; — der Vereinsliquidatoren I 254; — V. des Vormunds IV 1414; — Beschränkungen IV 1416; — Ausschluß derselben IV 1419, 1420; — Entziehung IV 1423; — Unübertragbarkeit der V., Vollmachterteilung IV 1417.

Vertretungsrecht der Frau bei Verhinderung des Mannes IV 454.

Verunreinigung von Privatgewässern III 311.

Verunstaltung einer Person, Geldentschädigung II c 1984; — V. von Schuldverschreibungen II c 1622.

Vervielfältigung der Namensunterschrift bei Schuldverschreibungen II c 1602.

Verwahrung II c 1149; — Begriff und rechtliche Natur II c 1149; — dispositive Natur der Vorschriften II c 1150; — Verhältnis zu ähnlichen Vertragsverhältnissen II c 1152; — zur Hinterlegung II c 1155; — besondere Arten II c 1151; — öffentlichrechtliche Verw.-Verhältnisse II c 1154; — Gegenstand des Vertrags II c 1156; — Voraussetzungen des Verwahrungsvertrages II c 1319; — Vorvertrag (Pactum de deponendo) II c 1157; — Mehrheit von Hinterlegern oder Verwahrern II c 1150; — Weiterhinterlegung bei einem Dritten II c 1161; — Art der Aufbewahrung II c 1162; — unbefugter Gebrauch der verwahrten Sache II c 1163; — Besitzverhältnisse II c 1151, III 65, 71; — Zeit der Rückgabe II c 1165, 1167; — Ort der Rückgabe II c 1168; — Rechte und Pflichten des Verwahrers: Recht auf Vergütung II c 1157; — stillschweigende Vereinbarung der Vergütung II c 1159; — Zeit der Entrichtung II c 1169; — Recht auf

Rücknahme der Sache II c 1167; — Zurückbehaltungsrecht II c 1166; — Verwahrungspflicht überhaupt II c 1156, 1158; — Abweichung von der vereinbarten Aufbewahrungsart, Anzeigepflicht II c 1162; — Rückgabe der Sache II c 1159; — Verbot der Weiterhinterlegung II c 1161; — Haftung des Verwahrers überhaupt II c 1150; — bei unentgeltlicher V. II c 1160; — bei Weiterhinterlegung, für Gehilfen II c 1161; — Verzinsung verwendeten Geldes II c 1168; — Rechte und Pflichten des Hinterlegers: Rückforderungsrecht II c 1165; — Zurückbehaltungsrecht II c 1164; — Ersatzpflicht für Aufwendungen des Verwahrers II c 1163; — Befreiung von Verbindlichkeiten II c 1164; — Ersatzpflicht für Schäden infolge der Beschaffenheit der Sache II c 1164; — Vererblichkeit der Ansprüche aus dem Verwahrungsvertrag II c 1151; — Verjährung der Ansprüche II c 1151.

Verwahrung: Einfluß der Geldentwertung II a 78.

— Besondere Fälle der V.: Hinterlegung vertretbarer Sachen (depositum irregulare) II b 653, II c 1170; — Gewährleistung wegen Mängel bei der uneigentlichen V. II b 248; — V. der an mehrere Gläubiger geschuldeten unteilbaren Sache II a 935; — von Wertpapieren II c 1170; — V. des Erbvertrags V 842, 883; — Einfluß der Zurücknahme aus der V. V 868; — V. der Fundsache III 555; — Ersatz von Aufwendungen III 558; — zum Nachlaß geschuldeter zur Hinterlegung nicht geeigneter Sachen während der Erbengemeinschaft V 371, 373; — des Pfandes: Pflicht des Pfandgläubigers III 1410; — beim gesetzlichen Pfandrecht III 1467; — V. durch einen gerichtlich bestellten Verwahrer wegen verletzenden Verhaltens des Pfandgläubigers III 1413; — V. durch einen gemeinschaftlich bestellten Verwahrers bis zum Verkauf III 1430; — V. des geleisteten Gegenstandes beim Pfandrecht an einem Recht III 1503; — des Testaments: des amtlichen V 777; — des eigenhändigen V 779; — Rückgabe des Testaments V 787, 792; — des gemeinschaftlichen Testaments V 793, 831. — Ablieferung an das Nachlaßgericht nach dem Tode des Erblassers V 795; — Eröffnung von seit mehr als 54 Jahren verwahrten Testamenten V 800.

— (Protestation): Begriff I 454.

Verwahrungsdepot II c 1173.

Verwahrungspflicht des Verkäufers II b 33.

Verwalter: Besitz III 28, 71, 72.

Verwaltung: Rechnungstellung über eine V. II a 180.

Verwaltung des eingebrachten Gutes der Frau beim gesetzlichen Güterstand: Recht des Mannes IV 221; — keine Eintragung ins Grundbuch IV 223; — Unübertragbarkeit des Rechtes IV 334; — Ausschluß durch Ehevertrag IV 444; — Unwirksamkeit des Verzichts des Mannes IV 360; — Beschränkungen IV 248; — Vertretung des bevormundeten Ehemanns IV 335; — Ausschluß bei Verheiratung der Frau ohne Einwilligung des gesetzlichen Vertreters IV 223; — Voraussetzungen der Geltendmachung des Ausschlusses oder der Änderung gegenüber Dritten IV 407; — Art der Verwaltung IV 246; — Lastentragung während der Dauer der V. IV 274, 275; — Tragung von Zinsen und wiederkehrenden Leistungen IV 278; — zeitliche Schranke der Geltendmachung der Ansprüche aus der V. durch die Frau IV 300; — Ersatzanspruch für Aufwendungen zur V. IV 291; — Beendigungsgründe überhaupt IV 359; — Beendigung durch Gütertrennungsklage IV 361; — durch Konkurseröffnung über das Vermögen des Mannes IV 367; — durch Todeserklärung I 149, IV 368; — Wirkung der Beendigung IV 370; — im Falle der Gütertrennungsklage IV 373; — Einfluß der Beendigung auf bestehende Miet- und Pachtverhältnisse IV 374; — Fortführung der Verwaltung nach Beendigung bis zu anderweitiger Fürsorge IV 375; — Wirkung der Wiederherstellung der Verwaltung gegenüber Dritten IV 391; — Einfluß des Konkurses über das Vermögen der Frau IV 348.

Verwaltung des eingebrachten Gutes bei Errungenschaftsgemeinschaft IV 628; — Fortführung der V. nach Beendigung IV 661, 664.

— bei Fahrnisgemeinschaft IV 675.

— V. des Frauenvermögens durch den Mann bei Gütertrennung IV 388.

— V. des gemeinschaftlichen Gegenstandes II c 1407, 1409; — Kosten II c 1414; — Wirkung von Anordnungen über die V. für die Sondernachfolger II c 1412.

— **des Gesamtgutes** der allgemeinen Gütergemeinschaft IV 433; — keine Verantwortlichkeit des Mannes IV 460; — Haftung der Frau IV 462; — V. durch den Vormund des Mannes IV 462; — Ende des Verwaltungsrechtes IV 439; — V. nach Aufhebung der Gütergemeinschaft bis zur Auseinandersetzung IV 496; — der Errungenschaftsgemeinschaft IV 618, 619; — Verantwortlichkeit des Mannes IV 619; — Verwaltung durch den Vormund des Mannes IV 620, 630; — V. nach Aufhebung bis zur Auseinandersetzung IV 661, 663; — der fortgesetzten Gütergemeinschaft IV 540, 541; — Einfluß von Krankheit, Abwesenheit des überlebenden Ehegatten IV 545; — V. nach Beendigung der Gemeinschaft bis zur Auseinandersetzung IV 566; — der Fahrnisgemeinschaft IV 674.

Verwaltung des Kindervermögens IV 1040; — Ausschluß der elterlichen V. IV 1042; — Beschränkung durch Anordnungen Dritter IV 1045; — Entziehung IV 1126; — Verwaltung durch den Beistand der Mutter IV 1170; — V. des Vermögens des volljährigen Kindes durch die Eltern IV 951; — V. des Vermögens des angenommenen Kindes IV 1337.

Verwaltung des Mündelvermögens IV 1438.
— des Nachlasses: durch den Erben während der Ausschlagungsfrist V 122; — Verlust des Rechtes durch Anordnung der Nachlaßverwaltung V 241; — Haftung aus Rechtsgeschäften bei der V. V 160; — Haftung für die bisherige V. im Falle der Nachlaßverwaltung oder des Nachlaßkonkurses V 224; — Haftung im Falle der Herausgabe des Nachlasses an die Gläubiger beim Mangel an Masse zu einer Nachlaßverwaltung oder einem Nachlaßkonkurs V 260; — V. durch mehrere Erben V 368; — durch den Nachlaßverwalter (siehe auch „Nachlaßverwaltung") V 241, 247; — V. durch den Testamentsvollstrecker V 646, 679, 681; — Pflicht zur V. V 705; — Beschränkungen in bezug auf die Verwaltung V 689; — V. durch den Vorerben V 547; — Entziehung der V. V 558, 561; — Pflicht des Nacherben zur Einwilligung zu Verwaltungshandlungen V 551; — Haftung des Vorerben für die Verwaltung V 561, 562.

Verwaltungsbehörden: Zuständigkeit für den Einspruch gegen Eintragung eines Vereins I 282, 289; — gegen Eintragung von Satzungsänderungen I 299; — Z. für Eigentumsansprüche III 578; — Zuständigkeit zur Entscheidung über Zwangserziehung Minderjähriger VI a 346; — Verjährung von Ansprüchen aus Erkenntnissen derselben I 827.

Verwaltungsbesitz III 82.

Verwaltungsgemeinschaft des bisherigen Rechts IV 215.

Verwaltungsgerichte: Verjährung der Ansprüche aus Erkenntnissen derselben I 827.

Verwaltungsgerichtshof: Zuständigkeit zur Entscheidung über Entziehung der Rechtsfähigkeit eines Vereins I 244; — für die Beschwerde in Vereinssachen I 290, 291.

Verwaltungsrecht: Verhältnis zum BGB. VI a 97; — eheherrliches, elterliches: nicht eintragungsfähig ins Grundbuch III 99, 105.

Verwaltungsstreitverfahren bei Entziehung der Rechtsfähigkeit eines Vereins I 244; — beim Einspruch gegen Eintragung eines Vereins I 289; — gegen Eintragung von Satzungsänderungen I 298.

Verwaltungsvermögen I 347.

Verwaltungsverordnungen VI a 10.

Verwandte: Begriff IV 839; — Beschränkung der Ehe zwischen V. IV 53; — Ausschluß von der Erbfolge durch Testament V 69; — Auslegung der Erbeseinsetzung von Verwandten V 461; — Erbverzicht V 1013, 1015; — von Seitenverwandten V 1019; — letztwillige Verfügungen an V., Auslegung V 461; — Ausschluß der Mitwirkung bei Testamentserrichtung: von V. des Bedachten V 755; — des Erblassers V 754; — des Richters oder Notars V 756; — Unterhaltspflicht IV 886; — anzuwendendes Recht VI b 486; — Haftung für Beerdigungskosten IV 938; — Zeugschaft bei Eheschließung im Auslande VI a 55. — V. des Kindes: Anhörung vor Ersetzung der elterlichen Einwilligung zur Eheschließung IV 49; — vor Maßregeln in bezug auf die elterliche Gewalt IV 1130; — Anhörung vor Genehmigung von Rechtshandlungen des Vaters IV 1064; — vor Anordnung der Fürsorgeerziehung IV 1132.

Verwandte des Mündels: Anhörung durch das Vormundschaftsgericht IV 1557; — vor Auswahl der Familienratsmitglieder IV 1579; — Antragsrecht auf Einsetzung eines Familienrates IV 1575; — Berücksichtigung bei der Auswahl des Vormunds IV 1387; — Berufung zum Familienrat IV 1584; — Ersatz ihrer Auslagen IV 1557.

Verwandtenerbrecht V 30, 31; — successio ordinum V 46; — räumlich anzuwendendes Recht VI b 633, 660.

Verwandtschaft: Begriff IV 839, 840, 842; — Grad IV 840; — Bedeutung im Zivilrecht und Zivilprozeß IV 843; — im Sinne der nach dem BGB. erlassenen Reichsgesetze VI a 35; — i. S. der Landesgesetze VI a 36; — Verschiedenheit des Begriffs nach BGB. und StGB. VI a 20; — i. S. der Justizgesetze und des Anfechtungsgesetzes VI a 33, 34; — i. S. des Strafgesetzbuchs VI a 35; — Klage auf Feststellung IV 839; — internationales Privatrecht IV 845; — Ehehindernis der V. IV 53, 842; — Nichtigkeit der verbotswidrig geschlossenen Ehe IV 107; — Geltendmachung der Nichtigkeit IV 108; — Einfluß der Annahme an Kindes Statt IV 1342; — Einfluß der Ehelichkeitserklärung IV 1295; — V. des Kindes aus nichtiger Ehe mit Verwandten des Vaters IV 1187; — der Mutter IV 1190; — V. zwischen dem unehelichen Kinde: Ausschluß der Ehelichkeitserklärung IV 1290; — V. des unehelichen Kindes zur Mutter und deren Verwandten IV 1200; — des unehelichen Kindes mit dem Vater, räumlich geltendes Recht VI b 505, 507, 509, 529; — auf die V. mit den Verwandten des Vaters anzuwendendes Recht VI b 537; — auf die mit den Verwandten der Mutter VI b 501.

Verweigerung der Annahme der Leistung II a 372; — der Amtsausübung durch Richter II c 1923, 1944; — der Befriedigung von Nachlaßgläubigern: zeitwillige V. V 310; — im Falle der Anordnung der Nachlaßpflegschaft V 315; — Ausschluß der V. wegen unbeschränkter Haftung des Erben, gegenüber vom Aufgebot nicht betroffenen Gläubigern V 314; — V. nach Beendigung des Nachlaßkonkurses durch Verteilung der Masse oder Zwangsvergleich V 255; — im Falle von Mangel an Masse zur Durchführung einer Nachlaßverwaltung, eines Nachlaßkonkurses V 260; — V. wegen Ausschlusses der Gläubiger im Aufgebotsverfahren V 190; — V. durch einen Miterben vor der Teilung des Nachlasses V 433; — V. der Ergänzung des Pflichtteils V 978; — der Gegenleistung bei vom Verpflichteten verschuldeter Unmöglichkeit der Leistung II a 496, 504; — der Genehmigung der Schuldübernahme II a 865, 873; — bei Übernahme von Hypothekforderungen II a 874; — der

Leistung wegen Gegenanspruch II a 235; — wegen Verjährung I 830; — Eintritt des Verzugs des Schuldners II a 330; — V. der Leistung aus einem gegenseitigen Vertrag bis zur Gegenleistung II a 460; — bei Unsicherheit des anderen Vertragsteiles II a 468; — Einfluß im Prozeß II a 472; — V. der Leistung aus einer anfechtbaren letztwilligen Verfügung nach Ablauf der Anfechtungsfrist V 489; — V. der Erfüllung des Schenkungsversprechens II b 314; — V. der Mitwirkung zum Eintritt der Bedingung einer letztwilligen Verfügung V 475.

Verweisung auf die Eintragungsbewilligung III 122, 1002, 1018; — bei Vormerkungen III 190, 195; — auf außer Kraft gesetzte Vorschriften VI a 16, 98; — auf nicht mehr geltendes oder ausländisches Recht bei Regelung des Güterstandes IV 402; — V. im internationalen Privatrecht VI b 9, 11; — materiellrechtliche VI b 12; — Gesamtverweisung VI b 20, 745; — Sachnormverweisung VI b 20, 745; — siehe auch „Rück- und Weiterverweisung".

Verweisungsnormen VI b 11, 20.

Verwendung von Gesamtgut zum Vorbehaltsgut des Mannes und umgekehrt bei allgemeiner Gütergemeinschaft IV 481; — bei fortgesetzter Gütergemeinschaft IV 540, 545; — V. eingebrachten Gutes zum Gesamtgut der Errungenschaftsgemeinschaft IV 652; — von Erbschaftsgegenständen durch den Vorerben V 564; — V. von Mündelgeld durch den Vormund IV 1440, 1529.

Verwendungen: Begriff, Ersatz II a 176, 177; — Einfluß der Rechtshängigkeit auf den Ersatzanspruch II a 362; — Zurückbehaltungsrecht für V. II a 235; — Ersatz von V. beim Rücktritt vom Vertrag II a 616, 626; — des herausgabepflichtigen Besitzers: Ersatzanspruch für notwendige III 601, 603, 604; — für nicht notwendige III 605; — für Aufwendungen zur Bestreitung von Lasten III 604; — für V. des Vorbesitzers III 608; — Haftung für V. vor Eigentumserwerb III 609; — Klagerecht des Besitzers auf Ersatz III 611; — Frist für die Klage III 613; — Selbstbefriedigungsrecht des Besitzers aus der Sache III 614; — Zurückbehaltungsrecht III 610; — zeitlich geltendes Recht VI a 456.

— Einzelfälle: V. des Beauftragten: Vorschußpflicht des Auftraggebers II c 1099; — Ersatzpflicht II c 1100; — des Erbschaftsbesitzers, Ersatz bei Herausgabe von Erbschaftssachen V 331, 332; — Einfluß der Rechtshängigkeit des Herausgabeanspruches auf den Ersatzanspruch V 334; — Ersatzpflicht des Erbschaftskäufers V 1093; — auf den Fruchtbezug I 392; — V. des Geschäftsführers ohne Auftrag II c 1139, 1142; — des Herausgabepflichtigen: Ersatzanspruch für V. nach Rechtshängigkeit des Herausgabeanspruches II a 362; — V. des Nießbrauchers III 857; — Verjährung des Ersatzanspruchs III 864; — des Pfandgläubigers auf die Pfandsache III 1412; — Verjährung des Ersatzanspruches III 1423; — Haftung des Pfandes für Ansprüche des Pfandgläubigers auf Ersatz von V. III 1405; — Haftung beim Eigentumserwerb durch Verbindung, Vermischung, Verarbeitung III 514, 516; — V. des Verkäufers vor Übergabe der Kaufsache II b 101; — Ersatz von V. auf die Kaufsache bei Wandelung II b 185; — V. bei der Leihe II b 643; — Verjährung des Ersatzanspruches des Entleihers II b 650; — bei der Miete, Ersatzpflicht des Vermieters II b 455; — Verjährung des Ersatzanspruches II b 497; — V. auf durch unerlaubte Handlungen erlangte Sachen II c 1991; — V. des Verwahrers II c 1163; — V. des Vorerben auf die Erbschaft V 554, 568; — V. auf den Vermächtnisgegenstand V 628; — V. des Wiederverkäufers, Ersatz II b 269; — Befreiung von der Ersatzpflicht beim Wiederkauf zum Schätzungswert II b 270.

Verwirkung: kein Erlöschungsgrund II a 656, 657; — der elterlichen Gewalt IV 1136, 1143, VI b 477; — Übergang auf die Mutter IV 1153; — Gütergemeinschaftsaufhebungsklage des Abkömmlings IV 562; — Stellung der Mutter neben dem Vormund des Vaters IV 1180; — V. durch den Adoptivvater durch Verehelichung mit dem Kinde IV 1352.

Verwirkungsklausel II a 609, 635, 638; — keine Vertragsstrafe II a 584.

Verzeichnis des eingebrachten Gutes beim gesetzlichen Güterstand IV 241; — nach Beendigung der Nutznießung und Verwaltung des Mannes IV 371; — bei Errungenschaftsgemeinschaft IV 634; — bei Fahrnisgemeinschaft IV 675.

— der Erbschaftsgegenstände im Falle der Nacherbfolge V 552; — Pflicht zur Herstellung gegenüber dem im Aufgebotsverfahren ausgeschlossenen Gläubiger V 194.

— des Gesamtgutes der fortgesetzten Gütergemeinschaft IV 62, 559.

— über einen Inbegriff von Sachen II a 184; — beim Nießbrauch an einem Sachinbegriff III 843.

— V. des Kindervermögens nach dem Tode der Mutter und bei späterem Erwerb IV 1047, 1048; — Form IV 1051; — Zuständigkeit zur Errichtung IV 1048, 1052; — Verfahren IV 1052; — rechtliche Bedeutung IV 1054; — V. wegen Gefährdung des Vermögens IV 1118; — bei Wiederverehelichung des Vaters IV 1123; — Folge der Nichterfüllung der Pflicht zur Einreichung IV 1126; — Einreichung durch die Mutter IV 1053, 1169; — V. des Vermögens des angenommenen Kindes IV 1332, 1337, 1340; — V. des Vermögens des für ehelich erklärten Kindes IV 1299; — V. des Vermögens des Pfleglings IV 1670; — V. des Mündelsvermögens IV 1434, 1435.

— des Nachlasses (siehe „Inventar") V 276; — zur Sicherung des Nachlasses V 126, 133; — durch den Testamentsvollstrecker V 703; — Vorlage an den Pflichtteilsberechtigten V 930.

Verzeihung: kein Rechtsgeschäft I 401; — des Ehescheidungsgrundes IV 756, 781; — von Erbunwürdigkeitsgründen V 1006; — der Gründe zur Entziehung des Pflichtteiles V 987, 988; — des Undankes des Schenkers II b 337.

Verzicht: Begriff I 418; — Bereicherung durch V. II c 1677; — schenkungsweiser V. II b 300; — V. auf ein angefallenes Recht, keine Schenkung II b 306; — auf Ablehnung der fortgesetzten Gütergemeinschaft IV 536; — auf Anfechtung einer letztwilligen Verfügung V 479; — auf das Anfechtungsrecht wegen Erbunwürdigkeit V 1007; — V. auf Annahme des Vertragsantrags I 630.

— auf den Anteil an der fortgesetzten Gütergemeinschaft IV 555, 610; — Zustimmung des anderen Ehegatten zu dem V. IV 610; — Anrechnung der Abfindungssumme auf den Anteil bei der Auseinandersetzung IV 574; — Berücksichtigung bei der Teilung IV 579; — auf das Recht aus einer Auflage V 636; — V. auf Aufrechnung II a 748.

— V. auf den Ehescheidungsanspruch IV 761.

— auf das Eigentum an beweglichen Sachen III 539; — an Grundstücken III 429; — auf den Eigentumsanspruch III 586; — auf den Eigentumsvorbehalt II b 110.

— auf Einreden II b 398; — Einfluß auf die Haftung des Bürgen II c 1495; — auf die Einrede der Vorausklage II c 1504; — des persönlichen Schuldners auf Einreden gegen die Hypothekforderung III 1102; — V. des Erben auf die Beschränkungseinrede gegenüber dem Nachlaßgläubiger V 206; — seitens der Ehefrau V 177, 302; — Verbot des Verzichts auf die Beschränkungseinrede für den Nachlaßpfleger und den Nachlaßverwalter V 304.

— auf die elterliche Gewalt IV 1136; — seitens der Mutter IV 1152; — auf die elterliche Nutznießung IV 1078, 1097; — für die Form geltendes Recht VI b 476; — V. auf die Erbschaft (siehe auch „Erbverzicht") V 1010; — auf den Anspruch auf Feststellung des Bestandes des eingebrachten Gutes IV 242, 635.

— auf das Erbbaurecht III 679, 715; — auf die Entschädigung für Erlöschen des Erbbaurechts III 755; — auf den Heimfallanspruch III 690; — des Finders auf das Recht zum Eigentumserwerb III 565; — auf Gewährleistung für arglistig verschwiegene Mängel II b 200; — auf Mängelrüge beim Kauf II b 170.

— auf die Hypothek: Form III 1239, 1240; — Wirkung III 1211, 1233, 1239; — Befreiung des persönlichen Schuldners durch d. V. III 1233; — Anspruch des Gläubigers auf V. III 1242; — teilweiser Verzicht III 1239, 1241; — V. auf die Hypothek für Rückstände an Zinsen, anderen Nebenleistungen und Kosten III 1269; — auf die Eigentümerhypothek III 1275; — auf die Gesamthypothek, auf die Hypothek an einem der Grundstücke III 1259; — Unterschied des V. auf die Aufhebung von der Aufhebung durch Rechtsgeschäft III 1301; — auf die Ansprüche aus Immissionen III 313.

Verzicht auf Kündigung d. Auftrages II c 1105; — auf den Minderungs-, Wandelungs- oder Schadensersatzanspruch II b 167; — auf Ansprüche des Mündels IV 1466; — auf den Notweg III 364; — V. des Ehemannes auf seine Nutznießungs- und Verwaltungsrechte IV 360; — des Vaters auf die Nutznießung am Kindervermögen IV 1097; — für die Form geltendes Recht VI b 476; — auf das Pfandrecht an einem Rechte III 1497; — auf Einhaltung der Vorschriften über Pfandverkauf III 1447.

— auf das Pflichtteilsrecht V 896, 1013, 1016, 1022; — auf den Pflichtteil durch die Ehefrau im gesetzlichen Güterstand IV 328, V 957; — bei allgemeiner Gütergemeinschaft IV 457; — bei Errungenschaftsgemeinschaft IV 619; — durch den Vater IV 1057, 1062; — durch den Vormund IV 1482, 1491; — auf die Rente für Überbau III 351; — auf Rücknahme der hinterlegten Sache II a 712; — Einfluß der Verjährung des Rechts des Gläubigers II a 725; — auf das Rücktrittsrecht vom Vertrage II a 621, 632; — V. des Testamentsvollstreckers auf Kündigung seines Amtes V 721; — im voraus erklärter V. auf Schadensersatz aus unerlaubter Handlung II c 1781.

— V. auf den Unterhalt für die Zukunft IV 203, 205, 936; — des unehelichen Kindes auf den Unterhalt durch den Vater IV 1235, 1239; — V. auf eine Vermächtniszuwendung V 1023; — auf den Widerruf des Auftrages II c 1105; — der Auslobung II c 1070; — der Schenkung II b 338; — auf Zwangsvollstreckung bei Hypothekbestellung III 979; — V. in Prozessen der Ehefrau IV 317.

Verzinsung von Aufwendungen II a 176; — von Aufwendungen des Beauftragten II c 1102; — einer Geldschuld während Verzug II a 356; — von Rechtshängigkeit an II b 360; — von Geld beim Rücktritt vom Vertrag II a 616; — des Kaufpreises II b 103; — der Schenkung II b 318; — der Vergütung beim Werkvertrag II c 985; — von Überschüssen im Kontokorrentverkehr II a 112; — verwendeten Geldes durch den Beauftragten II c 1099; — bei dem auf eine Geschäftsbesorgung gerichteten Dienst- oder Werkvertrag II c 1116; — durch den geschäftsführenden Gesellschafter II c 1260; — durch den Testamentsvollstrecker V 711; — durch den Vorerben V 556; — durch den Vormund IV 1529; — durch den Verwahrer II c 1168; — V. des Wertersatzes für Entziehung und Beschädigung von Sachen II c 1990; — des Wertersatzes beim Verzug II a 359; — Unterbrechung der V. während des Gläubigerverzugs II a 384; — keine Pflicht zu V. von Geld des Kindes IV 1082.

Verzögerung der Amtsausübung durch Richter II c 1923, 1944; — der Übernahme der Vormundschaft IV 1384, 1404.

Verzug des Gläubigers: Voraussetzungen: Angebot der Leistung II a 365, 366, 370; —

Angebot durch einen Dritten II a 209; — Nichtannahme II a 366; — unterlassenes Angebot der Gegenleistung II a 377, 378; — Eintritt durch Zeitablauf oder Kündigung II a 375; — Eintritt bei Teilschuldverhältnissen II a 903; — V. bei Angebot oder Verlangen einer Teilleistung II a 205; — V. in der Annahme bei Zug um Zug-Leistung II a 247, 377, 378; — Aufhebung II a 366, 370; — Ausschluß wegen Unmöglichkeit der Leistung II a 376; — bei vorübergehender Verhinderung der Annahme II a 379; — Wirkungen II a 365; — Umfang der Haftung des Schuldners, Übergang der Gefahr auf die Gläubiger II a 380; — Ersatz von Mehraufwendungen des Schuldners II a 386; — Unterbrechung des Zinsenlaufes II a 384; — Wirkung hinsichtlich der Herausgabe von Nutzungen II a 385; — Hinterlegung II a 705; — Versteigerung der geschuldeten nicht hinterlegbaren Sache II a 728; — Verkauf zum Börsen- oder Marktpreis II a 733; — Wirkung beim aktiven II a 928; — beim passiven Gesamtschuldverhältnis II a 910; — Aufhebung der Wirkungen des V. durch die Parteien II a 370; — Beendigung II a 370; — V. beim gegenseitigen Vertrag II a 472; — Wirkung bei Unmöglichkeit der Gegenleistung II a 491; — V. in der Abnahme der Kaufsache II b 41; — V. in der Annahme von Grundstücken II a 385; — V. des Dienstberechtigten mit Annahme der Dienste II b 818; — Rücknahmeverzug des Verkäufers nach Wandelung II b 184; — des Bestellers beim Werklieferungsvertrag II c 1026; — zeitlich anzuwendendes Recht VI a 449.

Verzug des Schuldners: Begriff, Wesen, Verhältnis zur Unmöglichkeit II a 324; — Voraussetzungen II a 328, 330; — Hindernisse des Eintritts des V. II a 340; — Eintritt bei Teilschuldverhältnissen II a 903; — V. bei Angebot einer Teilleistung II a 205; — Beendigung II a 329, 339; — Beweislast für Eintritt des V. II a 340; — Wirkungen: Ersatzpflicht II a 324, 342; — erhöhte Haftung II a 328, 351; — Zinspflicht II a 356; — Verzinsung des Ersatzanspruchs II a 358, 359; — Fälligkeit der Vertragsstrafe II a 586; — Aufhebung der Rechtsfolgen des V. II a 329; — Sondervorschriften II a 329; — internationales Privatrecht II a 330; — V. beim gegenseitigen Vertrag II a 481, 507; — V. des Wahlberechtigten bei der Alternativobligation II a 198; — Ansprüche des Bürgen bei V. des Hauptschuldners II c 1515; — Einfluß des V. des Hauptschuldners auf die Bürgschaft II c 1488; — kein V. bei Pflicht zu Unterlassen II a 340.

— Einzelne Fälle: V. des Schuldners beim aktiven II a 928; — beim passiven Gesamtschuldverhältnis II a 910, 913; — V. eines Gesellschafters mit Leistungen gegenüber der Gesellschaft II c 1219; — beim Herausgabeanspruch III 595; — des Erbbauberechtigten III 700, 704; — des Grundstückseigentümers III 1140; — des Erbschaftsbesitzers mit der Herausgabe V 336; — eines Vertragsteiles beim Kauf II b 47; — V. des Verkäufers durch Lieferung einer mangelhaften Sache II b 74; — V. des Käufers mit der Abnahme II b 41, 47; — mit Rückgewähr nach Wandelung II b 187; — des Mieters mit der Mietzinszahlung II b 486; — mit der Rückgabe des Mietobjekts II b 492, 496; — des Pächters mit der Rückgabe des Pachtobjektes II b 635; — des Rücktrittsberechtigten mit der Rückgewähr II a 629; — V. des Verkäufers II b 73; — V. des Verkäufers bei Lieferung mangelhafter Gattungssachen II b 219; — V. des Dienstberechtigten II b 818; — V. des Bestellers beim Werkvertrag, Entschädigungsanspruch II c 987; — Rücktrittsrecht des Unternehmers II c 990; — des Unternehmers beim Werkvertrag II c 969; — mit Beseitigung von Mängeln II c 953, 956, 959; — des Unterhaltspflichtigen IV 934, 938; — des Vermieters mit Beseitigung von Mängeln im Recht II b 435; — von Mängeln der Sache II b 428; — zeitlich geltendes Recht VI a 448.

Verzug des Schuldners: Verzugsschaden wegen Geldentwertung II a 48.

Verzugszinsen II a 356; — aus dem Ersatzanspruch beim Verzug II a 358, 359; — Entrichtung aus dem Grundstück von der Hypothekforderung III 1140; — Ausschluß bei der Schenkung II b 318; — Höhe der vom Wechselakzeptanten zu entrichtenden VI a 30; — Übergangsvorschrift II a 358.

Vieh: Beschränkung des Handels mit V. II b 226; — Zubehöreigenschaft I 381, 383.

Viehgewährschaft II b 224; — Früheres Recht II b 225; — System des BGB. II b 225; — Gerichtsstand II b 226; — Tiergattungen, bei welchen sie eintritt II b 227; — Beweis der Eigenschaft als Schlachtvieh, Nutzvieh II b 227; — Umfang der Haftung II b 229; — vertragsmäßige Bestimmung der Haftung II b 232, 244; — Hauptmängel und Dauer der Gewährfristen II b 229, 230; — Anzeigepflicht des Käufers II b 233; — Beginn und Berechnung der Frist II b 233; — Vermutung für Vorhandensein des Mangels zur Zeit des Gefahrüberganges II b 233; — Verlängerung und Abkürzung der Frist II b 235; — Ausschluß der Minderung, Vollzug der Wandelung II b 236; — Ersatz von Nutzungen II b 236, 238; — Schadensersatzanspruch II b 239; — Nebenansprüche im Falle der Wandelung II b 239; — Versteigerung des Tieres während des Rechtsstreites über Wandelung II b 241; — Aufrechnung II b 242; — Verjährung des Wandelungs- und Schadensersatzanspruchs II b 242; — Lieferung eines mangelfreien Tieres beim Gattungskauf II b 244; — entsprechende Anwendung der Vorschriften bei anderen Veräußerungsgeschäften II b 248; — beim Viehhandelskauf II b 226, 227; — bei Verkauf von Vieh als Grundstückszubehör II b 227; — Wandelung beim Tausch von Tieren II b 238; — positive Vertragsverletzung II b 228; — Einrede des nicht erfüllten Vertrags II b 228; — Haftung aus unerlaubter Handlung II b

232; — Einfluß von Irrtum, Betrug II b 232; — bei vermachten Tieren V 626.
Viehhandelskauf II b 226, 227.
Viehseuchengesetz: Rechte Dritter an der Entschädigung für Tötung von Tieren VI a 87.
Viehversicherung VI a 182.
Viehverstellung II b 592, 620.
Vier Jahre: Vorlegungsfrist für Zins-, Renten- und Gewinnanteilscheine II c 1628.
Vierteljahr: Fristberechnung nach V. I 756, 758; — Ende der Frist I 755; — Kündigung des Mietverhältnisses II b 534; — des Dienstverhältnisses nach V. II b 887.
Vier Wochen: Fristberechnung I 757.
Vierzehn Jahre: Annahme an Kindes Statt IV 1312; — Einwilligung zur Ehelichkeitserklärung IV 1286; — Grenze für Anhörung des Mündels durch das Vormundschaftsgericht IV 1505.
Vigilanzpflegschaft IV 1644.
Vindicatio gregis I 340.
Vindikation III 576, VI a 484; — siehe auch „Eigentumsanspruch".
Vindikationslegat V 71, 579, 613; — Behandlung nach geltendem Recht VI a 583, 585.
Vinkulationsgeschäft II a 212.
Vinkulationskauf II b 14.
Vinkulierung von Inhaberpapieren II c 1639; — siehe auch „Umschreibung"; — von Sparbüchern IV 1450.
Virginität, mangelnde, Eheanfechtungsgrund IV 117.
Vis absoluta I 459, 503.
Vis compulsiva I 502.
Vitalität I 49.
Vogelfang III 539; — Schonvorschriften III 536.
Völkerrecht: Bedeutung für das internationale Privatrecht VI b 52; — Verhältnis zur Vorbehaltsklausel VI b 822.
Volksschullehrer: Haftung aus Amtspflichtverletzungen II c 1929.
Volljährige: Aufsichtspflicht über V. II c 1876, 1877; — Pflegschaft über V. IV 1621, 1634, 1647; — Vormundschaft IV 1681; — über abwesende V. IV 1651; — vorläufige Vormundschaft IV 1631; — Aufwendungen zum Haushalt der Eltern IV 950; — Überlassung des Vermögens an die Eltern zur Verwaltung IV 951.
Volljährigkeit: Beginn I 53, 55; — infolge Emanzipation oder Entlassung aus der Gewalt VI a 410; — anzuwendendes Recht I 55, VI b 62; — Übergangsvorschriften I 55, VI a 407; — Beendigung der elterlichen Gewalt IV 978, 1135; — der Vormundschaft IV 1595; — Ehemündigkeit des Mannes IV 38; — V. naturalisierter Ausländer VI b 62, 76.
Volljährigkeitserklärung: kein Rechtsgeschäft I 60, 401; — Begriff und rechtliche Bedeutung, Zweck I 56; — Voraussetzungen I 56; — im einzelnen: Alter I 58; — Einwilligung des Minderjährigen und des Gewalthabers I 59; — Interesse des Mündels I 62; — Antragsrecht des personensorgeberechtigten Vertreters IV 994; — Einwilligung des Vaters während Ausübung der elterlichen Gewalt durch die Mutter IV 1158; — Anhörung von Verwandten und Verschwägerten des Mündels IV 1557; — Verfahren I 57; — Zuständigkeit I 56, 57, 58; — Zuständigkeit für Reichsangehörige im Ausland I 59; — Wirkungen I 58; — Ehemündigkeit IV 38; — Beendigung der elterlichen Gewalt IV 987, 1135; — der Vormundschaft IV 1595; — internationales Recht I 59; — räumlich anzuwendendes Recht VI b 91; — von Ausländern in Deutschland VI b 91, 92; — von Deutschen im Ausland VI b 91, 93; — früheres Recht I 55; — Zuständigkeit nach Landesrecht VI a 389, 390; — Behandlung der vor dem 1. Januar 1900 anhängig gewordenen Anträge VI a 409; — Wirksamkeit der nach dem bisherigen Rechte erfolgten VI a 407.
Volljährigkeitsvorschriften, ausländische VI b 67.
Vollmacht: Begriff und rechtliche Natur I 696, 699; — zeitlich anzuwendendes Recht VI a 407; — zu Grundstücksgeschäften VI a 508; — rechtliche Natur der Bevollmächtigung I 699, 700; — Verhältnis zur Anweisung II c 1572; — zum Auftrag II c 1079; — Art und Weise, Form der Bevollmächtigung I 699, 700, 701; — Simulation der V. I 465; — stillschweigende Bevollmächtigung I 701; — Vollmachterteilung durch besondere Mitteilung an einen Dritten oder öffentliche Bekanntmachung I 715, 717; — durch Aushändigung einer Vollmachtsurkunde I 715, 717; — Bevollmächtigung Mehrerer I 704; — Umfang der Vollmacht I 702; — Nachweis der V. I 702; — Nichtigkeit und Anfechtbarkeit der Bevollmächtigung I 705, 707; — Einfluß von Kenntnis oder Kennen müssen des Vollmachtgebers I 693; — Erlöschen: Gründe überhaupt I 707, 708; — Erlöschen durch Widerruf I 707, 711; — Erlöschen bei Vollmachterteilung durch Erklärung gegenüber einem Dritten I 713; — durch besondere Mitteilung, öffentliche Bekanntmachung oder durch Aushändigung der Vollmachtsurkunde I 715, 718; — Kenntnis oder Kennen müssen vom Erlöschen der Vollmacht eines Beauftragten oder eines geschäftsführenden Gesellschafters I 712; — Kenntnis des Dritten vom Erlöschen der Vertretungsmacht bei Rechtsgeschäften I 719; — Rückgabe der Vollmachtsurkunde nach Erlöschen I 721; — Anzeige des Erlöschens I 713; — V. zu einseitigen Rechtsgeschäften I 720; — Untervollmacht I 690; — Tod des Bevollmächtigten oder des Vollmachtgebers V 19, 20.
— besondere Fälle der Bevollmächtigung: zur Ausschlagung der Erbschaft V 96; — zur Anfechtung der Annahme und Ausschlagung V 118; — zur Einreichung des Nachlaßinventars V 291; — V. des geschäftsführenden Gesellschafters II c 1262; — Formfreiheit der zum Abschluß eines Immobiliarvertrages erteilten V. II a 432, 436; — zum Antrag auf Grundbucheintragung III 93; — des Notars in Grundbuchsachen III 93, 119; — Form der V. für die Auflassungserklärung III 407; —

Erteilung durch den Vormund IV 1417, 1497.
Vollmachtsurkunde I 715, 717; — Kraftloserklärung I 715, 719, 723; — Rückgabe I 721.
Vollstreckbare Ausfertigung des Abkommens über den Unterhalt eines unehelichen Kindes IV 1220; — von Urteilen gegen den Testamentsvollstrecker V 699; — gegen den Übernehmer eines Vermögens II a 892.
Vollstreckbare Urkunden und Vergleiche: Verjährung der Ansprüche aus solchen I 826.
Vollstreckbarer Titel für das Recht zum Pfandverkauf III 1433; — zur Einleitung der Zwangsvollstreckung in ein verpfändetes Recht III 1494.
Vollstreckungsgegenklage des Erben wegen beschränkter Haftung V 170.
Vollstreckungshandlung: Unterbrechung der Verjährung I 813, 817; — Wegfall der Wirkung der Unterbrechung I 825.
Vollstreckungshypothek am Anteil eines Miterben an einem Nachlaßgrundstück V 362.
Vollstreckungsklausel: Unterbrechung der Verjährung durch Klage auf V. I 813, 815.
Vollstreckungsurteil: Unterbrechung der Verjährung durch Klage auf V. I 813, 815.
Volontär: Vertragsverhältnis II b 714.
Voraus der überlebenden Ehegatten: rechtliche Natur V 12, 54; — neben Erben der 2. Ordnung V 40, 52; — der 3. Ordnung V 42, 52; — Entziehung durch den Erblasser V 55; — Verlust des Rechtes V 56; — Einfluß auf die Pflichtteilsberechnung V 925, 927; — Kürzung mit Rücksicht auf Pflichtteilsrechte V 960; — Behandlung von Grundstückszubehör I 380.
Vorausklage: Einrede der V. II c 1500; — kein Verjährungshindernis I 797, 800; — Ausschluß II c 1504; — Beseitigung durch Zwangsvollstreckung gegen den Hauptschuldner II c 1513; — Verzicht auf V. bei Sicherheitsleistung durch Bürgen I 861.
Vorausleistung des Dienstlohnes, Ersatz bei Auflösung des Dienstverhältnisses II b 909; — der Leibrente II c 1439; — des Unterhalts an Verwandte IV 930, 933, 936; — für das uneheliche Kind IV 1227, 1228.
Vorausquittung II a 692.
Voraussetzung I 648, II a 390, II c 1689.
Vorausvermächtnis V 587; — Erstreckung des Rechtes des Nacherben darauf V 530; — Ausschluß vom Erbschaftsverkauf V 1086; — Anspruch des Ersatzerben auf das V. V 506, 589; — Erwerb eines Grundstücks durch V. III 391.
Vorauszahlung von Hypothekzinsen III 1192; — des Mietzinses, Ersatz bei vorzeitiger Kündigung II b 445; — Einfluß der Veräußerung des Mietobjekts II b 579; — Einfluß der Belastung der Mietsache II b 583; — der wiederholten Veräußerung oder der Belastung durch den Erwerber II b 588.
Vorbauten, Verbot III 304.
Vorbehalt, insgeheimer I 461; — bei Erfüllung, Zahlung II a 667; — bei der Hinterlegung zur Erfüllung II a 710; — Leistung unter V. II c 1690, 1696; — V. der Entlassung eines Familienratsmitgliedes IV 1585; — des Gegenvormunds IV 1410; — des Gläubigers II a 671; — des Pflegers IV 1484; — des Vormunds IV 1409; — V. der Ergänzung einer letztwilligen Verfügung V 452, 493; — der Fortdauer des Pfandrechts bei Rückgabe des Pfandes III 1459; — des Ranges für ein künftig einzutragendes Recht III 156; — V. der Rechte bei Annahme der mangelhaften Kaufsache II b 167; — des mangelhaften Werkes II c 980; — V. des Anspruchs auf Vertragsstrafe II a 594, 596; — V. der Rechtsverwirkung II a 638; — V. des Rücktritts vom Vertrag II a 612; — (siehe auch „Rücktritt“); — des Rücktritts vom Erbvertrag V 873; — beschränkter Erbenhaftung im Urteil V 170, 309; — des Wiederkaufs II b 260, 264; — der Aufwertung III 973; — Verjährung von Ansprüchen aus unter V. ergangenen Urteilen I 827.
Vorbehalt: V. landesgesetzlicher Regelung VI a 15; — zugunsten der Landesgesetzgebung I 5, 6, 14, VI a 93; — im Familienrecht IV 3, 4; — im Sachenrecht III 8, 9; — im Erbrecht V 2; — Bedeutung der Vorbehalte VI a 97; — Rechtsgrund VI a 112; — Umfang der einzelnen Vorbehalte VI a 112; — Verhältnis zu den Übergangsbestimmungen VI a 109.
Vorbehaltsgut der Ehegatten bei allgemeiner Gütergemeinschaft: Begriff und Umfang IV 427; — rechtliche Behandlung IV 429; — Haftungsverbindlichkeiten der Eheleute unter sich IV 474; — Auseinandersetzung wegen desselben nach dem Tode des Ehegatten IV 531; — Ausstattung eines Kindes aus dem V. IV 480; — keine Eintragung im Grundbuch IV 430; — Zeugnis des Güterrechtsregistergerichts über die Eigenschaft IV 688.
— **der Frau** im gesetzlichen Güterstand: Ausschluß von Rechten des Mannes IV 225; — Rechte der Frau daran IV 223; — Rechtsgründe für die Eigenschaft als V. IV 225; — Beweislast für die Eigenschaft IV 222; — Antragsrecht auf Eintragung der Eigenschaft im Güterrechtsregister IV 234; — im einzelnen: Gebrauchsgegenstände IV 225; — Bestimmung durch Ehevertrag IV 233; — Arbeitsverdienst der Frau IV 228; — Erwerb unter Lebenden und von Todes wegen IV 234; — Finderlohn III 560; — Surrogate IV 237; — V. im Falle der Wiederherstellung der Rechte des Mannes am eingebrachten Gut nach Verlust derselben IV 377; — Beitragspflicht aus demselben zum ehelichen Aufwand IV 223, 239; — Vornahme einseitiger Rechtsgeschäfte in bezug auf das V. IV 322; — Lasten desselben IV 275, 278; — Haftung für Schulden der Frau IV 340; — für Verbindlichkeiten aus dem Erwerb einer Erbschaft oder eines Vermächtnisses IV 350; — Haftung des eingebrachten Gutes für Verbindlichkeiten aus dem V. IV 351; — Ersatzleistung aus dem V. zum eingebrachten Gut IV 357; — Schuldenhaftung im Verhältnis der Eheleute unter sich IV 353, 356; — Miete

am V. der Frau II b 389; — Zwangsvollstreckung IV 225.

Vorbehaltsgut der Frau bei allgemeiner Gütergemeinschaft: Schuldenhaftung gegenüber Dritten IV 474; — keine Eintragung im Grundbuch IV 430; — bei Errungenschaftsgemeinschaft: IV 631; — im Falle der Wiederherstellung derselben IV 667; — Haftung für Verbindlichkeiten aus dem Vorbehaltsgut IV 644; — bei Fahrnisgemeinschaft IV 670, 682, 683.

— **V. des Mannes:** bei allgemeiner Gütergemeinschaft IV 430; — Haftung von und zum Gesamtgut der allgemeinen Gütergemeinschaft für Verwendungen IV 481; — Fälligkeit von Verbindlichkeiten der Frau zu demselben IV 483; — Ausschluß bei Errungenschaftsgemeinschaft IV 631; — bei Fahrnisgemeinschaft IV 682.

— **V. des überlebenden Ehegatten** IV 539; — Haftung vom und zum Gesamtgut der fortgesetzten Gütergemeinschaft IV 540; — bei Fahrnisgemeinschaft IV 685.

Vorbehaltsklausel im internationalen Privatrecht VI b 13, 797; — Arten des Vorbehalts VI b 799; — Ausnahmecharakter VI b 801; — Wesen, Auslegung, Anwendbarkeit VI b 801, 802, 805; — Anwendung gegen ausländisches öffentliches Recht VI b 806; — Bedeutung der Änderung der öffentlichen Ordnung VI b 823; — Geltung für die eheliche Abstammung VI b 460; — Geltung für Eheschließung und -scheidung VI b 815, 818; — Geltung im Erbrecht VI b 736; — Geltung für die Form von Rechtsgeschäften VI b 166, 188, 815, 825; — Geltung im Handelsrecht VI b 829; — bei Schiffskollisionen VI b 218; — Geltung für unerlaubte Handlungen VI b 222; — Geltung für die Unterhaltspflicht des Vaters gegenüber dem unehelichen Kind VI b 515, 521, 818, 828; — Geltung im Wirtschaftsrecht VI b 806, 832; — Unanwendbarkeit für Exterritoriale VI b 824; — Bedeutung für das interlokale Privatrecht VI b 823; — Verhältnis zu Staatsverträgen VI b 822; — Verhältnis zur Rück- und Weiterverweisung VI b 752; — Verhältnis zum Völkerrecht VI b 822; — Verhältnis zum zwingenden Recht VI b 814; — die Anwendung der V. erfordernde deutsche Vorschriften VI b 815, 824.

Vorbildung zu einem Berufe: Ausgleichungspflicht mit Aufwendungen V 405, 415; — zu einem Berufe: Last des Unterhaltspflichtigen IV 925; — beim unehelichen Kinde IV 1214, 1220.

Voreltern: Geschlechtsgemeinschaft mit Voreltern einer Person: Ehehindernis IV 53; — entferntere: gesetzliches Erbrecht V 45.

Vorempfang des anteilsberechtigten Abkömmlings, Ausgleichung bei Gesamtgutteilung IV 578; — des anteilsberechtigten Abkömmlings: Ausgleichung bei der Erbteilung V 405; — räumlich geltendes Recht VI b 661; — Anrechnung auf den Pflichtteil V 934; — Berücksichtigung bei der Pflichtteilsberechnung V 941; — keine Aufnahme in das Nachlaßinventar V 287.

Vorenthaltung, widerrechtliche, des Kindes IV 1008; — des Mündels IV 1431.

Vorentscheidung einer besonderen Behörde im Falle gerichtlicher Verfolgung eines Beamten II c 1948, 1952; — Unterbrechung der Verjährung durch Antrag auf V. I 817.

Vorerbe: Rechtliche Stellung vor Eintritt der Nacherbfolge V 509, 514; — Erbschein für den V. V 1059; — Anlegung von Geld V 550; — Auskunftspflicht über den Bestand der Erbschaft V 558; — Verzeichnis der Nachlaßgegenstände V 552; — Offenbarungseid über den Bestand der Erbschaft V 553, 560; — Erbschaftsausschlagungsrecht V 113; — Tragung der Erhaltungskosten und Lasten durch den Vorerben, Ersatzansprüche desselben, Wegnahme von Einrichtungen V 554; — Feststellung des Zustandes der Erbschaft durch Sachverständige V 554; — Haftung für Nachlaßverbindlichkeiten V 174; — Lastentragung V 554; — letztwillige Verfügungen V 538; — Prozeßführung V 537; — Sicherheitsleistung V 559; — Übertragbarkeit, Pfändbarkeit der Rechte des Vorerben V 514; — Vermutung für Einsetzung des gesetzlichen Erben als V. V 521; — Einsetzung einer Stiftung als V. I 323.

— Rechtliche Stellung nach Eintritt der Nacherbfolge V 509; — Anzeigepflicht vom Eintritt der Nacherbfolge V 579; — Ersatzpflicht für verwendete Erbschaftssachen V 564; — Haftung aus Fruchterwerb V 563; — Haftung für Nachlaßverbindlichkeiten V 174, 574; — Haftung für die Verwaltung V 561; — Herausgabepflicht V 561, 568; — Rechenschaftsablegung V 561; — Herausgabe eines Landgutes, von landwirtschaftlichen Grundstücken V 561; — Schadensersatzpflicht wegen unzulässiger Verfügungen, Verminderung des Nachlasses V 568; — fortdauerndes Verfügungsrecht bis zur Kenntnis des Eintritts der Nacherbfolge V 571; — Recht auf Ersatz von Verwendungen auf die Erbschaft V 554; — Wegnahme von Einrichtungen V 554; — Zurückbehaltungsrecht V 563; — zeitlich geltendes Recht VI a 586; — siehe auch „Nacherbschaft", „Verfügungsrecht".

Vorflutrecht VI a 321.

Vorgeschichte des BGB. I 1.

Verband II b 15, 264, 275.

Vorkaufsrecht, dingliches: Bedeutung, Unterschied vom persönlichen III 918, 919; — wirtschaftliche Bedeutung III 921; — rechtliche Natur und Wirkung III 923; — Gegenstand III 918, 922, 924; — Bruchteil eines Grundstücks als Gegenstand III 927; — Erstreckung auf Zubehör I 380, III 927; — Fähigkeit zum Erwerb III 922, 926; — Ausschluß der Umwandlung eines subjektiv-dinglichen in ein persönliches V. III 936; — Übertragbarkeit, Vererblichkeit, Pfändbarkeit des V. III 928, 936; — Übertragbarkeit der durch die Ausübung entstandenen Rechte III 929; — Nießbrauch

daran III 880; — Form der Begründung III 924; — Bedingungen und Zeitbestimmungen III 925; — Erstreckung auf mehrere Verkaufsfälle III 927; — Voraussetzungen der Ausübung III 928; — Rechtsverhältnis zwischen dem Berechtigten und dem Verpflichteten III 929; — Aufwertung des Kaufpreises III 933; — Wirkung gegenüber Dritten III 930; — Mitteilung d. Verkaufs an den Berechtigten III 933; — Rechtsverhältnisse im Falle der Ausübung: Benachrichtigung des neuen Eigentümers III 933; — Verhältnis des Vorkaufsberechtigten zum Käufer III 934; — des Vorkaufsberechtigten und des Verkäufers III 935; — des Verkäufers zum Käufer III 935, 936; — Aufwertung des Kaufpreises III 933; — Erlöschen und Aufhebung III 926; — Einfluß des Konkurses III 928, 933; — der Zwangsvollstreckung III 929; — Höchstbetrag des Ersatzes im Falle der Zwangsversteigerung des belasteten Grundstücks III 164; — Erlöschen im Aufgebotsverfahren III 936; — Zustimmung des Realgläubigers des herrschenden Grundstücks zur Aufhebung III 129; — auf Inhalt und Rang anzuwendendes Recht VI a 491; — V. an ritterschaftlichen Erbstammgütern in Preußen VI a 136.

Vorkaufsrecht, obligatorisches II b 272; — Begriff, Entstehungsgrund II b 273; — rechtliche Bedeutung II b 274; — Unterschied vom Wiederkaufsrecht II b 262; — Gegenstand II b 274; — Vormerkung II b 273; — Voraussetzung der Ausübung II b 274, 275; — Form der Ausübung II b 278; — Form der Einräumung an einem Grundstück II a 433, II b 277; — Anzeigepflicht vom Verkauf an den Berechtigten II b 283; — Frist für die Ausübung II b 283; — unzulässige Vereinbarungen des Verpflichteten und des Dritten II b 279; — Ausübung bei Mehrheit von Berechtigten II b 287; — bei Mehrheit gekaufter Sachen (Mengekauf) II b 281; — bei Vereinbarung von Nebenleistungen neben dem Kaufschilling II b 280; — Sicherheitsleistung bei Stundung des Kaufpreises II b 282; — Unübertragbarkeit und aktive Unvererblichkeit des Rechtes II b 287; — Wirkung der Ausübung II b 278; — Ausschluß beim Verkauf an den gesetzlichen Erben II b 285; — beim Zwangsverkauf und Verkauf durch den Konkursverwalter II b 286; — Schadensersatz wegen Verletzung II c 1774; — V. der Teilhaber an einer Gemeinschaft II c 1402, 1413; — Ausübung gegenüber einer Ehefrau IV 322; — Ausübung eines zum Nachlasse gehörigen V 374; — V. des Mündels: Verfügungsrecht des Vormunds IV 1486; — V. des Miterben am Anteil eines Erben am Nachlasse V 359, 363; — Haftung für Nachlaßverbindlichkeiten im Falle der Ausübung V 364, 367; — Vererblichkeit V 14, 16; — kein V. des Miteigentümers III 640, 642; — Vormerkung im Grundbuch III 171; — limitiertes V. III 925; — Übergangsbestimmungen III 922; — V. am Erbbaurecht III 687, 710, 763; — Erlöschen bei Heimfall des Erbbaurechts III 774; — V. an dem mit Erbbaurecht belasteten Grundstück III 689.

Vorkaufsrecht obligatorisches: Form der Verpflichtung zur Bestellung eines dinglichen V., zur Einräumung eines persönlichen V. II a 423; — zeitlich geltendes Recht VI a 508. — **gesetzliches** nach dem SiedelungsG. III 7, 100, 103, 919, 920, 921; — nach dem HeimstättenG. III 104, 919, 920, 921.

Vorlage eines Verzeichnisses über den Bestand eines Inbegriffes von Sachen II a 184.

Vorläufige Eintragungen im Grundbuch III 165, 166.

Vorläufig vollstreckbares Urteil auf Bewilligung einer Eintragung oder einer Löschung III 175.

Vorläufige Maßregeln des Vorsitzenden des Familienrats IV 1591; — des Vormundschaftsgerichts bezüglich Ausländern VI b 602, 617; — des Jugendamts bezüglich ausländischer Jugendlicher VI b 618; — des Vormundschaftsgerichts vor Bestellung des Vormunds oder bei dessen Verhinderung IV 1556; — bei in Aussicht genommener Entlassung des Vormunds IV 1605.

Vorläufige Pflegschaft IV 1645, 1650, 1671.

Vorläufige Vollstreckbarkeit von Urteilen über Unterhalt IV 894.

Vorläufige Vormundschaft: Voraussetzungen IV 1631; — Zuständigkeit, Verfahren IV 1632; — über Ausländer im Inland VI b 617; — Ausschluß der Benennung oder Ausschließung eines Vormunds IV 1621, 1623, 1635; — Wirkung IV 1633, 1634; — Beschränkung der Geschäftsfähigkeit I 447; — Einfluß der Aufhebung, der Zurücknahme oder Abweisung des Antrags, auf Rechtsgeschäfte des zu Entmündigenden und seines Vertreters I 449; — Beendigung der v. V. IV 1636; — Vertretung des unter v. V. stehenden Ehemanns bei der Nutznießung und Verwaltung des eingebrachten Gutes IV 336; — Untauglichkeit des unter v. V. Gestellten zum Amt eines Familienrates IV 1583; — des Gegenvormunds IV 1412; — des Pflegers IV 1669; — des Vormunds IV 1393, 1618; — Entlassung hiewegen IV 1602; — Strafantrag für den unter v. V. Stehenden VI a 41.

Vorlegung von Sachen II c 1648, VI a 456; — Anspruch hierauf II c 1648; — von Urkunden insbesondere II c 1654; — Ort, Gefahr, Kosten der V. II c 1660.

Vorlegungsfrist für Inhaberschuldverschreibungen II c 1628; — Hemmung durch Zahlungssperre II c 1630.

Vorleistung des Dienstverpflichteten II b 815, 816; — V. beim gegenseitigen Vertrag II a 460, 467; — Verweigerung wegen schlechter Vermögenslage des Gegners II a 468; — Klage auf Leistung gegen Empfang der Gegenleistung II a 472.

Vorlesen des Protokolls über Testamentserrichtung V 763, 767; — Feststellung der Vorlesung V 763, 770.

Vorleserinnen: Verjährung ihrer Ansprüche I 786.

Vormerkung im Grundbuch III 91, 165; — Schutz des öffentlichen Glaubens des Grundbuchs III 242; — Bedeutung und Zweck, Arten III 167; — rechtliche Natur III 178; — durch Vormerkung zu sichernde Ansprüche III 165, 166, 169; — Gerichtsstand für den vorgemerkten Anspruch III 187; — Grundlagen: einstweilige Verfügung III 190; — Eintragungsbewilligung III 190, 192; — Urteil III 193; — formelle Voraussetzungen der Eintragung III 193; — auf Grund simulierter Einwilligung I 466; — Anfechtung mit Beschwerde III 169; — Wirkungen III 180; — Erstreckung auf Zubehör III 184; — Rang des durch V. gesicherten Rechts III 166, 186; — Rangänderung III 147; — Ansprüche des vorgemerkten Gläubigers auf Beseitigung beeinträchtigender Eintragungen III 199; — Einfluß auf die Haftung des Erben III 189.
— V. im Grundbuch: Einfluß auf die Abzugseinrede des Erben V 260, 264; — auf aufschiebende Einreden des Erben V 314; — keine Teilnahme von Gläubigern durch V. gesicherter Forderungen am Aufgebotsverfahren V 188; — kein Ausschluß durch V. gesicherter Nachlaßforderungen durch fünfjährige Nichtgeltendmachung V 201; — keine V. des Erb-, Vermächtnisanspruchs bei Lebzeiten des Erblassers V 10; — kein Verjährungshindernis III 187; — Erwirkung der endgültigen Eintragung des vorgemerkten Rechts III 199; — Berichtigung der Eintragung III 253; — kein Übergang der V. in Eigentümerhypothek III 187, 1212; — Widerspruch gegen eine V. III 187, 273; — Einreden gegen den vorgemerkten Anspruch III 195, 196; — Beseitigung III 196; — durch Aufgebot III 198; — durch peremtorische Einreden III 195, 196; — Wiedereintragung nach zu Unrecht erfolgter Löschung III 197; — Erlöschen der V. III 197; — Übertragung des durch V. gesicherten Anspruches, Umschreibung III 187; — Übertragung der gesicherten Forderung II a 813.
— einzelne Fälle: V. zur Sicherung des Anspruchs auf Auflassung III 399; — auf Hypothekbestellung an Grundstücksteilen III 1001; — auf Einräumung eines Rechtes an einer künftigen Eigentümerhypothek III 1282; — auf Löschung der Eigentümerhypothek III 1274; — zur Sicherung der Löschung vorausgehender Rechte bei Neuaufnahme einer Hypothek III 155; — zum Vollzug eines für vorläufig vollstreckbar erklärten Urteils auf Bewilligung einer Eintragung oder Löschung III 175, 193; — Übergangsbestimmungen III 189; — Bedeutung einer nach bisherigem Rechte erfolgten VI a 517; — V. des Aufwertungsanspruchs III 173; — Beseitigung beim Grundstücksverkauf II b 66; — V. zur Sicherung des Vorkaufsrechtes II b 273; — V. des Wiederkaufsrechtes II b 261, 269; — Übernahme vorgemerkter Hypotheken II a 877.
— in bezug auf Erbbaurecht: V. von Rechten am Erbbaurecht III 710, 728, 783; — am Grundstück III 728, 783; — V. zur Erhaltung des Vorrechts auf Erneuerung des Erbbaurechts III 763, 765; — Fortbestand der V. gesetzlicher Ansprüche auf Sicherungshypothek beim Heimfall des Erbbaurechts III 770, 773.
Vormerkung von Amts wegen III 189, 204. — im Schiffsregister III 1476.
Vormiete II b 282, 409.
Vormund: Anhörung des Mündels IV 1506; — Annahme seines Mündels an Kindes Statt IV 1323; — Annahme von Leistungen an den Mündel IV 1466, 1468; — Antragsrecht auf Einsetzung eines Familienrats IV 1575; — Anzeigepflicht von der Notwendigkeit einer Pflegschaft IV 1375, 1642; — vom Tode des Gegenvormundes, Mitvormundes IV 1617; — Auskunftspflicht gegenüber dem Gegenvormunde IV 1429; — dem Vormundschaftsgerichte IV 1546; — Auswahl durch Vormundschaftsgericht IV 1387; — auf das Benennungsrecht der Eltern anzuwendendes Recht VI b 475, 610; — Beaufsichtigung durch das Vormundschaftsgericht IV 1538; — Beendigung seines Amtes kraft Gesetzes IV 1600; — durch Entlassung IV 1602, 1605, 1606; — vorläufige Maßregeln des Vormundschaftsgerichts bei in Aussicht genommener Entlassung IV 1605; — Anzeige von Entlassungsgründen IV 1429; — Beendigung des Amtes des vorläufigen V. IV 1638; — Eheschließung mit dem Mündel IV 42; — Einreichung eines Vermögensnachweises bei befreiter Vormundschaft IV 1569, 1627; — Besitz an Sachen des Mündels III 27, 28, 72; — Ausschluß der Ersitzung von Sachen des Mündels III 496; — Bestallung IV 1410; — Erneuerung der Bestallung nach Aufhebung des Familienrats IV 1595; — Bestellung kein Rechtsgeschäft I 401; — Einwilligung zur Eheschließung des Mündels IV 39; — Mitwirkung bei Eheverträgen des Bevormundeten über allgemeine Gütergemeinschaft IV 417; — Ermächtigung des Mündels zu Dienst- und Arbeitsverträgen I 444; — zum Betriebe eines Erwerbsgeschäfts I 441; — Ersatzanspruch für Aufwendungen IV 1530; — für Zeitversäumnis IV 1531; — Ersetzung der Genehmigung des Vormundes zu einer anfechtbaren Ehe durch das Vormundschaftsgericht IV 127; — Fähigkeit der Frau zum V. IV 1394, 1396; — Genehmigung einer anfechtbaren Ehe des Mündels IV 127.
— der Genehmigung des Vormundschaftsgerichts bedürftige Rechtshandlungen des V. IV 1481, 1482, 1483; — generelle Ermächtigung zu genehmigungsbedürftigen Rechtsgeschäften IV 1504; — Eintritt der Wirksamkeit der Genehmigung und ihrer Verweigerung IV 1508; — dem anderen Teil gegenüber IV 1511, 1512; — Verfahren bei Erteilung der Gen., Antrag, Beschwerde IV 1509; — rechtliche Natur der Gen. IV 1510; — Wirkung des Mangels der Genehmigung IV 1511, 1512; — Widerrufsrecht des anderen Teiles bis zur Gen. IV 1518;

— Wirkung des Mangels bei einseitigen Rechtsgeschäften IV 1520, 1521; — Form und Wirksamkeit der Genehmigung des Gegenvormunds, Einfluß des Mangels IV 1523; — Genehmigung des V. zu Erbverträgen in der Geschäftsfähigkeit Beschränkter V 839; — Verzicht auf den Pflichtteil V 957.

Vormund: Haftung des V. IV 1524, 1525; — Haftung für Schadensstiftung durch Bevormundete II a 1875; — anzuwendendes Recht VI b 227; — Haftung für Verschulden des V. II a 297; — Herausgabe des Vermögens nach Beendigung des Amtes IV 1607; — Hinterlegungspflicht IV 1470; — Entbindung von derselben IV 1477; — Hinterlegung auf Anordnung des Vormundschaftsgerichtes IV 1478; — freiwillige Hinterlegung IV 1474; — Honorar IV 1533, 1534; — Inventarisationspflicht IV 1433; — Pflicht zur Übernahme des Amtes IV 1400, 1620; — Ordnungsstrafen gegen den V. IV 1538; — Pflegschaft bei Verhinderung des V. IV 1642; — vor dessen Bestellung IV 1642.

— Rechnungslegung IV 1546; — Inhalt der Rechnung IV 1548; — Prüfung durch den Gegenvormund IV 1549; — durch das Vormundschaftsgericht IV 1550; — bei befreiter Vormundschaft IV 1569; — bei Beendigung der Vormundschaft IV 1607, 1610, 1611; — bei Annahme des Mündels an Kindes Statt IV 1323.

— Rechte und Pflichten überhaupt IV 1413; — Beistand im Strafprozeß VI a 45; — Beschränkung wegen Verschiedenheit des religiösen Bekenntnisses IV 1433; — durch Bestellung eines Pflegers IV 1419; — rechtliche Stellung des V. neben der Mutter während Ruhens der elterlichen Gewalt derselben IV 1177; — Stellung der Mutter neben dem V. bei Ruhen der elterlichen Gewalt des Vaters IV 1180; — rechtliche Stellung des V. eines Kindes aus nichtiger Ehe IV 1186; — Selbständigkeit IV 1360; — Schenkungen namens des Mündels IV 1439; — Sicherheitsleistung IV 1552; — Sicherungshypothek auf Grundstücken desselben III 995, IV 1553; — Rückgabe der Sicherheit nach beendigter Vormundschaft IV 1614; — Vertretungsmacht IV 1414; — Ausschluß derselben IV 1419, 1420; — Beschränkungen IV 1416; — Entziehung IV 1423; — Unübertragbarkeit, Vollmachterteilung IV 1417; — auf Rechtsgeschäfte des V. anzuwendendes Recht VI b 75, 611, 613; — Untauglichkeit zum Familienrat IV 1582; — Untreue IV 1369; — Verehelichungszeugnis für den V. IV 62, 1125; — Vergütung IV 1533, 1534; — Verjährung der Ansprüche zwischen Vormund und Mündel I 804, IV 3, 1363; — Hemmung der Verjährung von Ansprüchen zwischen V. und Mündel IV 1363.

— Vermögensverwaltung: Anlegung des Geldes IV 1441; — Verbot der Verwendung von Mündelgeld im eigenen Interesse IV 1441; — Verzinsung verwendeten Geldes IV 1529; — Verfügung über Forderungen, Leistungsansprüche, Wertpapiere des Mündels IV 1464; — Überlassung von Gegenständen an den Mündel IV 1503; — Befolgung von Weisungen Dritter IV 1438; — Verpflichtung des V. IV 1407; — Vertretungsrecht und -pflicht IV 1414; — Ausschluß derselben bei bestimmten Rechtshandlungen IV 1420; — Entziehung IV 1423; — Vorschlagspflicht des Gemeindewaisenrats IV 1562, 1564.

Vormund des Ehemannes: Vertretung bei Verwaltung und Nutznießung des eingebrachten Gutes IV 335; — Verwaltung des Gesamtgutes der allgemeinen Gütergemeinschaft IV 462; — der Errungenschaftsgemeinschaft IV 620, 630; — bei Fahrnisgemeinschaft IV 674; — V. des überlebenden Ehegatten, Rechte und Pflichten IV 544; — V. des unehelichen Kindes: Verhältnis zur Mutter IV 1210, 1211; — Fortdauer des Amtes des nach bisherigem Recht bestellten V. VI a 573, 576.

Vormundschaft: Grundsätze des Vormundschaftsrechtes nach dem BGB. IV 1357; — Sprachgebrauch IV 1358; — Bestellungsprinzip IV 1362; — Unterschied von der Pflegschaft IV 1362, 1638; — Organe der Obervormundschaft IV 1358; — Verfahren in Vormundschaftssachen IV 1363; — Zuständigkeit IV 1364, 1365; — internationales Privatrecht IV 1367; — Anordnung über Ausländer IV 1367; — Übergangsbestimmungen IV 1369, VI a 573; — früheres Recht IV 1356; — Umwandelung der nach bisherigem Recht wegen Geistesschwäche oder körperlicher Gebrechen bestehender V. in Pflegschaft VI a 573, 575; — Führung durch nach bisherigem Recht bestellte Vormünder VI a 573, 576; — Vorbehalte zugunsten der Landesgesetzgebung IV 1367.

— räumlich geltendes Recht VI b 603, 605; — über Ausländer VI b 605; — über Ausländer im Inland VI b 98, 602, 607; — Geltung des deutschen Rechts VI b 610; — räumliche Grenzen VI b 611; — gesetzwidrige Anordnung der V. über Ausländer VI b 612; — Einfluß des Staatswechsels VI b 615; — gesetzliche V., Geltung für Ausländer VI b 618; — über Deutsche im Ausland VI b 619; — über Staatenlose, Doppelstaater VI b 621; — vormundschaftliche Tätigkeit der Konsuln VI b 627; — Staatsverträge VI b 624; — Haager Vormundschaftsabkommen VI b 625.

— **über Minderjährige**: Anordnung: Voraussetzungen IV 1370; — Einfluß der Anordnung beim Mangel der Voraussetzungen IV 1372; — Anlaß IV 1375; — Einleitung von Amts wegen IV 1372, 1375; — Zeitpunkt der Anordnung IV 1372; — Anordnung bei Inkrafttreten des BGB. VI a 574, 575; — Zuständigkeit für die Anordnung IV 1372; — Beschwerde gegen die Ablehnung der Anordnung IV 1376; — Anordnung über Ausländer VI b 605.

Vormundschaft über Minderjährige: Berufung zur V.: V. des Anstaltsvormunds VI a 357, 361; — Bedeutung der V., Verzicht auf das Recht daraus IV 1380; — Wirkung der V. IV 1385; — Übergehung des berufenen Vormundes IV 1384; — Berufungsgründe IV 1378; — Auswahl durch das Vormundschaftsgericht IV 1387; — Vorschlagsrecht des Gemeindewaisenrats IV 1562, 1564; — Unfähigkeitsgründe IV 1391; — Untauglichkeitsgründe: persönliche Eigenschaften IV 1393; — Ausschluß durch Vater oder Mutter IV 1394; — mangelnde dienstliche Bewilligung für Beamte IV 1397.
— Ablehnung: Gründe IV 1401; — Verlust des Ablehnungsrechtes IV 1402; — Wirkung ungerechtfertigter Ablehnung IV 1404; — Zwangsmaßregeln IV 1406.
— Bestellung: rechtliche Natur, Zeitpunkt IV 1407; — Nichtigkeit der Bestellung IV 1391, 1392; — Zahl der zu bestellenden Vormünder IV 1377; — Vorbehalt der Entlassung IV 1409; — Bestallung IV 1410; — Bestellung eines Gegenvormunds IV 1411.
— Führung der V. IV 1414; — durch mehrere Vormünder IV 1424; — Aufsicht des Vormundschaftsgerichts IV 1538; — Anordnung von Sicherheitsleistung des Vormunds IV 1552; — Überwachung durch den Gegenvormund IV 1429.
— Beendigung: Gründe: Wegfall der Voraussetzungen IV 1595; — Legitimation des Mündels durch nachfolgende Ehe IV 1272, 1597; — durch Ehelichkeitserklärung IV 1295; — Verschollenheit derselben IV 1599; — Beendigung nach bisherigem Recht bestehender V. VI a 574; — Beendigung des Amtes des Vormunds kraft Gesetzes (Entmündigung, Todeserklärung) IV 1600; — Beendigung des Amts durch Todeserklärung des Vormunds I 150; — Beendigung durch nach bisherigem Rechte erfolgte Todeserklärung des Mündels VI a 421; — durch Entlassung IV 1602; — auf Antrag IV 1606; — Entlassung eines Beamten IV 1605; — einer Frau IV 1605; — Anzeige von Beendigungsgründen durch den Gegenvormund IV 1429; — Wirkungen der Beendigung IV 1607; — Rückgabe der Bestallung IV 1615; — einstweilige Fortführung des Amtes IV 1615.
— **über Volljährige:** Voraussetzungen IV 1618; — Verfahren IV 1619; — Anwendung der Vorschriften über die V. über Minderjährige IV 1620; — Berufung zur V. IV 1621, 1622; — Auswahl des Vormunds IV 1621; — Sorge für die Person des Mündels IV 1624; — genehmigungsbedürftige Rechtshandlungen des Vormunds IV 1626; — Befreiungen der Eltern als Vormünder IV 1627; — Zulässigkeit eines Familienrates IV 1621, 1630; — Beendigung IV 1620; — Einleitung im Anschluß an eine Altersvormundschaft IV 1597.
— Sonderfälle: V. über die minderjährige Ehefrau IV 218, 1418; — V. über den Ehemann IV 1418; — Zulassung des Vormunds als Beistand im Strafprozeß VI a 45.

Vormundschaftsgericht: sachliche Zuständigkeit VI a 388; — Verrichtungen bei Annahme an Kindes Statt: Genehmigung des Annahmevertrags des nicht 14 Jahre alten Kindes IV 1320, 1341; — bei ausländischen Kindern VI b 583; — eines in der Geschäftsfähigkeit beschränkten Vertragsteiles IV 1322; — Genehmigung der Annahme durch den Pfleger oder Vormund IV 1323; — Einreichung des Verzeichnisses des Vermögens des angenommenen Kindes beim V. IV 1337; — bei Verheiratung des Annehmenden IV 1340; — Genehmigung des Aufhebungsvertrages IV 1352.
— Verrichtungen in bezug auf Beistandschaft: Bestellung des Beistandes IV 1160; — Bestimmung seines Wirkungskreises IV 1164; — Übertragung der Vermögensverwaltung an denselben IV 1170; — Aufsicht IV 1173; — Ersetzung seiner Genehmigung zu Rechtshandlungen der Mutter IV 1165; — Aufhebung der Beistandschaft IV 1175.
— Verrichtungen in bezug auf Ehelichkeitserklärung: Genehmigung der Zustimmung des gesetzlichen Vertreters des Vaters zu dem Antrage IV 1287; — der Einwilligung des gesetzlichen Vertreters des Kindes IV 1286; — Ersetzung der Einwilligung der Mutter IV 1284; — Genehmigung der Anfechtung des Antrages oder der Einwilligung IV 1288; — Anzeige des Vaters von der beabsichtigten Verehelichung IV 1299.
— Verrichtungen in Ehesachen: Anzeige von der Wiederverheiratung des überlebenden Ehegatten an das V. IV 559; — Aufhebung von Beschränkungen der Schlüsselgewalt der Frau IV 184, 189; — Ermächtigung des Mannes zur Kündigung von Rechtsverhältnissen der Frau, welche sie zu einer Leistung verpflichten IV 192; — Ersetzung der Zustimmung des Abkömmlings zu Verfügungen über Gesamtgut der fortgesetzten Gütergemeinschaft IV 540, 543; — der Zustimmung der Frau zu Rechtsgeschäften über eingebrachtes Gut IV 257; — bei Errungenschaftsgemeinschaft IV 628; — zu Verfügungen über das Gesamtgut der allgemeinen Gütergemeinschaft IV 499; — der Errungenschaftsgemeinschaft IV 616; — der Zustimmung des Mannes zur Übernahme persönlicher Verpflichtungen durch die Frau IV 192; — zu Rechtsgeschäften der Frau im gesetzlichen Güterstand IV 320; — bei allgemeiner Gütergemeinschaft IV 455; — Ersetzung der Zustimmung der Frau zu Rechtsgeschäften des Mannes in bezug auf Gesamtgut der allgemeinen Gütergemeinschaft IV 449; — Ersetzung der Zustimmung des Mannes zu Verpflichtungserklärungen der Frau zu persönlichen Leistungen IV 192; — Genehmigung zur Ablehnung der fortgesetzten Gütergemeinschaft IV 534, 536; — der Aufhebung derselben IV 558; — zur Anfechtung der Ehe durch einen gesetzlichen Ver-

treter IV 125; — Genehmigung von Verträgen über allgemeine Gütergemeinschaft IV 417; — über Ausschluß der Fortsetzung der Gütergemeinschaft IV 590; — Genehmigung des Verzichts auf den Anteil am Gesamtgut der fortgesetzten Gütergemeinschaft IV 555; — Gestattung der Aufschiebung der Auseinandersetzung der fortgesetzten Gütergemeinschaft bei Wiederverheiratung des überlebenden Ehegatten IV 559; — Mitteilung bei Aufhebung der fortgesetzten Gütergemeinschaft an das V. IV 557.

Vormundschaftsgericht: Verrichtungen in bezug auf elterliche Gewalt: Zuständigkeit IV 978; — Stellung des V. überhaupt IV 976, 977; — Aufhebung von Beschränkungen der elterlichen Rechte nach bisherigem Rechte VI a 559; — Stellung gegenüber der Mutter als Inhaberin der elterlichen Gewalt IV 1152; — Änderung von Anordnungen zum Schutze des Kindes IV 1128; — Anhörung des Vaters und Verwandter des Kindes vor Maßregeln IV 1130; — Anordnungen über Anlegung des Kindervermögens IV 1055; — Anordnung der Sicherheitsleistung durch den Vater IV 1073, 1121; — Änderung (Erhöhung, Minderung, Aufhebung) IV 1129; — Anordnungen über die Sorge für die Person des Kindes aus geschiedener Ehe IV 1020; — Anordnungen über die Sorge für die Person von Kindern aus geschiedener Ehe VI a 562; — Regelung des Verkehrs der geschiedenen Eltern mit den Kindern IV 1031; — Zuständigkeit des deutschen V. zur Regelung des Rechtsverhältnisses ausländischer Eltern und Kinder VI b 483, 624; — nach Ehescheidung VI b 483, 624; — Anwendung von Zuchtmitteln gegen das unter elterlicher Gewalt stehende Kind IV 998, 1004; — Anzeigen des Gemeindewaisenrates beim V. in Sachen der elterlichen Gewalt IV 1134; — Bestimmung der Art der Unterhaltsgewährung der Eltern an unverheiratete Kinder IV 930, 932, 934; — Entscheidung von Meinungsverschiedenheiten zwischen dem Vater und dem Pfleger des Kindes IV 982; — Entziehung der Vermögensverwaltung des Gewalthabers wegen Gefährdung des Vermögens IV 1126; — Entziehung der Verwaltung und Nutznießung wegen Gefährdung des Unterhaltes IV 1105, 1114; — Entziehung der Vertretungsmacht wegen Interessenkollision IV 984, 991; — Ersetzung der elterlichen Einwilligung zur Eheschließung IV 48, 49; — Festsetzung der Auslagen angehörter Verwandter und Verschwägerter des Kindes IV 1130; — Feststellung der tatsächlichen Verhinderung des Gewalthabers IV 1139.

— Genehmigung der Anfechtung der Ehe IV 125; — der Anfechtung der Ehelichkeit durch den gesetzlichen Vertreter IV 872; — Genehmigung des Antrages auf Entlassung des Kindes oder Mündels aus dem Staatsverband VI a 57, 59; — Genehmigung des Erbschaftserwerbs V 85, 88; — der Erbschaftsausschlagung V 85, 98; — zur Errichtung von Erbverträgen in der Geschäftsfähigkeit Beschränkter V 839; — zur Anfechtung von Erbverträgen für Geschäftsunfähige V 852; — der Aufhebung von Erbverträgen V 866, 869; — von Erbverträgen unter Ehegatten V 871; — der Aufhebung von Vermächtnisanordnungen und Auflagen V 870; — des Erbverzichtes V 1017; — der Aufhebung des Erbverzichts V 1022; — zur Verfügung über Anteil des Kindes, Mündels am Nachlaß V 360; — zu Verfügungen eines bevormundeten Miterben V 378; — zu Erbteilungsverträgen minderjähriger oder bevormundeter Personen V 385; — zum Verzicht des Vaters, Vormunds auf den Pflichtteil des Kindes V 957; — zum Verzicht des letztwillig Bedachten auf die Zuwendung V 1023; — Genehmigung zum Beginn eines neuen Erwerbsgeschäftes für das Kind IV 1066; — zu Rechtsgeschäften und Rechtshandlungen des Vaters IV 1057, 1062; — zum Verbrauch von Kindergeld IV 1081; — Genehmigung zur Verfügung über hinterlegte Wertpapiere des Kindes IV 1118, 1120.

Vormundschaftsgericht: Verrichtungen in bezug auf Inventarisierung des Kindervermögens IV 1048; — Maßregeln bei Gefährdung des Kindervermögens IV 1041, 1042, 1118; — Sorge für das Kind bei Verhinderung des Gewalthabers IV 1103; — bei Gefährdung des Wohles des Kindes IV 1105; — Sorge für Einhaltung von Anordnungen Dritter über die Vermögensverwaltung des Vaters IV 1045; — Übertragung der elterlichen Gewalt auf die Mutter IV 1156; — Erteilung des Verehelichungszeugnisses für Eltern und Vormünder IV 62, 1125; — Vertretung des Kindes bei Bestellung und Aufhebung einer Sicherheit durch den Gewalthaber IV 1129; — Verzicht auf die elterliche Nutznießung gegenüber dem V. IV 1097; — Wiederübertragung der Vermögensverwaltung an den Vater nach Aufhebung des Konkurses über sein Vermögen IV 1068.

— Verrichtungen in bezug auf Rechtsgeschäfte Minderjähriger bei Ermächtigung zum selbständigen Betrieb eines Erwerbsgeschäfts I 441; — zu Arbeits- und Dienstverträgen I 444.

— Verrichtungen in Vormundschaften und Pflegschaften: Wirkungskreis in Vormundschaftssachen im allgemeinen IV 1363; — Anhörung des Gegenvormunds IV 1505; — des Mündels IV 1505; — von Verwandten und Verschwägerten des Mündels IV 1557; — Anordnung der Pflegschaft IV 1642, 1647, 1668; — der Vormundschaft über Minderjährige IV 1375; — über Volljährige IV 1620; — der vorläufigen Vormundschaft IV 1631; — Anordnung der Hinterlegung von Mündelvermögen IV 1478; — Anordnung der Sicherheitsleistung des Vormunds IV 1553; — der Umwandlung von Inhaberpapieren des Mün-

dels in Buchforderungen IV 1475; — der Vorlegung von Büchern und Belegen bei Rechnungslegung über ein Erwerbsgeschäft des Mündels IV 1548.

Vormundschaftsgericht: Anzeigen des Gegenvormundes beim V. IV 1429; — Anzeigepflicht des Gemeindewaisenrates und gegenüber demselben IV 1563; — Aufhebung der Pflegschaft IV 1674, 1675, 1676; — der Vormundschaft IV 1597, 1599.

— Aufsicht über die Vormundschaftsführung IV 1538; — Aufsicht über den Gegenvormund IV 1430; — Auskunfterteilung an das V. seitens des Vormundes und des Gegenvormundes IV 1546; — Ausschließung der befreiten Pflegschaft IV 1672; — der befreiten Vormundschaft wegen Interessengefährdung des Mündels IV 1572; — Außerkraftsetzung der Befreiungen der Eltern als Vormünder von Volljährigen IV 1627; — Auswahl des Gegenvormundes IV 1412; — des Pflegers IV 1669; — des Vormunds IV 1387; — bei der Vormundschaft über Volljährige IV 1621; — Benachrichtigung von der Bestimmung einer Inventarfrist V 286; — Bewilligung des Honorars des Vormunds, Gegenvormundes IV 1533; — Einreichung des Verzeichnisses des Mündelvermögens beim V. IV 1434; — des Vermögens des Pfleglings IV 1670; — einstweilige Maßregeln vor Bestellung des Vormunds oder bei dessen Verhinderung IV 1556; — vorläufige Maßregeln bei in Aussicht genommener Entlassung des Vormunds IV 1605; — Entbindung des Vormunds von der Hinterlegungspflicht und deren Surrogaten IV 1477; — Entscheidung von Meinungsverschiedenheiten mehrerer Vormünder IV 1424, 1426; — Entziehung der Vertretung des Vormunds IV 1423; — Ersetzung der Einwilligung des Vormunds zur Eheschließung des Mündels IV 39, 42; — Ersetzung der Genehmigung einer anfechtbaren Ehe durch den Vormund IV 127; — Ersetzung der Genehmigung des Gegenvormundes zur Anlegung von Mündelgeld IV 1460; — zur Verfügung über Forderungen, Rechte auf Leistungen, Wertpapiere des Mündels IV 1461; — Ersetzung der Zustimmung des Zuwendenden zur Änderung von Anordnungen über die Vermögensverwaltung IV 1438; — bei der Pflegschaft IV 1672.

— Einsetzung eines Familienrates IV 1574, 1575; — Auswahl der Mitglieder IV 1579; — Aufhebung IV 1593; — Mitteilung derselben IV 1595; — Festsetzung der Auslagen angehörter Verwandter und Verschwägerter des Mündels IV 1557; — Festsetzung des Honorars des Vormunds, Gegenvormunds IV 1533.

— Genehmigung der Abweichung von Verfügungen Dritter über die Vermögensverwaltung IV 1438; — Genehmigung zu einer Ausstattung aus dem Vermögen des volljährigen Mündels IV 1626; — Genehmigung der Bestellung des Erbbaurechts III 714; — zur Anlegung von Mündelgeld auf Erbbaurechtshypothek III 734; — Genehmigung zum Beginn oder zur Auflösung eines Erwerbsgeschäfts für den Mündel IV 1502; — Genehmigung zur Erhebung angelegten Mündelgeldes IV 1458; — Befreiung von dem Erfordernis IV 1569, 1571; — bei Vormundschaft über Volljährige IV 1627; — Genehmigung zur Herausgabe hinterlegter Wertpapiere IV 1470; — Genehmigung zu bestimmten Rechtsgeschäften des Vormunds IV 1481, 1482, 1483; — Genehmigung zu Rechtsgeschäften des Pflegers IV 1670; — Genehmigung zu Miet-, Pachtverträgen usw. für den volljährigen Mündel IV 1626; — Genehmigung der Überlassung von Gegenständen an den Mündel IV 1503; — Genehmigung zu Vereinbarungen zwischen dem Vater und dem unehelichen Kind über die Unterhaltsgewährung IV 1235; — Genehmigung zu Verfügungen über hinterlegte Wertpapiere und Kostbarkeiten, Hypothekforderungen, Grundschulden, Rentenschulden IV 1479; — Genehmigung zu Verfügungen über Forderungen, Rechte auf Leistungen, Wertpapiere des Mündels IV 1464; — Form der Erteilung der Genehmigung IV 1507; — rechtliche Natur derselben IV 1508; — Eintritt der Wirksamkeit der G. und ihrer Verweigerung IV 1508; — Eintritt dem anderen Teile gegenüber IV 1511, 1512; — Wirkung des Mangels der G., nachträgliche G., Fristsetzung zur Beibringung der G. durch den anderen Teil IV 1511, 1512; — Widerrufsrecht des anderen Teiles bis zur Gen. IV 1518; — Wirkung des Mangels der G. bei einseitigen Rechtsgeschäften IV 1520, 1521; — Wirkung des Mangels bei genehmigungsbedürftigen Anträgen an Behörden IV 1522; — Verfahren bei Erteilung der Gen., Beschwerdeverfahren IV 1501, 1509; — Ausschluß des Erfordernisses der Genehmigung zu Rechtsgeschäften des Vormunds durch den Vater IV 1569; — durch die Mutter IV 1571; — generelle Ermächtigung des Vormunds zu genehmigungsbedürftigen Rechtshandlungen IV 1500, 1504.

Vormundschaftsgericht: Ordnungsstrafen zur Erzwingung der Übernahme der Vormundschaft IV 1406; — gegen den Vormund und Gegenvormund IV 1538; — Prüfung der periodischen Rechnung des Vormunds IV 1551; — der Schlußrechnung IV 1611; — Prüfung des Vermögensnachweises bei befreiter Vormundschaft IV 1569, 1571, 1627; — Verpflichtung des Vormunds IV 1407; — Verteilung der Geschäfte unter mehrere Vormünder IV 1424; — Vertretung eines Mündels bei Nachlaßauseinandersetzung V 385; — vorläufige Maßregeln bezüglich Ausländer VI b 602, 617; — Maßregeln gegen Strafunmündige VI a 36, 38.

— Zuständigkeit zur Volljährigkeitserklärung I 57, 58.

Vormundschaftsrichter: Haftung aus Amtspflichtverletzungen II c 1937, 1949; — Haf-

tung gegenüber dem unter elterlicher Gewalt stehenden Kinde IV 1132; — gegenüber dem Mündel IV 1579; — Haftung für rechtzeitige Bestellung der Vormundschaft IV 1376; — bei zu Unrecht eingeleiteter Vormundschaft IV 1374; — wegen Unterlassung der Bestellung eines Gegenvormunds IV 1413; — Vorsitz im Familienrat IV 1577; — Haftung als Vorsitzender des Familienrates IV 1587; — Haftung bei Pflegschaften IV 1671; — Tauglichkeit zum Vormund IV 1394.

Vormundschaftssachen, Zuständigkeit nach Landesrecht VI a 387.

Vorname: Namensgebung und -änderung I 118; — Abkürzung I 119; — V. des ehelichen Kindes IV 944; — des Findelkindes IV 946, 1432; — V. des unehelichen Kindes IV 1209.

Vorprämie II a 637.

Vorrang dinglicher Belastungen für Meliorationsdarlehen III 143, VI a 304.

— der Hypothek: vertragsmäßige Einräumung III 146; — Einräumung vor einem eingetragenen für ein erst einzutragendes Recht III 147; — Einfluß auf die Haftung des persönlichen Schuldners III 1233; — V. von Meliorationsdarlehen III 143.

Vorrangsgrundsatz im Grundbuchrecht III 95.

Vorräte: Übernahme durch den Pächter eines Landguts, Rückgabe II b 631.

Vorrecht auf Erneuerung des Erbbaurechts III 662, 680, 688; — Ausübung III 762; — der Forderungen der Kinder des Gemeinschuldners aus der Vermögensverwaltung IV 1042.

Vorsatz: Begriff II a 265; — Vertretung II a 282, 286; — nach Verzug des Gläubigers II a 380; — Haftung für V.: des Geschäftsführers ohne Auftrag II c 1125, 1136; — Haftung des Finders für V. III 557; — des Schenkers II b 318; — bei Herbeiführung der Dürftigkeit des Schenkers II b 332; — des Verleihers II b 642; — bei unerlaubten Handlungen II c 1747, 1768, 1783, 1802; — bei Verstoß gegen die guten Sitten II c 1818, 1821; — bei Amtspflichtverletzungen Beamter II c 1922, 1923, 1937.

Vorschlagspflicht des Gemeindewaisenrates IV 1562, 1564.

Vorschuß: rechtliche Natur II b 656, 657; — V. des Auftraggebers für Verwendungen des Beauftragten II c 1099; — beim Dienst- und Werkvertrag, welche eine Geschäftsbesorgung zum Gegenstand haben II c 1116; — V. für Aufwendungen des geschäftsführenden Gesellschafters II c 1621; — für Aufwendungen des Vormunds oder Gegenvormunds IV 1530; — V. für Kosten der Vorlegung von Sachen II c 1660; — Verjährung der Ansprüche aus geleisteten Vorschüssen: der Arbeitgeber I 779, 786; — der Dienstberechtigten I 779, 786; — der Parteien gegenüber Rechtsanwälten I 780, 787.

Vorschußvereine: Zinsvergünstigung für Einlagen II a 110.

Vorsitz im Familienrat IV 1577.

Vorstand von Erziehungs- und Verpflegungsanstalten, vormundschaftliche Rechte VI a 357; — der Stiftung I 326; — des Vereins I 195, 200; — des eingetragenen Vereins I 277; — des nicht rechtsfähigen Vereins I 264.

Vorstellungstheorie II a 266.

Vorteilsausgleichung II a 120, 127, II c 1757, 1963, 1976.

Vorteilsgerechtigkeit VI a 142.

Vorverhandlungen I 607, 608; — Beurteilung nach Treu und Glauben I 644.

Vorvertrag I 609; — Form I 611; — Abtretbarkeit von Ansprüchen aus V. II a 803; — über Annahme an Kindes Statt IV 1308; — zum Bürgschaftsvertrag II c 1484; — auf Abgabe eines Schuldversprechens II c 1555; — zum Eigentumsübertragungsvertrag an einem Grundstück, Form II a 422; — zu einer Einigung über Rechtsänderungen an Grundstücken, Grundstücksrechten III 108; — über Darlehenshingabe II b 656, 677; — Widerruf II b 677, 679; — zu einem Gesellschaftsvertrag II c 1224; — zum Kaufvertrag II b 17; — zum Mietvertrag über ein Grundstück II b 540; — zum Pfandvertrag III 1377; — Übergang auf den Erben V 15.

Vorwahlrecht VI a 142.

Vorzeitige Zahlung II a 233.

Vorzugsrecht: Einfluß der Aufgabe auf die Haftung des Bürgen II c 1517; — Übergang auf den neuen Gläubiger bei Abtretung der Forderung II a 810; — Verlust durch Schuldübernahme II a 885; — des Vermieters II b 516.

W.

Waffenbesitz III 18.

Wägen des Kaufgegenstandes II b 98, 102.

Wahlkonsuln: Errichtung letztwilliger Verfügungen V 4, 728, VI a 53.

Wahlrecht bei der Auflage bei Anordnung der Erfüllung einer von mehreren Leistungen V 637, 638; — Ausübung während der Erbengemeinschaft V 374; — W. beim Vermächtnis an mehrere V 590; — W. unter mehreren zuständigen Standesbeamten IV 83.

Wahlrechte: Vererblichkeit V 13.

Wahlschuld II a 188, 192; — zeitlich geltendes Recht VI a 448; — Verhältnis zur bedingten Leistung II a 191; — subjektive W. II a 189, 894; — Unterschied von der begrenzten Gattungsschuld II a 84, 189; — von der facultas alternativa II a 190; — Unteilbarkeit II a 902; — Unmöglichkeit einer der Leistungen II a 201; — Kenntnis von der Unmöglichkeit einer Leistung II a 407; — Verstoß einer Leistung gegen ein gesetzliches Verbot II a 412; — Wahlrecht des Schuldners II a 192; — Übertragbarkeit, Pfändbarkeit II a 193, 194; — Wirkung der Ausübung der Wahl II a 194, 197; — Ausschluß der Ausübung durch den Bürgen des Hauptschuldners II c 1499; — Übertragung des Wahlrechts II a 854; — Ausübung des Wahlrechts durch den Gläu-

biger in der Vollstreckungsinstanz II a 198; — Verlust des Wahlrechts des Gläubigers II a 199; — Wahlrecht beim Kauf II b 23.
Wahlvermächtnis V 590, 592; — Gewährleistung beim W. V 593, 626.
Wahrnehmungsfähigkeit: Voraussetzung der Wirksamkeit von Willenserklärungen I 456.
Währung bei Geldschulden II a 95, 96; — Hypothekeintragung in Reichswährung III 1006; — in ausländischer Währung III 1009.
Waisenfürsorgegesetze: Änderung durch das EG. VI a 82.
Waisengeld: Aufrechnung dagegen, Übertragbarkeit II a 768, VI a 205; — Vererblichkeit V 15; — Verjährung I 789.
Wald der Ehefrau: Nutzung und wirtschaftliche Behandlung durch den Mann IV 271; — Bewirtschaftung durch den Nießbraucher III 846, 848; — Bewirtschaftung durch den Vorerben V 554; — Befreiung von bezüglichen Verpflichtungen durch den Erblasser V 566, 567; — Eigentumsbeschränkungen VI a 490.
Waldgenossenschaften III 640, VI a 209, 431; — badische VI a 432.
Waldgrundstücke: überragende Zweige und Wurzeln III 340; — Überhang- und Grenzrecht VI a 490.
Waldkultur: landesgesetzl. Eigentumsbeschränkungen VI a 283.
Waldstreuberechtigung VI a 300.
Wände eines Gebäudes: Besitz III 59.
Wandelbarkeit des ehelichen Güterrechts IV 216.
Wandelpön II a 636.
Wandelung: Ausschluß der Geltendmachung durch den Bürgen II c 1499, 1500; — bei Annahme an Erfüllungs Statt II a 684; — bei der Gesellschaft II c 1235, 1237.
— W. beim Kauf II b 152; — Inhalt des Wandelungsanspruchs II b 155; — Frist für Geltendmachung II b 178; — Vollziehung II b 171; — Form der W. bei Grundstücken II b 173; — gerichtliche Geltendmachung II b 174; — Gerichtsstand II b 175; — Übergang zur Minderung nach Klageerhebung II b 176; — Erfüllungsort für die Rückgewährverpflichtung II b 175; — Vollziehung durch Wandelungseinrede II b 211, 212; — Wirkungen der vollzogenen W., Rückgewähr II b 179; — Verzug des Käufers mit der Rückgewähr II b 187; — Einfluß des Rücknahmeverzugs des Verkäufers II b 184; — Konkurs des Verkäufers II b 184; — Erstreckung und Beschränkung auf Nebensachen II b 190, 193; — Behandlung von anderen Gegenleistungen als Geld II b 197; — W. bei Mehrheit von Käufern oder Verkäufern, Ausschluß II b 198; — bei Mehrheit der verkauften Sachen II b 190; — Verzicht auf die W. durch Annahme einer mangelhaften Sache II b 176; — Verjährung des Wandelungsanspruches II b 202; — Verhältnis der W. zur Minderung II b 199; — Unterschied von der Anfechtung wegen Irrtum usw. I 510, II b 155, 162; — Schadensersatzanspruch an Stelle der Wandelung II b 159; — Verlust des W.-Rechts II b 181, 182; — W. beim Kauf von Gattungssachen II b 216, 217; — beim Grundstückskauf II b 188; — beim Viehkauf II b 236, 239.
Wandelung: Ausschluß beim Vermächtnis V 626; — W. beim Tausch II b 290; — beim Tausch von Tieren II b 238; — beim Vertrag zugunsten eines Dritten II a 570; — W. beim Werkvertrag II c 959, 962; — Verjährung des Anspruchs II c 972, 978; — beim Werklieferungsvertrag II c 1025; — Vormerkung des Anspruchs auf W. im Grundbuch III 172.
Wappen: Schutz I 128.
Waren: Begriff I 337; — Darlehen von W. II b 659; — Differenzgeschäfte mit W. II c 1459; — Zusendung unbestellter I 622.
Warenlager: kein selbständiger Gegenstand von Rechten I 341; — Sicherungsübereignung III 455, 457, 460; — Verbrauchbarkeit der einzelnen Sachen I 356, 357; — Verkauf unter Eigentumsvorbehalt II b 109.
Warenlieferung: Anspruchsverjährung I 778, 780, 783, 784.
Warenzeichen: Rechnungslegung bei Benutzung eines fremden II c 1148; — Verhältnis der Verletzung zur Haftung wegen Verstoß gegen die guten Sitten II c 1841; — Bereicherung durch Verletzung II c 1668; — Schutz eines Namens I 121, 122; — Vererblichkeit der durch die Eintragung erworbenen Rechte V 13.
Wärme: Zuführung auf fremde Grundstücke III 308.
Warmwasserversorgungsanlagen, VO. über II b 347.
Wartegeld: Anspruch auf W. VI a 194; — Aufrechnung gegen den Anspruch auf W. VI a 205; — Übertragung desselben VI a 205; — Benachrichtigung der auszahlenden Kasse von der Abtretung II a 850; — Verjährung des Anspruchs I 788, 789.
Warterechte III 3.
Wartezeit: Ehehindernis der W. IV 60; — Zuständigkeit für die Befreiung IV 86; — Wiederverheiratung der Witwe vor Ablauf der W., Geburt eines Kindes IV 885.
Wäscherinnen: Verjährung ihrer Ansprüche I 786.
Wasser: Aneignung III 535; — Immission auf das Nachbargrundstück III 311; — Wasseranlagen auf dem Nachbargrundstück III 328; — Verkehrsfähigkeit I 344; — Verunreinigung III 311; — Vertrag über den Bezug II b 8, 24, 391, 601.
Wasserabfluß VI a 321.
Wasserentziehung: Unterlassungsklage III 620.
Wassergebrauchsrecht: Schadensersatz wegen Verletzung II c 1775.
Wassergräben III 307, 329.
Wasserkraft: Fruchteigenschaft I 386.
Wasserlauf, Veränderung eines unterirdischen W. III 337.
Wasserrecht I 344, 345, VI a 145, 146; — störende Anlagen III 328; — Eigentumsbe-

schränkungen III 296; — Eigentumserwerb III 502; — Eigentumsbegriff VI a 148; — Notservituten III 362; — Verhältnisse der Anlieger bei Privatflüssen III 381.
Wasserschäden am verpachteten Grundstück II b 607.
Wasserservituten III 807, 810.
Wasserstraße: Notweg zur Verbindung mit einer W. VI a 317.
Wassersucht der Schafe, Gewährfrist II b 230.
Wassertiere: Eigentumserwerb daran VI a 165.
Wasserversorgung im Miethaus II b 416.
Wechsel: rechtliche Bedeutung der Hingabe II a 646, 649; — Unterzeichnung durch Vertreter I 528; — Unterzeichnung durch die Ehefrau IV 186; — schenkungsweise erteiltes Akzept II b 313; — Hingabe für den Kaufpreis II b 37; — Hingabe zahlungshalber, an Zahlungs Statt II a 679; — Einfluß der Rückkehr in die Hand des Ausstellers II a 646; — Haftung des Verkäufers II b 59, 60; — Zahlungsort II a 227; — Teilzahlung auf W. II a 206; — Verpfändung III 1517; — Einziehung der Forderung III 1522; — Einfluß der Rückgabe des Wechsels III 1496; — wechselmäßige Bürgschaft II c 1471, 1522; — W. für eine Spiel- oder Wettschuld II c 1449, 1451; — Einfluß der Geldentwertung II a 80; — Inumlaufsetzen durch den Testamentsvollstrecker V 683.
Wechselakzeptant: Höhe der zu entrichtenden Verzugszinsen VI a 30.
Wechselblankett: Vererblichkeit des Rechts auf Ausfüllung V 14; — Ausfüllung durch den Testamentsvollstrecker V 683.
Wechselbürgschaft II c 1471, 1522.
Wechseldiskontierung: rechtliche Natur II b 15, 25, 654; — Haftung für Unverfälschtheit des Wechsels II b 59.
Wechseln von Geld II a 371, II b 23, 289; — bei Zahlung einer Geldschuld II a 94.
Wechselrecht: Aufrechterhaltung VI a 31.
Wechselregreß II c 1699.
Wechselschuld, Zahlungsort II a 227.
Wechselseitiges Testament, Anfechtung wegen Übergehung von Pflichtteilsberechtigten V 484; — Ausschlagungsfrist V 94; — Widerruf des nach bisherigem Recht errichteten VI a 594.
Wechselunfähigkeit eines nicht rechtsfähigen Vereins I 272.
Wechselverbindlichkeit: Eingehung durch den Vater für das Kind IV 1057, 1061; — durch den Vormund für den Mündel IV 1482, 1496; — allgemeine Ermächtigung des Vormunds hiezu IV 1504; — Hypothekbestellung für die Forderung III 1314; — Gläubigervertreter III 1320; — Verpfändung eines Schiffes für die Forderung III 1478.
Wechselverjährung I 764; — Hemmung I 801; — Unterbrechung I 811.
Wechselzinsen II a 108.
Wege, Schutz des Gemeingebrauchs VI a 111; — Ausbesserungspflicht bei der Pacht II b 612.
Wegegerechtigkeit III 801.
Wegeregulierung VI a 287, 302.
Wegfall eines ausgleichungsberechtigten Abkömmlings V 418; — eines gesetzlichen Erben: Behandlung seines Erbteils in Ansehung von Vermächtnissen, Auflagen, der Ausgleichungspflicht V 57; — eines Miterben, Anwachsung V 500; — Ausschluß des Erwerbs infolge des Wegfalls vom Erbschaftskauf V 1086; — Erstreckung des Rechts des Nacherben auf die Erweiterung des Erbteiles des Vorerben V 529; — des rechtlichen Grundes einer Verpflichtung II c 1671, 1680; — W. des Vermächtnisbeschwerten oder Bedachten V 597; — eines Vermächtnisses, einer Auflage, Recht des Erbschaftskäufers auf die Vorteile daraus V 1086.
Wegnahme von Anpflanzungen durch den Pächter bei Beendigung der Pacht II b 627; — einer Einrichtung beim Eigentumserwerb durch Verbindung, Vermischung, Verarbeitung III 514, 516; — durch den Entleiher II b 643; — Verjährung des Anspruchs II b 650; — durch den Nießbraucher III 857; — Verjährung des Anspruchs auf Gestattung III 864; — W. durch den Pfandgläubiger III 1412; — Verjährung des Anspruches auf Gestattung III 1423; — W. durch den Mieter II b 455; — Verjährung des Anspruchs II b 497; — einer Einrichtung durch den Vorerben V 554; — W. bei Herausgabe einer Sache II a 178; — W. durch den Wiederverkäufer II b 269; — in Ausübung der Selbsthilfe I 851; — W. verbundener Sachen von der vindizierten Sache III 605; — W. des Vermächtnisgegenstandes im Falle der Verbindung mit einer anderen Sache V 608.
Wegschaffung auf fremde Grundstücke gelangter Sachen III 62; — durch den mittelbaren Besitzer III 76; — petitorischer Anspruch des Eigentümers III 628.
Wehrmachtangehörige: Ablehnung von Vormundschaften IV 1399; — Eheschließung IV 38; — Eheschließungskonsens IV 64; — Wohnsitz I 94, 95, 96; — Zuständigkeit zur Eheschließung nach Mobilmachung IV 85.
Weidedienstbarkeiten VI a 300.
Weiderecht: Einfluß der Teilung des herrschenden Grundstücks III 818.
Weigerung des Schuldners zur Leistung, Entbehrlichkeit der Mahnung II a 338.
Weihnachtsgratifikation II b 788.
Weinberge: Wildschaden an W. VI a 172, 173.
Weinkauf II a 575.
Weisungen an den Beauftragten II c 1090; — an den Bevollmächtigten I 693, 696; — an den geschäftsführenden Gesellschafter II c 1260.
Weiterverweisung der Kollisionsnormen VI b 9, 11, 741, 744, 747; — ausländisches Recht VI b 755; — kraft Staatsvertrags VI b 755; — Verhältnis zum ordre public VI b 752; — hinsichtlich des für die Adoption geltenden Rechts VI b 601; — bezüglich des für die Eheschließung geltenden Rechts VI b 258, 259; — bezüglich der persönlichen Rechtsbeziehungen

der Ehegatten VI b 296; — hinsichtlich des ehelichen Güterrechts VI b 333; — bezüglich der Ehescheidung VI b 430, 754; — hinsichtlich des Erbrechts von Ausländern VI b 704; — in Ansehung der Form von Rechtsgeschäften VI b 168, 173, 192; — bei Feststellung der Geschäftsfähigkeit VI b 88; — siehe auch bei „Rückverweisung"; — bezüglich der ehelichen Abstammung des Kindes VI b 458; — bezüglich des Rechtsverhältnisses zwischen Eltern und Kindern VI b 487; — bezüglich des Rechtsverhältnisses des unehelichen Kindes zur Mutter VI b 503; — bezüglich des Rechtsverhältnisses zwischen unehelichen Kind und Vater VI b 540; — hinsichtlich des für die Legitimation geltenden Rechts VI b 564; — hinsichtlich der Rechtsverhältnisse Staatenloser VI b 779, 782.

Werk: Beschädigung durch Einsturz oder Ablösung von Teilen des W.: Haftung des Besitzers und früheren Besitzers des Grundstücks II c 1911; — Verantwortlichkeit des an dem W. dinglich oder persönlich Berechtigten II c 1920; — des Unterhaltungspflichtigen II c 1921; — Verhältnis mehrerer Verantwortlicher II c 1953; — Eigentumsübertragung am W. bei der Auslobung II c 1076; — gefahrdrohender Zustand für das Nachbargrundstück III 333; — Verjährung der Ansprüche daraus III 385; — kein Bestandteil des fremden Grundstücks bei Verbindung durch einen am Grundstück Berechtigten I 370, 372.

Werklieferungsvertrag II b 9, II c 1019; — unregelmäßiger II c 1027; — im Handelsrecht II c 1027; — Einfluß der Geldentwertung II a 41, 68, II b 48.

Werkvertrag II c 925; — Allgemeines: Begriff u. Wesen II b 684, II c 926; — Abgrenzung gegenüber verwandten Rechtsverhältnissen II c 928; — Verhältnis zum Auftrag II c 1080; — Unterschied vom Dienstvertrag II b 684; — vom Kauf II b 9; — Unterschied von der Miete II b 393; — dispositive Natur der Vorschriften des BGB. II c 937; — Kriegs- und Übergangsrecht II c 937; — Geltung der Vorschriften im Handelsrecht II c 937; — Begriff des Werkes II c 939; — Formfreiheit des Vertrags II c 943; — auf eine Geschäftsbesorgung gerichteter W. II c 1112.

— Rechte und Pflichten des Bestellers: Mitwirkung bei Herstellung des II c 987; — Fristsetzung für dieselbe, Wirkung der Fristversäumung II c 990; — Pflicht zur Abnahme des Werks II c 980; — Entschädigungspflicht bei Annahmeverzug II c 987; — Pflicht zur Entrichtung der Vergütung II c 938, 985; — zur Verzinsung derselben II c 985; — Gefahrentragung bei Annahmeverzug II c 991; — Nebenverpflichtungen II c 948; — Wandelungs- und Minderungsanspruch II c 959; — Rechtsmittel bei Fehlerhaftigkeit des Werks II c 955; — Rücktrittsrecht wegen nicht rechtzeitiger Herstellung des Werks II c 969.

— Rechte des Unternehmers: Recht auf die Vergütung II c 938, 946; — Ansprüche bei unverschuldeter Nichtvollendung des Werks II c 996; — gesetzliches Pfandrecht II c 1000; — mittelbarer Besitz des Unternehmers am Stoff usw., des Bestellers III 71; — Sicherungshypothek des Bauunternehmers II c 1003, III 993; — Geltung der Vorschriften über das Vertragspfand für das Pfandrecht des Unternehmers III 1465; — gesetzliches Pfandrecht am Schiff III 1478; — Pflichten des Unternehmers: Anzeigepflicht von Überschreitung des Voranschlages II c 1016; — Herstellung des Werks II c 938; — der Vertretung II c 944; — Ablieferung des Werkes II c 945; — Art der Herstellung II c 952; — Nebenverpflichtungen II c 948; — Beweislast für die gegenseitigen Verpflichtungen II c 952.

Werkvertrag: Gewährungspflicht: für Mängel im Recht II c 953; — für Mängel am Werk: Voraussetzungen, Umfang und Wirkung der Mängelhaftung II c 952, 953; — Wandelung u. Minderung II c 959; — Schadensersatzpflicht wegen Nichterfüllung II c 965; — Haftung bei nicht rechtzeitiger Herstellung des Werks II c 969; — Gewährleistungspflicht bei Annahme des fehlerhaften Werks II c 980; — Nichtigkeit des Ausschlusses oder der Beschränkung der Gewährleistungspflicht II c 972; — Verjährung der Ansprüche wegen der Mängel II c 972; — Unterbrechung und Hemmung der Verjährung, Wirkung der vollendeten Verjährung II c 978.

— Vergütung: Art und Umfang II c 949; — stillschweigende Vereinbarung II c 949; — Minderung wegen Mängel des Werks II c 959; — Fälligkeit II c 985; — in Fällen des Ausschlusses der Abnahme des Werks II c 1000; — Verzinsung vom Zeitpunkt der Fälligkeit ab II c 985; — Vergütung bei unverschuldeter Nichterfüllung des Werks II c 996; — im Falle der Kündigung II c 1012; — bei Überschreitung des Voranschlages II c 1016.

— Gefahrentragung II c 991; — Untergang, Verschlechterung, Unausführbarkeit des Werks aus Verschulden des Bestellers II c 996.

— Beendigung: Beendigungsgründe überhaupt II c 1012; — Annahmeverzug des Bestellers, Entschädigungspflicht II c 987; — Rücktrittsrecht des Unternehmers II c 990; — Wirkung desselben auf die Leistung der Vergütung II c 996; — Aufhebung wegen unterbliebener Mitwirkung des Bestellers II c 990; — Kündigung II c 1012; — wegen Überschreitung des Voranschlages II c 1016.

— Einfluß der Geldentwertung II a 41, 68.

Werkwohnungen II b 691.

Wert: Angabe des W. der Nachlaßgegenstände im Nachlaßinventar V 287; — Feststellung beim Nießbrauch an verbrauchbaren Sachen III 874; — Feststellung des W. des Nachlasses zum Zweck der Pflichtteilsberechnung V 925, 927; — Zahlung des W. von Nachlaßgegenständen statt der Herausgabe an die im Aufgebotsverfahren nicht angemeldeten Gläubiger V 190, 198; — an Nachlaßgläubiger nach

Beendigung des Nachlaßkonkurses V 255, 258; — im Falle der Überschuldung des Nachlasses durch Vermächtnisse und Auflagen V 260, 268, 273; — der zur Ausgleichung zu bringenden Zuwendungen V 420, 423.
Wertanteilstheorie II a 73.
Wertbeständige Grundschuld III 95, 1355.
— **Hypothek** III 960, 984, 1010; — Entstehung von Eigentümerhypothek III 1214; — Auswechslung der Forderung III 1284; — w. H. als Sicherungshypothek III 1304; — Höchstbetragshypothek III 1330.
— **Schiffspfandrechte** III 1474.
Wertersatz beim Nießbrauch an verbrauchbaren Sachen III 874; — bei übermäßigem Fruchtbezug des Nießbrauchers III 847; — beim Verschaffungsvermächtnis V 604; — für Früchte, für verwendete Erbschaftsgegenstände durch den Vorerben V 563; — im Falle ungerechtfertigter Bereicherung II c 1718, 1722; — beim Rücktritt vom Vertrag II a 612; — Verzinsung des W. beim Verzug II a 359; — Verzinsung des Wertes durch unerlaubte Handlungen entzogener Sachen II c 1990.
Wertgrenze für Grundstücksbelastung nach Landesrecht III 969, VI a 302.
Wertminderung, -erhöhung während des Verzugs II a 355; — Ersatz beim Erbschaftskauf V 1088; — des Kaufobjekts, Gewährleistung II b 126, 130; — des Pfandes III 1414, 1415, 1416; — W. des Vermächtnisgegenstandes, Übergang des Ersatzanspruches auf den Vermächtnisnehmer V 599; — Verzinsung der W. beim Verzug II a 359; — der W. durch unerlaubte Handlung entzogener Sachen II c 1990.
Wertpapier: Begriff II c 1595; — Arten II c 1596; — W. als Anweisungsgegenstand II c 1576, 1579; — Differenzgeschäfte mit W. II c 1459; — Eigenschaft der W. als verbrauchbare Sachen I 349, 357; — Eigentumserwerb bei Einkaufskommission III 463; — Haftung des Gastwirts für eingebrachte W. II c 1186; — Haftung des Verkäufers von W. für Gültigkeit II b 56, 60; — Gefahrenübergang beim Kauf II b 86; — Gewährleistung beim Verkauf II b 118; — Kauf mit Sperrverpflichtung II b 14; — Haftung beim Vermächtnis eines W. V 625; — Hinterlegung von W. zur Sicherheitsleistung I 856; — Wirkung der Hinterlegung I 858; — Tauglichkeit zur Sicherheitsleistung I 858; — Umtausch hinterlegter W. I 859; — Hinterlegung an Erfüllungs Statt II a 705, 706; — Hinterlegung zur Sicherung des Nachlasses V 126, 132; — Hinterlegung zum Nachlaß gehöriger durch den Vorerben V 547, 548; — Befreiung von der Verpflichtung hiezu V 566, 567; — Hinterlegung durch den Testamentsvollstrecker V 706; — Haftung aus Raterteilung bei der Anschaffung II c 1120; — Leihe oder Darlehen II b 651, 659; — Teilung gemeinschaftlicher II c 1423; — Erwerb zum eingebrachten Gut IV 265; — bei Errungenschaftsgemeinschaft IV 628; — Spekulationsgewinn nicht Vorbehaltsgut IV 229; — Mündelsicherheit von W. IV 1444, 1452; — Mündelsicherheit nach bisherigem Landesrecht VI a 577; — Verpfändung III 1481, 1520; — V. an Kaufleute III 1520; — siehe auch „Inhaber-, Orderpapiere“; — Verwahrung von W. II c 1170; — pfandrechtliche W. II c 1598.
Wertpapier des Kindes: Hinterlegung auf Anordnung des Vormundschaftsgerichts IV 1118; — Genehmigung des Vormundschaftsgerichts zu Verfügungen darüber IV 1118, 1120.
— W. des Mündels: Hinterlegung IV 1470; — auf Anordnung des Vormundschaftsgerichts IV 1478; — Genehmigung des Vormundschaftsgerichts zu Verfügungen über die hinterlegten W. IV 1479; — Befreiung von der Hinterlegungspflicht durch das Vormundschaftsgericht IV 1477; — durch den Vater IV 1569; — durch die Mutter IV 1571; — Befreiung des Vaters und der Mutter als Vormund eines Volljährigen IV 1627; — Verfügungsrecht des Vormunds über W. IV 1464; — Befreiung von Beschränkungen des Verfügungsrechts IV 1569, 1571; — bei der Vormundschaft über Volljährige IV 1627; — W. des Pfleglings: Hinterlegung IV 1670.
Wertparzellentheorie III 1268.
Wertsachen: Haftung des Gastwirts für eingebrachte W. II c 1186; — siehe auch „Kostbarkeiten“.
Wertsteigerung während des Verzugs II a 355.
Wesentliche Bestandteile I 357, 358, 360; — siehe auch „Bestandteile“.
Wesentlicher Irrtum I 478.
Wettbewerb: Schadensersatzpflicht bei Verstoß gegen die guten Sitten II c 1820, 1841; — Schutz durch Unterlassungsklage III 620; — Bereicherung durch unlauteren W. II c 1668.
Wettbewerbverbot für Arbeitnehmer II b 780.
Wette II c 1441; — Begriff II c 1446; — rechtliche Natur II c 1447; — Unverbindlichkeit von Wettverträgen und Wettschulden II c 1441, 1447; — Ausschluß der Rückforderung des auf Grund der W. Geleisteten II c 1441, 1448; — Verbindlichkeiten zum Zwecke der Erfüllung von Wettschulden II c 1451; — Einfluß der Geschäftsunfähigkeit, der Unredlichkeit II c 1450; — Einfluß der Unklagbarkeit auf anderweitige Rechtsgeschäfte II c 1451; — internationales Recht, Übergangszeit, Strafrechtliches II c 1454, VI b 801, 811, 826.
Wettgewinn einer Ehefrau IV 237.
Wettschuld: Naturalobligation II a 18, II c 1447.
Widerklage: Inverzugsetzung durch W. II a 336; — Unterbrechung der Verjährung I 815; — im Besitzprozeß III 52, 54, 55; — Unzulässigkeit der petitorischen W. III 55; — in Ehesachen IV 162; — gegen die Ehescheidungsklage IV 770; — Frist für die W. IV 767; — gegen die Klage auf Aufhebung der ehelichen Gemeinschaft IV 782; — W. auf Feststellung der Unehelichkeit eines Kindes IV 867; — Erhebung durch den Testamentsvollstrecker und gegen denselben V 698; — Anfechtung des

Erbschaftserwerbs wegen Erbunwürdigkeit durch W. V 1006.
Widerlegung der Vermutung der Richtigkeit des Grundbuchs III 216.
Widernatürliche Unzucht: Ehescheidungsgrund IV 722, 724.
Widerrechtliche Drohung I 500, 505; — siehe auch „Drohung".
Widerrechtliche Handlungen des Gewalthabers, Haftung des Kindes IV 986; — des Vormunds, Haftung des Mündels IV 1415.
Widerrechtlichkeit: Voraussetzung der Schadensersatzpflicht für unerlaubte Handlungen II c 1768, 1779; — bei Verstoß gegen Schutzgesetze II c 1802; — W. des Besitzes III 17; — der Besitzentziehung, -störung III 39, 40; — im Strafrecht VI a 37.
Widerruf der Annahme und Ausschlagung eines Vermächtnisses V 622; — W. des Antrages auf Ehelichkeitserklärung IV 1292; — der Anweisung II c 1590; — des Auftrags II c 1104, 1110; — Grund zum W. des Auftrags, als Anlaß einer Abwesenheitspflegschaft IV 1652; — W. der Auslobung II c 1070; — der Bestellung des Testamentsvollstreckers V 664; — der Bestellung des Vereinsvorstands I 200, 204; — des Darlehensversprechens II b 676; — ehrverletzender Erklärungen II a 114; — der Einwilligung zu einem Rechtsgeschäfte I 745; — der Einwilligung des Mannes zum selbständigen Betrieb eines Erwerbsgeschäftes durch die Frau im gesetzlichen Güterstand IV 324; — bei allgemeiner Gütergemeinschaft IV 456; — Eintragung im Güterrechtsregister IV 324, 327, 696; — W. der Genehmigung des gesetzlichen Vertreters zu Dienst- und Arbeitsverträgen des Minderjährigen I 444; — zum selbständigen Betrieb eines Erwerbsgeschäfts I 441; — von korrespektiven Verfügungen V 820, 823; — des Mäklervertrags II c 1040; — eines Mitgiftversprechens durch den Testamentsvollstrecker V 683; — von Rechtsgeschäften mit dem Vormund wegen mangelnder Genehmigung des Vormundschaftsgerichts IV 1518; — des Gegenvormunds IV 1523.
— W. von Schenkungen: Voraussetzungen II b 333; — Ausschluß II b 337; — Form II b 336; — Wirkungen II b 336; — W. von Schenkungen, Vererblichkeit des Rechts II b 333, 335, V 16; — Erlöschen des Rechts II b 337; — Verzicht auf dasselbe II b 338; — W. einer Schenkung durch den Testamentsvollstrecker V 680; — von Schenkungen unter Ehegatten und Verlobten IV 814; — anzuwendendes Recht VI b 268, 424; — Ausschluß des W. nach Wiederherstellung der ehelichen Gemeinschaft IV 835; — W. von Schenkungen unter Ehegatten bei Nichtigkeit der Ehe IV 145; — W. der Stiftung I 316, 318; — Unvererblichkeit des Widerrufsrechts V 16; — der letztwilligen Stiftung I 324.
— W. des Testaments: Zulässigkeit V 446, 787; — räumlich geltendes Recht VI b 642, 672; — Formen: durch Testament V 787, 789; — durch Vernichtung oder Veränderung der Testamentsurkunde V 787, 789; — Teilaufhebung in diesem Falle V 791; — durch Rücknahme aus amtlicher Verwahrung V 787, 792; — Wirkung des Widerrufs V 793; — beim Widerruf eines späteren für das frühere Testament V 794; — Widerruf des Widerrufs V 788, 793; — W. des gemeinschaftlichen Testaments V 820, 831; — des korrespektiven Testaments V 820, 823; — W. nach bisherigem Recht V 808; — des nach bisherigem Recht errichteten wechselseitigen Testaments VI a 594; — W. von Verträgen: Unterschied vom Rücktritt II a 611; — von Verträgen mit Minderjährigen I 432, 435; — Beweislast I 436; — W. des mit einem Vertreter ohne Vertretungsmacht geschlossenen Vertrags I 724.
Widerruf von Verträgen über eingebrachtes Gut IV 307; — über Gesamtgut der allgemeinen Gütergemeinschaft IV 451, 452; — der fortgesetzten Gütergemeinschaft IV 540; — der Errungenschaftsgemeinschaft IV 616; — W. des Vertragsantrages I 617; — der Vollmacht: Zulässigkeit und Form I 707, 711; — im Falle der Mitteilung der Bevollmächtigung an einen Dritten oder öffentlicher Bekanntmachung I 715, 718; — Einfluß der Unwiderruflichkeit der Vollmacht auf die Kraftloserklärung der Vollmachtsurkunde I 723; — Abwesenheitspflegschaft wegen Grund zum W. IV 1652; — W. von Willenserklärungen gegenüber Abwesenden I 537, 542; — Anspruch auf W. behaupteter oder verbreiteter unwahrer Tatsachen II c 1812.
Widersinnige Auflagen V 636.
Widersinnige Bedingung I 656; — bei letztwilligen Verfügungen V 470.
Widersprechende Grundbucheintragungen III 216.
Widerspruch eines geschäftsführenden Gesellschafters gegen Vornahme eines Geschäfts II c 1256; — des Schuldners gegen die Leistung durch einen Dritten II a 208, 211; — gegen die Richtigkeit des Grundbuchs: Abgrenzung von der Vormerkung III 167; — Voraussetzungen III 271; — Wirkungen III 274; — Ausschluß des Schutzes des öffentlichen Glaubens durch Eintragung eines W. III 218, 230; — formale Grundlagen III 271, 277; — Vollzug der Eintragung III 91, 278; — Berichtigung des Grundbuchs in bezug auf einen W. III 253; — Löschung III 279; — Eintragung von Amts wegen III 278; — W. gegen eine Vormerkung III 187, 273; — W. wegen Einreden gegen die Hypothek III 1121; — aus der Einrede des nicht gezahlten Geldes III 1121; — W. auf dem Hypothekenbrief III 1123; — Einfluß des W. auf das Aufgebot zum Ausschluß eines Grundeigentümers III 426; — Einfluß auf die Verjährung des durch W. gesicherten Rechtes III 283; — Hemmung der Tabularersitzung III 280; — Unzulässigkeit der Eintragung eines W. gegen einen W. III 273; — keine Vermutung für Richtigkeit des eingetragenen W. III 214; — W. gegen Aufwertungsansprüche III 274; — W. gegen

Grenzüberbau III 342, 344, 346; — W. gegen Richtigkeit des Erbbaugrundbuchs III 710, 728, 783; — des Grundbuchblattes für das mit Erbbaurecht belastete Grundstück III 728, 783; — W. zwischen Erbbaugrundbuch und Grundstücksblatt III 728; — gegen die Richtigkeit des Schiffsregisters III 1476; — gegen Löschung im Güterrechtsregister IV 688; — gegen Pfändung von Früchten des eingebrachten Gutes IV 274, 278, 291; — gegen Zahlung der Entschädigung für Zwangsenteignung VI a 88; — gegen Zwangsvollstreckung: im gesetzlichen Güterstand IV 274, 278, 291; — Recht der Ehefrau IV 291, 331, 333; — bei Errungenschaftsgemeinschaft IV 630.

Widerspruchsklage des Hypothekgläubigers III 1047; — Haftung des Pfändungsgläubigers III 592.

Widerstand: Beseitigung mittels Selbsthilfe I 851, 853.

Wiederabnahme eigenmächtig weggenommener Sachen III 44, 46.

Wiederaufnahme des Verfahrens: Rückforderung des auf Grund des aufgehobenen Urteils Geleisteten II c 1687; — nach Auflösung oder Nichtigkeitserklärung einer Ehe: Ehehindernis IV 50, 52.

Wiederaufnahmeverfahren: Entschädigung im W. Freigesprochener und Unterhaltsberechtigter IV 893.

Wiederbemächtigung nach Besitzentziehung III 44, 46.

Wiedereinräumung eigenmächtig entzogenen Besitzes III 47, 50; — des Besitzes bei Besitzvermittlungsverhältnis III 76.

Wiedereinsetzung in den vorigen Stand nach Verjährung I 768, 776; — in den vorigen Stand wegen Minderjährigkeit IV 986, 1416.

Wiederherstellung der ehelichen Gemeinschaft IV 832; — des Verwaltungs- und Nutzungsrechts des Ehemanns am eingebrachten Gut IV 377; — Klage auf W. der Errungenschaftsgemeinschaft IV 665; — Wirkung der W. IV 667; — Ausschluß der Klage auf W. bei Fahrnisgemeinschaft IV 607; — W. der Mietsache II b 419; — des Pachtgegenstandes II b 605; — W. des früheren Zustandes: zur Schadensabwendung II a 113, 114, 131, 132; — Ablehnung wegen Fristversäumung II a 115, 138; — Unmöglichkeit der W. II a 115, 141; — W. im Falle der Wegnahme einer Einrichtung II a 178; — Ausschluß des Anspruches auf W. nach Verbindung, Vermischung, Verarbeitung III 515; — W. des versicherten Hypothekenobjekts III 1085; — W. zerstörter Gebäude in anderer Lage, Rechte Dritter VI a 282.

Wiederherstellungspflicht des Vermieters II b 419; — des Verpächters II b 605.

Wiederholung der Eheschließung IV 50, 101.

Wiederkauf II b 260; — Inhalt, Rechtsnatur II b 260, 263; — dingliches II b 262; — Unterschied des W.-Rechts vom Vorkaufsrecht II b 262; — Ausübung bei Mehrheit der Berechtigten II b 271; — der Verpflichteten II b 272; — Vererblichkeit und Veräußerlichkeit des Rechts II b 266; — Form der Ausübung II b 264, 266; — Wirkungen der Ausübung: Herausgabepflicht II b 267; — Haftung des Wiederverkäufers für Verschlechterung, Untergang, Unmöglichkeit der Herausgabe II b 267; — Befreiung beim W. zum Schätzungswert II b 270; — Beseitigung entgegenstehender Rechte Dritter II b 269; — Ersatz von Verwendungen, Wegnahme einer Einrichtung II b 269; — Frist für die Ausübung II b 272; — Wiederkaufspreis II b 265, 266; — keine Verzinsung II b 268; — Aufwertung II b 267; — Wiederkauf zum Schätzungswert II b 270; — Form der Einräumung an einem Grundstück II a 428; — Vormerkung des Wiederkaufsanspruchs II b 261, 269; — Ausübung gegenüber einer Ehefrau IV 322; — Ausübung eines zum Nachlasse gehörigen V 374; — Einräumung durch den Vormund IV 1489, 1490; — bei Rentengütern VI a 136.

Wiederkaufsrecht, dingliches III 921; — Vormerkung im Grundbuch III 171; — besondere Wiederkaufsrechte III 7; — Ulmer Wiederkauf III 653.

— gesetzliche Wiederkaufsrechte II b 262.

— verwandte Rechte II b 264.

Wiederkehrende Leistungen: Auflage w. L. V 641; — aus dem eingebrachten Gute der Frau zu entrichtende w. L. im gesetzlichen Güterstande IV 278; — bei Errungenschaftsgemeinschaft IV 636; — aus dem Kindervermögen zu entrichtende IV 1083; — Erstreckung der Hypothek auf mit dem Eigentum am Grundstück verbundene w. L. III 1071; — Entrichtung durch den Nießbraucher an einem Vermögen III 903; — Verjährung bei im Grundbuch eingetragenen Rechten III 283, 284; — Rücktritt von der im Erbvertrag mit Rücksicht auf eine rechtsgeschäftliche Verpflichtung zu w. L. getroffenen Verfügung V 876; — schenkungsweise w. L. II b 317; — Verjährung des Anspruchs auf w. L. I 788; — nach rechtskräftiger Feststellung I 826; — Beginn der Verjährung I 791; — Unterbrechung der Verjährung I 812; — keine Haftung von Pfändern nach der Verjährung I 834; — Verpflichtung des Kindes zu w. L. IV 1057, 1061; — des Mündels IV 1482, 1494; — des volljährigen Mündels IV 1482, 1494; — prozessuale Durchführung des Unterhaltsanspruchs IV 892; — Verteilung unter sukzessiv Berechtigte I 390; — auf sukzessiv Verpflichtete I 393, 394.

Wiederverehlichungszeugnis des Vormundschaftsgerichts IV 62, 1125.

Wiederverheiratung: W. nach Ehescheidung, anzuwendendes Recht VI b 429; — Beschränkung der Unterhaltspflicht des schuldigen Teils IV 801; — Erlöschen der Unterhaltspflicht bei W. des Unterhaltsberechtigten, Einfluß der W. des Verpflichteten IV 809; — Einfluß auf die Sorge für die Person des Kindes IV 1030; — nach Todeserklärung: zeitlich geltendes Recht VI a 419, 424; — Wirkung zu Unrecht

erfolgter Todeserklärung IV 149; — der Ehefrau eines für tot erklärten Ausländers VI b 230, 245; — Sorge für die Person eines Kindes aus erster Ehe IV 1039; — Familienname der Frau IV 180; — W. des als Vormund bestellten Elternteils IV 1555; — W. der Mutter: Verlust der elterlichen Gewalt IV 1136, 1186; — des überlebenden Ehegatten: Beendigung der fortgesetzten Gütergemeinschaft IV 559; — Erteilung des Wiederverehelichungszeugnisses IV 62, 1125; — des Vaters: Pflichten desselben IV 1123; — der Witwe eines Getöteten II c 1975; — Wartezeit IV 60; — Zuständigkeit zur Befreiung von dem Ehehindernis IV 86; — Einfluß vorzeitiger W. auf den Status des Kindes IV 885.

Wiederverkauf: Erstreckung auf Zubehör I 379.

Wild: Eigentumserwerb an W. III 537, 538, VI a 165.

Wilde Tiere: Herrenlosigkeit und Eigentum daran III 541; — Schadensstiftung durch w. T. II c 1907.

Wilderer: Besitzerwerb III 70; — Eigentumserwerb an dem vom W. erbeuteten Wild VI a 165; — Eigentumserwerb an dem vom W. erbeuteten Wild, Anspruch des Jagdberechtigten III 538.

Wildschaden: Ersatz II c 1907, 1908; — Haftung mehrerer Verantwortlicher, Regreßansprüche II c 1953; — Ausgleichung unter mehreren Ersatzpflichtigen II a 922; — Partiaschuld II a 904; — Vorbehalte zugunsten der Landesgesetzgebung: Feststellung, Frist zur Geltendmachung VI a 170; — besondere Haftungsfälle, Rückgriffsrecht VI a 172; — Ersatzpflicht eines Nutzungsberechtigten VI a 174.

Wille: Bedeutung für Rechtsgeschäfte I 399; — Abweichung von der Erklärung I 457; — Vertretung im W. I 675.

Willensbestimmung: Ausschluß der freien W. I 421, 423; — Einfluß des Ausschlusses der freien W. auf gesetzliche und vertragsmäßige Verbindlichkeiten II a 282, 285; — Ausschluß der freien W. bei unerlaubten Handlungen II c 1843; — Haftung aus Billigkeit II c 1848; — Haftung aufsichtspflichtiger Personen II c 1873.

Willenseinigung beim Vertrag I 604, 606; — Mangel derselben I 490.

Willenserklärung: Begriff I 396, 450; — Form der Äußerung I 451, 453, 455; — ausdrückliche und stillschweigende I 451, 452; — mittelbare und unmittelbare I 452; — empfangsbedürftige und nicht empfangsbedürftige, Adressat der W. I 455; — unrichtige Übermittelung I 492; — irrige Abgabe durch den Empfangsboten I 494; — Voraussetzung, Zeitpunkt der Wirksamkeit der W. I 456; — Beweislast für die Wirksamkeit I 461; — Mentalreservation I 461; — Abgabe zum Schein I 463; — Mangel der Ernstlichkeit ohne Täuschungsabsicht I 470; — Auslegung I 549.
— Anfechtung wegen arglistiger Täuschung und widerrechtlicher Drohung I 500, 501; — wegen Irrtums I 472; — wegen unrichtiger Übermittlung I 492; — Voraussetzungen der Wirksamkeit der Anfechtung I 494.

Willenserklärung: Nichtigkeit wegen Geschäftsunfähigkeit des Erklärenden I 424; — wegen Mentalreservation I 461; — Schadensersatzpflicht wegen Anfechtung oder Nichtigkeit der W. I 496; — Verhältnis der W. zum Rechtsgeschäft I 398; — Voraussetzung der Gültigkeit von W. Minderjähriger I 429; — Verurteilung zur Abgabe einer W. I 455.
— W. gegenüber Anwesenden: Zeitpunkt der Wirksamkeit I 537; — W. durch Telephon I 542; — Pflicht zur Entgegennahme von W. I 544; — Abgabe gegenüber einer Stiftung I 326; — W. von und gegenüber Vertretern I 682, 683; — Einfluß von Willensmängeln usw. des Vertreters I 693; — Abgabe gegenüber einem Vereine I 206; — Zustellung von W. durch Gerichtsvollzieher I 547; — zeitlich geltendes Recht VI a 407.

Willensgeschäfte I 397; — Stellvertretung bei W. I 688.

Willensmängel I 457; — zeitlich geltendes Recht VI a 407, 447; — Sondergrundsätze I 459, 460; — bei der Stellvertretung I 693, 694, 705, 706; — bei der Eigentumsübertragung an Grundstücken III 396, 397; — W. bei Rechtsgeschäften über Grundstücke VI a 508; — bei Willenserklärungen des Testamentsvollstreckers V 685; — Einfluß von W. auf erbrechtliche Geschäfte in bezug auf altrechtliche Erbfälle VI a 582, 585; — Wirkung von W. bei Errichtung letztwilliger Verfügungen unter bisherigem Recht VI a 592; — räumlich geltendes Recht hinsichtlich der Eheschließung VI b 234; — beim Abschluß von Erbverträgen VI b 649, 677; — bei Testamentserrichtung VI b 642, 645, 670, 682.

Willensmoment beim Besitz III 20.

Willenstheorie I 458, II a 266.

Windmühlen: Schutz gegen Baumpflanzungen auf dem Nachbargrundstück VI a 322.

Winkel: Benützungsrecht der Anlieger III 372, 381, 383.

Winkeladvokaten: Verjährung ihrer Ansprüche I 786.

Winterfenster II b 412.

Wirksamkeit von Verfügungen des Vormundschaftsgerichts IV 1364; — von genehmigungsbedürftigen Verträgen des Vormunds IV 1511, 1512.

Wirkungsstatut, Begriff VI b 7; — Geltung für die Form von Rechtsgeschäften VI b 164.

Wirte: Verjährung ihrer Ansprüche I 779.

Wirtschaft: Pacht oder Miete II b 581.

Wirtschaftliche Vereine: Begriff I 179, 180; — Erwerb der Rechtsfähigkeit I 161, 170, 189; — Entziehung derselben I 241.

Wirtschaftsbeamte: Verjährung ihrer Ansprüche I 786.

Wirtschaftsgebäude: Ausbesserungspflicht bei Pacht II b 612.

Wirtschaftsgeld der Frau IV 181.

Wirtschaftsgeräte: Zubehör des Landguts I 381.

Wirtschaftsplan für Wälder, Bergwerke oder ähnliche Anlagen beim Nießbrauch III 846; bei der Nacherbschaft III 847, V 554; — für Vorerben V 554.
Wirtschaftsrecht: Anwendung der Vorbehaltsklausel VI b 832.
Wissenschaftliche Fundgegenstände III 575.
Wissenschaftliche Vereine I 181.
Witwe: Ansprüche aus dem HaftpflG. VI a 69; — Familienname I 114; — Ehehindernis der Wartezeit IV 60; — Zuständigkeit für die Befreiung von demselben IV 86; — Erbrecht der armen W. V 35, 895; — Volljährigkeitserklärung I 59, 62.
Witwenbezüge, Aufrechnung, Übertragbarkeit II a 768, 771, VI a 205; — Verjährung I 789.
Witwen- und Waisenfürsorgegesetze, Änderung durch das EG. VI a 82.
Woche: Fristbestimmung nach W. I 755, 757; — Dienstverhältnis nach W. II b 887; — Mietzinsberechnung nach W. II b 534.
Wochenbettkosten: Erstattung beim außerehelichen Beischlaf IV 1241; — Erstattung beim außerehelichen Beischlaf nach bisherigem Recht VI a 569.
Wochenhilfe für die uneheliche Mutter IV 1245.
Wochenlohn II b 887.
Wohl, geistiges und leibliches des Kindes, Gefährdung IV 1104.
Wohlerworbene Rechte VI a 403, 406, 478.
Wohltätigkeitsanstalten: Erbrecht V 35.
Wohltätigkeitsvereine I 179, 181.
Wohngebäude: Ausbesserungspflicht bei der Pacht II b 612.
Wohnort: Begriff und rechtliche Bedeutung I 84; — Bestimmungsrecht des Ehemannes IV 173; — Einfluß der Aufhebung der ehelichen Gemeinschaft IV 826.
Wohnräume: Besitzesschutz III 58; — Miete von W. II b 391, 589; — Pflichten des Vermieters II b 414; — außerordentliche Kündigung wegen Gesundheitsgefährlichkeit II b 447; — Erhaltung nach Wohnungsmangelrecht II b 385; — Räumungsfristen für W. nach Landesrecht VI a 234; — W. von Bediensteten II b 843.
Wohnrecht I 89; — von Ausländern im Inlande I 43; — dingliches II b 353, 396; — Einräumung am Mietobjekt II b 584.
Wohnsitz: Allgemeines: Begriff I 85; — rechtliche Bedeutung I 85; — zeitlich geltendes Recht VI a 415; — gewählter W.: Voraussetzungen der Begründung I 85, 86, 87; — Aufhebung des W. I 86, 90; — mehrfacher W. I 86, 89; — Fähigkeit zur Begründung und Aufhebung I 91; — rechtliche Natur der Begründung I 401; — Wohnsitzlosigkeit I 91; — gesetzlicher W. I 93, 94, 95; — Beweis und Vermutung I 89; — W. als Anknüpfungsgrund der Kollisionsnormen VI b 6, 7, 88, 300, 631, 772; — als Anknüpfungsgrund im interlokalen Privatrecht VI b 36; — als Anknüpfungsgrund für das Recht der Staatenlosen VI b 772, 780; — Einfluß mehrfachen W. auf das anzuwendende Recht VI b 789; — Einfluß mehrfachen W. bei Staatenlosen VI b 782, 790; — Einfluß des Wechsel des W. bei Staatenlosen VI b 782; — Ablehnung der Vormundschaft wegen weiter Entfernung des W. IV 1401; — Entlassung des Vormunds hiewegen IV 1606; — W. des Schuldners als Leistungsort II a 217;
Wohnsitz: Einzelne Fälle: erwählter W. nach französischem u. badischem Recht VI a 415; — W. des an Kindes Statt Angenommenen IV 1303; — W. von Beamten VI a 196; — W. der Ehefrau I 97, VI b 282, 284, 782; — der Frau nach Aufhebung der ehelichen Gemeinschaft IV 826; — von Exterritorialen (Strafprozeß) VI a 43, 44; — des Findelkindes IV 1432; — des Kindes I 99, VI b 471; — Begründung und Aufhebung durch den Personensorgeberechtigten IV 995; — durch die Mutter als gesetzliche Vertreterin des Kindes IV 1155; — legitimierter Kinder IV 1267; — des unehelichen Kindes IV 1197, VI b 496; — W. eines vor dem 1. Januar 1900 geborenen unehelichen Kindes VI a 568; — von Militärpersonen I 94; — der Staatenlosen VI b 780, 782.
Wohnsitzlosigkeit I 91.
Wohnung: Bestimmungsrecht des Ehemannes IV 173; — Gesundheitsschädlichkeit II b 447; — Räumungsfristen für W. nach Landesrecht VI a 234; — Weiterbenützung der W. des Erblassers durch dessen Familienangehörige V 180.
Wohnungen: Erbbaurecht zur Beschaffung von Kleinwohnungen III 658.
Wohnungsbeschlagnahme II b 385.
Wohnungsentschädigung II b 398.
Wohnungsleihe II b 353.
Wohnungsmangelrecht II a 944, II b 381.
Wohnungsmiete II b 391; — Pflichten des Vermieters II b 414.
Wohnungsnotgesetzgebung II a 940, II b 347, 391, 393, 399, 428, III 658.
Wohnungspflege, öffentliche, Einfluß auf Miete II b 343.
Wohnungsrecht III 914; — Ersitzung III 281; — W. als Reallast III 945; — dingliches, Bestellung am Mietobjekt II b 396; — Vermächtnis V 612.
Wohnungstausch II b 352, 387, 396, 470.
Wohnungszwangswirtschaft II b 348.
Wucher: rückwirkende Kraft des Verbots VI a 453; — W. mit Räumen II b 355; — Vermittelungswucher II b 348, 355.
Wuchergesetz, Änderung durch das EG. VI a 81.
Wucherische Rechtsgeschäfte I 570, 582; — Begriffe, „Notlage, Leichtsinn, Unerfahrenheit" I 584; — Wirkung I 584; — Rückforderungsrecht des Wucherers I 585.
Wucherischer Vertrag: räumlich anzuwendendes Recht VI b 816.
Wundärzte: Verjährung ihrer Forderungen I 780, 786.
Wurm der Pferde, Esel, Maulesel und Maultiere, Gewährfrist II b 230.
Württemberg: Ausführungsgesetze zum BGB. VI a 99; — Anlegung von Mündelgeld in Hypotheken IV 1446; — bei Sparkassen IV 1451; — in Wertpapieren IV 1453; — bei

Hinterlegungsstellen IV 1457; — Anzeige von Todesfällen V 132; — Aufnahme des Verzeichnisses des Kindervermögens IV 1052; — Auseinandersetzung der Gütergemeinschaft IV 505; — Beamtenrecht VI a 198; — Befreiung von Ehehindernissen, vom Aufgebot IV 89; — dienstliche Bewilligung zur Übernahme einer Vormundschaft IV 1398; — Ehelichkeitserklärung IV 1280; — Gemeindewaisenrat IV 1565, 1567; — Genehmigung der Emission von Schuldverschreibungen II c 1615; — Grundbuchrecht III 88, 89, 90; — Güterrechtsregister IV 690; — Haftung aus Amtspflichtverletzungen Beamter VI a 186; — Hinterlegungswesen IV 297; — Nachlaßauseinandersetzung V 391; — Namensänderung I 115; — Namenserteilung an das uneheliche Kind der Ehefrau IV 1206; — öffentliche Fürsorge IV 900; — religiöse Kindererziehung IV 1602; — Staatsschuldbuch IV 299; — Sicherung des Nachlasses V 128, 132, 133; — Verehelichung von Ausländern IV 70; — von Beamten IV 66; — verwaltungsrechtliche Zuständigkeit in Vereinssachen I 244; — zuständige Verwaltungsbehörde in Vereinssachen I 283, 290; — Stiftungen I 308; — Verwahrung der Testamente V 778; — Zeugnis über Fortsetzung der Gütergemeinschaft IV 589; — Zuständigkeit für die Befreiung von den Erfordernissen der Annahme an Kindes Statt IV 1315; — Zuständigkeit für die öffentliche Beurkundung I 535; — für Beglaubigung von Unterschriften I 537; — Zuständigkeit für die Verrichtungen bei Erklärung über den Namen der geschiedenen Frau IV 791; — Zuständigkeit in Vormundschaftssachen IV 1359; — Zuständigkeit zur Errichtung und Eröffnung letztwilliger Verfügungen V 728, 736; — zur Aufnahme des Nachlaßinventars V 289; — Form der Errichtung V 290.

Wurzeln: Überragen in das Nachbargrundstück III 339; — Beseitigung ins Nachbargrundstück überragender bei Obstbäumen VI a 316.

Wüstungsgemeinden VI a 431.

Z.

Zahl: Mindestzahl der Mitglieder eines eingetragenen Vereins I 276; — Mindestzahl für die Rechtsfähigkeit des Vereins I 300; — Einreichung einer Bescheinigung über Mitgliederzahl I 299.

Zahlkarten der Post II c 1576.

Zahlung: Begriff im engeren und weiteren Sinne II a 661; — Z. unter Vorbehalt II a 667; — vorzeitige Z. II a 233; — Z. fremder Schulden II a 208; — einer in ausländischer Währung ausgedrückten Geldschuld II a 96; — Z. in einer bestimmten Münzsorte II a 103; — aus öffentlichen Kassen II a 228, VI a 233; — siehe auch „Erfüllung, Leistung"; — der verjährten Schuld I 832.

Zahlungsauftrag II c 1574.

Zahlungsbedingungen: Eintragung im Grundbuch III 1019; — Änderung bei Hypothekabtretung III 1193; — Regelung bei der Gesamthypothek III 1095.

Zahlungsbefehl als Mahnung und Voraussetzung des Verzugs II a 330; — Unterbrechung der Verjährung durch Zustellung eines Z. I 813, 816; — Beseitigung der Wirkungen der Unterbrechung I 822.

Zahlungsfähigkeit: Irrtum über Z. I 479; — übernahme der Haftung für Z. bei Verkauf einer Forderung II b 63.

Zahlungsfristen: Gewährung durch den Richter II a 230.

Zahlungsort II a 101, 226; — für die Grundschuld III 1362; — Änderung bei Hypotheken III 1039; — für den Mietzins II b 478; — siehe auch „Erfüllungs-, Leistungsort".

Zahlungssperre bei Kraftloserklärung von Inhaberschuldverschreibungen II c 1623, 1626; — Hemmung der Vorlegungsfrist und der Verjährung II c 1630; — Z. bei qualifizierten Legitimationspapieren II c 1646; — Ausschluß bei Zinsscheinen II c 1635; — auf die Z. bei Schuldverschreibungen auf Sicht-, Zins-, Renten- und Gewinnanteilscheinen zeitlich anzuwendendes Recht VI a 465; — Erledigung eines bei Inkrafttreten des BGB. anhängigen Verfahrens VI a 473; — H. bei Legitimationspapieren nach Landesrecht VI a 258.

Zahlungs Statt: Leistung an Z. II a 676; — zur Ablösung des Gläubigers eines Dritten II a 214.

Zahlungsunfähigkeit: Bedeutung für die Haftung des Schuldners II a 280, 341.

Zahlungsverbote, ausländische, Beachtung im Inland VI b 833.

Zahlungszeit II a 101, 229; — für Darlehen II b 674; — für Darlehenszinsen II b 672; — für die Vergütung beim Dienstvertrag II b 815; — für den Mietzins II b 476; — bei gesetzlicher Miete II b 380; — Änderung bei Hypotheken III 1039; — siehe auch „Zeit, Erfüllungs-, Leistungszeit".

Zahnärzte: Rechtsverhältnis zum Patienten II b 701; — Verjährung ihrer Ansprüche I 780, 786.

Zapfgeld II b 597.

Zaununterhaltungspflicht VI a 322.

Zehent VI a 300.

Zehn Jahre: Ausschlußfrist für die Ehescheidungsklage IV 762; — Ersitzungszeit für bewegliche Sachen III 493; — Frist für Hypothekamortisation III 1244; — Verschollenheitsfrist I 136.

Zeichnen: Verarbeitung III 949.

Zeichnung einer Anleihe, Rechtsnatur II b 9; — eines Beitrages zu einem Sammelvermögen II a 305.

Zeit der Leistung II a 229; — beim Darlehen II b 674; — bei Darlehenszinsen II b 672; — beim Kauf II b 44; — bei der Leihe II b 645; — bei der Verwahrung II c 1165; — hinsichtlich der Vergütung II c 1169; — bei Zahlung einer Geldschuld II a 101; — Berücksichtigung von Treu und Glauben II b 29; — Eintritt des Gläubigerverzugs bei bestimmter Leistungszeit II a 375; — der Testamentserrichtung, Angabe im Protokoll V 762, 765; — Angabe beim

eigenhändigen Testament V 735, 744, 746, 747; — im gemeinschaftlichen eigenhändigen Testament V 812; — Beweislast für die Richtigkeit V 749; — Z. bei Zusätzen und Änderungen V 749.

Zeitablauf: Erlöschen des Schuldverhältnisses II a 656; — Voraussetzung des Verzugs II a 330; — Gläubigerverzug II a 375; — Beendigung des Dienstverhältnisses II b 881; — des Mietverhältnisses II b 527.

Zeitangabe bei Schriftform der Rechtsgeschäfte I 531.

Zeitberechnung I 754.

Zeitbestimmung: auf befristete Rechtsgeschäfte zeitlich anzuwendendes Recht VI a 446; — rechtliche Wirkungen I 672; — Unterschied von der Bedingung I 672; — Beweislast für die Z. I 662; — Unzulässigkeit bei einzelnen Rechtsgeschäften I 650; — Wirkung der Aufnahme unzulässiger Z. I 651; — Beseitigung der Unmöglichkeit der Leistung vor Beginn des Anfangstermins II a 409, 410; — Beseitigung eines gesetzlichen Verbots, gegen das ein Vertrag verstößt II a 412; — Z. beim Gesamtschuldverhältnis II a 905; — beim Schuldversprechen II c 1556; — bei Besitzübertragung III 24; — bei beschränkten persönlichen Dienstbarkeiten III 911; — bei Eigentumsübertragung III 445; — Z. beim Eigentumserwerb, zeitlich geltendes Recht VI a 483; — bei der Einigung über Rechtsänderungen an Grundstücken, Grundstücksrechten III 109; — beim Erbbaurecht III 674; — Eintragung im Grundbuch III 675; — Z. beim Erbbaurecht nach früherem Recht III 780, 781; — bei Grunddienstbarkeiten III 808; — bei Grundschuld III 1347; — bei der Hypothek III 986; — beim Vorbehalt III 160; — beim dinglichen Vorkaufsrecht III 925; — bei Benennung eines Vormundes IV 1394; — bei der Einwilligung des Ehemannes zum selbständigen Betrieb eines Erwerbsgeschäftes durch die Frau IV 325; — beim Verlöbnisvertrag IV 11; — bei Ernennung eines Testamentsvollstreckers V 664; — bei letztwilligen Verfügungen V 474; — bei letztwilligen Zuwendungen an gesetzliche Erben V 460; — an Abkömmlinge Dritter V 465; — an Verwandte V 461; — beim Vermächtnis: Anfall desselben V 617, 618; — Dauer der Wirkung des Vermächtnisses V 597; — beim Erbverzichtvertrag V 1014, 1016.

Zeitbestimmung: Ausschluß der Z. bei der Ablehnung der Fortsetzung der Gütergemeinschaft IV 535; — bei der Anerkennung der Ehelichkeit IV 879; — bei der Anerkennung der unehelichen Vaterschaft IV 1260, 1275; — bei der Annahme an Kindes Statt IV 1311; — bei Aufhebung des durch die Annahme begründeten Rechtsverhältnisses IV 1349; — Ausschluß bei der Annahme und Ausschlagung der Erbschaft V 103; — des Vermächtnisses V 618, 622; — bei Annahme oder Ablehnung des Amtes eines Testamentsvollstreckers V 670; — bei der Auflassung III 388, 415; — bei Übertragung des Erbbaurechts III 707; — bei der Aufrechnungserklärung II a 751; — bei Ausübung des Wahlrechts bei Alternativobligation II a 195; — bei der Ehelichkeitserklärung IV 1281; — bei Eheschließung IV 77; — bei Eheschließung im Ausland VI a 55; — bei Wiederherstellung der ehelichen Gemeinschaft IV 833; — der Rückforderung vorzeitiger Leistung II c 1691.

Zeitliche Geltung des Rechts: Verhältnis zur räumlichen Kollision VI b 42; — der Vorschr. über Eingehung der Ehe IV 37; — der Vorschriften über Rechtsbeziehungen der Ehegatten IV 163; — der Vorschriften über Schlüsselgewalt IV 192; — des ehelichen Güterrechts IV 216; — der Vorschriften über den Unterhalt der Ehegatten IV 206; — der Vorschriften über Erwerbszuschuß der Frau im gesetzlichen Güterstand IV 328; — über Wirkung des Ausschlusses der Verwaltung, Nutznießung des Mannes IV 412; — der Vorschriften über Richtigkeit, Anfechtbarkeit der Ehe IV 99; — der Vorschriften über Wiederverheiratung im Falle der Todeserklärung IV 152; — der Vorschriften über elterliche Gewalt IV 978; — der Vorschriften über Erbengemeinschaft V 348.

Zeitliches Herrschaftsgebiet der Gesetze VI a 397.

Zeitlohn II b 787; — Beendigung des Dienstverhältnisses beim Zeitlohnvertrag II b 887; — Einfluß außerordentlicher Kündigung II b 909.

Zeitungsabonnement: rechtliche Natur II b 24.

Zeitungsunternehmen: Gemeinschaft II c 1401.

Zeitversäumnis, Ersatzanspruch des Geschäftsführers II c 1101; — des Vormunds IV 1531.

Zentralbehörde des Landes: Genehmigung der Ausgabe von Inhaberschuldverschreibungen II c 1612, 1615; — Vorschriften über Bekanntmachung des Fundes in öffentlichen Gebäuden usw. III 572.

Zentralheizung: Vermietung einer Wohnung mit Z. II b 416.

Zerlegung der Gesamthypothek in Einzelhypotheken III 1090, 1099; — der Eigentümerhypothek bei der Gesamthypothek III 1250, 1259.

Zerrüttung des ehelichen Verhältnisses: Scheidungsgrund IV 736, 748.

Zerstörende Einreden: Begriff, Einfluß auf die Verjährung I 798; — gegen die Hypothek III 1242; — gegen das Pfandrecht III 1462; — gegen das Schiffspfandrecht III 1477; — keine Hemmung der Verjährung I 800.

Zerstörung von Sachen im Notstand I 846; — zur Selbsthilfe I 851; — Z. von eingebrachtem Gut bei der Errungenschaftsgemeinschaft IV 626; — bei Fahrnisgemeinschaft IV 681; — von Gegenständen des Gesellschaftsvermögens II c 1275; — von Gegenständen des freien Kindervermögens IV 1043; — von Gesamtgut der allgemeinen Gütergemeinschaft IV 501; — der Errungenschaftsgemeinschaft IV 663; — der fortgesetzten Gütergemeinschaft IV 567; — eines Nachlaßgegenstandes V 380; — Anspruch des Erbschaftskäufers V 1087; — Z. von Gegenständen der Nacherbschaft V 531; — der Nießbrauchsache III 849; — des Gegenstandes der un-

gerechtfertigten Bereicherung II c 1718; — des Gegenstandes des vertragsmäßig angeordneten Vermächtnisses V 861; — von Vorbehaltsgut im gesetzlichen Güterstand IV 237; — bei allgemeiner Gütergemeinschaft IV 427; — bei Errungenschaftsgemeinschaft IV 631; — bei fortgesetzter Gütergemeinschaft IV 539.
Zerteilung von Grundstücken III 210; — des Hypothekenobjekts III 210, 990.
Zession: fiduziarische II a 796; — siehe auch „Übertragung, Abtretung der Forderung".
Zeugen: Zedent als Zeuge II a 801; — Gesellschafter keine Z. im Gesellschaftsprozeß II c 1268; — Z. bei Eheschließung IV 79, 80; — bei Eheschließung im Ausland VI a 55; — bei Testamentserrichtung: Erfordernis der Zuziehung V 753; — bei Errichtung des Testaments vor dem Gemeinde- oder Gutsvorsteher V 780; — an einem abgesperrten Ort V 783; — beim Seetestament V 785; — Ausschluß von der Mitwirkung V 754, 755, 756; — Ausschluß wegen Verlust der bürgerlichen Ehrenrechte VI a 31; — Untauglichkeit zur Mitwirkung V 756; — Tauglichkeit des ernannten Testamentsvollstreckers V 756; — Vernehmung des Erben als Z. in Prozessen des Testamentsvollstreckers über den Nachlaß V 662, 702.
Zeugengebühren: Verjährung I 780, 787.
Zeugnis: Schadensersatzpflicht wegen wissentlich falscher Ausstellung II c 1832; — Z. über ein Dienstverhältnis II b 918; — Haftung daraus II c 1123; — über ein gewerbliches Dienstverhältnis für minderjährige Arbeiter VI a 46, 51; — Z. des Ausstellers zum Zweck der Kraftloserklärung von Inhaberpapieren II c 1623; — der Landesbehörde bei Verehelichung von Ausländern IV 64; — des Nachlaßgerichts über Ernennung zum Testamentsvollstrecker V 670, 1072; — Kraftlosigkeit nach Beendigung des Amtes desselben V 724, 1072; — über Rechtsnachfolge in Hypotheken, Grund- und Rentenschulden, Grundstücke und Erbbaurechte V 1027; — des Nachlaßgerichts über Fortsetzung der Gütergemeinschaft IV 585, V 1027; — des Registergerichts über Eintragungen im Güterrechtsregister IV 688, 700; — über Eintragung und Zusammensetzung des Vereinsvorstands I 297; — des Vormundschaftsgerichts zum Zweck der Verehelichung von Eltern und Vormündern IV 62, 1125; — der Verehelichung des Vaters eines für ehelich erklärten Kindes IV 1299.
Zeugnisweigerung des Ehegatten nach Nichtigkeitserklärung der Ehe IV 98; — der unehelichen Mutter IV 1216, 1221; — des Verlobten IV 15.
Zeugungsunfähigkeit: Eheanfechtungsgrund IV 117; — Z. des Mannes während der Empfängniszeit IV 859; — des als unehelicher Vater Bezeichneten IV 1252.
Zinsbezugsrecht an Hypothekforderung, Form der Übertragung III 1167.
Zinsen: Begriff II a 106; — Natur der Z. als Rechtsfrüchte I 387; — gesetzliche, im Sinne eines Landesgesetzes VI a 18; — Voraussetzungen der Verpflichtung zur Zinszahlung II a 107; — Fälligkeit II a 108; — Höhe II a 107, 108; — Höhe der vom Wechselakzeptanten zu entrichtenden VI a 30; — Vertragsfreiheit hinsichtlich Z. II a 108, 109; — Verbot des Anatozismus II a 110; — selbständige Übertragbarkeit II a 788; — Rückforderung nicht geschuldeter II c 1698; — Z. aus Überschüssen im Kontokorrentverkehr II a 112; — Z. beim Verzug II a 288; — Kündigung wegen hohen Zinssatzes II a 108; — als Teilleistung oder selbständige Leistung II a 205; — Anrechnung von Teilleistungen auf Z. II a 689; — Aufrechnung zunächst auf Z. II a 775; — selbständige Klagbarkeit II a 106; — Unterbrechung des Zinsenlaufes während der Hinterlegung II a 720; — während des Gläubigerverzugs II a 384; — Entrichtung beim Rücktritt vom Vertrag II a 616; — Verjährung I 788, II a 107; — Erstreckung des Pfandrechts an einer Forderung auf Z. III 1481, 1514; — Haftung des Pfandes III 1405; — Haftung des verpfändeten Schiffes III 1476; — keine Haftung von Pfändern nach der Verjährung I 834; — nach rechtskräftiger Feststellung I 826; — Verteilung unter sukzessiv Berechtigte I 390; — auf sukzessiv Verpflichtete I 393, 394; — Zahlung an den Vermächtnisnehmer V 627; — Entrichtung aus dem Pflichtteilsbetrag V 957; — Übergang des Anspruchs auf Z. bei Abtretung der Hauptforderung II a 814; — Entrichtung durch den Nießbraucher an einem Vermögen III 903; — Erstreckung der Schuldübernahme auf Z. II a 864.
— Sonderfälle: Zahlungszeit für Z. aus einem Darlehen II b 672; — Sonderbestimmungen in bezug auf Z. II a 107, 108; — siehe auch „Verzinsung"; — Z. der Eigentümergrundschuld III 1367; — aus dem eingebrachten Gut zu entrichtende, im gesetzlichen Güterstande IV 278; — bei Errungenschaftsgemeinschaft IV 635; — Z. der Grundschuld III 1345, 1347, 1361; — Zahlungsort III 1362; — Entrichtung bei der Eigentümergrundschuld III 1367; — Zahlung durch den Nießbraucher III 854.
— Z. der Hypothek: Haftung des Grundstücks für gesetzliche III 1036; — für rechtsgeschäftliche III 1013; — persönliche Haftung für dieselben III 983; — Änderung der Verzinsung III 132, 1039; — Kapitalisierung rückständiger Hypothekzinsen III 1041; — Herabsetzung des Zinsfußes bei Abtretung III 1193; — Behandlung laufender Z. bei Forderungsübertragung III 1190; — Übertragung von Zinsrückständen III 1193; — Abtretung noch nicht fälliger III 1167; — Geltung der Vorschriften für Reallastleistungen III 949; — Vermerk der Zahlung auf dem Hypothekenbrief III 1138; — Erlöschen der Hypothek für Rückstände durch Vereinigung mit dem Eigentum III 1269; — Zahlung durch den Nießbraucher III 854.
— aus dem Kindervermögen zu entrichtende

IV 1083; — aus dem Mündelvermögen: Annahme durch den Vormund IV 1469; — Aufhebung des RG. über die vertragsmäßigen Z. VI a 54; — Verjährung von Z. aus einem vor dem 1. Januar 1900 rechtskräftig gewordenen Urteile VI a 441.
Zinsenkaution: Übergang der Hypothek in Eigentümerhypothek III 1273; — Behandlung bei Überleitung von Hypotheken des früheren Rechts VI a 523.
Zinseszinsen: Verbot II a 110; — Ausschluß beim Verzug mit der Zinszahlung II a 358; — räumlich geltendes Recht, Vorbehaltsklausel VI b 815, 825.
Zinsfuß: gesetzlicher II a 107; — für Wechsel- und Scheckansprüche II a 108; — beim Verzug II a 356, 360; — für Prozeßzinsen II a 360; — Änderung bei der Hypothek III 1039; — bei Hypothek auf dem Grundstück des gesetzlich Nutznießungsberechtigten III 1015; — Eintragung im Gründbuch III 1002, 1013; — Eintragung im Schiffsregister III 1472; — Z. bei der Gesamthypothek III 1095.
Zinsgarantie für verbriefte Forderungen des Mündels IV 1443, 1447.
Zinsgenuß der Hypothekforderung, Abtretung III 1168.
Zinsgenußrecht: Unübertragbarkeit III 832, 880.
Zinsgesetz vom 14. November 1867: Aufhebung VI a 54.
Zinsleisten: rechtliche Natur und Rechtsverhältnisse daran II c 1634; — siehe auch „Erneuerungsschein".
Zinsrückstände: Verjährung I 788; — mit der Hypothekforderung I 836.
Zinsscheine: Inhaberpapiere II c 1603; — Genehmigung zur Ausstellung II c 1613; — rechtliche Natur II c 1631; — Rechtsverhältnisse daran II c 1632; — fortdauernde Geltung nach Erlöschen der Hauptforderung II c 1631; — Zurückbehaltung des Zinsbetrages nicht zurückgegebener Z. bei Einlösung der Schuldverschreibung II c 1631; — Hinterlegung zur Sicherheitsleistung I 858; — selbständige Verpfändung III 1520, 1526; — Erstreckung des Pfandrechts am Wertpapier auf Z. III 1525; — Vorlegungsfrist II c 1628; — Ausschluß der Kraftloserklärung und Zahlungssperre II c 1623, 1634; — Wahrung der Rechte aus abhanden gekommenen oder vernichteten Z. II c 1635; — Ausschluß des Anspruchs aus abhanden gekommenen oder vernichteten Z. bei Schuldverschreibungen eines Bundesstaats oder ihm angehörender juristischer Personen VI a 255; — Ausgabe neuer, Schutz bei Verlust des Erneuerungsscheins II c 1637; — Besitz des Nießbrauchers daran III 891; — Beschaffung neuer zu den belasteten Papieren III 895; — keine Hinterlegungspflicht hinsichtlich zum eingebrachten Gut der Frau gehöriger Z. IV 295; — bei Errungenschaftsgemeinschaft IV 628; — hinsichtlich dem Kinde gehöriger IV 1118; — hinsichtlich dem Mündel gehöriger IV 1470; — Ausnahmen IV 1477, 1478; — keine Hinterlegungspflicht bei der Nacherbfolge V 548; — Z. von Inhaberpapieren, zeitlich anzuwendendes Recht VI a 465, 470.
Zinsschuld II a 106.
Zinszahlung: Unterbrechung der Verjährung I 811.
Zinszuschläge: Verjährung I 788.
Zivilfrüchte I 385.
Zirkularkreditbrief II c 1586.
Zivilehe: IV 33, 76.
Zivilkomputation I 754.
Zivilprozeßordnung: entsprechende Anwendung in landesgesetzlich geregelten Streitigkeiten VI a 396; — Inkrafttreten des Gesetzes über Änderungen der ZPO. VI a 4; — Verwandtschaft und Schwägerschaft im Sinne der ZPO. VI a 33, 34.
Zollamt: Verpfändung am Z. lagernder Waren III 1395.
Zollbehörden: Aufbewahrungspflicht II c 1154.
Zollgesetze: international-privatrechtliche Wirkung VI b 806, 833.
Zollpflichtige Sachen: im Grenzgebiet gefundene III 552.
Zubehör: Begriff und Voraussetzungen I 374, 375; — rechtliche Bedeutung der Zubehöreigenschaft I 379; — Unterschied von der Nebensache I 380; — gesetzliche Zubehörungen I 381; — Eigentumserwerb an Z. I 379; — Erstreckung beschränkt persönlicher Dienstbarkeiten auf Z. I 379, 380; — Ausschluß unbeweglicher Zubehörstücke III 85, 86; — Entschädigung wegen Entziehung oder Beschädigung im öffentlichen Interesse VI a 90; — bei Beschädigung durch Bergbau VI a 157; — Belastung und Veräußerung mit der Sache II a 444; — Eigentumserwerb am Z. mit den Grundstücken III 423; — Eigentumsvermutung III 633; — Eigentumsvorbehalt an Z. III 504; — Behandlung beim Eigentumsanspruch III 607; — Erlöschen des Nießbrauchs am Z. mit dem am Grundstück III 870; — Zwangsgemeinschaft für gemeinschaftliches Z. III 942; — der Fahrnisgemeinschaft I 380.
— Erstreckung der Hypothek auf Z. I 380, III 1042, 1047; — Erlöschen der Haftung durch Veräußerung und Entfernung III 1051; — durch Aufhebung der Zubehöreigenschaft III 1056; — Ausschluß der Pfändung III 1050; — Z. der vermieteten Sache, Überlassung an den Mieter II b 412, 415; — Erstreckung des Nießbrauchs auf Z. I 380, III 841; — des Pfandrechts I 380, III 1384, 1408; — Erstreckung des Pfandrechts an Schiffen auf Z. III 1476; — des Vermächtnisses I 380, V 599; — Gewährschaft bei Verkauf von Vieh als Zubehör II b 227; — des Vorkaufsrechts I 380; — des dinglichen Vorkaufsrechts auf Z. III 927; — der Vormerkung auf Z. III 184; — des Wiederkaufsrechts I 380, II b 267; — Herausgabe durch den Beauftragten II c 1098; — Z. des Hypothekenobjekts: Pfändung durch Dritte, Rechte des Hypothekengläubigers III 1151; — Verschlechterung, unwirtschaftliche Behandlung III 1108.

Zuchthausstrafe als Grund der Verwirkung der elterlichen Gewalt IV 1143.
Züchtigungsrecht des Dienstberechtigten, Aufhebung VI a 241; — Dritter II c 1136, IV 1007; — des Ehemannes IV 177; — des Lehrherrn IV 1005; — des Vaters IV 998, 1004; — Überschreitung des Z. II c 1780.
Zuchtmittel: Anwendung gegen das Kind IV 998, 1004; — gegen den Mündel IV 1431; — gegen das uneheliche Kind IV 1211.
Zuchttiere, Gewährschaft, Beweis der Eigenschaft II b 231.
Zufall: Einfluß auf gegenseitige Verträge II a 261, 475, 481, 482; — Rücktritt vom Vertrag nach zufälligem Untergang der Sache II a 621, 623; — Haftung für Z. beim Auftrag II c 1102; — Haftung bei Geschäftsführung II c 1142; — bei der Gesellschaft II c 1336; — beim Kauf II b 84, 87; — bei der Pacht II b 620; — bei Entziehung von Sachen durch unerlaubte Handlungen II c 1989; — nach Verzug II a 351; — beim Werkvertrag II c 991; — siehe auch „Untergang, Verschlechterung".
Zuführung von Gasen usw. aus dem Nachbargrundstück III 308.
Zugehen einer Willenserklärung I 537, 539, 544; — Verhinderung gegen Treu und Glauben I 545; — Z. durch Vermittlung des Gerichtsvollziehers I 547.
Zugesicherte Eigenschaften beim Kauf II b 126, 135; — bei fahrlässiger Nichtkenntnis des Käufers II b 148; — Schadensersatz wegen Nichterfüllung beim Fehlen z. E. II b 159; — Haftung beim Grundstückskauf II b 188; — beim Kauf von Gattungssachen II b 216, 223; — Zusicherung beim Viehkauf II b 232, 244; — Verjährung des Schadensersatzanspruchs II b 202; — Haftung für z. E. der Mietsache II b 420, 424; — des Werkes II c 952, 967.
Zug um Zug-Leistung: Erfordernisse der Mahnung II a 335; — Voraussetzungen des Gläubigerverzugs II a 378; — beim Rücktritt vom Vertrag II a 618; — bei der Geltendmachung des Zurückbehaltungsrechts II a 247; — beim Vollzug der Wandelung II b 187; — beim Vollzug des Ersatzlieferungsanspruches II b 221; — Verurteilung bei der Klage aus einem gegenseitigen Vertrag II a 472; — bei Ausübung des Wiederkaufsrechts II b 268.
Zumutbarkeit der Leistung nach Geldentwertung II a 42, 53.
Zurechnungsfähigkeit: Erfordernis für Verschulden II a 285; — Erfordernis bei konkurrierendem Verschulden II a 159.
Zurückbehaltung des Zinsbetrages von Inhaberschuldverschreibungen für nicht zurückgegebene Zinsscheine II c 1631.
Zurückbehaltungsrecht: rechtliche Natur III 7; — Voraussetzungen II a 235, 236; — Wesen und Wirkung II a 242; — Verhältnis zum Pfandrecht III 1380; — zum gesetzlichen Pfandrecht III 1465; — Unterschied von der Einrede des nicht erfüllten Vertrags II a 463; — kein Hemmnis für die Verjährung I 797, 799; — Wirkung gegenüber der Leistungsklage II a 246; — Verlust durch Veräußerung der Sache III 490; — Ausübung gegenüber dem neuen Gläubiger nach Forderungsabtretung II a 848; — Einfluß auf die Haftung des Bürgen II c 1504; — Zulässigkeit an der Pfändung nicht unterworfenen Forderungen II a 773; — Befreiung des Berechtigten von der Anmeldung im Aufgebot der Nachlaßgläubiger V 188.
Zurückbehaltungsrecht: Einzelne Fälle: Z. des Beauftragten II c 1099, 1103; — des Besitzers wegen Verwendungen III 610; — gegenüber dem Anspruch auf Besitzeinräumung III 56; — des Besitzdieners III 33; — Z. des Bevollmächtigten an der Vollmacht I 721; — beim Dienstvertrag II b 774, 794; — des Erbbauberechtigten III 758; — des Erben für Aufwendungen im Falle der Anordnung der Nachlaßverwaltung oder des Nachlaßkonkurses V 228; — des Erbschaftsbesitzers für Verwendungen auf Erbschaftssachen V 333; — des Finders III 560; — der Frau hinsichtlich des Beitrages zum ehelichen Aufwand bei Gütertrennung IV 385; — zum Unterhalt der gemeinschaftlichen Kinder nach Ehescheidung IV 816; — bei allgemeiner Gütergemeinschaft hinsichtlich des Beitrages aus dem Vorbehaltsgut IV 429; — des Geschäftsführers ohne Auftrag II c 1138; — des Geschäftsherrn II c 1142, 1144; — der anderen Gesellschafter an Gegenständen des ausscheidenden II c 1359; — des Hinterlegers beim Verwahrungsvertrag II c 1172; — des Mieters bei der Grundstücksmiete II b 490, 494; — des Mieters wegen Verwendungen III 611; — des Untermieters II b 495; — des Nachlaßschuldners wegen einer Nachlaßforderung V 177; — des Pächters am Inventar II b 626; — kein des Pfandgläubigers wegen anderer Forderungen III 1419; — der Pfandleiher, Pfandleihanstalten VI a 238; — des Testamentsvollstreckers V 711; — des Vorerben V 563; — Z. bei Ausübung des Vorkaufsrecht III 934; — des Verwahrers II c 1167; — Z. des Vormunds IV 1608; — Z. an Urkunden III 1385, 1487; — am Werk II c 1008; — Z. an unpfändbaren Sachen II b 509.
— Ausschluß an durch vorsätzliche, unerlaubte Handlung erlangten Sachen II a 236, 242, II c 1764; — Ausschluß für eine Spiel- oder Wettschuld II c 1447.
Zurückbehaltungsvertrag III 49.
Zurückforderung der ungerechtfertigten Bereicherung II c 1671; — des zum Zwecke der Erfüllung einer Verbindlichkeit Geleisteten wegen entgegenstehender Einreden II c 1691; — Ausschluß wegen Kenntnis der mangelnden Verpflichtung, wegen Leistung auf Grund sittlicher Pflicht usw. II c 1694; — im Falle der Unmöglichkeit des mit der Leistung bezweckten Erfolges, wegen Verhinderung des Eintritts des Erfolgs II c 1699; — des zum Zwecke der Erfüllung einer Verbindlichkeit Geleisteten: bei der Verjährung ausgeschlossen

I 830; — Z. gegenüber einem Dritten II c 1741; — Z. des Geleisteten wegen Verstoß gegen gesetzliches Verbot oder gute Sitten II c 1708; — Umfang der Z. II c 1718; — im Falle bösen Glaubens des Empfängers II c 1734; — Z. bei Nichteintritt des Erfolges oder Wegfall des Rechtsgrundes II c 1737.

Zurücknahme: Anspruch auf Z. unwahrer Behauptungen II c 1812; — der Anmeldung im Konkurs, Einfluß auf die Verjährung I 823; — des Güteantrags I 821; — Einfluß der Z. der Klage I 820; — der Klage im Rechtsstreit der Frau IV 317; — der Eheanfechtungsklage IV 134, 135; — der nach dem Tode eines Ehegatten erfolgten Eheanfechtungserklärung IV 137; — der Ermächtigung des Minderjährigen zum Betrieb eines Erwerbsgeschäftes I 441, 443; — zu Dienst- und Arbeitsverträgen I 444; — der hinterlegten Sache II a 712; — der Klage auf Anfechtung der Ehelichkeit IV 874, 876; — auf Anfechtung der Anerkennung der Ehelichkeit IV 883; — der nach dem Tode des Kindes erfolgten Anfechtung der Ehelichkeit IV 879; — der Ehescheidungsklage als Verzeihung IV 760; — Einfluß auf den Lauf der Frist für Geltendmachung des Scheidungsgrundes IV 766; — des Testaments aus der amtlichen Verwahrung V 782, 792, VI b 645; — des gemeinschaftlichen Testaments V 793, 831; — des Erbvertrags V 868.

Zurückweisung des Rechtes aus einem Vertrag auf Leistung an einen Dritten II a 563; — der Rücktrittserklärung vom Vertrag wegen mangelnder Reugeldzahlung II a 636; — einseitiger Rechtsgeschäfte Minderjähriger I 440; — einseitiger Rechtsgeschäfte mit Vertretern ohne Vollmachtsurkunde I 720.

Zurverfügungstellung der Ware II b 17, 172.

Zusammengebrachte Kinder: Zulässigkeit der Eheschließung IV 53; — keine Verwandtschaft und Schwägerschaft IV 846.

Zusammengesetzte Sachen: Bestandteile I 360.

Zusammengesetzte Verträge II a 391, 395; — Form II a 430.

Zusammenlegung von Grundstücken VI a 287, 288, 302.

Zusammenrottung: Schadensersatzpflicht VI a 270.

Zusammentreffen von Grunddienstbarkeiten unter sich oder mit anderen Nutzungsrechten III 816; — eines Nießbrauchs mit einem anderen oder mit sonstigen Nutzungsrechten III 868; — des Nießbrauchs mit dem Eigentum in einer Person III 871; — beim Nießbrauch an einem Rechte III 883; — des Pfandrechts mit dem Eigentum III 1463; — siehe auch „Vereinigung".

Zusätze zum eigenhändigen Testament III 743, 749; — zum gemeinschaftlichen eigenhändigen Testament III 814; — am Rand des Protokolls über Testamentserrichtung III 765.

Zuschlag bei der Versteigerung I 640; — bei der Pfandversteigerung III 1440, 1442; — im Zwangsversteigerungsverfahren, Eigentumserwerb III 387.

Zuschreibung eines Grundstücks als Bestandteil eines anderen III 206, 207, 209; — Wiederaufhebung der Vereinigung III 210; — Erstreckung der Hypothek auf das zugeschriebene Grundstück III 1088; — Z. des Erbbaurechts als Bestandteil eines Grundstücks III 711; — eines Grundstücks als Bestandteil: Untersagung und Beschränkung nach Landesrecht VI a 306, 309.

Zuschußdarlehen bei Pfandbriefdarlehen III 1018.

Zuschüsse zum Lebensunterhalt, Ausgleichungspflicht damit V 405, 415.

Zusendung unbestellter Ware I 622; — siehe auch „Versendung".

Zusicherung der Abwesenheit von Fehlern der Kaufsache II b 147; — Z. von Eigenschaften der Kaufsache II b 126, 135; — Schadensersatzanspruch wegen Fehlens der Eigenschaften II b 159; — Verjährung desselben II b 202; — Z. beim Gattungskauf II b 216, 223; — beim Viehkauf II b 232, 243; — Verjährung der Ansprüche bei diesem II b 244; — Z. von Eigenschaften der Mietsache II b 420; — beim Werkvertrag II c 952, 967; — bestimmter Größe beim Grundstückskauf, Wandelung wegen Mangels II b 188.

Zustand: Feststellung des Z. durch Sachverständige: beim eingebrachten Gut IV 241; — bei der Errungenschaftsgemeinschaft IV 634; — bei Fahrnisgemeinschaft IV 675; — des Z. von Erbschaftsgegenständen im Falle der Nacherbfolge V 554; — der Sache: Feststellung beim Wohnungsrecht III 916; — bei der Nießbrauchsache III 834; — an verbrauchbaren Sachen III 874.

Zuständiges Gericht: Unterbrechung der Verjährung durch Antrag auf Bestimmung I 817, 818.

Zuständigkeit zur Bestätigung der Adoption bei Beteiligung von Ausländern VI b 595; — Amtspflichtverletzung durch Überschreiten der Z. II c 1937; — zur Aufhebung und Umwandlung von Stiftungen I 328, 331; — für die Auflassung III 401, 402; — zur Beurkundung von Rechtsgeschäften nach Landesrecht VI a 372; — zur Beurkundung von Immobiliarverträgen II a 434; — zur Beurkundung des obligatorischen Vertrags über Eigentumsübertragung und Belastung von Grundstücken nach Landesrecht VI a 375; — zur Ehelichkeitserklärung nach internationalem Privatrecht VI b 571, 572; — Z. in Ehesachen IV 6; — zur Befreiung von Ehehindernissen nach internationalem Recht VI b 237; — für Ehescheidungsklagen von Ausländern VI b 392, 397; — für die Ehescheidung ausschließliche Zuständigkeit beanspruchende Staaten VI b 395; — zur Entmündigung I 75; — zur Inventarerrichtung nach Landesrecht VI a 391; — zur Aufnahme des Verzeichnisses des Kindervermögens IV 1048, 1052; — in Nachlaßsachen V 100; — zur Nachlaßsicherung V 102; — zur Aufnahme des Nachlaßinventars V 288, 289; — des deutschen

Nachlaßgerichts hinsichtlich ausländischer Nachlässe VI b 726; — zur Entscheidung über Namensänderung bei Familiennamen I 115; — bei Vornamen I 118; — zur Abnahme des zivilrechtlichen Offenbarungseides II a 187; — zur Genehmigung der Stiftung I 312, 315; — zur Herbeiführung des Vollzugs von Auflagen im öffentlichen Interesse I 324; — zur Verleihung der Rechtsfähigkeit an Vereine I 191; — zur Erhebung des Einspruchs gegen Eintragung eines Vereins I 283; — zur Entziehung der Rechtsfähigkeit des Vereins I 244; — zur Volljährigkeitserklärung, sachliche I 56, 57; — örtliche I 57; — für Reichsangehörige im Auslande I 59; — in Vormundschaftssachen IV 1364; — des deutschen Vormundschaftsgerichts zur Regelung des Rechtsverhältnisses zwischen geschiedenen Ausländern und ihren Kindern VI b 483; — Unzuständigkeit des Prozeßgerichts hiezu VI b 483; — für die Anordnung der Vormundschaft über Minderjährige IV 1372; — über Geschwister IV 1378; — in Vormundschafts- und Nachlaßsachen nach Landesrecht VI a 387; — siehe auch „Gerichtsstand".

Zuständigkeitsnormen I 13, 14.

Zustandsrechte, Zustandsklagen im Familienrecht IV 2; — zeitlich geltendes Recht VI a 406.

Zustellung von Willenserklärungen I 547; — an einen Mitvormund IV 1426; — am erwählten Wohnsitz VI a 415.

Zustimmung: rechtliche Natur I 402; — vorherige Z. I 745; — nachträgliche I 747; — Nichtigkeit und Anfechtbarkeit I 744.

— zur Annahme an Kindes Statt: Z. des Ehegatten IV 1314; — der Eltern IV 1316.

— Z. der Abkömmlinge zu Verfügungen des überlebenden Ehegatten in bezug auf Gesamtgut der fortgesetzten Gütergemeinschaft IV 540, 541; — Aufhebungsklage eines Abkömmlings wegen nicht erholter Zustimmung IV 562; — des Betroffenen zur Berichtigung des Grundbuches III 249, 264; — Z. eines Dritten zu Verträgen oder einseitigen Rechtsgeschäften I 741; — eines dritten Berechtigten zur Aufhebung des Pfandrechts III 1463; — zur Aufhebung von Rechten an Grundstücken III 128; — zur Änderung des Inhalts III 131; — zur Rangänderung eingetragener Rechte III 146; — zu abweichenden Vorschriften über Pfandverkauf III 1447; — zum Verzicht auf die Hypothek für rückständige Nebenleistungen III 1269; — Z. des Eigentümers zur Aufhebung der Hypothek durch Rechtsgeschäft III 1297; — zum Rangrücktritt von Hypotheken, Grundschulden, Rentenschulden III 146, 150.

— Z. des anderen Ehegatten zu Verfügungen in bezug auf den Anteil eines Abkömmlings an der fortgesetzten Gütergemeinschaft IV 608; — zu einem Vertrag über Verzicht eines Abkömmlings auf seinen Anteil oder Aufhebung des Verzichtes IV 610; — zum Ehebruch IV 723, 726; — des Ehemannes zur Übernahme einer Vormundschaft durch die Frau IV 1396.

Zustimmung der Ehefrau zu Rechtshandlungen des Mannes im gesetzlichen Güterstand: Erfordernis IV 249; — Entbehrlichkeit IV 251; — Ersetzung durch das Vormundschaftsgericht IV 257; — Z. bei Errungenschaftsgemeinschaft IV 628; — zu Verfügungen über Gesamtgut IV 439; — über Gesamtgutsgrundstücke IV 441; — zu Schenkungen aus dem Gesamtgut IV 447; — Ersetzung durch das Vormundschaftsgericht IV 449, 451; — Einfluß unterlassener Z. IV 451, 453; — Klage auf Aufhebung der Gemeinschaft wegen nicht erhaltener Zustimmung IV 487; — bei Errungenschaftsgemeinschaft IV 656.

— des Ehemannes beim gesetzlichen Güterstand: zu Verfügungen über eingebrachtes Gut der Frau IV 301; — Wirkung nicht erfolgter Z. IV 304; — zu Rechtsgeschäften der Frau, durch die sie sich zu einer Leistung verpflichtet IV 310; — zur Prozeßführung der Frau über eingebrachtes Gut IV 312; — ausnahmsweise Entbehrlichkeit der Z. IV 318; — Ersetzung durch das Vormundschaftsgericht IV 320; — Z. zum Betrieb eines Erwerbsgeschäftes durch die Frau IV 324; — Fälle der Entbehrlichkeit der Zustimmung IV 328, 331; — Z. bei allgemeiner Gütergemeinschaft: Ersetzung der Zustimmung durch das Vormundschaftsgericht IV 455; — Wirkung der Z. für die Haftung des Gesamtguts IV 471; — Z. des Mannes zum Betrieb eines Erwerbsgeschäftes durch die Frau IV 456; — bei Errungenschaftsgemeinschaft IV 642; — Z. des Erwerbers eines Rechts zu einer Eintragung oder Löschung, die zur Verwirklichung des durch Vormerkung gesicherten Anspruchs erforderlich ist III 199.

— des gesetzlichen Vertreters zu Verträgen über allgemeine Gütergemeinschaft IV 417; — über Ausschluß der Fortsetzung der Gütergemeinschaft IV 590; — des gesetzlichen Vertreters zum Erbverzicht V 1017.

— des Nacherben zu Verfügungen des Vorerben über hinterlegte Wertpapiere V 548; — des Nießbrauchers zur Aufhebung oder Änderung seines mit Nießbrauch belasteten Rechts III 882; — des Pfandgläubigers zur Aufhebung des Pfandrechts an einem Recht III 1493; — zu Änderungen des Rechts III 1493; — zur Kündigung der verpfändeten Forderung III 1508, 1510; — der übrigen Berechtigten zur Umwandlung einer Sicherheitshypothek in eine gewöhnliche Hypothek und umgekehrt III 1311; — einer Hypothek in eine Grundschuld und umgekehrt III 1368; — einer Rentenschuld in eine gewöhnliche Grundschuld und umgekehrt III 1376; — Z. zur endgültigen Eintragung eines vorgemerkten Rechts III 199.

— des anderen Vertragsteiles zur Aufhebung von Verfügungen im Erbvertrag V 870.

Zutaten: Begriff I 381; — Lieferung beim Werkvertrag II c 1022.
Zuvielforderung, Verzug II a 336.
Zuwachs: Herausgabe beim Eigentumsanspruch III 607; — Herausgabe durch den Beauftragten II c 1098.
Zuwendung: Begriff I 411, II c 1547; — einer ungerechtfertigten Bereicherung II c 1701, 1741.
Zuwendungen: Ausgleichungspflicht der Abkömmlinge mit Z. unter Lebenden V 405, 416; — Ausgleichungspflicht des Pflichtteilsberechtigten V 934; — unentgeltliche: unter der Auflage einer Leistung an einen Dritten II a 553; — unentgeltliche an die Ehefrau im gesetzlichen Güterstand IV 234; — bei Errungenschaftsgemeinschaft IV 619; — an einen Ehegatten bei allgemeiner Gütergemeinschaft IV 427, 428; — bei Errungenschaftsgemeinschaft IV 621, 622; — bei Fahrnisgemeinschaft: von unbeweglichen Sachen IV 676; — von beweglichen Sachen IV 680; — als Vorbehaltsgut der Frau IV 682; — an den überlebenden Ehegatten IV 539; — an die Gesellschaft II c 1277; — an das Kind: Ausschluß der väterlichen Nutznießung IV 1076; — der Verwaltung IV 1042; — Anordnungen über die Verwaltung IV 1045; — an den Mündel, Verwaltung IV 1438; — Z. an Kind oder Mündel, Pflegschaft zur Verwaltung IV 1642; — Anordnung von Befreiungen des Pflegers, Benennung desselben IV 1672; — Z. an einen Abkömmling V 462; — an die Abkömmlinge eines Dritten V 465; — an die Armen V 466; — an die gesetzlichen Erben V 460; — an bestimmte Personenklassen V 466; — an die Kinder des Erblassers V 462; — an die Verwandten V 461; — vertragsmäßige Z. im Erbvertrag V 843, 846.
Zuwiderhandeln gegen Unterlassungspflicht, Fälligkeit der Vertragsstrafe II a 586.
Zwang (siehe auch „Drohung") I 459, 503; — Zw. zum Vertragsschluß I 605, 610; — zeitlich geltendes Recht VI a 407; — Anfechtung der Ehe wegen Z. IV 123; — Anfechtungsfrist IV 124, 130; — Anfechtung nach Fristablauf IV 133; — Ausschluß der Anfechtung durch Bestätigung der Ehe IV 127; — vermögensrechtliche Verhältnisse und Unterhaltspflicht bei Nichtigkeit der Ehe IV 146; — unmittelbarer Z. gegen den Inhaber der elterlichen Gewalt IV 977; — Z. bei Errichtung letztwilliger Verfügungen unter bisherigem Recht VI a 592; — unmittelbarer, auf Herausgabe eines Testaments V 796; — in Vormundschaftssachen IV 1365; — zur Übernahme der Vormundschaft IV 1406; — siehe auch „Drohung".
Zwangsenteignung: Anwendung der Vorschriften über Kauf II b 250; — Eigentumsübertragung III 400, 415; — Ausschluß des Öffentlichkeitsprinzips beim Erwerb durch Z. III 226; — Z. von Grunddienstbarkeiten III 805; — Vorbehalt zugunsten der Landesgesetzgebung VI a 273; — Rechte Dritter an der Entschädigungssumme VI a 84; — Erlöschen des Rechts an derselben VI a 88; — Unschädlichkeitszeugnis VI a 311; — Z. für Telegraphenleitungen III 306; — von Quellen III 307; — Einfluß der Geldentwertung II a 81.
Zwangserfüllung II a 669.
Zwangserziehung: Z. Minderjähriger nach Landesrecht VI a 100, 344; — verwahrloster Kinder VI a 36; — siehe jetzt „Fürsorgeerziehung".
Zwangsgemeinschaft für gemeinschaftliches Zubehör von Grundstücken III 642.
Zwangshypothek III 137, 961, 996, 1306; — für Kostenforderungen III 963; — Verteilung auf mehrere Grundstücke, Zulässigkeit von Gesamtzwangshypothek III 963, 1092; — keine Z. am Miterbenanteil III 999; — Z. für Valutaschuld III 1010; — keine Vormerkung III 175; — Übergang in Eigentümerhypothek III 1212; — Ausschluß der Eintragung nach Konkurseröffnung III 138; — an Gesamtgutgrundstücken IV 444; — Wirksamkeit der Eintragung auf Nachlaßgrundstücke im Falle der Nacherbfolge V 546; — Überleitung VI a 516.
Zwangskaufverträge II b 17.
Zwangsliquidation: Geltung der Vorbehaltsklausel VI b 834.
Zwangsmietvertrag II b 352, 390, 410.
Zwangsrechte VI a 177.
Zwangsverein I 169.
Zwangsverfügungen I 417.
Zwangsvergleich II c 1528; — Einfluß auf vorgemerkte Rechte III 187; — Rückforderung der über die Quote gemachten Leistung II c 1699; — Einfluß auf die Bürgschaft II c 1492; — Zustimmung des Vormunds für den Mündel IV 1498; — Z. im Nachlaßkonkurs, Einfluß auf die Erbenhaftung V 255, 257; — auf die Beschränkung der Haftung V 286; — auf die Haftung der Miterben V 259, 439, 442; — Zulässigkeit des Z. bei Vorhandensein mehrerer Erben V 353; — Vorschlag durch den Testamentsvollstrecker V 655.
Zwangsverkauf: Ausschluß des Vorkaufsrechts II b 286; — Verbot des Bietens für Versteigerungsbeamte und deren Gehilfen II b 113; — Wirkung der Nichtbeachtung des Verbots II b 115.
Zwangsversteigerung III 91; — eines Grundstücks: Abwendung durch Befriedigung des Gläubigers durch einen Dritten II a 216; — Bedeutung der Beschlagnahme für das Öffentlichkeitsprinzip III 240; — Eigentumserwerb in der Zw. III 387; — Erstreckung der Beschlagnahme auf Versicherungsgelder III 1078, 1087; — Ausschluß des Öffentlichkeitsprinzips beim Erwerb durch Z. III 225; — Erwerb der Grundstücksbestandteile I 362; — Veränderung des Inhalts der Hypothek in der Z. III 980; — Ausfall der Hypothek III 1291; — Rangverhältnis bei der Zw. III 138, 152; — Bedeutung der Rangänderung bei der Zw. III 152; — Behandlung der Eigentümerhypothek III 1224, 1267; — Behandlung des Anspruchs auf Löschung der Eigentümerhypothek III

1282; — Pfändung des Rechts des Subhastaten auf den auf die Eigentümerhypothek entfallenden Versteigerungserlös III 1223; — Behandlung der Maximalhypothek III 1341; — Behandlung der Sicherungshypothek III 1311; — Einfluß auf Dienstbarkeiten III 789, 805; — Behandlung der Reallasten III 939; — Einfluß auf den Rangvorbehalt III 160; — Einfluß der Vormerkung eines Anspruchs auf Auflassung III 184; — Zw. zugunsten des Hypothekanspruchs III 1148; — Zw. eines Grundstücksteiles III 1001; — Benachrichtigung des persönlichen Schuldners durch den Gläubiger III 1235; — Übernahme einer hypothekarisch versicherten Schuld II a 877; — Festsetzung des Höchstbetrages des Wertes von Rechten an einem Grundstück für den Fall der Zw. III 164; — Ausübung des Wegnahmerechts hinsichtlich verbundener Sachen III 516; — Gefahrübergang auf den Ansteigerer II b 89; — Einfluß der Zw. der Kaufsache auf die Wandelung II b 183; — Ansteigerung von Grundstücken für den Mündel IV 1490; — Zw. des Mietobjekts II b 558, 577, 588; — Einfluß auf Pachtverhältnisse II b 609; — Verkauf von gemeinschaftlichen Grundstücken im Wege der Zw. zum Zwecke der Aufhebung der Gemeinschaft II c 1425; — Zw. eines Nachlaßgrundstücks, Antragsrecht des Erben und Dritter V 175; — Inkrafttreten des Gesetzes über Zw. VI a 4.

Zwangsversteigerung des Erbbaurechts III 748; — des mit Erbbaurecht belasteten Grundstücks III 710, 723, 749.

Zwangsverwalter: Besitz III 29, 69, 72; — Vererblichkeit seines Besitzes III 38; — Verhältnis des Verwalters zum Nießbraucher III 861.

Zwangsverwaltung III 91; — Verhältnis zum Nießbrauch III 831; — zugunsten des Hypothekenanspruchs III 1148; — Erstreckung auf Miet- und Pachtzinsen III 1059; — Z. im Falle des Konkurses des Grundstückseigentümers III 1061, 1151; — Behandlung der Eigentümerhypothek III 1267; — Zinszahlung an den Eigentümer für die Eigentümergrundschuld während der Z. III 1267; — Erstreckung der Hypothek auf Miet- und Pachtzinsforderungen III 1059; — Z. des Erbbaurechts III 748; — Abschluß von Mietverträgen durch den Verwalter II b 390; — Z. in Familienfideikommisse, Lehen und Stammgüter VI a 133; — für Pfandrechte älteren Rechtes VI a 515.

Zwangsvollstreckung: rechtliche Natur I 401; — Ausschluß des Öffentlichkeitsprinzips beim Erwerb durch Zw. III 225; — Erstreckung auf Zubehör I 380; — Erlöschen des Schuldverhältnisses II a 669; — Ablösungsrecht des Dritten gegenüber dem Gläubiger II a 213; — Anrechnung des Erlöses bei Mehrheit der geschuldeten Leistungen II a 686; — Z. bei Alternativobligationen II a 195, 198; — zur Erzwingung von Dienstleistungen ausgeschlossen II b 691, 778; — Z. bei Verurteilung zur Zug um Zug-Leistung II a 247, 472; — aus gerichtlichem Vergleich, insbes. Ratenvergleich II c 1538; — Sittenwidrigkeit der Zw. aus einem zu Unrecht ergangenem Urteile II c 1830; — Einfluß der Unwirksamkeit der Vollstreckungshandlung II c 1683; — Herausgabe des Erlöses versteigerter, nicht dem Schuldner gehöriger Sachen II c 1703; — Schadensersatzpflicht hiewegen II c 1773; — Unterbrechung der Verjährung durch Zw. I 813, 817; — Einfluß der Aufhebung der Vollstreckungsmaßregel I 825; — Einfluß der Rückwirkung der Genehmigung eines Rechtsgeschäftes auf Verfügungen im Wege der Zw. I 747; — Verfügungen durch Zw. entgegen einem gesetzlichen Veräußerungsverbot I 561, 564; — einem gerichtlichen oder behördlichen Veräußerungsverbot I 566; — Verfügungen durch Zw. während der Schwebezeit einer Bedingung I 667; — Einfluß der Zw. auf das Rücktrittsrecht vom Vertrag II a 627; — Ausschluß des Vorkaufsrechts gegenüber der Zw. II b 286; — Einfluß auf das Wiederkaufsrecht II b 269; — im Besitzstörungsprozeß III 53; — beim Eigentumsanspruch III 582; — zur Durchführung des Grundbuchberichtigungsanspruches III 264.

Zwangsvollstreckung: Befriedigung des Hypothekgläubigers im Wege der Z. III 1141; — Wirkung der Befriedigung aus dem Grundstück III 1290; — bei der Gesamthypothek III 1293; — Ausfall in der Zwangsversteigerung III 1291; — Z. aus altrechtlichen Hypothekurkunden III 1147; — Befriedigung des Pfandgläubigers an einem Rechte im Wege der Z. III 1494; — des Schiffspfandgläubigers III 1478; — Beschränkung oder Ausschluß bei Hypothekbestellung III 979; — Einfluß der Z. auf Vormerkungen im Grundbuch III 166, 175, 184; — Eintragung der Unterwerfung unter die sofortige Z. III 1017; — Einfluß der Z. auf das dingliche Vorkaufsrecht III 929.

— in das Erbbaurecht III 748; — Einfluß von Veräußerungs-, Belastungsbeschränkung III 694, 697; — Z. für den Erbbauzins III 701; — Einfluß der Z. in das Grundstück auf das Erbbaurecht und dessen Belastungen III 710, 723, 749; — Ausschluß vom Bieten II b 113; — Wirkung der Nichtbeachtung des Verbots II b 115; — auf Auflassung III 400, 414; — auf Wiedereinräumung des Besitzes III 51; — Zw. in den Anteil an einer Gemeinschaft II c 1413, 1420; — in den gemeinschaftlichen Gegenstand II c 1413; — Z. in das eingebrachte Gut der Frau im gesetzlichen Güterstand IV 343; — in das eingebrachte Gut für Forderungen gegen die Frau als Inhaberin eines Erwerbsgeschäfts IV 327; — Duldung durch den Mann IV 317; — Z. in Vorbehaltsgut der Frau IV 225; — in das Gesamtgut der allgemeinen Gütergemeinschaft IV 468; — in Gesamtgutgrundstücke IV 444; — nach Beendigung der allgemeinen Gütergemeinschaft vor Auseinandersetzung IV 496, 499;

— für Gesamtgutsverbindlichkeiten nach Teilung des Gesamtgutes IV 519; — in Gesamtgut für Schulden eines Erwerbsgeschäfts der Frau IV 457; — in Sondergut bei allgemeiner Gütergemeinschaft IV 426; — in Vorbehaltsgut der Frau IV 430; — in das Gesamtgut der fortgesetzten Gütergemeinschaft IV 547; — nach Beendigung der Gemeinschaft vor Auseinandersetzung IV 566; — in einen Anteil IV 545; — Z. bei Gütertrennung IV 382; — in das eingebrachte Gut der Frau bei Errungenschaftsgemeinschaft IV 630, 631; — in das Gesamtgut der Errungenschaftsgemeinschaft IV 618, 640; — nach Beendigung und vor Auseinandersetzung IV 663; — Z. bei bestehender Fahrnisgemeinschaft IV 672; — in eingebrachtes Gut bei Fahrnisgemeinschaft IV 675; — in Vorbehaltsgut der Frau bei Fahrnisgemeinschaft IV 683; — Z. bei fortgesetzter Fahrnisgemeinschaft IV 685; — in Gesellschaftsvermögen II c 1281; — in den Anteil eines Gesellschafters II c 1282; — Zw. gegen den Hauptschuldner, Voraussetzung der Haftung des Bürgen II c 1503.

Zwangsvollstreckung in ein Grundstück wegen des Hypothekanspruches III 1145; — in bewegliche Gegenstände III 1149; — Haftung des Hypothekenobjekts für die Kosten III 1037; — Z. in Früchte des Hypothekenobjekts III 1046; — in Zubehör III 1050; — Mobiliarvollstreckung in Gegenstände, auf welche sich die Hypothek erstreckt III 965; — Verzicht auf die Z. aus der Hypothek III 979; — Benachrichtigung des persönlichen Schuldners III 1235; — Z. in einen Inhabergrundschuldbrief III 1364; — Zw. in die Kaufsache, Einfluß auf die Wandelung II b 183; — Zw. in das Kindervermögen IV 1063, 1093; — für den Mündel IV 1466; — gegen den Mündel IV 1500.

— in den Nachlaß V 145; — Einfluß des Nachlaßkonkurses V 220; — Einfluß der aufschiebenden Einreden des Erben auf die Zulässigkeit der Zw. V 308, 312, 314; — Unzulässigkeit der Zw. nach Anordnung der Nachlaßverwaltung V 241, 246; — beim Vorhandensein eines Testamentsvollstreckers V 696, 699, 700; — Zw. in eine Nachlaßforderung während der Erbengemeinschaft V 373; — Wirksamkeit von Zwangsvollstreckungshandlungen in einen Erbschaftsgegenstand im Falle der Nacherbfolge V 534, 545; — Herausgabe des Überschusses des Nachlasses an die im Aufgebotsverfahren ausgeschlossenen Gläubiger im Wege der Zw. V 190, 194; — Herausgabe des Nachlaßüberschusses nach Beendigung des Nachlaßkonkurses V 255, 258; — Herausgabe des Nachlasses an die Gläubiger im Wege der Zw. im Falle von Mangel an Masse zur Durchführung einer Nachlaßverwaltung, eines Nachlaßkonkurses V 260; — in ein mit Nießbrauch belastetes Vermögen III 901; — gegen den Pächter und den Verpächter II b 609; — in eingetragene Schiffe III 1471; — zugunsten der Unterhaltsansprüche unehelicher Kinder IV 1223, 1237; — Z. gegen einen nicht rechtsfähigen Verein I 262; — Durchführung der Zw. durch den Vormund IV 1466; — Ausschluß der Z. auf Eheschließung IV 19; — auf Herstellung der ehelichen Gemeinschaft IV 161, 171; — Widerspruchsrecht der Ehefrau gegen Zw. im gesetzlichen Güterstand IV 291, 331, 333; — bei Errungenschaftsgemeinschaft IV 672; — des Vorlegungsanspruchs II c 1652.

Zweck der Obligation: Untergang der O. durch Erreichung des Zweckes II a 651; — eines deutschen Gesetzes: Verstoß der Anwendung ausländischer Gesetze dagegen VI b 797, 806, 813; — Verweigerung der Anerkennung ausländischer Urteile wegen Verstoß gegen den Z. eines deutschen Gesetzes VI b 819; — in Ehesachen VI b 266; — in Scheidungssachen VI b 410; — in Vaterschafts- und Unterhaltssachen VI b 541, 828.

Zweckauflage V 638.

Zweckerreichung: Untergang des Schuldverhältnisses durch Zw. II a 651.

Zweckgemeinschaften II c 1398.

Zweckvermächtnis V 591, 595.

Zweckvermögen: Pflegschaft IV 1664.

Zweige: Überragen in das Nachbargrundstück III 338; — von Obstbäumen, landesrechtliche Regelung des Überhangs VI a 316.

Zweigniederlassung als Hypothekgläubigerin III 1005.

Zwei Jahre: Frist für Anspruchsverjährung I 778; — Beginn der Verjährung I 796; — Verjährung des Anspruchs aus Inhaberschuldverschreibungen II c 1628; — Verjährung der Ansprüche wegen Auflösung des Verlöbnisses IV 30; — Ausschlußfrist für den Antrag des Gläubigers auf Nachlaßverwaltung V 234; — Verschollenheitsfrist I 141.

Zweikampf: Ersatzansprüche wegen Verletzung im Z. II c 1782.

Zweikonditionentheorie II c 1728.

Zweiseitiger Erbvertrag: Wirkung der Nichtigkeit einer Verfügung oder des Rücktritts eines Vertragschließenden V 879.

Zweiseitige Rechtsgeschäfte I 410, 607; — Ort der Vornahme VI b 178.

Zweiseitige Verträge II a 390.

Zweitvermächtnisnehmer V 584; — Verhältnis des Vermächtnisnehmers zum Zw. V 629; — Stellung im Konkurs über den Nachlaß des Erben, des Erstvermächtnisnehmers V 632; — Rangbestimmung zu anderen Belastungen durch den Erblasser für den Fall der Kürzung V 632.

Zwillinge: Zeit der Geburt I 52.

Zwingendes Recht: zwingende Rechtssätze des Sachenrechts III 5; — Familienrecht IV 2; — Erbrechts V 4; — Eigentumsvermutungen für die Ehegatten IV 214; — Vorschriften über Wirkungen der Ehe IV 160; — Vorschriften über Herstellung der ehelichen Lebensgemein-

schaft IV 171; — Entscheidungsrecht des Mannes IV 176; — Stellung der Frau IV 182, 191; — Namensführung der Frau IV 180; — Scheidung der Ehe IV 707; — Verhältnis zur Vorbehaltsklausel VI b 814; — zeitliche Geltung zwingender Rechtsnormen VI a 453.

Zwischenhandel II b 16.

Zwischenraum zwischen zwei Grundstücken: Benützung III 372, 381, 383.

Zwischenzinsen: Ausschluß des Abzuges bei Zahlung vor Fälligkeit II a 233; — bei vorzeitiger Erfüllung einer betagten Verbindlichkeit II c 1691; — Abzug bei vorzeitiger Befriedigung des Hypothekgläubigers wegen Verschlechterung des Grundstücks III 1101; — Abzug bei vorzeitiger Rückgabe des Pfandes gegen Befriedigung des Gläubigers III 1413.

Zwitter I 44; — Eheschließung IV 100.

FSC
www.fsc.org
MIX
Papier | Fördert
gute Waldnutzung
FSC® C083411

Kolibri 360 GmbH
Ferdinand-Jühlke-Straße 7
99095 Erfurt, Deutschland
produktsicherheit@kolibri360.de